Der neue Hite Report
Frauen und Liebe

Shere Hite

Frauen und Liebe

Der neue **Hite** Report

C. Bertelsmann

Titel des amerikanischen Originals »THE NEW HITE REPORT.
Women and Love. A Cultural Revolution in Progress«
Aus dem Amerikanischen von Amanda Loewenthal
und Charlotte Franke
Überprüfung der deutschen Übersetzung: Friedrich Höricke
Redaktion: Regina Conradt

1. Auflage
© 1987 by Shere Hite
Deutsche Rechte by C. Bertelsmann Verlag GmbH, München 1988
Satz: IBV Satz- und Datentechnik GmbH, Berlin
Printed in Germany · May & Co., Darmstadt
ISBN 3-570-00705-7

»Wohl das größte Problem, das die Historiker zu bewältigen haben, ist nicht der Umsturz durch (gewalttätige) Revolution, oder der Untergang eines Weltreichs, sondern der Prozeß, durch den Ideen in soziale Verhaltensweisen umgesetzt werden.«

J. H. PLUMB

»Die aktuellen politischen Ziele der Frauenbewegung ... sind weder gleichberechtigte Partizipation an der Welt der Männer, noch Wiederherstellung der weiblichen Herrschaft und ihrer Wertsysteme von Würde und Bedeutung. Derartige Konzeptionen sind außer Kraft gesetzt durch die gegenwärtigen Bestrebungen, Genus und Sex insgesamt auszurotten und mit ihnen alle Formen von Vorherrschaft. Darauf abzuzielen ... bedeutet, einzudringen ins Innerste des Ego und tief ins Herz ... der männlichen Domäne, denn es wird die Restrukturierung aller gesellschaftlichen Institutionen erforderlich machen.«

JOAN KELLY

»Celies Trachten ist nicht so sehr darauf ausgerichtet, die Beziehung zu ihrem Herrn in Ordnung zu bringen, als vielmehr auf ihr Einswerden mit dem Universum.«

ALICE WALKER

»Wer immer sich Gedanken machen will über die Frauen, sollte Freud total vergessen.«

SIMONE DE BEAUVOIR

Inhalt

Teil I
Der emotionale Vertrag:
Gefühle von Frauen in der Ehe
und in Liebesbeziehungen
zu Männern

Teil II
Single sein: Frauen und Autonomie

Teil III
Ehe und das Wesen Liebe

Teil IV
Liebe zwischen Frauen

Teil V
Die Kultur mit unseren
Werten transformieren

Danksagung

Die Verfasserin möchte den vielen Menschen danken, die ihr in den Jahren der Forschungsarbeit an diesem Projekt geholfen haben. Zu denen, die freundlicherweise das Manuskript gelesen haben und hilfreich Kritik übten, gehören Frank Sommers, Barbara Ehrenreich, Peter Gray, Eric Foner, Jessie Bernard und Albert Ellis. Ihre Kenntnisse waren von unschätzbarem Wert und haben mich zweifellos vor vielen Fallstricken bewahrt.

Nicht nur bei diesem letzten Band der Hite Reports, sondern auch bei seinen zwei Vorgängern haben mich Barbara Seaman, Leah Schaefer, Shirley Zussman, William Granzig, Mary Calderone, John Money, Bob Gottlieb, Janet Wolfe, Naomi Weisstein, Jesse Lemisch, Martha Kaplan und Howard Wilson gedanklich unterstützt und gefördert. Regina Ryan war die hauptverantwortliche Lektorin des ersten Buches und hat auch beim zweiten und dritten maßgeblich mitgewirkt. Lindy Hess arbeitete mit großem Geschick am ersten Hite Report und redigierte einen Teil des dritten. An der Redaktion dieses Bandes war auch Anya Schiffren beteiligt.

Mein besonderer Dank gilt denen, die mir mit großer Geduld und Intelligenz und unter enormem Zeitaufwand dabei geholfen haben, die Daten überschaubar zu machen. Zu ihnen gehören Susan Rolnick, Rose Sabunjian, Barrie Sternberg, Audrey Fishburn, Annick Delorme, David Jones, Lin Crouch, Kate Colleran und Micka Menos.

Zwei meiner Freunde, die mir sehr nahe standen und ebenfalls mit diesem Projekt zu tun hatten, sind im Laufe der Arbeit gestorben, und ich möchte ihrer hier gedenken: Gudula Lorez, die feministische Publizistin und Mitarbeiterin bei der Herausgabe des ersten Hite Reports in der deutschen Fassung, und mein ältester und bester Freund, Julian Prose, geboren als Eros Gyulya und ehemals Abgeordneter des ungarischen Parlaments.

Ebenso wäre diese Arbeit ohne die Hilfe meiner außergewöhnlichen Freundinnen, die ich größtenteils in den frühen Tagen der Frauenbewegung kennenlernte, nicht so erfreulich und aufregend gewesen, wie sie es nach wie vor ist und immer war. Dafür, daß sie da waren, möchte ich Joyce Gold, Syd Beiner, Catherine di Maria, Rikke Andersen, Calla Fricke, Margaret Civan, Tere Tereba und Sarosh Roshan danken.

Mein Lektor, Bob Gottlieb, war eine treibende Kraft bei der Entstehung dieser Trilogie. Sein Glaube und sein Engagement von Anfang an, beim ersten und beim zweiten Band und auch bei diesem, als er kaum konzipiert war, haben mir mehr bedeutet, als ich je sagen kann. In der frühen und mittleren Phase der Entstehung dieses Manuskripts, als sich die Schlußfolgerungen noch nicht vollständig herauskristallisiert hatten, glaubte er unbeirrt an die Wichtigkeit dessen, was dokumentiert wurde, und half an vielen entscheidenden Punkten mit brillanter editorischer und konzeptueller Klarheit. Manche stilistische Eleganz und Präsentation habe ich Corona Machemer zu verdanken, die nicht nur als Lektorin gewirkt, sondern auch profunde und subtile Anregungen gegeben hat.

Mein brillanter und inspirierender Mann, Friedrich Höricke, war in der letzten Phase der Arbeit so verständnisvoll und hilfreich, daß ich ihn mehr denn je dafür bewundere. Er erfüllt mein Leben von Tag zu Tag mit mehr Musik und Poesie – soviel Schönheit.

All diesen und meinem Liebling Rusty, meinem geflügelten Hirschen, danke ich von ganzem Herzen – und doch kann ich kaum ausdrücken, wie tief ich mich ihnen verbunden fühle.

Vorwort

Frauen leiden in ihren Liebesbeziehungen mit Männern. Warum ist das so?

Das Problem ist uns seit langer Zeit bekannt, doch seltsamerweise hat nie jemand in großem Umfang Frauen gefragt, was wirklich vorgeht, und wie *sie* das Geschehen beschreiben.*

Sind Frauen tatsächlich »Neurotikerinnen«, die »zuviel lieben« oder »es einfach nicht bringen«? Sollten sie sich wirklich »zusammenreißen«?

4500 Frauen haben ihre Geschichte erzählt, die Wahrheit über das, was sich emotional in ihren Beziehungen abspielt, Dinge aus ihrem privaten Bereich, die sie vielleicht keiner Person, die sie kennen, erzählen würden. Doch hier sprechen, dank der »Verschwiegenheit« eines anonymen, sachlichen Fragebogens Frauen aller Altersgruppen mit verschiedenen Hintergründen und verschiedenen Standpunkten freimütig über ihre Beziehungen, egal wie entlarvend oder nachteilig das, was sie sagen, sein mag. Dieses großzügige Mitteilen macht es uns möglich, eine neue Perspektive im Hinblick auf unsere jetzige Situation zu entwickeln und darüber nachzudenken, was wir daran ändern können.

Die innere Debatte, die hier dokumentiert wird, ist Teil der großen Veränderungen, die Frauen heute mit ihrem Leben und mit der Welt vornehmen. Durch ihre neuen Definitionen von Beziehungen werden die lange akzeptierten Vorstellungen von der »weiblichen Psychologie« hinfällig und obsolet.

Dieses Buch ist eine Reise zu uns selbst; Rückerinnerungen an unsere innigsten Liebesgefühle; es entstehen Fragen, wen wir jetzt lieben und auch was es »bedeutet«, wenn wir es nicht tun; und es gibt Antwort darauf, warum die Dinge nicht immer »funktionieren«, wohin wir von hier aus aufbrechen können – und es ist eine Feier unserer selbst und der Größe von Frauen.

Ich danke all den Frauen, die zu diesem Buch beigetragen haben; für das, was es für mich und mein Leben bedeutet hat.   *Shere Hite*

---

* Das bezieht sich sowohl auf Psychologen wie Freud als auch auf feministische Autorinnen. Die hier befragten Frauen revidieren die psychologische Theorie der letzten hundert Jahre und stellen in dieser größten Stichprobe ihrer Art Freud und andere in Frage. Das ist eine unvollendete Revolution, der Beginn gewaltiger Veränderungen.

Philosophische Reflexionen zu den Hite Reports

Als Philosoph glaube ich, daß Ethik oder Moralphilosophie zunächst die Aufgabe haben zu ergründen, was die wirklichen und dringenden Bedürfnisse des Menschen sind, und dann zu ergründen, wie diese Bedürfnisse gleich und gerecht befriedigt werden können. Erstes Erfordernis für die Moralphilosophie ist somit ein profundes Wissen um die menschlichen Bedürfnisse – ein Wissen, das nie leicht zu erlangen war. Die *Hite Reports* sind konkrete, empirische Untersuchungen, in denen Tausende von Einzelpersonen – Frauen und Männer – einige ihrer tiefsten Bedürfnisse, Befriedigungen und Frustrationen in ihren Beziehungen miteinander zum Ausdruck bringen. Dieses Material ist überzeugend und ergreifend. Es ist überzeugend, weil die Hite Reports ein Medium sind, das vielen Menschen ermöglicht hat, offen und ehrlich über Bedürfnisse zu sprechen, deren Ausdruck die Gesellschaft meist zensiert und eingeschränkt, und deren Befriedigung sie oft verurteilt und bestraft hat. Es ist ergreifend, weil jede menschliche Offenbarung tiefer, steter, aber frustrierter Bedürfnisse ergreifend ist. Ich sehe die *Hite Reports* als gewaltigen Aufschrei des menschlichen Herzens, als Schrei nach offener Anerkennung der fundamentalen Bedürfnisse, die hier so beredt dargelegt werden.

Diese offene Anerkennung ist eine historische und moralische Notwendigkeit. Wir stehen in einem lebenswichtigen Kampf, bei dem es darum geht, die lange Geschichte der Unterdrückung des unabweisbaren menschlichen Bedürfnisses nach Ausdruck zu revidieren und die ungerechte Verurteilung dieser Versuche aufzuheben, unsere Bedürfnisse zu befriedigen. Die historische und moralische Bedeutung der *Hite Reports* liegt darin, daß sie jene Geschichte der Unterdrückung in Frage stellen, die uns in Unwissenheit über unsere tiefsten Gefühle und die unserer Mitmenschen gehalten hat. Nichts ist tragischer, als Menschen, die die kurze Zeit, die ihnen auf Erden gegeben ist, falsch gebrauchen, indem sie ihre Bedürfnisse unterdrücken, die ihrer Mitmenschen nicht erkennen und es so versäumen, sich gegenseitig zu verwirklichen.

Verantwortungsvoller und moralischer Umgang mit uns selbst und unseren Mitmenschen erfordert Wissen um uns selbst und unsere Mitmenschen. Wir müssen wissen, welche tiefen und oft unausgesprochenen Bedürfnisse wir haben, wenn wir human, verantwortungsvoll, gerecht und liebevoll miteinander umgehen wollen. Und ich brauche das Wissen darüber, daß andere ähnlich tiefe Bedürfnisse haben wie ich, um mich nicht selbst zu ver-kennen und als Mißgeburt, Außenseiter oder Bestie zu verachten. Die *Hite Reports* dienen diesem Wissen um andere und um uns selbst. Sie sind ein klassisches Beispiel dafür, wie Wissenschaft und Ethik Hand in Hand gehen können; sie enthalten Kenntnisse vom Menschen, die in eine Zukunft weisen, in der wir uns vielleicht besser gegenseitig verwirklichen können, weil wir einander besser verstehen.

Joseph P. Fell
Professor für Philosophie
Bucknell University

Die Quantifizierung von Emotionen: Methodologische Bemerkungen zur Trilogie der Hite Reports*

Quantifizierung und Analyse von Einstellungen und Emotionen gehören zu den schwierigsten Aufgaben der Sozialwissenschaften. Es wird auch selten versucht und fast nie in so großem Umfang wie in Hites Arbeit. Zu Hites Beiträgen zu den Sozialwissenschaften gehört es, eine exzellente Methodik zur Untersuchung der Einstellungen und Emotionen großer Gruppen entwickelt und gleichzeitig eine hohe qualitative Basis bewahrt zu haben: eine Fülle von Daten enthalten in persönlichen Aussagen von Menschen über ihre tiefsten Gefühle.

Bei der Analyse von Emotionen und Einstellungen war es in den Sozialwissenschaften bzw. in der Psychologie üblich, sich auf extrem kleine Stichproben zu stützen; Freud ist bei ganzen Büchern von Befunden an einer Handvoll Patienten ausgegangen. Es wäre also für Hite durchaus legitim gewesen, wenn sie sich der kleinen Stichproben bedient hätte, die für psychologische Untersuchungen typisch sind. Sie setzte sich jedoch das schwierigere Ziel, eine größere, repräsentative Strichprobe zu gewinnen, und sich gleichzeitig die mehr in die Tiefe gehenden Qualitäten kleinerer Untersuchungen zu bewahren. Das tat sie, indem sie es Tausenden von Menschen erlaubte, sich frei auszusprechen, statt ihnen nur die Wahl zwischen vorgegebenen kategorisierten Formulierungen vorzugeben, wie es bei so vielen Untersuchungen der Fall ist. Diese Methode verlangt die Analyse Tausender von individuellen Antworten auf Hunderte von Fragen mit freier Antwortmöglichkeit – eine Analyse, die aus vielen Schritten besteht.

Hites Arbeit ist von einem Teil der populären Presse irrtümlicherweise als »unwissenschaftlich« kritisiert worden, weil die Beantworter der Fragebögen keine »Zufallsstichprobe«** darstellten. Fachleute auf

---

* Siehe auch »Zur Methodik der *Hite Reports*«, S. 826.
** »Zufall« meint in diesem Zusammenhang nicht die alltagssprachliche Bedeutung des Wortes. Es heißt hier folgendes: Wenn ein Teil der weiblichen, männlichen oder gesamten Bevölkerung befragt wird, sollte jedes Mitglied der Bevölkerung die gleiche Chance haben »dranzukommen« (oder, statistisch ausgedrückt, wenn eine Stichprobe aus einer Grundgesamtheit entnommen wird, sollte jedes Element der

dem Gebiet der Methodologie und der Meinungsforschung wissen jedoch, daß bei vielen Untersuchungen – und Hites Untersuchung ist eine davon – eine sehr umfangreiche, nicht zufällige Stichprobe, die eine Fülle von Daten ergibt, einer Zufallsstichprobe vorzuziehen sei. Daß eine Stichprobe »zufällig« ist, ist keine Garantie dafür, daß sie repräsentativ ist; in der Praxis taucht das Problem auf, »wer nicht geantwortet« hat. Damit diese Art Stichprobe mathematisch perfekt repräsentativ ist, müssen alle, die ausgewählt wurden, auch antworten. Doch in den meisten Fällen kommt keine solche Perfektion zustande. Und so gibt es, unverblümt gesagt, fast keine »Zufallsstichproben«.* Wie es John L. Sullivan, der bekannte Wissenschaftstheoretiker, formuliert:»Der größte Teil der Arbeit in den Sozialwissenschaften basiert nicht auf Zufallsstichproben; tatsächlich basieren viele – wenn nicht die meisten Artikel in psychologischen Zeitschriften auf Daten, die an Studentinnen und Studenten gewonnen und dann verallgemeinert werden... Interessanterweise wurden diese kleinen und nicht repräsentativen Stichproben nicht im selben Maße kritisiert wie Hites größere, repräsentative Stichprobe.« Hites große, umfangreiche Stichprobe von 15000 Frauen und Männern ist an sich schon eine hervorragende Leistung. Außerdem hat Hite ihre Stichprobe sorgfältig der US-Bevölkerung insgesamt angeglichen; die demographische Aufschlüsselung dieser Stichprobe entspricht der der US-Gesamtbevölkerung ziemlich genau.

Ein weiteres Kennzeichen von Hites Methodik ist die Anonymität, die den Teilnehmern garantiert wird. Diese Anonymität macht es ihnen möglich, freimütig über ihre persönlichsten Gefühle und Gedanken zu sprechen, denn sie gewährleistet ihnen, nicht aus Angst, ausgelacht, verurteilt oder »durchschaut« zu werden, mit der Wahrheit über diese sehr privaten Dinge zurückhalten zu müssen. Eben weil den Teilnehmern Anonymität garantiert wird, kann man zuversichtlich sein, daß Hites Ergebnisse genau sind. Und tatsächlich haben Untersuchungen in drei weiteren Ländern, mit denen die Ergebnisse des ersten *Hite Reports* überprüft wurden, ihre wesentlichen Erkenntnisse bestätigt.

Grundgesamtheit die gleiche Wahrscheinlichkeit haben, gezogen zu werden). Wenn diese Bedingung erfüllt ist, liegt eine »Zufallsstichprobe« vor, die idealerweise auch »repräsentativ« ist, d. h. die gleiche prozentuale Verteilung bestimmter Merkmale (z. B. Alter, Beruf, Schulbildung usw.) aufweist wie die »Grundgesamtheit«, also in unserem Fall die weibliche Bevölkerung (Anmerkung der Übersetzerin).

* Deshalb versucht die Sozial- und Meinungsforschung heute, ihre Stichproben auf andere Weise demographisch der Gesamtbevölkerung anzugleichen, z. B. indem sie Antworten gewichtet, damit sie mit dem Bevölkerungsprofil übereinstimmen. Auch Hite bedient sich dieses Verfahrens.

Robert L. Emerson von der University of California erklärt: »Hites Methodik entspricht perfekt den Zielen, die sie verfolgt... unverwechselbare Qualität ihrer Daten ist, daß sie Männer und Frauen über die subjektive Bedeutung und Erfahrung einer Vielfalt von persönlichen Angelegenheiten sprechen läßt. Ziel ihrer Forschungsarbeit ist es dann, die Spielarten dieser Erfahrung zu beschreiben und zu kategorisieren... damit die ganze Bandbreite der Erfahrung erfaßt werden kann. Dieses Ziel hat sie durchaus erreicht.« Hite legt offen dar, wie sie vorgeht; sie hat ihre Methodik im selben Maße, wenn nicht sogar gründlicher als andere Forscherinnen und Forscher erklärt. Sie stellt absolut klar, was sie methodologisch tut – soviel Klarheit findet man in der sozialwissenschaftlichen Forschung nicht allzu häufig.

In der Literatur mehren sich die Stimmen, die für Methoden in den Sozialwissenschaften plädieren, die denen von Hite ähnlich sind. Besonders feministische Wissenschaftlerinnen haben eine differenzierte Kritik der gängigen Wissenschaftstheorie erarbeitet und deren zahlreiche Vorurteile und Verzerrungen aufgezeigt (siehe z. B. die von Sandra Harding und Merrill Hintikka herausgegebene Anthologie *Discovering Reality*). Hites Arbeit kann als Teil dieses allgemeinen Umdenkens gesehen werden, als eine der ersten Untersuchungen, die neue Theorien in die Praxis umsetzt.

Nancy Tuana von der University of Texas schreibt: »Jahrhundertelang haben Männer unter dem Deckmantel von Wissenschaftlichkeit Theorien über das ›Wesen‹ der Frau konstruiert. Obwohl Frauen ihr Untersuchungsgegenstand waren, sind unsere Erfahrungen und Gefühle nicht ernst genommen worden. Shere Hites Arbeit ist das Muster einer Methodologie, die sich auf die Erfahrungen von Frauen stützt. Hite hat diese Tradition durchbrochen, die Frauen zum Schweigen verurteilt, indem sie erkannte, daß eine Theorie darüber, wie Frauen lieben, von unseren Bemühungen getragen werden muß, den Erfahrungen der Frauen durch sie selbst Ausdruck zu verleihen. Ihre Arbeit wird nicht nur wegen der Erkenntnisse geschätzt werden, die sie vermittelt, sondern auch wegen ihres revolutionären Ansatzes.« Und Barbara Ehrenreich, eine wissenschaftliche Biologin, stellt fest: »Tabellen, Diagramme, Korrelationskoeffizienten usw. machen eine Untersuchung nicht automatisch ›wissenschaftlich‹. Ich würde sogar sagen, daß jede Untersuchung menschlichen Verhaltens, die das Element der subjektiven Erfahrung nicht berücksichtigt und beleuchtet, in einem tieferen Sinne unwissenschaftlich ist. Das ist dem Kinsey Report vorzuwerfen und der Arbeit von Masters und Johnson. Was die Hite Reports so bahnbrechend macht, ist, daß wir endlich wissen, wie Liebe von Frauen und Männern erfahren wird, und das ist das Wichtigste, was wir darüber wissen können.«

Alles in allem präsentiert Shere Hite als Wissenschaftlerin und als Mensch, dem sehr an seinen »Untersuchungsgegenständen« gelegen ist, in den *Hite Reports* ein tiefgründiges, auf empirischen Daten basierendes Bild unserer Kultur, das uns erkennen läßt, wer wir sind und wohin wir gehen. Diese Arbeit ist ein Beitrag von außerordentlicher Bedeutung.

Gladys Engel Lang,
Professorin für Politologie
und Soziologie,
University of Washington, Seattle

Die Hite Reports:
Dokumentationen einer fortschreitenden ideologischen Revolution

Dieses Buch ist der letzte von drei Bänden, die sich mit dem Intimleben und den Geschlechterdefinitionen in den Vereinigten Staaten befassen. Es ist eine Kombination aus philosophischer Diskussion und eindrucksvoller empirischer Forschung. International von großer Resonanz war, daß die *Hite Reports* komplexe und faszinierende Porträts einer Fünfzehn-Jahres-Periode enthalten, die für die amerikanische Kultur entscheidend war; einer Periode, in der in der Gesellschaft eine außerordentliche Konfrontation mit den traditionellen Vorstellungen von Heim und Familie stattfand.

Diese Konfrontation wird in den *Hite Reports* untersucht, indem das gezeigt wird, was real geschehen ist, d. h. es ist eine Dokumentation der Reaktionen Tausender von Menschen auf anonyme Fragebögen mit offenen Antwortmöglichkeiten, nicht aber das, was der herrschenden Theorie zufolge da sein *sollte*. Es ist eine Debatte, die mal zwischen den Teilnehmerinnen/Teilnehmern selbst, mal zwischen Hite und den Teilnehmerinnen/Teilnehmern geführt wird, eine Debatte, die auf einer kohärenten theoretischen Perspektive basiert. Vielleicht werden wir eines Tages rückblickend sagen, daß es sich bei dem, was hier dokumentiert wird, um die ideologische Revolution am Ende des zwanzigsten Jahrhunderts handelt.

Hite Report I, Das sexuelle Erleben der Frau:
Eine neue Definition von Sexualität – Sex ist kulturell bedingt

Hite begann dieses Projekt 1971, als sie während eines Urlaubssemesters mit der Frauenbewegung in Kontakt kam und die Idee ernst nahm, daß das Private politisch ist, worauf sie sich herauszufinden bemühte, was im Sexualleben von Frauen real geschieht.

Zwischen 1972 und 1976 verteilte sie einen langen, freie Antwortpassagen ermöglichenden Fragebogen an Frauen überall in den Vereinigten Staaten; 1976, als die Erkenntnisse, die sie anhand der Antworten von 3500 Frauen gewonnen hatte, veröffentlicht wurden, erklärte sie ihre Ziele: »Es ist die Absicht dieses Projekts, weibliche Sexualität von Frauen definieren zu lassen statt von Doktoren oder anderen (im allgemeinen männlichen) Autoritäten. Frauen sind die wahren Expertinnen für ihre Sexualität; sie wissen, was sie empfinden und was sie erfahren, und brauchen niemanden, der ihnen das sagt. Das soll nicht heißen, daß die Arbeiten von Masters und Johnson und Kinsey nicht wertvoll seien – sie sind es. Doch auch sie betrachteten den Sex mit gewissen kulturellen Scheuklappen, die sie daran hinderten, die volle Wahrheit über die weibliche Sexualität zu begreifen. In dieser Untersuchung sprechen zum ersten Mal Frauen darüber, wie sie Sex empfinden, wie sie ihre Sexualität definieren und was ihnen Sexualität bedeutet.« Hites Hintergrund – Sozial- und Kulturgeschichte (sie ist studierte Historikerin) – half ihr, einen kulturellen Bezugsrahmen für diese Diskussionen zu schaffen, weibliche Sexualität so zu sehen, wie sie ist, und nicht so, wie es in die Schablonen der herrschenden patriarchalischen Ideologie paßt.

Hites wichtigste Erkenntnis war, daß 70 Prozent der Frauen durch Geschlechtsverkehr nicht zum Orgasmus kommen, aber durch direktere klitorale Stimulierung. Diese Aussage von Tausenden von Frauen brachte die Frage des weiblichen Orgasmus an die Öffentlichkeit. Masters und Johnson hatten die Wichtigkeit der Klitoris gebührend berücksichtigt, indes betont, die Frau müßte durch das Stoßen beim Geschlechtsverkehr genügend klitorale Stimulierung erhalten, um zum Orgasmus zu kommen, andernfalls hätte sie eine »sexuelle Dysfunktion«. Kinsey hatte die Frage gestreift, indem er vermerkte, daß Frauen gern schmusen und die höchste Orgasmusrate bei der Masturbation haben, doch er definierte Masturbation nicht über ein paar Sätze hinaus und gelangte weder zu dem logischen Schluß, der damit impliziert war, noch zu dem neuen Verständnis von weiblicher Sexualität, das Hite formuliert. Ann Koedt hatte das Thema bereits in ihrem Essay »Der Mythos vom vaginalen Orgasmus« zur Sprache gebracht, aber dieser Aufsatz, publiziert im Juni 1968 in *Notes from the First of the Year*, hatte fast ausschließlich in der Frauenbewegung Verbreitung gefunden.

Ein Kommentar gab der Diskussion eine historische Perspektive: »Ann Koedts... ›Der Mythos vom vaginalen Orgasmus‹ und Shere Hites *Hite Report* sind einzigartige Abhandlungen über die weibliche Sexualität, weil sie Sexualität begreifen als Einheit aus Humanbiologie und -psychologie, eingebettet in eine politische Konstellation. Ausgehend von einem persönlichen ›Austausch von Erfahrungen‹ deckten

Koedt und Hite auf, wie Männer die Sexualität zu ihrem Vorteil gestaltet haben. Hite legte insbesondere dar, daß innerhalb der herrschenden Schemata heterosexueller Interaktion die Befriedigung des Mannes primär ist. Die Bedeutung von Hites Arbeit besteht darin, daß sie diese sexuellen Schemata als gesellschaftliche Konstruktionen sieht. Ihr Buch beleuchtet nicht nur die gegenwärtige Sexualpraxis, sondern arbeitet auch darauf hin, eine entinstitutionalisierte Sexualität zu schaffen.«*

Hites anhand einer so großen Stichprobe gewonnene Dokumentation darüber, wie Frauen leicht zum Orgasmus gelangen (bei Selbststimulierung), und daß sie gewöhnlich ohne zusätzliche klitorale Stimulierung beim Geschlechtsverkehr nicht leicht orgasmen – ebenso ihre Erklärung, daß daran nichts »verkehrt« ist, auch wenn »professionelle Sexologen« anderer Meinung sind, und daß es »normal« sein muß, wenn es die Mehrheit der Frauen sagt –, wurde nach einer anfänglichen Schockphase von der Sexualforschung weithin akzeptiert, und schließlich erhielt Hite den renommierten Verdienstpreis der American Association of Sex Educators, Counselors and Therapists.

Hites Erkenntnis, daß Frauen durch klitorale Stimulierung leicht zum Orgasmus kommen (obwohl die Gesellschaft behauptet hatte, Frauen hätten generell »Orgasmusschwierigkeiten«), warf eine weitere Frage auf: Ist Sex, wie wir ihn kennen (jene Abfolge körperlicher Aktivitäten mit dem Hauptakzent auf dem Koitus), ein gesellschaftliches oder ein biologisches Phänomen? Hite hatte gezeigt, daß Geschlechtsverkehr bei der Mehrheit der Frauen nicht zum Orgasmus führt, obwohl dies bei klitoraler Stimulierung der Fall ist. Und darum müssen wir uns fragen, ob der Sex zur Lust und Intimität »geschaffen« wurde oder zu Fortpflanzungszwecken. Wenn das erstere zutrifft, dann zwingt uns die Tatsache, daß die Stimulierung, die die Mehrheit der Frauen zum Orgasmus braucht, in die Definition von Sex einbezogen werden sollte, zu einer Neugestaltung des Sex.

Und wenn Frauen genötigt waren zu verbergen, wie sie leicht zum Orgasmus kommen können, indem sie masturbieren, dann folgt daraus, daß die bisherige Definition von Sex sexistisch und kulturell bedingt ist. Hite schrieb 1976: »Unsere gesellschaftliche Definition vom Sex ist sexistisch – Sex besteht für die überwältigende Mehrheit der Leute aus Vorspiel, gefolgt von vaginaler Penetration und Geschlechtsverkehr, der mit dem Orgasmus des Mannes endet. Das ist eine sexistische Definition von Sex, am Orgasmus des Mannes und an der Fortpflanzung orientiert. Es ist eine *kulturelle*, keine biologische Definition.«

* Rhonda Gottlieb, »The Political Economy of Sexuality«, *Review of Radical Political Economics*, Nr. 16 (I), S. 143–165.

Mit anderen Worten, Hites Untersuchung zeigte, daß Sex ein Teil des kulturellen Gesamtbilds ist; der Platz, der der Frau beim Sex zugewiesen wird, spiegelt ihren Platz in der Gesellschaft wider. Obwohl weibliche Sexualität bis dahin im wesentlichen als Reaktion auf männliche Sexualität betrachtet worden war, war dies keine wissenschaftliche oder objektive Darstellung der Fakten. Es war vielmehr eine voreingenommene Sicht aus einer bestimmten ideologischen Perspektive.

So brachte der *Hite Report* die Definition von Sex, wie wir ihn kennen, mit einer bestimmten Gesellschaft und einer bestimmten historisch-kulturellen Tradition in Zusammenhang. Die Aussage war, daß der Sex, wie wir ihn kennen, von unserem Gesellschaftssystem geschaffen wurde, daß er eine gesellschaftliche Institution ist.

In akademischen Kreisen ist es gegenwärtig sehr *en vogue*, die Entdeckung, daß Sex kulturell bedingt ist und die Art und Weise, in der er definiert wird, an bestimmte historische Zeiten und Orte gebunden ist, dem französischen Philosophen Michel Foucault zuzuschreiben, doch in Wirklichkeit geht diese Idee auf Diskussionen während der Anfänge der feministischen Frauenbewegung in den Vereinigten Staaten und in Frankreich zurück. Der *Hite Report* hat die Verbindung zwischen Sexualität, ihrer Formung und Definition, und der Gesellschaft, die sie in bestimmte Richtungen lenkt, als erster in dieser Ausführlichkeit statuiert.

Hite führte diese Gedanken zu einer »Umorientierung« der Sexualität folgendermaßen weiter: »Es sollte möglich werden, daß Freundinnen einander berühren und vertraut zusammensitzen... Ein intensiver Körperkontakt könnte auf vielfältige Weise entstehen. Kurz, unsere ganze Vorstellung vom Sex muß neu definiert werden.«

Es gehört zu den großen Verdiensten des *Hite Reports*, daß hier zum ersten Mal vorgelegt wurde, was Frauen selber zu diesem Thema sagen. Wie Hite schreibt: »Die Aussagen, die die Frauen schickten, waren voller gut geschriebener, bewegender Schilderungen ihrer Gefühle – eine anonyme und machtvolle, von Herz zu Herzen gehende Kommunikaton der Frauen, die antworteten, mit allen Frauen der Welt. Diese Antworten zu erhalten war für mich eine der emotional höchst bereichernden Erfahrungen meines Lebens, und das möchte ich mit den Frauen teilen, die dieses Buch lesen.«

Hite Report II, Das sexuelle Erleben des Mannes:
Auf dem Weg zu einer neuen Definition von Männlichkeit

Der zweite *Hite Report*, der Report über männliche Sexualität, war die erste Untersuchung darüber, was Männer im Hinblick auf sich selbst, ihre Beziehungen und ihre Sexualität empfinden. Ein solches Buch war nie geschrieben worden, jedenfalls gewiß keines mit einem Datenmaterial, das an Umfang und Repräsentativität an das von Hite heranreichte. Hier werden oft Vergleiche mit Kinsey gezogen, aber Kinsey maß nur die Häufigkeit von Sexualverhalten, nicht die Einstellungen und Gefühle zum Sex, und er befaßte sich lediglich mit der Sexualität, nicht mit Liebe und Beziehungen.

Auch hier verteilte Hite anonyme Fragebögen, die längere, freie Antworten zuließen, und in denen Männer nicht nur zur Sexualität, sondern auch zur Liebe befragt wurden – wie es war, als sie sich zum ersten Mal verliebten, über die Gefühle gegenüber ihren Vätern, über ihre gegenwärtigen Beziehungen mit Frauen, über ihre Ehe, und was sie gern an ihrer Sexualität und an ihrem Leben ändern würden, wenn sie könnten.

Insgesamt bietet der *Hite Report II* ein erstaunliches Bild von Männern, dargestellt mit ihren eigenen Worten. Das Kernstück dieses Buches handelt von Ideologie – warum sich Leute so verhalten, wie sie sich verhalten –, insbesondere von der patriarchalischen Ideologie und der Art und Weise, auf die sie das Verhalten von Männern auf jedem Gebiet durchdringt – die Sexualität eingeschlossen, die angeblich biologisch determiniert ist. Mit anderen Worten, was wir »Sex« nennen, ist (wie bereits im ersten *Hite Report* aufgeführt) eine Widerspiegelung von Einstellung und Werten (d. h. eine Ideologie), die in große Teile der Gesamtgesellschaft hineinwirkt. Das Sexualverhalten ist gesellschaftlich »geschaffen« und nicht einfach biologisch bedingt; überdies sind durch diese gesellschaftlich gesteuerte Institution »Sex« die Bedürfnisse und Möglichkeiten von Frauen und Männern ungleich und ungerecht gewichtet.

Mit diesem Buch begann Hite praktisch eine Neubewertung der »männlichen Psychologie« und der »männlichen Sexualität«, die sehr eng miteinander verbunden sind. Das wurde nicht häufig so gesehen[*], da vorausgesetzt wurde, daß die männliche Psychologie mit der menschlichen Psychologie identisch sei, daß es »natürlich« sei, wie Männer sind: kein gesellschaftlich konstruiertes Verhaltens- und

---

[*] Vor Jahren haben schon Psychologinnen wie Karen Horney und Beatrice Hinkle dieses Thema behandelt und darüber geschrieben.

Wahrnehmungssystem, sondern die »biologisch gegebene menschliche Natur«.

Um »männliche Sexualität« zu verstehen, muß man die Kultur verstehen, muß begreifen, wie sie Männer darüber informiert, was »männliche Sexualität« und »Männlichkeit« sind – man muß den ganzen Kontext erfassen, in dem Männer erzogen werden, ihre »Sexualität« und insbesondere ihre Gefühlswelt zu sehen und auszudrücken. Männern wird nur ein sehr begrenztes Repertoire von zulässigen (oder zumindest öffentlich zulässigen) Emotionen zugestanden; wenn ein Mann andere Emotionen empfindet, muß er sie verbergen. Deshalb sind die meisten Männer, wenn sie auf der Straße nach ihrer Meinung gefragt werden, rasch mit den Worten »Also, ich glaube nicht, daß ich ein typischer Mann bin« bei der Hand. Und sie haben wahrscheinlich recht; es gibt fast keine »typischen Männer«, weil kaum ein Mensch mit dem begrenzten Repertoire von Gefühlen leben könnte, das Männern »erlaubt« ist. Daß Männer ihre Emotionen nicht ausdrücken dürfen und in gewisser Hinsicht nicht einmal alles *empfinden* dürfen, was Menschen nun einmal empfinden, verwirrt sie und bereitet ihnen Unbehagen, wenn sie gebeten werden, über ihre »Gefühle« zu sprechen, und das wiederum führt zu großen Problemen in ihren Beziehungen mit Frauen.

Während Hite in diesem Buch einfühlsam die Schwierigkeiten aufzeigte, die viele Männer haben – die Unbeholfenheit gewisser männlicher Rituale, wie manche Männer in diesen rituellen Schemata, in diesem System gefangen sind und darunter leiden –, war all das möglicherweise ein Schock für Männer, da sie es nicht gewohnt sind, sich als Gegenstand von Untersuchungen zu sehen, und schon gar nicht als Gegenstand einer Untersuchung, die von einer Frau vorgenommen wird. Und eben weil es für Männer so bestürzend ist, als spezifische Gruppe betrachtet zu werden und nicht als globaler Maßstab, wurde der zweite *Hite Report* vielleicht mit so entsetzten und zuweilen tollkühnen Reaktionen seitens einiger männlicher Kritiker bedacht.

Hite wurde praktisch dafür kritisiert, daß sie das gegenwärtige soziosexuelle System unerschrocken zergliederte: Indem sie zu behaupten wagte, daß bei der Sozialisation Druck auf den Mann ausgeübt wird, sich einem bestimmten sexuellen Modus anzupassen und sich diesem Modus entsprechend zu verhalten, stellte sie die übliche, lauthals propagierte Vorstellung in Frage, daß die männliche Physiologie und gewisse Evolutionsprozesse die männliche Sexualität schaffen und determinieren. Infolgedessen sah sie sich mit tiefverwurzelten Vorurteilen konfrontiert, die ihr Geschlecht und das Thema ihrer Untersuchung betrafen. Männliche Kritiker attackierten ihre Sachkenntnis und ihre Kommentare in Angelegenheiten, die Männer für äußerst persönlich und wichtig im Hinblick auf ihr männliches Selbstgefühl halten. Mit anderen Worten, es wurde so gesehen, als hätte sie widerrechtlich geweihten Boden betreten, ein Feld, das in sehr hohem Maße das männliche Ich prägt.

Auch in diesem Band betonte Hite die kulturelle Relativität der Sexualität. In einem Abschnitt über die politische Dimension des Geschlechtsverkehrs vertrat sie die Auffassung, daß der »Geschlechtstrieb« des Mannes kein biologischer Imperativ ist, sondern daß die Definition der Sexualität durch unsere Gesellschaft kulturell bedingt ist: Wenn man zeigen kann, daß auf Leute kultureller Druck ausgeübt wird, sich auf eine bestimmte Weise zu verhalten, kann man nicht annehmen, daß dieses Verhalten eine biologische Gegebenheit ist.

Doch was wir als »männliche Sexualität« kennen, so Hite, ist nicht nur eine gesellschaftlich konstruierte, sondern auch eine sehr eingeschränkte Version dessen, was männliche Sexualität sein könnte. Genauso wie Männern von der Kultur bloß ein begrenztes Repertoire von Gefühlen zugestanden wird, wird auch ihre Sexualität eng definiert und ihre Subtilität gehemmt. Wie Hite im Vorwort zu diesem Werk feststellt, sagt die Gesellschaft dem Mann »...definiere Liebe als Sex und Sex als Penetration und Ejakulation im Körper einer Frau... Tatsächlich genügt es nicht, die kleinen Einzelheiten im männlichen Sexualleben zu betrachten und zu erkennen, wie sie Kränkungen zufügen oder Vergnügen bereiten können, um unsere Vorstellung von der Sexualität zu verändern – sich rational mit ihnen zu beschäftigen, als ginge es um mehr ›Genuß‹ – das ist nicht die Definition der männlichen Sexualität; männliche Sexualität basiert nicht einfach auf Genuß. Sie und das Konzept der Männlichkeit basieren auf einer umfassenderen Ideologie; *beim ›Sex‹, wie wir ihn kennen, geht es nicht so sehr um ›Genuß‹, sondern es handelt sich um eine emotionale Symbolik, die Teil dieser Ideologie ist, um ein rituelles Drama, das immer wieder neu gespielt wird.«*

Hite plädiert hier im wesentlichen für eine neue Definition der Männlichkeit, plädiert dafür, daß die Männer innehalten und sich überlegen, was sie mit ihrem Leben machen. Dies ist ein Buch voller Möglichkeiten für die Zukunft.

---

* *Hite Report* II/1, S. 18f.

Hite Report III, Frauen und Liebe:
Eine neue Definition des Gefühlslebens

Ich habe immer gefunden, daß »Liebe«, vielleicht weil sie als Mittelpunkt des Lebens, wenn nicht gar als der eigentliche Lebensinhalt von Frauen betrachtet wird, eine riskante Sache ist – eine Sache, an die Feministinnen viel Energie und Einfallsreichtum wenden sollten. Als ich in den frühen sechziger Jahren die höheren Fachsemester absolvierte, war ich entsetzt über den Mißbrauch, der mit meinen Kommilitoninnen getrieben wurde, wenn sie Liebe suchten. Wir gründeten ein »Syndikat« (dem von Milo Minderbinder in Joseph Hellers *Catch-22* nachgebildet), um uns gegen solchen Mißbrauch zu wehren, ergriffen kollektiv die Initiative, verabredeten uns mit Männern, die Mitglieder des Syndikats schlecht behandelt hatten, und setzten sie auf eine schwarze Liste. Die flammende Empörung, mit der das quittiert wurde, überzeugte mich davon, daß ich in etwas eingebrochen war, was Männer als ihre heiligen Rechte betrachteten. Ich setzte diese Arbeit später als Mitglied der Chicago West Side Group fort, indem ich eine Offensive zur Organisierung von Frauen in Single-Bars in die Wege leitete: Die Suche nach Liebe sollte mit Vernunft und Würde erfüllt werden. Doch obwohl die Mitglieder der Gruppe zuvor außerordentlichen Mut gezeigt, Polizei und Tränengas widerstanden hatten und nach Demonstrationen gegen den Vietnamkrieg ins Gefängnis gegangen waren, verließ sie die Courage, als es um die Single-Bars ging. Das Projekt wurde aufgegeben, weil sich nur zwei von uns regelmäßig zu geplanten Aktivitäten in den Bars einfanden, egal wie viele versprochen hatten zu kommen. 1968 sprach ich bei einem frühen Treffen von Feministinnen aus allen Landesteilen von der Notwendigkeit einer Spezialeinheit von Feministinnen, die gegen die Unterdrückung und Dehumanisierung von Frauen im Zusammenhang mit unserer Suche nach Liebe kämpfen sollte.

Doch die Politik der heterosexuellen Liebe ist nie im großen Rahmen erforscht und dokumentiert worden. Im ersten Hite Report hatte Hite 1976 ihre Absicht angekündigt, die Gefühle von Frauen im Hinblick auf die Liebe zu untersuchen, Frauen darum zu bitten, das Wesen der Liebe zu definieren*, da kraft der emotionalen Dynamik von Liebesbeziehungen und gewisser psychologischer Annahmen die Stereotype über Frauen anscheinend unausrottbar blieben.** Außerdem sind

---

* Siehe *Hite Report I*, 6. Kapitel.
** Das erklärt auch die derzeitige Flut populärwissenschaftlicher Bücher, die von Beziehungen zwischen Frauen und Männern handeln: Da Frauen immer weniger Angst vor dem Gesellschaftssystem und vor Männern haben, finanziell und ideologisch unabhängiger sind, aber sich in Männer verlieben oder mit Männern zusam-

Frauen von der Gesellschaft sehr lange im Hinblick auf »Liebe« definiert worden – d. h. es ist ihnen gesagt worden, daß sie Kinder großziehen, von einem Mann geliebt und geheiratet werden müssen, wenn sie nicht als Außenseiter gelten wollen.

Das Gefühl, daß die Grundfunktion von Frauen darin besteht, liebevoll und fürsorglich zu sein, hat sich zum großen Teil gehalten; es wird immer noch nicht akzeptiert, daß Frauen jenseits ihrer und über ihre biologischen Fähigkeiten hinaus Frauen sind, und daß sie unabhängig von ihren Fähigkeiten, für andere sorgen zu können, ihnen »Dienstleistungen« zu bieten, vollständig sind. Das soll natürlich nicht heißen, daß es »verkehrt« ist, fürsorglich zu sein; es ist nur die Frage, ob alle Fürsorge in dieser Gesellschaft von Frauen ausgehen soll.

Vorurteile gegen Frauen kommen oft in privaten Beziehungen zum Vorschein, d. h. Männer bringen sie mit ihrem Verhalten und ihren Aussagen Frauen gegenüber zum Ausdruck. Die Liebe zwischen Frauen und Männern ist ein Gebiet, das gründlicher analysiert werden muß als bisher. Gilligan schreibt: »Zu den dringendsten Tagesordnungspunkten der Forschung über die Entwicklung im Erwachsenenalter gehört die Notwendigkeit, die Erfahrungen des Erwachsenenlebens von Frauen *in ihren eigenen Denkkategorien* zu beschreiben.«*

Einige frühere Werke hatten diese Probleme bereits angeschnitten. Simone de Beauvoirs *Das andere Geschlecht* erschloß einen Teil der tieferen Bereiche der Gedanken und Sorgen von Frauen über die Liebe und arbeitete pointiert die gemischten Gefühle heraus, daß die Liebe etwas Großartiges sei und für Frauen dennoch irgendwie mit Schmerz und Demütigung verbunden ist, so daß wir – wie de Beauvoir seinerzeit sagte – vielleicht dahinkommen werden, die Demütigung in der Liebe lieben zu lernen. In den siebziger Jahren erschütterte Kate Milletts *Sexus und Herrschaft* die Welt mit seinen Aussagen über die Liebe zwischen Frauen und Männern und mit der Demaskierung der Gewalttätigkeit in Texten, die Männer über Frauen schreiben, die sie lieben oder angeblich lieben. Ti-Grace Atkinson prägte in *Amazon Odyssey* die Wendung »Unter seiner Liebe findest du deine Angst«. Shulamith Firestone und Laura X lieferten ebenfalls interessante theoretische Beiträge, und weitere Arbeit wurde von Elaine Walster-Hatfield und Dorothy Tennov geleistet.

men leben, die immer noch (vielleicht unbewußt) die alten Klischees über die »Natur« der Frau zum Ausdruck bringen und erwarten, daß Frauen liebevoll sind, emotional den zweiten Platz in Beziehungen einnehmen, nicht zornig werden, wenn der Mann die emotionale Unterstützung, die er erfährt, nicht mit Gleichem vergilt –, deshalb fragen sich Frauen, was sie angesichts dieser Situation tun sollen, ob sie gehen oder bleiben und was sie denken sollen.

* Carol Gilligan, *Die andere Stimme*, München, Zürich, 1985.

Nach diesen frühen siebziger Jahren wurde den Problemen der Liebe zwischen Frauen und Männern nicht mehr soviel Aufmerksamkeit gewidmet wie den Problemen der Sexualität (bemerkenswerte Ausnahmen bildeten Jessie Bernard, Letty Cottin Pogrebin, Barbara Ehrenreich und Andrea Dworkin). Tatsächlich wurde es in einer seltsamen Art von umgekehrtem Viktorianismus akzeptabler, über Sex zu schreiben als über Liebe; einige der interessantesten theoretischen Arbeiten kamen von Alison Jaggar, Catherine Stimpson und der Frauengruppe, die *Powers of Desire* herausgab. Doch die Feministinnen beschäftigten sich selten direkt mit der Politik der heterosexuellen Liebe. Statt dessen zeichneten sich zwei Trends ab, die beide dieser Frage auswichen. Der eine ließ Männer ganz beiseite und machte sich auf eine atemberaubend revolutionäre Erkundung dessen, wie Frauen vorbehaltlos Frauen lieben können. Ein sektiererischer Teil dieser Richtung behauptete jedoch, daß Frauen, die immer noch mit Männern verbunden seien, »mit dem Feind paktierten«, womit Millionen Frauen, die aus freier Wahl oder aufgrund der Umstände Verbindungen mit Männern hatten, praktisch aufgegeben wurden. Die andere Richtung verkörperte eine Haltung, die etwa folgendes besagte: »Die Männer ändern sich, wozu also darüber reden? Es gibt kein Problem – eine kluge Frau sollte in der Lage sein, einen von den ›neuen Männern‹ zu finden.«

So wurden heterosexuelle Liebesbeziehungen fast ein Tabu in feministischen Kreisen, politisch nicht »richtig« und nicht »relevant«. Und doch ist dies eines der wichtigsten politischen Themen überhaupt, wenn man das ursprüngliche Motto der Frauenbewegung – »Das Persönliche ist politisch« – ernst nimmt.

In den letzten Jahren haben sich akademisch psychologische Studien zunehmend auf Geschlechterfragen konzentriert, doch auch sie scheuten vor der Untersuchung von Liebe und Emotionen zurück – vielleicht weil sie nicht leicht quantifizierbar sind und die Arbeit deshalb als »unwissenschaftlich« betrachtet werden könnte. Mit anderen Worten, es ist schwierig, die Liebe zu untersuchen, und führt leicht zu offenen Angriffen, wie Elaine Walster Hatfield 1972 erfahren mußte, der von der Regierung ein Zuschuß zur Untersuchung dieses Gegenstands bewilligt worden war, die jedoch von Senator William Proxmire öffentlich der Verschwendung von Steuergeldern bezichtigt wurde, weil sie sich mit so etwas »Läppischem« befaßte. Das Resultat war, daß sie den Zuschuß verlor. Trotzdem haben in den vergangenen Jahren Pepper Schwartz und Philip Blumstein von der University of Washington über Liebe publiziert, ebenso Philosophen wie Joseph Fell, Irving Singer und Philosophinnen wie Emilie Rorty.

In *Frauen und Liebe* beginnen Hite und die 4500 Frauen, die an dem

Projekt teilgenommen haben, mit der Neubenennung dessen, was im Privatleben vorgeht, entwickeln eine neue Sicht der Emotionen und Verhaltensmuster in Beziehungen, debattieren miteinander über die Definition von Liebe und über die Emotionen, die sie empfinden – nicht nur für Männer, sondern auch für Frauen.

Was sagen die Frauen hier über die Liebe und das, was in ihrem Leben vorgeht? Die meisten – ob sie verheiratet sind oder nicht – sagen, daß sie emotional nicht zufrieden sind mit ihren Beziehungen mit Männern; sie sind oft frustriert, fühlen sich entfremdet, auf Distanz gehalten und unfähig, zum Mann durchzudringen, der nicht sieht, was ihnen fehlt. Viele Frauen beenden ihre Beziehungen, andere halten daran fest, sind aber oft nur noch physisch anwesend, während sie ihre primäre emotionale Beziehung anderswo suchen – häufig bei Freundinnen. Die Frustration, die Frauen in diesen Situationen empfinden – der tragische Aspekt vieler Beziehungen –, ist aufwühlend und zutiefst ergreifend.

Wir wissen, daß das Haus das Ghetto der Frauen war, und waren überrascht, als wir zum ersten Mal von der Häufigkeit körperlicher Gewalt in diesem Umfeld hörten. Hier sehen wir etwas, das viel schwerer auf den Punkt zu bringen ist, nämlich die entsetzliche emotionale Belastung und Auslaugung von Frauen in Beziehungen, die subtilen Mittel, mit denen sie im Privatbereich emotional belästigt werden (und sei es »nur« mit dem »üblichen«, »sozial akzeptierten« Sprachgebrauch, durch den Frauen herabgesetzt werden), und daß trotzdem weiterhin die Erwartungen an sie gestellt werden, liebevoll und fürsorglich zu sein.

Liebesbeziehungen finden im Privatbereich statt, niemand ist Zeuge dessen, was vor sich geht; jede Frau muß es allein und für sich selber aussprechen – inmitten der Verwirrung, selbst zu lieben und vielleicht geliebt zu werden – und muß daran zweifeln, daß sie mit ihrer Benennung recht hat. (Wenn eine Beziehung qualvoll ist, hat eine Frau möglicherweise das Gefühl, daß sie sich nicht beschweren kann oder »soll«, um nicht als jemand gesehen zu werden, der »Probleme« hat.) Und so bleibt vieles von diesen Dingen im täglichen Leben ungesagt. Tatsächlich scheinen einige der Stimmen, die wir hier hören, aus abgeschlossenen Zimmern zu dringen, Schluchzen, das nie jemand vernommen hat – oder Stimmen, die nach Monaten und Jahren der Erstarrung wieder zu sprechen beginnen, nachdem sie das Sprechen fast verlernt hatten, weil es so vergeblich war, weil sie nie richtig gehört worden sind. Trotzdem ist in diesen Stimmen auch eine große Kraft und Entschlossenheit – der Wille, gehört zu werden, zu reden, nicht mehr länger zu schweigen oder sich vorschreiben zu lassen, was »Realität« ist.

Die Dokumentation, die uns Frauen hier von ihrem Innenleben, ihrem Gefühlsleben präsentieren, sollte endgültig als ein Großteil des notwendigen Materials anerkannt werden, durch das die von Freud abgeleiteten Systeme der »weiblichen Psychologie« ersetzt werden können.

Soll Freud sich geirrt haben, was Frauen betraf? Allerdings. Ich habe das schon 1968 ausgeführt*: Die Persönlichkeitstheorie im allgemeinen, sei sie freudianischer Provenienz oder nicht, hat die zentrale Bedeutung der gesellschaftlichen Erwartungen und der Kultur bei der Determinierung dessen, was wir tun und wie wir empfinden, nicht berücksichtigt und ist damit für das Verständnis unseres Lebens und unseres Verhaltens weitgehend irrelevant. Wie ich zeigte, können Freudianer und andere weder voraussagen, was wir tun, noch ernsthaft erklären, was wir getan haben. Trotzdem ist die Vorstellung von der quasi angeborenen »Passivität« bzw. dem »Masochismus« der Frau eine der Grundlagen des kulturellen Mythos von der Frau geblieben – eines Mythos, der durch den kulturellen Rückschritt der gegenwärtigen Ära gestärkt wird. Hier aber wird dieser Mythos mit einer Fülle von Beweisen und reichhaltiger Dokumentation zerschlagen.

Was Frauen in *Frauen und Liebe* sagten, macht Freud und viele andere therapeutischen Schulen überflüssig, die alle nicht auf umfänglichem Datenmaterial basieren und insbesondere nicht auf dem, was *Frauen* sagen. Dieses Buch zeigt, wie irrig viele der Stereotype sind, mit denen der »freudianische Mystizismus« – so nennt es Hite – Frauen belegt (»definiert«). Sie erklärt den Begriff folgendermaßen: »...jene spezifische Art, mit der Freud die Frauen mystifizierte und die eine Erwiderung auf den Feminismus um 1900 war; Frauen, so sagte er, seien nicht ›unzufrieden‹ wegen ihres untergeordneten Status in der Gesellschaft oder weil sie in Wirklichkeit überlastet wären; Frauen seien ›unzufrieden‹ aus neurotischen Persönlichkeitsstrukturen.« Hite schreibt weiter: »Diese ›Denk‹richtung setzt sich auch heute noch in abstrusen akademischen Theorien und populären Ratgebern fort, die Frauen erzählen, sie ›liebten zuviel‹ und sollten ihre ›verkrüppelten‹, ›neurotischen‹ Verhaltensmuster verändern. Doch Frauen sind in ihrem Leben mit sehr realen negativen Situationen konfron-

---

* Eine frühe Fassung dieser Ausführungen erschien in der Flugschrift *Psychology Creates the Female* (Boston 1968), sie wurde nachgedruckt unter dem Titel »›Kinder, Küche, Kirche‹ as Scientific Law: Psychology Creates the Female« in Robin Morgan (Hrsg.), *Sisterhood is Powerful: An Anthology of Writings from the Women's Liberation Movement*, New York, 1970, und erschien später in überarbeiteter und aktualisierter Form als »Psychology Constructs the Female; or the Fantasy Life of the Male Psychologist – With Some Attention to the Fantasies of His Friends, the Male Biologist and the Male Anthropologist« in *Social Education*, April 1971.

tiert. Für jede Gruppe stellt sich in einer solchen Situation die Frage, was sie tun soll. Frauen versuchen, Männer zu einer neuen Sicht von Beziehungen zu bewegen, zur Veränderung ihrer Werte. Aber wenn das nicht gelingt, fühlen sich Frauen jetzt entweder gezwungen zu gehen oder – sollten sie bleiben, sich nicht mehr so stark zu engagieren – sie haben den Eindruck, psychologisch gespalten zu sein und sind häufig verwirrt und deprimiert. Freud mag mit seiner Stichprobe von drei Frauen diese Phase des Prozesses dokumentiert haben, doch es war nicht korrekt, daraus eine komplette ›Theorie der Frau‹ oder ›Psychologie der Frau‹ abzuleiten. Was wir hier dokumentieren, indem wir Frauen zuhören, ist das *ganze* Spektrum, und wir vergessen dabei nicht die kulturelle Umwelt, in der wir leben.«

Einige Leserinnen und Leser mögen überrascht sein, daß die Klassenanalyse in diesem Buch eine so geringe Rolle spielt, nachdem sie für einen Teil der feministischen Wissenschaft so wichtig geworden ist. Hites Daten (das ist insbesondere im statistischen Anhang zu sehen) rechtfertigen keine solche Aufschlüsselung. Wie Frauen von der Kultur »gesehen« werden, ist klassenübergreifend. Es wird von fast allen Frauen erwartet, daß sie »liebevoll« und nicht »biestig« sind, egal welche Klasse sie repräsentieren, welche Schulbildung sie haben und welcher sozioökonomischen Gruppe sie angehören. Tatsächlich schien mir die Klassenanalyse zum Verständnis der Unterdrückung von Frauen nie geeignet zu sein. Ich hatte eher den Verdacht, daß sie eine Masche ist, um Frauen an dem Platz festzuhalten, den ihnen der Marxismus zugewiesen hat.* Interessanterweise ist es Hite jedoch gelungen – und dies ist ein bedeutender Teil ihrer Arbeit –, eine große Zahl von Menschen in signifikante Diskussionen zu verwickeln und den politischen Prozeß zu beginnen, ihr Leben und die Kultur zu definieren.

Hites theoretischer Bezugsrahmen zum Verständnis dessen, was heute in privaten Beziehungen und in der Kultur geschieht, ist weder freudianisch noch marxistisch, sondern baut auf der feministischen Analyse des Patriarchats auf. Wie sie im V. Teil dieses Bandes sagt, kam Freud schließlich dahin zu glauben, Aggression sei angeboren, sei biologisch und könne nicht ausgerottet werden, um eine bessere Gesellschaft zu schaffen; Marx dagegen erklärte, Aggression werde durch das ökonomische System bewirkt, und dieses System müsse verändert werden. Hite glaubt wie viele Feministinnen, daß die Gesellschaft, die wir haben, mit ihrer ausgeprägten Betonung von Aggression und Konkurrenzkampf, nicht nötig ist – wir müssen einfach

* Naomi Weisstein, Virginia Blaisdell und Jessie Lemisch, *The Godfathers: Freudians, Marxists and the Scientific and Political Protection Societies*, New Haven, 1981.

nicht so leben –, und daß zu ihrer Veränderung die vollständige Erkenntnis und Revision des bestehenden ideologischen Systems erforderlich ist. Darum geht es in ihren Büchern.

Wir leben in einer Zeit des radikalen Wandels; wir befinden uns inmitten einer sehr realen Revolution. Trotz der kulturellen Reaktion, trotz der Gegenpropaganda in den Medien, trotz der Verhöhnung des Feminismus setzt das, was die Frauenbewegung in Gang gebracht hat, sein explosives Wachstum fort. Überall in den Vereinigten Staaten sind Frauen zu äußerst wichtigen Schlüssen gekommen; tatsächlich scheint sich ihre gesamte Weltsicht zu verändern. Was wir in *Frauen und Liebe* beobachten können, sind Frauen, die sich emotional definieren, sich zu *ihren* Bedingungen definieren, die die »männliche« Weltanschauung hinter sich lassen und den »männlichen« Werten abschwören, die Frauen sowohl emotional als auch in jeder anderen Hinsicht als zweitklassig definieren und Konkurrenzkampf und Aggression zu grundlegenden Realitäten der »menschlichen Natur« deklarieren.

Frauen finden neue Kraft bei ihren Freundinnen und bei ihren Geliebten, obwohl Frauenfreundschaften in der viktorianischen Gesellschaft vielleicht noch stärker waren – damals war es gang und gäbe, daß Freundinnen Arm in Arm gingen oder sich bei den Händen hielten und einander leidenschaftlich zärtliche Briefe schrieben –, und obwohl Frauen im Verlauf der ganzen Geschichte bei Frauen Kraft geschöpft haben.* Tatsächlich treffen wir in diesem Buch auf eine bedeutende Zahl von verheiratet gewesenen Frauen über vierzig, die die Liebe zu einer anderen Frau als neue und befriedigende Lebensweise empfinden.

Die Debatte geht hier zum Teil darum, was die »Frauenrevolution« für die Gesellschaft bedeuten wird. Wird sich, wenn wir unseren Status verändern, damit die gesamte Gesellschaft verändern? Wird das Bewußtsein von Frauen die Kultur umformen oder werden Frauen »männlichen« Denk- und Wahrnehmungsmodellen angepaßt werden? Die Frauen in diesem Buch scheinen, während sie einige »männliche« Modalitäten des Umgangs mit der Welt übernehmen, das

---

* Während wahrscheinlich zu allen Zeiten und allerorts Frauen enge Freundschaften miteinander hatten, wurden im zwanzigsten Jahrhundert – vor der zweiten Welle des Feminismus – intensive Freundschaften zwischen Frauen gesellschaftlich unakzeptabel – die frühen Sexologen und andere patriarchalische Enthusiasten hielten sie für krank und anomal. In ihrem ausgezeichneten Buch *Surpassing the Love of Men: Romantic Friendship and Love Between Women from the Renaissance to the Present* (New York, 1981) dokumentiert Lillian Fadermann die leidenschaftlichen Verbindungen zwischen Frauen, die im siebzehnten, achtzehnten und neunzehnten Jahrhundert die gesellschaftliche Norm waren und auf die Frauen hier wieder Anspruch erheben.

»männliche« Wertesystem ganz deutlich zu verwerfen und einen neuen Weg einzuschlagen – obwohl noch nicht klar ist, wohin dieser Weg führen wird.

Mit anderen Worten, Frauen gehen von »zu Hause« fort und schaffen eine neue Kultur – verändern radikal die psychologische Struktur ihres Lebens, schwören der Treue zur »männlichen« Dominanz ab und ebenso der Akzeptanz männlicher Definitionen dessen, was Frauen sind. Hite nennt das: »Die Welt mit neuen Augen sehen: Wenn Frauen – so die berühmte Formulierung von Simone de Beauvoir – ›das Andere‹ waren, haben sie diese Rolle nun zu ihrem Vorteil umgewandelt und sehen auf eine neue Weise. Wir haben in unserer Rolle als ›Außenseiter‹ festgestellt, daß wir viel klarer erkennen und analysieren können, was im System vor sich geht, als die, die mittendrin sind. Frauen verändern ihre Rolle, werden von Außenseiterinnen zu Sehenden und erarbeiten eine neue Analyse der Kultur.«

Hier liegt eine reiche Fülle von Daten vor über die Innenwelt von Frauen und den Kampf, den sie im Privatleben gegen die »männliche« Ideologie führen – tiefschürfende, scharfsinnige theoretische Abhandlungen neben ergiebigem, persönlichem und subjektivem Material von 4500 Frauen über ihre privaten Gedanken. Dieses Buch ist ein wissenschaftlicher Markstein. Es ist seiner Zeit voraus und ein unschätzbarer wertvoller Beitrag zu den gegenwärtigen Wandlungsprozessen unserer Kultur.

Naomi Weisstein
Professorin für Psychologie,
State University of New York,
Buffalo

Teil I

Der emotionale Vertrag: Gefühle von Frauen in der Ehe und in Liebesbeziehungen zu Männern

Was wird aus der Liebe?

»Am Anfang macht es Spaß, verliebt zu sein, aber dann passiert irgendwas, und es wird frustrierend, qualvoll und enttäuschend. *Was passiert da eigentlich?*«

»Ich finde mich amüsant, witzig und lebhaft, wenn ich in gemischten Gruppen bin, eine richtige Partynudel. Aber wenn mein Freund auch da ist... ›boing‹ – dann bin ich plötzlich still. Fast so, als wollte ich ihm nicht die Schau stehlen. Geht es nur mir so?«

»Was ich am wenigsten mag an Männern, ist ihre Tendenz, alle Gedanken und Gefühle für sich zu behalten. Du mußt deine ganze Energie einsetzen, um sie zum Reden zu bringen – dazu, daß sie ein bißchen was von ihrem Innenleben mitteilen.«

»Als ich drei oder vier Jahre alt war, brachte mir meine Mutter schon bei, Staub zu sehen und auf die Gefühle anderer zu achten (›laß deinen Vater in Ruhe, er ist müde!‹). Männer lernen diese Empfindsamkeit nicht.«

»Der gefühlsmäßige Mißbrauch hat mir so weh getan, daß ich auch jetzt noch nicht darüber sprechen kann. Komisch, daß sich die Feministinnen immer nur über körperliche Gewalt aufregen. Ich mich ja auch. Wenn er mich auch nur ein einziges Mal geschlagen hätte, wäre ich gegangen und nicht wiedergekommen. Emotional ist es noch etwas anderes... Aber dieser ewige Kreislauf, daß man böse wird, es dann bereut und schließlich die gefühlsmäßigen ›Geschenke‹ zu geben – das ist das gleiche. Es ist krank, krank, krank, aber wenn man mittendrin ist, ist es schwierig, das zu sehen. Man hört nicht auf zu geben, einfach weil die Tatsache, daß man soviel investiert hat, es schwierig macht, die Beziehung abzubrechen.«

Die meisten Menschen leben ihr »wirkliches« Leben in einer emotionalen Welt, einer Welt des Fühlens und Glaubens. Ihr Innenleben ist für sie realer und gegenwärtiger als Politik und Tagesnachrichten. Es liegt eine große Schönheit darin, diese Welten mit anderen zu teilen. Wie es eine Frau formuliert: »Die Zeit, in der du dich wirklich lebendig fühlst, ist, wenn du verliebt bist – oder wenn etwas sehr real und intensiv spürbar ist, wenn eine Verbindung zwischen einem ›tiefen‹ Teil deiner selbst und einem andern Menschen verwirklicht wird.«

Warum ändern sich die Dinge so oft nach den ersten Wochen des Glücks? Warum ist die Liebe »der größte Segen und die Geißel der

Erde«? Ist es der normale Verlauf von Beziehungen, daß die Leidenschaft und sogar das Gefühl der Nähe nach einer Weile einfach absterben? Hier beschreiben Frauen, was ihrer Meinung nach verkehrt läuft
zwischen Menschen, die einander aufrichtig lieben – eine Kette von
Ereignissen, die so allgemein üblich ist, daß über die Möglichkeit des
glücklichen Zusammenlebens zweier Menschen meist nur zynische
Äußerungen zu hören sind.

98 Prozent der Frauen in dieser Untersuchung sagen, sie wollten
grundlegende Veränderungen in ihrer Beziehung oder Ehe vornehmen, den emotionalen Konnex verbessern, den sie zu Männern haben.* Wie analysieren Frauen diese Frage? Was sind für Frauen die
Hauptprobleme in Beziehungen?

---

* Bei einer Untersuchung der Zeitschrift *Woman's Day* wurde 1986 eine ähnliche
Unzufriedenheit festgestellt; vier von fünf befragten Frauen sagten, sie würden ihren Mann nicht wieder heiraten, wenn sie noch einmal die Wahl hätten. Die hohen
Auflagen von »Ratgebern« für Frauen deuten ebenfalls darauf hin, daß dies ein Gebiet ist, für das sich Frauen intensiv interessieren.

1

Die Hauptprobleme
in Liebesbeziehungen

**Die emotionale Verweigerung und Distanzierung
von Männern, ihre Abneigung, über Gedanken und
Gefühle zu sprechen**

»Was ist das größte Problem in Ihrer gegenwärtigen Beziehung? Wie würden Sie die Beziehung gerne verändern,
falls Sie das wollen? Könnte die Beziehung besser sein?
Inwiefern?«

*98 Prozent der Frauen in dieser Untersuchung sagen, sie hätten gern mehr
verbale Nähe zu den Männern, die sie lieben. Sie wollen, daß die Männer in ihrem Leben mehr über ihre persönlichen Gedanken, Gefühle, Pläne und Probleme reden und sie nach den ihren fragen:*
»Das größte Problem? Daß ich ihm nicht sagen oder erklären kann,
worum es geht, wenn ich wütend bin oder andere negative Gefühle
habe. Er hat gelernt, seine Gefühle zu unterdrücken, er findet, daß sie
ein Zeichen von Schwäche sind. Ich habe gelernt, meine Wut in den
meisten Fällen runterzuschlucken, sonst behandelt er mich wie ein
kleines Kind. Ab und zu hat er sich dafür auf Umwegen entschuldigt.«
»Unser größtes Problem ist, daß wir nicht miteinander reden können. Er sagt etwas, und was er sagt, ist Gesetz. Ich darf keine eigene
Meinung haben. Streiten tun wir uns nicht – er gibt seine Erklärungen
ab, und damit ist Schluß mit der Diskussion. Er predigt, ich sage nichts
mehr und knalle die Tür zu. Sehr frustrierend für beide Seiten.«
»Unser Problem ist der Mangel an offener Kommunikation, weil
mein Mann Angst hat, sich eine Blöße zu geben – vor sich selbst und
erst recht vor mir.«
»Daß er sich weigert, sich mir mitzuteilen, ist ein echtes Problem.
Ich hätte gern, wenn er spontaner wäre und mehr als nur oberflächlich
über seine Gefühle, seine Ängste oder was auch immer reden würde.
Aber das erlaubt sein Stolz nicht. Ich sehne mich so danach, mich mit-

zuteilen, aber das geht nur mit meinen Freundinnen. Es könnte besser sein, wenn er mir ein richtiger Freund wäre, mehr reden würde, Humor hätte und seine Arbeit nicht so verdammt wichtig nähme.«

»Wenn er am nötigsten Hilfe braucht, läßt er mich nicht an sich ran. Manchmal habe ich das Gefühl, ich sei eine Fremde, die sich in dieses Haus verirrt hat.«

»Wenn ich ihm von meinen Gefühlen oder Bedürfnissen erzählen will, sagt er immer, es ist alles ein Scheiß.«

»Ich bemühe mich mehr um Gespräche als er. Ich hätte gern vertrautere Gegenstände, ich wollte, er würde mir sagen, was er sich für die Zukunft wünscht, aber er spricht nicht mit mir. Zwischen uns ist eine Kluft, die im Lauf der Zeit immer größer wird. Manchmal habe ich den Eindruck, daß ich bestimmte Dinge nicht mit ihm teilen kann wegen dem, was er dann sagt oder tut. Es wäre wirklich schön, wenn wir alles miteinander teilen würden. Ich weiß nicht, ob das möglich ist.«

83 Prozent der Frauen sagen, daß sie die meisten intensiven Gespräche einleiten und sich sehr bemühen, den Männern ihre Gefühle zu entlocken:

»Ich bringe das Gespräch auf Gefühle, aber er redet grundsätzlich nur von seiner Arbeit. Ich kann ihn nicht dazu kriegen, daß er über die Zukunft nachdenkt oder einfach träumt. Ich wünsche mir, er hätte einen Traum – auch wenn er nicht zu meinem passen würde.«

»Ich sage ihm immer, er kann mir alles sagen, was er gern möchte. Er sagt mir nie, wenn er traurig ist. Er sagt, er will niemand mit seinen Problemen belasten. Ich sage ihm, dafür bin ich doch da, für die schlechten Zeiten genauso wie für die guten.«

»Mein Liebhaber und ich haben selten intime Gespräche. Und wenn, dann muß in erster Linie ich reden. Ich glaube, Frauen haben eine Begabung für intime Gespräche. Wenn nur mehr Männer die auch hätten!«

»Ich rede mehr als er. Ich habe mehr Fragen. Ich würde mir wünschen, daß er mehr über seine Gefühle redet. Ich glaube, es ginge ihm besser, wenn er das könnte.«

»Er weigert sich selbst auf Konversationsebene, jemanden hinter seinen Panzer zu lassen.«

»Wir sprechen nicht soviel über Gefühle, wie ich es brauche und wie es eine lebendige Beziehung braucht. Ich hoffe, das wird sich bessern – etwas Zeit und viel, viel Geduld vorausgesetzt. Ich würde nicht nur vertrautere Gespräche mögen, ich würde es auch mögen, wenn *er* damit anfinge.«

»Es wäre toll, wenn ich wirklich über alles mit ihm reden könnte – wir haben solche Momente, aber leider nur selten. Ich muß sehr aufpassen, was ich sage und wie ich es sage.«

Einige Frauen sagen, Männer würden glauben, nicht über Gefühle zu spre-
chen, gehöre zur »Männlichkeit«: »Richtige« Männer sprechen nicht über
»Seifenopern«-Themen (die sind für Frauen da), »richtige« Männer dürfen
nur »rational«, »logisch«, »sachlich« und »objektiv« sein. *

»Ich glaube, die Männer werden massiv konditioniert – die meisten bekommen beigebracht, daß sie es sich nicht anmerken lassen dürfen, wenn sie sich verliebt haben. Viele von ihnen halten Dinge wie einen Job für viel wichtiger. Viele von ihnen sind mehr an ›Sicherheit‹ interessiert – daran, ›eine Frau zu haben‹, d. h. eine Person, die im Haus ist und auf die man sich verlassen kann – als daran, tatsächlich eine Liebesbeziehung zu haben. Viele Männer wissen gar nicht, wie sie das anfangen sollen. Ich glaube, daß sich Frauen mehr aussprechen wollen.«

»Er kritisiert mich dafür, daß meine Emotionen so stark sind und so wichtig für mich. Ich kritisiere ihn dafür, daß er übermäßig rational ist. Das Objektive und das Subjektive müssen ausgewogen sein – er neigt dazu, das Subjektive zu ignorieren, weil es seine säuberlichen Kalkulationen über den Haufen wirft. Aber wenn man das Subjektive ignoriert, ignoriert man 50 Prozent der Fakten und hat kaum eine Chance, zu brauchbaren Schlüssen zu kommen.«

71 Prozent der Frauen sagen, die Männer in ihrem Leben hätten Angst vor
Emotionen:
»Er hat echt Schwierigkeiten mit Gefühlen. Gefühle sind ihm richtig peinlich. Wenn jemand wütend ist, hat er eine Wahnsinnsangst. Er hätte alles gern nett und ausgewogen. Sogar Leidenschaft im Bett macht ihm eine Wahnsinnsangst. Er sagt, ich suche immer nach der versteckten Bedeutung von allem, und deswegen kann ich nie glücklich sein – sagt er. Ist er glücklich? Er sagt ja, und ich glaube, er meint das auch. Aber bei seiner Angst vor Gefühlen glaube ich nicht, daß er es aushalten würde, richtig glücklich zu sein.«

»Männer haben Angst vor Nähe und setzen sie mit Verlust gleich, nicht mit Verschmelzung. Sie sind zu logisch oder zu distanziert.«

Das kann Frauen in eine schwierige Lage bringen:
»Wenn ich mich über etwas aufgeregt habe, bin *immer* ich diejenige, die das Gespräch anleiern muß. Und darum bin ich ›die Böse‹, weil mein Mann zu den Leuten gehört, die die Dinge einfach laufenlassen – wenn es Probleme gibt, sind es immer *meine* Probleme.«

63 Prozent der Frauen stoßen auf erheblichen Widerstand, wenn sie ihren
Mann oder Liebhaber dazu bewegen wollen, über Gefühle zu sprechen:

---

* Siehe *Hite Report II/1, Das sexuelle Erleben des Mannes*, 1. Kapitel.

»Ich rede, nicht er. Die Initiative zu allen Diskussionen, allen Auseinandersetzungen, allen Gesprächen, egal, auf welcher Ebene, geht von mir aus. Ich kann über jedes Thema reden und tue es auch. Aber er hat da ungeheure Schwierigkeiten. Bei Dingen, die einen nicht kalt lassen können, sagt er meistens: ›Darüber muß ich nachdenken.‹ Das heißt mit anderen Worten: ›Ich kann damit nicht umgehen und will es auch nicht versuchen.‹«

»Es fällt uns nicht leicht, miteinander zu reden. Wenn wir über Gefühle, Reaktionen oder Intimes sprechen, fange immer ich davon an. Er regt sich furchtbar auf, wenn ich unsere Probleme zur Sprache bringe, und spricht nie ruhig und entspannt mit mir. Er wird immer gleich gereizt.«

Manchmal kann der Versuch, den Liebhaber oder Ehemann zum Gespräch zu bewegen, sogar zu gewalttätigen Reaktionen führen:
»Mein Freund hatte seinen Job verloren (weil seine Firma dichtmachen mußte), dann hatte jemand die Reifen von seinem Wagen gestohlen, und schließlich hat er erfahren, daß sein Vater bald stirbt – und das alles innerhalb von vier Monaten. Er war unheimlich nervös. Ich wollte ihn dazu kriegen, daß er mir von seinen Gefühlen erzählt, aber er ist brutal geworden und hat mich geschlagen.«

Eine Frau schreibt Briefe, wenn die Kommunikation blockiert ist:
»Es fällt uns nicht immer leicht, miteinander zu reden, aber das ist der einzige Weg zum gegenseitigen Verstehen und Verzeihen. Wir lieben uns sehr, und wenn wir nicht mehr miteinander reden würden, würden wir uns nicht kennen – und wie könnten wir uns dann lieben? Ich tue oft den ersten Schritt zu besonders intensiven psychologischen und philosophischen Gesprächen, und er tut oft den ersten Schritt zum Gespräch, wenn wir uns gezankt haben – das kann er gut. Ich habe wirklichen Respekt vor seinem Mut, wenn er versucht, die Kommunikation wiederherzustellen. Hin und wieder, wenn ich sehr verletzt bin, kann ich nicht sprechen, ohne zu weinen – dann schreibe ich ihm manchmal einen Brief und lege ihn in sein Zimmer – und wenn er ihn gelesen hat, reden wir miteinander. Die Mühe lohnt sich – wir haben beide einen echten Freund.«

52 Prozent der Frauen bezweifeln, daß Männer wirklich eine intensivere Kommunikation wollen:
»Ich möchte, daß mein Mann weiß, was in mir vorgeht und wer ich bin, aber ich glaube nicht, daß die Männer jemals versuchen, so in die Tiefe zu gehen.«
»Was ich persönlich am wenigsten mag, ist ihre Tendenz, Probleme

zu verbergen, und diese Einstellung dahinter: ›Was sie nicht weiß, macht sie nicht heiß – und *mich* auch nicht.‹«

71 Prozent der Frauen in langen Ehen, die ursprünglich versucht hatten, ihre Männer aus der Reserve zu locken, haben es schließlich aufgegeben:
»Es gibt keine Kommunikation. Er lehnt es ab, zur Eheberatung zu gehen. Es wird nie besser werden. Ich habe resigniert.«

»Ich finde, daß er mich besser verstehen sollte, nachdem wir schon sieben Jahre zusammen sind. Er kann seine Gefühle nicht ausdrücken – es ist, als würde er sich einen Zahn ziehen lassen. Wir führen ein Gespräch, und vier Tage später gibt er seinen Kommentar dazu ab. Wir haben versucht, daran zu arbeiten, aber so ist er nun mal. Ich habe mich damit abgefunden, manchmal mache ich sogar Witze darüber. Aber das heißt nicht, daß ich es mag!«

»Er macht alles mögliche, löst Kreuzworträtsel, sieht fern, nur daß er darüber nachdenkt, was er vom Leben will, und was er tun könnte, um es zu bekommen, das macht er nicht. Ich finde das so entsetzlich frustrierend, weil ich glaube, wir könnten tatsächlich haben, was man das Glück zu zweit nennt, wenn er nur etwas dafür tun würde. Ich habe schon alles versucht, aber es hilft nichts. Entweder schafft er es doch noch, oder wir bekommen beide nicht, was wir wollen.«

Eine Frau erklärt, warum es wichtig für sie ist, miteinander zu reden und einander zuzuhören, sich mitzuteilen und teilzuhaben:
»Ich schätze die Intimität, die sich auf diese Weise entwickelt, die Freiheit, mit einem anderen bewußten Selbst ›seine Notizen zu vergleichen‹. Ich glaube, daß die Exaktheit dessen, was eine Person sagt, nicht der springende Punkt ist; das Entscheidende ist, daß es das ist, was diese Person empfindet, und aus diesem Grund ist es kostbar.«

17 Prozent der Frauen sagen, daß die Kommunikation in ihrer Beziehung gut ist, sie glücklich macht, einen wichtigen Beitrag zu ihrem Leben darstellt:
»Wir sprechen phasenweise über intime Angelegenheiten. Sehr intensiv. Ich glaube nicht, daß wir ständig mit dieser Intensität leben könnten, also tun wir es nicht ständig. Wir haben zusammen Therapien gemacht, unsere Seelen offenbart. Es war leidenschaftlich, liebevoll, heiter, froh, befreiend. Genau das, was es sein sollte.«

»Es fällt uns leicht, miteinander zu reden. Wir sind meistens sehr ehrlich, und alles kommt zur Sprache. Wir erzählen uns von unseren Träumen und Hoffnungen, und er ist einer der wenigen Männer, die ich kenne, die kaum Probleme damit haben, ihre Gefühle zu zeigen und darüber zu reden. Ich kann mir keine engere, innigere Beziehung vorstellen als die, die ich mit meinem Mann habe.«

Ein Paar hat ein besonderes »System«, um sicherzustellen, daß es Zeit für sich hat, miteinander reden und schmusen kann:

»Unser Alltag ist schön. Am wichtigsten ist, daß wir jeden Tag mindestens zwei oder drei ›Horizontalen‹ haben (wir legen uns hin, umarmen uns, sprechen miteinander). Wir sehen uns gern an.«

Der Mangel an emotionaler Unterstützung von Männern: kein offenes Ohr finden, nicht gehört und nicht ›gesehen‹ werden

»Womit erbost Ihr Partner Sie am meisten?«

Die häufigste Antwort (77 Prozent) ist: »Er hört nicht zu.«

»Er pfeift und singt und schmeißt Türen zu, wenn ich versuche, mit ihm zu reden.«

»Gibt keine Antwort auf meine Fragen oder verliert kein Wort über das, was ich gesagt habe.«

»Läßt mich nicht ausreden, wenn ich Fragen stelle.«

»Zieht alles ins Lächerliche, wenn ich über ernsthafte Dinge sprechen will.«

»Wenn ich ihn kritisiere, sagt er, ich nörgle an ihm herum, und dann steckt er beide Finger in die Ohren, damit er mich nicht mehr hören muß. Das macht mich stinksauer! Aber es hält nicht lange vor. Am Ende lachen wir meistens über uns.«

»Er behandelt mich gönnerhaft oder spielt den stillen Dulder.«

»Er zieht sich hinter eine Wand des Schweigens zurück.«

»Ich wurde irrsinnig zornig, wenn wir über etwas Wichtiges sprachen und er weiter aß oder sich was für die Schule notierte oder irgendwas Überflüssiges im Haus machte. Damit sagte er mir doch, daß seine Aktivitäten wichtiger waren als das, was ich ihm zu sagen hatte.«

»Unsere ›Gespräche‹ bestehen darin, daß er mir sagt, wie es ist. Von mir wird erwartet, daß ich zuhöre und es mir zu Herzen nehme und keine eigene Meinung habe.«

»Das Schlimmste, was er tut, ist, daß er mich einfach ignoriert und stundenlang schweigt, wenn ich versuche, mit ihm zu reden. Wenn er am Wochenende nach Hause kommt, verstreut er seine Baseball- und Footballsachen durch die ganze Wohnung, und wenn er von der Arbeit kommt, setzt er sich vor die Glotze und sieht sich blöde Shows an und bleibt ewig lange in seinen dreckigen Klamotten sitzen. Oder er

›geht mal schnell im Laden an der Ecke was einkaufen‹ und kommt zwei Stunden später wieder.«

41 Prozent der Frauen sagen, Männer gäben nichtverbale Hinweise darauf, daß sie nicht zuhören:
»Ich würde gern mehr reden, aber ich habe das Gefühl, daß ich ihn langweile, wenn ich zuviel rede.«

59 Prozent berichten, daß Männer sie unterbrechen:
»Was Männer ständig tun und was mich bis aufs Blut reizt: Ständig fallen sie Frauen ins Wort. In einer Männergruppe werde ich in neun von zehn Fällen unterbrochen. Männer gehen davon aus, daß die Gesprächsbeiträge von Frauen bedeutungslos sind.«
»Nun die Frage, wer mehr redet. Alle Männer reden mehr und unterbrechen das Gespräch öfter als Frauen. Ich habe es mir zum Grundsatz gemacht, ›Gerechtigkeit für alle‹ zu sagen und das Gespräch zu steuern, wenn ich mit Männern rede.«

84 Prozent sagen, daß Männer oft nicht wahrzunehmen scheinen, was ihnen gesagt wird:
»Ich sage ihm was, und ein paar Tage später meint er: ›Das hast du mir nie gesagt.‹«
»Er hört nicht, was ich sage, er hört, was er hören will. Ich habe das Gefühl, daß ich meinen Freund voll und ganz kapiere, etwa wie einen langweiligen Roman. Er würde die meisten Details an mir nie verstehen, weil er nie die Chance nutzt, emotional reifer zu werden.«

47 Prozent erklären, daß Männer oft gewohnheitsmäßig ablehnen, was Frauen sagen, oder nach Möglichkeiten suchen, ihnen »eine Nasenlänge voraus zu sein«, statt empathisch zuzuhören oder sich ernsthaft auf die Probleme einzulassen:
»Wenn ich von meinen Gefühlen spreche, sagt er fast immer, er begreift nicht, warum ich so denke. Er sagt mir oft, daß ich auf dem Holzweg bin. ›Das solltest du aber nicht so sehen.‹«
»Er legt großen Wert darauf, daß wir ›gut miteinander auskommen‹, was im Klartext heißt: ›Mach keinen Ärger und stell nicht soviel Fragen.‹«

41 Prozent berichten, daß Männer ihnen sogar sagen, daß sie nicht fühlen sollen, was sie fühlen:
»Er geht immer dazwischen und sagt, wie *er* das empfinden würde – und die stillschweigende Folgerung ist die, daß ich genauso empfinden soll. (Denn das ist die logische, vernünftige Art – *seine* Art!)«

66 Prozent der Frauen sagen, daß oft von ihnen erwartet wird, im Gespräch mit Männern übereinzustimmen; jedes andere Verhalten wird als aggressiv und unsystematisch, grob unhöflich und »unerfreulich« betrachtet:

»Ich habe mich reichlich oft so behandelt gefühlt, als hätte ich mich irgendwie danebenbenommen, wenn ich anderer Meinung war als ein Liebhaber von mir oder wenn ich mich zu etwas äußerte, was er getan oder gelassen hatte. Meine Meinung war irgendwie nicht so wichtig.«

»Wenn ich versuche, mich auszudrücken, ist es, als wären wir Rivalen oder Konkurrenten.«

Enthusiastisch zuhören – »geduldig« zuhören: Finden Männer überhaupt, daß Frauen etwas Wichtiges zu sagen haben?

69 Prozent der Frauen berichten, daß Männer im allgemeinen nicht zuhören oder fragen und nicht versuchen, sie dazu zu bewegen, über ihre Aktivitäten und Ansichten zu reden:

»Das Schlimmste, was er jemals getan hat: Er hat kein Interesse an meinen Gedichten, meinen Kurzgeschichten gezeigt. Sie drücken aus, wer ich im Innersten bin, und trotzdem mußte ich ihn *bitten,* sie zu lesen – was er schließlich ein Jahr später tat. Ich fühlte mich betrogen, weil ich bei seiner Musik, seinen Songtexten von Anfang an dabei war.«

83 Prozent der Frauen in dieser Untersuchung äußern sich dazu, daß Männer nur am Anfang einer Beziehung zuzuhören und Interesse an dem zu haben scheinen, was sie sagen:

»Als wir frisch verliebt waren, habe ich mit ihm über so vieles geredet, und er hat zugehört – oder ich dachte, er hört zu; vielleicht war er auch nur verzaubert, weil ich da war. Später fiel mir auf, daß er aus dem Zimmer ging, wenn ich sprach, geistesabwesend dreinblickte oder schlichtweg nicht antwortete, selbst wenn ich meine Gedanken mit einer Frage abschloß. Das hat weh getan.«

Die meisten Frauen sagen, daß es ihnen leicht fällt, intim mit ihren Freundinnen zu reden, und weisen darauf hin, wieviel einfacher es ist, mit Frauen zu reden als mit Männern:

»Ich kann mir nicht vorstellen, daß ich mit meinem Mann so spreche wie mit meiner besten Freundin. Er interessiert sich für ganz andere Dinge als sie und ich. Wir sprechen über sehr persönliche Probleme, über unsere Erfahrungen, unsere Hoffnungen. Er würde das nicht packen. Doch ich glaube, für mich wäre ein Mann richtig, der viel beteiligter an allem sein könnte. Wenn ich je noch eimmal heirate, dann einen Mann, mit dem ich reden kann. Ich sage schon meinen kleinen Töchtern, daß sie darauf achten sollen.«

»Meine Freundinnen interessieren sich echt dafür, wie ich mich fühle. Wir wechseln uns ab – mal reden wir, mal hören wir zu. Mein Mann will bloß eine ›gute Zuhörerin‹. Sobald ich meine Meinung sage, wird ihm mulmig.«

»Das Gespräch mit den Frauen, die ich kenne, fällt weniger in die Kategorie ›Spiele für Erwachsene‹, es dient, unabhängig vom Thema, der Verbesserung des Wissens um eine bestimmte Situation.«

»Es ist einfacher, mit Frauen zu sprechen, weil sie nicht an deiner Glaubwürdigkeit zweifeln – sie betrachten dich nicht durch die sexistische Brille, denken nicht in Begriffen wie ›die jammert immer‹, ›die nörgelt‹, ›die muß mal tüchtig durchgevögelt werden‹ usw.«

Mit Anfeuerung leben statt mit einem Kritiker*

74 Prozent der Frauen sagen, sie hätten den Eindruck, daß es ihnen in den Augen der Männer, die sie lieben, an »Glaubwürdigkeit« fehlt:

»Mit einem Mann zusammenleben bedeutet, daß dir ständig widersprochen wird, daß deine Glaubwürdigkeit ständig in Frage gestellt wird – entweder bin ich nicht so wichtig, daß er mich anhört, oder er hat eine andere (›richtige‹) Interpretation, oder es liegt an meiner Periode oder sonst was…«

Einige Frauen vermuten, daß diese Ablehnung ein Teil der Konkurrenzthematik in der kulturell bedingten Erziehung von Männern zur »Männlichkeit« sein könnte:

»Manche Männer müssen einfach im Gespräch anderer Meinung sein als Frauen, sie an die Wand reden, alles ablehnen, was sie sagen, statt ihnen mit dem Herzen zuzuhören. Das Wesentliche nehmen sie oft gar nicht zur Kenntnis. Warum? Um nicht darüber diskutieren zu müssen?«

Eine unglückselige Strömung in unserer Gesellschaft erzieht Männer dazu, Frauen nicht zu trauen, ihre Glaubwürdigkeit in Frage zu stellen. Simone de Beauvoir bezog sich darauf in ihrem berühmten Werk *Das andere Geschlecht*, als sie jene Männersicht beschrieb, in der die Frau als »die Andere« gilt.** Ein Stereotyp, das häufig auftaucht,

---

* Mit freundlicher Genehmigung von Lindy Hess.
** Simone de Beauvoir, *Das andere Geschlecht*, Reinbek, 1951.

wenn Frauen mit Männern über ihre Probleme sprechen, ist die unterschwellige Implikation, daß alle Frauen »leicht verrückt« oder »neurotisch« seien (siehe auch 3. Kapitel).

Nehmen Männer Frauen ernst? Interessiert es Männer, wer Frauen sind?

Viele Männer gehen nicht auf Themen ein, die Frauen zur Sprache bringen, seien sie persönlich oder nicht. Wie eine Frau es formuliert: »Ich kann begrenzt ernste Gespräche mit einem Mann führen – kann sogar lachen –, solange *ihm* danach ist und das Thema für seine Begriffe ›einwandfrei‹ ist. Spontan ist das nicht.«

Leider werden die Auffassungen von Frauen oft nicht als gleichrangig anerkannt; wie Frauen die Dinge sehen, ist »definitionsgemäß« nicht so stichhaltig, und so wird die Meinung von Frauen nicht angehört und gilt als minder glaubwürdig. Es ist, als wären manche Männer der Ansicht, Frauen hätten nichts Interessantes oder Wichtiges zu sagen. Männer scheinen sich im allgemeinen nicht zu bemühen, die Meinung von Frauen herauszufinden, und wenn Frauen ihre Meinung sagen, scheint sie oft nicht zu zählen oder nicht ernst genommen zu werden.

Es gibt zahlreiche subtile Methoden, mit denen Männer Frauen in Beziehungen unterdrücken und ihnen zu verstehen geben, ihre Rolle hätte darin zu bestehen, eine stützende Funktion auszuüben, wenn der Mann über seine Interessen spricht, und daß es nicht als interessant, sondern als rüde oder aggressiv betrachtet wird, wenn die Frau mit *ihren* Informationen, mit *ihrer* Meinung dagegenhält.

Emotionale Gleichgültigkeit

Auf die Frage »Was halten Sie von dem Satz: ›Du bemühst dich nicht genug herauszufinden, was in mir vorgeht und wer ich bin‹?« * *antworten 76 Prozent der Frauen, daß ihr Mann oder Liebhaber selten versucht, sie zum Reden über ihre Gedanken und Gefühle zu bewegen, wie es Frauen bei Männern tun:*

»Soviel liegt ihm nicht an mir, daß er herausfinden möchte, was in mir vorgeht. Er ist zu sehr mit *seinen* Problemen beschäftigt.«

»Genau das habe ich immer zu meinem Exmann gesagt, aber er war zu so etwas einfach nicht in der Lage. Und jetzt bin ich froh, daß mein

---

* Diese Frage wurde auf Anregung einer Frau, die die erste Fassung des Fragebogens beantwortet hatte, in die zweite Fassung aufgenommen.

gegenwärtiger Partner es nicht mal versucht. So habe ich meine Ruhe, kann kommen und gehen, wie es mir gefällt, und denken, was ich will.«

»Ich habe es sehr gern, wenn sich jemand liebevoll in mich vertieft, wenn ich eine wirklich intime Beziehung habe. Mein Mann hat mir nie intime Fragen gestellt. Davon will er nichts wissen. Es stört mich nicht, daß er nicht auf diese Weise intim sein will. Eine solche Beziehung kann ich auch mit anderen Leuten haben. Warum sollte ich mir wünschen, daß er mein innerstes Wesen kennt, wenn *er* das nicht will? Vor allem, wenn ich weiß, daß er es nicht würdigen könnte?«

Die meisten Frauen halten dies für das Problem einzelner Männer und nicht für ein größeres, gesamtgesellschaftliches Problem (die Gesellschaft ermutigt Männer, Frauen nicht ernst zu nehmen) und führen individuelle und persönliche Gründe aus der Kindheit oder Vergangenheit des Mannes an, um zu erklären, warum es ihm nicht leicht fällt, zu reden und zuzuhören:

»Er findet es sehr schwierig, über seine Gefühle zu sprechen, und schüchtert mich ein, damit ich nicht über meine spreche. Er findet es auch sehr schwierig, meine Zuneigung zu akzeptieren. Da ich seinen Background kenne, kann ich verstehen, warum er so kühl und distanziert ist, aber wenn ich seine Liebe brauche, macht es mich zornig, daß sein Bedürfnis, emotionslos zu sein, wichtiger ist als mein Bedürfnis, daß er mir seine Liebe zeigt. Warum muß immer ich die Verständnisvolle sein?«

»Mein Mann ist in einer sehr kalten Familie aufgewachsen, und ich habe lange Zeit gebraucht, bis ich ihm klarmachen konnte, daß es gut ist, Menschen wissen zu lassen (vor allem die, die man liebt), wie einem zumute ist.«

Manchmal nehmen Frauen den Gedanken »Eine Person kann nicht alle Bedürfnisse befriedigen, die man hat« als Rechtfertigung für einen gravierenden, ja lähmenden Mangel an Nähe in ihren Beziehungen:

»Ich teile mit ihm, was ich teilen will. Wenn unsere Interessen auseinandergehen, habe ich Freundinnen, die meine Interessen teilen. Ich erwarte nicht, daß eine Person all meine Bedürfnisse befriedigt, obwohl ich lange gehofft habe, diese Person zu finden.«

Ein solcher Mangel an Kommunikation bedeutet, daß sich viele Frauen von ihren Männern oder Liebhabern nicht erkannt, nicht verstanden fühlen – sie werden nicht wirklich ›gesehen‹:

»Er kennt mich nicht, obwohl ich ihm oft die Chance dazu gegeben habe – er will meine Gefühle, scheint's, nicht verstehen. Und einen Lösungs- oder Verbesserungsvorschlag wird er nie machen.«

»Meine tiefsten Bedürfnisse werden von Frauen befriedigt. Er könnte mich sehr gut kennen, sehr intim, denn ich habe, weiß Gott, gesagt, was nötig ist, ich habe alles gesagt, was ich konnte. Aber er kennt mich lieber nicht. Frauen – meine Freundinnen – geben mir mehr.«

»Die Beziehung hat meine tiefsten Bedürfnisse nach Nähe nicht erfüllt, deshalb besteht sie auch nicht mehr. Ich habe ihm nichts von mir vorenthalten, doch das beruhte nicht auf Gegenseitigkeit. Ich wurde nicht akzeptiert und nicht verstanden. Ich glaube nicht mal, daß er mich gut kannte. Er war unfähig zum Verstehen. Es wurde unmöglich, miteinander zu sprechen, weil sich herausstellte, daß jedes Thema ein heikles Thema war. Er weigerte sich, anders als auf oberflächlicher Ebene mit mir zu kommunizieren oder mit mir bei Dritten Hilfe zu suchen (Eheberatung). Ich hätte damals gern intimer über Gefühle, Reaktionen und Probleme gesprochen, aber er ließ immer das Visier herunter und lehnte es ab.«

»Ich bin ihm nicht so wichtig, daß er mich kennen will. Es ist ihm ganz egal.«

Eine Frau nimmt alle Verantwortung auf sich:
»Ich glaube nicht, daß jemand das Recht hat, vom anderen zu erwarten, er könnte Gedanken lesen. Wenn ich möchte, daß er etwas tut oder sagt oder versteht, stelle ich klar und deutlich fest, was ich erwarte – genauso, wie ich es bei den Kindern machen würde.«

32 Prozent der Frauen haben Schuldgefühle wegen ihres Wunsches nach mehr Aussprache und entschuldigen sich fast dafür:
»Wenn ich mich unsicher fühle, muß ich viel reden. Es macht mir manchmal Kummer, daß ich immer wieder die gleichen Dinge sage.«

»Ich kann eine emotionale Belastung für meinen Mann sein, wenn ich rede wie ein Wasserfall.«

Die meisten Mädchen haben ihre Väter als ebenso distanziert empfunden; ihre Väter führten keine richtigen Gespräche mit ihnen, erkundigten sich nicht nach ihren Gefühlen und Gedanken:
»Mein Vater hat im materiellen Sinn für die Familie gesorgt, aber das Seelische und Gefühlsmäßige hat er vernachlässigt – das hat er einfach nicht gekonnt, glaube ich. Ich habe nie gewußt, was ich ihm sagen soll, ich habe immer ein wenig Angst vor ihm gehabt. Ich habe mit ihm reden wollen, richtig mit ihm reden wollen, aber die Worte nicht gefunden.«

»Mein Vater wird mir mein Leben lang immer das größte Rätsel bleiben. Er war ein Mensch, der nicht auf andere Menschen zugehen konnte. Er hatte keinen Sinn dafür, er wußte nicht, wie man es anfängt. Ich glaube, er war jemand, der emotional eingesperrt war – wie im Gefängnis.«

Einige Frauen sagen, wenn die Kommunikation ein Problem sei, dann sei das ein Zeichen für Gleichgültigkeit; liebevolles Verhalten beinhalte einfach Zeiten, zu denen man miteinander redet und sich einander öffnet:
»Ich finde, jeder muß dem anderen von wichtigen ›inneren‹ Dingen Mitteilung machen, und außerdem fragen Liebespartner einander doch ab und zu, wie es ihnen geht, denn damit kann man einander sagen: ›Es interessiert mich, was mit dir ist, und ich bin bereit, dir zuzuhören.‹«
»Zwei Menschen sollten sich mit dem Herzen zuhören wollen. Es ist nicht schwer zu wissen, was in jemandem vorgeht. Ich glaube, es ist den Leuten ins Gesicht geschrieben, man merkt es an ihrem Ton und an dem, was sie im Alltag tun.«

In 47 Prozent der Beziehungen ist Streit der einzige Weg zu echter verbaler Kommunikation:
»Es hat eine Zeit gegeben, da waren mir Kräche zur Reinigung der Atmosphäre und zur Ankurbelung der Maschine Kommunikation willkommen.«

Einige Frauen sagen, Sex zu haben bringe oft eine gewisse Kommunikation in Gang:
»Im Moment ist der Sex, glaube ich, für mich wichtiger als für ihn, weil er eine Art Katalysator für die Kommunikation ist.«

Viele Männer meinen, Sex zu haben sei an sich bereits Kommunikation*, aber die meisten Frauen sagen, daß Gesprächsdefizite den Sex gewöhnlich bedeutungslos werden lassen:
»Mein Mann dachte, Sex haben wäre das gleiche wie miteinander klarkommen. Wenn wir redeten, hatte er immer recht. Zärtlich sein hieß für ihn grabschen.«
»Mein Mann glaubt, er kennt mich, aber er hat soviel von mir von sich ferngehalten, daß ich mir jetzt wie eine Prostituierte vorkomme, wenn ich mit ihm ins Bett gehe.«

Eine Frau legt traurig dar, wie sie durch den unkommunikativen Stil von Männern in ein endloses Rätselraten darüber verwickelt wird, wohin die Beziehung steuert, was der Mann erwartet und welchen Standpunkt er hat:

---

* Siehe *Hite Report II/1, Das sexuelle Erleben des Mannes*, 2. Kapitel.

»Ich kann offenbar nicht voraussagen, wie ernst die Männer eine Beziehung nehmen wollen – und ich kann die Beziehung nicht so steuern oder beeinflussen, daß ich am Ende nicht als gebranntes Kind dastehe. Ich habe gelernt, Beziehungen so zu sehen, daß sie nicht immer ernsthaft sein müssen, um sich zu lohnen – aber mein Gefühl, daß hinter dem Sex ein gewisses Engagement stehen muß, scheinen die meisten Männer nicht zu teilen. Ich habe Probleme mit den Heiß/Kalt-Ratespielen, und ich habe Probleme damit, daß ich dauernd versuchen muß rauszukriegen, was der Mann empfindet, weil ich offenbar immer wieder an den Typ gerate, der sich ausschweigt.«

Ein paar Frauen beschreiben eine innige Nähe, die sie nicht erklären können, die nicht auf verbaler Kommunikation beruht und die das Gesprächsdefizit fast ausgleicht:
»Ich habe nicht das Bedürfnis, alles, was ich denke und fühle, mitzuteilen. Mein ›tiefes Bedürfnis nach Nähe‹ ist mehr spiritueller Art.«
»Wenn ich mir jemanden zur Liebe aussuchen müßte, dann ihn. Ich hätte gern mehr Austausch mit ihm, wenn er mich ließe. Ich bin mit vielen Männern zusammen gewesen in meinem Leben, und er ist am schwierigsten mit Gefühlen aufzuschließen, aber er hat etwas Sanftes, Einfühlsames, das ich bei keinem anderen Mann gefunden habe. Ich müßte also sagen, ich habe alles an ihm außer den Worten, die soviel bedeuten. Manchmal möchte ich schreien.«

76 Prozent der Frauen finden, daß diese Behandlung – Männer hören nicht zu, nehmen nicht ernst, was Frauen sagen, bewegen sie nicht dazu, mehr zu sagen – empörend ungerecht ist, weil die meisten Frauen Männern so freundlich und selbstverständlich bieten, was man ihnen verweigert:
»Wenn ich aufmerksam und verfügbar bin, läuft alles besser. Aber wenn wichtige Entscheidungen zu treffen sind, trifft er sie allein, und man stellt seine Entscheidungen nicht in Frage.«

Tatsächlich merken Männer – so die Frauen in dieser Untersuchung – in den meisten Fällen kaum, daß die Frau etwas für sie tut oder ihnen etwas gibt; sie scheinen den Eindruck zu haben, dies sei »natürliches« »weibliches« Verhalten – etwas, das Frauen automatisch für Männer tun (deren Meinung immer hörens- und diskutierenswert ist). Die meisten Frauen sagen, daß sie sich sehr darüber freuen würden, wenn sie von ihren Ehemännern oder Liebhabern zu Meinungsäußerungen bewegt würden. Doch nur zu oft scheint ihre Meinung irgendwie nicht ins Gewicht zu fallen.

Männer, so glaubt die überwältigende Mehrheit der Frauen (82 Prozent), er-
kennen oft nicht, wie sehr sie von der emotionalen Unterstützung und dem em-
pathischen Zuhören von Frauen abhängig sind und in welch hohem Maße sie
Gebrauch davon machen:

»Ich glaube, Männer haben Angst vor der Abhängigkeit von
Frauen, ohne zu realisieren, wie sehr viel abhängiger *sie* im allgemei-
nen sind. Männer haben meistens nur eine Person, mit der sie reden,
Frauen haben viele. Ich habe im allgemeinen das Gefühl, daß ich mehr
Unterstützung gebe, als ich bekomme.«

»Manchmal hat mir mein Partner den Eindruck vermittelt, ich sei für
seine geistige und seelische Gesundheit verantwortlich, da ich sein
einziges Ventil bin. Das mag ich nicht. Ein Mensch kann nicht von einem anderen Menschen erwarten, daß er sein einziger Halt ist.«

Die meisten Männer gehen davon aus, daß sie ein Recht auf emotionale Unterstützung von Frauen haben, daß Frauen fürsorglich und liebevoll sein müssen

Frauen sagen, daß viele Männer sie mit ihren unbewußten Erwartungen als »Liebesspenderinnen« oder, wenn sie »böse Frauen« sind, als
»Verweigerinnen« kategorisieren. Doch die meisten Männer haben
kaum eine Vorstellung davon, daß sie so von Frauen denken. Und
Männer brauchen die Liebe von Frauen, weil sie diese Art Emotionalität von den meisten anderen Männern nicht bekommen; aber wenn sie
eine solche Emotionalität nicht erwidern, können sie Frauen fast »aus-
saugen«. Und das hat zur Folge, daß Frauen in vielen Ehen und Beziehungen allmählich aufhören, Liebe zu geben, teilnahmsvoll, verständnisvoll und aufmerksam zu sein.

Wenn das eintritt, sind Männer oft überrascht und verwirrt, denn
sie machen sich keinen Begriff davon, daß sich eine unheilvolle Kluft
auftut, wenn sie ihren Ehefrauen oder Geliebten keine emotionale Unterstützung geben, weil sie finden, Männer müßten keine emotionale
Fürsorge bieten, während es in der »Natur« der »guten« Frau liege,
Liebe zu geben und fürsorglich zu sein. Viele Männer sehen nicht ein,
daß mit einer Frau von gleich zu gleich zu verkehren, emotionale Unterstützung und verbale Mitteilung und Teilhabe beinhaltet, daß es bedeutet, miteinander im Austausch zu stehen. Und solche Männer
wundern sich, wenn Frauen allmählich zornig werden, das Interesse
am Sex verlieren, sich oft »beklagen« und sie schließlich verlassen.

Wie einsam kann man in einer Liebesbeziehung sein?

Viele Frauen fühlen sich sehr einsam, wenn sie mit ihren Männern oder Liebhabern nicht über ihre Gedanken und Gefühle sprechen können.

Die häufigste Antwort auf die Frage »Wann waren Sie am einsamsten?« bezieht sich seltsamerweise auf eine Zeit, zu der man einander »eigentlich« am nächsten sein sollte: Die meisten Frauen (82 Prozent) sagen, am einsamsten seien sie in der Ehe mit einem Mann gewesen, mit dem sie nicht reden konnten:

»Ich erinnere mich, daß ich über die Probleme geweint habe, die ich mit meinem Mann hatte. Warum? Weil ich ihn nie erreichen konnte. Ich konnte nie wirklich mit ihm kommunizieren, mich nie wirklich mit ihm austauschen. Ich hatte zwei Nervenzusammenbrüche im Lauf meiner Ehe und habe mich nach meiner Scheidung sehr schlecht gefühlt. Aber am einsamsten war ich *während* der Ehe, als mein Mann nicht an meinem Leben teilnahm. Ich war einsam, weil er zwar bei mir war, aber ich ihn einfach nicht erreichen konnte.«

»Am einsamsten war ich, als ich gerade verheiratet war. Ich hatte schreckliche Angst davor, Mutter zu sein, und ahnte, daß ich es allein machen würde – nicht physisch allein, aber emotional allein.«

»Die Einsamkeit kommt daher, daß man weiß, man bekommt keinen Kontakt zu einer anderen Person – zu dem, was sie fühlt und tut –, egal, wie sehr man sich bemüht.«

»Am einsamsten habe ich mich in meiner Ehe gefühlt. Ich spürte, daß mein Mann mein wahres, inneres Selbst ablehnte, das Selbst, das mein eigentlicher Kern ist. Er wollte, daß ich den Anwaltsberuf ergreife wie er, seine materialistischen Werte übernehme. Oft, besonders gegen Ende der Ehe, weinte ich mich in den Schlaf, nachdem ich Sex mit ihm hatte. Wir haben nie ›Liebe gemacht‹, es war bloß Bumsen.«

»Ich war am einsamsten, kurz bevor ich nach achtundzwanzig Jahren von zu Hause wegging und versuchte, ein eigenes Leben für mich zu finden. Die sexuelle Vernachlässigung und der Verlust meiner Selbstachtung brachten mich oft zum Weinen. Schlaflose Nächte, in denen ich mich fragte, warum ich nichts wert war – dabei war ich die Hauptverdienerin (er faulenzte nach dem Ausscheiden aus der Navy etliche Jahre herum).«

»Ich war so frustriert in der Beziehung mit meinem Mann, daß ich hätte schreien mögen. Ich habe ihn einfach nicht dazu kriegen können, auf meine Gefühle und Bedürfnisse einzugehen. Nach ein paar Jahren bin ich depressiv geworden, die ganze Welt war mir fremd, und die Zukunft war ein schwarzes Loch. Es war furchtbar.«

»Als ich mit meinen vier kleinen Kindern beschäftigt war, fühlte ich mich sehr isoliert. Mein Mann hatte keine Ahnung, wie einsam ich war, weil er nur seine Arbeit im Kopf hatte. Wir hatten wenig echte Kommunikation. Und das Resultat: entsetzliche Einsamkeit. Aber Selbstmord kam nie in Betracht wegen meiner vier Kinder, die ich über alles liebte.«

Einige Frauen sprechen von ähnlicher Einsamkeit in Beziehungen ohne Ehe, doch das ist erheblich seltener:
»In der letzten Beziehung, die ich mit einem Mann hatte, habe ich so einsame Monate erlebt, daß ich mich manchmal gefragt habe, ob alle anderen von der Erde verschwunden sind. Ich habe viele Nächte geweint. Ich glaube, ich habe geweint, weil alles zu seinen Bedingungen laufen mußte und weil ich von Anfang an gewußt habe, daß ich bloß eine Verlegenheitslösung für ihn war.«

Sehr wenige Frauen antworteten auf diese Frage, daß sie am einsamsten waren, als sie *keine* Beziehung hatten. Zwar konnten sie sich auch da einsam fühlen, aber das ist eine andere Art Einsamkeit, beflügelnd manchmal, voll Erregung und Spannung, weil die Zukunft noch offen ist. Die schlimmste Einsamkeit sucht einen heim, wenn man mit jemandem zusammen ist, zu dem man keinen Konnex bekommen kann.

Die Distanzierung der Männer: Teil einer Ideologie

Warum verstehen sich manche Männer so gut darauf, auf Distanz zu gehen, wenn Frauen versuchen, mit ihnen zu reden? Warum mögen so viele das intime Gespräch nicht? Einerseits liegt es an der »männlichen« Rolle und der Vorstellung, daß »gefühlsduseliges Geschwätz« zu »weiblich« sei. Diese Männer betrachten das Verhalten von Frauen und die Art, auf die Frauen ihre Gefühle ausdrücken, als peinlich oder »schwach«.

Aber könnte es nicht auch daran liegen, daß Männer Frauen unbewußt daran erinnern wollen, »wo sie hingehören«, sie auffordern wollen, einen gewissen Abstand zu halten, wie es angemessen ist für zwei Menschen, die einander nicht ebenbürtig sind? Lernen Männer, alle »weiblichen« Züge in sich selbst so zu fürchten, daß sie schließlich meinen, von gleich zu gleich mit einer Frau zu reden, sei ein Statusverlust für sie? Ist gute Kommunikation mit Frauen eine Form von Gleichheit, zu der viele Männer noch nicht bereit sind?

Emotionale Verweigerung:
Macht und Kontrolle in Beziehungen

Wollen Männer in allen Fällen verstanden werden? Oder ist die Nicht-
mitteilung ihrer Gedanken eine Methode, Frauen niederzuhalten?
Wie es eine Frau formuliert: »Man sagt, daß es Kommunikation ›nur
zwischen Gleichen‹ gibt, und da in guten Beziehungen auch die Kommunikation gut ist, sehen die Männer uns vielleicht nicht als gleich an.
Oder sie wollen nicht mit uns gleich sein.«

Wir möchten diese unkommunikativen und distanzierenden Verhaltensweisen gewöhnlich nicht als Ausdruck von Überheblichkeit sehen, als Zeichen dafür, daß sich ein Mann nicht mit jemandem von
niedrigerem Status zu verbrüdern (oder zu verschwestern?) wünscht,
denn das tut zu weh. Und dennoch scheinen viele Männer mit ihrem
Schweigen und ihrem unwirschen Gesprächsstil ihre vermeintliche
Überlegenheit behaupten zu wollen. So kann es für einen Mann,
wenn er nicht von gleich zu gleich mit einer Frau redet, eine Methode
sein, um in der Beziehung zu dominieren. (Ähnlich wie ein Arbeitgeber sein Herz nicht einem Angestellten ausschütten wird, und das aus
demselben Grund.)

Die meisten Männer legen diesen unkommunikativen Stil auch im
Umgang mit ihren Kollegen und Freunden an den Tag, was möglicherweise ebenfalls Teil eines Machtkampfes ist: Wenn man zuviel erzählt, hat der andere vielleicht »etwas gegen einen in der Hand«;
wenn man »zu emotional« ist, hält einen der andere vielleicht für
»schwach«. Und so ist es klar, warum sich die meisten Männer, wie im
Hite Report II belegt wird, an Frauen wenden und nicht an Männer,
wenn sie wirklich mit jemandem reden wollen.

Andererseits ließe sich behaupten, daß Männer, wenn sie Frauen
gegenüber schweigen, nicht dominieren wollen, sondern daß sie in
ihrem Schweigen (und in ihrem Schmerz) gefangen sind: unfähig,
ihre Gefühle zu kommunizieren, weil dies Männern »verboten« ist.
Man könnte sogar sagen, selbst der knappe Stil der Antworten der
meisten Männer im *Hite Report II* demonstriere ihre Angst vor Gefühlen.

Aber können Männer *sich selbst* verstehen, wenn sie nicht anhaltend
mit jemandem über ihr Innenleben reden? Frauen benutzen Gespräche mit Freundinnen häufig als Mittel, um Klarheit darüber zu gewinnen, wie sie etwas empfinden; wie sollen Männer die Verbindung zu
ihren Gefühlen behalten, wenn sie nicht das gleiche tun?

Die Unfähigkeit von Männern, Frauen zuzuhören, bringt auch einen schweren Verlust mit sich: Viele Männer lernen die Frauen, die sie
lieben, nie richtig kennen. Die Frauen werden nicht als sie selbst gese-

hen, sondern durch das Verkleinerungsglas der männlichen Auffassung von Frauen und ihrer »Natur«.*

Doch ob der Mann in seinem Schweigen gefangen ist und sich eigentlich danach sehnt, es zu brechen, oder ob er völlig gleichgültig ist und seine Verachtung für Frauen zeigt, indem er sich nicht damit abgibt zu kommunizieren – die Wirkung auf die Frau wird wahrscheinlich dieselbe sein: Es bringt sie im allgemeinen dazu, ebenfalls zu verstummen.

Emotionale und psychologische Übergriffe auf Frauen

Geschlechtsbezogene Beleidigungen, herablassende und bagatellisierende Einstellungen, Kränkungen und Herabsetzungen

79 Prozent der Frauen berichten von verletzenden und empörenden Einstellungen ihrer Männer oder Liebhaber:

»Er gibt mir mit seinem Tonfall das Gefühl, daß ich unfähig und dämlich bin.«

»Er putzt mich vor den Kindern runter, staucht mich zusammen für das, was ich nicht getan habe usw.«

»Ich frage ihn zwei, drei Dinge auf einmal – zum Beispiel: ›Möchtest du Milch oder Kaffee?‹, und er sagt dann: ›Ja‹ oder ›Nein, nein, ja.‹ Er findet, daß ich immer nur *eine* Frage stellen soll. ›Möchtest du Kaffee?‹ (Und auf die Antwort warten.) ›Möchtest du Sprudel?‹ (Und auf die Antwort warten.) ›Möchtest du Milch?‹ (Und auf die Antwort warten.) Ich stelle oft mehrfache Fragen, und er antwortet immer mit Ja oder nein, statt zu sagen, was er will, und das regt mich auf!«

»Das Schlimmste, was ich je getan habe, ist, daß ich ihm nicht schon vor Jahren gesagt habe, wie fertig mich seine herabsetzenden Bemerkungen machen, sein Sarkasmus, seine unsensible Grobheit. Es war ein Fehler, ihn in dem Glauben zu lassen, das sei für mich akzeptabel.

---

* Ein gutes Beispiel dafür ist die Art und Weise, auf die der weibliche Orgasmus von Wissenschaftlern männlichen Geschlechts über fünfzig Jahre lang studiert wurde: Sie richteten ihr Augenmerk nur darauf, daß er sich als Folge derselben Stimulierung wie beim männlichen Orgasmus einstellte. Und so fragten sie: »Warum kommen Frauen beim Koitus nicht leichter zum Orgasmus?« Aus dieser Fragestellung erwuchsen irreführende Theorien über weibliche Sexualität, etwa die, daß Frauen mehr sexuelle »Komplexe« hätten usw. Siehe *Hite Report, Das sexuelle Erleben der Frau.*

Ich hätte meinen Zorn nicht all die Jahre mit mir herumtragen sollen, ohne ein Wort zu sagen.«

»Ich möchte meinen Mann am liebsten um gar nichts mehr bitten, wenn er, nachdem er mir weh getan hat und ich mich darüber beschwere, den geduldig Leidenden, ach so Geplagten spielt – dann stehe ich vor mir und allen Anwesenden als »Beißzange« da. Ich wäre am liebsten mit meinen Freundinnen glücklich – ich brauche das nicht, daß mir jemand jede Minute des Tages Schuldgefühle macht – denn wenn ich nicht genau das tue, was er will, führt er sich so auf, daß ich es leider schließlich doch ›aufs Tapet bringen‹, d. h. ›meckern‹ muß, und dann geht es los mit dem Teufelskreis, den ich eben beschrieben habe. Ich gewinne nie, ich fühle mich nur immer kleiner. Darum wäre ich am liebsten allein – wenigstens würde ich dann nicht runtergemacht.«

91 Prozent berichten von subtilen (oder weniger subtilen) Formen der Herablassung – Signale, die Bände sprechen:
»Er ist so arrogant, als wüßte er ALLES. Er hat ein enormes Selbstbewußtsein für jemanden, der weiß, daß das Selbstbewußtsein korrumpierbar ist. Er kann ein penetranter Klugscheißer sein. Wenn er sich so aufspielt, gebe ich ihm hin und wieder einen Dämpfer, und er dankt mir später dafür.«

»Manchmal habe ich mich gedemütigt gefühlt und war wütend über besitzergreifende Gesten (Hand auf die Schulter, ein gewisses Lächeln) von Männern, mit denen ich nicht mal eine ›Beziehung‹ hatte.«

»Es macht mich echt sauer, daß Männer oft unter völliger Verkennung der Tatsachen und mit einer Borniertheit ohnegleichen meinen, wenn sich eine Frau über etwas aufregt, bekäme sie bald ihre Periode oder hätte Sex nötig!«

»Wir haben uns oft gestritten in den letzten Jahren, weil ich mich nicht mehr ducken lasse. Meistens geht es nach dem Abendessen los, aber es kann auch hinterher passieren, nachdem wir mit Leuten zusammen gewesen sind. Ich lasse mir nicht mehr über den Mund fahren, und ich lasse mich nicht mehr totreden. Mein Mann schiebt mein Verhalten jetzt auf die Wechseljahre. Darüber haben wir uns in letzter Zeit auch oft gestritten.«

61 Prozent der Frauen berichten, die Reaktionen ihrer Männer oder Liebhaber seien oft schroff und implizierten, daß diese Männer vieles von dem, was Frauen tun und sagen, für banal und unwichtig halten:
»Ich dachte, wir wären gute Freunde und vertraute ihm Dinge an, die normalerweise meinen Freundinnen vorbehalten sind. Er verwendete diese Informationen gegen mich und konnte nicht verstehen,

warum ich wütend war. Er behandelte mich verächtlich, bagatellisierte meine Gefühle und alles, was mir wichtig ist. Ich versuchte, seine eigenen Techniken gegen ihn auszuspielen, damit er merkte, was er tat, und das zog ihm fast den Boden unter den Füßen weg, aber er lernte nichts daraus.«

»Was ich am meisten hasse bei einem Streit – wenn ein Mann sagt (und viele sagen es): ›Wenn du das *so* empfindest, tut es mir leid.‹«

»Mein Mann hat mich nie als ebenbürtig gesehen und mich immer so behandelt, als wäre ich ihm weit unterlegen. Er hat mich von Anfang an versetzt (›Mir ist was dazwischengekommen‹), mir kleine Bitten abgeschlagen oder sie ignoriert, mich dumm genannt, wenn ich nicht in allen Punkten seiner Meinung war. Als ich in späteren Jahren wieder aufs College ging, hat er gemerkt, daß ich von anderen geachtet wurde und begann, mich mit ihren Augen zu sehen. Seine veränderte Einstellung mir gegenüber hat mich damals nur zornig gemacht – es war zu wenig, und es kam zu spät.«

84 Prozent der Frauen beschreiben das oft spöttisch-gönnerhafte Gebaren, mit dem Männer Frauen begegnen, als wären sie »süß«, lustig oder komisch – manche Männer fühlen sich nicht wohl mit ernsthaften Frauen:
»Männer haben mich oft mit amüsierter Nachsicht behandelt, wie ein Schmusetier oder ein Kind, an dem sie Freude haben. Die meiste Zeit macht es mir nicht viel aus, aber wenn mich was wirklich nervt oder mir wirklich wichtig ist, muß ich es ihnen praktisch mit dem Holzhammer eintrichtern, damit sie merken, worum es mir geht! Und dann habe ich das Problem, daß sie meinen, ich wäre komisch, wenn ich sauer bin! Das gilt für Arbeitskollegen und Vorgesetzte gleichermaßen.«

Weit verbreitet ist auch der seltsame »männliche« Glaube, daß sich Frauen besonders leicht aufregen (»Paß auf, sonst wird sie hysterisch«):*
»Was die meisten Männer von der Frauenbewegung halten? Dasselbe, was sie von Gott und den Zehn Geboten halten. Sie glauben voll und ganz an den guten Kern der Sache und das Konzept im allgemeinen, aber wenn man auf spezielle Punkte zu sprechen kommt, lächeln sie milde und wünschen sich nur eins, nämlich daß die Frau auf ihren Platz im Bett zurückkehrt und den Mund hält! Wenn ich mich über diese Haltung erbose, bezichtigen sie mich, daß ich übertrieben reagiere, und dann rege ich mich wirklich auf, und sie nennen mich hysterisch!«

---

* Am stärksten übertrieben sieht man das Stereotyp der von Furcht besessenen, hysterischen Frau in Horrorfilmen.

55 Prozent der Frauen berichten, daß die Männer, die sie kennen, oft ablehnen oder ins Lächerliche ziehen, was sie sagen. Sie versuchen, sie in die Defensive zu drängen oder ihnen jede Kompetenz zu bestreiten:

»Wenn wir Meinungsverschiedenheiten haben, lacht er mich aus und macht mich schlecht, bis ich still bin. Er will immer recht haben, und das ist bestimmt keine Lösung.«

»Sein Wort ist Gesetz. Manchmal fragt er mich nach meiner Meinung, aber dann sagt er mir, wie schief ich liege und warum seine Meinung viel richtiger ist.«

56 Prozent sprechen davon, daß sie »unterminiert« werden:

»Ich hatte mit einem jungen Theatermanager zu tun, der der Ansicht war, Frauen könnten sich auf keinem Gebiet an Sachverstand mit Männern messen. Besonders haßte er uns Frauen im Ensemble, die sechs Jahre lang – und zwar bevor er eingestellt wurde – das etwas malade Theater mit Benefizveranstaltungen und Kartenverkäufen über Wasser gehalten hatten. Er wollte, daß sich unsere Gruppe auflöste. Es wurde bald deutlich, daß er eine Art Mutterkomplex hatte und sich besonders von Frauen bedroht fühlte, die fünfzehn oder mehr Jahre älter waren als er. Mit seinem obstruktiven Verhalten sabotierte er ein paar Projekte, die ich durchführte. Ich belegte das Punkt für Punkt und trug es seinem Chef vor, dem künstlerischen Direktor, und das nicht nur einmal, sondern bei jedem neuen Anlaß. Der Typ kündigte schließlich, als er merkte, daß mir der künstlerische Direktor glaubte. Ich war sehr ärgerlich, ebenso viele Frauen, mit denen ich zusammenarbeitete. Es war natürlich ein Paradebeispiel für die Art Ungerechtigkeit, über die ich mich am meisten empören kann, vor allem, weil es den Erfahrungen entsprach, die ich früher in meiner Familie gemacht hatte, in der Frauen für weniger wert angesehen wurden als Männer.«

Eine Frau (die 67% aller Mütter repräsentiert) beschwert sich, daß ihr Mann sie nicht unterstützt, insbesondere vor ihren Kindern, und somit ihre Autorität untergräbt:

»Es macht mich stinkwütend, wenn er mich runterputzt, besonders vor meinem Kind. Das ist kein gutes Vorbild, wie eine Frau behandelt werden sollte. Ich habe das nur mitgemacht, weil ich vor seinen Wutanfällen Angst hatte, aber ich lasse mich nicht mehr emotional erpressen. Ich lasse es auch nicht ein einziges Mal mehr durchgehen. Und er fängt langsam an, sich am Riemen zu reißen!«

37 Prozent der Frauen sagen, daß sich in gemischten Gruppen die Männer oft zusammentun und ihre gegenseitigen Standpunkte unterstützen, sich aber nicht für ihre Frauen oder Geliebten gegenüber anderen Männern einsetzten:

»Was ich am wenigsten mag, ist ihre Loyalität anderen Männern gegenüber und ihre absolute Unfähigkeit, mit anderen Männern in eine Auseinandersetzung einzutreten. Das gilt besonders in puncto Sexismus. Ich habe es noch nie erlebt, daß Männer einen anderen Mann für sexistische Äußerungen kritisiert haben, auch dann nicht, wenn ich wußte, daß sie wußten, es *war* sexistisch. Sie haben es bestenfalls indirekt getan, wenn sie zum Beispiel in ihrem nächsten Satz das Wort ›Frau‹ gebrauchten (aber sie haben ihren Freunden oder Kollegen nie gesagt, daß ›Mädel‹ einfach unpassend ist für einen weiblichen Menschen über zwölf).«

49 Prozent der Frauen berichten von einer merkwürdig eingeschränkten Sicht von Männern, die sich der Beleidigungen und Kränkungen, die sie Frauen zufügen, nicht bewußt zu sein scheinen (vielleicht bemerken sie ihre unbewußten Anmaßungen über das »Anderssein« und die vermeintliche Minderwertigkeit von Frauen gar nicht):

»Ich sagte ihm, es hätte mich sehr verletzt, daß er nicht daran gedacht hat, mich zu fragen, wie mein Einstellungsgespräch gelaufen ist. Statt sich zu entschuldigen, sagte er nur ›Oh –‹, und dann fing er an, von etwas völlig anderem zu sprechen. Dann sagte er, wie sehr ich ihm gefehlt hätte, daß er mich liebt und alles. Ich hätte gerne gesagt: ›Wenn du mich wirklich lieben würdest, würdest du dich nach meinem Einstellungsgespräch erkundigen.‹ (Er hatte mich immer noch nicht gebeten, ihm davon zu erzählen.) Ich wurde irgendwie zurückhaltend und sagte nichts mehr. Da fragte er, warum ich so still sei. Ob ich müde wäre?«

»Viele Männer haben ganz unverhohlen ihren Spaß daran, Frauen runterzuputzen, und viele andere merken nicht, daß sie es sehr oft unbewußt tun – oder in Form von ›Auf-den-Arm-Nehmen‹. Sie sind wild darauf, immer zu gewinnen.«

Viele Frauen berichten auch, daß Männer, die sie mit diesen subtilen Methoden herabsetzen, oft nicht zu wissen scheinen, was sie tun und überrascht sind, wenn eine Frau negativ darauf reagiert, und sie dann der »Überempfindlichkeit« (oder »Biestigkeit«) bezichtigen. Zum Beispiel bemerkten Männer im *Hite Report II* häufig, daß ihre Frauen die Scheidung eingereicht hätten, habe sie »wie ein Blitz aus heiterem Himmel« getroffen: »Ich hatte keine Ahnung, daß so was auf mich zukommt.« Dabei versuchen Frauen Tag für Tag, Männern zu sagen, »wo etwas nicht stimmt«.

Versteckte geschlechtsbezogene Vorurteile in der Sprache

Manchmal verleihen Männer ihrem Glauben an die männliche Überlegenheit (und die weibliche Unterlegenheit) Ausdruck, indem sie ihn direkt wörtlich ausdrücken; häufiger lassen Sprachmuster, ein bestimmter Tonfall und bestimmte Redewendungen auf diese Einstellung schließen.

Die überwältigende Mehrheit der Frauen (92 Prozent) sagt, daß Männer spezielle Redewendungen oder Sprachmuster gebrauchen, die auf eine herablassende, abschätzige Einstellung ihnen gegenüber hindeuten:

»Er sagt, es müßte an den weiblichen Genen liegen, daß Frauen lange brauchen, bis sie zum Ausgehen fertig sind.«

»Mein Vater hat mich immer geduckt. Zum Beispiel hat er behauptet, ich könnte nicht mal einen Apfelkuchen backen. Das sagte er an einem Nachmittag, an dem ich gerade einen gebacken hatte. Er stand hinter ihm auf dem Küchentisch. Aber es war damals schon so weit mit mir gekommen, daß ich ihm glaubte – können Sie sich das vorstellen? Ich gab ihm recht: Ja, ich konnte keinen Apfelkuchen backen, weil er das sagte, obwohl ich gerade einen gebacken hatte! Bei anderen Gelegenheiten schurigelte er mich für irgendwas und sagte dann, triefend vor Sentimentalität (was war das entsetzlich!), ›Oh, Beckie, ich hab' dich doch so lieb‹ und streckte die Arme aus. Und ich machte mit wie ein Automat, obwohl mein Selbstbewußtsein gerade wieder einen Knacks bekommen hatte, ließ mich umarmen und ihn in dem Glauben, daß ich ihn liebhatte.«

»Am zornigsten werde ich, wenn er mich mit Worten oder Taten demütigt – trotz meiner Vermutung, daß dies das klassische Verhalten des Tyrannen ist, der seine Selbstachtung aufzubauen versucht, indem er jemand anderen verletzt. Wenn ich versuche, über Differenzen zu sprechen, die mich arg betreffen, weigert er sich kategorisch. Ich halte mich jetzt aus Auseinandersetzungen heraus.«

»Wir sind fast ununterbrochen zerstritten wegen seiner schrecklichen Angewohnheit, mich immer ›herabzusetzen‹. Er schafft es, daß ich mich zu nichts nutze fühle. Niemand kann das so wie er.«

»Ich hasse es, wenn Männer einfach nicht zugeben wollen, daß sie was falsch gemacht haben. Es ist, als hätten sie Angst, daß ihnen dann der Schwanz abfällt. Aber wenn ich, eine Frau, was falsch gemacht habe, soll ich das, verdammt noch mal, sofort zugeben und mich entschuldigen und in Zukunft besser aufpassen. Die Hartnäckigkeit, mit der Männer behaupten, daß sie ›alles besser wissen‹, auch wenn sie's nicht tun, bringt sie – und mich – in ernste Schwierigkeiten. Wenn einer nicht weiß, wie man einen Wagen repariert – obwohl ›mann‹ das wissen ›sollte‹ –, dann soll er nicht damit rummachen und nicht sagen, er wüßte, was er tut, um die Mühle dann *echt* kaputt zu machen! Wenn einer nicht weiß, was eine Frau im Bett will – und wie soll er's wissen, nachdem jede Frau eine eigene Welt ist, mit ihren eigenen Vorstellungen und Gefühlen –, dann muß er doch nicht so tun, als wüßte er es. Damit strickt man nur eine Masche mehr an dem Lügengewebe, das uns allen soviel Unglück gebracht hat.«

»Wenn ich müde bin, schiebt er es auf mein Alter; sagt, mit mir macht's keinen Spaß.«

»Aufziehen« ist eine häufige Form des emotionalen Übergriffs:
»Er machte eine gemeine Bemerkung, die ich widerwärtig fand, und als ich dann sauer wurde, kam er mir mit dem Spruch: ›Ich hab' doch nur Spaß gemacht.‹«

Eine Frau versucht sich zu sagen, daß sie sich nicht zu ärgern braucht, wenn sie »aufgezogen« wird:
»Ich nehme Foppereien manchmal zu ernst und will jetzt lernen zurückzufoppen. Er gibt mir emotionale Unterstützung, wenn ich sie brauche – aber ich muß lernen, ihm klar zu sagen, wann ich welche brauche. Ich muß lernen, ihn um eine Erklärung zu bitten, wenn ich merke, daß ich etwas anders interpretiere, als es gemeint war. Ich habe die Angewohnheit, alles, was über mich gesagt wird, negativ aufzufassen, also will ich jetzt versuchen umzulernen. Ich bin froh, daß ich mit jemandem befreundet bin, der bereit ist, geduldig und verständnisvoll zu sein.«

Diese Frau scheint alle Schuld auf sich zu nehmen – sie erwartet sogar die »Einsicht« von sich, daß sie etwas vielleicht »anders interpretiert, als es gemeint war«. Doch woher soll eine Person bei Mißverständnissen wissen, wie etwas gemeint war, wenn es ihr nicht gesagt wird? Hat sie die Pflicht, es selbst herauszufinden? Viele der »scherzhaften« herabsetzenden Bemerkungen von Männern stehen für ihr Versäumnis, Frauen als gleich zu betrachten – aber dessen sind sich die meisten Männer noch nicht bewußt.

Emotionale Belästigung oder Herabsetzung können eingeschliffene Verhaltensweisen in einer Beziehung sein – doch es sind, wichtiger noch, Verhaltensweisen der Gesellschaft, Verhaltensweisen, die sozial akzeptiert sind. Darum kann sich so etwas jeden Moment ereignen, wenn Frauen am wenigsten darauf gefaßt sind – eine Art emotionaler Terror. Männer mögen mehr soziale Glaubwürdigkeit verspüren, wenn sie Frauen »aufziehen«, da dies die Gesellschaft dadurch legitimiert, daß sie Frauen lange Zeit für geringer oder »dumm« angesehen hat. Ein berüchtigtes Beispiel für das sozial akzeptierte »Aufziehen« oder Lächerlichmachen von Frauen enthält ein »Statement«, das Donald Regan, der Stabschef des Weißen Hauses, 1986 abgab: Frauen würden sich nicht wirklich für die Probleme in Südafrika interessieren, sie seien mehr an Diamantarmbändern interessiert.

Adjektive, die bezeichnenderweise auf Frauen und nicht auf Männer angewandt werden: eine unterschwellige Botschaft

91 Prozent der Frauen sagen, daß Männer oft herabsetzende oder herabwürdigende Floskeln und Wörter verwenden, um Frauen zu »charakterisieren«:

schwierig	eitel	kleinlich
anspruchsvoll	biestig	bestätigungsbedürftig
vorwurfsvoll	zickig	zu emotional
neurotisch	hysterisch	aggressiv
primadonnenhaft	schrill	überempfindlich
narzißtisch	irrational	

Einer der frustrierendsten Aspekte der stereotypen Herabsetzungen, mit denen Frauen leben müssen, ist der, daß sie oft »ganz beiläufig« im Gespräch auftauchen. Sie sind auf eine Weise in die Unterhaltung eingeflochten, die es als »störend« und »unverhältnismäßig« erscheinen ließe, das Gespräch zu unterbrechen, um darauf aufmerksam zu machen. Frauen finden vorurteilsgeladene Wörter und Redewendungen dieser Art häufig beleidigend, aber nicht in einem solchen Maße, daß sie es riskieren wollten, »unausstehlich« oder »aggressiv« genannt zu werden, indem sie das »dramatisieren«. Und so bleibt der Frau nichts anderes übrig, als das Gesagte zu schlucken oder – schlimmer noch – darüber hinwegzusehen wie über die (vom Sprecher kaum bemerkten) darin enthaltenen vorgefaßten Meinungen und Beleidigungen.

Solche Kommentare können derart subtil sein, daß eine Erwiderung darauf fast unmöglich ist:
»Ich hasse es, wenn Männer etwas sagen, das auf ›Typisch Frau‹ oder ›So sind die Weiber nun mal‹ hinausläuft. Ich finde, wir verdienen es, individuell betrachtet zu werden und nicht als Teil einer geschichtslosen Masse. Vor allem das versuche ich mir in meiner Einstellung Männern gegenüber abzugewöhnen. Wenn ich mich dabei ertappe, daß ich ›Ihr Männer seid doch alle gleich‹ sage, stoppe ich mich und bemühe mich, den Mann als Person zu sehen, statt als austausch-

bares Mitglied einer Gruppe. Ich hasse es auch, wenn mich ein Mann, den ich mag, seine ›Alte‹, ›Mieze‹ oder ›Kleine‹ nennt.«

Noch subtiler können die Herabsetzungen durch das sein, was *nicht* gesagt wird. Zum Beispiel die Art und Weise, auf die die Sprache Männlichkeit feiert – mit dem traditionellen Freudenschrei bei der Geburt eines männlichen Kindes: »Es ist ein *Junge*!« Wenn es ein Mädchen ist, gibt es keinen solchen Freudenschrei, obwohl viele Leute es aufregend finden, ein Mädchen zu haben. Und das stellt eine wichtige Botschaft für Frauen und Männer dar, unabhängig davon, ob sie es merken oder nicht: Jungen sind »wertvoller« als Mädchen.

95 Prozent der Frauen sagen, diese Meinung – »Männer sind wichtiger«, »Was wirklich zählt, sind Männer« – sei auch noch nach zwanzig Jahren Frauenbewegung vorherrschend:

»In den Beziehungen, die ich kenne, wollten Männer immer alles unter Kontrolle haben oder wenigstens ihre Macht spüren – und das dringt durch, egal, wie subtil. Es ist, als wollte man die Gespenster aussperren, indem man die Haustür abschließt, um dann festzustellen, daß sie immer noch durch die Ritzen kommen.«

»Das größte Problem unserer Ehe war der patriarchalische Glaube meines Mannes, er nehme sich meiner, der ›Ärmsten‹, an. Bei unserer Trennung und der Regelung unserer Vermögensangelegenheiten wurde klar, daß ich mich weitgehend *seiner* annahm. Ich hatte insgeheim selber an den Mythos geglaubt und meine Wertlosigkeit akzeptiert, obwohl es eine falsche Einschätzung war. Am meisten kritisierte er, daß ich ›offensichtlich‹ von ihm abhängig sei.«

Werturteile in Begriffen, die zur Beschreibung von Frauen angewandt werden

Viele Wörter und Redewendungen, die ideologisch besonders stark aufgeladen sind, beziehen sich auf die angebliche Abhängigkeit von Frauen in Beziehungen. »Verlassen werden« heißt fast immer, daß eine Frau verlassen wird – mit der Implikation, daß sie jetzt traurig und einsam sei. Wenn Ehen zerbrechen, wird gewöhnlich angenommen, daß der Mann gehen wollte, obwohl dieser Untersuchung zufolge in den meisten Fällen die Frau beschließt zu gehen. »Sitzengelassen« ist ein weiteres Wort mit ähnlichem Beiklang, das fast ausschließlich im Zusammenhang mit Frauen gebraucht wird. Der Gedanke, daß Frauen die weniger »Bedürftigen« sein könnten, läßt sich offenbar nicht mit dem Glauben an die männliche Überlegenheit vereinbaren.

Ein ähnliches Stereotyp ist die Vorstellung, daß es Frauen schwerfällt, den Weggang von Männern zu akzeptieren, weil sie Angst vor dem »Verlassenwerden« haben. Dies ist angeblich ein weibliches »Syndrom«, gehört zur »Psychologie« der Frau und ist in ihrer »Natur« begründet – d. h. Frauen sind biologisch abhängig von Männern, weil sie schwanger werden können und einen Mann brauchen, der sie und ihre Kinder beschützt. (In anderen Gesellschaften gibt es Frauengemeinschaften, oder der Familienclan kümmert sich um Mutter und Kind.) Daß Frauen die Hilfe von Männern brauchen, ist in Wirklichkeit jedoch nicht auf »angeborene« Faktoren oder die »biologische« Psychologie der Frau zurückzuführen. In unserer Gesellschaft ist es eher wahrscheinlich, daß sich Frauen unbehaglich gefühlt haben, wenn Männer gegangen sind, weil sie ökonomisch von ihnen abhängig waren – und unbehaglich fühlen sie sich auch wegen der unkommunikativen Einstellung von Männern, die Frauen in emotionaler Unsicherheit belassen, in Unklarheit darüber, was geschehen wird.

Viele (vielleicht die meisten) Menschen legen in der Wahl der Wörter, mit denen sie Verhalten beschreiben, subtile geschlechtsbezogene Vorurteile an den Tag. Sie mögen beobachten, daß ein Mann genau dasselbe tut wie eine Frau – mit einem Taxifahrer über den erhöhten Fahrpreis streitet zum Beispiel –, und es doch völlig verschieden beschreiben. Der Mann, so heißt es vielleicht, sei »im Recht« gewesen, habe sich nicht für dumm verkaufen, sich nicht übers Ohr hauen lassen; die Frau dagegen wird möglicherweise als streitsüchtig, schrill, »zickig«, aggressiv usw. dargestellt.

Wörter, die sich auf Sexualität beziehen, sind ebenfalls häufig mit Werturteilen über Frauen aufgeladen. Männer sind nicht »promiskutiv«, sie »stoßen sich die Hörner ab« oder sind »Sexbolzen«. Eine Frau berichtet: »Ich erinnere mich, daß mein Vater meine Mutter ›Hure‹ nannte, weil sie in der Küche nicht genug Ordnung hielt.« Relevant ist auch hier die Redewendung »Behandle sie wie eine Dame« – was impliziert, daß sich der Mann, wenn sie sich nicht »anständig« benimmt, jederzeit gegen sie wenden, sie respektlos behandeln, sie das Gegenteil einer Dame, ein »Miststück«, nennen kann.

Oder man denke an den weitverbreiteten Gebrauch von Diminutiven (Verkleinerungsformen), wenn von Frauen die Rede ist, an die Tendenz, die Leistungen von Frauen als »gut« zu bezeichnen, aber nicht als »großartig« (Frauen sind vielleicht »begabt«, doch fast nie »genial«). Frauen können Beraterinnen und Ratgeberinnen sein, aber keine Philosophinnen. Viele Männer setzen Frauen herab, indem sie sie duzen, obwohl sie einander gerade erst vorgestellt worden sind, oder, schlimmer noch, indem sie »Schätzchen« oder »mein Engel« zu ihnen sagen, selbst wenn sie einander völlig fremd sind. Ein Mann

würde in einer solchen Situation wohl mit seinem Familiennamen angesprochen. »Schätzchen« würde ihn jedenfalls niemand nennen!
Sogar Komplimente können von einem niedrigeren Status der Frau
ausgehen. Die meisten Frauen hören gern Dinge wie »Ich finde Sie
schön«, »Sie sind aber hübsch«, und die meisten Männern hören gern
Dinge wie »Sie sehen gut aus«, »Sie sind so anziehend.« Und dennoch... Eine Frau formuliert es folgendermaßen: »An Männern mag
ich am wenigsten, daß sie einen taxieren, als wäre man eine gottverdammte Kuh auf irgendeiner Landwirtschaftsausstellung. Ich möchte
mal wissen, wie sie sich fühlen würden, wenn wir anfingen, sie auf
diese Art zu taxieren, wenn wir ihnen ins Gesicht sagen würden, wie
wir ihr Aussehen bewerten! Sie sagen so was ständig über mich und
andere Frauen, wenn wir auf der Straße an ihnen vorbeigehen. Wer
gibt ihnen überhaupt das Recht dazu, Richter zu sein?«

Die Alltagssprache als Herrschaftsinstrument und Werkzeug der Ideologie: emotionale Aggression gegen Frauen

Es gehört zu den stärksten Mitteln, mit denen eine Gesellschaft ihre
Ideologie aufrechterhält und verstärkt, wie etwas bezeichnet wird,
welchen Gefühlen dadurch »Realität« verliehen wird, daß es für sie
Begriffe gibt. Im Hinblick auf das Geschlecht wirken in die Sprache
»eingebaute« Wörter oft als versteckte, unterschwellige Attacken und
Werturteile, die zu einer irrationalen Interpretation von Verhalten
führen.

Die herrschende Sprache diktiert in gewisser Weise, woraus die
»Realität« besteht, welche Teile von sich man zulassen und mitteilen
kann. Aus diesem Grund versuchen wir, in vielen Abschnitten dieses
Buches neue Begriffe für Erfahrungen von Frauen zu finden, die
falsch, unzulänglich oder negativ benannt worden sind. Wenn man
Frauen zum Beispiel als »emotional bedürftig« oder »gefühlsduselig«
bezeichnet – wobei das »männliche« Verhalten als Norm gilt –, ist das
keine objektive Beschreibung der Eigenschaften von Frauen. Aus umgekehrter Sicht könnte man »männliches« Verhalten »emotional blokkiert« und »weibliches« Verhalten »außergewöhnlich ausdrucksvoll«
nennen. Doch in unserer Gesellschaft wird das unkommunikative
»männliche« Verhalten eher als »heroisch selbstbeherrscht« betrachtet.

Durch den häufigen Gebrauch von Wörtern, die für Frauen beleidigend sind, entsteht ein Klima der emotionalen Einschüchterung, das
Frauen ebenso schwer belastet wie die ökonomische Einschüchte

rung. Mit diesem Vokabular schüchtern viele Männer – subtil, oft unbewußt und in gesellschaftlich anerkannter Weise – ihre Frauen emotional ein und behalten so die Oberhand in ihren Beziehungen. Häufig ist darin unterschwellig die Drohung enthalten, daß die Frau, wenn sie sich zuviel »beklagt« oder eine bessere Beziehung will (»anspruchsvoll« ist oder »nörgelt«), nicht mehr liebenswert ist, und daß der Mann sie darum verlassen wird.

Sprachklischees und vorgefaßte Meinungen: Frauen sind »fordernd« und »anspruchsvoll«

Die mit geschlechtsspezifischen Vorurteilen aufgeladenen Bemerkungen – etwa die Worte »Du hast einen Komplex«, die oft fallen, wenn sich eine Frau darüber »beklagt«, wie sie von einem Mann behandelt wird – sind derart in die Sprache eingebunden, mit der wir über unsere emotionalen Beziehungen reden und unsere Gefühle beschreiben, daß Frauen oft herabgesetzt werden, wenn sie den Versuch machen, »sich auszusprechen«, was unbewußt (?) durch die herablassenden, »mitfühlenden« oder »besorgten« Reaktionen von anderen, insbesondere von seiten der Männer passiert. Den Sexismus der Begriffe, die häufig auf Frauen angewandt werden, veranschaulicht ein Wort wie »sensibel« mit seinen zwei Bedeutungen: Eine Frau zu sein, die sich der Welt und den anderen gegenüber empfind*sam* verhält, ist gut; aber eine empfind*liche* (d. h. ständig in ihren Gefühlen verletzte) Frau zu sein, ist schlecht.

Eine Erwiderung von Männern, über die die Frauen in dieser Untersuchung immer wieder berichten, kommt oft dann, wenn eine Frau gerade von ihren verletzten Gefühlen gesprochen hat: »Wenn du das *so* empfindest, tut es mir leid.« Statt eine ernsthafte Diskussion zu eröffnen, wird damit die Verantwortung für die verletzten Gefühle der anderen Person aufgebürdet. Die angesprochene Person dagegen ist in keiner Weise verpflichtet, diese Gefühle zu verstehen. Mit anderen Worten, der Mann trägt keine emotionale Verantwortung für die Beziehung. Merken Männer, die so etwas sagen, daß sie destruktiv sind? Oder glauben sie einfach, daß sie recht haben, daß Frauen tatsächlich zu »anspruchsvoll« und »schwierig« sind und daß ihnen die Rolle zukommt, Frauen »in die Schranken zu weisen« und in einer Beziehung nicht »dominieren« zu lassen? Jedenfalls benutzen Männer häufig diese und ähnliche Redewendungen, um Gespräche zu beenden, die kalte Schulter zu zeigen, statt zu ergründen, was eine Frau auszudrücken versucht. Dieses Abbrechen der Kommunikation ist eine Form von emotionaler Gewalt und schadet der Beziehung.

Viele Frauen haben die Vorstellung von ihrer vermeintlichen »Zweitklassigkeit« verinnerlicht. Wir sehen es zum Beispiel an der Herabsetzung der eigenen Person in der Antwort einer Frau auf die Frage, ob es ihr leichtfällt, mit ihrem Mann zu reden: »Wenn ich mal jammern, ächzen, stöhnen und dramatisch sein will, spreche ich am besten mit einer Freundin. Mein Mann geht mit allen Dingen nur analytisch und rational um. Aber ich brauche ein bißchen Dramatik.« Was Frauen in diesem Buch über ihre Beziehungen sagen, könnte man genauso »Frauen jammern oft darüber, daß...« bezeichnen, wie »Frauen berichten oft, daß...« Unbewußt treffen wir leicht selbst eine von geschlechtsbezogenen Vorurteilen getrübte Wortwahl, ohne wahrzunehmen, was dahintersteckt.

Nörgeln Männer?

Mehrere Frauen weisen darauf hin, daß sich das männliche Verhalten der emotionalen Belästigung und Herabsetzung von Frauen – auch wenn es keinen Namen hat – durchaus nicht von dem unterscheidet, was manche Männer bei Frauen als »Zickigkeit« oder »Nörgeln« bezeichnen.

67 Prozent der Frauen erklären, daß Männer viel öfter jammern als Frauen (obwohl es nach den gängigen Vorstellungen genau umgekehrt ist):
»Ich glaube, daß uns die Männer in puncto Meckern, Klagen, Jammern und Nörgeln weit überlegen sind. Diesen Vorsprung werden wir nie aufholen!«
»Die Männer denken, sie wären so reif, aber in Wirklichkeit sind sie kleine Kinder. Sie erwarten, versorgt zu werden. Sie quengeln und klagen über alles – als wäre ihnen die Welt weiß Gott was schuldig.«

Emotionale Gewalttätigkeit

Es gibt extreme Arten von emotionaler Belästigung, die man als emotionale Gewalttätigkeit bezeichnen kann (für die sich der Täter nie verantworten muß, für die er nie zur Rechenschaft gezogen wird):
»Im sechsten Monat meiner ersten Schwangerschaft bekam ich plötzlich Pusteln am ganzen Körper, und der Arzt verordnete mir Bettruhe. Am selben Abend bestand mein Mann darauf, mit mir Geschlechtsverkehr zu haben. Am nächsten Tag mußte ich ins Krankenhaus und hatte eine Frühgeburt. Mein Kind wog nur 850 Gramm, überlebte aber. Ich bin sicher, daß ich sowieso eine Frühgeburt gehabt

hätte, aber das Verhalten meines Mannes hat mir noch lange Zeit sehr weh getan.«

»Wir sind ein halbes Jahr miteinander gegangen und haben uns gesagt, daß wir uns arg gern mögen. Dann habe ich gemerkt, ich kriege ein Kind, und habe einen Schwangerschaftstest gekauft, den man daheim machen kann. Davor war ich furchtbar nervös. Ich habe ihm gesagt, daß ich den Test mache. Ich habe gesagt: ›Du, Schatz, ich glaube, ich kriege ein Kind.‹ Nach einer Weile hat er gesagt: ›Und wie soll ich wissen, daß es von mir ist?‹«

»Es hat mich sehr verletzt, daß er mich verlassen hat, ohne ein Wort zu sagen. Ich dachte, wir hätten imstande sein müssen, darüber zu reden. Ich dachte, er müßte mich gut genug kennen, um zu wissen, daß ich ihm keine Szene machen würde. Er war meine erste große Liebe, und alles war so schön. Ich habe lange gebraucht, um mich davon zu erholen und zu akzeptieren, daß ich ihn nie wiedersehen werde.«

Haben Frauen nach zwanzig Jahren Frauenbewegung das Gefühl, daß sie in ihren Beziehungen als gleichberechtigt betrachtet werden?

Im Gegensatz zu den rhetorischen Behauptungen der »sexuellen Revolution«, die daran festhalten, daß Frauen und Männer jetzt gleich seien, haben wir hier Frauen sagen hören, daß in ihren Beziehungen immer noch subtile, aber äußerst schmerzhafte Formen der Diskriminierung wirksam sind – bis in Kleinigkeiten der täglichen Interaktion hinein. So kommt es, daß Frauen ständig um ihre Rechte kämpfen oder versuchen müssen, diese subtilen Signale und was sie wirklich aussagen zu ignorieren und herunterzuspielen: »Er meint es nicht so«, »Er merkt nicht, was er sagt oder was es bedeutet« usw.

78 Prozent der Frauen bedauern, daß sie in Liebesbeziehungen immer noch allzuoft um ihre Rechte und um Respekt kämpfen müssen:
»Er fühlt sich mir überlegen, obwohl ich sicher bin, daß er es abstreiten würde. Aber kleine Dinge verraten mir, daß er sich für super hält und mich für den letzten Dreck.«

»Theoretisch sind wir gleich. Aber in Wirklichkeit demonstriert er mir oft, daß ich minderwertig bin. Zum Beispiel sind Versprechen, die er mir macht, nicht so bindend wie Versprechen, die er Männern macht. Und es gibt Zeiten, da werde ich bei Entscheidungen nicht gefragt – Entscheidungen, die sich auf mein Leben auswirken.«

»Ich glaube, daß kein Mann mittleren Alters, der in den dreißiger und vierziger Jahren aufgewachsen ist, Frauen für ganz ebenbürtig hält. Mit dem Kopf vielleicht, aber sonst… Diesen Männern hat sich ihre ›Männerwelt‹ auf subtile Weise tief eingeprägt.«

»Er meint, daß er mich gleichberechtigt behandelt, und wundert sich sehr, wenn ich ihn darauf anspreche, wie er mich bevormundet. Die Beweislast liegt immer bei mir.«

»Normalerweise behandelt er mich gleich. Aber wenn es um mein Auto geht, bin ich auf einmal das ›dumme Blondchen‹. Ich verstehe nicht viel von Autos, aber ich möchte dazulernen. Er entscheidet immer, wann und wo Reparaturen an meinem Auto zu machen sind. Ich muß ihn oft daran erinnern, daß es mein Auto ist und daß ich damit machen kann, was ich will.«

»Er legt zwar ein Lippenbekenntnis dazu ab, daß er sich vor Entscheidungen mit mir berät, aber in Wirklichkeit hat er das Problem schon allein durchdacht und seine einsame Entscheidung getroffen.«

»Nein, gleichberechtigt war ich nie. Kein Geld, keine Macht. Eine Weile habe ich mich um unser Konto gekümmert und meine Sache wirklich gut gemacht, aber dann kam er eines Tages an und hat es mir wieder weggenommen. Über größere Entscheidungen wußte ich Bescheid, über die habe ich auch mit ihm geredet, aber wir haben beide gewußt, daß er letztlich das macht, was ihm paßt.«

47 Prozent der Frauen sagen: »Er behandelt mich, als sei ich ihm unterlegen, aber ich weiß, daß er es eigentlich nicht so meint« – womit sie die Realität dieses Verhaltens ihrer Liebhaber und Männer leugnen:

»Er behandelt mich nicht immer gleichberechtigt, aber er meint es nicht so, er meint es nicht ernst – so dumm ist er nicht.«

»Mein Mann betrachtet mich als ebenbürtig. Trotzdem gibt es Zeiten, da behandelt er mich, als wäre ich ihm unterlegen und spielt den Überlegenen. Ich glaube allerdings nicht, daß das sein Ernst ist. Es kommt nur vor, wenn er nervös und überarbeitet ist.«

Und wie immer haben andere noch psychologische Erklärungen anzubieten, durch die sie die Realität der Einstellungen ihrer Liebhaber und Männer leugnen können:

»Wir sind ungefähr gleich abhängig voneinander, aber er tut so, als wäre er unabhängiger als ich. Er hatte eine sehr starke Mutter und drei Schwestern und muß sich hin und wieder seine Unabhängigkeit bestätigen, sonst hat er das Gefühl, daß er von Frauen beherrscht wird.«

»Ich glaube, die Männer haben, was mich betrifft, eine schizophrene Wahrnehmung. Einerseits halten sie mich für unterlegen, da ich eben eine Frau bin, andererseits wissen sie, daß ich ihnen gegenüber nicht minderwertig bin – ich glaube, es hat immer zu meinen Schwierigkeiten gehört, daß ich es mit Männern zu tun hatte, die mir nicht ebenbürtig waren, und daß sie das *vor* mir erkannt haben.«

Ein Mann bemüht sich – wie 26 Prozent der Partner der Frauen in dieser Untersuchung –, den gegenläufigen Trend zu unterstützen:
»Bei manchen Gelegenheiten machen sich die alten männlichen Vorstellungen bemerkbar. Aber er möchte sich von ihnen lösen und bemüht sich sehr darum, wenn sie ihm vernünftig aufgezeigt werden. Von Zeit zu Zeit behandelt er mich, als sei ich ein Kind, aber das sage ich ihm dann sofort. Also versucht er, es bleiben zu lassen, und es kommt auch immer seltener vor.«

Doch die meisten Frauen sagen, daß die Männer immer noch Angst vor jedem Ansatz zur Gleichheit zu haben scheinen und sie als Bedrohung ihrer »Dominanz« empfinden:
»Obwohl er zweimal soviel verdient wie ich und klüger ist als ich, hat er ständig das Gefühl, ich sei eine Bedrohung und Herausforderung für ihn.«
»Erst war er überlegen (jedenfalls in seinen Augen). Als ich dann Erfolg in meinem Beruf hatte und Karriere machte, sah er mich als Konkurrenz und begann, mir äußerst merkwürdige Streiche zu spielen. Ich nehme an, er war sehr neidisch auf mich.«

Es gibt auch sehr glückliche Antworten – 19 Prozent der Frauen beschreiben echte, emotional gleiche Beziehungen mit den Männern, die sie lieben:
»Es ist ein Glücksgefühl, mit ihm zusammenzusein. Ich kann ich selbst sein – verrückt oder doof oder intelligent und/oder alles – ich fühle mich frei. Ich genieße seine Gesellschaft, und wir kommen gut miteinander aus. Er ist etwas Besonderes für mich, und ich fühle mich von ihm nicht beherrscht oder herabgesetzt.«
»Er fragt immer, wie es mir geht, und will wissen, wie der Tag für mich war – auch Kleinigkeiten –; er berichtet mir, was ihm bei der Arbeit begegnet ist, und wir erzählen uns lustige Geschichten. Ich mag es besonders, wenn er sich zu mir setzt und mit mir redet, während ich lange in der Badewanne liege. Da kann ich mich entspannen und laut darüber nachdenken, was mich beschäftigt. So halten wir uns gegenseitig auf dem laufenden.«
»Mein Mann verläßt sich auf mich, und ich bin ihm eine gute Freundin. Er fragt mich um Rat, wenn er persönliche und berufliche Probleme hat, und wenn es Pläne zu schmieden gibt, besprechen wir sie miteinander. Ich behandle ihn mit demselben Respekt – das ist praktizierte Gleichberechtigung.«

Jemanden lieben, der einen liebt und dennoch glaubt, man sei ihm unterlegen (oder »weniger rational«, »eher intuitiv«)

Viele Frauen ertragen Tag für Tag in ihren Beziehungen mit einem Liebhaber oder Ehemann seine (unbewußte) Einstellung Frauen gegenüber – eine Einstellung, die er im allgemeinen auch im privaten Bereich hat, absichtlich oder unbeabsichtigt. Ein Mann kann eine Frau für außergewöhnlich halten – doch selbst damit fällt sie in eine Kategorie, die er nicht ganz der normalen, erstklassigen, »menschlichen« Gruppe zuordnet. Wie wir gesehen haben, können die Kränkungen, die aus dieser Einstellung resultieren, verbal sein, jene oft wiederholten Klischees und Phrasen, die sich auf Frauen beziehen: »Typisch Frau«, »Führ dich nicht auf wie ein kleines Mädchen«, »Und schon wird sie wieder emotional« usw. Die Kränkungen können auch nichtverbal sein – er hört nicht zu (obwohl er dem, was sein »Boß« oder seine Freunde und Kollegen sagen, aufmerksam lauschen würde), oder er »macht sich breit« (indem er sich gedankenlos in den besten Sessel setzt und darauf wartet, daß sie ihm etwas zu trinken anbietet, wo hingegen er ihr nichts zu trinken anbietet, wenn sie bei ihm zu Hause ist). Oder er redet endlos von seinen Ideen, ohne daß ihm daran gelegen wäre, was sie dazu zu sagen hat. Oder er spricht mit ihr über Weltpolitik und Sport, behält aber seine Zweifel und seine tief inneren Gedanken für sich.

Emotionale Übergriffe und Herabsetzungen von Frauen gehören in der Gesellschaft und in den Liebesbeziehungen vieler Frauen mehr oder weniger zum Regelverhalten. Jeden Moment kann eine demütigende Bemerkung gemacht werden, und zwar gerade dann, wenn es eine Frau am wenigsten erwartet. Das läuft auf eine Art emotionalen Terror hinaus.

Frauen werden durch Erpressung zum Schweigen gezwungen, denn wenn sie sich über etwas beschweren, erwartet sie Etikettierung, daß sie »nörgeln« oder »schwierig« sind. Und so kann eine Frau – egal, wie stark sie ist oder welches Bewußtsein sie hat –, wenn sie über längere Zeit mit diesen Stereotypen leben muß, feststellen, daß ihr Wille langsam und stetig untergraben wird, daß sie Stück für Stück, Tag für Tag um ihre Selbstachtung kämpfen muß – ein unaufhörlicher, mühseliger Prozeß. Die populären Zeitschriften sagen allerdings, das sei *ihr* Problem und nicht das der Männer oder der Gesellschaft.

Von geschlechtsspezifischen Vorurteilen getrübte Einstellungen sind innigen, intimen Beziehungen im höchsten Maße abträglich. Wenn ein Fleischer oder ein Verkäufer eine demütigende Bemerkung macht (was, wie jede Frau weiß, immer passieren kann), ist das unangenehm, aber man kann es ignorieren, weil es von einer voreingenommenen Person kommt. Doch wenn die Person, die man liebt, die einem am nächsten steht und auf die man angewiesen ist im Hinblick auf den intimsten menschlichen Kontakt, eine solche Bemerkung macht, steht das auf einem anderen Blatt. Und eben dies geschieht immer wieder. Es ist möglich, daß viele Männer keine Vorstellung haben, was sie anrichten. Die meisten scheinen sich der Stereotype, die sie nach wie vor haben, nicht bewußt zu sein. Sie denken: »Tja, typisch Mary, aber so ist sie nun mal. In ihrer Kindheit hat es ein paar Fehlentwicklungen gegeben...« Oder: »Sie kennt sich gut mit Kindern aus, aber sie kann natürlich nicht verstehen, was ich, ein Mann, der mitten im Leben steht, alles weiß...«

Wenn solche Einstellungen kraß ausgedrückt würden, wäre es leichter, gegen sie zu kämpfen. Doch die subtile Distanzierung und die ebenso subtile emotionale Belästigung, die jahrtausendelang sozial akzeptiert waren und nicht als Herabsetzung von Frauen betrachtet wurden, sondern als etwas Gemäßes, sind viel schwieriger in den Griff zu bekommen und haben heimtückische Auswirkungen.

Was ist die Antwort darauf? Werden Frauen in Beziehungen mit Männern auch weiterhin unverhältnismäßig viel Zeit dafür aufwenden, all das wieder und wieder zu erklären und daneben ihre beschädigte Selbstachtung neu aufzubauen? Oder werden sie ihren Glauben an die Wichtigkeit der Liebe teilweise aufgeben, nicht mehr soviel Energie in sie investieren, einen »Männerstandpunkt« einnehmen und die Liebe auf den zweiten Platz verweisen – hinter der Arbeit oder der Karriere? Es ist ohne weiteres möglich, daß sie diesen Weg als den des geringsten Widerstands wählen werden, wenn die Männer sie nicht von gleich zu gleich behandeln, ihnen nicht mit Offenheit begegnen und sie nicht emotional unterstützen – kurz, wenn sie nicht Züge entwickeln, die es Frauen ermöglichen, eine hochdifferenzierte, emotionale Innenwelt mit Männern zu teilen, ohne am Ende ausgebrannt und schrecklich allein dazustehen.

2

Was bedeuten Streit und Auseinandersetzungen in Beziehungen?

Typische Auseinandersetzungen

Beschreiben Sie den größten oder zeitlich letzten Streit, den sie mit Ihrem Mann oder Liebhaber hatten:

»Er hat mich indirekt kritisiert und wollte dann nicht zugeben, daß er mich kritisiert. Als ich böse geworden bin, hat er gesagt, ich wäre ›unvernünftig‹. Ich finde, er soll zugeben, was er tut, und nicht unehrlich sein.«

»Er lag auf der Couch und sah fern, während ich damit beschäftigt war, das Chaos nach einer Party zu beseitigen, die wir gegeben hatten. Wir hatten einen Riesenkrach – es war schließlich auch seine Party!«

»Wir waren im Bett. Er hatte Geburtstag gehabt, und ich hatte mich echt angestrengt, einen großen Tag daraus zu machen. Es war spät, ungefähr halb zwei, und wir mußten beide früh aufstehen und zur Arbeit gehn. Wir liebten uns – oder waren auf dem Weg dazu. Es war sehr schön, sehr leidenschaftlich, und ich hatte alles um mich vergessen. Plötzlich sagte er: ›Ach du liebe Scheiße, ich muß ja morgen schon um halb acht in der Arbeit sein statt um acht!‹ Er wandte sich von mir ab, stellte den Wecker, gab mir einen Gutenachtkuß und drehte sich zur Wand, um zu schlafen. Ich war sehr verletzt, ich hatte das Gefühl, daß er nicht empfunden hatte, was wir taten, wenn er an die Zeit dachte. Es war wie ein Schlag ins Gesicht. Er konnte nicht verstehen, warum ich mich so aufregte. Ich schnappte mir mein Kissen und schlief im Zimmer nebenan. Das führte am nächsten Morgen zu einem lächerlichen Streit.«

»Das Schlimmste, was er mir je angetan hat: Er ist mal den ganzen Abend bis tief in die Nacht weggeblieben, als ich schwanger und verletzlich war, und hat mich nicht angerufen, um zu sagen, wo er war. An diesem Abend war er (gemeinsam mit einem anderen Elektriker) hinter ein paar Stripperinnen her, die bei der Party eines Kollegen auftreten sollten. Das hat mich wütend gemacht, weil ich geglaubt habe, mein Mann wäre so aufgeklärt, daß er so was Machomäßiges und Pubertäres nicht tut. Nach unserem großen Krach war er dann auch noch so taktlos, zu dieser verdammten Party zu gehen (die ihm in Wirklichkeit überhaupt keinen Spaß gemacht hat), weil er seinen Kollegen von der Gewerkschaft beweisen wollte, daß er nicht unter dem Pantoffel steht! Das hat mich sehr enttäuscht, und es hat mir weh getan, daß er diese traditionellen männlichen Werte akzeptiert hat und gemeint hat, eine ›gewisse Sorte Frau‹ wäre nur Lustobjekt.«

»Wenn es die Frau nicht zur Sprache bringt, bringt es niemand zur Sprache« – die Rolle, die die Gesellschaft Frauen in Auseinandersetzungen zuweist

»Er entschuldigt sich nie, er macht sich bloß über mich lustig, wenn ich mich beschwere oder mich über irgend etwas erbose. Wenn ich dabei bleibe, geht er aus der Tür. Das bringt mich in eine unmögliche Lage. Was soll ich machen – ihn verlassen? Und wenn ich ihn nicht verlassen will? Muß ich dann meinen Stolz vergessen? Darf ich mich nie mehr beschweren? Das verletzt mich in meiner Würde und beeinträchtigt meine Fähigkeit, mit meinem sonstigen Leben zurechtzukommen. Denn dann bin ich so aufgeregt oder verstört durch meine unausgesprochenen und unbesprochenen Gefühle, daß ich mich nicht gut auf meine Arbeit konzentrieren kann. Aber wenn ich es rauslasse und schreie, sieht er mich an, als wäre ich die ›Nervensäge‹ par excellence, und spricht trotzdem nicht mit mir. Ich weiß nicht, was ich machen soll. Ich weiß nicht, wie ich mit ihm ins Gespräch kommen soll und mir meine geistige Gesundheit erhalten soll, wenn es nicht gelingt – aber ich möchte ihn auch nicht verlieren.«

Viele Auseinandersetzungen werden von Frauen »initiiert«, die unter einem Mangel an Kommunikation leiden oder von ihren Männern/Liebhabern emotional belästigt bzw. sabotiert werden:
»Ich krache mich nicht gern, aber wenn ich richtig sauer bin, schrecke ich nicht davor zurück. Ausgelöst wird es meistens dadurch, daß er sarkastische Bemerkungen über mich macht. Gewinnen tut niemand, aber ich habe meistens ein schlechtes Gewissen danach. Manchmal können wir es auch mit Humor zu Ende bringen.«
»Mir scheint, meine Probleme und meine Ideen werden nie ernst genommen – zumindest nicht so ernst, wie ich seine nehme. Ich versu-

che, ihm zuzuhören, versuche, mich in ihn einzufühlen, aber wenn ich über meine Pläne spreche, hört er nicht zu, sondern wechselt das Thema. Und wenn ich mich dann beschwere, statt mich zu entschuldigen, macht er mich nach! Er sagt : ›Oh, oh, oh, das arme kleine Mädchen!‹ Ich möchte mal sehen, was er sagen würde, wenn *ich* so was mit ihm machen würde! Ich versuche, meinen Zorn unter Kontrolle zu halten, aber manchmal lasse ich alles raus.«

»Wenn ich ihn darauf hinweise, daß ich es leid bin, diejenige zu sein, die an alles denken und ihn an alles erinnern muß, daß ich Listen führe und er nicht – beispielsweise über Danksagungen, die wir schreiben müssen, Einladungen, Reparaturen usw. –, sagt er nie, daß ich recht habe, er faucht mich nur an. Und so bin ich doppelt überlastet: Ich muß auch an seinen Teil der Familienpflichten denken und mich dafür, daß ich ihn daran erinnere, beschimpfen lassen. Es ist ausgeschlossen, ihn an etwas zu erinnern und ihn damit *nicht* zu beleidigen. Und das beleidigt *mich*.«

»Ich habe lange nicht mit ihm gestritten, weil ich Frieden haben wollte. Aber damit ermutigt man jemanden bloß, sich noch schlimmer zu benehmen. Ich glaube, jetzt streiten wir mehr denn je. Am Anfang wollte er, daß ich zu allem ja und Amen sagte, ich sollte ihm nicht widersprechen. Er sah meine Seite nicht, und die alten Konflikte wurden nie gelöst. Heute versuche ich nicht mehr, sie zu lösen. Ich habe nur beschlossen, als ich vierzig wurde, daß ich mir bestimmte Verhaltensweisen von keinem Menschen mehr gefallen lasse. Was ich auch nicht tue.«

»Wir zanken uns immer darüber, daß er mich ständig herabsetzt und mich in eine Rolle drängen will, die zu spielen ich nicht bereit bin.«

»Wir haben uns gekracht, bis wir zu dem Schluß kamen, daß Ignorieren viel einfacher ist. Es ging hauptsächlich um die Kinder. Ich war seiner Meinung nach an allem schuld und akzeptierte das, bis ich eine Affäre hatte und merkte, daß ich beileibe nicht an allem schuld war. Ich ging wieder aufs College, erwarb einen akademischen Grad, beschäftigte mich mit mir selber, entwickelte mich.«

72 Prozent der Frauen sagen, daß sie *die Probleme zur Sprache bringen, über die geredet werden muß, und daß dies nur zu oft zu Zank und Streit führt:*
»Ich bin immer diejenige, die was hat, die etwas auf den Punkt bringen will. Wir kabbeln uns, und eine Lösung gibt es nicht, wahrscheinlich, weil ich keine solche Szene machen will, daß ich ihn verjage und die Beziehung aufgeben muß. Wenn also Dinge vorfallen, versuche ich sie zu übersehen – aber dann muß ich feststellen, daß ich Seitenhiebe gegen ihn austeile, Nadelstiche... fast so, als könnte ich nicht

anders. Manchmal geht es dabei um kleine Probleme, die oft nicht mal was mit dem letzten (für mich) ärgerlichen ›Zwischenfall‹ zu tun haben. Ich bin mir nie völlig sicher, ob er weiß, wie sehr mich diese Zwischenfälle aufregen, ich versuche rauszukriegen, ob ihn gewisse Dinge aufregen, die ich tue, aber er sagt es mir nicht. Denkt er: ›Trag's wie ein Mann, klage nicht‹? Hin und wieder glaube ich, er macht manches – wie heute, als er nicht das leiseste Interesse an mir gezeigt hat und mit seinen Freunden weggegangen ist –, weil ich etwas getan habe, das er negativ interpretiert hat. Aber normalerweise will ich so was nicht aufbauschen und denke, das biegt sich von selbst zurecht. Wenn wir richtig dramatisch streiten würden, gäbe es vielleicht eine Lösung und nicht nur dieses permanente Gefühl von Ungewißheit. Ich warte und warte, daß es aufhört. Aber es hört nicht auf. Ich nehme an, wenn wir die Art und Weise, auf die wir miteinander umgehen, nicht ändern, wird das unser ›Dauerbrenner‹ und es hört *nie* auf, wird nie eine Lösung geben. Ich möchte bloß wissen, ob wir ewig so weitermachen können oder ob die Beziehung daran zerbricht.«

»Mit den Problemgesprächen fange immer ich an. Ich denke mir x-mal aus, was ich sagen will, und dann sage ich es schließlich, weil ich das Schweigen nicht mehr aushalte.«

88 Prozent der Frauen sagen, daß die Männer in ihrem Leben Problemgesprächen am liebsten aus dem Weg gehen – wodurch ein Streit unvermeidbar wird:
»Das hasse ich, wenn ich versuche, etwas auszudiskutieren: Männer, die einen in Windeseile durch das Problem hetzen wollen (weil ›man‹ sich nicht aufregen darf, denken sie, es sei Schwäche, wenn man sich aufregt), und das sieht dann so aus, daß sie bereits im Anfangsstadium eines echten Gesprächs fragen ›Na, wo liegt das Problem?‹, und dabei einen Ton anschlagen, als wollten sie sagen: ›Du wirst dich doch jetzt nicht etwa bei mir beklagen wollen, oder???‹ – fast eine Drohung –, oder sie versuchen das herunterzuspielen und zu bagatellisieren, was man sagen will. Das macht es so schwierig.«

»Üblicherweise läuft es folgendermaßen: Er findet, alles ist gut – also, warum fühle *ich* mich dann miserabel? Alles ist gut, solange ich ihn unterstütze, für ihn da bin. Aber wenn ich das Gefühl habe, nicht gehört und übersehen zu werden und mich beschwere und laut werde und schließlich schreie, dann bin *ich* schuld, denn *er* war ja glücklich, bevor *ich* damit angefangen habe.«

76 Prozent der Frauen sagen, daß Männer bei der Lösung von persönlichen Problemen nicht die Initiative ergreifen:
»Wenn ich etwas zur Sprache bringe, mit dem er mir weh getan hat, brüllt er ›Das ist gelogen!‹ und geht. Versöhnung? Er tut so, als wäre

nichts passiert. Warum kann er sich unseren Differenzen im Alltag nicht realistischer stellen, ehe es zum Streit kommt?«

»Ich habe Leute, denen ich nahe bleiben wollte, in absoluter Frustration angeschrien, wenn sie nicht mal versuchen wollten, meine Bedürfnisse und Gefühle zu verstehen. Manchmal ist das die einzige Möglichkeit, ihnen klarzumachen, daß es mir schlecht geht. Anders hören sie mich nicht.«

Viele Frauen bringen nicht nur ihre eigenen Probleme und Kümmernisse zur Sprache – sie versuchen auch herauszufinden, wenn ein Mann unglücklich scheint, warum er unglücklich ist (das ist ein Teil der »emotionalen Hausarbeit«* von Frauen):

»Ich frage meinen Mann immer, was ihm Sorgen macht. Ich wollte, er wäre gesprächiger, aber er streitet es ab, daß er sich Sorgen macht. In letzter Zeit ist es allerdings etwas besser geworden.«

»Wenn er sauer ist, spricht er kein Wort. Ich muß dann die Initiative ergreifen, ihn fragen, was denn los sei und es ihm aus der Nase ziehen.«

Frauen haben oft das Gefühl, sie seien die »Bösen«, wenn sie Probleme zur Sprache bringen – doch sie sagen, daß niemand sie zur Sprache bringen wird, wenn sie es nicht tun, und so sehen sie sich in die Position der stereotypen »nörgelnden Frau« gedrängt:

»Es ist immer dasselbe. *Ich* habe Probleme, und mit ihm ist alles in Ordnung. Es geht nicht in seinen Kopf hinein, daß mein Verhalten eine Reaktion auf das sein könnte, was er tut oder getan hat. Er denkt einfach, so wäre ich eben – ich habe es mit Logik versucht und allem.«

»Ich hasse Auseinandersetzungen, aber ich hasse es noch mehr, nicht verstanden zu werden. Wenn mich etwas unglücklich macht, bringe ich es so offen und ehrlich zum Ausdruck, wie ich nur kann. Das führt im allgemeinen zu was, und mir ist danach wohler. Ich fühle mich ihm sehr nahe, wenn wir ein Problem gelöst haben, das mir zu schaffen gemacht hat. Ich kann jetzt auch klarer denken bei Auseinandersetzungen. Früher sind meine Gefühle immer mit mir durchgegangen, weil ich meiner Unzufriedenheit so selten Ausdruck verleihen konnte. Ich fand, es sei okay, daß ich leide, und daß ich jemand anderem nicht das Leben schwermachen dürfte. Wenn ich jetzt unglücklich bin, habe ich keine Bedenken, jemand anderen zu belasten.«

---

* Diesen Begriff hat Gudula Lorez geprägt, die vor kurzem verstorbene feministische Berliner Publizistin und Verlegerin. Sie bezog sich damit auf die emotionale Arbeit, die Frauen für Männer tun. Der Versuch, Männer aus der Reserve zu locken und die Kommunikation aufrechtzuerhalten, ist ein echter und vielfach unterschätzter »Service«, den Frauen Männern bieten.

81 Prozent der Frauen sagen – noch immer unter dem Einfluß des Erziehungs-
grundsatzes, eine Frau (zumindest eine »liebe Frau«) dürfe nicht zornig sein –,
daß sie Schuldgefühle haben, wenn sie sich streiten, und zwar unabhängig da-
von, ob sie Beschwerde geführt haben oder der Mann; sie haben (ob zu Recht
oder zu Unrecht) Schuldgefühle wegen der Störung des Friedens:

»Ich mag nicht streiten. Seit meiner Kindheit gibt es bestimmte Personen, die mir Schuldgefühle machen, wenn es Spannungen gibt.
Meine Mutter ist die eine, und mein Mann ist der andere. Und es geht
fast immer so aus, daß ich mich entschuldige.«

»Meistens gewinnt er. Ich fühle mich meistens schuldig, weil ich irgendwie nicht rücksichtsvoll war und ihn verletzt habe.«

39 Prozent der Frauen haben zeitweise Angst davor, zur Sprache zu bringen,
was sie ärgert:

»In meinen früheren Beziehungen hörte es nie auf mit den alten
Konflikten, weil ich zu schüchtern und zu ängstlich war, um mich
selbst zu behaupten und an Probleme heranzugehen – ich fürchtete
den Verlust der Beziehung. Das ist jetzt nicht mehr so, und ich hoffe,
daß ich nie wieder in diesen Teufelskreis aus stiller Wut und unterdrückten Ressentiments gerate.«

»Ich bin gefühlsmäßig sehr von meinem Mann abhängig, und wenn
ich böse auf ihn bin, versuche ich es für mich zu behalten. Wenn er
böse auf mich ist, bricht die Welt für mich zusammen.«

Andere Frauen haben das Gefühl, daß sie Auseinandersetzungen nicht »ge-
winnen« können, und sind während eines Streits und danach sehr frustriert:

»Im tiefsten Herzen vertrete ich wohl den Standpunkt ›Du bist okay,
ich bin *nicht* okay.‹ Bei Auseinandersetzungen gebe ich meinen Ängsten nach und lasse die anderen gewinnen, selbst wenn ich finde, daß
meine Sache gerecht ist. Streiten ist eine Fähigkeit, die ich noch lernen
muß. Ich fürchte mich davor, ich weiß nicht, wie man es richtig macht,
und am Ende bin ich meistens hilflos, beschämt, frustriert, verwirrt.
Ich möchte mich wehren können, wenn ich das Gefühl habe, daß ich
manipuliert oder ausgenutzt werde. Ich finde, mein Partner ist oft ungerecht. Wenn ich selbstbewußt auftrete, wirft er mir Snobismus vor;
wenn ich weniger selbstbewußt auftrete, sagt er, ich würde ihn bla-
mieren und sei ein gesellschaftlicher Hemmschuh für ihn! Oder wenn
ich gehemmt bin, sagt er, ich sei prüde und nicht selbstbewußt genug;
wenn ich weniger gehemmt bin, hält er mich für unanständig, abstoßend, skandalös.«

Wieder andere Frauen haben nützliche Strategien gelernt:

»Früher ist mir bei Zankereien körperlich übel geworden. Doch seit ich selbstsicherer geworden bin, fange ich Streit an, um deutlich zu machen, was ich will, um mich abzugrenzen – und ich bleibe dabei. Inzwischen bin ich in der Offensive, nicht mehr in der Defensive. Ich gewinne auch meistens.«

»Ich gebe mir große Mühe, Streit oder emotionale Konfrontationen zu vermeiden. Ich erinnere mich besonders an eine Geschichte, die sich vor ungefähr einem Jahr abspielte. Damals traf ich mich mit meinem Anwalt, meinem Mann und seinem Anwalt, weil ich einige Punkte im Zusammenhang mit unserer Scheidung klären wollte. Ich kannte den Anwalt meines Mannes noch nicht und wollte ihn beeindrucken, also kaufte ich eine Stunde vor dem Termin ganz spontan einen roten Hut und trug ihn bei dem Gespräch. Unter diesem roten Hut fühlte ich mich irgendwie sicher, weil kaum jemand Hüte trägt und ich mich dadurch als ›anders‹ abhob. Als ich das ein paar Tage später meinem Psychiater erzählte, fragte er: ›Warum?‹ Ich sagte, weil ich bei dem Gespräch hätte cool bleiben wollen. Der Psychiater sagte sarkastisch (um eine Reaktion von mir zu kriegen, aber die kriegte er nicht): ›Es war sehr wichtig, cool zu bleiben bei etwas so Belanglosem wie dem Ende einer zwanzigjährigen Ehe, nicht wahr?‹ Ja, es war sehr wichtig, mir meine Verletzlichkeit nicht anmerken zu lassen. P. S.: Der Trick verfing gut, ich bekam alle Zugeständnisse, die ich wollte.«

61 Prozent der Frauen sagen, daß die Probleme – egal, wie sehr sie sich darum bemühen – nicht gelöst werden:

»Ich hasse Streit. Wenn es Spannungen gibt, gerät meine Welt aus dem Lot. Ich bin normalerweise glücklich, aber dann bin ich sehr deprimiert. Normalerweise fange ich das Gespräch über das Problem an, aber es hilft nichts. Es ist immer das gleiche Problem – mein Bedürfnis danach, daß er lieb und zärtlich zu mir ist.«

»Wenn jemand Krach anfängt, dann ich. Mein Mann vermeidet das nach Möglichkeit. Trotzdem gewinnt er immer, weil seine Meinung nie ändert. Danach bin ich noch wütender als zuvor, weil ich bei ihm keinen Fingerbreit weiterkomme. Er ist sehr, sehr rechthaberisch, und mit Logik, Beweisen, daß er sich irrt, Tränen, Schreien oder was auch immer ist ihm nicht beizukommen. Gelöst oder beigelegt wird selten was. Wenn wir uns ausgekracht haben, besprechen wir die Probleme nicht, wir nähern uns ohne Worte einander wieder an. Ich versuche rauszubekommen, wie er sich fühlt, aber ich bekomme es nicht raus.«

»Ich kann Streit nicht ausstehen. Es geht mir furchtbar schlecht dabei. Niemand gewinnt. Wenn ein Streit im Gang ist, bin ich zornig, und danach bin ich total kaputt. Daß Konflikte gelöst wurden, war in unserer Beziehung nicht drin. Sie tauchten später automatisch wieder auf. Ich sage am Ende immer, es täte mir leid, damit Ruhe ist. Wenn wir versucht haben, über die Probleme zu reden, war meistens der nächste Streit fällig, bis die ganze Streiterei schließlich aufhörte, weil ich die Beziehung abbrach.«

»Ich bin immer ärgerlich geworden und habe geschrien. Er hat zurückgeschrien. Ich habe geweint, er ist aus dem Haus gerannt. Dann habe ich mich wieder beruhigt, und wenn er zurückgekommen ist, haben wir so weitergemacht, als wenn nichts gewesen wäre. Eine Katharsis oder eine geistige Begegnung hat es nie gegeben.«

»Es läuft normalerweise so: Ich finde, daß ich allen Grund habe, mich zu beschweren, aber er gibt nicht gerne zu, daß er etwas falsch gemacht hat, und im allgemeinen entschuldigt er sich auch nicht. Er sagt, die Art Mensch sei er eben nicht, und er könnte sich nicht ändern – das hätte ich gewußt, als ich ihn geheiratet hätte. Nach dem ›Gespräch‹ treten die Probleme eine Weile in den Hintergrund, dann ist er wieder kühl und distanziert, ich koche innerlich, bis wir wieder eine Auseinandersetzung haben, wenn ich es nicht mehr ertrage. Ich glaube (und mein Mann wird mir da voll zustimmen, aber sich nicht ändern), daß meistens ich diejenige bin, die gibt und sich kümmert und die kleinen, liebevollen Dinge tut. Er gibt nicht soviel von sich her, daß ich mich geliebt fühle. Vielleicht habe ich unrealistische Vorstellungen von der Ehe, aber ich komme schlichtweg zu kurz, was die gegenseitige Zuneigung angeht.«

»Ich streite äußerst ungern mit meinem Mann, weil er zu emotional wird. Ich finde, ein Streit ist zur Reinigung der Atmosphäre da, aber er wird leider gemein dabei. Früher habe ich ihn immer gewinnen lassen, weil ich Angt vor seinen Wutausbrüchen hatte. Jetzt lasse ich ihn nicht mehr gewinnen. Ich sage, was ich zu sagen habe, und nehme nichts zurück. Gelöst wird dadurch nichts, also wirft er mir vor, daß ich ihn am freien Ausdruck seiner Gefühle hindere! Ich nehme trotzdem nichts zurück. Aber ich beende den Streit, indem ich dafür sorge, daß wir uns über irgendwas einigen. Egal, was: Der Mond besteht aus Kräuterkäse! Ich versuche, ihn zum Lachen zu bringen.«*

89 Prozent der Frauen sagen, daß Männer bei Auseinandersetzungen nicht wirklich hinhören, was sie sagen: »Die Männer hören, was sie hören wollen.« Sie sagen, Männer glaubten anscheinend, ihr »Problem« würde durch andere Gründe verursacht als die, die sie anführen, weil sie ihre Frauen »besser kennen«, weil die Frau nicht »rational« genug ist, um sie zu erfassen:

»Er meint, ich wollte ihn kritisieren, wenn ich versuche, etwas zur Sprache zu bringen, das mich stört. Er sagt, ich würde bloß Ärger machen. Er hört nicht auf das, was ich sage. Früher habe ich versucht,

---

* Zu Paaren, die erfolgreich über ihre Probleme reden, siehe 17. Kapitel.

ihm alles ruhig zu sagen, aber ich habe keine Reaktion bekommen, deswegen schreie ich jetzt, und er sagt, ich würde ihn angreifen.«

»Meistens ist es etwas, das sich langsam aufgebaut hat – er möchte sich nicht damit auseinandersetzen, schließlich halte ich es nicht mehr aus, und es gibt eine große Szene. Es tut mir wirklich weh, wenn er sich weigert, über das Problem zu diskutieren, und mich bloß durch den Kakao zieht und sagt: ›Du hast wohl deine Periode, du bist ja total hysterisch.‹ Selbst wenn ich meine Periode hätte (sie macht mich manchmal wirklich etwas dramatisch), heißt das nicht, daß das, was ich sage, nicht wahr ist und daß es kein Problem ist, mit dem man sich auseinanderzusetzen hat.«

73 Prozent der Frauen berichten, sie seien fast immer diejenigen, die nach einem Streit sagen, es täte ihnen leid, und dann über die Probleme zu reden versuchen; obwohl die Männer oft eine »Friedensinitiative« in Form eines Kusses oder einer Umarmung unternehmen, sagen die meisten von ihnen nicht ohne weiteres, daß es ihnen leid tut oder daß sie über die Probleme reden wollen:

»Der Mann, mit dem ich zusammengelebt habe, hat nie ›Es tut mir leid‹ gesagt. Lieber hätte er sich die Zunge abgebissen. Die Lösungsversuche sind immer von mir gekommen. Er hat nie gehört, was ich sage. Wenn ich geredet habe, hat er mich immer unterbrochen. Er hat alles so hingedreht, wie es ihm gepaßt hat. In Ordnung gekommen ist nie was.«

»Unsere Konflikte gehen so aus, daß ich mich entweder entschuldige oder tagelang nicht mit meinem Mann spreche, bis ich das Problem irgendwie abhaken kann. Mein Mann hat sich noch nie entschuldigt.«

»Wie Auseinandersetzungen gewöhnlich beigelegt werden? Indem er mich kleinmacht, bis ich sage, daß es mir leid tut. Und es tut mir dann auch leid, dafür sorgt er schon.«

»In meiner Ehe war ich die Initiatorin, die Versöhnliche etc. Das diente nur dazu, meinen Mann in eine überlegene Position zu bringen – jedenfalls in seinen Augen – und seine Selbstgerechtigkeit noch zu steigern.«

12 Prozent der Frauen sagen, ihre Lebensgefährten würden sich entschuldigen:

»Den ersten Schritt zur Versöhnung tue ich nicht. Er ist schuld an den Problemen, da kann er auch den ersten Schritt tun. Darauf gehe ich dann ein.«

»Konflikte und Auseinandersetzungen werden im allgemeinen sofort beigelegt, wir lassen das nicht weiterschwelen. Meistens sagt er, daß es ihm leid tut, denn ich bin ziemlich dickköpfig und gebe nicht gern zu, daß ich unrecht habe. Danach versöhnen wir uns.«

Ein Mann gibt in einem sehr bewegenden und amüsanten Brief* eine Analyse seiner »Streittaktiken«:

»Je wütender sie wird, desto überlegener fühle ich mich. Ich sitze stoisch da und warte darauf, daß es aufhört. Und während ich so dasitze und sie schreit oder darauf wartet, daß ich ›etwas sage‹ (was ich unterlasse) oder mich entschuldige, denke ich: ›Warum tut sie mir das an?‹ Natürlich sagt sie, *ihre* Gefühle seien *zuerst* verletzt worden, aber dafür fühle ich mich im Grunde genommen nicht verantwortlich. Sie hätte sich nicht verletzen lassen sollen, schließlich habe ich es nicht so gemeint. Warum ist sie so schwierig? Sie sollte sich nicht so haben. Wenn sie mich wirklich lieben würde, würde sie sich nicht so aufführen. Sie hat keine Achtung vor mir.

Manchmal wird sie auch stocksauer und fordert mehr als einsilbige Knurrlaute. Wenn ein solcher Druck auf mich ausgeübt wird, besteht meine übliche Reaktion darin zu sagen: ›Ich brauche Zeit‹ oder ›Gib mir ein bißchen Luft zum Atmen‹ oder ›Laß mich ein paar Minuten in Frieden, ich muß darüber nachdenken‹ – und derweil denke ich, wie edel es von mir ist, daß ich mir all das bieten lasse. Ich bin ein Märtyrer und ein Heiliger. Doch wenn ich ehrlich bin, muß ich mir sagen, daß dies eine passiv-aggressive Einstellung ist, voll Ärger und Wut. Woher kommt sie? Ich weiß es nicht. Ich sehe sie im Werbefernsehen, in gewissen Spots, in denen kleine Jungs von ihren Müttern bedient werden – die Mütter sind natürlich Vollidiotinnen, während die kleinen Jungs schlau, schlauer, am schlausten sind usw. usf.

Aber es ist ein großes Vergnügen, sich in die Einsilbigkeit zurückzuziehen, sich als verwundeter Held zu fühlen, manchmal sogar zwei, drei Tage am Stück! Eingeschnappt sein – welch ein Hindernis für die Verständigung! Ich glaube, bei unseren Auseinandersetzungen sind wir immer nur aneinander vorbeigelaufen. Warum habe ich nicht gesagt ›Das stört mich, und zwar aus folgendem Grund‹, statt eingeschnappt zu sein oder mich für überlegen zu halten und darauf zu warten, daß sie über ›ihr Problem‹ hinwegkommt?

Es dürfte ziemlich klar sein, daß ich – und wahrscheinlich auch noch andere Männer – mit diesem Verhalten jede Verantwortung für das, was vorgeht, ablehnen. Wir brauchen mehr Selbstsicherheit und Autonomie bei Männern, wirklichen männlichen Stolz – Männer, die die Verantwortung für eine ehrliche Interaktion mit Frauen übernehmen, die nicht bloß passiv sind und doch überlegen scheinen wollen. Was wir nicht brauchen, ist dies ›Du hast die Aufgabe, um mich zu kreisen, zu erraten, was ich will, wenn ich nur Einsilbiges von mir gebe, und all meine unausgesprochenen Bedürfnisse zu befriedigen!‹«

---

* Es handelt sich um einen Leserbrief zum *Hite Report II.*

Das Rätsel der männlichen Passivität bei Auseinandersetzungen mit Frauen

Die meisten Frauen sagen, daß die Männer, die sie kennen, nur äußerst widerwillig über Differenzen zu diskutieren scheinen und daß diese Einstellung schließlich zur »Konfrontation« führt, die beide Beteiligte noch weniger schätzen. Dann wird die Frau, die das Problem in den meisten Fällen zur Sprache gebracht hat, oft beschuldigt, die Unruhestifterin zu sein.

Diese Art »Männlichkeit« ist durch Passivität gekennzeichnet, durch eine Einstellung, die in etwa sagt: »Was kann *ich* schon gegen *dein* Problem tun?«. Frauen können dann starke Schuldgefühle entwickeln, weil sie (so will es die traditionelle Rolle) die Friedensstifterinnen im Leben sein sollen. Es »obliegt« ihnen auch angeblich, liebevoll zu sein und die Beziehung am Laufen zu halten. Tatsächlich »gewinnen« die Männer so oder so; denn wenn der Mann beim Streit verliert, hat die Frau ihm »böse zugesetzt«; und wenn er gewinnt, war sie »irrational« und »hysterisch« – und ist die Schuldige, egal was passiert.

»Mir geht's gut. Warum beklagst du dich?«
Die Verhaltensmuster von Männern in Auseinandersetzungen

Viele Frauen beschreiben eine Art stummen Rückzug von seiten der Männer, wenn es Streit gibt:

»Männliches Nörgeln ist stumm. Stummes Schmollen oder stumme, arrogante Mißbilligung.«

»Sein Gesichtsausdruck sagt: ›Warum führst du dich so auf? Was soll das, diese Szene? Ich habe keine Ahnung, was du von mir willst.‹«

»Es läuft immer ähnlich. Er macht mich wütend, ich gehe hoch, er sagt nichts. Schließlich verlange ich, daß er was sagt, und er sagt: ›Was soll ich denn sagen?‹ Das macht mich erst recht wütend, weil ich immer noch nicht weiß, ob er überhaupt begriffen hat, warum ich mich so aufrege.«

»Er hat eine geradezu klassische Pose. Er sitzt reglos da und blickt drein, als sei er über alles erhaben – ich nenne das die Mussolini-Pose. Er bleibt unnahbar, während ich versuche, zu ihm durchzudringen. Was mich wirklich rasend macht, ist, daß er dabei als derjenige mit den ›guten Manieren‹ wegkommt. Ich dagegen mache mich lächerlich, verliere die Beherrschung und werde hysterisch.«

76 Prozent der Frauen sagen, daß sich die meisten Männer sehr wenig Mühe geben, sie bei Auseinandersetzungen zu verstehen, und sehr wenig Gefühl und Empathie zeigen. Die meisten Frauen sagen außerdem, wenn sie etwas zur Sprache bringen und darauf nichts als feindseliges Schweigen folgt, könne es leicht passieren, daß sie schließlich schreien – ein (unbewußter) Versuch, endlich *gehört* zu werden.

Doch das trägt ihnen oft nur Bezeichnungen wie »irrational« oder »hysterisch« ein – zwei mit geschlechtsbezogenen Vorurteilen aufgeladene Wörter, die den Frauen in dieser Untersuchung zufolge immer noch auffällig häufig gebraucht werden. Sie dienen zur Herabsetzung der Frau (»Du bist hysterisch«) oder zu ihrer gönnerhaften »Beruhigung« (»Na, nun werd nicht hysterisch«) und machen alles nur noch schlimmer. Sind sich Männer ihrer Feindseligkeit bewußt, wenn sie so etwas sagen?

Eine Frau berichtet, was in dieser Hinsicht in ihrer Beziehung vorgeht: »Wenn ich mich aufrege, hat er meistens die Einstellung: ›Mir geht's gut. Warum beklagst du dich?‹ Und wenn ich mich damit nicht abspeisen lasse und mich noch mehr aufrege, sagt er: ›Du legst es wirklich auf eine Szene an.‹ Oder er sagt: ›Warum versteifst du dich darauf, deine Ansicht durchzusetzen?‹ Worauf ich sage: ›Ich versteife mich auf gar nichts – ich versuche, mit dir zu reden!‹«

Negative oder »zu emotionale« Verhaltensweisen von Männern haben keinen Namen, keine Bezeichnung, die in den allgemeinen Sprachgebrauch übergegangen ist. Hier gibt es Lücken, fehlende Elemente in der Sprache. Zum Beispiel scheint (den Frauen in dieser Untersuchung zufolge) die männliche Entsprechung zur »nörgelnden Frau«, die die Hand in die Hüfte gestemmt dasteht und einen Mann anschreit, »Er betrachtete sie mit arroganter Verachtung« zu sein. Warum gibt es keinen prägnanten Begriff, keine Redewendung für den typischen stummen Rückzug von Männern?

Im vorigen Kapitel haben wir gesehen, daß die Sprache keinen Mangel an Wörtern und Redewendungen hat, die unterschwellige Attacken auf Frauen darstellen. (Man kann sie auch in angeblich objektiven »wissenschaftlichen« Zeitschriften finden.) Männer glauben oft, dieses Vokabular ungestraft gebrauchen zu können, und sind der festen Überzeugung, was sie sagen, sei wahr, während sie die selbstgefällige und sexistische Natur solcher Sprachklischees nicht erkennen. Dieses Vokabular gebrauchen sie vorzugsweise dann, wenn eine Frau aufgebracht oder zornig ist, was höchstwahrscheinlich an den in unserer Gesellschaft verbreiteten Stereotypen über Frauen liegt. Demnach sind Frauen unlogisch, zu emotional, neigen zum Nörgeln, und man muß sie unter Kontrolle halten, sonst werden sie unmöglich, nehmen einen »unter den Pantoffel«, werden aufsässig (d. h., sie sind unabhängig und verlangen Respekt) wie in Skakespeares *Der Widerspensti-gen Zähmung* (ein Stück, das in vielen Schulen durchgenommen wird, ohne daß von seinen sexistischen Implikationen die Rede wäre).

Mit anderen Worten, die Passivität und das Schweigen von Män-nern, durchsetzt mit Verweisen auf das »hysterische« oder »unbe-herrschte« Verhalten von Frauen bei Auseinandersetzungen, sind provozierend und empörend. Indem der Mann es ablehnt, mit der Frau zu reden, auch wenn sie sehr verletzt ist deswegen, verweigert er ihr jede Zuflucht. Sein Rückzug ist eine klare Aussage. Er bedeutet, daß sie die Dinge so zu akzeptieren hat, wie sie sind, oder gehen muß. Da sich der Mann weder auf »Verhandlungen« noch auf einen Kom-promiß einläßt, »kann sie schreien, soviel sie will, das ist nicht mein Problem«, wie eine Frau einen Ausspruch ihres Bruders über seine Frau zitiert.

Eine weitere Schwierigkeit im Zusammenhang mit den Verhaltens-mustern von Männern bei Auseinandersetzungen ist – so 48 Prozent der Frauen in dieser Untersuchung – die männliche Tendenz, Konkur-renzverhalten an den Tag zu legen, statt empathisch zuzuhören. Eine Frau beschreibt es so: »Es führt zu nichts, wenn ich Dinge zur Sprache bringe, die mich kränken, denn wenn ich ihm sage, daß er mich ge-kränkt hat, antwortet er nur anklagend, ich hätte ihn jetzt auch ge-kränkt, indem ich das gesagt hätte.« Wenn die Frau sich beschwert, ist es also durchaus möglich, daß der Mann erklärt, er habe eine noch viel gewichtigere Beschwerde vorzubringen.

Vielleicht übertragen manche Männer die »Spielregeln« des Kon-kurrenzkampfs der Arbeit auf ihre Beziehungen. Frauen, die verliebt sind und erwarten, daß ihnen der ebenfalls verliebte Mann auch liebe-voll begegnet, sind oft überrascht, wenn er Konkurrenzverhalten zeigt. Wird dieses Konkurrenzverhalten in emotional gespannten Si-tuationen durch die Erziehung der Männer verursacht, die ihnen ein-geprägt hat, in allen Lebenslagen wettbewerbsorientiert zu sein, um jeden Preis zu gewinnen? Oder liegt es an ihrem Wunsch, nicht »effe-miniert« oder »weibisch« und »gefühlsduselig« zu sein? Die meisten Männer denken, das Entscheidende bei einer Auseinandersetzung sei das Gewinnen, und vor allem müsse sichergestellt werden, daß die Frau nicht »die Oberhand bekommt«. (Siehe auch S. 734 f., »Die ›männliche‹ Ideologie…«.) Sie betrachten die Auseinandersetzungen nicht als gemeinsamen Versuch, zu einem besseren Verständnis für-einander zu gelangen.

Eine Frau spekuliert darüber, warum so viele Männer liebend gern diese psy-chologischen Kämpfe gewinnen wollen:

»Die Einstellung der Männer ist ungefähr: ›Frauen schreien dich immer an, nerven dich ständig, lassen dich nie tun, was du willst.‹ Aber Männer lieben es richtiggehend, die Lage noch zu verschlimmern, d. h. ihre Gefühle und Gedanken zu verschweigen. Je dringender die Frau etwas mit ihnen besprechen muß, desto ausdrücklicher weigern sie sich. Ich habe das immer wieder bei meinem Bruder und seiner Frau und bei mir und meinem Freund gesehen. Schließlich schreit die Frau (ich), und der Mann findet es irrsinnig komisch. Warum? Wischen sie damit ihren Müttern eins aus und halten sich für ungeheuer schlau, weil sie ungestraft davonkommen?

Ein Beispiel: Mein jüngerer Bruder (17) fragte unsere Mutter bei Tisch, ob es nicht okay sei, mit einem Mädchen Analverkehr zu haben? ›Ist schließlich ein Beitrag zur Geburtenkontrolle – hahaha.‹ Und das, nachdem er so getan hatte, als wollte er sie ernsthaft fragen, ob sie es für okay hält. Da hatte er sie schön drangekriegt. Sie wußte nicht, was sie sagen sollte, und alle lachten. Warum kriegen Männer Frauen so gern dran? Ist das nicht eine Art Frauenhaß? Piesackerei? Oder sind sie so sauer auf Frauen, weil Frauen Männer großziehen und darum Macht über sie haben, absolute Macht? Manche Leute sagen das. Aber Frauen werden auch von Frauen großgezogen, und sie wollen Frauen keins ›auswischen‹ – d. h. beweisen, wie dumm Frauen sind.«

Unfairer Streit

Die schlimmste Art zu streiten ist das unfaire Streiten, der gemeine Streit. Es geht nicht mehr darum, Beschwerden zu äußern und zu einem Einverständnis zu gelangen, sondern die andere Person möglichst tief zu verletzen:

»Ich hasse Streit. Er hinterläßt zuviel Wunden. Meistens sagen die Leute noch Sachen, die sie gar nicht meinen. Wenn ich zum Beispiel sage, es hätte mich gekränkt, daß er mich nicht angerufen hat, sagt er ›Du solltest dich mal fragen, warum ich nicht angerufen habe...‹, womit er etwas Unangenehmes andeutet. Also hat mein Mann meistens gewonnen. Wenn er glaubte, er wäre am Verlieren, hat er einfach die Spielregeln geändert! Ich war sprachlos, verletzt, wie gelähmt. Eine aussichtslose Situation.«

Die größte und vollständigste Entfremdung tritt ein, wenn Paare miteinander streiten, ohne daß sich danach jemand entschuldigt; wenn einer so tut oder beide so tun, als sei nichts gewesen. 53 Prozent der Frauen sagen, das sei in ihrer Beziehung der Fall:

»Er fängt meist schon mit der Versöhnung an, wenn ich noch nicht mal gesagt habe, was mich stört, oder wenn ich es gesagt habe und er alles abgeschmettert hat. Ich gehe auf die Friedensinitiative ein, aber ohne Freude, ohne Energie. Er gewinnt meist in dem Sinn, daß wir tun, was er will – wir schlafen weiter zusammen, bleiben weiter zusammen.«

»Wir gehen schweigend auseinander, er ins eine Zimmer, ich ins andere – wir sagen nicht, daß es uns leid tut –, wir kommen wortlos überein, das strittige Thema fallenzulassen.«

»Bei unseren großen Krächen geht es fast immer ums Trinken oder ums Geld. Ich mag keinen Krach. Ich weiß nicht, wer gewinnt, weil sich das alles am Ende irgendwie legt. Manchmal reden wir darüber, aber nicht viel, weil er sich nicht ausdrücken kann. Es tut mir weh, wenn wir Krach haben. Ich denke mir dann: ›Was soll das eigentlich? Lohnt doch nicht. Das Leben ist zu kurz.‹ Oder: ›Warum bin ich eigentlich hier?‹«

»Ich mag seine rechthaberische Art nicht. Er muß immer das letzte Wort haben, er wird immer laut oder sagt: ›Da irrst du dich aber gewaltig!‹ Punkt. Und das soll ich akzeptieren!«

»Es kommt nicht oft vor, daß einer von uns ›Es tut mir leid‹ sagt, wenn es Streit gegeben hat. Wir versöhnen uns nicht, wir wursteln weiter wie bisher. Von der Versöhnung durch Sex halte ich nichts.«

»Ich hasse Streit, laute Worte, Beschimpfungen! Wenn er vernünftiger wäre, könnten wir miteinander reden, aber er ist nicht vernünftig. Er brüllt! Wir versöhnen uns im Bett, und wenn ich dann versuche, über irgendwas zu diskutieren, schnaubt er bloß und schläft ein. Er macht mir nicht das kleinste Zugeständnis.«

Wenn man keine Möglichkeit hat, Differenzen beizulegen, ist das sehr bedenklich. Es kann dazu führen, daß die Frau (oder der Mann) aus der Ehe aussteigt – erst durch emotionale Ablösung, später auch durch räumliche Trennung:
»Der Streit macht die Kluft in unserer Ehe immer größer. Führt dazu, daß ich aufspringen, fortlaufen und nicht zurückblicken will. Nach Phasen erbitterter Auseinandersetzungen haben wir ein paarmal Schluß gemacht. Daß er ging, war die einzige Lösung. Er ist immer wieder zurückgekommen, aber die Probleme sind geblieben.«

»Wir haben uns früher viel gestritten – jetzt herrscht eine eher gleichgültige Atmosphäre. Es ist, als wären wir Zimmergenossen, die Kinder gemeinsam haben und sonst kaum was. Die Liebe ist schon lange tot.«

Nach achtunddreißig Jahren Kampf und Streit macht eine Frau klaren Tisch:
»Die alten Probleme wurden nie gelöst, sondern nur zu Kürzeln ver-

einfacht, damit sie nicht lange durchgegangen zu werden brauchten, bevor man mit den neuen anfing. Ich dachte mir immer, es ist, als würde man die ganze Zeit einen Müllkarren mit sich herumziehen. Und es gab keine Möglichkeit, ihn loszuwerden. Wir waren achtunddreißig Jahre vor diesen Karren gespannt, und das wäre immer noch so, wenn der Kerl noch da wäre. Zum Glück ist er auf der anderen Seite des Kontinents.«

Viele Frauen weisen darauf hin, daß es ihnen daran liegt, das Problem oder den Konflikt auf der Stelle zu lösen und nicht erst die Zeit vergehen zu lassen, in der sich der Schmerz festfressen kann:

»Ich mag das nicht, wenn wir nach einem Streit schlafen gehen, ohne uns versöhnt zu haben. Ich fühle mich dann so elend, bin so unglücklich, daß ich weinen muß. Es ist so schön, wenn wir wieder gute Freunde sind.«

»Ich sorge dafür, daß wir darüber reden. Ihm wäre es lieber, die Probleme eine Weile ruhen zu lassen, aber ich möchte gleich darüber reden. Danach nehmen wir uns meistens in die Arme. Sex haben wir selten danach. Ich fühle mich fast immer ausgelaugt und leer, und alles tut mir weh.«

»Man soll das Bett nicht zum Schlachtfeld machen«: Doch ist Sex tatsächlich gleich Versöhnung?

»Komisch, als wir noch so was wie ein Liebesleben hatten, hat ihn Streit immer scharf gemacht. Je gehässiger es war, desto schärfer machte es ihn. Das ist die Art Streit, bei der *mir* alles vergeht. Aber er schien es spannend zu finden. Mir ist aufgefallen, daß seine Mutter auch am liebevollsten ist, wenn sie alle niedergemacht hat. Ich habe keine Ahnung, was das bedeutet, aber ich mag mich instinktiv nicht von jemandem anfassen lassen, der mich gerade gedemütigt hat.«

Eine Frau sagt: »Wir werden oft ermahnt, den Streit nicht im Bett fortzuführen. Aber ist es nicht eine Kapitulation, wenn eine Frau mit einem Mann schläft, der sich weigert, etwas mit ihr zu besprechen, das für sie wichtig ist, und sich nicht bemüht, sie zu verstehen?«

Die meisten Frauen in dieser Untersuchung sagen, sie wollten so bald wie möglich über Probleme und Mißverständnisse reden, damit es zu keiner Verhärtung kommt. Doch sie geben auch zu verstehen, daß viele Männer das Gespräch lieber vertagen oder ihm aus dem Weg gehen würden. So passiert es oft, daß die Spannungen noch nicht abgebaut sind, wenn ein Paar zu Bett geht, oder zumindest die Gefühle einer Person verletzt sind. Sollen Frauen nun »den Streit mit ins Bett nehmen« und »Sex verweigern«, oder sollen sie den Streit zur Seite schieben, damit er nicht zum »Störfaktor der körperlichen Liebe« wird?

Wenn eine Frau findet, die Lösung eines Problems sei ihr versagt worden, ist ihr oft nicht nach Sex zumute – sie fühlt sich mißachtet. Doch dann wird ihr vielleicht der Vorwurf gemacht, daß sie »Sex verweigert«, um den Mann zu »manipulieren«. Diese Begriffe werden von vielen »Lebensberatern« und Psychologen gebraucht, die für populäre Zeitschriften schreiben. Sie implizieren auch, daß es sich hier um eine »schlechte Angewohnheit« der Frauen handelt. Aber wenn man Frauen dafür herabsetzt, daß sie Entfremdungsgefühle haben, und ihnen praktisch nahelegt, Sex und Gefühle nicht so innig zu verbinden, übt man dann nicht Druck auf sie aus, das »männliche« Wertesystem zu übernehmen und ihre eigene Integrität aufzugeben?

Eine Frau kann wegen der ungelösten Konflikte in einer Beziehung hin und wieder nicht nach Sex zumute sein – oder immer häufiger, bis es ein festgefahrenes Verhaltensmuster geworden ist. Selbst wenn die Differenzen nicht groß sind, können sich die »Lösungsversäumnisse« summieren, was möglicherweise zur Folge hat, daß eine Frau immer weniger Lust auf Sex hat. Manchen Männern dient das als »Munition«, um die Frau noch mehr herabzusetzen. Doch ist es für die Frau ein angemessener Weg, weil sie auf diese Weise ihre Würde behauptet und ihre Rechte geltend macht, indem sie versucht, gehört zu werden und zu einer Lösung zu kommen, so daß sie die Beziehung als sie selbst fortsetzen kann, nicht als Unperson, die Phantasie zu Hilfe nehmen muß, um erregt und genügend feucht zu werden, um Geschlechtsverkehr zu haben.

Kann Streit helfen?

Produktives Streiten: Methoden, einander nahe zu bleiben

Die meisten Frauen sagen, ein »optimaler Streit« ende mit einer Lösung, die es beiden ermöglicht, den Standpunkt der anderen Person zu verstehen:

»Bei Auseinandersetzungen kann ich ihn oft nicht dazu kriegen, meinen Standpunkt zu begreifen. ›Gewinnen‹ würde für mich bedeuten, daß wir beide den Standpunkt des anderen begreifen. Wenn das funktionierte, wäre ich sehr erleichtert – wie man sich eben fühlt, wenn eine Last von einem genommen ist.«

»Wir streiten nicht. Wir lösen das Problem. Es ist phantastisch. Vor Jahren haben wir gestritten, weil ich rechtzeitig wo sein wollte und wir seinetwegen immer zu spät kamen. Wir haben das Problem gelöst, indem wir beschlossen haben, bei Filmen, Theaterstücken und Konzerten pünktlich zu sein, weil es wichtig ist. Bei Essen, Treffs und Partys sind wir etwas laxer mit der Zeit. Jetzt fühlt er sich nur unter Druck, wenn es wichtig ist.«

»Wenn wir uns gestritten haben, setzen wir uns zusammen und sprechen uns aus. Dann kommen wir zu einer Verständigung, kuscheln uns zusammen und schlafen ein oder lieben uns.«

»Die Konflikte werden gelöst, indem wir sie bereden und darüber nachdenken, was eigentlich passiert ist. Wir entschuldigen uns beide. Meistens leitet er das Gespräch ein.«

»Zunächst sage ich, daß es mir leid tut, selbst wenn es sein Problem war. Wenn es uns etwas besser geht, sagt auch er, daß es ihm leid tut, und dann steht einer Klärung der Dinge nichts mehr im Weg.«

Manchmal können Differenzen oder kleine Kränkungen verschlimmert werden durch die unterschwellige Angst des einen oder beider Partner, daß der andere einen nicht wirklich liebt, sondern haßt und einen abweisen wird. Wenn man jemanden wirklich liebt, lebt man vielleicht immer mit dieser Angst, und das ist erschreckend:

»Er lief durchs ganze Haus und machte Sachen kaputt, die er getöpfert hatte. Er war total ›außer Kontrolle‹, und ich ließ ihn eine Weile toben und nahm ihn dann in den Arm und sagte ihm, wie froh ich wäre, daß er es endlich ›rausgelassen‹ hat. Seine größte Angst war, daß ich ihn nicht richtig mögen würde. Am Anfang sagte er das immer, wenn wir Auseinandersetzungen hatten. Ich war echt mitgenommen, wütend und traurig zugleich, aber irgendwo wußte ich auch, daß sich viel in ihm aufgestaut hatte und daß er es loswerden mußte.«

Manche Paare lernen, auf höfliche Weise Meinungsverschiedenheiten auszutragen – was eine ziemliche Kunst ist:

»Sehr offen zu reden ist der beste Weg zur Problemlösung. Natürlich muß der Partner genauso offen reden, sonst geht es nicht. Und genauso wichtig ist es, aufgeschlossen zuzuhören.«

»Ich neige dazu, all meine Gefühle auszudrücken – bis zur kleinsten Verärgerung. Mein Mann neigt dazu, seine negativen Gefühle nicht auszudrücken. In dieser Hinsicht haben wir uns sehr gutgetan, denn weil er meist so nett und höflich zu mir ist, habe ich gelernt, nicht mit der erstbesten bissigen Bemerkung rauszuplatzen, die mir durch den Kopf schießt. Wenn ich verärgert bin, mache ich erst mal Pause und überlege mir, ob ich wirklich so ärgerlich bin, daß ich mich mit ihm streiten muß. Meist bin ich es nicht. Er hat gelernt, daß es in Ordnung ist, seinen Ärger auszudrücken, daß ich am Anfang vielleicht selbst verärgert darauf reagiere, aber daß man sich auch wieder abregen und das Problem durchsprechen kann. Wir können jetzt fast über alles miteinander reden.«

Einige Frauen gehen ganz locker an Auseinandersetzungen heran:
»Wir zanken uns selten, und wenn, dann wegen kleiner Unstimmigkeiten. Wenn ich müde oder gestreßt bin oder einfach anderer Meinung, weiß mein wundervoller Mann, wann er ›Du brauchst jetzt eine kleine Umarmung‹ sagen muß, und genau das brauche ich dann auch – und nicht, daß mir Häßliches mit Häßlichem vergolten wird. Und wenn er unvernünftig ist, weil er sich mies fühlt, ist es okay. Wir lieben uns, er entschuldigt sich bei mir und ich mich bei ihm, manchmal sind wir eben beide verquer.«

*Manche Paare haben ihre eigenen ausgeklügelten »Instrumente«, um nach einem Streit wieder zueinanderzufinden: etwa ein spezielles »Freundschaftslied« oder eine »imaginäre Friedenspfeife«:**
»Ich glaube, daß unsere Beziehung funktioniert, weil wir keine Barrieren zwischen uns aufbauen. Nichts ist tabu – wir reden über alles. Sehr wichtig ist auch, daß unsere Auseinandersetzungen aus zwei Teilen bestehen. Erst stellen wir fest, welches Problem zum Streit geführt hat, und lösen es. Dann arbeiten wir daran, uns wieder gut zu fühlen und nicht mehr böse aufeinander zu sein. Wir schmusen, rauchen eine imaginäre Friedenspfeife, singen unser altes Freundschaftslied. Wir stufen unsere Gefühle auf einer Prozentskala ein und machen das so lange (das ist das Anstrengendste an unserer Beziehung!), bis wir beide bei 100 Prozent sind. Es klingt albern, aber es hilft uns dabei, uns wieder gut zu fühlen. Und wenn der Streit ausgestanden ist, müssen wir uns nicht noch mal damit befassen – dann sind auch Bitterkeit und Gewissensbisse wie weggeblasen.«

Ein anderes Paar hat sich versprochen zu reden, bis es »klarkommt«:
»Wir haben jetzt keine Probleme mehr, obwohl wir uns noch streiten und uns auch immer streiten werden, weil wir glauben, daß es zu unserer Entwicklung gehört. Bis vor fünfzehn Jahren hatten wir das Problem, daß mein Mann große Angst vor Nähe hatte; Angst, sich selbst zu verlieren, und daß ich passiv und konfus war. Jetzt weiß ich genau, worauf ich ein Recht habe und worauf nicht. Es gibt nichts Trennendes zwischen uns, weil wir uns versprochen haben zu *reden*,

---

* Siehe auch Teil V.

wenn wir Schwierigkeiten miteinander haben, bis wir ›klarkommen‹ wie in der Gestalttherapie (ein gutes Gefühl für uns selbst und den anderen haben, ein gutes Körpergefühl, gute Energie). Wir haben auch eine Absprache, daß wir uns täglich mit unseren Gefühlen beschäftigen. Dafür sind wir abwechselnd verantwortlich (immer je zwei Tage). Zu unserer Absprache gehört, daß wir gleichberechtigt sind, daß wir sagen können, was wir wollen. Wir schreiben uns nicht vor, was wir zu tun haben, und wenn einer von uns redet, unterbrechen wir nicht, sondern hören wirklich zu.«

Andere Paare lernen durch Eheberatung, konstruktiver zu streiten:
»Ich fand Streit immer fürchterlich, und so waren wir in den ersten fünf Monaten unserer Ehe gemeinsam bei der Eheberatung, um zu lernen, wie man konstruktiver streiten kann. Erst fühlte ich mich entsetzlich, während und nach unseren Krächen, aber jetzt habe ich ein ganz positives Gefühl dabei. Wir streiten nicht besonders oft, und wenn, dann ist es nichts Schlimmes.«

Einschüchterung von Frauen
durch körperliche Gewalt

»Beim Prügeln geht es mit der Seele los, deine Seele wird geprügelt. Als erstes verlierst du deine Selbstachtung.« – Aussage einer Frau, die wiederholt von ihrem Mann geschlagen wurde.

»Hat Ihr Ehemann oder Liebhaber je die Hand gegen Sie erhoben oder Sie verprügelt? Warum? Was empfanden Sie dabei?«

Die meisten Frauen in dieser Untersuchung (61 Prozent) sagen, sie seien nie geschlagen oder verprügelt worden, und viele betonen, daß sie es nicht dulden würden:
»Wenn das einer machen würde, wäre ich sofort weg. Als ich noch bei meinen Eltern wohnte, habe ich damit leben müssen, und ich würde mir das nie gefallen lassen. Ich habe was Besseres verdient – jede Frau hat was Besseres verdient.«
»Wenn mich ein Kerl schlagen würde, wäre er im Knast, ehe er sich's versieht!«

27 Prozent sagen, daß sie einmal von einem Ehemann oder Liebhaber geschlagen worden sind; einige waren wütend, einige schämten sich und fühlten sich gedemütigt:

»Mein Mann hat mich einmal aus Eifersucht geschlagen. Ich habe ihn für eine Weile verlassen. Ich habe mich gedemütigt gefühlt.«

»Mein Mann hat mich einmal geschlagen. Ich hatte Angst und wollte wegrennen. Mein Hund ging dazwischen, bevor es gefährlich wurde.«

»Einmal. Ich hätte ihn am liebsten umgebracht. Ich habe mich entwürdigt und erniedrigt gefühlt.«

»Es war vor knapp fünf Jahren. Ich weiß heute noch nicht, warum er das getan hat. Ich schämte mich für ihn und wollte nicht, daß es jemand erfährt. Ich war enttäuscht, fühlte mich verraten. Entehrt. Außerdem war ich durcheinander, völlig verwirrt.«

»Er hat mich einmal geschlagen. Da war ich gerade mit dem vier Tage alten Baby (seinem) aus dem Krankenhaus gekommen und habe nicht alles stehen und liegen lassen, um ihm einen Drink zu machen. Ich schnappte mir die Bratpfanne (aus Gußeisen) und sagte ihm, die würde ich ihm über den Schädel ziehen, wenn er mich noch mal schlägt. Er hat es mir geglaubt.«

»Das Schlimmste war, daß er mir ins Gesicht gespuckt und mich auf der Straße rumgeschubst und mich geschlagen hat, weil ich mit einem anderen gehen wollte.«

Nur eine Minderheit sagt, daß sie die Beziehung auf der Stelle abgebrochen und den Mann nie wiedergesehen hat:

»Ein Freund hat mich mal geschlagen, mich umgeschmissen und mich dann getreten, weil ich nicht, wie geplant, mit ihm mitgehen wollte. Ich fand, das war der Gipfel. Ich habe sofort mit ihm Schluß gemacht. So was muß ich mir echt nicht bieten lassen. Dafür bin ich mir zu schade. So was ist mit nichts zu rechtfertigen.«

12 Prozent der Frauen sagen, sie seien öfter geschlagen worden oder würden öfter geschlagen:

»Früher wurde ich ein paarmal verprügelt, und ich kann ganz ehrlich sagen, daß ich nie genau wußte, warum. Es passierte meistens, wenn mein Freund betrunken oder stocksauer war. Dann ließ er seine Frustration am nächsten Menschen aus, der greifbar war, und das war ich. Mit der Zeit glaubte ich tatsächlich, es sei meine Schuld. Ich habe dabei einen großen Teil meiner Selbstachtung verloren.«

»Mein momentaner Lover hat mich einige Male geschlagen und verprügelt. Beim erstenmal war es ein Wahnsinnsschock – noch tagelang. Ich kam mir vor wie ein Wurm, ein Hund, den jeder treten kann, hatte das Gefühl, daß niemand Respekt vor mir hat, daß ich das Eigentum einer frauenfeindlichen Gesellschaft bin. Er sagte, er würde versuchen, mir Vernunft einzubleuen, weil er eifersüchtig wäre (tolles Argument!). Dann lernte ich ihn besser kennen, lernte taktieren. Ich habe mich immer gestritten, schon zu Hause mit meinen Brüdern und Schwestern, das Leben ist kein Zuckerlecken. Ich glaube, daß ich mich jetzt gern mit ihm streite – wir tun uns nicht mehr weh.«

»Mein Exmann hat mich immer geschlagen. Das war kurz nach Vietnam, und ich habe mir eine Weile gesagt, er weiß nicht, was er tut. Ich habe mich ›tugendhaft‹ gefühlt, weil ich es ausgehalten, es ›verstanden‹ habe. Das hat natürlich nicht lange gedauert, und dann habe ich mich klein gefühlt, verletzt, wertlos, und habe Angst gehabt. Dann bin ich wütend geworden. Dann habe ich ihn gehaßt, weil er so grausam war. Ich glaube nicht, daß mein Exmann wirklich *mich* gehaßt hat. Ich glaube, er hat das Leben gehaßt und die Frauen im allgemeinen. Er hat immer seine Mutter und seine Großmutter gehaßt (bei der er aufgewachsen ist) und die ›Schwäche‹ von Frauen verachtet. Ich glaube, er war nur deswegen gewalttätig gegen mich, weil ich in der Nähe war.«

»Ein Mann hat mich ein paarmal geschlagen, aber nicht sehr arg. Jedesmal, wenn ich ihn jetzt (vier Jahre später) sehe, entschuldigt er sich dafür und ist ganz geknickt.«

»Solange ich meinen Mann kenne, hat er mich geschlagen – bis vor zwei Jahren etwa. Er hat mich geschlagen, wenn er wütend war oder schlechte Laune hatte. Sein Vater hat seine Mutter geschlagen. Ich habe meinen Mann gehaßt, wenn er mich geschlagen hat. Ich hätte ihn umbringen können, ohne mir was dabei zu denken. Danach war er immer ganz klein und hat versucht, es wiedergutzumachen, aber ich habe es nicht vergessen. Ich habe gewußt, daß ich das nicht verdiene. Trotzdem habe ich ihn nicht verlassen. Ich habe geglaubt, er wäre krank. Und Frauen verlassen doch nicht die Leute, die sie lieben, weil sie krank sind! Ich habe ihn dazu gekriegt, zum Psychiater zu gehen, aber er ist nicht lang hingegangen. Jetzt schlägt er mich nicht mehr, weil er weiß, daß ich ihn verlassen würde. Das liegt an meinem Freund – er hat mir gezeigt, daß ich auch ohne meinen Mann leben kann.«

Bezeichnenderweise sagt nur 1 Prozent dieser Frauen, sie hätten die Polizei oder sonst jemanden zu Hilfe gerufen. Und die anderen erwähnen nicht, warum sie die Polizei nicht gerufen haben bzw. ob sie überhaupt auf den Gedanken gekommen sind. Glauben wir, es wäre illoyal oder »lieblos«? Haben wir Angst vor Vergeltungsmaßnahmen? Glauben wir, wir sollten versuchen, es zu verstehen? Keinen Unfrieden stiften? Den Ruf des Mannes nicht ruinieren? Oder zweifeln wir daran, daß man uns helfen würde? Eine Frau berichtet: »Die Polizei kam, lachte über mich, sagte meinem Mann, sein Problem werde verstanden, und ging wieder.« Diese Situation verbesserte sich allerdings in vielen Städten der Vereinigten Staaten, weil die Polizisten geschult werden, ihre Einstellung zu Fällen häuslicher Gewalt zu ändern, und die dafür zuständigen Abteilungen auch mit Frauen besetzt werden.

Eine kleine Zahl der Frauen sagt, sie hätten zurückgeschlagen:
»Wenn mich mein Exmann geohrfeigt und geprügelt hat, habe ich zurückgeschlagen, aber dann ist er noch brutaler geworden. Er hat mir die Arme auf den Rücken gedreht, bis ich umgefallen bin, und mich dann gewürgt. Das ist passiert, als er behauptet hat, ich hätte anderen Männern nachgeschaut (das hat er sich immer eingebildet).«

1 Prozent der Frauen sagt, sie hätten zuerst zugeschlagen:
»Mein Mann hat mich zweimal geschlagen, nachdem ich ihn geschlagen hatte. Ich kann nicht sagen, daß es so kommen mußte, aber ich habe es sicher provoziert. Die anderen Male hat er mich festgehalten, damit ich nicht weiterschlagen konnte. Wie habe ich mich dabei gefühlt? Ich war wohl überrascht, aber ich hatte nicht das Gefühl, daß es völlig ungerechtfertigt war. Ich habe nichts dagegen unternommen, weil es eine Reaktion darauf war, daß ich gewalttätig geworden bin.«

Oder beide schlagen zu:
»Ich halte zwar nichts davon, aber ich habe mich mit ihm gekloppt. Natürlich konnte ich nicht so doll zuschlagen wie er. Danach habe ich mich sehr schlecht gefühlt.«

3 Prozent sagen, sie seien gegen einen Mann gewalttätig geworden, ohne geschlagen zu werden:
»Ich bin gegen einen Mann gewalttätig geworden, der mich wegen einer Freundin von mir verlassen hat – habe ihn getreten und umgeworfen. Ich war verblüfft, welche Kraft ich bei diesem Wutanfall hatte, verblüfft über mein gewalttätiges Potential, wenn ich genug provoziert werde. Er hat mich nicht geschlagen, nur grob zugepackt, damit ich aufhöre.«

Als die weite Verbreitung häuslicher Gewalt Anfang der achtziger Jahre in den Medien der Vereinigten Staaten diskutiert wurde, hörte man aus einigen Ecken zwar den Aufschrei, daß auch Frauen Männer schlügen, aber in der Folge erwiesen mehrere Untersuchungen zweifelsfrei, daß die Zahl dieser Fälle winzig ist im Vergleich zu der Häufigkeit, mit der Männer Frauen schlagen.

Vielen anderen (57 Prozent) ist mit Gewalt gedroht worden; einige Frauen müssen ständig damit leben, daß Gewalt als Möglichkeit gegenwärtig ist:

»Er war wütend und ging türenknallend aus dem Hause. Ich fürchte mich immer, wenn er so ist. Ich weiß, daß es weitergeht, wenn er von der Arbeit kommt.«

»Er hat andeutungsweise seine Hand gegen mich erhoben, aber da spiele ich nicht mit. Trotzdem frage ich mich, ob mir das unbewußt was ausmacht.«

»Er hat einen unfairen Vorteil bei Auseinandersetzungen: Er gerät emotional außer Kontrolle, stürmt aus dem Zimmer, schmeißt mit Gegenständen, wirft mir wüste Beschimpfungen an den Kopf, und ich tue nichts dergleichen. Er hat mich nie geschlagen, aber mit seiner Melodramatik bringt er mich auf eine brutale Art dazu ›zu spuren‹.«

»Mein Mann kann gewalttätig werden, wenn er böse ist. Er wird mit Worten gewalttätig und körperlich auch, bis zu dem Punkt, daß er mich rumschubst und rumstößt. Ich mag das gar nicht und versuche, Themen zu vermeiden, auf die er so reagiert.«

Auch jüngere Frauen erleben in Beziehungen immer noch körperliche Gewalt; sie sind keine statistische Ausnahme, wie dieser Bericht einer einundzwanzigjährigen Frau zeigt:

»Ich war in George verliebt, einen fünfundzwanzigjährigen Chemiker. Die Beziehung dauerte sieben Monate. In den ersten zwei Monaten war ich glücklich, aber dann habe ich mich oft in den Schlaf geweint wegen unserer Probleme, als ich merkte, daß die Verliebtheit nachließ – er fing an, mich respektlos zu behandeln. Ich wollte, daß unsere Beziehung wieder so einen Zauber hatte wie am Anfang, als wir uns entdeckten.

Bei einem Streit hat er mich geschlagen und mich fast erstickt. Seine Arme quetschten meine Taille und meinen Magen, und er hat mir die Luft abgedrückt. Er war betrunken und sagte, er täte das, weil er glaubte, ich wollte ihn verlassen. Später sagte er mir, er könnte sich nicht daran erinnern, sich an mir vergriffen zu haben, nur an den Grund, warum er sich aufgeregt hätte.«

Welche Auswirkungen hat es, geschlagen zu werden – sei es auch nur einmal – und die Beziehung fortzusetzen? Viele Frauen sagen, sie hätten sich gedemütigt gefühlt, seien sich schuldig vorgekommen, hätten sich geschämt für das, was geschehen war, und es ihren Freundinnen nicht erzählen können, weil sie dann »negativ« betrachtet worden wären, weniger gegolten hätten in den Augen der anderen. – Daher sind Frauen, die geschlagen werden, um so mehr isoliert und allein.

Eine Frau, erst Ende Zwanzig, die eine längere Ehe hinter sich hat, in der kör-
perliche Gewalt an der Tagesordnung war, beschreibt ihre innere Verfassung:

»Ich habe mit der Therapie vor meiner Scheidung angefangen, als
ich fast einen Nervenzusammenbruch hatte, und bis ein Jahr nach der
Scheidung damit weitergemacht. Die Therapie hat mir geholfen, mich
selbst zu finden. Ich war so gehemmt und unterdrückt, so leer nach all
der körperlichen und emotionalen Gewalt, daß ich überhaupt keine
Gefühle ausdrücken konnte. Ich konnte nicht zornig sein, nicht weinen – nichts. Es hat mir ungeheuer geholfen, mich selbst zu entdekken. Und zu erkennen, daß ich alles getan hatte, was ich konnte, um
meine Ehe zu retten, und daß es in Ordnung war, mich scheiden zu
lassen. Ich habe mich als Versagerin gefühlt, aber ich war auch sehr erleichtert, als alles vorbei war – wie neugeboren. Als sich meine innere
Erstarrung gelöst hatte, war ich sehr böse auf meinen Mann, aber ich
habe nie jemandem was von der Gewalt erzählt, als ich darunter gelitten habe, nur am Ende meiner Therapeutin.«

Am häufigsten gibt es Streit, wenn Frauen für ihre Würde eintreten und versuchen, dafür zu sorgen, daß die Beziehung »funktioniert«

Viele Frauen finden, daß die Männer, mit denen sie zusammenleben,
sie dadurch, daß sie sie nicht respektvoll von gleich zu gleich behandeln, mehr oder weniger zwingen, sich zu beschweren und für ihre
Rechte einzutreten – oder sich zu unterwerfen und zu grollen.

Auseinandersetzungen in Beziehungen sind zum großen Teil ein
Zeichen dafür, daß die Frau um wirkliche Verständigung und emotionale Gleichheit kämpft – womit sie erreichen will, daß die Beziehung
funktioniert. Natürlich kann es bei Auseinandersetzungen auch um
andere Dinge gehen, aber die Verhaltensmuster, die in diesem Kapitel
beschrieben wurden, treten so deutlich hervor, daß sie zwischen den
Geschlechtern geradezu klassisch zu sein scheinen. In der psychologischen Literatur sind sie nicht allgemein zur Kenntnis genommen worden, man hat sie auch nicht in die Theorie integriert – vielleicht weil es
bisher keine so umfangreiche Dokumentation gab, wie sie hier vorgelegt wird; außerdem war die bisherige Fragestellung eine andere.*

* Dies ist ein Beispiel dafür, was auf Methodologie spezialisierte feministische So-
zialwissenschaftlerinnen meinen, wenn sie schreiben, die Ideologie einer Kultur
beeinflusse die Formulierung und Auswahl von Fragen derart subtil, daß die
nächstliegenden Fragen oft gar nicht gestellt werden, weil die Gesellschaft bisher

Obwohl man meinen könnte, außereheliche Affären und dergleichen seien die Hauptursache von Konflikten in Beziehungen, von Streit und Zerrüttung, ist das nicht der Fall. Es sind die ständigen subtilen Kränkungen und Herabsetzungen, die zum »Klagen« und oft auch zur völligen Entfremdung einer Frau von dem Mann führen, den sie einmal geliebt hat.

Ironischerweise ermöglichen Frauen, obwohl sie von Männern als »Unruhestifterinnen« betrachtet werden, weil sie häufig »klagen« und ihre verletzten Gefühle zur Sprache bringen, gerade dadurch den Fortbestand von Beziehungen – sie sorgen dafür, daß die Probleme nicht totgeschwiegen werden; sie verrichten die »emotionale Hausarbeit«*, die nötig ist, um die Beziehung lebendig zu erhalten. Später geben sie es oft auf und versuchen nicht einmal mehr, über die Dinge zu reden – sie gehen ihre eigenen Wege, indem sie sich emotional von der Beziehung lösen oder sie schließlich abbrechen.

»Für gewöhnlich ist die Frau schuld, wenn es Streit gibt – Sie wissen schon, Frauen werden ›zickig‹ und ›nörgeln‹, und das halten Männer nicht aus«

Die meisten Frauen wissen, daß »etwas nicht stimmt«, aber viele merken nicht, daß sie psychologisch mißbraucht werden. Viele neigen dazu, sich selbst die Schuld zu geben. Und wie auch nicht? Schließlich gibt die Gesellschaft im allgemeinen der Frau die Schuld, und viele Frauen haben oft das Gefühl, im Nebel zu tappen; sie stellen unablässig in Frage, was sie denken und sehen, weil ihre Wahrnehmungen so selten bestätigt werden. Und wenn eine Frau zornig auf einen Mann ist, wird man ihr wahrscheinlich erzählen, sie sei »nicht ganz normal«.

Emotionale Übergriffe sind in Beziehungen weiter verbreitet, als die Betroffenen annehmen; da ihnen die Kränkungen häufig unter vier Augen zugefügt werden, meinen Frauen oft, ihre Situation sei atypisch, ihr Dilemma (für das sie keine Abhilfe wissen) sei eine Schande. Dabei berichten 71 Prozent der Frauen in dieser Untersuchung, daß sie tagtäglich solche Kränkungen erfahren. »Umgegangen« wird mit dem Problem meistens so, daß man versucht, es vor Außenstehenden zu verbergen, denn nach der »Logik« der Gesellschaft hat weniger der

---

nicht daran gedacht hat und die Menschen nicht darauf »eingerichtet« sind. Und so wiederholt die sozialwissenschaftliche Forschung zum großen Teil nur die Vorurteile des Status quo, weil diese Vorurteile bereits in die Art ihrer Fragestellung »eingebaut« sind. Siehe Sandra Harding und Merill B. Hintikha (Hrsg.), *Discovering Reality, Feminist Perspectives on Epistemology, Metaphysics, Methodology and Philosophy of Science.*

* Siehe S. 93.

Tyrann die Schuld als die Frau, die irgendwie »schwach« ist und es »nicht besser verdient«. Und möglicherweise macht sie sich auch noch Vorwürfe dafür, daß sie bei einem Mann bleibt, der sie nicht immer respektiert; möglicherweise kritisiert sie sich dafür, daß sie seine Liebe trotzdem akzeptiert, mit ihm Sex hat usw.

Während viele Frauen auf Männer ärgerlich werden, wenn sie herablassende Bemerkungen machen (und Vorhaltungen oft mit Gelächter quittieren und sagen, es sei doch nur Spaß gewesen), versuchen sie häufig nicht, es zu unterbinden. Sie rationalisieren es vielleicht mit der Überlegung: »Abgesehen davon ist es ja eine Liebesbeziehung, und ich möchte sie nicht gefährden, indem ich mich über solche Kleinigkeiten beschwere.« Doch schließlich werden sie immer gereizter, weil die nicht zum Stillstand gebrachte Aggressivität immer schlimmer wird.

Die schweigend akzeptierte soziale Auffassung, daß Frauen weniger Recht auf ihre Empfindungen, ihre Eigenpersönlichkeit haben als Männer, und die indirekten Methoden, mit denen Männer im Gespräch zu verstehen geben, daß es sie nicht interessiert, was Frauen zu sagen haben, zwingen Frauen dazu, täglich für ihre Rechte zu kämpfen oder die ständigen unterschwelligen Informationen, die sie über ihren Status erhalten, zu ignorieren bzw. als »nicht ernst gemeint« zu betrachten. Wenn sie sich für diese zweite Möglichkeit entscheiden, bildet sich oft eine verhärtete Persönlichkeit heraus, die »männliche« Werte (»Alles unter Kontrolle«) übernimmt und eine Abneigung gegen Frauen entwickelt, die das nicht tun. Dies ist vielleicht eine der schlimmsten Formen von emotionaler Unterdrückung, die aus jenem Teufelskreis resultiert: Das »Opfer« verliert, indem es die Werte der Herrschenden übernimmt, die Tatsache aus den Augen, daß sich an seiner Lage nichts geändert hat und daß es sein wahres Selbst nicht leben kann.

Die Wendung »Mangel an Kommunikation« wird oft als Sammelbegriff für Beziehungsprobleme verwendet, doch sie ist zu allgemein und zu ungenau, um hilfreich zu sein. Viele Männer sind sich der Dynamik, von der Frauen hier sprechen, ihrer eigenen Einstellung und der Gefühle von Frauen im Hinblick auf solche »kleinen« Probleme in keiner Weise bewußt – sie ahnen nicht, worum es bei den Auseinandersetzungen in Wirklichkeit geht. Nur zu oft scheint ihnen jedes auftauchende Problem »unbedeutend« – was Frauen noch mehr erbost, denn diese Einstellung ist ein weiteres Zeichen jener Herablassung, daß es sie nicht interessiert zu hören, was die Frau zu sagen hat.

Die meisten Männer haben (selbst in einer Beziehung mit einer Frau, die sie lieben) den stereotypen Glauben, daß Frauen »geringer« sind: weniger wichtig, weniger glaubhaft, weniger ernst zu nehmen, weniger »im Recht«. Wenn Frauen versuchen, die Symptomatik dieser Dinge zur Sprache zu bringen, reagieren Männer oft damit, sich darüber zu beklagen, daß sich die Frau beklagt, und hören nicht richtig zu (wer hört schon gern Kritik?). Doch das hat nur zur Folge, daß der Teufelskreis fortgeführt wird, denn die Frau hat nun noch mehr den Eindruck, daß sie nicht als glaubwürdig gilt oder nicht gehört wird oder daß ihre Gefühle dem Mann nicht wichtig sind.

Eine Frau beschreibt ihre zunehmende Entfremdung so: »Zum Beispiel ist es ihm ganz egal, ob ich zum Höhepunkt komme oder nicht, er interessiert sich nur für *seine* Befriedigung, hauptsächlich weil er keine Ahnung hat und auch keine haben will. Ich nehme an, das würde sein Selbstgefühl als Mann ankratzen. Und so finde ich, daß er eine trübe Tasse und ein Scheißkerl ist, und das habe ich ihm auch gesagt. Mein Versuch, ehrlich zu sein, war wohl das Schlimmste, was ich ihm je angetan habe. Und geschrien habe ich auch noch! (Aber das mag er, denn dann ist er der Ritter ohne Furcht und Tadel, und ich bin die kreischende Hure.) Schließlich explodiere ich und sage die falschen Dinge vor den falschen Leuten, hauptsächlich vor den Kindern. Ich rede, und er tut nichts. Er hört nicht zu. Seine Aufmerksamkeit ist begrenzt, und er hat keine Lust, das zu ändern. Ich hätte ihm alles von mir gegeben, wenn er mich geliebt hätte, ich habe es versucht, und er hat mich abfahren lassen. Es ist schwierig, etwas mit einem Menschen zu teilen, der einfach nicht mit einem redet.«

Das Muster der Entfremdung

Viele Frauen wissen, daß sie in ihren Beziehungen zu kurz kommen, was emotionale Unterstützung, Wertschätzung und Respekt angeht. Doch es kann schwierig sein, einem Mann seine herablassende Einstellung vor Augen zu führen, denn sie wird oft so subtil vermittelt, daß die Frau, obwohl sie frustriert ist, kaum sagen kann, warum. Auf das scheinbar Geringfügige hinzuweisen, das gesagt oder getan wurde, würde kleinlich und übertrieben wirken. Insgesamt ist es allerdings kein Wunder, daß auch solche »Geringfügigkeiten« zu einem großen Streit führen können oder – was häufiger ist – zu noch größerer, unaufhebbarer Entfremdung. Diese kleinen Vorfälle gehen an die Substanz der Beziehung, machen Frauen zornig und haben schließlich das Erlöschen der Liebe zur Folge, bis die andere Person nur gerade noch geduldet wird.

Helfen Frauen die Auseinandersetzungen und das Ansprechen von Problemen? Können sie ihre Beziehungen auf diese Weise verändern?

Die meisten Frauen schreien von Zeit zu Zeit ihre Männer an, weil sie so oft spüren, daß sie nicht gehört werden. Da Frauen in unserer Gesellschaft als wenig glaubwürdig gelten, hören Männer ihnen häufig nicht objektiv und angemessen zu.

Bemühen sich Männer, Frauen zu verstehen, mit ihnen zu reden? Meistens nicht – so die Frauen in dieser Untersuchung. Und die Statistiken über die große Zahl von Frauen, die Psychopharmaka nehmen und Psychologen konsultieren, bestätigen ebenfalls, daß Frauen es schwer haben, wenn sie befriedigende, auf Gegenseitigkeit beruhende Beziehungen aufbauen wollen.

Um Respekt und Verständnis in einer Beziehung zu »verhandeln« ist wichtig, und es könnte theoretisch mit Wohlwollen und gutgelaunt stattfinden. Doch was sollen Frauen tun, wenn die Männer mit dem Status quo in Beziehungen zufrieden sind, sie selbst aber nicht? Was soll eine Frau machen, wenn sie häufig bemerkt, daß sie subtil herablassend behandelt wird, weil sie eine Frau ist, und wenn es nicht ausreicht, dies einem Mann gegenüber ein- oder zweimal zu erwähnen, um seine Einstellung zu verändern?

Die Probleme, die Frauen zur Sprache bringen, mögen bei oberflächlicher Betrachtung »geringfügig« sein, aber die Herablassung, die Frauen so erbost, ist derart weit verbreitet, daß sich Frauen auch auf dieser Ebene wehren müssen. Doch der Widerstand einzelner Frauen bewirkt nicht immer etwas, weil die meisten Männer nicht begreifen, worauf Frauen sie hinweisen wollen. Vielleicht müssen Frauen erst ihren Status als Gruppe verändern, bevor sie den Respekt und die Würde erlangen, die nötig sind, damit ihre Liebesbeziehungen fortdauern können.

3

Die Ideologie hinter dem System – das Geben der Frauen und das »Sein« der Männer

Der emotionale Vertrag

Was die meisten Frauen hier zu beschreiben versuchen, ist ein fest etabliertes, größtenteils unerkanntes System der emotionalen Diskriminierung – ein System, dessen Wurzeln so tief in die Psyche der Kultur hinabreichen, daß es eine Art Unterbau unserer gesamten Gesellschaftsstruktur bildet. Wie viele Frauen sagen, können die Vorfälle, die sie erbosen, »geringfügig« sein – und dennoch sind sie störend, weil sich in ihnen eine globale Einstellung widerspiegelt, weil sie Teil eines Systems sind, das leugnet, daß Frauen vollständig menschliche Wesen sind.

Wie soll man ein Muster benennen und demonstrieren, das so lange keinen Namen hatte – jene subtilen Formen der Interaktion, die unterschwelligen Botschaften, die für die Liebe viel tödlicher sind als Auseinandersetzungen über Geld und Kinder?

Der emotionale Vertrag ist bisher noch nicht wirklich gründlich betrachtet worden, wie wir es hier tun: Er ist das Herzstück einer Beziehung, die stillschweigende Abmachung zweier Menschen darüber, wie man sich in der Beziehung verhalten sollte, welche Erwartungen man im Hinblick auf die Art hat, in der die/der andere ihre/seine Gefühle ausdrückt, wie man die emotionalen Aufschreie und das Schweigen der/des anderen interpretiert. Diese zarten und oft flüchtigen Momente sind der Lebensnerv der emotionalen Nähe zweier Menschen, und schon kleine Mißverständnisse können zu einer Kettenreaktion führen, die der Empathie zwischen den beiden ein Ende macht, mögen sie auch »verheiratet« oder »zusammen« bleiben. Gestört wird die emotionale Interaktion durch ein undurchsichtiges, erniedrigendes, geschlechtsorientiertes System unbewußter Einstellungen, durch Annahmen, die eng mit unserer Sicht des Wesens von Männern und Frauen verbunden sind. Wir glauben, daß Frauen die

»Liebevollen« und »Gebenden« und Männer die »Macher« sind, daß die einen mehr Rechte haben als die anderen.

Und so enthält der emotionale Vertrag psychologische Stereotype, die Frauen benachteiligen und Männer bevorzugen, ihnen einen höheren Status geben, der nicht nur ins System »eingebaut« ist, sondern auch in unser Denken und Fühlen. Das ist der Hauptgrund für die Probleme zwischen Frauen und Männern in Liebesbeziehungen.

Was ist emotionale Gleichberechtigung?

Eine Frau beschreibt, was sie nicht *ist:*

»Die Männer haben dieses Machtverhalten drauf – kehren einem den Rücken und gehen weg, schlagen die Tür zu oder ›machen schnell einen kleinen Spaziergang‹, wenn du versuchst, ihnen was zu sagen. Sie meinen, daß sie das Recht haben, nicht zuzuhören, daß du sie nicht mit ›deinen‹ Problemen behelligen darfst. Sie machen, was sie wollen, da können wir (meine Freundinnen und ich) noch soviel reden, bitten, schreien, argumentieren – sie zeigen eigentlich nur Verachtung für das, was wir sind.

Wie heute, da hat R. mir einfach den Rücken zugekehrt, als ich mit ihm geredet habe, und dachte, damit wäre die Sache erledigt. Was hat er sich doch gewundert, als ich seinen Arm packte und ihn rumriß! Er hätte mich am liebsten geschlagen, das habe ich gemerkt, aber er hat es gelassen. Dann sagte er was in der Richtung ›Du kriegst mich nicht dazu, daß ich alles mache, was du willst – ich nehme keine Befehle von dir entgegen.‹ Wahrscheinlich bezog sich das darauf, daß ich ihn gebeten habe, mir im Haus zu helfen. Er könnte mir wirklich *ein bißchen* helfen – eine Glühbirne einschrauben zum Beispiel, ohne daß man ihn extra darum bitten muß. Wenn ich so was an ihn herantrage, sagt er: ›Oh, das hab' ich nicht gesehen.‹ Ich kann es nicht fassen. Unglaublich infantil. Männer können sich das erlauben, weil sie die Macht haben. Oder sie bilden sich ein, daß sie es sich erlauben können. Aber wenn wir Frauen zusammenhalten und uns diesen Quatsch nicht bieten lassen würden, könnten wir es ändern. Wenn England eine Weile die ganze Welt beherrscht und David Goliath besiegt hat, können wir uns auch aus der Patsche ziehen und Schluß machen mit der Stupidität dieser ganzen Männergeschichte.«

Wie wir gesehen haben, bekommen Frauen tagtäglich die Folgen des ungleichen emotionalen Vertrags zu spüren. Er zeigt sich in unausgesprochenen Voreingenommenheiten, zeigt sich in einer bestimmten

Wortwahl, und diese Muster sind so subtil und in einem solchen Maße sozial akzeptiert, haben alles derart eingefärbt, daß die Diskussion des »Problems« fast unmöglich ist und die Argumente sich im Kreis zu bewegen scheinen. Wie es eine Frau formuliert: »Es gibt zunächst mal keine Worte dafür, und wenn man doch welche gebraucht, werden sie einem von Männern (falls sie sie überhaupt hören) im Mund umgedreht – sie fassen das, was man gesagt hat, so auf, wie es garantiert NICHT gemeint gewesen ist.«

Das Fehlen einer gleichartigen Emotionalität ist das Haupthindernis für die Liebe in Beziehungen. Außerdem wird die fundamentale Ungleichheit für so selbstverständlich gehalten (und oft gar nicht wahrgenommen), daß Frauen zornig werden können, ohne genau zu wissen, warum. Wie eine junge Frau sagt: »Ich möchte gern wissen, ob unsere Beziehung besser sein könnte, denn ich habe irgendwie einen Groll gegen ihn und weiß nicht, warum. Ich fühle mich immer in die Defensive gedrängt.«

Wir haben die Absicht, hier einige der traditionellen Annahmen in Beziehungen zu analysieren, um klarer zu sehen, was vorgeht.

Frauen versuchen, dafür zu sorgen, daß die Beziehung »funktioniert«

Fast alle Frauen sagen, sie fänden, daß sie sich mehr als die Männer bemühen, dafür zu sorgen, daß die Beziehung funktioniert:

»Das größte Problem: Wenn es Probleme gibt, muß ich die Problemlösung fast ausschließlich allein besorgen. Er legt die Hände in den Schoß. Ich bin immer wach für unsere Beziehung, definiere sie ständig; wenn ich will, daß sich etwas ändert, arbeite ich daran.«

»Ich bemühe mich mehr als er um den Zusammenhalt zwischen uns – bemühe mich, lebendig und aufregend zu sein, Dinge zu planen, ihn zu verstehen und mir anzuhören, wie er sich fühlt. Das kostet mich viel Energie.«

»Die meisten Männer sind nicht bereit, mit den Veränderungen ihrer Frauen Schritt zu halten, an diesen Erfahrungen zu wachsen und vielleicht aus ihnen zu lernen. Wenn es schwierig wird, geben sie schneller auf, während Frauen (meistens) eher bereit sind, die harten Zeiten und die oft unheimlichen Veränderungen durchzustehen, die mit ihren Männern vorgehen, und immer versuchen, die Beziehung zu verbessern.«

*96 Prozent der Frauen sagen, daß sie mehr emotionale Unterstützung geben,
als sie von Männern bekommen (von ihren Freundinnen bekommen sie allerdings welche – siehe V. Teil):*

»Die Männer haben's gut. Ihre liebenden Frauen fangen sie gefühlsmäßig auf und bemuttern sie, so daß sie in der Außenwelt hart und
konkurrenzfähig sein können.«

»Ich glaube manchmal, daß ich zuviel Liebe gebe. Man könnte sagen, ich bin von Kopf bis Fuß auf Liebe eingestellt. Leider waren die
Männer in meinem Leben im Nehmen von Liebe besser als im Geben.«

»Die meisten Männer erwarten, auch wenn sie die Liebe ernst nehmen, von der Frau mehr Liebe. Ich glaube nicht, daß es einen Unterschied in den emotionalen Bedürfnissen gibt, aber Männer verlangen
mehr Fürsorge (und Frauen geben sie ihnen).«

»Männer wachsen mit anderen Erwartungen im Hinblick auf ihr Gefühlsleben auf – daß sie bedient und geliebt werden ohne viel Gefühls-
aufwand ihrerseits. Sie müssen bloß Geld verdienen.«

»Er sieht bis heute nicht ein, daß er Zeit und Energie für die Beziehung aufwenden muß. Bis zu einem gewissen Grad hat er es zwar begriffen, aber noch nicht genug, glaube ich. Es bleibt immer der Frau
überlassen.«

»Mein Mann und ich hätten eine großartige Freundschaft haben
können, wenn er nur gewollt hätte und bereit gewesen wäre, etwas
dafür zu tun. Aber er wollte eine ›gute Beziehung‹ bloß dann, wenn er
sie gerade brauchte – durch Knopfdruck an- und auszuschalten wie
ein Fernsehapparat.«

*Einige Frauen fragen sich frustriert, ob sie emotional je genug tun können, um
Männer zufriedenzustellen:*

»Ich habe mich von meinem Mann getrennt, weil ich anfing, mich
zu entwickeln, und er wollte, daß ich den Mund hielt und ihn ›Herr im
Haus‹ sein ließ. Verheerend! Es war so unnötig; es macht mich immer
noch traurig, daran zu denken. Aber ich fühlte mich einfach erdrückt!
Manchmal bedaure ich, daß ich mir nicht noch mehr Mühe mit ihm gegeben habe, aber alles, was ich nicht versucht hatte, habe ich dann
beim nächstenmal versucht, und es klappte auch da nicht. Ich frage
mich, ob eine Frau in einer Beziehung mit einem Mann je genug tun
kann.«

»Ich gebe und gebe und gebe. Daß immer ich Frieden stiften muß,
regt mich manchmal auf. Es macht mich wütend, daß er sich nicht bemüht, mit den Problemen fertig zu werden – er tobt lieber, als daß er
sich auf seine Liebe besinnt und sich mit mir versöhnt. Ich habe es
langsam satt. Man wird böse mit der Zeit – und kalt.«

»Ich habe das Gefühl, daß ich für vieles in seinem Leben eine schwere Verantwortung trage, und das zusätzlich zu der enormen Verantwortung, die ich für mich trage. Manchmal schaffe ich es aber, sehr glücklich zu sein.«

Trotzdem sagen 84 Prozent der Frauen, daß sie glauben, Liebesbeziehungen seien mit das Wichtigste im Leben:
»Ich habe nie genug Zeit, um alles zu tun, was ich will. Ich muß mich immer entscheiden, ob ich was mit meinen Kindern mache, mit meinem Mann schlafe, fernsehe (um mich zu entspannen, wenn ich mich geärgert habe) oder an meine Verwandten schreibe. Manchmal bin ich sehr frustriert wegen der vielen Ansprüche, die an mich gestellt werden, aber so gern ich ein bißchen mehr Zeit für mich hätte, um unter der Dusche rumzutrödeln usw., so gern bin ich mit denen zusammen, die ich über alles liebe. Das zählt für mich im Leben – sie glücklich zu sehen und ein starkes Zusammengehörigkeitsgefühl zu haben.«
»Nichts, was wir auf dieser Welt tun, kann wichtiger sein als lieben und geliebt werden. Die Menschen in meinem Leben liegen mir sehr am Herzen. Ich möchte für sie da sein.«
»Meine Arbeit ist für mich nur das Zweitwichtigste; Menschen und Beziehungen sind das Wichtigste. Wenn meine Beziehung mit J. oder meinem Sohn zerbrechen würde, wäre ich am Ende. Wenn mein Geschäft nicht laufen würde, wäre ich frustriert, aber nicht am Ende.«
»Ich bin eine Romantikerin – verliebt sein und sich gemeinsam entwickeln ist für mich das Wichtigste. Ich glaube, es ist mein größtes Bedürfnis, geliebt zu werden und zu lieben.«

Die Art Liebe, von der die meisten Frauen sprechen, ist eine dauerhafte Wärme, ein stetiges Geben an die Personen, die ihnen am Herzen liegen:
»Ich kümmere mich intensiv um die Menschen, die ich liebe. Dazusein, wenn sie reden wollen, ihre Freuden und Leiden zu teilen – das sind die Dinge, die mich glücklich machen.«
»Ich glaube, das Leben mit einer Person zu teilen, die man liebt, ist das Wichtigste. Es ist auch das Befriedigendste, es geht tiefer als alles andere, reicht über alles andere hinaus.«

Männer gehen davon aus, daß sie in Beziehungen die »Stars« sind

Wie beschreiben Frauen die Rolle, die Männer als ihren Beitrag zum emotionalen Vertrag in Beziehungen spielen?

95 Prozent der Frauen sagen, Männer gingen davon aus, daß sie an erster Stelle kommen:
»Die Männer sind im allgemeinen hingerissen von sich selbst, sie inszenieren ihr Leben und übernehmen die Starrolle, klar. (Womit ich nicht das ganze Geschlecht verurteilen will; eine so unbesonnene Verallgemeinerung habe ich nicht beabsichtigt.) Jedenfalls nehmen sich viele Männer weder die Zeit noch machen sie sich die Mühe, herauszufinden, was in ihren Partnerinnen vorgeht.«

»Er liebt mich sehr und sagt, er sei sehr glücklich. Ich finde, wir sollten mehr gemeinsam haben. Er ist im täglichen Leben egozentrischer als ich. Ich habe nicht so einen ausgeprägten Sinn für meine Rechte wie er. Er sagt, er stünde mir nicht im Weg, wenn ich ausgehen und etwas unternehmen will, mich mit Leuten treffen möchte usw., und manchmal glaube ich es. Ich mache mir Selbstvorwürfe wegen meiner Schlaffheit und des Gefühls, ich müßte ihn auch da um Erlaubnis bitten, wo es um meine eigene Freiheit geht.«

»Und ob Männer denken, sie wären wichtiger! Sie sind seit ihrer Geburt auf die Erwartung konditioniert, daß sich die weibliche Energie auf sie konzentriert. Ihre Bedürfnisse – die emotionalen und alle anderen – haben Vorrang.«

»Ich habe die Erfahrung gemacht, daß Männer erwarten, alles, Beziehungen eingeschlossen, habe so zu laufen, wie sie es wollen. Den Bedürfnissen anderer geben sie keinen Raum.«

»Mein Kummer mit den Männern, mit denen ich Beziehungen hatte, ist der, daß sie alle egozentrisch sind. Die meisten denken nicht daran, wie sich das, was sie tun, auf die Leute auswirkt, mit denen sie zusammenleben. Sie denken automatisch zuerst an sich.«

»Viele Männer machen so viel von sich her, als wären sie tausendmal besser als Frauen – das ist das Problem. Viele sind verwöhnt, besonders von Frauen, die sich selbst und andere Frauen erniedrigen, indem sie Männer behandeln, als wären sie Götter.«

Wie wir im 1. Kapitel gesehen haben, sagen die meisten Frauen, daß Männer sogar im Gespräch an erster Stelle kommen wollen (sich wie Stars gebärden):
Männer sind froh, ein offenes Ohr zu finden, wenn sie Sorgen haben, aber von meinen wollen sie selten was hören. Im Durchschnitt ar-

beiten Frauen auf der ganzen Welt härter als Männer, haben weniger Freizeit und sind ärmer. Männer sind egoistisch – sogar im Gespräch.«

Oder im »Revierverhalten«, sei es psychologisch oder physisch:
»Es ist wirklich wahr, daß Männer nie an den Raum denken, den Frauen brauchen. Ich hatte so viele Freunde, die sich was ausgeliehen haben, meine elektrische Schreibmaschine zum Beispiel, und statt sie auf den Schreibtisch zurückzustellen und den Stecker in die Dose zu tun, haben sie sie mitten auf dem Boden stehenlassen – oder Männer, die nicht aufräumen, wenn sie Unordnung gemacht haben, oder meine Briefe lesen. Sie dringen ein, beanspruchen eine Art Revier für sich. Wenn sie bei mir sind, ist es immer deutlich zu sehen, da liegen Socken und Bücher rum, steht unabgeräumtes Geschirr auf dem Tisch usw. Wenn ich bei ihnen bin, lege ich meine Kleider zusammen und tue sie in eine Ecke, helfe ihnen nach dem Essen beim Abräumen und beim Abwasch – wir haben einfach eine andere Einstellung.«

»Wenn er schläft, würde *ich* ihn nie wecken, weil ich Lust auf Liebe habe oder reden will – ich weiß, er braucht seinen Schlaf, damit er arbeiten kann und glücklich ist. Aber *ihn* muß ich immer wieder darum bitten, mich nicht aufzuwecken (und daraufhin ist er dann eingeschnappt), wenn ich müder bin als er und ausschlafen möchte oder wenn ich lange aufgeblieben bin, um aufzuräumen oder dies und das im Haus zu tun. Er hat, scheint's, das Recht, sich seinen Tag selbst einzuteilen, und er hat außerdem das Recht (denkt er), das auch mit meinem zu machen.«

76 Prozent sagen, Männer würden erwarten, daß Frauen ihnen ständig zur Verfügung stehen, »allzeit bereit« sind:
»Mein Mann hat mich oft bei der Arbeit angerufen und mich gestört. Wenn ich mit einem Kunden telefonierte, wollte er, daß ich den Kunden abhängte und mit *ihm* redete. Wenn ich in einer Besprechung war, ließ er mir alles mögliche ausrichten. Ich hatte einen Bezirk mit mehreren hundert Kunden zu betreuen und mußte im Außendienst arbeiten. Wenn er anrief und ich nicht zu erreichen war, aber später zurückrief, fragte er mich regelmäßig, wo ich gewesen war, mit wem zusammen usw. usf. Es machte mich wahnsinnig. Ich kam mir vor wie ein Kind, das sich vor seinem Vater rechtfertigen muß.«

»Was ich so schwierig finde in meiner Beziehung (ich habe es schon so vielen Freundinnen gesagt) – wie kann ich ein eigenes Leben haben – mit Freundinnen weggehen, meinen persönlichen Aktivitäten nachgehen – und das mit dem Leben meines Freundes koordinieren? Er hat sein eigenes Leben und hat keine Schuldgefühle deswegen. Aber ich – ich fühle mich irgendwie gelähmt – ich muß zu Hause bleiben und warten, warten, bis er wiederkommt. O Mann, was hab' ich auf den Kerl schon gewartet!«

»Ich sage ihm immer wieder, wenn er mich anrufen will, dann soll er es um die Zeit tun, die wir verabredet haben.«

Eine andere Variante dieses »Allzeit bereit« wird ironischerweise dann wirksam, wenn Frauen ihre unbefriedigten Bedürfnisse zur Sprache bringen (zum Beispiel nach Kommunikation), indem sich die Diskussion allmählich auf den Mann verlagert – warum er nicht gern redet usw. Und so hilft die Frau dem Mann, sich zu entdecken und zu verstehen und neue Fähigkeiten zu entwikkeln, während von ihren Bedürfnissen nicht mehr die Rede ist:

»Das größte Problem in meiner Beziehung ist, daß ich ein Mensch bin, für den Sich-Mitteilen sehr wichtig ist. Es fällt mir leicht zu reden, aber er kann seine Gefühle nicht ausdrücken. Unsere Beziehung wäre um hundert Prozent besser, wenn er mir nur sagen würde, was er heute empfindet – morgen ist wieder ein anderer Tag. Ich verlange keine Bindung auf immer. Er ist ein Einzelgänger. Wenn ich den Freitag- und Samstagabend und vielleicht noch den Sonntag mit ihm verbracht habe, ist er erschöpft von soviel Gesellschaft. Richtig ausgepumpt. Er braucht Zeit für sich, was für mich schwer zu verstehen ist, aber ich gebe ihm diese Zeit. Manchmal habe ich das Gefühl, daß es ihn nervt, am Freitag- oder Samstagabend mit mir zusammenzusein, andererseits erwarten wir es offenbar beide. Er hat mir gesagt, er hätte gern mehr Zeit für sich, wüßte aber, daß das mir gegenüber nicht fair wäre. Ich kann nichts weiter tun als Geduld haben und ihm die Zeit lassen, die er so sehr braucht. Vielleicht vertraut er mir dann auch – er glaubt nämlich, ich werde ihm weh tun.«

Die meisten Frauen/Mädchen unter Fünfundzwanzig erhalten immer noch die unterschwellige Botschaft, daß der Vater Mittelpunkt und Oberhaupt der Familie sei und daß sich der größte Teil der emotionalen Energie auf ihn zu konzentrieren habe:

»Wenn ich am Nachmittag aus der Schule kam, haben meine Mutter und ich über das geredet, was am Tag passiert war, eine Kleinigkeit in der Küche gegessen und es uns gemütlich gemacht. Wenn wir einen Wagen vorfahren hörten, hieß das, mein Vater war von der Arbeit zurück, und der Ton änderte sich. Meine Mutter war plötzlich distanziert und verschwand, um ihn zu begrüßen. Den Rest des Abends waren sie und ich uns ziemlich fern. Wir redeten nicht richtig miteinander, als wäre das irgendwie unverschämt ihm gegenüber, als würde es eine Beleidigung ihm gegenüber sein, wo ihm doch die meiste Aufmerksamkeit zustünde. Ausgesprochen wurde es nie, es lag nur in der Luft.«

65 Prozent der Frauen unter Fünfundzwanzig, also in der Zeit der neuen Frauenbewegung aufgewachsen, berichten, daß sie trotzdem mit der traditionellen Vorstellung vom Familienleben großgeworden sind: Die Mutter erbringt mehr »Dienstleistungen« für den Vater als umgekehrt und kümmert sich um seine Bedürfnisse, wobei der Vater das zu erwarten scheint.

Viele Frauen beschweren sich darüber, daß Männer ständig in ihrem höheren sozialen Status bestärkt werden – besonders von Frauen, die der Meinung von Männern übertriebene Bedeutung beimessen:

»Meine Mutter ist zu meinem Bruder viel liebevoller und netter als zu mir. Sie bevorzugt ihn. Sie hat mir oft kein Geburtstags- oder Weihnachtsgeschenk geschickt, weil sie etwas Besonderes für ihn besorgen wollte (hat sie selbst gesagt). Kürzlich hat sie ihm über zweitausend Dollar geschenkt, damit er seine Schulden bezahlen kann, und mir tausend geschickt! Ich habe immer gewußt, daß Jungen bevorzugt werden. Die Leute freuen sich über die Geburt eines Sohnes viel mehr als über die einer Tochter.«

»Was ich an manchen Frauen nicht mag, ist ihre Bereitschaft, die Welt – ob bei der Arbeit oder zu Hause – von Männern managen zu lassen, und die Unterwürfigkeit, mit der sie den Ideen von Männern begegnen, statt selbst welche zu entwickeln und sie auszudrücken. Es ist deprimierend, daß manche junge Frauen das immer noch tun; ich hatte mir mehr erhofft von der jüngeren Generation!«

Liegt es daran, daß viele Frauen glauben, Männer hätten mehr Autorität und Respekt verdient als sie – oder liegt es daran, daß sie wissen, daß die meisten Männer mehr Geld und Macht haben, und darum meinen, sie *müßten* auf Männer so reagieren, als seien sie wichtiger?

Was für ein Gefühl ist es, geliebt zu werden? Lieben Männer Frauen – oder brauchen sie sie nur?

Auf die Frage »Lieben Sie Ihren Partner so sehr, wie er Sie liebt? Oder mehr? Ist die Art und Weise, auf die Ihr Partner Sie liebt, befriedigend für Sie? Fühlen Sie sich geliebt?« antworten die meisten Frauen, daß sie sich am häufigsten geliebt fühlen, wenn ihr Mann oder Liebhaber sie zu *brauchen* scheint – obwohl dies nicht die optimale Art und Weise ist, auf die sie gerne geliebt würden.

Wie beschreiben Frauen das Gefühl, *geliebt zu werden?* Vielleicht ist es für eine Frau in Anbetracht der Indoktrination, daß Frauen »liebevoll« sein sollen, »Geberinnen« und keine »Stars«, angenehmer zu lieben als geliebt zu werden. Wie eine Frau es formuliert: »Im Moment fällt es mir leichter, jemanden zu lieben als von ihm geliebt zu werden, weil ich unbewußt immer noch eine recht niedere Meinung von mir habe.«*

*Vielleicht wissen viele Frauen gar nicht, was es für ein Gefühl ist, geliebt zu werden, da die meisten Frauen (84 Prozent) sagen, daß die Männer, mit denen sie zusammenleben, sie im Sinne von Brauchen lieben:***
»Ich glaube, er liebt mich mehr als ich ihn. Vielleicht ist er auch abhängiger von mir als ich von ihm.«
»Ich hatte das Gefühl, daß er liebte, was ich für ihn tat, und davon abhängig war, nicht daß er *mich* liebte. Er hat mich ja nicht gesehen.«
»Am Anfang unserer Ehe habe ich ihn viel mehr geliebt als er mich, und es war erschreckend, von jemandem so abhängig zu sein. Jetzt kommt es mir so vor, daß er mich mehr braucht als ich ihn, obwohl er das nicht merkt. Männer reißen sich nicht darum, Kochen, Putzen und Wäschewaschen zu lernen, während Frauen gelernt haben, sich in der Arbeitswelt der Männer zu behaupten, und ganz passabel verdienen können, so daß sie für ihre Sicherheit nicht im selben Maß wie früher einen Mann brauchen. Männer funktionieren nur in der Arbeitswelt gut und sind immer noch sehr abhängig von Frauen, was ihr leibliches Wohl betrifft.«
»Ich glaube, ich liebe ihn mehr, und er braucht mich mehr. Er braucht mich, um den Kopf frei zu haben. Ohne mich geht alles drunter und drüber.«
»Wir brauchen einander auf verschiedene Weise. Er ist abhängiger als ich. Er wäre gern vierundzwanzig Stunden am Tag mit mir zusammen. Mich würde das total erdrücken. Aber ich muß wissen, daß er da ist; ich brauche nur viel mehr Zeit für mich als er.«

Mit anderen Worten, viele Frauen weisen darauf hin, daß Männer Frauen im allgemeinen nicht so sehr lieben *als vielmehr* brauchen:
»Männer mögen die Sicherheit eines Heims, mögen eine Frau, die ihre Bedürfnisse befriedigt, aber wenn sie außer Hauses sind, wollen sie sich wie Junggesellen fühlen.«
»Liebe ist wichtig für Männer, aber ich glaube, es ist eher Abhängigkeit als wahre Liebe. Normalerweise wird sie auf die Bereiche ihres Lebens beschränkt, in denen das ›Bemuttertwerden‹ angenehm ist.«

* Viele Frauen sagen jedoch, geliebt zu *werden,* sei befriedigender für sie: »Wenn ich wählen könnte, würde ich mich dafür entscheiden, geliebt zu werden. Ich gebe immer Liebe; geliebt zu werden ist ungewöhnlicher, schöner.«
** Natürlich ist das bei den gängigen Definitionen von Liebe gar nicht so schlecht – aber wie viele Frauen werden um ihrer selbst willen geliebt, um ihrer Persönlichkeit, ihres Charakters willen?

»Mir scheint, Liebe ist für die meisten Männer etwas ziemlich Berechnendes, Rationales. Sie soll ihnen eine gewisse Sicherheit verschaffen – eine Ehefrau oder Lebensgefährtin, feste Freundin usw. Nur ein paar Dichter verlieren wohl wegen einer Frau den Kopf (oder liege ich da falsch?).«

Eine Frau vertritt die Meinung, daß die meisten Männer egoistisch lieben – nicht mit tiefem Gefühl, sondern »rational«, mit Blick auf ihre Bedürfnisse, ihre Bequemlichkeit usw. Mit anderen Worten, es ist abhängig davon, wie gut eine Frau sie behandelt, und nicht so sehr eine echte Liebesempfindung für eine besondere Frau:
»Ich glaube, Männer sehen die Liebe egoistisch – zum Beispiel wie wohl sie sich in Gegenwart einer Frau fühlen –, während die Frau, wenn sie verliebt ist, den Mann zu verstehen versucht – komme, was da wolle.«

Sind Männer emotional abhängiger als Frauen?

Überraschenderweise sagt die überwältigende Mehrheit der Frauen (87 Prozent), daß Männer nach den ersten Monaten einer Beziehung und ganz besonders in der Ehe emotional weitaus abhängiger von Frauen sind als umgekehrt:
Männer werden von ihren Partnerinnen meistens gefühlsmäßig aufgefangen und bemuttert, so daß sie in der Außenwelt hart sein können, fit für den Konkurrenzkampf.«
»Ein Mann *braucht* eine Frau (und braucht sie mehr, als er sie liebt) – das gilt für den Sex und die häuslichen Aufgaben und alles.«
»Wir werden dazu erzogen, fürsorglich zu sein, und sie werden dazu erzogen, sich umsorgen zu lassen. Sie sind schon dadurch abhängiger, daß sie unsere Kraft aufzehren, obwohl es oberflächlich betrachtet genau umgekehrt aussieht; aber in Wirklichkeit gibt der Mann, wenn er klammert, der Frau gern das Gefühl, daß *sie* klammert.«

77 Prozent der mehr als drei Jahre verheirateten Frauen sagen, daß sich die Männer von ihnen emotional umsorgen lassen und die abhängige Rolle spielen – entgegen dem Stereotyp von der emotional unsicheren Frau, deren sich der Mann ›annimmt‹:
»Ich war wahnsinnig in meinen Mann verliebt, als wir geheiratet haben. Es hatte richtig geklingelt, und ich fühlte mich sehr reif. Er war älter als ich, und ich dachte mir, er könnte sich um mich kümmern. Mit der Zeit habe ich herausgefunden, daß *ich* der ›Kümmerer‹ war.«
»Wenn ein Mann emotional sehr abhängig von mir ist, finde ich, daß ich in die Mutterrolle gedrängt werde und nicht die Freundin und Ge-

liebte sein darf. Das liegt teilweise daran, daß mein Vater alle Frauen in seinem Leben, mich eingeschlossen, in die Mutterrolle gedrängt hat. Ich reagiere darauf mit Rückzug. Dann versuche ich festzustellen, ob der Mann wirklich ein Freund ist und sich mir öffnet oder ob seine Abhängigkeit zu groß ist. Wenn sie zu groß ist, verlange ich mehr Zeit für mich und bringe ihn dazu, daß er allein was macht und seine eigenen Entscheidungen trifft.«

Die Liebe, die sie bekommen, ist für 64 Prozent der Frauen nicht befriedigend:
»Mag sein, daß er mich mehr liebt, aber es ist unbefriedigend. Ich fühle mich nicht geliebt.«

»Ich bemühe mich, ihn so zu behandeln, wie er behandelt werden möchte, aber er weiß es im Grunde genommen nicht zu schätzen. Und wenn er es nicht erwidert, tut es mir in der Seele weh. Ich weiß, daß er mich liebt, aber ich wollte, er könnte es anders ausdrücken.«

»Ich glaube, mein Partner hat Angst vor der Liebe – da müßte er sich mehr engagieren, als er kann. Die Barrieren werden immer höher und höher – und gleichzeitig klammert er immer extremer.«

Geben Männer Liebe oder fordern sie Aufmerksamkeit, wenn sie sagen, wie sehr sie eine Frau lieben und brauchen?

23 Prozent der Frauen fühlen sich als Individuum geliebt, »gesehen«, verstanden (nicht nur gebraucht) und sind sehr glücklich:
»Von allen Menschen, die ich kannte, hat er mich am glücklichsten gemacht. Ich fühlte mich total akzeptiert und bewundert und geachtet. Er hat es mir fast jeden Tag mit kleinen Dingen gezeigt.«

»Er drückt seine Liebe mit Komplimenten aus, die mir echt was geben, mit Sex und indem wir es einfach schön miteinander haben. Ich spüre, daß es jemanden gibt, dem an mir liegt und der mir helfen würde, wenn ich's brauche, oder mir zuhören würde, wenn ich mit jemandem reden wollte.«

Im Wertesystem der Männer ist die Liebe weniger wichtig – obwohl die meisten Männer von Frauen Liebe und Fürsorge erwarten

74 Prozent der Frauen sagen, für die meisten Männer kämen Liebesbeziehungen nicht an erster Stelle im Leben:
»Die Männer sehen die Liebe als etwas Sekundäres – die Karriere ist ihnen wichtiger, ist das Gebiet, auf dem sie am meisten Bewunderung kriegen können.«

»Männer spielen gern den edlen Ritter, der die Prinzessin vor anderen Männern rettet, denen sie sowieso gern unter irgendeinem Vorwand in den Hintern treten würden. Vielleicht sind wir bloß Status-symbole oder Glücksbringer. Vielleicht beten sie Idole an und suchen nichts weiter als eine Frau, die schön genug ist, um aufs Podest gestellt zu werden.«

»Frauen sscheinen ihr Leben um einen Mann herum aufzubauen, Männer bauen nur ihr eigenes Leben auf.«

»Die Männer sind verwirrt, weil sie jetzt liebenswürdig sein sollen, wo doch ihre ganze Erziehung daraus besteht, sie für die Arbeitswelt hart zu machen.«

»Männer nehmen nur Männer und die Macht von Männern ernst. Die Liebe sehen sie im allgemeinen so, daß sie sich entweder von ihr bedroht fühlen oder daß sie sie für läppisch halten.«

57 Prozent der Frauen sagen, daß Männer anscheinend Angst davor haben, sich zu verlieben – oder sehr verwirrt sind, wenn sie sich verlieben:*

»Ich glaube, sie nehmen die Liebe ernst, sind aber kulturell darauf programmiert, es zu unterdrücken. Im Unterbewußtsein spielt sie aber eine wichtige Rolle in ihrem Leben. Ich glaube, das Leugnen der Bedeutung der Liebe führt bei Männern zu enormem Streß und unge-heurer Verwirrung.«

»Natürlich verlieben sich Männer, aber sie haben Angst, es zuzuge-ben. Als wäre es Schwäche oder so. Sie lassen es sich nicht anmerken, weil es ›unmännlich‹ ist, Gefühle zu haben.«

»Liebesbeziehungen scheinen für Männer nicht so entscheidend zu sein wie für Frauen – etwa in der Art, wie man etwas tun, aber es auch lassen kann. Karriere, Arbeit, Sport – all das hat Vorrang. Männer kön-nen ihre Gefühle offenbar kontrollieren wie mit einer Stoppuhr – es wird Zeit, daß wir für die nächste Footballsaison trainieren – also muß ich das jetzt machen, egal was wir gerade hatten. Ich glaube, eine Frau »braucht« es richtiggehend, sich zu verlieben, um sich vollständig zu fühlen – jedenfalls mehr als ein Mann.«

Eine Frau weist darauf hin, daß ein weiterer Grund für Männer, der Liebe aus dem Weg zu gehen, ökonomischer Art sein könnte:

»Ich meine, Männer nehmen die Liebe ernst, fürchten sie aber, weil sie annehmen, sie müßten die finanzielle Versorgung übernehmen.«

Aber trifft das noch allgemein zu? Schließlich haben die meisten Frauen – zumindest in den Vereinigten Staaten – jetzt auch Jobs. Und wie einige Frauen in diesem Kapitel gesagt haben, finden Männer

---

* Im *Hite Report II* diskutieren Männer diese Verwirrung auf verschiedene Weise; im wesentlichen scheint jedoch klar, daß das »Verliebtsein« der »männlichen« Kon-ditionierung zuwiderläuft, immer alles unter Kontrolle zu haben.

nicht nur ihre Arbeit wichtiger als Beziehungen, sondern auch sich selbst.

62 Prozent der Frauen führen jedoch aus, daß die Liebe, wenn sie auch nicht an erster Stelle kommt, für Männer wichtig ist, weil das für sie die einzige Möglichkeit darstellt, emotional und zärtlich zu sein:
»Die Männer, die ich als Liebhaber und Freunde gekannt habe, sagten, die Liebe sei ungeheuer wichtig in ihrem Leben, absolut notwendig für ihr psychisches Wohlbefinden.«

Emotionale Forderungen der Männer an die Frauen

Viele Frauen sind von alledem sehr verwirrt – die Wirklichkeit ist anders, als es immer dargestellt wird. Die meisten Frauen sagen, daß Männer nach den ersten sechs Monaten einer Beziehung und besonders in der Ehe emotional abhängiger von ihnen sind als umgekehrt – entgegen dem Stereotyp von der »abhängigen« und »klammernden« Frau.

Es ist auch eine tiefe Ironie, daß sich Männer – egal, welches negative Verhalten sie Frauen gegenüber an den Tag legen (und wir haben gesehen, daß emotionale Verweigerung, Herablassung und Belästigung bei Männern allgemein verbreitet sind) – gleichzeitig an Frauen wenden, um Liebe, Verständnis und emotionale Unterstützung zu finden. Mit anderen Worten, Männer belästigen Frauen ständig, wollen und erwarten aber Liebe von ihnen. Warum? Weil Männer trotz ihrer »Männlichkeit« emotionale Unterstützung genauso brauchen wie Frauen. Doch welche Auswirkungen hat das auf Frauen und ihre Sicht von Männern?

Frauen stellen die emotionalen Arrangements in ihrem Leben in Frage

79 Prozent der Frauen überlegen intensiv, ob sie soviel Energie für Liebesbeziehungen aufwenden und ob sie ihnen den Vorrang im Leben geben sollen; 89 Prozent empfinden einen Konflikt zwischen der Forderung von Männern, daß sie »liebevoll« sein sollen, und ihrem eigenen Bedürfnis, sie selbst zu sein:*

---

* Mit jedem Jahr der Datenaufnahme nahm die Zahl der Antworten von Frauen zu, die sich mit dieser Problematik auseinandersetzten.

»Wenn ich nur nicht soviel geistige Energie ins Nachdenken über Beziehungen (Freundschaften) investieren würde! Ich bin gut im Studium, aber meine Arbeit bleibt zu oft liegen, weil ich mich auf die Menschen in meinem Leben konzentriere. Irgendwie kann ich nicht anders. Menschen sind so wichtig für mich. Meine Arbeit kommt erst an zweiter Stelle. Ich wollte, ich könnte das ins Gleichgewicht bringen. Ich schätze Liebesbeziehungen nach wie vor sehr hoch ein, aber ich bemühe mich jetzt ganz unbewußt, meine Prioritäten anders zu setzen.«

»In einer Beziehung verbringt man soviel Zeit damit, etwas über die andere Person zu erfahren und die Gefühle zu genießen, daß alles andere im Leben praktisch weg ist. Man verschwendet (?) zuviel Zeit und Mühe, um mit dieser anderen Person zusammenzusein – wenigstens war das bei mir immer so. In der Schule habe ich nicht genug darüber nachgedacht, was ich eigentlich will im Leben (außer Ehefrau und Mutter sein).«

»Er will meine absolute Einbeziehung. Wenn ich im Flugzeug aus dem Fenster schaue und Wolkenformationen betrachte, läßt er mich nicht zum Denken und Träumen kommen, will ständig im Mittelpunkt meiner Aufmerksamkeit stehen. Er ruft jeden Tag mehrmals von der Arbeit an und ist eingeschnappt, wenn ich in einer Besprechung bin und nicht mit ihm reden kann. Der einzige Weg, mein Dilemma zu lösen, wäre der, das Schloß an meiner Tür auszuwechseln. Also gut, ich simplifiziere zu sehr ... Der Mann ist Mitte Vierzig, aber seine Unsicherheit und seine Ansprüche werden mich auffressen, wenn ich keine Lösung finde.«

Viele Frauen haben widerstreitende Gefühle im Hinblick auf eine Beziehung und ihrem Wunsch, trotzdem noch Zeit für sich und ihre Gedanken zu haben – oder für einen Job, den sie ernst nehmen. Mehr als die Hälfte der Frauen machen sich Sorgen darüber, daß sie zuviel Zeit für Beziehungen aufwenden.

Frauen wollen nicht, daß Liebe ein Konflikt ist, wollen nicht zu der Wahl gezwungen werden, entweder sie selbst zu sein oder einen Mann zu lieben – doch nur zu viele Frauen sagen, eben dies sei die Situation, in der sie sich befinden. Sie müssen sich wieder und wieder, Tag für Tag entscheiden, ob sie aufgeben, für ihre Rechte kämpfen oder einen Teil der Beziehung aufgeben wollen.

Die emotionalen »Pflichten« von Frauen

Die »männliche« Ideologie nötigt Frauen dazu, selbstverleugnend zu lieben; die »Spielregeln« besagen, daß sich Frauen nicht an die erste Stelle setzen sollen – für eine »gute« Frau haben der Mann und die Kinder immer Vorrang; Lieben und Geben haben das Wichtigste für sie zu sein, wichtiger als Karriere, Arbeit und ihr eigenes Selbst:

»Die Hauptsorge einer Frau sollte ihre Familie sein – nicht sie selbst oder ihre Karriere. Kinderlosen Frauen sage ich: Werdet nicht schwanger, ehe ihr nicht bereit seid, euch für euer Kind aufzuopfern.«

»Meine Mutter hat mich, weiß Gott, angeleitet, ›weiblich‹ zu sein. Sei nicht hart, sei nicht stark, sei ›nett‹, höflich, passiv, geh davon aus, daß du nie recht hast und die anderen immer. Stell deine Bedürfnisse hinter die der anderen zurück. Ach ja, und es ist ein absolutes Muß, so hübsch wie möglich zu sein.«

Es wird Frauen von der traditionellen Ideologie fast nicht erlaubt, *nicht* zu lieben. Diese Ideologie definiert Frauen einzig und allein über ihre Liebesbeziehungen mit Männern – oder das Nichtvorhandensein solcher Beziehungen. Wie es eine Frau formuliert: »Eine Frau sollte, um eine richtige Frau zu sein, jemanden lieben, eine Liebesbeziehung haben – und auch Kinder, die sie liebt. Ohne Mann und Kinder wird sie sehr einsam und leer sein. Ihre Natur verlangt, daß sie Mann und Kinder hat.«*

47 Prozent der Frauen beschreiben eine ziemlich intensive Erziehung zu extremen Formen des Gebens – sie sollten andere unterstützen, nicht dynamisch sein, nicht die Hauptrolle im eigenen Leben spielen, passiv sein:

»Ich bin darauf abgerichtet worden, gehorsam und unterwürfig zu sein – bin streng religiös erzogen. Da es mir nicht möglich war, rationale Entscheidungen zu treffen, bat ich Gott um einen Bibelvers, was ich nach der High School tun sollte, schlug die Bibel auf und fand: ›Verlasse dein Land und die Deinen und gehe in ein Land, das ich dir zeigen werde.‹ Also ging ich. Ich war richtig schockiert, als ich im College entdeckte, daß ich gern von zu Hause weg war. Weil mir meine Mutter immer gesagt hatte, was für eine wundervolle, innig vertraute Familie wir doch wären, hatte ich gedacht, es würde schwierig sein fortzugehen. Aber ich vermißte es kein bißchen, angeschrien zu werden. Meine Abhängigkeit existierte nicht mehr!«

---

* Diese Behauptung taucht in psychologischen Theorien, Theaterstücken und Moralpredigten auf, obwohl es keinen Beweis dafür gibt, daß sie wahr ist.

»Weiblichkeit bedeutet im Süden (wo ich großgeworden bin), daß man süß und nett und damenhaft ist. Schlau mußte ich nicht sein. Viele Jahre später ist mir aufgefallen, daß ich immer noch so getan habe, als wäre ich blöd, damit irgendein Mann sich hat schlau vorkommen können.«

»Als Kind wurde mir beigebracht, meine Mutter zu lieben und alles zu tun, was sie sagte. Wenn meine Mutter und ich stritten, unterband das mein Vater mit den Worten: ›Schluß jetzt, Mädels.‹ Meine Mutter gab mir ambivalente Informationen über meinen Vater. Sie warf sich weg für ihn – ging sogar so weit, zu sagen oder durchblicken zu lassen, sie hätte ihre Kinder nur für ihn – nicht für sich selbst oder weil wir Wunschkinder waren. Mir wurde eingeimpft, daß ein liebes Mädchen niemanden störte, still war. Es hieß, Kinder darf man zwar sehen, aber nicht hören. Noch besser war es, wenn ich nicht mal gesehen wurde.«

»Alle sagten mir ständig, ich sollte ein liebes Mädchen sein. Sie sagten selten, ich *sei* ein liebes Mädchen. Sie erwarteten gutes Betragen und gute Noten. Ich betrug mich gut und bekam gute Noten, aber keine Anerkennung dafür. Ich nehme an, daß ich immer noch Anerkennung suche, denn ich tue immer noch, was die Leute von mir erwarten.«

»Weiblichkeit« wird häufig mit ein und denselben Charakteristika beschrieben:
»Wie ich Weiblichkeit definieren würde? Unterwürfigkeit, Liebenswürdigkeit, Immer-nur-Lächeln, Schwäche.«

Eine Frau berichtet, wie sie gewohnheitsmäßig ihre eigene Meinung unterdrückt, ihre Energie auf andere konzentriert und ihre Unterstützung anderen zukommen läßt – ein Modell, das von vielen Frauen verinnerlicht wird:
»Ich bin so gehemmt, daß ich nicht mal meinem Therapeuten zu nahe treten will, indem ich ihm allzu verstörende Gefühle mitteile. Im Umgang mit Menschen wende ich ein Verfahren der Beobachtung und Anpassung an – ich beobachte das Verhalten und die Reaktionen der anderen Person und passe mich ihr dann an.«

Eine kleine Minderheit von Frauen, die meinen, nicht lieben zu können, beschreiben sich sehr negativ:
»Ich bin ziemlich hart und berechnend, zeige nie meine Gefühle.«

Doch die meisten Frauen wehren sich jetzt gegen die Ideologie des altruistischen Liebenmüssens; nur 26 Prozent der Frauen sagen, wahre Liebe sei Geben bis zur absoluten Selbstlosigkeit. Viele Frauen erklären dagegen, daß zuviel »Selbstlosigkeit« gefährlich ist, und plädieren für den »gesunden Egoismus« in der Liebe:

»Verliebt sein ist gegenseitiger Egoismus, aber von der besten Art. Denn wenn man nur gibt und nicht nimmt, nicht man selbst ist, bürdet man dem anderen Menschen die Last der Dankbarkeit auf – auch die, daß man sich mit seiner Liebe nur auf ihn bezieht und nicht auf sich selbst, was die Beziehung problematisch macht. Frauen hat man gesagt, sie sollten selbstlos sein in der Liebe; Männern hat man das nicht gesagt. Deswegen kommt es in nur zu vielen Beziehungen letztlich so, daß die Frau an die Wand gedrückt wird; beide sollten versuchen, das mal umgekehrt zu sehen.«

56 Prozent der Frauen sprechen von der feinen, aber sehr wichtigen Grenzlinie zwischen Geben und Ausgenutztwerden:
»Ich gebe gern – bis zur Erschöpfung.«
»In langen Beziehungen habe ich Schwierigkeiten, ich selbst zu sein. Ich kann mich nicht gut durchsetzen und tue dann immer Dinge, die mir katastrophal schaden. Man weiß immer nicht, wieviel Energie man in den Partner investieren und wieviel man für sich selbst aufsparen soll.«

Können wir auch weiterhin fürsorglich sein? Oder sollten Frauen mehr wie Männer werden?

Viele Frauen glauben, daß sie nicht mehr soviel geben sollten, sondern lernen sollten, emotional mehr »wie Männer« zu sein. Wie eine Frau es mit naivem Charme formuliert: »Die Liebe ist ein Problem, weil wir Frauen die schlechte Angewohnheit haben, uns gefühlsmäßig zu engagieren. Es ist bedauerlich, daß wir das tun und die Männer nicht!«

34 Prozent der Frauen meinen, daß Frauen ausgenutzt werden, sei dadurch zu beheben, daß wir »männliche« Verhaltensmuster akzeptieren und versuchen, sie zu übernehmen, indem wir weniger emotional und nicht mehr so auf die Liebe als Grundlage der Erfüllung ›fixiert‹ sind:
»Wenn ich eine Sache hätte ändern mögen an den Beziehungen, die ich hatte, dann die, daß ich weniger emotional, weniger beteiligt, weniger besorgt gewesen wäre.«
»Ich vermeide es, mich in Beziehungen wie ein Dummchen zu verhalten – versuche es zumindest. Es wird Zeit, daß die Frauen aufhören, so gefühlsbetont zu sein.«
»Die Liebe zu einem Mann scheint einem das Wichtigste auf der Welt, wenn sie gerade aktuell ist – wegen der Stärke der Gefühle, die man hat. Aber in Wirklichkeit ist sie's nicht. Kinder, Freundinnen und Arbeit sind auf die Dauer wichtiger. Wenn man sich verliebt, können

diese wichtigen Dinge gestört werden, und da muß man eine Lösung finden, damit man frei ist von all der Anspannung und Aufregung und sich mit seinen Angelegenheiten beschäftigen kann.«

»Ich bin nicht gern verliebt, weil das wie ein Zwang ist. Immer will man mit dem anderen zusammensein – nie fühlt man sich stark und unabhängig. Ich finde mehrere liebevolle Beziehungen besser. Ich liebe mich, und was die anderen denken, ist für mich längst nicht mehr so wichtig wie früher. Die meisten Liebesgeschichten kommen mir extrem romantisiert und unrealistisch vor. Ich mag Geschichten von starken, mutigen Frauen, die viele liebevolle Freundinnen und Freunde haben. Solche Geschichten werden kaum publiziert.«

Einige Frauen beneiden Männer um die Fähigkeit, sich nicht soviel Gedanken über die Gefühle anderer zu machen:
»Ich beneide sie um die Kontrolle, die sie über ihr Leben haben – sie tun, was sie wollen, und scheren sich nicht weiter darum.«

Doch 42 Prozent der Frauen nehmen nach wie vor den entgegengesetzten Standpunkt ein und erklären, daß Männer wie Frauen, die Frauen allgemein als »zu emotional« oder »zu stark auf die Liebe fixiert« bezeichnen, verkehrt liegen und damit nur ihre eigenen Probleme und Vorurteile unter Beweis stellen:
»Ich glaube nicht, daß ich auf Leute hören sollte, die versuchen, meine Gefühle zu unterdrücken (sei nicht laut, sei ein »liebes Mädchen« usw.), weil sie ihre Gefühle nicht ausdrücken können. Aber bin eher böse auf mich als auf sie. Ich finde, ich sollte mich mehr mögen, mehr Respekt vor mir haben und es nicht zulassen, daß mich andere verunsichern.«

Tatsächlich wollen die meisten Frauen ihre traditionelle Bindung an Gefühle nicht aufgeben, auch wenn sie der Meinung sind, daß es zum jetzigen Zeitpunkt falsch ist, seine ganze Liebe einem Mann zu geben – aber sie wollen weder die Liebe aufgeben noch »männliche« Werte übernehmen:
»Es ist mühsam, sich um die Gefühle der anderen Person zu kümmern. Aber es lohnt sich – es ist so herrlich, mit jemandem reden zu können, zu wissen, daß es einen Menschen gibt, der imstande ist, intensiv mit einem zu reden, dem man alles sagen kann und der *wirklich* versteht, worum es geht.«

Eine andere Frau (die sich vielleicht wünscht, daß Männer liebevoller wären, aber zu dem Schluß gekommen sind, daß dies – wenigstens zu ihren Lebzeiten – ein Traum bleiben wird) ist dafür, die Männer zumindest bei ihrem vom Konkurrenzdenken geprägten Spiel »Ausnutzen oder ausgenutzt werden« zu schlagen:

»Dieses Gleichheitsgerede ist doch der reine Quatsch. Jeder Mann, dem du begegnest, versucht immer noch, dich zu verladen, wo er kann. Es wird langsam Zeit, daß wir *sie* verladen.«

Sind Frauen fürsorglich und liebevoll, weil sie/wir es so wollen, oder weil wir dazu erzogen wurden?

Sind die Werte, die Frauen hier diskutieren, nicht nur Teil eines Systems, das Frauen aufgezwungen wurde? Sind nicht alle Menschen »von Natur aus« aggressiv, vom Willen zur Macht getrieben, eigennützig – »wie Männer«? Wenn Frauen nicht so sind – liegt es dann nicht einfach daran, daß diese Charakterzüge bei uns unterdrückt worden sind? (Oder weil wir, da wir Kinder bekommen, spezielle Hormone haben, die uns »von Natur aus« fürsorglich machen?)

Tatsache ist, daß wir nicht wissen, welche Charakterzüge angeboren sind – falls überhaupt. Obwohl Anthropologen über Jahrzehnte hinweg mit großer Sorgfalt die *Human Area Files* erstellt haben (umfangreiche Verhaltenskataloge aller noch existierenden »primitiven Stämme« der Erde), ist inzwischen klar, daß viele ihrer Fragen von kulturellen Vorurteilen getrübt waren. Zum Beispiel wurden Fragen zum Sexualverhalten so formuliert, als sei »Sex« immer und überall als »Koitus« (Geschlechtsverkehr) definiert; es wurden relativ wenige oder gar keine Fragen gestellt, die andere Möglichkeiten wie Masturbation, Berührungen, Petting oder gleichgeschlechtliche Beziehungen offenließen. Fragen danach, was sie tun, um körperliche Wohlgefühle zu erreichen – sich selbst berühren, allein oder mit anderen, ob Tanz sexuell erregend sei, usw. Infolgedessen steht in den *Files* wieder und wieder, was Menschen gesagt haben, wenn sie zum Koitus befragt wurden – und nicht viel mehr.* Ähnlich werden »männliche« und »weibliche« Verhaltensmerkmale (das gilt für einen Teil der Primatenforschung) mit dem von geschlechtsbezogenen Vorurteilen getrübten Vokabular und den damit verbundenen Werturteilen beschrieben.

Ein weiteres Problem mit den *Human Area Files* ist, daß die sogenannten primitiven Kulturen fast alle schon durch Handel, Industrialisierung usw. mit der »westlichen Kultur« in Berührung gekommen waren. Und vor kurzem haben Anthropologen gezeigt, daß diese Kulturen ohnehin nicht »primitiv« sind, daß sie eine lange Geschichte und Tradition haben. Daß sich ihre Gesellschaften nicht so entwickelt haben wie unsere, macht sie noch nicht »primitiv«.

---

* Allerdings haben einige Anthropologen und vor allem Anthropologinnen in den letzten zehn Jahren begonnen, den bisherigen Ansatz radikal zu verändern.

Der Kampf um diese Fragen geht in fast allen akademischen Disziplinen weiter, und die Debatten sind immer noch nicht vorurteilsfrei.
Denn wenn von männlichen und weiblichen Menschen die Rede ist,
ist eine seltsame Dichotomie am Werk: Es wird allgemein angenommen, Frauen würden einer »Gehirnwäsche« unterzogen, damit sie
»weibliche« Eigenschaften entwickeln, »nett« sind zum Beispiel; aber
man hört selten, daß Männer einer Gehirnwäsche unterzogen werden, damit sie »aggressiv« und »wettbewerbsorientiert« werden. Man
geht davon aus, daß die Eigenschaften von Männern entweder »von
Natur aus« männlich sind – das Produkt männlicher Hormone – oder
daß Männer die »natürlichen«, nicht durch Gehirnwäsche zustande
gekommenen Eigenschaften haben, die Frauen auch hätten, wenn sie
nicht unterdrückt würden. Doch wir können nicht davon ausgehen,
daß »männliche« Eigenschaften »natürlich« sind, da Männer in Wirklichkeit Tag für Tag auf tausend Arten ermutigt werden, »stark«, »aggressiv«, »kämpferisch« usw. zu sein. Stellen wir uns doch einmal vor,
daß Frauen die »natürlichen« Charakterzüge haben und Männer
künstlich mit Ideen vollgepumpt worden sind, mit Propaganda bezüglich ihres Verhaltens, daß man sie glauben gemacht hat, sie sollten
»hart« sein und »dominieren« wollen. Dafür gibt es ebenso viele Beweise wie für das Gegenteil. Tatsache ist, daß eine Kultur die Eigenschaften, die sie fördern möchte, *wählen* kann. Die »menschliche Natur« scheint unendlich formbar zu sein.

Was geschieht, wenn wir im gegenwärtigen System Männer lieben?

Der Glaube von Frauen, daß die Partner in einer Beziehung fürsorglich
sein, Gefühle mitteilen und an ihnen teilhaben, sich auf die emotionale Verfassung des anderen einstellen und für sie empfänglich sein
sollen, ist ein guter Glaube. Das Problem ist nur, daß die meisten Männer dazu nicht bereit sind und den emotionalen Konnex oft verweigern, auf Frauen herabschauen, sie belästigen – und im selben Atem-
zug Liebe von ihnen fordern*! In einer solch ungleichen Situation kann
Geben belastend, verwirrend und erschöpfend sein, kann einen zur
Raserei treiben.
  Welche Auswirkungen hat der ungleiche emotionale Vertrag auf
Frauen (die die traditionellen, vorgegebenen Definitionen von »Liebe«

* Siehe 1. und 2. Kapitel.

in Frage stellen), wenn sie mit einem Mann zusammenleben? Können wir mit jemandem leben, der die »männliche« Ideologie vertritt, können wir das »verstehen« und unempfindlich dagegen bleiben? Können wir dann immer noch lieben und glücklich sein?

Immer noch lieben und dabei um die Bewahrung von Identität und Würde kämpfen

>»Obwohl mir mein Mann emotional und physisch weh getan hat, habe ich nicht die Kraft, mich von ihm zu lösen – eine kleine Stimme in meinem Hinterkopf sagt immer wieder: ›Bitte hab mich lieb, und ich werde lieb sein, lieb sein...‹«

Welche Auswirkungen haben ständige emotionale Belästigungen oder Verweigerungen (zusätzlich zu einer etwaigen gleichzeitigen ökonomischen Abhängigkeit) auf Frauen?

Wenn Frauen zuviel geben, ohne etwas dafür zu bekommen, können sie emotional bedürftig und unsicher werden, psychisch in die Defensive geraten:
>»Ich habe mich nie sicher gefühlt in einer Beziehung. Die Therapie hat mir ein bißchen geholfen (wenigstens habe ich darüber geredet), aber sie hat mich nicht sicherer gemacht. Wenn ich mit einem Mann zusammen bin, fange ich automatisch an mir zu zweifeln an.«

Psychologische Übergriffe, emotionale Deprivation und Mangel an Kommunikation haben, wie in vielen (nicht spezifisch geschlechtsbezogenen) Experimenten gezeigt wurde, ein Gefühl des Unwerts und der Selbstauslöschung zur Folge; kurz, die emotionale Distanzierung der Männer führt in Verbindung mit emotionalen Forderungen und emotionaler Belästigung dazu, daß viele Frauen psychisch bedürftig und frustriert sind:
>»Ich bin am leidenschaftlichsten, wenn mein Mann sein Leben, seine Gedanken, Träume und Gefühle mit mir teilt. Aber die meiste Zeit fühle ich mich ausgeschlossen – nicht seine beste Freundin. Ich bin unsicher und habe Angst vor dem Verlassenwerden. Mein Mann behauptet zwar, wir reden jeden Tag miteinander, aber er redet bloß zwei Minuten, bevor er einschläft – über sich. Ich will über *uns* reden. Ich komme nicht an ihn ran. Ich fühle mich nicht akzeptiert und nicht verstanden.«
>»Ich bin sehr zärtlich. Ich brauche viel, viel Liebe, die mir die meisten Männer, mit denen ich zusammen war, nicht geben wollten. Ich habe Angst zu klammern, es hat schon so oft verheerende Auswirkungen gehabt.«

»Ich fand immer, daß ich mich mehr bemüht habe als die Männer, mit denen ich liiert war. Wenn sich der Reiz des Neuen etwas verflüchtigt hatte, haben sie sich meistens für andere Dinge interessiert. Deswegen fühlte ich mich unsicher, bemühte mich noch mehr, klammerte mehr – und sie waren noch wilder darauf wegzukommen.«

»Einmal war ich völlig am Ende, verlor alle Rationalität und Objektivität. Ich wurde sehr unsicher – wie konnte ich hübscher, erotischer, reizvoller für ihn sein? Ich konnte für ihn nie perfekt genug sein. Nicht daß er es verlangt hätte, aber er war emotional sehr reserviert und fand es schwierig, Zuneigung zu zeigen. Irgendwie dachte ich, ich könnte ihm helfen aufzutauen. Das tat er aber nicht. Meine Unsicherheit wurde riesengroß – ich fand, daß ich zu verfügbar und zu verwundbar war und brach die Beziehung ab.«

Manchmal verschlimmern Männer die Situation, benehmen sich provozierend:

»Gestern abend bat ich meinen Mann, mir etwas zu erklären, das er am Abend zuvor gesagt hatte. Wir hatten über meine Unsicherheit gesprochen, und er sagte, für 95 Prozent der Frauen, mit denen er in Berührung gekommen sei, wäre er wohl körperlich nicht begehrenswert gewesen. Ich fragte ihn, ob er mir sagen würde, wer die 5 Prozent waren, die ihm zu verstehen gegeben hatten, daß sie Sex mit ihm haben wollten. (Ich wüßte gern über die Konkurrenz Bescheid.) Er wurde ärgerlich und sagte, so hätte er es nicht gemeint, es sei nur eine allgemeine Feststellung gewesen. Als ich versuchte, ihn festzunageln, schlug er mit der Faust auf den Tisch und ging aus dem Zimmer.«

»Meine Depressionen und Ängste werden meistens durch etwas ausgelöst, mit dem er mich verletzt hat. Aber es macht mich unglücklich, weil mein Mann nicht gern in meiner Nähe ist, wenn ich ›daneben‹ bin. Dabei ist er der Mensch, den ich am meisten brauche. Daß er nicht in meiner Nähe sein will, hat zu unseren Problemen geführt. Wenn er mich tröstet, bin ich erleichtert, aber ich bin mir seiner Zuneigung nicht sicher. Ist sie echt, oder macht er das nur, damit ich mich gut fühle? Dann schließen wir Waffenstillstand. Er besteht darauf, daß wir nicht mehr darüber sprechen oder einen Spaziergang machen.«

»Sein Autoradio – so scheint es mir – hat er, um Musik anzustellen, und unsere Gespräche zu beenden. Also bitte ich ihn, es auszuschalten. (Ich finde es auch egoistisch.) Er sagt nein, halt den Mund, wem gehört der Wagen denn, dir oder mir? Und ich sage, daß ich aussteige, wenn er so weitermacht. Ich muß laut schreien, bis ihm klar wird, daß ich es nicht als Witz gemeint habe. Ich muß weinen, Zustände kriegen, völlig durchgedreht sein! Schließlich kapiert er's – aber nächstesmal macht er es wieder ganz genauso.«

Viele Frauen kommen in solchen Situationen schließlich dahin zu glauben, daß sie häufig oder konstant Anerkennung brauchen; viele geben der Befürchtung Ausdruck, nicht liebenswert genug zu sein, verlassen zu werden:*

»Ich hatte und habe immer noch Angst. Ich bin so tief gekränkt worden, daß ich jetzt fast erwarte, verlassen zu werden.«

»Ich nehme an, es ist Angst. Angst, daß er mich verläßt. Wenn ich irgendwas ändern könnte, würde ich gern ›selbstsicherer‹ werden.«

»Die Angst, ihn zu verlieren, war früher ein Alptraum für mich. Jetzt nicht mehr. Das bedeutet nicht, daß ich mir absolut sicher bin, daß er immer zu mir halten wird. Es bedeutet nur, daß mir sein Bleiben nicht mehr so wichtig ist, wie es einmal war. Wenn er mich verläßt, werde ich es überleben. Aber ich bin mir sicher, daß viele Frauen Angst vor dem Verlassenwerden haben – Frauen dürfen nicht alt werden, und die Männer haben auf dieser Welt die Macht zu definieren, was zählt. Weil Frauen über ihre Beziehungen mit Männern definiert werden, verletzt uns Verlassenwerden mehr als Männer. Und macht uns mehr Angst. Ich hatte früher auch welche. Aber jetzt nicht mehr. Wenn er geht, geht er eben.«

Frauen sollten nicht »klammern«, das ist eine bekannte Empfehlung, die impliziert, daß Frauen »von Natur aus« zu liebebedürftig sind und zuviel Aufmerksamkeit verlangen:

»Ich habe große Angst zu klammern. Die Männer, die ich kenne, sind nicht von der Sorte, die sich anbinden läßt. Ich bin emotional nicht zu abhängig – aber ich fürchte, daß ich es werden könnte. Die Männer in meiner Altersgruppe mögen es, glaube ich, nicht, wenn Frauen abhängig sind.«

»Die Männer versuchen den Frauen das Gefühl zu geben, daß sie ›klammern‹, damit sie selbst die Oberhand behalten. In Wirklichkeit sind sie abhängiger als wir. Sie *wollen*, daß wir klammern, und gleichzeitig beschweren sie sich darüber.«

Eine Frau hat eine völlig andere Einstellung:

»Ich hatte nie Angst, daß er mich verläßt – wer, um alles in der Welt, würde *ihn* denn nehmen?«

Eine Frau kann, während sie sich mehr und mehr darum bemühen muß, daß die Beziehung »funktioniert«, daß sie dem Mann gefällt und während sie ihm ständig emotionale Unterstützung geben muß, allmählich ihre Selbstachtung und ihr Selbstvertrauen verlieren:

---

* »Hatten Sie je geheime Ängste, jemandes Liebe zu verlieren oder verlassen zu werden? Angst, daß die andere Person Sie satt bekommen könnte?«

»Wenn er wahrnimmt, daß es mich gibt, mich mit Namen nennt, mich seinen Freunden als seine Frau vorstellt, mich in Gegenwart anderer berührt oder seinen Arm um mich legt, bin ich so glücklich – dann habe ich das Gefühl, daß ich geliebt und respektiert werde, eine Person bin, die etwas wert ist, und nicht bloß jemand, den man mitnehmen mußte, weil alle anderen auch mit ihren Frauen kommen.

Doch ich beobachte, wie er mit anderen Frauen über Dinge redet, über die er mit mir nicht spricht, wie er sie anlächelt, während er mich nie anlächelt – nicht einmal, wenn er mich begrüßt. Er antwortet liebenswürdig auf die Fragen fremder Leute, aber wenn ich ihn bitte, mir etwas zu erklären, sagt er nur, das würde ich doch nicht verstehen, oder ist pikiert darüber, daß ich eine Feststellung oder Entscheidung ›in Zweifel ziehe‹.

Und dann kann ich nicht recht glauben, daß er mich liebt oder begehrt. Ich mag es nicht, wie ich aussehe. Ich finde mich nicht sehr weiblich. Ich habe Angst, wenn mein Mann hübsche, junge Mädchen anstarrt. Der Sex zwischen uns ist rein körperlich, sprachlos. Doch das sind wahrscheinlich die einzigen Momente in unserer Ehe, in denen er seine Aufmerksamkeit voll auf mich konzentriert.«

Eine Frau, die sich sehr gefangen fühlt, beschreibt eine Trägheit, fast eine Art Lähmung, die sie überfallen zu haben scheint – oder zumindest das Gefühl, daß es »draußen« wohl auch nichts Besseres gibt, nichts, was einen Versuch wert wäre:

»Es ist schwierig, jemanden nicht mehr zu lieben. Mein Mann hat mir sehr weh getan, aber ich kann mich irgendwie nicht dazu aufraffen, ihn zu verlassen. Ich bin eine ganz durchschnittliche Mittelschicht-Hausfrau. Nicht unattraktiv, aber auch keine strahlende Schönheit. Ein bißchen Übergewicht. Ich bin achtunddreißig. Mein Arbeitsbereich ist das Haus. Mein Mann und meine Tochter diktieren mein Leben. Viel Verantwortung für die Familie. Meine Tochter ist meine wahre, große Liebe. Meine Söhne liebe ich auch, aber meiner Tochter gehört mein ganzes Herz. Sie ist meine Verbindung zu mir selbst.

Was ich denke, interessiert meinen Mann anscheinend in keiner Weise. Wenn wir uns verbal verständigen könnten, wie ich es mit meiner besten Freundin tue, wären 80 Prozent unserer Probleme gelöst. Ab und zu versuche ich, ihm das zu sagen, aber er versteht nicht, was ich meine. Wenn er es täte, bräuchte ich vielleicht keine Affären nebenher. Er ist auch sehr unemanzipiert und will, daß meine Tochter in der traditionellen Frauenrolle erzogen wird. Ich möchte, daß sie zu dem heranwächst, was *sie* sein will, daß sie die Wahl hat, ob sie heiraten will oder nicht. Darüber streiten wir uns oft.

Mein Mann hat mich einmal geschlagen. Ich hätte ihn umbringen können. Ich habe ihn noch nie so gehaßt wie damals.

Ich habe Affären, darunter eine, die schon über zehn Jahre geht, aber ich weiß nicht, ob ich je die Art Liebesbeziehung mit einem Mann haben werde, nach der ich mich sehne. Niemand hat mir bis jetzt das Gefühl gegeben, daß ich lebendig bin, aufregend – oder daß ich geliebt werde. Ich suche noch. Am meisten reicht an die vollkommene Liebe das heran, was ich für meine Tochter empfinde. Ich hoffe, daß sie und ich gute Freundinnen sein werden und daß sie immer zu mir kommen kann. Ich will nicht nur ihre Mutter sein, ich will ihre beste Freundin sein. (Sie ist erst drei.)

Ich bin sehr enttäuscht von Liebesbeziehungen. Ich könnte auch ohne welche ein erfülltes Leben haben, nur zwischendurch vielleicht mal einen Liebhaber. Wenn ich die Wahl hätte, würde ich mich für Kinder und Karriere entscheiden und nicht unbedingt für die Ehe. Ich würde gern wissen, ob alles, was ich empfinde, normal ist.«

Frauen geben oft Gründe aus ihrer Kindheit dafür an, daß sie »emotional bedürftig« sind, und ziehen nicht in Betracht, daß ihre Gefühle logische Reaktionen auf konkrete Botschaften sein könnten, die sie in ihren Beziehungen und von der Gesellschaft bekommen:

»Ich habe mit einer Therapie angefangen, um rauszukriegen, warum es nicht gelaufen ist mit meinen Beziehungen. Ich bin zu dem Schluß gekommen, daß ich nie gelernt habe, mit Wut und Ärger umzugehen, und daß ich die Märtyrerin gespielt habe, um mit meiner Wut fertigzuwerden. Das habe ich von meiner Mutter gelernt.«[*]

»Es gab eine Zeit (vor zwei Jahren etwa), da erkannte ich, daß der Schmerz, den ich bei meinen Liebesgeschichten empfand, im wesentlichen der gleiche Schmerz war, den ich bei meiner Mutter erfahren habe, und daß ich die Liebesgeschichten als Mittel nahm, um meine Mutter zu bewältigen, ein eigenständiger, von ihr abgelöster Mensch zu werden.«

Doch die Situation, die hier beschrieben wird, beinhaltet große *gesellschaftliche* Probleme; dagegen kann eine einzelne Person nicht allein kämpfen. Es ist zwar hilfreich, die eigene Geschichte und Persönlich-

---

[*] Viele Menschen kommen aus der Therapie mit dem Glauben, daß ihre Probleme von ihren Müttern verursacht wurden. Darin spiegelt sich ein Vorurteil mancher psychologischer Theorien, indem von Männern nicht soviel »Bemutterung« erwartet und ihnen nicht so oft die Schuld gegeben wird. Siehe auch S. 160 f. zu den Implikationen der Erkenntnisse dieser Untersuchung für die Psychologie von Frauen – und Männern.

keit zu verstehen, aber es ist äußerst verhängnisvoll, wenn man aus einer Therapie kommt, in der nicht anerkannt wurde, daß die Kultur maßgeblich dazu beiträgt, diese Situation zu *schaffen*. Schließlich müssen sich Frauen auch weiterhin mit den Botschaften der Gesellschaft über den Status und die »Eigenschaften« von Frauen auseinandersetzen; was bietet eine Therapie, die die Existenz der geschlechtsbezogenen Vorurteile in unserer Kultur leugnet, einer Frau zur Bewältigung ihres Lebens?*

Schlimmer noch, einige therapeutische Richtungen scheinen Frauen grundsätzlich die Schuld zu geben, indem sie ihre *gesellschaftlich* bedingten Probleme mit von geschlechtsbezogenen Vorurteilen getrübten und vorwurfsvollen Schlagworten wie »masochistisch« oder »abhängig« belegen – und dabei das konkrete (und von der Kultur geförderte) Phänomen der ökonomischen Abhängigkeit der meisten Frauen im größten Teil des 20. Jahrhunderts ebenso vollständig ignorieren wie die Auswirkungen, die das auf die »Psychologie« von Frauen (und Männern) hatte.

*Die Aussage einer Frau, die erklärt, warum Frauen so sensibel dafür sind, ob sie geliebt werden oder nicht, trifft mehr den Kern der Sache – wenn man den sozialen Kontext mit einbezieht und bedenkt, daß Frauen wenig Liebe zugestanden wird:***

»Natürlich brauchen Frauen mehr Liebe und Zuneigung – aber nur, weil sie einfach nicht genug bekommen.«

In einigen Richtungen der Therapie und der Psychoanalyse scheint auch der Glaube verbreitet zu sein, Frauen hätten kein Recht, sich zu »beklagen« – das »Klagen« einer Frau sei ein Zeichen dafür, daß sie Probleme hat (und nicht etwa die Gesellschaft, die nicht zu ergründen versucht, ob die soziale Realität in der Beziehung einer Frau zu diesen »Problemen« geführt hat; was wiederum bedeutet, daß Frauen kein Recht haben, die Dinge beim Namen zu nennen:)

»Am Anfang meiner Ehe fühlte ich mich an die Wand gedrückt von dem Therapeutenteam (ein Mann und eine Frau), das versuchte, J. und mir bei der Lösung unserer Probleme zu helfen. Es kam immer so heraus, daß ich neurotisch war und er nicht. Schöne Hilfe. Dann gingen wir zu einem Analytiker, einem Jungianer, der mir dabei behilflich war, die Beziehung zu meinen Eltern zu verstehen, aber ansonsten lief es wie gehabt. Zu J. sagte er: ›Sie leiden an der existentiellen Entfrem-

---

* Vielleicht nichts weiter als jene blasierte Haltung, die in etwa »Nerv mich nicht, laß mich mit deinen Problemen in Ruhe, geh zur Therapie« besagt – weil Frauen durch eine solche »Therapie« der Männerwelt angepaßt werden?
** Wie eine Komikerin in der Johnny-Carson-Show sagte: »Mein Exfreund und ich hatten eines gemeinsam: Wir liebten ihn und haßten mich.«

dung des modernen Menschen.‹ Und zu mir sagte er: ›Sie sind neurotisch.‹ Ich steckte es schließlich auf. Erst als ich die Frauenbewegung und damit ein neues Bewußtsein entdeckte, begann ich mit Hilfe von Cheslers: *Frauen – das verrückte Geschlecht* und anderen Büchern Klarheit über meine Gefühle in puncto Therapie zu gewinnen. Ich habe eine Menge erfahren in der Therapie, aber es hat mir überhaupt nicht geholfen.«

Einige Therapieformen sind jedoch progressiver. Eine andere Frau beschreibt ihre positiven Erfahrungen mit einem ungewöhnlichen Therapeuten, der die Realität der geschlechtsbezogenen Vorurteile gegen Frauen nicht leugnete und ihren Zorn auf die Männergesellschaft berücksichtigte:
»Therapie kann etwas Wunderbares sein – mit dem richtigen Therapeuten. Als ich nach dem Bruch einer Beziehung restlos verzweifelt war, brauchte ich einen Therapeuten, und nachdem ich es mit zweien versucht hatte, die ich nicht mochte, fand ich einen, der genau richtig war. Ich merkte es gleich in der ersten Sitzung, als er sagte, wenn mir eine Therapeutin lieber wäre, würde er mir helfen, eine zu finden.

Wir arbeiteten fast drei Jahre zusammen – ich sage mit voller Absicht ›arbeiteten zusammen‹, denn ich fühlte mich gleichberechtigt in dieser Beziehung –, es war vielleicht die einzige Beziehung mit einem Mann, in der ich mich wirklich gleichberechtigt gefühlt habe. Meine anfänglichen ›Beziehungsprobleme‹ traten in den Hintergrund, und es ging nun zum größten Teil um die Gründe für meine Neigung zu Depressionen – sie hängt im wesentlichen mit einem Gefühl der Hilflosigkeit zusammen, das ich oft habe, weil ich in dieser real existierenden Welt den Männern nicht gleichgestellt bin. Es begann bei der Geburt meines Bruders und wurde in jeder Phase meines Lebens bestätigt. Ich konnte in allem, was ich tat, nie hervorragend genug sein, um so ernst genommen zu werden wie ein Mann – es ist ein Kampf, den ich bis ans Ende meines Lebens führen werde.

Die Therapie hat mir geholfen zu verstehen, daß dies an unserem sozialen Umfeld liegt und daß mir nichts Schwerwiegendes fehlt. Dank der Therapie und meiner eigenen Kraft begreife ich jetzt, daß ich nicht vollkommen und unverwundbar sein muß. Ich sehe meine Schwierigkeiten und bin mir im klaren darüber, daß ich einige von ihnen nie überwinden werde. Ich weiß, daß ich als Bühnenautorin in einer Welt, in der Männer an den Schalthebeln der Macht sitzen, doppelt so hart arbeiten muß wie ein Mann und noch viel Ungerechtigkeit und enorme Frustrationen erleben werde. Das wird mir kein bißchen gefallen, aber ich werde wenigstens in den meisten Fällen nicht denken, ich sei gescheitert, weil irgend etwas mit *mir* nicht stimmt. Die Therapie hat viel mehr bewirkt, als ein ›gebrochenes Herz‹ zu heilen.«

Ein langsames Dahinschwinden: die Identität von Frauen

Zuviel Geben, ohne etwas dafür zu bekommen, Geben, das nicht auf Gegenseitigkeit beruht, die ständige Herabsetzung durch jemanden, den man liebt – das kann schließlich die eigene Persönlichkeit und Identität gefährden, oder zumindest die Fähigkeit, dieser Identität Ausdruck zu verleihen.

Eine junge Frau beschreibt ein Gefühl, das sie in ihrer ersten ernsthaften Beziehung hatte – das Gefühl, daß ihr Selbst allmählich verschwand:
»Ich war verliebt, aber nicht glücklich. Ich hatte das Gefühl, daß ich immer weniger ich selbst war und mehr und mehr ein Teil von ihm. Die Beziehung dauerte ungefähr ein Jahr, und schließlich nahm ich meinen ganzen Mut zusammen und brach sie ab. Danach sahen wir uns noch von Zeit zu Zeit als gute Freunde, aber ich wollte mich nicht vereinnahmen lassen. Wenn wir zusammen waren, konnte ich es irgendwie nicht verhindern, daß genau das passierte.«

Eine andere Frau, die nach vielen Jahren Ehe dabei ist, sich scheiden zu lassen, beschreibt ein ähnliches Gefühl:
»Ich bin sehr einsam gewesen mit diesem Mann, der mich ignoriert hat. Es ist einleuchtend, daß man einsam ist, wenn man allein ist, aber wenn man einsam ist mit jemandem, den man mag – das ist trostlos. Ich erzähle ihm immer noch von meinen Gefühlen und Gedanken, aber er ignoriert sie meistens, und wenn er sie nicht ignoriert, findet er sie ziemlich unglaubwürdig. Intimere Gespräche oder sinnvollere Gespräche über wichtige Themen wären gut gewesen – sie hätten unsere Ehe vielleicht retten können.

Jetzt habe ich die Wahl, entweder mein ›Selbst‹ aufzugeben oder mich in mein Schneckenhaus zu verkriechen oder aus der Ehe auszusteigen. Das ist traurig. Ich hasse ihn nicht, ich kann ihm bloß kein so großes Opfer bringen. Wenn ich mein ›Selbst‹ aufgebe, bin ich auch ein schlechtes Vorbild für meine Kinder, und weder er noch ich haben dann etwas davon, daß wir zusammenleben.«

Eine andere junge Frau, inzwischen Reporterin, beschreibt ihre frühere Ehe, in der sie sogar »vergaß«, wie man Auto fährt:
»Es ist verblüffend, wie sich die menschliche Seele durch gewisse Zwänge verwandeln kann. Er war sehr konservativ, kam aus einer tiefreligiösen Familie, und ich wollte ihm gefallen. Ich vergaß, wie man Auto fährt, ging nie alleine aus, spielte nicht mal mit dem Gedanken – obwohl ich zuvor, am College, eine völlig unabhängige Frau gewesen war. Es war, als würde ich in Hand- und Beinschellen hinter je-

mandem herstolpern, die Zähne zusammenbeißen und versuchen, es irgendwie zu bringen. Aber nach einer Weile wurde mir klar, daß es jeden Tag so sein würde, daß es nie eine Lösung geben würde – und da beschloß ich zu gehen. Ich versuchte es, aber er ließ mich nicht. Ich sollte ihm immer folgen und mir Zwang antun, und er... nun, er würde vorangehen. Ich liebte ihn, aber das konnte ich nicht. Nach zwei Jahren war ich ein Wrack.«

Andere Frauen haben ähnliche Erfahrungen gemacht:
»Ich glaube, ich habe massenweise diese widersprüchlichen Botschaften bekommen, und am Ende war ich ein ›Nichts‹, das war sicherer. Es waren nicht nur meine Eltern, die mir blödsinnige Anweisungen gegeben haben – das ist alles von Freundinnen, Klassenkameradinnen, Lehrerinnen verstärkt worden, und dann von Männern. Sei nicht stark. Sei nicht laut. Sei nicht ›egoistisch‹, ›rechthaberisch‹, sei in keiner Weise maskulin, und das heißt: Denk überhaupt nicht. Sei nicht schlau, das können die Männer nicht leiden usw.«
»Ich finde, daß mich mein Mann erdrückt. Ich kann nicht wirklich ich sein, wenn ich mit ihm zusammen bin. Ich muß furchtbar aufpassen, was ich sage.«

Das Problem wird dadurch verursacht, daß Liebe in unserer gegenwärtigen Kultur nicht nur als Geben definiert wird, sondern als alles *Geben, sein ganzes Selbst:*
»Sich in jeder Hinsicht um den anderen mehr kümmern als um sich selbst, alles dem anderen geben – so würde ich Liebe definieren.«

In vielen Beziehungen und Ehen führt der Mangel an Gegenseitigkeit beim Geben dazu, daß Frauen darum kämpfen müssen, ihr Selbst oder ihre Identität nicht zu verlieren:
»Das Schlimmste an meiner siebenjährigen Ehe waren die Beschimpfungen, die Kritik, die abschätzigen Bemerkungen, die Blockierung jedweder Fortschritte durch meinen Mann. Wir kamen nicht weiter, schienen uns im Kreis zu drehen wie in einem Strudel, wurden runtergezogen, kämpften uns nach oben, um Luft zu kriegen, um rauszukommen. Ich war immer diejenige, die seinen unvernünftigen Forderungen nachgab, ließ es zu, daß er alles noch schwerer machte, als es sein mußte – ich könnte die Liste endlos fortsetzen. Schließlich lebte jeder sein eigenes Leben.«

Eine andere Frau beschreibt die vollständige Unterdrückung ihrer Gefühle in der Ehe, so daß sie schließlich den Kontakt zu sich selbst verlor und eine Therapie anfangen mußte, um zu lernen, sich wieder auszudrücken:

»Wir waren erst kurz verheiratet (ich war siebzehn), da habe ich schon gemerkt, daß ich meine Gefühle nicht ausdrücken darf. Ich habe dann nur noch auf ihn reagiert. Angefangen hat es, als wir drei Wochen verheiratet waren und mein Mann demonstrativ aus dem Haus gegangen ist und eine Weile fort war. Ich bin zum Pfarrer gegangen und habe mit ihm geredet. Als mein Mann zurückgekommen ist und rausgekriegt hat, was ich gemacht habe, hat er mich verhauen und mich gezwungen, daß ich zum Pfarrer gehe und ihm sage, es ist alles in Ordnung. Er hat immer gewonnen, weil er mich nie was hat sagen lassen. Ich habe oft Angst gehabt, wenn wir uns gestritten haben, und war furchtbar böse, weil ich nichts habe sagen können. Der Streit war vorbei, wenn er mit seiner Rede fertig war. Wir haben nie über Probleme geredet. Er hat gesagt, wie er es sieht, und das war alles.

Kurz vor der Scheidung habe ich dann mit der Therapie angefangen. Sie hat fast zwei Jahre gedauert und mir geholfen, daß ich wieder zu mir selber finde.«

Wenn eine Frau ökonomisch abhängig ist, erhöht das oft die Wahrscheinlichkeit, daß sie sich selbst verleugnet oder sich überangepaßt verhält:
»Ich blieb verheiratet wegen der Kinder und weil er ein guter Ernährer war. Ich dachte, es gäbe keine Möglichkeit für mich, Geld zu verdienen. Mein Selbstbild war so ramponiert, daß ich fand, ich sei bestenfalls für einen Job als Tellerwäscherin qualifiziert. Und dieses Bild verstärkte er in vielen, vielen Ehejahren. Als ich ihm einmal weglief, drohte er mir: Wenn ich ihn je verließe, werde er dafür sorgen, daß ich entmündigt würde, und dann sähe ich die Kinder nie wieder. Ich war entsetzt. Er gab mir ständig das Gefühl, ich sei verrückt. Keine Frau sollte finanziell abhängig sein. Das gibt dem Mann die ganze Macht.«

Bemerkenswerterweise schaffen es einige Frauen, die ökonomisch abhängig sind, sich dadurch nicht unter Druck gesetzt zu fühlen – vielleicht weil sie Ersparnisse oder berufliche Fähigkeiten haben und die Möglichkeit einer Scheidung sie deshalb nicht schreckt. Natürlich »sollte« ökonomische Abhängigkeit, wenn die häuslichen Fähigkeiten von Frauen mehr geschätzt würden, kein Grund für Frauen sein, sich nicht ebenbürtig zu fühlen.* Doch Tatsache ist, daß der Mann, wenn er das ganze Geld verdient, in mancher Hinsicht der Arbeitgeber der Frau ist, den sie zufriedenstellen muß (siehe auch 10. Kapitel).

* Die internationale Frauengruppe *Wages for Housework* (»Lohn für Hausarbeit«), die ihren Sitz in Großbritannien hat, tritt seit Jahren dafür ein, daß Hausfrauen zur Vermeidung dieser Probleme für ihre Arbeit bezahlt werden.

In vielen Familien scheint es ein unausgesprochenes Gesetz zu sein, daß die Frau/Ehefrau/Mutter, die finanziell abhängig ist, um »etwas bitten« kann – aber nicht für sich, es muß zum Wohl der Familie oder der Kinder sein:

»Mom ist Dad gegenüber mal herrisch, mal devot. Sie sagt ihm, was er tun soll, und wenn er wurstig genug ist, tut er's auch. Devot ist sie insofern, als sie ihn nie um was für *sich* bittet (zum Beispiel daß sie zum Essen gehen will oder sonstwohin – sie sind seit Jahren nicht ausgegangen). Wenn Dad spät nach Hause kommt, kocht Mom für ihn, auch wenn sie müde ist, und keineswegs Schnellgerichte. Sie beklagt sich hinter seinem Rücken, aber sie tut es. Mom macht zu Hause Teilzeitarbeit als Sekretärin und einen Volljob als Hausfrau.«

Viele Frauen stellen fest, daß sie von einer Beziehung ausgelaugt werden oder wurden:

»Liebe zu einem Mann – das hat für mich bis jetzt zu 98 Prozent Kummer bedeutet. Vielleicht war ich masochistisch, vielleicht habe ich das christliche Gebot ›Liebe deinen Nächsten wie dich selbst‹ mit dem gesellschaftlichen Konzept der Liebe zwischen Mann und Frau verwechselt. Ich habe jedenfalls so oft gegeben und bin so oft verletzt worden, daß ich mich jetzt damit zurückhalten muß, weil ich mich sonst verliere.«

»Es hat siebzehn Ehejahre gedauert, bis ich eines Tages merkte, daß ich in der Sonne saß und feststellte, mehr war da nicht: Ich saß in der Sonne ohne wirkliches Selbst-Bewußtsein. Ich meine, ich war mir sonst bewußt, daß ich mich in die Sonne gesetzt hatte, um ihre Wärme zu empfangen und sie zu genießen.

Ich würde behaupten, dies war das Ereignis, das durchzustehen mir am meisten Mut abverlangte, denn nach fünf weiteren Jahren wurde mir klar, was mit mir los war, und ich machte mich nun daran, eine Frau zu werden, die dem Tod als passendem Abschluß ins Auge blicken kann. Klingt makaber, und das war es vielleicht auch. Aber die Dinge standen so schlecht, daß ich, wenn ich an Selbstmord dachte, das Gefühl hatte, nicht mal mit dieser Lösung sei mir gedient, weil nichts mehr von mir übrig war, das gemordet werden konnte. Ich trieb wie ein Blatt im Wind.«

89 Prozent der Frauen weisen darauf hin, daß auch ihr Leben verschwindet, weil zu dem Dauerkonflikt, eine Beziehung zu haben und trotzdem sie selbst zu bleiben, Überlastung kommt: Arbeit außer Haus und im Haus, Arbeit an der Beziehung, Kinder; Frauen sind einer Fülle von Zwängen ausgesetzt, von Dingen, um die sie sich kümmern müssen, und dabei kann ihr eigenes Leben verschwinden:

»Erstens sind Frauen überarbeitet. Zweitens nehmen es Männer übel, wenn Frauen nicht bereit sind, ihnen ihre volle Aufmerksamkeit zu schenken, mit ihnen zusammen zu sein, Sex mit ihnen zu haben, wann sie wollen, nach ihrem Zeitplan. Sie können nicht verstehen, warum die Frau so müde ist! Oder der Mann nimmt übel, daß sie sich um viel mehr kümmern muß als er und in keiner sehr romantischen Stimmung ist, wenn es Zeit wird, schlafen zu gehen. Aber es liegt nicht nur daran, daß Frauen jetzt Job *und* Familie haben und überlastet sind, wie wir ständig hören (Frauen *könnten* das alles packen, obwohl es nicht fair ist), sondern das eigentliche Problem ist die ewige unausgesprochene Forderung nach Aufmerksamkeit, die Männer stellen; die Annahme, daß Frauen für sie ›da sein‹ müßten, wenn sie sie wirklich lieben – Frauen sollen sich nie auf sich selbst konzentrieren (und deswegen fühlen sie sich in Beziehungen immer mehr ausgepumpt als aufgebaut). Deswegen sagen Frauen: ›Du kannst es nie jemandem recht machen. Von Frauen wird zuviel erwartet.‹ Die ständige stillschweigende, unbewußte Forderung von Männern nach emotionaler Energie und Aufmerksamkeit macht Frauen müde, macht Frauen kaputt. Vielleicht ist es einfacher, alleinerziehende Mutter zu sein!«

Jeder Mensch braucht Zeit für sich – doch das ist etwas, das Frauen (besonders Frauen mit Kindern) fast nie bekommen; der bekannte Mangel an »Raum« * ist immer noch ein Problem:*
»Ich habe zwei Vollzeitjobs und gehe nebenher noch zur Schule. Ein Luxus, den ich mir leiste: die Tür abschließen, das Telefon aushängen un den ganzen Tag im Bett bleiben, lesen und dösen. Das sind meine ›verlorenen Wochenenden‹, aber ich finde, daß sie nicht vertrödelt, sondern sinnvoll verbracht sind!«
»Dann und wann brauche ich einfach mehr Raum. An diesem Problem haben wir beide sehr lang und sehr hart gearbeitet. Und schließlich haben wir den Punkt erreicht, an dem wir die Bedürfnisse des anderen verstehen konnten. Seitdem können wir uns unsere Freiräume nehmen, wenn wir sie brauchen.«

74 Prozent der Frauen sagen, sie hätten psychologisch keinen »Raum«; die meisten sagen, daß in ihren Beziehungen nicht nur Druck auf sie ausgeübt wird, »liebevoll« und emotional »da« zu sein, sondern daß sie auch gedrängt werden, immer positiv und nett zu sein, alle zu lieben:
»Bis vor kurzem brachte ich in meinen Liebesbeziehungen meine Meinung nur dann zum Ausdruck, wenn sie mit der meines Partners übereinstimmte. Ich hatte Angst, ihn zu enttäuschen, wenn ich nega-

---

* Darüber schrieb Virginia Woolf in den Zwanziger Jahren in *Ein Zimmer für sich allein*, Frankfurt, 1986.

tive Gefühle über das Leben zum Ausdruck brachte. Ich dachte, ich müßte glücklich und optimistisch sein.«

»Frauen wird immer gesagt, daß sie ›lächeln‹ oder ›nett sein‹ sollten. Ich finde es zum Kotzen.«

89 Prozent der Frauen sagen, sie hätten keine Zeit für sich. Das ist nicht nur eine Frage dessen, wieviel Stunden der Tag hat, sondern auch eine Frage des seelischen Raums: Frauen werden dazu erzogen (oder wollen es), »jedes Stäubchen zu sehen«, die Gefühle anderer zu »sehen«, nicht eher zu ruhen, als bis die Menschen, die sie lieben, glücklich und ausgeglichen sind. Dabei bleiben oft wenig Zeit und emotionale Energie, sich auf die *eigenen* Gedanken, Prioritäten und Bestrebungen zu konzentrieren.

Eine Frau feiert ihre Scheidung, weil sie jetzt immer *sie selbst sein kann und nicht nur, wenn sie zur Arbeit geht (um danach wieder eine zweitrangige, nicht geachtete Rolle im Haus zu spielen:)*
»Meine größte Leistung war, die Person zu werden, die ich dreißig Ehejahre lang zu sein versuchte – in der Geschäftswelt war ich jemand, nur wenn ich nach Hause kam, war ich eine Null. Viel Mut war nötig, Freundinnen, die mir halfen, viel Zeit, um was auf die hohe Kante zu legen, aber dann zog ich endlich aus, und jetzt kann ich vierundzwanzig Stunden am Tag ›ich‹ sein. Dieses ›Ich‹ ist keine egoistische Person, die nur ihrer Befriedigung und ihrem Vergnügen lebt. Es ist eine Person mit *Selbstwert*. Das ist die größte Leistung meines Lebens – die Erkenntnis, daß ich eine Frau sein kann, die ich mag.«

Der Zorn der Frauen – haben Frauen überhaupt ein Recht darauf, da »gute« Frauen doch liebevoll sind?

Zusätzlich zu den Schwierigkeiten, auf die Frauen im täglichen Leben stoßen, wird ihnen auch noch gesagt, daß sie über diese Schwierigkeiten nicht zornig werden sollen. Der traditionellen Ideologie zufolge sollen Frauen stets freundlich und liebevoll sein, aber niemals zornig; sie sollen nicht drohen, sich nicht beschweren – kurz, Frauen haben im Grunde genommen kein Recht, zornig zu sein. Wenn Männer zornig sind, gilt dies als »gerechter« Zorn; wenn Frauen zornig sind, werden sie oft für »zickig«, »unbeherrscht« oder »hart« gehalten.*

* Und doch wird Athenes Zorn – wie der vieler griechischer Götter und Göttinnen – als »gerecht«, ja »heilig« dargestellt, als folgerichtige Emotion, hervorgerufen durch gerechte Gründe. Diese Darstellungen sind heroisch und weiblich zugleich.

81 Prozent der Frauen berichten, Männer sagten ihnen oder ließen durchblik-
ken, daß mit ihnen »was nicht stimmt«, wenn sie nicht »liebevoll« sind, nicht
geben; Zorn, sagen sie, sei »unweiblich«, schicke sich nicht für Frauen und sei
nie gerechtfertigt – die meisten Männer spielen die Rolle des unschuldigen, ge-
plagten Ehemannes oder Freundes, wenn die Frau zornig wird (besonders in
Gegenwart anderer:)

»Ich hasse es, wenn mein Mann sagt, bestimmte Emotionen sollte ich nicht haben – vor allem Zorn. Lieber Gott – das *empfinde* ich eben, es ist mein gutes Recht!«

»Wenn ich Männern gegenüber wütend geworden bin, haben sie mir immer das Gefühl gegeben, das sei völlig unweiblich – meine Heftigkeit, meine Leidenschaftlichkeit scheinen sie fassungslos gemacht zu haben. (Es ist zuviel unterdrückt worden, so daß die Heftigkeit eigentlich in keinem Verhältnis zur Sache steht.)«

»Ich haßte ihn dafür, daß er mich belog und betrog. Aber er hatte dieses ›Der-nette-Junge-von-nebenan‹-Image, und die Leute dachten, ich wäre ein Biest und mit mir wäre es nicht auszuhalten. Ich wollte ihn ein paarmal verlassen, aber irgendwie dachte ich dann immer, ich wäre an den Problemen schuld, und bin geblieben und habe mich noch mehr angestrengt!«

»Ich nehme an, daß ich ihn vor anderen Leuten angeschrien habe, war das Schlimmste, was ich ihm antun konnte. Ihm gefiel es aber, weil er so edel wirkte und ich so gemein.«

Zornig oder liebevoll? Frauen können so oder so nicht gewinnen!

Es wird für unschicklich gehalten, wenn Frauen negative Dinge sagen, vor allem zu Männern. Auch wenn ihr Zorn gerechtfertigt ist, meint die Gesellschaft, daß sich Frauen darauf beschränken sollten, gekränkt zu sein, Opferverhalten an den Tag zu legen und zu warten, daß jemand anderer (ein Ritter ohne Furcht und Tadel) ihre Sache verficht. Sie sollen nicht selbst aufstehen und kämpfen und zornig sein.

Frauen sollen sich auch psychologisch nicht wehren, zurückschlagen oder Rache nehmen. Sie sollen »nett« und »liebevoll« sein, egal was kommt, und die andere Wange hinhalten – fast eine »Opfer-Psychologie«. Während man Jungen beibringt, sich auf dem Schulhof zu wehren und zurückzuschlagen, auf dem Sportplatz miteinander zu konkurrieren, ein Team zu nutzen, sich von ihm unterstützen zu lassen, werden Mädchen dazu angehalten (oder bestimmen wir das selbst?), mitfühlend und verständnisvoll zu sein, sich nicht zu wehren, nicht zurückzuschlagen und nicht »egoistisch« zu sein. Uns wird beigebracht, unsere Motive in Frage zu stellen und im Zweifelsfall zugunsten des anderen zu entscheiden.

Die widersprüchliche Botschaft
von Männern an Frauen

Doch die Sache hat einen bösen Haken: Selbst dieses Verhalten trägt uns nicht automatisch den Respekt von Männern ein. Die meisten Männer kommen zwar in den Genuß der emotionalen Unterstützung von Frauen und nutzen das aus (oder machen gedankenlos davon Gebrauch), profitieren von der Fähigkeit von Frauen, ihnen empathisch zuzuhören und sie aus der Reserve zu locken (»emotionale Hausarbeit«), aber gleichzeitig schauen viele Männer auf das »liebevolle Wesen« von Frauen herab, halten sie für »schwach« und sogar für »dümmlich«, betrachten die Frau als emotional leicht zu besiegenden Gegner. Wenn sie sich wehrt, zurückschlägt, wird sie oft zur »aggressiven« oder »unweiblichen« Person getempelt; wenn sie immer die andere Wange hinhält und verständnisvoll ist, wird sie in den meisten Fällen für »schwach« und »passiv« gehalten und schließlich als »totale Niete« betrachtet. Wenn sie nicht »liebevoll« ist, wird sie abgelehnt; wenn sie liebevoll ist, wird sie häufig nicht ernst genommen.

Gefühle der Unsicherheit und Niedergeschlagenheit bei Frauen – sind wir »zu stark auf Liebe fixiert« oder behandeln die Männer uns oft empörend?

Wenn der Zorn sich gegen das eigene Selbst kehrt:
Depression

Frauen beschreiben, wie sie ihren Zorn gegen sich selbst gewandt haben, die Ursache der Probleme eher bei sich gesucht haben, als daß sie die Männer, die sie verletzten, als Feinde gesehen hätten (weil Männer zu stark sind?):
»Ich habe nie einen Liebhaber gehaßt. Wenn wir bei Auseinandersetzungen an einen Punkt kamen, wo mir danach war, den Mann zu treffen oder ihm weh zu tun, habe ich mir lieber selbst weh getan.«
»Eine Bekannte hat mir erzählt, wenn ihr Mann gemein zu ihr ist, nimmt sie automatisch an, daß sie es irgendwie verdient hat.«
»Seltsam – als wir uns trennten, hatte ich das Gefühl, ich hätte versagt. Als wäre er, wenn ich ihm eine bessere Frau gewesen wäre, nicht so gewesen, wie er war. Ich habe ihn gehaßt. Ich glaube, es lag daran, daß ich nie eine Chance hatte, ihn mit der Art und Weise zu konfron-

tieren, auf die er mich behandelte. Er hat mich beleidigt, und ich habe nie zurückgeschlagen (wörtlich und im übertragenen Sinn). Deshalb bekam ich schließlich selbstmörderische Depressionen.«

»Ich glaube, meine schweren depressiven Verstimmungen kommen daher, daß ich jahrelang meinen Zorn auf meinen Mann – oder zumindest auf meine Rolle in der Ehe – unterdrückt habe.«

»Als junge Frau hatte ich lange depressive Phasen wegen Beziehungen – ein paar Monate, ein Jahr. Ich weiß nicht, wie ich das überlebt habe. Manchmal kam ich dadurch aus einer depressiven Phase raus, daß mich ein neuer Mann erotisch anzog. Dann fühlte ich mich wieder lebendig. Wenn ich depressiv war, habe ich viel geweint. Ich fand, daß ich es nicht verdient hatte, am Leben zu sein. Es hatte keinen Sinn, es würde nie besser werden, niemand würde mich je lieben, ich hatte alles falsch gemacht... alles war meine Schuld. Heute weiß ich, daß diese Depressionen zum großen Teil gegen mich gekehrter Zorn waren. Es ist mir immer leichter gefallen, etwas an mir selbst auszulassen, als gegen die Person zu kämpfen, die mir weh getan hat. Ich habe mich nicht gewehrt aus Angst vor Liebesverlust.«

»Haben Sie je einen Liebhaber gehaßt? Sich gerächt?«

Die überwältigende Mehrheit der Frauen sagt, daß sie sich, auch wenn sie sehr zornig sind, nie rächen würden, daß es besser ist, den Versuch zu machen, zu verstehen und zu vergessen:

»Den größten Haß habe ich wohl auf meinen Ehemann gehabt. Aber das war nur eine Begleiterscheinung der Liebe und der Frustration. Ich war jahrelang wütend über gewisse Dinge – vor allem darüber, daß er mich nicht als ebenbürtig, als gleichberechtigt behandelte. Ich hatte und habe Depressionen – schlimme manchmal –, aber Rache scheint mir irgendwie fremd zu sein, obwohl ich gewiß Rachegedanken hatte. Vielleicht ist mein Rückzug auf einigen Gebieten – sexuell zum Beispiel, im Grad meines Interesses – eine Art unbewußte Bestrafung gewesen. Aber richtige Rache – nein, das ist nicht mein Stil. Ich kann nicht bewußt rachsüchtig handeln, auch dann nicht, wenn ich Rachegedanken habe. Das verbietet mir mein eigenes Interesse oder die Erziehung meiner Eltern und die Lehren der Kirche oder beides.«

»Ich habe noch nie jemanden mit Absicht verletzt. Ich kriege bloß eine Wut und bin dann traurig.«

»Ich finde, Rache ist nun wirklich nicht das Wahre – sie würde mich dehumanisieren. Und ich will um keinen Preis so inhuman sein wie der amerikanische Durchschnittsmann!«

Viele Frauen haben sogar Schuldgefühle, weil sie sich von Männern getrennt haben, die sie nicht liebten:

»Ich habe einige Männer verletzt, weil ich die Beziehung abgebrochen habe oder nicht das war, was sie wollten, ihnen nicht geben konnte, was sie brauchten.«

Oder Schuldgefühle, weil sie nicht mehr lieben:

»Es wird meinen Mann wahrscheinlich kränken, wenn ich ihn verlasse. Er liebt mich, aber es ist die falsche Art Liebe. Er wäre glücklich mit einer Frau, die sanfter ist als ich.«

»Ich glaube, ich habe meinem Mann sehr weh getan, als ich mich allmählich ›entliebte‹. Zuvor hatte allerdings *er* mir sehr weh getan, indem er nicht auf mein Bedürfnis nach Zuspruch und Trost einging, als ich eine Totaloperation hatte. Aber ich kann mich nicht erinnern, daß ich mich je an ihm hätte rächen wollen – ich war nur tief verletzt.«

Nur ein paar Frauen haben wirklich Rache genommen:

»Ich habe versucht, seinen guten Ruf kaputtzumachen. Einige Leute redeten darüber, wie zuverlässig und vertrauenswürdig er doch wäre, und ich habe ihnen gesagt, er sei so zuverlässig und vertrauenswürdig wie ein Heiratsschwindler. Ich fand zwar, daß es unchristlich war, ihn so herabzusetzen, aber was dieser Mann mir angetan hat . . . das geht auf keine Kuhhaut.«

»Als ich noch verheiratet war, habe ich mich ungeheuer abgelehnt gefühlt von meinem Mann. Aussehen hin, Aussehen her (und man hat mir oft gesagt, daß ich sehr sexy und sehr hübsch bin), er tat so, als wäre ich nicht gut genug für ihn und gaffte lieber die Frauen in Männermagazinen an. Wie auch immer, knapp ein Jahr nachdem ich ihn verlassen hatte, fing ich eine Beziehung mit einem anderen Mann an und machte meinem Exmann bei Gelegenheit klar, daß dieser neue Mann tausendmal besser im Bett war als er (was stimmte). *Das* Gesicht hätten Sie sehen sollen!«

Wenn Frauen ihren Zorn und ihre Enttäuschung schließlich zum Ausdruck bringen, dann eher dadurch, daß sie die Männer verlassen, als daß sie kämpfen. Außerdem ist nicht klar, mit welcher Art Kampf sie in einer solchen Situation gewinnen könnten. (Siehe auch V. Teil.)

Ist der Zorn von Frauen nicht logisch? Frauen haben ein Recht darauf, zornig zu sein

*»Warum habe ich meinen Mann verlassen? Weil sich in mir zuviel Zorn ange-
staut hatte, Zorn gegen ihn und gegen Männer überhaupt. Ich bin sehr wütend
darüber, wie Männer mich sehen und wie sie mit mir umspringen. Das beeinflußt alles, was ich für sie empfinde, und darum glaube ich, daß ich nicht wieder versuchen sollte, mit einem von ihnen eine Beziehung anzufangen – wenigstens nicht jetzt.«*

Wenn wir in einer Kultur leben, in der uns Männer unterdrücken und
trotzdem unsere Liebe fordern, ist es unlogisch, *nicht* zornig zu sein.
Man könnte sogar sagen, daß die Frauen als Gruppe »anormal« sein
müßten, wenn sie *nicht* zornig wären angesichts dessen, daß sie mit all
der Repression und den Schikanen leben müssen, von denen Frauen
hier berichten, daß sie in einer Gesellschaft leben müssen, in der Männer mit dem Recht geboren werden, »Frauen in Schach zu halten«.
(Das bedeutet nicht, daß eine Frau, die dies zu spüren bekommt, nicht
gleichzeitig sehr in einen Mann verliebt sein könnte.)

Haben wir Angst vor unserem Zorn?

Eine Frau legt glänzend dar, gegen wen wir unseren Zorn richten sollten –
und warum wir es nicht tun:
   »Depression heißt für mich, daß ich meinen Zorn an mir selbst ab-
reagiere, weil ich zuviel Angst davor habe, der Person gegenüberzutreten, die mich zornig gemacht hat. Wenn die Eltern einen gelehrt haben, daß man wertlos ist, ist es leichter, sich selbstzerstörerisch zu verhalten, als gegen die Leute zu kämpfen, die meinen, sie seien besser
als man selbst. Man weiß dann nicht, daß man überhaupt Rechte hat.«

Zorn auf Männer ist verboten

Unausgesprochener Zorn kann wie ein Nebel sein, der alles einhüllt,
kann zu ständigen Beklemmungen führen. Und tatsächlich sind die
Frustration und/oder der Zorn von Frauen zu einem großen Teil der
Grund dafür, daß sie sich psychologisch beraten bzw. behandeln lassen, Beruhigungsmittel nehmen usw.* Dennoch wird es fast als Verrat

---

* In den Vereinigten Staaten suchen doppelt soviel Frauen wie Männer Psychiater,
Psychologen und Beratungsstellen auf; diese Zahl hat sich (trotz monumentaler feministischer Werke wie *Psychology Constructs the Female* von Naomi Weisstein, der

betrachtet, wenn eine Frau sagt, sie sei zornig auf Männer oder auf die »männliche« Kultur – entweder aus persönlichen Gründen oder aus umfassenderen, gesellschaftlichen Gründen (weil Männer ihre soziale und politische Macht immer noch nicht von gleich zu gleich mit Frauen teilen).

Tatsächlich ist der Zorn auf Männer das höchstverbotene Gefühl, das eine Frau haben kann. Eine Frau, die sagt, sie sei zornig auf Männer oder gar auf die »männliche« Kultur bzw. das »männliche« System, wird oft zur »Verrückten« gestempelt, zur »Männerhasserin« oder zur »Hysterikerin«, zur »psychisch Gestörten« usw. Als Freak zu gelten, ausgestoßen zu werden – das ist die stillschweigende Drohung, auf die so viele Frauen mit der Aussage reagieren, sie fürchteten, als Gescheiterte und als Pennerin zu enden (man liest es häufig in Zeitschriftenartikeln, wenn Frauen Angst haben, sie könnten nicht alles bewältigen, was von ihnen erwartet wird – gut auszusehen, für Männer attraktiv zu sein und auch noch Geld zu verdienen). Obwohl wir Witze darüber machen, ist es bezeichnend: Wir fragen uns, ob es in der Gesellschaft wirklich einen Platz für uns gibt, vor allem wenn wir älter sind. Wir können es uns *psychologisch* nicht leisten, zornig auf Männer zu sein, weil wir fürchten, als Parias zu enden.

Wie Frauen kämpfen: gewaltloser Widerstand

Warum zahlen die Frauen es den Männern nicht heim? Warum erheben sie sich nicht gegen die Männer? Dies zu fragen könnte der erste Impuls sein. Doch die Dinge liegen komplizierter. Frauen nehmen keine gewalttätige Rache an Männern (oder an der Gesellschaft), weil es sich nicht im Einklang mit ihren Grundwerten zu bringen ist.

Wie wir gesehen haben, halten die meisten Frauen nichts davon, auf Männerart zurückzuschlagen, obwohl sie es könnten (kühl und distanziert sein, weniger interessiert daran, die andere Person zu »hören« und zu verstehen, oder – auf breiterer Ebene – terroristische Aktionen zur Beeinflussung der Regierungspolitik usw.). Die meisten

Arbeiten von Shulamith Firestone und *Frauen – das verrückte Geschlecht* von Phyllis Chesler) seit den fünfziger Jahren nicht geändert, wie Statistiken aus den sechziger, siebziger und achtziger Jahren im *New England Journal of Medicine* zeigen.

In den achtziger Jahren des 19. Jahrhunderts gab Freud seiner Verlobten Kokain »für ihre Nerven«. Vielleicht war Freud selbst oder ihr eingeschränkter Status in der Gesellschaft der Grund für diesen Zustand ihrer Nerven. In der spanischen Kultur sind Frauen bekannt dafür, daß sie »nervios« haben, und in der amerikanischen haben Frauen den weitaus größten Konsum an Beruhigungsmitteln, so daß man sagen könnte, ein hoher Prozentsatz der weiblichen Bevölkerung sei chemisch »stillgehalten«.

finden, daß es unmoralisch wäre, im »männlichen« Stil gegen Männer zu kämpfen, daß es unter ihrer Würde wäre. Statt dessen ziehen sie eine Haltung des gewaltlosen Widerstands vor, für die sie Respekt verdienen. Aber einige Leute rechnen ihnen das keineswegs hoch an, sondern setzen sie dafür herab, indem sie sagen, Frauen seien nicht »schlau«, seien zu »dumm« zum Kämpfen und zum Durchsetzen ihres Willens. Sie seien friedlich nur, weil sie Angst hätten und schon so »hirnlos« geworden seien, daß sie sich nicht mehr wehrten. Wir haben jedoch gesehen, daß sich Frauen durchaus bei Auseinandersetzungen wehren, für sich und ihre Rechte eintreten; und sie wehren sich in wachsendem Maße, indem sie unbefriedigende Beziehungen beenden: 90 Prozent der zahlreichen Scheidungen in den Vereinigten Staaten werden von Frauen in die Wege geleitet und durchgesetzt. Ist Kampflosigkeit ein »weiblicher« Grundwert, weil Frauen das so gelernt haben?* Oder weil Frauen an diese Werte glauben? Frauen haben in den letzten zehn bis zwanzig Jahren versucht, neue Werte zu entwickeln, d. h. sie haben damit experimentiert, Liebe und Sex zu trennen, ihre Gefühle zu unterdrücken und Jobs außer Haus anzunehmen. Die einzigen Werte dieser Experimentierphase, die sie sich zu Herzen genommen zu haben scheinen, sind die der Unabhängigkeit: einen Job zu haben, ein eigenes Einkommen (siehe auch 10. Kapitel), sich ausdrücken zu können, vollständig zu sein, eine Person aus eigenem Recht, nicht nur das Anhängsel eines Mannes. Aber den Glauben der »männlichen« Kultur, daß es gut sei, im Privatleben weniger Liebe zu bekunden, scheinen sie mit aller Entschiedenheit verworfen zu haben. Und wenn sie die Männer, die sie lieben, nicht dazu bewegen können, an *ihrem* Wertesystem teilzuhaben, werden sie wahrscheinlich beginnen, Fürsorge und Begeisterung für ihre Arbeit und für ihre Freundinnen auszudrücken – eine Fürsorge und Begeisterung, die früher ihren Männern und ihrer Familie vorbehalten waren.

Männer sollten den Zorn von Frauen nicht fürchten – sie sollten ihn begrüßen

Männer sollten den Zorn von Frauen nicht fürchten. Schließlich ist es nur recht und billig, über Ungerechtigkeit zornig zu sein. Wenn wir klar feststellen, welches die Probleme sind, haben wir die Chance, über Strategien zur Veränderung nachzudenken. Wenn Männer das

---

* Und wie haben sie es gelernt? Durch eine »soziale Struktur«, die sie deformiert hat? Oder durch eine historisch gewachsene Tradition, die von ihren Müttern, Großmüttern, Tanten usw. an sie weitergegeben wurde? Das wirft interessante Fragen auf, auf die in der Literatur noch nicht genug eingegangen worden ist.

Problem des Status von Frauen in der Gesellschaft und die Probleme in Beziehungen einfach ignorieren oder sie zu »reinen Frauenfragen« deklarieren und ihre Aufmerksamkeit anderen Dingen zuwenden, statt sich zu bemühen, etwas gegen diese Situation zu unternehmen, wird alles nur noch schlimmer. Es ist im Großen das gleiche Phänomen, dem wir im 2. Kapitel begegnet sind: Frauen bringen ein Problem zur Sprache, Männer verstummen und hoffen, das Problem werde sich von selbst erledigen – was Frauen nur noch zorniger und das Problem nur noch brennender macht. Man könnte sagen, daß das sogenannte passive Wesen von Frauen bloß eine Schutzwand gegen ihren Zorn* ist – der in die falsche Richtung gelenkt wurde (gegen das eigene Selbst) oder aber umgekehrt werden könnte, um eine positive gesellschaftliche Kraft zu werden.

Doch was Frauen hier ausdrücken, ist nicht nur Zorn; es ist eine Mischung aus Zorn und Traurigkeit; aus Zorn und Frustration darüber, daß sie nicht zu einem Mann durchdringen können mit ihrer Liebe, ihrem Herzen, ihrem *Selbst;* und Traurigkeit darüber, daß die meisten Männer nicht merken wollen, was geschieht – und so müssen Frauen zusehen, wie die Liebe schwindet und die Träume verblassen.

Lieben Frauen zu sehr?
Oder lieben Männer zu wenig?

Der Glaube von Frauen an Geben und Fürsorge ist heftig umstritten. Frauen sind in den letzten Jahren dafür kritisiert worden – erst von einigen Frauen aus der Frauenbewegung und später in Ratgeberbüchern –, daß sie »zu liebevoll« seien, zuviel geben würden, zu fürsorglich seien, zusehr auf »Romantik« fixiert. Die Theorie dahinter war, daß sich Frauen, was die Erfüllung im Leben angeht, zusehr auf die Liebe verlassen; daß Frauen »klammern«, weil sie zur »Abhängigkeit« erzogen werden; ja sogar, daß Frauen psychologische »Krüppel« sind! Wenn Frauen diese Verhaltensweisen aufgäben, wenn sie nicht »zuviel« lieben würden und mehr »wie Männer« wären, wären sie glücklicher, hätten sie nicht soviel Probleme mit der Liebe.

Frauen haben dazu eine Menge zu sagen, und tatsächlich befinden

* Wie auch die allgemeine Annahme der Freudschen Interpretation vom Wesen der Frau um die Jahrhundertwende eine Art Vertuschung der damaligen Frauenbewegung darstellte. Siehe Shulamith Firestone: *Frauenbefreiung und sexuelle Revolution.* Frankfurt/Main, 1987.

sie sich, wie wir in diesem Buch sehen, in einer wichtigen, historischen Debatte darüber. Überall sind Frauen damit beschäftigt, Liebe neu zu definieren. Sie ringen mit einem der wichtigsten Probleme unserer Zeit: Wie lieben, wie das Leben wieder mit Gefühlen und Emotionalität erfüllen, ohne sich von denen zugrunde richten zu lassen, die eine Person übervorteilen, die weniger aggressiv ist, die fürsorglicher ist und mehr gibt?

Viele Frauen in dieser Untersuchung sind zornig darüber, daß ihnen für ihr Interesse an der Liebe so oft Hohn entgegenschlägt. Warum sollen Frauen weniger lieben, so fragen sie, warum können Männer nicht mehr lieben, mehr emotionale Unterstützung geben, beteiligter sein? Warum sollen sich immer nur die *Frauen* verändern? Und über welche Art Liebe sprechen wir überhaupt?

Sollen sich die Werte der Frauen verändern oder die der Männer?

Der traditionelle emotionale Vertrag beinhaltet viele Annahmen über sozial erwünschtes und akzeptables Verhalten. Am bekanntesten ist wohl die, daß die Rolle von Frauen darin besteht, »liebevoll«, »mütterlich« und nicht »fordernd« zu sein. Weniger bekannt ist die Rolle, die er Männern zuschreibt: Sie sollen »dominant« sein, die »Stars« in Beziehungen, die »Macher«, die das Kommando über die Welt führen. Diese Annahmen sind in die Kultur »eingebaut« – in die Sprache, in psychologische Theorien, in die Philosophie – und gründen sich auf eine Weltsicht, die wir hier als »männliche« Ideologie bezeichnen.

Wenn Frauen Männer lieben wollen, aber Männer wenig Übung in der Art Liebe haben, die Frauen meinen (und die meisten Männer bemühen sich auch nicht gerade darum, diese Liebe zu kultivieren), dann geraten Frauen mit ihrem Wunsch nach gleichberechtigten, von Konkurrenzverhalten freien, fürsorglichen Beziehungen in eine schwierige Lage. Zur Linderung ihres »Unbehagens« wird ihnen oft geraten, nicht mehr soviel zu lieben.

Sollen Frauen aufhören, »zuviel« zu lieben (sich anpassen)? Oder sollten sie jetzt von Männern erwarten, daß sie sich verändern und liebevoller werden?

Eine neue Auffassung von der »weiblichen Psychologie«: Abschied von Freud und anderen

Wenn Frauen »bedürftig« und »unsicher« sind und Bestätigung dafür suchen, daß Männer sie lieben, heißt es, dies seien Zeichen des »biologisch« bedingten Charakters von Frauen oder ihrer angeborenen Angst vor dem Verlassenwerden, die angeblich daraus resultiert, daß sie schwanger werden können und einen Mann haben »müssen«, der sich in dieser Zeit der Verletzlichkeit um sie kümmert.* Sind solche Gefühle von Frauen nicht die logische Reaktion auf die Tatsache, daß viele Männer Frauen so behandeln, als liebten sie sie *nicht* – jedenfalls nicht in dem Sinne, in dem Frauen Liebe definieren?

Wenn sich eine Frau darüber beschwert, daß ein Mann sie schlecht behandelt (und das tut er immer nur zeitweise, nicht ständig, was die Verwirrung noch steigert), wird man ihr wahrscheinlich sagen, sie sei »masochistisch« und müsse es »irgendwo« doch »mögen« – d. h. »Wenn du es nicht magst, warum bleibst du dann und läßt es dir gefallen?« Doch damit wird so getan, als sei das Opfer schuldig. Es ist äußerst verwunderlich, daß eine Gesellschaft, die Frauen dazu erzogen hat und immer noch dazu erzieht, die Liebe als Quelle ihrer Identität zu betrachten, sie für ihre »Fixierung auf die Liebe«, ihre »Besessenheit von der Liebe« herabsetzt. Damit wird Frauen zum Vorwurf gemacht, daß sie tun, was die Gesellschaft von ihnen verlangt.

Und sie tun es in einem verwirrenden Kontext. Sie müssen Angehörige einer sozial höherstehenden Gruppe lieben: Männer. Mit anderen Worten, die Gesellschaft sagt Frauen, daß sie ihre Liebe auf eine Gruppe konzentrieren sollen, die sozial »über« ihnen steht, einen höheren Status hat als sie selbst. Und das impliziert automatisch, daß Frauen »Märtyrerinnen« sein sollen insofern, als sie denen etwas geben müssen, die ihnen nicht soviel geben, denen, die die Gesellschaft nicht verändern, damit Frauen den gleichen Status haben wie sie.

Darum ist es nicht nur eine bittere Ironie, sondern geradezu sadistisch, daß Frauen zu »Masochistinnen« gestempelt werden. Sie sollen Männer lieben, die als Gruppe »über« ihnen stehen, sie sollen das her-

---

* Das wird oft »biologisch« untermauert: Da Frauen schwanger werden können und Männer brauchen, die sich um sie kümmern, sind sie wohl hormonell und/oder psychisch zur »Abhängigkeit« von Männern disponiert. Die Logik der Natur ist (jedenfalls den Anhängern dieser Logik zufolge) »zwingend«. Doch wenn die Gesellschaft anders strukturiert wäre (was sie zu vielen Zeiten und an vielen Orten war), könnten Clans mit gemeinsamen Vorfahren in der weiblichen Linie, Mütter, Onkel und Brüder, Geliebte und Freundinnen schwangere Frauen und später das Kind schützen, wie sie es in einigen Gesellschaften getan haben und noch tun – weitgehend auch in unserer.

ablassende oder arrogante Verhalten von Männern ertragen (weil die es »nicht so meinen« und einen »in Wirklichkeit lieben«) – und wenn sie weiterhin lieben, ist der Lohn dafür, daß man sie »masochistisch« nennt! Obendrein sagt man ihnen, es sei ihre eigene Schuld, wenn sich an ihrem Status nichts ändert: »Warum ändert ihr nicht, was euch nicht paßt?« So werden sie auf aggressive Weise verhöhnt.

Vielleicht könnte man die Lage von Frauen und Männern auch mit einer Familie vergleichen, in der sich zwei kleine Kinder streiten. Eines schlägt zu, und das andere beginnt zu weinen. Nun hat die Familie die Wahl, das zweite als »Heulsuse« zu bezeichnen oder das erste »gemein« und »aggressiv« zu nennen.

In unserer Gesellschaft/Familie sind Männer ständig psychisch aggressiv gegenüber Frauen. Doch dafür werden sie selten zur Rechenschaft gezogen. Statt dessen kritisiert die Gesellschaft die Frau: Sie sei »zu emotional«, rege sich zu leicht auf, sei zu bedürftig im Hinblick auf Liebesbestätigungen und zu sehr auf »Romantik« fixiert. Selten denkt jemand daran, den Mann zu kritisieren, selten versucht jemand, ihn dazu zu bewegen, sich selbst zu verändern, weil unsere stereotype Sicht nun einmal die ist, daß Frauen die »Problemkinder«, das »problematische Geschlecht« seien. Und so müssen Frauen mit den Frustrationen einer ungerechten Gesellschaftsordnung leben und feststellen, daß sie nur miteinander richtig darüber reden können.

Die Kultur schafft die Psyche*

Die Standardauffassung von der weiblichen Psyche ist also ungenau, und die Standardurteile des »männlichen« Systems über Frauen sind falsch – oder, gelinde gesagt, nicht subtil genug. Gewiß drücken die 4500 Frauen in dieser Untersuchung besser aus als Freud, wer und was Frauen sind.**

---

* Bruno Bettelheim hat in seinem Werk über die Konzentrationslager im Zweiten Weltkrieg deutlich gezeigt, daß sich die Psyche binnen weniger Tage verändern kann, wenn eine Person in eine völlig neue Umgebung mit einem völlig neuen Regelsystem kommt – Menschen, die bis dahin stolz waren, wurden unterwürfig und ängstlich usw. Also sind, so wichtig die Erziehung auch ist, die ständigen kulturellen Botschaften, die wir alle über unser »Wesen« empfangen, noch wichtiger.
** Das Verhalten von Frauen in Liebesbeziehungen ist lange in »Untersuchungen« interpretiert worden, denen eine »männlich«-ideologische Sicht zugrunde lag. Wie Simone de Beauvoir 1984 erklärte: »Obwohl ich Freud bewundere... finde ich, daß wir es im Falle der Frauen, wie er selbst sagte, mit einer Terra incognita zu tun haben; er hat in keiner Weise verstanden, was Frauen wollen. Wer über Frauen arbeiten will, muß radikal mit Freud brechen« (Interview mit Helene Wenzel, *The Women's Review of Books*, Juli 1985).

Die »männliche« Ideologie durchdringt (da sie die herrschende Ideologie ist) die Psyche von Frauen und Männern bis ins kleinste, wie wir hier und im *Hite Report II* gesehen haben. Frauen, die lieben wollen, werden nur zu oft zu Kompromissen mit einer Kultur genötigt, die sie als emotional minderwertig betrachtet. Außerdem müssen sie immer wieder darüber hinwegsehen, daß sie an zweiter Stelle kommen, daß ihre Gedanken, ihre Standpunkte ausgeklammert oder überhaupt nicht beachtet werden, Männern nicht soviel bedeuten wie Arbeit, Freunde, Sport usw. Für ihre Geduld werden sie häufig als »schwach« betrachtet, als »Märtyrerinnen«, als »nicht selbstbewußt genug« und dergleichen.

Eine Frau, die Tag für Tag mit einem Mangel an Kommunikation und Respekt konfrontiert ist, hat oft das Gefühl, ihre Würde zu verlieren. Sie wird vor die Wahl gestellt, die Beziehung zu beenden und »einsam« zu sein (aber ist sie da tatsächlich einsamer?) oder zu bleiben und mit all den subtilen Herabsetzungen zu leben. Die äußeren Symptome ihres Kampfes um die Erhaltung ihrer Würde und Selbstachtung sind gewöhnlich Streitigkeiten, kleine Feindseligkeiten, Schweigen – oder emotionale »Verunsicherung«. Zwar können Streitigkeiten in Beziehungen »normal« sein, aber in unserer Welt sind sie häufiger und erbitterter als nötig, weil die Beziehungen zwischen Frauen und Männern »politisch« sind – d. h. die weibliche Psychologie wird stereotyp gesehen, Frauen werden als »emotional labil« oder »irrational« betrachtet, für weniger glaubwürdig gehalten, ständig in die Defensive und eine untergeordnete Rolle gedrängt.

In welchem Verhältnis steht nun die Position, in die Frauen durch »männliche« Verhaltensmuster gedrängt werden, zum sogenannten Normalverhalten? Der traditionellen Sozialwissenschaft zufolge gelten die Gefühle, die die Mehrheit einer Gruppe zeigt, innerhalb dieser Gruppe als »normal« und entsprechen damit dem »Wesen« der Gruppe oder, in unserem Fall, der Frauen. Mithin sind Frauen, wenn sie Männer lieben, die ihnen weh tun, »Masochistinnen«.

Doch wenn man es von historischer und philosophischer Perspektive aus betrachtet, kann man ein solches Verhalten auch ganz anders sehen, nämlich als logische Reaktion auf bestimmte kulturelle Bedingungen. Wenn wir unsere Möglichkeiten sehen, begreifen, Visionen entwickeln und Pläne machen wollen, müssen wir diese Perspektive wählen und die Situation, die gegenwärtig zwischen Frauen und Männern herrscht, als Produkt einer »übergeordneten«, umfassenden Ideologie betrachten, der »männlichen« Ideologie. (Wir werden sie ausführlicher im V. Teil diskutieren.)

Die Standardauffassungen der »weiblichen Psychologie« sind falsch

Die Aussagen der Frauen in dieser Untersuchung sind klar und un-mißverständlich: Frauen sollten sofort anders gesehen werden als bis-her. Sie dürfen nicht länger mit der Optik einer Kultur »definiert« und »beurteilt« werden, die sie jahrhundertelang als psychologisch zweit-klassig betrachtet und ihren Standard unterhalb der »Normalität« an-gesiedelt hat. Die Daten müssen von einem neuen Standpunkt aus analysiert werden. Die zahlreichen Aussagen von Frauen, die sich hier finden, stellen neue, reichhaltige und grundlegende Informationen für die Psychologie dar – Informationen, die unter dem Aspekt einer neuen Philosophie gesehen werden müssen. Die gegenwärtige Psy-chologie hat wenig Begriffe, die dem wahren Denken und der wahren Psychologie von Frauen gerecht werden; sie ist kaum vertraut mit der Frauenkultur und sollte sofort beginnen, sich mit der Literatur ver-traut zu machen, die aus dieser anderen kulturellen Perspektive er-wachsen ist.

Was Frauen »unsicher« macht, ist nicht ihr »Mangel an Selbstachtung«, sondern die doppeldeutige Botschaft von Männern an Frauen

Die »weibliche Psyche«, die »Natur« der Frau ist nicht von Geburt aus passiv, »märtyrerhaft«, »masochistisch« usw., sondern wenn diese Ei-genschaften auftauchen, sind sie gewöhnlich Teil der logischen Reak-tion eines Individuums auf die unterschwelligen Attacken der »männ-lichen« Ideologie.

Wenn Männer Frauen die Gemeinschaft unter Gleichen verweigern und sich emotional distanzieren (wer weniger verletzlich ist, hat mehr Macht); wenn Männer Frauen in Beziehungen aggressiv verunsichern und banalisieren und sich gleichzeitig auf der Suche nach Liebe, Zu-wendung und Verständnis an eben diese Frauen wenden, weil sie fin-den, Frauen sollten für sie »da sein« (und ihnen »Dienstleistungen« wie Kochen und Haushaltsführung bieten) – welche Auswirkungen wird das dann auf Frauen haben?

Welche Auswirkungen würde ein so widersprüchliches Verhalten wohl auf irgend jemanden haben? Wie sollen wir reagieren, wenn wir mit jemandem zusammen sind, der oft emotional distanziert, ja unzu-gänglich ist, nicht zuhört oder uns sogar verhöhnt – und sich dann uns zuwendet, Liebe von uns erwartet und sagt, er liebe uns?

Wenn eine Frau einen Mann liebt und dieser Mann sagt, er liebe sie (obwohl er das widersprüchliche Verhalten zeigt, das wir gerade beschrieben haben), kann sie aus der Fassung geraten und sich desorientiert fühlen – trotzdem wird sie wahrscheinlich bleiben wollen und sich weiterhin bemühen, dafür zu sorgen, daß »die Beziehung funktioniert«. Doch sie fragt sich vielleicht, was das »wahre Selbst« der anderen Person ist. Der Mann, der sie liebt, oder der Mann, der sich von ihr distanziert und sie auslacht? Wie kann sie diese Distanz überwinden und zu den »guten Seiten« vordringen? Also versucht sie, die Probleme zur Sprache zu bringen, versucht es immer wieder und leidet dabei oft die Qualen der Frustration über die Grausamkeit und emotionale Kälte, mit denen der Mann ihr begegnet.

Anmerkungen zu dem populären Spruch
»Frauen haben nicht genug Selbstachtung«

Haben Frauen tatsächlich, wie man oft hört, »nicht genug Selbstachtung« oder wird hier wieder dem Opfer die Schuld gegeben?

Tatsächlich machen Frauen ihre Sache durchaus gut, wenn man bedenkt, wie massiv die Propaganda gegen sie arbeitet, die besagt, sie seien nicht soviel wert wie Männer. Aber es wird auch ein erheblicher sozialer Druck auf Frauen ausgeübt, ihre »Selbstachtung« unter Beweis zu stellen, indem sie so aggressiv und unnahbar werden wie viele Männer. Eine Frau beschreibt diese neue Gleichsetzung von Aggressivität und Selbstgefühl:»Mir scheint, daß viele Frauen – ich auch – nicht das Selbstgefühl haben, das Männern anerzogen wird. Männer brauchen kein schlechtes Gewissen zu haben, wenn sie jemandem weh tun – in gewisser Hinsicht *sollen* sie ja andere zusammenschlagen. Wahrscheinlich haben ihnen sogar ihre Mütter gesagt: ›Wenn dich jemand piesackt, dann laß es dir nicht gefallen – schlag zurück!‹ Und sie werden immer angestachelt, jeden Wettbewerb zu gewinnen. Das ist der Grund dafür, daß Frauen und Männer verschiedene Spielregeln haben.«

Unterschätzen sich Frauen jedoch wirklich so sehr, wie allgemein behauptet wird, oder weigern sie sich einfach, aggressiv zu sein und ihren Glauben an Liebe und Fürsorge als den wahren Weg aufzugeben – immer noch in der Hoffnung, daß sich Männer ihrem System anschließen werden und lernen, fürsorglicher zu sein?

Wie wir gesehen haben, bemühen sich die meisten Frauen mehr als Männer, dafür zu sorgen, daß die Beziehung funktioniert; sie geben sie nicht auf, oft trotz widrigster Umstände. Und dafür werden sie vielleicht auch noch herabgesetzt! (Wenn sie gehen, werden sie ebenfalls herabgesetzt.) Aber ist diese Loyalität nicht bewundernswert? Sollten Männer das nicht auch tun – sich mehr ums Verstehen und um

Fürsorge bemühen, selbst wenn die andere Person schwere Zeiten durchmacht, die sich dem Verständnis nicht ohne weiteres erschließen? Die andere Person zum Reden zu bringen, ihr helfen, emotional »da sein«, zuhören, ihr Resonanz geben... das ist es, was man von einem Freund, einer Freundin braucht – und erst recht von Menschen, die man liebt.

Wenn eine Gesellschaft, die Frauen dazu erzogen hat und immer noch erzieht, sich auf die Liebe zu konzentrieren – als Hauptziel, als Mittel, sich selbst zu definieren, und als Kernpunkt ihrer Identität –, Frauen dafür herabsetzt, daß sie angeblich »zu sehr auf Liebe fixiert«, »von der Liebe besessen« sind, gibt sie dem Opfer die Schuld. Das gilt ganz besonders, wenn Frauen (wie in unserer Kultur) gelehrt wird, sich mit dieser Liebe in erster Linie einer Gruppe zuzuwenden, die einen höheren Status hat als sie selbst.

Was Frauen angesichts solch ungleicher Beziehungen tun sollen, ist Gegenstand des täglichen inneren Kampfes, den die meisten Frauen austragen. Wie sollen wir mit Männern umgehen, wie mit der Liebe? Dies ist ein politischer Kampf. Da Frauen ihre Situation immer klarer sehen und immer deutlicher beim Namen nennen, treten sie dem ganzen »männlichen« System gegenüber, auch wenn sie nach wie vor Männer lieben. Sie stehen vor der Entscheidung, ob sie »die Liebe aufgeben« und »männliche« Werte übernehmen oder ob sie ihr eigenes System (in dem der stärkere Akzent auf menschlicher Wärme und Verständnis liegt) neu definieren und versuchen sollen, die Kultur mit seinem Geist zu erfüllen – und das heißt, die Welt verändern.

Aufgeben oder weitermachen: Ist die Liebe, die wir wollen, nur ein Traum?

»Was soll ich machen? Gestern abend rief mein ›Freund‹ (mein Liebhaber) an, als ich nicht da war, offenbar sehr bedrückt über die Distanz, die sich zwischen uns entwickelt hat. Auch ich bin bedrückt. Aber eine nahe Beziehung wäre für mich nur möglich, wenn er sich ändern würde. Würde ich versuchen, die Beziehung fortzusetzen, ihn zu akzeptieren, wie er ist, würde ich vor Wut explodieren, würde ich mich an ihm rächen für alles, was ich mir lieb und brav habe gefallen lassen wegen der wirklich wunderbaren Momente, die wir gemeinsam erleben können (oder konnten). Ich würde schließlich auch diese Momente zerstören. Und dann müßte ich mich zurückziehen, weil es nichts mehr gäbe, für das es sich lohnt zu bleiben. Also muß ich mich jetzt zurückziehen, um mir zu bewahren, was ich liebe, weil ich mich entwickeln, ich selbst werden, fähig werden muß, auf andere mit meinem ganzen Potential einzugehen. Nur so habe ich die Chance, einer Person von gleich zu gleich zu begegnen – falls ich je der Person begegnen sollte, mit der ich meinen Glauben verwirklichen kann. Ich bin der Meinung, daß man lernen muß, alles, was man hat, zu schätzen und nicht über die Grenzen dessen hinauszugehen, was man aufrichtig schätzen kann. Wenn das bedeutet, daß ich in größerer Entfernung von einem anderen Menschen leben muß, als ich will, dann ist es besser, *diesen* Schmerz mit in die Zukunft zu nehmen.«

Die Liebe aufgeben: Das System emotional und intellektuell hinter sich lassen

»Jedesmal, wenn wir uns versöhnen, ist die Beziehung, die wir haben, eine noch kleinere Insel als zuvor, weil das Problem, über das wir gestritten haben, nicht gelöst worden ist. Wir versöhnen uns, ja, aber was wir gemeinsam haben, wird immer weniger.«

Obwohl 84 Prozent der Frauen in dieser Untersuchung sagen, daß sie glauben, Liebesbeziehungen sollten *in ihrem Leben an erster Stelle stehen, sagen 74 Prozent auch, ihre gegenwärtige Beziehung sei* nicht *der Mittelpunkt ihres Lebens – sie hätten den Versuch aufgegeben, ihre Beziehung oder Ehe zum Mittelpunkt ihres Lebens zu machen:*

»Diese Beziehung stützt mich unter anderem und gibt mir die Kraft, mit dem Alltag fertig zu werden. Aber ich würde nicht sagen, daß sie der Mittelpunkt meines Lebens ist. *Ich* bin der Mittelpunkt meines Lebens. Wenn ich finanziell unabhängig wäre, würde ich gehen.«

»Es gab eine Zeit (das ist erst fünf Jahre her), da habe ich alles vernachlässigt für den damaligen Mann in meinem Leben. Ich habe meine Frauenfreundschaften ›auf Eis gelegt‹, mich mehr seinen Interessen gewidmet als meinen, mich mit seinen Freunden getroffen usw. Aber das tue ich nicht mehr. Die Beziehungen, die ich jetzt habe, sind eher ein *Teil* meines Lebens als mein ganzes Leben.«

»Meine Ehe ist sehr wichtig für mich, aber von Mittelpunkt kann nicht die Rede sein. Ich weiß nicht genau, warum. Ich bin gern mit meinem Mann zusammen, aber wenn die Kinder erwachsen sind und mir jemand einen tollen Job anbietet – weg von zu Hause –, könnte es gut sein, daß ich ihn nehme.«

»Männer sind wichtig, aber ein Mann kann jetzt nicht mehr mein einziger Lebenszweck sein. Ich kann mich nicht mehr nur in den Augen eines Mannes spiegeln und mich auf diese Weise schätzen. Ich mag mich, ich liebe die Menschen und möchte bezweifeln, daß ich so zufrieden wäre, wenn ich sie nicht lieben würde – aber meine Kinder kommen zuerst, dann meine Karriere und schließlich die Liebe.«

»Im Moment möchte ich mein Leben liebevoll mit jemandem teilen – nur nicht mit einem Mann. Ich habe nach ein paar ›Liebesaffären‹ gemerkt, daß ich mir für solche Spiele zu schade bin.«

»Für mich kamen Liebesaffären immer an erster Stelle. Deswegen hatte ich auch immer soviel Schwierigkeiten. Jetzt habe ich beschlossen, die Liebesbeziehungen aufzugeben und mich auf andere Dinge zu konzentrieren, damit jemand da ist (ICH), falls mal der Richtige kommen sollte.«

Einige Frauen sind sehr enttäuscht und zornig:

»Liebesbeziehungen? Die habe ich sausen lassen. Ich glaube an die Liebe, aber die Männer haben mich so oft angelogen, daß ich finde, es ist das Beste, wenn ich für mich alleine lebe.«

»*Meine* Entwicklung ist mir inzwischen viel wichtiger als die Sorge um die Entwicklung einer Beziehung. Ich habe das Gefühl, daß ich immer meinen Teil (und mehr als das!) zur Entwicklung von Beziehungen beigetragen habe, aber es war nicht gegenseitig, und ich bin nicht bereit, die Last von jemand anderem zu tragen. Wenn ich mit einem Mann zu tun habe, wird er genauso wie ich daran arbeiten müssen, die Beziehung am Leben zu erhalten – und wenn es rasend viel Arbeit wäre, würde ich mich wahrscheinlich abseilen und meine Energie in etwas investieren, das bessere Ergebnisse bringt. Ich bin nicht darauf angewiesen, eine Beziehung zu haben, und deshalb bin ich nicht bereit, Raubbau mit mir zu treiben, um eine Beziehung zu retten.«

Nur 19 Prozent der Frauen sagen, daß ihre Beziehung tatsächlich an erster Stelle in ihrem Leben kommt:

»Als mein Mann seinen Schlaganfall hatte, traf mich die Realität seiner Sterblichkeit (und der meinen) wie aus heiterem Himmel. Ich weiß, daß ich zurechtkäme, wenn er sterben würde, aber ein großer Teil von mir würde mit ihm sterben. Meine Arbeit und meine Kinder sind mir wichtig, aber längst nicht so wichtig wie er.«

»Mein ganzes Leben dreht sich um diesen Mann und die Kinder. Ich arbeite acht Stunden in meinem Job und denke vierundzwanzig Stunden an ihn. Er macht es, daß sich die Welt bewegt. Wenn ich Streit mit ihm habe, läuft mein Job nicht richtig. Das ist sehr schlecht, weil ich mit Öffentlichkeit zu tun habe. Ich habe lange Zeit niemanden so nah an mich herankommen lassen. Er kann mich glücklich machen oder alles verdüstern mit dem, was er sagt.«

»Die Beziehung mit meinem Mann ist der Mittelpunkt meines Lebens. Ich habe Risiken mit anderen Menschen – vor allem mit anderen Männern – auf mich nehmen können, weil ich mich bei ihm sicher fühle.«

Und eine Frau sagt interessanter- und ungewöhnlicherweise:
»Diese Beziehung ist von wesentlicher Bedeutung für meine Selbstverwirklichung als Frau.«

34 Prozent der Frauen sagen, sie glaubten, daß Liebesbeziehungen nicht die »Nummer Eins« in ihrem Leben zu sein brauchten, was das Glück betrifft – einige bezweifeln sogar, daß eine Beziehung überhaupt nötig ist:
»Als mein Mann gegangen war, habe ich mir geschworen, mich eine Weile gefühlsmäßig nicht zu engagieren. Ich hatte das Bedürfnis, wieder in mich hineinzuhorchen, mich wieder kennenzulernen. Ich mag schöne Liebesgeschichten, aber ich kann auch ohne sie leben.«
»Eine Liebesbeziehung ist etwas Wunderbares, und sie macht uns innerlich reicher. Aber jetzt, wo ich zum ersten Mal seit Jahren wirklich allein bin (weil auch meine jüngste Tochter ›das Nest verlassen hat‹), fühle ich mich vollständiger als je zuvor.«
»Eine Liebesbeziehung ist nicht so furchtbar wichtig, wenn man sie nicht mit dem ›richtigen‹ Menschen hat. Das Leben kann befriedigend und lohnend sein ohne Mann – besonders ohne einen, vor dem ich keine Achtung habe.«
»Beziehungen sind ganz nett, aber die Arbeit und mein Leben kommen zuerst. Es ist jetzt ein Jahr her, daß ich eine Beziehung hatte. Ich kümmere mich um meine Bedürfnisse, befriedige nicht die von jemand anderem. Ich glaube nicht, daß man eine Liebesbeziehung braucht, um ein erfülltes Leben zu führen.«

26 Prozent der Frauen versuchen, andere Lebensbereiche mit mehr Interesse zu betrachten und sich nicht so sehr auf Männer und Liebesbeziehungen zu konzentrieren:
»Was ich am meisten will im Leben, ist wohl immer noch das ›Glück zu zweit‹. Aber ich akzeptiere die Möglichkeit, daß sich das vielleicht nie einstellen wird, und beschäftige mich jetzt mit anderen Aspekten meines Lebens, die zuvor untergingen, weil ich mich mit Beziehungen abgequält habe.«
»Es bedeutet Freiheit, sexuell ungebunden zu sein – ein Gefühl von Power oder persönlicher Leistung, weil du nicht immer wieder Verhaltensweisen praktizierst, die jeder für selbstverständlich hält und die in Wirklichkeit zu soviel Elend führen. Ich habe keine Beziehung, und es gefällt mir von Jahr zu Jahr besser.«

14 Prozent der Frauen sind grundsätzlich dagegen, eine Beziehung mit einem Mann zum Mittelpunkt ihres Lebens zu machen:

»Diese Beziehung ist wichtig für mich, aber der Mittelpunkt meines Lebens ist sie nicht. Ich glaube nicht, daß es gut ist, eine Beziehung zum A und O im Leben zu machen. Früher habe ich das getan, und wenn so eine Beziehung dann aufhört, ist es oft verheerend. Ich bemühe mich, eine bessere Beziehung zu mir selbst zu entwickeln, meine Bedürfnisse mit denen der anderen auszubalancieren. Früher fühlte ich mich in einigen Beziehungen dermaßen erdrückt, daß ich mir nicht vorstellen konnte, wie ich meine Energie zurückgewinnen sollte.«

»Ich finde meistens, daß Romantik Mist ist und daß Frauen damit nur niedergehalten werden. Es ist wie ein Druckpunkt, von dem man seine Finger nicht lassen kann. Es ist Flucht vor der Wirklichkeit.«

Manchmal entschuldigen sich Frauen geradezu dafür, daß sie die Liebe »zu wichtig« nehmen:

»Die Beziehung, die ich mit meinem Freund habe, bestimmt leider einen großen Teil meines Lebens. Sie ist zu wichtig, aber das kann ich irgendwie nicht ändern.«

Das Problem der Wichtigkeit von Liebesbeziehungen ist offenbar ziemlich komplex – man kann hier nicht immer auf rein »logischer« Basis entscheiden:

»Ich fühle mich sicher in dem Wissen, daß ich auch ohne Beziehung leben kann, aber ich sehne mich sehr nach Aufmerksamkeit und Zuwendung, wenn ich alleine bin.«

»Ich habe die meiste Zeit in meinem Leben geglaubt, daß ein Mädchen mit jemand zusammen sein soll. So hat man seine Identität gekriegt – daß man die Freundin von dem und dem war. Jetzt bin ich mir nicht sicher – so an jemand gebunden zu sein, ganz stark – das läuft, scheint's, genau entgegengesetzt zu dem, wie es eigentlich laufen sollte.«

Einige Frauen würden zwar gern die Vorstellung akzeptieren, daß Freundschaften und Zeit für sich selbst genauso wichtig seien wie Liebesbeziehungen mit Männern, aber sie sagen, sie könnten es nicht:

»Ich liebe dieses Gefühl von Wärme, wenn sie einen umarmen, die Bewunderung, die Anerkennung. Von Frauen bekommt man Verständnis – aber das ist nicht genug.«

Doch eine große Zahl von Frauen (59 Prozent) hat ihre alten Vorstellungen von der Selbstachtung und Wertschätzung durch Liebesbeziehungen mit Männern durchdacht und lehnt sie jetzt ab:

»Ich kann nicht oft genug betonen, wie gut es für mich war, in eine Phase der Enthaltsamkeit einzutreten, um mich selbst zu finden. Jetzt bin ich in keiner Weise verzweifelt – ich habe auch wieder eine sehr liebevolle Beziehung. Jede Frau, die zu verzweifeln beginnt, sollte die Männer eine Weile vergessen – allein leben, sich kennenlernen, ihr Selbstgefühl entwickeln.«

»Ich habe eine ganz bewußte Entscheidung getroffen, um mein Bedürfnis nach romantisch-emotionalem Engagement zu überwinden. Gegenwärtig habe ich einen langen Urlaub von allen sozialen und sexuellen Beziehungen mit Männern genommen. Ich bin zu dem Schluß gekommen, daß etwas grundverkehrt ist mit Beziehungen. Also wollte ich auf neutralem Boden stehen und versuchen, es zu ergründen. Ich glaube, ich habe nicht gewußt, wer ich bin, meine Fähigkeiten nicht gekannt und Bestätigung außerhalb meiner selbst gesucht, besonders in dem emotionalen Bereich, in dem es um Männer geht. Ich glaube, meine Freundschaften mit Frauen sind besser.«

»Männer haben eigentlich nichts, was wir unbedingt brauchen. Wir sind nur psychologisch von ihnen abhängig gemacht worden. Diese Abhängigkeit kann überwunden werden, aber das ist nicht einfach. Frauen geben mir vieles, das mir Männer im Augenblick nicht geben können. Empathie zum Beispiel. Frauen verstehen mich besser. Es ist irgendein Wissen, das nur Frauen haben. Ich kann es nicht genau erklären.«

Wie wir noch sehen werden, besonders im III. Teil, führen viele Frauen ein Doppelleben. Sie entdecken, daß sie, um in der Ehe oder in Liebesbeziehungen sie selbst sein zu können, ein zweifaches Selbst entwickeln müssen: das eine für ihren Mann oder Liebhaber, um ihn glücklich zu machen, Frieden zu halten und sich um die Familie zu kümmern; das andere, um sich auszudrücken und in Kontakt mit sich selbst zu bleiben. Oder wie es eine von vielen Frauen formuliert, die ähnliche Aussagen gemacht haben: »Es fällt mir sehr leicht, mich liebevoll zu *geben* und mich anderer anzunehmen. Die Schwierigkeit liegt darin, liebevoll zu *sein* und gleichzeitig etwas von sich selbst zu bewahren.«

Seit langem haben sich Frauen in Beziehungen von sich selbst gespalten, um sich Zeit zu erkaufen, doch dadurch werden sie auch zunehmend frustrierter und unzufriedener mit der Art Leben, die das mit sich bringt. Und mit wachsender ökonomischer Unabhängigkeit denken viele intensiv darüber nach, was sie sich für ihre Zukunft wünschen.

Stehen Beziehungen immer noch im Mittelpunkt
des Lebens der meisten Frauen?

Was Frauen hier sagen, hebt sich auffällig von den Ergebnissen von Untersuchungen ab, die vor fünfundzwanzig Jahren vorgenommen wurden. Damals betrachteten Frauen ihre Beziehungen definitiv als ihr Leben. Wir meinen insbesondere die berühmte Untersuchung, bei der Frauen und Männer gebeten wurden, einen Kreis zu zeichnen, der ihre Beziehung symbolisierte, und dann einen zweiten, der für sie selbst stand. Die Zeichnungen von Frauen sahen so aus:

Selbst   Beziehung

Und die von Männern so:

Selbst   Beziehung

Das heißt, Frauen beschrieben sich fast immer ganz oder teilweise in den größeren Kreis der Beziehung ein, während Männer zwei gleich große und einander nicht berührende Kreise zogen. Viele psychologische Untersuchungen von Frauen aus der Zeit zwischen 1950 und 1975 kamen zum gleichen Ergebnis: Frauen stellten ihre Liebesbeziehungen in den Mittelpunkt ihres Lebens und betrachteten sich als Teil der Beziehung oder gar als Randfigur.

Und so ist das, was wir hier sehen, ein neues Phänomen, eine neue Art, auf die sich Frauen definieren. Viele Frauen kommen zu dem Schluß, daß sie es sich emotional nicht mehr leisten können, Beziehungen den ersten Platz in ihrem Leben einzuräumen, obwohl sie das eigentlich nicht wollen – und tatsächlich haben die meisten das Gefühl, daß sie zu diesem Schluß *gezwungen* werden.

Frauen lösen sich emotional von Beziehungen mit Männern (während sie manchmal immer noch versuchen, dafür zu sorgen, daß die Beziehung funktioniert), nicht weil sie sich absondern wollen, sondern weil sie feststellen, daß sie geistig und seelisch Neuland betreten, daß sie eine andere Wellenlänge haben als die Männer, mit denen sie zusammenleben. Sie können einen Mann immer noch aufrichtig lieben und ihn trotzdem wie von einem anderen Planeten aus sehen. Selbst wenn sie bleiben wollen, wenn sie sich bemüht haben, immer wieder über die Beziehung nachgedacht haben, sich gefragt haben, wie sie den Durchbruch schaffen sollen, fühlen sie sich entfremdet, wenn der Durchbruch doch nicht gelingt. Wie sollen sie das ändern? Sie können sich nicht zwingen, nicht zu wissen, was sie wissen, was sie in all den Wochen und Monaten erfahren haben, in denen sie zu begreifen versuchten, was ihre Liebesbeziehung beeinträchtigt.

Frauen sind dabei, die viele Generationen alte emotionale Struktur ihres Lebens zu verändern

Frauen befinden sich inmitten eines dramatischen Wandels. Die meisten sagen zwar, daß die Liebe *theoretisch* das Wichtigste im Leben sein sollte, sie sagen aber auch, daß *ihre* Liebesbeziehung nicht der Mittelpunkt ihres Lebens ist. Sie sagen außerdem, daß sie immer noch hoffen, später eine größere, innigere, bessere Liebe zu finden. Frauen scheinen also zum jetzigen Zeitpunkt sehr ambivalent zu sein: Die meisten wollen eine innige Liebesbeziehung und meinen, sie sollte das Wichtigste im Leben sein, die meisten haben aber auch herausgefunden, daß es fast unmöglich ist, dafür zu sorgen, daß die Liebe so »funktioniert«, wie sie es wollen. Die meisten Frauen müssen entdekken, daß sie tagtäglich mit identitätsgefährdendem Verhalten von seiten der Männer in ihrem Leben konfrontiert werden, und sie lösen dieses Dilemma in zunehmendem Maße, indem sie ihre Prioritäten neu setzen und der Liebe zu Männern weniger Gewicht beimessen.

Wenn Frauen sagen, sie könnten es sich emotional nicht mehr leisten, Liebesbeziehungen mit Männern den ersten Platz in ihrem Leben einzuräumen, heißt das dann, daß sie mit dieser »Aufgabe« der Liebe »männliche« Werte übernehmen? Sind sie zu dem Schluß gekommen, das »männliche« Modell mit seiner Tradition, die Liebe nur als einen Teil des Lebens zu betrachten (nicht so wichtig wie Arbeit, Karriere, Identität und der Stolz darauf, »ein Mann zu sein«), sei das einzig Wahre? Oder halten sie an ihrem Glauben an die Liebe fest, vertagen sie ihre Hoffnung auf die Verwirklichung dieser Liebe mit Männern nur eine Weile, schützen sie sich bis zu der Zeit, da die Männer in ihrem Leben sie von gleich zu gleich behandeln?

Viele Frauen entscheiden sich für einen dritten Weg: Sie sagen, die Liebe könne auch weiterhin Grundlage ihres Wertesystems sein, allerdings mit anderen »Liebesobjekten«. Viele Frauen fächern ihre Liebe breit auf, glauben immer noch an sie, wenden sie aber an Menschen, mit denen sie sie austauschen können – an Freundinnen, Kinder, Geliebte –, bedenken ihre Arbeit und die Leute, mit denen sie in Berührung kommen, mit mehr Fürsorge und Liebe. Obwohl Frauen vielleicht traurig darüber sind, daß sie nicht die Nähe und Intimität mit Männern haben, die sie gern hätten, obwohl sich einige mit tiefem Bedauern und großem Schmerz von dem Gedanken verabschieden, diese Nähe und Intimität je zu finden, genießen etliche auch die neue Vielfalt mit ihren neuen Möglichkeiten.

Fazit

Zwei Kulturen im Konflikt: Die weibliche Sicht der Liebe als Teil einer eigenen Kultur und eines eigenen Wertesystems

Nach anfänglich so schönen Gefühlen setzt häufig ein Verschleiß der Liebe ein, der schließlich zum völligen Verlust führt. Warum?

Wenn wir lesen, was die Frauen in diesen drei Kapiteln gesagt haben, stellt sich ein schmerzliches Gefühl ein, mögen viele ihrer Äußerungen auch humor- und kraftvoll sein. Wieso ist es oft so hart? Muß das sein? Viele Frauen sagen, sie seien emotional ausgelaugt von alledem – doch sie wollen sich fast ausnahmslos auch weiterhin bemühen, weitersuchen, weiter dafür sorgen, daß es funktioniert. Liegt es daran, daß die Liebe eine menschliche Ursehnsucht ist?

Oder werden Frauen dazu erzogen, sich so sehr auf die Liebe von Männern als »ihre Bestimmung« zu konzentrieren, daß sie immer noch glauben, egal welche Erfahrungen sie mit Männern gemacht haben, sie müßten einen Weg finden, diesen Traum zu verwirklichen?

Es ist eine bittere Ironie, daß Liebe dort, wo Frauen sie suchen, am schwersten zu bekommen ist. Wenn Frauen darum kämpfen, einen Mann aus der Reserve zu locken, eine emotionale Gemeinschaft mit ihm aufzubauen, stellen sie fest, daß sie für zwei Schritte vorwärts einen zurückgehen müssen. Obwohl sie und ihr Mann oder ihr Liebhaber dann und wann vielleicht den Durchbruch schaffen und miteinander reden, herrscht am nächsten Tag oft wieder eine Atmosphäre der stummen Ambivalenz.

Doch Frauen haben weder unrecht noch ist ihr Traum verkehrt; es ist der kulturelle Kontext, der die Liebe und die Beziehungen mit Frauen für Männer so bedrohlich und verwirrend macht.

Die »männliche« Ideologie* und die allmähliche Erosion der Liebe

Immer wieder drücken Frauen aller Altersstufen ihre zunehmende Frustration und allmähliche Desillusionierung im Hinblick auf ihre Beziehungen mit Männern aus:

»Ich streite ständig mit ihm, um unsere Beziehung zu retten. Ihm ist wohler, wenn ich nie was zur Sprache bringe. Aber wenn ich das nicht tue, ist *mir* nicht wohl, weil über emotionale Probleme nie geredet wird – und ich fühle mich isoliert, fern von allem, allein. Wenn wir nicht richtig zusammensein können, möchte ich die Beziehung lieber abbrechen. Er merkt das wahrscheinlich gar nicht, denn wenn ich versuche, was mit ihm zu besprechen, tut er gequält, spielt den Märtyrer oder wird einfach fies – jedenfalls bemüht er sich nicht, ernsthaft zuzuhören (obwohl ich immer für ihn da bin). Er will jede Diskussion so schnell wie möglich hinter sich bringen und so wenig wie möglich sagen. Aber später im Bett, wenn er gern schmusen und Sex haben würde, erwartet er von mir, daß ich nicht distanziert bin wegen seines Verhaltens zuvor. Er merkt nicht, daß das für mich alles zusammenhängt – Sex haben wollen ist für mich mit Nähe und Wärme verbunden.«

»Sich auf eine andere Person einzulassen, bedeutet für mich, daß ich sie nach Dingen frage, über die sie sich besorgt geäußert hat, daß ich ihr eine Chance gebe, über Probleme zu reden, über die sie sich Gedanken macht, daß ich gefühlsmäßig bei ihr bin, mit ihr erörtere, was sie gerade beschäftigt, mich dafür interessiere, ob sie wegen irgendwas traurig ist oder ob sie sich freut. Meine Freundinnen und ich machen das immer, aber mein Mann nie. Wenn ich ihn schließlich bitte, mich zu fragen, wie ich etwas empfinde, von dem ich ihm erzählt habe, dauert es ewig und drei Tage, ihn dazu zu kriegen, daß er's wenigstens ein kleines bißchen tut. Und er bringt von sich aus nie das Gespräch auf Dinge, von denen ich gesagt habe, sie beschäftigen mich. Es ist so frustrierend. Er sagt mir oft, daß er mich liebt, und ich glaube es ihm ja, aber warum interessiert er sich nicht mehr für das, was mich beschäftigt?«

Diese Untersuchung zeigt, daß Frauen mit ihren Liebesbeziehungen vielfach unzufrieden sind. Die meisten leben in Beziehungen, die

---

* Der Begriff »männliche« Ideologie bezieht sich in diesem Buch (ebenso wie der Begriff »Frauen«-Kultur) stets auf ein kulturelles System, das sich im Lauf der Geschichte herausgebildet hat, und nicht auf biologische oder angeborene Charakteristika, die jeder Mann unweigerlich hat.

nicht entfernt an das heranreichen, was sie sich vorstellen. 95 Prozent der verheirateten Frauen in dieser Untersuchung möchten grundsätzliche Veränderungen in ihrer Ehe vornehmen, und 84 Prozent der Single-Frauen sagen, ihre Liebesbeziehungen mit Männern seien in den meisten Fällen von Ängstlichkeit geprägt, von der Furcht, nicht »cool« zu sein (wenn sie den Wunsch nach Bindung haben). Frauen sagen immer wieder, sie würden eine ungeheure Energie für den Versuch aufwenden, die Beziehung zum Funktionieren zu bringen; der Mann bemühe sich jedoch nicht im gleichen Maße. Das führt zu noch mehr Entfremdung, macht Frauen noch frustrierter und oft auch zornig.

Viele Frauen liegen nachts im Bett, wissen, daß alles besser sein könnte, fragen sich, wie sie zu dem Mann durchdringen sollen, der neben ihnen schläft, oder fragen sich, warum ein Mann, den sie lieben, nicht anruft – oder wie sie aus einer Beziehung herauskommen sollen, obwohl sie nicht genau erklären können, warum ihnen die Beziehung nicht gefällt. So viele liegen da und denken: »Es ist schlimm, daß es so ist. Warum können sie sich nicht ändern?«

Frauen »beklagen« sich schon seit geraumer Zeit über Liebesbeziehungen, mindestens seit Freud, aber ihre Klagen sind selten ernst genommen worden. Was Frauen über die Vorgänge in ihren Beziehungen sagen, wird meistens nicht ganz geglaubt, sondern nur zu oft als »Gezeter und Gejammer« abgetan. Die Gesellschaft legt die Frustration von Frauen über Männer der »weiblichen« Psychologie zur Last und übersieht die Tatsache, daß die meisten Frauen allen Grund zur Klage haben, denn sie müssen sogar in Liebesbeziehungen mit der Diskriminierung leben.

Wenn eine Frau Probleme hat, wird gewöhnlich davon ausgegangen, daß es an der Frau selbst liegt – an ihren altmodischen Werten, ihren »Ansprüchen« und ihrer »Bedürftigkeit«, ihrer Erziehung, ihrer »Abhängigkeit« usw. Frauen hören Tag für Tag, sie seien »verkorkst«, »masochistisch« oder »neurotisch«, wenn sie auch nur ein bißchen »aus der Reihe tanzen«, und überlegen sich, ob es nicht wahr sein könnte. Sie fragen sich: »Strahle ich irgendwas aus, das die ›falschen‹ Männer‹ anzieht?« oder machen sich Selbstvorwürfe, weil sie »destruktive« Beziehungen nicht als solche erkannt bzw. sie nicht schleunigst abgebrochen haben. Oder sie fürchten, daß sie nicht geduldig genug sind, nicht verständnisvoll genug, daß sie zuviel erwarten, zu »idealistisch« sind. Aber machen Frauen tatsächlich etwas falsch?

Der emotionale Vertrag: ins System »eingebaute« Ungerechtigkeit

Was uns Frauen in dieser Untersuchung zeigen, ist ein Bild der weitverbreiteten Schablonisierung von Frauen, der mit geschlechtsspezifischen Vorurteilen aufgeladenen Herablassung Frauen gegenüber, spürbar selbst in ihren intimsten Momenten mit Männern, was die Auswirkungen noch verheerender macht. Die Dynamik dieser Verhältnisse im privaten Bereich ist bisher unklar gesehen worden – vielleicht weil es an der Art umfangreicher Dokumentation gefehlt hat, die wir hier vorlegen – einer Dokumentation, die eine Anklage gegen das traditionelle System mit seinem ungleichen und ungerechten emotionalen »Vertrag« ist. Dieser Vertrag (das immer noch nicht beseitigte Pendant zur jahrhundertelangen Herrschaft von Männern über Frauen) beutet Frauen emotional aus. Und gleichzeitig wird nicht einmal anerkannt, daß dies der Fall ist, wird beharrlich behauptet, Frauen, die sich »beklagen«, hätten Komplexe und keine realen Probleme, die von einer realen, sozial akzeptierten Ideologie hervorgerufen werden. Es ist nicht »irgendwas verkehrt« mit Frauen, nicht die Frauen haben eine »falsche Einstellung«, sondern die Gesellschaft hat sie in Gestalt des »Männer«-Standpunkts, den sie dem Geschlecht der Frauen gegenüber einnimmt.

Frauen fragen sich intensiv, ob sie weiterhin mit dieser Situation leben können, fragen sich, was sie tun sollen. Sie scheinen folgende Möglichkeiten zu haben: Die Beziehung/Ehe zu beenden; weiterzukämpfen, um »dem Mann die Augen zu öffnen«; oder »abzuschalten«, sich in Liebesbeziehungen emotional nicht mehr so stark zu engagieren, d. h. »männliche« Werte zu übernehmen.

Wenn Frauen eine andere Auffassung von einer »guten Beziehung« haben, von anderen Prämissen ausgehen und ihre Prioritäten anders setzen als die meisten Männer, dann liegt es auf der Hand, daß es in den meisten Beziehungen schließlich zum Kampf kommt. Wir haben gesehen, daß die meisten Frauen in dieser Untersuchung sagen, Männer hielten nicht viel von Verhaltensweisen wie dem empathischen Zuhören; zwar sei es für eine gute Beziehung wichtig, sich um Verständnis zu bemühen und emotionale Unterstützung zu geben, aber das bekämen sie von Männern nicht. Männer, so sagen die meisten Frauen, betrachten Beziehungen eher in dem Sinn, daß jemand »da ist«, wobei der Mann »natürlich« psychologisch dominiert (obwohl die meisten Männer versichern würden, sie hätten nicht die *Absicht*, den Frauen, die sie lieben, dominant zu begegnen). Empathisch zuhören, die Frau zum Reden bringen, ihre Projekte fördern – das sind für die meisten Männer keine Prioritäten in einer Beziehung. Zwar stimmen Frauen und Männer zumindest darin überein, daß körperliche Zuwendung Priorität hat, aber in den meisten anderen Punkten unterscheiden sich ihre Wertsysteme.

Die meisten Frauen sind überrascht, wenn Männer in einer Beziehung nicht fair auf sie eingehen, sich nicht an die Spielregeln des gegenseitigen Gebens und Nehmens halten; und sie sind noch mehr überrascht, wenn ein Mann eine Beziehung zu seiner emotionalen Unterstützung nutzt und (selbst wenn er darauf hingewiesen wird) nicht sieht, daß er sie bekommt, aber seinerseits keine bietet. Das Problem ist, daß viele Männer, was ihr Verhalten Frauen gegenüber und ihr Verhalten dem Rest der Gesellschaft gegenüber betrifft, eine doppelte Moral haben: Da Frauen »minderwertig« sind, gelten (so glauben viele Männer unbewußt) nicht dieselben Regeln. Und da sich an dem alten Schema nichts ändert, daß Männer Frauen unbewußt ihre Ungleichheit spüren lassen und Frauen das Problem zur Sprache bringen, was oft mit Bemerkungen quittiert wird, die von geschlechtsbezogenen Vorurteilen getrübt sind, werden Frauen immer unzufriedener und verlieren allmählich die Achtung vor Männern – denn es fällt schwer, jemanden zu achten, der unfair ist.

Warum ist das so? Warum haben Männer und Frauen so verschiedene Vorstellungen von Beziehungen? Warum ist Liebe im »männlichen« Wertesystem etwas, das ein »richtiger« Mann nicht so ernst nimmt wie seine Arbeit, seine »Mannesehre« usw.?

»Frauen«kultur und »Männer«kultur: zwei verschiedene Welten

Frauen und Männer leben tatsächlich in zwei verschiedenen Welten mit zwei verschiedenen, wenn auch ineinandergreifenden Wertesystemen. Im emotionalen Bereich bedeutet das, daß sich Frauen Männern gegenüber fürsorglich verhalten, während Männer glauben, sie hätten keine Fürsorgepflicht, sondern brauchten nur zu *sein* und Leistung zu bringen, wobei sie erwarten, daß die Welt sie um ihrer selbst und ihrer Arbeit willen schätzt. Diese Annahmen (die nicht als Mutmaßungen gesehen werden, sondern als ein »So ist es nun mal«) sind im Lauf von mehreren Jahrtausenden in Verhaltenstheorien, in die Psychologie, die »menschliche Natur«, die Religion usw. »eingebaut« worden, bis sie »auf der Hand« zu liegen schienen – und der Versuch, eine Sprache zur Analyse dieser Annahmen zu finden, gleicht dem von Alice im Wunderland, durch den Spiegel zu gehen.

Die Situation ist brisant: Die meisten Frauen arbeiten außer Hauses und im Haus; die beiden Wertesysteme liegen im Konflikt miteinander, da Männer die Werte des Wettbewerbs und des Gewinnens auf Beziehungen übertragen;* und Frauen fragen sich, ob sie nicht nur im Beruf, sondern auch in der Liebe »männliche« Werte übernehmen und der Liebe einen minderen Platz in ihrer Welt zuweisen sollen (indem sie zum Beispiel nicht darauf »bestehen«, Sex und Liebe miteinander zu verbinden). Die Gesellschaft begünstigt die Frauen, die »männliche« Werte übernehmen, denn diese Werte prägen die herrschende Kultur: Männer sind der »Wirklichkeitsmaßstab«, der Standard der Realitätsprüfung.

Mit anderen Worten, die Beziehungsprobleme zwischen Frauen und Männern sind ungelöst, weil wir mit einem kulturellen Konflikt konfrontiert sind.

Zwei Kulturen**: historische Tradition oder biologische Gegebenheit?

Wenn Frauen eine eigene »Sub«kultur haben – beruht das dann auf biologischen Unterschieden oder auf historischer Tradition?

Es ist nicht nötig, biologische Unterschiede zwischen der »männlichen« und der »weiblichen« »Natur« zu behaupten, wenn man die zwei verschiedenen Wertesysteme erklären will, die hier von Frauen und im *Hite Report II* von Männern definiert werden. Die Existenz dieser zwei Kulturen beweist auch nicht, daß sie zwangsläufig oder ein Produkt der »Natur« sind. Tatsächlich sind sie nicht biologisch, sondern historisch bedingt. Es handelt sich um zwei separate Traditionen, die im Lauf von Jahrhunderten entstanden.

Wir haben wenig Informationen über Ideologien vor der unseren, doch sie genügen, um zu wissen, daß es unterschiedliche Ideologien gab: Adam und Eva waren die erste ideologische Lektion für die westliche Kultur im Hinblick auf jene Spezialisierung der Geschlechter, die

---

* Karl Marx hat vorausgesagt, in der kapitalistischen Gesellschaft würde das Wertsystem des Marktes und des Wettbewerbs alles durchdringen, sogar das Privatleben.

** Zur Diskussion darüber, ob es »zwei Kulturen« gibt, siehe auch die Arbeiten von Jesse Bernard, Joan Scott, Mary Daly, Carroll Smith-Rosenberg, Carol Gilligan und Elizabeth Petroff. Was die Mehrheit der Frauen in dieser Untersuchung sagt und was Frauen und Männer in den vorhergehenden *Hite Reports* gesagt haben, läßt mit Sicherheit auf eine differenzierte »weibliche« Kultur und ein differenziertes »weibliches« Wertesystem schließen.

aus dem Bezugsrahmen erwuchs, den die indoeuropäischen Völker mit in den Mittelmeerraum brachten.*

Wie der Konflikt zwischen den zwei Kulturen gelöst und wie die Verwandlung bewirkt wird, die neue Weltsicht, ist eine der entscheidenden Fragen unserer Zeit.

»Männer sind die Realität, Frauen die Rolle«**

»Warum kann eine Frau nicht sein wie ein Mann?« So heißt es in einem Song aus *My Fair Lady.* Doch wir könnten auch fragen: »Warum kann ein Mann nicht sein wie eine Frau?«

Männer, so scheint es, wollen nicht »wie Frauen« sein. Die allgemeine Prämisse ist, daß Frauen, um »Gleichheit zu erlangen«, von Männern lernen, ihre »alten Werte« aufgeben und mehr »wie Männer« sein sollen.***

Der emotionale Vertrag spiegelt diese allgemeine Prämisse der psychologischen Überlegenheit der Männer wider: Männer sind im Hinblick auf die psychologische Macht und den Status in Beziehungen ebenso im Vorteil wie sie in der »Arbeitswelt« den höheren Status haben. Männer werden von der Gesellschaft als mehr »legitim« und mehr »im Recht« betrachtet. Ihre Meinung und ihre Aktionen gelten als wesentlich glaubwürdiger als die von Frauen, die genauer geprüft und eher kritisiert werden. Mit anderen Worten, die Kultur hält das, was Männer tun, für die »Norm«, für die nicht zu bezweifelnde »Realität«, während sie das, was Frauen tun, als »Rolle« sieht und als minderwertige obendrein.

Das Wertesystem von Frauen, immer schon »zweite Wahl«, wird gegenwärtig massiv attackiert; auf Frauen wird erheblicher Druck ausgeübt: Sie sollen »realisieren«, daß Männer »besser« und »normaler« sind; sie sollen »erwachsen« und mehr wie Männer werden. (Gleichzeitig erwarten Männer von Frauen nach wie vor Unterstützung, Liebe und Fürsorge.)

---

* Siehe Elaine Pagels, *Versuchung durch Erkenntnis – Die gnostischen Evangelien,* Frankfurt, 1987 und Marija Gimbutas, *Goddesses and Gods of Old Europe,* Los Angeles, 1982.
** Das gilt auch für die Sprache, in der »*der* Mensch« für »Männer und Frauen« gilt und »er« das »korrekte« Personalpronomen ist, wenn abstrakt von Verhalten gesprochen wird. Es ist gezeigt worden, daß all das nachhaltige Auswirkungen auf Mädchen und Jungen im Kindergarten hat. Es hat auch nachhaltige Auswirkungen auf Liebesbeziehungen zwischen Frauen und Männern.
*** Erinnert das nicht an die Prämisse des 19. Jahrhunderts, daß der Westen die »Eingeborenen« in den Kolonien »zivilisieren« würde, wobei die »Eingeborenen« ihren »Aberglauben« abzulegen und »rational« zu werden hatten wie wir?

Tatsache ist, daß beide Systeme wichtige Werte aufweisen – es gibt nicht *eine* »Realität« und eine andere Gruppe, die sich von ihrem bisherigen Denken verabschieden und sich dieser »Realität« anpassen muß. Und das »weibliche« System (mit seinem Glauben an die Fürsorge und an die Vorrangstellung, die Beziehungen im Leben zukommt) hat dem »männlichen« Systenm die Liebe und emotionale Unterstützung gegeben, ohne die es kaum hätte »laufen« können.

Ein Teil der Verachtung, mit der Männer das »weibliche« Wertesystem betrachten, leitet sich aus dem Glauben ab, daß Männer die »Realität« sind und Frauen die »Rolle« – d. h. ohne Rollenerziehung wären Frauen »von Natur aus« wie Männer. Aber damit wird angenommen, daß Männer in keiner Weise von Rollenerziehung geprägt sind, daß ihre Auffassungen und Verhaltensmuster nicht historisch oder kulturell erzeugt sind. Und selbst viele von denen, die der Meinung sind, das Verhalten von Männern könnte kulturell bedingt oder verstärkt sein, nehmen immer noch an, daß Männer die »überlegenen« Eigenschaften haben. Doch die »Psychologie« und das Wertesystem von Männern sind genauso willkürlich erzeugt wie die »Psychologie« und das Wertesystem von Frauen – sei es durch die Geschichte, sei es durch eine überkommene Ideologie oder durch »Rollenindoktrination«. Der Lebensstil von Männern ist nicht »natürlicher« oder »richtiger«, ist nicht der »Wirklichkeitsmaßstab« für das Verhalten der ganzen Welt. Wenn wir jetzt, im späten 20. Jahrhundert, unser »System« fortführen wollen, ist es durchaus möglich, daß wir neu überdenken müssen, worum es in unserer Kultur und unserer politischen Tradition eigentlich geht, wofür sie stehen – und ob wir dem, was daran gut ist, gerecht werden.

Was sollen Frauen tun, wenn sie im Privatleben ihrer Werte und ihres Verhaltens wegen in die Defensive gedrängt werden (und dieser Trend hat in den letzten zwanzig Jahren noch zugenommen)? Ständig dagegen reden? Wie soll sich eine Frau wohl fühlen in einer Beziehung, wenn sie einen nie endenden inneren Kampf zwischen ihrem wahren Selbst und der Auffassung, die der geliebte Mensch von ihr hat, austragen muß? Liebesbeziehungen mit Männern können Frauen emotional gefährlich werden, weil unsere Philosophie es uns so schwer macht, das Geben einzustellen – auch wenn wir mehr geben, als wir uns leisten können.

Was ist die »männliche« Ideologie*, und warum macht sie es Männern so schwer zu lieben?

Was steckt hinter dem »männlichen« System? Was daran macht Männer emotional distanziert – und gleichzeitig verzweifelt liebesbedürftig, eben *weil* sie emotional isoliert, *weil* sie so sehr von ihren Gefühlen abgeschnitten sind? Viele Männer quälen sich mit der Frage ab, wie sie mit den Frauen kommunizieren sollen, die sie lieben, sind zerrissen und voller Ängste über ihr Privatleben und ihre Liebesbeziehungen.

Männer wollen Liebe; sie erwarten sie von Frauen, sind zornig, wenn Frauen nicht »liebevoll« sind. Mit siebenundzwanzig Jahren sind 90 Prozent der Männer verheiratet. Männer ergreifen selten die Initiative zur Scheidung. Männer wollen ein Zuhause, wollen Wärme – genauso wie Frauen. Aber sie haben auch zutiefst ambivalente Gefühle: Echte Nähe ist für die meisten eine Bedrohung, ein emotionaler Zustand, den sie sich nicht leisten können. Männer lernen, daß ein »richtiger« Mann nie ganz »die Deckung herunternimmt« bzw. die Kontrolle über eine Situation verliert; ein Mann muß ständig seine »Unabhängigkeit« oder seine »Dominanz« behaupten. Echte Nähe ist Männern verboten, weil sie sie verwundbar macht.

Es heißt oft: »Wenn Männer Machos sind, ist das Schuld ihrer Mütter – sie erziehen die Jungen ja so.« Doch das ist eine aggressive und übersimplifizierende Behauptung, die in keiner Weise den Kern der Sache trifft. Schließlich erziehen die Väter die Jungen ebenfalls – durch ihr Beispiel etwa, indem sie nicht zu Hause sind oder sich emotional distanzieren, wenn sie zu Hause sind.

Das wahre Problem ist die Ideologie, mit der wir leben, das System, das Männer lehrt, daß sie sich an »männliche« Verhaltensregeln, männliche Beispiele halten müssen, wenn sie »richtige« Männer sein wollen, und nicht ihren eigenen Weg finden dürfen. Die Dogmen der »männlichen« Ideologie werden erst ansatzweise begriffen, weil man viele Jahrhunderte dachte, männliches Verhalten und männlicher Charakter, von Männern geschaffene Religionen und Staatssysteme erwüchsen aus der »menschlichen Natur«. Man sah sie nicht als Teil eines Glaubenssystems, das man aus einigem Abstand betrachten und analysieren kann.

---

* Hier muß darauf hingewiesen werden, daß ein Mann diese Ideologie nicht automatisch hat, bloß weil er anatomisch männlich ist. Was wir mit »männlich« meinen, ist kulturell bedingt: Männer übernehmen einen bestimmten Stil, nämlich Männlichkeit als Herrschaft.

Hierarchie: die Essenz der »männlichen« Ideologie

Eines der ältesten Beispiele, mit denen Juden und Christen das hierarchische System des bedingungslosen Gehorsams erklärt wird (persönliche Gefühle wie Liebe haben zurückzutreten vor der Pflicht und der Unterwerfung unter die Regeln dieser Hierarchie), steht in der Bibel. Es ist die Geschichte von Abraham, der seinen Sohn mit auf einen Berg nimmt, um ihn dort umzubringen (zu »opfern«), weil Gott es befohlen hat. Erklärungen hat er nicht abgegeben. Die Botschaft lautet: Gehorche und stell keine Fragen! Als Belohnung für ihren Gehorsam gegen diese Hierarchie wird Männern in anderen Teilen der Bibel die Herrschaft über Frauen, Kinder und die Erde versprochen; Frauen werden angewiesen, ihren Männern zu gehorchen.

Auch heute noch wird Männern zugestanden, sie hätten eine »natürliche« Neigung (ein »natürliches« Recht?), »dominant« zu sein, zu herrschen – dies sei ein »Instinkt«. Die Annahme, daß Männer wichtiger seien als Frauen, daß sie eher das Recht hätten »zu bestimmen«, daß sie »rationaler«, »klarer« und »objektiver« dächten, liegt weiten Bereichen der Kultur zugrunde. Mit anderen Worten, die »männliche« Ideologie ist immer noch sehr gegenwärtig und lehrt Männer nach wie vor, daß sie, wenn sie die erwünschten Verhaltensmuster der »männlichen« Hierarchie übernehmen, das »natürliche« Recht der Männer haben werden, über Frauen, Kinder und die Erde zu herrschen, das Konzept des männlichen Stolzes.

Die Konzipierung der demokratischen Regierungsform zur Zeit der Aufklärung und während der Französischen und der Amerikanischen Revolution war teilweise eine Reaktion gegen diese hierarchische Sicht, gegen den bedingungslosen Gehorsam einem Herrscher gegenüber, der kraft seiner Abstammung und »von Gottes Gnaden« König war. Den Menschen sollte nicht mehr vorgeschrieben werden, was sie zu tun hatten. Man dachte nun, *alle* Menschen seien »erziehbar«, seien imstande, selbst zu denken. Doch dieses neue System der gleichen Rechte und der Würde für »alle« hatte nur für *Männer* Geltung.*

---

* Wie Mary Midgley schreibt: »Im Grunde genommen ist die Unruhe von heute (die Frauenrebellion) zum großen Teil eine Nemesis für die ungeheuren Ambitionen der Aufklärung. Viele von denen, die die hohen Ideale der Freiheit und Gleichheit des Menschen verkündeten, schützten sich vor Ungemach, indem sie diese Ideale stillschweigend einer begrenzten Gruppe vorbehielten – Männern weißer Hautfarbe. Diese Schutzgewohnheit reichte so tief, daß Auslassungen über ihre Inkonsequenz meist schlichtweg nicht registriert wurden; sie klangen leichtfertig und wirklichkeitsfremd ... Und das Problem taucht in der Tat in besonders verdichteter Form in den Vereinigten Staaten auf, deren Gründer, indem sie ihnen eine Verfassung gaben, die den Idealen der Aufklärung verpflichtet war, sie offensichtlicher als andere

Die Psychologie der »Männlichkeit«: »Jemand muß oben sein«

Der »männlichen« Ideologie zufolge gehören Hierarchien und der Kampf um »Dominanz« zur »Natur«. Darum gibt es keine Gleichheit – »jemand muß oben sein«. Und aus diesem Grund wird die bloße Vorstellung der Gleichheit für Frauen von vielen Männern unbewußt als Kampfansage an ihre »Dominanz« aufgefaßt. Ein »richtiger« Mann muß dafür sorgen, daß die Frau »nicht aus der Reihe tanzt«, muß sie von ihrem Hang abhalten, »das Kommando zu übernehmen«. Dies ist eine Konstruktion, in der Frauen als »die Andere«* gelten und das Männer dazu veranlaßt, sich in ihren Beziehungen mit Männern an andere Regeln zu halten als in ihren Beziehungen mit Frauen.

Doch wenn Frauen Gleichheit wollen, *müssen* sie der »männlichen« Dominanz »den Kampf ansagen« – und sie tun es tagtäglich, wie wir im 2. Kapitel gesehen haben. Da die meisten Männer allerdings nicht glauben, daß es Gleichheit gibt (denn in einer Hierarchie muß jemand »oben« sein), haben sie den Eindruck, Frauen »forderten« in Wirklichkeit »Dominanz« oder »Macht«. Und vielleicht werden Frauen das in ihrer Verzweiflung tun müssen, wenn Männer kein Verständnis für ihren Wunsch nach Gleichheit aufbringen.

Die »männliche« Ideologie, die sich auf Dominanz gründet, und der »weibliche« Glaube an Liebe und Fürsorge führen so zu einer tragischen Entwicklung im Leben vieler Menschen: Der Mann ist von seinen vermeintlichen Rechten überzeugt und damit herablassend (ob unbewußt oder nicht), während die Frau versucht, mit ihm zu reden, zu verstehen, zu erklären, ihn aus der Reserve zu locken und irgendwie dafür zu sorgen, daß »es funktioniert«. Oft bleiben die beiden in diesem Kampf verwickelt, solange die Beziehung dauert; die Verhältnisse sind unklar, im wesentlichen undefiniert und damit ausweglos.

Nationen mit einer schweren Hypothek belasteten: mit der schmerzlichen Wahl zwischen durchgreifender Veränderung und wüster Heuchelei« (*Times Literary Supplement*, August 1983).

»Freiheit« bedeutet im »männlichen« Sinn, daß ein »richtiger« Mann »unabhängig« sein und sich nicht vorschreiben lassen soll, was er zu tun hat – besonders nicht von einer Frau. Gewiß beabsichtigte Thomas Paine im 18. Jahrhundert nicht die Förderung der modernen »Macho«-Persönlichkeit, als er die »Rights of *Man*« feierte, aber diese »demokratische« Sprache wird heute dafür hergenommen, das Beharren mancher Männer auf ihrer Dominanz gerechtfertigt erscheinen zu lassen.
* Die berühmte Theorie von Simone de Beauvoir.

Warum sind viele Männer so verwirrt, wenn sie sich verlieben?

Im *Hite Report II* sagen viele Männer, sie seien dazu erzogen worden, möglichst nicht über ihr Gefühlsleben zu sprechen. Sie beschreiben auch ihre Überraschung und Verwirrung, wenn sie sich (meist im Teenageralter oder Anfang der Zwanziger) verlieben. Für viele ist ein wirklich »männlicher« Mann jemand, der seine Gefühle unter Kontrolle hat, der in erster Linie rational und »objektiv« ist – das geht so weit, daß sie sich unbehaglich fühlen, wenn sie verliebt sind. Für sie liegt ein Widerspruch darin, »Herr« ihrer Emotionen zu bleiben und eine andere Person zu lieben – sie fürchten, »schwach«, »weich« und verwundbar dadurch zu werden. Obwohl es Männer häufig genießen, verliebt zu sein (zumindest zeitweise), ist vielen im Grunde ihres Herzens nicht wohl dabei. Sie sagen, je eher sie ihre weniger rationalen Gefühle »loswürden«, desto besser sei es.

Und so hat die Ambivalenz der Männer im Hinblick auf die Liebe nicht nur mit dem Wunsch nach »Freiheit« zu tun, den wir im 5. Kapitel ausführlich diskutieren werden, sondern sie erwächst auch aus der Angst, von den eigenen Gefühlen überschwemmt zu werden – eine Angst, die oft durch die Eltern verstärkt wird. Jungen erhalten häufig von ihrem Vater (und sogar von ihrer Mutter) den Rat: »Heirate bloß nicht aus dem Gefühl heraus das erstbeste Mädchen, dem du begegnest. Später werden auch noch andere kommen.« Oder: »Triff die richtige Entscheidung. Laß dich nicht von deinen (sexuellen) Gefühlen mitreißen.« Das impliziert, es sei »nur Sex« im Spiel, wenn ein Junge aufgrund seiner ersten sexuellen Gefühle glaubt, er sei verliebt. »Erfolg ist viel wichtiger – Frauen findet man immer« ist ein weiterer Rat, von dem Männer oft berichten.

Mit anderen Worten, die Ideologie der »Männlichkeit« beeinträchtigt die Liebesfähigkeit von Männern erheblich. Wenn ein »richtiger« Mann als harter, rauhbeiniger, unabhängiger Einzelgänger definiert wird, wie soll ein Mann dann eine Beziehung oder die Ehe akzeptieren, ohne sich gespalten zu fühlen? Wenn ein Mann »eigentlich« unabhängig sein müßte, es aber nicht ist (weil er verliebt ist, verheiratet ist oder eine Beziehung hat), wie soll er dann nicht ständig hin und her gerissen sein zwischen der Liebe zu seiner Frau bzw. seiner Geliebten und der Sorge, daß er seine Würde als »Mann«, seine Unabhängigkeit nicht behauptet? Vielleicht empfindet er die Beziehung als Bedrohung seiner »Dominanz« (ein »Mann« kann sich seine »Männlichkeit« nur bewahren, wenn er in einer Liebesbeziehung der »dominante« Teil ist) – ein Mann soll kein »Schwächling« werden oder »sich von einer Frau beherrschen lassen«, wenn er sich verliebt. Wie eine Frau es formuliert: »Die meisten Single-Männer scheinen enorme Angst davor zu haben, eine Frau zu lieben. Sie fürchten, daß Liebe ›unmännlich‹ ist. Sie können es zulassen, daß eine Frau *sie* liebt, versuchen aber, ihre eigenen Gefühle in Schach zu halten, nicht rauszulassen. Es ist ein Wunder, daß sie nicht noch schlimmer krank werden, als sie schon sind.«

Aus all diesen Gründen können mit der innigsten Liebe, die ein Mann für eine Frau empfindet, auch sein tiefster Haß und seine größte Angst zum Vorschein kommen, weil die Liebe sein Autonomie-Ideal bedroht – vielleicht will er dieses Gefühl der Verbundenheit nicht haben, obwohl es ein *gutes* Gefühl ist. Ein Mann kann in erhebliche Konflikte geraten, wenn er seine Gefühle als Abhängigkeit, Bedürftigkeit oder gar »Schwäche« auslegt. Und tatsächlich sagen laut *Hite Report II* die meisten Männer, daß sie nicht die Frau geheiratet haben, die sie am innigsten liebten.

So sind viele Männer in einer Art permanenter Isolation gefangen, in einem permanenten Alleinsein, verursacht von einem System, das ihnen »Dominanz« bietet (und behauptet, die Alternative sei nicht Gleichheit, sondern »Unterwerfung«!), wenn sie sich mit ihren Emotionen zurückhalten, ihr Gefühlsleben reduzieren, an Einsamkeit leiden bei dem Versuch, jede Situation »rational« zu bewältigen. Und am Ende haben sie niemanden, mit dem sie über ihre Gefühle reden können, wirklich reden. Oft verlieren sie auch die Frauen in ihrem Leben, die dahinkommen, einen Groll gegen sie zu entwickeln und sich emotional und sexuell zurückzuziehen.

Welches sind die Werte der »Frauen«kultur?

»Wenn ich verliebt bin, bin ich ein Teil der Leute, die ich liebe – und sie sind ein Teil von mir. Wenn sie Kummer haben oder wenn ich etwas tue, über das sie sich aufregen, bin ich furchtbar unruhig, bis wir darüber reden und es lösen können.«

Die Philosophie und die »Sub«kultur von Frauen haben sich im Lauf der Jahrhunderte entwickelt. Dazu beigetragen haben die Gedanken von Frauen, ihre Gespräche mit anderen Frauen über Beziehungen, Familie und Liebe – und ihr Wissen über das, was nötig ist, damit eine Familie emotional »funktioniert«. Zu den Werten der »Frauen«kultur gehören die Zusammenarbeit mit anderen (statt des Wettbewerbs), die Hochschätzung der Freundschaften, des empathischen, nicht verurteilenden Zuhörens, des Versuchs, in anderen das Beste zum Vorschein zu bringen, und der Fürsorge (statt der Dominanz).

Eine Frau beschreibt die Qualitäten der »weiblichen« Weltanschauung, die sie bewundert:

»Ich bewundere die stille Arbeit von Frauen – sie verteidigen den Frieden unter den Menschen, tun Gutes, obwohl sie nicht viel Anerkennung dafür bekommen. Ich wünsche mir, daß Frauen in die Welt hinausgehen und die Brücke zwischen privatem und öffentlichem Bereich wieder aufbauen, die durch die Industrialisierung zerstört worden ist. Hunderte von Frauen studieren Chemie! Weiter so! Ich wünsche mir, daß sich die private Moral auf die Erde ausbreitet; ich hoffe, daß sich Frauen einiges von dem Wissen bewahren, das sie erwarben, als sie Kinder aufzogen, und daß sie sich für humane Beziehungen einsetzen, wenn sie draußen im ›Einzelkampf‹ sind.«

Eine andere Frau beschreibt die Qualitäten ihrer Schwester – Qualitäten, die sie gern auch bei einem Mann in einer Liebesbeziehung fände:

»Der Mensch, der mir am nächsten steht, ist meine Schwester. Wenn ich Probleme habe, wende ich mich an sie. Sie versucht nicht, von oben runter meine Probleme zu lösen, sie hilft mir nur, sie zu sichten und sie selbst zu lösen. Ich kann ihr alles sagen, und sie kann mir alles sagen. Ich fühle mich wohl, wenn wir zusammen sind. Am meisten mag ich, daß sie nichts und niemand verurteilt und sich alles anhört, was ich sagen will.«

Und eine Frau spricht aus, was fast alle Frauen meinen: wieviel leichter es ist, mit Frauen zu reden (siehe 18. Kapitel):

»Ich bin neunzehn, weiß, und gehe in Des Moines/Iowa aufs College. Ich bin kreativ, sinnlich, intelligent und eine tolle Köchin. Ich mag Liebe, Respekt, Freundlichkeit. Im Moment gibt es zwei Leute, die mir am nächsten stehen, eine Frau und ein Mann. Der Mann ist mein Geliebter, und obwohl ich mit ihm zusammenlebe und versuche, über alles mit ihm zu reden, versteht er ein paar Sachen nicht besonders gut. Die Frau ist meine beste Freundin, und wir können über alles reden.«

Auf die Frage, welchen Beitrag Frauen zur Welt leisten, sagen die meisten Frauen, Frauen seien Gebende, sie kümmerten sich um die Menschlichkeit:

»Frauen sorgen sich ganz allgemein um andere und arbeiten daran, das Leben zu verbessern. Sie geben von sich aus.«

Häufig beschreiben sich Frauen selbst als gebend und stützend:

»Ich bin Mutter und Hausfrau. Ich koche gern, arbeite gern im Garten und habe Freude an der Natur. Mir ist sehr daran gelegen, daß es anderen gut geht. Ich bin schöpferisch und aktiv. Ich liebe Tiere. Ich bin eine Familienfrau – alles, was ich tue, tue ich für meine Familie und mit meiner Familie. Ich möchte im Leben auf unaufdringliche Weise so vielen Menschen helfen, wie ich kann. Am glücklichsten macht es mich, zu beobachten, wie meine Tochter heranwächst und sich entwickelt, und die Liebe in unserer kleinen Familie zu sehen und zu spüren. Ich liebe meinen Mann am meisten, wenn er unser Kind in seinen Armen hält.«

Sind Frauen »besser«?

Wenn wir die positiven, fürsorglichen Eigenschaften betonen, an die Frauen glauben und die zu übernehmen sie Männer bitten, laufen wir dann nicht in die eigene Falle, indem wir damit sagen, Frauen seien Männern moralisch überlegen? Nein, wir behaupten nicht, daß Frauen vollkommen wären, »Heilige«, die alle Menschen lieben und niemals böse sein können. Dennoch sind die fürsorglichen Eigenschaften, die Frauen im Haus entwickelt haben, eher angemessen, ja, ein notwendiger Gegenpol zur deutlichen Aggression, die zum Charakteristikum der »männlichen« Dominanz wurde.

Auch wenn wir also nicht sagen, daß Frauen von ihrer Veranlagung her »besser« sind als Männer, so können sie doch mit Recht stolz sein auf ihre Werte und ihre Philosophie – die sie sich mühsam erarbeitet haben. In dieser Studie äußern Frauen ihren Glauben an die Wichtigkeit der Gefühlswelt der anderen und damit an ein philosophisches System, das vorrangig auf menschlichen Beziehungen und Kooperation basiert. Für diese Anschauungen sollten die Frauen nicht herabgesetzt, sondern respektiert werden.

Frauen haben ihre Philosophie in den Bereichen von Liebe und Familienbeziehungen erarbeitet, denn das sind die traditionellen Betätigungsfelder, um die Frauen sich vorrangig kümmern. Falls Männer gezwungen wurden, hinauszuziehen in die weite Welt, um erfolgreich zu sein, so sind Frauen andererseits dazu gezwungen gewesen, erfolgreich ihre persönlichen Beziehungen und ihr Familienleben zu regeln. Die Erwartungen der Frauen sind nicht weniger stark und profund, weil sie auf Liebe und Beziehungen konzentriert sind, statt auf »theoretische« Diskussionen in der »Politik«. Die ethischen und strategischen Anlässe sind im wesentlichen gleich.

Das Nachdenken über Beziehungen führt Frauen zu vermehrtem Nachdenken über die Gesellschaft

Frauen treten heute in eine komplexe Diskussion ein. Es geht darum, ob sie auch weiterhin die Liebe als Mittelpunkt ihres Lebens betrachten sollen; wie sie mit der »männlichen« Einstellung umgehen sollen; ob Männer lernen sollen, ihre Einstellung zu verändern, damit sie sich mehr auf die Liebe einlassen können; oder ob Frauen aufhören sollen, sich »zuviel Gedanken« über Männer und Liebe zu machen und statt dessen ein größeres Interesse für andere Bereiche ihres Lebens entwickeln und diese für wichtiger halten sollen.

Frauen stehen vor einer historischen Entscheidung

Auf Frauen wird großer Druck ausgeübt, ihre traditionellen Werte aufzugeben und »männliche« Werte zu übernehmen, nicht mehr »so stark auf Liebe fixiert« zu sein. Doch die meisten Frauen sind nach Experimenten der letzten zehn bis zwanzig Jahre, »Sex wie Männer zu haben« (Sex nicht mit Emotionen oder einer Beziehung zu verbinden), »weniger zu empfinden« und »weniger zu lieben« zu dem Schluß gekommen, daß dieser Lebensstil unbefriedigend ist. Die meisten Frauen sträuben sich dagegen, solche Werte zu übernehmen. Sie haben das Gefühl, daß sie das nicht leben und sich gleichzeitig ihre Integrität bewahren, sich treu bleiben können.

Und wenn sie dem Druck nachgeben, »männliche« Werte zu übernehmen, obwohl sie ihr eigenes Wertesystem bevorzugen, und tatsächlich »männlich« handeln (nicht mehr fürsorglich sind), werden sie von Männern oft dafür gescholten. So sind sie in einer Situation gefangen, in der sie nicht gewinnen können: Was sie auch tun, sie werden dafür herabgesetzt.

Das hat viele Frauen dazu geführt, darüber nachzudenken, wie sie in diese Lage gekommen sind und wie sie sie ändern können, hat sie dazu geführt, die Möglichkeiten zu analysieren, die ihnen offenstehen. Da Frauen in ihren Beziehungen wieder und wieder gegen das »männliche« System anrennen und versuchen, den Durchbruch zu schaffen, wirklich Kontakt zu bekommen, beginnen sie immer weitergehende Fragen zum »männlichen« System zu stellen, überlegen sich, warum sich Männer so verhalten, wie sie sich verhalten. Mit anderen Worten, das Leid in ihrem Leben mit Männern führt viele Frauen zum

Nachdenken darüber, *warum* die Liebe so schwierig ist. Und nun stellen sie sich eine Reihe von Fragen.*

Bei dem Versuch, Beziehungen zu verstehen, fangen sie oft damit an, sich selbst in Zweifel zu ziehen. Sie fragen sich, ob *sie* etwas falsch machen. Dann bemühen sie sich vielleicht, den psychologischen Hintergrund der Männer in ihrem Leben zu erhellen. Das führt sie häufig dazu, die Familie ihres Mannes oder Liebhabers zu betrachten, die Beziehung seiner Eltern – und schließlich die Gesellschaft, das System und die Frage, wie es so geworden ist. Das Nachdenken über sich selbst und die Männer in ihrem Leben führt Frauen also zum Nachdenken über die gesamte Kultur – und dann sind sie, frustriert über ihre Beziehungen mit Männern, oft auch frustriert über die Gesellschaft und werden zornig auf sie.

Es ist kein Zufall, daß wir hier die Grundwerte unserer Gesellschaft im Spiegel privater Beziehungen betrachten. Wir halten es für wesentlich, die Grundwerte und -überzeugungen so zu betrachten, wie sie sich im Individuum und in den Beziehungen zwischen zwei Menschen manifestieren, weil sowohl der einzelne als auch diese Beziehungen zu den Bausteinen unseres sozialen Systems gehören. Die soziale Struktur ist gekennzeichnet durch die Art, in der wir Beziehungen zu anderen formen. Es ist die Art, in der wir Regierungen, Körperschaften, unsere Arbeit und unser Zuhause gestalten. Wenn wir diese Grundüberzeugungen und die Konflikte im Hinblick darauf, wie Beziehungen gestaltet werden und was sie im Innersten sind, nicht untersuchen, können wir auch nicht enträtseln, was in unserer Gesellschaft im »großen« vor sich geht, in der Innen- und Außenpolitik zum Beispiel.

Da Frauen mit Männern um die Veränderung des Wesens und der Auffassung von Beziehungen kämpfen, stehen sie im Kampf mit dem gesamten »männlichen« System. Vom Ergebnis dieses Kampfes wird es abhängen, wie die Werte und die allgemeine Richtung der Kultur in Zukunft aussehen.

---

* Dieser Prozeß des Nachdenkens läuft parallel dazu, daß Frauen auch ihre ökonomische Situation durchgreifend verändern. In den letzten zehn Jahren hat sich die Zahl der Frauen, die Jobs angenommen und Geschäfte gegründet haben, so rasch vermehrt, daß Frauen als Gruppe nicht mehr von Männern abhängig sind. Obwohl die meisten noch relativ niedrige Gehälter beziehen (und Kindertagesstätten teuer sind), haben mehr Frauen denn je die Mittel, es allein zu schaffen, sei es auch nur mit Mühe. Dies ist eine Entwicklung, die enorme Auswirkungen haben wird und sich derzeit erst im Anfangsstadium befindet. (Siehe auch 11. Kapitel.)

Könnte es sein, daß das »weibliche« Wertesystem – das »Wertesystem der Liebe« (das Familienwertesystem) verschwindet?

Frauen haben das Wertesystem, in dem Liebe und Familie die wichtigsten Faktoren sind, in weitaus stärkerem Maße getragen als Männer. Was geschieht, wenn sie die Liebe als Grundwert aufgeben? Wird das der Tod der Liebe und der Familie sein? Tragen Millionen Frauen jetzt – bedrängt von den ständigen Attacken auf die »weiblichen Werte«, im Bewußtsein dessen, daß Lieben und Geben sie nicht weiterbringt – einen inneren Kampf mit sich aus, ob sie die Liebe aufgeben sollen? Fast alle »liberalen« Medien legen Frauen nahe, nicht mehr so »weiblich«, sondern »schlau« zu sein, aggressiv zu werden, mehr wie Männer zu werden. Wenn sie das täten, könnte es den vollständigen Sieg der »männlichen« Ideologie bedeuten. Doch wird dieser Sieg den Männern gefallen? Wird er gut für die Gesellschaft sein? Oder wird das Leben härter werden und die Welt ein unwirtlicher Ort?

Wir stehen am Wendepunkt einer Kulturrevolution. Werden Frauen das »männliche« Wertesystem übernehmen, Konkurrenzkampf und Kälte auf ihre Fahnen schreiben, da sie so dafür verhöhnt werden, daß sie »zu emotional« sind? Oder werden sie es irgendwie schaffen, ihre Tradition der Fürsorge und der Wärme lebendig zu erhalten, sei es auch nur »im Untergrund«, als Gegenkultur? Werden sie »bikulturell« leben: eine Lebensweise für die Arbeit draußen, eine andere, wenn sie zu Hause sind? Oder wird das »weibliche« Wertesystem völlig verschwinden? Macht es uns etwas aus?

Die Welt mit neuen Augen sehen: die »Andere« transformiert

Einige Frauen beginnen von einer neuen Alternative zu sprechen. Sie sagen, daß es nicht nur ein Entweder-Oder gibt – »männliche« Werte übernehmen oder »weibliche« Werte bewahren –, sondern daß wir noch einen dritten Weg haben. Frauen können bei ihrem Wertesystem bleiben, können auch weiterhin an Liebe und Fürsorge glauben, aber sie an andere »Objekte« wenden. Die meisten Frauen finden nach wie vor, daß Lieben und Geben primäre Werte sind, doch viele stellen jetzt in Frage, ob es der beste und wichtigste Ausdruck dieses Liebens und Gebens ist, für einen Mann »da zu sein«.

Einige Frauen erhalten sich ihren Glauben an die Liebe, fächern sie aber breiter auf. Männer, die Frauen immer noch nicht als ebenbürtig betrachten, stehen nicht mehr im Mittelpunkt dieser Liebe, sondern die Frauen lassen ihre emotionale Kraft einem breiten Spektrum von Beziehungen und auch der Arbeit bzw. der Politik zugute kommen. Es ist ein Unterschied, ob wir Liebesbeziehungen mit Männern fürs erste aufgeben, während wir bei unserem Glauben an die Liebe, ans Vertrauen und an die Freundlichkeit bleiben, oder ob wir die Liebe aufgeben, indem wir »männliche« Werte und kühlere, distanziertere Verhaltensweisen übernehmen. Werden wir uns den Glauben an die Liebe, ans Geben und Verstehen bewahren, nun, da wir beginnen, an der Lenkung der Welt teilzuhaben?

Dies ist der Wendepunkt für die Kultur, ein historischer Moment. Der Druck, sich zu verändern, lastet (wie immer) zum größten Teil auf Frauen. Werden die Männer sehen, daß auch für sie eine neue Richtung möglich ist? Werden Frauen für *ihren* Glauben kämpfen, für *ihr* System, oder werden sie zu dem Schluß kommen, daß es zu schwierig ist, die Gesellschaft oder auch nur ihre Beziehung zu verändern, und sich wieder im »männlichen« Überbau einrichten?

Die Liebe neu überdenken – wie man ihr Ausdruck verleiht, wie man sie definiert und wen zu lieben man wählt –, bedeutet den Aufruf zu einer vollständigen Neubewertung der Weltsicht der Kultur auf. All das hängt zusammen. Wenn wir an unseren Schwierigkeiten in der Liebe arbeiten und einige davon abbauen und lösen, wenn wir die Liebe fördern, indem wir die Werte des Wettbewerbs und des Gewinnens (besonders in Beziehungen) in Frage stellen, und wenn wir diese Probleme ernst nehmen, können wir auch einige unserer politischen und ökonomischen Probleme lösen und einen positiveren Bezugsrahmen für die Gesellschaft schaffen.

Teil II

Single sein: Frauen und Autonomie

Single sein: Sich frei fühlen –
oder emotionale Verwirrung und Bankrotterklärung
an Beziehungen?

»Ich bin gern Single. Wenn man allein lebt, hat man Zeit rum-
zutrödeln, nachzudenken, zu lesen, Kurse zu machen, ins Kino
zu gehen – man sieht mehr von der Welt, statt damit beschäftigt
zu sein, jemand anderen kennenzulernen. Man ist seinen Freun-
dinnen näher. Sicher, es hat seine Höhen und Tiefen, aber ohne
Leiden gibt es keine Freuden, und wer sich nichts traut, kann kei-
nen Blumentopf gewinnen!«

»Ich habe in Liebesbeziehungen immer die Erfahrung gemacht,
daß ich zuerst vierundzwanzig Stunden am Tag völlig bean-
sprucht werde. Das geht ungefähr drei Monate so – Seelenqualen
bis zum Wahnsinn, intensivstes Engagement. Dann hab' ich so
was wie einen Nervenzusammenbruch und mache Schluß. Dann
bespreche ich alles am Telefon mit guten Freundinnen und werde
langsam wieder ich selbst. Bis zum nächsten Mal.«

Das Leben selbst bestimmen

Frauen aller Altersstufen sind gern für sich. Die meisten haben gern einen großen Freundeskreis und schätzen es, freie Hand zu haben für
Treffen und Kontakte mit anderen, den Job annehmen zu können, den
sie wollen, und einer Reihe von Interessen nachzugehen. In einer
Zweierbeziehung dagegen kann die Kommunikation begrenzt sein,
die Zeit reicht oft nicht, alle Freundinnen und Freunde zu treffen.
Frauen bestimmen gern selbst über ihr Leben – ob das nun den Entschluß zu heiraten beinhaltet oder den Entschluß, »allein« zu bleiben.
   Die meisten alleinlebenden Frauen beschreiben allerdings verstö-
rend grobe und ärgerliche Beziehungen mit Männern, emotionale
Berg- und Talfahrten – erst sind die Männer sehr nett, dann sehr ruppig. Häufig sind die Qualen, die alleinlebende Frauen in ihren Liebesbeziehungen leiden müssen, noch schlimmer als die Schwierigkeiten,
denen sie in der Ehe oder in »Ehen ohne Trauschein« begegnen. Der
emotionale Vertrag (siehe I. Teil) ist auch hier wirksam, nur auf noch
üblere Weise, was an der »Markt«-Atmosphäre liegt, die in der
»Single-Szene« herrscht.
   Eine Frau schildert, nachdem sie ein paar solche Berg-und-Tal-Be-
ziehungen durchgemacht hat, ihre innere Verfassung:

»Obwohl meine Liebesbeziehungen eine Tortur waren, versuche ich es immer wieder, wenn ich Ruhepausen und Phasen, in denen ich nie wieder jemanden lieben will, hinter mir habe. Ich entspanne mich, ›sortiere‹ mich, bin ein Jahr enthaltsam, denke über mich und meine Rolle in Beziehungen nach. Ich frage mich oft, warum *ich* alles machen muß – Kompromisse, Anpassung, Veränderung, Entwicklung usw. Meine Freundschaften sind oft lohnender und dauerhafter. Aber in meinen Liebesbeziehungen war es immer so, daß ich in gewisser Hinsicht nicht auf einer Ebene mit dem Mann sein durfte – manchmal mußte ich sogar unterwürfig sein, damit Friede war. Meine Liebesbeziehungen waren voll von doppelter Moral – Rollenverteilung, beim Sex usw. – und voll von Widersprüchen. Widersprüche zwischen dem, was der Mann sagt, und dem, was er tut. Aber es ist wohl wichtig, sich zu verlieben. Man hat es nicht in der Hand, oder?«

Die meisten Frauen lieben das Gefühl, Single zu sein und ihr eigenes Leben zu haben, aber sie können dieses Gefühl, diesen Zustand nicht unbeschwert genießen, weil das Thema Alleinleben immer mit der Anmutung belastet ist, daß es sich um etwas Vorübergehendes handeln *muß*, daß keine Frau immer unverheiratet bleiben möchte – denn das würde sie zur Ausgestoßenen machen (besonders »ab einem gewissen Alter«!), würde bedeuten, daß sie »keinen abgekriegt hat«.

Die meisten Frauen glauben das nicht mehr. Doch der gesellschaftliche Druck ist so groß, daß die Ängste bleiben und jederzeit auftauchen können, egal wie sehr man dagegen ankämpft – und das tun die Frauen hier.

Tatsächlich befinden sich alleinlebende Frauen momentan mittendrin in einer Phase von durchgreifenden Veränderungen und profunden inneren Debatten. Von allen Seiten wird – teils widersprüchlicher – Druck auf sie ausgeübt, sich auf diese oder jene Art zu verhalten. Wie sollen sie sich nun entscheiden? Welchen Weg weist ihnen ihr Gefühl? Wie wird man glücklich? Das sind die Fragen, die die Frauen hier aufwerfen: Sie wehren sich gegen den Druck der Gesellschaft und fragen sich gleichzeitig manchmal, ob sie das, was die Gesellschaft von ihnen will, nicht in Wirklichkeit auch selbst wollen – man muß ja nicht einfach um der Rebellion willen rebellieren. Und woher weiß man so genau, wer man ist? Die Frauen hier sehen sich komplexen Fragen wie dieser gegenüber, stehen vor der Wahl, wie sie ihr Leben leben wollen, und das mitten in einer der verwirrendsten und aufregendsten Umbruchzeiten der Geschichte. Wofür entscheiden sie sich? Das verdient mit großer Aufmerksamkeit angehört zu werden.

4

Drei alleinlebende Frauen beschreiben ihr Leben

1

Ich bin zwanzig, habe vor kurzem eine Tochter bekommen und beschlossen, sie zur Adoption freizugeben. Das war meine größte Leistung und meine größte Krise, weil ich meine Entscheidung nach langem Nachdenken getroffen habe. Ich habe beide Seiten abgewogen (ob ich sie behalten oder ob ich sie zur Adoption freigeben soll). Es war die Hölle, aber ich habe die Entscheidung von mir aus getroffen und bin sehr stolz darauf, wie ich die Situation gepackt habe. Mein Baby weggeben war das Schwierigste, was ich je machen mußte. Es hat mich sehr traurig gemacht und mich viel Nachdenken gekostet.

Zuvor war ich in einer katholischen Mädchenschule. Als ich schwanger war, habe ich bei meiner Schwester gewohnt. In der Schwangerschaft war mein Freund der Mensch, der mir am nächsten stand. Er war bei der Geburt dabei und hat mir sehr geholfen, als ich meine Entscheidung treffen mußte und Depressionen hatte. Wir sind uns in der Schwangerschaft sehr nahe gekommen. Jetzt sind wir dabei, uns zu trennen, weil wir unsere Freiheit brauchen – zumindest für eine Weile. Er ist lieb und ehrlich zu mir, und ich mag das. Er hat mich in drei Jahren nicht einmal betrogen. Ich bewundere ihn, weil er so gutherzig ist, er ist ein wunderbarer Mensch. Wir können nur zusammen nicht wir selbst sein. Wir sind beide nicht so glücklich, wie wir es sein könnten. Ich glaube, wir haben zu früh angefangen, und jetzt will ich einfach eine Weile frei sein. Ich empfinde immer noch sehr viel für ihn, aber jetzt brauchen wir beide erst mal Luft zum Atmen.

Verliebt sein ist wichtig für mich, aber nicht jetzt. Es ist harte Arbeit, und ich brauche meine Energie jetzt für andere Sachen. Aber später wird es bestimmt wichtig sein. Das größte Problem in unserer Beziehung war – wenigstens für mich – das Gefühl, eingesperrt zu sein, nicht ganz ich selbst sein zu können. Ich wollte die Freiheit haben, mich mit anderen Männern zu treffen, mit ihnen zu schlafen, ohne daß ich mich schuldig oder untreu fühlen mußte. Noch ein Problem war, daß er viel gearbeitet hat und ich ihn nur am Abend gesehen habe. Da konnte man nicht mehr viel machen außer zum Essen gehen oder ins Bett. Das wurde mit der Zeit langweilig, und ich hatte nicht mehr so viel Spaß am Sex.

Am Anfang war der Sex wirklich toll. Er hat sehr zärtlich und intim mit mir gesprochen – auf italienisch! –, sehr romantisch, aufregend und sexy. Ich mochte es sehr. Ich konnte immer orgasmen, beim Geschlechtsverkehr, beim oralen Sex und wenn wir zusammen masturbiert haben. Am Ende haben wir es nur noch mechanisch gemacht, und der Sex war nicht mehr so gut. Wir waren ganz anders als am Anfang. Es ging so weit, daß ich keinen Sex mehr haben wollte, weil ich irgendwie unzufrieden war. Er kritisierte mich dann dafür, daß ich nicht liebevoll und zärtlich war, und ich kritisierte ihn dafür, daß er immer spitz war und Sex wollte und nicht richtig verstand, wie ich mich fühlte.

Nach der Geburt fiel es uns leicht, miteinander zu reden. Er hat mich körperlich und emotional in einem solchen Zustand erlebt, daß danach alles leicht war. Aber nach der Adoption ging es wieder los mit dem alten Trott.

Das Schlimmste, was er mir je angetan hat, war, daß er mit anderen Mädchen rumgemacht hat, als ich schwanger war. Er hatte mit keiner Geschlechtsverkehr, aber er hat unheimlich damit angegeben, wie toll ihn alle fänden. Ich war völlig kaputt, weil ich das Gefühl hatte, daß er mich fertigmachen wollte. Wenn er über die anderen Mädchen sprach, hatte ich das Gefühl, daß er mich mit ihnen verglich – es hörte sich immer so an, als wären sie viel toller als ich. Ich wußte, daß er es nicht ernst meint, und habe ihm gesagt, wie sauer mich das macht, aber er fing immer wieder davon an.

Von einem Mädchen hätte er sich fast einen blasen lassen, aber er war wenigstens so ehrlich, mir jedesmal Bescheid zu sagen, wenn was war. Wenn ich eine richtige Beziehung habe, möchte ich unbedingt, daß mein Partner treu ist. Es tut sehr weh, wenn man weiß, der Partner hat Spaß mit jemand anderem, wo er doch mit dir Spaß haben sollte. Man fühlt sich so betrogen, wird mißtrauisch – und das ist zuviel negative Energie für eine Beziehung. Wenn mein Partner treu ist, weiß ich, er setzt seine Energie dafür ein, daß die Beziehung wächst, er verschwendet sie nicht mit irgendwelchen Aktivitäten außerhalb der Beziehung.

Das Schlimmste, was ich ihm je angetan habe, war, daß ich bei einem Tauchurlaub was mit einem Tauchlehrer hatte. Er war sehr gekränkt und fühlte sich sehr betrogen. Das konnte ich verstehen.

Aber normalerweise haben wir nie gestritten. Wir haben darüber geredet, wie wir uns fühlen und dann versucht, das Problem mit einem

Kompromiß zu lösen oder uns mehr dessen bewußt zu sein, was wir tun. Wir fanden, es ist Energieverschwendung, sich zu zanken. Wenn man wütend ist, ist es so schwierig, das Problem richtig zu sehen. Wir haben das alles immer sehr ruhig gelöst. Es hat uns Spaß gemacht, zusammen zu arbeiten, uns zu helfen – beim Abwaschen, beim Kochen, im Garten und im Haus. Ich würde sagen, mein Freund hat mich als ebenbürtig betrachtet. Er bewunderte mich. Ich hatte nie das Gefühl, daß ich anders bin als er, weil er ein Mann ist. Nur wenn es um körperliche Dinge geht, ist er stärker, kann leicht einen Job als Landschaftsgärtner oder Bautischler kriegen – jede Art körperliche Arbeit. Die meisten Männer, die ich kenne, finden die Frauenbewegung toll. Sie macht Frauen einfach interessanter. Diese Männer sehen ein, daß Frauen viele unerfüllte Bedürfnisse haben und daß die Frauenbewegung ihnen hilft.

Am glücklichsten war ich in meiner Zeit im Krankenhaus, vor und nach der Geburt. Ich denke gerne daran. Mein Freund war so wunderbar. Er war immer da und hat mir geholfen. Da habe ich gemerkt, was für ein guter Mensch er ist, und war so glücklich, daß uns das Schicksal zusammengeführt hat und daß ich ihn habe.

Obwohl ich meine Freiheit wollte und mich von ihm trennen wollte, hasse ich den Gedanken, daß er was mit anderen hat. Wir sind uns immer noch nahe, und es würde mir weh tun, wenn ich es wüßte. Ich bin nicht deprimiert oder so was, es wird nur schwierig sein ohne ihn. Dann kriege ich nichts mehr von seinem Leben mit. Aber unsere Beziehung ist etwas Besonderes. Das ist so ein intuitives Gefühl von mir – unsere erste Begegnung war schicksalhaft, die ganzen Umstände waren irgendwie bedeutungsvoll, wichtig. Wir müssen jetzt eine Weile getrennt unsere Wege gehen, aber wenn wir reifer sind, werden wir zusammen eine stärkere Beziehung entwickeln können. Das habe ich im Gefühl – wir werden wieder zusammenkommen. (Nur manchmal habe ich Angst, daß er mich vergißt und eine andere findet, die er mehr liebt und an der ihm mehr liegt als an mir.)

Am allermeisten habe ich meine Tochter geliebt, und deswegen war es so unheimlich schwer für mich, sie wegzugeben. Obwohl ich sie nicht lange hatte, war es eine starke Liebe, und das ist auch jetzt noch so und wird es immer bleiben. Wir sind seelisch verbunden durch diese Liebe, und ich freue mich auf den Tag, an dem wir wieder vereint sind.

Meine Mutter hat keine Ahnung, daß wir uns getrennt haben, und ich weiß nicht, ob es meinen Vater interessiert. Wenn meine Mutter das rauskriegt, wird sie mir zusetzen, weil sie meine Logik sicher nicht verstehen kann. Sie mag ihn wirklich, sie weiß, daß er eine »gute Partie« ist, und sie wird nicht begreifen, warum ich ihn »aufgegeben« habe.

Ich habe definitiv nichts mit einer anderen Beziehung im Sinn. Ich brauche jetzt Zeit, um an mir zu arbeiten, meinen Weg zu finden und mein Ziel zu erreichen. Da darf mir nichts dazwischenkommen. Ich habe nicht das Gefühl, daß ich im Augenblick unter dem Druck stehe, heiraten zu müssen. Ich will einen Beruf haben und dann irgendwann mal heiraten und Kinder haben – aber nicht in naher Zukunft.

Ich gehe gern alleine aus. In meiner Generation ist es nichts Besonderes, Single zu sein. Ich finde, in meiner Altersgruppe ist alles so anders, wenn man es mit den Leuten über Dreißig vergleicht. Die kommen mir irgendwie paranoid vor, und Komplexe haben sie auch. Im Augenblick habe ich Angst, wieder in die Szene einzusteigen und eine sexuelle Beziehung anzufangen. Ich bin da schon so lange draußen.

Ich bewundere Männer, die selbstbewußt sind, selbstsicher, Männer aus den sechziger Jahren – aber die gibt's wohl nicht mehr. Das ist die Art Mann, die ich mag. Einer, der den Mann nicht so rauskehrt. Ich mag Männer nicht, die sich als Machos aufspielen, die einen anstarren und erwarten, daß man nur so dahinschmilzt, die Chauvis sind und »ihre Frauen« respektlos behandeln. Ich kann eingebildete und arrogante Kerle nicht verknusen. Die verletze ich ganz gern mal in ihrer Eitelkeit, weil sie so eklig sind, und gut tut es ihnen auch – das bringt sie wieder auf die Erde zurück.

Ich bin für die Frauenbewegung und verstehe nicht, warum die notwendigen Staaten nie das ERA* ratifiziert haben. Es ist schwachsinnig und irgendwie entmutigend, wenn man sich überlegt, daß manche Leute nicht akzeptieren wollen, daß Frauen gleichberechtigt sind. Ich kann nicht glauben, daß sich Amerika nicht so weit entwickelt hat, um einzusehen, wie wichtig und wertvoll Frauen sind. In Zukunft sollte es auch keinen Unterschied zwischen Mutterrolle und Vaterrolle geben, denn das hat die Geschlechter bis jetzt voneinander getrennt. Wenn beide Partner bei der Erziehung gleichgestellt sind, wird das Kind so aufwachsen, daß es beide als Person sieht und nicht nur, ob sie männlich oder weiblich sind.

Bis jetzt habe ich selbst am meisten dafür gesorgt, mich lebendig zu fühlen. Andere haben mir geholfen, aber es kam vor allem von mir. Das meiste, was ich will, muß erst noch kommen. Ich bin noch jung und muß vieles lernen. Ich weiß, daß ich selbst entscheiden muß, wie etwas laufen soll. Ich habe mein Leben in der Hand.

---

* *Equal Rights Amendment*, Zusatzartikel zur amerikanischen Verfassung über die Gleichberechtigung von Frauen (Anmerkung der Übersetzerin).

2

Ich bin aus Haiti. Bin in die Staaten gekommen und habe mir Englisch fast allein beigebracht. Ich war stolz darauf. Ich bin siebenunddreißig Jahre alt – weiblich, habe nie mit jemand zusammengelebt, habe eine zehnjährige Tochter (absichtlich).

Zuerst möchte ich sagen, wie dankbar ich bin, daß mir jemand die Chance gibt, von meinem Leben zu schreiben. Ich habe mit jemand reden wollen. Aber es scheint, die einzige Möglichkeit, daß einem jemand zuhört, ist der Psychiater. Es gibt nicht viele Leute, die einem zuhören, ohne daß sie kritisieren oder einem Ratschläge geben, außer man geht zum Psychiater (aber ich habe mir nie einen leisten können).

Ich habe eine Arbeit (staatlich geprüfte Krankenschwester), die soviel bringt, daß ich finanziell unabhängig bin. Ich habe keinen Mann (war nie verheiratet). Ich habe keine Verwandten, die mich interessieren (außer meiner Tochter). Meine Eltern sind tot, also brauche ich mir keine Sorgen zu machen, daß sie krank werden oder auf mich angewiesen sind. Ich habe nicht soviel Probleme wie die meisten Frauen, besonders Hausfrauen. Aber manchmal bin ich furchtbar einsam. Dann habe ich das Gefühl, ich sterbe innerlich. Ich brauche einen Mann, damit ich lieben kann und geliebt werde, aber ich glaube nicht, daß ich ihn bald genug finde.

Ich weiß noch, daß ich sehr, sehr glücklich war, wenn ich verliebt war. Es war immer einseitig. Daß zweimal ein Freund mit mir Schluß gemacht hat – das hat mich am meisten aufgeregt in meinem Leben. Ich glaube, es war so ein Gefühl, daß ich versagt habe. Das war ich nicht gewöhnt. Ich war gut in der Schule. Ich habe nicht gewußt, wie mir das passieren kann, daß ich an den falschen Typ Mann komme. Es hat mich furchtbar aufgeregt, als ich gemerkt habe, daß es manches gibt, das man nicht kriegt. Egal, wie sehr man es versucht, man kann nicht das Herz von jemand gewinnen, der einen nicht will.

Manchmal kann man die Liebe überhaupt nicht erklären. Es passiert einfach. Ich habe es gemerkt, als ich Kinder gehütet habe. Du schaust jemand an und bist verliebt. Es ist wie Zauberei. Ich habe mich einmal in ein zweijähriges Mädchen verliebt. Ich habe bei ihrer Mutter im Haus gearbeitet, als Dienstmädchen. Sie war nicht hübsch, aber sie war mein Ein und Alles. Wir haben uns sehr gefehlt, als wir auseinander waren. Seitdem nehme ich es meinen Exfreunden nicht mehr übel, daß sie mich nicht geliebt haben. Sie waren eben nicht gleich in mich verliebt. Es kann auch passieren, wenn man jemand schon lang kennt. Eines Tages wird er etwas Besonderes. Ich will alles von ihm wissen. Will immer in seiner Nähe sein. Aber eigentlich ist Liebe, wenn man sich um jemand kümmert.

Ich war eine bessere Mutter, als ich noch nicht Mutter war. Ich habe mein Baby geplant. Aber als ich dann Mutter war, war ich ein ganz normaler Mensch mit viel Fehlern. Ich war sehr idealistisch und habe viel Geduld gehabt mit Kindern, als ich noch nicht Mutter war.

Vor einem Vierteljahr habe ich einen wunderbaren Mann kennengelernt. Ich will mit ihm leben, aber ich warte noch, daß er sich entscheidet. Ich liebe ihn, weil er ein gutes Herz hat. Er ist freundlich. Ich kann mich darauf verlassen, daß er mir (und überhaupt niemand) mit Absicht weh tun würde. Ich glaube auch, daß er treu ist. Er braucht nicht oft Sex, aber wenn er Liebe mit mir macht, ist es intensiv und sehr schön. Für mich ist er der Lover, den ich brauche. Ich wundere mich, daß ich jedesmal einen Orgasmus mit ihm habe. Ich bin auch gern so mit ihm zusammen. Wir können ehrlich über Geld reden, und ich hoffe, daß unsere Beziehung etwas Festes wird. Wenn wir eine dauerhafte Beziehung beschließen, soll er aber sicher sein, daß er das auch wirklich will.

Er ist jünger als ich (zehn Jahre) und kann sich sehr für die einfachen Dinge im Leben begeistern – ausgehen, sich etwas anschauen usw. Ich mag seine Einstellung zum Leben. Er ist nicht verbittert über das Leben oder die Leute. Es ist eine Erholung, mit jemand zusammen zu sein, der so naiv ist. Was mir im Moment nicht so gefällt, ist, daß er sich mit seiner Arbeit nicht sehr glücklich fühlt. Vielleicht ist er gerade in einem Zustand, wo er sich fragt, wer er ist und was er mit seinem Leben machen soll.

Ich liebe ihn, aber ich glaube nicht, daß ich verliebt bin. Ich bin sehr glücklich, wenn ich an ihn denke, und wünsche mir, daß er auch glücklich ist mit sich selber. Ich weiß nicht, ob er mich liebt, und wenn ja, wie sehr. Ich glaube, er weiß selber nicht, wer er ist im Moment. Wenn wir zusammen sind, ist er, glaube ich, sehr glücklich. Er hat eine furchtbare Laune, wenn wir uns trennen müssen. (Wir wohnen 2500 Kilometer auseinander.)

Ich würde meine Arbeit nicht aufgeben, bevor ich nicht sicher bin, welche Gefühle er für mich hat. Wenn ich mit meinem Freund zusammenziehe, muß ich auch arbeiten. Er verdient nicht genug für zwei. (Ich war immer finanziell unabhängig, habe nie viel verdient, aber genug.) Es ist sehr schwer für uns zu sagen, welche Gefühle wir füreinander haben im Moment. Ich glaube, das ändert sich, wenn er geschieden ist. Vielleicht hat er das Gefühl, daß er nicht sagen darf »Ich liebe dich«, bevor er geschieden ist.

Was das Wichtigste ist in meinem Leben, kann ich nicht sagen. Meine Arbeit gibt mir Selbstvertrauen. Ich bin für meine Tochter verantwortlich, und sie war mein Leben, bis ich ihn kennengelernt habe. Er ist die Anregung für mich. Alle drei Dinge sind mir gleich wichtig.

Ich habe geplant, schwanger zu werden, weil ich ein Kind wollte. Ich wollte die Leere füllen, die in mir war. Ich wollte meine unglückliche Kindheit ausgleichen dadurch, daß ich meinem Baby eine schöne Kindheit gebe. Es hat funktioniert. Ich bin mit meinem Baby größer, erwachsener geworden.

Ich kann, glaube ich, gut Liebe geben, Leute beruhigen. Manchmal kann ich nicht verstehen, warum die Leute gewisse Dinge machen. Ich gebe das, was ich gern bekommen würde. Aber manche Leute nehmen nur. Ich habe gelernt, mir die Leute auszusuchen, die ich liebe. Denen, die nur nehmen, gehe ich aus dem Weg. Meine Tochter ist sehr liebevoll. Sie zeigt mir ihre Liebe, wenn ich mich abkapseln will von der Welt. Und so kann ich nicht anders als auch liebevoll sein.

Ich bin nicht gern Single. Aber lieber bin ich Single als mit jemand zusammen, den ich nicht liebe oder vor dem ich keinen Respekt habe. Der Vorteil ist, daß man selber entscheiden kann. Der Nachteil ist, daß ich niemand habe, der für mich entscheidet. Manchmal ist es lästig, alles selber zu entscheiden. Manchmal mache ich gern, was jemand will, den ich liebe.

Eigentlich habe ich das Gefühl, daß ich versagt habe, weil ich nicht verheiratet bin. Ich fühle mich nicht gut genug, vernachlässigt, um etwas gebracht, das jeder haben sollte. Vielleicht kommt es davon, daß ich mich einsam gefühlt habe, als ich Kind war, und früh von zu Hause fortgegangen bin. Ich wünsche mir so sehr ein warmes, liebevolles Familienleben.

Mit zwei Männern war es mir sehr ernst. Aber es hat nicht lange gedauert, da sind sie kalt geworden. Ich habe beschlossen, daß ich nicht mit jemand leben will, der nicht warmherzig und zärtlich ist. Als ich mir überlegt habe, was geworden ist aus der wunderschönen Beziehung, habe ich viel geweint – viel Kummer, viel Depressionen. Aber dann habe ich mir gesagt: »Der ist es nicht wert, daß du wegen ihm weinst!« Und dann habe ich mich besser gefühlt. Ich wollte mit jemand reden. Aber die meisten von den sogenannten Freundinnen, die mit ihren Problemen zu mir gekommen sind, wollten nicht zuhören. Sie wollten, daß ich den Mund halte. Aber eine Freundin hatte ich, die hat mir zugehört und mich beruhigt. Ich bin ihr sehr dankbar. Ich vergesse ihr nie, daß sie versucht hat, mich zu trösten.

Ich bin drüber weggekommen, weil ich meinen Respekt vor mir selber wieder aufgebaut habe. »Ich habe jemand Besseren verdient als ihn.« Ich habe mich wirklich gut gefühlt, als ich ihm »Auf Wiedersehen« gesagt habe. Der zweite Mann war schwieriger aufzugeben, weil ich das Kind von ihm hatte. Wir hatten immer ganz gute Kommunikation. Es hat vier Jahre gedauert, bis ich ihn innerlich aufgegeben habe. Vier Jahre habe ich mich für keinen anderen interessiert. Meine Arbeit hat mir sehr geholfen. Ich habe mich auf die Arbeit konzentriert. Nur an die Arbeit gedacht und härter gearbeitet.

Ich bin gern verliebt. Ich finde es ein großes Geschenk, wenn man verliebt ist. Ich bin der höheren Macht dankbar, daß sie mich verliebt sein läßt. Ich traue mir mehr zu, wenn ich verliebt bin. Es gibt mir ein gutes Gefühl. Ich fühle mich von innen heraus schön.

Ich habe einmal gewollt, daß mein (früherer) Lover alles von mir weiß. Aber er war nicht interessiert. Wenn mein jetziger Freund alles von mir wissen will, würde ich es ihm sagen. Aber ich würde es ihm nicht sagen, wenn er mich nicht fragt. Wir (oder er) brauchen noch Zeit, bis unsere Beziehung so eine richtige Beziehung wird, wie ich sie haben will (alles miteinander teilen – nicht nur Hoffnung, auch Angst). Er sagt, Männer wären besser als Frauen, aber ich glaube, das sagt er nur, damit er sich besser fühlt. Ich war einmal in einen Mann verliebt, der »Frauenhasser« war. Ich wollte ihm helfen, aber das war so, wie wenn man einem Alkoholiker helfen will – er will, daß man ihm hilft, aber er will sich nicht selber helfen. Ich habe den Respekt vor mir selber verloren. Dann war es aus. Mein Exfreund wollte mich schlagen. Es war mehr Spaß als Ernst, hat er gesagt. Aber ich war böse und zornig. Es hat mich an meinen Vater erinnert. Der ist manchmal brutal geworden, wenn er zuviel getrunken hat. Ich habe meinem Exfreund gesagt, er soll das nie mehr machen, sonst gehe ich sofort. Er war überrascht, aber er hat es nie mehr gemacht.

Die Beziehung zwischen meiner Mutter und meinem Vater war sehr traurig. Ich habe beschlossen, unabhängig zu sein, wenn ich erwachsen bin, damit ich nicht verheiratet bleiben muß, wenn ich den Mann nicht mag. Der Vater meiner Mutter hat meine Mutter gezwungen, meinen Vater zu heiraten. Er hat die Ehe ausgehandelt. Meine Mutter hat meinen Vater nie geliebt oder gemocht. Ich habe gemerkt, daß sie mich liebt, wenn sie versucht hat, mir das zu geben, was die anderen Kinder hatten. Wir hatten manchmal nicht genug zu essen. Aber irgendwie hat sie sich Geld geborgt und am Mittag Essen in die Schule gebracht. An besonderen Tagen (Feiertage, Geburtstag) hat sie versucht, etwas Besonderes zu kochen. Ich weiß, daß sie sich von jemand Geld geborgt hat.

Mein Vater war nicht zärtlich. Wir Kinder sind ihm immer aus dem Weg gegangen, wenn er betrunken nach Hause gekommen ist und alle geplagt hat. Er hat sich auch geschämt, weil er eine schlechte Bildung hatte (8. Klasse). Es hat ihn wütend gemacht, daß wir mehr gewußt haben als er. Ich habe mich gefürchtet vor ihm. Er war oft brutal. Die Polizei und alle haben damals nicht aufgepaßt auf Familienstreit. Ich hatte das Gefühl, wir haben niemand, der uns hilft. Als ich fünf

Jahre alt war, habe ich mir gedacht, ich bringe ihn um, opfere mich, damit die Familie in Frieden leben kann. Aber ein richtiger Mord – das habe ich mich nicht getraut.

Meine Mutter hatte irgendwie alles aufgegeben. Sie hat selten etwas gesagt. War ihr alles egal. Sie war sehr verschlossen in den letzten fünf, sechs Jahren, die sie gelebt hat. Sie ist mit zweiundvierzig gestorben. Heute tut mir mein Vater leid (er ist tot). Ich finde, er war auch ein Opfer seiner Zeit. Er war Macho, aber das Traurige war, daß er kein richtiger Macho sein konnte (er war klein, keine Bildung, kein Geld). Er hat einfach nicht zärtlich und verständnisvoll sein können.

Ich war als Kind das unattraktivste von allen Kindern in der ganzen Nachbarschaft. Ich hatte nie Kleider, die gepaßt haben. Habe selten gelächelt. Wir hatten Hühner, und ich hatte immer Angst vor dem Hahn. Als ich ungefähr zehn Jahre alt war, habe ich meinen Körper entdeckt. Eines Nachts bin ich aufgewacht mit einem starken, hellen und schönen Gefühl. Ich hatte die Hände (die eine auf der anderen) in meiner Schamgegend. Irgendeine Macht ist plötzlich über mich gekommen! Ich hatte keine Kontrolle über das, was passiert. Ich habe nie gedacht, daß es so etwas Schönes gibt auf der Welt.

Mit neunzehn habe ich es zwei- bis dreimal am Tag gemacht. Ich mußte einfach. Aber ich habe mich schuldig gefühlt. Ich habe gebetet, daß ich das nicht wollen soll. Ich habe Gott jedesmal um Verzeihung gebeten, wenn ich masturbiert habe – bis vor kurzem.

Als ich in der vierten Klasse war, hat eine Lehrerin versucht, die Menstruation zu erklären. Es war ihr peinlich, und sie hat es dann gelassen. Ich habe es aus Büchern gelernt. Ich habe gewußt, eines Tages kommt es. Aber ich habe nicht gewußt, daß wir die Blutung nicht kontrollieren können. Ich habe gedacht, ich könnte es ausspritzen wie Urin. Als es einfach so rausgeronnen ist und ich es nicht kontrollieren konnte, war ich zornig auf die Welt.

Ich bin von zu Hause fort, weil ich Angst hatte, dort nicht mehr sicher zu sein. Meine Mutter war tot. Mein Vater hat sich für mich interessiert. Mir ist ganz schlecht geworden, weil ich meinen Vater nicht gemocht habe. Ich gehe heute noch Männern aus dem Weg, die mich an meinen Vater erinnern. Bin mit keinem Mann ausgegangen, bis ich vierundzwanzig war.

Mein jetziger Mann ist genau das, was ich immer wollte. Er ist beim Geschlechtsverkehr genau so, wie ich immer wollte. Ich habe immer Orgasmus, und das ist wirklich eine Überraschung für mich. (Er war sehr nervös beim ersten Mal.) Das Schlimmste ist, daß er sich nicht ganz sicher ist mit seiner Fähigkeit, er macht sich auch Sorgen wegen seiner Penisgröße (mittel oder durchschnittlich). Seine untreue Frau ist schuld an seiner Unsicherheit. Ich hoffe, daß ich sein Selbstvertrauen wieder aufbauen kann, wenn unsere Beziehung etwas Festes wird. Über Sex reden – ich glaube, da hat er Hemmungen. Er hat mich nicht viel Persönliches gefragt.

Es ist gut, wenn man Männern über klitorale Stimulierung Bescheid sagt. Aber ich mag keine vor, während und nach dem Geschlechtsverkehr. Ich mag Cunnilingus, wenn der Rhythmus gleichmäßig ist. Der Mann, mit dem ich die letzten Jahre eine Beziehung hatte, hat nicht viel über Sex von sich gegeben. Ich habe ihm einmal gesagt, wie ich es will (schneller, gleichmäßiger Rhythmus, nichts ändern, auch die Stellung nicht, wenn ich kurz vor dem Höhepunkt bin). Da war er beleidigt. Er hat gesagt: »Schnell – nein, so macht man das nicht.« Er hat nichts lernen wollen.

Meine Freundschaften mit Frauen sind alle kostbar. Es geht sogar weiter, wenn sie sich scheiden lassen und wieder heiraten. (Ich habe es aufgegeben, Männer als Freunde zu suchen. Sie wollen immer nur mit mir schlafen, aber das will ich nicht.) Ich mag die positive Einstellung, die meine beste Freundin zum Leben hat. Sie ist freundlich zu den Leuten. Sie hält viel von ihnen (ich nicht). Manchmal ist sie jähzornig. Aber sie entschuldigt sich, wenn sie im Unrecht war. Sie tut nicht so, als würde sie Bescheid wissen, wenn sie nicht Bescheid weiß. Sie kann andere bewundern. Sie ist eine gute Zuhörerin und kann auch gut reden. Sie versteht ihren Mann. Sie findet, er hat Glück, daß er jemand zum Freund hat. Ich habe Glück, daß ich sie als Freundin habe.

Frauen haben, glaube ich, nicht soviel Respekt vor sich selber wie Männer, brauchen viel Bestätigung. Sind aber nicht so eingebildet wie die meisten Männer. Manchmal nehmen Frauen Kritik zu persönlich, aber sie hören besser zu.

Frauen sind daran gewöhnt, anderen zuzuhören, wissen, daß die Leute manchmal reden wollen, jemand haben wollen, der ihnen zuhört, wissen, daß man nichts machen braucht – einfach zuhören, das ist das Wichtigste. Männer meinen vielleicht, daß sie etwas machen müssen, wenn jemand mit seinen Problemen zu ihnen kommt.

Ich bewundere Männer und Frauen, die etwas Besonderes sind. Die sich von den Ideen her und in der Kleidung von anderen unterscheiden. Ich mag Leute, die selbstsicher sind, auch wenn sie nicht mit der Masse mitgehen.

Als ich jünger war, wollte ich eine leidenschaftliche Beziehung. Jetzt bin ich älter, reifer und klüger. Jetzt will ich eine feste Beziehung. Wenn zwei Leute dieselbe Auffassung haben, können sie die Beziehung verbessern, können das Leben lohnender machen. Ich will den Menschen finden, der das Beste aus mir herausholen kann.

In einem Monat werde ich geschieden – endlich! Ich habe zwei Kinder. Ich bin sehr glücklich. Was mich am glücklichsten macht? Wow! Meine Arbeit, meine Liebhaber, Musik, Reisen, meine Kinder. Mein Ziel? Völlig autonom zu werden. Worauf ich mich am meisten freue? Die Welt zu entdecken und dazu zu gehören.

Zur Zeit bin ich mit mehreren Männern liiert. Sie sind verheiratet, aber ich sehe sie so oft wie möglich. Mit dem einen dauert es schon vier Jahre, mit dem anderen drei und mit dem dritten zwei. Ich liebe sie aus vielen Gründen. Weil wir gemeinsame Vorlieben haben, weil wir miteinander lachen können, weil sie sich dafür interessieren, wie ich mich fühle, weil sie immer da sind, um mir zuzuhören, weil sie aufmerksam sind, mich glücklich machen wollen, gute Liebhaber sind und weil ich bei ihnen nicht gehemmt bin. Es ist wunderbar, mit ihnen zusammen zu sein, und sie sind eine Quelle der Freude. Ich bin sehr froh, daß ich drei solche Männer gefunden habe, und hoffe, noch mehr zu finden.

So sehr ich sie liebe, ich würde nicht den Rest meines Lebens mit *einem* von ihnen verbringen wollen – genausowenig wie ich jeden Tag Steak essen möchte. Kann sein, daß ich es eine Weile genießen würde, aber alles wird langweilig oder verliert seinen Reiz, wenn man es übertreibt. Wenn es nach mir geht, werden wir uns immer nahestehen, aber ich nehme an, daß ich auch etwas »Freiraum« haben will.

Ich war achtzehn Jahre verheiratet, aber es war das Letzte. Entsetzlich. Die finanzielle Sicherheit war noch das Beste daran. Aus Gewohnheit so lange in einer Beziehung zu leben hatte keine Bedeutung für mich – ich dachte ursprünglich, es wäre anders. Ich schäme mich nicht, weil meine Ehe gescheitert ist. Ich bin sehr erleichtert und fühle mich wunderbar frei.

Zu meinen drei Liebhabern war ich immer sehr herzlich und fürsorglich, und sie zu mir auch. Wir hatten immer viel Spaß, haben immer viel gelacht. Wir sprechen nicht von Liebe, manchmal gibt es eine Art Ausruf in der Richtung, weil wir im Moment soviel Freude aneinander haben. Sie sagen hübsche Dinge zu mir – daß ich wunderbar bin, schön bin, daß sie Spaß mit mir haben usw. – daß sie Sex mit mir haben wollen, mich nicht sehen und nicht an mich denken können, ohne mehr zu wollen – alles mögliche – wir lachen viel, albern herum, und sie sprechen zärtlich mit mir. Zwei von ihnen singen zärtliche Lieder. Ich fühle mich sehr wohl und geliebt und bin glücklich und möchte ihnen diese Gefühle auch geben.

Das Schlimmste, was sie mir angetan haben, alle drei, ist, daß sie mir Versprechen gemacht, aber sie nicht gehalten haben. Ich glaube, das ist so eine Konditionierung bei Männern – sie meinen, sie müßten mir was versprechen, das mir gut tut, und dabei wissen sie genau, daß es nie passieren wird. Ich habe sie in letzter Zeit darauf hingewiesen, und zunächst waren sie etwas betreten, aber dann haben sie gelacht und gemeint, ich hätte recht. Ehrlichkeit ist mir lieber als schöne falsche Versprechen.

Ich habe mal sehr an die Monogamie geglaubt. »Außereheliche Verhältnisse« habe ich erst angefangen, als meine Ehe unerträglich wurde. Wie viele? Drei feste über zwei bis vier Jahre und fünf, sechs sehr kurze jedes Jahr. Während meiner Ehe lag der Grund darin, daß ich Liebe und Fürsorge und Respekt gesucht habe. Jetzt bin ich aus einem anderen Grund nicht monogam, und zwar, weil ich verschiedene Dinge bei verschiedenen Leuten genieße. Das Resultat ist wunderbar für mich – ich hatte noch nie soviel Freude am Leben. Meine Affären haben meine Ehe nicht beeinträchtigt. Die war schon tot. Was meine Partner betrifft, weiß der eine Bescheid und macht keine Schwierigkeiten; die beiden anderen wissen, daß ich nicht monogam bin, und da sie ein bißchen besitzergreifend sind, ist ihnen nicht wohl dabei. Es hat unsere Beziehung eine Weile gestört, weil sie auch Freunde waren und böse und eifersüchtig aufeinander wurden. Da ich keine Ausschließlichkeit von ihnen erwarte, haben sie sich darauf eingestellt. Mit ihrer Freundschaft – die wohl nur oberflächlich war – ist es allerdings vorbei. Ich nehme an, sie haben jetzt das Gefühl, daß sie Konkurrenten sind. Sind sie aber nicht. Das habe ich ihnen auch gesagt.

Ich bin sicher, daß einer der Männer sehr gekränkt war, als er vom anderen erfuhr. Da ich sie beide liebte und keinen von ihnen aufgeben wollte, meinte ich erst, ich könnte es geheimhalten. Hat natürlich nicht geklappt. Es tut mir leid, daß ich ihn gekränkt habe. Inzwischen hat er die Beziehung wieder aufgenommen. Da keiner von ihnen über den anderen sprechen will, glaube ich, sie wissen, daß ich sie beide liebe und mich mit beiden treffe, aber sie reden sich vielleicht ein, daß der andere von der Bildfläche verschwunden ist. Ich hoffe, dadurch entsteht nicht wieder eine schmerzliche Situation, aber ich war jetzt ehrlich und liebe sie beide gleich, also liegt es wohl nicht an mir, wenn das noch mal passiert.

Meine Liebhaber sind verheiratet und treffen sich vermutlich auch mit anderen Frauen. Mir soll's recht sein, und ich würde die Verantwortung nicht wollen, die damit verbunden ist, daß man ausschließlich ist. Das einzige Problem ist, daß wir diskret sein und die Affären geheimhalten müssen. Zum Beispiel können wir nicht mit gemeinsamen Freunden zum Essen gehen oder uns mit ihnen in einer Bar treffen. Ab und zu ärgere ich mich darüber. Aber wir finden genug Zeit und genug Orte, an denen wir öffentlich und privat unseren Spaß haben können – es ist also kein richtiges Problem.

Der Sex mit meinen Liebhabern ist wunderbar! Ich genieße es sehr. Das einzig schlimme ist, daß es bei zweien von ihnen – und das ist überhaupt meine größte Beschwerde über Männer – nach ihrem Orgasmus immer abrupt endet. Zugegeben, sie bringen mich erst mehrere Male zum Orgasmus, aber eine halbe Stunde Zärtlichkeit nach dem Sex wäre doch ganz hübsch. Vielleicht ist es nicht fair, ihnen das als ständiges Vorkommnis anzukreiden. Ich war mit beiden von ihnen auch schon zwölf bis fünfzehn Stunden ununterbrochen im Bett – hatte Sex mit ihnen oder habe mit ihnen rumgespielt – abrupt kann ich das wohl nicht nennen! Sie hatten ihren Orgasmus, haben sich ausgeruht und rumgespielt und dann wieder angefangen. Trotzdem hasse ich es, wenn sie abrupt aufhören. Andererseits nimmt mich mein dritter Partner fest in die Arme, und das ist schön – aber schließlich wird es mir lästig, weil ich nicht einschlafen kann.

In meiner Ehe wurde der Sex mit der Zeit eine fade Sache, die ich mied und die nur *seiner* Lust diente. Er benutzte Sex als Mittel zur Kontrolle – ihn zu befriedigen war meine einzige Möglichkeit, an ihn ranzukommen. Unsere Ehe war legalisierte Prostitution – das war ein Teil der Probleme, die zur Scheidung führten. Mein baldiger Exmann wollte Alleinernährer sein – mit allen Kontrollmöglichkeiten.

Meine Liebhaber sehen mich als ebenbürtig. Mein Mann hat mich immer so behandelt, als wäre ich minderwertig, wichtige Entscheidungen im Alleingang getroffen und sich als der weit Überlegene aufgespielt. Er hatte auch immer was Abschätziges über die Frauenbewegung zu sagen, und als ich vor kurzem zum Ausdruck brachte, daß ich Rechte habe, meinte er: »Ihr Emanzen seid doch alle gleich, und lesbisch seid ihr obendrein.« Der Gedanke an eine Welt, in der die Frauen gleichberechtigt sind, hat ihn offenbar in seiner Männlichkeit bedroht.

Es tut weh, wenn jemandem so wenig an einem liegt, daß es ihn nicht interessiert, wer man ist. Die Männer in meinen gegenwärtigen Beziehungen wollen wissen, wer ich bin und was ich empfinde und was in mir vorgeht. Wir sprechen die ganze Zeit über Gefühle, und deshalb liebe ich sie wohl auch und werde sie immer lieben. Es gibt einige Dinge, die sie nicht hören wollen, und wenn ein Mann bestätigt haben will, daß er der Größte ist – hat dann jemand was davon, wenn man in eine Diskussion darüber einsteigt, daß er bei dem und dem der Größte ist, bei dem und dem aber nur der Zweitgrößte usw.? Wenn das Manipulation ist, manipuliere ich vermutlich.

Ich bin jetzt »älter«, über Vierzig, und es ist ein wunderbares Gefühl, die Werte sausen zu lassen, die mir die Gesellschaft aufgezwungen hat. Ich bin reif genug, um mir mein eigenes Wertesystem zu schaffen und daran zu glauben – egal wie nonkonformistisch das die Leute finden. Jetzt, wo ich in die mittleren Jahre komme, nehme ich mir zum ersten Mal in meinem Leben die Freiheit, ich selbst zu sein. Ich mag mich endlich und habe Selbstvertrauen und interessiere mich sehr für andere Menschen. Wie ich mich selbst beschreiben würde? Warum habe ich da gleich das Gefühl, daß ich aufpassen muß, nicht angeberisch zu klingen? Okay, also ganz ehrlich... ich bin attraktiver als die meisten, körperlich toll in Form, gesund, intelligent, habe Humor, bin eine hervorragende Mutter, habe am meisten Freude daran, neue Leute kennenzulernen, habe ungeheuren Spaß am Leben, bin freundlich, nehme Anteil an den Gefühlen von anderen, kann herzlich lachen, kann ab und zu aber auch sehr niedergeschlagen sein – und schließlich bin ich sehr sexy (»sinnlich« ist das bessere Wort).

»Endlich frei, endlich frei!« Mit diesem Martin-Luther-King-Zitat sind meine Gefühle am besten zusammengefaßt. Die Scheidung ist jetzt, wo sie in die letzte Runde geht, eine sehr häßliche Sache. Vor fünf Jahren habe ich viel geweint. Als die Ehe auseinanderbrach, habe ich oft mit Freundinnen gesprochen. Ich brauchte ihre Hilfe. Es hat lange gedauert, bis ich meine Entscheidung traf – ungefähr fünf Jahre. Jetzt bin ich glücklicher als je zuvor. Es ist eine schmerzliche Erfahrung, und man verschwendet eine Menge Zeit und Energie mit negativen Gefühlen. Deshalb würde ich nie wieder heiraten – aber ich habe immerhin gelernt, daß ich unabhängig sein und es genießen kann. Vermutlich empfinde ich Haß gegen den Mann, von dem ich mich scheiden lasse – aber da geht es eher um Dinge, die er getan hat –, ich bin nicht sicher, ob es Haß gegen ihn als Person ist. Ich möchte bloß, daß er ein für allemal aus meinem Leben verschwindet, möchte ihn und das, was er getan hat, vergessen.

Ich habe diesen Fragebogen aus verschiedenen Gründen ausgefüllt – einmal weil es dringend nötig ist, daß Männer und Frauen irgendwie miteinander kommunizieren. Auch um viele Frauen »anzusprechen«, die in entwürdigenden, lieblosen Ehen gefangen sind. Es ist nicht leicht, da rauszukommen, aber immerhin gibt es draußen eine Welt mit einigen sehr netten Männern, und wir können es schaffen, egal wie schwierig es scheint. Wenn Frauen aus Liebe heiraten, wenn das wirklich ihre Wahl ist, dann ist es vermutlich ideal. Aber laßt uns diese *Wahl* haben, indem wir erst mal unabhängig und für uns allein glücklich sind. Wenn wir einen Mann nicht verzweifelt zum Überleben und zur Selbstbestätigung brauchen (»Wenn er mich okay findet, bin ich's wohl«), können wir ihn aus all den richtigen Gründen brauchen – Liebe und Freundschaft von und mit einem anderen Menschen.

Die Frauenbewegung hat mich dazu gebracht, daß ich völlig aufgehört habe, mit anderen Frauen zu konkurrieren, auf sie eifersüchtig zu sein und an ihnen herumzumäkeln. Wir sitzen alle in einem Boot und dürfen keine Zeit damit verschwenden, gegeneinander zu kämpfen.

5

Verabreden mit Männern: Spaß oder Russisch-Roulette?

Die quälende Frage am Anfang einer neuen Beziehung: Soll man miteinander schlafen? Wird man danach »fallengelassen«?

»Manchmal glaube ich, es wäre mir lieber, wenn sie mir die Kehle durchschneiden würden, statt mich nur zu einer weiteren Nummer auf ihrer Strichliste zu machen. Weil ich einem Mann so was nie antun würde, nicht einmal wenn ich ihn nicht mag, kann ich nicht einsehen, warum sie mir das antun. Ich wollte, sie wären so freundlich, mir vorher zu sagen, was sie von mir wollen oder erwarten. Dann hätte ich nämlich die Chance zu entscheiden, ob ich damit leben kann. Manchmal glaube ich, wenn ich wieder fallengelassen werde wie eine heiße Kartoffel, bin ich am Ende. Ich habe mir einige Male die Finger verbrannt, weil ich meine Gefühle wachsen ließ, und bin in was reingeraten in dem Glauben, daß ich dem Mann etwas bedeute. Aber dann mußte ich feststellen, daß er bloß sehen wollte, wie weit er gehen kann.«

94 Prozent der Frauen sagen, die Zeit, bevor sie wüßten, ob eine Beziehung wirklich *eine Beziehung ist (und falls ja, was für eine) sei extrem schwierig, sei die Zeit, in der sie sich am meisten verletzlich fühlten.*

»Ich kann nie sagen, wie ernst es den Männern mit einer Beziehung ist und ich kann nicht verhindern, daß ich mir dabei die Finger verbrenne. Sicher muß es nicht gleich eine Beziehung fürs Leben sein, aber ich finde, daß Sex zumindest irgendeine Art Bindung braucht. Die meisten Männer sind offenbar anderer Meinung. Ich habe keine Lust mehr zu raten, ob es eine richtige Beziehung wird, ob der Mann will oder nicht und ob er überhaupt was empfindet.«

Viele Frauen weisen darauf hin, daß die Vorstellungen über die »Bedeutung« des »Miteinander-ins-Bett-Gehens« erschreckend unterschiedlich sein kön-

nen, wenn kein ausgesprochener Konsens über die »Grundauffassungen« zustande gekommen ist:

»So viele Regeln gibt es ja nicht – und darum fällt es schwer zu wissen, ob man den ›rechten Weg‹ eingeschlagen hat, sich moralisch, ›normal‹ usw. verhält.«

»Man muß sich jemanden suchen, der die gleichen Vorstellungen davon hat, wie eine Beziehung aussehen soll, ob man sich treu ist, wie oft man sich sieht, was man zusammen macht. Sonst ist es ein Chaos.«

56 Prozent der alleinlebenden Frauen beschweren sich darüber, daß viele Männer zu glauben scheinen, sie seien immer »verfügbar« oder »sexhungrig«; eine Frau kann zu einem Mann nicht einmal freundlich sein, ohne daß sie Gefahr läuft, »angemacht« zu werden:

»Die Kerle denken immer noch, daß wir alle sie wollen. Sie sehen uns als Lustobjekte, obwohl wir arbeiten – sie kapieren nicht, daß wir als Menschen geschätzt werden wollen, genauso wie sie. Sie kapieren nicht, warum Pornographie und sexistische Witze weh tun – sie denken, wir finden es widerwärtig, weil wir ›sexualfeindlich‹ sind!«

Eine Frau prägt die Bezeichnung »Ex-und-hopp«-Männer:

»Viele Männer haben in ihren Beziehungen mit Frauen Schwierigkeiten mit der Kontinuität. Ex und hopp, ex und hopp. *Das* mögen sie. Sie haben Angst, Angst, Angst. Bloß keine Bindung!! Viele, die ich kannte, konnten sich nicht mal dazu überwinden, das Wort *auszusprechen* – ich schwöre es.«

85 Prozent der Single-Frauen sagen, daß die meisten Männer Sex nach wie vor als Sport sehen oder eine »Die-nehmen-wir-auch-noch-mit«-Einstellung zu Frauen haben; »Männlichkeit« wird unverändert mit »Eroberungen« unter Beweis gestellt:

»Ich bin ausgesprochen ungern Single. Zuviel Männer wollen dich aufreißen und mögen dein Aussehen, aber nicht dich. Es ist öde. Nichts ist stabil.«

»Nach dem zweiten oder dritten Mal geht die Beziehung meistens in die Brüche. Der Kerl hat dann das typische Chauvi-Verhalten drauf und kommt zu dem Schluß, daß er keinen Respekt vor mir haben kann, weil ich ›zu leicht ins Bett zu kriegen‹ war. Daß *er* leicht ins Bett zu kriegen war, ist okay, und daß er unfair Druck gemacht hat, um mich ins Bett zu kriegen, ist natürlich auch okay.«

Hat sich dieses Verhaltensmuster aufgrund von AIDS geändert? Den Antworten von 1987 zufolge nicht. Einige Männer beginnen allerdings, sich über den Preis von Kondomen zu beschweren.

War es von vornherein eine »Affäre für eine Nacht«, oder hat er es sich hinterher anders überlegt?

80 Prozent der Single-Frauen sagen, sie hätten schon einmal Sex mit einem Mann gehabt und dann nie wieder von ihm gehört; sie fühlen sich »billig« und benutzt und sind zornig:

»Diese ›Eroberungen für eine Nacht‹ müßten doch eigentlich schon längst out sein. Es ist mir nur einmal passiert, vorigen Monat. Eine von meinen Freundinnen sagte: ›Ach, nimm es nicht tragisch. Er hat es sich eben anders überlegt. Jeder kann es sich anders überlegen.‹ Aber der Knabe hat es sich nicht ›anders überlegt‹. Ich glaube, er war von Anfang an unehrlich, er wollte mich bloß ins Bett kriegen, mich ›haben‹ – mehr wollte er nicht. Ich möchte wetten, es war nicht mal sexuelle Lust. Und *wenn* er es sich anders überlegt hat, hätte er nicht so ruppig zu sein brauchen. Es sollte wirklich so eine Art Knigge geben – schick der Frau Blumen oder schreib ihr, du hättest deine langvermißte Exfreundin wiedergefunden. Aber laß nicht einfach nie wieder von dir hören.«

Frauen wollen in den meisten Fällen nicht Sex an sich, sondern sie wollen ein gutes Gefühl haben, wenn sie Sex haben – es soll ihre freie Entscheidung sein, zu der sie niemand drängt; sie möchten es wirklich wollen – und daß sie der Mann danach nicht einfach fallenläßt:

»Wenn ich Sex mit einem Mann hatte und es eigentlich nicht wollte, sondern unter Druck gesetzt worden bin, fühle ich mich benutzt, dreckig, schuldig und bin sauer auf mich. Andererseits habe ich einige der glücklichsten Momente, die ich mit anderen Leuten hatte, im Bett erlebt. Ich habe mich oft sicher und geborgen gefühlt, natürlich und weit weg von den Pflichten des Lebens. Diese Leute habe ich nicht unbedingt geliebt, ich war auch nicht unbedingt verliebt in sie.«

Einigen Frauen ist es peinlich, jemandem zu erzählen, daß sie Sex mit einem Mann hatten, der nie wieder von sich hören ließ:

»Er war groß, faszinierend, unberechenbar, manipulativ, fast sadistisch und das nicht nur mir gegenüber. Ein Schmarotzer, ein Benutzer von anderen. Faul und klatschsüchtig. Nach einem kurzen Versuch habe ich ihn gemieden wie Gift, nie jemandem gesagt, daß ich mit ihm im Bett war, und jetzt bin ich nur noch wütend auf mich, daß ich so dumm war.«

»Die erfreuliche Geschichte von der Rache einer Frau...«

Eine Frau Anfang Zwanzig erzählt »die erfreuliche Geschichte von der Rache einer Frau für den ekelhaften Einmal-und-nie-wieder-Fick« und nennt sie »einen großen Sieg für die weibliche Menschheit«:

»Vor zwei Monaten ungefähr ging ich zweimal mit Sam aus. Der Grund war in erster Linie, daß er mir immer wieder sagte, wie schön ich wäre, und da bin ich echt drauf reingefallen – oh, du hast so schöne Beine, so schöne Augen... Ich hätte es wissen müssen.

Jedenfalls ignorierte ich meinen natürlichen Instinkt und ging mit ihm aus. Am ersten Abend schlief ich nicht mit ihm, aber am zweiten tat ich's dummerweise, und er verschwand spurlos. Das war furchtbar, daß mir so was passiert ist. Ich hatte nicht damit gerechnet. Er hatte gesagt, mit dem Einmal-und-nie-wieder-Fick hätte er nichts am Hut, und so war ich echt verletzt und stand vor einem Rätsel.«

Dann begegnete ich ihm eines Tages zufällig auf der Straße und lud ihn – total doof – zu einer Party ein, die ich gab. Ich sagte niemandem außer meiner besten Freundin, daß ich ihn eingeladen hatte, weil ich wußte, alle würden über mich herfallen und mich eine Masochistin schimpfen (ich hatte die Geschichte mehreren Leuten erzählt). Ich hoffte, daß er nicht kommen würde. Niemand sollte mitkriegen, daß ich schwach geworden war und ihn eingeladen hatte. Aber er kam. Ich ignorierte ihn. Dann standen wir in der Küche, und er versuchte, mich zu küssen. Ich sah ihn an und sagte: ›Sam? Warum sollte ich dich küssen wollen? Letztesmal, als ich mit dir geschlafen habe, hast du mich nicht mal angerufen. Also – warum sollte ich dich küssen wollen?‹ Und er sagte: ›Du machst mir Schuldgefühle!‹

Nach der Party gingen wir mit ein paar Leuten in ein Café, und er tatschte mich immer wieder an und tat so, als wäre ich seine Freundin. Als wir gingen, fing er an, mich auf der Straße zu küssen. Ich war echt nicht interessiert, aber er sagte zu mir: ›Möchtest du jetzt mit mir schlafen?‹ Der Kerl ist so was von penetrant – wenn du nein sagst, fragt er dich einfach wieder! Hundertmal, bis er dich weich gemacht hat – so war es jedenfalls beim letzten Mal. Und ich sagte: ›Nein. Wie kommst du darauf? Du weißt, was los ist, ich hab's dir vorhin gesagt. Das ist doch völlig albern!‹ Er ignorierte es und sagte: ›Willst du nicht mit zu mir kommen?‹ Ich sagte: ›NEIN!‹ Dann sagte er: ›Kann ich dich in deine Wohnung raufbringen?‹ Ich dachte mir: ›Wenn er so ein Idiot sein will – bitte. Ich lasse mich von ihm nach oben bringen, und dann schmeiße ich ihn raus.‹ Ich fand, es wäre doch ein Riesenspaß, wenn ich mich an ihm rächen könnte. Ich hatte echt vor, die große Schwanzfopperin im Stil der fünfziger Jahre zu sein, ihn spitz zu machen, bis ihm die Eier weh taten, und ihn dann sitzenzulassen.

Ich ließ mich also von ihm nach oben bringen, und wir hatten ein Wischiwaschi-Gespräch, das immer langweiliger wurde. Ich gähnte. Dann brachte ich ihn zum Aufzug. Aber er stieg nicht ein. Er gab mir einen Gutenachtkuß und wurde immer wilder. Wir standen im Hausflur, vor der Aufzugtür, und er machte mein Kleid auf und fing an zu fummeln. Er sagte ein paarmal: ›Mann, du bist ja abenteuerlich – ich kann's nicht glauben, daß wir's hier machen . . .‹ Schließlich ging er mir an die Unterwäsche, und ich dachte: ›Na schön, vielleicht macht er ein anständiges Vorspiel, bis ich einen Orgasmus kriege, und dann kann ich ihn rausschmeißen!‹ Das mußte zu schaffen sein! Ich dachte mir: ›Was soll's, ich hatte lange keinen Sex und kann das ruhig ausnutzen.‹ Aber gerade als es anfing, Spaß zu machen, sah ich nach unten, und plötzlich zog er seinen Reißverschluß auf, holte den Schwanz raus, nahm meine Hand und wollte, daß ich ihn anfaßte. Ich zog die Hand weg. Dann versuchte er, den Schwanz in mich reinzukriegen, ohne sich zu vergewissern, ob ich überhaupt naß war. Er hatte gerade so lange mit mir rumgespielt, bis ich naß genug war, daß er in mich rein konnte (dachte er), und dann versuchte er's eben – ätzend! Und *dann* sagte er: ›Kann auch nichts passieren?‹ (Ich hatte zwar meine Tage, aber trotzdem.)

Dann kriegte er ihn kaum rein, nur die Spitze, und ich sagte: ›Hör auf, aber sofort!‹ Er machte einen Satz und fragte: ›Warum??!‹ (Mein Kleid war ganz auf, seine Hose schlabberte ihm um die Füße rum, so standen wir da.) Ich sagte: ›Sam, ich habe dir doch gesagt, daß es mich echt gestört hat, daß du mich letztesmal nicht angerufen hast, und es war mir, ehrlich gesagt, etwas schleierhaft, wieso du dir die Mühe gemacht hast – warst schön angezogen, bist mit mir zum Essen gegangen, hast mich rumkutschiert. Warum bist du nicht einfach zu Hause geblieben und hast dir einen runtergeholt? Ich meine, interessante Konversation machen und das alles . . .‹ Er sagte: ›Oh, es war keine Mühe, interessante Konversation zu machen . . .‹ (!!!) Er sagte nicht: ›Ich war gern mit dir zusammen, der Abend hat mir gefallen.‹ Er sagte: ›Es war einfach, Konversation zu machen!‹ Und dann sagte er (das war echt stark): ›Ich bin gern verliebt, ich wäre gern verliebt; meine erste Freundin und ich, wir haben uns in ein, zwei Wochen verliebt, und dann sind wir ein paar Jahre miteinander gegangen‹ – womit er mir wohl sagen wollte: ›Ich bin noch nicht in dich verliebt, also kann ich mich auch nicht in dich verlieben – du fällst in eine andere Kategorie.‹

Er versuchte zu beweisen, daß er ein lieber Mann war, indem er mir demonstrierte, daß er an die Liebe glaubte. Dann wiederholte er: ›Ich mag keine Geschichten für eine Nacht.‹ Ich sagte: ›Sam, als ich mit dir geschlafen habe, hast du das auch gesagt, daß du keine Geschichten für eine Nacht magst . . . Darum habe ich überhaupt mit dir geschlafen, weil ich dachte, du wolltest eine Beziehung, aber du wolltest offenbar doch keine, also *vergiß* es! Ich bin für dich nur ein Körper, sonst liegt dir nichts an mir (muß auch nicht, denn du kennst mich ja nicht mal), aber tu wenigstens nicht so, als wäre es anders!‹ Das war es dann, und er war fassungslos. Als er ging, hatte er sich genug bekrabbelt, um noch ein paarmal zu murmeln: ›Du bist echt abenteuerlich...‹

Und so verabredeten wir uns für diesen Samstag zum Essen. Ich habe keine Ahnung, ob ich was von ihm hören werde.

P. S.: Jetzt ist nächste Woche, und ich habe nichts von ihm gehört.«

Die neuesten Anmach-Sprüche*

»Er sagte: ›Was soll *das* denn heißen – du willst nach Hause, ohne mit mir zu schlafen? Du ziehst deine Komm-fick-mich-Pumps an und deine knallenge Jeans und siehst mich den ganzen Abend mit deinem Super-Schlafzimmerblick an, und dann wartest du bis jetzt, um es dir anders zu überlegen?‹«

»Hättest du gern etwas Zuwendung?«

»Es ist Gottes Wille.«

»Ich hab' dir ein Bier ausgegeben.«

»Wir sind schon so lange Freunde – wir wissen fast alles voneinander. Was für einen Unterschied würde das machen, außer daß es unsere Freundschaft vertieft?«

»Wenn wir miteinander schlafen, dann können wir den sexuellen Druck aus unserer Freundschaft raushalten.«

»Ich möchte dich bloß die ganze Nacht umarmen.«

»Meistens bin ich der erste Mensch, den ich am Morgen sehe – im Spiegel. Wie würdest du es finden, wenn ich sagen würde, daß ich das morgen gern anders hätte?«

»Kommst du mit mir nach oben und bringst mich ins Bett?«

»Ich hab' das noch nie gemacht, ich wußte gleich, daß du die Frau fürs Leben bist.«

»Mir tun die Eier so weh.«

»Ich will nur, daß du dich gut fühlst.«

»Ich will dir bloß zeigen, wie sehr ich dich liebe.«

»Wenn es morgen einen Atomkrieg gibt, stirbst du, ohne Sex mit mir gehabt zu haben.«

»Die Leute behaupten, du wärst lesbisch. Stimmt das?«

»Wenn du mich wirklich liebst, dann beweis es mir.«

* Diese Sprüche wurden der Verfasserin zwischen 1982 und 1987 bei Vorträgen in über dreißig Colleges und Universitäten in zwanzig US-Staaten von Studentinnen mitgeteilt.

»Du bist schön… ich würde gern Liebe mit dir machen. (Das sage ich ehrlich nur, wenn ich finde, daß es wahr ist.)«

»Das Leben ist kurz. Also amüsieren wir uns.«

»Ich könnte dir soviel beibringen…«

»Hübsches Kleid. Kann ich dich da rausreden?«

»Nimmst du die Pille?«

»Deine Beine gefallen mir… über meinen Schultern würden sie mir noch besser gefallen.«

»Du weißt doch selbst, daß du willst.«

»Magst du eine Pizza mit mir essen und dann mit mir ficken?« (Sie ohrfeigt ihn.) »Was ist, magst du keine Pizza?« (In einer Cafeteria mitgehört.)

»Ich könnte dir ja sagen, daß ich dich wegen deiner Intelligenz mag, deiner witzigen Art und deiner Persönlichkeit. Aber ich bin ehrlich… laß uns ins Bett gehen.«

»Ich glaube, ich bin schwul. Aber du könntest mich umdrehen.«

»Möchtest du mit zu mir kommen auf einen Drink und einen Fick, oder trinkst du nicht?«

»Du willst nicht tanzen? Dann hat es wohl keinen Sinn, dich zu fragen, ob du mir einen bläst.«

»Wenn du mich lieben würdest, tätest du's.«

»Wie siehst du das – zwei Leute, die gute Freunde sind? Ich meine, glaubst du, sie können Sex haben, ohne daß sich das negativ auf ihre Freundschaft auswirkt?«

»Wenn du's nicht mit mir machst, sag' ich allen, daß du's mit mir gemacht hast.«

»Möchtest du tanzen?« »Nein.« »Möchtest du Sex haben?« »Nein.« »Ich auch nicht, also bringen wir's schnell hinter uns.«

»Du brauchst es.«

»So verliebt war ich noch nie. Du bist was ganz Besonderes, nicht so wie all die anderen.«

Das berühmte »Ich werde auch morgen nicht schlecht von dir denken!«

»Nun hab' dich nicht so… du bist doch genauso scharf wie ich.«

»Gehen wir wohin, wo wir unsere Ruhe haben.«

»Willst du meine Klickersammlung sehen?«

»Du, ich trage keine Unterwäsche.«

»Ich glaube, ich bin verliebt – aber du tust's auch für heute nacht.«

»Mein Kommilitone ist übers Wochenende weg. Wenn du mir Gesellschaft leistest, kann ich die Betten zusammenrücken.«

»Ich leide seit einem Monat unter sexuellem Notstand – kannst du mir helfen?«

»Niemand hält sich lange mit Verabredungen auf, sie schlafen gleich zusammen« (...immer noch, trotz AIDS?)

85 Prozent der Single-Frauen zufolge erwarten die meisten Männer Sex bei der ersten Verabredung. 76 Prozent der Frauen sagen, daß sie dann meistens auch Sex haben – obwohl 65 Prozent meinen, sie würden oft lieber warten, selbst wenn sie erregt sind und *physisch* Sex haben wollen. Doch die meisten haben das Gefühl, daß sie nicht viel Wahlfreiheit haben: Wenn eine Frau nicht »mitmacht«, bezichtigt der Mann sie häufig, »Spielchen mit ihm zu treiben«. Wenn sie dagegen Sex mit ihm hat, meint er vielleicht, daß sie »leicht ins Bett zu kriegen« ist – und damit nicht die Frau, der er »vertrauen«, in die er sich verlieben und die er ernst nehmen kann. Also kann sie so und so nicht gewinnen.

Die meisten Männer im zweiten *Hite Report* sagen, daß sie Affären für eine Nacht nicht mögen, doch das heißt offenbar nicht, daß sie keine haben. Die meisten denken zwar, sie seien nicht »die Art Mann«, finden aber auch, daß sie das Recht haben (bzw. unter sozialem Druck stehen), »die Frau auszuprobieren«, zu sehen, wie weit sie gehen können – herauszufinden, ob die *Frau* für eine Nacht gut ist. Wie es eine Frau formuliert: »Es ist nicht *ihre* Schuld, wenn sich herausstellt, daß *wir* es für eine Nacht mitgemacht haben!«

41 Prozent der Frauen, die in den letzten zehn Jahren geheiratet haben, sagen, es sei mit das Schlimmste am Singlesein, daß man ständig auf der Hut davor sein müsse, »reingelegt« zu werden; die meisten freuen sich, nicht mehr die »dummen Spiele« mitmachen zu müssen, die sie so oft erlebt haben, als sie noch nicht verheiratet waren:

»Ich bin seit einem halben Jahr verheiratet, und es gefällt mir. Ich muß mir keine Gedanken mehr wegen der dummen Spiele machen, die zwischen alleinstehenden Männern und Frauen laufen, und das ist ein Genuß. Ich bin die Ängste losgeworden, die aus diesen Spielen resultieren, und das hat dazu beigetragen, daß ich viel ruhiger geworden bin. Das Beste an der Ehe sind die Momente der innigen Empfindung für die andere Person. Man kann diese Gefühle genießen und sie sich erlauben, weil man weiß, daß er am nächsten Morgen nicht über alle Berge sein wird.«

»Empfängnisverhütung? Kondome? Er hat nicht mal gefragt!«

91 Prozent der alleinlebenden Frauen sagen, daß sich Männer vor dem Ge-
schlechtsverkehr selten nach empfängnisverhütenden Maßnahmen erkundigen
(1987 boten allerdings 15 Prozent an, ein Kondom zu verwenden); bei späterer
Befragung sagen Männer, sie hätten angenommen, daß die Frau »geschützt«
war und sie, wenn sie AIDS gehabt hätte, darüber informiert hätte:*
   »In meiner Heimatstadt gibt es einen Mann, der sich für enorm
männlich und cool hält. Er hat ein fünfzehnjähriges Mädchen geschwängert und sie sitzenlassen. Sie bekam das Kind, und er hat es
nicht einmal angesehen.«

Obwohl sich AIDS immer mehr ausbreitet, sagen die meisten Männer,
wenn sie auf »Sex« zusteuern, nicht klar, daß sie ein Kondom haben
und es benutzen wollen. Noch weniger Männer vergegenwärtigen
sich, daß sie bei Fellatio ein Kondom verwenden sollten und drängen
Frauen häufig zu Fellatio vor dem Geschlechtsverkehr bzw. »Kannst
du's mir nicht mit dem Mund machen, wenn kein Geschlechtsverkehr
drin ist?«
   Laut 87 Prozent der Mädchen im Alter von neunzehn Jahren und
darunter benutzen die meisten Jungen im Teenageralter keine Kon-
dome – selbst jetzt nicht, angesichts der erhöhten AIDS-Gefahr.**
Wenn ein Mädchen im Teenageralter empfängnisverhütende Maßnahmen trifft, denkt der Junge vielleicht, daß sie damit *gerechnet* hat,
Sex zu haben, daß sie es »immer macht« und »schon erfahren« ist. Und
so betrachtet er sie womöglich als »leicht ins Bett zu kriegen« oder gar
als »Hure«, weil sie sich auf alle Eventualitäten vorbereitet hat. Das ist
besonders dann der Fall, wenn sie ihm ein Kondom gibt oder ein Pessar verwendet, was sie noch »erfahrener« scheinen läßt. Und darum
ist es, wenn sie ihren Körper von Chemie freihalten will, wahrscheinlich, daß sie überhaupt keine empfängnisverhütenden Maßnahmen

---

* Aber wissen diese Männer, ob *sie* AIDS haben?
** Das beste Mittel, sich beim Koitus nicht mit AIDS anzustecken, ist für beide Be-
teiligte ein Kondom. Es bleibt aber noch (obwohl das statistisch weniger ins Gewicht fällt) die Möglichkeit, sich beim oralen Sex anzustecken, besonders bei Fellatio. Fellatio bis zum Orgasmus ist am riskantesten. Es könnte allerdings bei Fellatio
zur Stimulierung durch die Aufnahme des »Sehnsuchtströpfchens« (jenes Tropfens
Flüssigkeit, der lange vor der Ejakulation und relativ bald nach der Erektion an der
Spitze des Penis erscheint) ebenfalls zur Infektion kommen. Da Mikroverletzungen
des Zahnfleischs so häufig sind, könnte das Virus auf diesem Weg in den Körper
eindringen. Auf ähnliche Weise könnte sich ein Mann beim Cunnilingus anstecken.
Werden die Menschen sich daran gewöhnen, sich auch bei diesen Aktivitäten zu
schützen, oder werden sie es einfach darauf ankommen lassen?

trifft. Wenn ein Mädchen versucht, die Pille oder ein Pessar zu bekommen, erfahren außerdem in manchen ländlichen Gegenden die Eltern davon, weil sie noch den Hausarzt der Familie konsultiert.

Wenn eine alleinstehende Frau schwanger wird und sich zur Abtreibung entschließt, wird sie das höchstwahrscheinlich allein entscheiden. Wenn sie abtreibt, kann es sein, daß die Leute mit Fingern auf sie zeigen und sie »Mörderin« nennen, weil sie »ihr Kind getötet« hat, während dem jungen Mann niemand Vorhaltungen macht, der definitiv einen Orgasmus hatte, auch wenn sie keinen hatte. Wenn sie sich andererseits dafür entscheidet, das Kind zu behalten, wird ihr oft gesagt, sie »manipuliere« den jungen Mann oder sie schöpfe ihr Potential als moderne Frau, die doch an ihre Karriere denken sollte, nicht aus! Sie kann nicht gewinnen. Immer ist *sie* schuld, immer ist *sie* verantwortlich, nicht der Mann.

»Ledige Väter«

Das Problem der Teenagerschwangerschaften wird fast nie adäquat behandelt, nie an der Wurzel gepackt. Mit anderen Worten, die Vorstellung, die man Jungen lehrt, die Vorstellung, daß sie »zum Mann« werden, wenn sie zum erstenmal Geschlechtsverkehr haben, wird weder reflektiert noch in Frage gestellt. Um die Zahl der Teenagerschwangerschaften zu reduzieren, ist jedoch ein Wandel im Hinblick darauf nötig, was die Kultur den Jungen als »männliche Sexualität« vermittelt. Warum können Jungen nicht auch Gefallen an Zärtlichkeit und oralem Sex finden?

Obwohl Mädchen oft ein Vorwurf daraus gemacht wird, wenn sie schwanger werden (»Sie hätte Empfängnisverhütung betreiben sollen«), oder es wird auf »ihre« Situation »zurückgeführt« (»Sie wollte geliebt werden«, »Sie ist in ungünstigen Verhältnissen aufgewachsen und sehnte sich nach einer Familie«), stößt man selten auf Bücher und Fernsehsendungen über »ledige Väter« und die Charakterschwäche, die darin zum Ausdruck kommt, daß sie ein Kind gezeugt haben und dann einfach gegangen sind, oder daß sie es versäumt haben, empfängnisverhütende Maßnahmen zu treffen.

Wenn Männern/Jungen nicht beigebracht würde, Sex sei identisch mit »Penetration/Geschlechtsverkehr« und alles andere sei »Kinderkram« und »zweite Wahl«; wenn Jungen nicht beigebracht würde, sie würden als Männer nicht »anders können« als Geschlechtsverkehr zu wollen und zu brauchen, dies sei ein »hormoneller Zwang« und bedeute, daß sie »richtige« Männer seien; wenn Jungen nicht beigebracht würde, für Empfängnisverhütung sei die Frau verantwortlich

(»Wenn sie schwanger wird, ist es ihre eigene Schuld« – »Sie hat mich reingelegt«); wenn Mädchen nicht beigebracht würde, immer liebevoll zu sein, zu geben, nicht anderer Meinung zu sein als Männer und sie, die »schlauer« und »mehr wert« seien, nicht herauszufordern – gäbe es *dann* so viele Schwangerschaften, für die der Vater nicht verantwortlich sein will, sei es finanziell* oder emotional und moralisch, indem er, wenn schon nicht mit der Mutter, wenigstens eine Beziehung mit dem Kind unterhält?

Die doppelte Moral besteht weiter

Die meisten Frauen unter fünfundzwanzig sagen, daß Männer/Jungen immer noch auf Frauen, die sexuell »zu erfahren« sind, herabsehen oder sie fallenlassen:

»Als ich meine Jungfräulichkeit verlor, war er verdattert. Er sagte, er hätte gedacht, eine Frau, die so leidenschaftlich ist, müsse erfahren sein. Er glaubte, bei einer Jungfrau sei Leidenschaft nichts Natürliches. Ich wäre nicht im Traum auf die Idee gekommen, daß mir meine ›Leidenschaftlichkeit‹ vorgehalten werden könnte.«

Haben Männer ein Anrecht auf Gelegenheitssex?** Was gibt ihnen dieses Recht?

»Ich bin zweiundzwanzig, habe ein Kind und habe mich vor kurzem von meinem Partner getrennt. Ich habe mir vorgenommen, weiterzustudieren und einen Abschluß in Mathematik zu machen. Ich bin mir meiner Sexualität sehr sicher und habe keine Schuldgefühle wegen Sex. Ich kann großzügig geben, mag und verlange aber auch Befriedigung. Nur schüchtere ich die Männer anscheinend mit meinen Fähigkeiten ein. Ich bin die Frau, die Phantasien befriedigt, aber nicht mit nach Hause zu Mama genommen wird. Seit meiner Teenagerzeit, in der ich mit Sex experimentiert habe, ist das Madonnen-Huren-Stereotyp der Männer mein größtes Problem. Ich genieße den Sex und habe Freude daran, einem Mann sexuelle Befriedigung zu geben, aber ich fühle mich hin und her gerissen zwischen dem, was ich bin, und dem, was jeder von mir erwartet.«

* Weibliche »ledige Haushaltungsvorstände« (alleinerziehende Mütter mit Kindern) sind inzwischen die größte Bevölkerungsgruppe in den Vereinigten Staaten, die unterhalb der Armutsgrenze lebt.
** Obwohl in weiten Kreisen über AIDS diskutiert wird, hat der Druck von Männern auf Frauen, mit ihnen Sex zu haben, nicht merklich nachgelassen.

Viele Frauen leiden unter der Einstellung der Männer

Eine Frau empfindet, nachdem sie es mit verschiedenen Beziehungen versucht hat, großen Schmerz und fragt sich im Alter von vierunddreißig Jahren, was das alles soll:

»Mein Sexualleben ist ein Witz. Den Männern, die sich für mich interessieren, scheint es nur um etwas Beiläufiges oder um Geschichten für eine Nacht zu gehen. Und danach fühle ich mich schlechter, als wenn ich überhaupt keinen Sex gehabt hätte. Die Redensart ›Ich komme mir so billig vor‹ hört sich albern an, aber genauso komme ich mir vor. Ich habe einen Punkt erreicht, an dem ich eine richtige, stabile Beziehung brauche, auch wenn es keine Ehe ist. Ich kann nicht mehr befristet lieben. Vielleicht sende ich die falschen ›Signale‹ aus, aber ich habe bis jetzt noch nicht herausgefunden, was die richtigen ›Signale‹ sind.

Wenn die Männer mir nicht sagen, daß es nichts Ernsthaftes ist, und ich mich dann verliebe, regen sie sich furchtbar auf und gehen. Das ist mir zwei- oder dreimal passiert. Wenn sie mir von Anfang an gesagt hätten, was sie vorhatten, hätte ich sie natürlich nicht so weit gehen lassen, wie sie gegangen sind, und dann hätte ich mich nicht so benutzt gefühlt.

Warum wollen sie nicht zur Ruhe kommen? Von meinen bisherigen Liebhabern hatten die in den Vierzigern entweder ›alle Kinder, die sie wollten‹, oder sie schreckten vor dem bloßen Gedanken an Kinder zurück. Die jung waren, wollten ›noch‹ keine Kinder, sie waren noch nicht soweit (in fünfzehn Jahren vielleicht, dachten einige!). Es muß doch irgendwo ein paar Vatertypen geben, aber ich habe bis jetzt noch keinen gefunden. Ich fühle mich als Frau betrogen, aber ich bin wirklich nicht dafür, schwanger zu werden ohne einen Mann, der das Kind auch will.

Vielleicht weiß ich nicht, wie man es anstellt, daß eine Beziehung funktioniert, oder vielleicht ist mein Problem, daß ich *zu* liebevoll bin. Erdrücke ich die Menschen, die ich liebe? Je mehr ich jemanden liebe, desto schneller scheint er zu fliehen! Ich halte mich in letzter Zeit sehr damit zurück, Männern meine Liebe zu zeigen. Ich versuche, mich selbst zu erkennen, um ein Stadium zu erreichen, in dem ich einen Mann lieben kann, ohne ihn mit meiner Liebe zu erdrücken, einen Zustand, in dem er sich behaglich und ich mich sicher fühlen kann.«

Das Spiel heißt: »Wieviel Demütigungen läßt sie sich gefallen und macht trotzdem Sex mit mir?«

Die meisten Frauen sagen, daß Männer vor dem Sex im allgemeinen liebevoll und zärtlich sind. Woher soll eine Frau wissen (falls sie Sex nur dann haben will, wenn es *nicht* nur eine Affäre für eine oder zwei Nächte ist), ob er wirkliche Emotionen empfindet oder ob ihm nur der Sinn nach Sex steht? Das kann sehr verwirrend sein und Frauen (besonders junge Mädchen mit wenig Zuwendung von der Familie, die sehr liebes- und aufmerksamkeitsbedürftig sind) in eine Sackgasse nach der anderen führen, bis sie sich emotional zerstört fühlen. Vor allem das erste Jahr im College oder fort von zu Hause ist oft mit großer Einsamkeit verbunden; demütigende oder schäbige Behandlung von seiten eines Mannes kann die Isoliertheit einer jungen Frau gefährlich steigern.

Seit der »sexuellen Revolution« und der weitverbreiteten Akzeptierung des Konzepts, daß »Frauen jetzt Sex ohne Ehe haben können«, befinden sich Frauen in einer schwierigen Lage. Wenn eine Frau einen Mann mag, hat sie häufig das Gefühl, daß sie Sex haben *muß*, um zu sehen, ob sich daraus eine Beziehung entwickelt. Wie es eine Frau formuliert: »Am Anfang kannst du einfach nicht sagen, ob er *dich* mag oder ob ihm nur die Vorstellung gefällt, mit dir Sex zu haben. Also mußt du, um eine Beziehung zu kriegen, es darauf ankommen lassen und mit ihm schlafen.« Doch den Single-Frauen in dieser Untersuchung zufolge ist nur eine von fünf Begegnungen liebevoll oder zumindest respektvoll. Die Frau, die wir gerade gehört haben, schließt mit den Worten: »Wenn er später eklig ist, hast du ein entsetzliches Gefühl, kommst dir ausgenommen vor, in den Dreck gezerrt – aber welche Wahl hast du schon, als dich diesen Situationen auszusetzen und es weiter zu versuchen?«

Haben Männer das Recht, auf Affären für eine Nacht zu bestehen, auf Gelegenheitssex, ohne zu wissen, ob sie ein anderes Interesse an der Frau haben? Was gibt ihnen dieses Recht? Die »Natur«? Die Gesellschaft? Jungen und Männer stehen zwar unter enormem sozialem Druck, Sex zu haben und damit ihre »Männlichkeit« zu beweisen, und Sex ist das wichtigste »Instrument«, das Männern von der »männlichen« Ideologie in die Hand gegeben wird, um ihre Herrschaft über Frauen konkret zu erfahren – aber sollten nicht mehr Männer beginnen, das in Frage zu stellen, sich zu überlegen, was »Sex« für sie persönlich bedeutet, und selbständig zu denken?

*92 Prozent der alleinlebenden Frauen bringen Empörung über diesen ständi-
gen Druck von seiten der Männer zum Ausdruck:**

»Der Druck, Sex haben zu müssen, ist für Frauen ein ungeheures
Problem seit der verlogenen ›sexuellen Befreiung‹ der sechziger Jahre,
die uns die ›Freiheit‹ gebracht hat, das zu tun, was die Männer von uns
verlangen. Sie waren alle so dreist anzunehmen, daß wir es jetzt, wo
uns keine moralischen Zwänge mehr daran hinderten, Sex zu haben,
mit ihnen ›machen‹ wollten, wann immer sie es wünschten, und
durch AIDS hat sich an dieser Einstellung nicht das geringste geändert. Als Teenager ›machte‹ ich es, um ›in‹ zu sein, um zu provozie-
ren, um erwachsen zu sein, und redete mir ein, daß ich ›affengeil‹ war
– dabei sehnte ich mich nur nach Liebe und Akzeptiertwerden. Bei
Dauerbeziehungen tat ich's auch, um eine liebevolle, erotische Freundin zu sein, um ihm das Gefühl zu geben, er sei großartig – so daß er
mich liebte und bei mir blieb.«

»Als er gesagt hat, jetzt will er, habe ich mir die Pille besorgt und mit
ihm geschlafen, obwohl ich lieber noch gewartet hätte und mir meiner
Gefühle für ihn sicherer gewesen wäre. Aber für die heutigen Verhältnisse war er so ausgesprochen nobel – er ist einen ganzen Monat mit
mir gegangen, bevor er mich um Sex gebeten hat –, wie hätte ich mich
da weigern können? Ich habe ihn nicht verlieren wollen.«

Wann wird aus Druck Vergewaltigung?

*Vergewaltigung im Zusammenhang mit Verabredungen ist extrem häufig,
wird jedoch bis jetzt von der Gesellschaft kaum wahrgenommen:*
»Ich habe mich oft zum Sex beschwatzen lassen. Ein paarmal habe
ich es nur gemacht, damit der Kerl mich in Ruhe ließ.«
»Einen Mann fand ich echt aufregend. Ich verabredete mich mit ihm
und dachte, wir würden uns zusammensetzen, was trinken und miteinander reden, vielleicht auch einen Spaziergang machen. Wie sich
dann herausstellte, erwartete er, daß ich zu ihm kam. Ich war zwar etwas mißtrauisch, wollte ihn aber nicht ›vorverurteilen‹, glaubte nicht,
er würde versuchen, das *so* schnell auf die Spitze zu treiben. In seiner

---

* Wieviel hat sich geändert, seit 1976 der erste *Hite Report* erschien? Das Kapitel
über die »sexuelle Revolution« scheint auf jeden Fall heute genauso gültig zu sein
wie vor zehn Jahren. Damals waren Frauen aller Altersstufen zornig über den auf
sie ausgeübten Druck zum Sex, und über die Herabwürdigung und Vulgarisierung
der Sexualität in den Medien, wobei oft impliziert wurde, daß Frauen dazu da sind,
»genommen« zu werden, daß sie es »in Wirklichkeit selbst wollen« und jederzeit
»sexbereit« sind. Der einzige Unterschied zu damals besteht darin, daß all das offenbar noch schlimmer geworden ist.

Wohnung kam dann eins zum anderen – genau wie bei allen –, und ich war bitter enttäuscht. Er setzte mich auf die Couch, gab mir einen Drink, zog mir die Schuhe aus, gab mir ein Kissen, legte sich neben mich, hielt meine Hand, drückte sich an mich. Ich hätte bei jeder Etappe aufstehen können, aber es ist wie eine Lähmung – sie werfen dir ja immer vor, daß du eine Szene wegen ›nichts‹ machst, wenn du bei einer dieser kleinen Etappen aufstehst, und wenn du bei einer der großen Etappen aufstehst, behaupten sie, du hättest sie bloß scharfmachen wollen. Warum bist du so weit gegangen? Und jetzt willst du sie einfach verlassen...? Jedenfalls ließ ich mich auf die alte College-Routine ein und lag einfach da und konnte es nicht fassen, sein Raus und Rein. Ich wünschte mir nur, es wäre vorbei, damit ich endlich gehen konnte, aber ich schaffte es nicht, ihm das zu sagen.«

Und »richtige« Vergewaltigungen, deren Häufigkeit nach wie vor zunimmt, sind für Frauen eine fortgesetzte Erinnerung daran, die Aggression von Männern auf sich zu ziehen:

»Ich glaube, es wird mein Leben lang ein Trauma bleiben, daß ich als neunzehnjährige Jungfrau vergewaltigt worden bin. Es dauerte viele Jahre, bis ich darüber hinwegkam. Als ich den größten Schock überstanden hatte, wurde mir klar, daß ich jetzt nicht mehr sagen konnte, ich sei Jungfrau, daß ich diese Möglichkeit, nein zu sagen zu all den Fieslingen, die mit mir schlafen wollten, nicht mehr hatte. Und das war vielleicht die schlimmste Folge der Vergewaltigung. Schlimm war auch die Desillusionierung. Ich war neunzehn, und er war eine vertraute Gestalt auf dem Campus und in den Vierzigern, jemand, von dem ich *wußte*, daß er väterliche Gefühle für mich empfand, und die konnten doch nicht sexuell sein, weil er viel älter war als ich. Nachdem das passiert war, hatte ich eine sehr begründete Paranoia vor Männern, brachte mich aber immer wieder in Situationen, wo es der einzige Ausweg war, okay zu sagen und den Kerl danach nie wiederzusehen.«

»Als ich vergewaltigt wurde, dachte ich mittendrin: ›Das ist wie eine Phantasie.‹ Das brachte mich durcheinander, denn es *war* wie eine Phantasie, und ich kam. Aber ich empfand dabei nur Angst und Ekel vor diesem widerlichen Typ. Es war so furchtbar, und trotzdem hatte ich irgendwo das Gefühl, daß ich es provoziert hatte. Wie die Männer immer sagen – du hast es gewollt – und es hat dir gefallen. Doch obwohl ich einen Orgasmus hatte, hat es mir nicht gefallen, und ich habe es nicht gewollt.«

Eine Frau bringt ihren berechtigten Zorn zum Ausdruck bei der Antwort auf die Frage »Wie würden Sie Weiblichkeit definieren?«:

»Als ich heranwuchs und erwachsen wurde, hieß weiblich sein, sich als Loch zu fühlen und als Loch definiert zu werden. Ich liebte meine Vagina, meine Klitoris, aber ich haßte das, was sie für Männer bedeuteten. Ich haßte das, was – zumindest in den Augen der Männer – ihre Überlegenheit signalisierte. Eroberung. Oder Ablehnung einer minderen Fotzen-Güteklasse, nicht hübsch genug, nicht knackig genug, nicht weiblich genug. Rigorose Maßstäbe. (Ich realisierte damals nicht, daß sie so ziemlich durch die gleiche Hölle gingen mit ihren Männlichkeitsmaßstäben, aber wenn sie vor denen bestanden, würden sie allen Frauen überlegen sein, und darum hielt sich mein Mitgefühl in Grenzen.) Liebe, Liebe, Liebe, die Kunst, Männer zu lieben, als großer Bottich der Liebe für das Pfauenräder schlagende Männchen gesehen werden. Nicht geachtet werden. Verspottet werden für genau das, wofür sie einen bestrafen, wenn man es *nicht* hat – Eitelkeit, Brüste, Po, hohe Absätze. Die ständige Unterminierung der Würde. Das sind meine Erfahrungen mit Weiblichkeit.«

»Bedeutet« es etwas, Geschlechtsverkehr mit einem Mann zu haben? Was können Frauen »erwarten«, wenn sie »Sex« haben?

Ob und wann sie Sex mit einem Mann haben sollen, ist für Frauen aller Altersstufen eine Frage, die mit enormer Angst und enormen Zweifeln verbunden ist. Da die »sexuelle Revolution« die »Spielregeln« für Beziehungen unter Unverheirateten abgeschafft hat (erst »geht« man miteinander, dann hat man einen »festen Freund«, dann verlobt man sich, wobei in jeder Phase ein gewisses Maß an körperlicher Intimität akzeptabel ist), ist es ein Ratespiel geworden, was Frauen wann tun sollen. Und was dieses Ratespiel mehr zum Russisch-Roulette gemacht hat als zur normalen Interaktion (mit den üblichen Mißverständnissen), ist die nach wie vor unvermindert herrschende (aber geleugnete) doppelte Moral: Die meisten Männer fordern Frauen zwar ständig dazu auf, Sex mit ihnen zu haben, respektieren diese Frauen aber häufig nicht, nachdem sie Sex mit ihnen hatten, es sei denn, die Frau ist ziemlich lange »standhaft geblieben«. Vom Gehabe eines Mannes vor dem Sex darauf zu schließen, wie ehrlich es ein anderer meint, ist fast unmöglich.

Dieser Teil des Buches war in gewisser Hinsicht der schwierigste (das gilt für die Forschungsarbeit wie fürs Schreiben), weil wir es hier mit einem Gebiet zu tun haben, in dem die Dinge sehr in Fluß sind. In den letzten zwanzig Jahren haben wir stark gegenläufige Strömungen

erlebt: die »sexuelle Revolution«, die Frauenbewegung und die »Rück-
besinnung auf traditionelle Werte«. Besonders junge Mädchen und
Frauen am College haben inmitten dieser Kontroversen gestanden
und die fast unglaubliche Verwirrung aushalten müssen, die daraus
erwachsen ist. Auf Mädchen an der High School und sogar in der
Grundschule wird immer noch – von Jungen und anderen Mädchen –
außergewöhnlich großer Druck ausgeübt, »sexy« zu sein, und wenn
sie es sind, geraten sie nach wie vor in »Verruf«. Frauen müssen heute
die extremsten Veränderungen durchleben; einige wachsen mit dem
strikten Moralkodex ihrer Eltern auf (»ein anständiges Mädchen tut
das nicht«), wenn sie im Teenageralter oder in den Zwanzigern sind,
wird ihnen plötzlich an der Schule oder am College gesagt: »Das machen doch alle. Was ist denn mit *dir* los?« Und schließlich entdecken
sie voller Bestürzung, daß sie den Respekt eines Mannes, den sie innig
lieben, verlieren können, wenn sie Sex mit ihm haben (und vielleicht
verlieren sie auch ihren Respekt vor ihm, wenn ihnen seine Einstellung klar geworden ist).

**»Als wir zum ersten Mal miteinander geschlafen hatten, sagte er:
›Wir wollen da nichts Ernstes draus werden lassen.‹«**

Die unausgesprochene »Spielregel« lautet: »Einmal miteinander geschlafen zu haben, bedeutet gar nichts. Es heißt nicht, daß man sich
wiedersieht oder versucht, eine Beziehung zu haben – geschweige
denn, einander zu lieben.« »Frauen sollen Männer nicht anbinden;
Männer müssen frei sein« – das ist das unbestrittene Motto der Single-
Welt geworden. Darum besteht das höfliche, »richtige« Verhalten
nach dem Sex darin, nicht zu sagen, daß man den Mann »für sich«
will. Die Frau soll sich auch nicht »zuviel Gedanken darüber machen«,
ob sie ihn wiedersieht. Sie soll jedoch zu verstehen geben, daß sie offen und interessiert ist (wenn auch nicht »übermäßig«); soll irgendwie
durchblicken lassen, daß beide noch »frei« sind; soll sich »ganz locker«
verhalten, aber »herzlich« und nicht »bedrohlich«. Etwa: »Es war
schön, aber ich habe keine ›Erwartungen‹.«
   Und wenn eine Frau all das schafft (*seine* Gefühle und Reaktionen
mehr zu berücksichtigen als ihre, es sich nicht erlauben zu können, die
Situation und das Verhalten auf eine Weise zu definieren, die *ihren* Gefühlen entspricht), wird sie womöglich damit belohnt, daß sie nicht einen Freund oder Liebhaber gewonnen hat, sondern sich Vorwürfen
und einer herablassenden Haltung ausgesetzt sieht, die impliziert,
daß sie keine seriöse Person ist, »zu oberflächlich« ist, »es wahrscheinlich mit jedem macht« usw.

Und so erfordert die Entscheidung, ob man Sex haben soll, von seiten der Frau viel Energie und Überlegung und veranlaßt sie zu wesentlich intensiverem Nachdenken über die »Bedeutung« von Beziehungen als Männer. Frauen haben außerdem immer noch auf ihren »guten Ruf« zu achten, so unglaublich das auch klingen mag nach der Phrasendrescherei der »sexuellen Revolution«. Ja, die doppelte Moral blüht und gedeiht nach wie vor – und schlimm daran ist, daß die meisten jüngeren Männer noch nicht gelernt haten, sie in Frage zu stellen.

Einige College-Studenten halten sich an die »Dreimal-Regel« (so wird das an manchen Colleges genannt): Wenn ein Mann bei der dritten Verabredung noch nicht »landen« konnte, hat er keine Punkte gesammelt und sollte gehen. Andererseits sagen viele Frauen an diesen Colleges, daß der Mann auch dann geht, wenn sie beim drittenmal

---

2500 College-Studenten haben darüber abgestimmt, ob die doppelte Moral beibehalten werden soll

Zwischen 1983 und 1987 stellte die Verfasserin über 2500 College-Studenten folgende Fragen und erhielt folgende Antworten:

1. Glauben Sie, daß die doppelte Moral fair ist? *Nein, entschieden 92 Prozent der Männer.*

2. Wenn Sie einer Frau begegnen, die Sie mögen und mit der Sie sich gern verabreden würden, aber dann herausfinden, daß sie im vergangenen Jahr mit zehn bis zwanzig Männern Sex hatte, würden Sie sie dann immer noch mögen und ernst nehmen? *Die meisten Männer hatten ziemliche Zweifel daran, ob sie diese Frau noch ernst nehmen konnten; nur 35 Prozent konnten es.*

3. Wenn einer Ihrer besten Freunde innerhalb eines Jahres Sex mit zehn bis zwanzig Frauen hätte, würden Sie dann aufhören, ihn ernst zu nehmen und es als Charakterfehler betrachten? *Durchaus nicht, so 95 Prozent der Männer.*

4. Ist das nicht doppelte Moral? Was sollte getan werden, um das auszugleichen? Glauben Sie, daß (a) Männer aufhören sollten, so »promiskuös« zu sein, oder daß (b) Frauen soviel Sex haben könnten wie Männer, ohne negatives Feedback? *Die meisten Männer hielten das für eine sehr schwierige Frage, konnten die Logik dahinter jedoch sehen; die Mehrheit, fast zwei Drittel, stimmte für (b), zog es also vor, Frauen das »Recht« zur Veränderung ihrer eigenen Auffassung vom Sex zu geben. Viele Männer sagten auch, daß die Frau, die sie heiraten würden, wahrscheinlich keine von denen wäre, die sich dafür entschieden hätten, mit so vielen Männern Sex zu haben!*

---

miteinander geschlafen haben – denn jetzt *hat* er seine Punkte gesammelt, und warum sollte er da noch bleiben? Dies ist eine Art kulturell bedingter Kampf der Geschlechter: Er wird gelehrt, Punkte zu sammeln, indem er »es macht«, während sie nicht »gehabt« werden will, sondern Gemeinsamkeit mit jemandem möchte, Nähe und/oder Sex – und so läßt sie sich voller Bangigkeit zum Sex mit ihm ein, nicht wissend, ob sie danach fallengelassen wird.

Die unausgesprochene Prämisse lautet: »Wenn wir Sex haben, bedeutet das gar nichts, und es sollte dich nicht dazu verleiten, etwas zu ›erwarten‹. Es kann also sein, daß ich wieder von mir hören lasse, es muß aber nicht sein. Doch darüber wollen wir uns jetzt keine Gedanken machen. Sehen wir mal, wie sich die Dinge entwickeln – falls sie sich entwickeln. Und wenn du das nicht akzeptieren kannst, stimmt irgendwas nicht mit dir.« Ist das nicht die schiere, aufs Schlafzimmer angewandte Marktpsychologie?

> **»Wenn man zusammen schläft, verlagern sich die Machtverhältnisse. Am Abend danach treffen sich nicht mehr zwei Gleiche zum Essen.«**

Ironischerweise kann sich, wenn man Sex hat, der emotionale Abstand zwischen Mann und Frau vergrößern – Angst und Mißtrauen eskalieren um die Zeit des »ersten Mals«. Wie wir gesehen haben, sind Frauen oft in einer Position, in der sie nicht gewinnen können: Die schlichte Tatsache, daß die Frau Sex mit einem Mann hat, kann bedeuten, daß er ihr, zumindest eine Weile, weniger vertraut (sie weniger respektiert?), weil er das Gefühl hat »Vielleicht macht sie's mit jedem, und darum kann ich ihr nicht vertrauen.« Und so sind sich die beiden traurigerweise ferner statt näher, erhöht der Sex sogar die Wahrscheinlichkeit, daß sie sich nicht mehr sehen.

Selbst wenn eine Frau mit einem Mann schläft und ihm sagt, daß sie ihn liebt, überzeugt ihn das oft nicht – oder es verwirrt ihn. Ihm ist unterschwellig oder direkt beigebracht worden, daß »sexuelle« Frauen irgendwie bedenklich sind, und darum reicht es auch nicht (obwohl er wahrscheinlich begierig darauf war, mit ihr Sex zu haben), daß sie Sex mit ihm hat und ihm so ihre Zuneigung zeigt. Er vertraut ihr deswegen noch nicht, glaubt noch nicht an sie. Um einem Mann zu »beweisen«, daß sie ihn liebt, ist etwas anderes nötig – oft eine Art Selbstaufopferung. Daß Frauen sich und ihre Liebe überhaupt »beweisen« müssen, ist ein Zeichen von psychologischer Diskriminierung.

Eine Frau kann einen Mann bei der ersten Verabredung nicht fragen, welche Ziele er verfolgt – oder doch? Wieviel von dem, was vor sich geht – sexuelle Aggressivität von Männern zum Beispiel, sexuelle Provokationen, keine Klarstellungen vorab –, sollen Frauen sich bieten lassen? Müssen sie mit der (immer noch grassierenden) Playboy-Mentalität und der doppelten Moral einverstanden sein? Müssen sie die »männlichen« Spielregeln im Hinblick darauf, wann Sex stattfindet und woraus er besteht, akzeptieren?

92 Prozent der Frauen in dieser Untersuchung sind ziemlich irritiert darüber, daß das »Spiel« (der Sport?), »ein Mädchen rumzukriegen«, eine Frau zu verführen, um »Punkte zu sammeln«, immer noch weitergeht. Vor dem Sex, sagen sie, kann man sehr wenig Ehrlichkeit erwarten – und sie haben den ständigen Druck immer mehr satt, die stets gegenwärtige Möglichkeit, daß all die Freundlichkeit nur eine Lüge ist, um sie zum Sex zu ködern, auf den dann Kälte oder Spott folgt. Kurz, der Mangel an Respekt von Männern vor Frauen führt dazu, daß Frauen den Respekt vor Männern verlieren. Doch während es einigen Frauen nach wie vor widerstrebt, ihren Freundinnen zu erzählen, wie sich ein Mann benommen hat, weil sie meinen, es würde ein schlechtes Licht auf *sie* werfen, scheuen sich viele andere nicht davor; und wie wir gesehen haben, glauben fast alle, daß das Verhalten der Manner ein schlechtes Licht auf *Männer* wirft.

Spaß an der Aufmerksamkeit von Männern

Andererseits gibt es Dinge, an denen Frauen Spaß haben, wenn sie sich mit Männern verabreden; viele Frauen sagen, von einem Mann als »etwas Besonderes« behandelt zu werden, sei einer der großen Genüsse im Leben, etwas, auf das man sich nach einem harten Arbeitstag freuen kann; vielleicht werden diese Dinge unterschätzt:

»Um ganz ehrlich zu sein – obwohl mich Männer rasend machen und ich ihre Einstellung Frauen gegenüber haarsträubend finde, bekomme ich von ihnen eine Aufmerksamkeit, die ich von Frauen nicht kriege. Meine Freundinnen bewundern mein Aussehen und meine Intelligenz nicht so wie Männer. Ich mag es auch, wenn mich ein Mann in den Armen hält und mich streichelt und mich küßt und Sehnsucht nach mir hat. Aber wenn ich reden und mich aussprechen will, gehe ich zu Frauen. Sie sind meistens verständnisvoller, mitfühlender und hilfsbereiter. Männern fällt es schwer, mit mir zu diskutieren und mir zuzuhören. Es interessiert sie nicht, wie ich mich fühle und was ich nötig habe. Trotzdem brauche ich ihre warmen Umarmungen, ihre lieben Worte, ihre bewundernden Blicke. Bin ich ein hoffnungsloser Fall?«

»Ich liebe es, wenn er mich sehr liebevoll behandelt und mir sagt, daß ich schön und sehr erotisch bin. Wenn er so zu mir ist, habe ich das

Gefühl, daß es im Moment nichts gibt als ihn und mich! Es ist, als wären wir ganz allein mit unserer Liebe und unseren Gefühlen, nur wir zwei.«

Männer als Spielzeug* – mögen Frauen Sex »zum Spaß«?

Mögen Frauen seit der »sexuellen Revolution« nicht auch »Sex nur so zum Spaß«? Einige ja. Die meisten Frauen sagen zwar, daß ihnen Sex mit Gefühl definitiv lieber ist, aber die meisten möchten sich irgendwann in ihrem Leben auch mal einfach austoben.

Frauen beschreiben ihre sexuellen Abenteuer

13 Prozent der Single-Frauen sagen, daß sie Gelegenheitssex mögen – sogar Affären für eine Nacht:
»Manchmal mag ich eine Zeitlang Sex mit verschiedenen Männern. Warum? Experimentierfreude! Jeder Mann fühlt sich anders an.«

»Ich habe die Erfahrung gemacht, daß *eine* Person nicht all meine Bedürfnisse befriedigen kann. Monogamie ist eine romantische Vorstellung. Ich weiß nicht, ob ich je vollständig monogam sein könnte. Wenn man eine Beziehung hat, ist Sex außerhalb der Beziehung okay, solange es der Partner nicht merkt – besonders wenn es nicht allzu gut läuft und man ein bißchen Zärtlichkeit, liebevolle Fürsorge und freundliche Unterstützung braucht.«

»Ich habe sechs Jahre mit einem Mann zusammengelebt. Vor fünf Jahren haben wir uns getrennt. Danach war ich zwei Jahre enthaltsam – habe nicht mal masturbiert. Aber dann wurde ich eines Tages wieder neugierig auf Sex. Diesmal versuchte ich es mit einem (für mich) neuen Ansatz: Gelegenheitssex. Ich habe Männer aufgerissen, hauptsächlich in Bars, denn da ist es am leichtesten. So lebe ich seit ungefähr einem Jahr, und es gefällt mir. Es gefällt mir besser, als ewig lange auf jemand Besonderen zu warten und überhaupt keine Liebe und keine Zuwendung zu kriegen. Ich muß natürlich vorsichtig sein wegen Krankheiten, aber Sex mit Fremden macht Spaß, weil ich mich frei ausdrücken kann. Da sie mich nicht kennen, wissen sie nicht, was sie erwarten können. Dank dieser Freiheit habe ich das Masturbieren beim

* Das bezieht sich auf einen Gürtel, den die Rocksängerin Madonna trägt, einen Gürtel mit der Aufschrift *Boy-Toy*.

Koitus ›entdeckt‹. Wenn ich jetzt einen Mann mit nach Hause nehme und er ein altes Ekel ist, das nicht im Traum an Cunnilingus oder so was denkt, oder wenn er echt ein netter Junge ist und ich mich nicht ärgern will, weil er ohne mich kommt, sorge *ich* dafür, daß ich komme! Damit ist für mich ein großer Streß entfallen.«

»Ich bin mal auf einer Orgie gewesen und habe Sex mit drei Leuten gehabt. Viele von meinen Freundinnen waren entsetzt, als ich ihnen das erzählt habe. Ich sehe das alles nicht so eng. Ich bin gern nackt mit anderen Leuten zusammen, ich mag Sex und ich mag meinen Körper.«

»Mit vierundzwanzig hatte ich meine erste ›Affäre‹. Es war phantastisch, sehr intensiv. Ich war betrunken, als ich mit dem Mann mitging. Ich war sexuell sehr frustriert gewesen. Es war phantastisch – eine Sommernacht, ein großer Regen. Seine Fenster standen offen, und es regnete auf uns, während wir uns liebten. Ich fand ihn so besonders, seine großen, grünen, schräg stehenden Augen. Ich hatte keinen richtigen Orgasmus, und sehr erregt war ich auch nicht, aber am nächsten Tag saßen wir uns nur gegenüber und sahen uns in die Augen – es war aufregend. Ich habe ihn nie wiedergesehen, weil ich meinem Freund davon erzählte, der extrem eifersüchtig war. Ich habe noch Monate von ihm geträumt.«

»Wenn es kurz und lieb ist, habe ich immer was davon – es stärkt mein Selbstbewußtsein. Ich fühle mich sehr sexy – exotisch – begehrenswert.«

»Ich bin Single, sechsundzwanzig, Dr. med., wirklich scharf und finde, es gibt haufenweise süße Männer. So viele, daß ich nicht weiß, wie ich es anstellen soll, monogam zu sein. Ich nehme an, was ich gerade empfinde, ist die Lust am Experimentieren! Männerkörper erforschen! Ich mag sie, Brust und Bauch und Flanken...«

»Wenn ich Affären wollte, habe ich mir Männer ausgesucht, die sich nur für eins interessierten: Sex für eine Nacht. Sie waren super für mich.«

Viele andere Frauen (53 Prozent) phantasieren von einem sehr freien Sexualleben, sind aber auch beunruhigt über diese Phantasien und fürchten, »zu sexuell« zu sein:

»Manchmal stelle ich mir vor, daß ich allein lebe und sehr sinnlich und frei bin und viele Männer in meinem Bett empfange: ein ziemlich exzentrisches, aber aufregendes Leben (mit Karriere). Und manchmal sehe ich mich mit einem Mann, vielen Kindern und gelegentlichen außerehelichen Affären. Meine Tante hat mir neulich erzählt, meine Mutter sei total verdreht und neurotisch gewesen, sie habe meinen Vater nie geliebt, sondern ihn aus Angst geheiratet – aus Angst, eine

Hure zu sein. Mein Freund ist auf Reisen, darum hatte ich in letzter Zeit ein paar Geschichten für eine Nacht. Dabei habe ich festgestellt, daß ich gern Liebe gebe – sexuell, meine ich. Es ist vielleicht sehr eitel, aber ich mag es sehr, wenn mich Männer schön finden und von mir erregt sind, und ich liebe die Nähe, die wir sexuell miteinander haben können. Ich muß noch dazu sagen, daß ich jedesmal betrunken war – ich habe Angst davor, eine Hure zu sein.«

Frauen ist immer noch nicht erlaubt, Phantasien dieser Art zu haben, obwohl es eine Tatsache ist, daß in den meisten Frauenphantasien (wie die Forschungsarbeit zum *Hite Report* ergab) Fremde, anonymer Sex, mehrere Partner usw. eine Rolle spielen. Allerdings ist Phantasie nicht gleich Realität, und Frauenphantasien sind noch nicht genug analysiert worden. Darum kann man hier keine simplen Analogieschlüsse ziehen.

Eine junge Frau empfindet große Reue über die »schrecklichen Sünden«, die sie sich bei einem Auslandsaufenthalt zuschulden kommen ließ:
»Meine größte Krise hatte ich mit sechzehn, als ich in Europa war und einen Monat bei einer fremden Familie wohnte. Ich konnte die Sprache nicht gut, obwohl in meinem High-School-Zeugnis das Gegenteil stand. Ich hatte irrsinnig Heimweh und fühlte mich sehr verloren, hatte den Eindruck, daß ich mit niemandem kommunizieren konnte. Ich fing an, mich an alle jungen Männer ranzuschmeißen, weil ich wußte, damit würde ich mich beliebt und begehrt machen. Außerdem hatte ich dann auch was zu tun. Ich hatte das Gefühl, daß mich meine Gastfamilie eigentlich gar nicht haben wollte und daß mich die Tochter, die so alt war wie ich, nicht leiden konnte. Ich ging nach einem Monat von dieser Familie weg und hinterließ wahrscheinlich den falschen Eindruck, daß alle Amerikanerinnen recht locker sind, weil ich mit etwa neun Kerlen geschlafen habe (ich habe meine Jungfräulichkeit mit einem verloren, den ich erst eine Stunde kannte) und mindestens fünfzehn andere geküßt habe. Ich dachte nicht weiter darüber nach. Wenn ich's getan hätte, wäre ich übergeschnappt.
Ich glaube bis heute, daß ich das getan habe, weil ich psychisch nicht stabil war. Die ganze Zeit, die ich da war, hatte ich das Gefühl, ich wäre nicht ich, sondern jemand anderes. Hätte ich sonst neunmal mit wildfremden Männern Sex gehabt, Sex ohne Empfängnisverhütung? Kaum. Ich *muß* jemand anderes gewesen sein.
Schließlich bekam ich es irgendwie in den Griff, und es vergeht manchmal eine ganze Woche, daß ich nicht mehr diese schreckliche Person, diese Schlampe sehe, wenn ich den Spiegel schaue. Ich kann

akzeptieren, was ich getan habe, und eine Beziehung mit einem Mann haben und sogar sexuell sein, ohne mich für furchtbar zu halten.«

Die Mehrzahl der Frauen will meistens Sex mit Liebe und Gefühl

Viele Single-Frauen sagen, sie hätten versuchsweise Sex mit verschiedenen Liebhabern gehabt und dabei nicht »Liebe« zur Voraussetzung gemacht, hätten es aber schließlich – und meistens nach nicht allzu langer Zeit – satt gehabt und als sinnlos empfunden; 62 Prozent der Single-Frauen sagen, sie schliefen nicht gern mit vielen Männern, wechselten nicht gern von Mann zu Mann:

»Ich habe versucht, promiskuös zu sein, aber ich habe es nicht durchgehalten, weil es mir so sinnlos vorgekommen ist. Manchmal kann ich es als Geschenk genießen, aber eine ganze Prozession von Männern – das hasse, hasse, hasse ich.«

»Ich habe mehr als nur ein bißchen was dagegen, mit vielen Männern ins Bett zu gehen. Es macht keinen Spaß. Für mich wird Sex mit *einer* Person im Lauf der Zeit immer besser. Wenn ich einmal mit jemandem geschlafen habe, will ich mehr. Ganz ohne geht es mir besser als mit nur einem Mal. Es macht mich auch psychisch fertig, nur einmal Sex mit jemand gehabt zu haben.«

»Letztes Jahr auf der High School habe ich mit mehreren Jungen aus dem Kreis von Leuten geschlafen, mit denen ich von Zeit zu Zeit zusammen war, und es war entsetzlich. Ich wußte, sie vertraten in etwa den Standpunkt ›Machen wir's, aber bleiben wir trotzdem Freunde.‹ Natürlich waren sie nie richtige Freunde von mir, und ich habe jedes Gefühl für sie und allen Respekt vor ihnen verloren, als sie oberflächlichen Gelegenheitssex ohne die geringste Verpflichtung wollten. Mit einem von ihnen gibt es jetzt noch eine Art Freundschaft. Das ging aber nur, weil ich aus meinem Gedächtnis gestrichen habe, daß wir je miteinander geschlafen haben. Keine gute Umgebung, um erwachsen zu werden. Jede Menge Sex, aber keine Beziehungen.«

24 Prozent der Frauen sagen, sie hätten im Grunde ihres Herzens das Gefühl, es sei nicht richtig für sie, Sex zu haben, ohne verheiratet zu sein oder innige Liebe zu verspüren:

»Am leidenschaftlichsten war ich mit meinem Freund, weil ich es okay fand, mit jemandem leidenschaftlich zu sein, an den ich eine Bindung hatte. Manchmal habe ich Schuldgefühle, wenn ich mit jemandem leidenschaftlich bin, den ich kaum kenne und von dem ich mich bloß irgendwie angezogen fühle.«

»Ich komme mir wie das letzte Flittchen vor, wenn ich von Kerl zu Kerl hüpfe. Ich mag feste Beziehungen.«

Eine Frau Anfang der Zwanzig macht sich Gedanken darüber, ob sie ein Recht auf Sex hat, auch wenn der Mann nicht der »Richtige« ist:

»Es ist mir schon passiert, daß ich mit jemand schlafen wollte, den ich nicht mochte oder von dem ich wußte, er tut mir nicht gut. Ich wollte nein sagen, weil ich geglaubt habe, daß es nicht klug wäre, mit dem was zu haben, aber als er mich angefaßt hat, war ich ›hin und weg‹! Ich wollte es, aber da war diese Angst, dieser Widerwille. Ich glaube, Männer haben Geschichten für eine Nacht ganz ähnlich beschrieben, aber bei ihnen ist es sozial voll akzeptiert – ›Mann ist Mann‹!«

Männer verbinden gewöhnlich Sex und Gefühle nicht auf die gleiche Weise wie Frauen, meinen die meisten Single-Frauen in dieser Untersuchung; oder – wie eine Frau sagt – mit den Gefühlen vieler Männer ist es vorbei, wenn sie »gekommen« sind:

»Meiner Erfahrung nach wollen die meisten Männer bloß ficken. Diese Gesellschaft scheint in Männern unrealistische sexuelle Bedürfnisse zu produzieren. Die meisten können Liebe und Sex mühelos trennen.«

»Für Frauen gehören Sex und Liebe zusammen. Wir sehen das als echte Widerspiegelung unserer Gefühle. Es ist schwer zu begreifen, daß die andere Hälfte der Menschheit es nicht so sieht. Ich glaube vor allem, daß die meisten Frauen über den Ausdruck ihrer Gefühle (ihrer Liebe?) durch Sex eine emotionale Zusammengehörigkeit empfinden. Für die meisten ist Sex ein Symbol der Bindung an ihren Partner – der aber will Sex oft aus ganz anderen Gründen. Und das beschert uns die emotionalen Horrortrips.«

83 Prozent der Frauen sagen, daß ihnen Sex mit emotionaler Beteiligung, Sex mit Gefühl lieber ist:

»Ich liebe den Sex – aber inzwischen lehne ich es ab, Sex zu machen, ohne eine gute Beziehung zu haben. Das Joggen kann ich mehr genießen als Sex ohne Gefühl.«

»Sex ohne Bedeutung ist schlimmer als überhaupt kein Sex. Vielleicht ist ein weniger befriedigender Sexualpartner der Einsamkeit vorzuziehen, aber es sollte wenigstens einer sein, der Wärme und Freundschaft bietet.«

»Das Beste am Sex ist das Gefühl des Einsseins. Das Schlimmste ist die Verletzlichkeit, die Möglichkeit, daß es nicht geschätzt wird – daß der Mann danach keine Achtung vor einem hat.«

»Irgendwas hat mir immer gefehlt am Sex. Ich glaube, es liegt daran, daß es meistens zu ›nebenbei‹ war. Der Geschlechtsverkehr selbst ist wunderbar, ich mag ihn sehr. Normalerweise orgasme ich, wenn ich genügend erregt bin, und das bin ich in ungefähr 80 Prozent der Fälle. Aber es ist schwierig, diese Seite von mir mit jemandem zu teilen, von dem ich ziemlich genau weiß, daß er nicht bei mir bleiben wird. Das ist wahrscheinlich das Schlimmste an einem Mann – dieses Gefühl danach, daß es für ihn eigentlich nichts weiter war als eine physische Erleichterung. Das Schönste ist, wenn man aufwacht und er immer noch da ist und es immer noch genießt. Aber *das* Glück hat man selten.«

»Viele Frauen sind enttäuscht, weil sie dem Mann als Person scheißegal sind. Er will nur ihren Körper, um in sie hineinzumasturbieren. Ich weiß es, ich habe es selbst erlebt.«

»Gefühl und Sex sind bei einer Frau viel mehr miteinander verbunden – oder vielleicht ist es auch diese ›Anständige-Mädchen-tun-das-nicht‹-Einstellung der Gesellschaft, die es Frauen verbietet, sexuell frei zu sein, wenn sie nicht als Flittchen abgestempelt werden wollen. Keine von meinen Freundinnen hat Sex mit Leuten, für die sie nicht was empfindet – ob es Liebe ist oder nur große Zuneigung.«

Obwohl die meisten Single-Frauen Sex mit Gefühl wollen, heißt das nicht, daß sie alle heiraten wollen:
»Ich habe meine Zweifel, was die Ehe angeht. Emotional kann ich sie mir vorstellen, aber intellektuell stößt sie mich ab. Für mich ist die optimale Beziehung eine monogame Beziehung, bei der beide getrennte Wohnungen haben, aber viel Zeit miteinander verbringen – essen, reden, Liebe machen. Ich liebe meinen eigenen Bereich.«

»Das größte Problem? Ich würde sagen, daß Michael vermutlich nicht weiß, wie ambivalent ich manchmal bin. Ich habe das Gefühl, daß ich mich Hals über Kopf in diese Beziehung gestürzt habe, und das ist mir hin und wieder unbehaglich. Ich kann es am besten ausgleichen, indem ich mir meine Freiheit und Unabhängigkeit bewahre, mich zurückziehe, wenn ich das Gefühl habe, daß es mir zuviel wird.«

Kurz gesagt: Manchmal mögen Frauen einfach nur Sex zum Spaß. Was ihnen weh tut und dazu führt, daß sie Männern mißtrauen, sind die »Spielchen«, das Wegwerfverhalten und die doppelte Moral von Männern:
»Ich glaube, das Schlimmste am Sex sind für eine ungebundene Frau diese Spielchen, die um den Sex herum gespielt werden müssen. Am Geschlechtsakt selbst kann ich nichts ›Schlimmes‹ finden!«

Angesichts der negativen Stereotype (»Hure«, »Flittchen« usw.), mit denen Frauen belegt werden, wenn sie Sex um seiner selbst willen mögen und ohne emotionale Bindung, ist es ihnen nicht immer möglich, solche Erlebnisse zu genießen bzw. sie überhaupt zu haben. Die diesbezügliche Einstellung eines Mannes kann es beim Sex oder beim Zusammensein der Frau unmöglich machen, sich »natürlich« zu verhalten. (Das soll nicht heißen, daß Frauen – und Männer – »von Natur aus« promiskuös sind und nur von der Gesellschaft daran gehindert werden, diese »Veranlagung« auszuleben;* es soll lediglich heißen, daß eine experimentelle Einstellung zu bestimmten Zeiten im menschlichen Leben genau das Richtige sein kann.)

Frauen haben ein berechtigtes Verlangen nach Sex, und ihre sexuellen Gefühle sind vielfältig und differenziert. Doch durch gewisse soziale Unterströmungen werden wir immer noch daran »erinnert«, daß eine Frau, die »wahllos« Sex hat, nicht ganz respektabel sei – wogegen es Männern erlaubt ist und sie dazu ermutigt werden, »sich die Hörner abzustoßen«.

Flirten und Männer »benutzen«: weibliche »Eroberungen«

Flirten, Spaß mit Männern haben – einige Frauen genießen es, Männer zu »erobern«, Männer dazu zu bringen, daß sie sich in sie verlieben, ihnen »nachlaufen«, Verlangen oder Sehnsucht zeigen. Das kann für manche Frauen sehr befriedigend sein. Sie drehen den Spieß einfach um und kümmern sich nicht um den höheren Status der Männer.

Für die meisten Frauen stellt der emotionale Sieg den Höhepunkt des Flirts, die »Eroberung« dar – wenn sie den Mann dazu kriegen, sie zu wollen, *nicht wenn sie ihn ins Bett kriegen:*

»Die größte Macht empfinde ich, *bevor* wir Sex haben, beim Küssen und beim Schmusen – es ist ein reiner Ego-Trip, ehrlich gesagt.«

»Wenn ich in seinen Armen fast ohnmächtig werde und weiß, daß er vor Sehnsucht nach mir fast umkommt, gerate ich am ehesten in Ekstase.«

»Ich habe es immer gern gehabt, die Aufmerksamkeit der Männer zu erregen, obwohl ich gewußt habe, sie reagieren eigentlich nicht auf mich, sondern bloß auf meinen Körper oder auf meine Verfügbarkeit. Aber das war mir egal. Ich kriege nicht viel Liebe und Aufmerksamkeit im Leben!«

---

* Einige Darwinisten behaupten, die »Urhorde« müsse – zur Förderung der »natürlichen Selektion« – »promiskuös« gewesen sein. Doch diese Behauptung ist in anthropologischen und paläoanthropologischen Kreisen umstritten, weil es bis jetzt noch keine eindeutigen Beweise dafür gibt, wie die »Urhorde« oder die Familie der Frühzeit aussah.

Ist Flirten etwas Verkehrtes?

Einige Feministinnen haben darauf hingewiesen, daß Make-up und »weibliche Tricks« symbolisch sind für ein System, in dem Frauen Männern gefallen und sie anziehen *müssen.* Doch eine Frau findet, daß das Problem zwei Seiten hat: »Ich glaube, die ›Weiblichkeit‹ ist von Frauen geschaffen worden, um den Mann gefügig zu machen und von ihm zu bekommen, was sie wollen. Sie ist ein Ausdruck von ungerechter Behandlung, von Ausgeliefertsein; da die Männer die Macht hatten, war ›Weiblichkeit‹ ein Mittel, mit dem die Frauen zumindest versuchen konnten, den Mann zu kontrollieren. Die Frauen waren sich der sexuellen Bedürfnisse der Männer bewußt und haben die ›weiblichen Tricks‹ wohl erfunden, um Macht über ihr eigenes Leben zu bekommen. Wir können das auch heute noch beobachten, und es wird wahrscheinlich dabei bleiben, solange Frauen Männern ausgeliefert sind. Aber wenn man sich schön macht, sich frisiert, sich schminkt usw., sehe ich das nicht unbedingt so, daß man als machtlos definiert wird. Es ist, was es ist – der Wunsch, sich der Welt gutaussehend zu präsentieren, und ein kreativer Ausdruck der eigenen Individualität.«

Tatsächlich ist dies ein sehr komplexes Thema und nicht so einfach, wie es in der frühfeministischen Theorie dargestellt wurde, und auch nicht so einfach, wie es in manchen sozialistischen Theorien abgehandelt wird.

Sexuelle Macht – gibt es so etwas?

Die meisten Frauen erfahren ihre sexuelle Macht zum erstenmal als junge Mädchen oder als Teenager:

»Ich kann sehr verführerisch sein und weiß es genau. Ich glaube, das ist was Angelerntes. Ich glaube, man lernt es als kleines Mädchen, wenn man auf Daddys Schoß sitzt und so süß ist und die Leute einen dafür bewundern, und plötzlich machst du das auch bei Jungen, bist süß, und später stellst du fest, daß es sich manchmal wirklich auszahlt, weiblich zu sein. Ich weiß, wie ich das zu meinem Vorteil einsetzen kann, und wenn ich Sex will, kommt das rüber – ich setze es auch für das ein, was ich sonst möchte.«

»Mein Vater soll sehr zärtlich gewesen sein, als ich ein Baby war. Ich konnte nicht immer durchschlafen, und da ist er aufgeblieben und hat mich in die Arme genommen. Aber als ich in die Pubertät kam, wurde ihm wohl mulmig. Ich wurde und werde für ›sexy‹ gehalten. Was immer das heißen mag – damals entdeckte ich, daß hier die Macht einer Frau liegt. Damals kam es auch zum totalen Bruch zwischen ihm und mir. Solange ich zur High School ging, kritisierte er mich ununterbrochen, beklagte sich ständig. Wir stritten uns darüber, wann ich abends zu Hause sein sollte, über meine Frisur, meine Kleider, meine Faulheit, meine Zensuren – und er zog mich dauernd durch den Kakao.«

»Mit sechs oder sieben hab' ich mal mit meinen Eltern im Autokino einen Film gesehen, in dem eine Stripperin vorkam, und da hab' ich einen richtigen Fimmel gekriegt: ich wollte sexy sein. Ich zog fünf Schichten Kleider und Wäsche übereinander an und zog sie wieder aus, während ich in meinem Zimmer auf- und abstolzierte (die Tür war zu). Meine Mutter hat mich mal erwischt, da hatte ich nur ein Höschen an. Aber sie hat nichts gesagt. Ich hab' nicht gewußt, was sie dachte. Ich hab' das Gefühl gemocht, sexy zu sein, aber auch gewußt, daß es was Geheimes war und irgendwie ›unrecht‹.«

In diesen Geschichten sehen wir, wie die »männliche«/kulturelle Definition von Sexualität auf Frauen projiziert und dann, zumindest teilweise, verinnerlicht werden kann. Karen Horney, Freuds berühmte Rivalin, hat diesen Vorgang treffend geschildert.*

Während die Männer versuchen sollten, ihre Definition von Sexualität/Heterosexualität und die doppelte Moral zu überdenken, sollte man es Mädchen und Frauen nicht verbieten, ihre Sinnlichkeit und ihre Sexualität zu zeigen, nicht behaupten, sie hätten kein Recht dazu.

Flirten ist von der Frauenbewegung zu etwas »Verbotenem« erklärt worden, weil sie darin die Unterwürfigkeit der Frau verkörpert sah, die Stellung der Frau im »männlichen« System (die Frau »muß sich einen Mann angeln«). Und tatsächlich war das oft der Fall. Flirten kann aber auch Spaß machen (und einem zeitweise Macht geben). Man denke zum Beispiel an den koketten Persönlichkeitsstil von Marlene Dietrich (früher nannte man das eine »Femme fatale«); heute sehen wir ihn bei Madonna und anderen weiblichen Popstars oder vielleicht auch bei Joan Collins im »Denver-Clan«. Dem Flirten wird schon seit Jahren, weil völlig obsolet, das Aussterben prophezeit – aber *ist* es ausgestorben? Hinter dieser »Prophezeiung« steckt die Annahme, daß Frauen (und Männer) in einer neuen und »gleichen« Gesellschaft »natürlicherweise« nicht würden flirten oder andere mit ihrem »Charme« faszinieren wollen.

Doch wenn wir schöne Kleider, geistreichen Stil und erotischen Zauber aus unserem Leben verbannen – wie es die Chinesen während ihrer Kulturrevolution taten, als Frauen und Männer uniform gekleidet waren, Make-up tabu war, alle kurze Haare hatten und gleich aus-

* Siehe Marcia Westhatt, *The Sexualization of Girls*, New York, 1986.

sahen –, würden wir dann nicht verarmen? Eine so enge Sicht wird meistens diktatorisch und bringt keine Gleichheit. Seit Anfang der Hochkulturen (und auch zuvor – in 20 000 Jahre alten Gräbern sind kunstvoll mit Perlen verzierte Kleider gefunden worden) haben Frauen *und* Männer große Mühe darauf verwendet, sich zu schmükken oder mit ihrer persönlichen Erscheinung etwas auszusagen. Die Männer der Römerzeit kleideten sich »femininer«, als es heute üblich ist, und das gilt erst recht für die Männer des achtzehnten Jahrhunderts mit ihren Spitzenjabots, Parfums und Seidenstrümpfen.

Wenn sich eine Frau des zwanzigsten Jahrhunderts schmückt, *kann* das zwar symbolisieren, daß sie »männerorientiert« ist, aber es ist nicht gelungen, mit einer Art Kleiderordnung (»Einheitskleidung«) Klassen- und Geschlechtsunterschiede abzuschaffen, obwohl sich darin ein nobles Ziel spiegelt – alle »gleichwertig« zu machen; »schmucklos« zu sein hat Frauen nicht so mächtig wie Männer gemacht. Und tatsächlich ist der Weg zur Gleichheit vielleicht genau das Gegenteil: Frauen sollten sich in puncto Kleidung alle Möglichkeiten offenhalten, und Männer sollten dazu ermutigt werden, das auch zu tun. »Weiblichkeit« ist ein Stil, den es seit Jahrhunderten gibt und an dem sich Frauen und Männer weiterhin freuen können. Mit anderen Worten, jede und jeder soll beliebig viele Möglichkeiten haben – *mehr* Möglichkeiten jedenfalls –, und so wird aus uns vielleicht eine Gesellschaft von *Individuen* ohne *eine* »alleinseligmachende«, rigide Ideologie.

Eine neue Jungfräulichkeit und Enthaltsamkeit

Entziehen sich jungfräuliche/enthaltsame Frauen dem »Sex« oder dem »männlichen« Wertesystem?

Während einige Frauen Gelegenheitssex ausprobieren, empfinden andere einen solchen Abscheu vor lieblosem Sexualverhalten von Männern (oder Frauen), daß sie es vorziehen, enthaltsam zu bleiben, um mehr Zeit für sich zu haben, um sich nicht »benutzt« oder »mißbraucht« zu fühlen.

27 Prozent der Frauen sagen, vieles am »Sex« lohne sich einfach nicht; sie verweigern sich lieber dem ständigen Druck, Sex haben zu müssen:
    »Ich weiß nicht genau, wie oft ich Sex haben mag. Der Geschlechtsverkehr ist nicht mehr so wichtig für mich. Ich kann mich besser befrie-

digen, als es die Männer früher getan haben, also brauche ich sexuell eigentlich keinen. Die Männer, die ich gekannt habe, wollten nur Sex. Ich habe mich immer benutzt gefühlt und war wütend. Jetzt spielen die Männer keine so große Rolle mehr in meinem Leben. Um den Sex wird viel zuviel Wind gemacht. Ich glaube nicht, daß die Leute ehrlich sind in sexuellen Dingen. Sie machen halt jede Mode mit und sagen, Sex wäre toll und je mehr, desto besser. Ich kann es tun oder lassen – so sehe ich das mit dem Sex.«

33 Prozent der Single-Frauen in dieser Untersuchung haben schon einmal beschlossen, nachdem sie zuvor sexuell aktiv gewesen waren, mindestens ein halbes Jahr enthaltsam zu sein, also keinen Geschlechtsverkehr* zu haben. Fast alle schätzten diese Zeit, denn sie bot die Chance, sexuell unengagiert eine Pause im Gefühlsleben einzulegen und ihre Energie und Aufmerksamkeit auf andere Dinge zu konzentrieren:

»Ich war drei Jahre lang enthaltsam. Es war eine gute Zeit. Ich habe studiert und war sehr mit meiner Arbeit beschäftigt. Ich hatte die Nase voll von Männern, hatte ihren Mist für alle Zeiten satt. Allein hat man diese Klarheit des Selbst. Man kann ungewöhnliche und phantasievolle Sachen tun! Die Nachteile: Einsamkeit, zuviel Anmache.«

»Wenn ich keine intime Beziehung habe, habe ich auch kein Sexualleben. Ich genieße diese Phasen der Enthaltsamkeit, ich fühle mich dann kraftvoller, mehr Herr meiner selbst.«

»Ich war ungefähr sechs Monate enthaltsam. Es war meine freie Entscheidung. Ich konnte mich auf meine eigene Entfaltung konzentrieren und mir überlegen, was ich in einer Beziehung mit einem Mann will und erwarte. Manchmal habe ich mich ziemlich allein gefühlt, aber es war gut für mich, meine Unabhängigkeit und meine Talente zu entwickeln. Ich habe es nicht als Verlegenheitslösung empfunden – es war genau das, was ich brauchte.«

»Ich war ein Jahr lang enthaltsam. Ich bin davon überzeugt, daß diese Zeit der sexuellen Identität mit mir selbst und des Aufbauens von Selbstachtung nach einer unglücklichen Affäre mit einem verheirateten Mann von entscheidender Bedeutung für die Vorbereitung meiner jetzigen Beziehung war. Ich finde, Enthaltsamkeit ist wirklich gut, wenn man eine Perspektive hinsichtlich dessen bekommen will, was man möchte und was einem zusteht.«

Enthaltsamkeit ist anscheinend einfacher, wenn man sich nicht mit Männern verabredet; sich mit Männern zu treffen und das Körperliche aufs »Schmusen« zu begrenzen, ist wesentlich schwieriger:

---

* Enthaltsamkeit ist natürlich auch in der Ehe möglich. Siehe III. Teil.

»Wenn ich mit einem Typen ausgehe, heißt es gleich ›Alles oder nichts‹, obwohl ich das nicht leiden kann. Als ich mal protestiert und einem gesagt habe, er setzt mich zu sehr unter Druck, hat er gemeint, ich spinne, ich sehe ihn und die Männer überhaupt und den Sex als ›bösen Feind‹. Er hat gesagt, er will mir doch bloß was Nettes tun, damit ich mich gut fühle, und warum ich mich da so wehre? Er hat mich einfach nicht kapiert, egal was ich gesagt habe. Das ist mir schon ein paarmal passiert. Es ist ein entsetzlicher Frust.«

Ist es realistisch zu fragen, ob es eine Rückkehr zum »Schmusen« als Alternative, als Möglichkeit geben kann, statt immer »Sex« (Geschlechtsverkehr) zu haben oder gar nichts? Vielleicht wird das mit der zunehmenden Angst vor AIDS auch für Männer zunehmend interessanter werden. Die Frauen im *Hite Report* über weibliche Sexualität waren oft dafür, sich diese Möglichkeit offenzuhalten.

11 Prozent der Frauen in dieser Untersuchung waren Jungfrau geblieben und hatten nie Sex (Koitus) – fast ein Wunder angesichts des Drucks, der in den letzten Jahren auf Frauen ausgeübt worden ist (ein paar geben religiöse Gründe an):
»Ich war immer enthaltsam. Offiziell bin ich damit ›Jungfrau‹, aber da ich gelernt habe, Orgasmen zu haben (durch mich selbst), habe ich mich eher als enthaltsam erfahren (im Sinn von keinen Geschlechtsverkehr haben) denn als ›Jungfrau‹.«
»Ich bin Jungfrau, aber andere sexuelle Aktivitäten könnte ich mir in meinem Leben vorstellen. Es ist sehr schwierig für mich, jemanden näher kennenzulernen, den ich mag und zu dem ich mich hingezogen fühle und vor dem ich Respekt habe – und der mir *nicht* zusetzt. Wenn es einfacher wäre, hätte ich eine Beziehung. Ich bin irgendwie entmutigt. Ich bin gern Single, aber mit einer Beziehung wäre ich glücklicher.«
»Ich bin noch Jungfrau. Es liegt nicht daran, daß ich nicht ›gefragt‹ wäre. Der Mann, von dem ich mich gerade getrennt habe, war wunderbar – und phantastisch, was das Sexuelle anging. Wir haben Vorspiel gemacht, und er hat sich damit zufriedengegeben, er hat mir nie Schuldgefühle eingeimpft, weil ich beschlossen habe zu warten, bis ich verheiratet bin. Mit ein Grund für seine Geduld war, daß er mich heiraten wollte.«

Wenn Frauen die Einstellung sexueller Beziehungen erwägen, scheint bei den meisten weniger die Scham über ihre Sexualität eine Rolle zu spielen als emotionale Frustration und das Gefühl, daß sich Männer selten darauf verstehen, eine sexuelle Beziehung mit liebevoller Einstellung zu haben. Deshalb kommen sie aus Selbstachtung zu dem Schluß, daß sie glücklicher sind, wenn sie keinen Sex haben.

Was bedeutet »Jungfräulichkeit«?

Eine Frau sagt, Jungfräulichkeit und Reinheit seien nichts Körperliches, sondern etwas Geistiges, und warnt Frauen nicht etwa davor, ihren Körper »hinzugeben«, sondern ihr Herz und ihre Seele:

»Ich bin dreiundzwanzig, Jungakademikerin, unverheiratet, und habe mit Kunst und Medien zu tun. Beim Umgang mit Männern finde ich, daß es ausgezeichnet funktioniert, kühl aufzutreten. Sie haben die Frau ja immer noch als ›Objekt der Begierde‹ verinnerlicht, das erobert werden muß. Wenn man ein bißchen Distanz wahrt, bemühen sie sich mehr um einen; es steigert die Sehnsucht, die Dramatik. Wenn man alles zu schnell wegwirft, verkauft man sich unter seinem Wert. Komisch, nicht wahr, aber ich meine das nicht sexuell. Das war zwar vor nicht allzu langer Zeit der entscheidende Punkt. Aber wenn ich sage, man soll sich nicht zu schnell hingeben, meine ich das nicht nur sexuell, sondern auch psychisch, emotional und geistig.«

Jungfräulichkeit kann eine innere Verfassung sein, eine Lebensform, die man zeitweise lebt und dann auch wieder aufgibt, die jedoch immer aus dem heraus entsteht, daß eine Frau über sich selbst verfügt – nicht etwa, um sich »aufzusparen«, und dann von jemandem »besessen« zu werden. Diana/Artemis ist die »jungfräuliche Göttin« der Antike, was nicht bedeutete, daß sie asexuell war oder keinen Sex mit Männern hatte, sondern daß sie nie *besessen* wurde. Für einige Frauen in dieser Untersuchung scheint dieses Konzept wieder aktuell zu werden: Sex haben, aber nicht besessen werden, sich selbst treu bleiben, nie jemandes Eigentum sein.

Hatten Frauen vor der »sexuellen Revolution« mehr »Macht«, weil sie »jungfräulich« blieben, solange sie Single waren, und Sex »verweigerten«?

Eine 65jährige Frau beschreibt, was in den fünfziger Jahren – vor der »sexuellen Revolution« – galt:

»Als ich ein junges Mädchen war, hieß es: ›Wenn du einem Mann

zu Willen bist, hat er bekommen, was er wollte und läßt dich sitzen.‹
Meiner Meinung nach sollte ein Mädchen den Mann auf Sex warten
lassen.«

*Eine Frau Anfang Zwanzig beschreibt, was sexuell »angesagt« war, als sie
aufs College ging:*
»Ich habe haufenweise mit Jungs geschlafen. Es lag wohl an der
Zeit. Mein Freund, den ich echt gern mochte, sagte immer: ›Ich will,
daß du mit anderen Männern schläfst.‹ Können Sie sich das vorstellen? Ich fühlte mich verpflichtet dazu. Es war auch ein bißchen Re-
vanche – wenn die Jungs es tun konnten, warum sollte *ich* es dann
nicht auch tun? Heute würde ich sagen, daß ich's nicht richtig wollte.
Aber alle anderen Versuche mit Beziehungen gingen daneben, und
ich wußte nicht, was ich sonst machen sollte. Außerdem war es irgendwo eine Mischung aus Spaß und Trotz.«

Doch dieselbe junge Frau fügt hinzu:
»Jetzt wünsche ich mir, ich wäre eine Art Jungfrau. Ich fühle mich
auch fast so.«

Seit der »sexuellen Revolution« wird von Frauen erwartet, daß sie Sex
vor der Ehe haben. Die doppelte Moral sei tot, so hieß es, und damit
könnten Frauen so oft Sex haben, wie sie wollten, und würden deswegen nicht als »unanständig« gelten. Wie wir hier gesehen haben, kam
es in Wirklichkeit ganz anders: Man erwartete von Frauen, daß sie Sex
hatten, wann immer *Männer* es wollten. Und gleichzeitig sah man dafür auf sie herab, betrachtete sie als »frivol«, »flatterhaft«, »leicht zu
haben«; kurz, Frauen werden von vielen Männern schief angesehen,
wenn sie sich – oft unter Druck – auf die »freie Liebe« einließen. (Wie
es eine Studentin formuliert: »Die Männer schauen auf dich runter,
wenn du ›zu scharf‹ oder ›zu ungehemmt‹ bist, aber wenn du es nicht
bist und eine Beziehung willst, finden sie dich ›lächerlich‹ und ›verklemmt‹.«)
    Manche Leute sehen die Lösung des Problems in einer Rückkehr zur
Jungfräulichkeit vor der Ehe. (Frauen sind ja sowieso die »Hüterinnen
der Moral«...) Doch ist eine solche Umkehr möglich? Wenn man
meint »Frauen können auch nein sagen«, wird das Problem wieder ihnen in die Schuhe geschoben. Und das nötigt sie außerdem zu der
Wahl, sich entweder emotional frei auszudrücken oder aber sich zu
verteidigen. Niemand käme auf die Idee, eine große Kampagne durch-
zuführen, die Männern einbleut: »Zum Orgasmus brauchst du keinen
Geschlechtsverkehr – du kannst auch masturbieren.«

Wenn Männer davon ausgehen, wenn Männer gelehrt werden, daß sie versuchen sollten, Sex ohne Bindung zu haben, ist der Hintergedanke dabei: »Wie kommen wir am besten ›ungeschoren‹ davon?« Jungen und Männer geben sogar häufig damit an, sie seien schließlich »nur Männer« und würden sich »bloß nehmen, was sie kriegen können«. Die Widerlichkeit mancher Aspekte der sexuellen »Szene« besteht in der Arroganz und Blasiertheit, mit der Jungen und Männer Frauen so leichthin »abservieren« können, nachdem sie sie »hatten« – und das mit dem Gefühl, völlig im Recht zu sein und in Einklang mit der Natur zu stehen (Im Tierreich sei es ja auch nicht anders usw.).

Wenn das Problem den Frauen in die Schuhe geschoben wird – Rückkehr zur »Jungfräulichkeit«, »Frauen können auch nein sagen« –, werden die Männer stillschweigend dazu ermutigt, es wie bisher zu halten, wird ihnen das »Recht« gegeben, das sie immer zu haben glaubten: Sex zu haben, wo sie ihn kriegen können, Frauen dementsprechend unter Druck zu setzen, weil »Männer nun mal Männer sind« und »nicht anders können«; und die für Männer bestimmte Botschaft dahinter – daß sie sich, wenn sie es *nicht* versuchen, ernstlich Gedanken über ihre »Männlichkeit« machen sollten bzw. daß sie keine »richtigen« Männer sind – wird perpetuiert.

Die Erziehung von Frauen zum Lieben und Geben (siehe I. Teil) läßt Verabredungen, wenn es um die Bedürfnisse beider »Parteien« geht, zu einer sehr ungleichen Angelegenheit werden. Entfremdete, skrupellose Jungen und Männer, die sich »männlich« fühlen wollen, die gelehrt worden sind, ihre »Hormone« trieben sie dazu, Geschlechtsverkehr mit Frauen zu haben, und dadurch würden sie erst »richtige« Männer, nutzen die Sehnsucht der Frauen nach Lieben und Geben aus, um auf Sex zu drängen.

Einige Männer sagen: »Frauen genießen den Sex genauso wie Männer. Deshalb nutzt der Mann die Frau nicht aus, sondern er gibt ihr etwas – und sei es auch nur vorübergehend –, das sie genauso braucht wie er.« Frauen haben zwar manchmal Freude am Experimentieren und an »Abenteuern«, doch es steht fest, daß den meisten Frauen die meiste Zeit Sex mit Gefühl und Respekt weitaus lieber ist.

Frauen sollten nicht mit der Wahl konfrontiert werden, entweder sexuell oder aber asexuell zu sein; Frauen sollten ihre Sexualität auch nicht unter solchem Druck und angesichts einer so negativen Haltung von seiten der Männer definieren müssen. Statt dessen sollten Frauen *und* Männer die herrschende Ideologie in Frage stellen – d. h. jene Variante der »Männer«kultur, die »Mann ist Mann« verfügt und beide Augen vor dem »Ex-und-hopp«- oder »Die-nehmen-wir-auch-noch-mit«-Verhalten vieler Jungen gegenüber Mädchen zudrückt –, dieselbe »Männer«-Kultur, die auf Mädchen im Teenageralter, die abtreiben, herabsieht, aber nicht daran denkt, daß die Jungen, die wahrscheinlich auf Geschlechtsverkehr gedrängt und sich dann abgesetzt haben, auch »Schurken«/Opfer sind und nun ebenfalls Verwirrung und Entfremdung zu gewärtigen haben. Sex ist nicht böse; doch es ist böse, eine andere Person rücksichtslos zu behandeln.

Ist es »natürlich«, soviel »Sex« wie möglich haben zu wollen? Sind die Frauen Opfer einer »Gehirnwäsche«, oder sind die Männer »dehumanisiert«?

Sind die monogame Liebe und/oder der Wunsch zu heiraten »natürliche« Neigungen, die zu unterdrücken Männer gelehrt wurden? Oder sind multiple sexuelle Beziehungen »natürlich« und meiden Frauen sie lediglich, weil man sie zur Prüderie des »anständigen Mädchens« erzogen hat? (Oder weil die Leute sie sonst »Huren« schimpfen?)

Wie wir im I. Teil festgestellt haben, ist die Prämisse gewöhnlich die, daß das, was Männer tun, denken und empfinden, »natürlich« ist; daß Frauen, wenn sie keine »Komplexe« hätten, »wie Männer« wären. Darum ist man seit der »sexuellen Revolution« fast global davon ausgegangen, daß Frauen ihre Werte und ihr Sexualverhalten ändern würden – und sollten –, um mehr wie Männer zu sein; d. h. daß sie mehr vor- und außerehelichen Sex haben und ihn nicht als so bedeutungsvoll betrachten würden. Dieses Denken basiert auf der Annahme, daß das »männliche« System biologisch bedingt und das »weibliche« System »akkulturiert« ist – daß Frauen »gehemmt« sind, weil sie Angst haben, schwanger zu werden, wozu noch andere, historische, Ursachen kommen.

Aber gibt es irgendeinen logischen Grund zu glauben, daß Promiskuität »natürlich« ist? (Schließlich werden Männer *gelehrt,* »wild auf Sex« zu sein.) Selbst wenn es »natürlich« sein sollte (um das als reine *Hypothese* in die Diskussion einzubringen), »Sex« höher zu stellen als innige Liebe (und den Wunsch nach Monogamie), wäre das ein Wertesystem, das die meisten Frauen nicht übernehmen wollten. Die meisten Frauen würden hier sagen, die Männer müßten sich ändern und allmählich den Zusammenhang von Sex und Gefühl begreifen und auch, daß Leib und Seele vielleicht doch nicht getrennt sind.

War die »sexuelle Revolution« falsch?[*]
Oder ist es die »männliche« Ideologie und deren doppelte Moral, die sie falsch werden ließ?

Sind sich Jungen dadurch entfremdet, daß man sie gelehrt hat, Mädchen als »Nummern« zu betrachten? Durch die Playboy-Mentalität?

Die »männliche« Ideologie bringt Jungen bei, daß sie zum Mann werden, wenn sie zum erstenmal eine Frau »haben« – d. h. Geschlechtsverkehr mit einer Frau haben/sie penetrieren –, und daß ein Mann desto mehr Mann bleibt, je öfter er dies tut. Andere Glaubenssätze des »männlichen« Credo lauten: »Je mehr Sex, desto besser«, »Häufiger Partnerwechsel ist natürlich«, »Die Natur hat es so eingerichtet, daß Männer so viele Frauen wie möglich schwängern wollen« usw. Die logische Folge dieser Einstellung (für die »eine kriegen« – d. h. penetrieren – immer noch gleichbedeutend ist mit »Punkte sammeln«) ist die Auffassung, daß alle Frauen »einen Mann wollen«, ihn »sich angeln« ihn »zur Ehe ködern« möchten. Und so läuft, obwohl es nie zugegeben wird, zwangsläufig ein bestimmtes Spielchen ab. Er versucht, »eine zu kriegen«, sie versucht, ihn dazu zu bekommen, daß er »sie mag« – und er flieht, als wäre »Mögen« ein schlimmeres Los als der Tod.

Die »männliche« Philosophie tendiert dazu, Sex als schlichtes biologisches Vergnügen zu betrachten, ja diese Sicht zur alleingültigen zu erheben. Männer haben einen enormen Druck auf Frauen ausgeübt, »Sex« mit ihnen zu haben. Die meisten Frauen finden diesen Druck und diese Philosophie mechanisch und unsensibel, finden, daß Erotik

---

[*] Es besteht eine erhebliche Verwirrung über den Unterschied zwischen »sexueller Revolution« und »Frauenemanzipation«. Viele Leute scheinen zu glauben, daß »Women's Lib« zur gegenwärtigen sexuellen »Freiheit« der Frau geführt hat – und zu dem Druck, an allen Ecken und Enden Sex zu haben. Doch es war die »sexuelle Revolution«, die proklamiert hat, Frauen könnten jetzt (und das angeblich ohne Sanktionen) »freie Liebe« ohne Ehe haben.

Während eine Minderheit der »Frauenbewegung« glaubte, die »sexuelle Revolution« sei für Frauen ein Schritt vorwärts, sah die Mehrheit das Problem ganz anders. »Women's Lib« hat immer Akzente gesetzt, die sich von denen der »sexuellen Revolution« unterschieden. Die »sexuelle Revolution« plädierte für die »freie Liebe« und die Abschaffung der Ehe; die Frauenbewegung dagegen war eine viel breitere gesellschaftliche Kraft, die Fragen nach dem Status von Frauen, nach männlicher Macht und ihren Ursprüngen stellte und gleiche ökonomische und edukatorische Möglichkeiten für Frauen forderte.

Andererseits erinnert uns *Re-Making Love*, New York, 1986 von Barbara Ehrenreich, Betsy Hess und Gloria Jacobs daran, wie viel Frauen getan haben, um ihre Rechte auf ihren/unseren Körper geltend zu machen.

und sinnliche Interaktion dadurch fast unmöglich werden. Männer haben Frauen, die »nein« zum Sex ohne Gefühl sagen, »verklemmt« oder »prüde« genannt (in den sechziger Jahren) bzw. »männerfeindlich« (in den siebziger und achtziger Jahren). Diese Theorien haben selbst in »seriöse« wissenschaftliche Zeitschriften Eingang gefunden – nämlich daß Frauen im Lauf der Geschichte durch »Gehirnwäsche« dazu gebracht wurden, »anständige Mädchen« zu sein, und deshalb Angst davor haben, den Sex zu mögen, vor allem Sex ohne Liebe – »wie es Männer (auf ihre erwachsenere Art?) tun.« Statt die Philosophie der Frauen als genauso gültig zu betrachten wie ihre eigene – Gegenstand der Forschung oder der philosophischen Debatte zwischen zwei gleichberechtigten, aber voneinander verschiedenen kulturellen Richtungen, nachdenkens- und analysierenswert –, machen viele Männer den Frauenstandpunkt lächerlich, indem sie ihn im Gespräch und in Artikeln für unsinnig erklären. Ob sich dieses Verhalten durch die Möglichkeit, sich mit AIDS zu infizieren, ändern wird, bleibt abzuwarten; die Forschungsarbeit von 1987 im Zusammenhang mit dieser Untersuchung zeigt eine verblüffende Apathie, was Verhaltensänderungen betrifft – obwohl alle der Meinung sind, daß es »eigentlich« sein müßte.

Woher kommt die doppelte Moral? Adam und Eva als frühe Propaganda

Warum muß die »männliche« Ideologie einen solchen Fetisch aus der Geschlechtertrennung machen? Viele Theoretikerinnen und Theoretiker haben darauf hingewiesen, daß die Männer offensichtlich nur durch Kontrolle über weibliche Sexualität und Fortpflanzung die männliche Erbfolge etablieren und dadurch eine von Männern beherrschte Gesellschaft schaffen konnten. Ohne strikte (vor allem für Frauen gültige) Regeln und Bestimmungen hinsichtlich des geschlechtsspezifischen Verhaltens konnten die Männer nicht sicher sein, daß die Kinder, die die Frauen austrugen, ihre eigenen waren, und konnten sie nicht als ihr Eigentum beanspruchen und Rechte über sie haben. Deshalb ist eine so kontinuierliche kulturelle Bekräftigung dessen, »was Sexualität ist«, notwendig. (Ist es möglich, daß die Geschlechtertrennung nicht immer *das* fundamentale Prinzip der Gesellschaft war – oder daß die Geschlechter nicht immer so definiert wurden wie heute?)

Man kann die Geschichte von Adam und Eva auch anders interpretieren als es die meisten Historiker tun. Könnte es nicht sein, daß eine der Botschaften dieser Geschichte – eine Botschaft, die heute nicht mehr gesehen wird, aber früher völlig klar war – darin bestand, *die Aufmerksamkeit auf die Geschlechtertrennung als fundamentales Prinzip einer neuen Gesellschaftsordnung zu lenken* und die wesentlichen »Eigenschaften« dieser beiden »ersten Menschen« als prototypisch für die künftige Gesellschaft zu konstituieren? Diese Eigenschaften waren damals vielleicht noch nicht der Standard für die zwei Geschlechter. Jedenfalls sind Adam und Eva gewiß das früheste bekannte Symbol für die doppelte Moral und die negative Einstellung gegenüber Frauen im westlichen Denken.*

Bilder und Symbole von Adam und Eva werden nach wie vor in der Werbung und im Design verwendet, tauchen ständig in unserer Umgebung auf und »gemahnen« uns an Evas »Verderbtheit«, die zum »Sündenfall« führte, zur Vertreibung aus dem Garten Eden. Frauen waren angeblich für die »Erbsünde« verantwortlich, und wir werden nach wie vor an unsere »Urnatur« erinnert – und somit aufgefordert, uns noch mehr anzustrengen, »gut« zu sein, zu beweisen, daß wir »vertrauenswürdig« sind, damit wir von der Gesellschaft akzeptiert werden, geliebt werden können. Es nimmt nicht wunder, daß etwas, das in der westlichen, patriarchalischen Tradition so fest verwurzelt war wie die Dichotomie zwischen »guten« und »bösen« Frauen** in den zwanzig Jahren nicht beendet werden konnte, in denen Frauen die männliche Vorherrschaft in Frage gestellt haben. Auch die hundert Jahre seit der Abschaffung des Eigentumsrechts von Ehemännern und Vätern an Frauen haben nichts daran geändert, weil diese Dichotomie – für die es bei Männern natürlich kein Pendant gibt – uralte Wurzeln hat, die tief in die Fundamente unserer Kultur hinabreichen.

Stellt die neue religiöse Erweckungsbewegung in den Vereinigten Staaten die doppelte Moral in Frage?

Hat die neue religiöse Erweckungsbewegung etwas gegen die weitverbreitete Akzeptanz der männlichen Doppelmoral ausrichten können? Kaum. Diese Bewegung übt großen Druck auf Frauen aus, ihren natürlichen Kinderwunsch zu »realisieren«, Mutter zu sein und den

---

* Andere Schöpfungsgeschichten mit teilweise ähnlicher Thematik findet man um 3000 v. Chr. in benachbarten Kulturen, z. B. in sumerischen Texten; einige sind vielleicht noch älter.
** Siehe Wendy Doniger O'Flahertys Arbeit, in der sie diese Aufspaltung auch in der klassischen indischen Kultur in den Veden nachweist; diese Kultur basierte wie die unsere zum großen Teil auf der Ideologie und Gesellschaftsordnung indoeuropäischer Völker. Tatsächlich gibt es ein äußerst wichtiges kulturelles Gemeinerbe, von dem jedoch meist nicht gesprochen wird.

Bedürfnissen der Kinder und des Vaters *Vorrang* zu geben. Unverheiratete Frauen und Mütter werden dazu aufgefordert, ihre Gründe für die Ehelosigkeit zu überdenken und auf die zu hören, die besser wissen als sie, was »richtig« ist im Leben. Außerdem erwartet die religiöse Variante der »männlichen« Ideologie gewöhnlich von Frauen, daß sie in der Ehe und in Liebesbeziehungen Opfer bringen (an Männer wird dieses Ansinnen fast nie gestellt).

Die doppelte Moral hat zwei Seiten: die Playboy-Variante – »alle Frauen sind für den Sex da, also nehmen wir sie« – und die religiöse Variante – »alle Frauen sollen Hausfrauen und Mütter sein«. Mit anderen Worten, die doppelte Moral ist ein fester Bestandteil der »männlichen« Ideologie, die in sämtliche Bereiche unseres Lebens hineinspielt. Und deshalb ist sie auch nicht mit der »sexuellen Revolution« verschwunden, ja nicht einmal mit den Fortschritten, die die Frauenbewegung gemacht hat.*

Außerdem hat die »Wiedergeburts«-Bewegung, obwohl sie die Playboy-Mentalität gewiß nicht gutheißt, sehr wenig dafür getan, Jungen dazu anzuhalten, Mädchen weder als »Sexobjekte« zu sehen noch als »Mütter« – d. h. als Dienstleistungspersonen –, zumal im Vergleich mit der massiven Propaganda, mit der Frauen eingedeckt werden in bezug auf die Betonung der Werte der Mutterschaft und der Unterordnung unter die Familie. Die meisten Richtungen der religiösen Erweckungsbewegung stellen unmißverständlich klar, daß Mann und Frau zwar ein Team sind, aber der Mann letztlich die Führung innehaben muß – auf traditionell-patriarchalische Weise. Wie es Jerry Falwell 1986 im Fernsehen formulierte: »Der Mann ist der spirituelle Born der Familie – der Führer.« Mit anderen Worten, die »gute alte Zeit« wieder anzustreben bedeutet nichts weiter als jene Zeit der Ungleichheit und der Unterdrückung fortzusetzen, zu der Frauen Alternativen gesucht und der zu entrinnen Frauen gekämpft haben.

Trotzdem kann eine familienorientierte Philosophie, auch wenn sie sich auf hierarchische Strukturen gründet, von einer Frau, die aus der Single-Szene der »sexuellen Revolution« kommt, in der Sex als biologischer Drang betrachtet wird, den weder zwischenmenschliche Beziehungen noch ein Moralkodex hemmen dürfen, durchaus als Verbesserung aufgefaßt werden. So erstaunt es nicht, daß Frauen zu einem großen Teil das Rückgrat der konservativen religiösen Bewegung bilden

---

* Natürlich sind nicht alle Männer entweder Repräsentanten der Playboy-Mentalität oder der für Frauen bestimmten »Sittenlehre« der religiösen Erweckungsbewegung. Es gibt eine aktive Minderheit von Männern, die weder zu der Auffassung »Männer sind Tiere, die Frauenkörper wollen« neigen noch die Auffassung »Männer heiraten nur Mütter« vertreten. Einige dieser interessanten Männer tauchen im *Hite Report* über Männer auf.

und mit ihrer Energie – unbezahlte Büroarbeit, Organisationstätigkeit, Kirchenbesuch, Beschaffung von Geldmitteln – zu einem ebenso großen Teil deren treibende Kraft sind. Viele Frauen mögen die Kirche, weil sie sie bei ihrem Kampf um die Erhaltung des Familienwertesystems* unterstützt – d. h. sie unterstützt sie, solange sie im Haus bleiben oder ihre häuslichen Aufgaben wenigstens erst dann mit dem Beruf kombinieren, wenn die Kinder zur Schule gehen. Frauen mit Kleinkindern, die gern außer Hauses arbeiten würden, bekommen manchmal das Gefühl vermittelt, sie sollten sich schämen, wenn sie sich »vor ihrer Verantwortung drücken« wollen. Es hat einen gewissen Reiz, wenn von seiten mancher Männer der Wunsch vertreten wird, die Tradition der »Familienwerte«, der humanen Werte, fortzuführen. Wenn diese Männer nur lernen würden, diese Werte nicht vom zweitrangigen Status der Frau, von der Unterwürfigkeit der Frau abhängig zu machen – und von ihrer eigenen Dominanz!

Was ist Sexualität?
Entwicklung eines neuen Konzepts
von Sexualität

Wie war die weibliche Sexualität ursprünglich beschaffen?

Wie sähe weibliche Sexualität aus, wenn es keine Gesellschaft gäbe, die sie formt? Die Frauen im ersten *Hite Report* sagten mit großer Bestimmtheit, daß Frauen das Recht haben, Sexualität »umzudefinieren«, sie individuell neu zu gestalten; daß wir das Recht haben, »nein« zum Sex zu sagen, und daß wir vielleicht noch nicht richtig wissen, was »weibliche Sexualität« überhaupt ist.

Ist Sex grundsätzlich »Geschlechtsverkehr« – oder eine individuelle Ausdrucksform von Aktivitäten? Der *Hite Report* über weibliche Sexualität plädierte 1976 dafür, Sexualität umzudefinieren** – sowohl die

* Siehe I. Teil.
** Mit anderen Worten, im *Hite Report* wurde festgestellt, daß das, was wir für »Sex« halten, keine biologische Gegebenheit, sondern ein historisch und kulturell bedingtes Phänomen ist. Ein Teil der populären Presse machte sich damals über diese Theorie lustig, und als sie 1981 im *Hite Report* über Männer wiederholt wurde, setzte es neuen Spott.
Die Idee, daß Sex historisch und kulturell bedingt ist, griff Michel Foucault 1978 und 1982 in seinem zweibändigen Werk *Die Geschichte der Sexualität* auf. Während der *Hite Report* 1976/77 sowohl in den Vereinigten Staaten als auch in Frankreich für diese These »verrissen« wurde, wurde Foucaults Arbeit 1978 und in den Folgejah-

körperlichen »Akte«, die wir als »Sex« bezeichnen, als auch die kulturelle Atmosphäre, die den »Sex« umgibt. Der Begriff Sex könnte von einem individuellen Vokabular für Aktivitäten abgelöst werden, das zeigt, wie wir zu einer bestimmten Zeit bestimmte Gefühle und ihre Bedeutung ausdrücken wollen – Aktivitäten bezeichnend, die nicht immer und unweigerlich heißen müssen: »Vorspiel«, gefolgt von »vaginaler Penetration« (warum nicht: Penis-Umhüllung) und Geschlechtsverkehr, der mit dem männlichen Orgasmus endet.

Die jüdisch-christliche Tradition hatte eine sehr engstirnige Vorstellung von »Sexualität« und bezog sich dabei hauptsächlich auf die Fortpflanzung. Sie legte in der Bibel, in rabbinischen Schriften und päpstlichen Enzykliken nieder, wie oft man Koitus haben soll, wann, mit wem usw., und vermittelte so gewiß den Eindruck, der Koitus sei der zentrale Akt des »Sex« – der zentrale Verbindungspunkt, der Nexus zwischen den zwei Geschlechtern, ihre wichtigste Beziehung. Interessanterweise spricht die Bibel nicht vom weiblichen Orgasmus, sondern bloß vom männlichen. Liegt das daran, daß zu Schwangerschaft und Fortpflanzung nur der männliche Orgasmus nötig ist?

Die Umdefinierung von Sex: ein individuelles Vokabular könnte entstehen

Frauen können sehr wohl großen Gefallen haben (siehe *Hite Report I*) am Geschlechtsverkehr mit Männern, mit denen sie ihn *wollen*, ob sie dabei orgasmen oder nicht – aber die Vorstellung, daß man Geschlechtsverkehr haben *muß*, daß dies eine *zwangsläufige* Aktivität ist, wenn man eine Person liebkost, ist dem spontanen Ausdruck oder der Freiheit des Begehrens, einer offenen Weise, Gefühle in Taten umzusetzen, nicht gerade förderlich. Und solange die »männliche« Ideologie Bestand hat und Frauen als »Punkte« gezählt oder als Mütter betrachtet werden, wird sich die Atmosphäre, die die körperliche Lust umgibt, nicht ändern, wird es uns verwehrt sein, neue Arten von Sexualität zu entdecken, zu fühlen, zu gestalten – Arten, die die ganze Fülle und Großartigkeit dessen feiern, was »weibliche Sexualität« und »männliche Sexualität« sein können.

ren interessanterweise akzeptiert. Lag es daran, daß Foucault später publizierte und sich das Meinungsklima verändert hatte, oder lag es daran, daß – wie die Frauen in der vorliegenden Untersuchung immer wieder sagen – die Ideen von Frauen oft nicht so ernst genommen werden wie die von Männern? Wissenschaftler, die Foucault als Schöpfer dieser Theorie bezeichnen, sollten sich im klaren darüber sein, daß sie zuvor im *Hite Report* formuliert wurde, und Foucault in jenen Jahren die feministische Debatte in Frankreich mitbekommen haben dürfte.

Wir haben den Sex noch nicht genügend umdefiniert, um ihn individuell neu definieren zu können – oder liegt es daran, daß wir die gesellschaftlichen Bedingungen noch nicht genügend verändert haben, um uns zu einer solchen Neudefinition in der Lage zu sehen.

Wie es im *Hite Report* über weibliche Sexualität zusammenfassend heißt: »Obwohl wir dazu neigen, ›Sex‹ als festgelegte Struktur, als Komplex von Handlungen zu betrachten (im wesentlichen als eine Funktion der Fortpflanzung), müssen wir uns nicht auf diese Weise einschränken... Unsere Definition des Begriffs Sex gehört einer vergangenen oder gerade vergehenden Weltanschauung an. Sexualität und sexuelle Beziehungen werden nicht mehr wie früher vom Besitzrecht bestimmt, Kinder stehen nicht mehr im Mittelpunkt staatlicher oder individueller Macht. Obgleich alle unsere sozialen Institutionen immer noch auf hierarchischen und patriarchalischen Formen beruhen, ist doch das Patriarchat als Lebensform endgültig tot und damit die von ihm bestimmte Sexualität. Wir befinden uns in einer Übergangsphase, von der wir nicht genau wissen, wohin sie führt.«[*]

Können Frauen den Sex jetzt zu ihren Bedingungen bestimmen?

Wenn wir unseren Körper gut genug kennen, um zu wissen, wie wir zum Orgasmus kommen können, und uns nicht scheuen, das den Männern mitzuteilen, dann ist das eine »sexuelle Revolution« – und es ist tatsächlich eine gewaltige Veränderung, wenn man es mit der Zeit vergleicht, in der die Frau nach dem Sex ins Bad gehen und die Tür abschließen mußte, wenn sie masturbieren wollte. Dennoch bleibt weiterhin die Tatsache bestehen, daß fast jeder Mann, mit dem eine Frau Sex hat, auch weiterhin erwartet, daß beim Sex Penetration und Geschlechtsverkehr im Mittelpunkt stehen – fast so, als sei dies sein »verbrieftes Recht«. Obwohl viele Männer inzwischen das Bedürfnis der meisten Frauen nach klitoraler Stimulierung begreifen, betrachten die meisten Männer Penetration und Geschlechtsverkehr nach wie vor als die »einzig wahre« Definition von Sex. Das soll nicht heißen, daß Frauen keine Freude an diesen Aktivitäten hätten, sondern daß ihre starke Betonung, ihre Glorifizierung vor allen anderen von seiten der Gesellschaft ebenso eine Sache der Ideologie wie des körperlichen Verlangens ist.

[*] *Hite Report I*, S. 498.

Fortdauernde Kontroversen über den weiblichen Orgasmus

Hat es für Frauen in den letzten Jahren nicht doch durchgreifende Veränderungen in ihrer Sexualität gegeben? Was die Stimulierung zum Orgasmus betrifft, kann man das bis zu einem gewissen Grad bejahen. Daß die meisten Frauen klitorale oder äußerliche (nicht vaginale) Stimulierung brauchen, um zu orgasmen, wie im ersten *Hite Report* belegt wurde, ist nun weitgehend von Frauen (auch von Gynäkologen und Eheberatern) akzeptiert – das gilt für die Vereinigten Staaten wie für viele andere Länder.

Schon in den fünfziger Jahren wurde die Frage gestellt, ob Geschlechtsverkehr allein bei den meisten Frauen zum Orgasmus führt; das gilt insbesondere für Albert Ellis' Aufsatz »Ist der vaginale Orgasmus ein Mythos?«[*] Eine Pionierin war auch Ann Koedt, die 1970 »Der Mythos vom vaginalen Orgasmus« schrieb, eine Abhandlung, die später in dem Sammelwerk *Radical Feminism*[**] veröffentlicht wurde. In der Bundesrepublik publizierte Alice Schwarzer *Der kleine Unterschied*[***], ein Buch, in dem sie ebenfalls die Vorstellung attackierte, daß Frauen durch einfache vaginale Penetration orgasmen sollen.

1973 veröffentlichte Leah Schaefer Tiefeninterviews mit dreißig Frauen über deren sexuelle Gefühle, die zeigten, daß es für Frauen eher normal als »anormal« ist, durch Koitus allein nicht zu orgasmen.[+] In einer 1972 publizierten psychologischen Studie stellte Seymour Fisher[++] fest (bezeichnete es allerdings nicht als »normal«), daß zwei Drittel der Frauen in seiner Untersuchung sagten, durch einfachen Koitus könnten sie nicht orgasmen (obwohl sie es auf andere Weise konnten), während ein Drittel der Frauen es konnte. Fisher versuchte, diese »Orgasmusfähigkeit« damit in Verbindung zu bringen, ob die Frauen von ihren Vätern ganz allgemein zur Leistung ermutigt worden waren oder nicht, da das die einzige Korrelation war, die er fand. Und schließlich zog Helen Singer Kaplan 1974 in *The New Sex Therapy*[+++] ebenfalls in Zweifel, daß es richtig ist, die große Zahl von Frauen, die durch Koitus allein nicht orgasmen (aber auf andere Weise) als »anormal« abzustempeln.

Der erste *Hite Report*, dessen Forschungen zwischen 1971 und 1976

[*] Albert Ellis und A. P. Pillay (Hrsg.), »Sex, Society and the Individual«, *International Journal of Sexology* (1953), S. 337–349.
[**] Ann Koedt in Ellen Levine und Anita Rapone (Hrsg.), *Radical Feminism*, New York, 1973.
[***] Alice Schwarzer, *Der kleine Unterschied und seine großen Folgen*, Frankfurt, 1975.
[+] Leah Cahan-Schaefer, *Women and Sex: Sexual Experiences and Reactions of a Group of Thirty Women as Told to a Female Psychotherapist*, New York, 1973.
[++] Seymour Fisher, *Der Orgasmus der Frau*, München, o. J.
[+++] Helen Singer Kaplan, *The New Sex Therapy*, Boston, 1974.

durchgeführt wurden und an dem 3500 Frauen teilnahmen, erbrachte, daß zwei Drittel der Frauen durch einfachen Geschlechtsverkehr nicht, aber auf andere Weise leicht orgasmen. Auf Grund der Aussagen dieser Frauen wurde die in unserer Kultur gängige Definition von »Sex« als biologischer Gegebenheit in Frage gestellt. Der *Hite Report* dokumentierte außerdem die vielen Methoden, mit denen Frauen bei Selbststimulierung (Masturbation) leicht zum Orgasmus kommen können, und postulierte, sie sollten in die Definition von »Sex« einbezogen und als genauso wichtig und erregend betrachtet werden wie die Aktivitäten, die zum männlichen Orgasmus führen.

Es ist erstaunlich, daß Masters und Johnson selbst heute noch Frauen eine »sexuelle Dysfunktion« zuschreiben, wenn sie bei einfacher »vaginaler Penetration« nicht orgasmen, aber auf andere Weise leicht orgasmen können. Obwohl sie feststellen, klitorale Stimulierung sei wichtig für den weiblichen Orgasmus, glauben sie, eine »normale« Frau müsse durch Geschlechtsverkehr allein genug »indirekte« klitorale Stimulierung bekommen, um zu orgasmen. Sie meinen, manuelle Stimulierung sollte nicht nötig sein.* Dies sagen sie angesichts des Beweismaterials im *Hite Report*** und in anderen Untersuchungen, angesichts von Daten, die eindeutig zeigen, daß der einfache Geschlechtsverkehr den meisten Frauen nicht genug Stimulierung bietet, um zu orgasmen. Tatsächlich ist es sinnlos, Frauen je nachdem, ob sie durch »vaginale Stimulierung« oder »klitorale Stimulierung« orgasmen, als »normal« oder »anormal« zu bezeichnen.

Es ist interessant, darüber zu spekulieren, warum sich Kinsey nicht näher mit diesem Thema befaßte, da doch schon seit geraumer Zeit bekannt ist, daß Frauen beim Sex – d. h. beim Geschlechtsverkehr – »Orgasmusschwierigkeiten« haben und viel leichter durch klitorale Stimulierung oder Masturbation orgasmen können. Aber abgesehen von zwei oder drei indirekten Sätzen ging Kinsey nicht auf das Thema ein. In seiner Privatkorrespondenz soll er die Frage jedoch diskutiert haben; er soll auch geglaubt haben, daß klitorale Stimulierung mit der Hand oder mit dem Mund für Frauen der bei weitem leichteste Weg zu orgasmen ist.*** Mit anderen Worten: »Obwohl das ›Problem‹ seit ei-

* 1986 veröffentlichten Masters und Johnson *The Art of Human Loving* und wiederholten diese Behauptungen, obwohl sie keine Erhebungen durchgeführt hatten, um sie zu untermauern.
** Diese Untersuchung ist in Norwegen, Schweden und Brasilien wiederholt worden. Die Ergebnisse hinsichtlich des Orgasmus waren im wesentlichen die gleichen. Eine ähnliche Untersuchung auf dem *Hite-Report*-Fragebogen basierend, wurde in England durchgeführt – im wesentlichen mit den gleichen Ergebnissen.
*** Siehe James Jones' demnächst erscheinende Kinsey-Biographie, die sich unter anderen Quellen auf das Archiv des Kinsey-Instituts in Bloomington/Indiana stützt.

niger Zeit bekannt ist, wurde das ideologische Mißverständnis der weiblichen Sexualität erst durch den *Hite Report* ans Licht gebracht und auf der Grundlage wissenschaftlich gesicherten Materials unter besonderer Berücksichtigung der Kultur analysiert«, so William Granzig, der ehemalige Vorsitzende der American Association of Sex Educators, Counselors and Therapists.

Die besten Informationen, die hier in letzter Zeit vorgelegt wurden, sind die anatomischen Zeichnungen der Illustratorin Suzanne Gage, die detailliert das innere Klitorissystem zeigen. Man kann die Anatomie der weiblichen Sexualität dank dieser Zeichnungen viel besser begreifen. Freud hätte das sicher zu schätzen gewußt; wie er sagte, würden sich all seine Theorien über weibliche Sexualität vielleicht als falsch erweisen, weil die innere Anatomie der weiblichen Geschlechtsorgane zu seiner Zeit noch nicht bekannt war. Wir lernen auch heute noch dazu, was diese innere Anatomie betrifft. Die Gage-Zeichnungen finden sich in *A New View of a Woman's Body*, der gegenwärtig besten Informationsquelle.

Eine sechsundzwanzigjährige Frau schildert den Kampf, der in ihrer Beziehung stattfindet und bei dem es um die Neudefinition von Sexualität und den damit verbundenen Gefühlen geht:

»Meine Wut auf ihn hat sehr früh eingesetzt, schon beim ersten Geschlechtsverkehr. Zum einen wollte ich in dem Moment keinen Sex und hatte das Gefühl, daß er das einfach ignorierte in seinem typisch männlichen, intensiven Verlangen, ›den Akt zu vollziehen‹, als würde das auch ohne meine Kooperation ein Paar aus uns machen. Zum andern mochte ich die Grobheit des Fickens nicht. Mir gefiel nicht sein ausschließliches Interesse für den Akt, bei dem ich keine Lust empfand, keinen Orgasmus hatte, und daß er auf mir einschlief und kolossal mit sich zufrieden war. Ich glaube, für ihn ist es viel lustvoller als für mich, und das ganze System ist darauf ausgerichtet, daß man so tut, als wäre Ficken der Inbegriff von Sexualität. Ich meine daher, der Sex ist unser größtes Problem.

Ich habe ihm gesagt, daß ich normalerweise durch Geschlechtsverkehr nicht orgasme, und wenn doch, dann ist es nicht so intensiv und befriedigend wie ein klitoraler Orgasmus. Ich sage ihm das schon seit zwei Jahren. Er möchte heute noch glauben, das sei nur ein vorübergehender Zustand – denn sonst, sagt er, geht für ihn irgendwas kaputt. Er hat immer davon geträumt, eine Frau zu finden, die auf ihn anspricht, auf seinen Penis. Er sagt, das würde das pornographische, sadistische Bild vom Mann als dem, der nimmt, aufheben und ihn zum Gebenden machen.

Er hat nie richtig akzeptiert, daß meine Klitoris für mich der Ursprung der vollkommenen Befriedigung ist, unbeschadet dessen, was für wunderbare Gefühle meine Vagina mir gibt. Es fällt mir schwer, meine Sexualität zu genießen, wenn er sie als traurigen Witz für Männer begreift. Merkwürdig, jetzt verstehe ich Freud erst richtig. Es muß traurig gewesen sein für diesen phallozentrischen, viktorianischen Mann zu erkennen, daß sein Penis nur für ihn zählte – er wollte, daß er *das* sexuelle Instrument »par excellence« sein sollte. Ausgreifend, verwandelnd. Auch meinen Bruder, der achtzehn ist, machte es traurig zu erkennen, daß sein Penis einer Frau nicht soviel Lust bereiten kann wie ihm selbst. Ich meine, wirklich traurig – in dem Sinn: Was soll es dann überhaupt?

Ich versuche, meinem Liebhaber klarzumachen, daß es mich nicht stören würde – daß ich überglücklich wäre, auf diese Weise zu geben –, wenn er *meine* Sexualität so akzeptieren würde, wie sie ist. Ich habe mich hinsichtlich dessen, was für mich am besten ist, nie von ihm akzeptiert gefühlt; wir mißverstehen uns ständig und versuchen, das Unmögliche zu schaffen. Und was mich sauer macht dabei, ist, daß er kommt und ich nicht. Ich habe Schuldgefühle, weil ich beim Ficken nicht komme. Ich habe Angst, daß er mich wegen einer verläßt, die so tut, als käme sie beim Ficken, die lügt oder es nicht besser weiß. Er hat Schuldgefühle, weil er von einer Frau angetörnt werden will, die wirklich gern fickt. Merkwürdig, beim Ficken törnt mich am meisten an, daß es so schön für ihn ist. Manchmal bin ich traurig, weil wir solche Schwierigkeiten haben.

Lange Zeit konnte kein Maß an Aufmerksamkeit, das er nach dem Geschlechtsverkehr meiner Klitoris widmete (vor dem Geschlechtsverkehr hielt sich das immer in Grenzen, weil er mit dem Ficken anfangen wollte), einen Ausgleich für die Intensität bieten, mit der er vaginale Stimulierung betrieb. Das machte ihm offensichtlich viel mehr Spaß. Ich bekam allmählich das Gefühl, daß ich für die Lust des Mannes eine Vagina hatte, nicht für meine. Es war zum Teil eine Reaktion in dem Sinn ›Wenn du dich nicht an meine Regeln hältst, spiele ich nicht mehr mit‹, aber das wurde noch schlimmer, weil er annahm, daß die Vagina für uns beide da ist, daß vaginale und klitorale Stimulierung austauschbar sind, daß die Klitoris dazu da ist, mit dem ›richtigen‹ Sex anzufangen oder aufzuhören, aber nicht für den Sex an sich.

Ich hatte auch starke Schmerzen in den ersten Monaten unserer Beziehung. Wir hatten oft Sex, und ich war ständig wund, bekam einen Pilz in der Vagina und eine Blasenentzündung (beides heilte schließlich). Mein Liebhaber ignorierte die Verletzlichkeit meiner Organe (im Gegensatz zu seinen), es scheint ihm heute noch angst zu machen, nur daran zu denken.

Ich frage mich, ob es Frauen gibt, die einen Mann aktiv mit ihrer Vagina ficken. Ich würde Frauen gern fragen, wie sie mit Männern leben und ob sie den Sex genießen, bis ich Antworten kriege, die diesen Namen verdienen. Ich habe mit zwei, drei Frauen darüber gesprochen, daß ich beim Geschlechtsverkehr nicht komme – daß es mich sauer macht, daß Männer beim Sex so zuverlässig Lust empfinden und wir nicht. Meistens vermitteln mir Frauen den Eindruck, daß das zu den Dingen gehört, mit denen zu leben sie gelernt haben. Doch eine Frau, mit der ich gesprochen habe, hat beim Sex anscheinend eine große Vertrautheit mit ihrem Freund und findet, es steht ihr frei, keinen Sex mit ihm zu haben – je nachdem, wie die emotionale Situation ist. Eine andere Frau, mit der ich gesprochen habe, hat die Männer als Liebhaber aufgegeben, obwohl sie ab und zu mal einen für eine Nacht hat – das heißt, sie hat die Männer emotional aufgegeben, was für mich bedeutet, daß sie irgendwo die Nase voll haben muß.«

Eine andere Möglichkeit, unsere Frage zu klären, »Was kann Sexualität/Lust für Frauen sein?« ist, zu untersuchen, wie Sex von Frauen in lesbischen Beziehungen verstanden/definiert/gestaltet wird. Siehe IV. Teil.

Haben Männer wirklich soviel Freude an Sexualität, wie sie sie definieren?*

Es scheint zwar so offenkundig zu sein, aber wissen wir wirklich, was »männliche Sexualität« ist? Schließlich läßt es sich ja nicht genau in Erfahrung bringen, wieviel von dem, was wir Männer tun sehen, »natürliche« »männliche Sexualität« ist und wieviel erlerntes oder verstärktes Verhalten.

Die gegenwärtige Definition von »männlicher Sexualität« (triebhaftes Verlangen nach »Penetration«) ist eine kulturelle Übertreibung. »Männliche Sexualität« beinhaltet mit Sicherheit ein wesentlich breiteres, vielfältigeres Spektrum von körperlichen Empfindungen – wie es Männer im *Hite Report II* beschrieben haben. Wir wissen kaum, was »männliche Sexualität« ist, weil die Kultur sie so eng gefaßt hat.

Überraschenderweise ist die Definition von »Sexualität«, die die »männliche« Ideologie bietet, bei näherer Betrachtung durchaus negativ. Das ist überraschend insofern, als man oft glaubt, Männer seien »pro«, also für den Sex, Frauen dagegen »anti«. In Wirklichkeit haben Frauen mehr für *Sinnlichkeit* übrig. Die meisten Frauen haben ein sehr

---

* Da Männer ermutigt werden, sich zu einem großen Teil über ihre sexuellen »Fähigkeiten« oder den Mangel daran zu definieren (»impotent«, was eigentlich »fehlende Erektion« bedeutet), wird das auf das ganze Wesen eines Mannes bezogen!

viel umfassenderes Konzept von Sexualität als jenes Fortpflanzungs-modell, das für »natürlich« zu halten wir gelernt haben, während die »männliche« Ideologie Sexualität im wesentlichen als »Körperfunk-tion« sieht, als Trieb, als »animalisches Gefühl« – das »Gegenstück« zum spirituellen Gefühl. In diesem Wertesystem ist das »animalische Gefühl« irgendwie nicht respektabel, etwas »Seelenloses« (der frühen christlichen Tradition zufolge hatten Tiere keine Seele), primitives »tierisches Verhalten«. Es soll hier zwar gewiß nicht behauptet wer-den, Sex müsse immer »lieb« sein, leidenschaftslos. Aber eine völlig vom Gefühl abgeschnittene Sexualität – Sex als etwas »Untermenschli-ches«, das Tiere tun (die keine Gefühle haben?) und weshalb sie nicht unserem menschlichen Bereich angehören, keine vollständige Persön-lichkeit haben – das ist eine ziemlich seltsame Definition von Sexualität und wohl nicht die erotischste, die wir uns vorstellen können.

»Penetration sollte für Männer nicht nur etwas Physisches sein, sondern etwas Emotionales...«

Ein Aspekt der doppelten Moral, der nicht oft zur Sprache kommt, ist der möglicherweise zu Entfremdungsgefühlen führende Druck auf *Männer*, häufig Sex zu haben und die Welt in extrem parzellierten se-xuellen Kategorien zu betrachten und zu erfassen. Tatsächlich beraubt die »männliche« Ideologie Männer der Möglichkeit, die Liebe zu ge-nießen, denn sie warnt sie davor, leidenschaftliche Anziehung mit »Liebe« zu »verwechseln«, warnt sie vor echter Nähe, sagt »Frauen kann man nicht trauen«, »Laß dich nicht von deinem Geschlechtstrieb verwirren« usw. – verfügt, daß ein »richtiger« Mann »unabhängig« sein, so lange wie möglich »frei« und unverheiratet bleiben, aufpassen soll, daß er nicht »angebunden« wird. »Richtige« Männer müssen Sex mit möglichst vielen Frauen haben wollen und haben, und das so oft wie möglich. »Richtige« Männer verlieben sich nicht Hals über Kopf. Das Resultat dieser Dressur von Männern auf Gefühlskontrolle ist, daß viele von ihnen ihren tiefsten Gefühlen entfremdet werden.

Die »Neugestaltung« der »männlichen Sexualität« wurde im *Hite Re-port II* diskutiert. Viele Männer schienen im Grunde ihres Herzens den Eindruck zu haben, daß sie irgendwie zu kurz kämen – daß sie, egal wieviel Sex sie hatten, irgendwo unbefriedigt blieben. Und dennoch ist das, was unsere Kultur Männer gelehrt hat, so stark, daß sich nur wenige Männer darüber hinwegsetzen konnten, um sich eine eigene, persönliche Sexualität zu schaffen bzw. die doppelte Moral zu über-winden. Doch eine neue Sexualität und eine neue Identität sind für Männer sicher möglich.

Damit soll die tratitionelle »Lust« der Männer keineswegs herabgesetzt, sondern neu definiert werden: »Leidenschaft gehört zum Schönsten an der Sinnlichkeit – das sehnliche Verlangen zu besitzen, zu nehmen, hinzureißen und hingerissen zu werden, zu penetrieren und penetriert zu werden. Aber ist körperliche Liebe wahre Liebe? Liebe ist Fürsorge, ja, aber sie ist auch Leidenschaft und Begierde, der Wunsch, anderen Menschen zu gehören, sich mit ihnen zu verschmelzen, in ihnen zu sein. Ein Teil der Liebe ist reines Körpergefühl – nicht nur das Verlangen, Orgasmus und ›Sex‹ zu haben, sondern eng aneinanderzuliegen, wenn man schläft, den Atem des anderen zu atmen, Brust an Brust (und Seele an Seele), nah, so nah wie möglich; dazuliegen und den anderen im Schlaf atmen zu hören, der Atem streicht über deine Wange und vermischt sich mit deinem; du riechst den anderen Körper, liebkost den Mund mit deiner Zunge, als sei es dein eigener Mund, den Geruch und Geschmack seiner Genitalien zu kennen. Was ist Liebe? Liebe ist Reden und Verstehen und Sich-aufeinander-Verlassen, Liebe ist auch die tiefste Verschmelzung von Körpern. Irgendwie ist die Körpererinnerung an einen geliebten Menschen stärker und nachhaltiger als alle anderen Erinnerungen.«*

Auf dem Weg zu einer neuen Sexualität: Die Wiedervereinigung von Sexualität und Spiritualität

In der traditionellen (»männlichen«) Philosophie und Religion des Westens ist der Körper als abgetrennt von Geist und Seele betrachtet worden, und infolgedessen wurde der Sex ebenso aus dem Zusammenhang gerissen (außer dem der Eroberung und Fortpflanzung?), seine Bedeutung herausgenommen aus dem wechselseitigen Ausdruck der Gefühle, vom Rest des Lebens abgeschnitten.

Für die meisten Frauen gibt es diese Aufspaltung in Leib und Seele jedoch kaum; für sie sind beide eine Einheit, ist der Sex nicht von der Emotion zu trennen. Eine Frau beschreibt die Liebe: »Liebe ist das ersehnte Gefühl der Einheit, der Seligkeit, der Erfüllung. Ein starkes Gefühl, das man von Anfang an für jemanden empfindet – ein Gefühl des Wohl-Seins durch und durch. Sexuelle Leidenschaft und die Sehnsucht nach einer Beziehung sind ununterscheidbar.« Und eine andere sagt: »Am nächsten fühle ich mich ihr, wenn wir uns geliebt haben, weil das ein Ausdruck all der wunderbaren und vertrauten Gefühle ist, die ich für sie empfinde. Wenn wir uns lieben, ist mir, als wären

* Aus: *Hite Report II über die männliche Sexualität.*

wir eins – ich weiß nicht, wo sie aufhört und wo ich anfange. Es ist ein ›totales‹ Gefühl, es umfaßt meine Emotionen, meinen Geist und mein physisches Bewußtsein.«

Die meisten Frauen finden also, daß Leidenschaft nicht nur den Körper, sondern auch den Geist und die Emotionen in sich einbegreift; wenn sie von einer »leidenschaftlichen Verbindung« sprechen, meinen sie nicht nur die sexuelle Lust. Wie es eine Frau formuliert: »Es gibt leidenschaftliche und weniger leidenschaftliche Beziehungen. Die Leidenschaft liegt in jedem Stück Kennen der andern Person, nicht bloß im Sex.« Und viele Frauen, die im Zusammenhang mit »Verliebtheit« von leidenschaftlicher Anziehung sprechen, beziehen sich dabei auch auf transzendente oder spirituelle Gefühle.

Dies auf »sexuelle Lust« reduzieren zu wollen, kündet unter anderem von einem sprachlichen Problem, in dem sich die philosophischen Vorurteile der westlichen Geschichte widerspiegeln. Die Wörter, mit denen wir arbeiten müssen, sind »Lust«, »lieben«, »mögen«, »verliebt sein«. Aber empfinden Frauen in diesen abgegrenzten Kategorien? Oder beschreiben viele hier Leidenschaft als etwas intensiv Leibliches und Seelisches, das gleichzeitig erlebt wird – in einer Art ekstatischer Verschmelzung?

Einige feministische Philosophinnen* haben daran gezweifelt, daß die Auspaltung in Leib und Seele für Frauen je existiert hat. Mit Sicherheit geht aus der vorliegenden Untersuchung hervor, daß die meisten Frauen – obwohl sie den Unterschied natürlich kennen – keine solche Polarität empfinden. Frauen sehen und empfinden Dinge oft »holistisch«, d. h. eher ganzheitlich als dualistisch, wie es die »männliche« Ideologie tut. Und das trotz der Tatsache, daß wir überall von Bildern umgeben sind, die die Trennung der »männlichen« Ideologie zwischen sexueller und mütterlicher Liebe verstärken. Das zeigt sich besonders im Gegensatz Eva/Maria, der »bösen« und der »guten« Frau der jüdisch-christlichen Tradition. »Gute Frauen« sind Mütter, asexuell (wie Maria, die ein Kind gebar, ohne Sex gehabt zu haben), und »schlechte Frauen« sind sexuell und »lustbetont« (sie »essen vom Apfel der fleischlichen Erkenntnis« und »bringen Männer vom rechten Weg ab«). Solche Stereotype sind in populären Schlagworten und Motiven enthalten, und tatsächlich müssen, wie wir in dieser Untersuchung gesehen haben, Frauen – und sogar Mädchen auf der High School – immer noch ständig gegen die Auswirkungen dieser Stereotype kämpfen, da Jungen und Männer sie beim und nach dem Sex respektlos behandeln. Und obwohl Mädchen und Frauen diese Bilder

* Siehe Alison Jaggar, *Feminist Politics and Human Nature*, Totowa, 1983.

vielleicht verinnerlichen und deshalb Identitätsprobleme bekommen, sich fragen, welcher »Typ« sie sind, bevor sie alt genug sind, um zu wissen, daß sie nicht zwischen vorgefertigten Stereotypen zu wählen brauchen, leisten sie nach wie vor Widerstand dagegen, *ihre* Definition von Leidenschaft aufzugeben.

Wie wir im I. Teil gesehen haben, meint die »männliche« Ideologie, daß das, was Männer tun, »Realität« ist, während das, was Frauen tun, »Rolle« ist. Wenn Frauen also Sex und Gefühl miteinander verbinden, ist das nach diesem Denkmodell »Rollenverhalten«, das man sie gelehrt hat und das sie ablegen sollten, nichts »Realistisches« oder »Natürliches«. »Natürlich« ist das, was Männer praktizieren – d. h. Sex haben, ohne es für nötig zu halten, Sex und Gefühl miteinander zu verbinden. Tatsächlich erfahren jedoch wohl die meisten Menschen (Männer ebenso wie Frauen) die leidenschaftliche Anziehung durch jemanden, das Verliebtsein als etwas Physisches *und* Emotionales – obwohl die Männer (aber seit der »sexuellen Revolution« auch die Frauen) dazu aufgefordert werden, diese Gefühle als »rein körperlich«, »bloß sexuell« zu betrachten. Doch fast alle Frauen glauben nach wie vor, daß diese Gefühle der Anziehung physische *und* emotionale Elemente in sich einbegreifen und daß man sie nicht voneinander trennen kann. Das führt möglicherweise dazu, daß eine Frau einem Mann schon nach relativ kurzer Zeit sagt, sie sei zu einer emotionalen Beziehung bereit – während der Mann gewöhnlich länger braucht, um zu diesem Schluß zu kommen.

Ist es wirklich ein »moralistisches Relikt«, daß Frauen Sex und Gefühl miteinander verbinden – ein Relikt, das uns daran hindert, unseren durch Kultur und Religion »unterdrückten« »natürlichen Hedonismus« auszuleben? Oder ist es nicht vielmehr so, daß die Aufspaltung in Leib und Seele auf dem Gebiet der Liebe und des Sex menschlichen Gefühlen und menschlicher Erfahrung nie entsprochen hat? Schließlich sagen auch Männer, daß der Sex sehr viel besser ist, wenn sie jemanden lieben (siehe *Hite Report II*) – obwohl es sie weniger stört als Frauen, Sex ohne Gefühl zu haben.

Tatsächlich war die Sexualität in den frühesten Kulturen (vor dem »Garten Eden«) vermutlich nicht nur Individualverhalten, sondern fester Bestandteil der Spiritualität, der Religion, manchmal sogar Teil von religiösen Riten; man betrachtete die Fortpflanzung und die Gefühle, die zur Fortpflanzung führen, mit Recht als Teil des Mysteriums der Wiedergeburt des Lebens. Noch in griechischer Zeit waren die Überbleibsel dieser frühen Religion, die »Mysterien«, mit sexuellen/ religiösen Riten verbunden. Mit anderen Worten, die Sexualität hatte wahrscheinlich einmal eine religiöse Bedeutung, stand im Zusammenhang mit der Verehrung der Fortpflanzung, der Heiligkeit der

Neuerschaffung des Lebens.* So gesehen hat der Widerstand der Frauen gegen die Trennung von Sex und Gefühl vielleicht eine ganz andere Tragweite, hat er Wurzeln in der fernen Vergangenheit – in einer anderen Philosophie. Und vielleicht kündigt er eine ganz andere Zukunft an.

* Siehe Marija Gimbutas, *Goddesses and Gods of Old Europe*, Los Angeles, 1982 und auch Colin Renfrew (Hrsg.) *The Monolithic Monuments of Western Europe*, London, 1981.

6

Wie fühlen sich
Frauen in Beziehungen
ohne feste Bindung?

Emotionale Ungewißheit

Eine Frau beschreibt das Durcheinander aus Frustration, Verwirrung und Zuneigung, das sie erlebt, weil ihr der Mann, den sie liebt, sehr ambivalent begegnet:

»Irgendwie habe ich ständig das Gefühl, daß ich nie auf meine Kosten komme. Entweder ruft er nicht an, oder wenn er anruft, ist er nicht romantisch usw. Wenn ich versuche, mit ihm zu reden, echt zu reden, habe ich das Gefühl, daß ich nicht zu ihm durchdringe – außer manchmal, wenn *er* reden will. Dann sagt er auch die nettesten Dinge. Aber dann kommt es wieder vor, daß er einfach nicht reagiert und/oder keine Liebe machen will, und ich weiß nie warum.

Das Ganze scheint sich permanent um die Frage zu drehen: Soll ich mir überlegen ›Ist mit ihm alles in Ordnung (liebt er mich noch)?‹ – oder soll ich mir überlegen ›Ist mit *mir* alles in Ordnung? Wie fühle *ich* mich?‹ Wenn ich sehr unglücklich bin und er nicht mit mir über die Probleme reden oder sie lösen will, soll ich dann sagen: ›In Wirklichkeit ist alles okay, weil es ihm gutgeht und weil er immer noch da ist und mich immer noch liebt‹? Oder soll ich sagen: ›Diese Beziehung ist entsetzlich, und ich werde sie abbrechen, weil er mich nicht glücklich macht‹? Daß ich ihn liebe, macht es schwierig, ihn zu verlassen.

Soll ich ihm helfen, sich mir mehr zu öffnen, oder soll ich mich mehr um *mich* kümmern und Schluß mit ihm machen? Oder vielleicht schwanger werden und so die Frage lösen, was aus uns werden soll (ich bin mir sicher, er würde nicht wollen, daß ich abtreibe)?

Aber leider macht er immer wieder diese herablassenden Bemerkungen, zum Beispiel, daß ich ein kleines Mädchen bin oder so. Neulich habe ich versucht, ihm einen Brief zu schreiben, weil ich ihm meine Gefühle erklären wollte. Ich habe ihn spät in der Nacht geschrieben. Am nächsten Morgen habe ich ihn mir dann angesehen, und er fing so an: ›Ich weiß, daß Du mich für schwierig und leicht meschugge hältst, aber ich will Dir bloß erklären, daß…‹ Ich konnte es nicht glauben, daß *ich* das geschrieben und mich selbst runtergemacht hatte! Was ist das für ein Macho, daß er annimmt, mit meinem Denken stimmt was nicht! Vor drei Monaten wäre ich noch an die Decke gegangen, wenn jemand behauptet hätte, ich sei ›schwierig und leicht meschugge‹, aber das geht alles ganz langsam – die Selbstachtung und den Glauben an sich verliert man schrittweise. Im Moment scheint mir eins völlig klarzusein: daß ich wieder allein sein möchte, wieder stark sein möchte. Das sage ich jetzt, aber…

Das Problem ist, daß er erst sagt, er sei verwundbar und verliebt – und später streitet er es ab oder verhält sich nicht danach, ist kalt. Ich frage mich: ›Muß es denn unbedingt *dieser* Mann sein?‹ Es ist fast so, als würde mir jemand zureden, ins tiefe Wasser zu gehen – und wenn ich dann dort bin (mit meinen Gefühlen) und mich echt verliebe und ihm vertraue, sagt er: ›Was? Warum denn ich?‹ Ich hatte dauernd solche Angst, dachte mir, egal was passiert ist, gib ihm eine Chance, vorverurteilen willst du ihn doch nicht. Ich dachte mir ›Laß mich vertrauen, laß mich vertrauen‹, habe den negativen Signalen nicht geglaubt, dachte mir, er sei bloß unsicher und würde auf was reagieren, das *ich* getan hatte, um unverwundbar zu scheinen – ich hatte *immer* Angst, habe mich immer gefragt: ›Wird überhaupt jemand bei mir bleiben?‹ Eine Beziehung wie unsere, eine Beziehung ohne feste Bindung, das bedeutet ja, daß man aussteigen kann, wann man will – aber ich wollte nicht glauben, daß das der Fall sein würde, ich wollte glauben, daß wir was Wertvolles aufbauen, was Dauerhaftes, obwohl er kein Wort davon gesagt hat.

Vielleicht war diese Beziehung ein großer Fehler von mir. Ich fühle mich nicht mehr so stark. Statt an meiner Karriere zu arbeiten, bin ich wie besessen von unseren Telefongesprächen, von unseren Begegnungen. Ich fühle mich schwach. Warum muß Liebe einen schwach machen? Oder tut sie das gar nicht? Alles wird Strategie und Taktik. Es sieht immer so aus, als hätte er alles in der Hand. Aber wer weiß, vielleicht hat er das Gefühl, *ich* hätte den Daumen drauf, vielleicht ist er genauso verwundbar wie ich. Und schon lege ich wieder los, wie besessen von dieser Beziehung. Ich bin so wütend auf mich, weil ich mich in dieser Beziehung verloren habe.

Es ist so schwierig, die Lage zu beurteilen: Hat er Angst vor der Liebe oder liebt er *mich* nicht? Manchmal habe ich das Gefühl, daß alles so einseitig ist. Und manchmal glaube ich, daß er mich liebt, aber mich nie heiraten würde – verstehen Sie? Und *wenn* er mich liebt, warum läßt er mich dann so oft allein? Muß er denn soviel Zeit mit seiner Arbeit verbringen? Wenn wir verheiratet wären, hätte ich Boden unter den Füßen, dann wüßte ich, daß ihm echt an mir liegt und daß er mich ganz besonders liebt, aber so habe ich permanent Zweifel und fühle mich unsicher, obwohl er jeden Tag anruft. Alles scheint zu seinen Bedingungen zu laufen – er sagt mir, wann er kommen und mich sehen kann, ich habe versucht, das auch mit ihm zu machen, habe mich mit Arbeit eingedeckt, aber das hat ihn überhaupt nicht gestört, ich habe mir nur ins eigene Fleisch geschnitten damit, weil er mir gefehlt hat.

Warum will ich jemanden, der mich nicht glücklich macht? Daß er keine hohe Meinung von Frauen hat, daß Frauen für ihn nebensächlich sind, kommt stückweise raus. Aber manchmal ist es auch wunderschön, und er kann so charmant und amüsant sein und echt hübsche Dinge sagen. Im Bett ist er allerdings nicht so toll.

Wie auch immer, eins ist so unfair an der Sache mit Männern. Wenn *Männer* von Bindung reden, dann ist es okay, aber wenn *wir* es tun, dann nicht. Also – das Leben ist nicht fair, Liebesbeziehungen mit Männern sind nicht fair – aber ich will trotzdem eine! Nur, wie kriege ich ihn??? Muß ich mich auf Strategien und Taktiken einlassen und auf ihn warten? Soll ich stark und unabhängig scheinen, oder muß es so aussehen, als würde ich ihn *brauchen???* Ich bin so deprimiert, aber es gibt eigentlich gar keinen Grund! Ich fange an, unsicher zu werden, und – schlimmer noch – ihm meine Unsicherheit zu zeigen. Es liegt daran, daß ich nicht weiß, was aus uns werden soll, und ich möchte es echt wissen.«

77 Prozent der Frauen sagen, sie gerieten durch das mal beteiligte, mal unbeteiligte Verhalten von Männern emotional oft in eine schwierige Lage; die meisten fragen sich, wie sie damit fertig werden, welche »Strategie« sie einsetzen sollen, um sich nicht »benutzt«, »übervorteilt« oder auf andere Weise »betrogen« zu fühlen:

»Ich habe immer das Gefühl, daß ich was verliere, wenn ich Männern entgegenkomme – sie anrufe, ihnen sage, wie sehr ich sie mag usw. Wenn du Männern gegenüber ein faires Spiel spielst, meinen sie, du wärst schwach und dämlich. Und so kapituliere ich schließlich und mache die Machtspiele mit, aber ich habe dann keinen Respekt mehr vor ihnen und will sie auch nicht mehr. Aber sie wollen mich.«

»Was wir machen, bestimmt grundsätzlich er – ob wir zum Essen gehen, wann er bei mir ist, wann er Zeit hat, ob wir allein essen oder mit Freunden von ihm, wann er mich anruft und so fort...«

»Es treibt mich zum Wahnsinn in dieser Beziehung, daß ich NICHTS WEISS... Ich weiß nicht, ob er mich wirklich liebt, ob er mich eines Tages heiraten und erst mal sehen will, ob wir miteinander auskommen, bevor er davon anfängt, oder ob er mit mir bloß eine Fahrt ins Blaue macht, solange es eben gutgeht.«

»Ich habe, glaube ich, Probleme mit der Selbstachtung, wenn ich eine Beziehung mit einem Mann habe. Und es ist in erster Linie *meine* Schuld, daß ich in so einer Beziehung drinhänge, meine *Macke*. (Aber die wird von der Gesellschaft enorm gefördert, das weiß ich.) Irgendwas an der ganzen Dynamik führt immer dazu, daß er obenauf ist. Ich muß seine Kälte (d. h. seine Dominanz) akzeptieren, muß akzeptieren, daß er meine Energie strapaziert, wenn ich ihm weiter Liebe geben will, obwohl er mich so zappeln läßt – oder ich muß gehen.«

In Antworten auf die unterschiedlichsten Fragen geben Frauen zu verstehen, sie hätten das Gefühl, daß Männer in Beziehungen und in der »Single-Szene« emotional immer die Richtung bestimmten:

»Die Männer haben mich die meiste Zeit meines Lebens vor Rätsel gestellt, und oft genug habe ich mich in einigen Beziehungen vor lauter Verzweiflung in den Schlaf geweint. Ich finde, daß alle meine Beziehungen vor der mit meinem Mann ziemlich furchtbar waren. Sie liefen immer gleich ab. Erst meinten sie mich, die Männer, und ich war geschmeichelt, dann gab es sehr wenig Kommunikation, ich spielte die passive, nette Rolle, und sie spielten die Rolle, sie selbst zu sein.«

»Ich habe Angst, daß er mich verläßt; ich habe Angst, daß er mich satt bekommt . . . ich hasse diese Angst. Sie untergräbt meine Integrität.«

»Ich fühle mich der anderen Person restlos ausgeliefert – akzeptiert sie mich oder weist sie mich zurück? Schön und verführerisch zu sein hilft weiter, aber es kann auch bedrohlich wirken. Ich habe mich oft verstellt, und wenn ich verliebt bin, verstelle ich mich fast ständig – ehe der Mann mir sagt, daß er mich liebt, kann ich ihm nicht sagen, wieviel mir an ihm liegt. Er muß mich umwerben. Ich bin sehr schüchtern und tue so, als wäre ich gleichgültig, obwohl ich genau das Gegenteil bin und Angst habe, eine Wahnsinnsangst vor Zurückweisung. Es klappt, wenn ein Mann wirklich interessiert ist, aber das kommt so oft nun auch wieder nicht vor.«

»Wenn sich die Männer bloß abgewöhnen könnten, zu Verabredungen schlichtweg nicht zu erscheinen (was doch einfach genug wäre!), könnte viel eher ein Vertrauensverhältnis aufgebaut werden. Ich glaube nicht, daß ich mich je mit einer Frau verabredet habe und sie dann nicht erschienen ist oder nicht angerufen hat oder sonstwas. Sogar ein Anruf mit einer erstunkenen und erlogenen Ausrede würde mir wenigstens ein gewisses Maß an Achtung zeigen und mich nicht auf dem trockenen sitzenlassen, ohne daß ich andere Pläne machen kann. Wenn mir irgend jemand erklären könnte, warum Männer zu fest abgemachten Terminen nicht erscheinen, wäre das Leben viel leichter für mich.«

»Die Liebe ist ein Problem für Frauen, weil sie sich zu sehr reinknien und zu abhängig werden. Sie wollen Sicherheit und eine Bindung, und die Männer wollen das nicht – da liegt das Problem für viele Frauen, mich selbst eingeschlossen.«

Ist es »eine Beziehung« oder ist es keine?

Viele Single-Frauen beschreiben ein sehr unklares und ambivalentes Verhalten von seiten der Männer:
»Am ersten Wochenende ließ er sich weder blicken, noch rief er an; ein paar Tage später schrieb ich ihm. Ich schrieb – was reiner Sarkasmus war –, ich hätte mich wohl im Datum geirrt. Ich stellte sehr deutlich klar, daß ich erwartete, von ihm zu hören. Was geschehen sei, müßte bereinigt werden. Nachdem er meinen Brief erhalten hatte, rief er tatsächlich an. Er erklärte, mit seinem Wagen sei etwas nicht in Ordnung. Außerdem, sagte er, sei es nun mal seine Art, dem anderen nicht immer Bescheid zu geben, wenn ihm etwas dazwischengekommen sei. Ich sagte ihm, sein Verhalten sei für mich nicht akzeptabel – damit sage er mir praktisch, daß ich nicht wichtig sei. Ich glaubte, er hätte es begriffen.

Doch dann hatte er sich für dieses Wochenende angekündigt und sich wieder nicht blicken lassen. Diesmal werde ich nicht anrufen oder schreiben, um herauszufinden, was passiert ist. Wenn er mich als Freundin will, muß *er* jetzt aktiv werden. Wenn er dieses Problem unter den Teppich kehrt, läuft er Gefahr, mich zu verlieren. Daß er nicht tut, was er sagt, erbost mich am meisten. Damit gibt er mir wirklich zu verstehen, daß ich nicht wichtig bin – und das ist sehr destruktiv und ruinös für unsere Beziehung. Ich bin ehrlich mit Männern. Ich hasse diese Spiele. Ich tue das nicht, und ich erwarte, daß sie es auch nicht tun. Warum macht er das? Was mich betrifft, zerstört er damit unsere Beziehung.«

57 Prozent der Single-Frauen sagen, daß die meisten Männer Beziehungen taktlos beenden; ziemlich viele berichten, sie seien von Männern abrupt und ohne Erklärung »absolviert« worden:
»Er hat einfach nicht mehr angerufen, und als ich ihn angerufen habe, hatte er kein Interesse daran, sich mit mir zu treffen. Das hat mir sehr weh getan – als wir letztesmal zusammen waren, war alles ganz toll, und ich verstehe nicht, wieso das jetzt plötzlich anders ist. Ich fühle mich verraten – ich habe gedacht, er wäre ein ›netter‹ Mann. Die Beziehung war zum großen Teil gut. Ich weiß nicht, warum er sie aufgegeben hat. Ich weiß nur, daß er eine Menge davon hatte. Jetzt würde

ich ihm gern genau sagen, wie ich mich fühle, aber er ruft ja nicht an, und ich habe ihn, wie gesagt, angerufen, aber es war nicht mit ihm zu reden. Es war vier Monate lang (auf den Tag genau) sehr intensiv und hat viel Spaß gemacht. Es ist einfach mies, das *so* zu beenden.«

»Ich bin oft abserviert worden. Immer ohne Vorwarnung, nie hatte ich eine Chance, und das hat mich am meisten wütend gemacht. Kein Mann sagt: ›Wir haben das und das Problem, und wir müssen damit fertig werden, sonst ist Schluß.‹ Kein Mann sagt:›Du, wir hatten echt Spaß miteinander, aber jetzt ist es vorbei, also tschüs und alles Gute.‹ Sie versetzen mich einfach, rufen nicht zurück, wenn ich anrufe, melden sich nicht mehr.«

Eine Frau schildert, wie ihr Freund einfach anfing, sich mit einer anderen Frau zu treffen:
»Es war schrecklich. Er sagte kein Wort von Trennung; er fing einfach an, sich mit einer anderen zu treffen. Als ich es rausbekam und ihn zur Rede stellte, sagte er, es sei ›nichts‹, er hätte mich immer noch lieb, und ich sollte ›am Ball bleiben‹, aber er würde die Nacht mit ihr zusammen sein. Worauf ich wegzog.

Ich hatte das Gefühl, daß mir keine andere Wahl blieb. Ich dachte mir: ›Wenn er mich liebt, kommt er mir nach (was er nicht tat), und wenn er mich nicht liebt, ist es besser, ich bin in einer anderen Stadt.‹ Ich liebte ihn noch monatelang (und auch heute noch ein bißchen), war völlig am Ende, hatte das Gefühl, ich hätte ihm nicht ›genügt‹: nicht hübsch genug, lustig genug, niedlich genug. Ich haßte ihn, aber daneben liebte ich ihn, und wenn er in dieser Zeit ›zu mir zurückgekommen wäre‹ (wie schon viele Male zuvor), hätte ich ihn wahrscheinlich wieder genommen. Aber er tat nichts dergleichen (Gott sei Dank), und als er ein halbes Jahr später schließlich doch kam, hatte ich mir ein neues Leben aufgebaut, mit neuen Leuten und neuen Interessen, so daß ich ihn nehmen konnte oder auch nicht. Und da stehen wir jetzt. Aber ich glaube, ich habe ihn inzwischen durchschaut.«

Eine Frau beschreibt das schmerzliche Gefühl, zu unrecht Bezichtigungen und Mißtrauen ausgesetzt zu sein – der Argwohn und die einseitigen Entscheidungen des Mannes zerstörten eine sehr innige Liebe ihrerseits:
»Mit ihm fühlte ich mich tiefer verbunden als mit allen anderen, obwohl es keine befriedigende Beziehung war und katastrophal endete. Ich hatte geglaubt, er sei ein Mensch mit emotionaler und moralischer Substanz. Ganz besonders mochte ich, daß wir uns immer lange berührten und liebkosten und daß er jemand war, der sich mitteilte. Er redete gern mit mir. Leider hatte er eine Reihe von persönlichen Problemen, die dazu führten, daß er sehr mißtrauisch war.

Mitten in unserer wunderschönen Liebesgeschichte passierte folgendes: Er bezichtigte mich plötzlich, ich hätte ihm eine Geschlechtskrankheit ›angehängt‹. Ich hatte aber mit niemand anderem geschlafen – das lag mir völlig fern. Ich fand, dafür standen wir uns zu nahe.

Es war, als würde einem jemand sterben, stellte ich mir vor – nur noch schlimmer. Erst ist man etwas Besonderes, und von einem Moment auf den andern wird man ihn nie mehr sehen, weil er einen total ablehnt (und aus völlig unzutreffenden Gründen). Er kam zu dem Schluß, daß er mir nicht trauen konnte. Seine Bezichtigungen waren absurd, aber ich konnte nicht vernünftig mit ihm reden. Acht Monate später nahm ich wieder Kontakt zu ihm auf, um meinen Zorn und meinen Schmerz darüber loszuwerden, daß er mich so herzlos behandelt hatte. Erst war er ungehalten, weil ich seinen häuslichen Frieden gestört hatte (in der Zwischenzeit hatte er Trost bei einer ehemaligen Freundin gesucht, mit der er jetzt verheiratet ist und ein Kind hat), aber dann stellte er mir nach, um die Beziehung wiederaufzunehmen!

Ich dachte nun, daß er ernstliche psychische Probleme haben mußte. Er wollte wieder eine Beziehung mit mir, trotz Frau und Kind. Er fand überhaupt nichts dabei, sie und mich zu haben; er sagte, seine Frau würde keine Fragen stellen. Ich konnte keine hohe Meinung mehr von ihm haben. Ich begann kreativen Beschäftigungen nachzugehen, existierte, so gut ich eben konnte.

Als ich ihn Monate später wiedersah und er sein Mißtrauen gegen mich abgebaut hatte, war ich innerlich so hin und her gerissen, daß ich wieder eine (sehr kurze) Beziehung mit ihm hatte. Die Situation war aussichtslos, und ich kam mir billig und erniedrigt vor. Unter diesen Umständen wollte ich nicht mehr. Ich sah keine Möglichkeit, wie es je wieder etwas Besonderes werden konnte. Ich fühlte mich wie ein Tier in der Falle, das seine eigene Pfote durchbeißen muß, um zu entkommen. Ich brach sämtliche Kontakte zu ihm ab und habe ihn seitdem nicht wiedergesehen.

Wenn ich nicht auch mit anderen Männern schlechte Erfahrungen gemacht hätte, wäre diese vielleicht nicht so verheerend gewesen, aber es war eine starke Bindung, und das Ende war absurd, tragisch und vermeidbar. Ich war angewidert und total desillusioniert von Beziehungen mit Männern.

Danach brauchte ich lange, um mich zu erholen – fünf, sechs Jahre. Ich wäre gern tot gewesen. Ich vegetierte vor mich hin, ich war ein Wrack. Aber dann sagte ich mir, ich will mir von diesen Erfahrungen nicht mein Leben zerstören lassen. Kreative Versuche halfen mir; einen davon entwickelte ich so weit, daß ich jetzt davon leben kann. Als ich aufhörte, meine ganze Energie in Beziehungen zu stecken, konnte ich meine kreativen Anlagen und Fähigkeiten entfalten.«

Solch unklare Beziehungen führen häufig dazu, daß Frauen emotional bedürftig, verletzlich, unsicher und deprimiert sind. Die Einstellung der herrschenden Kultur gegenüber Frauen äußert sich in Hunderten von Spielarten, und das Ergebnis ist oft, daß Frauen in Frage stellen, was vor sich geht, daß sie ihren eigenen Wahrnehmungen nicht trauen. Sie überlegen sich häufig, warum sie sich so beklommen, unsicher und »unbefriedigt« fühlen. Tatsächlich fragen sie sich so viel, erforschen sie sich und die Männer, mit denen sie zusammen sind, psychologisch so intensiv, daß sie schließlich beginnen, das Verhalten von Männern und damit die Strukturen der Kultur in Frage zu stellen und zu analysieren. Und dann kommen sie zu dem Schluß, daß etwas faul ist – nicht mit ihnen, sondern mit den »männlichen« Verhaltensmustern in Beziehungen.

Die Bindungsangst der Männer

82 Prozent der Single-Frauen sagen, daß die meisten Männer, die sie kennen, bindungsscheu sind:

»Er hat gesagt, wenn ich so wild auf eine Bindung bin, hätte ich Probleme. Da müßte ich drüberwegkommen.«

»Als wir uns zwei Jahre kannten, sagte ein Mann, den ich sehr liebte, zu mir ›Warum kannst du nicht im Hier und Jetzt glücklich sein, warum mußt du dir immer über die Zukunft Gedanken machen?‹ – als wäre was verkehrt mit mir. Wir waren in den Dreißigern, und wenn wir Kinder haben wollten, hätten wir allmählich darüber sprechen sollen – und wenn er keine wollte, hätte er mir das sagen und mir die Wahl lassen sollen, bei ihm zu bleiben oder zu gehen. Aber er wollte nie darüber sprechen, er wollte nur, daß wir auch weiter ein gutes Leben miteinander hatten – und, so nehme ich an, immer gleich alt blieben... oder sollte ich sagen, gleich unreif? Ich persönlich finde, daß Erwachsenwerden Spaß macht, nachdem ich ihn endlich verlassen habe und es geworden bin.«

»Für mich sind Liebesbeziehungen immer an erster Stelle gekommen. Das Problem ist, daß die meisten Männer die Liebe nicht besonders ernst nehmen – sie spielt keine große Rolle in ihrem Leben. Alleinstehende Männer haben Angst vor Bindungen, weil sie meinen, daß sie dann ihre Freiheit verlieren. Im Lauf der Beziehung gehen wir meistens in eine andere Richtung: Ich will eine Bindung, aber er will nicht. Deswegen glaube ich, daß ich mir die falschen Männer aussuche.«

»Die Männer verlieben sich in dich und bemühen sich um dich, und dann wird's ernst, und sie kneifen. Warum?«

»Ich suche mir anscheinend Männer aus, die von *mir* das totale Engagement erwarten, während sie nicht so genau wissen, ob sie auch dazu bereit sind.«

»Früher bin ich immer an Männer geraten, die ›freie Geister‹ waren – der bindungsscheue Typus. Ich war oft verletzt und hatte das Gefühl, mit mir müsse was nicht stimmen, wenn diese Beziehungen aufhörten – vielleicht war ich zu abhängig, zu fordernd? Heute weiß ich, daß ich es tatsächlich war, aber ich weiß auch, daß dieser Typ Mann eine panische Angst vor echter Nähe hat. Mein jetziger Geliebter ist nicht so.«

»Ich glaube, die meisten Männer wollen einen so weit kriegen, daß man ihnen zeigt, wie tief man für sie empfindet, und dann kriegen sie es mit der Angst, noch mal zu heiraten und noch mal zu erleben, daß es schiefgeht, und seilen sich ab. Ich kann da nicht folgen. Die Männer lassen sich einfach nicht von ihren Gefühlen leiten.«

»Ich kenne viele Männer, die die Liebe sehr ernst nehmen. Ich kenne auch viele, die sie in keiner Weise ernst nehmen. Die es tun, scheinen hochsensibel zu sein, intensiver, zarter, fürsorglicher, sanfter, freundlicher. Der zweite ›Typ‹ hat es mehr mit der Selbstkontrolle (bzw. mit dem lieben Ich), mit Männerspielen, Männercliquen, Platzhirschverhalten, größtmöglicher emotionaler Unverbindlichkeit – als wäre ihr Engagement für eine Frau eine Gottesgabe, und da Gott in letzter Zeit etwas knauserig ist mit seinen Gaben, ist ihr Engagement natürlich auch nicht drin.«

»Wir waren drei Jahre lang mehr oder weniger locker miteinander befreundet. Man kann wohl sagen, daß ich versucht habe, ›Druck zu machen‹, damit er mich heiratet. Aber ihm sind immer wieder neue Ausreden eingefallen, warum das nicht geht. Dann bin ich schwanger geworden (nicht mit Absicht). Er hat gesagt, entweder Abtreibung, oder ich sehe ihn nie wieder. Ich habe abgetrieben und bin mir furchtbar unmoralisch und gedemütigt vorgekommen. Ich habe jemand gebraucht, der mit mir über meine Ängste redet. Er hat nicht mal zugehört. Nicht darüber reden wollen. Dann hat er gefunden, daß er sich mit anderen Frauen treffen muß, damit er rauskriegt, ›wo ihm der Kopf steht‹. Das habe ich mir drei Jahre lang alles gefallen lassen. Er hat sich immer wieder zurückgezogen, ›um sich selbst zu finden‹. Dann habe ich nicht mehr gemocht und wollte ihn nicht mehr sehen. Und jetzt hat er mich gebeten, ob wir nicht heiraten können. Ich habe nein gesagt, weil mir die Beziehung zu einseitig war. Wenn ich ihn gebraucht habe, war er nicht da, und es war jedesmal eine Sauarbeit, ihn zu einem Gespräch zu kriegen. Ich habe die Beziehung abgebrochen, obwohl es mir sehr weh getan hat. Ich sehe ihn noch ab und zu, und ich mag ihn immer noch.«

65 Prozent der Single-Frauen sagen, die Einstellung der Männer zur Ehe sei irgendwie von der »Playboy-Mentalität« geprägt:

»Die meisten unverheirateten Männer meinen, die Ehe sei eine gräßliche Krankheit, die allen multiplen sexuellen Erlebnissen ein jähes Ende macht. Sie meiden jede Bindung – aber nicht eher als bis sie dich ins Bett gekriegt haben. Was das Vertrauen der Frauen betrifft, so halten sie das für einen Widerspruch in sich.«

»Die meisten Jungs haben Schiß – was ist, wenn dieses Mädchen nicht die Frau fürs Leben ist – was ist, wenn ich in einem halben Jahr eine sehe, die ich lieber mag?«

»Die Männer von heute sind bindungsscheu. Nach dem zu schließen, was ich in einer festen Beziehung erfahren habe, wollen sie, daß man selbst hundertprozentig festgelegt ist, während sie es mit der Treue und mit allem nicht so genau nehmen.«

»Sie wollen keine Bindung. Sie wollen nur wissen, wie viele Frauen ihnen auf den Leim gehen.«

»Unsere Zeit fördert den Single-Mann und ermutigt ihn, sich seine ›Freiheit‹ zu bewahren. Er soll nur der scharfe ›Swinger‹ sein, der sich blendend amüsiert und sich alle Möglichkeiten offenhält. Auf den Familienmann wird weniger Wert gelegt – das ist doch der fade Kerl, der jeden Abend vor der Glotze hockt und am Wochenende den Rasen mäht. Was überhaupt nicht wahr ist.«

Eine Studentin in den höheren Semestern, vierundzwanzig Jahre alt, beschreibt ihre Beziehung mit einem äußerst ambivalenten Kommilitonen:

»Im Moment bin ich sehr verliebt. Am glücklichsten in meinem ganzen Leben war ich vorigen Monat, als er mich fragte, ob ich je daran gedacht hätte, daß wir den Rest unseres Lebens gemeinsam verbringen könnten; er hätte nämlich daran gedacht, und die Idee hätte ihm gefallen. Dann sagte er mir zehn Tage später, die Beziehung wäre gelaufen. Er sagte, es sei aus, weil er eine andere Frau wollte. Als wir uns das nächste Mal sahen, sagte er, er hätte erkannt, daß er doch bei mir bleiben wollte. Ein Rohr im Wind!

Wir sind jetzt fast ein halbes Jahr zusammen. Wenn man bedenkt, daß ich bis vor acht Monaten entschlossen war, Jungfrau zu bleiben, habe ich mich bestimmt verändert! Ich war zuvor keineswegs enthaltsam, aber dies ist eigentlich meine erste große Liebe und meine erste richtige ›Affäre‹. Zu meinem ersten sexuellen Erlebnis mit ihm fühlte ich mich allerdings in gewisser Weise genötigt. Obwohl ich dazu bereit war und sogar ungeduldig darauf, mich mit ihm ›einzulassen‹, wollte ich die totale Intimität nicht so früh. Aber jetzt liebe ich unsere Intimität – das kann Sex sein oder unsere philosophischen Grübeleien (so ist das nun mal bei zwei höheren Semestern!) oder daß wir mit seinen

Katzen spielen. Da ist er immer ganz ruhig und sanft. Er sagt mir, daß er mich will, daß er mich mag, daß wir die besten Freunde sind. Er gebraucht ›sexuelle Ausdrücke‹, sagt mir, daß ich mich schön anfühle, gut schmecke, schön bin. Ich fühle mich dann begehrenswert und sehr geborgen.

Die Beziehung ist fast der Mittelpunkt meines Lebens, aber ich versuche, es nicht ganz soweit kommen zu lassen, solange ich nicht hundertprozentig weiß, daß er voll engagiert ist. Ich muß in ein paar Monaten von hier weg. Und nur weil er sich nicht binden möchte, bin ich nicht bereit, meinen Magister und meine Jobsuche sausen zu lassen, um abzuwarten, ob er sich einen Ruck gibt. Wenn er will, daß ich bleibe, bleibe ich (ich könnte meine Magisterarbeit zu Ende schreiben), aber nur, wenn eindeutig klar ist, daß er es *wirklich* will.

Ich mag, was wir haben, und träume von mehr. Ich habe Geduld, ich kann warten, und ich glaube, es lohnt sich. Aber ich weiß nicht, ob er soviel Vertrauen zu unserer Beziehung hat, und es frustriert mich, daß ich nicht weiß, was die Zukunft bringt, aber mein Engagement und meine Liebe zu ihm geben mir die Kraft durchzuhalten. Ich empfinde leidenschaftlicher für ihn als je zuvor, und das ist etwas Tieferes, Stärkeres, Umfassenderes als rein körperliche Leidenschaft.

Aber in letzter Zeit habe ich mich oft bei einem alten Teddybären ausgeweint, der mein Bett teilt, wenn es sonst niemand tut.«

Bei der Beschreibung ihrer Beziehungen bringen Single-Frauen in den meisten Fällen Zweifel an der Zukunft zum Ausdruck:
»Was ich am liebsten mag: wissen, daß er da ist. Wir haben soviel gemeinsam, und es ist schön zu wissen, daß ich diesen Menschen habe, der mir nah ist und der mir soviel bedeutet. Was ich am wenigsten mag: die Ungewißheit – daß er morgen eine andere kennenlernen kann und daß es dann aus ist mit uns, daß er mich fallenläßt. Manchmal wünsche ich mir, ich hätte mehr Sicherheit. Aber meistens bin ich glücklich.«

58 Prozent leben in ständiger Ungewißheit, fragen sich, was geschehen wird:
»Er läßt mich warten, warten, warten. Ich wüßte gern, ob aus uns je was wird, ob ich in den letzten drei Jahren meine Zeit damit verschwendet habe, auf ihn zu warten; ich wüßte es gern, damit ich mit meinem Leben weiterkomme. Ihn selbst würde ich allerdings nie als Zeitverschwendung betrachten. Er ist wunderbar.«

Frauen haben oft das Gefühl, daß sie in einer Art Halbbeziehung leben, die von heute auf morgen zu Ende sein kann – »Man weiß nie genau, ob man Weihnachten zusammen ist oder gemeinsam Urlaub macht; man weiß nie genau, wie man planen soll.«

Manchmal scheinen Männer es zu genießen, Ungewißheit zu schaffen oder sie zu steigern, ihr fehlendes Engagement auf »primadonnenhafte« (oder »primo-nomo-hafte«?) Weise zu dramatisieren:

»An manchen Tagen rief er an und war sehr aufmerksam und liebevoll und wollte mich sehen. An anderen Tagen, wenn ich ihn anrief, machte er sich über mich lustig oder war völlig unverbindlich. Ich glaube, es lag nicht daran, daß er zu arbeiten hatte oder daß jemand bei ihm war; ich glaube, er hat es nur genossen, seine Macht zu demonstrieren. Er wußte ja, daß ich mir seine Launen bieten ließ und alles tat, um ihm zu gefallen – genauso wie seine Mutter und die Freundin, die er vor mir hatte.«

Diese Ungewißheit zehrt oft an der Energie von Frauen und kann zu unnötigen Spannungen und großem Unbehagen führen, denen sie Luft machen müssen.

Eine Frau zerbricht sich den Kopf darüber, ob es einen Zusammenhang zwischen ihrem Streben nach vollkommener, absoluter Liebe und dem Umstand gibt, daß sie nur Männer findet, die keine Beziehung wollen:

»Da gibt es Männer, die nicht richtig greifbar sind, sie sind Rätsel, sie verflüchtigen sich – man bekommt das Wesentliche nicht zu fassen, so scheint es einem. Es wäre wunderbar, man könnte den Mond und die Sterne mit ihnen erleben, aber in dem Moment, in dem man die Hand danach ausstreckt, lösen sie sich in Luft auf. (Ist ihnen klar, was sie versäumen? Haben sie Angst?) Alle sagen mir, daß ich verrückt bin, daß ich das Unerreichbare will und so weiter. Aber ich weiß, es geht. Es sieht so aus, als gebe es nur zwei Kategorien von Männern – langweilige und interessante. Aber die interessanten, die gehen immer einfach fort.«

Eine andere Frau vermutet, daß die Abneigung von Männern gegen Bindungen ökonomische Gründe hat:

»Ich nehme an, daß Männer und Frauen heutzutage ein bißchen mißtrauisch gegen die Ehe sind, weil ja laut Statistik die Hälfte der Ehen mit Scheidung endet.* Daß Männer der Ehe und den Verpflichtungen noch mehr aus dem Weg zu gehen scheinen, liegt vielleicht

---

* In den Vereinigten Staaten – in der Bundesrepublik liegt die Zahl der Ehescheidungen bei 35 Prozent (Anmerkung der Übersetzerin).

daran, daß der Mann in unserer Gesellschaft immer noch derjenige ist, der die finanzielle Last tragen muß, wenn die Ehe scheitert.«

Aber gilt das auch heute noch, wo die meisten Frauen – zumindest in den Vereinigten Staaten – beruflich außer Hauses tätig sind? Tatsächlich sind mehr und mehr Frauen die Hauptverdienerinnen oder zahlen jedenfalls in der Ehe für sich selbst. Und wenn die Ehe geschieden wird, tragen die Frauen letzten Endes den Großteil der Kosten für die Kinder. Daraus folgt, daß es sich *Frauen* zweimal überlegen sollten, bevor sie heiraten. Warum sollten Männer annehmen, daß Frauen eine finanzielle Belastung sind, wo so viele verheiratete Frauen außer Haus beruflich tätig sind?

Eine Frau, die zwei lange Beziehungen hinter sich hat, in denen sie darauf wartete, daß sich der Mann entschied, ob er eine gemeinsame Zukunft wollte und ob »sie als Partnerin letztlich akzeptabel« war, ist zu folgendem Standpunkt gelangt:
»Es ist mir ziemlich egal, was Männer denken oder wollen. Ich bin es leid, dafür zu sorgen, daß Beziehungen trotz ihrem mickrigen, egoistischen Ich funktionieren! Wenn ich mein Leben lang allein bleibe, ist mir das immer noch lieber, als daß ich mich auf ihre krumme Denkungsart konzentriere und mich abstrample, um damit fertig zu werden!«

Eine andere Frau sagt ironisch, die Männer seien derart damit beschäftigt, Bindungen aus dem Weg zu gehen, daß sie nicht einmal merken, daß die Frau keine will:
»Unsere flotten Junggesellen bilden sich immer ein, daß jede Frau, die sich von ihnen ausführen läßt, sie heiraten möchte, während sie jede Bindung scheuen. Selbst wenn du gar keine Bindung willst, sind sie damit beschäftigt, ihr aus dem Weg zu gehen, weil sie meinen, du wolltest eine!«

Eine junge Frau fand sich plötzlich als »ledige Mutter« wieder, weil sich der Vater nicht zu einer Bindung entschließen konnte:
»Mein Freund und ich wollten heiraten (war lange geplant), aber als er zwei Wochen vor dem Hochzeitstag von meiner Schwangerschaft erfuhr, ging er einfach. Er war nicht in der Lage, mit mir darüber zu reden, und ich war plötzlich allein und erwartete ein Kind. Es war schwierig, und es forderte meinen ganzen Mut, das zu tun, was das Beste war angesichts meiner Not und meiner Angst, denn als er mich (uns) verlassen hatte, hatte ich kein Zuhause mehr. Das war hart.

Der einzige Halt, den ich in dieser Zeit hatte, war mein Kind, obwohl das auch der erschreckendste, belastendste Aspekt war. Ich habe mich gefragt, ob ich noch mal soviel Energie und Aufmerksamkeit in eine Beziehung mit einem Mann investieren würde. Ich ging zu einem Psychologen, aber der war mir auch keine große Hilfe.

Ich kam darüber weg, indem ich umzog, über 1000 km weiter. Jetzt bin ich Mutter mit einer sechs Monate alten Tochter, und ich liebe sie sehr. Ich lebe in einer schönen Waldgegend. Ich bin selbständig und habe voriges Jahr ungefähr 2000 Dollar verdient. Was mir am meisten geholfen hat, waren die Geburt meiner Tochter und die ungeheure Liebe und Energie, mit der ich mich ihr gewidmet habe. Ich habe mit Freundinnen geredet, aber nicht viel, und wenn ich allein war, habe ich geweint. Dann bin ich zu dem Schluß gekommen, daß ich die Lösung für meine Probleme weiß – ich muß besser aufpassen und darf nicht in Selbstmitleid versinken.

Es hat einen Vorteil, ohne meinen Freund zu sein. Ich muß mich nicht mehr schlecht behandeln lassen. Manchmal hat er tagelang nicht mit mir geredet. Ich bin ehrlich froh, daß ich jetzt allein bin und daß es vor der Geburt meiner Tochter passiert ist. Trotzdem fühle ich mich vereinsamt. Ich gebe keine Partys und gehe nicht weg – dafür ist kein Geld da. Viele Leute denken ›die braucht einen Mann‹, aber ein paar haben auch Respekt davor, was es heißt, in so einer Situation alleinerziehende Mutter zu sein.

Ich hasse meinen Exfreund nicht. Manchmal bin ich sehr wütend auf ihn, und dann tut er mir wieder leid: Er ist abgehauen, weil ich schwanger war. Er wird gewaltig an sich arbeiten müssen, bevor er mit jemandem zusammen leben kann.

Er kam, um unsere Tochter zu sehen, als sie vier Monate alt war. Jetzt besucht er sie, wann er kann. Er will, daß wir wieder eine sexuelle Beziehung haben. Ich nicht. Er hat meine Liebe nie annehmen können. Er hat immer geglaubt, ich hätte Hintergedanken, wenn ich dies oder das getan habe, statt es als Ausdruck meiner Liebe zu ihm zu sehen und zu akzeptieren. Er mißtraut der Liebe.

Es kommt mir so vor, als würde ich in Beziehungen geben und geben, und immer die Friedensstifterin sein, und das regt mich manchmal auf. Es ärgert mich, daß sich der andere nicht genug aus der Beziehung macht, um zur Konfliktlösung beizutragen – er läßt seine Wut raus, und damit Schluß. Viele Männer haben auch Probleme, wenn man ihnen seine Zuneigung zeigt, wenn man ihnen sagt, daß man sie liebt. Dann wehren sie ab und haben das Gefühl, man wäre ›abhängig‹. Ich war emotional abhängig, wenn ich Krisen durchgemacht habe oder eine Persönlichkeitsveränderung, aber das war bei anderen auch so in solchen Zeiten – dann haben sie sich an mir festgehalten, und ich war froh, daß ich ihnen helfen konnte und die Kraft hatte, von der ich ihnen was abgeben konnte. Ich habe mich nicht bedroht gefühlt.

Der Mensch, der mir jetzt am nächsten steht, ist meine Tochter. Ich bin richtig in sie verliebt. Diese Beziehung ist so erfüllend und beglückend, wie sonst nichts in meinem Leben. Meine einzige Sorge ist meine finanzielle Situation. Wir haben kein Zuhause.«

»Playboy-Generation« und »Freiheitsideologie«: Warum ist die Einstellung der Männer zur Liebe und zu Bindungen so ambivalent?

Im *Hite Report II* sagten viele Single-Männer, ihr Hauptgrund für die Ambivalenz gegenüber Bindungen an Frauen (was jedoch nicht für ihren Job oder für ihre Karriere galt) sei, daß sie »frei« und »unabhängig« sein wollten. Viele glauben, daß ein »richtiger« Mann »frei« und »unabhängig« sein muß; Liebe, Ehe und Kinder sind Verpflichtungen, die einen Mann »anbinden«. Diese Definition von »Freiheit« und »Unabhängigkeit« zielt pointiert darauf, von *Frauen* frei zu sein. Dazu paßt, was eine Frau als Ausspruch ihres Freundes zitiert: »Gott sei Dank ist mein Bruder jetzt den Klauen meiner Mutter entronnen.«

»Freiheit« kann viele Bedeutungen haben: die Freiheit zu sein, zu bestimmen, zu handeln, die Wahrheit zu suchen, nach Erkenntnis zu streben. Es kann auch psychologische Unabhängigkeit oder politische Freiheit bedeuten. Doch ein Großteil dessen, was Männer als Freiheit bezeichnen, ist nicht »Redefreiheit« oder dergleichen, sondern Freiheit von jedem Zwang – d. h. ein »richtiger« Mann ist niemandem Rechenschaft schuldig. Das ist die Variante von »Männlichkeit«, die proklamiert, daß Männer das Recht haben, dominant zu sein, daß niemand »einem Mann zu sagen hat, was er tun und lassen soll« – schon gar nicht eine Frau.

Männer haben nichts dagegen einzuwenden, sich anderweitig zu engagieren – bei der Arbeit zum Beispiel –, sich an ihren Job oder an ihre Karriere »zu binden«; im allgemeinen begrüßen sie es sogar, wenn sie die Chance dazu haben. Warum sind viele Männer in Beziehungen mit Frauen nicht zu einem solchen Engagement bereit? Warum glauben viele Männer, die Ehe sei eine »Falle«, vor der man sich hüten muß? Warum nutzen viele Männer unter Berufung auf ihr »Recht auf Freiheit« Frauen aufs wüsteste aus?

In Beziehungen ohne Ehe laufen die Prämissen des emotionalen Vertrags auf Betrug hinaus: Die Gesellschaft übt Druck auf Frauen aus, damit sie heiraten,* aber Männer lehrt sie, sich ihre Freiheit zu bewahren. Damit ist geradezu vorprogrammiert, daß die eine Gruppe von der anderen demütigend behandelt wird: Wenn Frauen eine Beziehung, Gefühl und Engagement wollen, geraten sie dadurch psychologisch ins Hintertreffen gegenüber Männern, denen beigebracht worden ist, Frauen – wie es ein junger Mann im *Hite Report II* formuliert – als »Kreuz« zu sehen, »aber das Beste, was zu haben ist, um nicht einsam zu sein«.

Und so liegt die »männliche« Ideologie der »Freiheit« und »Unabhängigkeit« im Widerstreit mit der Erziehung der Frauen, die dahingeht, daß sie die Liebe als das Wichtigste im Leben zu betrachten haben.

So tun, als sei es einem egal – sollen Frauen so »cool« wie Männer sein?

»Haben Sie je einem Mann gegenüber so getan, als sei er weniger wichtig für Sie gewesen als in Wirklichkeit? Sich verstellt?«

62 Prozent der Frauen sagen, daß sie es getan haben – und daß es nicht erfreulich war:

»Das ist die alte ›Tu-so-als-wärst-du-nicht-zu-haben‹-Theorie, mit der wir aufgewachsen sind. Ich verstelle mich meistens, weil ich feststellen mußte, daß die Männer, wenn ich ihnen zeige, wie sehr ich sie mag oder ›liebe‹, längst nicht mehr so aufmerksam sind. Wenn ich dagegen so tue, als sei ich ziemlich indifferent, und sie die entsprechenden Schritte unternehmen lasse, scheinen sie interessierter. Das hat zwar funktioniert, aber die Beziehungen haben nie funktioniert, weil es ein dummes, verlogenes Spiel ist.«

»Wenn du einem Mann sagst, daß du ihn liebst... oh, oh, oh, was für eine Katastrophe! Er wird sich angebunden fühlen: Absolut.«

»Ich habe so getan, als wäre ich nur eine gute Freundin, obwohl mir in Wirklichkeit viel mehr an dem Mann lag. Ich habe es getan, weil ich dachte, es sei zu bedrohlich für ihn, wenn ich meine Liebe offen ausdrückte. Ich hatte Angst, zu voreilig da hineinzurauschen. Ich war aber zornig darüber, denn ich verleugnete mich ja selbst.«

---

* Siehe auch 8. Kapitel. Dort ist nachzulesen, was Frauen von diesem Thema halten.

»Ich habe ihm nie gesagt, daß mich was stört an dem, was er tut –
nicht mal wenn er in eine Bar gekommen ist, in der ich war, und mit einer anderen geknutscht hat. Ich habe ihn bei allem die Initiative ergreifen lassen – ihn nie angerufen, nie seine Zeit beansprucht. Ich wollte
echt nicht zu hören kriegen, daß ich ihn an die Kette lege oder besitzergreifend bin. Eine Weile hat es geklappt, und ich habe viel Aufmerksamkeit von ihm bekommen. Aber als ich dann anfing, mit ihm zu
schlafen, klappte es nicht mehr so gut. Ich habe nicht kapiert, warum
er sich nicht mehr viel aus mir gemacht hat.«

»Ich habe einem Mann gegenüber so getan, als wäre er mir weniger
wichtig als in Wirklichkeit, und es hat funktioniert. Manche Männer
kriegen es mit der Angst, wenn man sich zuviel aus ihnen macht.
Ich mag diese Spiele nicht. Wenn ein Mann Angst vor Gefühlen hat,
dann ist er die Art Mann, die eine Frau eigentlich gar nicht will. Das
Leben ist so kurz. Da muß sich eine Frau einen Mann suchen, der *will*,
daß sie ihn liebt. Ich bleibe lieber allein, als was vortäuschen zu
müssen.«

»Also, manchmal frage ich mich, ob ich mit Männern zu ehrlich bin.
Ich frage mich, ob das richtig ist. Ich muß einfach jemand finden, der
mich als ehrlichen Menschen mag. Ich fürchte immer, wenn er weiß,
wie ich tatsächlich empfinde, wird er kälter. Aber wenn ich so tue,
als wäre er mir ziemlich wurscht, dann wird er weiter hinter mir her
sein.«

94 Prozent der Frauen, die gebeten wurden, den Satz zu kommentie-
ren: »Sie hatte Angst, daß der Mann, wenn sie ihm zeigte, daß sie ihn
liebte, sie für unterlegen halten und sie verlassen würde«, sagten, die
meisten Männer schienen zu glauben, Frauen seien »ganz wild« auf
Männer und täten alles, um sie zu halten.

Die große Mehrheit der Frauen (besonders der Single-Frauen) in
dieser Untersuchung findet, »unsicheres Verhalten« oder »Klammern«, verstoße definitiv gegen die »Spielregeln«. Eine Frau muß sich
alle Mühe geben, um ja nicht als »eine von denen« betrachtet zu werden, die »klammern«, »zu emotional und liebebedürftig« sind usw.
Um es umgangssprachlich zu formulieren: »Eine coole Freundin bindet den Mann nicht an.« Sie läßt ihm seine »Freiheit« und seine »Freiräume«. Männer glauben im allgemeinen, Frauen brauchten sie mehr
als sie die Frauen – dasselbe psychologische Ungleichgewicht der
Macht, das auch der I. Teil dokumentiert. Doch auch Frauen wollen
ihre Freiheit – obwohl sie nicht einzusehen vermögen, warum Liebe,
Engagement und Freiheit so große Widersprüche sein sollen.

74 Prozent der Frauen antworten interessanterweise mit Ja auf die Frage: »Haben Sie Angst zu klammern? Oder jemandem das Gefühl zu geben, er sei angebunden?«*

»Er hat gern seine Freiheit, also lasse ich ihm viel Zeit für sich, und gelegentlich hat er Lust, mich zu sehen. Er mag es nicht, wenn man ihm zu sehr auf den Pelz rückt.«

»Ich fühle mich oft emotional abhängig, wenn mir an jemandem liegt, aber ich kann es nicht ändern. Egal wie stark ich im Beruf und in anderen Lebensbereichen bin – ich leide an emotionaler Abhängigkeit. Ich glaube, Männer haben einen Horror vor der Abhängigkeit von Frauen. Es macht sie nervös. Ich glaube, sie wissen nicht, wie sie damit umgehen sollen, und wollen sich auch nicht die Mühe machen, es zu versuchen. Ich glaube, man soll einem Mann nicht sagen, daß man ihn liebt, ehe man sich einigermaßen sicher ist, daß er dieses Gefühl erwidert. Und wenn er es tut, sehe ich keinen Grund, mich angebunden zu fühlen. Aber wenn man verliebt ist und er sich nicht so sicher ist, kann man alles kaputtmachen, wenn man von Liebe spricht.«

»Ich habe ein paarmal zu Männern ›Ich liebe dich‹ gesagt, und sie haben sofort das Visier runtergeklappt, weil sie dachten ›Ich liebe dich‹ heißt: ›Beschütze mich‹, ›Sorge für mich‹. Sie haben Schiß gekriegt. Meine Brüder haben aus dem Nähkästchen geplaudert – wenn eine Frau zu abhängig würde, müßte man sofort die Flucht ergreifen –, und darum wollte ich nie so sein, wollte nie klammern.«

Nur ein paar Frauen sind anderer Meinung:

»Früher hatte ich Angst, daß sich ein Mann angebunden und unfrei fühlt, wenn ich ihm sage, daß ich ihn liebe. Das ist natürlich Blödsinn. Wieder ein Beispiel dafür, daß die sexuelle Revolution den Frauen noch mehr Fesseln angelegt hat. Was ist schon dabei, wenn man zugibt, daß einem an jemandem liegt, daß man emotional abhängig ist? Das sind wir doch alle.«

Obwohl Frauen so oft dafür herabgesetzt werden, daß sie viel Zuwendung wollen (zu »bedürftig« sind), bestreiten 61 Prozent der Single-Frauen in dieser Untersuchung, daß ein tiefes Bedürfnis nach Zuwendung »anormal« ist; sie sagen, es sei in Wirklichkeit ein notwendiger und guter Teil des Lebens:

»Daß ich Zuwendung liebe, ist doch nicht anormal! Je mehr ich davon kriege, desto gesünder bin ich, desto menschlicher.«

---

* In dieser Frage spiegeln sich bereits kulturelle Vorurteile wider: Sie impliziert, daß Frauen tatsächlich eine solche Tendenz haben, daß es dieses Phänomen wirklich gibt. Doch da Frauen über die ständige kulturelle Botschaft »Du sollst nicht klammern« verärgert sind, war es wichtig, diese Frage so und nicht anders zu stellen, mit allen Vorurteilen, die darin enthalten sind, um zu hören, wie Frauen auf die Kultur reagieren.

»Wenn ich Probleme habe, sehne ich mich nach Zuwendung. Manchmal habe ich das Gefühl, ich brauche nur jemanden, der mir sagt, daß es gut ausgehen wird. Das kommt mir nicht unbedingt neurotisch vor.«

»Wir haben alle ein physisches Bedürfnis nach Berührungen (sehen Sie sich Kinder und Tiere an!) und ein emotionales Bedürfnis danach, daß man uns wahrnimmt und kennt und sich um uns kümmert. Diese Bedürfnisse werden ›exzessiv‹, wenn sie lange geleugnet oder nicht befriedigt worden sind, und am Anfang einer Beziehung braucht man vielleicht ein paar Wochen oder Monate heilsame Verwöhnung. Ich habe manchmal befürchtet, daß ein Mann, der nicht begreift, daß dieses ›exzessive‹ Stadium nur temporär ist, in Panik gerät und flieht. Darum habe ich es nie ganz ausgelebt.«

Einige Frauen meinen, sich verteidigen zu müssen:

»Ich nehme an, mein krankhaftes Liebesbedürfnis, mein Wunsch, abhängig zu sein, jemanden zu haben, der sich um mich kümmert, hat zu krankhaften Beziehungen mit Männern geführt. Aber eine gewisse Zuwendung ist nötig. Ich hatte immer das Bedürfnis, in die Arme genommen zu werden, und ich vermisse das gerade enorm. Ich will auch gestreichelt, geküßt und beruhigt werden. Ich weiß nicht, ob das ›anormal‹ ist, jedenfalls habe ich ein starkes Bedürfnis danach.«

Eine Frau weist darauf hin, daß es zu den Gepflogenheiten der »Männer«kultur gehört, Menschen – weibliche und männliche – dafür zu verunglimpfen, daß sie Zuwendung brauchen, emotional sind, und dies mit »Schwäche« gleichzusetzen:

»Ich habe immer gefunden, daß die Formulierung ›anormales Bedürfnis nach Zuwendung‹ von Leuten gebraucht wird, die dieses Bedürfnis nicht verspüren oder sich davor fürchten, es selbst zu haben. Ich dachte früher, ich hätte ein ›anormales‹ Bedürfnis, bis ich meinem Mann begegnet bin, der ebenfalls ein großes Bedürfnis nach Zuwendung hatte.«

Wenn man vom »weiblichen« Wertesystem ausgeht, könnte man behaupten, daß Frauen keineswegs zu emotional sind, sondern daß viele Männer zu unemotional sind – besonders in Beziehungen:

»Die Kultur hat die Fähigkeit der Männer beeinträchtigt, mit ihren Gefühlen zu leben, sie als etwas zu betrachten, das zu ihnen gehört, und sie zu berücksichtigen, wenn sie etwas tun. Und so neigen Männer zu Dysfunktionen in Beziehungen, weil sie den Wunsch, Zuwendung zu geben und zu empfangen, nicht gelten lassen.«

Woher kommt die Vorstellung, daß Frauen Männer »anbinden« wollen? Und was bedeutet es genau? Daß eine Frau keine monogame Beziehung anstreben sollte? Keine Dauer – »bis daß der Tod euch scheidet« – verlangen sollte? Hier wird impliziert, daß Frauen diese Dinge mehr wollen als Männer, daß sie Männer mehr brauchen als umgekehrt, daß Männer mehr erstrebenswert sind.

Die meisten Frauen in dieser Untersuchung – besonders die Single-Frauen – haben große Angst davor, Männern das Gefühl zu geben, sie seien »angebunden«, fürchten sich davor, zu anspruchsvoll zu wirken, zu »verfügbar« oder zu liebebedürftig zu scheinen. Warum? Weil Frauen, da sie einen zweitklassigen Status haben, aus Erfahrung wissen, daß ihre Liebe und Sehnsucht nur zu oft als Ausdruck von Mangel betrachtet wird – Wunsch nach sozialem Aufstieg und dergleichen –, statt als Ausdruck der Freude an einem anderen Menschen. Das ist eine barbarische Situation.

Tatsächlich läuft es in einer Beziehung eher so, daß die *Frau* »angebunden« ist. Wenn ein Paar zum Beispiel Kinder hat, wird gewöhnlich die Frau zu Hause bleiben. Traditionellerweise war der Mann in der Ehe, da er das Geld verdienen sollte, in dem Sinn »angebunden«, daß er den Lebensunterhalt der Familie bestritt. Doch heute arbeiten die meisten Frauen außer Haus. Inwiefern sind Männer also »angebunden«?

Fast alle einschlägigen Untersuchungen zeigen, daß verheiratete Männer zufriedener sind und länger leben als unverheiratete. Warum also das Stereotyp, daß Frauen Männern »nachjagen« müssen, um sie zur Ehe zu bewegen? Weil Frauen einen niedrigeren Status haben.

Wie wir im I. Teil gesehen haben, entsteht die sogenannte Bedürftigkeit von Frauen weitgehend durch männliches Verhalten, mit dem Frauen tagtäglich subtil herabgesetzt und gedemütigt werden – *so* subtil, daß Frauen kaum dagegen kämpfen können, ohne der »Überempfindlichkeit« bezichtigt zu werden. Gleichheit, emotionale Gleichheit, würde diesem ständigen Kampf ein Ende machen. Kurz, die Ideologie, die behauptet, Frauen seien *von Natur aus* emotional zu anspruchsvoll, zu sehr auf feste Bindung versessen (während Männer gleichzeitig erwarten, daß Frauen *ihnen* all das geben – Engagement, Liebe, Fürsorge, Zuwendung usw.), ist eine eklatante Ausprägung des psychologischen Machtungleichgewichts in der Gesamtgesellschaft und keine objektive Darstellung »angeborener« biologischer oder psychologischer Dispositionen und Tendenzen. Wie es eine Frau formuliert: »Wir versuchen, uns unseren Stolz zu bewahren, indem wir nicht klammern. Aber wir haben weder die Macht noch den Status, um wirklich geachtet zu werden.« Doch wir sehen hier, daß Frauen dabei sind, das zu ändern – *wie*, das macht einen großen Teil der Debatte aus, die Frauen in diesem Buch führen.

»Die ›Krankheit‹ der Männer*: Eine Beziehung haben, aber so tun, als hätte man keine«

Die meisten Frauen ziehen es vor, in Beziehungen monogam zu sein, aber 22 Prozent halten sich an eine Politik, die etwa folgendes besagt: »Wenn wir nicht über eine gemeinsame Zukunft nachdenken, werde ich mich, auch wenn wir Sex miteinander haben, mit anderen Männern verabreden, die vielleicht an einer gemeinsamen Zukunft interessiert sind«:

»Ich habe gelernt, daß es falsch ist, mein Leben praktisch auf Eis zu legen, wenn ich verliebt bin. Früher habe ich mich immer nur mit *einem* Knaben getroffen, aber diese endlose Warterei jede Woche fand ich nicht auszuhalten – *sind* wir jetzt noch miteinander liiert oder was, *haben* wir uns nun für Samstag abend verabredet oder nicht? Durch diese Warterei ›verliebte‹ ich mich noch mehr in den Kerl, und meistens war es, wie sich dann herausstellte, der *Falsche*. Ich kam zu dem Schluß, daß ich nichts versprochen hatte. Also konnte ich mich auch anderweitig umsehen. Das war das Klügste, was ich je getan habe.«

»Ich bin Single. Die meisten unverheirateten Männer in meinem Alter (dreiunddreißig) hüten sich vor engagierten Beziehungen; die halten sie nämlich für eine F-A-L-L-E! Und die meisten verheirateten Männer, die ich kenne, scheinen zwar die häusliche Stabilität und das ›Umsorgtwerden‹ zu brauchen, das ihnen die Ehe gibt, tun aber so, als wären sie unverheiratet, und haben keine Bedenken, mit einer Single-Frau was anzufangen (besonders wenn sie attraktiv und autark ist). Ich warte immer noch darauf, eine gute Beziehung zu finden. Unterdessen habe ich viele Freundinnen und Freunde und, jedenfalls im Moment, sexuelle Affären mit drei Männern.«

Eine Frau erklärt ihre Freiheit, sich mit anderen Männern zu verabreden, und bezieht sich in einem Brief auf die Reaktion ihres Liebhabers:

»Du hast gesagt, Du wärst noch nicht soweit, mich zu heiraten, aber Du würdest mich lieben und es Dir überlegen. Ich war einverstanden, aber jetzt, nachdem ich ein Jahr darauf gewartet habe, daß Du Dich entschließt, werde ich mich auch mit anderen Männern verabreden, weil ich früher oder später heiraten will. Dann habe ich mich mit anderen Männern verabredet, und Du hast so getan, als wäre ich untreu, eine Hure, die Schuldgefühle haben und sich schämen soll! Ich habe Deine Gefühle ›verstanden‹, bin darauf eingegangen, daß Du gekränkt warst, und habe mich von Dir miserabel behandeln lassen.«

---

* Die Bezeichnung *boy disease* stammt von der Schriftstellerin Anya Schiffren.

Soll eine Frau monogam sein, solange sich ein Mann nicht entschließen kann, ob er eine feste Bindung will oder nicht? Bleibt ihr nur die Wahl, mit ihm zu brechen oder die Situation zu seinen Bedingungen zu akzeptieren? Den meisten Frauen behagt der Gedanke nicht, mehr als eine sexuelle Beziehung zu haben, wenn sie verliebt sind (genug verliebt, um eine Bindung zu wollen), und durch AIDS wird all das noch problematischer. Eine Möglichkeit, dem Dilemma des Hingehaltenwerdens zu entgehen, besteht für eine Frau, die eine feste Bindung will, darin, ein Limit zu setzen. Wenn sich der Mann bis zu einem bestimmten Datum nicht entschieden hat, kann sie ihm mitteilen, daß sie nun nicht mehr ausschließlich mit ihm zusammen sein wird, und ihm den Grund dafür nennen. Wie es eine Frau formuliert: »Kreuz ein Datum in deinem Kalender an und sag ihm das – und wenn die Zeit abgelaufen und das Ergebnis Null ist, mußt du eben gehen.«

Mehrere gleichzeitige sexuelle Beziehungen

Die weite Verbreitung der »Freiheits-Ideologie« bei Männern führt dazu, daß multiple sexuelle Beziehungen für Frauen fast unvermeidlich werden. Eine Frau hat Sex mit einem Mann, weil sie ihn mag und eine Beziehung will, dann meldet sich der Mann nicht mehr, und sie verabredet sich mit einem anderen, gibt den ersten auf, hat Sex mit dem zweiten (weil sie nicht den Eindruck erwecken will, daß sie ihm nicht vertraut), nun läßt der erste von sich hören, und sie sieht ihn wieder usw. – Unter solchen Umständen lassen sich simultane Beziehungen kaum umgehen. Es kann einer Frau sehr unangenehm sein, multiple sexuelle Beziehungen zu haben – trotzdem ist dieses Phänomen sehr verbreitet. 72 Prozent der Single-Frauen sagen, letzten Endes hätten sie oft »Gelegenheitssex«, obwohl sie es nicht beabsichtigt hätten. Durch AIDS hat sich daran kaum etwas geändert; die Überlegung ist jetzt nur: »Wie kriege ich ihn dazu, sich ein Kondom überzuziehen, ohne daß es Krach gibt?«

Mit anderen Worten, die »sexuelle Revolution« macht es mit ihrem Bestehen darauf, daß Sex möglichst sofort »fällig« ist, mehr oder weniger unvermeidlich, daß Single-Frauen zeitweise mit mehr als einer sexuellen Beziehung leben müssen. Um es anders zu formulieren: die ambivalente Einstellung vieler Männer und ihr immer noch ungebrochener Glaube, daß es zu den wesentlichen Zielen im Leben gehört, »Frauen rumzukriegen« und »Punkte zu sammeln«, beinhalten automatisch eine anti-monogame Komponente.

Früher konnte sich eine Frau – zumindest für eine Weile – mit mehreren Männern treffen, ohne daß ernstlich Sex von ihr erwartet wurde, und so blieb Zeit, die andere Person wirklich kennenzulernen. Doch heute wird Sex schon so früh erwartet, daß eine Frau, wenn sie sich umsehen, mehrere Männer kennenlernen will, sich entweder (1) mit mehreren Männern verabreden und gleichzeitig Sex mit ihnen haben muß oder sich (2) mit mehreren Männern verabreden, nacheinander Sex mit ihnen haben und dann »Schluß machen« muß (»serielle Monogamie«). Beides kann sehr anstrengend sein, denn wie wir gesehen haben, trägt das Erregende am Sex und am Begehrtwerden die Frauen vielleicht eine Weile, aber früher oder später engagieren sich die meisten emotional. Und deshalb ist ein Bruch – egal wer ihn will – belastend; andererseits ist es normalerweise recht verwirrend, Sex mit mehreren Männern zu haben.

Es ist eine seltsame Gesellschaft, in der man, um jemanden vom anderen Geschlecht kennenzulernen, Geschlechtsverkehr haben muß.

Machtkämpfe und Strategien

Edith Bunker und die Philosophie der Madame Pompadour

»Es ist, als hätte er alle Macht, als müßte sie ihm alles geben, ihren Körper und ihr Herz – es ist ein Hasardspiel. Er kann sich alles nehmen und dann entscheiden...«

Eine Frau beschreibt ihren Wunsch nach mehr Macht:
»Ich gebe es nicht gern zu, aber ich bin neidisch auf Frauen, die mit ihrer Verführungsgabe eine solche Macht ausüben, daß sie einen Mann nehmen und manipulieren können, der sehr sexy oder gesellschaftlich einflußreich ist oder beides. Beziehungen, bei denen mir das der Fall zu sein scheint: Natascha Rambowa und Valentino, Bathseba und David, Wallis Simpson und der Herzog von Windsor, Lady Hamilton und Lord Nelson, Kleopatra und Cäsar/Marc Anton, Marion Davies und W. R. Hearst, Madame de Maintenon und Ludwig XIV., Amelia Folsom und Brigham Young. Inwiefern sind diese Beziehungen besser als meine? 1. Die Männer sind berühmter und 2. wenn es zu Konflikten kommt, schaffen es diese Frauen, eher die Betrügerin zu sein als die Betrogene.«

Madame Pompadour, die Kurtisane, die im achtzehnten Jahrhundert am französischen Hof zu Macht gelangte, hätte vielleicht gesagt:

»Wenn die Männer dir nichts geben und dich nicht als ebenbürtig achten, dann nutze sie und ihre Schwächen aus, um zu kriegen, was du willst. Hör auf, so idealistisch zu sein. Entwickle eine Strategie, überleg dir, wie du am meisten aus ihnen herausholen kannst.«

Sind wir zu »brav«? Zu gehemmt, um alle Strategien einzusetzen, die wir kennen? Denken wir an Edith Bunker in »All in the Family«, die ständig von Archie schikaniert wurde. Sie rebellierte selten, aber wenn, dann jubelte das Publikum, weil ihre Situation instinktiv als ungerecht empfunden wurde. Es war erfrischend zu sehen, wie sich diese Frau wehrte und all ihre Mittel einsetzte, statt unterwürfig zu sein und sich weiter schikanieren zu lassen. Wenn Männer in Beziehungen und »draußen in der Welt« die Macht haben und aufs ungeheuerlichste ausschlachten und mit ihr prahlen – na und? Wir könnten durchaus »realistisch« sein und härtere Strategien einsetzen, um damit fertig zu werden, statt unsere alte Vorstellung beizubehalten, daß »brave Mädchen liebevoll und verständnisvoll« sind, nie »böse und gemein«. Doch vielleicht wollen wir unsere Werte nicht gefährden, die Integrität unseres Glaubens nicht verlieren. Bleibt uns nur die Wahl, auch weiterhin als »schwach« und zweitklassig zu gelten – oder so berechnend und rücksichtslos zu werden, wie es manche Formen »männlichen« Verhaltens sind?

Einer der klassischen Wege für Frauen, mit Männern und ihrer Macht über Frauen »umzugehen«, bestand darin, Männer zu »benutzen«. Das konnte beinhalten, daß sie den traditionellen Rat von Müttern an ihre Töchter befolgten und einen »guten Ernährer« heirateten (da Frauen nicht die Ausbildung hatten bzw. haben durften, um sich ihren Lebensunterhalt selbst zu verdienen – von den Arbeitsmöglichkeiten ganz zu schweigen). In früheren Zeiten – sogar noch in den fünfziger Jahren, siehe Marilyn Monroe und Jane Russell in *Blondinen bevorzugt** – nahmen Frauen männlicher Macht gegenüber oft eine spielerische Haltung ein: Sie konnten Männer benutzen und manipulieren, um zu kriegen, was sie wollten. Einige Frauen sagten: »Was ist schon dabei? Es tut den Männern nicht weh, sie genießen es ja auch, und den Frauen tut es ebensowenig weh...«

Natürlich ist es das Ideal der Frauenbewegung und vieler Frauen, diesem Machtungleichgewicht und der daraus folgenden Notwendigkeit, »Strategien« einzusetzen und »Machtkämpfe« auszutragen, ein Ende zu machen, Liebe und Beziehungen »echter« und inniger zu gestalten. Doch im gegenwärtigen Stadium müssen viele Frauen noch mit der Alternative leben, sich gewisser Strategien und Manipulationen zu bedienen oder womöglich »Opfer« zu werden – arm zu sein

* Oder Madonnas Anlehnung daran in den achtziger Jahren.

und als alleinerziehende Mütter ihre Kinder zu ernähren (obwohl einen das nicht automatisch zum »Opfer« macht).

Wie wir weiter oben gesehen haben, kann eine Frau, wenn sie im Zeitalter der »Playboy-Philosophie« heiraten will und der Mann ambivalent ist, Strategien entwickeln. Madame Pompadour würde hier vielleicht raten: »Wenn du es mit einem Mann zu tun hast, der dich nicht heiraten will, brichst du die Beziehung ab – oder du wirst schwanger.« Diese nüchternen Optionen sind zumindest eine Alternative zu der »Frauen-müssen-lieben-komme-was-da-wolle«-Ideologie, die jede Planung für das eigene Wohl für »kalt«, »niederträchtig«, »manipulativ« und »berechnend« hält (während man es bei Männern für »schlau«, »realistisch« usw. halten würde).

Was soll eine Frau tun, wenn sie eine Beziehung mit einem bindungsunwilligen Mann hat, den sie liebt? Soll sie ihn manipulieren, damit er sie heiratet? Soll sie idealistisch sein und sich an die Grundsätze des Fairplay halten – oder kapitulieren und jene »Realpolitik« des Sex und der Beziehungen betreiben, deren »Spielregeln« wir nur zu gut kennen?

Eine Frau bietet folgende Analyse an:
»Ich glaube, die Liebe ist für Frauen ein Problem, weil sie zu sehr gefallen müssen. Sie kritisieren sich selbst zuviel und die andern zuwenig. Sie müssen einen Haufen Scheiße fressen, weil sie sich grauenhaft schlecht auf Intrigen und Rache verstehen. Wenn sie in der Liebe gewinnen, dann weil sie sich in unglaublichem Maß entwickelt haben und deshalb ›attraktiv‹ sind. Sie verlieren, weil sie weder das politische Geschick noch die Selbstachtung haben, um sich davor zu bewahren, daß sie ausgenommen werden.«

Den Bann der Single-Spiele brechen

> *»Liebesbeziehungen mit Männern sind nicht aussichtsreich, aber was soll's, ich will trotzdem eine. Ich möchte nur wissen, was ich tun muß, damit sie funktioniert.«*

Mehrere Frauen geben Empfehlungen für den Umgang mit bindungsscheuen Männern:
»Wenn man das feste Gefühl hat, das ist der Richtige, gibt es nur eins: Offen sagen, daß man eine feste Beziehung will oder die Ehe. Soll er anfangen, darüber nachzudenken... Ich habe die Erfahrung gemacht, daß man sich damit spätere Schocks und unerwartete Auseinandersetzungen erspart.«

»Wenn du siehst, daß dir monatelanger Ärger ins Haus steht, weil er sich nicht entscheiden kann, dann verlaß ihn, auch wenn du ihn liebst. Eine Woche oder ein Monat Schmerz, und dann geht's dir wieder gut.«

»Ich glaube, man muß eine Art Grenze ziehen. Wenn man heiraten möchte oder definitiv eine Bindung will, sollte man bald eine Zeit festsetzen und sagen, daß man danach aussteigt – denn wenn man das nicht tut, hat man ständig Hickhack und Streitereien und muß die Beziehung auch so abschreiben.«

Eine Frau erzählt die Geschichte ihrer Verheiratung:
»Er wollte, daß ich mit ihm zusammen lebte, und da ich ihn liebte, sagte ich ihm, das würde ich tun, aber nur drei Monate, weil mir die Vorstellung, daß wir uns nicht auf eine feste Bindung einigten, nicht behagte. Ich hatte das alles mit meinem früheren Freund erlebt. Nach diesen drei Monaten sollten wir uns entschließen, entweder zu heiraten oder uns zu trennen – im letzteren Fall würde ich schon irgendwie über ihn hinwegkommen und jemanden finden, der mich heiraten wollte. Ich gab ihm also drei Monate und sagte ihm, danach würde ich gehen, egal wie sehr ich ihn liebte, denn ich brauchte die Ehe und ein richtiges Engagement, wenn ich ihm all meine Liebe geben sollte.

Die drei Monate näherten sich dem Ende, und nichts geschah. Ich war sehr angespannt, aber ich wollte keinen Streit darüber anfangen – oder über Kleinigkeiten, eben weil ich so angespannt war. Ich kreuzte das Datum in meinem Kalender an und blieb äußerlich cool. Ein paar Tage bevor die drei Monate um waren, erwähnte ich es kurz, aber es kam nichts dabei heraus. Also packte ich am nächsten Wochenende, am Freitag abend, meine Sachen in einen Koffer und legte einen Zettel aufs Bett, auf dem stand, daß ich gegangen wäre und warum und daß ich ihn liebe und wo ich zu erreichen wäre. Ich weinte das ganze Wochenende, starb fast, wartete – am Montag rief er endlich an! Wir ließen uns sofort trauen und sind seitdem sehr glücklich verheiratet.«

Soll eine Frau darüber sprechen, wenn sie eine feste Bindung möchte – und wenn ja, wann? Es scheint in vielen Single-Beziehungen einen ähnlichen Verlauf zu geben: Erst die positive, »verliebte« Phase, die zwei bis acht Wochen dauert, dann ein Abflauen der Gefühle, zu dem es oft kommt, weil sich das »wirkliche Leben« wieder bemerkbar macht (der tägliche Kampf, sich finanziell über Wasser zu halten, die vielen Verbindlichkeiten, die man hat) – und während man sich mit diesen Realitäten auseinandersetzt, können die Muster, die wir im I. Teil beschrieben haben, wirksam werden und die Liebe beeinträchtigen: Die Frau bringt vielleicht (notgedrungen) Beziehungsprobleme zur Sprache (siehe 2. Kapitel), der Mann bekommt darauf das Gefühl, daß er »unzulänglich« oder ein »Schuft« ist, daß er für die Frau nicht »der Richtige« ist (»Warum beklagt sie sich ständig?«) usw. Die Frau wird unterdessen immer nervöser und fragt sich, ob eine feste Bindung »drin« ist oder nicht, was die gespannte Atmosphäre zusätzlich auflädt.

Deshalb finden einige Frauen, daß es das beste ist, sich der festen Bindung in der »verliebten« Anfangsphase zu versichern oder zumindest festzustellen, daß man eine solche Bindung will, statt später zur Überraschung des Mannes die Rede darauf zu bringen. Wenn die Frau wartet, daß der Mann von sich aus davon anfängt – zumal in Anbetracht der Reserviertheit der »Playboy-Generation« gegenüber Bindungen (obwohl es Männer aller Altersstufen gibt, die nicht zu diesem »Typus« gehören) –, bringt sie vielleicht andere Probleme zur Sprache; einfach aus Anspannung, weil sie sich fragt, ob eine feste Bindung zustande kommen wird oder nicht.

Eine Frau in dieser Untersuchung macht einen anderen Vorschlag: Die beiden sollten sich vorab darauf einigen, ob sie 1. es »miteinander versuchen wollen«, um zu sehen, ob die Beziehung eine gute Basis für die Ehe ist, oder ob sie 2. nur Freunde sind, die nicht die Absicht haben zu heiraten und einander bloß Gesellschaft leisten. Wenn diese grundsätzliche Klarstellung nicht erfolgt, kann die »Beziehung« in eine Art Tyrannei ausarten, wobei die eine Person (die mehr will) der anderen total ausgeliefert ist. Eine andere Frau schlägt vor, daß beide übereinkommen sollten, wie lange sie es miteinander versuchen wollen, bevor sie sich für eine feste Bindung entscheiden oder sich – zumindest als Liebespartner – trennen.

Eine Methode, nicht völlig macht- und hilflos zu sein, ist die, Liebesbeziehungen so zu betrachten, wie es diese Frau vorschlägt:

»Es war eine ungeheure Überraschung für mich, als ich feststellte, wie anders ich die Dinge sehen kann. Ich meine, ich hatte immer gedacht, ich sei ziemlich cool, begabt, intelligent usw. Aber eines Tages sprach ich mit einer Freundin und erkannte, wie ich an Liebesbeziehungen herangehe. Nämlich so, daß ich denke: ›Wie kriege ich jemanden dazu, mich so gern zu mögen, daß er bei mir bleibt?‹ Oder: ›Wer soll mich schon mögen, welcher Mann soll mich akzeptieren? Wie lang wird es dauern, bis er rauskriegt, daß ich es nicht wert bin, daß er bei mir bleibt?‹ Warum denke ich nicht statt dessen: ›Ich hätte gern folgendes: einen Mann, mit dem ich zwei Jahre zusammen lebe. *Er sollte mir mindestens zwei von den folgenden drei Dingen bieten . . .‹* Und dann würde ich auf einem Blatt Papier die Eigenschaften auflisten, die dieser Mann haben muß. Warum denke ich nicht so? Statt dessen habe ich das Gefühl, es müßte sich jemand meiner erbarmen. Ich sollte mehr an mich glauben. Ich kann es nicht fassen, daß ich mich selbst herabgesetzt habe, ohne mir dessen im geringsten bewußt zu sein.«

Wollen Frauen die Ehe wirklich mehr als Männer?

Die Vermutung, daß Frauen Bindung und Ehe mehr wollen als Männer, scheint allgemein zu sein.

Die einschlägigen Verhaltensweisen und Annahmen von seiten der Männer – daß die Frauen sie »angeln« und »anbinden« wollen, daß Männer versuchen sollten, feste Bindungen zu meiden – laufen auf eine weitere Variante der emotionalen Distanzierung und des Mißtrauens gegenüber Frauen hinaus, denen wir im I. Teil im Zusammenhang mit dem emotionalen Vertrag und der »männlichen« Ideologie begegnet sind, und sie rufen bei Frauen meist ähnliche Gefühle hervor wie die, die wir im 3. Kapitel besprochen haben. Zum Beispiel sagen 56 Prozent der Single-Frauen in dieser Untersuchung, um nicht als »Verliererinnen« bei dem dazustehen, was Männer für die große »Männerjagd« der Frauen halten, müßten Frauen sicherstellen, daß es nie so aussieht, als würden sie einen Mann »zu sehr« mögen oder brauchen.

Andererseits ist inzwischen in weiten Kreisen über die nachteiligen Auswirkungen diskutiert worden, die die Ehe auf Frauen haben kann, ist die Ehe als Gefängnis für Frauen, als ungleich und ausbeuterisch bezeichnet worden. Warum wollen Frauen sie dann immer noch? Diese Frage wird im 7. Kapitel weiter erörtert, doch hier kann bereits gesagt werden, daß Frauen in Beziehungen ohne Ehe oft durch die Unsitte der Männer, sie ständig zu verunsichern, dahin kommen, die Ehe für eine bessere Beziehung zu halten – oder zu finden, daß sie es »hinter sich bringen«, sich dem gesellschaftlichen Druck beugen und ein leidlich solides Arrangement für ihr weiteres Leben treffen sollten.

Sollen Frauen die »männliche« Vorstellung von Freiheit übernehmen?

»Wir sind dazu erzogen worden, auf die große Liebe zu warten. Aber jetzt müssen wir neue Regeln lernen, ›Männerregeln‹ – mit Gefühlen spielen, sich nicht binden. Irgendwie kommt einem das nicht natürlich vor.«

Sollen Frauen das »männliche« Modell der Emotionskontrolle, der »Freiheit« von »Bindungen« als Standard für sexuelle Beziehungen übernehmen? Oder verliert die Gesellschaft etwas, wenn die Frauen ihre eigenen Werte zum alten Eisen werfen, weil die herrschende Ideologie sie als »dumm«, »prüde« usw. verwirft?

Seit der »sexuellen Revolution« wird auf Frauen immer mehr Druck ausgeübt, »männliche« Regeln zu akzeptieren. Viele Frauen haben versucht, sich in Beziehungen »männlichen« Mustern anzupassen, da die »sexuelle Revolution« das weibliche Wertesystem für »rückständig« erklärt hat, doch für die meisten war das ein schwerer Kulturschock.

Will die Mehrheit der Single-Frauen monogame Beziehungen?

84 Prozent der Single-Frauen glauben, daß ihre Beziehungen idealerweise monogam sein sollten; tatsächlich sind *77 Prozent monogam in Beziehungen – das ist ein höherer Satz als bei den verheirateten Frauen (obwohl die Beziehungen der Single-Frauen natürlich meist kürzer sind):*

»Ich habe nie einen Liebhaber betrogen. Wenn ich eine richtige Beziehung mit jemandem habe, ist Sex mit andern undenkbar für mich. Es würde die besondere Bedeutung, die Kostbarkeit unserer Liebe zerstören.«

»Ich betrüge meinen Freund nicht. Er füllt mich sehr aus. Er war mir immer treu, und es würde mir sehr, sehr weh tun, wenn er mich betrügen würde. Ich will nur von ihm befriedigt werden.«

»Ich glaube fest an die Monogamie, und ich *bin* monogam. Ich liebe meinen Freund, und ich weiß aus Erfahrung, daß es nie funktioniert, wenn man eine Beziehung hat und nebenher mit anderen schläft. Ich habe das früher ein paarmal gemacht, und es war immer ein Fehler.«

43 Prozent der Single-Frauen berichten jedoch von Beziehungen, in denen der Mann nicht monogam ist:

»Ein Freund, der mit mir zusammen lebt, gestand mir eines Tages, er hätte eine ›Affäre‹ mit einer anderen gehabt. Ich bin fast übergeschnappt! Aber ich hatte das Gefühl, ich hätte kein Recht zu motzen – es fällt mir schwer zu erklären, warum. Ich weiß nur, daß ich nicht damit fertig werde, wenn jemand in einer Beziehung mit mir Sex mit einer anderen hat.«

23 Prozent der Single-Frauen mit Beziehungen, die länger als vier Monate dauern, glauben nicht an die Monogamie oder praktizieren sie nicht:

»Ich bin vierundzwanzig und habe zwei Beziehungen. Die eine läuft seit einem Jahr und die andere seit fünf Jahren (die beiden Männer wohnen in verschiedenen Städten). Mit dem einen lebe ich zusammen, was die Situation manchmal schwierig macht. Wir haben keine Kinder. Die Grundlage beider Beziehungen ist Freundschaft, wobei die sexuelle Intimität sehr wichtig ist. Ich habe mich am Anfang nicht besonders zu dem Mann hingezogen gefühlt, mit dem ich zusammen lebe, aber er hat mit seiner Freundlichkeit, seiner Rücksicht und seiner Ehrlichkeit allmählich meine Liebe gewonnen. Ich bin gern in einer Paarbeziehung. Das Leben ist einfacher so (jedenfalls das öffentliche).

Ich glaube nicht an die Monogamie als etwas, das sein *muß* wie ein Gebot, aber manchmal finde ich es emotional sehr schwierig, mit zwei Beziehungen zurechtzukommen, also macht einem die Monogamie das Leben wohl leichter. Trotzdem sollte es jedem Menschen freigestellt sein, ob er sich dafür entscheiden will. Ich bin mit diesem Liebhaber seit einem Jahr zusammen. Sex außerhalb der Beziehung hatte ich nur, als ich längere Zeit auf Reisen war. Der Mann, mit dem ich zusammen lebe, weiß Bescheid darüber, aber nicht über die andere feste Beziehung. Sie hat unsere Beziehung nicht direkt beeinträchtigt, weil er nichts davon weiß – aber ich bin, glaube ich, manchmal weniger relaxed, wenn ich mit ihm zusammen bin. Ich nehme beide Beziehungen sehr ernst. Von der einen habe ich genausoviel wie von der anderen – keine ist zweitrangig.

Obwohl ich finde, daß es meinem Liebhaber freistehen sollte zu tun, was er will, bin ich froh, daß er bis jetzt mit keiner anderen gebumst hat. Ich glaube zwar nicht, daß es mir viel ausmachen würde, aber so was weiß man vorher ja nie genau. Mein anderer Liebhaber hatte neulich mit einer Arbeitskollegin eine Geschichte für eine Nacht, und ich versuche, mich an den Gedanken zu gewöhnen, obwohl ich irgendwie eifersüchtig bin.«

»Ob ich je lange monogam sein könnte – keine Ahnung. Sobald eine Beziehung unbefriedigend wird, verabrede ich mich wieder mit anderen, aber ich bemühe mich, einigermaßen ehrlich zu sein. In meiner letzten Beziehung wußte mein Freund davon, er wußte nur nicht, wie oft. Wir hatten eine Absprache – solange er mein ›Haupt-Mann‹ war, war es okay. Nicht toll, aber okay.«

»Ich reise viel und habe Liebhaber an mehreren Orten. Sie wissen, daß sie nicht die einzigen sind. Die meisten von diesen Beziehungen dauern länger als ein Jahr. Sexuelle Aktivität und Gesellschaft im Alltag sind wichtige Gründe für die Beziehungen. Meine Partner und ich sind mit dem Arrangement zufrieden, denn so können wir einander genießen und trotzdem ein unabhängiges Leben führen.«

»Ich habe drei Männer. Alle drei sind sehr verschieden, und die Zeit, die ich mit jedem der drei verbringe, verläuft auch sehr unterschiedlich. Manchmal ist es schwierig, vom einen auf den anderen

›umzuschalten‹! Ich würde mit keinem von ihnen eine langfristige, monogame Beziehung haben wollen. Dafür sind sie nicht die Richtigen.«

Einige Frauen spielen die Rolle der »anderen« für Männer, die auch noch eine »richtige« Beziehung haben:
»Momentan habe ich eine Beziehung mit meinem Exfreund, der mit seiner jetzigen Freundin zusammen lebt. Ich kenne ihn schon seit neun Jahren und treffe mich seit zwei Jahren wieder mit ihm. Seine Freundin ahnt wahrscheinlich etwas, sagt aber nichts. Am Anfang fand ich es sehr spannend, ›die andere‹ zu sein – wie im Fernsehen, wo die Geliebte die Traumfrau ist und die Ehefrau mehr so eine Mekkerliese. Aber jetzt, nach zwei Jahren, ist die Romantik so ziemlich verschwunden. Ich kann ihn nicht zu Hause anrufen. (Sie wäre am Apparat.) Er kann mich nicht von zu Hause anrufen. (Meine Nummer würde auf seiner Telefonrechnung auftauchen.)

Die Beziehung läuft total nach seinen Regeln – wenn er mich sehen kann, wenn sie verreist ist usw. Komischerweise bin ich immer noch in ihn verliebt. Aber ich sehe keine Zukunft für uns. Ich habe das Gefühl, wenn er seine Freundin mit mir betrügen kann, könnte er dann nicht auch mich eines Tages betrügen? Am liebsten wäre mir, wir würden *Freunde* bleiben, aber dann wäre seine Freundin ewig eifersüchtig und der Mann, den ich dann hätte, wahrscheinlich auch. Warum können Männer und Frauen nicht miteinander befreundet sein? Das ist meine große Frage in letzter Zeit! Und wenn wir zufällig mal miteinander ins Bett gehen? Dann sollte seine Frau nicht gleich durchdrehen deswegen. Er würde ja sein ganzes Leben mit ihr teilen – Familie, Freunde, Gedanken, tägliche Aktivitäten –, während wir nur kurze, freundschaftliche Begegnungen hätten. Aber da das Leben nun mal nicht so ist, glaube ich, die Affäre ist vorbei. Vielleicht werde ich ihn immer lieben, aber ich muß ihn und meine Liebe vergessen und weitergehen.«

Eine Frau, die offenbar sehr verliebt ist, versucht, nicht monogam zu leben, weil sie, zumindest theoretisch, an »nicht besitzergreifende« (nicht monogame) Beziehungen glaubt:
»Ich bin von Haus aus relativ monogam, aber ich arbeite dagegen an und habe im Augenblick mehrere Beziehungen. Erstens den Mann, den ich liebe, dann noch einen jüngeren und einen älteren. Der Mann, den ich liebe, hat auch andere Geliebte. Ich möchte wissen, was los ist. Heimlichkeiten machen mich krank. Ich hasse es, wenn er lügt oder rumdruckst wegen einer anderen Frau, denn ich versuche ganz bewußt, diese Probleme und Gefühle zu bewältigen, und damit unter-

gräbt er meine Bemühungen. Wenn wir uns streiten, dann im allgemeinen über Eifersucht in der einen oder anderen Form. Niemand gewinnt. Ich habe meistens Angst, manchmal bin ich auch wütend oder verletzt. Danach tut es mir leid. Ich fürchte, daß ich zu weit gegangen bin, zuviel gesagt habe. Wie er mit so was umgeht? Er geht stiften, verdammt noch mal! Ich strecke normalerweise Friedensfühler aus usw.

Am häufigsten streiten wir uns über die Frage, wie andere einbezogen werden sollen, eventuell als Liebhaber/Geliebte von einem von uns. Das ist kaum möglich, ohne jemanden zu kränken. Ich versuche immer noch umzulernen. Ich hatte eine Abtreibung, als ich von ihm schwanger war. Ich wollte das Kind. Ich habe die Abtreibung immer noch nicht bewältigt, obwohl sie fast vier Jahre zurückliegt. Später erzählte er mir, daß er eine Frau geschwängert hat, die ich hasse (es war eine Lüge, um mich zu ärgern), nachdem er diese Frau eingeladen hatte, mit uns und unseren Freunden zu verreisen, und oft wegen kleiner Dinge geschwindelt hatte, die mit ihr zu tun hatten.

Ich habe ihn auch verletzt. Voriges Jahr bin ich aus unserer gemeinsamen Wohnung ausgezogen. Ich wollte allein leben, um Klarheit zu gewinnen, wieder ein Gefühl für mich zu bekommen und das, was ich will. Ich glaube zwar, daß wir uns gleich stark lieben, aber ich habe weniger Angst vor der Liebe und drücke sie eher aus. Manchmal fühle ich mich ungeliebt. Ich glaube, ich brauche ihn mehr als er mich. Ich weiß es aber nicht – wer kann anderen schon ins Herz schauen? Er redet nicht viel von Liebe. Ich muß das aus dem ablesen, was er tut, aus der Art, wie er mich anfaßt, und das ist schwierig.«

Eine andere Frau, die nie »den Richtigen« gefunden hat, hat beschlossen, mit mehreren Männern Beziehungen zu haben und an jedem etwas Gutes zu finden:

»Einen Mann zu lieben ist mit reichlich vielen ›speziellen Problemen‹ verbunden: Wenn eine Frau einem Mann zeigt, daß sie ihn liebt, kriegt er's vielleicht mit der Angst, daß er jetzt zu einer langfristigen Bindung verpflichtet ist. Und wenn er ein Macho ist, meint er vielleicht auch noch, wenn er eine Frau liebt, ist er den Männern unterlegen, die überhaupt niemand lieben. Männer haben die Tendenz, in Beziehungen auszurasten. Die Kultur hat ihre Fähigkeit beschädigt, mit ihren Gefühlen zu leben.

Also – was soll ich sagen? Ich habe momentan mit drei Männern eine Beziehung. Die andere Möglichkeit wäre die, eine Zweierbeziehung mit jemand zu haben, der nicht ganz das ist, was ich will. Ich bin schwarz und habe lieber Beziehungen mit schwarzen Männern, obwohl ich mich auch schon mit weißen Männern verabredet habe. Der erste ist Andy. Er lebt in einem anderen Staat. Der zweite ist Tony. Er ist verheiratet und investiert 80 Prozent seiner Zeit in sein Geschäft. David lebt mit einer anderen Frau zusammen, und unsere Beziehung hat gerade erst angefangen und besteht hauptsächlich aus Sex. Von diesen drei Männern mag ich Andy am liebsten.

Meine Beziehungen gefallen mir, und daß sie verschieden sind, gefällt mir auch, aber meine tiefsten Bedürfnisse nach Nähe befriedigen sie sicher nicht. Ich würde gern mehr über uns reden – wie es zwei Leute tun, die sich wirklich was auseinander machen. Eines Tages hätte ich gern eine engagierte Dauerbeziehung mit einem Mann. Mit einer Frau könnte ich das ohne weiteres haben, aber ich will es mit einem Mann. Ich will mehr (von Männern): Freundschaft, Zuverlässigkeit, Hilfe, wenn ich down bin. Warum sind Männer so unzuverlässig, wenn sie einen emotional stützen sollen? Ich nehme an, das kommt von irgendwelchen tiefsitzenden Ängsten, von irgendeiner Unsicherheit, die sie haben. Und deswegen frage ich: Warum, zum Teufel, arbeiten sie nicht an diesen Problemen???

Meine drei Lover sehen mich meistens als gleich – wahrscheinlich, weil ich mit keinem von ihnen ausschließlich zusammen bin. Mit anderen Worten, wenn ich nur mit einem von ihnen zusammen wäre, würde sich die Dynamik vielleicht ändern.«

4 Prozent der Single-Frauen haben »offene« Beziehungen:
»In der Zeit mit meinem gegenwärtigen Liebhaber hatte ich drei Geschichten mit anderen Männern. Sie waren alle sehr kurz (einen Tag bis einen Monat). Ich habe meinem Liebhaber davon erzählt. Er ist neugierig, weil er nie Sex mit einer anderen Frau hatte. Es würde ihn aber interessieren. Er akzeptiert meine Geschichten und weiß, daß ich seine akzeptieren werde, wenn er welche hat. Wir haben eine offene Beziehung.«

»Eine Freundin von mir hat dieses Problem mit ihrem jetzigen Freund. Er haßt es, daß sie keinen anderen Mann sieht als ihn, und trifft sich mit allen möglichen Frauen. Er haßt es, daß sie das akzeptiert, er kann ihre ›Einseitigkeit‹ nicht ausstehen. Dann versucht er, sein Gewissen zu beruhigen, indem er ihr zuredet, sich mit anderen Männern zu verabreden. Und wenn sie's tut, würde er sie gern umbringen, weil sie untreu ist und sich rumtreibt! Was wollen die Männer eigentlich?«

Eine andere Frau kommentiert ironisch:
»Die Leute aus meinem Bekanntenkreis, die sich am besten darauf verstanden, sich ihre Partnerinnen treu zu erhalten, schienen eine Art gurumäßiger Gehirnwäsche-Technik zu beherrschen. Sie geben ihren Partnerinnen auf subtile Weise zu verstehen, daß sie, allein auf sich

gestellt, völlig wertlos wären. Ich weiß nicht genau, wie sie das machen, aber es kotzt mich an – doch neidisch macht es mich auch.«

Eine »blonde Ex-Punk-Rockerin« (so ihre eigene Beschreibung) berichtet von einer verheerenden Dreierbeziehung, aus der sie mit Hilfe einer Therapeutin herauskam:

»Ich habe den Mann verlassen – es war eine Erleichterung, aber auch schrecklich. Ich hatte Schuldgefühle und war traurig, daß es nicht geklappt hat. Er hat mir gefehlt. Es ist mir wochenlang schlechtgegangen, und ich habe an meiner Entscheidung gezweifelt – mich idiotisch benommen, Briefe geschrieben, die ich nicht abgeschickt habe, und wenn ich sie doch abgeschickt habe, hätte ich am liebsten den Briefkasten gesprengt, um sie wieder rauszuholen. Ich habe die gehässigsten Dinge gesagt. Ich habe tagelang geheult und bin mit einem Kloß im Hals rumgelaufen, habe Emmylou-Harris-Platten gehört – mich besoffen – mich gehaßt, mich gefragt, was mit mir verkehrt ist. Ich bin zu einer Psychotherapeutin gegangen. Vielleicht war ich so ›bedürftig‹, daß ich jemand akzeptiert habe, den ich nicht hätte akzeptieren sollen. Es hat Wochen gedauert, bis ich wieder frei atmen konnte. Ich glaube, jetzt fühle ich mich gut – mal mehr und mal weniger –, aber im wesentlichen geht's mir seit zwei Monaten besser. Ich denke immer noch an ihn und bin traurig und hoffe, daß er mich nie anruft.

Es war eine Dreiecksgeschichte. Mein Liebhaber hatte seine Frau und mich. Er ist immer rübergekommen, und wir haben uns regelmäßig getroffen, miteinander geschlafen, und sie hat Bescheid gewußt und alles – aber ich war immer so unsicher. Es war die ganze Zeit ein Gefühl, irgendwie auf der Kippe zu stehen. Ich war so unsicher, daß ich ihm schließlich auf den Geist gegangen bin. Da hatte ich ganz schön dran zu kauen.

Es ist ein ungutes Gefühl, wenn ein Mann mit mir Gemeinsamkeiten hat, die er mit einer anderen auch hat. Er ist was Besonderes für mich, und ich möchte was Besonderes für ihn sein – ohne irgendwelche Leute nebenher. Diese Einstellung stirbt, scheint's, aus. Während der Geschichte habe ich versucht, das zu tun, was Sinn gemacht hat, jedenfalls mit dem Kopf – aber mit dem Bauch war ich immer noch monogam. Ich wollte Liebe empfinden – ich *habe* auch immer Liebe empfunden im Bett –, aber ich kann Liebe und Sex nicht trennen bzw. es macht mir keinen Spaß. Für mich ist es besser, wenn ich bei der anderen Person echte Einfühlung, Zuneigung und Beteiligung spüre.

Es war sexuell so intensiv. Ich glaube, ich habe zum erstenmal in meinem Leben erfahren, wie man richtig Liebe macht. Wir haben uns echt gut verstanden. Er hat gewußt, was er tun muß. Er hatte das einfach drauf. Er war leidenschaftlich, romantisch und zärtlich. Er war wirklich daran interessiert, daß ich einen Orgasmus hatte. (Ich hatte mit ihm in anderthalb Jahren mehr Orgasmen als vorher in meinem ganzen Leben – meistens mit oralem Sex.) Ich hatte nicht mal gewußt, daß ich immer einen haben kann – er war echt zärtlich – und so behutsam. Er war echt perfekt – zu dumm, daß er mit einer anderen zusammen gelebt hat. Außerdem hat er gesoffen.

Meine Therapeutin hat mir empfohlen, mal gründlich darüber nachzudenken, was für Männer ich mir immer aussuche – ich meine, obwohl er mit einer anderen zusammen gelebt hat, wollte er uns beide haben. Ich habe mir schließlich gedacht, meine Beziehung mit ihm ist ein Symptom für einen Haufen Probleme, die ich nie gelöst habe. Ich hatte das Gefühl, daß ich mein Selbstvertrauen aufbauen und ein neues Selbstbild entwickeln muß – eine Frau, die was tut und was bringt. Meine Therapeutin hat mich bei meinem Plan unterstützt, wieder zu studieren. Den Mann habe ich immer noch ab und zu gesehen.

Ich hatte vier Abtreibungen. Es fällt mir schwer, das zu sagen. Normalerweise lüge ich. Ich habe nie geglaubt, daß ich ein Kind erhalten kann, und ich habe es nicht fair gefunden, das einem Kind zuzumuten. Ich habe mich miserabel gefühlt, als ich die Kinder meines Bruders sah – ich hatte nie gewußt, wie wunderbar Babys sein können. Ich will nie mehr abtreiben. Die Klinik, in der ich war, war gut. Ich habe da Erfahrungen gemacht, die mir geholfen haben. Zu zwei von den vier Abtreibungen bin ich allein gegangen. Ich habe sie selbst bezahlt. Eine war das Resultat einer Geschichte für eine Nacht. Ich nehme an, daß ich ziemlich fruchtbar bin.

Meine beste Beziehung bis jetzt war die zu meiner Therapeutin. Sie macht sich wirklich was aus mir. Sie ist total echt und ehrlich. Ich mag sie sehr. Sie hat mir soviel beigebracht. Sie ist meine Freundin geworden und hat Tennis mit mir gespielt – das war immer zum Schreien. Sie hat mir geholfen, zeichnen zu lernen. Sie hat mich unterstützt, als ich umziehen wollte. Sie hat es nicht zugelassen, daß ich aufgebe. Ich habe mich voll auf sie verlassen. Und sie hat nie so getan, als hätte *sie* das alles ›gemacht‹, sie hat nur ihr Wissen eingesetzt, um mich anzuregen. Nach einem Jahr hatte ich unheimlich viel Selbstvertrauen dadurch, daß ich sie kenne. Ich muß noch viel lernen, aber ich habe jetzt auch viel mehr Hoffnung.

Ich sehe sogar meine Mutter anders als früher, trotz ihrer Probleme. Meine Mutter kann echt witzig sein und auch gut erzählen. Sie war Lehrerin, fünfundzwanzig Jahre im Schuldienst und sehr beliebt. Sie war ein gutes Vorbild, weil sie eine starke Persönlichkeit war – aber es war verwirrend, weil sie später das Saufen angefangen und ihre Power und unseren Respekt verloren hat. Ich bin in vielen Dingen wie sie. Manchmal macht mich das ganz verrückt. Sie hat Humor – einen sehr albernen, ich mag das. Ich saufe auch, und manchmal ist es ähnlich wie bei ihr. Ich möchte aber nicht so enden wie sie. Es ist ein solcher Niedergang. Ich bin klein, blond, Punkfrisur, interessiere mich für Punkmusik und -kunst, aber klassische Musik und überhaupt die älteren Sachen mag ich auch. Ich hoffe, daß ich irgendwann mal eine Tochter habe, und hoffe, daß ich tolerant bin, wenn sie eines Tages mit Glatze und Hollywood-Himmelfahrts-BH oder was auch immer nach Hause kommt.

Ich hätte gern wieder einen Mann – nächstes Jahr vielleicht. Im Moment packe ich nichts Neues. Ich bin immer noch gern verliebt. Es ist echt aufregend. Aber ich nehme an, Beziehungen sind harte Arbeit, und man soll sie nicht auf die leichte Schulter nehmen. Jetzt wo ich alle Gefühle kenne, die es in einer Beziehung gibt, und weiß, daß sie normal und üblich sind, bin ich eher zu einer richtigen Beziehung fähig.«

Warum muß Liebe so schwierig sein?
Oder: »Love is a battlefield«*

Frauen müssen mit Männern leben, die mit dem Bild vom »Marlboro-Mann« aufgewachsen sind (dem idealisierten »Einzelgänger«), mit dem Bild des einsamen Kinohelden – Männer, die sich nicht binden wollen und an die »Freiheit« glauben, die Freiheit von Beziehungen mit Frauen. Und so verhalten sich die meisten Männer ambivalent, wenn sie eine Beziehung haben. Dadurch werden Frauen emotional in die Defensive gedrängt. Die »Spielregeln« lauten: »Du sollst nicht klammern«, »Du sollst keine Monogamie erwarten«, »Wenn du dich unsicher fühlst, stimmt was nicht mit dir« usw.

Die »männliche« Ideologie behauptet, Frauen brauchten Männer mehr als Männer Frauen. Dadurch geraten Frauen gegenüber Männern in eine psychologisch prekäre Position: Sie müssen sich Männer »angeln«; es darf nicht so aussehen, daß sie im Hinblick auf Beziehungen »zu bedürftig« sind; sie dürfen sich weder über die mangelnde emotionale Unterstützung noch über die Herablassung und die schlechten Manieren von Männern »beklagen«.

In den meisten Beziehungen ohne Ehe spielt das Machtungleichgewicht zwischen Frauen und Männern (Männer sind »erwünschter« als Frauen) zumindest unterschwellig eine Rolle. Für Frauen zentriert

* »Die Liebe ist ein Schlachtfeld« heißt es in einem Rock-Video von Pat Benatar.

sich die Ungewißheit in Beziehungen auf die Frage: »Ist es Liebe, oder benutzt er dich nur?« Frauen haben eine durchaus berechtigte Angst davor, »ausgetrickst« und dann verlassen zu werden, um am Ende mit dem Gefühl dazustehen, daß sie »reingelegt« worden sind. Sich mit Männern zu treffen und Sex mit ihnen zu haben, gleicht schließlich dem Gang durch ein Minenfeld: traumatische Erlebnisse, vielleicht auch ein paar erfreuliche Überraschungen, und fast immer der Terror, nicht zu wissen, was als nächstes kommt. Tatsächlich wollen Frauen oft nur heiraten, um den Herabsetzungen, dem ewigen »Sich-Umsehen« und »Ausprobieren«, den Zweifeln und Ängsten des Single-Daseins zu entrinnen. Was es gefährlich macht, sich zu verlieben, ist die »männliche« Ideologie mit ihrer doppelten Moral, nicht das Bedürfnis der Frauen, jemanden lange Zeit zu kennen und zu erfahren, wie man füreinander sorgen kann.

Wie viele Kompromisse soll eine Frau machen?

Eine Frau macht sich Gedanken über die Vorgänge in der »Single-Szene«:
»Bei ihrer verzweifelten Suche nach der vermeintlichen Sicherheit in der Beziehung mit einem Mann können allein lebende Frauen Schaden an ihrer Selbstachtung nehmen. Sie stellen sich auf das ein, was der Mann will, und ignorieren ihre eigenen Bedürfnisse, die durchaus vernünftig und richtig sind. Zum Beispiel haben sie schon bei der ersten Verabredung Sex mit Männern in der Hoffnung, daß der Mann sie lieben, ihnen nahe sein, sie heiraten wird – und es funktioniert in keiner Weise. Es ist eine Tragödie, mit wieviel Schmerz all das für Frauen verbunden ist. Sie gehen auf die Bedürfnisse der Männer ein, glauben, die Ideologie der Männer bezügliche Liebe und Ehe sei wahr, und verleugnen sich selbst dabei. Sie haben Angst, zurückgewiesen zu werden, wenn sie ihren wirklichen Hoffnungen und Träumen Ausdruck verleihen, und versuchen, auf die Manier der ›Männer‹kultur ›locker‹ zu sein. Aber sie sollten mehr an sich selbst glauben. Ihre Ideen besitzen Würde und Tiefe. *Frauen* sollten die Maßstäbe setzen und sich nicht um die ›männlichen‹ Maßstäbe kümmern.«

Viele Frauen sind ständig hin und her gerissen: Treffen sie die richtigen Entscheidungen, »liegen sie richtig«, was die Liebe angeht, erkennen sie klar genug, was sich in ihrem Leben abspielt? Wie es eine Frau formuliert: »Manchmal bin ich eine Weile deprimiert oder traurig, wenn ich einen Liebhaber verlassen habe. Die ersten Male dachte ich, ich müßte sterben, aber jetzt gewöhne ich mich langsam daran. Je älter ich werde, desto leichter scheinen die Trennungen zu fallen. Ich weiß nicht, ob das so großartig ist, und es deprimiert mich irgendwie, dieser Rattenschwanz von Liebesaffären – auch wenn einige Männer später ›gute Freunde‹ von mir sind. Was bedeutet das?«

Viele Frauen haben unglückliche, ja demütigende Beziehungen, und viele Männer behandeln Frauen herablassend – so »nebenbei«, daß sie jederzeit imstande sind, die eine Frau »fallenzulassen« und an eine andere heranzutreten und von Liebe zu reden, ohne sich je verpflichtet zu fühlen, über das Pro und Kontra einer festen Bindung oder ihre Zukunftspläne zu sprechen. »Teamgeist« spielt kaum eine Rolle; der »einsame Held« der »männlichen« Ideologie hält sich nicht mit der Erwägung auf, daß Frauen gleiche Rechte haben. Darum kann der Stolz von Frauen in ihren Beziehungen mit Männern nach und nach gebrochen werden.

Frauen haben oft das Gefühl, daß sie »überrollt« werden – nicht nur physisch, sondern auch emotional –, überrollt von Männern, die die Werte einer Kultur vertreten, die Frauen zu Übernahme der »männlichen« Ideologie bewegen will (obwohl sie Sex und Liebe nicht so hochschätzt, wie Frauen es für richtig halten) und die Auffassungen von Frauen zum großen Teil als »lachhaft« oder »schwachsinnig« betrachtet.

Viele Frauen lassen sich das immer noch gefallen, auch wenn sie wissen, was vor sich geht, weil sie meinen, sie hätten keine andere Wahl, glauben, jede Frau »müsse« letztlich heiraten; und da es außerdem die Männer sind, die Einladungen aussprechen, die Männer sind, die sie mit Aufmerksamkeiten bedenken, ist es nur natürlich, daß sie sich am Ende in einen verlieben – und damit beginnt der Teufelskreis.

All das kann, wie es eine Frau formuliert, zum »Ausgebranntsein durch Beziehungen« führen: »Ich glaube, daß die Liebe für viele Frauen ein Problem ist. Allein schon dadurch, daß Liebe eine ungeheure Menge Arbeit und Energie erfordert – und zwar laufend. ›Ausgebranntsein durch Beziehungen‹ kann die Folge davon sein. (Diesen Begriff habe ich gerade geprägt!)«

Die Verhaltensmuster von Männern in Single-Beziehungen

>*»Du möchtest vergessen, daß du so verletzt worden bist, und ein-*
>*fach weitermachen – aber ist das möglich? Bedeutet so ein Ereig-*
>*nis, daß du darüber nachdenken und deine Einstellung zum Le-*
>*ben verändern mußt? Oder kannst du schlichtweg alles vergessen*
>*und übertünchen?«*

Das ganze Szenario – eine Frau hat das Gefühl, wenn sie einen Mann
kennenlernt oder eine Beziehung anfängt, daß er sich nie wieder melden wird, wenn sie nicht relativ bald mit ihm schläft; wenn sie aber mit
ihm schläft, nimmt er sie vielleicht nicht ernst, behandelt sie respektlos und meldet sich auch so nie wieder – das bringt Frauen in eine un-
erträgliche Lage. Schlimmer noch, dadurch können Frauen nie »Maßstäbe« an einer Beziehung anlegen. Sie haben kaum Gelegenheit, darüber nachzudenken, was sie wirklich empfinden, weil sie so beschäftigt sind, mit den Vorurteilen, Stereotypen und etwaigen herablassenden Bemerkungen des Mannes fertig zu werden. Die Frau muß die Situation angesichts einer Atmosphäre beurteilen, in der ihr der Mann
als möglicher Widersacher begegnet: Er versucht, »was zu kriegen«;
sie fragt sich, ob sie bloß »benutzt« wird.

Das »männliche« Muster des uneingeschränkten Wettbewerbs und
der Aggression tritt seit einigen Jahren in der »Single-Szene« zunehmend krasser zutage, und der Druck auf die Single-Frauen, Männer zu
»beschwichtigen« und sich ihrem System anzupassen, ist stärker geworden. Single-Frauen machen sich oft – und mit vollem Recht – Sorgen darüber, ob der Mann sie fallenlassen oder »abservieren« wird:
Erst ist er liebevoll, dann geht er und ist unfreundlich, dann kommt er
zurück und ist wieder liebevoll (und bestreitet erbittert, daß er sich etwas hat zuschulden kommen lassen, fragt sich, warum sie so »labil« ist
und so oft wissen möchte, »ob er sie liebt oder ob er nur Sex will«). Wie
können Frauen in einem solchen Klima Männer lieben?

Schäbiges Verhalten und schlechte Manieren
von Männern

Die Beiläufigkeit von Männern gegenüber Frauen in Single-Beziehungen scheint ein immer feindseliger werdendes Kolorit anzunehmen;
die extreme Unhöflichkeit vieler Männer im Bereich von »Verabredungen«, die hier dokumentiert wird, hat in den letzten Jahren offenbar
noch mehr zugenommen. Ihre Grobheit kommt manchmal einer grel-
len Demonstration männlicher Macht und Verachtung gleich; da die

Frau so »machtlos« ist, kann der Mann ungestraft rüde zu ihr sein oder sie herzlos behandeln.

Im Umfeld nicht engagierter, flukturierender Beziehungen gehört es zum Standardverhalten der Männer, gleich nach dem Sex zu gehen, sich nicht zu melden oder zu völlig willkürlichen Zeiten anzurufen, ein Programm zu haben, das sich nicht vorhersagen läßt – und trotzdem zu erwarten, daß die Frau verfügbar ist. Und so finden Frauen es oft schwierig, Freude an einer Beziehung zu haben – oder auch nur zu wissen, ob sie überhaupt eine Beziehung haben und wo sie stehen. Die Einstellung »Ich habe es verdient, daß eine Frau mich liebt und nett zu mir ist, aber ich muß meinerseits nicht nett zu ihr sein« ist weit verbreitet. Wie eine Frau fragt: »Haben die Männer Angst? Sind sie nervös? Oder hat ihnen jemand gesagt, daß es ungeheuer männlich ist, gemein zu sein?« Viele Männer scheinen einen »Bewußtseinssprung« gemacht zu haben – von der Einstellung der fünfziger Jahre, daß Frauen, die nicht die Mutter- oder Madonnenrolle spielen, »böse Frauen« sind, zu der post-»sexualrevolutionären« Einstellung, daß die *meisten* Frauen, da sie jetzt Sex vor der Ehe haben und überdies im Beruf arbeiten, »böse Frauen« sind, die man getrost rüde behandeln kann oder wie immer man will – »sie verdienen es nicht besser«, weil sie es aufgegeben haben, sich aufs Podest stellen zu lassen, als sie in die »Männerwelt« hinausgingen. Ritterliches Verhalten, so sagen diese Männer, sei eine Vorzugsbehandlung (und natürlich nehmen sie in den meisten Fällen die Vorzugsbehandlung, die Frauen Männern zuteil werden lassen, nicht wahr – z. B. daß Frauen sich die Meinung von Männern anhören, als sei sie wichtiger als ihre eigene, daß sie emotional für sie da sind usw.); manchmal begegnen sie Frauen, mit denen sie geschlafen haben, nicht einmal mit dem Respekt und der Höflichkeit, mit der sie einem Geschäftspartner begegnen würden.

Emotionale Gewalt

Viele Männer schenken einer Frau große Aufmerksamkeit, bis sie interessiert und engagiert ist, ihnen vertraut und Freude an ihnen hat, um dann ihr Verhalten zu ändern: Sie kommen und gehen (physisch wie emotional) beliebig und unregelmäßig (nachdem sie »ihr Gebiet abgesteckt« haben?). Wenn sich die Frau darüber »beklagt« (siehe 2. Kapitel), sagt der Mann vielleicht »Ich bin glücklich, warum machst du Ärger?«, sagt es mit dem Unterton: »Jetzt fang bloß nicht an, hysterisch zu werden und zu klammern. Ich dachte, du wärst anders.« Und so scheint das Verhalten der Männer, während es bei Frauen eine realistische Reaktion auslöst – d. h. sie fragen sich, was vorgeht, und versuchen, es herauszufinden –, »neutral« zu sein, denn der Mann »tut ja nichts«. In solchen Situationen bezichtigen Männer Frauen häufig, sie »grundlos anzugreifen«. Doch in Wirklichkeit praktiziert der Mann eine Art passiver Aggression.

Durchlaufen Männer diesen Prozeß des Flirtens, der Verführung, des »Schön-Redens« nur der »Eroberung« halber? Nein, sie wollen auch die Bewunderung, die Zuwendung und das Verständnis von Frauen.

Es ist kein Wunder, daß viele Frauen sehr zornig über diese Situation sind. Möglicherweise wissen sie, daß sie den ganzen Druck des Systems zu spüren bekommen und daß dieses System ungerecht ist, aber dieses Wissen ist für eine einzelne Frau, die soeben von ihrem »Freund« beschimpft oder in ihren sämtlichen Voraussetzungen in Frage gestellt worden ist, nicht besonders hilfreich.

Es ist auch kein Wunder, daß das Engagement von Männern in der Ehe den Single-Frauen weitaus angemessener vorkommt als das, was sie erfahren. Wie es eine Frau formuliert: »Das ist alles wie im Dschungel – aber wenn du verheiratet bist, ist es wenigstens ein privater Dschungel.«*

Wie Männer in Beziehungen mit der Macht manipulieren

Das psychologische Ungleichgewicht, das viele Männer in Single-Beziehungen schaffen, führt oft dazu, daß Frauen sich fragen: »Ist alles in Ordnung mit ihm? Liebt er mich noch? Wie fühlt er sich?« Nicht etwa: »Ist alles in Ordnung mit *mir*? Wie fühle *ich* mich? Will ich diese Art Beziehung?« Denn Frauen sind es gewohnt, daß Männer die Regeln festsetzen, darüber bestimmen, was Realität ist, und von Frauen erwarten, daß sie sich anpassen. Auch wenn Frauen merken, wie empörend diese Situation ist, meinen sie immer noch, sie sollten bleiben, was am starken sozialen Druck liegt, »einen Mann zu haben«.

Es ist eine Ironie des Schicksals, daß es jetzt in vielen Beziehungen ohne Ehe so aussieht, als hätten die Männer *noch* mehr Macht als in der Ehe (die Ironie liegt darin, daß die Feministinnen dagegen gekämpft haben, daß Frauen in der Ehe als Besitz der Männer gelten). Das kommt daher, daß der Mann – neben den üblichen subtilen herabset-

---

* Zynisch betrachtet heißt das: Die »männliche« Kultur hat mit der »sexuellen Revolution« bewirkt, daß Frauen sexuell belästigt werden, hat sie dafür herabgesetzt, daß sie außerhalb der Ehe »zu sexuell« seien, sie gleichzeitig gedrängt, zu männlichen Bedingungen sexuell zu sein – und ihnen dann unter der Voraussetzung, daß sie die Idee von der »Freiheit« aufgeben, den Schutz der Ehe offeriert – das erinnert fast an Mafia-Methoden.

zenden Bemerkungen, der emotionalen Belästigung und dem Weghören, das wir im I. Teil behandelt haben – den Trumpf der totalen Privatangelegenheit ausspielen kann: Über sein Gehen oder Bleiben wird nie öffentlich befunden, wie es der Fall wäre, wenn er sich scheiden ließe. Und so fühlt er sich nicht für »die Beziehung« verantwortlich und kommt und geht, je nach Lust und Laune.* Die Ideologie der »Freiheit« und »Unabhängigkeit« kann sogar einen Helden aus ihm machen, wenn er die Frau verläßt: Er folgt seinen inneren Bedürfnissen, er ist auf der Suche nach seinem wahren Selbst (während sie ihn »anbinden« wollte). Wenn er auf mysteriöse Weise oder in höchster Erregung ohne ein Wort der Erklärung verschwindet, ist er vielleicht ein »Rebell« – noch interessanter. Und Außenstehende nehmen gewöhnlich an, daß man »mit der Frau eben nicht leben konnte« oder daß man sie »bemitleiden« muß, weil sie »verlassen« oder »abserviert« worden ist usw. Außenstehende kommen selten auf die Idee, daß sie ihn vielleicht *aufgefordert* hat zu gehen.

Hier wird der emotionale Vertrag auf die Spitze getrieben: Männer haben mehr Macht und einen höheren Status als Frauen, und statt zu versuchen, dieses Ungleichgewicht zu beseitigen und Gleichheit (und damit Liebe) in zwischenmenschlichen Beziehungen möglich zu machen, tun viele genau das Gegenteil – sie nehmen jede Gelegenheit wahr, um Frauen an den »männlichen Freiheitsdrang« zu erinnern. Das ist Kontroll- und Dominanzverhalten; Männer sind ihr Leben lang gewarnt worden: »Laß eine Frau nicht die Oberhand gewinnen, sonst nutzt sie dich aus!« Männer »müssen« stets ihre Dominanz behaupten, »der Frau zeigen, wer Herr im Haus ist«.

Viele Single-Frauen leiden enorm darunter. Sie sind desorientiert und verwirrt von diesen Vorgängen, unvorbereitet auf diese Art Guerillakrieg (besonders wenn der Mann angeblich in sie »verliebt« ist); sie fragen sich, warum der Mann, den sie lieben, sie als Schießbudenfigur zu betrachten scheint. Die private Natur der Beziehung kommt erschwerend dazu: Was immer geschieht, es wird nur von dem Paar gesehen; es gibt auch dann keine Zeugen, wenn sich der Mann abscheulich verhält, schreiendes Unrecht begeht; und die Auffassung der Frau von den Vorgängen wird gewöhnlich vom Mann in Frage gestellt, der behauptet, sie reagiere »übertrieben«. Männer üben viel emotionale Gewalt gegen Frauen, doch das wird von der Gesellschaft nur selten gesehen und fast nie verurteilt. Was Männer auch machen – wenn es zum Bruch kommt, sieht es beinahe immer so aus, als sei der Mann

---

* Das ist kein Einwand gegen »Freiheit« als solche, aber wenn einer den anderen verläßt, sollte es in einem vernünftigen Rahmen geschehen; Männer sollten sich nicht so demütigend und rücksichtslos verhalten, wie es viele Frauen hier beschreiben.

»der Gerechte«, als hätte die Frau es irgendwie bewirkt oder verschuldet (sie war »zu stark auf Liebe fixiert«, sie hat »sich den Falschen ausgesucht«). Die meisten Männer werden für ihr Verhalten von keinem anderen getadelt als nur von der betroffenen Frau; und die meisten Männer, die sich so verhalten haben, scheinen keine Schuldgefühle zu verspüren.

Sind »tolle Männer« auch toll in der Art und Weise, auf die sie Frauen im Privatleben behandeln?

»Er ist ein feiner Kerl, nur seine Macho-Ader, die ist übel.«

Kann ein Mann sehr in eine Frau verliebt sein und sie trotzdem als »geringer« betrachten? Oder ist das unlogisch? Wenn ein Mann bei der Arbeit und im Gemeinschaftsleben »toll« ist, ein »feiner Kerl«, heißt das dann, daß er sich zu Hause der Frau gegenüber *nicht* herablassend verhalten wird? Es ist leider durchaus möglich, daß ein Mann kreativ ist, ein Genie, hervorragend in seinem Arbeitsgebiet, Geschäftsmann oder ein freundlicher und großzügiger Lehrer – und in seinen Beziehungen mit Frauen trotzdem ein »Schwein«; es ist möglich, weil Männer für ihr eigenes Leben eine doppelte Moral anwenden. Eine Frau formuliert das so: »Er hat mich so entsetzlich behandelt, aber im Grunde seines Herzens ist er, denke ich, ein großartiger Mensch – so interessant, so begabt, so gebildet.«

Wie kommt es zu dieser Dichotomie? Ist er wirklich ein »toller Mann«? Wenn er unter Männer ist, vielleicht. Doch viele Männer werden zu dem Glauben erzogen, daß Frauen so »niedrig« sind, daß das Zusammensein mit ihnen ein »anderes Ich« hervortreten läßt, ihre schlechtesten Eigenschaften. (Sind sie von Grund auf »rassistisch« – d. h. sexistisch –, ohne es zu merken?) Das kann besonders dann geschehen, wenn Liebe und Romantik im Spiel sind, da dort alle Werte und Vorstellungen eines Mannes im Hinblick auf Frauen auf die Probe gestellt werden.

Die Liebe macht Frauen und Männer nicht automatisch gleich – bedauerlicherweise. Selbst die meisten »guten Männer« sehen auf Frauen herab, haben bewußt oder unbewußt »Sonder«erwartungen, was das Verhalten von Frauen betrifft. Die meisten Männer gehen davon aus, daß sie Frauen in den Arm nehmen und mit ihnen über »persönliche Dinge« sprechen können, daß Frauen sie trösten und »aufbauen« werden. Männer erwarten von fast allen Frauen, daß sie eine Art emotionales Kissen für sie sind – ohne sich zu vergegenwärtigen, daß sie diese Hilfe eigentlich im selben Maß zurückgeben müßten.

Männer würden solche Unterstützung und solchen Trost im allgemeinen nicht von anderen Männern erwarten; gewiß würde es ihnen nicht einfallen, einen anderen Mann mit der gleichen Ungeniertheit zu berühren wie eine Frau. Und trotzdem erkennen Männer nicht, daß all das eine Ausnutzung von Frauen ist. Wie eine Frau sagt: »Männer legen an ihre Freunde und Geschäftspartner einen anderen Maßstab an als an Frauen – besonders an die Frauen, die sie lieben. Sie gestehen Männern definitiv mehr Rechte zu und nehmen mehr Rücksicht.«

Das ist für viele Frauen verwirrend. Wenn sie *wissen*, daß der Mann sie liebt, können sie eben deswegen nicht verstehen, warum er sich arrogant und rücksichtslos verhält. Ein Mann kann sehr in eine Frau verliebt sein – und sie trotzdem durch die Brille emotionaler Stereotype sehen und sie mißachten. Das gilt auch für »feine Kerle«, für humane, brillante und sensible Männer. Was es natürlich nicht »richtiger« macht.

Ist das nicht paradox? Wenn ein Mann so »großartig« ist, sollte er dann nicht über seichte Klischees erhaben sein, über verletzende Voreingenommenheit? Es scheint vielen Männern sehr schwer zu fallen, so etwas an sich selbst wahrzunehmen. Vielleicht wird es ihnen durch einige der in diesem Buch dargelegten Beispiele erleichtert.

Frauen, die verliebt sind und erwarten, daß der Mann, der auch verliebt zu sein scheint, sie als ebenbürtig betrachtet und ihnen emotional etwas gibt, emotional »fair« ist, sind oft überrascht, wenn er statt dessen Konkurrenzverhalten an den Tag legt. Darauf bezieht sich wohl, was eine Frau in dieser Untersuchung über die zahllosen Geschichten ihrer unverheirateten Freundinnen berichtete, und diese Freundinnen »arglose Leute, die in finstere Gassen tappen« nannte.

Obwohl einige Männer vielleicht einwenden werden, wenn sie verliebt seien, habe die *Frau* Macht über sie, verfügt der Mann nichtsdestoweniger über alle Mittel, die ihm die Gesellschaft, egal was in der Beziehung geschieht, zur Erhaltung seiner Würde und Selbstachtung gibt; und wenn die Frau vom Mann abgewiesen wird, steht dahinter das volle Gewicht der Gesellschaft, denn sie ist eine Frau und daher ist sie »nicht akzeptabel«.

Wenn ein Mann andererseits sehr in eine Frau »verliebt« und trotzdem imstande ist, sie rücksichtslos zu behandeln, ja sogar sehr macho und grausam zu sein – will eine Frau dann einen solchen Mann? Und was ist, wenn die *meisten* Männer so sind? (Und die meisten Männer werden tatsächlich dazu erzogen, Frauen als »zweitklassig«, »fundamental anders«, emotionaler und nicht so »rational« wie sie selbst zu sehen.) Soll sich eine Frau mit einem Mann zusammentun, den sie liebt und der sie liebt, und versuchen, es mit ihm durchzukämpfen, ihn dazu zu bringen, sie als ebenbürtig zu betrachten, sein Denken ändern zu lernen, seine Gefühle mitzuteilen usw.? Oder wird das vielleicht nie gelingen, wird es sie nur über Gebühr Zeit und Energie kosten?

Frauen verlieren immer mehr die Achtung vor Männern, die sich derart verhalten

Vielleicht ist es sehr mutig von den Frauen, daß sie, angesichts all dessen, nach wie vor zu lieben versuchen. Doch gleichzeitig verzweifeln immer mehr Frauen am Verhalten der Männer und verlieren oft die Achtung vor ihnen. Tatsächlich wächst die Unruhe bei den Frauen; sie wollen diese Situation verändern. Überall fragen sich Frauen: Warum ist es so? *Muß* es so sein? Was steht hinter diesem System? Ist ein anderes System möglich?

Single-Frauen geht es trotz dieser Umstände durchaus gut. Im allgemeinen genießen sie ihr Leben, ihr Für-sich-Sein, haben Freude an ihrer Arbeit und ihren Freundinnen, teilweise sogar am Spiel mit Männern. Selbst wenn sie verletzt und verärgert sind, legen sie oft einen fabelhaften Humor an den Tag – gemischt mit Zorn.

Dieses Denken von Frauen schafft – im Verein mit ihrer wachsenden ökonomischen Unabhängigkeit und ihre Zufriedenheit mit Freundinnen – eine neue philosophische Perspektive, eine neue Sicht von dem, was das Leben sein könnte. All das zeichnet sich ab, nun da immer mehr Frauen zu dem Schluß kommen, daß etwas verkehrt ist am System und nicht an ihnen. Sie sehen auch, daß das Problem nicht unbedingt bei den einzelnen Männern liegt, die sie kennen, sondern daß die Männer insgesamt in einer Weltanschauung wider alle Vernunft befangen sind, die zu Verbiegungen führt, zu abgestumpften und verdrehten Verhaltensweisen. Dieses System hat die Männer so fest im Griff, daß viele vereinsamen und verzweifeln und schließlich die »Kontrolle« verlieren: Gewaltverbrechen werden fast immer von Männern begangen. Wahrscheinlich werden Frauen nicht gewalttätig, weil es ihr System, die »Frauen«kultur, zuläßt, daß die Dinge besprochen, ausdiskutiert werden. Doch Männer haben das Gefühl, daß sie sich nirgendwo hinwenden können und dürfen – außer vielleicht zum Sex, durch den sie wenigstens körperliche Zuwendung bekommen. (So bedeutet Vergewaltigung für Männer häufig eine Manifestation ihrer selbst und des Zorns über den Mangel an Zuwendung.) Das »männliche« System tut Männern weh, versperrt ihnen den Weg zu anderen. Und dennoch glauben Männer weiterhin an dieses System und verteidigen seine »Werte«, koste es, was es wolle. Warum?

Eine neue Analyse der »männlichen« Psychologie

Beinhaltet die emotionale Gewalt, die Männer in Beziehungen mit Frauen üben, eine gewisse vage Unzufriedenheit, die sie im Hinblick auf ihr Leben *im allgemeinen* empfinden? Sind Männer wirklich die »Sieger« im System der »männlichen Dominanz«? Was wir Männer hier ausdrücken sehen (gegen Frauen gerichtet, weil es da am einfachsten ist), ist eine Art Wut, eine Nervosität, die vielleicht von ihrem Gefühl kündet, daß die Dinge in Wirklichkeit nicht gut laufen, daß sie nicht die Belohnungen bekommen, die ihnen versprochen worden sind. Vielleicht finden die Männer ihre Welt jetzt irgendwie erschreckend und unbefriedigend, zumal da Arbeit oft knapp und die Zukunft ungewiß ist angesichts der Tatsache, daß mittlerweile von einem erwartet wird, daß man den Arbeitsplatz oder den Beruf mehrmals im Leben wechselt. Womöglich können Männer nicht länger davon ausgehen, eine Garantie auf die Liebe der Frauen zu haben. Vielleicht können sie nicht mehr damit rechnen, daß Frauen »da sind«, »nett sind«, bereit sind, sich um alles zu kümmern, ihnen ein »gemütliches Zuhause« zu geben usw. Es ist nicht mehr garantiert, daß jemand da ist, »im Haus« ist und wartet. Es ist möglich, daß Männer Frauen gegenüber – wie auf einer Bühne – ihre allgemeinen Gefühle über das Leben, sich selbst und die Zukunft zur Schau stellen.

In der Fernsehserie »Ascent of Man« stellte Professor Jacob Bronowski fest: »Es kann sein, daß wir uns und andere mit dem Zweiten Weltkrieg und der Atombombe dehumanisiert haben.« Die »Männlichkeit« hat sich seit dem Zweiten Weltkrieg sehr verändert – sie hat sich verhärtet. Ist es möglich, daß der Krieg und der angelernte Glaube, es sei recht zu töten, im kollektiven männlichen Bewußtsein Amerikas so etwas wie Unbehagen ausgelöst hat? Wird vielleicht auf diese Weise mit Schuldgefühlen aufgeräumt, indem der harte, brutale Einzelgänger, der Dschungelkämpfer glorifiziert wurde – der Mann, der »es packen konnte«, der »getan hat, was er tun mußte« –, um so den Schock der kollektiven Verantwortung für Gewalt und Tod zu mildern, der der Preis des Sieges war? Der »harte Stil« ist populär geblieben, doch nicht alle Männer übernehmen diese brutale Vorstellung von »Männlichkeit«. Was macht sie anders, was bewahrt sie vor der Desensibilisierung?

7

Der Mythos vom
weiblichen Masochismus

»Glauben Sie, daß Sie sich manchmal die falschen Männer aussuchen?«

Die überwältigende Mehrheit der Single-Frauen (88 Prozent) meint, daß sie sich manchmal die »falschen Männer« aussucht; fast jede Frau glaubt, das sei allein ihr persönliches Problem, und fragt sich, ob sie eine verborgene neurotische, masochistische Ader hat:

»Ja, ich glaube manchmal, daß ich mir die falschen Männer aussuche. Meistens sind sie nicht bereit, häuslich zu werden, während ich es bin. Am Anfang ist es phantastisch, aber sobald sie merken, daß ich es ernst meine, und ich merke, daß sie es nicht ernst meinen, bekommen wir Probleme.«

»Ich suche mir oft die Falschen aus. Der einzige gemeinsame Nenner ist, daß sie alle keine so gute Schulbildung haben wie ich – obwohl Schulbildung an sich noch nicht Schlauheit bedeutet. Liegt es vielleicht daran, daß ich auf Schmeicheleien reinfalle?«

»Wie mir scheint, suche ich mir regelmäßig hilfsbedürftige Männer aus, um über kurz oder lang zu entdecken, daß sie einen Seelenklempner oder einen Tritt in den Hintern viel nötiger brauchen als eine Geliebte.«

»Ich suche mir Kerle aus, die sexy sind, gute Liebhaber, aber sie haben immer zuviel Komplexe und Probleme.«

»Männer, die stark wirken, aber eigentlich schwächer sind als ich – Männer, die wegen ihrer emotionalen Schwierigkeiten nicht in der Lage sind, für mich dazusein.«

»Ich suche mir *echt* die Falschen aus! Bis jetzt hauptsächlich Verlierertypen, Muffelköpfe, Egoisten und Langeweiler!«

»Unerreichbare, von denen ich in tiefster Seele weiß, daß ich sie nie kriegen kann.«

»Meistens Männer, die sich auf nichts einlassen und sich keine Mühe machen, mir zu gefallen, sondern nur furchtbar angeben.«

»Ich suche mir nette Leute aus, die mir unweigerlich weh tun – unehrliche Männer, Machos.«

»Gutaussehende Egozentriker.«

»Zu dominante Typen – so wie mein Vater.«

»Ich weiß nicht, was Sicherheit in einer Beziehung ist. Ich kann sie mir vorstellen, aber ich habe keine Ahnung, wie ich an einen Mann geraten soll, der gut für mich wäre.«

»Ich suche mir Knaben aus, die zu oft verletzt worden sind.«

»Faszinierende, brillante Männer. Das ist genau das Richtige (in puncto Attraktivität) und genau das Falsche (auf lange Sicht). Am Anfang ist es okay – später komme ich mir reingelegt vor.«

»Ich suche mir Männer aus, die mir das Leben schwermachen, weil ich gern kämpfe. Wenn jemand *zu* nett zu mir ist, vergeht mir alles!«

»Die Männer, die ich mir bis jetzt ausgesucht habe, waren alle falsch für mich. Aber ich habe darüber nachgedacht und bin zu dem Schluß gekommen, daß ich es nicht darauf *angelegt* hatte, negative Erfahrungen zu machen. Sie hatten alle ein paar gute Eigenschaften, die zunächst die schlechten überwogen. Dann schlugen die schlechten durch.«

»Ich neige dazu, mich in effeminierte, manchmal auch schwule Männer zu verlieben. Bei meinen beiden ersten Lovern ging es so aus, daß sie ein Paar wurden.«

»Ich hatte immer Liebesbeziehungen mit Männern, die ich menschlich nicht mochte, was mich aber nicht daran hinderte, mich letztlich doch emotional zu involvieren. Anscheinend gerate ich grundsätzlich an Chauvinisten, die nichts von dem haben, was ich mir bei einem Mann wünschen würde – d. h. wenn ich zu diesen Zeiten bei klarem Verstand wäre.«

»Stilvolle, attraktive Leute. Bei denen, die ich kannte, gingen Stil und Attraktivität allerdings nie mit Beständigkeit zusammen.«

»Die Männer, die ich mir aussuche, sind völlig unsensibel für meine Bedürfnisse, aber ich suche mir immer wieder solche Männer aus.«

»Ich suche mir definitiv die Falschen aus – autoritäre Kerle mit Vorbehalten gegen Frauen, finanziell sehr erfolgreich (wie mein Vater).«

»Ich habe mir jahrelang Muttersöhnchen ausgesucht, damit ich nicht so leicht verletzt wurde.«

»Manchmal glaube ich wirklich, daß ich mir die falschen Liebhaber aussuche. Ich bin oft an verheiratete Männer geraten, fand aber immer erst später heraus, daß sie verheiratet waren. Ein Psychologe würde wahrscheinlich sagen, daß ich mir Männer aussuche, die bereits gebunden sind, weil ich eine Beziehung will, die mir keinen Spielraum für die Entscheidung läßt, ob ich mich binden möchte oder nicht. Ich glaube aber nicht, daß es so ist.«

»Ich fühle mich sehr zu rebellischen, nonkonformistischen Typen hingezogen, die mir immer am Ende weh tun.«

»Ich habe eine Therapie angefangen, um durchzuarbeiten, warum ich diesen Wiederholungszwang habe, ›Verlierer‹ anzuziehen und verletzt und ausgenutzt zu werden. Ich habe mich immer rasend verliebt und nicht aufgegeben. Wenn ich den Kerl nicht gekriegt habe, war ich so verzweifelt, als würde meine Welt in Stücke gehen. Es *mußte* klappen... aber es hat nie geklappt. Ich wünsche mir, ich wäre sicherer gewesen, hätte mich selber mehr geliebt und meine Zeit nicht mit diesen Leuten verplempert. Übrigens glaube ich nicht, daß mir die Therapie geholfen hat, zu irgendwelchen Schlüssen zu kommen – ich bin nur schließlich meinem Mann begegnet.«

Manchmal sagen Frauen, die »neue Sensibilität« der Männer sei eher byronesk und egozentrisch als empathisch und solidarisch – d. h. einige Männer werden sensibler und leben mehr im Einklang mit ihren Gefühlen, aber nicht mit denen der Frauen:

»Ich fand früher die Art Männer enorm attraktiv, die Bertrand Russell ›byronsche Melancholiker‹ nennt. Wehmütige, sensible, bedürftige Männer. Zum Glück habe ich herausgefunden, daß sie mir nicht guttun. Ich kann sie nicht retten; sie wollen auch selten gerettet werden. Außerdem müssen sie das schon selbst machen.«

»Ich habe mir oft die falschen Männer ausgesucht. Ich wollte sanfte Männer, und statt dessen bin ich an schwache, egoistische Männer geraten, die sehr sensibel für ihre eigenen Gefühle waren, aber völlig unsensibel für die von anderen.«

Die wenigen gegenteiligen Antworten sehen so aus:

»Ich suche mir Männer aus, die freundlich und liebevoll sind und viel Humor und ein gutes Selbstbewußtsein haben, ohne egoistisch zu sein.«

»Ich suche mir immer die richtigen Liebhaber aus. Kommunikativ, nett, ehrlich, sexy, normal, fleißig, intelligent. Und sie lieben mich.«

»Ich suche mir fürsorgliche, altruistische, starke, ehrgeizige, wohlerzogene Männer aus. Ich glaube, wenn sie Schwestern hatten, haben sie mehr Einblick in die Gefühle einer Frau.«

Mehrere Frauen sagen, sie hätten das Gefühl, daß nicht sie *die Männer aussuchen, sondern daß sie von Männern ausgesucht werden:*

»Die Männer suchen *mich* aus, und ich kann mir nur aussuchen, ob ich mich aussuchen lasse. Das klingt vielleicht ein bißchen verrückt, aber ich glaube, mein ganzes Leben besteht daraus, das Beste aus dem zu machen, was mir begegnet.«

»Ich bin so erzogen worden, daß die Jungen oder Männer die Frauen aussuchen, und wenn man sie mag, ist es okay. Ich finde jetzt, daß *ich* mir aktiv einen Partner wählen sollte.«

»Ich glaube, daß Frauen nicht so sehr ›aussuchen‹ wie Männer. Frauen *werden* ausgesucht, und dann akzeptieren sie den Mann entweder oder sie lehnen ihn ab, je nachdem wie ›bedürftig‹ sie sind. Ich glaube, daß ich oft von Männern ausgesucht worden bin, die mir nicht ebenbürtig waren.«

Was heißt »falsch«?

Heißt »falsch« verantwortungsscheu? Rücksichtslos? Daß die Frau gekränkt und verletzt wird?

Eine Frau weist darauf hin, wenn ein Mann »der Falsche« sei – d. h. sie nicht »glücklich« *macht und nicht stabil ist –, müsse das nicht immer bedeuten, daß er in* jeder *Hinsicht »falsch« für sie sei:*

»Ich suche mir vielleicht manchmal die Falschen aus, aber für meine Entfaltung und fürs Dazulernen sind sie goldrichtig. Ich hatte früher immer Angst, mich in die zu verlieben, die mich innerlich wirklich tief anrührten, aber jetzt weiß ich, daß von daher das Beste in bezug auf Entfaltung und Lernen kam, also hole ich tief Luft und lasse mich darauf ein.«

Andere sehen das Problem ebenfalls komplexer:

»Meine Freundinnen würden wohl sagen, daß ich mir ›die Falschen‹ aussuche, aber steht es ihnen zu, das zu beurteilen, und auf welcher Basis urteilen sie? Ich suche mir Männer aus, die bestimmte persönliche und charakterliche Qualitäten haben, und obwohl man einige vielleicht nach bürgerlichen Maßstäben nicht als ›stabil‹ bezeichnen kann, haben sie mir alle etwas Wichtiges und Wertvolles gegeben.«

»Ich glaube nicht, daß ich mir die falschen Männer *ausgesucht* habe, es stellte sich nur immer heraus, daß sie sehr viel anders waren, als ich dachte. Durch jede Beziehung habe ich etwas dazugelernt, und so habe ich keine allzu sehr bereut.«

»Ich habe einiges riskiert: Abenteurer, Neurotiker, Lügner, hübsche verheiratete Schauspieler, junge Afrikaner, die mir alle möglichen Geschichten erzählt haben, damit ich ihnen das Taxi bezahlt habe oder sonst was. Diese Männer mögen den meisten Leuten als ›die Falschen‹ vorkommen, aber sie sind wenigstens nicht langweilig.«

»Ich habe mir nie die ›falschen‹ Männer ausgesucht – bei einigen zeigte sich, daß sie nicht zu mir paßten, aber keiner war ausfallend oder gemein. Es gibt auch noch andere Gründe, jemanden zu lieben, als den, sich mit ihm häuslich niederzulassen.«

Eine Frau sagt, daß sie weder »Softies« noch »Machos« mag:
»Was ich an Männern mag? Ich mag das Wilde an ihnen. Niederträchtigkeit mag ich genausowenig wie Zahmheit. Und die patriarchalischen Killer- und Kontrollinstinkte natürlich auch nicht – aber die haben Frauen manchmal auch, obwohl ich es eher als ›männliche‹ Eigenart bezeichnen würde. Ich mag es, wenn Männer mutig und stark sind, freundlich, warmherzig, sexy, intelligent, humorvoll, gut gelaunt, verspielt, großzügig. Ich mag es nicht, wenn sie egoistisch, egozentrisch, grausam, gleichgültig, gemein, tyrannisch, sexualfeindlich, lebensfeindlich und engstirnig sind, wenn sie Frauen manipulieren oder meine Freundinnen unglücklich machen. Ich hasse es, wenn sie Frauen gegeneinander aufhetzen.«

Viele Frauen hatten etliche unglückliche Beziehungen, bevor sie eine gute Beziehung fanden; eine unglückliche Beziehung oder eine Reihe von »falschen Männern« verurteilt einen keineswegs dazu, daß sich daran ein Leben lang nichts ändert:
»Bevor ich meinen Mann kennengelernt habe, gab es ein konstantes Schema in ungefähr 90 Prozent meiner Beziehungen (und das hat mich absolut fertiggemacht). Ich mußte im emotionalen, im geistigen und oft auch im finanziellen Bereich für alles sorgen. Ich hatte grauenhafte Trennungsängste. Ich war krankhaft eifersüchtig auf andere Frauen; wenn ich einen Liebhaber nur mit anderen Frauen sprechen sah, drehte sich mir der Magen um, verkrampfte ich mich vor Angst. Das ist jetzt nicht mehr so. Meine Beziehungen funktionierten damals nicht, weil ich mich ständig verraten und den anderen kein Limit gesetzt habe. Früher habe ich mir nie erlaubt, Grenzen zu ziehen und zu sagen, was für mich in Ordnung geht und was nicht.«

Suchen sich Frauen wirklich die »falschen Männer« aus – oder gibt es nur wenige Männer, die dazu fähig sind, mit Frauen eine Beziehung von gleich zu gleich zu haben?

»Es ist sehr, sehr schwierig für mich, jemanden kennenzulernen, der sich von der breiten Masse abhebt. Männer, mit denen es sich lohnt... das ist bei optimistischer Schätzung vielleicht einer unter zehntausend. Ich meine eine entwickelte Persönlichkeit, einen Mann, der unabhängig denkt, der viel weiß und eine ethische Grundeinstellung hat. Das ist äußerst selten.«

87 Prozent der Frauen sagen, daß es schwierig für sie ist, Männern zu begegnen, die sie bewundern und respektieren können:

»Es fällt mir sehr schwer, jemanden zu finden, zu dem ich mich hingezogen fühle und vor dem ich Respekt habe. Ich fühle mich zu vielen Männern hingezogen, aber Respekt habe ich vor den wenigsten. Der Versuch, jemanden zu finden, den ich mögen und vor dem ich Respekt haben und den ich dazu bringen kann, für mich das gleiche zu empfinden, ist zur Zeit das Schwierigste in meinem Leben. Wenn ich nicht den Typ Mann treffen kann, der richtig für mich ist, bleibe ich lieber zu Hause.«

»Ich habe viele Interessen und einen großen Freundeskreis, finde aber oft, daß der Lebensstil der Männer, mit denen ich ausgehe, nicht so interessant und abwechslungsreich ist wie meiner, und ärgere mich, wenn ich ihretwegen Aktivitäten aufgebe.«

»Ich bin gern mit Männern zusammen, die sanft, freundlich, rücksichtsvoll und aufmerksam sind. Ich habe Freude am Sex, deswegen wäre ich gern mit jemandem zusammen, der auch Freude am Sex hat. Natürlich wünsche ich mir Männer, die ähnliche Interessen haben wie ich. Ich war immer sehr zurückhaltend mit Verabredungen, weil ich keine solchen Männer finde.«

Eine Frau antwortet (stellvertretend für viele) auf die Frage, ob sie sich die »falschen Männer« aussucht: »Was bleibt mir sonst übrig?«

»Ein objektiver Beobachter könnte sagen, daß ich mir Männer aussuche, die mit Dauerbeziehungen nichts am Hut haben. Ein bißchen was ist daran wahr. Aber man könnte auch sagen, daß allen Männern etwas Wichtiges fehlt. Es gibt so viele Variablen: Weiße Männer verabreden sich meistens nicht mit schwarzen Frauen, also sind schon mal weniger Männer verfügbar. Schwarze Männer mit Format sind oft erst recht nicht verfügbar. Die unverheirateten und ungebundenen schwarzen Männer, die sich gern mit mir verabreden würden, sind meistens sehr viel jünger als ich (das ist fast okay – nur daß sie sich meistens auch sehr jung verhalten – wenn sie das nicht täten, wäre es ganz okay). Oder sie haben kein Format – sie haben nicht die gleichen Werte wie ich oder interessieren sich für nichts im Leben als banalen Alltagskram. Die Männer mit Format, die unverheiratet sind und etwa in meiner Altersgruppe, wollen meistens nur oberflächliche und unverbindliche Beziehungen – ›Ich melde mich wieder, sobald ich kann‹ –, aber ich hätte gern etwas mehr Zusammengehörigkeitsgefühl, auch wenn der Mann nicht immer verfügbar ist. Ja, was soll ich sagen? Suche ich mir die falschen Männer aus? Was bleibt mir sonst übrig?«

Eine andere Frau fragt sich, wie viele Männer es gibt, die emotional und psychisch in der Lage sind, nicht nur beiläufige zwischenmenschliche Beziehungen zu haben:

»Ich habe immer angenommen, die Beziehungen von Männern untereinander wären ihre wichtigsten Beziehungen. Ich war schockiert, als ich im *Hite Report* gelesen habe, daß die Männer sagen, sie fänden diese Beziehungen seicht. Kein Wunder, daß ich so wenig ›bedeutungsvolle‹ Beziehungen mit Männern hatte – das Potential ist einfach nicht da. Und ich hatte schon selbst geglaubt, daß ich mir halt immer wieder die falschen aussuche. Ich habe ungeheuer unter diesen Männern gelitten, auf die die Gesellschaft gnadenlos eingedroschen hat, um sicherzustellen, daß sie keine menschlichen Regungen mehr haben.«

Viele Frauen fangen, um mit diesen Problemen fertig zu werden, eine Therapie oder eine Psychoanalyse an – manchmal hilft es:

»Die Sitzungen waren insofern hilfreich, als sie mich an meine wahren Ziele, Wünsche usw. herangeführt haben. Nur wurde dadurch nichts gelöst. Ich habe zwar das Gefühl, daß ich nicht unerhebliche Fortschritte gemacht habe, aber irgendwelche großen Offenbarungen habe ich nicht erlebt.«

In einigen Therapieformen und psychoanalytischen Theorien spiegeln sich jedoch lediglich die Werte der Gesamtgesellschaft wider; es wird angenommen, daß mit der Frau etwas nicht stimmt, wenn sie »Beziehungsprobleme« hat, daß sie vielleicht »zu anspruchsvoll« ist, »klammert«, »unsicher« ist – oder aber »zu hart« und »zu kalt«; ein Therapeut kann diese Stereotype (die scheinbar durch eine »differenzierte«, »wissenschaftliche« Theorie gerechtfertigt sind) auf eine Frau anwenden, ohne es zu merken:*

»Mir scheint, daß ich früher immer an Männer geriet, von denen ich meinte, sie seien mir unterlegen. Ich habe deswegen einen Analytiker aufgesucht und bekam die Auskunft, ich hätte den unbewußten Wunsch, meine Beziehungen zu zerstören, und finge darum was mit Leuten an, die ich in Wirklichkeit nicht mögen würde. Ich glaube nicht, daß das stimmt – ich glaube, daß ich nur wesentlich mehr Selbstvertrauen entwickeln mußte – was ich inzwischen getan habe.«

Wenn so viele Frauen die Frage »Glauben Sie, daß Sie sich manchmal die falschen Männer aussuchen?« mit Ja beantworten, heißt das ent-

---

* Zwei Drittel aller Therapiepatienten in den Vereinigten Staaten sind Frauen. Siehe *Frauen – das verrückte Geschlecht* von Phyllis Chesler, Reinbek, 1978, ein klassisches Werk, das auch heute noch relevant ist, und Naomi Weissteins Aufsatz »Psychology Constructs the Female« in *Social Education* (April 1971).

weder, daß die Mehrheit der Frauen irgendeine »Neurose« hat und findet, daß sie es nicht besser verdient, oder daß die Mehrheit der Männer – seien es Genies, Geschäftsleute oder Bauarbeiter – Frauen in Beziehungen nicht gut behandeln.

Tatsächlich wird hier bestätigt, was die Frauen im I. Teil dieses Buches gesagt haben: Die Mehrheit der Männer denkt in frauenfeindlichen Stereotypen und innerhalb der Beziehungen sind Schikanen und Übergriffe an Frauen an der Tagesordnung. Mit anderen Worten, die Frauen suchen sich nicht die »falschen Männer« aus, sondern das Problem liegt darin, daß fast alle Männer stereotype, problemschaffende Auffassungen von Frauen haben. Die Mehrheit der Männer – so die Frauen in dieser Untersuchung – hat weder zu erkennen begonnen, wie eingefleischt ihre Meinung vom »Anderssein« der Frau ist, noch hat sie sich an die gewaltige Aufgabe gemacht, ihre Philosophie zu überprüfen und ihre Psychologie umzugestalten.

Große Passionen und schmerzliche Liebesaffären

Manchmal beschreiben Frauen sehr tiefe Gefühle – ekstatische Liebe, ja sogar Besessenheit –, doch sie gelten einem Mann, der ihnen furchtbar weh tut. Das ist etwas anderes als »sich den falschen Mann aussuchen«, weil in diesen Fällen das Gefühl besonders intensiv ist.

Wie ist es möglich, daß eine so große Liebe und ein so tiefer Schmerz zusammengehen? Wie kann eine Frau so leidenschaftlich lieben, wenn sie gleichzeitig so unglücklich ist? Wie sich nach jemandem sehnen, der ihr weh tut? Was bedeutet das?

Eine Frau schickte die Kopie eines herzzerreißenden Briefes, den sie ihrem Liebhaber geschrieben hatte – sie erklärt ihm darin, wie sehr sie ihn liebt und warum sie ihn trotzdem verlassen muß:

»Ich liebe Dich so sehr. Unser Problem hat nichts mit meinen Freundinnen zu tun, wie Du behauptest. Du bist so stolz und versuchst, mich als schäbig hinzustellen, weil ich sie nicht mit Dir ›teilen‹ will. Du möchtest, daß ich genau wie Jean bin, die eine Grimasse schneidet, wenn man sie fragt, ob sie noch mit Jim zusammen ist, die sich so unsagbar kränken, so entsetzlich schikanieren läßt – Du findest, sie ist eine wunderbare Frau. Ja, sie *ist* eine wunderbare Frau (es gibt vieles, was ich an ihr mag), aber sie ist auch eine dumme Frau. Wenn Du meinst, daß eine Beziehung *so* aussehen soll, dann haben wir sehr verschiedene Vorstellungen von einer Beziehung.

Ich habe auf jede erdenkliche Weise versucht, das zu sein, was ich Dir sein wollte, und es war nicht genug. Ich habe einen Körper und einen Verstand, um den sich viele Männer reißen würden, aber Du hast beides immer wieder zurückgewiesen, während Du weiß Gott wen begehrt und Dich an weiß Gott wen rangemacht hast (auch an eine meiner besten Freundinnen). Ich betrachte das mit widerstrebenden Gefühlen, aber hauptsächlich frage ich mich: WARUM? Ich war immer für Dich da, habe Dich geliebt, Deinen Kopf geliebt, Deinen Schwanz geliebt, mich um Dich gekümmert, versucht, dafür zu sorgen, daß Du und ich das Beste sind, was wir sein können. Ich habe versucht, das Team zusammenzuhalten. Aber das kann ich nicht allein. Ich kann nicht mit Dir leben in dem Wissen, daß ständig was ist, zum Beispiel daß Du Dich an Laura ranschmeißt, wenn ich bei der Arbeit bin. Ich meine – was ist der *Grund* dafür? Ich habe anderthalb Jahre versucht, Dir alles zu geben, und komme mir vor, als hätte ich überall blaue Flekken, weil ich mich ganz allein für unser Team geschlagen habe, komme mir vor, als würde ich mit dem Kopf gegen eine Betonwand rennen.

Ich kann nicht damit leben, daß Du an andere denkst und hinter meinem Rücken mit ihnen vögelst. Daß Du mir einzureden versucht hast, es sei nur eine einmalige Geschichte gewesen, und dann kommt Hope, und dann kommt Robin, und weiß Gott wer sonst noch mit Dir zusammen war – das ist unfaßbar für mich. Daß Du mich angelogen hast, ist unfaßbar für mich. Und restlos unfaßbar ist für mich, daß Du es überhaupt *wolltest*. Ich habe mich in letzter Zeit verflixt nach sexueller und emotionaler Aufmerksamkeit von Männern gesehnt, aber ich habe mich nur danach gesehnt, weil ich es von Dir nicht kriege. Ich will es so sehr von Dir, aber Du bist nicht für mich da (nicht richtig oder ständig), also suche ich es bei anderen oder zumindest die Möglichkeit. Und Du? Warum Du andere brauchst, finde ich schwer zu begreifen. Der Spruch von Deinem französischen Blut ist das Blödeste, was ich je gehört habe, also gehe ich nicht näher darauf ein.

Ich muß das überleben – ich kann nicht sehenden Auges mit Dir untergehen. Es tut weder Dir noch mir gut, wenn gelogen und betrogen wird, aber wenn Du nicht damit aufhören kannst, muß ich tun, was ich kann – nämlich gehen. Wenn ich mich von Dir zurückziehe, fühlst Du Dich vielleicht besser, weil Du dann weißt, daß Du mir nicht weh tust und mich nicht betrügst – und ich fühle mich vielleicht auch besser. Ich weiß es nicht.

Ich liebe Dich ungeheuer, aber ich kann nichts machen, als mit Dir untergehen oder irgendwas tun. Ich brauche es, geliebt und gewollt zu werden, und weiß, daß mich jemand manchmal sagenhaft findet; ich brauche jemanden, der mir manchmal seine ungeteilte Aufmerksamkeit schenkt. Das tust Du alles nicht mehr, und ich brauche es so nötig. Denk daran, wie sehr Du es selbst brauchst, dann verstehst Du mich vielleicht. Du verlangst so viel sexuelle Aufmerksamkeit, daß es Dir nicht reicht, eine Frau zu haben, die andere gern hätten – eine Frau, die mit Dir zusammen lebt und es genießt, mit Dir ins Bett zu gehen! Du verlangst so viel emotionale Aufmerksamkeit, daß Deine Freundinnen einen Ausgleich für die Liebe und Aufmerksamkeit schaffen müssen, die Du von mir brauchst und, wie Du meinst, nicht bekommst! Heiliger Gott! Dann werde ich dafür ausgeschimpft, daß ich am Morgen weine und von Abenden träume, an denen wir schmusen und zusammen essen und uns völlig ineinander verlieren! Wie kannst Du mich dafür ausschimpfen, daß ich das will? Lieber Gott, bist Du denn schwachsinnig? Das ist das BESTE! Erinnerst Du Dich nicht?

Es steht nirgendwo geschrieben, daß das aufhören muß. Und es gibt keinen Grund, mich pessimistisch und fatalistisch zu nennen, wenn ich sage, ich glaube nicht, daß es wiederkommt. Ich finde, es *sollte* wiederkommen, aber ich glaube nicht, daß Du im Moment dazu imstande bist. Oder es willst.

Also laß mich gehen – liebe mich genug, um mich gehen und leben zu lassen, während Du es Dir überlegst. Ich liebe Dich und möchte das Gefühl haben, daß es etwas ist, daß Du wieder schätzen wirst. Bis dahin muß ich es bei mir behalten, weil ich es Dir nicht mehr geben kann. Erst wenn Du es willst – wirklich willst – und bereit und fähig bist, es mit mir beim Schopf zu packen und es mit mir zu leben.«

Eine andere Frau setzt eine sehr unbefriedigende Beziehung fort – sie ist »die andere« – und fragt sich, warum:

»Ich bin attraktiv, schlank, habe blonde Haare, bin (scheinbar) unabhängig – oh, was klingt das eitel! Der Mann, den ich liebe, spielt in einer Band. Jedesmal wenn seine Band an der Ostküste ist, wende ich eine Menge Zeit, Energie und Geld dafür auf, um bei möglichst vielen von seinen Konzerten dabeizusein. Ich merke in dem Moment, in dem ich das schreibe, wie peinlich es ist. Er lebt nicht nur in einem anderen Staat, eine halbe Ewigkeit entfernt, sondern er liebt auch eine andere Frau.

Wir hatten es oft schön zusammen, aber als ich anfing, mehr zu wollen, einige von meinen Bedürfnissen befriedigt haben wollte, ging er immer mehr auf Distanz – nicht weil er ein mieser Kerl ist, sondern weil er mit einer anderen Frau liiert ist und weil ihn das allmählich beunruhigte – und je mehr er auf Distanz ging, desto mehr lief ich ihm nach. Als ich ihn das letzte Mal zu fassen kriegte, stellte ich ihn zur Rede, obwohl das unnötig war, weil er mir ja mit seinem Verhalten und allem sagte, daß es gut lief mit seiner Freundin, und das hätte eigentlich genug sein sollen, war es aber nicht – ich stellte ihn also zur Rede, und er sagte mir, wir könnten Freunde bleiben, aber im Augenblick würde es echt gut laufen mit seiner Freundin, und er wollte nicht mehr mit mir schlafen. Da stand ich nun und fühlte mich dumm und dußlig und konnte nichts machen...

Ich bin nicht wütend auf ihn, weil er von Anfang an ehrlich zu mir war, und dafür mag ich ihn immer noch, aber ich bin wütend auf mich, weil ich mich in diese Situation gebracht habe. Nun könnte vielleicht jemand sagen, daß ich Angst vor Nähe habe, weil ich Leuten nachlaufe, die sie mir nicht geben können, oder prinzipiell unerreichbar sind; eine Liebessüchtige, die hinter Leuten herrennt, die mit jemand anderem befreundet sind oder tausend Probleme haben, und denkt, die kannst du retten oder verändern und alles wird wunderbar, nur daß das nie passiert – ist also reine Phantasie. Weil ich ihn relativ selten gesehen habe, war die Beziehung für mich viel wichtiger als für ihn. Für ihn war es nur eine Abwechslung, wenn er unterwegs war und sich langweilte oder einsam fühlte. Es war schmeichelhaft für ihn, daß ich immer rumreiste und ihn suchte. Für mich war die Beziehung auch dann wichtig, wenn ich nicht in seiner Nähe war. Das ist ganz schön traurig, ja, wirklich traurig.

Ich mache jetzt eine Therapie und versuche, mit einigen von diesen Dingen fertig zu werden. Ich habe auch zwanghaft Sachen gekauft. Ich glaube, ich habe versucht, mein Leben irgendwie zu füllen. Solcher Besitz macht einen nicht glücklicher, aber ich mag Kleider – es ist fast schon eine Besessenheit. Ich verbringe zuviel Zeit mit Einkaufen, gebe zuviel aus, einfach zuviel. Wahrscheinlich liegt es an dem Gefühl, daß dein Leben außer Kontrolle ist, dann gehst du los und gibst Geld aus, das hast du unter Kontrolle – du hältst dich an deiner Kreditkarte fest.

Mein Zustand ist im Moment fast gut, ich möchte geliebt werden, aber ich weiß nicht, wie man liebt. Ich weiß nicht mal, ob ich es jetzt könnte. Ich hatte so viele schlechte Beziehungen, ich glaube nicht, daß die überhaupt was mit Liebe zu tun hatten, mehr so eine Art Zwang oder der Versuch, eine Leere zu füllen, aber es hatte nichts damit zu tun, daß zwei Leute alles miteinander teilen und sich umeinander kümmern.

Die Beziehung, die ich in den letzten drei Jahren hatte, die mit dem Rock-Star, ist eigentlich entsetzlich. Sie ist hauptsächlich sexuell, und der Sex mit ihm ist nicht so berauschend, es ist immer das gleiche. Er ist sehr dominant. Er will immer das Sagen haben, und das zeigt sich im Bett. Warum toleriere ich das, obwohl der Sex nicht mal besonders erfreulich ist? Deswegen bin ich jetzt in Therapie, ich versuche es rauszukriegen.

322

Es ist kein Problem für mich, Männer kennenzulernen, weil ich auf einem Airport arbeite und da ständig mit Männern zu tun habe, die attraktiv sind und die ich auch respektieren könnte, aber ich nehme das gar nicht richtig wahr, ich sehe nicht richtig hin. Mein Sexleben ist praktisch nicht existent.

Wenn ich mir so die Männer ansehe, mit denen ich zur High School und aufs College gegangen bin – die meisten sind jetzt verheiratet, dreißig, man weiß, da wird es langsam Zeit, und sie haben geheiratet, und ich wachte plötzlich auf und war Single. Ich dachte mir, vielleicht hast du echt den Zug verpaßt. Aber das hat wohl damit zu tun, daß die Ehe meiner Eltern so unglücklich war, vielleicht habe ich unbewußt beschlossen, das nicht mitzumachen, und so stehe ich jetzt, wo ich eben stehe.

Als ich jünger war, hatte ich all diese Ideale und Erwartungen. Wenn du älter wirst, begreifst du, daß du da nie rankommst, es gibt eine Diskrepanz zwischen Phantasie und Realität. Aber ich arbeite jetzt an etwas, das gut für mich ist oder zumindest besser.«

Mit wieviel Unglück finden sich Frauen ab, und warum halten sie an schwierigen Beziehungen fest?

Manchmal kann eine Frau jemanden innig lieben, der nicht stabil ist, der keine dauerhafte, kontinuierliche, funktionierende Beziehung eingehen kann oder will – und die Beziehung kann trotzdem zutiefst bewegend und wichtig sein. Liebe ist schließlich nicht bloß eine Art Kniesehnenreflex auf eine Person, die »nett« zu einem ist.

Die Bezeichnung »Masochistin« wird oft auf Frauen angewandt, die in unglücklichen oder »nicht funktionierenden« Liebesbeziehungen leben, und das mit dem Unterton »Die müßte mal zum Psychiater« oder »Ist es nicht eine Schande, daß sich soviele Frauen in so was reinreiten?«

Wie bereits erwähnt werden Frauen (aber nicht Männer) oft sehr streng von der Gesellschaft beurteilt, was Liebe und Privatleben angeht. Die Maßstäbe dafür sind, ob ein Mann sie liebt oder nicht, ob sie verheiratet sind und (hoffentlich!) Kinder haben. Fast jede Beziehung wird als Hinführung auf diesen »wundervollen Zustand« betrachtet, als Probe für die Ehe, und wenn sie nicht »funktioniert« oder unglücklich ist, ist sie ein »Reinfall« – und die Frau ist eine »Masochistin«, wenn sie die Beziehung nicht abbricht. Wenn eine Frau an einem besonders einsamen und unglücklichen Tag zu jemandem sagt, der nicht gerade aufgeschlossen ist, »Mein Leben ist ein Chaos!«, dann wird ihr Gegenüber wahrscheinlich (und sei es auch nur in Gedanken) mit dem Kommentar reagieren: »Kannst du dich nicht zusammenreißen? Was ist los mit dir?« Auf Frauen lastet ein großer Druck, im Privatleben »erfolgreich« zu sein, den Erwartungen der Gesellschaft zu entsprechen – d. h. einen »netten Mann« zu finden, sich mit ihm häuslich einzurichten und »stabil« zu sein.

»Beweisen« unglückliche Beziehungen, daß Frauen »masochistisch« sind? Zu »loyal« und »hilfsbereit«, als ihnen guttut? Daß sie »zwanghaft« oder »obsessiv« sind? Werden Frauen derart »abhängig« von Beziehungen, daß sie sich nicht aus ihnen lösen können?

Die Vorstellung, Frauen seien »masochistisch«, wenn sie bei jemandem bleiben, der sie schlecht behandelt, berücksichtigt nicht, daß die andere Person am Anfang wahrscheinlich liebevoll war und es zeitweise immer noch ist. Manchmal beginnen solche Beziehungen mit sehr intensiver Verliebtheit, sehr intensivem Engagement, und darum stürzt es die Frau in große Verwirrung, wenn sich herausstellt, daß dem anderen wesentliche Fähigkeiten im Zusammenleben abgehen, daß er nicht teilen kann, zu Nähe nicht imstande ist: Sie liebt die »guten Seiten« des Mannes und hofft, daß sich an seinen »schlechten Seiten« noch etwas ändern wird. Sie kann sich nicht so leicht dazu überwinden, aus der Beziehung »auszusteigen«, wie es wohl der Fall gewesen wäre, wenn es am Anfang keine tiefen und ekstatischen Gefühle gegeben hätte.

Eine Frau analysiert die Vorgänge folgendermaßen: »Das Wesen des männlichen Chauvinismus besteht darin, daß dich der Mann erst wild vor Sehnsucht macht – sexuell, physisch und emotional –, indem dich mit Worten streichelt, dich richtig streichelt, dir sagt, daß du schön bist, wunderbar, interessant usw. Dann hat er dich – und du hast ihn. Nun fängt er an, herablassende Bemerkungen zu machen, an deinen Interessen und Fähigkeiten zu zweifeln, sich unregelmäßig zu melden, seinen geringen Respekt zu zeigen – bis du schließlich immer noch irgendwie in ihn ›verliebt‹ bist und Sehnsucht nach ihm hast, aber ihn jetzt auf der Basis akzeptieren und Sex mit ihm haben mußt, daß du dich mit deinem geminderten Status, deinem Gefühl der Demütigung abfindest. Nach einer Weile kannst du dein sexuelles Verlangen nach so einem Mann verlieren, aber es ist möglich, daß die Leidenschaft noch ein bis zwei Jahre anhält, während du dich gleichzeitig schämst und gedemütigt fühlst. Wie gehst du damit psychologisch um? Sado/Maso-Phantasien? Wie gehst du mit der Tatsache um, daß du in jemanden verliebt bist, der dich nicht so respektiert oder als vollständiges menschliches Wesen sieht wie sich selbst, seine besten Freunde, den Präsidenten der Vereinigten Staaten usw.???«

Der Einfluß der traditionellen »männlichen« Ideologie, die Frauen vorschreibt, wie sie sich zu verhalten haben, macht sich auch hier bemerkbar: Die Frau soll dem Mann Liebe geben – und braucht er diese Liebe nicht noch mehr, wenn er »bekümmert« oder »verwirrt« ist? Durch die ihr zugewiesene »Rolle« wird die Frau nicht ermutigt, zornig zu sein bzw. zu gehen; sie »muß« bleiben und sich um Verständnis bemühen. Doch gewöhnlich verschlimmert sich die Situation (und die Art und Weise, auf die der Mann die Frau behandelt).

In vielen Fällen liegt es auf der Hand, daß die Frau unbedingt gehen muß – zum Beispiel wenn sie ständiger psychologischer oder emotionaler Gewalt ausgesetzt ist. Meistens gibt es kein herausragendes, singuläres Ereignis, das der Frau sagt, daß »Feuer unterm Dach« ist; aber eine Reihe von kleineren Vorfällen oder das permanente Gefühl, emotional in der Schwebe zu sein, ein qualvolles Auf und Ab, das viel Kummer und Unglück zur Folge hat, sind gute Indikatoren dafür.

Unter diesen Umständen ist es sehr schwierig für eine Frau, ihre Liebe gegen die akute Situation abzuwägen. Wie wichtig sind »Glück«, »Stabilität« und »Normalität« denn überhaupt? Wie weit kann man gehen, wie weit den psychologischen Forderungen des anderen entgegenkommen? Solche Beziehungen fordern ihren Tribut nach und nach, so daß es nicht überschaubar ist, wieviel es einen kostet, sie weiterzuführen – oder wie sehr man sich schon verändert hat.

Die meisten Frauen brechen unglückliche
und ausbeuterische Beziehungen ab*

Die Reaktionen der meisten Frauen in dieser Untersuchung auf unglückliche oder nicht funktionierende Beziehungen bestätigen in keiner Weise die populäre Vorstellung, daß sich Frauen gern quälen lassen, Schmerz und emotionale Demütigungen lieben. Sie halten es vielleicht länger aus als Männer, bemühen sich mehr, dafür zu sorgen, daß die Beziehung funktioniert – was als Loyalität gepriesen oder als »Masochismus« verächtlich gemacht werden kann –, aber letztlich gehen sie doch.

74 Prozent der Frauen sind aus unglücklichen Beziehungen »ausgestiegen«:
»Im College war ich mit einem Alkoholiker befreundet. Erst habe ich versucht, ihm zu helfen, aber nach einer Weile habe ich gemerkt, daß

---

* Auch die meisten Scheidungen werden in den Vereinigten Staaten (und in der Bundesrepublik) von Frauen initiiert. Doch dabei sind sie wieder in einer Situation, in der sie nicht gewinnen können: Wenn sie den Mann verlassen, werden sie herabgesetzt – sie seien »leichtfertig«, nähmen die Ehe und ihre Verpflichtungen nicht ernst, seien »egoistisch« –; wenn sie bleiben und sich weiter darum bemühen, daß es funktioniert, nennt man sie »Masochistinnen«! Siehe auch III. Teil.

manche Leute schon dermaßen auf dem absteigenden Ast sind, daß sie professionelle Hilfe brauchen. Dann wollte ich mich von ihm trennen, aber wenn ich die Rede darauf gebracht habe, ist er fuchsteufelswild geworden. Er hat mich rumgeschubst und mich geschlagen. Ich war entsetzt. Es hat genau ins klassische Schema der geschlagenen Frau gepaßt – er hat immer gesagt: ›Warum machst *du* das?‹ Es war unheimlich, wie leicht ich mich habe manipulieren lassen, bis ich selbst geglaubt habe, *ich* hätte was falsch gemacht. Am Ende habe ich mit seiner Therapeutin geredet, und sie hat gesagt, ich soll mich schnellstens abseilen. Ich habe mich versteckt, bis er's aufgegeben hat.«

»Ich war sehr heftig in einen sehr unreifen, untüchtigen jungen Mann verliebt, mit dem ich zusammen lebte und den ich unterstützte, ehe ich den Mann kennengelernt habe, mit dem ich jetzt verheiratet bin. Dieser junge Mann war sehr egoistisch und sehr grausam zu mir, und trotzdem hatten wir eine emotionale Intimität, die ich mit meinem Mann nie erfahren habe. Ich war nie richtig glücklich, außer sexuell (er war ein sehr einfallsreicher Liebhaber und schien meinen Körper wirklich zu lieben, was dazu führte, daß ich riesige Orgasmen hatte). Aber danach war ich immer deprimiert, weil ich sah, wie hoffnungslos die Situation war. Außerdem schämte ich mich vor meiner Familie und meinen Freundinnen dafür, daß ich mit so einer verantwortungslosen Person zusammen lebte. Schließlich fand ich den Absprung und verließ ihn.«

Gewöhnlich hat der Mann neben den Eigenschaften, die eine Belastung für die Beziehung sind, auch Eigenschaften, die die Frau liebt, was den Entschluß zu gehen oder den Bruch herbeizuführen, extrem schwierig macht:

»Der Mann, den ich am wenigsten mochte, war einer, der nie hielt, was er mir und anderen versprach. Manches an ihm mochte ich allerdings sehr, aber ich konnte nicht damit leben, daß er ständig sein Wort brach. Darum mußte ich Schluß mit ihm machen.«

»Der schmerzlichste und verwirrendste Bruch in meinem Leben war der mit einem Mann, den ich sexuell liebte und mit dem ich geistig nichts gemeinsam hatte, keine Interessen, nichts. Aber im Bett war es wunderschön mit ihm. Ich würde heute noch gerne mit ihm schlafen.«

Wie bei Scheidungen (siehe 12. Kapitel) sind es öfter die Frauen, die eine unglückliche Beziehung abbrechen; sie haben jedoch gewöhnlich das Gefühl, daß ihnen keine andere Wahl bleibt, daß sie die »Aufräumarbeit« leisten, nachdem der Mann die Beziehung unmöglich gemacht hat:

»Normalerweise beende ich die Beziehung, aber wegen irgendwas, das der Kerl gemacht hat. Ich bin verletzt, und es dauert seine Zeit, bis ich drüber wegkomme. Aber ich weigere mich, bei einem Kerl zu bleiben, der mich ausnutzt oder für völlig selbstverständlich hält, denkt, er ›hätte‹ mich, mich respektlos behandelt oder mich versetzt.«

»Ich habe oft die Initiative ergriffen und Schluß gemacht. Ich war immer schrecklich traurig und hatte Schuldgefühle, fühlte mich aber auch sehr erleichtert, wenn ich aus einer unbefriedigenden Beziehung ausgebrochen war. Das langsame Sterben der Liebe war immer am schwersten zu ertragen.«

Viele Frauen sagen, wenn die Liebe stark war, bleibe noch ein wenig davon erhalten – auch wenn sie mit jemandem gebrochen haben und unabhängig davon, wie schlecht die Beziehung war:

»Obwohl ich mir wünsche, meinen Exfreund zu hassen und zu verachten, glaube ich manchmal, daß ich ihn immer noch liebe. Ich kann diese Gefühle nicht einfach abstellen.«

Am schwierigsten ist es, eine Beziehung aufzugeben, wenn der Mann behauptet – obwohl er einen unglücklich oder zumindest nicht glücklich macht –, er liebe einen:

»Er ging immer fremd und sagte, er wollte keine Scheidung, sondern nur ›seine Freiheit‹. Nach dreieinhalb Jahren hatte ich besorgniserregend abgenommen, und meine Freundinnen redeten mir zu, bis ich zu einem Scheidungsanwalt ging. Ich hatte unter den ständigen Affären meines Mannes genug gelitten und reichte die Scheidung ein. Bis wir geschieden waren, sagte er: ›Aber ich liebe dich doch.‹ Das sagt er noch heute! Er ist mit einer anderen Frau verheiratet, aber er sagt, daß er sie nicht mag und daß ich die einzige Frau bin, die er liebt! Er interessiert mich nicht mehr. Er versucht zwar, mich mit seinem Ruhegeld zurückzukaufen, und das ist so viel, daß es sich lohnen würde, aber NEIN. Damals habe ich oft geweint, obwohl ich es erleichternd fand, daß ich wieder anfangen konnte zu leben. Ich wollte die Beziehung abbrechen, und ich wollte sie nicht abbrechen. Ich habe eine Therapie angefangen, die mir helfen sollte, mich von der Beziehung abzulösen. Sie hat mir geholfen, wenn auch nur teilweise. Ich habe meinen Mann geliebt, und irgendwo liebe ich ihn immer noch, obwohl er mir so weh getan hat und obwohl ich ihn nicht mehr lieben möchte.«

Nach Aussage der meisten Frauen ist die beste Methode, über jemanden hinwegzukommen, ihn nicht mehr zu sehen:

»Eigentlich habe ich meine erste Liebe und unsere Trennung nie verwunden. Was es schwierig macht, ist, daß er immer unangesagt auftaucht, wenn er Urlaub hat (er ist bei der Navy). Wenn er wegbleiben würde, würde es mir viel besser gehen.«

Ersatz suchen ist auch eine gute Methode:

»Ich wollte mich zwingen, mich von ihm fernzuhalten, und habe die Wohnung deshalb früh am Morgen verlassen und bin erst am späten Abend zurückgekommen. Meine Mitbewohnerinnen erzählten mir, er riefe dauernd an und käme vorbei und säße stundenlang in der Wohnung, um auf mich zu warten. Er hat mich nie erwischt, erst sechs Wochen später, und da traf ich mich bereits mit einem anderen Mann, also konnte ich nein sagen.«

Die meisten Single-Frauen empfinden nach Trennungen neben dem Schmerz auch große Erleichterung und Freude:

»Ich wollte es. Ich wollte *mich* zurückhaben. Und ich bekam mich zurück. Es war phantastisch. Es war auch hart und eine große Einsamkeit. Ich hatte das Gefühl, daß ich für meine Freiheit viel aufgegeben hatte.«

Doch 14 Prozent der Frauen empfinden nur Schmerz:

»Ich habe es gehaßt, zurückgewiesen zu werden, ich habe mich wie der letzte Dreck gefühlt. Der Mann, den ich liebte, nahm sich eine andere Frau. Ich habe mich als Versagerin gefühlt, weil sie, die andere, ihm etwas geben konnte, das ich ihm nicht geben konnte. Ich war eine Weile rasend eifersüchtig. Ich mußte an die beiden zusammen im Bett denken, ich konnte es einfach nicht lassen. Anfangs habe ich am meisten den Sex vermißt und unsere Nähe. Ich habe es vermißt, mit ihm zu schlafen. Später habe ich es vermißt, die kleinen Alltagsereignisse mit ihm zu erleben. Es gab eine Zeit, wo ich ihn gehaßt und zugleich geliebt habe – die Trennungslinie dazwischen ist sehr schmal. Es hat ein gutes Jahr gedauert, bis ich ihn ›überwunden‹ hatte, bis ich an einem Punkt war, wo ich nicht mehr zwanghaft an ihn und an sie denken mußte. Gespräche mit guten Freunden und Freundinnen haben mir am meisten geholfen, vor allem wenn sie ähnliche Erfahrungen gemacht hatten. Ich erinnere mich, daß ich einmal mit einem Freund bis drei Uhr morgens in einem Restaurant geredet habe, und danach fühlte ich mich tausendmal besser. Das war wohl der Wendepunkt.«

Eine Beziehung abzubrechen ist wesentlich schwieriger, wenn kein »Schluß-punkt« gemacht wird, kein gemeinsam vereinbartes Ende, kein Gespräch möglich ist. Es ist gewöhnlich der beste Weg, die Dinge zu bereden, um ein Gefühl dafür zu bekommen, daß es »aus« ist:

»Nachdem wir ein geschlagenes Jahr die Augen davor verschlossen hatten, was wirklich in der Beziehung lief, wurde mir klar, daß sie beendet werden mußte. Aber ich habe immer noch gewartet – so lange, bis es mich dermaßen gequält hat, daß ich mit dem, was gesagt werden mußte, nicht mehr zurückhalten konnte. Ich habe ihm *alles* gesagt, was mir auf dem Herzen lag, und damit meinen Kummer bewältigt, statt ihn in mich reinzufressen.«

Lohnt es sich, eine weniger intensive Beziehung zu haben, um Schmerz zu vermeiden?

Oft beschließen Frauen, die in Therapie sind, um herauszufinden, warum es in ihrem Liebesleben nicht »klappt«, sich von dem Wunsch nach romantischer Liebe freizumachen, »rationaler« zu werden, sogenannte unrealistische Erwartungen zu unterdrücken und sich auf stabile und freundschaftliche Alltagsbeziehungen zu konzentrieren.

Eine Frau, die in Therapie ist, baut jetzt, nachdem sie ziemlich katastrophale Erfahrungen mit dem »Verliebtsein« und der Abhängigkeit von einem Mann gemacht hat, mit dem sie zusammenlebte, eine zurückhaltende Beziehung mit einem anderen Mann auf, bei dem sie das Gefühl hat, er sei einigermaßen stabil und mit ihm sei es zu schaffen:

»In den vergangenen drei Jahren habe ich endlich angefangen, mich positiv zu entwickeln (obwohl es einem nicht immer so vorkommt). Die erste wichtige Veränderung war, daß ich eine sehr leidenschaftliche, aber selbstzerstörerische Beziehung aufgegeben habe.

Meine größte Leistung bis jetzt war wohl die, daß ich eine Analyse angefangen habe, um mich zu verändern. Ich habe selbstzerstörerische Ideen, die mir als Kind eingepflanzt worden sind. Ich arbeite daran, sie abzubauen, aber manchmal habe ich das Gefühl, in meinem Leben könnte ich nie was in Ordnung bringen.

Inzwischen habe ich eine Beziehung mit einem wunderbaren Mann. Wir sagen uns, daß wir gute Freunde sind, wir haben ein wunderbares Sexualleben zusammen. Wir sind beide in der Vergangenheit sehr verletzt worden und haben Angst, wieder verletzt zu werden. Wir haben verschiedene Wege, voreinander wegzulaufen oder zu verleugnen, daß mehr als nur ein bißchen Liebe im Spiel ist. In mir ist ständig Kampf zwischen meiner Sehnsucht nach Liebe, meiner Angst vor Nähe und meiner Angst vor Abweisung. Am nächsten stehen mir mein Freund, mein Analytiker – und ich selbst. Mein Freund ist sehr verständnisvoll, und mein Analytiker ist wunderbar – gescheit, einfühlsam und menschlich.

Das schwierigste sind meine Ängste. Mein Freund stützt mich emotional in kritischen Momenten, obwohl ich das anscheinend mehr will, als ich sollte. Ich muß lernen, um Erklärungen zu bitten, wenn ich Dinge anders auffasse, als sie gemeint sind. Ich habe die Angewohnheit, alles, was über mich gesagt wird, negativ aufzufassen, und versuche jetzt umzulernen. Ich lerne auch, sein Verhalten in diesem Licht zu sehen, seine Angst vor dem Scheitern zu erkennen. Wir haben beide Angst, uns wieder zu binden – einem anderen Menschen voll zu vertrauen. Das Schlimmste, was er getan hat, ist, daß er mich, nachdem wir uns kennengelernt hatten, ein paarmal versetzt hat (das macht er auch jetzt noch hin und wieder), aber ich konnte meinen Ärger ausdrücken (zum ersten Mal bei jemandem), und ich glaube, er merkt, daß er da Verhaltensmuster wiederholt, die mit seiner Angst vor Liebe zu tun haben.

Ich halte mich für eine Feministin. Ich glaube, die Frauenbewegung hat mir dabei geholfen, daß ich mich nicht mehr so allein fühle mit meinen Problemen. Ich habe eine unheimliche Wut auf die doppelte Moral in unserer Gesellschaft, auf Diskriminierung und Sexismus, auf Religionsgemeinschaften, die die Menschen sexuell verkrüppeln usw. Aber die größte Wut habe ich inzwischen auf Leute, die mich wie Dreck behandeln. Ich finde, es ist richtig, eine Wut zu haben, aber ich möchte auch lieben lernen – mich selbst und alle anderen.«

Die allgemeine Praxis und die Seele:
Muß jede Beziehung auf das »perfekt aufeinander
abgestimmte Paar« hinauslaufen?

Ist »Glück« immer das Ziel einer Liebesbeziehung? Es soll hier ein Wort dafür eingelegt werden, daß nicht jede Liebe in das sozial akzeptierte Schema vom perfekten Haushalt und vom perfekten heterosexuellen Paar passen muß. Nicht alle Beziehungen sind »Probeläufe« für die Ehe!

Manchmal beschließen Frauen zu bleiben – ganz gleich, wie groß der Schmerz ist –, da die Liebe real ist, und sie zu spüren und auszudrücken macht ihnen mehr Freude, gibt ihnen mehr das Gefühl, sie selbst zu sein, lebendig zu sein, als wenn sie »stabil« und »normal« wären. Eine Frau sagt: »Ich nehme Mühen für meinen Freund auf mich, aber die Liebe läßt es nicht wie Mühen erscheinen. Dies ist das erste Mal, daß ich so empfinde. Meine beiden Freunde zuvor liebten mich mehr als ich sie. Ich hatte Schuldgefühle, wenn sie mit leuchtenden Augen von unserer Zukunft sprachen und ich meine Zweifel hatte.«

Warum werden Frauen nicht für ihre Loyalität bewundert, sondern als »Masochistinnen« bezeichnet?

Frauen legen bei dem Versuch, eine unglückliche Liebesbeziehung aufrechtzuerhalten, dem Menschen, den sie lieben, zu helfen, und loyal zu bleiben, auch wenn der andere schwierig ist, oft großen Mut an den Tag – doch das wird fast nie als heroisch betrachtet. Statt dessen werden sie häufig dafür herabgesetzt oder »Masochistinnen« gescholten. Würde man Männer nicht dafür bewundern? Werden Männer wie Lord Byron oder Rod Stewart nicht als große romantische Helden betrachtet, wenn ihre Liebe unerwidert bleibt bzw. wenn es mit ihrer Liebe »nicht klappt«?

Dies ist ein weiteres Beispiel dafür, daß das, was Frauen tun, oft für »geringer« gehalten wird als das, was Männer tun: Frauen werden für ihr Streben nach Liebe selten als tapfer und mutig gepriesen; es gibt kaum eine Apotheose der Frau als Liebesheldin und Liebessucherin. Sie wird als Opfer gesehen – oder als Idiotin.

In einigen dieser unglücklichen Beziehungen treffen die Frauen auch eine positive Aussage insofern, als sie nicht auf das *reagieren*, was der Mann tut, sondern *ihre* Auffassung von den Möglichkeiten und der Wichtigkeit der Beziehung zum Ausdruck bringen, *ihre* Gefühle. *Sie* bestimmen die Situation.

Eine instabile Liebesbeziehung braucht nicht unbedingt ein Fehlschlag« zu sein, wenn sie uns Poesie und Schönheit gibt: Vielleicht wollen wir es ja so. Es ist nicht gesagt, daß wir uns »die falschen Männer aussuchen«. Doch in solchen Situationen sorgt die Gesellschaft meist dafür, daß wir ein schlechtes Gefühl haben. (»Es hat nicht geklappt! Die kriegt ihr Leben nie in den Griff!«) Die Gesellschaft bestraft Frauen streng, wenn sie keine dauerhaften Verbindungen mit Männern eingehen.

Die Frauen in dieser Untersuchung verlassen die Männer, die sie lieben, wenn es sein muß. Aber manchmal gibt es auch Gründe, noch eine Weile zu bleiben. Was ist, wenn wir unsere Seele gegeben haben und dann »verraten« oder verletzt werden, oder wenn sich die Person, die wir lieben, ändert? Das heißt nicht, daß wir unsere Seele nicht hätten geben, nicht hätten lieben sollen. Ist es nicht besser, das, was wir im Augenblick real empfinden, real zu machen – auch wenn es zerbricht? Es ist gut, wenn man die Fähigkeit hat, an die Realität der Liebe eines anderen Menschen zu glauben.

Ist es falsch, an einer »großen Liebe« festzuhalten, die »unklug« ist?*

Wann ist eine Beziehung gut? Wenn man miteinander auskommt? Nicht allein ist? Große Leidenschaft empfindet? Einander nahe ist? Tatsächlich kann eine Beziehung sehr instabil oder gar unglücklich sein und dennoch eine Art Seelennahrung – oder sie kann Türen in einem öffnen, die zuvor verschlossen waren.

Wie es eine Frau formuliert: »Ich will *ihn* lieben. Andere Männer mögen problemloser oder gesprächiger sein, aber ich liebe sie nicht. Ich liebe *ihn,* liebe ihn dafür, daß er die einzigartige Person ist, die er ist – ich liebe eine Person, keine Beziehung. Ich suche keine Person, die mir die beste aller Beziehungen gibt. Ich suche eine Person, mit der ich mich verbunden fühle.«

Von der Liebe »besessen« zu sein, ist dann und wann als »neurotisch« etikettiert worden – gerade so, als sei nur die »Vernunft« akzeptabel; selbst die alten Griechen hielten den »göttlichen Wahnsinn« für gut. Und auch wenn wir nicht in diesen Extremen denken, trifft es zweifellos zu, daß Menschen manchmal eine Zusammengehörigkeit empfinden, die sich nicht mit Worten ausdrücken läßt.

Doch die Frage lautet: Sind die Frauen der Suche nach der »großen Liebe« zu sehr »verfallen«? Lassen sie sich zu bereitwillig von ihren Gefühlen leiten, lieben sie zu hartnäckig weiter, obwohl es »unvernünftig« ist? Und spiegelt sich in diesem Hunger nach Liebe unser Hunger nach Anerkennung und Fürsorge von seiten einer Gesellschaft, die unsere Geburt wohl kaum so begrüßt hat wie die unserer Brüder – einer Gesellschaft, von der Frauen nicht viel Anerkennung und Ermutigung bekommen außer in ihrer zweitrangigen Rolle als »Gehilfin« des Mannes?

Liebe als Leidenschaft der Seele

Vielleicht ist unsere Suche nach Liebe auch eine Form der heimlichen Liebe zu uns selbst – *wir* dürfen uns nicht lieben, also sehnen wir uns danach, einen *Mann* zu finden, der uns liebt, um diese heimliche Liebe gleichsam zu legitimieren, um die Liebe zu bekommen, von der wir meinen, daß wir sie uns selbst nicht geben können. Vielleicht ist unsere Suche nach Liebe in gewisser Weise eine Sublimierung der spirituellen Ekstase des Selbst, des Einsseins mit diesem Selbst. Fällt es uns darum oft so schwer, einen Mann zu verlassen, in den wir »verliebt« sind, obwohl die Beziehung schlechter wird?

---

* Siehe auch 14. Kapitel.

Befreit oder unterdrückt uns die Liebe? Schließlich ist sie für Frauen der vorgeschriebene Lebensstil, *der* Lebensstil schlechthin. »Liebe« kann sehr repressiv und manipulativ sein und Frauen unglaublich erschöpfen – obwohl es nicht so sein sollte –, und das hat viele Feministinnen dazu bewogen zu sagen, daß wir »unsere Ketten abwerfen« und aufhören sollen, »Sex mit unseren Unterdrückern zu haben«, daß wir die romantische Liebe zu Männern aufgeben sollen. Aber schuld ist nicht die Liebes*empfindung* an sich, *wir* sind nicht »schwach«, »masochistisch« oder »dumm«, sondern was die Liebe zu etwas »Falschem«, zu einem solchen Problem macht, ist der kulturelle Kontext, die Geschlechtertrennung der Gesellschaft. Und die Frauen kommen am schlechtesten dabei weg, weil ihre Liebe zu Männern mit Fragen der finanziellen Abhängigkeit und des sozialen Status verbunden war und ist. Doch innige Liebe zu *empfinden* ist ein großes Geschenk, eine Erquickung für Geist und Seele.

Eine lange Reihe von schwierigen Beziehungen tut nicht gut. Aber ist es in Anbetracht der kulturellen Probleme nicht möglich, daß die meisten Frauen viele schwierige Beziehungen durchmachen müssen, um jemanden zu finden, den sie lieben können, der sie als ebenbürtig betrachtet, sie glücklich macht – kurz, um einen von den »Guten« zu finden?

Schlechte Beziehungen können wie Gift sein. Wie es eine Frau formuliert: »Wenn du zuviel gibst, verlierst du deine Seele.« Doch eine Beziehung ohne Liebe, die nur eine gewisse Bequemlichkeit bietet (wobei man vielleicht auch sich selbst gegenüber so *tut*, als sei Liebe im Spiel), kann ebenfalls schädlich sein. Der Schlüssel liegt darin, nicht zu lange zu bleiben – zu ergründen, was einem guttut und was Türen für einen aufschließt –, und zu gehen, wenn die Beziehung selbstzerstörerisch wird.

Gibt es einen »echten Masochismus«?
Unbeantwortbare Fragen über Leidenschaft

Eine Frau schreibt, daß es ihr sexuell mehr gibt, wenn sie einen Mann findet, der sie emotional »dominiert«:

»Im allgemeinen habe ich das Sagen. Vielleicht ist mir G. überlegen, er dominiert die Beziehung emotional – und das spricht mich an. Bei ihm will ich nicht das Sagen haben. Ich will, daß er mich versteht, aber ich will nicht dominieren. Gleichzeitig spüre ich irgendwo ganz tief, daß er sich ›meiner annehmen‹ wird. Das ist wahrscheinlich sehr un-emanzipiert und sehr übel – ich weiß, ich sollte ›emanzipierter‹ sein, aber ich mag es, daß er sich meiner annimmt, ich mag es sogar, daß er mich dominiert. Vielleicht ist das nur eine Frage des Respekts – ich re-spektiere ihn dafür, daß er mindestens so intelligent ist wie ich, erfolg-reicher als ich usw. Und ich bin bei ihm sexuell erregter als sonst. Ich will ihn wirklich.«

Ist das ein Beispiel dafür, wie eine Frau in einer Beziehung auf Macht verzichtet – oder wie eine Frau Liebe gibt und der Mann Konkurrenz-verhalten und »Gewinnenwollen« ins Spiel bringt und Liebe mit Arro-ganz vergilt?

Doch die Frage bleibt: Warum führt Gekränkt- und Gedemütigtwer-den bei manchen Frauen und Männern nur zu einem intensiveren Verlangen nach Sex? Warum tötet es die Liebe und das Verlangen nicht automatisch ab? Handelt es sich hier um »echten Masochismus«? »Jemanden begehren, der einen schlecht behandelt« ist ein Thema, von dem nicht oft gesprochen wird. Selbst die eigenen Freundinnen und Freunde neigen dazu, einen herabzusetzen, wenn man solche Gefühle gesteht.

Andere Frauen beschreiben es so:

»Ich bin fasziniert von Leuten, mit denen man sich auf nichts einlas-sen sollte, fühle mich echt zu ihnen hingezogen. Es ist vielleicht dumm, aber manchmal reizt einen ein *bad boy*, ein richtiger Kerl, ge-mein und direkt – Elvis Presley, James Dean – die Sorte. Weh getan habe ich mir nie dabei – aber warum ist dieses Gefühl da???«

»Meine Liebesbeziehungen waren bis jetzt alle unglücklich. Ich su-che mir Männer aus, die mir nicht guttun. Gefährliche Typen.«

»Ich habe reichlich viel akzeptiert, zum Beispiel daß er sich mit ande-ren Frauen traf, habe auch akzeptiert, daß ich in seinem Leben ›unter ferner liefen‹ kam, habe es akzeptiert, um ihn zu halten, um eine gute, ›moderne‹, nicht besitzergreifende Freundin zu sein. Es gab vieles, das schmerzlich war, zum Beispiel daß ich ihn chauffierte und er mich im Wagen warten ließ, während er irgendwelche Gänge machte oder einen langen Schwatz mit jemandem hatte. Ich brauchte seine Liebe sehr, ich war scharf auf ihn. Das ging ein paar Monate so. Schließlich zogen wir uns eines Abends aus, um Liebe zu machen, und er bekam einen Anruf von einer Frau, von der er mir bereits gesagt hatte, daß er sie wollte, und er zog los, um sich mit ihr zu treffen. Das war das Ende.«

Es ist definitiv möglich, sich sexuell zu jemandem hingezogen zu fühlen, vor dem man keine Achtung hat:

»Am leidenschaftlichsten war ich bei einem Mann, in den ich verliebt war, vor dem ich aber manchmal keine Achtung hatte. Er ist schon lange aus meinem Leben verschwunden, aber ich begehre ihn immer noch.«

Eine andere Frau sagt, Streit scheine den Sex aufregender zu machen:

»Es gibt merkwürdige Zusammenhänge: Wenn ein Mann mit einer Frau wie mit einer Vertrauten redet, ihr seine Geheimnisse erzählt, ist er nicht richtig in sie verliebt, oder zumindest ist kein heißer Sex drin. Wenn ich zu gut mit einem Mann auskomme – keine Unstimmigkeiten, keine Kräche –, wenn ich alles voraussagen kann, was er tut, verschwindet die Verliebtheit. Ich kann ihn immer noch lieben, aber der Sex ist nicht mehr so aufregend. Bin ich pervers?«

»Masochistische Liebe« ist das Thema zahlloser »trauriger Lieder« über unerwiderte Zuneigung gewesen. Betrachten wir zum Beispiel den Song, den Helen Morgan berühmt gemacht hat und dessen Refrain folgendermaßen lautet: »*Oh, my man, I love him so – He'll never know – All my life is just despair, but I don't care... He may treat me mean, but when he takes me in his arms, everything is fine...*« Eine Frau liebt also einen Mann so sehr, daß er sich keinen Begriff davon macht; sie ist verzweifelt, aber das ist ihr egal; er ist gemein zu ihr, aber wenn er sie in die Arme nimmt, ist alles gut.

Die Verflechtung von sexuellen Gefühlen und Angst wird von Marcia Westkott in einem Aufsatz untersucht, der den Titel »*The Sexualization of Fear*« trägt.* Laut Westkott, die auch Karen Horney zitiert, wird die Angst bei Frauen erotisiert, und zwar in den Jahren, in denen sie, Mädchen noch, ihren zweitklassigen sozialen Status und ihre relative Machtlosigkeit erfahren, aber daneben ständig auf ihre Sexualität hingewiesen werden. Horney, Freuds berühmte Rivalin, schrieb wichtige Werke über die Entwicklung der weiblichen Psyche, in denen dieser Zusammenhang herausgearbeitet wird.

Eine andere klassische Untersuchung wird von einer Frau beschrieben, die von einer unglücklichen Beziehung berichtet, die sie einmal hatte: »Auf eine völlig irre Weise machte mich seine Abscheulichkeit noch abhängiger von ihm. Es gibt ein Experiment, das Wissenschaftler mit Äffchen gemacht haben. Die Äffchen bekamen ›Ersatzmütter‹, in die scharfe Stacheln aus Metall eingebaut waren. Diese Stacheln konnten ausgefahren werden, wenn die Wissenschaftler auf einen Knopf

* Siehe Marcia Westkott, *The Feminist Legacy of Karen Horney*, New Haven, 1986.

drückten. Die Äffchen gerieten dadurch furchtbar in Panik, aber wenn die Stacheln drin waren, klammerten sie sich um so verzweifelter an die Mütter, die ihnen eben weh getan hatten, weil das ihre einzige Zuflucht war.* Ich war wie eins von diesen armen Äffchen. Es war furchtbar, und ich habe ihn mit meiner Liebe nicht verändert (was ich wollte). Es war eine von den Situationen, die ich ›Lernerfahrungen‹ nenne, weil ich eine Menge daraus gelernt habe, wirklich eine Menge – es ist nur traurig, daß es so entsetzlich lange gedauert hat.«

Ist sexuelle Leidenschaft ein Wunsch nach »Unterwerfung«?

Gibt es zeitweise, in leidenschaftlichen Momenten der körperlichen Liebe, den Wunsch, sich der anderen Person zu unterwerfen, von ihr besessen zu werden? Ist das ein »legitimes« Gefühl oder ist es krankhaft? Gehört es zur Leidenschaft oder ist es Resultat einer »Gehirnwäsche« – eine hoffnungslose, exzessive Identifizierung mit der »weiblichen« Rolle? Kann sexuelles Verlangen manchmal Sehnsucht nach Unterwerfung sein? Heute werden diese Gefühle fast immer in den Bereich der Pornographie verwiesen. Doch man findet sie auch bei Frauen und Männern der Vergangenheit.

Wenn Romeo sein Knie beugt und Julias Hand oder den Saum ihres Kleides küßt, zeigt er ihr seine Liebe – und auch seine Unterwerfung, seinen Respekt, seine Treue. Im Mittelalter sollen Frauen** ihren Mann mit »mein Herr und Gebieter« angesprochen haben, eine Wendung, in der ähnliche Zwischentöne mitschwingen wie in Romeos Geste. Es wäre sehr schön, wenn die Treue bei beiden Geschlechtern mit echtem Respekt verbunden wäre – keine erzwungene Unterwerfung auf immer, sondern eine momentane freiwillige Entscheidung als Zeichen großer Liebe. Doch wo Frauen gesetzlich, ökonomisch und psychologisch genötigt wurden (werden?), sich ihren Männern zu unterwerfen, konnte (und kann) von Romantik keine Rede sein, sondern nur von Gängelung und Mißbrauch.

Eine Frau sagt: »Ich muß wohl eine Gehirnwäsche hinter mir haben, denn beim Sex hätte ich jetzt, wo ich so in meinen Liebsten verliebt bin, manchmal Lust zu sagen: ›Ich will, daß du brutal zu mir bist, ich will, daß du mich beherrschst. Ich mag es, wenn du mich beherrschst. Ich will von dir besessen werden, von dir schwanger sein – mein Körper gefangen durch das, was in mir wächst, was du dort hineingetan hast. Ich will unterwürfig sein... ich will sogar, daß du mir zeigst,

---

* Harry F. Harlow und Clara Maers, *The Human Model: Primate Perspectives*, New York, 1979.
** Natürlich nur eine Minderheit, die den höchsten Ständen angehörte.

›wer Herr im Haus ist‹. Warum fühle ich so? Es geht sehr tief, dieses Gefühl. Ich will, daß er mich so wild fickt, wie er nur kann. Ich würde das meinen Freundinnen gegenüber niemals zugeben – ich traue mich kaum, *ihm* etwas davon anzudeuten. Ich versuche, mich nicht allzu sehr darüber zu beunruhigen, daß ich solche Gefühle habe.«

Sind Akte der Dominanz und Unterwerfung, ja sogar sadomasochistische Handlungen in manchen Fällen emotional befriedigend? Wenn Menschen so extreme Gefühle haben – wenn Frauen oder Männer Liebhabern/Geliebten »weh tun« wollen oder möchten, daß sie ihnen weh tun – bedeutet das dann, daß sie psychisch gestört sind?

Vielleicht hat der Wunsch nach extremen Zuständen des »Verliebtseins« oder der Leidenschaft mit der Suche nach spiritueller Ekstase oder Erleuchtung zu tun, einer Sehnsucht nach dem intensiven Gefühl, der von der gegenwärtigen Gesellschaft kein anderes »Ventil« zugestanden wird, nicht einmal ein religiöses. »Verliebtsein« kann als *eine* Form der Erleuchtung, der Selbst-Erkenntnis, der klareren Sicht der Dinge dienen. Liebe ist Seelennahrung, Bestätigung der Wirklichkeit der Seele, der Identität jenseits von »Persönlichkeit« und »gesellschaftlichem Funktionieren« – und sie kann einen in Fühlung mit einer nichtverbalen Wahrheit, einem inneren Wissen bringen.

Sind diese Gedanken mit dem »Feminismus« unvereinbar? Sicher nicht im idealistischen Sinn, denn der Feminismus ist eine sich entwickelnde Philosophie. Wie B. Hooks in *The Women's Review of Books* bemerkt: »Der Feminismus hat die Kraft, unser aller Leben auf bedeutungsvolle Weise zu verändern. Er ist eine Philosophie, eine neue Weltanschauung – keine vorgefertigte Identität oder Rolle.«

Das Thema »Sexuelles Verlangen und ›Unterwerfung‹« ist zu wichtig, um so kurz abgehandelt zu werden wie hier. Es sollte gründlicher erforscht und analysiert werden. Auf jeden Fall kommen diese Gefühle bei Frauen und bei Männern vor; somit greift hier das Klischee »Frauen sind Masochistinnen« nicht. Wir haben deutlich gesehen, daß die Frauen, weit davon entfernt, Masochistinnen zu sein (d. h. Menschen, die Schmerz lieben), bewundernswert sind insofern, als sie versuchen, in einer fast unmöglichen Situation zu lieben, eine Enklave der Gleichheit und des Respekts zu schaffen – der Gleichheit mit denen, die die Gesellschaft für überlegen erklärt, denen sie mehr Recht zugesteht. Vielleicht werden die Frauen diesen Versuch aufgeben und sich anderen Lebensbereichen zuwenden, um Genugtuung zu finden – doch die Gesellschaft sollte sie für ihre positive Haltung anerkennen und aufhören, sie zu Sündenböcken zu machen. Böse und dumm ist bei alledem nicht die Frau, sondern die Gesellschaft, die sich auf ein hierarchisches Geschlechtersystem gründet und Männer Frauen gegenüber »überlegen« macht.

8

Single-Frauen debattieren über die Ehe

Frauen stehen immer noch unter dem Druck zu heiraten

»Manchmal denke ich, selbst wenn ich ein neuer Mozart wäre, wäre es nicht genug. Meine Freundinnen und meine Familie würden immer noch sagen: ›Und wann heiratest du? Hast du einen Freund?‹«

Warum scheint die ganze Gesellschaft zu glauben, daß Frauen, die unabhängig sind und nicht heiraten, kein vollständiges Leben haben und nicht akzeptiert werden können? Die meisten unverheirateten, über dreißig Jahre alten Frauen in dieser Untersuchung sagen, sie hätten oft das Gefühl, nicht als die gesehen zu werden, »die sie sind«. Statt dessen würden sie ständig gefragt, »ob sie heiraten würden« oder »ob sie jemanden hätten«.

Haben Frauen die Freiheit, unverheiratet zu bleiben?

Der Zustand des »Single«-Seins wird immer als ein Übergangsstadium gesehen: Gewiß werden alle Frauen letztlich doch heiraten, oder *wollen* sie das nicht? Sind nicht häufig nur jüngere Frauen »single«? Oder ältere, die geschieden bzw. »nicht gefragt« sind? Die jüngeren Frauen, so denkt man, werden heiraten, wenn sie »Glück« haben; bei den älteren unverheirateten oder geschiedenen Frauen ist das »natürlich« weniger wahrscheinlich. Kurz, Verheiratetsein wird als Norm und *Notwendigkeit* dargestellt; Alleinleben als ein vorübergehender Zustand und – besonders für Frauen über fünfundzwanzig – gilt es als nicht erstrebenswert. (»Was ist denn mit der los? Sie ist nicht verheiratet!«)

Viele Männer, darunter sehr bekannte, sind ihr Leben lang unverheiratet – Firmenchefs, Staatsmänner, berühmte Künstler usw. Ihr Familienstand steht selten zur Debatte. Im Fall einiger »Weltpolitiker« ist man (ohne Recherchen) nie ganz sicher, ob sie verheiratet sind oder nicht. Zum Beispiel sah man Leonid Breschnew im Fernsehen nie mit seiner Frau; man bekam sie erst bei seiner Beerdigung zu Gesicht. War Charles de Gaulle verheiratet? Talleyrand? Beethoven? An solche Fragen wird nicht oft gedacht – Männer sind in erster Linie Männer. Sie haben unabhängig von der Ehe Substanz.

Für Frauen ist es wesentlich schwieriger, auf dieselbe Weise wahrgenommen zu werden. Zum Beispiel verbreiteten sich die Medien oft darüber, daß Golda Meir Großmutter war; auch lassen sie sich häufig über den Familienstand fast jeder berühmten Frau aus.

Es fallen einem ohne weiteres berühmte Männer des zwanzigsten Jahrhunderts ein, die nie verheiratet waren, doch kaum berühmte Frauen, die unverheiratet geblieben sind. Simone de Beauvoir war zwar nicht offiziell verheiratet, aber »jeder« wußte von ihrer Verbindung mit Sartre, wodurch es eine Art Ehe wurde. Greta Garbo war nie verheiratet. Katherine Hepburn war nur kurz verheiratet und blieb dann vierzig Jahre lang »Single«, hatte jedoch eine enge Verbindung mit Spencer Tracy. In früheren Jahrhunderten gab es allerdings berühmte Frauen wie Elizabeth I. von England, Jane Austen, Emily Brontë, Emily Dickinson und Florence Nightingale (von Jeanne d'Arc ganz zu schweigen), die unverheiratet waren.

Die »Heiratschancen« von Frauen

Die patriarchalische Gesellschaft fordert die Frauen auf, sich zu »beweisen«, indem sie heiraten. Noch in den späten achtziger Jahren plusterten die Medien in den Vereinigten Staaten auf geradezu groteske Weise die Ergebnisse einer kleinen Untersuchung auf, die sich mit den »Heiratschancen« von Frauen befaßte. (Mit denen von Männern dagegen nicht.) Es erschienen reißerische Schlagzeilen wie »Eine Frau, die mit fünfundzwanzig nicht verheiratet ist, hat nur noch eine Heiratschance von 5 Prozent!« Die Story machte Furore, schaffte es sogar auf die Titelseite von *Newsweek* und erboste viele Frauen.*

---

* Ähnliche »Medienereignisse« waren die zwischen 1986 und 1987 gehäuft erscheinenden Storys von »Karrierefrauen«, die »alles aufgaben« und somit »bewiesen« (es handelte sich um einige wenige Frauen), daß eine »richtige« Frau das Heim vorzieht. Dies war auch immer wieder in Filmen der dreißiger, vierziger und fünfziger Jahre »bewiesen« worden, in denen sich erfolgreiche Karrierefrauen erboten, für Männer »alles aufzugeben«. Beispiele sind Katherine Hepburn in *Women of the Year*, Bette Davis in *June Bride* und Ingrid Bergman in *Ich kämpfe um dich*. Diese Art der »neuen Frau« ist eine Klischeefigur im Theater, im Fernsehen und im Kino gewor-

In der Art und Weise, auf die diese Story von fast allen Medien aufgegriffen wurde, offenbarte sich ein unglaublich starkes kulturelles Vorurteil: Die »männliche« Kultur, die »männlichen« Medien schienen nichts dabei zu finden, die »Heiratschancen« der Frauen abzuhandeln – von den »Heiratschancen« der Männer war dagegen nicht die Rede. Die Story paßte zum kulturellen Vorurteil, daß Frauen verheiratet sein müssen, sich Gedanken über ihre »Chancen« machen müssen. Es gab keine Diskussion darüber, welche »Chancen« ein Mann hat, wenn er so und so alt ist, weil angenommen wird, daß Männer die Wahl und die Entscheidungen treffen, daß sie immer ein »guter Fang« sind und daß »alle Frauen einen Mann wollen«. Frauen werden, wie es eine Frau formuliert, als »Zierfische im Aquarium« gesehen, und »die hübschesten warten darauf, nach Hause mitgenommen zu werden«.

Doch obwohl wir verborgene Ängste haben mögen, was diese Dinge betrifft, ist es eine Tatsache, daß die Mehrheit der Frauen jetzt anders von ihrem Leben denkt – auch wenn sich die Presse lieber mit einem Punkt befaßt, den die Kultur für uns heikel gemacht hat, statt darüber zu berichten, wer wir Frauen geworden sind.

Wie eine Frau sagt: »Daß uns die Gesellschaft dazu zwingt, uns auf die Frage zu konzentrieren, wer verheiratet ist und wer es nicht ist, all das ist verrückt und drängt uns überflüssigerweise in die Defensive. Wir sind, wer wir sind. Warum ist das nicht genug?«

Die meisten Frauen sind die längere Zeit ihres Lebens nicht verheiratet – Single sein ist »normal«

In den Vereinigten Staaten ist die Mehrheit der weiblichen Bevölkerung über fünfzehn *unverheiratet:* 20 Prozent haben nie geheiratet, 33 Prozent sind geschieden oder verwitwet.* Wenn also die Mehrheit der Frauen (und der Männer) – 53 Prozent – unverheiratet ist, warum wird das dann als »anormal« hingestellt?

Außerdem sind die meisten Frauen weniger als die Hälfte ihres Erwachsenenlebens verheiratet. Wenn wir die Jahre vor der Ehe und die Jahre als Witwe oder nach Scheidungen berücksichtigen, beläuft sich (trotz der hohen Wiederverheiratungsrate) die Zahl der Jahre, die Frauen im Durchschnitt verheiratet sind, auf nicht einmal 50 Prozent

---

den, und dennoch setzt sich, stärker denn je, der Trend fort, daß Frauen eher das Haus verlassen, um arbeiten zu gehen, als die Arbeit aufzugeben, um ins Haus zurückzukehren.
* Dies erbrachte eine von der Zeitschrift *Women's Day* in Auftrag gegebene Untersuchung (1985).

ihres Erwachsenenlebens.* Wenn eine Frau zum Beispiel siebzig Jahre alt wird und zweimal je zehn Jahre verheiratet war, war sie insgesamt zwanzig Jahre verheiratet – und hat zweiunddreißig Jahre ihres Erwachsenenlebens als »Single« verbracht.**

Doch trotz der großen Zahl von Jahren, die die meisten Frauen unverheiratet sind, scheint »Verheiratetsein« die ideologische Norm zu bleiben: Wieder und wieder wird uns gesagt, das Single-Dasein sei nur ein Übergangsstadium – und ein nicht wünschenswertes obendrein, besonders für Frauen über Dreißig, von denen (immer noch!) angenommen wird, sie warteten nur darauf, »geheiratet zu werden«.

Eine Anmerkung zur Sprache
(und zu einer Antwort von Greta Garbo)

In den dreißiger Jahren wurde der Film *Königin Christine* gedreht. Als man Greta Garbo in diesem Film fragte, warum sie den Mann, den der Hof für sie ausgesucht hatte (und den sie nicht liebte), nicht heiraten wollte und sie mit den Worten »Ihr wollt doch gewiß nicht ledig bleiben? Eine alter Jungfer sein? Was wollt Ihr denn?« verspottete, antwortete sie: »Junggesellin sein!«

Warum pflegte man ältere, unverheiratete Männer und Frauen mit verschiedenen Begriffen zu bezeichnen – »Junggeselle« und »alte Jungfer«? Ein »Junggeselle«, so nimmt man wohl an, amüsiert sich außer Hauses, wenn er nicht arbeitet; eine »alte Jungfer« sitzt »verschmäht« zu Hause.

Und warum gibt es zwei Anreden für Frauen, je nachdem, ob sie verheiratet sind oder nicht, aber nur eine für Männer? Obwohl inzwischen erfreulicherweise viele Leute in den Vereinigten Staaten die Anrede »Ms.« (Sprich Mis, mit stimmhaftem »s«) gebrauchen statt Mrs. und Miss (und im deutschen Sprachgebrauch für unverheiratete Frauen ebenfalls die Anrede »Frau« üblich wird), sagen etliche Menschen immer noch Mrs./Miss (bzw. Frau/Fräulein), um den »Familienstand« von Frauen zu bezeichnen, während Männer schlicht ein Mr. (bzw. Herr) sind, egal welchen Familienstand sie haben. Warum die-

* Zugrunde gelegt ist hier die durchschnittliche Lebenserwartung der Frauen, die zwischen 1950 und 1970 geboren wurden.

** Daß die Zahl der Jahre zunimmt, die Menschen (besonders Frauen, die eine höhere Lebenserwartung haben als Männer) als »Singles« verbringen, wird häufig als alarmierend betrachtet, als Bedrohung für die Familie. Doch die Familienstruktur ist, historisch gesehen, nicht so solide, wie sie die sentimentale Rückschau erscheinen läßt. Tatsächlich sammeln Historikerinnen und Historiker zur Zeit eine Fülle von demographischen Daten, die unsere Vorstellung von der »Standardfamilie« in der westlichen Geschichte verändern dürften. Siehe Anhang.

ser Unterschied? Weil der Familienstand von Männern nach Meinung der Gesellschaft für ihre Identität nicht so entscheidend war und ist, wie es bei Frauen der Fall ist. Der Status von Frauen hing von ihrer Verbindung mit einem Mann ab.

Wie sollen wir Frauen »bezeichnen«, die nicht verheiratet sind? »Selbständige Frauen«? »Single«, also »alleinstehend« oder »alleinlebend«, hat eine etwas diskriminierende Note: »allein« im Sinn von »nicht vollständig«. Vielleicht ist »Junggesellin« ein besserer Begriff, denn er impliziert, mehr als »Single«, daß es sich um einen Stand handelt, den man gewählt hat, daß er etwas Feststehendes ist und kein Nichts, aus dem man »erlöst« werden will. Andererseits kann »Junggesellin« leicht schlüpfrig klingen.

Wie sollen wir also Frauen nennen, die nie heiraten – obwohl sie durchaus Liebhaber haben können –, oder Frauen, die weniger als ein Viertel ihres Erwachsenenlebens verheiratet sind? Sollen wir die einen als »Singles« und die anderen als »Geschiedene« bezeichnen? Oder sind sie alle »Junggesellinnen«?

Tatsächlich gibt es kein adäquates Vokabular zur Beschreibung des Lebens von Single-Frauen, und es ist an der Zeit, daß wir alle Stadien und Ausdrucksformen unseres Lebens neu benennen.

Gemischte Gefühle hinsichtlich der Ehe

Die große Mehrheit der Frauen, die nie verheiratet waren, hat ambivalente Gefühle und ist sich nicht sicher, was sie von der Ehe halten soll. Eine Frau beschreibt es folgendermaßen:

»Single sein ist mies. Eine Single-Frau hat keinen Status. Sie ist Freiwild für jeden Typen, dem sie über den Weg läuft. Sie weiß nicht, ob der Mann sie nur ›mitnimmt‹, bevor sie nicht anfängt, ihn zu mögen, und dann muß sie oft feststellen, daß es für ihn ›bloß Sex‹ war oder ›noch 'ne Eroberung‹ – oder daß er eine Heidenangst vor Bindungen hat und leider vergaß, es zu erwähnen. Haben Eltern früher die Augen offengehalten, damit nicht irgendwelche Männer ihre Töchter ausnutzten? Jedenfalls gibt es heute keine Sanktionen, keine Verurteilung von seiten der Gesellschaft, mit der der Mann rechnen muß, wenn er einen auf Liebe macht, die Frau zum Sex drängt und dann verschwindet.

Andererseits ist es vielleicht besser, unverheiratet zu sein und frei und glücklich mit seinen Freundinnen, als jeden Tag von seinem Ehegatten runtergeputzt zu werden – ich weiß es nicht.

Familie und Liebe und gemeinsamer Urlaub, das hört sich alles toll an, und ich habe so lange gewartet; ich würde es gern ausprobieren. Aber was ist, wenn ich die Ehe nicht mag? Kann ich den Mann dann irgendwie loswerden? Oder wird er mir weh tun? Ich habe zwei Männer gekannt, die ich geheiratet hätte, aber sie waren nicht dazu bereit. Ich wollte nie jemanden heiraten, den ich nicht wirklich liebe – mit anderen Männern, die mich heiraten wollten, wollte ich nicht *so* intim sein –, und so kam es, wie es gekommen ist. Vielleicht meine ich auch nur, daß ich heiraten muß, weil ›alle‹ es tun.

Aber das Wort ›verheiratet‹ klingt mir wie ein Synonym für Geliebtwerden, Akzeptiertwerden. Ich glaube, ich würde gern sagen können: ›Ich bin verheiratet.‹«

Viele andere Frauen haben ähnlich gemischte Gefühle:
»Was ich am meisten im Leben will, ist wohl immer noch ›das Glück zu zweit‹, aber ich kann jetzt die Vorstellung akzeptieren, daß es sich vielleicht nie ergibt. Ich habe früher von Männern erwartet, daß sie mich unterstützen. Ich bin mit Männern zusammengezogen, aber ich fand es unausstehlich, wie sie lebten – so schlampig –, und weiter gearbeitet habe ich sowieso. Wo ist die Unterstützung und wo der Schutz? Die Vorstellung, daß ich eine Altersversorgung für mich werde planen müssen, ist reichlich verblüffend. Wer hätte je gedacht, daß ich das muß?«

»In den letzten zwei Jahren hatte ich oft monatelang keine sexuellen Beziehungen, und die, mit denen ich es versucht habe, waren nicht gerade befriedigend. Ich nehme an, daß ich noch nie jemanden kennengelernt habe, dem ich richtig nahe sein konnte. Ich glaube, ich fühle mich zu Männern hingezogen, die nicht zu mir passen. Ich suche mir immer starke Männer aus und habe anschließend meine liebe Not damit, sie auf Normalmaß zurechtzustutzen. Ich weiß nicht, ob ich es aushalten würde, verheiratet zu sein, aber am glücklichsten war ich in einer sehr engen Beziehung. Was brauche ich von einem Mann? Da bin ich mir nicht sicher. Man kann sich behütet fühlen bei einem Mann, aber das ist oft keine Realität, sondern eine Vorstellung, die einen beruhigt. Ich habe viele gute Freundinnen, die ich seit zehn oder fünfzehn Jahren kenne, und ich mag sie zwar sehr gern – vielleicht liebe ich sie sogar –, und doch sind die Gefühle oder die Bindung... nicht ganz dasselbe.«

Warum nicht einfach »zusammen leben«? Zusammen leben, ein unverheiratetes Paar sein, hat Vor- und Nachteile; eine informelle Beziehung ist leichter zu beenden als eine Ehe, aber oft steht die Frage »Was wird daraus? im Raum – und dazu kommt die Vorstellung, daß eine solche Beziehung irgendwie nicht »real« ist. Wie eine Frau sagt: »Vielleicht sind wir beide nicht richtig da – es ist nur ein Zwischenaufenthalt, und ich bin disponibel.«

Diese Lebensform ist, statistisch gesehen, nicht besonders populär. Neueren Erhebungen zufolge (Stand: 1985) führen in den Vereinigten Staaten nur 2 Prozent der Bevölkerung eine »Ehe ohne Trauschein«. 6 Prozent der Frauen in dieser Untersuchung leben länger als ein Jahr unverheiratet mit einem Liebhaber zusammen.

41 Prozent der Frauen wissen nicht genau, ob sie die Ehe wirklich wollen oder ob bloß Druck auf sie ausgeübt wird, damit sie heiraten:

»Ich bin ein bißchen nervös, weil ich älter werde und keine Kinder habe und nie verheiratet war. Ich will nicht mein Leben lang allein sein. Das größte Glück, so sagen die Leute, ist es immer noch, wenn man mit dem Richtigen verheiratet ist.«

»Intellektuell ist mir völlig klar, daß man sein ganzes Leben unverheiratet bleiben kann. Ich habe einige Rollenvorbilder (Frauen), die unverheiratet waren, und so habe ich das Gefühl, daß ich eine gewisse Bestärkung hätte, wenn ich mich dafür entscheiden würde, unverheiratet zu bleiben. Doch emotional scheine ich auf die Ehe konditioniert zu sein. Irgendein Teil von mir möchte nicht immer ›Single‹ bleiben.«

»Liebe?? Ich bin momentan nur verwirrt. Ich hatte oft genug mit Männern zu tun, um zu wissen, daß ich nie hätte glücklich werden können, wenn ich einen von ihnen geheiratet hätte. Aber ich habe das Bedürfnis nach einem ›festen‹ Mann. Brauche ich das wirklich oder liegt es bloß daran, daß man uns dazu erzogen hat, einen Mann zu haben, damit unser Leben vollständig ist?«

Frauen, die nicht heiraten wollen

26 Prozent der Frauen zwischen Zwanzig und Dreißig*, die nie verheiratet waren, sagen, daß sie nicht an der Ehe interessiert sind:

»Die Vorstellung, verheiratet zu sein, ist im Augenblick nur erschreckend für mich. Ich bin sicher, daß sich diese Angst mit der Zeit verliert und daß ich dann auch die anderen Seiten sehe. Ich glaube, die Ehe ist für manche Menschen wichtig, aber nicht für alle. Ich glaube nicht, daß ich von Natur aus monogam bin!«

»Die Ehe kommt mir maßlos überschätzt vor – die Leute suchen eine Sicherheit, die es einfach nicht gibt. Die Prämissen, die der Ehe zu-

---

* Lesbische Frauen nicht eingerechnet.

grunde liegen, sind unrealistisch. Und rein als Vertrag ist sie äußerst unfair. Ich hoffe, daß ich nie heirate.«

»Bin ich gern Single? Da denke ich selten drüber nach, ich *bin* es eben. Ich habe Zukunftspläne, und wenn ich zufällig jemanden finde, mit dem ich mein Leben teilen möchte und der sein Leben mit mir teilen möchte, ist es okay. Manchmal frage ich mich, ob ich glücklicher wäre, wenn ich mit guten Freundinnen zusammen leben würde. Was ich am meisten will, ist ein Beruf, der mir Spaß macht. Eine liebevolle Familie wäre wunderbar, aber am wichtigsten ist mir der Beruf. Ich finde, Frauen sind zu abhängig von Männern. Ich hasse die Spiele, die zwischen Männern und Frauen laufen. Ich glaube auch, letztlich ist man immer allein. Ich finde nicht, daß wir uns deswegen einsam fühlen müssen, weil wir ja sehr intime Beziehungen mit anderen haben können – auch mit einer relativ großen Sicherheit, denn wenn alle Stricke reißen, können wir uns immer noch auf uns selbst verlassen.«

»In Beziehungen fließt eine Menge Energie von dir weg, zum Partner. Das Beste am Alleinleben ist, daß ich *mich* kennenlerne und Spaß an *meiner* Gesellschaft habe. Ich will das nicht beenden, jedenfalls im Moment nicht.«

»Ich bin gern Single, weil ich ziemlich egoistisch bin. Ich brauche viel Zeit für mich, und es wundert mich, wie jemand diese Zeit zwischen einem Partner oder Ehemann und Kindern aufteilen kann. Keine Ahnung, ob ich das könnte. Das mag eine unreife Einstellung sein, aber so empfinde ich nun mal.«

»Nachdem ich sieben Jahre in einer Beziehung gelebt habe, genieße ich es jetzt, wo ich frei bin, daß ich ausgehen und tun kann, was ich will, statt als Paar zu entscheiden. Ich muß mich nur um mich selbst kümmern und mir nur über mich selbst Gedanken machen. Als Single habe ich mehr Ruhe und mehr Platz für mich und gehe netter mit mir um. Das einzige, was mir fehlt, ist der Sex.«

18 Prozent der Frauen zwischen Dreißig und Fünfzig*, die nie verheiratet waren, sagen, daß sie nicht an der Ehe interessiert sind:

»Ich halte viel davon, so intensiv zu lieben wie möglich, wenn es einem begegnet, wenn man jemanden trifft, den man lieben kann – lieben solange es dauert. Ich halte nichts davon, den ›einen‹ zu finden und zu glauben, das sei das Ende davon, andere zu lieben. Das wäre auch der Tod der Liebe zu dem ›einen‹.«

»Ich bin achtunddreißig. Ich habe es nicht soweit gebracht, um jetzt aufzugeben und zu heiraten, nur weil ›man‹ eben heiratet. Dafür bin ich zu stolz auf mein Leben. Ich habe zuviel reingesteckt. Je älter ich

---

* Lesbische Frauen nicht eingerechnet.

geworden bin, um so stärker wurde mein Selbstgefühl. Ich bin immer weniger bereit, mich mit einer unbefriedigenden Liebesbeziehung abzufinden. Wie viele – zu viele – Frauen (bei Männern ist es vielleicht ähnlich) habe ich mich mit Männern zufriedengegeben, die mich für ihre sexuellen Zwecke ausgenutzt haben, um ein bißchen Zuwendung zu kriegen. Die ›Belohnung‹ war den Kummer nicht wert.«

46 Prozent der geschiedenen und 59 Prozent der verwitweten Frauen wollen nicht wieder heiraten – wenigstens nicht in absehbarer Zeit:
»Ich bin allein, weil ich es so will. Ich versuche, Ordnung in meine Gefühle zu bringen, zu erkennen, was ich *wirklich* vom Leben und von einem Partner will, bevor ich mich wieder auf was einlasse. Ich studiere wieder, genieße die Zeit mit meinen Kindern, sehe mir Filme an, lese und lebe, wie ich leben will. Ich habe im Augenblick zuviel zu tun, um die Energie aufzubringen, die eine Beziehung erfordert.«

»Als mein Mann gestorben war, dachte ich, ich würde gern wieder heiraten, aber inzwischen finde ich es schön, Single zu sein und für mich zu leben. Die Freiheit gefällt mir – ich kann nach Belieben kommen und gehen, ohne jemandem Rechenschaft ablegen zu müssen. Ich gehe sehr gern allein auf Partys. Es ist schwierig, jemanden zu finden, dessen Gesellschaft ich meiner eigenen vorziehe – ein Teil des Problems besteht darin, daß es nicht allzu viele Männer gibt, die genauso gebildet sind wie ich, denn das intellektuelle Gespräch gehört zu den Dingen, an denen mir sehr gelegen ist.«

»Ich erziehe meine Kinder lieber, ohne daß mir jemand dreinredet. Ich vermisse zwar jemand, der mir mal eine Pause ermöglicht, jemand, mit dem ich reden kann – aber ich rede ja mit meinen Kindern, also ist es nicht weiter tragisch. Meine Freunde beneiden mich nicht, weil sie wissen, was es heißt, wenn man alleinerziehende Mutter mit beschränktem Einkommen ist.«

Frauen, die heiraten wollen: Welche Gründe haben sie?

Liebe und emotionale Sicherheit

Nachdem sie verschiedene Beziehungen hinter sich haben, wollen viele Frauen eine langfristige, engagierte Beziehung mit einer Person; sie wollen ohne Angst lieben können:
»Es würde mich sehr glücklich machen, meine ganze Liebe *einem* Menschen zu geben und mein Leben mit ihm zu teilen. Aber ich will

ihm nicht mein Herz schenken und es dann später wieder zurückbekommen. Wenn wir nicht verheiratet sind, kann das passieren, und deswegen fühle ich mich nicht sicher genug, um ihm meine ganze Liebe zu geben, wenn wir nur eine Beziehung haben und nicht verheiratet sind. Wenn ich nicht meine ganze Liebe geben kann, bin ich weniger glücklich, bin ich nicht voll zufrieden. Ich möchte total lieben.«

Viele Frauen, die noch nie verheiratet waren, erhoffen sich von der Ehe die Nähe und Intimität, die, wie es scheint, in nichtehelichen Beziehungen so schwer zu verwirklichen ist. (Siehe 5. und 6. Kapitel)

Der Wunsch nach Kindern

31 Prozent der Frauen sagen, sie hätten geheiratet, weil sie Kinder wollten;* die Frauen, die im folgenden zu Wort kommen, haben in den letzten fünf Jahren geheiratet:

»Ich habe geheiratet, weil ich ›eine Familie gründen‹ wollte. Das war vor vier Jahren. Vielleicht hätte ich den Wunsch haben ›sollen‹, Karriere zu machen, und vielleicht hätte mich das ausfüllen sollen, aber an einem bestimmten Punkt habe ich halt angefangen, an Kinder zu denken – ich wollte unbedingt welche haben. Ich kann es nicht mal erklären. Damals war ich zweiunddreißig.«

»Ich hatte früher ein lustvolles Verhältnis zu meiner Arbeit. Aber eines Morgens dachte ich auf dem Weg zur Firma: ›Was tue ich da eigentlich? Soll ich mein ganzes Leben so verbringen?‹ Ich kam, nebenbei bemerkt, unheimlich gut vorwärts in meinem Job. Aber an diesem Morgen wurde mir plötzlich klar, daß ich das nicht mehr als ›Leben‹ betrachten konnte. Ich bekam eine unwiderstehliche Lust auf Kinder. Meine Verwandlung überraschte mich selbst.«

Nur sehr wenige Frauen, die nie verheiratet waren, nennen Kinder als Grund für ihren Wunsch zu heiraten – ausgenommen eine bestimmte Altersgruppe, die sich im Hinblick auf diese Frage bald entscheiden muß. Es ist wesentlich wahrscheinlicher, daß Frauen als Grund für ih-

---

* Statistisch gesehen geben überraschend wenige Frauen dies als Hauptgrund für die Ehe an, egal ob sie in den achtziger Jahren geheiratet haben oder in den fünfziger, sechziger und siebziger Jahren. Häufig werden ähnliche Gründe genannt, wie zum Beispiel »Familie«, doch das wird oft als »dauerhafte Zweierbeziehung« oder »irgendwo hingehören« definiert und nicht als »Kinder haben wollen«.

ren Ehewunsch die Hoffnung auf Nähe und Intimität bzw. gesellschaftlichen Druck angeben.

Nicht alle Frauen wollen Kinder haben; neuere Daten* zeigen, daß doppelt so
viele Paare wie vor zehn Jahren beschließen, kinderlos zu bleiben:
   »Ich muß keine Kinder haben. Ich verstehe, ehrlich gesagt, auch
nicht, warum Frauen unter den üblichen Umständen Kinder wollen –
sie gehen arbeiten und müssen außerdem den größten Teil der Erziehung allein besorgen!«
   »Kinder würden meine Identität bedrohen, die ohnehin fast ständig
am Zerbrechen ist.«

Andererseits ist der Kinderwunsch bei Frauen nicht immer mit dem
Ehewunsch gekoppelt; schließlich können Frauen jetzt auch alleine
Kinder haben (und viele Frauen, die verheiratet sind, müssen, wenn
sie ein Kind haben, feststellen, daß sie es trotz Ehe alleine aufziehen).
Abgesehen von den häufigen finanziellen Schwierigkeiten empfinden
viele Frauen und Kinder diese Lebensform nicht als unerfreulich.

Gesellschaftlicher Druck: »Warum bist du noch nicht verheiratet?«

»Der Druck zu heiraten oder einen Lebenspartner zu finden, ist
riesengroß – vor allem innerlich. Ich habe das Gefühl, wenn ich
nicht bald eine Verbindung eingehe, ticke ich nicht ganz richtig.
Aber ich will das nicht allzu sehr aufblasen, sonst komme ich mir
wie die ›typische‹ Frau mit ›Torschlußpanik‹ vor, die versucht,
einen armen, nichtsahnenden Mann zum Altar zu schleifen.«

Auf Frauen lastet nach wie vor ein enormer gesellschaftlicher Druck.
Ständig wird ihnen zu verstehen gegeben: »Eine Frau ist nichts ohne
einen Mann.« Viele Frauen, die in der Ehe oder in einer Beziehung

---

* Laut *Newsweek* vom 1. September 1986 hat die Zahl der Ehepaare in den Vereinig-
ten Staaten, die keine Kinder wollen, in den letzten fünf Jahren erheblich zugenom-
men. Außerdem können Frauen jetzt auch Kinder haben, ohne verheiratet zu sein,
und so werden Kinderwünsche eine Frau nicht unbedingt zur Ehe veranlassen.
Frauen, die nie verheiratet waren und Kinder haben, machen in den Vereinigten
Staaten 2 Prozent der weiblichen Bevölkerung aus; nach Angaben des Statistischen
Bundesamtes der Vereinigten Staaten gab es 1985 7,7 Millionen weibliche, ledige
Haushaltungsvorstände mit Kindern zwischen einem und siebzehn Jahren. Siehe
Current Population Reports, Serie P20-410 und P20-411, März 1985, U.S. Bureau of the
Census.

emotionale Qualen leiden, bleiben auf Grund dieses gesellschaftlichen Klimas. Wie es eine Frau formuliert: »Ich habe trotz körperlicher und seelischer Demütigungen an einem Mann festgehalten, weil ich nicht ohne Freund sein mochte. Ich war emotional zu abhängig, und er hat das ausgenutzt und getan, was er wollte: sich mit anderen Frauen verabredet, mich sexuell mißbraucht, denn er hat gewußt, ich würde ihm nachweinen und ihn bitten, wieder zurückzukommen und lieb zu mir zu sein. Aber schließlich hat er es doch zu bunt getrieben: Er ist in der Pause eines Theaterstücks gegangen, in dem ich mitgespielt habe. Seitdem habe ich kein Wort mehr mit ihm geredet.«

Tatsächlich ist der Grund, den Frauen, die nie verheiratet waren, nach dem Verliebtsein am häufigsten dafür angaben, daß sie ans Heiraten dachten, gesellschaftlicher Druck. Dieser Druck auf Frauen, eine Ehe zu schließen, ist immer noch sehr stark.

Nur eine Minderheit der Frauen (14 Prozent) akzeptiert fraglos das Konzept, daß Identität und Status einer Frau mit der Beziehung zusammenhängen, die sie mit einem Mann hat.

»Wenn eine Frau einen wahrhaft guten Konnex zu einem Mann bekommt, dann ist das, glaube ich, eine Verbindung zu allen Männern auf der Welt, eine sehr wertvolle Verbindung. Ich habe dabei jedenfalls das Gefühl, nicht mehr wurzellos zu sein und im Einklang mit Gottes Plan zu stehen – ich habe das Gefühl von Vollendung.«

»Ich war erleichtert, als ich geheiratet hatte. Ich hatte ein Ziel erreicht, das für mich – so hat man es mich gelehrt, das allerwichtigste war: einen Mann zu bekommen.«

49 Prozent der Frauen weisen darauf hin, daß die Liebe zwischen Mann und Frau mehr bedeutet, als daß ein Mensch einen anderen liebt; leider ist diese Liebe auch eine Art Gütezertifikat von seiten der Gesellschaft, bringt die Bestätigung mit sich, daß die Frau ein akzeptables Mitglied der Gesellschaft ist. Einige Frauen wehren sich gegen die Macht, die diese Vorstellung über sie hat, andere akzeptieren sie als Realität (»so ist es eben«):

»Vor einem Jahr habe ich's endlich begriffen: Ein großer Teil meiner Selbstachtung hat damit zu tun, daß ich einem Mann gefalle. Als mir das klar wurde, habe ich eine fürchterliche Wut bekommen, aber ich konnte mich dieser Konditionierung nicht entziehen.«

»Wenn es den Anschein hat, als wollten Frauen eher heiraten als Männer, dann liegt es nicht am Brutpflegetrieb oder dergleichen, sondern daran, (so schmerzlich es auch sein mag, das zu erkennen), daß die, die ›draußen‹ sind, immer in stärkerem Maße ›drinnen‹ sein möchten als umgekehrt.«

Die Gesellschaft (Eltern, Fernsehen usw.) züchtet Frauen und Mädchen nach wie vor Minderwertigkeitskomplexe an:

»Ich mache mir zuviel Gedanken über meine Kleider, mein Aussehen, mein Gesicht. Ich habe mich immer häßlich gefunden (obwohl ich es nicht bin – nur eben nichts Besonderes). Irgendwie gehört es zur Weiblichkeit, sich nicht zu mögen.«

»Ich schaue mich an und frage mich, wie ich auf die Idee kommen konnte, diesen Mann zu wollen, wo doch hundert Dinge mit mir verkehrt sind und er jeden Tag andere sehen kann, die besser sind als ich.«

Frauen/Mädchen glauben aber auch, daß ihre Angst, »keinen abzukriegen« oder nicht »perfekt« genug zu sein, eine »Schrulle« von ihnen ist oder von einem Mangel an Liebe in ihrer Kindheit herrührt, also in ihrer »persönlichen« Unsicherheit begründet liegt:

»Ich glaube, ich habe ein ziemlich extremes Bedürfnis nach Zuwendung und Aufmerksamkeit. Von meinem Vater habe ich das nie gekriegt. Vielleicht hänge ich mich deswegen an Männer.«

»Ich gerate immer an Männer, die mir sagen, wie minderwertig ich bin, und dann hinzufügen, daß sie mich *trotzdem* lieben. Ich weiß noch, wie ich mir mal von einem Mann in aller Ausführlichkeit habe erzählen lassen, daß und warum ich seiner Liebe nicht würdig bin – und ich habe nicht gewußt, was ich machen sollte. Dieses Schema, daß mir ein Mann mitteilt, wie wenig ich tauge, aber daß er mich trotzdem liebt, ist alt. Mein Vater hat damit angefangen.«

Der Glaube, daß Männer die Kompetenz (das Recht?) haben, über unseren Wert zu bestimmen, kann Frauen großes Unbehagen bereiten:

»Ich bin unsicher, wenn ich verliebt bin, und zweifle an mir – ich bin überhaupt oft unsicher in Gesellschaft von Männern, unabhängig von der Situation.«

Mit Dreißig noch nicht verheiratet: Wie schrecklich...

88 Prozent der Frauen in dieser Untersuchung sagen, daß ein großer gesellschaftlicher Druck auf sie einzuwirken beginnt, wenn sie mit Neunundzwanzig oder Dreißig noch nicht verheiratet sind; sie erfahren ihn zum Beispiel in Form von Vorurteilen gegen sie (oder Angst vor ihnen?) in geselligen Situationen – wobei die Leute manchmal gleichzeitig neidisch sind:

»Ich kann mich nicht des Eindrucks erwehren, daß Unverheiratetsein immer noch als Resultat von ›Abweisung‹ betrachtet wird, du bist ›Ausschuß‹... Jeder Mensch überlegt sich, was mit dir los ist? (›Sie sind doch eine so hübsche junge Frau, warum hat Sie nicht schon längst ein netter junger Mann geschnappt?‹).«

»Ich habe definitiv das Gefühl, die Leute denken, ich hätte eine Macke, weil ich keine Beziehung habe – und mitleidig sind sie auch noch. Ihr Neid ist nicht so leicht zu fassen und wird dadurch verschleiert, daß sie Distanz halten.«

»In unserer Gesellschaft – selbst heute, wo so viele Menschen beschließen, allein zu bleiben – ist man als Single so was wie ein Bürger zweiter Klasse. Das gilt besonders für Frauen. Wenn eine Frau allein ist, vor allem eine Frau mit Kindern, begegnet man ihr mit der Einstellung, daß sie einen Mann haben sollte, der sich um sie und die Kinder kümmert. Meine Freundinnen sind, mit ein paar Ausnahmen, auch unverheiratet. Weit davon entfernt, mich zu beneiden, betrachten mich Frauen, die in einer Beziehung leben, im allgemeinen mit Mißtrauen, als wäre ich, weil ich keinen Partner habe, automatisch an ihren Männern interessiert!«

Viele Frauen sagen, verheiratete Frauen hätten immer noch mehr Status als Single-Frauen; Single-Frauen sind nach den frühen Zwanzigern von seiten der Gesellschaft immer noch nicht so geschätzt und gesucht wie Single-Männer. In gewisser Hinsicht werden sie aus der Gesellschaft ausgegrenzt:

»Wenn man unverheiratet ist, heißt das immer noch für viele Leute, daß man ›nicht normal‹ ist, unerwünscht – daß man ›keinen abgekriegt hat‹.«

»Es ist schwierig, als ledige Frau Menschen von Format kennenzulernen. Ledige Frauen werden von dieser Gesellschaft nicht geschätzt. Wir sind nicht gefragt, wir sind überflüssig.«

Obwohl das Gegenteil behauptet wird, wird nach wie vor enormer Druck auf Frauen ausgeübt, verheiratet zu sein und nicht nur mit einem Mann »zusammen zu leben«:

»Wir haben geheiratet, weil ich mit ihm ins Bett gehen wollte, und um Selbstachtung zu haben, mußte ich verheiratet sein. Obwohl wir erst vor drei Jahren geheiratet haben und dies die achtziger Jahre des zwanzigsten Jahrhunderts sind, hatte ich – ich weiß auch nicht, warum – das Gefühl, daß die Männer einen nicht respektieren, wenn man nicht verheiratet ist. Oder vielleicht respektiere *ich* mich nicht, wenn ich nicht verheiratet bin. Jedenfalls hielt ich das mit dem Respekt irgendwie für wahr. Also war ich nach der Heirat erleichtert. Jetzt konnte kein Mensch mehr darüber befinden, ob wir Sex haben durften oder nicht.«

»Ich habe geheiratet, um endlich meine Ruhe zu haben. Ich hatte es satt, daß die Leute auf mich runtergeschaut haben, weil ich mit jemand zusammenlebte. Ich habe mich ihm auch so verbunden gefühlt, aber es war schön, eine öffentliche Geste zu machen, die das bestätigt hat.«

»Ich hab' erst mit zweiunddreißig geheiratet, vor drei Jahren. Davor war ich zwölf Jahre Friseuse. Ich hab' mich gern mit Männern verabredet und fand es toll, daß sie mich gut fanden. Aber wenn wir geknutscht haben, hatte ich immer ein schlechtes Gewissen, als wäre ich dreckig oder billig und so. Ich fand, daß ich heiraten sollte.«

Obwohl Frauen Anfang der Zwanzig seit den sechziger Jahren erzählt wird, es werde später kein Heiratsdruck auf sie ausgeübt werden, sie seien frei von solchen »alten Zwängen«, hat der Druck in Wirklichkeit nicht nachgelassen. Das bekommen sie spätestens dann zu spüren, wenn sie fünfundzwanzig sind. Viele Frauen haben, so heftig sie auch gegen diese Vorstellung ankämpften, immer noch das Gefühl (und hassen sich dafür), daß sie heiraten müssen, bevor sie dreißig sind, weil sie sonst »keinen mehr abkriegen« oder nicht in die Gesellschaft »passen«. Die Bezeichnung »männerfeindlich«, die gelegentlich auf unverheiratete Frauen angewandt wird, ist eine neue Variante der »Versagerin« (und beide Begriffe sind lächerlich).

»Was ist, wenn ich nie heirate?«

Ziemlich viele Frauen, die nie verheiratet waren und in den Dreißigern sind, beginnen ernsthaft über die Möglichkeit nachzudenken, daß sie zeitlebens nicht heiraten werden:

»Warum bin ich Single? Nun, hauptsächlich, weil ich mir immer gedacht habe, ich würde schon von selbst jemand kennenlernen, und nie was dafür getan habe, nie gesucht habe, wie es einige von meinen Freundinnen jetzt tun, nie systematisch wo hingegangen bin, wo man Männer kennenlernen kann. Ich habe mich einfach nicht darum gekümmert, und eines Tages habe ich plötzlich gemerkt, daß die meisten meiner Freundinnen ja verheiratet sind, o Schreck, ist mit mir was schiefgelaufen und werde ich immer Single sein? Ich glaube allmählich, daß ich es wirklich immer sein werde, und versuche, damit zurechtzukommen. Man fragt sich natürlich, was wird, wenn man älter ist ... Es ist ein bißchen gruselig, aber ich glaube wirklich nicht, daß ich noch heirate. Ich kann schließlich ganz gut selbst auf mich aufpassen.

Ich war nie in Therapie, obwohl ich voriges Jahr mit dem Gedanken gespielt habe. Ich war furchtbar down, bin zu meinem Hausarzt gegangen und habe ihn nach einem guten Therapeuten gefragt. Er hat gesagt, ich soll mich in Arbeit stürzen und eine Weile nicht über mich nachdenken. Nach einer Woche war ich nicht mehr so down, also habe ich ihn nicht noch mal nach einem Therapeuten gefragt. Wenn ich kann, bleibe ich zu Hause und – das verschweige ich sonst jedem – lese kitschige Liebesromane! Ja, ja, es fällt schon schwer, so was zuzugeben. Ich weiß nicht, ob ich erklären kann, warum ich die Dinger lese. Sie sind ein totales Fluchtmittel, schön überschaubar, reine Phantasie, und es geht immer gut aus. Ich schäme mich wirklich! Eigentlich sollte ich die Klassiker lesen!«

Eine Frau, die nie verheiratet war, beschreibt die Krise, die sie deswegen hatte – und das glückliche Ende dieser Krise:
»Ich bin unverheiratet, zweiunddreißig Jahre alt, durchschnittlich attraktiv. Ich bin sehr zufrieden mit meinem Job, obwohl er mich fordert, erschöpft und einen großen Teil meiner ›Freizeit‹ verschlingt. Meine größte Leistung ist, daß ich einen sehr guten Abschluß an der Uni gemacht habe.

Die bis jetzt größte Krise meines Lebens war fällig, als ich mich damit abfinden mußte, daß ich (durch eigene Schuld) einen Mann verloren hatte, den ich sehr liebte. Ich hatte auch das Gefühl, daß ich mich nicht mehr so treiben lassen durfte, daß ich (dachte ich zumindest) ›jemanden finden‹ und heiraten mußte. Es war eine schlimme Zeit. Ich hatte schwere Depressionen. Weil ich um jeden Preis heiraten wollte, schlitterte ich in eine lange Affäre mit einem Mann, der in keiner Weise zu mir paßte, und dann in andere, die kürzer waren, aber nicht besser.

Ich war todunglücklich. Wenn ich nicht auf der Suche nach ›meinem Mann‹ war, verbrachte ich den Tag unangezogen, ungewaschen, mit ungekämmtem Haar, lag im Dunkeln auf dem Boden und hörte traurige, romantische Musik. Im Rückblick finde ich es erheiternd, daß ein anderer Aspekt dieser dunklen Zeit – natürlich eng verbunden mit meiner Angst, unverheiratet zu bleiben – der war, daß ich fand, ich würde alt. Ich konnte es schlichtweg nicht akzeptieren und dachte allen Ernstes, wenn ich mit Dreißig noch nicht verheiratet wäre, würde ich mich umbringen! Ich bin mir sicher, daß ich mich und meine Situation besser begriffen und die Krise schneller bewältigt hätte, wenn ich richtige Freundschaften mit klugen, selbstsicheren Frauen gehabt hätte. Aber meine damaligen Freundinnen waren entweder verheiratet oder hatten eine ähnliche Einstellung wie ich. Außerdem nahm ich Frauenfreundschaften nicht ernst. Mich beherrschte nur der eine Gedanke: Wie ›kapere‹ ich mir einen Mann? Meine Freundschaften vernachlässigte ich darüber.

Im Rückblick ist mir jetzt klar, daß ich aufgewachsen bin, ohne je in Frage zu stellen, daß ›man‹ sich zu verlieben hat (vielleicht mehrmals, aber früher oder später heiratet ›man‹ den ›Richtigen‹) und dann mit ›seinem Mann‹ ein ›Heim‹ gründet. Als es so aussah, als würde das vielleicht nicht passieren, konnte ich eine Weile nicht damit fertig werden, bis mir allmählich dämmerte, daß ich an diesen Annahmen zweifelte – ob sie für jeden Menschen richtig waren und insbesondere für mich. Und eines schönen Morgens wachte ich auf (buchstäblich) und begriff auf einmal, daß ich durchaus Freude an meinem Leben gehabt hatte, ich hatte es mir nur durch die Vorurteile und Überzeugungen anderer vermiesen lassen. Danach stand es mir frei, mein wahres Selbst zu entwickeln und mit meinen eigenen Ideen an die Frage heranzugehen, wie mein Leben aussehen sollte.«

Was sind das für Frauen, die *nie* heiraten wollen?

Was sind das für Frauen, die nie geheiratet haben? Sitzen sie den ganzen Tag im Morgenrock und mit Lockenwicklern zu Hause herum? Oder sind sie »Femmes fatales«, »Nymphomaninnen«, die jede Woche einen neuen Liebhaber haben? Und was ist, wenn sie alt sind?

Bis zu einem gewissen Grad kann die Gesellschaft geschiedene oder verwitwete Frauen akzeptieren, selbst wenn sie den größten Teil ihres Erwachsenenlebens Singles bleiben, doch es scheint ihr wesentlich schwerer zu fallen, Frauen zu akzeptieren, die gar nicht heiraten. Es ist äußerst wichtig, daß wir das Recht fordern, für das, was wir sind, akzeptiert und geachtet zu werden, und nicht nur für unsere Verbindung mit einem Mann. Wie eine Frau sagt: »Ich bin stolz darauf, Junggesellin zu sein.«

Druck von der Familie

Auch von der Familie wird auf Frauen immer noch Druck ausgeübt, damit sie heiraten. Die folgenden Antworten stammen von Frauen in den Zwanzigern:

»Meine Mutter rief ihn mehrmals an und fragte, wann er mich denn nun endlich heiraten würde! Sie rief auch mich an und sagte mir, das einzig Wahre im Leben sei, einen reichen Mann zu heiraten. Und mein Vater fragt mich mittlerweile, wann ich mich endlich häuslich niederlasse. Ich sage ihm, daß ich schon viel zu sehr zur Ruhe gekommen bin – ich will leben!«

»Meine Mutter setzt mir ständig zu: ›Warum gehst du nicht aus, warum lernst du niemand kennen?‹ Wenn ich zu Hause bleibe und lieber lese, habe ich Bedenken, ihr das zu sagen. So weit ist es schon gekommen. Sie macht mich nervös.«

Biologischer Druck

Es lastet auch ein großer Druck auf Frauen, sich zu entscheiden, ob sie Kinder haben (und damit heiraten?) wollen, bevor es biologisch »zu spät« ist:

»Ich bin es leid, unverheiratet zu sein. Ich lebe allein, weil es nie einen Mann gegeben hat, den ich heiraten wollte und der mich auch heiraten wollte. Ich denke nicht gern daran, daß ich mit jedem Lebensjahr wieder ein Jahr von der Zeit verliere, in der ich Kinder kriegen kann. Ich will Kinder und habe keine. Das ist das einzige am Älterwerden, was mich traurig macht – daß die Zeit immer knapper wird. Ich spüre in mir etwas Nährendes, Fürsorgliches, das sich ausdrücken will, indem ich Frau und Mutter bin. Ich bin es leid, erwachsen zu werden und in der Ausbildung zu sein, und ich möchte zur Ruhe kommen. Ein Job, eigener Herd, ein Kind und ein treuer Liebhaber/Freund/Zimmergenosse/Kamerad (alias Mann) – das ist es, was ich jetzt will.«

»Manchmal habe ich das Gefühl, daß ich betrogen worden bin, daß der Entschluß, allein zu bleiben, falsch war. Alle Paare, die ich sehe, scheinen glücklich zu sein, obwohl ich natürlich weiß, daß es viele Leute gibt, die eine miserable Ehe führen. Mein Beruf ist aufregend, aber er stiehlt mir meine ganze Zeit. Ich frage mich, ob ich schon zu alt bin, um Kinder zu haben.«

»Ich dachte immer, ich wollte keine Kinder. Jetzt glaube ich, es wäre möglich, vorausgesetzt, ich werde mir vorher über meine Gefühle klar. Das Problem ist nämlich, daß ich finde, wenn ich Kinder hätte, müßte und sollte ich in den ersten Jahren viel Zeit mit ihnen verbringen und daß ich Ressentiments gegen sie hätte, wenn ich mich ihretwegen von meiner Arbeit und von der Welt abgeschnitten fühlen würde. Deshalb möchte ich keine Kinder haben. Ich möchte den Groll, den ich sonst vielleicht entwickle, nicht an sie weitergeben.«

Einige Gynäkologinnen/Gynäkologen und Geburtshelferinnen/Geburtshelfer* berichten von einer Bewegung unter den Frauen zwischen Mitte und Ende Dreißig, die sich zuvor auf ihre Karriere konzentrierten, keine Kinder hatten und sich jetzt fragen, ob das ein Fehler war. Mehrere von den Frauen, die wir hier gehört haben, halten es für einen Fehler. Das darf man nicht bagatellisieren; vor der Hälfte des Lebens über den Rest des Lebens zu entscheiden – ob man Kinder haben will oder nicht –, ist ein schwieriger und bedeutsamer Entschluß, den Frauen fassen müssen, Männer dagegen nicht.

* Diese Informationen erhielt ich auf einer Tagung des *American College of Obstetricians and Gynecologists* (1984), bei der ich einen Vortrag hielt. Insbesondere teilte mir Dr. Beatrice Troyden aus Philadelphia einige wertvolle Erkenntnisse mit.

Doch wenn man nun von »verzweifelten Frauen über Dreißig« spricht, ist das nur ein weiteres Beispiel dafür, wie sehr die Gesellschaft dazu tendiert, alles, was Frauen tun, als »zu emotional« und »hysterisch« zu sehen. Wenn Männer durch die Biologie zu dieser Wahl genötigt wären, würde ihre Konfrontation damit, ihr Kampf, zu einem Entschluß zu gelangen, zweifellos als edles Dilemma betrachtet werden, eines Shakespeareschen Dramas, ernster Bücher und Filme wert – Prüfstein für der Wert und den Mut eines Mannes! Doch bei Frauen wird es häufig bagatellisiert und ins Lächerliche gezogen.

Zusätzlich zum biologischen Druck im Zusammenhang mit der Kinderfrage gibt es noch Ängste in bezug auf das Älterwerden – dreißig und nicht verheiratet zu sein, (angeblich) »sein gutes Aussehen zu verlieren« usw.:
»Ich war so deprimiert voriges Jahr, als ich zweiunddreißig wurde und etliche Fältchen bemerkte. Meine Freundinnen fangen alle langsam an, alt auszusehen. Das schockiert mich. Ich sehe nicht so alt aus, am College kommt niemand darauf, wie alt ich bin. Wenn ich es selber sage, sind die meisten Leute schockiert. Es macht mich, glaube ich, ein bißchen nervös, daß ich älter werde und noch keine Kinder habe und nicht verheiratet bin.«

Der Kampf gegen die Klischeevorstellungen

Bei all dem Heiratsdruck, der auf Frauen lastet, ist es fast ein Wunder, daß wir immer noch eher klar und rational über dieses Thema nachdenken können.

Eine Frau beschreibt ihren tapferen Kampf gegen die Macht der Stereotype; sie ist entschlossen, ihre Selbstachtung, ihre Kraft und ihre Identität nicht für die Anerkennung durch einen Mann zu opfern oder ihre Selbstachtung von der Meinung einer anderen Person abhängig zu machen:
»Besessen werden. Meine Eltern haben mich als Kind besessen, wie die meisten Eltern ihre Kinder besitzen. Ich hasse dieses Gefühl. Das Problem ist eher, daß man seine Macht an eine andere Person abtritt, als daß sie einem weggenommen wird. Man gewöhnt sich als Kind an den Zustand des Besessenwerdens und neigt als Erwachsener dazu, ihn mit anderen zu wiederholen. Ich möchte das hinter mir lassen – diese Kindheitsgeschichten sollen endgültig der Vergangenheit angehören.

Ich glaube nicht, daß ich anormal liebebedürftig bin, aber ich muß lernen, mich selbst mehr zu lieben. Ich fürchte, ich habe die ungute Tendenz, von anderen abhängig zu werden. Die Leute, die mir früher erzählt haben (meine Familie zum Beispiel), ich würde zuviel Zuwendung erwarten, haben mich weggestoßen, weil sie nicht imstande waren, Zuwendung zu geben... und so empfand ich meine Bedürfnisse als infantil und böse. Nachdem ich jetzt mehr über mich und die Menschen weiß, stelle ich fest, daß ich ein ganz normales Bedürfnis nach Zuwendung habe. Wahrscheinlch könnten alle ein bißchen mehr Liebe brauchen.«

46 Prozent der Frauen in dieser Untersuchung haben ähnliche Kämpfe ausgetragen; viele schlagen sich innerlich nach wie vor tagtäglich damit herum:
»Bis ich zwischen zwei Beziehungen ziemlich lange allein war, neigte ich dazu, mich in jeden Mann zu ›verlieben‹, der sich mir anbot. Das war ein echtes Problem. Ich mußte eine Weile Single sein, um zu lernen, daß ich keinen Freund brauche, um ein Mensch zu sein.«
»Ich habe mich sozusagen mit mir geeinigt. Wenn ein Mann sein Leben mit mir teilen will – wie schön! Aber wenn ich allein bleibe, werde ich auch nicht sterben. Ich kann solo fliegen oder mit Partner. Ich habe viele Möglichkeiten. Ich kann wählen.«
»Stimmt das, wenn ich sage, daß ich die Liebe eines Mannes vorziehen würde? Ich habe mich sexuell oft zu Frauen hingezogen gefühlt (nicht so stark wie zu Männern, aber das könnte eine rein psychologische Sperre sein), aber nie daran gedacht, mich in eine zu verlieben. Ich nehme an, ich müßte eine viel freiere Einstellung zur Sexualität gewinnen, ehe ich das könnte, und ich glaube nicht, daß ich die Männer ganz aufgeben könnte. Woran es bei Frauen fehlen würde, ist bestimmt nicht der Sex – der wäre phantastisch, da bin ich mir sicher. Aber das Symbol der männlichen Gegenwart würde fehlen, das heterosexuelle Paar, das in unserer Tradition derart glorifiziert worden ist, daß das Leben schwierig wird, wenn du dich dem entziehst.«
»Am einsamsten war ich in der Pubertät. Damals glaubte ich, ich müßte einen Mann haben, sonst könnte ich nicht glücklich sein. Darüber bin ich Gott sei Dank hinaus! Heute weiß ich, der Schlüssel zum Glück liegt darin, daß ich mich selbst liebe.«

Eine andere Frau beschreibt die Phase, die sie durchmachte, ehe sie sich ein neues Selbst schaffen konnte:
»Dieser ›Selbst-Mord‹ scheint der Wendepunkt gewesen zu sein. Ich habe das alte, abhängige Selbst getötet, das recht hatte mit seiner Vermutung, es hielte das Leben nicht mehr aus. Ich nehme an, ich erschreckte mich selbst so sehr, daß ich mich verändern mußte. Ich erkannte, daß ich den schwulen Mann noch immer liebte, akzeptierte

unsere Freundschaft aber so, wie sie war. Doch ich hielt Abstand zu ihm und ließ erst dann wieder Nähe zu, als sich meine Ehe gut eingespielt hatte – ich mußte da raus, ich konnte mein Leben nicht nur mit dem Wunsch verbringen, es möge anders sein zwischen uns. Ich war während dieser emotionalen ›Genesung‹ lange Zeiten zu Hause – stille Zeiten –, machte Handarbeiten, trank Schokolade, hörte Jazz, lernte, allein zu sein und alle Gefühle des Verlusts zu spüren, durch die ich gehen mußte.

Ich war einsam, aber ich hätte meinen jetzigen Stand ohne diese Phase nicht erreicht. Da ich wußte, was ich wollte, konnte ich meinen Mann bei unseren ersten Begegnungen als das erkennen, was er war. Ohne die Phase des Alleinseins wäre ich vielleicht aus lauter Verzweiflung in die nächste schlechte Beziehung gestolpert.«

Viele Frauen sprechen mit großem Stolz von ihrer mühsam errungenen Unabhängigkeit und Stärke:

»Einen Mann anbetteln müssen um ein paar gemeinsame Stunden, um eine Umarmung, ein ermutigendes Wort (oder überhaupt ein Wort) – vergiß es. Ich bin weniger einsam, wenn ich mit meinen Büchern allein bin.«

»Wenn ich den Eindruck habe, daß ich meinen Liebhaber ständig anturnen muß, indem ich schön und verführerisch bin, interessiert er mich nicht. Ich ziehe mehr emotionale Substanz vor. Wenn ich *Spaß* daran habe, mich schön anzuziehen, und meinem Freund gefalle – das ist was anderes. Aber ich mag mich nicht schön anziehen *müssen*, damit er mein ›Freund‹ bleibt. Das habe ich echt nicht nötig.«

»Wenn ein Mann gehen will – bitte. Er muß mich so mögen, wie ich bin, und wenn er das nicht tut, werde ich nicht versuchen, ihn zu halten. In dieser Hinsicht bin ich erwachsen geworden. Ich lasse mich nicht auf Spiele ein, um einen Mann am Gehen zu hindern. Ich weiß, daß ich auch ohne ihn leben kann.«

Ist es besser, »den Falschen« zu heiraten, oder »für alle Zeit unverheiratet« zu bleiben?

Was ist, wenn eine Frau keinen Mann findet, den sie heiraten will und der sie heiraten will (»den Richtigen«)? Soll sie sich dann »bescheiden« und »einfach jemand Nettes« heiraten?

»Ich denke immer, wenn ich ihn nicht heirate, heirate ich vielleicht überhaupt niemand. Vielleicht ist er das Beste, was ich kriegen kann.«

»Der ganze Druck... Er ist so ein netter Kerl, aber... Ich weiß nicht, irgendwie fehlt es an der Begeisterung. Vielleicht, weil er das Leben nicht so toll findet oder weil ich zuviel will; vielleicht bin ich eine hoffnungslose Romantikerin und warte auf den Märchenprinzen... Aber warum muß ich jemanden heiraten, nach dem ich nicht verrückt bin? Andererseits... vielleicht finde ich nie wieder jemanden. Wird es mir dann später leid tun?«

Eine verheiratete Frau kommentiert im Rückblick:
»Es würde viel mehr Spaß machen, Single zu sein, wenn man *wüßte,* was letztlich passiert – dann könnte man sich entspannen und richtig genießen! Aber so fragt man sich, treffe ich vielleicht mal jemand, der besser für mich ist, oder soll ich mich mit *dem* zufriedengeben, egal wieviel Probleme wir haben?«

Nur eine Minderheit der Frauen betont, lieber »für alle Zeit unverheiratet« bleiben zu wollen, als »den Falschen« zu heiraten:
»Ich sage meinen Freundinnen, daß es besser ist, alle fünf Jahre eine gute Beziehung mit einem Mann zu haben, als bloß wegen dem, was ›die Gesellschaft‹ denkt, in einer schlechten Beziehung zu bleiben. Ich bewundere Frauen wie Liz Taylor, die nicht aufgeben, sondern weiter versuchen, ihr Glück zu finden.«

Was ist, wenn der Mann, den eine Frau liebt, prinzipiell nicht heiraten will oder sie nicht heiraten will? Soll sie notfalls »für alle Zeit unverheiratet« bleiben, wenn sie niemanden findet, den sie aufrichtig bewundert und liebt? Theoretisch vielleicht ja. Doch die Welt hat dies den Frauen fast unmöglich gemacht, obwohl es nun, da mehr Frauen im Berufsleben stehen, eine Alternative ist, für die sich immer mehr Frauen entscheiden werden. Trotzdem ist der gesellschaftliche und der innere, psychologische Druck nach wie vor da. Wird er nachlassen?

Es ist einem peinlich zuzugeben, daß man heiraten will: der Druck, »unabhängig« zu sein

»Es fällt mir schwer zuzugeben, daß ich wirklich einen Mann will, daß ich wirklich heiraten will. Unabhängig davon, was ich politisch weiß, unabhängig davon, wie unmöglich oder dumm es zu sein scheint... ich will es trotzdem. Aber ich empfinde einen großen Druck, habe irgendwie das Gefühl, daß ich mich nicht so sehr mit Liebe und Romantik befassen, mich nicht in eine Liebesgeschichte hineinsteigern ›sollte‹.«

Viele Frauen leiden unter dem Konflikt, daß sie nicht genau wissen, ob sie »unabhängig« sein wollen oder ob sie es lieber hätten, wenn sich ein Mann »um sie kümmert«:

»Solange ich allein war, hatte ich das – vielleicht illusorische – Gefühl, das Stabilste in meinem Leben würde immer ich selbst sein mit meiner Kraft, ich hatte das Gefühl, wieder ein starkes Ich zu haben, das in meiner Beziehung zuvor unterdrückt worden war. Bei meinem zweiten Liebhaber fühlte ich mich dann anfangs sehr stark – aber ab einem bestimmten Punkt begann ich an seiner Liebe zu zweifeln und hatte auch Angst zu gehen. Warum? Zuvor war ich ja gerne für mich gewesen. Werde ich bei jeder sich bietenden Gelegenheit regredieren, werde ich weiter versuchen, den Mittelpunkt der Welt in jemand anderem zu suchen? Bin ich schwach?«

»Manchmal habe ich das dringende Bedürfnis, daß mich ein Mann in seine Arme nimmt und sagt: ›Es ist okay, Baby. Ich beschütze dich vor allem!‹ (Und wer wird das wohl sein? Vermutlich der Märchenprinz!) Das ist natürlich gefährlich, unrealistisch und außerdem saukomisch!«

Ideologisch »richtig«

Wollen Frauen immer »Gleichheit«? Was wir von der Liebe haben, von der Leidenschaft, ist schwer in Worte zu fassen: Manchmal ist es mit tiefen Sehnsüchten verbunden, die eine andere Person aus irgendeinem Grund in uns weckt. Manchmal erfahren wir auch durch einen Menschen, in den wir verliebt sind, einen Teil von uns, der bis dahin verborgen war. Liebe ist nicht immer erklärbar, Seelenverwandtschaft auch nicht, und einige der dabei beteiligten Gefühle lassen sich vielleicht nicht immer eindeutig in die Kategorie dessen einordnen, »was gut für einen ist« oder »was man empfinden sollte«.

Anders ausgedrückt: sind derartige Feststellungen unvereinbar mit der Unabhängigkeit von Frauen? Oder können Frauen und Männer dann und wann voneinander abhängig und zu anderen Zeiten voneinander unabhängig sein und trotzdem eine Beziehung haben? Wie es eine Frau formuliert: »Ich glaube, mein Partner und ich sind beide ziemlich unabhängig und beide ziemlich abhängig ... so ist es wohl in den meisten stabilen Beziehungen. Aber wie soll eine Beziehung glücklich und stabil sein, wenn immer nur auf *einen* der Partner Verlaß ist? Wie kann *eine* Person immer diese Last tragen ohne die Möglichkeit, sich auch mal an den anderen anzulehnen?«

Ständige »Gleichheit« gibt es natürlich nicht. Beziehungen sind Schwankungen unterworfen. Und Männer haben manchmal – wenn sie es zulassen können, wenn sie sich sicher genug fühlen – auch Freude daran, »dominiert« zu werden, behütet zu werden.

Nicht die »Abhängigkeit« als solche ist »verkehrt«; verkehrt ist vielmehr, daß Frauen jahrhundertelang abhängig sein *mußten* und wenig oder gar keinen Status hatten, wodurch ihre Lebensqualität beeinträchtigt wurde und sie manchmal sogar in Gefahr gerieten. »Unabhängigkeit« wurde in den siebziger Jahren (und früher) ein Wertbegriff für Frauen, ein Schlachtruf, weil sie als finanziell »Abhängige« entdecken mußten, daß es ihnen nicht möglich war zu gehen, wenn ihre Situation schlecht war. (Siehe 11. Kapitel.)

Haben Frauen noch ein »Recht« darauf, finanziell »abhängig« zu sein?

Einige Frauen nehmen Anstoß an der Ideologie, die sagt, der einzige Weg zum »richtigen« Selbst sei der, beruflich außer Haus zu arbeiten, wohingegen zu Hause zu bleiben bedeute, »zurückgeblieben« zu sein. Aber sind häusliche Fähigkeiten nicht mindestens genauso befriedigend wie Büro- oder Fließbandarbeit? Warum sollen Frauen nicht zu Hause arbeiten?

Einige unverheiratete Frauen in den Zwanzigern haben Schuldgefühle, weil sie eigentlich nicht »unabhängig« sein wollen, sondern es vorziehen würden, (ökonomisch abhängige) Hausfrauen und Mütter zu sein:

»Ich wäre lieber abhängig, aber ich habe Bedenken. Schließlich haben Frauen für die Unabhängigkeit gekämpft, auch für meine, und deswegen hätte ich irgendwie Schuldgefühle, wenn ich mich für die traditionelle, häusliche Lebensform entscheiden würde.«

Eine junge Frau (verheiratet, ein Kind, finanziell abhängig) stellt solche Schuldgefühle und den Wert der »Unabhängigkeit« in Frage:

»Ich habe auch mal geglaubt, Frauen müssen arbeiten und es sei wichtig, daß sie sich mit ihrer Arbeit selbst verwirklichen. Jetzt frage ich mich, wie ich das habe glauben können. Ich hatte nämlich nie einen Job, der was getaugt hat, eine Arbeit, die irgendwie mit meinen Ideen zu tun hatte. Mal war ich Barfrau, mal habe ich Versicherungsformulare ausgefüllt. Ich hatte lauter blöde Jobs, Frauenjobs, und trotzdem hatte ich diese bürgerliche Mentalität – wie aus einer Zeitschrift für die aufgeklärte, moderne Frau –, die mir sagte, das sei wichtig. Und es *ist* auch wichtig für einige Frauen, aber für mich und die Mehrheit der Frauen ist es nicht wichtig. Wir finden keine Erfüllung in unseren Jobs.

Ich muß allerdings noch gegen diese zwiespältige Einstellung kämpfen, daß das, was hier in meinem Haus passiert, nicht so wichtig ist, wie das, was ›draußen in der Welt‹ oder am Arbeitsplatz meines Mannes passiert. Diese Einstellung habe nicht nur ich, die haben auch meine Freundinnen.«

»Die Frauen haben die ›Gleichberechtigung‹ satt – sie bedeutet doch nur, daß du alles machen mußt!«

17 Prozent der Frauen sagen, es sei kein Fortschritt, sondern ein Rückschritt, daß von Männern nicht mehr erwartet wird, daß sie Frauen unterstützen oder ernähren:

»Ich finde es bedauerlich, daß die Frauenbewegung nötig ist. Natürlich sollten Frauen einen Beruf ausüben können, wenn sie das wollen, gleichen Lohn für gleiche Arbeit bekommen und nicht nur als Sekretärin, Krankenschwester, Lehrerin oder Friseuse tätig sein dürfen. Aber wenn ein Mann und eine Frau die Entscheidung treffen, daß sie zu Hause bleibt und sich um Haushalt und Kinder kümmert, dann sollte es für ihn nicht so einfach sein, sich das anders zu überlegen und sie hängenzulassen mit Hypothekenzahlungen von 900 Dollar und ohne die Möglichkeit, sehr viel mehr als 15 000 Dollar pro Jahr zu verdienen, zumal wenn sie es 15 Jahre lang gewohnt war, 75 000 Dollar zur Verfügung zu haben, aber keine richtige Ausbildung hat und auch keine großen Berufsaussichten, weil sie ›schon‹ fünfundvierzig Jahre alt ist. Ich bin aus moralischen Gründen gegen die Scheidung, aber ich bin auch aus ökonomischen Gründen dagegen. Die Frauenbewegung ist so ziemlich unser einziger Schutz gegen das Verlassenwerden. Ich finde es bedauerlich, daß meine Töchter mehr oder weniger genötigt sein werden, sich einen lukrativen Beruf zu suchen und sich in diesem Beruf zu bewähren, um finanziell abgesichert zu sein.«

Und eine Frau resümiert, was viele glauben: daß Frauen, auch wenn sie »abhängig« sind, gewiß nicht »geringer« sind; sie leisten, indem sie sich um das Wohl der Familie kümmern, einen mindestens ebenso bedeutenden gesellschaftlichen Beitrag, wie wenn sie jeden Tag außer Haus ihre Arbeit verrichten:

»Was für einen Beitrag haben wir Frauen für die Gesellschaft geleistet? Das weiß ich nicht genau. Aber mir ist nicht unwohl bei dem Gedanken, daß wir ›nur‹ Sanftheit und Wärme beitragen und nicht das Allheilmittel gegen den Schnupfen erfunden haben. Ich glaube, Frauen halten die Familie zusammen. Das geht nicht ohne Mühe ab, und manchmal sind auch die Vorgaben schlecht – wenn sie ›unmögliche‹ Männer haben, wenig Geld, kein großes Interesse am Hausfrauendasein. Und trotzdem stellen sie sich ständig der Herausforderung. Ich finde, was das betrifft, habe ich meine Sache gut gemacht, und ich bin stolz darauf.«

Wie wir gerade gesehen haben, verteidigen ziemlich viele Frauen ihr Recht, zu Hause zu bleiben und Hausfrau zu sein, statt als »Karrierefrau« ihre »Unabhängigkeit« oder ihren »Wert« unter Beweis stellen zu müssen. Und diese Frauen haben recht: Der Feminismus wollte eine Welt, in der Frauen viele Wahlmöglichkeiten haben, und wenn sie angesichts all dieser Optionen beschließen, zu Hause zu bleiben, die Kinder zu versorgen und die Familie zu fördern, ist das eine völlig legitime Entscheidung.

Doch es gibt auch eine gegenläufige Argumentation, eine anhaltende Unterströmung, die fragt, ob hier nicht zumindest teilweise gesellschaftlicher Druck bzw. verinnerlichter Druck im Spiel ist – mit anderen Worten: der Glaube, daß eine Frau keine »richtige« Frau ist, wenn sie nicht verheiratet ist und Kinder hat. Wird mit dem Einwand mancher Frauen, daß es legitim oder ökonomisch notwendig ist, von einem Mann abhängig zu sein, bloß die Auffassung kaschiert, daß Frauen nur dann Status haben können, wenn sie »einen Mann haben«?

»Unabhängigkeit« und »Abhängigkeit« sind in viel stärkerem Maße individuelle Probleme, als frühere Analysen vermuten ließen. Tatsächlich ist eine der Grundfragen der Debatte zwischen »Konversativen« und »Radikalen« über das Wesen der Familie folgende: Ist die Unabhängigkeit der Frauen für sie selbst wichtig und nötig, oder ist sie bloß nötig, weil die Männer Frauen, die Mütter sind, nicht so achten und unterstützen, wie sie sollten? Eine Frau meint: »Die Männer müssen zu einer neuen Vorstellung von Männlichkeit erzogen werden, in der auch die Vaterschaft ihren Platz hat. Ich bin von meiner Mutter zur Unabhängigkeit erzogen worden. Ehe… das war nicht wichtig. Aber als ich schwanger war, hat sich meine Auffassung von der Ehe geändert, auch meine Auffassung von dem, wie ein Mann sein soll. Ich habe nicht gewußt, was ein guter Mann ist, habe nicht gewußt, daß er tatsächlich finanziell Verantwortung übernehmen sollte – und daß ich einen solchen Mann finden konnte.«

Doch eine andere Frau erinnert uns an die Kehrseite der Geschlech-

terbeziehungen alten Stils: »Etliche Männer aus meiner Bekanntschaft, die verheiratet sind oder stabile Beziehungen haben, sagen, sie
glaubten, daß Männer gegenüber Frauen gewisse Verpflichtungen haben, daß Frauen Männer brauchen und daß ein richtiger Mann Verantwortung übernimmt und die Frau ernährt. Daß Frauen Männer brauchen, überrascht mich nicht, aber es irritiert mich, daß es nicht gegenseitig ist.«

*Der Haupttrend geht heute dahin, daß Frauen die finanzielle Unabhängigkeit
vorziehen; die meisten Frauen mögen nicht finanziell abhängig sein oder sich
sagen lassen, was sie tun sollen*; viele sind sehr zornig über die Zeiten, die sie
ohne Alternativen zu Hause verbracht haben:*
   »Ich bin sechsundvierzig und mittendrin in einer höchst unerfreuli-
chen Scheidung, die sich schon über zwei Jahre hinzieht. Ich gehe wieder aufs College; meine Kinder sind erwachsen und brauchen mich
nicht mehr, und ich habe es satt, nett und geduldig zu sein. Es hat mir
absolut nichts gebracht; es hat mich nur daran gehindert, ich selbst zu
sein und Spaß zu haben.«

*23 Prozent der unverheirateten Frauen in den Zwanzigern, die jetzt arbeiten,
sagen, daß sie für die Ehe und eine Familie ihren Beruf oder ihre Karriere aufgeben würden:*
   »Ich verdiene seit zehn Jahren mein eigenes Geld. Meine Arbeit war
für mich immer die Hauptsache – zumindest habe ich erwartet, daß sie
mich glücklich macht. Sie befriedigt auch einen großen Teil meiner Bedürfnisse, aber nicht das Bedürfnis nach Liebe. Obwohl ich verschiedene Jobs hatte und mehr als nur eine abgeschlossene Ausbildung,
sehe ich das nicht als richtiges Erfolgserlebnis. Für eine tolle Beziehung würde ich meine Karriere aufgeben, wenn auch mit Bedauern.«
   »Ich liebe meine Arbeit und habe das hinter mir, was man einen
›steilen Aufstieg‹ nennt. Trotzdem habe ich das Gefühl, daß mein Leben noch nicht richtig angefangen hat. Es wartet noch so viel auf mich
– wenigstens hoffe ich das. Ich sage nur mit größtem Widerwillen, daß
ich im Moment recht unglücklich bin, denn ich habe reizende Eltern
und Geschwister, einen Traumjob und liebe Freundinnen. Ich weiß,
wie gut ich dran bin. Aber was ich am meisten will im Leben, ist ein
Mann, der mich liebt und braucht, zwei, drei Kinder und ein süßer
kleiner Hund – ein altmodischer Traum, nicht wahr?«
   »Die Leute denken, ich wäre karrieregeil, aber ich würde den Job sofort sausen lassen, wenn mir der richtige Mann begegnete. Ich mag
meinen Job, aber ich arbeite, seit ich sechzehn bin und gehe nebenher

* Siehe 11. Kapitel.

noch zur Schule, und jetzt bin ich müde – nicht richtig ausgebrannt, aber müde. Ich würde gern einen Mann kennenlernen und heiraten.«

32 Prozent der Single-Frauen führen ökonomische Unsicherheit und Finanzprobleme auf – manche haben Angst, in diesem Bereich ihr Leben lang auf sich gestellt zu sein:
»Ich kann es einfach nicht fassen, daß ich allein durchs Leben gehe. Ich will das nicht. Aber wenn die einzige Alternative darin besteht, mit verheirateten Männern ins Bett zu springen oder mit Männern, die keinen Respekt vor einem haben und einem weh tun, bleibe ich besser enthaltsam. Das Ganze hat auch eine ökonomische Seite. Kann ich mich tatsächlich mein Leben lang allein durchschlagen, ohne jemanden, der mir notfalls unter die Arme greift?«

Die Mehrheit der Frauen in den Vereinigten Staaten betrachten die Ehe keineswegs als Versorgungsinstitut. Die meisten arbeiten außer Haus, und den meisten ist klar, daß sie sich und ihre Kinder (und vielleicht sogar ihre Männer) lange Zeiten ihres Lebens wahrscheinlich selbst ernähren werden.

19 Prozent der Frauen in den Zwanzigern sagen, sie würden »nie heiraten«. Interessanterweise haben, zumindest in den letzten drei Generationen, etliche Frauen in den frühen Zwanzigern gesagt, sie würden nie heiraten, der Heiratsdruck sei ein Problem der »älteren Generation« – doch dieser Druck scheint immer noch zuzunehmen, wenn eine Frau dreißig wird; jede Frauengeneration in den Zwanzigern stellt verblüfft fest, daß dieser »altmodische« Druck noch nicht verschwunden ist:
»Ich dachte, heute gebe es weniger sozialen Druck, aber meine Schwester macht das gerade durch, und *so* war sie noch nie (›Torschlußpanik‹ usw.). Es ist alles andere als lustig – sie tut mir leid. Außerdem frage ich mich, ob es mir bald auch so geht.«

Die Statistik zeigt, daß die meisten Frauen in den Vereinigten Staaten (und in fast allen anderen Ländern) mit siebenundzwanzig heiraten (oder bereits geheiratet hatten und geschieden waren). Und was ist mit den Frauen, die sagen, sie würden »nie« heiraten? Heiraten sie doch, weil sie sich verlieben, Familie haben wollen und weil das »natürlich« ist? Wegen des enormen Drucks, den die Gesellschaft auf Frauen ausübt, wenn sie um die Dreißig sind? Wegen des Drucks, der von der »biologischen Uhr« ausgeht? Dieselbe Frage kann bei Männern gestellt werden, die auch seit den sechziger Jahren verkündet haben, sie seien gegen die Ehe und wollten »nie« heiraten – trotzdem ist die Mehrheit der Männer in den Vereinigten Staaten mit siebenundzwanzig ebenfalls verheiratet.

Mitte der achtziger Jahre »berichteten« die Medien von der angeblichen Desillusionierung, die Frauen im Hinblick auf Beruf und Karriere empfänden. Die Zweifel der Frauen wurden fehlinterpretiert auf die Bedeutung hin: »Frauen sind im Grunde ihres Herzens Mütter und nicht für die Welt der Männer und des Wettbewerbs gemacht, wo man hart sein muß!« Tatsächlich haben Frauen gefunden, die Arbeitswelt sei mit Mängeln behaftet, aber sie haben nicht den Eindruck, daß die Patentlösung darin besteht, »alles aufzugeben«. (Mehr Frauen denn je arbeiten außer Haus, und die meisten sagen, sie *wollten* es so.) Es zeichnet sich keine Rückkehr zu den fünfziger Jahren ab; die meisten Frauen glauben, daß es neben dem Entweder-Oder, in die Männerwelt hinauszugehen oder zu Hause zu bleiben, noch eine Möglichkeit geben muß. Frauen versuchen, diese dritte Alternative zu schaffen.

Die meisten Frauen in den Zwanzigern (56 Prozent) sagen, sie könnten sich nicht für die Arbeit oder aber für die Ehe entscheiden – sie wollen beides:

»Ich möchte eine liebevolle, fürsorgliche Mutter sein *und* arbeiten, aber mir schwant schon, daß ich nicht die Superfrau bin, die das unter einen Hut kriegt. Es wird schwierig sein, einen perfekten Partner zu finden, der sich die Hausarbeit mit mir teilt und sich um die Kinder kümmert. Das ist mein größtes Problem. Wenn ich wählen müßte, würde ich mich wohl für Kinder entscheiden, aber ich würde sie so spät wie möglich bekommen, damit ich nicht das Gefühl habe, ich hätte was verpaßt im Leben.«

»Ich will nicht ›wählen‹ müssen. Theoretisch würde ich mich, wenn mir jemand die Pistole auf die Brust setzen und ›Mann oder Beruf‹! sagen würde, für beides entscheiden, aber in der Reihenfolge ›Beruf und Mann‹.«

Viele Frauen weisen verärgert darauf hin, daß es für Männer dieses Entweder-Oder nicht gibt und daß die meisten Männer die erste Zeit mit Kindern auch dann nicht zu Hause verbringen, wenn sie es könnten:

»Wenn mehr Männer bereit wären, zu Hause ihren Teil beizutragen, wenn es ums Großziehen der Kinder geht, oder zeitweise mit dem Beruf auszusetzen, stünden die Frauen nicht so unter Druck, sich für das eine oder das andere zu entscheiden. Aber bei den herrschenden Verhältnissen sieht es so aus, daß eine Frau, wenn sie einen Beruf haben will (und nicht nur einen Job zum Dazuverdienen), die übliche Doppelbelastung auf sich nehmen oder ihren Wunsch nach Kindern auf unbestimmte Zeit vertagen muß.«

»Es ist schlichtweg sexistisch. Niemand macht sich Gedanken darüber, daß die Männer ›nicht in der Lage sind‹, Beruf und Familie in ein
ausgewogenes Verhältnis zu bringen. Wenn die Männer mehr Verantwortung für ihre Kinder übernehmen würden, wären die Frauen nicht
in einer so ausweglosen Situation. Wie mein Vater denken die Männer
immer noch (viele jedenfalls), daß ihre Verpflichtungen gegenüber ihren Kindern abgegolten sind, wenn sie Geld mit nach Hause bringen.
Es ermutigt mich allerdings, daß jetzt mehr Männer im vollen Sinne
des Wortes Väter sein wollen. Offensichtlich ist unser System nur rein
äußerlich für die Emanzipation, denn gute, billige Kindertagesstätten
sind und bleiben rar. Das ist eine großartige Methode, Frauen ans
Haus zu fesseln – abhängig und machtlos.«

Was bedeutet »Unabhängigkeit«?

Bedeutet »unabhängig« sein nicht verheiratet zu sein? Oder in der Ehe
selbständig zu denken? Sich seinen Lebensunterhalt verdienen zu
können? Was es wirklich bedeutet, ist, die *Wahl* zu haben – und viele
Frauen, die Kinder haben und es genießen, gehören einer neuen Generation an, die diese Möglichkeit *gewählt* hat.

Ursprünglich – das sollte hervorgehoben werden – betonte die Frauenbewegung das Recht der Frauen auf Arbeit nicht nur wegen der Befriedigung, die einem eigene Arbeit geben kann, sondern wegen des
verzweifelten Bedürfnisses nach finanzieller Unabhängigkeit, das
viele Frauen hatten. Weit davon entfernt, Arbeit nur als Zeitvertreib
zu betrachten, ermutigte die Frauenbewegung dazu, sie als Mittel zu
sehen, durch das sie einigen der eklatantesten Formen männlicher Dominanz im Haus entgehen konnten – und über diese Dominanz beschweren sich Frauen immer noch.

Die ökonomische Unabhängigkeit bleibt für Frauen die Basis, die ihnen die Wahl ermöglicht. Obwohl die Arbeit außer Haus vielleicht
nicht mehr das einzige »Kennzeichen der Freiheit« ist, gründet sich
das, was wir jetzt haben – der etwas verbesserte Status von Frauen –,
auf diese ökonomische Basis, auf die Fähigkeit der Frauen, finanziell
unabhängig zu sein. Und deshalb ist es so wichtig, dafür zu kämpfen.
Das Recht auf Arbeit steht symbolisch für das Recht von Frauen, ein
Leben außerhalb des Hauses zu haben.

FAZIT

Ungebunden und unabhängig sein: Sein eigenes Leben leben

Zur Feier unseres *eigenen* Lebens

Warum Frauen gern Single sind

»Jede Frau sollte die Chance haben, mindestens einen Teil ihrer Erwachsenenjahre allein zu leben!«

93 Prozent der Single-Frauen, die nie verheiratet waren, sagen, unbeschadet etwaiger Probleme, sie lieben ihre Freiheit und Unabhängigkeit, das Für-sich-Leben, den Spaß, Leuten zu begegnen, Leute zu kennen, und das Vergnügen, ihr Leben ihr Eigen zu nennen:*

»Ich liebe es, zu tun, was ich will und wann ich es will – und außerdem bin ich gezwungen, selber auf andere Menschen zuzugehen.«

»Reisen und allein ausgehen, unbehindert von einem Partner ... ich genieße das. Ich kann machen, was mir gefällt, ohne mich dafür verteidigen oder jemandem Rechenschaft ablegen zu müssen. Ich habe die Möglichkeit, *alles* zu machen! Ich habe noch niemanden gefunden, den ich genug liebe und achte, um den Rest meines Lebens mit ihm zu verbringen.«

»Es ist wunderbar, für niemanden verantwortlich zu sein als für sich selbst. Mir gefällt es, daß ich mit jedem flirten kann, mit dem ich flirten will, nicht angebunden bin, eine Wohnung habe, die *meinem* Geschmack entspricht, und daß ich niemandem Rede und Antwort zu stehen brauche.«

»Ich bin sehr gern Single – aber ich bin nicht gern allein. Wahrscheinlich habe ich deswegen zwei Männer statt einen. Das Beste am Singlesein ist, daß man keine Verpflichtungen hat.«

---

* Das heißt nicht, daß diese Frauen den Druck zu heiraten nicht auch spürten oder sich keine Sorgen und Ängste wegen ihrer Beziehungen machten.

»Ich treffe mich gern mit Männern, bin gern mit ihnen zusammen. Obwohl es vielleicht nicht immer klappt wie gewünscht, ist es eine gute Erfahrung. Ich habe die Aufmerksamkeit von verschiedenen Männern gern. Die Nachteile? Tage wie der Valentinstag, wenn deine Zimmergenossinnen alle einen Freund haben und du gerade keinen hast oder eine Weile mit niemand geschlafen hast.«

Die meisten Frauen, die nach einer Scheidung Singles werden, lieben es ebenfalls, für sich zu sein, unabhängig zu sein:

»Single sein ist himmlisch! Egal, welche Probleme der Tag bringt, ich blicke zurück, und im Vergleich damit ist der Tag ein rauschender Erfolg!«

»Wie ich mich fühle? Gut! Es gefällt mir, mich frei zu fühlen, gefühlsmäßig in keiner Weise angebunden – das frißt mich nämlich immer auf. Ich hätte nie gedacht, daß ich es alleine schaffe, aber ich merke inzwischen, daß ich meine Liebe auf viele Leute verteilen und viele befriedigende Beziehungen haben kann.«

»Ich bin echt lieber Single als Teil eines unglücklichen oder mäßig unglücklichen Paars! Manchmal fehlt mir jemand, mit dem ich zuverlässig was zusammen machen kann, aber das hatte ich in meiner Ehe ja auch nicht.«

»Der große Vorteil: Freiheit. Ich gehe gern allein essen, allein einkaufen. Aber ich glaube, daß die Welt paarweise reist und über Einzelwesen konsterniert ist, vor allem wenn es sich bei solchen Einzelwesen um Frauen handelt. Der große Nachteil: Die vielen verheirateten Männer, die einen anmachen, wenn man geschieden ist. Und je unabhängiger und unnahbarer man ist, desto mehr phantasieren sie von einem, denn das ist für den Macho eine echte Herausforderung.«

»Allein zu leben hat nur den einen Nachteil, daß man nicht regelmäßig Gesellschaft und Sex hat. Aber sonst ist das Leben viel erfreulicher. Ich kann mir die Leute aussuchen, mit denen ich befreundet sein will, kann das Gesellige und das Private planen, in meinen vier Wänden sagen und tun, was ich will, mein Zuhause als MEIN Zuhause gestalten (in dem sich etwas von mir widerspiegelt), und ich bin niemandem Rechenschaft schuldig, brauche niemandem zu erklären, was ich tue. Ist es nicht seltsam, daß es so lange dauert, bis man entdeckt, daß die Freiheit so schön ist? Warum heiraten wir so schnell? Oder gibt mir bloß mein Alter das Gefühl, daß mir meine Freiheit mehr Vorteile bringt als die Ehe oder eine Bindung? Ich hatte ein starke Bindung, und jetzt vermisse ich sie nicht? Ich will meine Vorurteile nicht meinen Töchtern aufdrängen – es wird schwierig werden, sie nur zu beobachten und sie sonst ihre eigenen Wege gehen zu lassen.«

»Ich bin durchaus offen für eine Liebesbeziehung, aber das ist für mich jetzt nicht so furchtbar wichtig. Mein eigenes Selbst, meine Arbeit und meine Freundinnen kommen an erster Stelle. Ich liebe es, Junggesellin zu sein. Ich bin enthaltsam. Ich finde es nicht nötig, was mit einem Mann zu haben. Ich studiere wieder, habe ein Stipendium. Es ist aufregend. Unabhängigkeit! Ich bin frei! Ich liebe es, allein zu Partys, zum Essen, zum Einkaufen und ins Kino zu gehen. Manchmal habe ich Lust, mit anderen loszuziehen, also unternehme ich was mit meinen Freundinnen, aber manchmal muß ich einfach allein sein, und da ich in meiner Ehe nie allein sein konnte, genieße ich es immer noch. Ab und zu kommt es vor, daß Leute versuchen, mir einzureden, mit mir wäre was verkehrt, weil ich allein bin, aber das ist ihr Problem.«

Die meisten Frauen jeden Alters leben gern allein, ob sie nun zu Hause sind, lesen, fernsehen, Kaffee trinken, oder ein sehr geselliges Leben führen, Leute zum Essen einladen, ins Theater und ins Konzert gehen, so viele Freundinnen haben, daß sie nicht mit allen Kontakt halten können, und so viele Liebhaber, wie sie wollen – oder beides.

Nur ein paar Frauen leben überhaupt nicht gern allein:
»Mein erstes Jahr als Single war eine einzige Qual, das schlimmste Jahr meines Lebens. Mit der Zeit habe ich mich dann etwas wohler gefühlt, aber ich bin auch jetzt noch einsam. Wenn ich von einer Party oder von der Arbeit nach Hause fahre, wünsche ich mir immer, ich hätte jemand, mit dem ich über das reden kann, was ich erlebt habe.«
»Das Junggesellinnendasein hat mir nie gefallen. Keine emotionale Sicherheit, keine Stabilität, keine finanzielle Sicherheit, keine Gesellschaft, keine Nähe, keine Liebe, kein Austausch usw.... Ich bin nie gern allein weggegangen und habe es auch nie getan, und mein Sex-Leben als Junggesellin war gleich Null.«

Allein Kinder haben:
Frau und Kind als Familieneinheit

Soll sich eine unverheiratete Frau Mitte Dreißig, die Kinder will, für die Möglichkeit entscheiden, alleinerziehende Mutter zu sein?

Familien, die aus alleinerziehenden Müttern und ihren Kindern bestehen, sind nicht traurig und deprimiert – wie es dem Klischee entspricht –, sondern meist glücklich und zufrieden und funktionieren durchaus:

»Ich hatte zwar wochenlang nachgedacht, sogar gegrübelt und gewissermaßen Zwiesprache mit meinem Bauch gehalten, aber als die Sprechstundenhilfe in der Praxis meines Arztes sagte ›Der Test ist positiv!‹, durchrauschte mich ein Strom von Energie! Ich hatte Tränen in den Augen und empfand überall eine ungeheure Wärme, als ich dachte: ›Wow, da ist wirklich ein Baby drin!‹ Ich mußte einen Kompromiß machen für die Entscheidung, mein Kind zu haben. (Ich bin unverheiratet, war auch nie verheiratet.) Ich beschloß, meinen Job aufzugeben, um mit dem Kind zusammen zu sein (was kein großes Opfer war). Mein Sohn sollte meine volle Aufmerksamkeit haben und seine erste Zeit, die ja so wichtig ist, nicht mit Babysittern verbringen müssen – ich habe ihn schließlich nicht bekommen, damit ihn andere aufziehen! Für alles, was ich aufgegeben habe, habe ich Ersatz gefunden.

Daß jemand da ist, für den ich denken und planen muß, hat mir geholfen, besser mit mir selbst umzugehen. Als ich gesehen habe, wie abhängig Kinder von ihren ›Bezugspersonen‹ sind, stieg meine Horror-Kindheit wieder aus meinem Unterbewußtsein auf, und ich bin jetzt in Therapie, um all diese Gefühle durchzuarbeiten. Daß ich ein Kind habe, das ich liebe, wirklich liebe, hat mir gezeigt, daß ich zu starken Gefühlen fähig bin, ein Risiko eingehen und mich wirklich um jemanden kümmern kann. Ich kann es auch annehmen, daß mich jemand braucht – es ist nicht dasselbe wie eine Liebesbeziehung mit einem Erwachsenen, aber es öffnet einem die Augen.«

Eine Frau befürchtet, es sei nicht recht, Kinder ohne Mann großzuziehen:
»Ich bedauere nur, daß ich die Kinder allein habe großziehen müssen. Sie haben nicht mitgekriegt, wie eine Beziehung zwischen Mann und Frau aussehen kann. Andererseits ist ihnen zwar das Positive entgangen, aber vom Negativen sind sie auch verschont geblieben. Ob das gut für sie war oder nicht, muß sich erst noch zeigen.«

Doch andere Frauen erinnern uns daran, daß viele verheiratete Mütter entdekken müssen, daß sie praktisch »Alleinerziehende« sind:
»Das Beste an der Ehe sind die Kinder. In den vierziger Jahren war eine alleinstehende Mutter ein Problem für das Kind. Aber wenn ich heute noch mal Kinder bekommen würde, würde ich sie allein haben wollen. Mein Mann war den Kindern kein Vater, er war nur, wenn man so sagen kann, ein Gehalt. Ich hatte Freude an meinen drei Söhnen – und ihre Frauen sagen, daß ich sie zu guten Ehemännern erzogen habe. Aber sie haben meinen Mann und mich auseinandergebracht, weil er nichts mit ihnen zu tun haben wollte. Rausgeredet hat er sich immer mit seiner Arbeit. Ich habe den Haushalt gemacht und auf Vollzeitbasis gearbeitet (als die Kinder in der Schule waren), und

ihre Bedürfnisse sind für mich trotzdem immer an erster Stelle gekommen. Ihr Vater hat sich kaum um sie gekümmert. Er war selten da.«

Würden es nicht viele Frauen, die arbeiten und Kinder haben, *vorziehen*, ohne einen Mann zu leben?

Eine Frau erklärt, auf welche Weise sie als alleinerziehende Mutter in ein Beziehungsgeflecht eingebunden ist, das aus Familie, Freunden, Freundinnen, Arbeit besteht und ihr eine Hilfe im Leben ist:
»Ich bin geschieden, schwarz, fünfunddreißig Jahre alt. Ich bin Mutter und ›Karrierefrau‹. Ich lebe zusammen mit meinem zwölfjährigen Sohn. Ich habe ihn seit der Trennung von meinem Mann bei mir behalten. Was ich durch meinen Sohn geschenkt bekommen habe, war mir eine große Hilfe. Es hat meinen Glauben bestätigt, daß Liebe nicht Besitz ist. Er ist er selbst; ich gebe ihm Anleitung, wenn er sie braucht, gebe ihm Wärme und Unterstützung. Ich habe Spaß mit ihm und seinen Freunden, und er hat Spaß mit mir und meinen Freunden. Die Eltern seiner Freunde sagen, daß er einer der liebevollsten, kreativsten Menschen ist, die sie kennen. Ich habe ihn nicht so ›gemacht‹, er ist es von sich aus.

Das Beständigste in meinem Leben sind meine Familie und ein paar besonders gute Freundinnen und Freunde. Familie heißt: meine Mama und meine drei Schwestern, mein Sohn natürlich, meine Nichte und meine zwei Schwager. Sie sind mir eine Stütze und verhelfen mir zu der Freiheit, ich zu sein. Wir haben ein sehr enges Verhältnis, und Liebesbeziehungen haben jetzt eine geringere Bedeutung als in meinen ›jungen Jahren‹. (Haha...)«

Diese Untersuchung hat interessanterweise ergeben, daß Kinder, die nur bei ihren Müttern aufgewachsen sind, sowohl im Beruf als auch in zwischenmenschlichen Beziehungen recht gut vorankommen. Dem *Hite Report* über Männer zufolge haben Männer, die den größten Teil ihrer Kindheit allein mit ihren Müttern verbrachten, später meist bessere Beziehungen zu Frauen und sind in Beziehungen kommunikativer und weniger wettbewerbsorientiert als Männer, die ihre Kindheit mit beiden Elternteilen verbrachten.

Sind »ältere« Single-Frauen glücklich oder einsam?

Haben manche Frauen auch Angst vor der Ehelosigkeit wegen des Stereotyps, das »alt und allein« mit »alt und unverheiratet« gleichsetzt, haben sie Angst vor der Vorstellung, daß »niemand eine alte Frau will«? Wie sieht das Leben älterer Frauen wirklich aus?*

Daß ältere Single-Frauen als »unglücklich« gelten, wird durch keinerlei empirische Untersuchungen darüber bestätigt, wie sich diese Frauen nach *eigener* Einschätzung fühlen. Die meisten über sechzig Jahre alten alleinstehenden Frauen in dieser Untersuchung sind *nicht* »unglücklich« – jedenfalls gewiß nicht unglücklicher als andere Frauen. 67 Prozent von ihnen stufen sich, wenn sie gefragt werden »Wie glücklich sind Sie?«, auf einer von eins bis zehn reichenden Skala über sechs ein.**

Eine siebzigjährige Frau lebt allein und genießt es:
»Ich bin eine siebzigjährige Großmutter, die allein lebt und sehr lebendig ist. Ich habe zwei Hunde. Studiere gern und liebe Kinder, ganz besonders meine Enkel. Im Moment bin ich glücklich. Und morgen? Wer weiß? Am glücklichsten bin ich, wenn ich etwas tue – reite, studiere, wandere, tanze, nach Maine reise, um meine zwei jüngsten Enkel zu besuchen.

Mein Liebhaber ist dieses Frühjahr gestorben. Er fehlt mir sehr. Aber in mancher Hinsicht bin ich auch erleichtert! Seine Herabsetzungen vermisse ich nämlich nicht. Seit er tot ist, vertreibe ich mir die Zeit mit dem Lesen von Groschenromanen. Meine Ziele? Ein bißchen schreiben, angeln, Entwürfe machen. Dem Tod mit Humor ins Auge blicken!

Richtig nahe steht mir eigentlich niemand. Ich habe eine Jugendfreundin, der ich vor Jahren wieder begegnet bin und die ich immer noch mag. Am einsamsten fühle ich mich, wenn ich in Gesellschaft von verliebten Paaren bin. Ich nehme an, daß ich zuviel Schmerz erfahren habe und Angst davor habe, jemandem nahe zu sein. Die Liebe ist etwas Ambivalentes, aber auch etwas Allumfassendes, ungeheuer Wichtiges – trotzdem bin ich froh, daß ich nichts mehr damit zu tun habe.

---

* Single-Frauen aller Altersstufen sind nach ihrer eigenen Einschätzung nicht »unglücklicher« als verheiratete Frauen; im Durchschnitt stufen sie sich, wenn sie auf einer von eins bis zehn reichenden Skala angeben sollen, wie glücklich sie sind, zwei Punkte höher ein.
** Der Soziologe Jessie Bernard stellte in den frühen siebziger Jahren ebenfalls fest, daß Single-Frauen glücklicher waren als verheiratete Frauen. Siehe *The Future of Marriage*, New Haven, 1972.

Im Moment genieße ich es, ›Single‹ zu sein. Normalerweise sind – wenn ich nicht ›Single‹ bin – alle anderen wichtiger als ich. Aber jetzt bin *ich* wichtig und habe meine Freude daran! Außer daß ich für meine vierte Tochter da bin, wenn sie mich braucht. Ich habe immer Liebe gesucht, auf Liebe gehofft. Jetzt bin ich alles, was ich habe, aber es ist mir egal, ich mag das. Allein kann man tun, was man will. *Muß* aber nichts tun. Ich kann studieren (ich interessiere mich für Geschichte). Es ist nicht schlecht, ›Single‹ zu sein, wenn man etwas zu tun hat – aber der Gedanke, daß man allein stirbt und sich niemand um einen kümmert, ist nicht schön. Und manchmal mag ich Gesellschaft. Ich gehe nicht gern allein aus, deswegen lasse ich es. Im Moment habe ich auch zuviel anderes zu tun. Ein Geschlechtsleben habe ich nicht (außer Masturbation).

Am verliebtesten war ich in meiner letzten Beziehung. Er war älter als ich (und sehr intelligent und attraktiv). Manchmal waren wir sehr glücklich. Es hat mir gefallen, gewollt und gebraucht zu werden und mich heimisch zu fühlen. Das blieb so, bis er starb, meine Hand in seiner. Ich habe mich ihm am nächsten gefühlt, wenn er mich in seinen Armen hielt (nicht unbedingt beim Geschlechtsverkehr). Manchmal haben wir auch nur vor dem Kamin gesessen und geredet. ›Meine Liebste‹ – das hat er oft zu mir gesagt. Aber meistens finden ältere Männer, daß Gefühle Quatsch sind.

Ich war achtundzwanzig Jahre verheiratet. Nach den Flitterwochen ging es erst mal bergab, aber ich bereue nichts. Unsere erste Zeit war ziemlich schlimm, wir haben uns sogar geprügelt. Ich hatte gern Kinder (fünf), aber sie konnten mich fix und fertig machen. Die ersten drei haben mich furchtbar angestrengt, aber dann wurde es besser. Die Ehe war schwierig – er war ein richtiger Chauvi! Vielleicht habe ich mir auch mit meinen Kindern mehr Mühe gegeben als mit meinem Mann.

Ich hatte Beziehungen neben der Ehe und kam mir deswegen wie ein Scheusal vor. Die Hauptsache war dabei der sexuelle Reiz. (Ich wollte, ich hätte jetzt so eine Beziehung – aber zu extrem sollte sie nicht sein.)

Die Scheidung war hart, ich bin mir als Versagerin vorgekommen. Ich habe die Ehe beendet. Sie ging in die Brüche – dafür habe ich gesorgt. Ich hatte Schuldgefühle, kam mir, wie gesagt, als Versagerin vor, aber ich war freier. Und am Rande des Nervenzusammenbruchs war ich außerdem. Therapeuten haben mir geholfen, da rauszukommen, diese Gefühle auszutreiben. Ich habe gelernt, daß man das, was man als Kind nicht bekommen hat, auch als Erwachsener nicht bekommen kann! Das zu ›durchfühlen‹ und den Schmerz abzubauen, hat mir das Leben gerettet. Die Therapeuten haben nicht versucht, mir das zu geben, was ich nicht bekommen habe. Sie haben mir meinen

Schmerz gegeben. In gewisser Hinsicht habe ich zehn Jahre darüber geweint, über all die Verluste in meinem Leben. Aber jetzt geht es mir wieder gut. Die alten Wunden sind vernarbt, und ich bin froh darüber. Leidenschaft macht die Banalitäten des Lebens erträglicher, und ich mag das. Es fällt nicht allzu sehr ins Gewicht, wenn man keinen Orgasmus hat. Ich komme am leichtesten durch Masturbation. Ich habe zum erstenmal mit vierzehn masturbiert. Später habe ich gelernt, auch mit Penetration zu kommen (wenn ich oben war). Mit oralem Sex habe ich mit sechzehn angefangen! Die meisten Männer mögen das. Ich habe mir auch schon überlegt, wie es wäre, den Körper einer Frau zu ›erforschen‹. Was ich bei dem Gedanken empfinde, ist eine Mischung aus Sehnsucht und Abscheu. Ich glaube, vaginale Penetration ist mir am liebsten – wenn jemand oralen Sex bei mir macht, ist es mir immer ein bißchen peinlich. Und ich habe keinen Orgasmus dabei.

Bin ich wie meine Mutter? Sie hat Geige gespielt. Sie hat gern ihre Röcke in einen Baum gehängt und ist dann in der Unterhose raufgeklettert! Das war kurz nach der Jahrhundertwende. Ja, ich bin wie sie, wie sollte ich sonst sein? Ich habe vier Töchter und drei Enkelinnen. Über Sex habe ich nie mit ihnen gesprochen.

Ich bewundere Frauen, die etwas zuwege bringen in der Welt. Sally Shelton, Gloria Steinem, Eleanor Roosevelt, Indira Gandhi, Margaret Thatcher, Margaret Mead, Jackie Onassis, Elizabeth Cady Stanton. Ich halte viel von der Frauenbewegung. Ich bin Feministin. Die Frauenbewegung hat mir gezeigt, was ich versäumt habe. Ich bin Krankenschwester, aber ich hätte Anwältin werden sollen.

Ich genieße es, flott auszusehen. Weiblichkeit bedeutet, Männern sexuell zu gefallen und trotzdem seine eigenen Vorstellungen zu haben. Mir hat immer vor maskulinen Frauen gegraust. Ich mag gern schöne Kleider – obwohl ich auf einer Farm lebe und in Jeans rumlaufe. Ich füttere die Pferde, aber ich kann sehr gut aussehen, wenn ich schön angezogen bin. Ich schminke mich nicht (wie meine Mutter). Die meiste Zeit sehe ich ziemlich verboten aus, also bin ich wohl nicht sehr weiblich. Habe aber Spaß. Und wenn Sie mich fragen, wie ich nun wirklich aussehe mit siebzig, dann müßte ich wahrheitsgemäß sagen: Entsetzlich!

Den heutigen Frauen rate ich: Liebt eure Kinder und macht ihnen Mut. Und dann kümmert euch um *eure* Sachen. Was die Liebe angeht, macht euch keine Gedanken über das Happy-End – das gibt es nicht im Leben! Aber ihr könnt es trotzdem genießen.«

Haben »ältere« Frauen tatsächlich Probleme damit, Männer zu »finden«? Frauen in mittleren Jahren und geschiedene Frauen sprechen zwar davon, daß sie sich oft »unsichtbar« fühlen oder befangen sind, aber dieser Untersuchung zufolge finden Frauen *aller* Altersstufen neue Liebhaber und gehen neue Beziehungen ein, obwohl viele nicht an der Ehe interessiert sind und lieber Singles bleiben.*

31 Prozent der Single-Frauen über fünfundfünfzig berichten, daß sie mit erheblich jüngeren Männern Kontakt haben oder mit jüngeren Männern zusammenleben und Freude daran haben, wie zum Beispiel die folgende Frau:
»Ich habe eine positive Einstellung dazu, wie ich aussehe. Ich finde mich lebhaft und energisch, und es gefällt mir sehr, daß ich auf interessante Leute anziehend wirke. Ich wende nicht viel Zeit für meine Frisur und mein Make-up auf. Ich arbeite in einem Kaufhaus.

Es fällt mir leicht, Männer kennenzulernen, die ich mag, zu denen ich mich hingezogen fühle und die ich respektiere. Sie sind meistens viel jünger als ich. Ich bin dreiundsechzig, und sie sind zwischen vierunddreißig und fünfundvierzig. Ich finde mein sexuelles Verlangen verdammt gesund und meine, es sollte genossen werden – wenn die Männer in meinem Alter bloß mehr solches Verlangen hätten!

Ich habe ungefähr jedes halbe Jahr Sex. Ich weiß, daß das nicht gut so ist, aber manchmal mag ich Zeiten ohne Sex mit einer anderen Person. Mein sexuelles Verlangen mag ich aber auch. Ich finde es schade, daß ich nicht mehr so aktiv bin und daß mein Körper gealtert ist. Ich tausche gern verbale Zärtlichkeiten aus, auch Anfassen, Küssen und Streicheln mag ich gern.

Wenn ich den Frauen heute was sagen könnte, dann würde ich sagen: ›Macht euch eine schöne Zeit, habt viele Interessen, seid aktiver und tut, was euch gefällt.‹«

Eine andere Frau – fünfundsechzig Jahre alt – räumt mit der Vorstellung auf, daß alle älteren, unverheirateten Frauen zu Hause sitzen und stricken:
»Ich bin seit zwei Wochen nicht mehr berufstätig. Ich war staatlich geprüfte Krankenschwester auf einer Entbindungsstation, habe sehr gerne dort gearbeitet. Ich bin fünfundsechzig Jahre alt und habe vier erwachsene Kinder.

Ich habe eine Beziehung mit einem zweiundsiebzigjährigen Mann, der mich heiraten will, wenn ich geschieden bin (meine zweite Ehe, achtunddreißig Jahre). Am liebsten vertrödle ich meine Zeit damit, daß ich einkaufen gehe und mit ihm im Auto durch die Gegend fahre.

Wir sind glücklich und zufrieden, kennen uns bald zwei Jahre. Seit ich nicht mehr arbeite, leben wir zusammen – bei ihm. Ich hole meine

---

* In empirischen Untersuchungen wird gewöhnlich davon ausgegangen, die höhere Anzahl älterer, unverheirateter Frauen bedeute, daß sie unverheiratet sind, weil niemand sie haben will, daß sie niemanden finden konnten – und nicht, daß sie es vielleicht *vorziehen*, unverheiratet zu bleiben.

Sachen so nach und nach aus meiner Wohnung und bringe sie auf seine Farm. Im Juli wollen wir heiraten. Wir sind zu alt, um Kinder zu haben, aber er hat mir oft gesagt, wenn es ginge, hätte er gerne ein Kind von mir. Ich hätte auch nichts dagegen.

Das Wichtigste an der Beziehung sind sexuelle Intimität, das tägliche Zusammensein, gemeinsame Arbeit, Saubermachen, die Tiere füttern, den Garten in Schuß halten, Pläne wie einen Kräutergarten anlegen, ein paar Schafe und Schweine kaufen, eine Grube für den Gastank graben.

Am besten gefällt mir an der Beziehung, daß ich geliebt und umsorgt werde. Am wenigsten gefällt mir seine Eifersucht – er denkt, ich treffe mich mit anderen Männern. Er liebt mich mehr als ich ihn. Ich würde sagen, ich *mag* ihn sehr und achte ihn. Ich glaube, wir brauchen uns, wir wären einsam ohne einander. Ich fühle mich geliebt. Was ich zu geben habe, ist dauerhafter als Liebe.

Mein Partner sagt mir oft, daß er mich liebt. An meinem Geburtstag und an Weihnachten sagt er es mir schriftlich. Er liebt mich auch, wenn meine Zähne nicht vollständig sind (ich habe eine Teilprothese) und wenn ich nicht gekämmt bin. Ich fühle mich wohl und begehrt. Er sagt, er würde mich noch genauso lieben, wenn ich eine Brust durch Krebs verlieren würde. Oder wenn wir keinen Sex zusammen hätten, weil ich gesundheitlich nicht kann.

Er kritisiert mich dafür, wie ich andere Männer ansehe und wie ich zu ihnen bin. Er war einmal sehr böse, weil ich mich umgedreht habe, als wir von einer Party weggingen, und mir ein Mann nachgewinkt hat und ich zurückgewinkt habe. Ich kritisiere ihn für seine Grammatikfehler und seine schlechten Manieren bei Tisch. Außerdem trägt er im Bett seine Unterwäsche vom Tag, statt einen Schlafanzug anzuziehen.

Seine Eifersucht ist wirklich ein Problem. Sie ist völlig unbegründet. Aber er hat es immer ›selber gesehen‹. Es wäre schön, wenn er mir endlich vertrauen würde. Das Schlimmste, was er je getan hat, war, daß er unter den Buchstaben R und W Seiten aus meinem Adressenbuch rausgerissen hat, weil er dachte, da würde die Adresse von einem ehemaligen oder jetzigen Liebhaber von mir stehen. Er kann mich nicht gut kennen, denn würde er mich gut kennen, dann wüßte er, daß es keinen anderen Mann in meinem Leben gibt. Er will nicht, daß ich meine Schwester in Indiana besuche, weil er denkt, da wartet ein Liebhaber auf mich. Er weiß nicht, daß ein Mann (er) genug für mich ist, aber ich sage es ihm immer wieder.

Ich glaube, Männer – besonders ältere Männer – brauchen viel Liebe. Wenn sie ihre Frau durch Tod oder durch Scheidung verloren haben, sprechen sie sehr auf Liebe und Zuwendung an. Meine Beziehung mit meinem Partner ist sehr wichtig für mich. Ich versuche, über das hinwegzusehen, was mich an ihm stört – sein Übergewicht. Ich will, daß unsere Beziehung ohne Streit läuft. Er redet mehr als ich. Ich höre mir an, was er sagt, obwohl ich mir oft dabei denke: Also, ich würde das nicht sagen, lohnt nicht. Ich finde, wenn ich was sage, ist er nicht aufmerksam genug. Er kriegt vieles nicht mit, sagt, daß er schlecht hört. Er mag es nicht, wenn ich von meinen Problemen spreche. Er will eine Frau, die keine Probleme hat, die immer lächelt und immer gute Laune hat. Ich sage ihm, daß ich ein ganz normaler Mensch bin, der mal gute und mal schlechte Laune hat, und daß er das akzeptieren muß.

Ich finde es schön, zusammen zu kochen, Sex zu haben, Ausflüge mit dem Auto zu machen, was im Garten zu pflanzen, zusammenzusitzen, zu lesen – den gemeinsamen Alltag. Was an Arbeit anfällt, machen wir zusammen. Holz hacken und heizen tut er allein. Ich will Ordnung in seinen Junggesellenhaushalt bringen. Wenn er was sucht, findet er es nie. Und ich glaube, dann hat er mich in Verdacht!

Ich erwarte von meinem zukünftigen Mann, daß er mir freie Unterkunft und Verpflegung bietet. Dafür arbeite ich für ihn und bin seine Freundin und Sexpartnerin. Ich habe vor, für mein Auto, Versicherung, Reparaturen, Benzin, Zahnarzt, meine Kleider und Schuhe, die Reisen, die ich ohne ihn mache, und die Hälfte unserer gemeinsamen Reisen selbst zu zahlen. Wir werden jeder ein eigenes Konto haben. So habe ich es in letzter Zeit auch mit meinem Mann gehalten. Es ist wichtig, in der Ehe als gleichgestellter Partner gesehen und in allen wichtigen Angelegenheiten gefragt zu werden.

Für mich spielt Sex eine sehr wichtige Rolle in unserer Beziehung. Sex und Intimität haben in meiner Ehe zweiundzwanzig Jahre lang gefehlt. (Wir hatten siebzehn Jahre von den achtunddreißig ein sehr gutes Sexualleben, mein Mann hat mich immer sehr erregt. Wenn er seinen zweiten Höhepunkt hatte, hatte ich meinen ersten. Das war nie langweilig.)

Der Sex mit meinem Partner ist erfreulich. Meistens bringt er mich mit der Hand zum Orgasmus. Wenn wir nicht zusammen sind, masturbiere ich. Ich orgasme am leichtesten durch Masturbation, aber wenn es nicht sehr schnell geht, gebe ich auf und lasse es. Meistens klappt es aber. Ich finde, die Östrogenspritzen, die ich mir jedes halbe Jahr gegen klimakterische Symptome geben lasse, verbessern mein Sexualleben. Der *Hite Report* über weibliche Sexualität – ich meine den Teil, in dem klargestellt wurde, daß nur sehr wenige Frauen durch ›Rein und Raus‹ orgasmen, sondern klitorale Stimulierung brauchen – war die reine Wahrheit, was mich betrifft. Ich habe früher Orgasmen vorgespielt, aber jetzt nicht mehr.

Mein Partner hatte vor sieben Jahren eine Prostata-Operation. Er hat sexuelle Gefühle, aber nicht immer eine Erektion. Er ejakuliert nicht, der Samen tritt beim Höhepunkt in die Harnblase ein. Er nimmt Medikamente gegen seinen hohen Blutdruck, und das beeinträchtigt die Erektion ebenfalls. Es hat keinen Sinn, wenn ich meine Leidenschaft zeige, denn wenn er keine Erektion hat, gibt es auch keinen Sex für mich. Sollte ich das ändern? Ich glaube ja.«

Nur 24 Prozent der Single-Frauen über sechzig sind unzufrieden mit ihrer Situation:
»Ich bin dreiundsiebzig. Mein Mann ist vor zwei Jahren gestorben. Ich bin nicht gern allein. In meinem Alter ist es sehr schwierig, jemand kennenzulernen. Obwohl er ein Jahr krank war, bevor er gestorben ist, war ich verzweifelt. Unsere gemeinsamen Unternehmungen fehlen mir entsetzlich.« .

Natürlich werden gegenüber Frauen ständig altersdiskriminierende Bemerkungen gemacht:
»Was das Älterwerden angeht, so muß ich mit meinen fünfzig Jahren feststellen, daß die Männer imstande sind, mit vollem Ernst ›Sie sehen aber gut aus für Ihr Alter‹ zu mir zu sagen.«

Eine »obdachlose Frau« nahm sich die Zeit zu schreiben:
»Ich bin siebenundfünfzig, attraktiv. Ich habe mit sechzehn geheiratet. Da hatte mein Vater angefangen, sich an mich ranzumachen, wenn er betrunken war. Dann war mein Mann immer gewalttätig und hat mich mit seinem Jagdgewehr bedroht, wenn er betrunken war. Meine Mutter ist im ersten Jahr meiner Ehe gestorben, und so hatte ich sonst keine Familie.

Ich bin lang verheiratet geblieben, aber am Ende habe ich mich doch scheiden lassen. Ich habe mich eine Weile mit Männern auf nichts eingelassen, dann hatte ich einen Freund. Wir haben uns vor zwei Jahren getrennt, weil er elf Jahre jünger war und ich die erste Frau war, die er außer seiner Exfrau gekannt hat und wir uns nicht sicher waren, ob wir verliebt waren oder bloß abhängig voneinander und uns nicht getraut haben, es mit anderen zu versuchen. Ich habe viel geweint. Habe die Arbeit aufgegeben, war viel krank.

Wenn ich mich nicht um den Hund von meiner Mutter hätte kümmern müssen, hätte ich wahrscheinlich alles ›hingeschmissen‹. Es war, wie wenn man im Finstern steht, und es interessiert niemand, ob man noch lebt oder schon tot ist. Ich hätte sterben können, und niemand hätte es gemerkt, bis ich angefangen hätte zu stinken oder der Hund was gemacht hätte, damit jemand aufmerksam wird.

Aber ich habe es nicht hingeschmissen, wahrscheinlich weil ich arbeiten mußte, um was zum Essen zu haben, ober halt eine leere Garage zum Schlafen finden. Ich hatte mal viele gute Freundinnen, aber die haben ihr eigenes Leben und Familie haben sie auch, also, was soll's. Ich versuche immer noch, mit meiner Beziehung fertig zu werden. Ich bin nicht viel unter Leute gekommen in letzter Zeit.

Ich mache mir Sorgen wegen der Zukunft. Ich habe dieses Jahr bloß 6000 Dollar verdient. Das geht alles fürs Essen fort und für die Unterkünfte, wo ich schlafe. Ich weiß nicht, was werden soll.«

Eine andere Frau, zweiundsechzig Jahre alt, beschreibt, wie sie nach dem »Ausstieg« aus ihrer Ehe nur einen schlechtbezahlten Job in einem Copyshop (mit einem jungen, »rotznasigen« Chef) bekommen konnte – doch sie ist immer noch froh über ihre Entscheidung und stolz darauf:

»Meinen ersten Job, nachdem ich ›entheiratet‹ war, machte ich in einem Copyshop. Die Bezahlung lag geringfügig überm Mindestlohn. Als ich nach drei Monaten um eine Gehaltserhöhung von 10 Cent bat, hechelte der Besitzer – mein Chef – zwei Stunden meine sämtlichen ›Mängel‹ durch. Dabei konnten wir durchs Ladenfenster seine Frau sehen, die ihn abholen wollte und wahrscheinlich keine Ahnung hatte, worum um alles in der Welt es bei diesem Gespräch ging. Er ließ mich noch einen Monat auf meine traumhafte Gehaltserhöhung von 10 Cent warten. Ich war sechsundfünfzig damals. Ich hätte ihn erschlagen können.

Trotzdem fehlen mir die Worte, um zu schildern, welche Lust es war, alleine zu schlafen, nachdem ich dreißig Jahre lang das Bett mit ein und demselben Mann geteilt hatte. Es war paradiesisch! Ich brauchte Monate, um mich an dieses reine, ungetrübte Vergnügen zu gewöhnen. Als er gegangen war, stellte ich fest, was für eine Anspannung sich in mir angestaut hatte, wann immer ich mich meinem Haus näherte, solange er dort noch wohnte, welche Beklommenheit und Angst. Er ist jetzt an die zehn Jahre fort, und wenn ich am späten Abend nach Hause komme, könnte ich immer noch jubeln, weil ich keine Angst mehr habe, sondern mich freue. Ich bin jeden Tag glücklich darüber, daß ich gewonnen habe.

Der Nachteil dieses gesegneten Zustands ist, daß ich in einer Arche Noah lebe – so nenne ich das. Früher war es eine ›Schlafstadt‹, ein Ort, an dem sich Pendler ihre Frauen und Kinder hielten, aber jetzt hat eine große Firma ihre Zentrale hierher geklotzt. Früher konnte ich zu jeder Tageszeit allein oder mit meinen Kindern ins Zentrum gehen und sah keine Männer bis auf die Ladenbesitzer. Wenn man jetzt mittags ins Zentrum geht, wimmelt es auf der Straße von Männern mit Schlips und Kragen, die einen in ihrer Arroganz praktisch in den Rinnstein stoßen.

Einerseits ist es also ein Familienvorort, andererseits das patriarchalische Hauptquartier einer großen Firma, und da gibt es wenig gesellige Möglichkeiten für eine alte Frau. (Ich bin jetzt zweiundsechzig.) Ich habe wenig Freundinnen. Aber ich bin nicht einsam oder unglücklich. Meistens bin ich zufrieden – das heißt, wenn ich nicht hart rangenommen werde, weil ich ›es‹ nicht schaffe. Was, weiß ich auch nicht genau.

Nachdem ich den drastischen, furchterregenden Schritt, nicht mehr vor meinem Mann zu katzbuckeln, vollzogen hatte, durchschaute ich ihn als brutales Monstrum. Aber seinerzeit schien er besser zu sein als die meisten, und alle sagten zu mir: ›Hast du ein Glück!‹ Die romantische ›Liebe‹ ist ein Mythos, der in unserer Gesellschaft immer wieder beschworen wird, um Frauen zu versklaven – dauernd sind sie auf der Suche nach einem Partner, um sich überhaupt als ›Mensch‹ zu fühlen. Dieses Konzept wird durchgedrückt von patriarchalischen Filmbossen, von Werbefritzen und dergleichen – von einer verschworenen Männerclique.

Bei meinem zweiten Job schlug die Berufsberaterin vom YWCA die Hände überm Kopf zusammen, als sie sah, daß ich so gut wie keine Referenzen hatte. Hausarbeit, zehn Jahre freiwillige Tätigkeit für diesen Verein und der Job im Copyshop.

Letzten Endes mußte ich mir einen Untermieter ins Haus nehmen, um finanziell über Wasser zu bleiben. Wie sich dann herausstellte, war das die große Wende für mich! Er zog mit seinem Computer ein und brachte mir bald mit unendlicher Geduld bei, wie man damit umgeht, brachte es mir so gut bei, daß ich jetzt einen freiberuflichen Job habe, der kein schlechtes Geld bringt – ich erstelle Charts. Das macht mir am meisten Spaß von allem, was ich seit 1978 getan habe. Ich glaube immer, ich sollte schneller lernen und mehr arbeiten. Ich kenne keine Frau, die soviel exzellente Computertechnik im Haus hat und über das Wissen verfügen kann, das er und seine Freunde haben. Es macht Spaß, ihn zu kennen.

Nachdem ich fünf Kinder zu freien Menschen erzogen habe, habe ich mich mit sechsundfünfzig Jahren zum ersten Mal auf den Arbeitsmarkt gewagt, und ich kann mich dort halten, habe es ›geschafft‹! Am meisten brauche ich jetzt Beschäftigungen, mit denen ich mir und anderen meine Intelligenz bestätigen kann. Meine Ziele sind, mein Haus zu behalten, finanziell unabhängig zu bleiben und genug Geld zu verdienen, daß ich was unternehmen kann – Shows, Konzerte, Reisen, Urlaub. Ich sehe, daß das jetzt alles in greifbare Nähe gerückt ist – noch ein, zwei Jahre, dann geht es – und ich kann stolz darauf sein, daß ich es selbst geschafft habe.«

Das Stereotyp »alt und allein« ist im wesentlichen unzutreffend: 81 Prozent der Single-Frauen über fünfundsechzig, die an dieser Untersuchung teilnahmen, genießen ihr Leben (auch wenn sie etwas mehr Geld brauchen könnten). Die meisten haben Freude an ihren Freundinnen, ihrer Arbeit, ihrem Garten, ihren Liebhabern – kurz, an allen Facetten des Lebens. Tatsächlich sagen viele Frauen, daß sie »alt und allein« *glücklicher* sind.

Warum halten sich diese Negativ-Klischees in bezug auf ältere Single-Frauen so hartnäckig? Vielleicht kann das Material, das wir hier vorgelegt haben, etwas daran ändern.

Unser Recht auf uns selbst

»*Wenn ich allein lebe, mache ich in meiner Entwicklung gewaltige Schritte vorwärts. Es scheint in mir eine Fülle von schöpferischer Energie freizusetzen. Ich glaube, ich bin ein besserer Mensch dank der Zeit, die ich allein verbringe.*«

Die meisten Frauen sind zeitweise gern allein

Obwohl immer angenommen wird, Alleinleben sei gleichbedeutend mit Einsamkeit, sind die meisten Frauen gern allein, haben gern Zeit für sich. Wenn sie allein sind, können viele Frauen mehr sie selbst sein als sonst.

Viele Frauen sagen, daß sie sich in einer Beziehung ohne echte Nähe einsamer fühlen, als wenn sie Singles sind (und fast keine sagt, sie fühle sich einsam, weil sie Single ist – siehe 1. Kapitel). Frauen betonen immer wieder, daß sie viele gute Freundinnen haben, manchmal Freundinnen fürs Leben, und daß die Kommunikation mit ihnen die vertrauteste ist, die sie haben. Allein leben und verschiedene Beziehungen ausprobieren kann wegen der damit verbundenen Höhen und Tiefen, der mangelnden Stabilität und des ständigen »Wieder-von-vorne-anfangen-Müssens« eine »einsame« Sache sein. Das Zerbrechen einer Beziehung oder eine schlechte Beziehung sind oft deprimierend, das tatsächliche »Alleinsein« dagegen ist es nicht.

Die meisten Frauen in dieser Untersuchung, unverheiratete wie verheiratete, sagen, daß sie gern *mehr* Zeit für sich hätten. Wenn sie gefragt werden »Was ist Ihre liebste Tätigkeit, wie vertreiben Sie sich am liebsten die Zeit?«, nennt die überwältigende Mehrheit der Frauen Aktivitäten, denen sie allein nachgeht: ein Bad nehmen, lesen, spazieren-gehen (vielleicht mit Hund), einfach dasitzen und eine Tasse Tee trinken usw.

In Beantwortung der Frage »Wie vertreiben Sie sich am liebsten die Zeit?« geben 92 Prozent der Frauen Tätigkeiten an, denen sie allein nachgehen:
»Ich höre gern Musik und tanze gern. Ich bin eine Leseratte und liebe Filme. Ich sitze gern still da und meditiere so vor mich hin. Das ist wichtig für mich, sehr, sehr wichtig. Ich denke über nichts Spezielles nach, konzentriere mich auf nichts Bestimmtes – ich mache nur eine Rundreise durch den Kosmos in meinem Kopf. Ich brauche diese Zeit, um zu entspannen, um zur Ruhe zu kommen. Wie aus einer Art Brunnen schöpfe ich daraus Inspirationen – was immer es sein mag, ich brauche es, um mein Leben weiterführen zu können... und meine Liebesbeziehungen auch. Ich nehme an, es ist ein Zusammensein mit mir selbst, eine Erneuerung der Beziehung zu mir und die Entdeckung dessen, was ich geworden bin. Es erinnert mich daran, daß ich mich lieben und Spaß an *meinem* Leben haben soll. *Ich* sein soll.«
»Am liebsten ›vertue‹ ich meine Zeit, indem ich rumlaufe – irgendwo – und da Pause mache, wo ich will – meistens allein.«
»Wie ich mir die Zeit am liebsten vertreibe? Mit Nichtstun. Ich sitze in meinem Wohnzimmer, schaue die Wand an, blättere in Illustrierten, streichle eine Katze – oder ich masturbiere! Manchmal treibe ich irgendwelchen Unfug mit meinem Computer. Ich lese auch, aber das betrachte ich nicht als Zeitvertreib.«

»Alleinsein« ist also nicht »trostlos« und »schlimm«, sondern oft sehr belebend und aufbauend – Gefühle können aufsteigen, man kann sich besinnen, sich auf das eigene Selbst konzentrieren. »Alleinsein« gibt einem auch Gelegenheit zur Kreativität, zu Zukunftsplänen, zum Träumen. Single sein bedeutet selten »allein leben«; tatsächlich bedeutet es für viele Frauen: *weniger* allein leben.

Eine Frau plädiert auf denkwürdige Weise dafür, Single zu sein:
»Wenn eine Frau Single ist, hat sie tatsächlich eine Chance, die Welt zu verändern. Das männliche Denken hat sich in Schablonen festgefahren, und es ist ziemlich schwierig für eine Frau, sich da rauszuhalten, wenn sie mit Männern zu tun hat. Aber als Single wird man von niemandem kontrolliert und eingeschränkt – wir wollen es zumindest hoffen. Das ganze Leben ist flexibler. Die Nachteile sind wohl hauptsächlich die Sicherheits- und Bestätigungsbedürfnisse, die man hat. Im momentanen Entwicklungsstadium werden Frauen mehr über Lie-

besbeziehungen definiert als Männer. Frauen wollen Bestätigung, weil das ein Gebiet ist, wo sie arm dran sind, also suchen sie welche bei der Gruppe, die die Macht hat – bei den Männern –, und bringen sich damit in Gefahr. Wir suchen zu verzweifelt Bestätigung. Aber das müssen wir nicht.«

Teil III

Ehe und das Wesen der Liebe

Von der Schönheit der Ehe

»Nimm mein Herz, und um so mehr wird es mein sein.«
Edmond Rostand, CYRANO DE BERGERAC

»Die Ehe ist eine Berührung mit der Ewigkeit. In dem Moment, in dem du dort stehst und versprichst, bis zum Tod zu lieben und gemeinsam eine neue Generation zu planen, denkst du an deinen Tod – und an das, was danach kommt.«

Die *Idee* der Ehe – jenseits des patriarchalischen Konzepts, daß Männer Frauen und Kinder besitzen – ist wundervoll. Eine Frau, die frisch verheiratet und sehr verliebt war, sagte überrascht: »Warum behaupten die Leute immer, die Ehe sei ›das Ende‹? Sie ist der Anfang! Die Liebe ist ein heiliges Gefühl, auch beim Sex. Warum hat die Welt etwas daraus gemacht, über das Witze gerissen werden?«
»Ehe« – was ist das? Ein emotionaler Ausdruck oder eine patriarchalische Institution? Ein spirituelles Gelöbnis oder die gesetzlich abgesegnete Herrschaft des einen Partners über den anderen?

Eine Frau schickte Tagebuchaufzeichnungen, die von ihren Gefühlen zur Zeit ihrer Eheschließung berichten, von der wundervollen Liebe zu ihrem Mann:
»Liebling, jetzt ist alles verzaubert. Ich wachte auf, und Du lagst neben mir. Ich roch Dein Haar und rieb mein Gesicht dagegen – ich sagte Dir auch liebe Worte. Ich dachte: Das ist der erste Tag meines Lebens. Ich bin neu, alles ist so neu. Ich fühle mich so offen.
Es ist geheimnisvoll. Ich möchte eins mit Dir sein – warum will ich das? Es geht über jedes sexuelle Gefühl hinaus. Ich möchte, daß unsere Seelen miteinander verschmelzen. Es ist ein überwältigender Drang, vereint zu sein, untrennbar. Wie Du heute sagtest: Ich möchte sehen, was Du siehst; schmecken, was Du schmeckst; hören, was Du hörst.
Und einmal sagtest Du verwundert: ›Ist es das, wofür man lebt – einfach mit dem Menschen zusammenzusein, den man liebt – ist das der Grund von allem?‹ Nichts anderes scheint jetzt wichtig... es ist dies Gefühl: ›Ich bin, wo ich hingehöre.‹
Als Du fort warst, wollte ich die Sessel umarmen, in denen du gesessen hast, in denen wir gesessen haben – überall hingehen, wo wir zusammen waren – und gleichzeitig weglaufen, um nicht traurig zu sein, so traurig, daß ich nur denken konnte: Warum kann ich jetzt nicht mit Dir zusammensein, warum kann ich nicht dorthin gehen, wo Du bist?«

Die feministische Kritik der Ehe

Feministinnen haben gegen die zahlreichen Ungerechtigkeiten der Ehe protestiert, gegen die finanzielle, physische, sexuelle und emotionale Ausbeutung von Frauen. Dieser Protest war richtig – obwohl viele Feministinnen selbst verheiratet sind.

Die psychologische Struktur der Ehe ist, wie wir in diesem Teil sehen werden, tatsächlich ein Relikt aus der Zeit vor etwa hundert Jahren, als Ehefrauen noch legal im Besitz ihrer Männer waren. (Die Rechtsstellung der Sklaven des achtzehnten Jahrhunderts in den Vereinigten Staaten wurde aus der Rechtsstellung der Ehefrauen gegenüber ihren Männern abgeleitet, so John Stuart Mill.) Selbst heute kann eine Frau in einigen US-Staaten und in vielen anderen Ländern ihr Eigentum nicht verkaufen, wenn ihr Mann nicht bestätigt, daß er mit dem Verkauf einverstanden ist – was ihn praktisch zum Mitbesitzer macht.* In Frankreich war es bis vor zehn Jahren banküblich, daß eine Frau ohne die Unterschrift ihres Mannes kein eigenes Konto haben konnte usw.

Wenn es zutrifft, daß die Ehe für Frauen mit zahlreichen Ungerechtigkeiten verbunden ist, warum haben dann nicht noch mehr Frauen beschlossen als die 50 Prozent, die sich in den Vereinigten Staaten scheiden lassen, »die Ehe aufzugeben« – vor allem nun, da die meisten Frauen berufstätig sind und ein eigenes (wenn auch geringeres) Einkommen haben?

Daß Frauen (auch geschiedene Frauen) die Ehe nicht aufgeben, liegt nicht daran, daß sie »hoffnungslose Romantikerinnen«, »Liebessüchtige« oder »Masochistinnen« sind. Die Ehe verschwindet deshalb nicht als Lebensform, weil die *Idee* der Ehe nach wie vor *Hoffnung* und *Aussicht* auf die größtmögliche Intimität und das größtmögliche Vertrauen auf die innigste von allen zwischenmenschlichen Beziehungen beinhaltet. Es gibt keine andere vergleichbare Institution, und bis eine Frau diese Institution ausprobiert hat, wird sie glauben, selbst wenn sie als Single die Grobheiten kennengelernt hat – daß ein Mann *in der Ehe* gewiß anders sein wird. Uns zieht die Hoffnung, die Aussicht darauf an, daß im Leben eine Intimität möglich ist, die die körperliche Vereinigung in sich einbegreift, daß man jemanden in den Tiefen seines Leibes hält und diese Person dahin bringt, einen zu kennen und zu akzeptieren. Daß man einander nahe ist, in Kontakt miteinander – verbal, emotional, physisch. Daß man Kinder hat. *Alles.* Es ist ein leib-

---

* Einer dieser Staaten ist Missouri. Dort kann eine Frau kraft Gesetzes, wenn sie Vermögenswerte erbt und beschließt, sie zu verkaufen, die Transaktion nicht ohne Unterschrift (und damit Erlaubnis) ihres Mannes tätigen.

liches *und* spirituelles Verlangen: nicht allein zu sein in den ekstatisch-
sten Momenten, die man hat.

Finden Frauen in der Ehe, was sie suchen, finden sie es in den Beziehungen mit ihren Männern?

Wie wird die Ehe heute von Frauen gesehen?

Die Welt hat sich in den letzten sieben Jahren durchgreifend verändert. Der Hauptunterschied in den jetzigen Ehen ist der, daß durchschnittlich 70 Prozent der verheirateten Frauen (und 78 Prozent der
verheirateten Frauen im »Arbeitsalter«, die keine Kinder zu Hause haben) Vollzeitbeschäftigungen außer Hauses nachgehen.* Zum ersten
Mal im zwanzigsten Jahrhundert tragen Frauen damit wesentlich zum
häuslichen Einkommen bei.**

Was heißt das für die Ehe? Sehen Frauen die Ehe jetzt anders? Wir
leben in einer verwirrenden Zeit, fast jeder erlebt diese gemischten
Gefühle und miteinander im Widerstreit liegenden Standpunkte –
und ebenso die großen Sehnsüchte und Enttäuschungen. Was bedeutet das? Wohin steuert die Ehe?

---

* Siehe U.S. Bureau of Labour Statistics, »Current Population Survey Data«, März
1986, US-Arbeitsministerium. (Anmerkung der Übersetzerin: In der Bundesrepublik sind nach Angabe des Bundesamts für Statistik – Stand 1985 – 33,8 Prozent der
Frauen berufstätig.)
** Die Vorstellung, daß Frauen dies nie zuvor getan hätten, ist allerdings irrig. Für
die amerikanische Gesellschaft des zwanzigsten Jahrhunderts trifft es zu, daß Frauenarbeit außer Haus neuerdings – und im Gegensatz zu früheren Jahrzehnten – eine
Aktivität der Mehrheit ist; doch in fast allen früheren Jahrhunderten, insbesondere
vor der industriellen Revolution, als die »Unterschicht« die größte Klasse bildete,
arbeiteten die meisten Frauen mindestens so hart wie die Männer, und das nicht
nur in Form von »Hausarbeit«; erstens war das Zentrum *aller* Arbeit und Produktion
das Haus und nicht die »Fabrik«; zweitens nahmen die meisten Frauen zusätzlich
Arbeit an – sie wuschen, nähten, webten, stillten fremde Kinder und beherbergten
Kostgänger.

9

Acht Frauen beschreiben
ihre Ehe

Die Frauen in diesem Kapitel stehen für die mehr als zweitausend verheirateten Frauen, die an dieser Untersuchung teilgenommen haben.* Ihre Antworten wurden ausgewählt, weil sie die Gedanken und Gefühle auch anderer verheirateter Frauen gut repräsentieren. Eine Analyse aller Antworten findet man in den nachfolgenden Kapiteln.

1

Es war für mich seit eh und je außer Frage, daß ich nicht eines Tages arbeiten und ein Kind »allein« aufziehen würde, während mein Mann arbeitet. Wir hatten zwar ausgemacht, daß er Vaterschaftsurlaub nehmen würde, aber das hat er nicht getan. Obwohl meine Tochter meine ganze Zeit in Anspruch nimmt – wenn Sie mich fragen, ob ich verliebt bin, möchte ich mit Ja antworten: in meine Tochter! Mehr Liebe, als ich je für möglich gehalten hätte, und so leicht auszudrücken. Meine Tochter ist so gescheit und kreativ und hübsch und lieb. Sie ist erst zwei, und Sie sollten mal hören, wie sie am laufenden Band neue Sätze spricht.

In letzter Zeit war mein Leben voll von Krisen: Tod beider Großmütter, stürmische Verhältnisse vor der Scheidung meiner Eltern (und beiden mußte ich als Vertraute dienen), aufhören zu arbeiten, die Entdeckung, daß mein Mann auf der Karriereleiter ein Stück höherklettern wollte, statt Vaterschaftsurlaub zu nehmen, der Verlust meines Selbstbilds als emanzipierte, verheiratete Frau, die sich mit ihrem Mann die Arbeit und die häuslichen Pflichten teilt und gemeinsame Ideale hat.

Ich bin Psychotherapeutin, große Wandersfrau und Radfahrerin (neuerdings mehr theoretisch als praktisch), habe eine künstlerische

---

* Frauen, die seit mehr als fünf Jahren mit einem Mann zusammen leben, wurden ebenfalls in dieses Kapitel aufgenommen; sie machen 4 Prozent der Stichprobe aus.

Ader und bin Feministin. Ich bin stolz auf meinen akademischen Grad.

Beim gegenwärtigen Stand der Dinge kämpfen wir darum, Gleichheit und Gleichgewicht in einer unausgewogenen Situation aufrechtzuerhalten: Ich kümmere mich den größten Teil des Tages um das Kind und mache auf Teilzeitbasis meine Praxis, er arbeitet auf Vollzeitbasis und kümmert sich teilweise um das Kind. Manchmal glaube ich, daß alles klappen wird. Er ist ein bißchen besser dran als ich. Es ist bedauerlich, daß er nicht bereit war, sich so an der Kindererziehung zu beteiligen, wie wir es geplant hatten, und uns damit in diese Lage gebracht hat. Aber Geld verdienen ist jetzt das mindeste, was er tun kann, nachdem er sich praktisch in allen anderen Dingen auf mich verläßt. Ich habe auch das Gefühl, dies ist eine Übergangsphase, mit der wir so gut umgehen wie eben möglich. Natürlich wirkt es sich auf die Beziehung aus – es zeigt uns auf dramatische Weise, wie ungleichwertig unsere Rollen sind.

Ich hatte seit vielen Jahren das Ziel, Psychotherapeutin zu werden. Und jetzt, wo ich es endlich bin, habe ich kaum Zeit, meinen Beruf auszuüben.

Trotz dieser Probleme bin ich immer noch sehr in meinen Mann verliebt (neben meiner Tochter, wie gesagt!). Meine Liebe zu ihm macht mich glücklich. Man weiß irgendwie, daß man jemanden hat, auf den man zählen kann, der die sexuellen Bedürfnisse befriedigt, die man hat, mit dem man sich an allem freuen und mit dem man alles teilen kann, was man will. Es dauert schon fünf Jahre und eigentlich noch etwas mehr. Am leidenschaftlichsten in meinem ganzen Leben war ich bei ihm.

Unsere Beziehung ist nicht der Mittelpunkt meines Lebens, aber eine wichtige Ergänzung meiner Beziehung zu mir, meiner Tochter und meiner Arbeit. Ich fühle mich zärtlich von meinem Mann geliebt, fühle mich sicher und kann offen in meinen Gefühlen sein. Unsere Liebe hat mir große Freude und Zufriedenheit gebracht, aber sie kann auch zu der größten Frustration und Wut führen, die ich je erlebt habe, denn man hat sich doch für diese Liebe engagiert, und wenn es so aussieht, als wäre man in einer Sackgasse – wofür ist man dann engagiert? Man sehnt sich danach, zu einer Lösung zu kommen.

Die Geburt meiner Tochter fand in einer Klinik statt, in der bei normalen Geburten die Angehörigen dabeisein dürfen. Mein Mann war fast die ganze Zeit dabei, meine Mutter und mein Bruder waren in der Nähe. Es ging relativ schnell (war eine »sanfte Geburt« nach Leboyer), und danach tranken wir Champagner und aßen die besten Hamburger, die ich je gegessen habe: Mein Mann und ich, mein Bruder, meine Mutter und die Hebamme. Wir machten Fotos von der Geburt, und meine Mutter machte Aufzeichnungen. Für mich war es eine schöne und wichtige Erfahrung, obwohl es mit großen Schmerzen verbunden war. Dann duschte ich, bekam noch ein paar Anweisungen und einen Untersuchungstermin (eine Woche später) und fuhr nach Hause. Am nächsten Tag kam eine Säuglingsschwester vorbei, und am dritten Lebenstag unserer Tochter gingen wir mit ihr zu unserem Kinderarzt. Mein Mann blieb, Gott sei Dank, zwei Wochen zu Hause, und meine Mutter und andere nahe Verwandte kamen jeden Tag mit Essen und Geschenken vorbei.

Mein Mann weinte (es war ja ein Ende, der Abschied von uns, wie wir uns bisher kannten) und war sehr aufgeregt und glücklich darüber, daß aus uns ein Trio werden sollte. Wir waren beide richtig ehrfürchtig, fast schockiert, als unsere Tochter auf die Welt kam, und waren sehr ernst und verantwortungsbewußt, als wir drei Stunden später mit ihr nach Hause fuhren. Aber kurz nach der Geburt war diese Ehrfurcht eine Euphorie, das Gefühl »Ich könnte die ganze Welt umarmen«, mit dem wir allen begegneten, die um uns waren.

Ohne meine Tochter wäre mein Leben anders. Ich würde nur arbeiten und mich nicht fragen, wie ich arbeiten und sie richtig und nach meinem Herzen erziehen soll. Ich könnte essen, Liebe machen, duschen, mich mit Leuten treffen usw., wann ich wollte, und nicht wenn es – ihren Bedürfnissen entsprechend – machbar ist. Meine Tochter kommt jetzt an erster Stelle in meinem Leben (nachdem ich die Arbeit aufgegeben habe, um mich um sie zu kümmern), denn die Loyalität der Familie gegenüber ist wichtiger als jede andere – außer der sich selbst gegenüber.

Im Augenblick sehne ich mich am meisten nach Ruhe und Frieden und Zeit für mich. Ich bin am glücklichsten, wenn ich voll in irgendwelche Aktivitäten einsteigen kann, ohne an meine Tochter denken zu müssen oder von Pflichten abgelenkt zu werden, die mit ihr zu tun haben. Aber wenn sie und ich wichtige, wenig anstrengende gemeinsame Erlebnisse haben, fühle ich mich so lebendig und bin so glücklich, wie es nur geht.

Mein Mann sagt, er sei für die Gleichstellung der Frau, und glaubt es auch. Ich denke, er tut, was er kann, angesichts dessen, daß er in dieser Gesellschaft großgeworden ist. Er ist der emanzipierteste Mann, den ich kenne. Trotzdem habe ich manchmal das Gefühl, daß er mich behandelt, als wäre ich ihm unterlegen. Er schließt mich nicht von Entscheidungen aus, aber es kommt vor, daß er mich herabsetzt – ungerechtfertigt. In einer Hinsicht behandelt er mich durchgehend so, als wäre ich ihm unterlegen, indem er meine Arbeit – Kindererziehung und Management von Haus und Familie – nicht so respektiert, wie er sollte. In Wahrheit scheuen sich die meisten Männer zu sagen, daß sie die Frauenbewegung für blöd halten, aber sie verhalten sich, als sei sie aggressiv, unweiblich und übertrieben.

Ich koche, also macht er den Abwasch. Die restliche Hausarbeit, die Fürsorge für das Kind und die sozialen Arrangements teilen wir zwischen uns auf, aber nicht im Verhältnis 50:50, sondern im Verhältnis 90:10. Ich verwalte die Haushaltskasse, erledige alle Bankangelegenheiten, zahle sämtliche Rechnungen und kümmere mich ganztags um meine Tochter (auf diese Weise tue ich natürlich mehr für sie als er, auch ein paar Dinge, die er praktisch nie tut). Die Zeit, die ich ohne Familie verbringe, muß geplant werden, seine ist ins System eingebaut – einschließlich dessen, daß er allein von der Arbeit nach Hause fährt und frei rumlaufen kann ohne Kind und anderes Drum und Dran (Lebensmittel, Wäsche).

Worüber er sich beschwert? Er mag meine »unflätige Ausdrucksweise« nicht, meine Akribie bei der Planung für Gäste und meine Kommentare zum Sexismus, die ihm zu häufig und manchmal zu harsch sind. Ich beschwere mich über seine mangelnde Initiative, was häusliche und familiäre Verbindlichkeiten betrifft, seine Achtlosigkeit in vielen Dingen und die Art und Weise, auf die er seine Freizeit verbringt. Ich hatte auch schon ein paar Kräche mit ihm, bei denen geschrien und geschlagen wurde.

Der Sex ist meist zärtlich, macht Spaß und lohnt sich. Ich genieße es und orgasme immer – beim Vorspiel, nicht beim Geschlechtsverkehr. Es ist zu schnell vorbei und meist geht dem keine Zeit voraus, in der wir etwas gemeinsam machen, das unsere Sehnsucht wecken könnte, sexuell zusammenzukommen. Ich meine nicht das Vorspiel – ich meine Spiel oder Arbeit oder irgendein Abenteuer *vor* dem Vorspiel. Das Beste am Sex ist die Intimität, die er schafft.

Als ich meinem Mann erzählte, daß die meisten Frauen nicht durch einfachen Geschlechtsverkehr orgasmen, war er überrascht – konnte nicht fassen, daß es so weit verbreitet ist, begann aber, es zu glauben. Ich war froh, daß er sich keine falschen Vorstellungen mehr machte... obwohl er mich immer manuell und oral befriedigt hatte. Es war mir nicht peinlich, denn ich wollte, daß er die Wahrheit über den Geschlechtsverkehr wußte. Ich mache gern oralen Sex, aber ich mag es nicht, wenn man in meinen Mund ejakuliert, also lasse ich das nicht zu. Den meisten Männern, die ich kannte, war es nicht unangenehm, oralen Sex zu machen. Mein Mann mag es sehr, aber es dauerte vor der Ehe und danach einige Zeit, bis er sich daran gewöhnt hatte, daß ich es sehr mag, oralen Sex bei ihm zu machen. Jetzt genießt er es auch. Seine Hand fühlt sich an meiner Klitoris super an. Ich führe sie selten, weil er mich so gut kennt, aber manchmal, wenn ich will, daß es länger dauert oder nicht so doll ist, so schnell, daß ich keinen Höhepunkt habe, sorge ich dafür, daß er es nicht so doll macht oder langsamer.

Ich halte mich für eine Feministin in allem, was ich tue (einschließlich Kindererziehung und Steuern zahlen). Ich habe einen stark ausgeprägten Gerechtigkeitssinn und setze mich für meine Rechte auch gegen Widerstände ein. Darin spiegelt sich teilweise, wie ich meine Mutter sah. Sie war Vollzeitmutter und Haus-Managerin. In einigen Dingen bin ich wie sie. Die wichtigsten: 1) Ich kann mich nicht auf mein eigenes Vergnügen konzentrieren, ehe ich sozusagen den Tisch abgeräumt, meine Pflichten hinter mich gebracht habe; 2) ich habe das Gefühl, daß ich allen helfen muß (weniger als sie); 3) Organisationstalent.

Ich habe das Gefühl, daß ich schon lange lebe und sehr wenig zustandegebracht habe (ich bin dreißig). Ich freue mich darauf, vierzig zu sein – dann soll ja, was die großen Veränderungen im Leben betrifft, Stabilität eingekehrt sein, soll man Selbstvertrauen haben und seine Situation gut bewältigen.

2

Jetzt, wo ich mit vier Kindern belastet bin, von denen eines neunzehn Monate alt ist, brauche ich meinen Mann wirklich. Ich hoffe aber, daß ich später unabhängiger bin, weil ich viele Interessen habe. Ich weiß nicht genau, ob mich mein Mann wirklich liebt oder ob er nur eine Frau braucht, aber ich glaube, er liebt mich.

Unser größtes Problem ist das Geld. Als wir geheiratet haben, habe ich mir große Sorgen gemacht wegen des finanziellen Drucks. Er hatte mir kurz vorher gestanden, daß er ein paar tausend Dollar Schulden hat. So was war mir neu. Er mußte auch ziemlich viel Alimente an seine erste Frau zahlen. Ich habe von der Sozialhilfe gelebt und keine mehr bekommen, als ich verheiratet war. Wir haben jetzt ein Einkommen von 15000 Dollar für sechs Leute.

Das Schlimmste, was er je getan hat, ist, daß er mich Fettsack genannt hat. Am Ende habe ich geschrien, aber er hat angefangen. Wir haben uns nie gestritten, bis wir voriges Jahr in dieses Haus gezogen sind. Mir gefällt es hier gar nicht, und darüber streiten wir uns. Ich bin nicht mehr so attraktiv, seit ich nach dem vierten Kind dick geworden bin. Er hat gesagt, daß ich sexuell begehrenswert bin. Das habe ich natürlich gern gehört. Im Moment leide ich an Erschöpfungszuständen, aber mein Mann läßt das nicht gelten und hilft auch nicht, wenn ich sehr müde bin und nicht schlafen oder mich ausruhen kann, weil schließlich jemand auf das Baby aufpassen muß.

Wir sind jetzt acht Jahre zusammen und hatten nie richtig Krach, bis wir in dieses Haus gezogen sind. Wir streiten uns ständig darüber, daß ich ausziehen will. Ihm gefällt es hier, mir nicht. Er sagt aber, daß wir ausziehen, wenn er was anderes findet. Ich wollte, daß er sich Geld leiht, damit wir Kaution und Miete zahlen können, wenn er was anderes findet, aber das will er nicht. Auch darüber streiten wir uns ständig. Ich habe selber versucht, einen Kredit zu kriegen, aber keinen bekommen. Mir graust schon bei dem Gedanken, daß sich was ergibt und daß er sich irgendeine dumme Ausrede einfallen läßt, warum wir es nicht nehmen können. Er hat vorgeschlagen, daß wir übers Thanksgiving-Wochenende wegfahren und wo über Nacht bleiben sollen; ich habe darüber nachgedacht, und dann ist mir aufgegangen, daß er da Geld ausgeben würde, das wir lieber für den Umzug sparen sollten, weil er sich ja keins leihen will. Ich bin sehr böse darüber. In diesem Haus gibt es keinerlei Abstellraum, die elektrischen Leitungen sind schlecht, alles ist uralt und vieles total kaputt, und der Vermieter ist zu geizig, um es reparieren zu lassen, unsere Miete ist um 100 Dollar erhöht worden usw.

Wir streiten uns auch darüber, daß ich mit dem Baby angebunden bin, das jetzt neunzehn Monate alt ist. Ich sage ihm, daß ich praktisch bewegungsunfähig bin, und er glaubt es nicht. Er glaubt einfach nicht, daß Hausarbeit Arbeit ist, und macht hier keinen Finger krumm, außer wenn er muß. Wir sind früher besser miteinander ausgekommen, aber das jetzt mit dem Baby, das sehr aktiv und lebhaft ist, ist ein großer Streß für mich. Ich könnte mehr Geld verdienen, aber es geht nicht (trotzdem mache ich Schreibarbeiten zu Hause). Ich glaube, das Baby kommt an erster Stelle, aber es regt mich auf, daß ich hier nicht raus kann.

Eine Lösung gibt es nicht bei unseren Krächen. Wir hören auf, weil er sagt, ich soll jetzt kein Wort mehr reden, er kriegt Kopfschmerzen davon, und er redet später mit mir. Er hört mir nicht zu, überhaupt nicht, aber ich muß ihm zuhören, obwohl ich ihn darauf hinweise, daß ich auch mal was sagen will.

Ich glaube, daß die Probleme gelöst werden, wenn die Kinder größer sind und ich mehr Geld verdienen kann. Wenn es ihm nicht paßt, daß ich unabhängiger sein will, mehr rumkommen will, zu Versammlungen gehen usw., dann wird er mit der Scheidung rechnen können. Sobald ich nicht mehr mit dem Baby angebunden bin, tue ich, was ich will.

Er redet lieber, als daß er sich anhört, was ich zu sagen habe, besonders in letzter Zeit. Ich würde sagen, er redet mehr als ich, obwohl er das abstreiten und behaupten würde, daß ich zuviel rede. Ich hätte es gern, wenn sich die Qualität unserer Gespräche bessert, aber darauf verlasse ich mich nicht. Ich hoffe, daß ich irgendwann Leute finde, mit denen ich reden kann. Ich bin aber nicht an einem Verhältnis interessiert.

Wie wir uns in den praktischen Dingen arrangiert haben – o je. Ich spüle ab, koche und mache soviel Hausarbeit, wie es meine Zeit erlaubt. Er hilft selten und nur, wenn er muß. Er muß, wenn wir jemand erwarten. Dann hilft er vielleicht beim Aufräumen. Ich habe keine Zeit, mit dem Baby und der Schreibarbeit alles tipptopp in Ordnung zu halten, und kann nicht mal die Zeit abzweigen, wenn ich einen Monat im voraus weiß, daß jemand kommt. Also hilft er ab und zu. Er bringt jetzt unsere Wäsche in den Waschsalon, anders geht es nicht. Meine Waschmaschine ist kaputt, und ich kann nicht selber in den Waschsalon.

Hauptsächlich kümmere ich mich um die Kinder. Da hilft er mir, ab und zu auch mit dem Baby, obwohl es schon ein halber Aufstand ist, ihn dazu zu kriegen, fünf Minuten auf die Kleine aufzupassen, damit ich das Essen auf den Tisch bringen kann.

Was ich am wenigsten mag an unserer Situation ist, daß ich nicht auch mal faul sein kann. Wenn er arbeitet, sieht er es nicht gern, daß ich rumsitze. Dann findet er schon was zu tun für mich.

Wir schlafen mal zusammmen in einem Bett, mal nicht. Momentan schlafen wir getrennt, weil ich Stillen sehr wichtig finde und meine Babys zwei bis drei Jahre stille, meistens im Liegen, also schlafe ich mit ihnen in einem Bett, und da ist für ihn kein Platz mehr. Das »Ehebett« haben wir abgeschafft. Ich persönlich schlafe am liebsten allein.

Wir teilen uns das Geld. Wir haben jeder ein eigenes Konto. Er hat ein Geschäftskonto, von dem ich abheben kann, und ich habe meins. Das ist so gekommen, weil seine Exfrau uns verklagt und das Gericht ihr fast unser ganzes Einkommen zugesprochen hat. Ich wollte beweisen, daß ein großer Teil von unserem Einkommen meins war, also habe ich ein eigenes Konto eröffnet. Aber das war dem Gericht natürlich egal. Ich habe festgestellt, daß ich gern mein eigenes Scheckheft habe, ich war es ja gewöhnt, war lange nicht verheiratet, und er war immer sauer, wenn ich mit seinen Schecks was gezahlt habe.

Wenn wir was zahlen müssen und er kein Geld hat, zahle ich es von meinem Konto, wenn genügend drauf ist, und umgekehrt. Letzten Monat hat er die Miete gezahlt, diesen Monat sieht es so aus, daß wahrscheinlich ich das meiste davon zahlen muß. Meistens kauft er die Lebensmittel, aber wenn es sein muß, gebe ich ihm das Geld zurück. Die Kreditkartenrechnungen zahle meistens ich, aber wenn ich das Geld nicht habe, zahlt er sie. Meine Eltern und seine Mutter helfen uns ab und zu.

Ich bin zufrieden damit, wie wir unsere Finanzen geregelt haben.

Ich finde, beide müssen entscheiden können, was man mit dem Geld macht, obwohl uns nie viel Geld geblieben ist, seit wir verheiratet sind. Wir haben mehr Schulden, als wir von unserem Einkommen zahlen können.

Mir ist ein Stein vom Herzen gefallen, als ich zum ersten Mal schwanger war. Ich war unverheiratet, achtundzwanzig Jahre, und hatte es sieben Monate lang probiert und schon gedacht, ich könnte keine Kinder kriegen. Mein Freund damals hat ganz beiläufig reagiert, weil es für ihn sowieso nichts Festes war. Er war schon vor der Geburt weg und hat die Kleine nur einmal gesehen, und das auch bloß, weil ich ihn dazu gezwungen habe. Später hat er abgestritten, daß er der Vater ist, und wir haben nie einen Pfennig von ihm bekommen (ich habe ihn auch nicht um Geld gebeten), und er will nichts mit uns zu tun haben.

Als ich zum ersten Mal schwanger war, habe ich bewußt eine Entscheidung getroffen: entweder das Kind kriegen oder mein Geld in eine Anzahlung für ein Haus stecken, das ich mir ausgesucht hatte. Ich hätte genügend Geld für die Anzahlung gehabt, aber ich wollte lieber das Kind. Es wäre schön, wenn ich das Haus jetzt hätte, aber ich bereue meine Entscheidung nicht. Trotzdem finde ich es unfair, daß sich Frauen immer für Kinder oder Arbeit entscheiden müssen.

Ich glaube, *ich* habe beschlossen, daß wir heiraten; mein Mann wollte eigentlich nicht. Ich habe eine Wohnung gemietet und er ein Zimmer im selben Haus und im selben Stock, direkt gegenüber. (Kennengelernt habe ich ihn durch eine Anzeige.) Bevor wir verheiratet waren, habe ich ihn in seinem Zimmer besucht, wenn meine Tochter (sie war drei Jahre alt damals) geschlafen hat. Aber sonst hat er eigentlich mit uns zusammengelebt, mit uns gegessen usw.

Wir haben ein paar Monate so zusammengelebt, und er war immer noch verheiratet. Als ich ihn kennengelernt habe, habe ich nicht gewußt, daß er noch nicht geschieden war. Ich habe mich damals mit mehreren Männern getroffen. Als er dann geschieden war, hat er gesagt, er wollte eine Woche »Single« sein, und ich habe ihn gelassen.

Ich habe gewußt, daß ich richtig verheiratet sein will, und wenn ich weiter bloß so mit ihm zusammengelebt hätte, hätte ich mich um was betrogen gefühlt. Er hat mir keinen Heiratsantrag gemacht und ich ihm auch nicht. Aber ich weiß, daß es von mir ausgegangen ist. Wir haben es nach seiner Scheidung geplant, und ich bin schwanger geworden, als wir zusammengelebt haben. Wahrscheinlich habe ich soviel Jahre furchtbar Angst gehabt, ich heirate nie, daß ich gewußt habe, ich will es. Die Entscheidung ist mir nicht schwer gefallen, aber ein paar böse Ahnungen hatte ich schon.

Warum habe ich ihn geheiratet? Hauptsächlich weil ich mehr Kinder haben wollte. Ein Sex-Leben auch. Und ökonomischer Druck außerdem – ich habe es gehaßt, in kleinen Wohnungen zu leben, und ich habe mir gedacht, wenn er mir hilft, könnte ich es mir wenigstens leisten, ein Haus zu mieten. Ich wollte auch jemand haben, mit dem ich zum Essen gehen und mir was anschauen kann – Shows usw. Ich glaube, seine wichtigsten Bedürfnisse waren der Sex und daß er Gesellschaft wollte.

Mein Mann sieht mich bestimmt nicht als gleichberechtigt. Er behandelt mich fast immer so, als wäre ich ihm unterlegen, und ich muß mich ununterbrochen wehren. Bei Entscheidungen tut er so, als würde er mich fragen, aber in Wirklichkeit ist es schon entschieden. Wenn ich gegen etwas bin, das er will, gibt es Probleme. Das wird immer schlimmer. Er ist arrogant – nicht nur zu mir, sondern zu allen.

Ich bin nie gewalttätig geworden. Obwohl ich mich kürzlich furchtbar über meinen Mann aufgeregt habe. Er war einfach ekelhaft, und ich habe eine Metallschale durchs Zimmer geschmissen.

Ich will, daß wir miteinander auskommen, aber ich werde mich nicht plagen, ihn zu halten. Wenn er gehen will – kann er das jederzeit.

Soviel ich weiß, ist er mir bis jetzt treu gewesen, obwohl er seiner Exfrau nicht treu war, man sieht es ja an mir. Er war aber praktisch schon von ihr getrennt, als er mich kennengelernt hat. Natürlich will ich, daß er mir treu bleibt, und wenn er es nicht ist, dann soll er es mir lieber nicht sagen. Ich habe auch kein Verhältnis. Man sollte sich treu sein.

Ich habe gern Kinder, obwohl sie einen wahnsinnig machen können. Meine sind alle sehr lebhaft. Ich habe immer leichte Geburten gehabt. Ich habe alle vier zu Hause gekriegt, bei den letzten drei war niemand dabei außer mir und mein Mann. Manche Leute sehen eine solche Geburt als was Erotisches oder Orgiastisches. Das sehe ich nicht so, aber es war leichter, sicherer und besser als eine Geburt im Krankenhaus. Ich hatte nie einen Dammschnitt und erst recht keinen Kaiserschnitt. Mein Mann war bei drei Geburten dabei, freilich nicht gern. Zwei Babys hat er »mitgekriegt«. Das andere war schon da, bevor er im Zimmer war. Er findet Geburten nicht aufregend, und wenn ich die Wehen kriege, bin ich lieber allein – mit ihm in der Nähe, wenn ich ihn brauche.

Obwohl es immer heißt, daß es so toll ist, wenn der Mann dabei ist, finde ich, ein Kind kriegen ist wie groß machen, und das tue ich nicht gern vor meinem Mann. Es ist eine ziemliche Schweinerei. Ich mag es nicht, wenn er mich so sieht, obwohl es mir geholfen hat, daß er dabei war, besonders beim letzten Baby, weil da die Nabelschnur über der Schulter von der Kleinen war. Ich glaube, er ist jetzt überzeugt, daß es so besser ist und daß einen die Doktoren doch nur ausnehmen, aber er reißt sich nicht darum, dabei zu sein.

Ich war immer schon Feministin, habe immer gewußt, daß ich genausoviel wert bin wie ein Mann. Ich weiß auch, wodurch mir ein Licht aufgegangen ist. Zum Beispiel haben die Eltern von meinem ersten Freund im selben Krankenhaus gearbeitet wie ich, und ich habe manchmal bei ihnen zu Abend gegessen. Seine Mutter ist von der Arbeit gekommen und rumgesaust, um das Essen auf den Tisch zu bringen usw. Sein Vater hat sich eine Pfeife angezündet, sich in einen Sessel gesetzt, die Beine hochgelegt und Zeitung gelesen. Damals habe ich das nicht in Frage gestellt, aber jetzt finde ich es schlecht. Sicher, warum sie darauf aufmerksam machen, wo sie es doch akzeptiert hat? Ich glaube, ich wäre zufriedener mit meinem Leben, wenn ich alles so akzeptieren würde, wie es ist – wie die Sklaven seinerzeit, bevor Lincoln sie befreit hat, aber das kann ich nicht. Ich muß dagegen kämpfen, weil ich sonst nur ein halber Mensch bin.

3

Oberflächlich betrachtet bin ich eine anziehende, intelligente, hilfsbereite, freundliche, mitfühlende und verständnisvolle achtundfünfzigjährige Frau, die in mancher Hinsicht privilegiert war und der viele Katastrophen, die Frauen treffen, erspart geblieben sind. Aber wenn man genauer hinsieht, bin ich immer noch das Kind, das sich eher selbst kasteit, als daß es seiner Familie zur Last fällt oder sie gegen sich aufbringt, und das früh gelernt hat, weder um Hilfe zu bitten, noch darum, daß seine Gefühle ernstgenommen werden.

Ich liebe meinen Mann, aber es gelingt ihm, diese Liebe abzuwürgen, indem er mich am ausgestreckten Arm verhungern läßt. Am nächsten stehen mir mein Therapeut und ein paar Freundinnen. Doch auch bei meinem Therapeuten ist die alte Gewohnheit wirksam: Ich will ihn nicht aufregen, indem ich ihm allzu verstörende Gefühle mitteile. Und in meinen Beziehungen verhalte ich mich, ebenfalls alte Gewohnheit, meist abwartend: Ich beobachte, was mein Partner empfindet und denkt, und passe mich dem an.

Sehr glücklich war ich nie. Wann immer ich nicht geschauspielert habe, war ich den Tränen nahe. Weinen war für meine Eltern, meinen Mann und meine Kinder nicht akzeptabel, demnach bestand meine Lösung darin, so zu tun, als sei ich glücklich. Nachdem ich während meiner Ehe siebenundzwanzigmal umgezogen bin (mein Mann ist in der Navy), habe ich jetzt endlich vertraute, ergiebige Freundschaften mit Frauen im Rahmen einer Art Vereinstätigkeit. Es handelt sich um eine akademische und künstlerische Vereinigung, die mir mehr Freude bringt als alles andere in meinem Leben.

Als ich um die fünfunddreißig war und sehr damit beschäftigt, eine gute Hausfrau und Mutter und Ehefrau eines aufstrebenden Navy-Offiziers zu sein, der seinen ersten Kommandoposten hatte, war ich auch sehr damit beschäftigt zu leugnen, daß mein Mann – obwohl er alle Vorkehrungen für unsere finanzielle Sicherheit getroffen hatte und uns einen Teil seiner flüchtigen Aufmerksamkeit schenkte, wenn es ihm gelegen kam – sich für uns als Personen eigentlich nicht interessierte. Ich leugnete es, obwohl er mir einige Jahre zuvor mitgeteilt hatte, er könne nicht heucheln und sagen, er würde mich lieben. Da er nie etwas getan hat, um meine Selbstachtung zu stärken, verkraftete ich diesen Schlag geradezu spielend. Und da meine Ausdrucksfähigkeit so verkümmert war, war mir in einer alles andere als überschwenglichen Ehe auch wohler. Stabil und sicher, aber ohne Höhen.

Ich habe geheiratet, weil ich dachte, verheiratet sein sei die akzeptabelste Rolle, und er war überdies attraktiv und hatte das Zeug zum Erfolg. Ich hatte ihn von klein auf gekannt – auch unser künftiger Lebensstil war mir vertraut. (Mein Vater war ebenfalls Offizier.) Ich dachte, im Laufe der Zeit würde sich gewiß Intimität entwickeln.

Ich habe vor, verheiratet zu bleiben. Ich will nicht aufgeben, was ich in die Ehe investiert habe. Nach vierunddreißig Jahren hat sie ihre Vorteile – Sicherheit, und ich weiß, daß ich irgendwo hingehöre. Das Schlimmste daran ist, keine vollständige, autonome Person zu sein.

Als ich geheiratet habe, machte es mir nichts aus, den Namen meines Mannes anzunehmen, aber jetzt finde ich, es trägt zum Verlust meiner Identität bei, daß ich seinen Namen führe. Mir behagt weder sein Name noch meiner (obwohl sie nicht schwierig auszusprechen oder seltsam sind). Ich kann nur nicht finden, daß sie etwas mit mir zu tun haben.

Inzwischen bin ich froh, daß ich Kinder habe, aber als sie klein waren, hatte ich nicht gerne Kinder. Sie sind verantwortungsvolle, unabhängige Erwachsene geworden, doch ich habe ihnen die echte Zuwendung und emotionale Unterstützung, die jedes Kind bekommen sollte, nicht geben können. Ich war eine »pflichtbewußte« Mutter, hatte aber keine Freude an der Mutterschaft. Doch ich bezweifle, daß ich ohne die Kinder verheiratet geblieben wäre, denn mein Mann war von Anfang an mit seinem Beruf verheiratet.

Wir kommen jetzt besser miteinander aus, weil er nur noch selten grob ist. Aber er hört kaum zu. Ich habe entdeckt, daß ich »intime« Gespräche brauche, und darum habe ich mir andere Menschen gesucht, die zu solchen Gesprächen bereit sind.

Das Schlimmste für mich war, daß er nicht den Mut hatte, ehrlich mit mir zu sein, und daß er seine beachtlichen Fähigkeiten zur Problemlösung nicht in unsere Beziehung eingebracht hat. Das Schlimmste, was ich getan habe, war, all seine Grobheiten in mich hineinzufressen. Ich hätte ihm früher zeigen sollen, daß das nicht geht.

Er kritisiert mich für körperliche Attribute, auf die ich keinen Einfluß habe, und dafür, daß ich auf Fragen, die meiner Meinung nach überdacht werden müssen, nicht militärisch knapp mit »Ja« oder »Nein« antworte. Er bemängelt auch, daß ich sexuell nicht »explodiere«. Ich kritisiere ihn vor allem dafür, daß er zuviel über Dinge redet, die ihm begegnet sind; daß er einem oft ins Wort fällt; daß er höfliche Fragen stellt, obwohl ihn die Antwort offenbar nicht interessiert, denn er wechselt das Thema, bevor er sie gehört hat.

Ich hatte keine außerehelichen Affären, aber ich hätte gerne eine, wenn ich einen ungebundenen Mann kennen würde, der mich anzöge und mich zu schätzen wüßte und mir zu einem guten Gefühl mir selbst gegenüber verhelfen würde. Mein Mann? Vielleicht würden Erfahrungen mit anderen Frauen dazu beitragen, daß er seine sexuellen Handikaps und vor allem seine emotionale Sterilität erkennt.

Einer Affäre am nächsten kam ich vor Jahren, als ich einen Navy-Offizier kennenlernte, mit dem ich mich sofort seelenverwandt fühlte. Wir hatten etliche Male Kontakt, der Gesprächsstoff ging uns nie aus, und wir merkten gleichzeitig, daß es mehr war als Freundschaft. Wir fühlten uns auch körperlich stark voneinander angezogen, aber da war nicht mehr als ein paar verstohlene und wunderschöne Küsse (wozu mein Mann unfähig ist – wenigstens bei mir).

Wir sprachen viel von unserer Liebe, dachten jedoch nie ernsthaft daran, etwas daraus zu machen. Er hatte eine sehr exponierte Position und hätte einen Skandal nicht heil überstanden. Er kehrte nach Hause zu seiner Familie zurück, schrieb mir noch einen Brief, in dem er sagte, daß er die Zeit mit mir nie vergessen würde, und danach hatten wir keinen Kontakt mehr. Jahre später erfuhren wir, daß er Lungenkrebs hatte. Mein Mann und ich schrieben ihm – keine Reaktion. Ich erinnere mich noch, wie großartig es war, bewundert, begehrt und vollständig akzeptiert zu werden. Aber es tat mir weh, daß er all das aufgeben konnte – obwohl ich glaube, daß er da auf einen Wink von mir reagiert hat.

Zur Zeit habe ich keinen Sex mit meinem Mann, weil er kein Verlangen danach hat. Ich hätte immer noch Freude daran, weil ich Zärtlichkeit und Nähe brauche, obwohl ein richtiger Orgasmus meist unmöglich ist. Der Sex mit ihm ist selten emotional befriedigend. Es war immer unemotional, »Schema F«. Er hat kaum einmal Verlangen über die genitale Begier hinaus gezeigt. Er war immer geduldig und ausdauernd, aber völlig unempfänglich für Anregungen. Meist auch stumm, es sei denn, er hatte sich über etwas zu beschweren – er hat sich mir emotional nie mitgeteilt.

Ich hasse es, daß er vorgibt, alles, was er tut, sei für mich. Dabei kann er weder zuhören noch versteht er meine Bedürfnisse.

Wir streiten nicht, und Differenzen werden nie beigelegt. Das liegt teilweise daran, daß ich meinen Zorn nicht ausdrücke. Ich habe mich immer sehr bemüht herauszufinden, was in ihm vorgeht, aber ich bin mir sicher, daß ich einiges falsch wahrnehme, weil er sich nur selten offenbart. Am zornigsten bin ich, wenn er mich mit Worten und Taten herabwürdigt, obwohl ich vermute, daß dies die klassische Manier des Despoten ist, der sich ein grandiose Ich aufbaut, indem er andere verletzt. Die alten Konflikte werden nicht gelöst. Ich habe den Versuch aufgegeben, etwas dagegen zu unternehmen. Wenn ich mit ihm über Differenzen reden will, weigert er sich. Ich ziehe mich aus Diskussionen zurück.

Doch vorige Woche mußten wir wegen einer Besorgung in die Stadt, und er machte den Vorschlag, daß wir in ein sehr hübsches Restaurant gehen sollten (wo das Essen mehr nach meinem Geschmack ist als nach seinem), und wir hatten dort ein sehr gutes und offenes Gespräch. Es schien ihn nicht zu bedrohen, sich mir mitzuteilen, und er schien mir zuzuhören. Wir offenbarten uns einander. Er hatte mir seit Monaten jede Berührung und jede Zuwendung verweigert, aber an diesem Abend spürte ich wenigstens die Wärme einer Freundschaft.

Ich glaube, ich kann nicht gut Liebe geben. Die Liebe zu meinen Eltern war finanzielles Versorgtsein und das Gebot der Gesellschaft, Gott und Vaterland, Eltern und Verwandte und Freunde der Familie zu lieben – und insbesondere niemanden aufzuregen und niemandem zur Last zu fallen. Erst mit achtundvierzig Jahren bin ich einer Frau begegnet, die mir zeigte, wieviel Wärme und Fürsorge wert sind, und seitdem bin ich nach und nach weitergekommen.

Ich fühle mich gottverlassen, wenn ich darüber nachdenke, wie furchtbar meine Weiblichkeit und meine Sexualität brachgelegen haben. Ich verzweifle daran, je eine gute, befriedigende sexuelle Beziehung mit jemandem zu haben oder mit mir selbst zufrieden zu sein. Bislang hat es für mich keine richtige Freude gegeben.

Die Frauenbewegung hat mir geholfen, meine Kraft und meinen Wert zu erkennen und zu akzeptieren, daß die Männer nicht in der Lage sind, hier und jetzt aus ihrer destruktiven Haltung auszubrechen. Sie hat mir auch das Gefühl vermittelt, daß ich »ausgetrickst« worden bin, weil ich zu früh geboren wurde. Ich könnte enorm von den modernen Therapien profitieren, wenn ich fünf wäre, aber statt dessen habe ich fünfzig Jahre leiden müssen, bis überhaupt jemand erkannt hat, daß ich Hilfe brauche. Ich habe immer stark, kompetent, ruhig, zuvorkommend, verläßlich und hilfsbereit gewirkt – und war doch hinter dieser Fassade ängstlich, gehemmt und deprimiert.

Inzwischen habe ich ein paar gute, vertraute Freundschaften mit Frauen, die ich aber erst im Laufe der letzten Jahre geschlossen habe, als ich aufhören konnte, an erster Stelle die Bedürfnisse meines Mannes und meiner Kinder zu befriedigen. Eine Freundin (die ich bereits erwähnte), hat viele Jahre Geduld gehabt, bis ich ihre Wärme und Fürsorge endlich annehmen konnte. Jetzt sind wir einander nahe, und sie hört mir zu, kümmert sich um mich, gibt mir Mut und redet mir zu, mich mehr zu lieben. Ich habe auch eine relativ neue Freundin, mit der ich viel gemeinsam habe. Wir wandern jede Woche zusammen und finden beieinander Resonanz mit unseren Nöten. Ich habe über das meiste mit ihr gesprochen, aber noch nicht über mein sexuelles Dilemma. Früher wußte ich nicht einmal, wie man es macht, mit jemandem befreundet zu sein.

Ich habe ein begabte, hochintelligente und allgemein beliebte Tochter – sie hat jedoch unter meinen Repressionen und meiner Rigidität gelitten; erst jetzt, nachdem sie dreiunddreißig und ich achtundfünfzig Jahre alt bin, lernen wir allmählich, aufrichtig und fürsorglich miteinander zu kommunizieren.

Ich bewundere Frauen, die selbständig denken und handeln. Ich schätze Frauen nicht, die sich nur wünschen, sie wären selbständig, und nicht einmal die ersten Schritte tun, um dieses Ziel zu erreichen. Ich bin jetzt nicht mehr die Frau, die ich früher war, und die so leicht von Männern beeinflußt, verletzt, belogen, unterdrückt und in Depressionen gestürzt werden konnte. Ich glaube nicht, daß ich mich »zurückentwickeln« und wieder in eine der alten Fallen gehen werde. Ich will mir in den Jahren, die mir noch bleiben, eine bessere Chance geben.

4

Ich bin einundsiebzig, verheiratet und kenne meinen Mann schon siebenundvierzig Jahre. Ich mag ihn zwar als Mensch, aber ich bin nicht ihn ihn »verliebt«. Mein Mann und ich sehen so vieles verschieden. Er ist tiefreligiös; ich bin Agnostikerin. Er ist sehr traditionell, was die Männer- und Frauenrolle angeht; ich bin Feministin. Sex gibt es nicht mehr in der Beziehung. Ich habe vor, sie den Rest meines Lebens beizubehalten, weil mir keine andere Möglichkeit bleibt. Mir ist an seinem Wohl und an seinem Glück gelegen, weil er ein guter Mensch ist.

Ich wollte, er würde seine Weltanschauung ändern. Als wir geheiratet haben, war ich auch sehr traditionell. Er sagt oft und gern: »Du bist nicht mehr die Frau, die ich geheiratet habe.« Übrigens geht ein dicker Batzen von unserem Geld an die Kirche und an Wohlfahrtseinrichtungen. Wir wohnen in Salt Lake City/Utah. Ich kritisiere ihn dafür, daß er anscheinend unfähig ist, sich zu entwickeln – ich wollte sagen, sich zu verändern –, aber er verändert sich, indem er immer religiöser wird und neuerdings ein glühendes Interesse für Sport an den Tag legt.

Ich stoße mich sehr daran, daß er gegen den Feminismus ist. Ich empfinde das als Angriff auf mein innerstes Wesen. Das Schlimmste, was ich ihm je angetan habe, war wohl, daß ich mich enttäuscht von der Religion abwandte und alle kirchlichen Aktivitäten eingestellt habe. Er kritisiert mich für meine »Ungläubigkeit« und meint, der Feminismus sei daran schuld. Aber ich muß mir treu bleiben. Kann man wirklich sagen, ich hätte ihm damit etwas »angetan«? Habe ich nicht genauso ein Recht auf meinen Glauben wie er?

Obwohl er traditionell ist, kocht er selbst, wenn ich nicht zu Hause bin. Ich bin pensioniert, habe bei der Schulbehörde gearbeitet und brauche eine gewisse Unabhängigkeit, um meine Freundinnen zu besuchen usw. Er ist auch pensioniert, also macht er jetzt manchmal Hausarbeit, wenn auch nur sehr begrenzt.

Er verfügt über sein Geld, ich über meines. Wir haben beide separate Konten, denn als ich zu verdienen anfing und mein Gehalt auf ein gemeinsames Konto gab, mußte ich mir immer wieder von ihm anhören, ich könnte nicht mit Geld umgehen, und wurde schließlich so wütend, daß ich ein eigenes Konto bei einer anderen Bank eröffnete. Im allgemeinen kauft er ein, was wir zum Leben brauchen, und zahlt, was für den Haushalt anfällt (darüber haben wir des öfteren gestritten), weil ich ihm sage, er sollte sich an die Gebote der Kirche halten (an die er ja glaubt) und seine Frau versorgen. Natürlich lasse ich mich nicht von ihm aushalten – Kleider, Arztrechnungen, Benzin usw. zahle ich selbst.

Ich weiß noch, wie ich über meinen ersten Gehaltsscheck gejubelt habe, als ich wieder zu arbeiten anfing. Ich war sechzehn Jahre Hausfrau/Mutter/Ehefrau gewesen und arbeitete jetzt als Hilfslehrerin. (Ich war aus dem Schuldienst geflogen, als ich heiratete – das war die übliche Bezirkspolitik.)

Über ein paar Jahre hinweg hatte ich eine Affäre mit kurzen und zeitlich weit auseinanderliegenden Begegnungen. Der Mann lebte in einem anderen Bundesstaat. Ich bin mir nicht sicher, was es mir gegeben hat. Mein Partner weiß bis heute nichts davon. Wahrscheinlich war es zum Teil Nostalgie, denn er war am College mein großer Schwarm gewesen. Es ist mir lieber, wenn mein Partner monogam ist, aber wenn er es nicht wäre, würde ich es nicht wissen wollen. Wir schlafen in einem Doppelbett.

Am glücklichsten war ich mit meinem Mann, bevor wir geheiratet haben. Ich war romantisch in ihn verliebt. Wir kannten uns schon mehrere Jahre – oberflächlich, wie ich heute glaube. Aber damals war die Ehe die einzige Möglichkeit für eine Frau. Heiratete man nicht, so war man eine Versagerin. Und warum bleibe ich jetzt noch? Natürlich liebe ich meinen Mann »irgendwie«, sonst würde ich nicht bleiben. Aber es fällt mir schwer zu beurteilen, wie wichtig das ist, weil mir keine andere Möglichkeit bleibt. Wenn ich soviel Geld hätte, daß ich wirklich ökonomisch unabhängig wäre, und wüßte, daß ich leidlich zufrieden allein leben könnte, würde ich gehen.

Wie ich bereits sagte, haben wir früher über Religion gestritten, und jetzt streiten wir über den Feminismus. Ich bin zu dem Schluß gekommen, daß es sinnlos ist, mit ihm über Religion zu diskutieren, und in puncto Frauenfragen drängt sich mir langsam derselbe Schluß auf. Niemand gewinnt. Am Ende sind wir beide gekränkt. Gelöst wird nichts. Im allgemeinen sage ich, daß es mir leid tut. Er versucht mir einzureden, der Feminismus sei eine Irrlehre und in einigen Punkten sogar *unmoralisch*. Er ist sehr verbittert darüber und hat mir des öfteren gesagt, er wolle nichts mehr vom Feminismus hören. Ich finde aber, daß die Religion die Frauen ungerecht behandelt. Sie verfügt, daß Frauen benutzt werden sollen.

Meine beste Freundin und ich stehen uns weltanschaulich nahe. Wir machen Kurse zusammen, gehen ins Kino, zum Essen und zum Einkaufen. Wir amüsieren uns blendend. Wir sind beide Feministinnen, Mütter und – politisch gesehen – agnostische Liberale. Wir telefonieren und unternehmen viel zusammen. Wir haben (außer den Kindern) wesentlich mehr gemeinsam als mein Mann und ich.

Ich lese gern, habe Freude an der Natur, an anregenden Gesprächen und am Lernen. Ich mag alles Schöne. Ich würde mich besser fühlen, wenn ich einigermaßen sicher sein könnte, daß die Welt politisch stabil ist – nicht nur jetzt, sondern auch in Zukunft. Es macht mich traurig, daß ich die Veränderungen, auf die ich hoffe, nicht mehr erleben werde. Den jüngeren Frauen sage ich: Entwickelt euer Bewußtsein, werdet aktiv. Verändert die Welt!

5

Ich bin schwarz, zweiunddreißig, war am College, bin intelligent, humorvoll, liebevoll, gutherzig, großzügig, amüsant, verantwortungsbewußt, sensibel, ehrlich, vorsichtig, manchmal kränkend, ehrgeizig, entschlossen, ziemlich stur, sarkastisch, defensiv, freundlich, sexy, sinnlich und treu. Im Moment habe ich ein paar Pfunde zuviel, aber ich arbeite dran – für *mich*.

Ich wünsche mir am meisten, daß ich mein eigenes Potential ausschöpfen kann. Ich möchte in den Spiegel sehen und sagen können: »Du bist okay, Frau. Du hast dir Ziele gesetzt. Du hast einige davon erreicht und arbeitest darauf hin, auch die anderen zu erreichen. Du bist in Ordnung!« (Ich hasse den Job, den ich zur Zeit mache – ich nutze meine Fähigkeiten nicht, verdiene nicht das Geld, das ich wert bin, habe keine Aufstiegschancen.)

Meine größte Leistung war bis jetzt, daß ich dazu beitragen konnte, meine Ehe zusammenzuhalten (wir haben vor fünf Jahren geheiratet) – sie funktioniert und entwickelt sich trotz großer Rückschläge und Hindernisse. Wir lieben uns immer noch, obwohl wir Schwierigkeiten haben – und wenn man sich die Welt ansieht und die Leute, die wir kennen, ist das schon was! Meine größte Krise war, daß mein Kind abgetrieben werden mußte, weil es eine Bauchhöhlenschwangerschaft war. Ich war im vierten Monat, und es war ein Junge. Wir hatten schon einen Namen für ihn. Ich wollte das Leben aufgeben – nicht Selbstmord begehen, nur aufhören zu leben.

Wir wohnen jetzt in einer Einrichtung für straffällige Jugendliche und haben sechs Jugendliche zu betreuen, für die wir voll verantwortlich sind. Deswegen bin ich Hausfrau (bah), und er erledigt die nötigen Gänge (Doktor, Besprechungen mit Bewährungshelfern, Aufnahme in Schulen usw.).

Unser Gehalt wird fifty-fifty gezahlt (gleicher Lohn also, das funktioniert hier, weil sich die Hausmütter vor einem Jahr über die ursprüngliche Aufteilung beschwert haben – die war 75:25). Mein Mann gibt mehr aus als ich (er geht öfter weg, und da wird er leicht egoistisch und undiszipliniert). Er gibt sein Geld und einen Teil von meinem aus, weil er es sich nicht einteilen und nicht sparen kann. Das hat sich negativ auf unsere Beziehung ausgewirkt, weil ich zwar Rechnungen bezahlt habe, aber er nicht. Das hat unsere Kreditwürdigkeit beeinträchtigt. Wir haben uns jetzt auf ein neues Arrangement geeinigt – in Zukunft bekomme ich das ganze Geld, werde ihm jede Woche ein Taschengeld (plus Sprit) geben und für alle Rechnungen und Rücklagen verantwortlich sein.

Ich betrachte ihn als meinen besten Freund. Das Schlechteste an der Ehe ist, daß man immer auf den anderen Rücksicht nehmen muß. Ich kann nicht beschließen, mit meinen Freundinnen wegzugehen, und es dann einfach tun. Ich fühle mich verpflichtet, ihm Bescheid zu geben und zu sagen, ich bin da und da und komme dann und dann nach Hause. Nicht weil ich muß, sondern damit er sich keine Sorgen macht.

Wir teilen uns die Hausarbeit, aber die Küche ist mein »Revier«, weil ich diesen Bereich einfach mag. Er stellt gern ab und zu die Möbel um – das ist sein »Revier«.

Wir haben beschlossen zu heiraten, weil wir ein Kind erwartet und sowieso zusammengelebt haben, also haben wir uns abgesprochen, »es legal zu machen« (das hätte ich nicht schreiben sollen, hört sich nach Falle an!). Aber wir haben das Kind verloren, bevor wir geheiratet haben. Und dann haben wir uns dafür entschieden, trotzdem zu heiraten. Ich weiß nicht, ob ich es nochmal machen würde, es hat mich nicht gestört zusammenzuleben, ohne verheiratet zu sein. Aber ich will verheiratet bleiben, weil ich Bindungen sehr ernst nehme und weil es keinen Grund gibt, nicht mit einem wunderbaren Mann verheiratet zu bleiben. Vielleicht ist er nicht der *Allerbeste*, aber er ist der Beste, den ich gefunden habe.

Solange ich verheiratet bin, hatte ich keinen Sex mit einem anderen Mann. Ich habe es auch nicht vor. Er hatte nur eine Affäre, von der ich mit Sicherheit weiß, weil er es mir gesagt hat, als sie vorbei war. Ich vermute allerdings, daß er noch ein paar mehr hatte. Meistens regt es mich nicht auf, weil ich mir keine Gedanken darüber mache. Ein Problem wird es für mich erst dann, wenn ich das Gefühl habe, er ist sich meiner zu sicher und vernachlässigt mich.

Da ich als junges Mädchen die Geliebten meines Vater kennengelernt habe, habe ich mir nie eingebildet oder erwartet, daß mein Mann nur mit mir Sex haben würde. Es wäre schön, wenn er nur mit mir Sex hätte, aber es würde mich nicht wundern, wenn er mit einer anderen Frau ins Bett ginge. Ich hatte ein vertrautes Verhältnis zu meinem Vater, und er hat mich in seine Geheimnisse (= Fremdgänge) eingeweiht. Ich war immer die Ausrede, wenn er aus dem Haus wollte, weg von meiner Stiefmutter und zu seinen Freundinnen. Er hat mich zu seiner Mutter und zu seinen vielen »Frauen« mitgenommen. Ich habe ihn geliebt, aber ich hatte keinen Respekt vor seinen Frauen, weil sie mich ausgenutzt haben.

Wie auch immer, im Alter von zweiundzwanzig Jahren habe ich gelernt, meinen Eltern ihre Fehler zu verzeihen und sie als die unvollkommenen Menschen zu akzeptieren, die sie sind. Ich hoffe, alle Kinder lernen, ihren Eltern zu verzeihen, daß sie nicht ganz das waren, was wir Kinder uns gewünscht haben.

Am glücklichsten und intimsten war ich mit meinem Mann in unseren »Flitterwochen«. Sie haben vier Tage gedauert, und es war phantastisch! Aber am meisten verliebt war ich mit fünfundzwanzig in einen anderen Mann. Es war ein Gefühl wie Himmel und Hölle. Er war kompliziert. Er war emotional, abenteuerlich, fleißig, hatte keine Erfahrung mit engen Beziehungen, war unreif, was einige wichtige Dinge anging – sich um jemanden kümmern, Vertrauen haben, nicht eifersüchtig sein –, war leistungsorientiert, offen für neue Ideen, immer auf der Suche und am Experimentieren, wer er war und werden wollte.

Er wollte sich nach »besseren Möglichkeiten« umsehen und mich in Reserve halten, falls er keine fand. Ich wollte mich nicht so erniedrigen lassen, nachdem ich ihm erklärt hatte, daß es für mich nur ihn gab. Wir hatten ein Jahr zusammengelebt, aber er war nicht zufrieden mit mir. Ich habe ein Jahr gebraucht, um ihn zu vergessen.

Ich habe mich um Ex-Knackis gekümmert, Workshops für College-studenten veranstaltet, ging drei Abende in der Woche zum Fitness-training, habe sechs Wochen gefastet, jeden Morgen Sport getrieben (Jogging) und am Abend Fachkurse an der Uni gemacht. Ich kann mich nicht erinnern, daß ich mich je so ausgefüllt gefühlt habe und so stolz auf mich war! Dann habe ich meinen Mann kennengelernt, und er hat mir die emotionale Sicherheit gegeben, die ich von einem Mann wollte. Aber das war das letzte Mal, daß ich ohne Einschränkung, ohne Vorbehalte, ohne Bedenken geliebt habe.

Am College habe ich noch eine verheerende Trennung erlebt. Mein damaliger Freund kam bei einer Party zu mir und hat gesagt, er wollte sich von mir trennen, ich wäre ihm zu fett. Ich hätte mich am liebsten in irgendein Loch verkrochen und wäre gestorben. Ich mußte noch den ganzen Sommer jeden Tag mit ihm arbeiten. Er hat sich sogar an meine ehemalige Zimmergenossin rangeschmissen, und sie hatten den Nerv, mich zu fragen, ob es mich »stören« würde, wenn sie was miteinander hätten – als ob sie das interessiert hätte, wie ich mich ge-fühlt habe. Ich war ein Muster an Gefaßtheit im College und bei der Arbeit (sie arbeiteten beide da, wo ich auch gearbeitet habe), aber wenn ich zu Hause war, habe ich nur noch geweint. Am Wochenende war es noch schlimmer. Ich dachte manchmal, es zerreißt mir das Herz, so weh hat es getan, aber ich habe gelernt, daß einen ein gebro-chenes Herz nicht umbringen muß, obwohl ich manchmal das Gefühl hatte, ich würde sterben.

Die Männer nehmen es viel zu genau mit dem Gewicht. Ich hatte im-mer Übergewicht oder war schwer. Ich bin eine große, schwere Frau. Ich war es schon, wenn sie mich kennengelernt haben, aber je länger sie mich kennen, ein desto größeres Problem scheint es für sie zu sein. Mein Mann war der einzige, bei dem ich von vornherein wußte, daß er keine dicken Frauen mag, aber er hat mich geheiratet, und er hat Ge-duld, obwohl er manchmal meckert. Er sieht das als Problem, mit dem ich allein fertig werden muß, mit wenig oder gar keiner Hilfe von ihm.

Nachdem ich jetzt fünfeinhalb Jahre mit meinem Mann zusammen bin, fange ich an, mich sexuell zu exponieren. Vor zwei Jahren habe ich ihm gesagt, daß ich masturbiere. Vor fünf Monaten habe ich gleich-zeitig mit ihm masturbiert. Vor zwei Monaten habe ich mich beim Ge-schlechtsverkehr selber klitoral stimuliert. Aber ich habe ihm noch nicht genau gesagt, was er tun soll, um mich zu befriedigen, oder daß er mich befriedigen soll, wenn er fertig ist. Dazu braucht es viel Mut. Wenn ich Alkohol getrunken habe, geht es leichter, aber am nächsten Tag kann ich dann nicht glauben, was ich ihm gesagt habe. Zum Beispiel, daß ich in der Badewanne mit der Dusche zum Orgasmus komme. Er hat sich gewundert, und ich habe gesagt: »Was willst du, da bin ich nicht die einzige« und ihm den *Hite Report* über die Frauen gezeigt, die das auch machen. Er war erstaunt, um es mild zu formulieren. Und ich war knallrot, es war mir furchtbar peinlich.

Ich mag Sex, wenn ich in Stimmung dazu bin, aber das ändert sich bei mir von Tag zu Tag. Sex ist wichtig, aber kein Allheilmittel. Er gleicht Geldmangel, beleidigendes Verhalten, Fehlen von gemeinsamen Zielen usw. nicht aus.

Beim letzten Streit mit meinem Mann ging es darum, daß er mich verkohlen wollte. Er hat gesagt, unsere ausgelagerten Sachen wären in Gefahr, weil in den Speicher, wo sie liegen, eingebrochen worden wäre. Ich habe ihn gefragt, was er unternommen hätte, und er hat gesagt, der alte Krempel wäre ihm egal. Ich war sauer, weil er vor kurzem furchtbar rumgesoffen hat – großer Kneipenstreifzug, Leuten einen ausgeben, Geld zum Fenster rausgeschmissen –, und ich habe für alles die volle Verantwortung übernehmen dürfen. Ich bin sehr wütend geworden und habe ihm gesagt, daß er mich wie einen alten Fußabstreifer behandelt. Er ist zum Wagen gegangen und hat sechs oder sieben Kartons reingebracht.

Und da bin ich erst richtig hochgegangen, weil jetzt klar war, daß er mich nur auf die Probe stellen wollte. Ich habe ihm gesagt, er soll sich eine von der Straße suchen, mit der er so einen Scheiß machen kann, aber er soll mich nicht auf meine Reaktionen testen, indem er ganz wurstig ist mit den Sachen, für die wir hart gearbeitet und Opfer gebracht haben. Er war ganz verdattert über meine Heftigkeit und darüber, daß ich ihm gesagt habe, ich fühle mich vernachlässigt, und hat gefragt, wie lang ich das schon mit mir rumschleppe. Ich habe gesagt, er hätte soviel anderes zu tun gehabt, daß ich keine Chance gehabt hätte, meine Gefühle auszudrücken. Er hat mir zugehört. Ich bin sogar soweit zu ihm durchgedrungen, daß wir über unsere Finanzen geredet und uns abgesprochen haben, daß ich die in Zukunft verwalte. So hatten sich die paar Minuten Schreierei wenigstens gelohnt.

Meine Freundschaften mit Frauen sind ganz anders. Wir sind meistens sehr offen und sagen genau, was wir denken, und können uns mitteilen und wissen, daß die eine der andern zuhört. Wir kommunizieren. Mit meinem Mann fällt es mir schwerer zu reden – wegen gekränkter Eitelkeit, Stolz, weil er sagt, ich wäre überempfindlich und mir über den Mund fährt, wenn ich ihn kritisiere. Meine Freundschaften mit Frauen sind das Dauerhafteste und Stabilste in meinem Leben.

Liebe zu geben fällt mir jetzt leichter als früher, weil ich gelernt habe, mich selbst mehr zu lieben und zu achten. Ich habe gelernt, meinen Mann zu mögen trotz der Dinge, die ich nicht an ihm mag, und ihn so zu lieben, wie er ist. Ich liebe sein Lächeln (damit ist er geizig), seine Aggressivität, seine Freundlichkeit. Die Liebesgeschichte, die ich am meisten mag, ist ein Buch, das eine Schwarze während der »Harlem-Renaissance« geschrieben hat. Es ist die erste schwarze Liebesgeschichte, die ich je gelesen habe – sie handelt davon, wie Schwarze leben und lieben, wie sie stark sind und wie sie verletzt sind, wie sie überleben, wie sie sich sorgen und wie sie sich fühlen.

Ich mag es, daß unsere Beziehung bei allem Auf und Ab beständig ist, daß wir gut zusammenarbeiten können, wenn wir über unsere Kleinlichkeit wegkommen, und ich mag unsere Intimität – emotional, seelisch und geistig. Ich bin glücklich bis auf ein paar Dinge; ich bin unglücklich darüber, daß mein Mann kokst (er ist nicht süchtig, aber er liebt dieses Scheiß-Kokain), und über seine Tendenz zum Chauvinismus. Er ist unglücklich über mein Gewicht, das habe ich schon gesagt, aber alles in allem ist er glücklich mit mir als Mensch, außer meinem gelegentlichen Sarkasmus und meiner Art, defensiv zu sein.

Unser größtes Problem sind die Finanzen. Es könnte besser sein, wenn mein Mann erkennen würde, daß ich besser mit Geld umgehen kann als er, und wenn er mich über das Geld verfügen lassen würde, wobei er bei Entscheidungen den Status eines Beraters hätte. Ich war mal zwei Monate finanziell von ihm abhängig, und es war gräßlich. Ich hoffe, daß ich diese Erfahrung nicht noch mal machen muß. Es hat die Beziehung beeinträchtigt, weil ich das Gefühl hatte, ich dürfte ihn nicht um Geld fragen (waren aber meine Bedenken). Als ich es nicht mehr ausgehalten habe, habe ich mich schön angezogen und ihm gesagt, er soll mich zur Stellenvermittlung fahren. Wir haben einen Job als Paar bekommen und eine Woche später angefangen.

Ich bin Feministin, finde aber, daß die Frauenbewegung schwarze Frauen in fundamentalen Angelegenheiten ausschließt. Weiße Frauen haben ein Programm, das sich insofern von dem von schwarzen Frauen unterscheidet, als es Dinge in den Vordergrund stellt, die für viele schwarze Frauen keine Prioritäten sind. Wir haben Gemeinsamkeiten, aber unsere Ausgangspunkte sind verschieden. Ich bin in einem weiblichen Haushalt aufgewachsen, deswegen war die Frauenbewegung immer ein Teil von mir.

Ich liebe meine Weiblichkeit. Ich würde sie definieren durch die Vorliebe für die optimale Vereinigung von Intelligenz und Gefühl. Weiblich sein bedeutet, um die Hungrigen, die Heimatlosen, die Armen weinen können – und vor Freude über einen schönen Sonnenuntergang. Es bedeutet auch, daß man an der Verbesserung von schlechten sozialen Bedingungen arbeitet, ohne Dankbarkeit dafür zu erwarten. Es bedeutet, das Leichte und Ungewichtige mit großen Dingen zu verbinden, große Kunstformen zum Beispiel. Es beinhaltet die Komplexität einer Frau, die eine erfolgreiche Geschäftsfrau und eine wunderbare Freundin ist. Ich habe Freude an schönen Dingen. Ich quäle mich richtig damit ab zu entscheiden, welche Farbe mein Lippenstift und mein Nagellack haben sollen. Momentan wende ich nicht soviel Zeit für mein Aussehen auf, wie ich sollte; meine Kleider sind eine Schande, aber ich nehme ab, und das möbelt mich auf.

Am meisten liebe ich meinen Mann. Ich habe in unserer Ehe gelernt, mit Dingen fertig zu werden, die ich mir nie zugetraut hätte. Ich bin wirklich engagiert, bin es auf eine Weise, die ich nie für möglich gehalten hätte. Obwohl ich nicht alles bekommen habe, was ich in Beziehungen gesucht habe, auch nicht alle Arten von Liebe, die ich wollte, habe ich immer noch Hoffnung und arbeite daran.

6

Ich habe einen Mann geheiratet, der, ehrlich gesagt, ein Dummkopf war, und dem ich, unverbildet wie er war, alles über mich beibringen konnte, über meine Bedürfnisse und Wünsche, als schriebe ich auf ein weißes Blatt Papier. Ich habe mir einen Mann mit einem guten, sicheren Job und einer starken Abneigung gegen Untreue ausgesucht, die er in seiner vorhergehenden Ehe entwickelt hat – seine Frau bekam das Kind des anderen keine vier Monate nach der Scheidung. Ich habe ihn gewarnt: Wenn er mich je schlüge, würde ich ihn verlassen, denn das ist wie mit Hunden, die beißen (wenn sie einmal erfahren haben, daß sie es können, werden sie es wieder tun), und seine Reaktion hat mir gezeigt, daß er nicht glaubt, Männer hätten das Recht zu schlagen – auch dann nicht, wenn die Frau zuerst geschlagen hat.

Mein Mann ist nicht unintelligent, aber naiv. Er hat eine langsame Auffassungsgabe, und sein Leben dreht sich weitgehend um seinen Penis – das geht in Ordnung. Er ist ehrlich und absolut treu, unendlich geduldig und freundlich, und er läßt mich machen, was ich will. Ich habe das ausgenutzt, und er war froh um die Brosamen, die ich ihm gab, beklagte sich nie und erhob nie die Stimme gegen mich, geschweige denn, daß er mich geschlagen hätte. Ich fand seine unfehlbare Zuneigung so gewinnend und war derart von seinem Charakter und seiner Stärke und Entschlossenheit beeindruckt, daß ich mich in ihn verliebte. Er ist ein sehr viel besserer Mensch als ich, und darum setze ich mein ganzes Wissen ein, um seine Probleme zu lösen, ohne daß es so aussieht (damit er sich nicht unzulänglich fühlt). Ich behüte und bewahre ihn – so gut ich kann – vor physischen Gefahren, vor Krankheit und Zahnverfall, und ich versuche, ihn zu lehren, wie er besser mit Leuten kommunizieren und verstehen kann, was in ihnen vorgeht. Ich tue für ihn, was ich kann, und ich würde ihn nie mit Absicht verletzen. Ich würde ihn auch nie betrügen. Obwohl er es vielleicht nicht wüßte – *ich* wüßte es. Er hat nur das Beste verdient, und so bemühe ich mich, mein bestes zu geben.

Ich halte sehr viel von Monogamie, und seit ich meinen Mann kenne, hatte ich keinen Sex mit jemand anderem – nicht einmal Hände gehalten. Das Leben ist kompliziert genug, und entweder ist man verheiratet oder man ist es nicht. Wenn eine Ehe funktionieren soll, ist Treue unerläßlich. Heute, in einer Welt der etwas laxen Moral, muß man sich noch mehr darauf verlassen können, daß man jemandem den Rücken drehen kann, ohne daß etwas »Krummes« dahinter vorgeht. Wir wissen, daß wir einander vertrauen können. Ich will, daß er monogam ist, weil man Dinge voneinander weiß, die sonst niemand auf der Welt weiß. Ich muß jedoch anderswo jemanden suchen, der meine intellektuellen Bedürfnisse stillt, meinem neugierigen Geist Nahrung gibt, der alles Begreifliche begreifen und unablässig lernen will. Ich genieße und brauche lange, differenzierte Diskussionen über zahlreiche komplexe Themen, und dem ist mein Mann nicht gewachsen.

Ich bin seit fast fünf Jahren verheiratet. Ich bin vierundzwanzig. Wir haben keine Kinder – wir wollen beide keine – und sind durchaus glücklich. Man hat mich kultiviert, »offensichtlich kostspielig, aber zurückhaltend« genannt. Ich bin gebildet – nicht nur Bücher- und Sachwissen, sondern auch Lebenserfahrung und Menschenkenntnis. Ich bin unabhängig und willensstark. Mein Liebster, mein Mann, ist ein Fels, auf den ich bauen kann. Auf Freundinnen, das habe ich herausgefunden, ist kein Verlaß. Sie können einem ewige Treue schwören und einen trotzdem fallenlassen wie eine heiße Kartoffel.

Ich bin damit zufrieden, wie er mich liebt, und es bezaubert mich außerdem – seine Zuneigung ist bedingungslos, und seine Bewunderung inspiriert mich, nach Kräften so gut und wunderbar und wahrhaftig zu sein, wie er mich in tiefster Seele findet. Dank seiner habe ich ein gutes Selbstgefühl. Ich fühle mich geliebt! Wir sagen einander, daß wir uns lieben, in der Art, wie wir »Guten Morgen«, »Guten Abend«, »Bis bald« sagen oder »Ich sehe, du bist ›down‹, aber du sollst wissen, daß du geliebt wirst, und ich hoffe, daß dir das hilft« oder »Schöner Tag heute, nicht wahr?«. Tonfall und Gesichtsausdruck zeigen, was gemeint ist. Ich bin dahingekommen, es zu akzeptieren, und fühle mich sehr mütterlich, fürsorglich. Ich liebe ihn jetzt leidenschaftlich und ehrfurchtsvoll.

Ich versuche so schön und verführerisch – d. h. meinen Mann begehrend – zu sein, wie ich kann. Das ist mein Beitrag zum Aufbau seines Selbstgefühls. Ich tue es für ihn, als Geschenk, und ich tue es für mich, weil es mir Auftrieb gibt, weil ich es mag, wie er mich ansieht. Ich habe dabei nicht das Gefühl von *Zwang*.

Im Augenblick arbeitet er vierzig Stunden pro Woche. Er bringt seinen Gehaltsscheck mit nach Hause, und ich gebe ihm Taschengeld. Ich verfüge über das gesamte Geld, darum bin ich auch für unsere finanzielle Situation und unsere Kapitalanlagen verantwortlich. Wir haben eine Spülmaschine, und er räumt meist das Geschirr ein und aus; ich koche – er kann es nicht –, aber ich bringe es ihm nach und nach bei, weil ich der Ansicht bin, daß niemand so hilflos sein darf! »Was ist, wenn mir etwas zustößt?« habe ich gesagt. »Dann müßtest du verhungern oder ständig auswärts essen.«

Hin und wieder verdiene ich gerne ein paar Dollar dazu, indem ich als Ghostwriterin tätig bin, Korrektur lese oder Manuskripte redigiere, und wenn ich arbeite, bestehe ich auf Hilfe im Haushalt. Am Anfang war es ein Kampf, aber jetzt macht er sich allmählich und interessiert sich sogar dafür, wie es im Haus aussieht, betrachtet es als etwas, um das *er* sich persönlich kümmern kann, und nicht als etwas, um das sich *irgend jemand* (ich) kümmern sollte. Ich besuche auch ein paar Lehrveranstaltungen im College – auf diese Weise führe ich meinem hungrigen Geist Nahrung zu –, und so bin ich nie »müßig«.

Am meisten gefällt mir, daß ich mich auf ihn verlassen kann; er ist da, sowohl physisch als auch psychisch/emotional. Es mag lieblos klingen, da ich für diesen Mangel auf anderen Gebieten entschädigt werde, aber er befriedigt meine intellektuellen Bedürfnisse nicht. Ich *kann* zwar theoretisch über alles mit ihm sprechen, aber viele Themen, die mich interessieren und/oder von denen ich einiges verstehe, gehen, ehrlich gesagt, über seinen Horizont und interessieren ihn nicht. Er hört mit der größten Höflichkeit zu, solange er es aushält, wenn ich von Dingen spreche, die sein Fassungs- und Begriffsvermögen übersteigen. Er spricht auch über die Dinge, die ihn interessieren – und mich leider zum großen Teil langweilen. Aber wenn wir von Sex, Leuten, dem Leben im allgemeinen, Tieren und Essen sprechen, kommen wir wunderbar miteinander aus und können frei und endlos kommunizieren. Das ist genug. Ich habe nie von einer besseren Liebe gehört und nie eine bessere gesehen als diese. Wir sind glücklich – nicht überdreht glücklich, sondern schlichtweg *glücklich*.

Im wesentlichen sieht unser Alltag folgendermaßen aus: Er steht auf und geht zur Arbeit – ich suche am Abend zuvor die passenden Sachen für ihn heraus, damit er immer gut aussieht –, kommt nach Hause und ißt mit mir zu Abend. Ich stehe auf und ziehe mich an – ich lege mir meine Kleider zurecht, nachdem ich seine zurechtgelegt habe –, gehe ins College oder studiere zu Hause, mache Gymnastik und tanze, fange an zu kochen, und dann kommt er nach Hause, und wir essen zusammen. Wir sehen selten Nachrichten – zu deprimierend. Ich schreibe, lese, sehe fern, und er hört Radio und sieht vielleicht ein bißchen mit mir fern. Ich lerne, er räumt in der Küche auf, und wir machen den Vogelkäfig sauber. (Wir haben einen Sittich.) Wir machen einmal in der Woche die Wäsche zusammen, kaufen gemeinsam ein und behalten uns zwei Abende pro Woche für die Liebe vor. Der Plan ist nicht starr, sondern flexibel, aber er dient als Grundlage und sorgt dafür, daß eine gewisse Ordnung herrscht. Mein Mann bügelt seine Sachen, und ich bügle meine. Ab und zu nähe ich einen Knopf an, und er bringt den Abfall zur Mülltonne, holt die Post und sieht nach dem Öl. Unser Alltag ist angenehm, friedlich, oft lustig – manchmal machen wir einen Schaufensterbummel oder fahren aufs Land.

Sein und mein Geld ist *unser* Geld, es geht auf ein gemeinsames Konto. Ich verwalte es, wie gesagt, und bin darum stets für unsere Finanzlage verantwortlich. Obwohl er das Recht hat, unser Geld auszugeben, tut er es nie, ohne mich vorher zu fragen, ob wir uns den und jenen Betrag leisten können. Wir zahlen unsere Rechnungen gemeinsam – ich schreibe die Schecks aus –, und wir sparen ein bißchen. Wenn wir etwas wollen und genug übrig haben, um es zu kaufen, kaufen wir es – oder wenn er etwas will bzw. ich etwas will, können wir es eventuell aus unserem gemeinsamen Fonds bestreiten. Mir ist es recht so, und anders hielte ich es auch nicht aus. Ich könnte es nicht ertragen, wenn ich nicht wüßte, wie unsere Finanzlage im einzelnen ist, oder wenn ich keine Kontrolle darüber hätte. Ich könnte es nicht ertragen, wenn ich Taschengeld von einem Mann bekäme, der in alleiniger Regie über das Geld verfügt.

Ich würde es allerdings aushalten, wenn wir uns zusammensetzten und die »Buchhaltung« gemeinsam machen würden, aber ich bin froh, daß sich mein Mann dafür nicht interessiert. So brauche ich mich nicht mit ihm zu beraten oder ihm etwas zu erklären, und es ist praktischer und einfacher, es alleine zu machen. Ich weiß, was ich tue und wo alles ist, und kann es in Windeseile erledigen – wenn er daran beteiligt wäre oder ich ihm darlegen müßte, was ich mache oder gemacht habe, wäre es zeitraubend und schwierig, weil er nicht viel von Finanzen versteht. Ich lasse mir meinem Mann gegenüber zu schulden kommen, was ich an Männern kritisiere, nämlich daß sie wichtige Informationen zurückhalten – d. h. wenn ich etwas mit Verlust investiert habe, sage ich ihm nichts davon.

Es klingt wie ein Märchen, aber wir haben uns noch nie gestritten. Ich habe ihn ein- oder zweimal ausgescholten, als er behauptete, er hätte im Bad saubergemacht, und ich ging ins Bad und stellte fest, daß der Abfalleimer nicht ausgeleert war und Haare im Waschbecken lagen. (Verdammt noch mal, sag nicht, daß alles sauber ist, wenn es nicht sauber ist! Und wenn du dich nicht dazu überwinden kannst die Sache *gründlich* zu machen, dann sag's und damit basta!) Er hat nie die Stimme gegen mich erhoben. Er rechtet nicht mit mir. Er hört zu und denkt nach, und wir besprechen alles mit Liebe und Humor.

Er scheint jedoch zu glauben, daß ich ein wandelndes Lexikon bin, und das kann lästig werden, zumal wir eine schöne Nachschlagebibliothek haben (meine), die er jederzeit benutzen kann; ich habe ihm auch gezeigt, wie man das macht. Was würden Sie sagen, wenn Sie gerade Einnahmen und Ausgaben saldieren und jemand ins Zimmer kommt und wissen will, ob Kakerlaken schlafen?

Als ich ungefähr zwei Jahre verheiratet war, erkannte ich plötzlich, was das für ein Gefühl war, das ich seit mehreren Monaten hatte: Daß ich lieber sterben würde (buchstäblich), als meinem Mann weh zu tun. Sein Schmerz war mein Schmerz, sein Leben mein Leben, sein Wohl wichtiger als meines; seine Gesundheit, sein Glück, alles an ihm zählte so sehr, daß er der wichtigste Mensch in meinem Leben war – und ist –, das Wichtigste überhaupt. Bis dahin hatte ich immer gedacht »Erst komme ich«; ich hatte mir meinen Weg mit Zähnen und Klauen gebahnt, absolut hart – nicht gewalttätig, aber gerissen und skrupellos –, und zunächst war ich böse auf mich, weil ich es zugelassen hatte, daß ich mich in meinen Mann verliebte, einen Mann, den ich geheiratet hatte, weil er mir ein gutes Leben bieten konnte – ich mußte und muß nicht arbeiten –, und weil er leicht manipulierbar, kontrollierbar, »erziehbar« zu sein schien.

Frauen brauchen in dieser Gesellschaft nach wie vor finanzielle Unterstützung. Nirgendwo – jedenfalls nicht, daß ich wüßte – verdient eine Frau soviel wie ein Mann, nicht einmal im selben Job, wenn sie dieselben Fähigkeiten und/oder dieselbe Qualifikation mitbringt, und das trotz des Lippenbekenntnisses zum Prinzip »Gleicher Lohn für gleiche Arbeit«. Mit dem, was ich tue, verdiene ich nicht genug Geld, um mich selbst zu erhalten – ich meine die Grundbedürfnisse wie Essen, Kleidung und Wohnung –, und ich habe keine eigene Krankenversicherung, sondern bin bei ihm mitversichert, und diese Versicherung läuft über seine Firma; ich könnte sie also nicht mehr in Anspruch nehmen, wenn wir uns trennen würden. Ich versuche, nicht zuviel darüber nachzudenken, denn es macht mich nervös. Ich lasse es darauf ankommen, daß er bei mir bleibt, »bis daß der Tod uns scheidet«, und wenn er es nicht tut, werde ich hoffnungslos blank sein – es sei denn, ich verdiene plötzlich und unerwartet viel Geld.

Das wirkt sich natürlich auf die Beziehung aus. Ich wage es nicht, ihn als selbstverständlich zu betrachten oder ihn zu betrügen oder nicht genau auf Zeichen von Unzufriedenheit zu achten. Über meinem Kopf hängt ein Damoklesschwert, und ich glaube zwar nicht, daß er sich dessen bewußt ist, aber es sorgt dafür, daß ich »nicht aus der Reihe tanze« – zusätzlich zu der Liebe, die ich für ihn empfinde und die bewirkt, daß ich ihn glücklich machen *will*.

Bevor ich heiratete, habe ich den Sex verflucht; ich dachte, das sei etwas, mit dem sich eine Frau eben abfinden müsse. Jetzt bin ich hoffnungslos süchtig – ich liebe den Sex! Mit meinem Mann. (Es ist wahr, was die Leute sagen – nach den »stillen Wassern« muß man Ausschau halten!) Beim Sex ist er ehrerbietig und dann frech, sagt genau, was er will, dann erneut voller Ehrerbietung und dann wieder frech. Ich orgasme immer, es sei denn, ich entscheide mich dafür, es nicht zu tun – was ich manchmal mache, um mich voll auf seine Lust zu konzentrieren, als reines Geschenk. Ich orgasme, seinen Penis in meiner Vagina – weil er gern die Kontraktionen spürt und der Druck seines Penis die Intensität des Orgasmus steigert –, indem ich meine Klitoris mit den Fingern stimuliere, sacht und mit kleinen Auf-und-ab-Bewegungen.

Das Beste am Sex mit meinem Mann ist, daß er kein Macho ist. Er fürchtet nicht, daß seine »Männlichkeit« Schaden nimmt, wenn ich oben bin – tatsächlich mag er diese Stellung (wenn ich auf ihm sitze), weil er so meine Brüste fühlen und mit ihnen spielen kann.

Ich fand den Sex sehr enttäuschend, als ich damit anfing, und das blieb so, bis ich meinen Mann wirklich gut kennenlernte – ungefähr anderthalb Jahre, nachdem wir geheiratet hatten. Es war langweilig, blöde und manchmal sogar widerwärtig. Aber bei meinem Mann sah ich, daß ihn meine Lust erregte. Und so beteiligte ich mich, statt nur still dazuliegen und ihn »machen zu lassen« – und das gab ihm ein gutes Gefühl, Selbstwertgefühl als Mensch und Ehemann. Der Anblick, die Laute und Gerüche einer lebendigen Person, die Freude an *ihm* fand, erregten ihn ungeheuer. Die Männer, mit denen ich zuvor geschlafen hatte, hatten erbärmlich wenig Ahnung davon, wie man eine Frau befriedigt, keine Ahnung von weiblicher Anatomie.

Den ersten Orgasmus mit einem anderen Menschen hatte ich mit meinem Mann; er saugte und knabberte zärtlich an meinen Brustwarzen, und ich stimulierte meine Klitoris mit der Hand. Das geschah, als wir ungefähr anderthalb Jahre verheiratet waren. Eines Tages sagte er, er wolle wissen, warum ich eine solche Abneigung gegen den Sex hätte. Er war ernstlich interessiert, etwas dagegen zu tun. Ich war überrascht und erfreut über seine Reaktion, und wir begannen mit den elementaren Dingen; ich zeigte ihm bei angekipsten Licht, was »da unten« ist und was ich machte, um Lustgefühle hervorzurufen.

Jetzt orgasme ich gewöhnlich durch Masturbation beim Geschlechtsverkehr. Es fiel mir schwer, dies das erste Mal zu tun nach lebenslanger Konditionierung darauf, daß 1) Masturbation etwas »Schmutziges« ist und 2) bedeutet, der Mann sei nicht gut genug. Aber ich habe es genossen und er auch, und so dachten wir uns, nachdem wir erwachsen und einer Meinung waren, daß wir tun könnten, wollten und sollten, was schön für uns ist und bei uns funktioniert. Soviel zur Kindheitsdressur.

Außer dem Sex *liebe* ich es, im Bett zu kuscheln. Ich liege auf der rechten Seite und er liegt hinter mir, ebenfalls auf der rechten Seite und nimmt mich in den Arm. Das machen wir oft.

Als Kind hatte ich marineblaue Röcke und weiße Blusen und »vernünftige« Schuhe an. Ich hatte vorstehende Zähne und glattes Haar. Ich fand mich häßlich, und die anderen Kinder hänselten mich. Ich war sehr gut in der Schule. Ich hatte keine Freundinnen, also blieb mir viel Zeit zum Lernen. Als ich erwachsen wurde, lernte ich die Kunst des Make-ups und des Hairstylings und entwickelte einen Kleiderstil, der konservativ, respektabel und würdevoll ist – ich trage cremefarbene Leinenkostüme, Seidenblusen und zehn Zentimeter hohe Absätze (ich habe tolle Beine!). Ich habe mir die Zähne regulieren lassen.

Ich hatte kein vertrautes Verhältnis zu meinen Eltern – meine Großmutter hat sich um mich gekümmert.

Meine Mutter hatte so große Probleme, daß sie weder Zeit noch Kraft hatte, sich mir zu widmen. Mein Vater war widerwärtig (er rülpste, furzte und war überhaupt ein Ekel). Er kannte mich nicht; ich kannte ihn kaum. Er hat mich nie berührt, es sei denn, um mich mit seinem Gürtel auf Po und Beine zu schlagen, wenn ihm meine Mutter gesagt hatte, ich sei »unartig« gewesen.

Er sagte mir, wenn ich »es« je »machen« würde, würde er mich erst verprügeln und dann enterben. Meine Mutter sagte mir, als ich zum ersten Mal meine Periode bekam, ich könnte jetzt »in Schwierigkeiten kommen«, darum sollte ich mich nie von Jungen »anfassen« lassen. Was bedeutete das? Vater (in freier Übersetzung): Wenn du bei der Hochzeit keine Jungfrau bist, machst du mir, dir und dieser Familie Schande, und ich würde dich dafür umbringen, wenn ich könnte, aber da ich es nicht kann, werde ich dich versohlen, vergessen, daß du je geboren wurdest, und dich für immer aus meinem Leben verbannen. Mutter (in freier Übersetzung): Die Jungen werden versuchen, sich mit dir zu amüsieren, dich zu *benutzen*, und wenn du schwanger wirst, ist es eine große Schande – kein Mann wird dich mehr wollen. Tu dir das nicht an! Sorge dafür, daß dich einer von ihnen *heiratet,* wenn er Sex haben will!

Ich zog mit fünfzehn von zu Hause aus, nahm mir eine eigene Wohnung, suchte mir einen Job und brach alle Verbindungen zu meinen Eltern ab. Zu meinen Abenteuern gehörten: Der Milchmann, von dem ich Herpes bekam (oder, genauer gesagt, ich entdeckte später, daß ich Herpes hatte). Dann war ich das Mittagsamüsement eines Mannes, der alleine lebte, aber im Kopf oder im Herzen oder sonstwo mit einer verheirateten Frau »verheiratet« war, die darauf wartete, daß die Kinder groß genug waren, um sich von ihrem Mann scheiden lassen zu können. Mit fünfzehn hatte ich auch eine »Affäre für eine Nacht« mit einem Knaben, der Probleme mit seiner Freundin hatte (die beiden lebten zusammen).

Ich glaubte in meinen späteren Teenagerjahren, es gäbe keine Liebe, Männer und Frauen würden heiraten und einander betrügen und ein Lippenbekenntnis zur Liebe und Fürsorge ablegen, obwohl sie nicht das geringste empfänden. Ich war einsam, und ich wurde kalt. Paul Simons Song »I am a rock« – »Ich bin ein Stein« – war mein Lieblingslied, weil darin genau ausgedrückt war, wie ich mich fühlte. Ich glaubte nicht, daß es wahre Liebe gibt auf dieser Welt – nur Menschen, die Menschen ausnutzen –, und so wollte ich nicht leben.

Ich stellte fest, als ich mich mit Männern traf, daß der Mann die Liebe erst ernst nahm, dann aber weiterging, der nächsten Erwartung entgegen: Frauen sind Besitz, Frauen sind für den Sex da, und es gibt viele Frauen. Die Liebe wird am Anfang idealisiert, und dann stumpft sie ab.

Jetzt bin ich in meinen Mann verliebt. Er ist mein bester Freund, mein Liebhaber, mein Gefährte, mein Herz und meine Seele. Er ist ein Teil von mir, und ich bin ein Teil von ihm. Er ist für mich der wichtigste Mensch auf der Welt. Trotzdem ist er nicht der Mittelpunkt meines Lebens. Es ist paradox. Ich weiß nicht, wie ich es erklären soll.

Ich liebe es, in ihn verliebt zu sein. Jemanden zu haben, mit dem ich teilen kann, gibt mir einen Daseinsgrund. Liebe ist Freude, Trost, Friede, Wärme, Sicherheit, Wahrheit – erhaben. Sie ist das einzig Lohnende im Leben, die Grundlage des Lebens. Sie ist, anders als der Haß oder gar die Gleichgültigkeit, grenzenlos, positiv und aller Mühe wert.

Unsere Gegensätze? Die sind nicht so wichtig. Mein Mann ist nicht intellektuell, ich bin es. Wir haben eine Beziehung, in der er sich mir fügt, ohne unterwürfig zu sein. Manchmal denke ich, es wäre hübsch, einen Mann zu haben, der mir geistig ebenbürtig oder überlegen wäre, bis ich mich darauf besinne, daß ein solcher Mann, eben wegen seiner Bildung und seines Wissens, im Zusammenleben eine Qual wäre, weil er das Bedürfnis hätte, mich zu beherrschen.

Wenn ich in die Runde blicke – nur aus Neugier, um mich zu informieren, was es derzeit auf dem »Markt« gibt –, sehe ich einige Männer, die ich, wenn ich unverheiratet wäre, gerne näher kennenlernen würde. Sie sind alle, wie mein Mann, älter als ich, in gesicherter Position, dunkel, ordentlich, geschmackvoll. Im Gegensatz zu meinem Mann sind sie Intellektuelle, mir geistig ebenbürtig (in einigen Fällen auch überlegen). Ich würde jedoch keinen von ihnen heiraten wollen, weil ich fürchte, daß sie versuchen würden, mich zu »besitzen« und mir Vorschriften zu machen.

Ich mag die Dinge so, wie sie sind. Mein Mann und ich sind ähnlich, und wir sind verschieden. Er hat »gesunden Menschenverstand« und »funktioniert« im Alltag durchaus gut. Wir sind emotional großartig miteinander vertraut und haben ein phantastisches Sexualleben. Bei ihm kann ich entspannt sein und geben, geben, geben. Und es scheint, daß ich ihm, soviel ich auch gebe, immer mehr Liebe schenken will.

7

Ich bin eine fünfundvierzigjährige Hausfrau. Ich habe ein Kind zu Hause, einen vierzehnjährigen Jungen mit einigen Problemen, darunter Hyperaktivität und Lernstörungen. Mein Mann und ich sind knapp fünfundzwanzig Jahre verheiratet. Meine Stieftochter ist neunundzwanzig und verheiratet. Ich bin auch noch Stiefmutter von zwei Jungen. Ich hasse die Hausarbeit!

Ich habe außer Haus gearbeitet, aber das ist schon fünfzehn Jahre her. Ich war Werbeassistentin beim hiesigen Wochenblatt. Ich würde gern wieder zur Zeitung gehen. Ich habe auch studiert, aber ohne Abschluß. Als ich jünger war, hatte ich viel mehr Freundinnen als heute. Manchmal fühle ich mich sehr isoliert. Ich bin jähzornig und ärgere mich leicht.

Irgendwie bin ich in meinem Haus gefangen. Wie ist das gekommen? Als ich nach einigen Ehejahren schwanger wurde, war meine dreizehnjährige Stieftochter gerade aus dem Gröbsten heraus, was mehr Freiheit für mich bedeutete. Aber ein Baby, das wußte ich, würde weniger Freiheit bedeuten. Ich gab meinen Job bei der Zeitung auf, den ich sehr gemocht hatte. Vielleicht habe ich mir damit für den Rest meines Lebens die Chance vermasselt, eine gewisse Unabhängigkeit zu haben. Finanziell habe ich jedenfalls viel aufgegeben. Wie wäre mein Leben verlaufen, wenn ich es nicht getan hätte? Das weiß man natürlich nicht genau, aber ich bin mir ziemlich sicher, daß ich nicht mehr mit meinem Mann verheiratet wäre. Ich habe vor allem materielle Sicherheit gewonnen und auch sonst eine Menge Materielles – Farbfernseher, Fernseher in der Küche, Geschirrspülmaschine, Wäschetrockner, neue Haushaltsgeräte usw. Aber diese Dinge machen mich nicht glücklich, nur bequemer – bis zu dem Punkt, daß ich es jetzt sehr schwierig fände, ohne sie auszukommen. Mein Therapeut hilft mir dabei, ein paar Ersparnisse zurückzulegen.

Ich habe nicht die Absicht, verheiratet zu bleiben, aber ich habe mir auch keine genaue Zeit gesetzt, wann es vorbei sein soll, außer daß ich warten will, bis mein Sohn aus dem Haus ist. Er ist jetzt fast fünfzehn, aber so unreif, daß ich nicht absehen kann, wie lange er hier bleibt. Ich hoffe, frei zu sein, wenn er achtzehn ist. Der Streß, ein solches Kind zu haben, macht mich völlig fertig.

Vorigen Herbst kam mein Sohn plötzlich hundert Kilometer nördlich von hier in ein Krankenhaus. In den ersten zwei Wochen schrieb ich in mein Tagebuch, ich hätte das Gefühl, meine Rolle verloren zu haben – die Mutterrolle. Ich hatte mich vierzehn Jahre lang hauptsächlich über diese Rolle definiert. Und nun, da mein Sohn plötzlich nicht mehr im Haus war, und ich nicht einmal mehr seine schmutzige Wäsche zu waschen hatte, war ich wie ein Schiff ohne Ruder. Völlig unabhängig davon, daß ich mich oft überfordert gefühlt hatte von diesen Haufen Schmutzwäsche – das geht mir auch heute noch so. Der Verlust meines »Jobs« traf mich unerwartet. Ich kam am Morgen kaum aus dem Bett, und wenn ich mich doch dazu aufraffte, hatte ich das Gefühl, ich hätte nichts Sinnvolles zu tun.

Mein Mann und ich streiten am meisten über Sex und über unseren Sohn. Ich gehe oft an die Decke und werde unvernünftig, manchmal habe ich bei Krächen auch das Gefühl, daß ich restlos außer Kontrolle gerate – je nachdem, wie sehr ich mich aufrege. Wenn wir über Sex streiten, sagt mein Mann am Ende meistens »Vergiß es« und legt sich schlafen, und ich wasche ab oder irgendwas. Manchmal weiß ich am nächsten Tag nicht, ob wir noch Krach haben oder nicht. Er kann spuckböse ins Bett gehen und trotzdem prächtig schlafen, und da er zur Arbeit fährt, bevor ich auf bin, sehen wir uns bis zum Abend nicht. Manchmal brüllt er bei einem Streit, daß er mich und/oder meinen Sohn aus dem Haus haben will, wenn er am nächsten Tag von der Arbeit kommt. Ich nehme ihm das nie ab und mache mit dem weiter, was ich auf meinen Tagesplan gesetzt habe. Er entschuldigt sich meistens, entweder mit einem Anruf am Vormittag oder am Abend nach der Arbeit. Wenn ich das Gefühl habe, daß ich im Unrecht war, entschuldige ich mich auch.

Mein Mann sagt ab und zu: »Was du hier siehst, gehört mir – ich verdiene das Geld.« Das hat mich immer sehr verletzt, bis ich es meinem Therapeuten erzählt habe, der das sehr dumm von meinem Mann fand. Er fand, mein Mann müßte erkennen, »daß es eine Partnerschaft ist – daß die Frau Dienstleistungen erbringt, mit denen gerechnet werden kann, und...« (Den Rest habe ich vergessen.) Ich habe das heute abend ins Gespräch gebracht, als mein Mann über die künftigen Belastungen seiner beiden Neffen geredet hat (sie lassen sich gerade scheiden). Ich glaube, daß er die Partnerschaftsidee ansatzweise kapiert hat. Das finanzielle Arrangement, das wir haben, beeinträchtigt unsere Beziehung ganz entschieden.

Ich gehe jetzt neue Wege, um mich nicht mehr so abhängig zu fühlen. Ich habe angefangen zu sparen, was vom Einkaufsgeld für Lebensmittel übrigbleibt, dann hat mir mein Vater 500 Dollar zum Geburtstag geschenkt, und ich habe das alles als »stille Reserve« auf mein Konto getan. Mein Mann war wütend, als er es rausgekriegt hat, aber ich habe die Feier zu seinem Fünfzigsten bezahlt (Essen für zwölf Freunde und Verwandte in einem Restaurant), und dann noch mal 218 Dollar für sein Geburtstagsgeschenk – einen Flug nach Florida mit der ganzen Familie.

Ich verwalte das Geld. Mein Mann gibt mir jeden Donnerstag abend seinen Gehaltsscheck und bekommt von mir 40 Dollar Taschengeld. Ich stelle alle Schecks aus. Trotzdem sieht mich mein Mann nicht als gleichberechtigt. Er schließt mich von fast allen Entscheidungen aus. Ich höre oft erst von »unseren« Urlaubsplänen, wenn er jemand anderem in meiner Gegenwart davon erzählt.

Die praktischen Dinge sind bei uns so geregelt, daß ich abwasche, die Betten mache und koche. Ich kümmere mich zu 85 Prozent um unser einziges gemeinsames Kind. Was mein Mann mit dem Jungen macht, beschränkt sich auf Freizeitaktivitäten und disziplinarische Maßnahmen. Bei den paar Malen, die ich abends zu Sitzungen gegangen bin und meinen Sohn in der Obhut meines Mannes gelassen habe, bin ich nach Hause gekommen, um meinen Mann schlafend auf der Couch vor dem Fernseher zu finden. Dabei sollte er unseren Sohn daran erinnern, sich sein Pausenbrot für den nächsten Tag zu machen. Deswegen komme ich jetzt immer nach Hause, bevor der Junge im Bett ist. Wenn das Pausenbrot nicht gemacht ist und ich meinen Mann darauf anspreche, reagiert er sehr feindselig. Und wenn das Pausenbrot gemacht ist, hat mein Sohn oft selbst daran gedacht.

Wenn mein Mann sagt »Das Essen hat gut geschmeckt«, fühle ich mich irgendwie nicht besonders erhoben. Vielleicht liegt es daran, daß ich ausgesprochen ungern koche – es strengt mich an, und ich muß es jeden Tag machen, mindestens sechsmal in der Woche. (Am Samstagabend essen wir meistens auswärts.) Vielleicht liegt es auch an der Beziehung zu meinem Mann, die nicht die beste ist. Es ist nicht mein Ziel im Leben, ihm gefällig zu sein. Aber wenn er kritisiert, was ich koche, bin ich meistens sehr verletzt. Und wenn es einen großen Familienkrach gibt und niemand das Essen anrührt, rege ich mich sehr auf, weil ich denke: »Ich habe mich abgeplackt, um dieses Essen zu kochen, und das ist der Dank – niemand will es.« Aber es kommt jetzt nicht mehr allzu oft vor.

Manchmal macht mein Mann das Wohnzimmer sauber – er wischt Staub und saugt. Ich dachte erst, er wollte mich verlegen machen, denn wenn das Zimmer dreckig war, hatte ich es ja wohl nicht sauber gemacht. Aber meine Einstellung hat sich bald geändert, vielleicht wegen einer Frau, die ich mal im Radio gehört habe – wahrscheinlich eine Feministin. Dieses Haus ist auch sein Haus, und wenn ihn der Dreck stört, kann er ihn wegmachen. Ich sage nicht »Vielen Dank, daß du mir meine Arbeit abgenommen hast«, weil ich nicht finde, daß es *meine* Arbeit ist! Mein Mann hat tatsächlich schon versucht, mich verlegen zu machen. Zum Beispiel hat er sich darüber ausgelassen, wie staubig der Couchtisch wäre. Ich habe in keiner Weise darauf reagiert. Aber am nächsten Tag habe ich die Möbelpolitur aus dem Besenschrank geholt und das Wohnzimmer so sauber gemacht, daß alles blitzblank war. Er hat kein Wort darüber verloren, er hat nicht mal gezeigt, daß er es überhaupt gemerkt hat.

Neulich habe ich wieder großen Hausputz gemacht, weil sich ein Sozialarbeiter angesagt hatte (es ging um unseren Sohn). Und wieder hat mein Mann kein Wort darüber verloren. Ich bin nicht die erste Frau, der auffällt, daß die Familie nichts sagt, wenn Frauen ihre Sache gut machen. Gesagt wird nur etwas, wenn was daneben geht. Das hat mich zu meiner jetzigen Einstellung der Hausarbeit gegenüber gebracht. Niemand weiß sie richtig zu schätzen, warum sollte ich mir also ein Bein ausreißen? Mein Haus ist recht sauber, wir haben alle saubere Kleider, wenn wir welche brauchen, und Essen, wenn wir Hunger haben, aber ich mag Hausarbeit nicht und werde sie nie mögen.

Ich halte viel von Monogamie – wahrscheinlich wegen meiner Erziehung. Aber ich bin nicht monogam, und wenn mir jemand vor zwanzig Jahren gesagt hätte, daß ich das eines Tages sagen würde, hätte ich ihm nicht geglaubt. Es gibt einen anderen, den ich seit über fünfzehn Jahren liebe. Mein Mann weiß nichts davon. Es hat als Flirt angefangen – er war der aggressive Teil. Er hatte immer die Frauen in unserem kleinen Kreis aufgezogen – alles Leute von den Stadtwerken –, der aus seiner Frau, meinem Mann und noch ein paar anderen bestand. Eines Abends gingen wir zu viert aus und danach noch zu uns nach Hause. Wir wechselten immer den Tanzpartner, also tanzte ich mit ihm, und mein Mann tanzte mit seiner Frau. Wir waren in der Küche; sie waren im Wohnzimmer.

Jim machte ziemlich bald das Licht in der Küche aus, und seine Hände begannen zu wandern. Er hatte tüchtig was geschluckt und war ziemlich betrunken, aber nicht bis zur Verblödung. Er war auch nicht abstoßend – nur leidenschaftlich. Ich hatte auch einiges getrunken. Ich protestierte nicht laut; es fühlte sich schön an. Ein bißchen sperrte ich mich aber doch. Ich flüsterte: »Paß auf, die können jeden Moment reinkommen und uns erwischen!« Er sagte nur: »Woher willst du wissen, daß die nicht dasselbe machen?«

Nach diesem Abend rief mich Jim an und sagte, daß er mich gern besuchen würde. Ich habe gezögert, aber schließlich habe ich ihn kommen lassen. Er arbeitete nachts; mein Mann tagsüber. Jim machte Liebe mit mir, wie ich es nie für möglich gehalten hätte. Er war anatomisch ganz anders als der einzige Mann, den ich bis dahin intim gekannt hatte (mein Mann), und ich war überwältigt. Er war immer sehr zärtlich, hat nie »schweinisch geredet«, obwohl ich wußte, daß er das konnte. Er hat mich nie gezwungen, etwas zu tun, das ich nicht wollte, aber er war ein Überredungskünstler und hat mich immer wieder dazu gekriegt, was Neues auszuprobieren.

Ich liebe ihn immer noch sehr, aber wir sehen uns nicht mehr jede Woche. Einmal haben wir uns sogar ein Jahr nicht gesehen (er hat nicht angerufen, und ich konnte ihn nicht erreichen). Jetzt sehen wir uns in Abständen von drei Wochen bis zwei, drei Monaten. In letzter Zeit habe ich ihn öfter angerufen.

Einmal hat er angerufen, um mir zu sagen, er ließe sich scheiden und würde mit einer anderen Frau zusammenziehen. Ich fragte: »Und was wird aus mir?« Er antwortete: »Das weiß ich nicht, aber du hast immer gewußt, daß unsere Beziehung keine Zukunft hat.« Ich habe »Aha« gesagt und aufgelegt. Und dann habe ich nur noch geweint. Ich war vernichtet. Ich habe die Talkshow im Radio angestellt, um nicht dauernd an ihn denken zu müssen. (Ich war, wie meistens, allein im Haus, mein Sohn war in der Schule und mein Mann bei der Arbeit.) Das Radio half auch nichts. Ich hatte nachts Schlafstörungen, und wenn ich tagsüber allein war, habe ich versucht, ein Nickerchen zu machen und ihn zu vergessen, aber ich konnte nicht schlafen. Und natürlich konnte ich keiner Menschenseele davon erzählen. Dann habe ich mir gesagt: »Vergiß ihn!« Jedesmal wenn er mir in den Sinn gekommen ist, habe ich mir das gesagt. Mein Mann hatte im Betrieb gehört, daß Jim sich hatte scheiden lassen und jetzt mit einer anderen Frau zusammenlebte. Ich habe irgendeine passende Bemerkung gemacht und so getan, als wäre es mir wirklich neu, und bin dann in den Keller gegangen, in meine Waschküche, und habe wieder geweint.

Nach drei Monaten war ich gerade dabei, über ihn hinwegzukommen, als er anrief und fragte, ob ich mittags zu Hause wäre und ob er vorbeischauen könnte – so, als wäre nichts passiert. Ich sagte ihm, wie furchtbar ich mich aufgeregt hätte, aber ich habe ihn wieder ins Haus gelassen und ins Herz geschlossen. Ich weiß, das ist wahrscheinlich schwachsinnig, aber ich liebe ihn, und wenn er mich will, kann ich nicht nein sagen. Er hält sich nicht mehr von mir fern, und so stehen wir wieder da, wo wir immer waren. Er hat mir auch gesagt, es tut ihm sehr leid, daß er mich so verletzt hat.

Warum kann ich ihn nicht aufgeben? Er tut mir gut, er ist gut für meine Selbstachtung. Er akzeptiert mich voll, er macht nie abfällige Bemerkungen über meinen Körper. Ich nehme an, daß ich von ihm abhängig bin in bezug auf sexuelle Befriedigung und emotionale Erfüllung. Außerdem ist er mein einziger echter Freund, und ich kann mit ihm reden. Aber ich versuche, meine Eigenheiten herunterzuspielen, weil er vor Jahren gesagt hat: »Ich könnte nicht mit dir leben, du würdest mich wahnsinnig machen.« Das hat mich mehr verletzt, als er ahnt.

Ich hoffe, daß ich eines Tages eine andere Beziehung habe, eine Beziehung, die »Zukunft« hat. Aber im Moment habe ich nur die.

Ich bin sexuell immer noch sehr unsicher. Meistens hat Jim das Sagen, bei den Stellungen zum Beispiel. Ich habe es mal mit einer Stellung versucht, die mir mehr bringen müßte, aber ich war so ungeschickt, daß ich mich überhaupt nicht wohl gefühlt und es nie mehr versucht habe. Trotzdem weiß ich, daß ich diese Stellung mag, und manchmal macht er sie zufällig, und ich genieße es. Aber es ist eigentlich nicht genau die Stellung, mit der ich es damals versucht habe, sondern eine Abwandlung davon. Ich nehme an, das führt zu einer »feministischen« Frage – bin ich so selbstsicher, daß ich sagen kann, was ich im Bett will? Die Antwort ist nein, leider nicht. Ich weiß nicht warum, wahrscheinlich hätte er gar nichts dagegen, wenn ich ihm sagen würde, was für mich schön ist. Wir sind jetzt durch eine zeitliche Begrenzung gebunden (seine Mittagspause), und da bleibt natürlich nicht viel Raum für Experimente. Aber während ich dies schreibe, komme ich zu der Überzeugung, daß es okay ist zu sagen, was ich will, und vielleicht sage ich es auch, wenn ich ihn das nächste Mal sehe.

Ich mache mir manchmal Sorgen, daß ich so ungesellig werde wie meine Mutter in ihren letzten Jahren. Sie hat tatsächlich gesagt: »Nein, nicht noch mehr Gesellschaft – was haben die Leute hier zu suchen?« Mein Therapeut hat mich gefragt, warum ich so isoliert bin und so wenig Freundschaften habe, und ich will versuchen, etwas dagegen zu tun. Ich kann mich nicht leicht mit Leuten anfreunden, besonders hier in dieser Stadt nicht. Einige meiner besten Freundinnen aus früheren Jahren sind von der Bildfläche verschwunden. Ich kenne sie noch vom College, und sie schreiben mir nicht mehr. (Ich habe versucht, eine wieder zum Schreiben zu bringen. Ich habe ihr eine Postkarte mit

Rückporto geschickt, an mich adressiert, auf die sie bloß noch ein paar Zeilen zu schreiben brauchte – sie hat sie mir mit den Worten »Arbeit, Arbeit, Arbeit« zurückgeschickt, in Eile hingeschmiert, dazu »Viel Glück mit Deinem College-Kurs« – mehr nicht.) Ich brauche hier mehr Kontakte. Selbst wenn ich Kurse mache oder mich Gruppen anschließe, bin ich immer noch eine Einzelgängerin.

Vor zweieinhalb Jahren habe ich beschlossen, wieder aufs College zu gehen (das städtische College hier) und ein paar Kurse zu machen. Die Perspektive dabei war die Vorbereitung auf einen Job. Ich stellte fest, daß ich Hausarbeit, Studium, Sohn und Privatleben nicht so ohne weiteres unter einen Hut bekam. Die Arbeit fürs College war ziemlich aufreibend. Es war ein gewaltiger Unterschied zu damals, als ich mit achtzehn Jahren aufs College ging – da war ich unverheiratet und nur für meine eigenen Bedürfnisse verantwortlich. Nun da ich Familie hatte, fand ich es sehr schwierig, Zeit fürs Studium einzuplanen.

Irgendwie brachte ich es fertig, Arbeiten zu schreiben, die gelobt wurden, und ich schloß den Kurs mit einer Zwei ab. Aber es war kein praktischer Kurs mit dem Ziel Arbeitsmarkt. Außerdem war der Lehrer ein Pedant im Detail und schlug vor, daß ich als nächstes einen Englischkurs machen sollte, um moderne Grammatik und Interpunktion zu lernen. Also habe ich mich im nächsten Herbst für den nächsten Kurs angemeldet, und kein Job war in Sicht. Ich bin fünfmal hingegangen, habe ein, zwei Arbeiten geschrieben und bin von dem sehr dynamischen, sehr interessanten und ach so jungen Dozenten dafür gelobt worden. Dann war die Rede von einer wissenschaftlichen Hausarbeit, die bis zum 1. Dezember abgegeben werden sollte. Ich fand das völlig unwichtig für mein Leben und meine Ziele. Ich mußte andere, praxisbezogene Kurse machen – oder überhaupt keine mehr!

Am Abend vor der nächsten Stunde habe ich schließlich meine Entscheidung getroffen. Ich habe meiner Familie gesagt, ich hätte beschlossen aufzuhören. Mein Mann hat, wie meistens, nicht viel gesagt. (Ich hatte das College von meinem eigenen Geld bezahlt, von meinem kleinen Sparguthaben, und so konnte er nicht mal sein übliches »Das kostet mich wieder eine Stange Geld« anbringen.)

Als meine Familie im Bett war, war ich wieder ganz allein wie meistens – das ist eine Zeit, die ich eigentlich mag. Da mache ich noch Hausarbeit, stelle das Geschirr vom Abendessen in die Spülmaschine, wasche die Thermosflasche und die Lunch-Box meines Sohnes aus. Dabei habe ich immer das Radio oder den Fernseher an. Meistens fange ich um halb zwölf bei der Johnny-Carson-Show an.

Aber an diesem Abend konnte ich nur weinen. Ich habe bei Johnnys ganzer Show geweint und bei der nächsten immer noch. Irgendwie habe ich es geschafft, das Geschirr in die Spülmaschine zu kriegen und die anderen Arbeiten zu machen, aber mir war hundeelend. Ich konnte nur eines denken: daß ich eine Versagerin bin. Aber bevor diese lange Nacht um war, habe ich tief Luft geholt und beschlossen, mit meinem Leben weiterzumachen, obwohl das bedeutet, daß ich den Gedanken an einen Job auf unbestimmte Zeit vertagen muß.

P. S.: Das habe ich zum größten Teil in einer Nacht geschrieben, in der mein Sohn fort war – auf einer Exkursion mit seiner Klasse. Mit anderen Worten, wenn mein Sohn nicht zu Hause ist, kann ich »meine eigenen Sachen machen«. Ich kann mehr ich selbst sein. Ich habe das in der Zeit zwischen 1 Uhr morgens und halb fünf geschrieben. Wahrscheinlich fühle ich mich auch freier, wenn mein Mann schläft.

8

Meine größte Leistung war, daß ich den High School-Abschluß nachgeholt habe, ein Ziel, das ich mir gesetzt hatte, als ich mit fünfzehn schwanger wurde und von der Schule abgehen mußte. Es war ein persönliches Ziel, ein richtiger Fimmel von mir, obwohl ich seit Jahren einen guten Job im Fernmeldewesen hatte, mit Elektronik gearbeitet und toll verdient habe. Jetzt habe ich noch mehr Ziele.

Ich war sechzehn, als ich mich von meinem ersten Mann getrennt habe. Meine Familie hat mich unterstützt, und meine Mutter wollte, daß ich bei ihr bleibe, sogar mit dem Baby. Sie hat mich mit offenen Armen aufgenommen, sie war mir eine große Hilfe. Aber ich habe mich geschämt, die Situation war mir peinlich. Zum Glück hatte ich einen Freund, meinen jetzigen Mann, der mir da rausgeholfen hat. Es war trotzdem unheimlich, mit einem Baby von zu Hause wegzugehen, mit siebzehn auf sich selbst gestellt zu sein.

In unserer Beziehung war ich wegen meiner Situation abhängig von ihm. Ich hatte das Gefühl, daß ich ihm alles zu verdanken hatte, weil er eine Frau mit Kind genommen hatte, die selbst noch ein Kind war. Ich war noch nicht reif und habe mir meinen zweiten Mann nicht so sorgfältig ausgesucht, wie es eine Frau normalerweise tut, wenn sie zum zweitenmal heiratet. Ich habe seine guten Eigenschaften bewundert: Er hat fleißig gearbeitet, war stark (wie mein Dad) und keiner von denen, die einen in Geldangelegenheiten unfair behandeln oder hängen lassen. Ich habe nicht gewußt, daß er mich schlagen würde, weil ich das noch nie bei jemandem erlebt hatte. Ich habe gemeint, ich hätte es verdient, ich wäre eine schlechte Frau, und all die Prügel und Beschimpfungen würden mir ganz recht geschehen. Erst Mitte Zwanzig bin ich langsam aufgewacht.

Mein Mann hat mich bis vor zwei Jahren geschlagen. Ich habe ihn gehaßt, wenn er mich geschlagen hat. Ich habe es in den zehn Jahren Ehe nur zwei oder drei Freundinnen gesagt. Ich habe meinen Mann für seine Grausamkeit gehaßt. Ich habe mich gerächt, indem ich mir einen Liebhaber genommen habe. Damit wollte ich mich aber nicht in erster Linie rächen, ich wollte nur jemanden haben, der mir darüber weghalf, daß ich die Gefühle für meinen Mann verloren hatte – mein Respekt vor ihm war null. Ich wollte die Ehe nicht beenden, aber er konnte sie beenden, wenn er wollte, und jetzt würde es mir nicht mehr so weh tun.

Weil ich immer einen Fulltime-Job hatte, habe ich mich per Fernkurs auf den High School-Abschluß vorbereitet. Dann habe ich eine Weile nur tagsüber gearbeitet und ein paar Abendkurse gemacht. Ich habe meinem Mann auch gesagt, daß ich mich nicht mehr von ihm schlagen lasse. (Sein Vater hat seine Mutter auch immer geschlagen.) Ich bin selbständiger geworden, weil ich angefangen habe, mich mehr zu mögen. Ich habe einen Schönheitswettbewerb gewonnen, und das hat mir mehr Selbstvertrauen gegeben. Ich war sehr beliebt an meinem Arbeitsplatz, und deswegen habe ich mir gedacht, daß ich noch viel mehr bringen kann. Ich war entschlossen, meine Ehe zu verbessern. Es war schlimmer, wenn er gesoffen hat, deswegen habe ich Streitgespräche vermieden, wenn er blau war. Er war dann ein paar Monate bei einem Analytiker, aber was der ihm gesagt hat, hat ihm nicht gepaßt. Er hat seine Fehler nicht eingesehen.

Ich glaube an die Monogamie, obwohl ich einen Liebhaber habe. Diese Beziehung habe ich schon zwei Jahre. Der Grund dafür ist einfach. Nachdem mich mein Mann jahrelang geschlagen und behauptet hat, ich hätte außereheliche Affären, und nachdem er sich mit ein paar Freunden zusammengetan und Marihuana geraucht hat (er weiß, daß ich absolut dagegen bin) und mit ihnen oft auf Angelpartien gegangen ist, wo er konnte, habe ich mich daran gewöhnt, daß er mehr weg war als da, und festgestellt, daß er mir nicht fehlt.

Eines Tages hat er wieder mal eine Stinkwut bekommen und mir ein ganzes Büschel Haare am Hinterkopf ausgerissen. Zum Glück habe ich langes, dichtes Haar, und niemand hat was gemerkt. Da hatte schon dieser Detektiv aus der Stadt, der mich nur einmal gesehen und mich sofort gemocht hatte, »ein Auge auf mich«. Er hat mich angerufen, so getan, als wäre es rein geschäftlich (ich war Zeugin in einem Prozeß), und dann sind wir vom Hundertsten ins Tausendste gekommen und »Telefonfreunde« geworden. Eines Tages hat er mich zu Hause besucht, und wir haben uns bloß angesehen wie zwei Kinder, und es war passiert. Wir lagen uns in den Armen. Er hat mich nicht bei mir zu Hause verführt, da hatte er doch mehr Format, er hat gesagt,

427

wir sollten uns das durch den Kopf gehen lassen, bevor wir was miteinander anfangen. Am nächsten Tag sind wir in ein Motel gefahren, und er hat mit mir geschlafen – so gut, wie ich es noch nie erlebt habe.

Diese Affäre tut mir weh, weil ich nicht genug mit meinem Liebhaber zusammensein kann, um zu sehen, ob wir nicht nur im Bett miteinander auskommen. Ich hasse die Schwindeleien, die Angst, erwischt zu werden, die Angst, daß er mich vielleicht betrügen würde, wenn wir zusammen wären. Ich glaube, wir würden uns nie vertrauen. Ich habe mich in ihn verliebt, und er wollte zwar nicht, aber er hat sich auch in mich verliebt. Er sagt, er hat Angst vor seinen Gefühlen, und die habe ich auch. Wir haben Angst, anderen weh zu tun, und tun uns statt dessen gegenseitig weh. Dank meinem Liebhaber komme ich mir wieder aufregend vor, und gleichzeitig komme ich mir wie ein Nichts vor, weil er mich nicht will. Ich habe so getan, als wäre ich nicht in ihn verliebt, als er gesagt hat: »Wir hätten uns nicht verlieben sollen.« Was hätten wir dann tun sollen?

Mein Mann erwartet Verständnis von mir, weil er ein fürchterliches Zuhause hatte, aber ich verstehe nicht, warum unser Zuhause eine Wiederholung von seinem sein muß. Er denkt, das ist eine Rechtfertigung dafür, seine Frau zu schlagen, mit Sachen zu schmeißen und die Sau rauszulassen, weil es ihm eben von seinem Elternhaus geblieben ist. Wir streiten uns über mein Recht darauf, daß mir das gleiche zusteht wie ihm als Mann. Ich habe das Recht, mir einen Beruf auszusuchen, der mir gefällt, und ich habe das Recht, mich in Kursen auszuzeichnen, und solange ich das selbst bezahle, sehe ich nicht, wo da das Problem ist. Er sagt: »Meine Frau arbeitet mir nicht unter Männern.« Er hält mich wohl für ein Flittchen, oder er hat überhaupt kein Selbstbewußtsein.

Es ist notwendig, daß ich arbeite, das weiß mein Mann, aber er macht immer sexistische Bemerkungen wie: »Wenn unsere Hypothek abbezahlt ist, könntest du aufhören zu arbeiten.« Als ob mein Job nicht wichtig für mich wäre. Dabei ist er wichtig für mich, sehr wichtig. Er bildet sich ein, wir leben noch in der Zeit, als die Frauen noch kein Stimmrecht hatten.

Unser größtes Problem ist seine Frauenverachtung, und das schließt mich mit ein. Er findet, es gehört sich nicht für Frauen, bei der Polizei zu arbeiten, High-Tech-Jobs zu haben oder eine Arbeit zu machen, für die man Muskeln braucht. Wenn ihm eine Frau am Steuer in die Quere kommt, nennt er sie dumme Kuh oder Nutte. Er hat mich zweimal vor Kolleginnen und Kollegen zusammengebrüllt, weil ich wo gearbeitet habe, wo nur Männer waren.

Ich wünsche mir so sehr eine Beziehung, in der beide den gleichen Respekt vor dem Beruf und den Zielen des anderen haben. In der das

Vertrauen groß genug wäre, daß man mit Frauen und Männern befreundet sein könnte und kein Mißtrauen die Beziehung vergiften würde. Ich wünsche mir, daß ein Gefühl von Freundschaft da wäre, daß man sich ermutigen würde. Ich wünsche mir Lob und Komplimente und Umarmungen und Küsse.

Wir behalten jeder unseren Gehaltsscheck für uns. Er zahlt die Rechnungen, ich kaufe Essen, lege viel Geld für den Hauskauf zurück, zahle die Autokredite ab und zahle alle größeren Anschaffungen. Was ich gern mache mit meinem Mann, ist Langlauf (10 000 m), Skifahren, Angeln, dann Sex, dann auswärts essen, Abstecher in die Umgebung, Autofahrten. Alles, wobei man nicht reden muß.

Ich mag unsere Beziehung, wenn wir miteinander allein sind oder im Urlaub. Ich hasse es, wenn er depressiv ist. Ich weiß, es ist ein psychisches Problem von ihm. Ich habe Angst vor seiner Aggressivität, wenn wir uns streiten, und vor seiner kindischen Destruktivität, wenn ich nicht alles so mache, wie er will, oder mir was vornehme und er total dagegen ist. Seine Eifersucht und seine chauvinistische Einstellung zu Frauen, sogar beim Sport, sind das, was unsere Beziehung kaputtmacht, nicht mein Liebhaber und nicht mein Job. Mein Mann ist neidisch und besitzergreifend, er ist sogar auf meine Ziele und meine Kurse neidisch – auf alles, wo er nicht mit einbezogen ist. Mit meinem Liebhaber kann ich reden, er macht mir Komplimente, bestärkt mich in meinen Zielen und behandelt mich im Bett von gleich zu gleich.

Ich glaube kaum, daß ich verheiratet bleibe, es spricht zuviel dagegen. Aber mein Sohn hält mich davon ab, mein Leben sofort zu ändern, weil ich bedenken muß, ob ihm das auch gut tut. Ich habe immer an zwei denken müssen und nicht nur an einen.

Ich liebe meinen Sohn, aber er entwickelt in der Schule und in seinem Privatleben keine Initiative. Ich habe ihn auch als Baby sehr geliebt und mir geschworen, daß ich ihn beschützen und gut für ihn sorgen will. Ich habe ihm jeden Abend eine Weile vorgelesen, mindestens eine halbe Stunde, bis er ungefähr elf Jahre alt war. Dann haben wir ihn Sport machen lassen, bis er vierzehn war, und da hat er sich nicht mehr für Sport interessiert. Er spielt immer noch Gitarre, und es macht ihm auch Spaß, aber er reagiert auf nichts, was seine Lehrer sagen. Wenn er sich verspätet, hat er nicht den Anstand anzurufen, und überhaupt ignoriert er die Zeiten, wo er zu Hause sein soll, und alle Vorschriften von uns.

Ich bin körperlich so gut in Form wie noch nie. Ich bin erst einunddreißig und fühle mich jung. Ich sehe mir jetzt mehr Männer an und überlege mir, wie sie im Bett wären. Meistens Polizisten, wegen meines Liebhabers, und auch wegen ihrer Schnurrbärte, die mich scharf machen. Mein Mann sagt mir im Bett, was ich tun soll, damit er am meisten Genuß davon hat. Er sagt mir nicht, daß er mich liebt, mich schön und begehrenswert findet, er versucht auch nicht, es mir recht zu machen, aber das soll mir egal sein, denn mein Liebhaber tut es.

Mein Mann interessiert sich nicht für meinen Orgasmus, nur für seine Lust. Ich konnte Fellatio machen noch und noch, aber er hatte mit Cunnilingus nicht viel im Sinn. Ich hatte das Gefühl, daß es ihn langweilt, wenn ich zu lang brauche bis zum Höhepunkt, und so habe ich eben danach oder am nächsten Tag im Bad masturbiert. Als ich versucht habe, mit ihm darüber zu reden, war er beleidigt: »Mach mir keine Vorwürfe deswegen, weil du Probleme hast.«

Mein Mann befriedigt sich also regelmäßig und ist erst in letzter Zeit auf die Idee gekommen (ich habe mich laut und deutlich beschwert), daß ich vielleicht auch ganz gern einen Orgasmus hätte, und wenn es bloß einmal im Monat ist. Ich habe Spaß am Sex und mache voll mit. Er sagt, es erregt ihn, wenn ich vor ihm masturbiere, aber er weiß nicht, daß ich seinetwegen viel masturbiere. Ich orgasme, wenn ich oben bin oder wenn er von hinten kommt. Das mag er aber nicht. Das Schlimmste am Sex mit ihm ist, daß er in sage und schreibe fünf Minuten fertig ist, und dann hat er schon einen guten Tag gehabt. Mein Liebhaber hat einen richtigen Touch, mein Mann hat immer ganz schnell einen »lahmen Arm«, und eine lahme Zunge hat er auch.

Ich habe vor meinem Mann masturbiert, und es hat ihn scharf gemacht, und erleichtert war er außerdem, weil er sich nicht selbst hat bemühen müssen. Ich nehme ihm seine Einstellung total übel. Mein Liebhaber ist echt aufregend, und ich denke an ihn, wenn ich masturbiere und sogar wenn ich mit meinem Mann zusammen bin.

Am einsamsten war ich, als mein Liebhaber geheiratet hat. Er hat es mir erst zwei Wochen danach gesagt und weiter eine sexuelle Beziehung mit mir gehabt. Ich habe mich so einsam gefühlt, weil ich es niemandem sagen konnte. Nur meiner besten Freundin, und die hatte es kommen sehen. Ich habe mich verraten gefühlt. Ich hatte das Gefühl, daß ich nicht nur meinen Liebhaber, sondern auch einen Freund verloren habe. Ich habe mich ausgenutzt gefühlt. Ich wollte sterben, aber ich bin nicht gestorben.

Mein Liebhaber behauptet, daß er seine Frau liebt, und trotzdem will er mich für alle Zeiten haben. Vielleicht hat er für mich ein spezielles Amüsierplätzchen außerhalb des Zusammenlebens mit seiner Frau reserviert? Ich habe kein Vertrauen zur Liebe mehr.

Wenn ich von meinem Liebhaber getrennt bin, denke ich mir manchmal, warum ist er nicht glücklich mit der Frau, die er erst vor einem Jahr geheiratet hat? Ich verstehe es nicht, aber ich kann auch nicht aufhören. Unsere Beziehung, das ist Sex und Aufregung und lange

Telefongespräche. Wir halten uns gegenseitig am Leben, wenn alles andere um uns zusammenkracht.

Auf der High School hätte es mir sehr gut gefallen, wenn ich selbstsicherer gewesen wäre. Ich hatte so Angst vor den anderen Kindern. Ich war aus keiner »feinen« Familie, und deswegen habe ich mich allen unterlegen gefühlt. Ich habe gern geschrieben und gute Noten bekommen. Ich habe einen großen Druck empfunden, mich so anzuziehen wie die anderen Kinder. Wir haben für so was kein Geld ausgegeben. Weil wir auf dem Land wohnten, konnte ich nicht bei den Sportveranstaltungen mitmachen, denn wenn man den Bus verpaßt hat, gab es keine Fahrmöglichkeit mehr, und abholen konnte mich niemand.

Ich habe mich nicht dazugehörig gefühlt, und das war mit ein Grund dafür, daß ich schwanger geworden bin. Ein Baby, das ich lieben konnte und für das ich was Besonderes war. Ich glaube, Kinder sehen die Welt nicht so, wie sie wirklich ist. Sie meinen, es müßte für alles sofort eine Lösung geben. Aber ich habe allen gezeigt, daß ich für mich und mein Baby sorgen konnte. Das war eine Kraft, für die mein Vater Respekt vor mir hatte – mein Schwager, der alte Pessimist, hat mich sogar dafür bewundert.

Heute können meine Mutter und ich über alles reden. Sie ist so direkt mit ihren Gefühlen und so ehrlich. Wir teilen uns einander mit, ob das Gedichte oder Geschichten sind, Kummer oder Glück. Wir haben unsere Auseinandersetzungen gehabt, als ich in der Pubertät war, ich habe mich nicht rumkommandieren lassen. Aber als ich schwanger war, hat mich meine Mutter nicht im Stich gelassen, sie hat zu mir gehalten, wie es nur eine Frau kann. Ich habe total Respekt vor ihr, von Frau zu Frau. Sie hat immer gesagt, daß wir zu Hause willkommen sind, wenn unsere Ehen in die Brüche gehen, vielleicht weil sie einsam war ohne meinen Vater. Ich habe Respekt vor ihr, und ich verstehe sie.

Meine beste Freundin ist auch sehr ehrlich, und ich fühle mich bei ihr heimisch. Ich erzähle ihr von meinen intimsten Gefühlen und von allem, was ich tue. Ich vertraue ihr total. Sie würde nie was weitersagen, und wenn ich sie brauche, würde sie mir helfen. Sie ist ehrlich genug, um mir zu sagen, daß sie überhaupt nicht gut findet, was ich tue (Fremdgehen), und sie fürchtet für mein Leben, wenn mein Mann das rauskriegt. Sie sagt, ich soll mich scheiden lassen, wenn ich mit jemand anderem schlafen will. Sie sagt, sie könnte nicht mit meinem Mann leben. Sie haßt meinen Liebhaber, weil er mir weh tut. Sie sieht mich manchmal weinen und weiß, was ich mitmache. Wir treffen uns zweimal in der Woche in einem Restaurant. Mit ihr zusammen bin ich relaxed und glücklich. Sie ist geschieden und hat im Moment keinen

Mann. Wenn sie keine Beziehung hat, kann sie eiskalt sein, was meine beiden Beziehungen betrifft. Das ist ärgerlich.

Ich bewundere es, wie Frauen im Beruf und für ihre Zukunft die Initiative ergreifen. Ich sehe, wie sie zusammenhalten und sich am Arbeitsplatz keine sexistischen Bemerkungen gefallen lassen.

Die Männer haben nicht genug Respekt vor den Frauen. Sie behandeln uns, als wären wir nichts weiter als Ärsche, Titten, Mösen und Beine. Ich hasse es, wenn sie uns Puppe oder Mieze nennen, und ich hasse es, wenn sie uns alle in einen Topf werfen und sagen, wir wären dumm. Ich mag es, wenn sie uns die Tür aufhalten (die paar, die es noch tun), und ich mag gefühlvolle, sensible Männer, die stark und sanft zugleich sind. Aber die meiste Zeit fühlt sich eine Frau in sexuellen Beziehungen abwechselnd geliebt, benutzt, gebraucht und mißbraucht.

Ich habe mir früher immer gewalttätige Männer und Chauvis ausgesucht, aber mein Liebhaber ist nicht so. Oder doch? Er hat gern eine Frau für den Sex und die Spannung und eine für zu Hause. Keine von meinen Beziehungen füllt jetzt den leeren Raum in mir aus. Ich glaube, es gibt niemanden, der das könnte. Der Platz ist zu lange leer gewesen.

Ich habe sehr hart arbeiten müssen, um mit den Problemen meiner Ehe fertig zu werden und die Beziehung am Laufen zu halten. Irgendwann habe ich es aufgegeben. Ich habe mich für andere Dinge interessiert und mich damit abgefunden, daß mich mein Mann verlassen wird, wenn ich 1) den Job wechsle und mich für einen »Männerberuf« entscheide, 2) scharfe Kleider trage, 3) mich mit Männern anfreunde.

Jetzt, mit einunddreißig, strebe ich eine bessere Ausbildung an, höhere Ziele. Ich bilde mich in allem, was in Sicht ist, und obwohl ich mir noch sicher bin, daß ich gut aussehe, macht es mich glücklich, wenn meine Lehrer Arbeiten loben, die ich geschrieben habe. Eine gute Note ist plötzlich so wichtig wie das Kompliment: »Sie könnten glatt einundzwanzig sein!«

Ich fühle mich niemandem »ausgeliefert«. Ich akzeptiere mich und bin auf den meisten Gebieten stolz auf mich. Ich bin nicht stolz darauf, daß ich mit einem Mann lebe, der mich so lange geschlagen hat, und daß ich mit einem verheirateten Bullen schlafe, der seine Frau liebt. Aber ich bin stolz darauf, daß ich damit umgehen kann.

10

Außerehelicher Sex
und Liebesaffären

Ist die Mehrzahl der Frauen monogam?

70 Prozent der Frauen, die mehr als fünf Jahre verheiratet sind, haben außerhalb der Ehe Geschlechtsverkehr – obgleich fast alle für Monogamie sind:
»Ich bin glücklich mit meinem Mann. Er ist zuverlässig und stark, genau das richtige für mich – auch wenn er nicht gerade sehr leidenschaftlich ist. Unsere Beziehung hat sich ziemlich langsam aufgebaut. Ich brauchte einige Zeit, bis ich merkte, daß ich ihn liebe und mit ihm glücklich sein könnte. Aber mit meinem Liebhaber ist alles viel leidenschaftlicher. Wir haben ein sehr körperliches Liebesverhältnis, und wir können nie lange zusammensein, ohne miteinander zu schlafen.«

»Ich hatte fünfzehn Jahre lang ein Verhältnis, das intensiv und leidenschaftlich war. Wir nahmen es beide sehr ernst; aber wir haben nie in Betracht gezogen, deswegen unsere Familien zu verlassen. Zuerst habe ich ihn ›in den Himmel gehoben‹. Jetzt mag ich ihn nur noch sehr gern und sehe ihn ein bißchen realistischer. Er ist ungehemmt und frei und sehr anregend im Bett, außerdem haben wir eine Menge Dinge getan, an denen mein Mann nie interessiert war – wir sind mit dem Auto herumgefahren, waren tanzen, Ski laufen, haben zusammen gearbeitet. Ich glaube, er war so eine Art Hobby für mich; es hat Spaß gemacht mit ihm, und außerdem fühlte ich mich immer angespornt, ihn in Erregung zu bringen und so!! Mein Mann ist mir, glaube ich, niemals ›untreu‹ gewesen. Da ich weiß, wie wenig er sich für Sex interessiert, würde ich mich wundern, wenn er was mit einer anderen gehabt hätte. Es wäre mir verhaßt, mit einem Mann verheiratet zu sein, der ständig andere Frauen hat, aber wenn mein Mann eine nette Freundin hätte, mit der er seinen Spaß hat, dann würde mich das nicht weiter stören. Dadurch würde sich zwischen uns nichts ändern.«

»Es war umwerfend. Er hat mir gezeigt, wie wunderbar Sex sein kann. Er hat sich um mich gekümmert und war einfühlsam, aber dann wollte er immer mehr Zeit mit mir verbringen. Und ich gab nach.

Meine Ehe ging deswegen auseinander. Wir sind noch immer zusammen, aber seine Ehe ist jetzt wieder in Ordnung.«

»Monogamie ist eine Kombination all dessen, was Liebe sein sollte – Achtung, Vertrauen, Ehrlichkeit, Zuneigung. Aber im vergangenen Jahr hatte ich ein Verhältnis mit einem Mann. Es war nichts als Sex. Wir waren zusammen zur Schule gegangen, später waren er und seine Frau unsere Nachbarn, und wir haben die ganze Zeit etwas zusammen unternommen. Mein Mann ging zur Arbeit, seine Frau ging zur Arbeit. Ich blieb wegen der Kinder, die noch klein waren, zu Hause, und er war arbeitslos. Er mochte mich. Ich fand ihn schrecklich, bis wir unser Verhältnis anfingen, obgleich er mich immer zum Lachen gebracht hatte und wir gut miteinander ausgekommen waren. Ich habe von dieser Sache nicht viel gehabt – außer vielleicht Erregung. Manchmal Abscheu und Ekel. Ich glaube, mein Mann ist mir ›treu‹. Vielleicht hat er sich nach anderen Frauen umgesehen, und als ich mit dem Baby zu Haus war, wurde er auch mal mit einem Mädchen im Auto gesehen, aber ich glaube nicht, daß er mir sexuell untreu war.«

»Ich hatte außerehelichen Geschlechtsverkehr, und es war wunderbar. Ich hatte überhaupt kein schlechtes Gewissen, dazu war ich viel zu beschäftigt. Ich habe es sehr genossen. Falls mein Mann etwas geahnt hat – gesagt hat er nichts. Diese Affäre hat mir bestätigt, daß ich noch anziehend bin, vor allem auch sexuell. Wenn es um sexuelle Dinge geht, gehört mein Mann mehr zur alten Schule. Von manuellem oder oralem Sex hält er nichts. Ich habe es satt, ständig unbefriedigt zu sein. Wie oft habe ich ihm gesagt, daß ich nicht befriedigt bin, aber das interessiert ihn nicht. Das wäre mein Problem, sagt er. Deshalb habe ich mich eben nach einem anderen Mann umgesehen. Mit Liebe und so hatte das nichts zu tun, es war rein sexuell. Aber sehr stark. Wir hatten eine tolle Zeit zusammen!«

Warum haben Frauen Liebesaffären?

Die Mehrheit der Frauen, die Liebesaffären haben, sagen, sie fühlten sich in ihrer Ehe allein gelassen, emotional ausgeschlossen oder auch belästigt; 60 Prozent möchten Spaß haben oder ihr Selbstbewußtsein stärken oder einfach jemanden haben, der sie auf eine Weise schätzt, wie ein anderer es nicht tut:

»Ja, ich hatte neben meiner Ehe Geschlechtsverkehr. Ich fand einen Mann, der mich liebte und achtete. Lange Zeit hatte ich für ihn die gleichen Gefühle, und ich hätte mir nie träumen lassen, daß er für mich irgend etwas anderes empfindet als Freundschaft. Es hat nicht sehr lange gedauert, aber es war unheimlich stark. Bei ihm hatte ich das Gefühl, geliebt zu werden – in einer Zeit, in der ich nicht viel Selbstvertrauen besaß.«

»Ich hatte ein Verhältnis und fühlte mich zum ersten Mal frei, ich selbst zu sein. Es war aufregend. Es war wie eine Erlösung. Beim Sex achtete er immer darauf, daß ich es auch genoß, nicht nur zu seiner eigenen Befriedigung. Ich kriegte einen hohen Blutdruck, aber ich bekam auch ein ganz anderes Gefühl für mich selbst – bei ihm konnte ich aus mir herausgehen.«

»Bei meinen außerehelichen Beziehungen habe ich immer das Gefühl von Gemeinsamkeit, da ist es egal, ob die Wäsche gebügelt ist oder nicht, da kann ich ein richtiger Mensch sein.«

»Ob ich an Monogamie glaube? Was ist das – eine Religion? Eine wissenschaftliche Theorie? Monogamie ist eine von mehreren Möglichkeiten, wie man die Beziehung zu einem anderen Menschen aufrechterhalten kann. Ich hatte auch Sex außerhalb unserer Beziehung, einmal, als ich unheimlich deprimiert war, als ich mich von meinem Mann entfremdet hatte, völlig erstarrt war. Ich wollte jemanden anfassen, der lebendig war und der mich auch anfaßte, ich wollte sehen, ob ich noch fühlen konnte. Ich mußte es tun. Das – oder mich in einen Schneesturm legen und vom Schnee zudecken lassen.«

»Als ich verheiratet war, hatte ich die letzten beiden Jahre lang ein Verhältnis. Es war wunderbar. Dadurch wurde mir klar, daß man mich wie einen intelligenten Menschen behandeln konnte, gleichberechtigt. Mein Mann hat mir dieses Gefühl nie vermittelt. Der Mann, mit dem ich dieses Verhältnis hatte, war auch ein wunderbarer Liebhaber. Das ist jetzt alles schon über acht Jahre her, und wir haben noch immer Kontakt.«

»Ich bin Hausfrau, habe zwei Kinder und gehe mit fünfundfünfzig Jahren wieder in die Schule. Ob ich an Monogamie glaube? Ja, aber ich selbst bin nicht monogam. Ich habe seit drei Jahren eine Liebesaffäre, weil ich mich nach Zuneigung gesehnt habe. Ich habe meinem Mann schon oft gesagt, daß ich ohne Zuneigung nicht leben kann. Trotzdem möchte ich verheiratet bleiben.

Ich bin finanziell abhängig, das ist ein Problem, ich hasse es, daß mein Mann die finanziellen Dinge alle allein erledigt und vor mir geheim hält. Ich bin kein vollwertiger Partner in unserer Ehe. Ich verrichte die gesamte Hausarbeit, gehe einkaufen, koche, mache die Wäsche usw. Mein Mann hat alles unter Kontrolle – er zahlt die Hypothek, die Einkäufe, gibt mir das abgezählte Geld. Er hat sogar meine Liebesaffäre unter Kontrolle. Ich habe seine Zustimmung. Trotzdem machte er mir einen großen Krach, als unsere Tochter einmal zwei Tage früher aus der Schule nach Hause kam und ich eine Verabredung zum Abendessen hatte. Er kam mit unserer Tochter ins selbe Restaurant und schloß die Schlafzimmertür ab, so daß ich nicht rein konnte, und war noch drei Tage lang böse auf mich.

Diese Liebesaffäre macht unheimlich Spaß. Wir sind beide verheiratet. Ich habe kein schlechtes Gewissen, und ich glaube, er auch nicht. Keiner von uns denkt an Scheidung, wir genießen unsere Beziehung, weil sie das Leben schöner macht. Als wir neulich zusammen verreist sind, über Nacht, das war schön. Er hat mich mindestens dreimal am Tag zum Lachen gebracht. So was passiert mir sonst so gut wie nie.«

»Mein Mann ignoriert mich seit Jahren... seit vielen Jahren... Schließlich habe ich angefangen, mit anderen Männern zu gehen. Meine erste Affäre war sehr lehrreich, intensiv, befriedigend. Ich entwickelte Persönlichkeit, ich erfuhr, daß ich einfühlsam sein konnte, aber vor allem auch, daß ich verdammt gut im Bett sein konnte, wenn alles nicht so apathisch ablief. Es war sehr ernst und sehr geheim. Mein Liebhaber war zart, rücksichtsvoll und lieb. Und ich fragte mich, warum ich neununddreißig Jahre gewartet hatte, bevor ich die Erfahrung machte, ›erwachsen zu werden‹. Wir sind Freunde geblieben. Jetzt treffen wir uns nur noch an unserem Jahrestag, sprechen über unser Leben und trinken etwas zusammen.

Ich hatte drei Verhältnisse, während ich noch mit meinem Mann zusammen war. Das eben erwähnte dauerte acht Jahre, die beiden anderen jeweils drei Jahre. Das Ganze hatte zur Folge, daß ich es in meiner zerrütteten Ehe aushielt und gleichzeitig ein Gefühl für mein eigenes Ich entwickelte und mich auf ein eigenes, selbständiges Leben vorbereitete. Die Kinder wurden allmählich alt genug, um auf sich selbst aufpassen zu können. Für mich war das ungeheuer positiv – mein Selbstwertgefühl stieg enorm.

Mein Mann und ich stritten uns, bis wir zu dem Schluß kamen, daß es leichter sein würde, einander zu ignorieren. Am meisten stritten wir uns wegen der Kinder. Ich hatte an *allem* Schuld. Ich ging wieder aufs College, machte den Abschluß, studierte, entwickelte mich weiter und wartete darauf, weggehen zu können. Am einsamsten war die Zeit, bevor ich wegging.

Ich mußte in eine Therapie, bevor ich aus unserem Haus ausziehen konnte. Ich war in meinem ganzen Leben noch nie allein gewesen und konnte keine Entscheidungen treffen. Aber das lernte ich dann schließlich und stellte fest, daß es großartig ist, allein zu leben. Jetzt bin ich ein völlig anderer Mensch – ein neuer Mensch. Was ich tue, wenn ich Zeit für mich habe? Ich träume gern, sehe dem Wind zu, wie er durch die Blätter streicht, denke an früher, an glückliche Tage. Und habe noch unausgesprochene Träume.«

Eine Frau, fünfundvierzig Jahre verheiratet, beschreibt die enorme Entfrem-
dung, die in ihrer Ehe stattgefunden hat und die sie seit Jahren spürt, und er-
zählt von ihren Liebhabern:

»Ich bin weiß, Protestantin angelsächsischer Abstammung und komme aus dem Nordosten, einundsechzig Jahre, High School-Abschluß, Hausfrau, 1,68 groß, Übergewicht, hübsch, habe feste Meinungen und einen guten Appetit. Ich bin mit meinem Mann seit 1941 verheiratet. Wir leben zusammen, keine Kinder. Zuerst waren wir verliebt, dann lernten wir, ein gemeinsames Leben zu führen. Ich mag die Beständigkeit, die gemeinsamen Ziele. Ich liebe meinen Mann wie einen Freund, fast wie einen Bruder.

Die Beziehung zu meinem Mann hätte besser sein können, wenn er sich mehr für mich als Frau interessiert hätte – natürlich hat es auch andere Probleme gegeben. Wir streiten uns jetzt mehr als in der ersten Hälfte unserer Ehe, denn damals ist er viel gereist und war häufig fort von zu Hause. Jetzt ist er dreihundertfünfundsechzig Tage im Jahr zu Hause, und natürlich ergibt sich da auch häufiger Gelegenheit, verschiedener Meinung zu sein.

In letzter Zeit hatten die Streitereien, die ich mit meinem Mann hatte, immer ein und denselben Grund – er ist einfach nicht zur Zusammenarbeit fähig, wenn es sein muß. Es geht immer um irgendwas ganz Banales – den Müllsack aufhalten, während ich den Abfall aus der Küche und den Papierkörben reinschütte. Wir streiten uns immer darüber, daß er zu keiner gemeinsamen Arbeit fähig ist, und über seine Gedankenlosigkeit. Wir streiten uns so lange, bis ich still bin und nichts mehr sage – gewöhnlich reagiert er aber gar nicht darauf, nur wenn er müde ist, wird er wütend und schreit: ›Ja, ja, du kannst immer alles.‹ Dann merke ich, daß es sinnlos ist, weiterzureden, und sage auch nichts mehr. Wenn es soweit gekommen ist, kann keiner gewinnen. Ich fühle mich unterdrückt, bin frustriert, wütend und deprimiert.

Er beendet die Diskussionen, indem er das Zimmer verläßt. Wenn sie sich in die Länge ziehen, auch wenn ich völlig logisch argumentiere, aber im Zorn, geht er aus dem Zimmer ins Bad und schließt die Tür zu und bleibt dort zehn oder fünfzehn Minuten lang. Das Problem ist nicht gelöst, und niemand sagt je, daß es ihm leid tut, alles wird einfach auf die Seite geschoben, und dann wird so getan, als wäre nichts gewesen. Ich habe versucht, mit ihm über unsere Probleme zu reden, aber er hat nie darauf reagiert, deshalb habe ich es aufgegeben, schon vor vielen, vielen Jahren. Mein Mann gibt sich keine Mühe zu erfahren, was in mir vorgeht – er ist unfähig, mir zu zeigen, daß er an meiner Meinung interessiert ist. Früher, als er noch Geschäftsreisen machte, hier und auch in andere Kontinente, hat er mich *niemals* gefragt, ob ich ihn begleiten möchte. Er hat mich immer von oben herab behandelt, als wäre ich weniger wert als er, und die unangenehmen Dinge hat er immer mir überlassen.

Bis 1975 war ich von ihm finanziell abhängig. Es hat mir nie etwas ausgemacht – ich habe meinen Teil zu unserer Ehe beigetragen, in jeder Hinsicht. Bei uns schien es genau umgekehrt zu sein – mit der Abhängigkeit: Er brauchte mich, wie ein Kind seine Mutter braucht. Als sich unsere Beziehung in diese Richtung entwickelte, entzog ich mich auf andere Weise (zum Beispiel, sexuell), um ein neues Gleichgewicht herzustellen, ohne daß ich mich dagegen aufgelehnt hätte. Er hat sich nie beklagt, daß ich ihn nicht liebe. Ich weiß nicht, ob er mich liebt – braucht mich, und er ist von mir abhängig. Und ich brauche es, gebraucht zu werden, so daß unsere Beziehung eine gewisse Befriedigung verschafft.

Heute glaube ich nicht mehr an Monogamie. Ich hatte außereheliche Beziehungen, zwölfmal. Eine dauerte zwei Monate, eine drei Monate, eine ein Jahr, drei zwei Jahre, zwei drei Jahre, eine fünf Jahre, eine andere fünfzehn Jahre, und dann noch eine, die achtzehn Jahre dauerte, und die längste dreiunddreißig Jahre. Manche liefen nebeneinander, nur zwei waren ausschließlich. Das kam, weil ich Liebe und Sex brauchte – beides zusammen, falls möglich. Ich hätte es nicht geschafft, ohne diese Bedürfnisse zu erfüllen. Sie haben mein Leben bereichert und mir dabei geholfen, in meiner Ehe eine gute platonische Beziehung aufzubauen. Nur so konnte ich unsere Ehe retten. Mein Mann hat nichts davon gewußt.

Die meisten dieser Beziehungen waren aufregend, voller Erfüllung, lehrreich; sie haben meinen geistigen und gesellschaftlichen Horizont erweitert, und sie haben mich befriedigt. Vier waren sehr ernst. In diesen vier Fällen liebte ich meine Liebhaber wirklich, bewunderte sie und war jeden Augenblick, den ich mit ihnen zusammen war, glücklich; ich brauchte sie – sexuell, und auch ihre physische Nähe. Ich weiß nicht, ob mir mein Mann treu war, und es interessiert mich auch nicht.

Ich habe vor, verheiratet zu bleiben. Ich möchte im Alter mit jemandem zusammen sein, den ich schon kenne. Aber im Augenblick bin ich ›single‹, das heißt, daß ich gerade keine Liebesaffäre habe. Die Liebhaber, die ich zuletzt hatte, sind glücklich verheiratet oder tot, oder wir haben keinen Kontakt mehr oder sie sind inzwischen zu alt dafür – Ende siebzig oder über achtzig –, und es ist schwierig, jemanden zu finden oder kennenzulernen, der mir gefällt und den ich anziehend finde. Ich habe kaum je Respekt vor dem ›neuen‹ Mann. Deshalb fühle ich mich oft leer, unvollständig, verbittert und ungeliebt.

Als ich vierundfünfzig war, machte ich eine Bestandsaufnahme meines Lebens – alles, was ich erhalten hatte und was ich durch emotionalen Streß verloren hatte – und beschloß, mit dem Geschlechtsleben Schluß zu machen. Jetzt würde ich (manchmal) wieder ganz gern ein bißchen aktiver sein, habe aber keine Lust, mich deswegen anzustrengen.

Freundschaften halten länger, weil man von Freunden weniger verlangt als von Liebhabern. Freunde können lügen, wenn sie wollen, können unordentlich sein, schmuddelig, können Geheimnisse haben, aber Liebhaber sollten die meiste Zeit aufrichtig sein, sollten sauber und ordentlich sein, sollten ein ordentliches Leben führen, sollten nicht zu viele Geheimnisse haben, und sie sollten keine Spieler sein, keine Drogen nehmen, keinen Alkohol trinken, keinen Sekten angehören – weil sich das störend auswirkt auf eine Liebesbeziehung.

Die wichtigste Beziehung zu einer Frau, die ich im Leben hatte, war die Freundschaft mit meiner besten Freundin. Sie war geistreich, hatte die gleichen Interessen wie ich, war tolerant in bezug auf Sex und alle anderen Aspekte des Lebens, und sie hatte Talent. Wir gingen zusammen ins Theater und ins Kino und in Kunstausstellungen und dann redeten wir darüber. Einmal hatten wir sogar einen gemeinsamen Liebhaber. Aber jetzt sehe ich sie nicht mehr, und wir telefonieren auch nicht mehr. Sie ist senil und kann sich an nichts mehr erinnern.

Die Frauenbewegung hat mein Leben stark beeinflußt – nicht die *heutige* Frauenbewegung, sondern die von früher, als die Frauen Suffragetten wurden usw. Ich habe darüber gelesen, einige von ihnen habe ich gekannt, ich habe ihre Ideen aufgegriffen und mich immer bemüht, sie durch mein Verhalten und meinen Lebensstil in die Tat umzusetzen. Ganz sicher haben diese Ideen mich beeinflußt, wenn ich mir Freundinnen und Vertraute ausgesucht habe, und auch meine Einstellung gegenüber Frauen im Beruf und den Frauen in meiner eigenen Familie geprägt. Und natürlich hat die Frauenbewegung auch meine Beziehungen zu Männern beeinflußt – ich habe mich frei gefühlt und sie als Freunde und Liebhaber genossen, was in der ökonomischen, sozialen, ethnischen Gruppe, der ich angehörte, ganz und gar *nicht* üblich war.

Abschließend muß ich hinzufügen, daß ich mich oft gefragt habe, ob uns unsere sexuellen Bedürfnisse zwingen, Beziehungen einzugehen, oder ob man nicht auch in einem zölibaten Leben Erfüllung finden kann. Mit anderen Worten, brauchen wir in unserem Leben eigentlich Sex, oder könnten wir auch ohne ihn ein ausgefülltes Leben führen? Diese Frage werde ich niemals beantworten können! Aber ich finde Sex das Schönste im Leben. Trotzdem werde ich mit meinem Mann ein eher kameradschaftliches, aber zufriedenes Leben führen – wir haben keine Familie, aber viele gemeinsame Interessen und Ziele.

Mir hat der Fragebogen sehr gut gefallen. Er war außerordentlich gut durchdacht und gründlich. Er hat mir Gelegenheit gegeben, über meine Jugend, über die Mitte meines Lebens und über mein bevorstehendes Alter nachzudenken. Dafür bin ich dankbar.«

Aber 6 Prozent der Frauen haben Liebesaffären, obgleich sie eine emotional gute Ehe führen. Eine Frau schreibt:
»Ich bin seit vier Jahren mit einem wunderbaren Mann verheiratet. Wir haben keine Kinder. Ich bin neunundzwanzig. Zwischen uns besteht eine Nähe, daß jeder ein Teil des anderen zu sein scheint. Ich habe völliges Vertrauen zu ihm, und ich weiß, daß ich mit meinen Problemen immer zu ihm kommen kann. Ich liebe meinen Mann mehr als ich je einen anderen Mann geliebt habe. Es ist eine Liebe, die mit den Jahren gewachsen ist. Wir haben schon ziemlich schlimme Zeiten durchgemacht, aber unsere Liebe hat nie aufgehört. Ich hätte nie geglaubt, daß ich fähig wäre, jemanden so sehr zu lieben, wie ich ihn liebe.

Am glücklichsten war ich mit meinem Mann, als wir in unser erstes Haus eingezogen sind. Wir waren noch nicht lange verheiratet, und ich weiß noch, wie ich das Gefühl hatte, daß jetzt alles gut wird. Es gibt auch andere schöne Stunden, die ganz unerwartet kommen – beim Einkaufen oder wenn wir zusammen die Wäsche machen, oder wenn wir uns umarmen. Dann bin ich von Liebe und Ehrfurcht erfüllt. Wenn ich von diesen überwältigenden Gefühlen der Liebe erfaßt werde, muß ich es ihm sagen, muß ihm sagen, wie sehr ich ihn liebe. Ihm geht es ganz genauso. Manchmal sitzen wir einfach da, eng umschlungen, und lächeln uns an. Gar nichts Besonderes, nur einfach zusammensein.

Was mir an unserer Beziehung am wenigsten gefällt? Unser Geschlechtsleben. Wir haben sehr unterschiedliche sexuelle Bedürfnisse. Er ist zufrieden, wenn er einmal oder zweimal im Monat Geschlechtsverkehr hat, während ich gern drei- oder viermal in der Woche mit ihm schlafen würde. Ich wäre froh, wenn ich meinem Mann helfen könnte, nicht so verklemmt zu sein, und wenn sein Geschlechtstrieb wieder so stark wäre wie in unserer ersten Zeit.

Für manche Leute ist Monogamie vielleicht das richtige, aber nicht für mich. Ich hatte schon zwei Liebschaften, als wir noch gar nicht verheiratet waren, aber schon zusammenwohnten. Die erste war nur kurz – ungefähr zwei Monate. Die zweite dauerte drei Jahre und war erst zu Ende, als der Freund von hier wegzog. Ich habe noch immer Kontakt zu ihm, und wenn er in unsere Gegend kommt, treffen wir uns immer – manchmal schlafen wir zusammen, manchmal nicht. Wir sind gute Freunde und lieben uns auf eine ganz besondere Art. Er ist auch verheiratet.

Diese Beziehungen haben immer sehr starke Gefühle in mir geweckt – glückliche und traurige. Es kann schon frustrierend sein, die Zeit und einen Platz zu finden, um mit jemandem zusammensein zu können, den man begehrt. Alles in allem glaube ich, daß mir diese Beziehungen emotional geschadet haben, denn es gibt keine Möglichkeit, sie zu einem glücklichen Ende zu bringen. Sie haben immer ein trauriges Ende. Und sie sind immer mit Verletzungen verbunden. Aber auf meine Ehe haben sie überhaupt keinen Einfluß gehabt. Mein Mann weiß nicht, daß ich zu anderen Männern sexuelle Beziehungen hatte, er weiß nur, daß ich mit ihnen befreundet bin.

Ich glaube, daß mir mein Mann immer treu gewesen ist, und darüber bin ich froh. Ich hätte Angst, daß er vielleicht eine andere mehr liebt als mich. Ich versuche, den anderen Männern in meinem Leben immer klarzumachen, daß für mich mein Ehemann immer an erster Stelle steht – und daß sie erst an zweiter Stelle kommen. Das hört sich vielleicht an, als hätte ich eine doppelte Moral, und wahrscheinlich stimmt das sogar.«

Eine andere Frau weiß nicht genau, warum sie und ihr Mann nur noch selten Geschlechtsverkehr haben – und warum sie einen Liebhaber hat:
»Die Frage nach Monogamie stellt für mich einen schrecklichen Konflikt dar. Ich bin für Monogamie, und ich bin auch der Meinung, daß sich Untreue immer destruktiv auswirkt und daß es für mich besser wäre, treu zu sein; dennoch habe ich von Zeit zu Zeit ein Verhältnis mit einem anderen Mann. Manchmal ist es nur ganz kurz (nur für eine Nacht), manchmal dauert es länger. Gegenwärtig habe ich eine Beziehung, die schon über ein Jahr lang anhält.

Sex ist das Wichtigste in dieser Beziehung, und ich mache mir Sorgen, weil in meiner Ehe Sex so gut wie gar nicht vorkommt. Mein Mann und ich haben nur sehr selten Geschlechtsverkehr. Ich weiß nicht genau, warum das so ist. Als wir uns kennenlernten, waren wir beide sehr daran interessiert. Wir haben jeden Tag zusammen geschlafen, drei- oder viermal. Natürlich konnte das nicht so weitergehen, aber inzwischen tut sich in dieser Beziehung überhaupt nichts mehr. Höchstens alle zwei Monate einmal. Zuerst habe ich ihn bedrängt, aber er war immer müde. Früher waren wir auch ziemlich frei in allem. Wir haben geredet und alles mögliche ausprobiert. Aber in den letzten Jahren war es immer so mechanisch. Ich habe mich bemüht, herauszufinden, was ihn anregt. Ich habe ihn gefragt, habe alles mögliche probiert, um zu sehen, wie er darauf reagiert. Wenn ich sagen sollte, was ihn anregt, müßte ich sagen, NICHTS!

Ich bin noch immer gern mit meinem Mann zusammen, und ich bin ihm gegenüber nicht unempfindlich. Diese Affäre mit dem anderen

Mann ist nur sexuell. Ich habe nicht den Wunscht, mit meinem Liebhaber verheiratet zu sein, es macht mir nicht mal Spaß, besonders viel Zeit mit ihm zu verbringen, außer im Bett. Was ich davon habe? Er hat Verlangen nach mir, er will meinen Körper kennenlernen, meine Gedanken, alles.

Bei meinem Mann habe ich nur selten einen Orgasmus. Meistens masturbiere ich, nachdem er sich auf die Seite gerollt hat und eingeschlafen ist. Ich habe keine Ahnung, ob er weiß, daß ich masturbiere. Darüber sprechen wir nicht. Mit meinem Liebhaber macht der Geschlechtsverkehr Spaß. Er interessiert sich für meinen Körper, weiß, wie und wo er mich berühren muß, und fragt mich, ob es schön ist für mich. So etwas habe ich vorher gar nicht gekannt. Außerdem weiß er, daß ich masturbiere, und nicht nur das – er besteht sogar darauf, daß ich es tue, wenn ich mit ihm zusammen bin. Entweder tun wir es gemeinsam, oder er sieht zu. Zuerst hat er mich ganz einfach gefragt, wann ich das letzte Mal masturbiert hätte. Es schien für ihn ganz selbstverständlich zu sein. Daher sagte ich: ›Vor zwei Tagen.‹ Und dann nahm er meine Hand, legte sie zwischen meine Beine und sagte: ›Zeig mir, wie du es machst.‹ Das war unheimlich aufregend für mich. Jetzt machen wir es immer so. Es gehört einfach dazu.

Meinen Mann finde ich noch immer anziehend. Ich brauche ihn nur anzusehen oder auch nur an ihn zu denken – und schon habe ich Verlangen nach ihm. Aber mit meinem Liebhaber geht es mir ganz genauso, nur ist das Gefühl noch viel stärker.«

21 Prozent der Frauen geben Mangel an Geschlechtsverkehr oder unbefriedigenden Geschlechtsverkehr in ihrer Ehe als den wichtigsten Grund dafür an, Liebesaffären zu haben:
»Mein Mann und ich stehen uns sehr nahe, aber nicht hundertprozentig. Ich habe bei ihm nie einen Orgasmus, und ich würde alles dafür hergeben, wenn ich es könnte. Vielleicht würde ich dann meinen Liebhaber nicht brauchen. Ich glaube, mein Mann weiß nicht, daß ich einen Liebhaber habe. Manchmal habe ich das Gefühl, meinem Liebhaber viel näher zu sein als meinem Mann. Er ist der zärtlichste Mann, dem ich je begegnet bin. Ich wünschte, ich könnte alles mit meinem Mann teilen.«

Vor allem für Frauen, die bei ihrer Heirat noch Jungfrau waren, sind außereheliche Beziehungen verlockend, um sexuelle Erfahrungen zu sammeln:
»Ich habe nie mit jemand anderem als meinem Mann geschlafen. Ich war sechzehn, als wir uns kennenlernten, und ich war vorher noch nie mit einem Mann zusammengewesen. Als ich neunundzwanzig war, wollte ich Erfahrungen sammeln. Ich wollte wissen, wie es mit ande-

ren Männern ist. Ich sah mich ein Jahr lang um, bis ich endlich einen Mann gefunden hatte, der bereit war, sich auf ein Verhältnis mit mir einzulassen. Ich habe festgestellt, daß Männer viel schüchterner sind, als sie immer tun. Als ich mich bemühte, irgend jemanden zu mir ins Bett zu kriegen, ergriffen drei Männer hintereinander die Flucht. Das hat meinem Selbstbewußtsein nicht gerade gutgetan.«

Überraschend wenige Frauen (7 Prozent) fangen außereheliche Beziehungen an, weil ihre Ehemänner welche hatten und sie wütend oder verletzt sind:
»Ich erfuhr nach siebenundzwanzig Jahren Ehe, daß mir mein Mann untreu war. Die ersten siebenundzwanzig Jahre verliefen sehr friedlich. Wir stritten uns so gut wie nie. Seit ich von seiner Untreue weiß, seit sechs Jahren, haben wir uns mehr gestritten als in den ganzen siebenundzwanzig Jahren davor. Seit ich ein Verhältnis mit einem anderen Mann habe, fühle ich mich sexy und schön. Außerdem sind wir jetzt quitt.«

Die meisten außerehelichen Beziehungen beginnen nicht, weil sich eine Frau verliebt. Aber 19 Prozent der Frauen verlieben sich in die Männer, mit denen sie ein Verhältnis haben:*
»Ich hatte eine sexuelle Beziehung außerhalb meiner Ehe, die mich unheimlich befriedigt hat. Ich hatte das Gefühl, begehrenswert zu sein und zu leben. Ich verstrickte mich sehr stark in diese Beziehung, war sehr verliebt. Er warnte mich immer davor, die Sache zu ernst zu nehmen. Aber komischerweise will er mich seit einem Jahr andauernd überreden, mit ihm fortzugehen. Er sagt, er liebt mich mehr denn je und muß die ganze Zeit an mich denken. Vielleicht stimmt das, aber ich bin jetzt nicht mehr verliebt in ihn. Ich mag ihn sehr und schlafe unheimlich gern mit ihm. Mehr nicht.«

Eine Frau, die in ihren Liebhaber sehr verliebt ist:
»Ich liebe diesen Mann über alles. Er ist immer bei mir – wenn nicht physisch, dann in Gedanken. Noch nie hatte ich so starke Gefühle für jemanden. Wahrscheinlich stehe ich meinem Mann näher, denn ich verbringe noch immer die meiste Zeit mit ihm, aber mein Gefühl für ihn ist völlig anders. Meine Liebe zu dem andern Mann kommt irgendwie vom Herzen. Ich muß immer an ihn denken. Ich mag alles an ihm – seine guten Eigenschaften und auch seine Fehler. Absolut bedingungslos, die wahre Liebe.

* Das traf auch auf die Männer in der früheren Untersuchung zu, aber es waren noch weniger Männer, die sich in die Frauen, mit denen sie ein Verhältnis hatten, »verliebt« haben. Die meisten Männer ziehen es vor, ein Verhältnis mit einer Frau zu haben, mit der sie befreundet sind. Siehe *Hite Report II.*

Ich bin so glücklich, wenn ich mit ihm zusammen bin. Ihm zu zeigen, wie sehr ich ihn liebe, war wie der Himmel auf Erden. Ich liebe ihn seit zwölf Jahren, habe es mir aber erst vor etwas mehr als einem Jahr eingestanden, vor sieben Monaten habe ich es ihm gesagt, und vor vier Monaten war ich das erste Mal mit ihm zusammen. Als wir uns vor einem Jahr das erste Mal geküßt haben, ahnte er, daß ich ihn liebe, obgleich ich es nicht zugeben wollte. Wie dumm von mir. Ich war sehr leidenschaftlich, als ich mit ihm zusammen war, aber ich glaube, das hat ihn erschreckt, deshalb halte ich mich etwas zurück.

Mein Mann sagt, er liebt mich nicht, und ich glaube ihm. Wir lieben beide unsere Kinder und kommen gut miteinander aus. Ihn scheint nur seine Arbeit zu interessieren. Ich hasse ihn nicht, aber besonders liebenswert ist er nicht gerade. Ich kümmere mich um ihn, sorge mich um ihn und schlafe mit ihm, aber ich sehne mich nach meinem Liebhaber. Ich sehne mich nicht nach meinem Mann.

Als mir mein Freund sagte, daß er mich haben will, glaubte ich zuerst, nicht richtig zu hören. Mein Mann würde so etwas nie sagen. Ich habe es gern, wenn man meinen Körper berührt und gleichzeitig mit mir spricht. Wenn mein Liebhaber zärtliche Worte zu mir sagt, und auch richtig geile Worte, bringt mich das unheimlich in Erregung. Er ist so sinnlich, vor allem auch, wenn er mich küßt. Manchmal habe ich richtig das Gefühl, von ihm verschlungen zu werden. Ein anderes Mal kann er wieder sanft sein. Er ist absolut entzückt, wenn aus meinen Brüsten Milch kommt. (Mein Mann will davon nichts wissen.) Es ist kaum mehr als ein Tropfen, aber er ist ganz verrückt nach dem Geschmack und tut alles mit meinen Brüsten, nur um ein wenig davon zu kosten. Das ist ein erregendes Gefühl für mich. Wir haben nicht immer Zeit für einen Geschlechtsverkehr, und inzwischen habe ich mich daran gewöhnt, auch nur das Vorspiel zu genießen.

Wenn ich mit meinem Mann Sex habe, gibt es gewöhnlich auch ein Vorspiel. Aber ich hätte gern mehr davon, ich hätte es gern, wenn er sich mehr mit mir beschäftigen und mit mir reden würde, aber das tut er nicht. Ich muß ihn sogar daran erinnern, seine Brille abzunehmen. Wenn ich ihn bitte, mir zu helfen, zum Orgasmus zu kommen, fühlt sich von mir überfordert und tut es nicht. Er weiß genau, daß ich beim Geschlechtsverkehr keinen Orgasmus habe. Er behauptet, seine Freundinnen hätten immer einen gehabt. Aber ich halte es für wahrscheinlicher, daß sie nur so getan haben, oder vielleicht hat er sich ja auch bei ihnen mehr angestrengt.

Mein Freund spielt mit meiner Klitoris, ohne daß ich ihn erst darum bitten muß. Er masturbiert völlig unbefangen vor mir. (Das hat mein Mann noch nie getan; und erst vor kurzem hat er zugegeben, es schon mal getan zu haben, wenn er allein war.) Ich konnte zuerst gar nicht glauben, daß er mit dreißig zum ersten Mal oral befriedigt wurde, trotzdem war ich froh, daß ich die erste war. Ich dachte, das tun alle, wenigstens manchmal. Beim ersten Mal war er so müde nach diesem Orgasmus, und so erstaunt, weil ich den Samen runterschluckte. Es war schön, ihn so glücklich und zufrieden zu sehen.

Wenn mein Freund frei wäre, würde ich meinen Mann noch heute verlassen und die Kinder mitnehmen. Mein Mann verdient zwar das ganze Geld, und dadurch bin ich leider gezwungen, bei ihm zu bleiben, aber ich habe auch so das Gefühl, daß ich auf jeden Fall zu meinen Kindern gehöre. Er hält sich für was Besseres, weil er das Geld verdient. Darüber ärgere ich mich, weil *er* gar nicht imstande wäre, eine Familie und ein Haus zu versorgen.

Ich würde gern mit jemandem zusammen eine gemeinsame Zukunft planen, aber im Augenblick habe ich damit zu tun, mir über meine eigenen Träume und meine eigene Zukunft Gedanken zu machen. Im Augenblick kann ich mir nicht vorstellen, daß mein Mann dazugehören wird.«

Für 17 Prozent der Frauen sind außereheliche Liebesbeziehungen Teil des Entfremdungsprozesses, der zur Scheidung führt:
»Ich hatte ein Verhältnis mit einem Mann, das über ein Jahr lang dauerte. Sechs Monate waren wunderbar. Es ergab sich wie von selbst – wir waren beide bereit, jemanden kennenzulernen – wir hatten beide Ehepartner, die uns einreden wollten, daß wir verrückt seien – wir mußten uns selbst beweisen, daß wir geistig völlig normal waren, daß es so etwas wie Zuneigung und Freundlichkeit gab, daß unsere Ideale nicht völlig falsch waren, daß wir noch fröhlich sein konnten. Dadurch ging meine Ehe in die Brüche – ich fühlte mich nicht mehr gebunden, weder physisch noch emotional. Mein Liebesverhältnis vermittelte mir einen Geschmack davon, wie schön das Leben sein kann.«

Aber die meisten außerehelichen Beziehungen führen nicht zur Scheidung. Tatsächlich haben viele Frauen jahrelang außereheliche Beziehungen. Die durchschnittliche Dauer von außerehelichen Beziehungen, bei denen es sich nicht um ein ein- oder zweimaliges Zusammensein handelt, beträgt überraschenderweise vier Jahre.

Interessanterweise entscheiden sich die meisten Frauen aber dafür, ihre Ehe aufrechtzuerhalten, selbst wenn sie ihren Liebhaber mehr lieben; die Frauen, die sich von ihren Ehemännern scheiden lassen, tun es meistens, weil sie in ihren Ehen irgend etwas vermissen, und nicht, weil sie in jemand anderen verliebt sind:
»Ich habe den Mann, mit dem ich ein Verhältnis hatte, sehr geliebt.

Ich war viel leidenschaftlicher als bei jedem anderen Mann. Aber meine Ehe habe ich deswegen nicht aufgegeben.«

»Ich bin bei meinem Mann geblieben, wir sind glücklich. Trotzdem war es für mich wichtig, wieder einmal so intensive Gefühle zu haben.«

Muß es immer von Vorteil sein, wenn außereheliche Beziehungen eine Ehe stärken? Dazu die Überlegungen einer Frau:
»Während meiner ersten Ehe habe ich auch mit andern Männern geschlafen. Sie haben mir viel von dem gegeben, was mir in meiner Ehe fehlte. Sie haben mich aber auch veranlaßt, länger in einer schlechten Ehe auszuharren, als für mich gut war. In meiner jetzigen Ehe war ich immer monogam, und werde es auch in Zukunft sein. Wenn ich das Bedürfnis nach anderen Männern hätte, würde ich mich, glaube ich, scheiden lassen.«

Für 12 Prozent der Frauen schließlich sind außereheliche Beziehungen nichts anderes als ein aufregender Spaß:
»Es ist jedesmal ganz anders. Meist verspielt und sexy. Normalerweise mag ich meine Liebhaber lange nicht so gern wie meine ›wahre Liebe‹, meinen Mann, aber in sexueller Hinsicht sind sie äußerst anregend!«

»Meine Liebesaffären sind für mich eine Zerstreuung, so wie ins Kino gehen. Es fällt mir leicht, Menschen kennenzulernen und mit ihnen zu reden – das ist ein regelrechtes Hobby von mir. Allerdings finden es viele Männer (verheiratet oder nicht) noch immer peinlich, wenn eine verheiratete Frau allein ausgeht und zu haben ist, und sind am Anfang oft verunsichert. Ich helfe ihnen, ihre Scheu zu überwinden.«

Erstaunlicherweise hat die überwältigende Mehrheit der Frauen wegen ihrer außerehelichen Beziehungen genausowenig ein schlechtes Gewissen wie die Männer*; nur ganz wenige haben Schuldgefühle:
»Das größte Problem, das ich mit meinem Liebhaber habe, sind meine Schuldgefühle. Manchmal macht es mich ganz kaputt. Am liebsten würde ich mich völlig meinem Mann hingeben. Aber das kann ich nicht. Ich brauche diesen anderen Mann.«

»Es war eine billige Affäre, sie war nicht ernst gemeint. Ich habe den Mann gemocht, aber seine Frau und ich sind die besten Freundinnen. Ich wünschte, ich hätte es nicht getan.«

---

* Siehe *Hite Report II, Das sexuelle Erleben des Mannes*, 2. Kapitel.

Es ist bemerkenswert, daß 89 Prozent der Frauen ihre Affären geheimhalten, sie werden nie »aufgedeckt«. Hier und im *Hite Report* über das sexuelle Erleben des Mannes scheinen die meisten Frauen und Männer – neben der Angst vor der Reaktion des anderen – der Meinung, daß es zivilisierter, höflicher sei, wenn sie ihre außerehelichen Beziehungen geheimhalten und die Gefühle ihres Ehepartners nicht verletzen.

Was bedeutet es, ein Doppelleben zu führen?

Deutet eine außereheliche Beziehung darauf hin, daß es in der Ehe Probleme gibt? Wenn jemand auf eine gefühlsmäßig starke Ehe Wert legt, ja. Wenn die Ehe nur die Garantie für ein »sicheres Heim« darstellt, ohne große Gefühlsansprüche (siehe Kapitel 12), dann liegen die Dinge völlig anders.

Die meisten der Frauen, die sich an dieser Untersuchung beteiligt haben und außereheliche Beziehungen unterhalten, tun dies, weil sie emotionale Nähe und Unterstützung suchen, weil sie nach einer Möglichkeit für eine echte Beziehung suchen. Der wichtigste Grund, warum Frauen außerhalb der Ehe Liebe suchen, ist die emotionale Entfremdung, die zwischen ihnen und ihren Ehepartnern stattgefunden hat. Die herablassende Behandlung und der Mangel an emotionaler Nähe, die die Frauen in ihrer Ehe erfahren (siehe Teil I) übt auf die Fähigkeit der Frauen, emotional zu überleben und trotzdem ihrem Ehepartner treu zu sein, eine verheerende Wirkung aus. Daher ist eine außereheliche Beziehung für viele Frauen fast die einzige Möglichkeit, die Ehe weiterzuführen. Durch die außereheliche Beziehung erfahren sie Liebe und Menschlichkeit, die Kraft, weiterzumachen.

Im wesentlichen gehen Frauen keine außerehelichen Beziehungen ein, um »mehr Sex« oder »sexuelle Abwechslung« zu haben, wie es die Männer häufig von sich behaupten (aber trifft das tatsächlich zu?), obgleich sich manche Frauen wirklich mehr sexuelle Erregung und romantische Gefühle wünschen. Frauen fühlen sich in außerehelichen Beziehungen häufig emotional stärker angesprochen (was sie auch sind), weil sie da nicht als selbstverständlich hingenommen werden können, zumindest muß man ihnen zuhören, damit sie nicht weglaufen.

Die Chronologie der Entfremdung

Während von den Frauen, die weniger als zwei Jahre verheiratet sind, nur 13 Prozent außereheliche sexuelle Beziehungen haben, steigt die Zahl nach fünf Jahren auf 70 Prozent (bei Männern auf 75 Prozent), erhöht sich danach aber kaum noch. Die Wahrscheinlichkeit, daß ein Mann eine außereheliche Beziehung eingeht, wird nach fünf, zehn oder zwanzig Ehejahren nicht wesentlich größer, sondern nur nach den ersten zwei Jahren.

Die Wahrscheinlichkeit, daß eine Frau eine außereheliche Beziehung eingeht, wird nach fünf Ehejahren sehr viel größer. Warum wird die Wahrscheinlichkeit größer? Nicht einfach nur deswegen, weil viel Zeit vergangen ist oder weil sich »sexuelle Langeweile« ausgebreitet hat. Vielleicht liegt es viel eher daran, daß die Frau all die Jahre zugesehen hat, wie sich ihr Mann emotional von ihr entfernt hat, wie herausfordernd und beleidigend sein Benehmen ihr gegenüber geworden ist.

Vielleicht fängt die Frau nach zwei Jahren, zu dem Zeitpunkt also, an dem die Männer am häufigsten mit außerehelichem Geschlechtsverkehr beginnen, damit an, »die Dinge zur Sprache zu bringen«, in der Hoffnung, daß sich etwas ändert. Vielleicht – und das ist nur eine Vermutung – geben es die Frauen schließlich nach fünf Jahren auf, sich bei den Männern »Gehör zu verschaffen«. Mit anderen Worten, der (unausgesprochene, nur halb bewußte) emotionale Vertrag der »männlichen« Ideologie, der auf Ungleichheit beruht, hat eine verheerende Wirkung, eine abkühlende Wirkung, und ist in großem Maße schuld am Verlust von emotionaler Nähe in Liebesbeziehungen.

Haben die Frauen heute mehr außerehelichen Sex?

Ist außerehelicher Sex bei Frauen ein neues Phänomen? 1953 stellte Alfred Kinsey fest, daß 25 Prozent der Frauen außerehelichen Sex gehabt hatten. In unserer Untersuchung haben 70 Prozent der Frauen, die mehr als fünf Jahre verheiratet sind, außereheliche Sexbeziehungen. Das ist ein enormer Anstieg. Damit hat sich der Sex außerhalb der Ehe bei Frauen innerhalb der letzten fünfunddreißig Jahre fast verdreifacht; er liegt fast so hoch wie bei Männern (75 Prozent nach fünf Ehejahren).*

Spiegelt sich darin die zunehmende »Gleichheit« der Frauen wider oder die wachsende Unzufriedenheit von Frauen und Männern mit

---

* Der außereheliche Sex von Männern hat sich in dieser Zeit ebenfalls erhöht.

dem Wesen ihrer Beziehung? Deutet diese Tatsache darauf hin, daß unsere Gesellschaft dabei ist, sich in lauter atavistische Individuen aufzuteilen? Ganz bestimmt ist es ein Zeichen für irgendeine Art von Wandel in unserer Gesellschaft und in dem, was man einmal unter »Zuhause« verstand. Und ist diese Steigerung allmählich erfolgt, im Verlauf vieler Jahre, oder ist sie plötzlich eingetreten, in den Jahren der »sexuellen Revolution« – in der Zeit, in der »Sex« als ein »normaler, natürlicher, gesunder Ausdruck« des Körpers angesehen wurde, und Monogamie als »neurotische« Unterdrückung des »natürlichen Verhaltens«?* (Wird die Angst vor AIDS den außerehelichen Sex wieder reduzieren? Das ist gut möglich, aber nicht wahrscheinlich, denn die meisten außerehelichen Beziehungen sind keine »Zufallsbekanntschaften«, sondern lang anhaltende Partnerschaften.) Aber vielleicht haben die Frauen schon seit undenklichen Zeiten immer ihre Affären gehabt und Kinseys Zahlen waren nur deshalb so niedrig**, weil sie in persönlichen Interviews erfragt wurden, häufig mit dem Ehemann am einen und der Ehefrau am andern Tag – mit der Angabe von Namen und Fakten für seine Aufzeichnungen. Das mag sich auf manche der befragten Personen hemmend ausgewirkt haben. Die hier diskutierte Untersuchung stützt sich auf anonym beantwortete Fragebogen, vor denen die Frauen nichts zu verbergen brauchten.

Aber aller Wahrscheinlichkeit nach sind die Zahlen gestiegen.

Wer fängt am ehesten eine Liebesaffäre an?

Manche Menschen führen die Zunahme von Sex außerhalb der Ehe voreilig auf das Phänomen der »berufstätigen Frau« zurück – auf die Tatsache, daß heute mehr Frauen außer Haus arbeiten. Aber eine statistische Bestätigung gibt es dafür nicht: Die Zahlendifferenz zwischen

* Natürlich sollte die »sexuelle Revolution« nicht mit der Frauenbewegung durcheinandergebracht werden; die »sexuelle Revolution« hatte das Ziel, den vorehelichen Sex für Frauen akzeptierbar zu machen; die Frauenbewegung hatte eine viel tiefergehende und breiter angelegte Agenda mit Schwerpunkten auf den legalen und finanziellen Rechten der Frauen sowie deren Recht zur Ausbildung. Manche Frauen stimmten der »sexuellen Revolution« zu, andere nicht. Aber die »sexuelle Revolution« wurde im wesentlichen von männlichen Romanschriftstellern, Männerzeitschriften usw. ins Gespräch gebracht.
** Leider haben wir sehr wenig Zahlen über außereheliche Aktivitäten der Menschen in früheren Jahrhunderten. Was das 19. Jahrhundert betrifft, so können wir uns auf die Arbeit von Peter Gay und andere beziehen; in bezug auf die früheren Jahrhunderte auf bedeutende Historiker einschließlich Lawrence Stone und Natalie Davis; Stone und andere arbeiten gegenwärtig an gerade bekanntgewordenen Scheidungsquoten im England des Mittelalters, und daraus könnten sich neue Informationen ergeben.

außerehelichem Sex von Frauen, die zu Hause arbeiten, und dem von Frauen, die außerhalb des Hauses arbeiten, ist äußerst gering – und außerdem gehen (in den USA) jetzt fast alle Frauen einem Beruf nach. Tatsächlich verhält es sich so, daß Frauen, die den Tag zu Hause verbringen (ohne Jobs) eine etwas höhere Häufigkeit an außerehelichem Sex aufweisen, jedenfalls bei der Umfrage, die diesem Buch zugrunde liegt.

Frauen, die in ihrer Ehe finanziell abhängig sind, haben mindestens genauso häufig ein Liebesverhältnis wie Frauen, die einen Beruf ausüben. Die Wahrscheinlichkeit, daß eine Frau ein Liebesverhältnis hat, wird nicht größer, nur weil sie ihr eigenes Geld verdient. Folglich handelt es sich auch nicht um das Phänomen einer »neuen Frau« oder einer »berufstätigen Frau«; genau das Gegenteil ließe sich beweisen: Frauen mit finanzieller Abhängigkeit fühlen sich oft frustriert und kompensieren dieses Gefühl vielleicht, nachdem sie keinen Job haben, durch eine außereheliche Liebesbeziehung, weil sie (außer den Kindern) keine andere Möglichkeit haben, sich für eine emotional unerfüllte Ehe zu entschädigen. Natürlich wenden sich viele Frauen auch ihren Freundinnen zu, um enge emotionale Beziehungen herzustellen, aber eine Liebesaffäre bietet darüber hinaus die Möglichkeit zur physischen Zuwendung. Berufstätige Frauen dagegen können ihre Energie am Arbeitsplatz und bei Kollegen loswerden anstatt bei einem Liebhaber.

Mit anderen Worten, auch wenn Frauen vielleicht gelegentlich einem Abenteuer mit Männern durchaus nicht ablehnend gegenüberstehen, so gibt es in unserer Zeit für viele auch eine ganze Reihe anderer Interessen, denen sie sich widmen können. Ein Liebhaber ist nicht die einzige Möglichkeit, einmal »rauszukommen«, wie das bei einer unbefriedigenden Ehe früher der Fall war. Es könnte sogar sein, daß einem Liebhaber heute weniger emotionale Zuwendung zuteil wird.

Eine Gruppe Frauen hat in bezug auf außereheliche Liebesaffären eine bedeutend niedrigere Quote: Frauen, die ihre Ehemänner »nicht nur lieben«, sondern in sie »verliebt« sind (siehe Kapitel 12), sind viel eher monogam. 98 Prozent der Frauen, die sagen, daß sie in ihren Ehemann »verliebt« sind, sind monogam.

Aber abgesehen davon sind monogame Frauen statistisch weder älter noch jünger, haben nicht mehr oder weniger Kinder, haben einen Beruf oder auch nicht, sind mehr oder weniger religiös: Innerhalb dieser Gruppe variiert die Häufigkeit der außerehelichen Sexbeziehungen nur sehr minimal. Nach den ersten fünf Jahren, während derer die überwältigende Mehrheit der Frauen sich bemüht hat, alles »hinzubiegen«, bleiben im Prinzip nur die Frauen völlig monogam, die das geschafft haben, die es fertiggebracht haben, daß »alles funktioniert«.

Eine interessante Frage könnte auch sein, ob die Einstellung der Frauen in bezug auf ihr Recht zu lieben und in bezug auf eine wirkliche Beziehung eigentlich so neu ist? Sind die Erwartungen der Frauen in bezug auf engen emotionalen Kontakt seit der Frauenbewegung größer geworden? Vielleicht messen Frauen dem, was sie Männern emotional geben, mehr Bedeutung bei, so daß sie jetzt genauer darauf achten und merken, wenn Männer ihnen nichts zurückgeben. Die Frauen von heute – mit ihrer größeren wirtschaftlichen Macht und Selbständigkeit, die in den vergangenen zwanzig Jahren erzielt wurde – werden den Gedanken, die von den Frauen bis in die fünfziger Jahre so häufig zum Ausdruck gebracht wurden, wohl nicht so leicht Glauben schenken: »So sind Männer nun mal. Das muß man einfach akzeptieren.« Heute erwarten die Frauen mehr vom Leben. Sie wollen ihrem Partner auf emotionaler, psychologischer, intellektueller und physischer Ebene verbunden sein.

Was denken die Frauen über die Liebesaffären ihrer Ehemänner?

79 Prozent der Frauen in dieser Untersuchung glauben nicht, daß ihr Ehemann oder Liebhaber ein Verhältnis hat; nur 15 Prozent haben Zweifel; nur 19 Prozent sagen, daß sie von früheren oder noch bestehenden Liebesaffären wissen. Besteht die Tendenz, daß Frauen, die selbst ein Verhältnis haben, ihren Ehemännern eher mißtrauen? Nein. Die meisten sagen, daß ihnen ihre Ehemänner »treu« seien.

82 Prozent der Frauen halten ihre Ehemänner für »treu«:
»Ich bin fest davon überzeugt, daß er nichts mit anderen Frauen hat. Das liegt ihm nicht. Er findet, man schläft einfach nicht mit irgend jemand anderem, wenn man verliebt ist.«
»Ich bin mir ganz sicher, daß mein jetziger Ehemann monogam ist und auch bleiben wird. Jedenfalls hoffe ich das, solange wir verheiratet sind.«

Nicht nur ihre Ehemänner, sondern auch ihre Liebhaber!
»Soviel ich weiß, war mir mein Mann immer treu. Mein Liebhaber war mir treu. Ich glaube nicht, daß der Mann, mit dem ich gerade zusammen bin, mit anderen Frauen schläft. Ich würde gerne sagen, daß es mir egal ist, ob mein Partner mit einer anderen schläft oder nicht – so lange er mich befriedigt. Aber da bin ich mir nicht sicher!«

Aufgrund der Ergebnisse des *Hite Report* über das sexuelle Erleben der Männer sind 72 Prozent der Männer, die länger als zwei Jahre verheiratet sind, nicht monogam. Was stimmt? Handelt es sich hier um völlig andere Bevölkerungsschichten? Oder machen sich die Frauen etwas vor?

Die meisten Frauen glauben, daß ihnen ihre Männer »treu« seien – aber sind sie es wirklich?
»Er hat nie mit einer anderen geschlafen, und darüber bin ich froh. Ich glaube nicht, daß ich es wissen will. Einmal dachte ich, er hätte was mit einer anderen Frau. Ich war schrecklich wütend. Ich packte ihn am Kinn und schrie: ›Du widerlicher Kerl, du!!!‹ Sie hatten gerade sehr erotisch getanzt, aber er hatte nicht mal einen Steifen. Junge, war der erschrocken, als ich zu schreien anfing!«

»Mein Mann hatte mal eine Anklage wegen ›Belästigung einer Prostituierten‹ (die später fallengelassen wurde und gegen die er Gegenklage erhob – wegen falscher Aussage und fälschlicher Inhaftierung). Auf jeden Fall waren wir beide so erledigt von der ganzen Geschichte, so völlig deprimiert, und versuchten uns gegenseitig aufzurichten, daß ich im wahrsten Sinne des Wortes in Tränen ausbrach, als wir zusammen schliefen. Das war zum ersten Mal in meinem Leben, daß ich beim Geschlechtsverkehr geweint habe. Weil ich das Gefühl hatte, geliebt zu werden und geachtet. Das war vor zwei Jahren.«

Tatsächlich scheinen die meisten Frauen von eventuellen außerehelichen Beziehungen ihrer Männer keine Ahnung zu haben. Obwohl die Mehrheit fest daran glaubt, daß ihre Ehemänner keine anderen Frauen anrühren, tun es, wie sich aus der oben erwähnten statistischen Diskrepanz schließen läßt, einige wahrscheinlich doch.

Viele alleinlebende Frauen erwähnen, daß sie nur sehr wenige Männer kennen, die monogam sind:
»Ich lasse mich nicht mit dem Ehemann, Freund oder Bekannten einer Freundin ein, ich verabrede mich nicht mit ihnen, und ich fühle mich schon gar nicht von ihnen sexuell angezogen. Aber natürlich haben die Ehemänner, Liebhaber, Freunde und Bekannten meiner Freundinnen es bei mir versucht – und um die Wahrheit zu sagen, die meisten von ihnen haben es probiert. Normalerweise denke ich, wenn einer von ihnen mich anmacht: ›Was will der eigentlich noch?‹ Ich glaube, viele Männer suchen einfach das Neue, Unbekannte – und verwechseln es mit Leidenschaft. Das Neue bedeutet für sie möglichst viele Frauen.«
»Ich bin erstaunt, wieviel verheiratete Männer ihr Interesse an mir

bekundet haben, seit ich geschieden bin – der erste war der beste Freund meines Ex-Ehemannes, der für mich wie ein Bruder war. Ich kann noch immer nicht verstehen, wie dumm manche Männer sein können, wie leicht sie sich ihren Frauen gegenüber unloyal verhalten. Ehefrauen, ich habe euch etwas mitzuteilen: Eure Ehemänner stellen anderen Frauen nach. Frauen mit Selbstachtung fühlen sich von ihnen angewidert. Das solltet ihr auch sein! Macht Schluß mit ihm und eurer Ehe! Rettet eure Selbstachtung! Ich bin achtunddreißig, lebe gegenwärtig mit einem Mann, der mein bester Freund ist (schon seit zwei Jahren), aber davor war ich neun Jahre lang mit einem Mann verheiratet, der ein echter Sexist war – bis ich merkte, was gespielt wurde.«

Frauen, die über die Liebesaffären ihrer Ehemänner Bescheid wissen, sind meistens verletzt und wütend:

»Ich liebe meinen Mann noch immer sehr, obgleich mich diese andere Beziehung, in die er sich eingelassen hat, tief verletzt. Ich hatte nie das Verlangen, ihn nicht zu lieben. Ich glaube nicht, daß ich aufhören könnte, ihn zu lieben.«

»Mein Mann ist mir nicht treu gewesen. Was das für ein Gefühl ist? Es ist schrecklich. Ich bin wütend und verletzt. Es ist wie eine Krankheit, die einen nach und nach auffrißt. Ich kann meine Gefühle nicht einfach abstellen und aufhören, ihn zu lieben, so wie ich das Licht abdrehe. Ich möchte, daß mein Mann monogam ist. Ich glaube nicht, daß ich von ihm mehr erwarte oder mehr verlange als er von mir.«

»Ich weiß, daß er sich mit jemandem trifft. Das ist für mich deprimierend, ich bin eifersüchtig, verwirrt. Ich leide schrecklich.«

»Ich bin sexuell unbefriedigt, weil ich ständig an die andere Frau denken muß. ›Wahrscheinlich ist sie besser als ich. Hat einen schöneren Körper. Was vermißt er bloß bei mir, daß er immer andere Frauen haben will?‹ Wir haben alles mögliche ausprobiert: Reizwäsche, Vibratoren, neue Stellungen, andere Orte usw. Das ging so lange gut, bis er damit anfing, Striptease-Lokale aufzusuchen. Heute finde ich das alles sehr entwürdigend für mich und will nichts mehr damit zu tun haben. Ich liebe meinen Mann nicht, aber wenn man einunddreißig Jahre lang mit jemandem zusammen war, kann man nicht plötzlich alle Gefühle über Bord werfen, die man für ihn hat. Ich mag ihn noch immer, aber nicht so wie früher.«

»Ich glaube nicht, daß er mir je treu gewesen ist. Ich habe mich bemüht, nicht daran zu denken. Ich wollte, daß er mir treu ist. Er hat immer versichert, mir treu zu sein, auch wenn er es ganz offensichtlich nicht war. Er hatte fünf Jahre lang mit ein und derselben Frau ein Verhältnis. Das schien ihm überhaupt nichts auszumachen. Und ich hatte viel zu große Angst vor ihm, um was zu sagen. Ich würde nie mit einem andern schlafen, aber wenn ich es tun würde, dürfte mein Mann nichts davon erfahren. Er würde mich umbringen. Das hat er fast schon mal gemacht, nur weil er sich eingebildet hat, daß ich ihn betrüge.«

Eine andere Frau berichtet von der schweren Krise, in der sie steckt:
»Ich bin so unglücklich. Ich muß mich zwingen, weiterzumachen. Meine Kinder und ich stehen uns sehr nahe, aber sie können nicht verstehen, was ich durchmache. Vor zwei Jahren glaubte ich noch, glücklich verheiratet zu sein, als Mutter von drei Kindern. Mein Mann hatte einen guten Job, wir hatten ein schönes Zuhause in einer netten Umgebung. Ich kümmerte mich um meine Familie und half meinem Mann bei seiner beruflichen Karriere. Ich hielt das Haus in Ordnung, kam gut mit den Nachbarn aus und ging regelmäßig in die Kirche.

Rein äußerlich lief alles glatt, aber in meinem Innern tobte ein Sturm. Mein Mann hat mich zehn Jahre lang betrogen. Wir haben mit der Hilfe von Eheberatern, Geistlichen, Verwandten und Freunden mehrere Krisen durchgestanden, alles wegen einer einzigen Frau. *Ich* kam darüber hinweg. Ich bin nicht nachtragend, sondern ›weich‹ – ich wollte, daß meine Kinder in einer ausgeglichenen Atmosphäre aufwachsen. Ich hoffte immer, daß mein Mann endlich davon loskommen würde, sich nach einer anderen ›zu sehnen‹, und sich der Verantwortung bewußt würde, die er gegenüber seiner Familie hat. Aber das tat er nicht. Am Ende ging alles in die Brüche. Er verschwand, buchstäblich über Nacht, um sich über alles klarzuwerden! Ich ›versuchte nur, zu helfen‹, und er wollte ›sich über alles klarwerden‹. Schließlich konnte ich es nicht mehr ertragen.

Er hält noch immer Kontakt zu den Kindern, aber er wohnt jetzt mit dieser anderen Frau zusammen, und ich habe die Scheidung eingereicht. Unseren Ehering trage ich nicht mehr.

Ich hatte ein ›Verhältnis‹ mit einem sehr netten Mann, der mir über meine Ehekrisen hinweggeholfen hat. Unsere Beziehung war für mich sehr wertvoll. Wenn wir uns unter anderen Umständen begegnet wären, hätten wir vielleicht zusammengefunden, aber so entschied ich mich für meinen Mann, um die Familie zusammenzuhalten. Diese Entscheidung war falsch. Ich könnte heute niemandem mehr raten, eine Ehe ›der Kinder wegen‹ weiterzuführen. Kinder werden mit Krisen bemerkenswert gut fertig, solange man sich um sie kümmert und sonst für sie alles beim alten bleibt.

Jetzt helfen mir meine Freundinnen, weiterzumachen. Es ist sehr wichtig, jemanden zu haben, mit dem man reden kann. Seit ich allein bin, habe ich viel geweint. Trotzdem – letztlich muß man allein damit fertig werden. Durch Willenskraft und innere Stärke. Die andern können sehr freundlich sein – aber sie erteilen einem oft widersprüchliche Ratschläge: ›Du mußt mit ihm reden‹ oder ›Um Himmels willen, laß die Dinge auf sich beruhen. Vergiß es.‹

Ich habe viel darüber nachgedacht, habe versucht, mit meinen Problemen allein fertig zu werden. Eigentlich möchte ich gar nicht unabhängig sein, wenn ich mich auf einen Mann verlassen könnte, der sich um mich und meine drei Kinder kümmert (die noch immer zu Hause wohnen) –, aber das kann ich nicht, deshalb bin ich unabhängig. Ich schätze, ich werde einige Zeit brauchen, bis ich mich daran gewöhnt habe.«

Interessanterweise drückt kaum eine Frau Zorn auf die »andere Frau«, die Konkurrentin aus – wie es Frauen immer nachgesagt wird und wie diese Frau es tut:

»Ich habe Dorothy gehaßt. Sie hat sich pausenlos an John rangeschmissen. Ich habe sie tausendmal gebeten, ihn in Ruhe zu lassen. Aber sie sagte mir, daß sie tut, was ihr gefällt. Und am Ende hatten sie dann ein Verhältnis, obgleich ihr Mann ihr gedroht hatte, sie zu verlassen, wenn sie einen anderen hätte. Eines Abends traf ich sie und sagte ihr, daß ich es ihrem Mann erzählen würde. So wütend war ich. Aber sie sagte: ›Das wirst du nicht tun.‹ Da holte ich aus und haute ihr eine runter, und dann gab es eine regelrechte Prügelei. Ich gewann – aber das half gar nichts, denn sie waren auch weiterhin zusammen. Ich darf nicht vergessen, daß John genauso Schuld hatte wie sie.«

Manche Frauen überlegen sich, ob sie nicht auch eine Liebesaffäre haben sollen:

»Mein Mann schien es gern zu haben, wenn ich zu Hause blieb, mich um die Familie kümmerte, aber dann erfuhr ich, daß er mit anderen berufstätigen Frauen Affären hatte.

Ich sehe meine Hauptaufgabe darin, Hausfrau und Mutter zu sein. Es liegt mir, mich um andere zu kümmern und für sie zu sorgen – vor allem für meine Kinder und für meinen Mann. Ich mag es, anderen Menschen zu helfen. Ich mag gern eine Mutter sein. Ich betreibe auch ein kleines Geschäft für kunstgewerbliche Dinge – nur sehr begrenzt –, außerhalb unserer Wohnung. Ich bin ein Durchschnittsmensch, zweiunddreißig Jahre alt, habe den High School-Abschluß. Aber ich bin ein soziales Wesen – ein Mensch, der die Gabe hat, etwas zu geben, und der Bedürfnisse hat, die von anderen Menschen befriedigt werden müssen. Ich überlege mir, ob ich mich nicht außerhalb unserer Ehe nach jemandem umsehen soll, der meine emotionalen Bedürfnisse befriedigt.«

Aber 14 Prozent der verheirateten Frauen denken ziemlich positiv über Liebesaffären ihrer Ehemänner:

»Ich finde, er soll ruhig ein paar Erfahrungen sammeln; dann merkt er, wie gut er es bei mir hat, und vielleicht lernt er auch sexuell dazu.«

»Ich habe mich freier gefühlt, nachdem er eine Freundin hatte.«

»Mein Mann behauptet, mir während unserer ganzen Ehe treu gewesen zu sein. Ich glaube ihm. Ich würde es gern sehen, wenn er ein Verhältnis hätte, vielleicht würde ihm das die Augen öffnen und er wüßte endlich, was eine ›Frau in den achtziger Jahren‹ von ihrem Sexualpartner erwartet.«

»Das liegt ganz bei ihm. Ich brauche es nicht zu wissen.«

»Wenn mein Mann mir untreu wäre, könnte ich nur hoffen, daß er es genausogut vor mir verbirgt, wie ich es vor ihm verberge. Aber wie ich ihn kenne, würde er es nicht für sich behalten können. Ich würde mich deswegen nie von ihm scheiden lassen. Ich glaube, das gehört zum Leben. Allerdings möchte ich bei ihm immer die erste Stelle einnehmen.«

»Ich bin sicher, daß mein Partner zur Zeit keine andere Frau hat, obgleich das früher häufiger vorgekommen ist. Das hat mich überhaupt nicht gestört. Irgendwie finde ich es schön, daß er anderen seine Zuneigung zeigen kann. Ich brauche mir keine Sorgen zu machen, daß er mich anlügt – er erzählt es mir immer sofort (seine katholischen Schuldgefühle?); außerdem hat er keinen Grund, mich anzulügen. Und wer weiß, vielleicht lernt er dabei ja ein paar neue Tricks.«

Wie Männer auf die Liebesaffären ihrer Frauen reagieren

40 Prozent der Männer reagieren äußerst heftig, wenn sie von den Liebesaffären ihrer Frauen erfahren*:

»Ich habe meinen Mann betrogen, nachdem er mich betrogen hatte. Ich habe es aus Rache getan, und auch, um endlich einmal wieder zu hören, daß ich hübsch und wunderbar sei – Liebe und so. Ich hatte hinterher ein furchtbar schlechtes Gewissen und habe in Wahrheit nur meinen Mann geliebt. Ich habe ihm verziehen, aber er hat es mir nie wirklich verziehen. Es hat unserer Beziehung geschadet, danach war es nie wieder so wie früher.«

Eine Frau berichtet über die verheerenden Folgen ihrer Liebesaffäre:

---

* Allerdings haben auch nur ein Viertel aller Frauen, die Liebesaffären hatten, zugelassen, daß ihre Ehemänner davon erfuhren. Die meisten (74 Prozent) blieben geheim.

»Vor ein paar Jahren war ich ganz schrecklich in einen anderen Mann verliebt. Und nach zwei Monaten wurde der Konflikt unerträglich. Mein Mann verließ mich, und meine Liebesaffäre kam an die Öffentlichkeit. Ich verlor sämtliche Freunde, meine Kinder wurden in der Schule von allen gemieden, und ihre Freunde durften sie auch nicht mehr zu Geburtstagspartys, zum Übernachten usw. einladen. Man sagte mir, daß ich ›für die Gemeinde tot‹ sei, und genauso kam es mir vor.

Der Mann, mit dem ich das Verhältnis hatte, schwor seiner Frau und unseren Freunden, daß er nie wieder den Versuch machen würde, mit mir Verbindung aufzunehmen, und daß er es ihnen erzählen würde, wenn ich wieder mit ihm Verbindung aufnähme. (Einmal tat ich es, aber er ›erzählte‹ niemandem davon.) Ich ging zu einem Therapeuten, brauchte aber ein Jahr, bis ich mich einigermaßen davon erholt hatte. Aber ich leide immer noch darunter. Ich habe Depressionen und ein schreckliches Gefühl von Verlust, Träume und das Verlangen, ›umzukehren‹, um den Schaden, den ich meiner Familie, meinen Freunden und mir selbst zugefügt habe, ungeschehen zu machen.«

Aber die überwältigende Mehrheit der Frauen in dieser Untersuchung sind nicht der Meinung, daß ihr Leben »ruiniert« ist, wenn bekannt wird, daß sie oder ihr Mann ein außereheliches Verhältnis haben. Vielmehr scheint das eine günstige Gelegenheit für beide, sich einmal zusammenzusetzen und miteinander zu reden, um für ihre Beziehung eine neue Basis zu finden – oder auch, um sich zu trennen.

Aber erstaunlicherweise reagieren 60 Prozent der Männer auf die Liebesaffären ihrer Frauen eher gelassen, manchmal sogar gelöst, ganz im Gegensatz zum Klischee männlicher Verhaltensweisen; liegt das vielleicht daran, daß viele Männer (72 Prozent gemäß dem Hite Report über das sexuelle Verhalten der Männer) selbst heimlich außerehelichen Geschlechtsverkehr haben und sich erleichtert fühlen, wenn sie entdecken, daß sie nicht die einzigen sind?

»Mein Mann fand heraus, daß ich mit einem engen Freund von uns ein Verhältnis hatte, das schon mehrere Jahre anhielt. Er war wütend, aber nicht übermäßig. Und in den letzten sieben Jahren hat er mir gezeigt, was Liebe wirklich bedeutet. Er hat mich nicht geschlagen oder rausgeworfen und auch sonst nichts von dem getan, was Männer in solchen Fällen angeblich tun. Er hat mich in den Arm genommen – er hat mir gesagt, daß er mich liebt, und am Ende hat er mir verziehen und es vergessen (mehr als ich selbst unter diesen Umständen fähig wäre) und jetzt hat er wieder Vertrauen zu mir. Noch nie habe ich mich so geliebt und geborgen gefühlt.«

»Ich hatte eine ernste und sehr gefühlsbetonte Liebesaffäre mit einem Freund von uns. Mein Mann hat diese Beziehung sogar gefördert, um mich an sich zu binden. Er wußte, daß meine emotionalen Bedürfnisse in unserer Ehe nicht befriedigt wurden, und ließ lieber zu, daß ich bei jemand anderem Befriedigung suchte, anstatt sich selbst zu bemühen, mir zu geben, was ich brauchte – das war für ihn die beste Lösung.«

»Vor zweieinhalb Jahren hatte ich ein Verhältnis, das sechs Monate dauerte. Ein paar Wochen, nachdem ich mit meinem Liebhaber zum letzten Mal geschlafen hatte, erzählte ich meinem Mann davon. Ich hatte ziemliche Angst. Er kannte den Mann, und ich nahm an, er würde sich vielleicht darüber lustig machen: ›Der? Hast du keinen Besseren gefunden?‹ Oder daß er vielleicht wütend sein würde: ›Hat dir unsere Beziehung nicht mehr bedeutet?‹ Aber er reagierte weder auf die eine noch auf die andere Weise. Er war ziemlich schockiert und wollte wissen, wie ernst es sei. Ich versprach ihm, mit diesem Mann keine regelrechte Sexbeziehung fortzuführen. Er sagte, darüber sei er froh. Und von da an hat er meine Privatangelegenheiten respektiert und mich nicht mehr danach gefragt. Daß es vorbei ist, weiß er eigentlich nur, weil dieser Mann im letzten Sommer von hier weggezogen ist.

Ich hatte erwartet, daß mich mein Mann kühl behandeln würde, denn ihm mußte klar sein, daß ich eigentlich nicht ihn begehrte, sondern meinen Liebhaber, den ich kurz zuvor gesehen hatte. Aber ganz im Gegenteil: Er war so gefühlvoll und liebevoll, als hätten wir nie ein Wort darüber verloren. Vielleicht gerade deshalb! Ich schätze, man beobachtet den andern viel schärfer, nachdem so was rausgekommen ist.

Das Verhältnis mit dem andern Mann war für mich eine wundervolle emotionale Erfahrung. Er fühlte sich sehr stark zu mir hingezogen, sagte, daß er mich schön fände. Das war wunderbar für mich, weil ich mich nie für besonders schön gehalten habe. Ich fühlte mich immer geschmeichelt, wenn er wissen wollte, wo ich gerade war, und mich überall suchte. Er kannte meinen Tagesablauf und ging draußen vorbei, wenn ich in der Arbeit war, nur um sich zu vergewissern, daß ich dort war.

Er erzählte seiner Frau nichts von uns. Das war schrecklich für mich. Manchmal träumte ich, wie sie mich anrief und außer sich war vor Wut (ich kannte sie flüchtig). Einmal sagte er zu mir: ›Sie will es nicht wissen.‹ – ›Und was würde sie tun, wenn sie es erführe?‹ – ›Das weiß ich nicht, aber das eine weiß ich sicher: Sie würde besser damit fertig werden als ich, wenn ich erführe, daß sie einen anderen Mann hat.‹ Aber er würde nie zulassen, daß sie mit einem anderen Mann ein Verhältnis hat. Er begriff überhaupt nicht, welche Ironie darin steckte. Er konnte es nicht rechtfertigen. Er konnte nur sagen, wie es war.«

Nur in ganz wenigen Ehen (5 Prozent) gibt es Abmachungen über eine »offene Ehe«. Solche »offenen« Beziehungen funktionieren nur selten. Eine junge Lehrerin berichtet:

»Ich bin einunddreißig, Lehrerin an der High School, ich wohne mit meinem Mann und meiner Tochter in einer kleinen Stadt. Ich fühle mich am wohlsten, wenn ich mich körperlich betätige – schwimmen, nach Rockmusik tanzen und vor allem mit jemandem schlafen. Zusammen mit einem anderen Partner in ›beschwingter‹ Stimmung rumschmusen und schlafen, oder mit meinem Liebhaber, oder auch mit meinem Ehemann – das ist für mich ›das höchste‹.

Ich liebe meinen Ehemann, mit dem ich fast fünfzehn Jahre verheiratet bin. Ich bin auch in Jim verliebt. Jim ist mein Liebhaber und ein paar Jahre jünger als ich. Und dann liebe ich noch meine Tochter, die jetzt sieben Jahre alt ist. Ich habe mich noch nie mit einem Menschen so eng verbunden gefühlt wie mit meinem Mann, nachdem er mit einer anderen Frau zusammen gewesen ist, oder ich mit einem anderen Mann. Das ist schon einige Male vorgekommen. Dann herrschte zwischen uns eine starke emotionale Spannung, und wir hatten beide das Gefühl, daß unsere Beziehung bereichert worden war – es war unheimlich intensiv.

Das Gefühl, eine Familie zu haben und die Sicherheit, mich völlig auf uns drei konzentrieren zu können, ein Haus zu bauen – ist das wichtigste an unserer Beziehung. Und auch, daß wir aneinander einen ständigen Sexualpartner haben. Ich glaube, wir lieben uns ›auf der gleichen Ebene‹. Mir bedeuten außereheliche Beziehungen, glaube ich, mehr als ihm. Er genießt es, die Freiheit zu haben, ›es tun zu können, wenn…‹ Aber ich habe es schon öfter getan als er.

Ich hätte mir nie träumen lassen, daß meine Ehe so schön sein würde. Sie erfüllt meine ›tiefsten Bedürfnisse nach der Nähe mit einem anderen Menschen‹. Aber niemand kann für einen anderen Menschen alles sein. Die Dinge, die ich mit meinem Mann teilen kann – wilde, impulsive, dramatische Gefühle – teile ich im Augenblick mit meinem Liebhaber. Heimliche Liebe in einem Lieferwagen, ein Abend bei Vollmond an einem Teich, eine Nacht, in der ich erst um halb vier Uhr morgens wieder gegangen bin – all diese Dinge habe ich mit meinem Liebhaber schon über drei Jahre. Ich genieße es und möchte es nicht missen. Ich hoffe, er findet einmal eine Frau, die seine Beziehung zu mir versteht. Aber ich fürchte, das wird nicht so einfach sein. Daß ich all das in meine Ehe einbringe, daß ich fähig bin, Teile meiner Reaktionen (nicht alle) mit meinem Mann zu teilen, hat das Gefühl für Nähe und Individualität vertieft – und außerdem kommen dadurch phantastische Erlebnisse beim Liebesspiel zustande.

Mir vermittelt meine ›Liebesaffäre‹ ein großartiges Gefühl, obgleich ich mir natürlich bewußt bin, daß sich mein Mann dadurch gestört fühlt, und auch mein Liebhaber (der sich nicht durch allzu große emotionelle Erwartungen meinerseits ›angebunden‹ fühlen möchte). Mein Mann wußte von Anfang an davon – seit wir zum ersten Mal zusammen geschlafen haben.

Mein Mann und ich waren beide immer an sexueller Abwechslung interessiert (mein Mann mehr als ich, weil ich die einzige Frau war, mit der er geschlafen hatte). Zu unserem Erstaunen stellten wir fest, daß beim Partnertausch die emotionale Gemeinsamkeit und Intimität zumindest genauso wichtig ist wie der sexuelle Teil. Wenn man seine Erfahrungen mit jemandem teilt, geht man auch mehr aufeinander ein – und kann alles viel mehr genießen. Wir sind jetzt fünfzehn Jahre zusammen und langweilen uns kein bißchen. Das finde ich aufregend.

Ich finde es widerlich, daß man Monogamie als ›Treue‹ bezeichnet. Mein Mann hat mal mit einer anderen Frau geschlafen, für die er sehr viel empfunden hat (sie ist jetzt verheiratet und lebt in Texas), aber auch Gruppensex gemacht. Es ist nicht leicht, allein zu sein, wenn man weiß, daß der Mensch, den man liebt und mit dem man verheiratet ist, gerade mit jemand anderem zusammen ist und wahrscheinlich mit ihm Geschlechtsverkehr hat, aber ich bin überzeugt, daß es sich lohnt – wegen des Gefühls der Dazugehörigkeit und der Freiheit und wegen der erweiterten Erfahrungen. Ich war sehr überrascht, als ich vor einigen Jahren erfuhr, daß mein Mann schon einmal genauso lange sexuelle Beziehungen zu einem männlichen Freund unterhalten hatte wie zu mir. Er hatte zwiespältige Gefühle deswegen (er hatte mir jahrelang nichts davon gesagt) und war der Meinung, ›verführt‹ worden zu sein. Wir drei führen jetzt eine harmonische ›Dreisamkeit‹, wenn wir zusammenkommen.

Ich bemühe mich auch, meine Freundschaft mit Frauen zu vertiefen. Im Augenblick habe ich keine ›beste Freundin‹. Aber ich treffe mich mit mehreren im Familienkreis (wir spielen Karten, essen zusammen), und dann sind unsere Ehemänner und Kinder dabei. Ich würde diese Frauen gern näher kennenlernen, aber dazu ist es noch nicht gekommen.«

Aber viele Frauen, die eine »offene« Ehe geführt haben, sind »ausgestiegen«, weil es ihnen nicht gefiel:*

---

* Angst vor irgendwelchen Krankheiten, die beim Geschlechtsverkehr übertragen werden, wie etwa AIDS oder Herpes, waren nicht der Anlaß dafür.

»Ich glaube, daß ich am liebsten monogam sein würde, und nach allem, was ich beobachtet habe, geht es den meisten anderen Menschen genauso. Als ich Mitte zwanzig war, vor ungefähr zehn Jahren, haben mein erster Mann und ich eine ›offene‹ Ehe geführt. Die Idee stammte von ihm, denn er hatte sich in eine Freundin von mir verliebt und wollte mit ihr schlafen. Er wollte ›absolut ehrlich‹ sein. Zuerst war ich schockiert, aber nachdem ich darüber nachgedacht hatte, glaubte ich, daß es unserer Ehe ›guttun‹ würde. Außerdem fühlte ich mich schon seit einiger Zeit von anderen Männern angezogen.

Als erstes änderten wir unseren Lebensstil, als hätten wir einen neuen religiösen Glauben angenommen. Es war das vollkommene Leben – für alle, und jeder, dem es nicht gefiel, war nicht ›reif‹. Mein Mann und all die anderen Männer, denen ich begegnete, wollten unbedingt ›sexuelle Freiheit‹, aber in Wirklichkeit konnten sie nicht damit umgehen. Der Gedanke, daß ›ihre Frau‹ (diejenige, mit der sie öffentlich identifiziert wurden) mit einem anderen Mann schlief, war ihnen unerträglich. Aber zu diesem Zeitpunkt hatte ich bereits mehrere Liebesaffären hinter mir.

Am Ende ließen wir uns scheiden. Ich hatte in den folgenden zwei Jahren weiterhin Liebesbeziehungen und predigte allen meine Philosophie. Und schließlich lernte ich meinen jetzigen Mann kennen. Ich erklärte ihm sofort, daß ich nicht an Monogamie glaube. Er sagte, ›na schön, vielleicht glaubst du nicht daran, aber ich tu's, und dann verabschiedete er sich. Ich dachte darüber nach, und mir wurde klar, daß ich den absolut vollkommenen Mann laufen ließ, nur weil ich einer verrückten Philosophie nachhing. Ich erkannte auch, daß sich all die anderen Beziehungen nie weiterentwickeln würden, da wir einander nie trauen konnten. Wir mußten uns davor schützen, verletzt zu werden, daher kamen wir uns nie nahe genug, um verletzt werden zu können. Ich ging zu ihm und sagte ihm, daß ich die Monogamie akzeptieren würde (hatte aber doch noch einige Vorbehalte).

Im Augenblick ist es für mich unvorstellbar, all das, was wir gemeinsam aufgebaut haben, wegen einer vorübergehenden, begrenzten Beziehung aufzugeben. Vier oder fünf meiner Freundinnen, die ebenfalls offene Beziehungen eingegangen sind, sind zu dem gleichen Schluß gekommen. Manche haben ihre ursprüngliche Beziehung wieder zusammengeflickt, andere sind neue eingegangen, feste Beziehungen, aber keine der Frauen (und keiner der Männer) glaubt noch daran, daß offene Beziehungen funktionieren. Was heimliche Liebesaffären betrifft – die sind, glaube ich, manchmal nötig, um sich selbst etwas zu ›beweisen‹. Natürlich ist es riskant, denn aufregende Liebesaffären lassen die echte Beziehung manchmal langweilig erscheinen, trotzdem habe ich das Gefühl, daß sie auch konstruktiv sein können –

wenn man sie geheimhalten kann. Die größte Gefahr besteht darin, daß Selbstverständnis des Partners zu zerstören und sein Vertrauen zu verlieren – die Grundlage für eine gute Beziehung. Mir liegt in meiner gegenwärtigen Beziehung so viel daran, das Vertrauen zu bewahren, daß ich nicht einmal darüber reden würde, wenn ich jemanden anziehend fände, nicht einmal jemanden im Fernsehen. Mein Mann verhält sich mir gegenüber genauso. So daß ich das Gefühl habe, für ihn die begehrenswerteste Frau auf der ganzen Welt zu sein. Genauso wie er für mich der begehrenswerteste Mann ist.«

Die »andere« Frau sein

52 Prozent der Single-Frauen finden es falsch und/oder nutzlos, mit verheirateten Männern auszugehen, und tun es nicht:
»Es ist eine Sünde, neben der Ehe Sex zu haben, oder auch ›nur‹ mit jemandem, der verheiratet ist, ›auszugehen‹.«
»Ich habe mit dem Gedanken gespielt, hielt es dann aber für destruktiv, und schließlich gibt es ja genug andere.«

Manche wollen sich gegenüber anderen Frauen loyal verhalten:
»Ich lehne es ab, mich mit einem Mann zu treffen, der verheiratet ist. Ich halte das für einen Verrat an meinem eigenen Geschlecht. Das Establishment hat die Frauen betrogen, und sie haben es schon zu lange zugelassen. Die feministische Bewegung hat mein Leben auf vielfache Weise verändert, und dazu gehört auch, daß ich nie eine andere Frau betrügen würde, egal wie verzweifelt ich mich nach Sex oder Zuneigung sehne.«
»Ich bin mit einem verheirateten Mann gegangen, der mir nicht gesagt hat, daß er verheiratet ist. Als ich es erfuhr, habe ich sofort Schluß gemacht. Ich will nicht das fünfte Rad am Wagen sein. Ich will keinen Ärger, und seine Frau bestimmt auch nicht. Mir ist es wichtiger, Frauen zu unterstützen als Männer, selbst wenn ich sie nicht kenne. Wenn er (der Ehemann) fremdgeht, dann stimmt's in der Ehr wahrscheinlich nicht, und da will ich nicht hineingezogen werden.«

Aber erstaunliche 45 Prozent der alleinlebenden Frauen finden nichts dabei, mit verheirateten Männern auszugehen:
»Als Single hatte ich Beziehungen zu verheirateten Männern. Einmal eine ziemlich lange. Ich kam mir gemein vor – aber es war aufregend.«

»Ich habe es getan, vor und während meiner Ehe – es war doppelt so schlimm, aber sehr aufregend – wegen der Gefahr, die damit verbunden war.«

»Ich gehe im Augenblick mit einem verheirateten Mann. Das ist gar nicht so schwierig, wie ich gedacht hatte. Im Gegenteil, es ist ziemlich einfach. Wir haben eine gute Beziehung, ohne allzu große Erwartungen.«

»Ich war schon mit vielen verheirateten Männern zusammen. Die sind genauso wie alle andern Männer auch – manche fand ich nett, andere nicht.«

»Manchmal hat es mir Spaß gemacht, mich mit verheirateten Männern zu treffen, während ich eine feste Beziehung hatte. Ich finde das sehr praktisch, weil sie ihre wesentlichen Bedürfnisse bei anderen befriedigen und wir uns eine schöne Zeit machen können. Manchmal brauche ich jemanden, der mir besonders wichtig ist, und dann machen mir verheiratete Männer keinen Spaß.«

»Ich bin schon mit vielen verheirateten Männern gegangen. Daß sie verheiratet waren, hat mir nichts ausgemacht. Das hat es nur noch verlockender gemacht. Damals wollte ich keine feste Bindung. Über die Frauen habe ich mir nicht viel Gedanken gemacht. Ich war viel zu sehr auf Männer fixiert. Ich habe in den Ehefrauen keine Schwestern oder überhaupt die andere Frau gesehen. Sie waren mir einfach nicht wichtig genug, um mir über sie Gedanken zu machen. Ich sagte mir: ›Schließlich schlafe ich mit ihm, nicht mit seiner Frau.‹«

Wie wir gesehen haben, hören sich solche Beziehungen oft erstaunlich »normal« an:

»Am schönsten ist es, wenn wir zusammen reden und lachen. Er wirkt so beruhigend auf mich. Und er kann sehr zärtlich sein. Er redet nicht viel, aber er zeigt mir seine Gefühle. Er hält mich in den Armen, und wir reden über alles. Wenn er mir einen Kuß gibt, bevor er geht, habe ich das Gefühl, daß er viel lieber bei mir bleiben möchte. Ich fühle mich so wohl, wenn er bei mir ist. Ich wünschte nur, er könnte sich von den Schuldgefühlen befreien, die ihn gelegentlich bedrücken.«

Eine Frau findet es besonders schmeichelhaft, von einem verheirateten Mann begehrt zu werden:

»Es ist aufregend, von einem Mann begehrt zu werden, der eine Frau hat, die er ja irgendwann auch mal begehrenswert gefunden haben muß und die zu Hause auf ihn wartet. Trotzdem, ein verheirateter Mann ist immer ein Rätsel, denn man weiß nie, ob er nicht nur mit einem spielt.«

*Aber andere Frauen sagen, daß sie vor verheirateten Männern mit außereheli-
chen Beziehungen keine Achtung haben; eine, die selbst einmal eine kurze Liebesaffäre mit einem verheirateten Mann hatte, hält es für »Selbstbetrug«, eine
Ehe aufrechtzuerhalten, in der man sich nicht wohl fühlt:*

»In meinem ersten College-Jahr war ich kurze Zeit mit einen verheirateten Mann zusammen. Ich fand, daß er ein Feigling war, weil er sich
nicht entschließen konnte, seine kaputte Ehe zu beenden, und beschloß, mir den ganzen Ärger zu ersparen, indem ich mit ihm Schluß
machte. Wir haben dann nie wieder miteinander geschlafen. Er war
ein netter Mann und ein hervorragender Künstler, aber er besaß einfach keinen Charakter. Ich glaube nicht, daß ich noch einmal was mit
einem verheirateten Mann anfangen würde.«

*Die meisten Frauen sind anderer Meinung, aber 22 Prozent halten eine Bezie-
hung zu einem verheirateten Mann für unbefriedigend und schmerzhaft:*

»Es war die Hölle. Nie war er da, wenn ich ihn brauchte – nie fuhren
wir zusammen in den Urlaub. Soviel Kummer – das war die Sache
nicht wert.«

»Es war, als stünde eine Mauer zwischen uns, als wäre er nie ganz
bei mir.«

»Als mein verheirateter Liebhaber mit mir Schluß machte, habe ich
ihn gehaßt und keine Ruhe gegeben, bis ich ihn zurück hatte und er
sich scheiden ließ – und dann habe ich mit ihm Schluß gemacht!«

»Meine erste sexuelle Erfahrung hatte ich mit einem älteren, verheirateten Mann. Ich habe mich sehr einsam gefühlt. Ich glaube, jede
Frau tut das. Darauf zu warten, daß er einen anruft, daß er Zeit hat,
usw. Sogar wenn ich mit ihm zusammen war, habe ich mich einsam
gefühlt, weil ich wußte, daß er mich immer allein lassen würde.
Nachts hab' ich mich in den Schlaf geweint.«

*Manche Frauen kommen sich billig vor oder fühlen sich unbehaglich wegen der
ständigen Heimlichtuerei:*

»Ich hatte mal ein Verhältnis mit einem verheirateten Mann. Es war
nicht schön, weil ich mir immer wie eine Komplizin seiner Untreue
vorkam. Nach drei erfolglosen Versuchen gelang es mir schließlich,
mit ihm Schluß zu machen, aber ich habe diesen Mann angebetet...
Ich war seit zwei Jahren geschieden, als ich ihn kennenlernte. Es war
die reinste Ironie – denn in meiner Ehe hatte es keine Untreue gegeben, und jetzt hatte ich damit zu tun. Ich kann nur jedem davon abra-
ten – ich glaube, daß ein alleinstehender Mensch von demjenigen, der
verheiratet ist, manipuliert wird, weil er nicht den Mut hat, unter seine
schlechte Ehe einen Schlußstrich zu setzen. Am Ende hatte ich das Gefühl, daß ich nur zu seiner Unterhaltung da war – seine Gratishure.«

Oder sie haben Schuldgefühle:
»Seine Frau und seine Kinder taten mir sehr leid. Ich überlegte sogar, ob ich nicht bei ihr anrufen und ihr alles erzählen sollte. Das sagte ich ihm auch. Aber es war ihm egal, weil er sie angeblich nicht mehr liebte und sie es wüßte. Er wollte sich von ihr scheiden lassen und mich heiraten. Aber ich hatte sie viel zu gern und ein schrecklich schlechtes Gewissen. Ich sagte ihm, daß ich nichts mehr mit ihm zu tun haben wollte, bis er geschieden war. Er bat mich, ein Jahr auf ihn zu warten. Aber das konnte ich ihm nicht versprechen. Ich dachte viel darüber nach und kriegte es einfach nicht aus meinem Kopf, daß ich eine Ehe kaputtgemacht hatte. Dann lernte ich jemand anders kennen. Er ist noch immer mit seiner Frau zusammen. Das finde ich gut so. Außerdem – wenn er mich geheiratet hätte, was hätte ihn dann wohl davon abhalten sollen, mich genauso zu ›betrügen‹, wie er es mit ihr getan hat?«

Die meisten Frauen ziehen es vor, nicht darüber nachzudenken, ob ihr Liebhaber auch noch mit seiner Ehefrau schläft:
»Es ist für ihn schwer, mir treu zu sein, schließlich ist er verheiratet. Ich wußte vorher, daß er eine Frau hat, und mußte mich damit abfinden. Ich mache mir keine Gedanken, ob er mit seiner Frau schläft, denn ich weiß, daß er mir gehört, auch wenn wir nicht zusammen sind.«
»Ich weiß, daß ich nicht die einzige Frau in seinem Leben bin. Das gefällt mir nicht, aber ich kann nichts dagegen tun.«

Manche fühlen sich durch die Einschränkungen »sicher«:
»Die Tatsache, daß er verheiratet war, war überhaupt kein Problem für mich. Im Gegenteil. Dadurch fühlte ich mich viel sicherer. Ich wußte, daß er mich nicht bedrängen konnte, ihn zu heiraten.«
»Ich habe mich nur mit ihm eingelassen, weil er verheiratet ist. Das schützt mich davor, allzu starke Gefühle zu entwickeln und den Boden unter den Füßen zu verlieren.«

Frauen, die verheiratet sind, stellen fest, daß sie mit einem ebenfalls verheirateten Mann ein gut funktionierendes Verhältnis haben können. Heißt das, daß sie trotzdem noch »die andere Frau« sind? Ja:
»Mein Liebhaber ist verheiratet. Jetzt macht es mir nichts mehr aus, daß er verheiratet ist, aber als ich noch allein war, hat es mich schrecklich gestört. Ich bin jetzt glücklich verheiratet, und da ist es mir eigentlich egal, ob mein Liebhaber verheiratet ist oder nicht.«
»Meine zweite Liebesaffäre war mit einem verheirateten Mann. Das war besser als alles andere. Verheiratete Männer beanspruchen nicht

so viel von meiner Zeit – wenn ich auch verheiratet bin. Eine Zeitlang habe ich allein gelebt, und da war es mir verhaßt, immer auf ihn warten zu müssen. Ich verstehe jetzt viel besser, wie sich die männlichen Singles in meinem Leben gefühlt haben müssen. Wenn man von Anfang an weiß, daß ein verheirateter Mann seine Frau nicht verlassen wird, kann man, glaube ich, eine ziemlich gute Beziehung aufbauen. Man darf nur nie von ihm erwarten, daß er seine Frau verläßt. Denn wenn er es tatsächlich tun würde, würde man ihm niemals trauen können, wenn man selbst mit ihm verheiratet wäre.«

Single-Frauen nehmen ihre Beziehungen mit verheirateten Liebhabern wahrscheinlich ernster als verheiratete Frauen*:
»Es ist schön, jemanden zu lieben. Es ist nur etwas frustrierend, weil er mit einer anderen Frau verheiratet ist. Er liebt sie und seine kleinen Kinder sehr und will sie nicht verlassen. Das verstehe ich und akzeptiere es auch, aber ich wünschte, wir hätten mehr Zeit für uns. Vielleicht liegt es daran, daß wir uns nicht als selbstverständlich hinnehmen. Die Zeit, die wir zusammen verbringen, ist sehr kostbar. Es ist anders als sonst mit Männern. Ich bin sehr glücklich, wenn wir zusammen sind, und auch, wenn wir nicht zusammen sind.«
»Ich liebe meinen Freund sehr. Ich glaube, daß wir sehr starke Gefühle füreinander haben. Ich liebe ihn um seiner selbst willen. Ich akzeptiere ihn so, wie er ist. Er ist in bezug auf sein ›anderes Leben‹ offen und ehrlich mit mir. Er braucht sich nicht zu bemühen, Eindruck auf mich zu machen. Es tut mir weh, wenn er Kummer hat. Es tut mir weh, wenn ich sehe, wie er gegen sein schlechtes Gewissen ankämpft. Ich liebe ihn so sehr, daß ich ihn loslasse, wenn es für ihn zuviel wird. Ich bin ein besserer Mensch, weil ich ihn liebe, und wenn ich ihn je freigeben müßte, würden wir beide wissen, daß es eine ganz besondere Liebe war.«
»Wenn wir zusammen sind, können wir alles tun und denken. Und wir sind Freunde, wahre Freunde. Aber wir können nicht heiraten. Glücklich? Ja, weil wir zusammengehören. Er würde mich gern als seine Frau mit nach Hause nehmen – und manchmal weint er, weil er es nicht tun kann. Ein großer, starker, wunderbarer Mann. Es tut ihm weh, daß er nicht für mich sorgen kann!«
»Ich liebe ihn so sehr, und ich weiß, daß ich ihn niemals aufgeben kann, selbst wenn ich ihn niemals ganz für mich allein haben werde. Die einzige Möglichkeit, von ihm getrennt zu werden, ist der Tod. Ich weiß, daß seine Frau irgendwann von unserer Beziehung erfahren wird. Ich möchte ihr nicht weh tun, ich kenne sie nicht, aber es gibt

---

* Single-Frauen, die ihre verheirateten Liebhaber lieben, sind eher monogam.

mehr im Leben, als eine Ehefrau zu sein und Geld auszugeben, gesellschaftliche Pflichten auszuüben und zu sagen, daß man Frau Soundso
ist. Solange ich ihn glücklich mache und er mich glücklich macht, werden wir zusammenbleiben. Er möchte, daß ich mir jemanden suche
und heirate und glücklich bin, aber er sagt auch, daß es ihm weh tun
würde und schrecklich für ihn wäre.«

*Eine Frau über fünfzig schildert, wie schlimm es für sie war, als ihr Liebhaber
sie plötzlich verließ und zu seiner Frau zurückkehrte, denn sie hatte diese Beziehung sehr ernst genommen:*

»Ich bin fünfundfünfzig, wurde nach fünfundzwanzig Jahren Ehe
geschieden, habe drei Kinder, zwei Enkelkinder. Ich habe zwanzig
Jahre lang als Sekretärin gearbeitet und nebenher noch Tupperware
verkauft. Ich bin Christin und sehr fromm. Ich fühle mich nicht so alt,
wie ich bin, und benehme mich, glaube ich, auch nicht so.

Ich hatte im vergangenen Jahr ein Verhältnis, das jetzt zu Ende gegangen ist. Diese Beziehung hat mir viel gegeben – Liebe, Leidenschaft, sexuelle Intimität, Selbstvertrauen. Aber ich war nicht glücklich, weil er noch nicht geschieden war. Ich mußte immer dagegen ankämpfen, außer wenn wir zusammen waren; dann habe ich es einfach
genossen, mit ihm zusammen zu sein. Alles war schön – mit ihm zu
schlafen, zu reden, zueinander lieb zu sein. Aber wir konnten nie zusammen ausgehen, weil er noch verheiratet war.

Schließlich sagte er mir, daß er mich liebt und schon immer geliebt
habe, aber er sagte auch, daß er mich nicht heiraten könne. Von
Schlußmachen sagte er nichts. Dann hörte ich etwa zwei Wochen lang
nichts von ihm, und ich rief ihn an, aber er war nicht da und rief auch
nicht zurück. Eine Woche später rief ich ihn wieder an – umsonst. Am
Ende der Woche rief er mich dann an. Ich sagte, daß er sich gut anhöre,
und er sagte ja, zu Hause liefe alles gut, und sie hätten beschlossen, es
drei Monate lang zu versuchen. Er fragte mich, ob ich am nächsten Tag
mit ihm essen ginge, aber er kam nicht. Und seitdem habe ich nichts
mehr von ihm gehört.

Ich war sehr verletzt, weil er ohne ein Wort gegangen war, weil ich
geglaubt hatte, daß wir eine sehr tiefe Freundschaft gehabt hätten und
daß wir in der Lage sein sollten, darüber zu reden. Ich dachte, er
würde mich gut genug kennen, um zu wissen, daß ich ihm keine
Szene machen würde. Er war meine erste wahre Liebe, und alles war
so schön. Ich ging fast kaputt. Ich brauchte sehr lange, um mich wieder zu fangen, um die Tatsache zu akzeptieren, daß ich ihn nie wiedersehen würde. Er war der Mittelpunkt meines Lebens. Ich hielt immer
alles offen, was ich tat, nur um jederzeit mit ihm zusammen sein zu
können.

Nach acht Monaten habe ich endlich eingesehen, daß Schluß war. Niemand wußte von dieser Beziehung, daher konnte ich auch mit niemandem darüber reden. Es war sehr schwer. Ich habe viel gebetet. Bis ich endlich akzeptieren konnte, was passiert war, mußte ich unaufhörlich an ihn denken. Ich konnte ihn einfach nicht vergessen. Jetzt habe ich es endlich geschafft. Aber manchmal, wenn mich irgend etwas an ihn erinnert, gibt es mir noch immer einen Stich. Doch ich weiß jetzt, daß es aus ist.«

Und was passiert mit »dem anderen Mann«?

Und dann wäre da noch der »andere Mann« – das ist der unverheiratete Mann, der mit einer verheirateten Frau ein Verhältnis hat. Warum ist »der andere Mann« kein so feststehender Begriff wie »die andere Frau«? Diese Konstellation kommt bestimmt nicht so selten vor, daß deshalb sie keinen Namen verdient hätte. Liegt es vielleicht daran, daß durch »die andere Frau« wieder einmal die herrschende Ideologie der Gesellschaft bestätigt wird, daß dieser Begriff geschaffen wurde, um die alleinlebenden Frauen anzuprangern, daß mit Hilfe dieser doppelten Moral die Frauen für ihre »unerlaubten« Sexbeziehungen bestraft werden sollen, nicht aber die Männer. Dann wäre das ein gutes Beispiel dafür, wie allein schon unsere Sprache Frauen anders bewertet als Männer – nämlich negativ. In diesem Fall geht das Klischee auf den Prototyp der bösen Frau zurück – auf Eva, die Verführerin, für die es kein männliches Äquivalent gibt.

11

Finanzen und Haushalt

Finanzen: Wer verdient das Geld, und wie wird es geteilt?

70 Prozent der Frauen verdienen heute eigenes Geld: Wie wirkt sich das auf die Ehe aus?

In den vergangenen sieben Jahren hat sich die Ehe mehr verändert als je zuvor, denn zum ersten Mal in der Geschichte haben die meisten verheirateten Frauen ein eigenes Einkommen. Wie klein dieses Einkommen auch sein mag – es bedeutet Unabhängigkeit.

Häufig hört man, daß viele Frauen nur aus finanziellen Gründen arbeiten, damit sie ihren Lebensstandard aufrechterhalten oder die Kinder aufs College schicken können, weil einer allein nicht soviel Geld verdienen kann. Aber im Gegensatz zu dieser »Erklärung« (die zu der Ideologie paßt, die sich weigert anzuerkennen, daß sich Frauen ändern) berichten die Frauen, daß sie arbeiten, weil sie gern ein eigenes Leben führen würden. Viele haben die Erfahrung finanzieller Abhängigkeit gemacht und festgestellt, daß sie wie Kinder behandelt und herumkommandiert werden; andere hatten schon immer ihre Arbeit und wollen sie nicht aufgeben, denn sie sind stolz darauf. Natürlich machen die Frauen, genauso wie die Männer, auch die finanziellen Bedürfnisse der Familie geltend und klagen über die Arbeit, die manchmal anstrengend oder langweilig ist. Aber 86 Prozent der Frauen, ob sie nun wegen des Geldes arbeiten, weil es sie unabhängig macht, oder ob sie arbeiten, um »am Leben beteiligt« zu sein – wollen auf keinen Fall wieder in einer Zeit leben, in der die Frauen keine Gelegenheit hatten, eine Arbeit anzunehmen und einen Beruf auszuüben. Sie lieben ihre Arbeit und sie lieben die finanzielle Unabhängigkeit – auch wenn sie ihr Leben mit jemandem teilen wollen.

Wie fühlen sich Frauen, die von ihren Ehemännern finanziell abhängig sind?

87 Prozent der Frauen, die finanziell abhängig sind oder waren, beschreiben diese Situation als unangenehm und unglücklich:

»Ich bin von meinem Mann finanziell abhängig. Das habe ich selbst so gewollt – zu Hause zu bleiben und für die Kinder zu sorgen. Aber ich fühle mich jetzt nicht mehr so unabhängig, wie ich es vor meiner Ehe getan habe, als ich noch einen Beruf hatte. Ich gebe nur selten Geld für mich selbst aus. Ich habe kein gutes Gefühl, wenn ich das Geld von jemand anders für mich ausgebe. Aber mein Mann will nicht, daß ich arbeite. Er will das Familienoberhaupt sein, das uns alle ernährt.«

»Ich habe hin und wieder gearbeitet – aber er bezahlt alles. Ohne ein eigenes Einkommen komme ich mir wie eine Sklavin vor. All die Jahre, in denen ich nur für die Kinder und das Haus da war, das wurde doch alles als selbstverständlich angenommen und von mir erwartet. Und noch dazu muß ich ein schlechtes Gewissen haben, weil ich nicht mehr tue oder getan habe!«

»Ich hatte immer ein schlechtes Gewissen, wenn ich ihn um Geld bitten mußte, und ich habe es nur getan, wenn ich was zu essen einkaufen mußte.«

»Ich war von meinem Mann finanziell abhängig. Das war so lange in Ordnung und kam mir auch völlig normal vor, bis er mich verließ. Da sagte er unter anderem: ›Du brauchst mich ja nur wegen meines Geldes.‹«

»Es kam mir immer so vor, als würde ich dadurch meine Unabhängigkeit verlieren. Ich fühlte mich wie eine schlecht bezahlte oder unbezahlte Angestellte.«

»Das war in meiner Ehe ein Problem. In den letzten drei Jahren, in denen ich keine Arbeit hatte und Jura studierte, kam ich mir wie eine Nutte vor. Jetzt macht es mir nichts mehr aus, obgleich ich von meinem Freund finanziell abhängig bin – denn bis vor ein paar Monaten war er auch von mir finanziell abhängig. (Wir wechseln uns beim Geldverdienen ab.)«

»Ich bin von meinem Mann finanziell abhängig. Das wirft manchmal Probleme auf. Ich bin darüber nicht gerade froh. Es kommt mir komisch vor, wenn ich Geschenke für ihn kaufe und sie mit *seinem* Geld bezahle.«

»Ich war von dem Mann, mit dem ich verheiratet war, finanziell abhängig. Ich hatte ein schlechtes Gewissen, wenn ich sein Geld ausgab. Dann fing er an, mich zu betrügen, und zuerst war ich nicht gerade begeistert davon, bis mir klar wurde, daß ich nun kein schlechtes Gewissen mehr zu haben brauchte, wenn ich sein Geld ausgab. Es war wie ›Rache‹. Reden konnte ich mit ihm nicht darüber, ich konnte mit niemandem darüber reden.«

»Ich bin von dem Mann, mit dem ich zusammen lebe, finanziell abhängig. Das paßt mir nicht, aber ich bin im Augenblick nicht in der Lage, mir meinen Lebensunterhalt selbst zu verdienen. Deshalb bin ich sehr froh, jemanden zu haben, der für mich sorgt. Aber ich mag es nicht, wenn er es mir andauernd vorhält – daß ich ihm ewig dankbar sein müßte und so.«

»Er bestimmt, wieviel Geld ausgegeben wird. Das hasse ich! Ich muß ihn jedesmal um Geld bitten, wenn ich mir ein Kleid kaufen will. Das ist entwürdigend, denn ich arbeite genauso viel wie er, werde aber wie seine Dienerin behandelt.«

»Als ich verheiratet war, war ich finanziell abhängig. Ich hatte ein schlechtes Gewissen, wenn ich für mich persönlich Geld ausgab, auch wenn es sich um etwas handelte, das ich brauchte. Ich hatte immer das Gefühl, daß zuerst die ganze Familie versorgt sein müßte, bevor ich was für mich kaufen konnte. Jetzt sind wir beide berufstätig. Wir teilen alle Kosten ganz genau auf. Wir haben getrennte Konten. Wir finden es besser so. Dadurch ersparen wir uns eine Menge Probleme. Keiner braucht für den anderen aufzukommen. Ich kann es mir leisten, Luxusgegenstände zu kaufen, teure Kleider, über die ich mich freue, ohne ein schlechtes Gewissen haben zu müssen.«

Aber manchmal scheint finanzielle Abhängigkeit kein Problem zu sein; im Gegenteil, für 13 Prozent der Frauen scheint sie zu einer guten Beziehung dazuzugehören:

»Ich war von meinem Ex finanziell abhängig. Das hat mich kein bißchen gestört. Ich war vor meiner Ehe viele Jahre unabhängig und habe immer gearbeitet. Ich war froh, daß ich in den ersten Jahren zu Hause bei den Kindern bleiben konnte. Die Tatsache, daß er das ganze Geld verdiente, schien unsere Beziehung in keiner Weise zu stören. Wenn es notwendig gewesen wäre, daß ich auch arbeite, damit das Geld reicht, dann hätte ich es eben getan, aber sein Einkommen hat völlig ausgereicht.«

»Mein Mann hat es gern, wenn ich zu Hause bleibe. Er verdient gern das Geld für uns alle (ein bescheidenes, aber völlig ausreichendes Einkommen). Als ich noch in die Arbeit ging, hat mir mein Mann sehr geholfen und mich ermutigt, alles zu tun, was für meine Arbeit und meinen Beruf wichtig war. Nachdem ich beide Seiten kenne, finden wir es schöner, so zu leben, wie wir es jetzt tun. Ich genieße die Freiheit und die freie Zeit. Und ihm gefällt es, daß ich glücklich bin und mehr Zeit für ihn habe.«

Haben diese Frauen mehr Selbstvertrauen, und bewerten sie ihre Arbeit im Haus höher als manche andere Frauen? Oder haben Frauen, die darauf bestehen, selbst Geld zu verdienen, mehr Stolz?

Diesen Frauen ist sehr wohl klar, daß sie zu Hause genauso viel arbeiten wie der Mann an seinem Arbeitsplatz – daß sie wesentliche Dienste leisten und daher genauso ein Recht auf das Geld haben wie er:

»Es war *sein* Einkommen, aber ich finde, ich habe genauso viel gearbeitet wie er.«

»Ich war in den zehn Jahren, in denen ich mit den Kindern zu Hause war, von meinem Mann finanziell abhängig. Aber davor haben wir drei Jahre lang von zwei Einkommen gelebt. Ich war immer der Meinung, daß mir das Geld genauso gehört wie ihm. Ich habe zu Hause genauso viel gearbeitet wie er an seinem Arbeitsplatz. Er war von mir abhängig, weil ich mich um das Haus und die Kinder gekümmert habe.«

»Bis vor ein paar Wochen war ich von meinem Mann finanziell abhängig (bis wir das Haus verkauft haben). Ich hatte deswegen nie ein ungutes Gefühl und auch nie das Gefühl, mich entschuldigen zu müssen. Das war für mich nie ein Problem. Ich war immer der Meinung, daß ich als Frau, Mutter, Haushälterin, Gastgeberin usw. ziemlich schwer arbeite und mir diese finanzielle Sicherheit ehrlich verdiene. Aber von dem Moment an, als ich einen Scheck über mehrere tausend Dollar in der Hand hielt und wußte, daß sie mir gehörten und daß ich damit für eine Weile unabhängig sein konnte, verspürte ich ein neues, gänzlich unerwartetes, wunderbares Gefühl. Es war, als hätte ich gerade eine schwierige Straßenkurve überwunden und wäre auf eine neue, mir unbekannte Straße gestoßen, mit unglaublichen Möglichkeiten. Ich suchte sofort einen Anlageberater auf, um mich über Investitionsmöglichkeiten zu informieren. Ich glaube, in diesem Augenblick sprang eine Knospe auf, die einen ganzen langen, frostigen Frühling lang nicht aufgegangen war.«

Aber andere Frauen sind sich nicht so sicher:

»Ich kann bei dem, was ich tue, nichts entdecken, das gleichrangig wäre. Vielleicht habe ich nicht genügend Selbstvertrauen. Die Geldsituation hat unsere Beziehung beeinflußt. Ich habe mich nie wohl gefühlt, wenn ich von einem Mann Geld oder Geschenke annahm. Ich bemühe mich, die schlechten Erfahrungen aus meiner Kindheit zu bewältigen, die mich zu dem gemacht haben, was ich bin. Andererseits würde ich mir aber auch gern den Stolz auf meine Tüchtigkeit bewahren und die Fähigkeit für mich selbst zu sorgen.«

»Sollten« wir uns nicht höher einschätzen und unsere Skrupel vergessen, wenn wir finanziell »abhängig« sind? Woran liegt es denn eigentlich, daß uns diese finanzielle Abhängigkeit Unbehagen bereitet – liegt es tatsächlich nur an der finanziellen Abhängigkeit oder auch an der Einstellung der Männer uns gegenüber? Hat man uns »eingeimpft«, so wenig Selbstwertgefühl zu haben?

In Großbritannien und anderen Ländern gibt es eine Bewegung, die sich für die »Bezahlung von Hausarbeit« einsetzt – der Ehemann soll seine Frau für ihre Leistungen im Haushalt bezahlen, vor allem, wenn sie ausschließlich im Haus arbeitet, die Kinder erzieht und kocht, putzt usw. Nur so könne die Frau unabhängig sein, um sich frei entscheiden zu können, ob sie an der Ehe festhalten will. In den USA steht außer Frage, daß der Status der Frauen dadurch verbessert würde – und auch die Achtung der Frauen für ihre Männer –, selbst wenn sich diese ökonomische Anpassung nur mit Mühe durchführen ließe.

Selbst wenn es einer Frau vielleicht nichts ausmacht, von einem Mann finanziell abhängig zu sein, so bleiben doch einige psychologische Nebenwirkungen bestehen, die eine Frau folgendermaßen beschreibt:

»Ich glaube, viele Frauen ›verlieben‹ sich und geraten dadurch innerhalb der Beziehung in eine Abhängigkeit. Durch die einfache Tatsache der Abhängigkeit entsteht gewöhnlich das Gefühl von Unterlegenheit, und zwar auf beiden Seiten. Ich wäre reich, wenn ich eine Mark hätte für jeden dieser Männersprüche, die ich gehört habe, daß Frauen ›nur die Hausarbeit erledigen und die Kinder betreuen‹, oder: ›Ich sorge sehr gut für sie‹, ›sie gibt mein Geld aus‹, usw. Und mein Lieblingszitat (oder vielmehr – als Angehörige des weiblichen Geschlechts – der Ausspruch, der mir am meisten verhaßt ist): ›Ich halte die Ehe zusammen, auf diese Weise kriege ich pünktlich meine Wäsche gewaschen, das Haus geputzt, mein Essen, und wenn ich mal älter bin, weiß ich zumindest, wo ich meinen nächsten Beischlaf haben kann, und es wird immer jemand dasein, der, falls nötig, meinen Rollstuhl schiebt.‹ Mehr bedeutet ihm die Frau nicht mehr, nachdem sie finanziell von ihm abhängig ist? Nicht mehr als eine Haushälterin, Köchin, Prostituierte und Krankenschwester? Wenn Frauen in einer Beziehung ihre Unabhängigkeit und ihre Gleichberechtigung bewahren, dürfte so etwas nicht passieren – aber selbst die besten Absichten scheinen zunichte gemacht, wenn sie erst mal von ihm abhängig wird.«

Frauen, die »nur« im Hause arbeiten, erhalten weder Pension noch Rechte:

»Ich bin immer finanziell abhängig gewesen. Als meine Kinder klein waren, habe ich gar nicht gearbeitet. Jetzt sind meine Einkünfte beträchtlich niedriger als die meines Mannes. Im Alter wird das problematisch. Da ich keine Rente zu erwarten habe, werde ich, wenn ich aufhöre zu arbeiten, kein eigenes Einkommen mehr haben. Es widerstrebt mir, dann wieder um Geld für mich selbst zu bitten.«

Es scheint schon zu helfen, wenn Frauen nur ein wenig Geld verdienen oder ihre beruflichen Fähigkeiten trainieren:
»Von den dreißig Jahren, die wir zusammen sind, habe ich zwölf Jahre ganztags gearbeitet. Jetzt arbeite ich noch immer halbtags und habe vor, es auch weiterhin zu tun, bis ich die Arbeit aufgeben muß, oder es tritt eine Situation ein, die mich zwingt, wieder ganztags zu arbeiten. Für mich war es ein Problem, wenn ich mich allzu abhängig gefühlt habe. Sieht so aus, als wäre ich dem Mammon verfallen, der für mich Unabhängigkeit verkörpert. Aber natürlich hat sich das auch auf unsere Beziehung ausgewirkt.«
»Ich arbeite derzeit als Aushilfslehrerin und habe dadurch das Gefühl, ein ökonomisches Gleichgewicht herzustellen, was von meinem Mann höher eingeschätzt wird als die Betreuung der Kinder. Und da er sich jetzt um die Kinder kümmert, während ich arbeite, weiß er auch, wieviel Arbeit das macht (das wesentliche am Rollentausch). Er ist sehr gefällig – und es ist ihm auch seinen Freunden gegenüber kein bißchen ›peinlich‹.«

Oder wenn sie ein eigenes kleines Bankkonto besitzen:
»Da ich vor meiner Ehe gearbeitet habe, besitze ich eigenes Geld, das auf meinem eigenen Bankkonto liegt. Dadurch sichere ich mir ein gewisses Maß an Unabhängigkeit, worüber wir uns beide im klaren sind, mein Mann und ich.«

Eine Frau, die keinen nennenswerten finanziellen Rückhalt hat, wenn sie ihren Mann verlassen will, kann sich niemals wirklich sicher sein, ob sie bleibt, weil sie bleiben will, oder ob sie bleibt, weil sie bleiben muß. Und manche Frauen, die sich scheiden lassen wollen, müssen dann plötzlich feststellen, daß sie ohne einen Pfennig dastehen:
»Ich bin in einer Beziehung geblieben, die ich am besten schon vor Jahren aufgegeben hätte. Ich kann es mir nicht leisten, wegzugehen. Ich bin fünfzig und weiß nicht, was für eine Arbeit ich bekommen könnte.«
»Wenn du achtundfünfzig bist und aus der Ehe raus willst, und wenn du dreißig Jahre lang nicht gearbeitet hast, dann spielt das Geld eine verdammt große Rolle. Er hat mir das Konto gesperrt. Und davor hat er mir immer ein Taschengeld gegeben, wie einem kleinen Kind.

Es hat lange gedauert, bis wir uns endlich getrennt haben. Das kam, weil er mir keinen Pfennig geben wollte, außer für eine sechsmonatige Ausbildung. Und er wollte auch nicht für unsere Tochter sorgen, die noch nicht auf eigenen Füßen stand.«

Obgleich die Situation für die meisten Frauen heute besser ist als vor zehn Jahren, sollte der starke Einfluß, den das Geld und vor allem die finanzielle Abhängigkeit auf die Frauen ausübt, nicht als »Vergangenheit« abgetan werden:
»Ich bin fünfundzwanzig Jahre, schwarz. Ich bin liebevoll, fürsorglich, intelligent und lustig. Ich besitze potentielle Möglichkeiten, aber ich bin nicht besonders glücklich. Ich schätze, ich bin ›jung‹, aber ich fühle mich nicht so. Ich habe Angst vorm Älterwerden, wenn ich arm bleibe. Ich will keine alte Pennerin sein.

Im Augenblick besteht mein größtes Problem darin, daß ich von einem Mann abhängig bin. Er ist dreiunddreißig Jahre alt, Musiker, wir leben seit über fünf Jahren zusammen. Die Basis unserer Beziehung ist Geld. Ich bin pleite, und er finanziert mich. Für ihn bedeutet das regelmäßigen Sex. Für mich Essen und eine Bleibe. Schwierig ist nur, daß er mich gar nicht bei sich haben möchte. Ich liebe ihn nicht, ich habe noch nie jemanden geliebt, aber ich mache mir sehr viel aus ihm. Ich glaube, er liebt mich auch nicht.

Ich möchte finanziell unabhängig sein. Mein eigenes Auto, meine eigene Wohnung, einen Job, Geld. Um meine eigenen Entscheidungen treffen zu können. Ich gehe aufs College und will einen Beruf, aber im Augenblick liegt alles noch in weiter Ferne. Wenn ich mit meinen Freundinnen zusammen bin, die mich auch ohne besonderen Status mögen, fühle ich mich glücklich.

Neulich hatten wir einen großen Krach, bei dem es darum ging, daß er mich aushält. Er fühlte sich gebunden. Ich mich auch. Schließlich bemühe ich mich seit zwei Jahren, Arbeit zu finden. Hier gibt es einfach keinen Job. In Detroit liegt die Arbeitslosigkeit bei 25 Prozent. Er behauptet, ich würde mich nicht genügend anstrengen. Ich schlug ihm vor, sich doch mal selbst die Stellenangebote anzusehen und ›all die herrlichen Arbeitsplätze, die mir zur Verfügung stehen‹. Er vergleicht mich mit ›all den andern Frauen‹, die sein Leben ›vermasseln‹, einschließlich seiner Mutter. Ich ging weg. Er packte mich an den Schultern und schüttelte mich. Ich ging in mein Zimmer und legte mich hin und las was. Ein paar Stunden später entschuldigte er sich dafür, daß er mich gepackt und geschüttelt hatte, und erklärte mir, warum er recht hätte. Normalerweise wird er nicht handgreiflich. Einmal hat er den Arm gehoben, als wollte er mich schlagen. Manchmal stupst er mich mit dem Finger, um seiner Meinung Nachdruck zu verleihen. Hinterher tut es ihm immer leid.

Er kennt mich nicht besonders gut. Er redet die ganze Zeit über sich selbst, und wenn ich ihm was von mir erzählen will, will er es nicht hören. Wenn ich die Wohnung für mich allein habe, verbringe ich viel Zeit mit Lesen, höre mir Musik an, die mir gefällt, liege in der Badewanne und masturbiere. Dann habe ich Zeit, mit mir selbst ›zu reden‹. Mit meinem Freundinnen kann ich sowieso besser reden. Ich brauche ihnen nicht erst zu erklären, was ich meine, wie ich es bei Männern tun muß. Meine Freundinnen verstehen sofort, was ich sagen will.

Ich schätze, ich wünsche mir einen Beruf, auf den ich mich verlassen kann. Von der Liebe erwarte ich mir nämlich nicht gerade viel.«

Immer mehr Frauen stellen fest, daß sie sich im wesentlichen ihr ganzes Leben lang selbst ernähren, ob sie nun verheiratet sind oder nicht:
»Ich war noch nie von einem Mann finanziell völlig abhängig. Mein Ehemann war, was finanzielle Dinge betraf, nicht sehr zuverlässig. Das meiste blieb an mir hängen. Später, als ich ungefähr zwei Jahre lang mit einem anderen Mann zusammen lebte, haben wir uns die Kosten geteilt. Das war für mich etwas völlig Neues – daß jemand mit mir die Kosten teilte. Ansonsten habe ich, seit ich erwachsen bin, immer für mich selbst gesorgt.«

82 Prozent aller Frauen unter fünfundzwanzig betonen, daß sie niemals finanziell abhängig sein wollen:
»Ich war noch nie von jemandem abhängig, außer von meinem Vater. Aber selbst bei ihm war es schwierig für mich, deshalb möchte ich nie wieder von einem Mann finanziell abhängig sein.«
»Ich möchte von niemandem finanziell abhängig sein. Das würde das Gleichgewicht in der Beziehung stören.«

Eine Frau beschreibt, wie sich ihre Ehe verändert hat, seit sie das meiste Geld verdient:
»Geld ist ein wichtiges Thema in unserer Ehe, weil mein Mann immer ein gutes Einkommen hatte, während ich mit meinem Geschäft zu kämpfen hatte und er mich ständig daran erinnerte, daß er sowohl für mich als auch für das Geschäft aufkäme – auch wenn er daraus einen Nutzen zog, in dem er es von der Steuer absetzte. Er hatte an meinem Geschäft wenig oder gar kein Interesse, bis er seinen Job verlor.

Seit mein Mann ohne Arbeit ist und ich in die Arbeit und in die Schule gehe, hilft er mehr im Haus mit und kümmert sich auch um die Kinder. Er denkt jetzt auch völlig anders über seine früheren ›verläßlichen Einkünfte‹ und gibt die Möglichkeit zu, vielleicht nie wieder eine richtige Stellung zu bekommen.«

Eine andere erzählt, wie froh sie ist, jetzt die Hälfte des gemeinsamen Einkommens zu verdienen, und manchmal sogar mehr:

»Ich war ungefähr vier Jahre lang von meinem Mann finanziell abhängig, und mein Hauptproblem bestand darin, wie ich mich selbst und meinen Beitrag zu unserer Beziehung sah. Seit ich meinen Teil der Haushaltskosten selbst trage, ist mir viel wohler, und manchmal steuere ich sogar mehr als die Hälfte bei. Ich möchte NIEMALS wieder ohne eigenes Einkommen leben. Es gibt mir in jeder Beziehung mehr Sicherheit, wenn ich weiß, daß ich fähig bin, mich selbst zu ernähren, aber auch durch meine Erfahrungen bei der Arbeit, meine Kollegen, usw. Dadurch fühle ich mich unabhängig. Es macht mir Spaß, diejenige zu sein, die das meiste Geld in die Ehe einbringt – und ich hoffe – aus persönlichen und rein egoistischen Gründen –, daß es auch noch eine Weile so bleiben wird! Und je mehr Geld wir haben, um so mehr können wir ausgehen und etwas unternehmen, das uns Spaß macht. Das ist großartig!«

Eine Frau, die seit sechsundzwanzig Jahren verheiratet ist und die meiste Zeit ein höheres Einkommen hatte als ihr Mann, findet daran nichts Ungewöhnliches:

»Ich bin zweiundfünfzig Jahre alt, wir gehören der oberen Mittelklasse an, ich bin Ehefrau und Mutter, habe den College-Abschluß, habe einen Beruf. Ich bin seit sechsundzwanzig Jahren verheiratet und noch immer glücklich. Bis auf das Jahr, in dem meine Tochter geboren wurde, habe ich ganztags gearbeitet, seit ich mit dem College fertig bin – zweiundzwanzig Jahre lang. Ich bringe mehr Geld nach Hause als mein Mann. Er ist selbständig – ein wunderbarer Mensch, aber ein miserabler Geschäftsmann.

Da ich das größere Einkommen habe, bezahle ich die meisten Rechnungen (Abzahlung der Hypothek, Essen, Vermögenssteuer usw.). Mein Mann, der sehr schwer arbeitet und nur wenig verdient, kommt für seine Betriebskosten auf, bezahlt die Rechnungen für die Haustiere (Hunde), alle Reparaturen im Haus, Renovierungen, Ausgaben für den Garten, alle anderen Kosten außerhalb des Hauses. Wir haben jeder ein eigenes Konto. Im Laufe der Jahre habe ich mich an die Tatsache gewöhnt, daß ich einen gutbezahlten Job habe, während sich seine Geschäfte nicht immer auszahlen.

Das beste am Verheiratetsein ist mein Gefühl von Unabhängigkeit. Es ist schön, jemanden zu haben, mit dem man das Leben teilt. Ich wünschte, mein Mann wäre ein wenig selbstbewußter und ein besserer Geschäftsmann. Aber vielleicht würde ich dann gar nicht mehr so gut mit ihm auskommen.«

Wie hoch ist der Prozentsatz der Frauen, die noch immer von Männern ernährt werden? Wie lange? Was bedeutet Frauen die Arbeit?

Es gibt Frauen, die »abhängig« sein wollen, vor allem, wenn sie Kinder haben, die noch klein sind. Diese Entscheidung sollte jede Frau oder jeder Mann treffen können, ohne gesellschaftliche Zurücksetzung. Aber nur 17 Prozent der Frauen in dieser Untersuchung sagen, daß sie mehr als zwei Jahre bei ihren Kindern bleiben und völlig abhängig sein wollen; die meisten wollen eine Familie haben und nach den ersten Jahren, in denen sie für die Kinder gesorgt haben, wieder genauso wie die Männer ihren Beruf ausüben.

Frauen, die mehr als zwei Jahre zu Hause bleiben, sind in den USA die Minderheit, so daß sie sich häufig bemüßigt fühlen, sich zu verteidigen:
»Ich möchte, daß mein Mann und mein Liebhaber sich darüber im klaren sind, daß es *meine Entscheidung* war, zu Hause zu bleiben und mich um die Kinder zu kümmern. Die Kinder werden so schnell groß. Ich wollte nichts davon versäumen, nicht für alles Geld und nicht für eine aufregende berufliche Karriere, um nichts in der Welt. Das erlebt man nur einmal im Leben. Mein Freund scheint es am besten zu verstehen. Als ich ihm sagte, daß ich zu Hause bleiben will, bis meine Kinder in die Schule gehen, sagte er: ›Mindestens.‹ Er versteht, wie wichtig es für die Kinder ist, daß ein Elternteil für sie da ist. Die Frauenbewegung sollte sich für diese Entscheidung viel stärker einsetzen, als sie es tut. Statt dessen fordert sie die Frauen auf, mit den Männer zu konkurrieren. ›Die Tagespflege ist genauso gut wie Mami.‹ Mit Befreiung hat das nun wirklich nichts zu tun.«

Eine andere Frau erklärt »ohne Scham«:
»Ich bin seit neunzehn Jahren verheiratet. Was das Beste daran ist? Ich brauche nicht zu arbeiten! (Und das Schlimmste? Nicht viel Gelegenheit, ich selbst zu sein.)«

Ungefähr 29 Prozent der Frauen sind theoretisch noch der Meinung, daß die Männer den Frauen finanzielle Versorgung schulden, wenn sie das Haus in Ordnung halten und die Kinder versorgen. Aber obgleich es in der Theorie noch mehr Frauen gibt, die gegen diesen Austausch von Leistungen nichts einzuwenden haben, sind sich fast alle darin einig, daß die Praxis ganz anders aussieht, denn die meisten Männer scheinen sich in dieser Situation den Frauen überlegen zu fühlen, nur weil *sie* das Geld verdienen.

Daher fühlen sich die meisten Frauen viel wohler, wenn sie einen

Beruf haben. 92 Prozent der Frauen, die ein eigenes Einkommen haben, wollen die damit verbundene Unabhängigkeit nie wieder aufgeben. Nur 12 Prozent der Frauen, die jetzt von ihren Männern abhängig sind, wollen es auch bleiben; alle anderen – und das betrifft alle Altersgruppen – wollen eine Familie *und* einen Beruf haben. Sie wollen hinaus in die Welt und den Status und das Prestige genießen, die damit verbunden sind; sie wollen mit anderen Menschen zusammenkommen, und sie wollen finanzielle Vergütung. Selbst wenn Frauen zugeben, daß berufliche Arbeit kein Zuckerschlecken ist, genauso wenig wie Hausarbeit, stimmen fast alle darin überein, daß Hausarbeit schwerer ist und daß es dafür nicht einmal eine Bezahlung gibt.

Warum fühlen sich Frauen so häufig nicht wohl dabei, von einem Mann abhängig zu sein? Ist das ein ganz »natürliches« Gefühl oder liegt es an der Einstellung der meisten Männer, die sich überlegen fühlen, wenn eine Frau von ihnen finanziell abhängig ist? Vielleicht liegt es an beidem. Aber wie die theoretischen Antworten auch immer lauten mögen – in der Praxis bedeutet heute für eine überwältigende Mehrheit der Frauen ein eigener Beruf Autonomie, Unabhängigkeit, die Möglichkeit, über ihre Zukunft selbst zu bestimmen und dem Leben vielseitigere Interessen abzugewinnen.*

Manche Frauen stellen jedoch das neue »Gleichberechtigungs-System« in Frage, das von ihnen erwartet, »für sich selbst aufzukommen«, während die Männer in anderen Bereichen – wie etwa bei der Hausarbeit und der emotionalen Unterstützung – gar keine Anstalten machen, »gleichzuziehen«:

»Ich fühle mich vom Feminismus echt angeschmiert. Ich meine, ich bin mit diesem betuchten Mann gegangen, und wir haben nie geheiratet, ich habe nie was von ihm angenommen – und jetzt stehe ich da, mit fünfzig, ohne einen Pfennig, in einer Welt, in der Männer das Geld haben, aber nicht die Frauen. Sicher, ich arbeite, ich hab' einen beneidenswerten Job, aber Geld hab' ich keins. Ich hätte ein Haus haben können und alles mögliche. Warum ich es nicht genommen habe? Aus Stolz. Aber ich glaube, wenn ich alles noch mal machen könnte, würde ich mich auch nicht anders verhalten.«

Wie aus der hier vorliegenden und auch aus anderen Untersuchungen (etwa der, die *Woman's Day* von 1985 bis 1986 durchgeführt hat) her-

---

* Aber ist denn eine Arbeit außerhalb der eigenen vier Wände so befriedigend und interessant, daß jeder von Zuhause weg möchte, auch die Männer? Oder ist das eigene Heim der sichere Hafen, in den man aus der rücksichtslosen, konkurrenzbedingten Arbeitswelt immer wieder gern zurückkehrt? Welches ist denn nun mehr ein Gefängnis?

vorgeht, ärgern sich manche Frauen, daß sie jetzt »auch noch« Geld verdienen müssen, neben der Arbeit im Haus, die größtenteils ihnen überlassen bleibt. Man könnte sagen: »Nun haben die Männer alles gekriegt«, und daß die Männer in den vergangenen zehn Jahren die »großen Gewinner« waren (nach *Woman's Day* haben die Männer jetzt nicht mehr so sehr unter wirtschaftlichen Zwängen zu leiden, denn die Frauen steuern ja Geld zum Haushalt bei). Sie gehen in die Arbeit, während die meisten Männer zu Hause noch immer Dienstleistungen von ihnen erwarten/genießen – die Betreuung der Kinder und die sexuelle Verfügbarkeit (eine Definition von Sex, die ihm stets seinen Orgasmus garantiert, den Zugang zu ihrem Körper oder sonstige »Auslegungen«), außerdem noch eine Frau, die gesellschaftliches Ansehen anstrebt, mit angenehmer äußerer Erscheinung, gepflegten Haaren usw. Daher haben die Frauen das Gefühl, daß die Männer viel weniger Verantwortung haben, während ihnen immer weniger Zeit für sie selbst zur Verfügung bleibt. Einige konservative Frauengruppen geben zu bedenken, daß die Frauen »besser dastanden«, als die Männer sie noch »ausgehalten« haben – daß die Frauen damals, als es noch als »völlig richtig« angesehen wurde, daß Frauen sich von Männern aushalten lassen, viel *größeres* Ansehen genossen haben als heute – und auch viel mehr Macht besaßen.

Aber die meisten Frauen – selbst diejenigen, die sich ärgern, daß die Männer jetzt »alles haben« – genießen die Unabhängigkeit, die ihnen ihr Beruf gibt. 76 Prozent der Frauen, die an dieser Untersuchung beteiligt waren, Frauen in jedem Alter, aus allen sozialen Schichten, verheiratet oder ledig, wollen nicht wieder von einem Mann finanziell abhängig sein. Aber sie wollen, daß die Männer ihr Verhalten ändern.

In den meisten Fällen verwalten die Frauen das Geld

Es ist erstaunlich, wie viele Frauen das gesamte Familienbudget verwalten – trotz der weitverbreiteten Meinung, daß Frauen nicht mit Zahlen umgehen können. 91 Prozent der Frauen in dieser Untersuchung sind für die familiäre Buchhaltung verantwortlich, ob sie nun arbeiten gehen oder nicht.

Was bedeutet es, »die Geldangelegenheiten zu regeln«? Ist das nur eine weitere Art Hausarbeit oder ist es eine Machtposition?

82 Prozent der Frauen, die an dieser Untersuchung beteiligt waren, »verwalten« das Geld, auch wenn der Mann der alleinige Geldverdiener ist.

»Ich gehe nicht in die Arbeit. Mein Mann gibt mir seinen Gehaltsscheck, ohne ihn auch nur abzuzeichnen. Ich erledige alle finanziellen Dinge. Mir ist es lieber so, aber gut fände ich es, wenn er sich mehr dafür interessieren würde, was mit dem Geld geschieht.«

»Mein Mann verdient das Geld. Er nimmt sich von seinem Gehalt, was er jede Woche braucht, der Rest kommt auf die Bank. Ich kümmere mich darum, daß die Rechnungen bezahlt werden.«

Viele Frauen sagen auch, daß ihre Männer mit dem Geld, das sie verdienen, nicht besonders gut umgehen können:
»Wir haben beide gearbeitet. Ich konnte schon immer gut mit Geld umgehen, habe immer alles rechtzeitig bezahlt. Er hat seine Rechnungen noch nie rechtzeitig bezahlt, ständig kamen Mahnungen, das Wasser wurde abgedreht, der Strom gesperrt (eigentlich hätte ich daraus sehen sollen, was für einen Charakter er hat, aber ich war allem Negativen gegenüber völlig blind), ständig war er mit der Miete im Verzug. Deshalb beschlossen wir, als wir geheiratet haben, daß ich mich um das Geld kümmern sollte. Wir hatten ein gemeinsames Konto. Alle Rechnungen wurden aus einem Topf bezahlt, und innerhalb eines Jahres, so hofften wir, würde alles abbezahlt sein (Kredite usw.), auch wenn wir bis dahin auf alles verzichten mußten.«

Ein anderes Paar wechselt sich in der Verwaltung des Geldes alle zwei Jahre ab:
»Wir haben uns immer abwechselnd um das Geld gekümmert. Das hat sich gut bewährt. Im Augenblick verwaltet er das Geld, vor allem kümmert er sich um die Rechnungen. Ich tätige die Einkäufe. Er sagt mir immer nur, wieviel ich ausgeben kann, ohne das Konto zu überziehen.«

Die Aufteilung des Geldes bei doppeltem Einkommen

Die Paare, bei denen beide Partner einen Beruf ausüben, wenden im wesentlichen drei verschiedene Methoden für die Aufteilung des Geldes an.

32 Prozent sagen:
Es wird abgesprochen, wofür jeder der beiden die monatlichen Kosten trägt:
»Wir arbeiten beide und haben ein regelmäßiges Einkommen. Ich zahle das Essen, die Gebrauchsartikel, die Kleidung und alles, was im Haushalt benötigt wird. Er zahlt die Miete und die Heizung. Gewöhnlich ist er auch für die Vermögenssteuer zuständig, aber in diesem Jahr hab' ich sie gezahlt, weil er knapp bei Kasse war.«

»Ich kaufe das Essen und alles, was für den Haushalt nötig ist, sowie die persönlichen Dinge. Ich komme auch für meinen Sohn auf und kaufe die Geschenke. Mein Mann zahlt die Miete, die Heizungskosten, unser Auto, die Versicherungen – und wenn wir ausgehen oder eine Party geben, zahlt er es auch. Was übrigbleibt, kann jeder für sich ›ausgeben‹ – Fragen werden nicht gestellt. Wir streiten uns nie wegen des Geldes.«

»Wir arbeiten beide. Er bezahlt die meisten Rechnungen, weil er ein Geschäft hat und viele Ausgaben über das Geschäft abschreiben kann. Ich zahle die Hypothek ab. Ich finde es nicht besonders gut, daß er sich manchmal etwas sehr Teures kaufen kann, während es bei mir höchstens für Anziehsachen reicht. Aber ich habe genügend Geld übrig, um ins Theater oder ins Ballett zu gehen, und das ist für mich wichtig. Ich gehe mit meiner Schwester oder mit meinen Freundinnen, dagegen hat er nichts.«

»Wir zahlen die Hypothek abwechselnd ab. Für die Versicherung und den Strom ist er zuständig, und ich fürs Telefon und meine Schulgebühren. Wir haben ein gemeinsames Sparkonto, das wir für hohe und einmalige Rechnungen verwenden. Das Essen kaufen wir abwechselnd ein. Völlig gleichberechtigt!«

»Wir arbeiten beide und halten unser Geld völlig getrennt. Weil er dreimal soviel verdient wie ich, teilen wir die Ausgaben eins zu drei (ein Drittel für mich und zwei Drittel für ihn). Das Haus zahlen wir jeder zur Hälfte (da ich 50 Prozent des Anwesens besitzen möchte). Die Ausgaben für das Essen teilen wir sechzig zu vierzig, außer wenn seine Tochter bei uns ißt, dann übernimmt er weitere 10 Prozent, und es wird siebzig zu dreißig aufgeteilt. Für meine eigenen Ausgaben komme ich selbst auf – Arzt, Zahnarzt, das Auto usw. – und er genauso. Alle zwei Wochen rechnen wir ab, und ich zahle an ihn oder er zahlt an mich, was wir uns gegenseitig schulden. Die Ausgaben für Haushaltsgegenstände werden gemeinsam halb und halb bezahlt. Wenn einer von uns etwas haben möchte, das der andere nicht will, muß es derjenige, der es haben möchte, von seinem Geld bezahlen. Wir teilen uns alles, was wir besitzen, aber wir wissen genau, was mir, ihm oder uns gehört. Ich glaube, wir stellen deshalb so genaue ›Regeln‹ auf, weil wir in unseren beiden ersten Ehen beide finanziell völlig abgebrannt waren. Uns gefällt es beiden so, wie wir es machen, und es funktioniert für beide sehr gut. Wir gewinnen dadurch ein großes Maß an Unabhängigkeit, und es muß nicht immer nur einer allein für alles aufkommen.«

36 Prozent sagen:
Alles Geld wird auf ein einziges Konto gelegt; manchmal verwalten beide gemeinsam das Konto und manchmal ist einer von beiden dafür zuständig, die Rechnungen zu begleichen und das Geld zu verwalten:

»Wir arbeiten beide und werfen das Geld in einen Topf. Ich verwalte es, denn bei ihm würde es nie klappen. Wichtige Käufe sprechen wir miteinander ab. Er hat außerdem noch ein eigenes Konto für private Ausgaben, z. B. für seinen Jaguar. Manchmal kommt es mir so vor, als habe er das Gefühl, um Geld bitten zu müssen. Er kann nicht besonders gut planen und vergißt immer, auf die Bank zu gehen.«

»Wir teilen uns das Geld. Jeder bekommt einen bestimmten Teil, und dann gibt es noch ein Haushaltsbudget. Daß wir uns das Geld teilen, bringt uns einander ›näher‹. Geld spielt in unserer Ehe überhaupt keine Rolle.«

»Wir werfen unser gesamtes Geld in einen Topf. Das haben wir immer getan, seit sich die finanzielle Lage für uns gebessert hat. Wir geben beide eine bestimmte Summe aus, ohne uns mit dem andern abzusprechen. Das hat sich gut bewährt, wir haben beide Verantwortungsgefühl. Wir machen uns keine Vorwürfe. Wir freuen uns beide, wenn dabei manchmal zusätzlich hundert Dollar herauskommen!!!«

28 Prozent sagen:

Jeder trägt die Hälfte der gemeinsamen Ausgaben; beide haben ihr eigenes Bankkonto:

»Früher haben wir mit meinem Gehaltsscheck die täglichen Dinge gekauft und sein Geld für größere Anschaffungen verwendet – wir haben mein Geld auf ein Girokonto getan und sein Geld auf ein Sparkonto – aber das hat sich nicht bewährt. Jetzt behält jeder sein eigenes Geld, und wir teilen uns die Ausgaben im Verhältnis von fünfzig zu fünfzig. Das ist viel besser, und ich habe das Gefühl, mein Geld so ausgeben zu können, wie ich es möchte. Wir arbeiten beide, allerdings verdient er viel mehr als ich.«

»Wir arbeiten beide. Wir teilen alles in zwei gleiche Hälften auf. Wir haben getrennte Konten. Wir mögen es so. Dadurch ersparen wir uns viel Diskussionen. Und es muß nicht immer einer für den anderen alles mitbezahlen.«

Aber diese Methode erweist sich als unpraktisch, wenn der eine (gewöhnlich die Frau) weniger Geld verdient als der andere, obgleich beide ganztags arbeiten:

»Wir haben beide gearbeitet. Er verdiente mehr als ich. Das Geld, das übrigblieb, konnte jeder für sich ausgeben. Bei mir blieb nie etwas übrig. Offenbar war diese finanzielle Regelung nicht gerecht, trotzdem hatte er immer ziemliche Mühe, genügend Geld für das Auto aufzubringen, relativ weniger Miete, Essen usw. Ich war mit dieser Regelung nicht zufrieden, und das führte dann auch zum Abbruch unserer Beziehung.«

Das Halbieren der Ausgaben oder auch andere Abmachungen kann dann zu Schwierigkeiten führen, wenn die Frau bedeutend weniger

Geld verdient als ihr Mann. Da das für die meisten Frauen zutrifft, tauchen solche Probleme recht häufig auf. Daher teilen manche Paare die Kosten im Verhältnis zu ihrem Einkommen auf, wie im 1. und manchmal auch im 2. Beispiel gezeigt wurde.

Manche Frauen haben wegen dieses Unterschieds ein ungutes Gefühl. Aber soll die Frau die Hälfte bezahlen, wenn sie weniger verdient?

»Ich habe mich immer bemüht, von allem die Hälfte zu bezahlen, aber er verdient im Jahr fünfundzwanzigtausend Dollar und ich viertausend. Dadurch fühle ich mich unterlegen und habe ein schlechtes Gewissen.«*

»Ich verdiene als Sekretärin und Sprachlehrerin nicht mehr als siebentausend Dollar im Jahr. Wir legen unser Geld zusammen, aber da er mehr verdient, sieht es so aus, als würde er für fast alles bezahlen. Manchmal wünschte ich, ich hätte nicht gleich nach dem College geheiratet, dann könnte ich jetzt vielleicht mehr Geld verdienen und brauchte nicht immer ein schlechtes Gewissen zu haben.«

Andererseits verdienen 12 Prozent der Frauen, die die Fragen beantwortet haben, mehr oder sogar alles Geld, woraus sich wieder andere Probleme ergeben:

»Ich war noch nie von irgendeinem Mann finanziell abhängig. Aber ich war schon mal in der umgekehrten Situation, daß ein Mann, mit dem ich zusammen lebte, zeitweise von mir finanziell abhängig war. Das hat unsere Beziehung belastet, denn er wollte einfach nichts tun. Das hat mich geärgert, weil er ja wußte, daß ich alles für ihn bezahlte.«

»Geld ist kein Thema, vor allem deshalb nicht, weil ich genausoviel oder mehr verdiene als er, so daß ich mich von ihm nicht abhängig fühle. Ich bezahle alle laufenden Rechnungen, er bezahlt die Extraausgaben.«

»Ursprünglich habe ich mich von meinem Mann angezogen gefühlt, weil er in so guten finanziellen Verhältnissen lebte. Davor hatte ich einen Liebhaber, den ich zwei Jahre lang immer wieder miternährt habe. Das paßte mir nicht – ein Mann, der immer wieder seinen Job verliert und für den ich alles mitbezahlen muß! Ich will nicht allein für alles verantwortlich sein. Folglich war ich sehr beeindruckt, als ich meinen jetzigen Mann kennenlernte. Er hatte einen guten Job, hatte Besitz und überzog nie sein Bankkonto. Ich glaube jedoch, daß seine finanziellen Verhältnisse mir damals den Blick getrübt haben. Ich war so stark davon beeindruckt, daß er alles zahlen konnte, daß ich wohl einige andere Dinge übersehen haben muß.«

---

* Diese Frage erhebt sich auch, wenn die beiden »ausgehen«. »Wer will denn schon einen Rechenschieber rausholen?« fragt eine Frau.

Selbst wenn eine Frau mehr Geld verdient als der Mann – also den größeren Teil zum Lebensunterhalt beiträgt –, kann es trotzdem vorkommen, daß sie bevormundet und mit Herablassung behandelt wird und um ihre Rechte kämpfen muß und manchmal wird sie sogar dazu gebracht, ein schlechtes Gewissen zu haben, weil sie die »Männlichkeit« ihres Mannes verletzt! Der Status wird nicht nur durch Geld geschaffen.

Ist die Hausarbeit noch immer die Sache der Frauen?

»Wenn ich, nach vier Stunden Schlaf, den ganzen Tag arbeite, dann mit sechs Einkaufstüten durch den Regen nach Hause gerannt komme, das Telefon klingelt (niemand abhebt, obgleich mein Mann und mein Sohn zu Hause sind) – mein Mann schreit nach sauberer Unterwäsche, und mein Sohn beklagt sich, daß er Hunger hat –, und ich dann endlich das Essen gekocht habe und danach beide vorm Fernseher zusammenbrechen, während ich mit dem schmutzigen Geschirr dastehe und mit dem Staubsauger herumfuhrwerke und dabei den Hund füttere und den Müll einsammle – was soll ich da sagen?«

»Männer helfen nicht bei der Hausarbeit – oder aber sie leeren den Müll aus und stehen dann da und warten darauf, daß man sie lobt und sie unter Tränen in die Arme schließt und sagt: ›Ich liebe dich! Du bist so wunderbar! Du bist so verständnisvoll, so gut und so modern!‹«

»Zuerst erwartet er, daß ich was koche, dann will er mit mir schlafen und sagt, ich soll das Geschirr ›morgen‹ abwaschen (dabei muß ich am nächsten Tag auch zur Arbeit gehen) – irgendwie wird es sich schon erledigen. Es ist einfach nie genug Zeit, ich muß das Essen kochen, vielleicht ›hilft‹ er mir sogar, und dann, wenn ich nicht mit ihm schlafen will, sagt er, ich würde ihn nicht lieben. Es ist einfach nicht zu machen!«

Die meisten Frauen verrichten noch immer den größten Teil der Hausarbeit. Bei einer kürzlich durchgeführten Untersuchung wurde festgestellt, daß im Verhältnis zu zwei Stunden, die ein Mann sich mit Hausarbeit beschäftigt, eine Frau etwa fünf Stunden einbringt. Wie denken die Frauen darüber? Verändern sich die Vorstellungen über die Teilung der Hausarbeit immer noch nicht, auch wenn nur noch 30 Prozent der verheirateten Frauen in den USA heute *nicht* außer Haus arbeiten? Fast alle verheirateten Frauen haben eine Ganztagsarbeit und verrichten trotzdem die meiste Arbeit im Haus, und das schließt sogar Frauen mit kleinen Kindern ein.

Die Frauen in unserer Gesellschaft arbeiten immer mehr; wenn man dazu noch die emotionalen Dienste zählt, die Frauen glauben leisten zu müssen (und die die Männer von den Frauen erwarten), wie wir in Teil I gesehen haben, dann ist klar, daß es eine ungerechte Situation ist und daß die Frauen benachteiligt sind, was die Zahl der Arbeitsstunden pro Tag betrifft. Wenn manche Männer sagen, daß die Frauen dann eben ihren Beruf aufgeben müssen (falls das finanziell machbar ist), dann könnten die Frauen antworten, daß es nicht gerecht ist, wenn sich die Männer aussuchen können, welche Arbeit sie verrichten wollen, und Hausarbeit als »Frauenarbeit« bezeichnen.

76 Prozent der Haushalte, in denen die Frau ganztags außer Haus arbeitet und/oder Kinder unter zwölf Jahren hat, scheinen noch keinen konkreten Plan zur Arbeitsteilung ausgearbeitet zu haben – weil davon ausgegangen wird, daß die Frau es schon macht (und der Mann ihr vielleicht dabei »hilft«):

»Wie es in der Praxis aussieht? Ich mache alles – neben meinem Ganztagsjob. Wer abwäscht, die Betten macht? Ich. Wer kocht, sich um die Kinder kümmert? Ich. Wie das tägliche Leben abläuft? Sklavenarbeit.«

»Ich wasche ab, mache die Betten, koche, sorge für die Kinder. Ich habe einen Teilzeitjob (Personalärztin in drei Schwesternheimen), hole um halb vier unsere vierzehnjährige Tochter von der Schule ab, koche das Essen, erledige den Papierkram, gehe ins Bett.«

»Die Kinder machen den Abwasch. Ich mache die Betten, arbeite und kümmere mich um die Kinder. Ich schaue, daß alles läuft. Wenn irgendwas getan werden muß, muß ich es ihm erst sagen. Aber meistens mach' ich es lieber gleich selbst. Zum Beispiel den Mülleimer leeren, Reparaturen, Rasenmähen und das Auto.«

»Die Kinder kosten nicht nur Geld, sie brauchen Platz und verhindern jedes Eigenleben und an manchen Tagen bringen sie mich um den Verstand. Wie kann ich eine liebenswerte, anbetungswürdige, fürsorgliche Frau sein, wenn ich Mutter sein soll, einen Job habe, das Haus in Ordnung halte, die Kinder erziehe und das Essen koche? Mein Mann hilft mir erst seit kurzem bei den Hausarbeiten und bei der Erziehung der Kinder. Er ist viel hilfreicher, als ich es war, als ich noch ganztags gearbeitet habe. Aber er hilft mir nicht so viel, wie er könnte. Ich glaube, wir werden beide glücklicher sein, wenn die Kinder erwachsen sind.«

»Arbeitsteilung? Daß ich nicht lache – ICH teile sie mir.«

»Ich! Ich! Schlimm! Schlimm!«

»Manchmal habe ich das Gefühl zu ersticken. Wenn ich mit meinem

Mann Streit habe und meine Tochter zufällig auch noch hinter mir her ist und sich gleichzeitig die Arbeit häuft, dann habe ich eine schreckliche Nacht vor mir, in der ich beim Schlafen zu ersticken scheine. Das ist mir im letzten Jahr dreimal passiert – es war schrecklich!«

In 54 Prozent aller Fälle wird zumindest *im Prinzip* akzeptiert, daß die Hausarbeit geteilt werden sollte, wenn beide Ehepartner außer Haus arbeiten oder wenn sie kleine Kinder haben. Allerdings findet die Tatsache, daß eine Frau, die kleine Kinder zu betreuen hat, mehr leistet als jede berufstätige Frau und daß man ihr daher einen Teil der Hausarbeit abnehmen sollte, weitaus weniger Verständnis.

Die meisten Frauen sagen, daß das Teilen der Hausarbeit und das Aufziehen der Kinder theoretisch zwar akzeptiert, aber nur selten in die Praxis umgesetzt wird: 80 Prozent der Frauen aus Ehen, in denen angeblich die Hausarbeit geteilt wird, sagen, daß sie das meiste doch immer selbst machen müssen:

»Bei unserem letzten Streit ging es um Haushaltspflichten. Wir arbeiten beide und waren übereingekommen, alles zu teilen. Aber ich hatte das Gefühl, als würde ich dreiviertel der Arbeit verrichten.«

»Als wir noch zusammen glücklich waren, haben wir uns mit dem Abwasch abgewechselt, mit dem Kochen, mit dem Bettenmachen usw. Dafür habe ich ihn bewundert. Er war bereit, seinen Teil zu übernehmen; er hat den Fußboden gewischt, die Toiletten saubergemacht, Staub gesaugt, gebügelt – alles freiwillig. Als wir uns dann nicht mehr so gut verstanden, fingen wir an, uns wegen dieser Dinge zu streiten. Er hat seine Zeiten mit den Kindern nicht eingehalten. Statt dessen ging er mehrmals die Woche zum Turnen, während ich immer bei den Kindern bleiben mußte, nie Zeit hatte, auch einmal auszugehen. Es war ein absolut ungesunder Zustand.«

»Wir hatten abgemacht, unseren Sohn immer abwechselnd ins Bett zu bringen. Aber jetzt habe ich das Gefühl, daß alles an mir hängenbleibt. Wenn ich nur ein bißchen nachgebe, bleibt alles an mir hängen. Er nimmt diese Dinge einfach nicht ernst. Aber wenn eine Beziehung funktionieren soll, muß jeder seinen Teil dazu beitragen.«

Wenn »die Arbeit geteilt« wird, sind es in den meisten Fällen die Frauen, die alles organisieren, Aufgaben an andere Familienmitglieder delegieren (Ehemänner und manchmal Kinder), die nur »helfen«:

»Wir teilen uns die Arbeit – ich organisiere alles, aber er ›hilft‹, wann immer ich ihn darum bitte.«

»Für die Organisation bin ich zuständig. Ich habe meiner Familie beigebracht, sich die Pflichten zu teilen, aber es bleibt mir überlassen, die Rollen zu verteilen. Niemand würde die Wäsche waschen, wenn sie nicht vorher sortiert und vor die Waschmaschine gestellt würde. Manchmal hasse ich meine Rolle. Ich bemühe mich ständig, alle zu beteiligen. Mein Mann und die Kinder müssen immer erst daran erinnert werden, etwas zu tun. Das verbittert mich manchmal sehr. Ich dränge mich ganz bestimmt nicht darum, das Hausmädchen, die Köchin, den Chauffeur zu spielen – aber irgendwie läuft es immer darauf hinaus. Nach und nach versuche ich dieses Rollenspiel zu durchbrechen, aber mein Mann wehrt sich dagegen. Er kann mir noch so viel erzählen – im Grunde seines Herzens hat es ihm viel besser gefallen, als er noch ›der Größte‹ war und jemanden hatte, der ihn bediente. Wem würde das nicht so gehen? Die meisten Männer, die ich kenne, haben diese Einstellung. Das macht mich völlig fertig!«

Wenn es ein Konzept für Arbeitsteilung gibt, müssen die Frauen ihre Männer oft daran »erinnern« – so daß sie sich wie gestrenge Lehrerinnen vorkommen. Außerdem ist es für sie frustrierend, immer diejenigen sein zu müssen, die die Arbeit in Gang bringen:
»Mein Mann tut alles, worum ich ihn bitte – aber von allein tut er nichts.«

»Ich kümmere mich um das Haus und die Kinder. Er hilft, wenn ich ihn darum bitte – manchmal wäscht er von ganz allein ab. Er hat inzwischen begriffen, daß er nicht zu fragen braucht: ›Soll ich das Geschirr für dich abwaschen?‹ Denn ich habe ihm schon oft gesagt, daß es nicht *mein* schmutziges Geschirr ist, daß er es aber gerne abwaschen kann.«

In 48 Prozent der Ehen sprechen die Frauen von der »Hilfe« ihrer Männer; das bedeutet wieder einmal, daß im Prinzip die Frau die Verantwortung trägt:
»Die Hausarbeit ist hauptsächlich meine Sache, obgleich mir mein Mann dabei hilft. Mehr als die meisten anderen Männer, die ich kenne.«

»Ich verrichte den größten Teil der Hausarbeit. Er hilft, wenn ich ihn darum bitte, aber von alleine tut er nichts. Er ist unordentlicher als ich, und ich muß ständig hinter ihm herräumen. Aber ich glaube, das merkt er gar nicht.«

Selbst in Ehen, in denen nur die Frau in die Arbeit geht, wird die Hausarbeit »geteilt«; fast nie ist der Mann dafür voll verantwortlich – die Frau wäre es, wenn sie nicht arbeiten ginge:
»Mein Mann und ich teilen uns die Hausarbeit und kümmern uns gemeinsam um unsere Tochter, seit er arbeitslos ist und ich in die Arbeit gehe.«

»Da er gerade keinen Job hat, spielt er den Hausmann. Das Geschirrspülen teilen wir uns, er macht die Betten und hilft auch oft beim Kochen. Andere Hausarbeiten teilen wir uns – Staubsauben, Fensterputzen usw. Ich mache die Wäsche. Einkaufen gehen wir beide.

Auch wenn eine Frau ein kleines Geschäft hat oder Heimarbeit annimmt, kümmert sie sich ums Haus. Sie verrichtet die Hausarbeit, nimmt Telefongespräche entgegen, sorgt für die Kinder usw.:
»Ich erledige die gesamte Hausarbeit, weil ich zu Hause arbeite. Natürlich schreibe ich zu Hause. Ich schließe einen Kompromiß, indem ich es nicht so genau nehme. Manchmal hilft die ganze Familie beim Putzen. Mein Mann ist ziemlich ordentlich, und mein Sohn kümmert sich um sein Zimmer. Das Frühstück macht sich jeder selbst. Abends koche ich. Am Wochenende macht mein Mann das Frühstück.«

Heranwachsende bedeuten auch »Arbeit«, die in den meisten Familien »selbstverständlich« der Frau überlassen bleibt – sie muß Anteil nehmen, immer »dasein«, wenn's brennt, usw.:
»Meine Tochter ist jetzt siebzehn. Ich finde, daß die ersten Jahre, als ich sie noch nachts gefüttert habe, ihr die Windeln gewechselt habe, mit all den Kinderkrankheiten und so, auch nicht annähernd so anstrengend waren wie jetzt die Pubertät. Es ist anstrengend, sich immer auf sie einzustellen, einen Dialog aufrechtzuerhalten. Das ist sehr wichtig.«
»Ich kümmere mich um die Kinder – sie sind jetzt Teenager, und es ist sehr anstrengend, mit ihnen im Gespräch zu bleiben – ich bin diejenige, die das tun muß. Wenn es um die Schule geht, oder wenn die Kinder Geld brauchen, bin ich zuständig. Unser Sohn hat im letzten Winter ein Paar Schuhe gestohlen, und ich mußte sie zurückbringen – mein Mann hat es einfach ignoriert.«

Aber 23 Prozent der Paare halten sich an ihre Abmachungen und teilen sich die Arbeit tatsächlich. Und es macht ihnen Spaß:
»Wir machen fast alles zusammen. Er ist ein viel besserer Koch als ich; deshalb wasche ich hinterher ab (er trocknet ab). Ich kümmere mich um die Wäsche, trage den Müll raus und mache die Betten.«
»Wir teilen uns die Hausarbeit. Ich mache die Wäsche, er leert den Mülleimer. Ich koche drei Abende in der Woche, er kocht drei Abende in der Woche. Ich füttere die Katzen am Nachmittag, er füttert sie morgens. Ich wasche ab (eigentlich tut das ja die Geschirrspülmaschine). Er bezahlt die Rechnungen. Ich putze die Hälfte der Räume. Er putzt die andere Hälfte. Wir haben alles aufgeschrieben und sind uns einig. Dieses System funktioniert mit unterschiedlichem Erfolg, das hängt ganz davon ab, was wir sonst noch tun. Er studiert noch. Wenn er Prü-

fungen hat, ist er mit der Hausarbeit sehr nachlässig, genauso wie ich, wenn ich einen eiligen Termin habe.«

»Er macht jeden Morgen das Bett und räumt das Haus auf. Er legt meine Sachen auf einen Tisch, damit ich sie später wegräumen kann (wenn er sie wegräumt, vergißt er, wo er sie hingelegt hat). Er hebt auch meine schmutzigen Sachen vom Fußboden auf und wirft sie in den Wäschekorb. Ich koche, und er wäscht hinterher ab. Er bedient die Geschirrspülmaschine. Was nicht in den Geschirrspüler paßt (Pfannen, Töpfe, Messer usw.) wird zusammengestellt, und ich wasche es dann mit der Hand ab. Er bringt den Müll raus und macht die Katzenschüssel sauber. Ich füttere die Katzen und gebe ihnen frisches Wasser. Ich kümmere mich auch sonst um sie –, bürste und bade sie. Ich staubsauge und wische oben im Haus Staub, er putzt unten. Ich sortiere und wasche und trockne die Wäsche, und er legt sie zusammen und hängt sie auf. Ich mache das Badezimmer sauber, wechsle die Handtücher und beziehe die Betten. Er gießt die Pflanzen und füttert die Fische. Ich füttere die Schildkröten und den Frosch. Ich bohnere den Boden, wenn es nötig ist, und putze in der Küche das Abwaschbecken. Wir haben einen Garten, um den wir uns beide kümmern. Er übernimmt die schweren Arbeiten. Jeder kümmert sich um sein eigenes Auto (waschen, Ölwechsel, routinemäßige Wartung) und auch um sein eigenes Fahrrad. Meistens gehen wir zusammen einkaufen, aber ich stelle die Liste zusammen und suche die Sachen aus. Er räumt sie weg, wenn wir nach Hause kommen. Flicken und Nähen ist meine Sache. Er ist sehr fair – wenn ich ihm mal eine Arbeit abnehme, führt er mich zum Essen aus oder ins Kino, oder er übernimmt dafür einen Teil von meiner Arbeit.«

Wer verrichtet die »Hausarbeit« in nichtehelichen Beziehungen?

»Wir leben nicht zusammen, aber wenn er bei mir übernachtet, erledige ich die Hausarbeit – alle.«

»Wir sind abwechselnd bei mir oder bei ihm – öfters bei ihm. Wir kochen gemeinsam und teilen uns die Ausgaben, auch wenn wir zusammen ausgehen. Ich muß mich um mein Kind kümmern und einen Babysitter besorgen, wenn ich weggehen will. Aber er ist viel mit uns zusammen, beteiligt sich auch an den Kosten, wenn wir ausgehen, und kauft gelegentlich Schuhe und Geschenke für sie. Einmal in der Woche paßt er auf sie auf, wenn ich am Abend unterrichte.«

»Da ich verheiratet bin, sind wir immer in seiner Wohnung. Er kann gut kochen und macht in seiner Wohnung auch sonst alles selbst – das schätze ich so an ihm, denn mein Mann ist ein echter Chauvi, faul und bequem.«

Und nur 2 Prozent aller Ehemänner verrichten mehr Arbeiten im Haus als ihre Frauen:

»Wir kochen beide und räumen beide hinterher auf. Mein Mann tut mehr im Haus als ich. Er putzt jede Woche das Bad und macht das Schlafzimmer sauber. Ich räume auf und wische ab und zu in der Küche den Fußboden.«

»Mein Mann war Junggeselle und hat mich geheiratet, als er fünfunddreißig war. Er hat immer für sich selbst gesorgt, hat seine Wohnung in Ordnung gehalten, alles hübsch und sauber gemacht, seine Wäsche gewaschen, gekocht, ist einkaufen gegangen und so weiter. Wenn der Wäschekorb voll ist, kümmert sich derjenige darum, der es zuerst sieht. Mein Mann ist ein wunderbarer Koch, und er kocht gern und sooft er kann. Er hat ein eigenes Geschäft und ist abends meist vor mir zu Hause und bereitet das Essen vor. Um die Kinder kümmern wir uns beide. Er kann alles ganz genauso wie ich, wenn nicht besser.«

Männer mit »Motel-Mentalität«

Wie wir gesehen haben, besitzen die meisten Männer noch immer eine Art »Motel-Mentalität«. Theoretisch akzeptieren sie zwar den Gedanken der Arbeitsteilung, aber in der Realität sieht alles ganz anders aus.

Viele Frauen machen die gleichen Erfahrungen – sie »sehen« den Staub und die Hausarbeit, die getan werden muß, während die Männer das schmutzige Glas, das in die Küche gehört, einfach »übersehen« (obgleich sie auf dem Weg in die Küche sind). Dadurch fühlen sich viele Frauen frustriert, und die meisten Frauen, die ihren Mann eine Weile »geschubst« haben, etwas zu tun – egal was –, geben am Ende auf und machen es lieber selbst, oder sie lassen es einfach ungetan, denn am Ende kostet es mehr Zeit und Energie, jemanden dazu zu bringen, etwas zu tun, als es gleich selber zu tun. Allerdings führt das auf die Dauer dazu, daß sie sich ausgenutzt und nicht geachtet fühlen.

Hat eine Veränderung der finanziellen Situation Einfluß auf die Ehe?

Wie wir in Teil I und im Kapitel 9 dieses Buches gesehen haben, geht der emotionale Vertrag in den meisten Ehen nicht von der Gleichberechtigung zwischen Mann und Frau aus und ist für die meisten Frauen auch sonst nicht gerade emotional zufriedenstellend. Offenbar ist die wirtschaftliche Unabhängigkeit, die die Frauen gerade erst erzielt haben, und was sie alles zur Folge haben kann, kaum ins Bewußtsein der Männer gedrungen. Es könnte aber auch sein, daß Geld allein keine Gleichberechtigung herbeiführt. Vielleicht haben die meisten Männer aber auch keine Ahnung, wie sie es fertigbringen sollen, den Frauen die emotionale Zuwendung zuteil werden zu lassen, die sie sich wünschen.

Wenn eine Frau außer Haus arbeitet, bedeutet das keineswegs automatisch, daß der Mann einen Teil der Hausarbeit übernimmt. Aber die Veränderung der finanziellen Situation hat ganz bestimmt auch eine Veränderung in der Ehe zur Folge: *Frauen* empfinden anders. Wenn sie außer Haus einer Arbeit nachgehen, finden Frauen, daß die Männer nun nicht mehr auf sie heruntersehen können, auch wenn die Männer es noch immer tun. Die meisten Frauen fühlen sich natürlich irritiert, wenn sie nun noch immer nicht respektiert werden und die Männer zu unbewußten Stereotypen zurückkehren, indem sie sie als emotional »schwach« ansehen, die für ein paar nette Schmeicheleien und ein bißchen Liebeszuwendung so gut wie alles tun.

Andererseits halten viele Frauen die finanzielle Unterstützung des Mannes für notwendig, zumindest als Grundlage, denn die meisten von ihnen verdienen weniger als die Männer und sind zu viel schlechter bezahlten »Frauen«-Jobs verurteilt. Aber wie wir in Kapitel 12 sehen werden, entschließen sich heute viele Frauen (selbst solche mit sehr geringem Einkommen, und selbst Frauen mit Kindern), aus unbefriedigenden Ehen auszusteigen. Auch wenn die wirtschaftliche Unabhängigkeit gerade erst begonnen hat, die emotionale Substanz der Ehe zu verändern, so hat sie es den Frauen doch zumindest ermöglicht, die Ehe aufzugeben. Genau wie Ende der vierziger Jahre nach dem 2. Weltkrieg, als die Gesellschaft darauf drang, daß die Frauen ihre Jobs, die sie während des Kriegs ausgeübt hatten, aufgaben und sie den aus dem Krieg heimkehrenden Männern überließen (außerdem gab es weniger Arbeit, nachdem die kriegsbedingten Produktionen eingestellt wurden), verbreiten die Medien Propagandageschichten über Frauen, die »alles aufgeben, um in ein Häuschen mit Garten zu ziehen«, die auch heute nur auf eine Handvoll von Frauen zutreffen.* Trotz dieser Geschichten und obgleich die Frauen es satt haben, sich Stempel aufdrücken zu lassen (»Women's lib«, »Frauenbewegung«, »Neue Frauen« usw.), leben Würde, Unabhängigkeit, Selbstdefinition und Stolz überall auf der Welt in den Frauen fort.

* Genauso werden schon seit Jahrzehnten mit ziemlicher Regelmäßigkeit alle zehn Jahre Geschichten verbreitet, in denen erklärt wird, daß »die Frauenrechtsbewegung tot ist«, um damit zum Ausdruck zu bringen, daß Frauen »doch nicht zusammenhalten« können, daß »eine richtige Frau das alles« gar nicht will, usw.

Frauen gehen ihren Weg und lassen sich nicht beirren, auch wenn sie immer wieder zu hören bekommen, »was sie tun sollen« – von allen Seiten – Zeitschriften und Modemagazinen, den Ehemännern/Männern, von manchen feministischen Gruppen, von der Psychologie, einfach von allen. Sie treffen sehr interessante Entscheidungen und schaffen neue Lebenskategorien, für die es im Augenblick noch keine rechten Worte gibt.

Immer wieder sagen Frauen, daß sie ihre Freiheit lieben – es klingt geradezu wie ein Refrain für dieses Buch. Aber so sehr die Frauen auch ihre Freiheit bewahren wollen, genauso sehr sehnen sie sich nach Liebe, und sie können einfach nicht verstehen, warum diese beiden Dinge unvereinbar sein sollten. Die Frauen entscheiden sich dafür, zwar weiterhin Fürsorge und Freundlichkeit, nicht Rechthaberei zu ihren Werten zu machen, aber sie sind nicht mehr bereit, noch länger von den Männern alles »hinzunehmen«. Aufgrund des weiblichen Wertsystems bedeutet das für die Frauen, die in der Ehe nichts mehr »hinnehmen« wollen – nach jahrelangen Auseinandersetzungen und Diskussionen, in denen sie versucht haben, die Beziehung zu ändern –, daß sie gehen müssen. Frauen, die es ablehnen, sich entweder als »feministisch« oder »traditionell« einstufen zu lassen, haben es sich zum Ziel gesetzt, Liebesbeziehungen mit Hilfe von gänzlich anderen emotionalen Anordnungen so zu gestalten, daß sie funktionieren.

12

Was Frauen
über Scheidung denken

Die meisten Scheidungen werden
von Frauen initiiert

Es sind meist die Frauen, die den Entschluß zur Scheidung fassen. 91 Prozent der geschiedenen Frauen sagen, daß *sie* die Scheidung herbeigeführt haben, und nicht ihre Ehemänner. Das ist ein ziemlich überraschendes Ergebnis, denn die allgemeine Auffassung ist, daß die Frauen meist von den Männern »verlassen« werden, weil Frauen mehr »auf Sicherheit geben« als Männer.

Die meisten Frauen sagen, sie hätten sich mehrere Jahre lang bemüht, die Beziehung zu ihren Männern zu verbessern, bevor sie beschlossen, sie abzubrechen. Und die meisten verlangen die Scheidung nicht, weil ihnen ihr Mann »untreu« gewesen ist (selbst wenn er es vielleicht ist – und selbst wenn sie es ist), und auch nicht, weil ihr Mann vielleicht ein »schlechter Liebhaber« ist (die meisten Frauen sind der Meinung, daß sich so etwas beheben läßt oder daß man damit leben kann, indem man sich einen anderen Liebhaber nimmt), sondern weil sie sich in ihrer Ehe einsam und emotional isoliert fühlen.

Was empfinden die Frauen bei ihrer Scheidung?

Die Erklärungen, die die meisten Frauen abgeben, sind bemerkenswert: Sie fühlen sich erleichtert, nachdem sie den Entschluß gefaßt haben, sich scheiden zu lassen. Allerdings kommt es vor, daß sie, bevor sie sich zu diesem Schritt durchringen konnten, völlig durcheinander waren und ein schlechtes Gewissen hatten:

»Es war die eindeutigste Entscheidung meines Lebens. Ich wollte die Scheidung. Mein Ex-Ehemann hat sich nicht um uns gekümmert, hat jahrelang nicht für uns gesorgt; er war drogenabhängig und hat sich völlig ruiniert. Nach meiner Entscheidung war ich erleichtert und glücklich. Vorher kam ich mir immer wie eine Versagerin vor, weil ich in einer kaputten Ehe lebte. Es war wie ein Erfolg, nachdem ich die Entscheidung getroffen hatte. Es ist fast ein Jahr her, seit ich ihn verlassen habe. Zehn Jahre lang habe ich geweint. Jetzt weine ich nicht mehr. Meine Freundinnen haben mir sehr geholfen.«

»Ich war neun Jahre lang verheiratet. Ich habe meinen Mann verlassen, weil ich das Gefühl hatte, daß ich nicht mehr *ich selbst* war. Es war sehr schwierig wegzugehen. Ich habe katholisch geheiratet und hatte schreckliche Schuldgefühle. Ich brauchte fünf Jahre, bis ich den Mut dazu hatte. An dem Tag, an dem ich auszog, mußte ich die ganze Zeit weinen, stundenlang, beim Packen und als ich mich dann von ihm verabschiedete. Ich war so traurig – so traurig, daß wir die Uhr nicht zurückstellen konnten, um all die Jahre auszulöschen, in denen wir aneinander vorbeigegangen sind. Aber als ich gegangen war, fühlte ich mich frei, allein, wie neugeboren. Es tut mir nicht leid, ihn verlassen zu haben. Mir tut nur leid, daß ich nicht schon früher gegangen bin.«

Die meisten Frauen haben das Gefühl, daß ihre Männer – wie sehr sich die Frauen auch bemühen – psychologisch unzugänglich bleiben, oft sogar herablassend sind:

»Ausgelöst wurde die ganze Sache, als unser fünfundzwanzigster Hochzeitstag näherrückte und die Kinder Pläne für eine große Party machten. Ich konnte den Gedanken einfach nicht ertragen, weitere fünfundzwanzig Jahre so verbringen zu müssen wie die vergangenen fünfundzwanzig. Er trank, spielte, ging mit anderen Frauen. Hatte Affären. Half mir nie mit den Kindern, unternahm nie etwas mit ihnen. Wir waren nie eine richtige Familie. Wir hatten uns nichts zu sagen. Sex fand nur statt, wenn er es wollte, und am Ende fand überhaupt nichts mehr statt. An meinem Geburtstag und an unserem Hochzeitstag gingen wir aus; da sie nur zwei Tage auseinanderliegen, legten wir es gewöhnlich zusammen. Ich schaffte es nie, mich der Arbeit in der Kirche zu widmen, denn ich wußte nie, wann er was tat, und mußte warten, bis er es mir sagte, erst dann konnte ich selbst Pläne machen. Ich besaß kein Selbstvertrauen. Sogar meine Kinder hatten mehr Verstand als ich – sie konnten nicht begreifen, warum ich so lange bei ihm blieb.«

»Ich wollte mit meiner Ehe Schluß machen und habe alles in die Wege geleitet, denn ich hatte sieben Jahre lang versucht, unsere Ehe zu retten, bis ich einsah, daß es keinen Sinn hatte. Wir lebten beide völlig getrennte Leben und hatten nur noch im Bett was miteinander zu tun. Mein Mann traf sich mit vielen Frauen (gleich von Anfang an war er selten zu Hause), versetzte mich, wenn wir uns verabredet hatten, indem er einfach wegblieb; außerdem ist er nie unseren gemeinsamen finanziellen Verpflichtungen nachgekommen, was schreckliche Geldprobleme verursachte.

Daß ich mit ihm Schluß gemacht habe, gehört mit zu den zehn besten Dingen, die ich je in meinem Leben getan habe. Zuerst kam ich mir wie eine Versagerin vor, aber dann verspürte ich plötzlich ein Gefühl von Freiheit, wie ich es mir nie hätte träumen lassen! Ich habe ihn gehaßt, aber dann gab ich es auf, ihn zu hassen. Haß verbraucht zuviel Energie. Mein Leben wurde wunderbar, großartig. In dieser Zeit konnte ich mich auf mich selbst konzentrieren und auf das, was ich wirklich will im Leben und was ich von einer Partnerschaft mit einem Mann erwarte.«

Die Mehrheit der Frauen erklärt, daß sie während der Ehe irgendwie das Gefühl hatten, am Leben nicht beteiligt zu sein, anstatt enger mit dem Leben verbunden zu sein:

»Ich bin froh, daß bald alles vorbei ist. Ich lasse mich scheiden, weil er ständig ›Macht‹ ausübt, damit ich so bin, wie er mich haben will, anstatt mich so sein zu lassen, wie ich in Wirklichkeit bin. Zuerst glaubte ich, das sei ganz normal, dann war ich traurig, und als ich den Entschluß gefaßt hatte, mich scheiden zu lassen, war ich sehr glücklich.«

»Wir haben zu jung geheiratet, hatten viel zu bald Kinder und nahmen viel zuviel finanzielle Verpflichtungen auf uns. Seit ich zuerst schwanger war, bis zu dem Tag, an dem ich ihn verließ, hatte ich das Gefühl, daß mein Leben stehengeblieben wäre und daß alles, was geschah, mit einem ganz anderen Menschen zu tun hätte. *Ich* habe Schluß gemacht und wollte die Scheidung. Danach fühlte ich mich frei und glücklich. Ich habe ihn gehaßt, aber geweint habe ich kaum. Ich hatte plötzlich wieder das Gefühl zu leben – ich traf Verabredungen, suchte mir einen Job und schrieb mich in der Schule ein. Über ein Jahr lang habe ich keine Hausarbeit angerührt, keine Wäsche gewaschen, kein Essen gekocht!«

Die meisten Frauen sagen auch, daß sie nach der Scheidung schon bald ihre Identität wiedergewonnen hätten:

»Ich wollte mit ihm Schluß machen. Er wartet noch immer darauf, daß ich zu ihm zurückkomme (daß ich ›aufwache und wieder zu mir komme‹). Es war schwer, aber jetzt bin ich froh. Ich bedaure nur, daß ich so lange gewartet habe. Ich fühlte mich freier. Ich wußte, daß ich wieder damit anfangen konnte zu leben, und ich hatte Freunde, die mir zuhörten und mich aufmunterten. Ich begann aufzublühen.«

»Meine Scheidung durchzubringen war schwerer als alles andere in meinem Leben, aber es war auch wunderbar. Ich wollte die Scheidung. Ich wollte mit meinem damaligen Mann nicht länger zusammenbleiben. Nicht genug, daß ich ihn nicht liebte (ich weiß gar nicht, ob ich ihn je geliebt habe) – ich konnte ihn nicht einmal leiden! Gehaßt habe ich ihn nie. Er tut mir sogar leid. Er wird das Lebben nie so sehen wie ich, daher hat er überhaupt nichts vom Leben.

Ich habe genug Tränen vergossen, bevor ich geschieden wurde. Wegen der Kinder war die Umstellung sehr schwierig, aber ich habe wieder zu leben begonnen. Ich habe eine neue Chance im Leben, und ich werde sie nutzen. Ich habe durch meine Scheidung viele Freunde verloren. Er hat es so hingestellt, als wäre alles meine Schuld (ziemlich mies von ihm!), und sie haben ihm geglaubt. Ich habe jetzt neue Freunde, wirkliche Freunde und brauche den alten Freunden, die noch mit ihm befreundet sind, nicht nachzuweinen. Es war ein sehr harter Weg, aber es hat sich gelohnt!«

Während 71 Prozent der Frauen – Frauen aller Altersstufen und aus verschiedensten ökonomischen Verhältnissen – Erleichterung verspüren, haben 24 Prozent gemischte Gefühle und erholen sich nur schwer von der Scheidung:
»Die Scheidung war schrecklich, obgleich es die beste und einzige Lösung war. Wir wollten uns beide scheiden lassen, weil wir an einem Punkt angelangt waren, an dem nichts mehr zu retten war. Wir lebten völlig getrennte Leben und paßten absolut nicht zusammen. Trotzdem hatte ich das Gefühl, als hätte ich keinen Boden mehr unter den Füßen. Ich war völlig aus dem Gleichgewicht. Es hat über ein Jahr gedauert, bis ich mich wieder einigermaßen normal gefühlt habe. Ich muß noch immer darüber reden, aber ich werde dabei richtiggehend wütend. Aber allmählich muß ich auch lachen, wenn ich an diesen absoluten Irrwitz von Ehe denke. Ich verspüre Freude und auch Verzweiflung – es ist fast wie in einer Berg- und Talbahn.«

»Ich war zwei Jahre lang in einer Therapie und wußte genau, wie zerrüttet unsere Ehe war. Ich stellte ihm ein Ultimatum: Ich verlangte, daß er entweder etwas für unsere Beziehung tut oder in eine Eheberatung oder so geht, sonst müßte er gehen. Er ging. Manchmal habe ich auch heute noch Gefühle von Schuld, Bedauern, Zorn. Ich habe mich verkrochen, geweint, geschrien, gelacht, Erleichterung gespürt, aber auch Bedauern. Ich habe viel mit Freunden darüber geredet, das hat mir am meisten geholfen. Mit jedem Mal läßt die Traurigkeit ein wenig nach – und ich weiß, daß ich es überleben werde. Alle haben mir geraten, ihn zu verlassen, aber sie waren entsetzt, als sie mit meinen innersten Gefühlen konfrontiert wurden.«

Eine Frau berichtet von der ungeheuren Verwirrung, in die sie gestürzt wurde, als sie ihren Mann verließ:

»Als ich meinen Mann verließ und mit einem anderen Mann zusammenzog, wollte mich mein Mann plötzlich wieder zurückhaben. Ständig rief er mich an – bis ich nicht mehr ans Telefon ging. Ich war so durcheinander, daß ich zum Psychiater gehen mußte. Ich brauchte fast ein Jahr, bis ich die Scheidung eingereicht hatte. Ich fühlte mich von der Welt abgeschnitten. In meiner Familie waren alle böse mit mir. Mein Vater drohte mir, mich zu enterben, ich redete fast ein Jahr lang nicht mit ihm. Meine Mutter lebte in einem anderen Bundesstaat und war nicht gerade begeistert. Meine beste Freundin zog sich von mir zurück. Ich wußte nicht, was ich tun sollte, ich saß in einer Falle. Verzweifelt suchte ich jemanden, der die Entscheidung für mich traf, um nicht selbst verantwortlich zu sein, wenn nicht alles glattlief. Wenn ich daran zurückdenke, frage ich mich heute, wie ich es je habe schaffen können, diesen Teil meines Lebens hinter mich zu bringen. Alle waren böse auf mich. Das lag daran, daß sich John nach außen hin immer tadellos benahm. Alle hielten ihn für vollkommen, und ich war diejenige, die alles kaputtgemacht hatte.

Ich war so einsam, als ich verheiratet war. Er ging völlig in seiner Arbeit auf und kümmerte sich kaum um mich. Mir war elend zumute, aber das schien ihn nicht zu berühren. Er ließ die Dinge einfach laufen. Wenn er sich wenigstens bemüht hätte, sich zu ändern, vielleicht wäre ich dann bei ihm geblieben. Im Grunde glaube ich nicht, daß es geklappt hätte. Er war einfach zu sehr auf sich selbst fixiert.

Auch wenn ich die Scheidung selbst herbeiführt habe – die Entscheidung, mich von ihm zu trennen, war bei weitem das Schwerste, was ich je durchgemacht habe. Ich war verwirrt und hatte jede Orientierung verloren. Ich war mir nie völlig sicher, ob ich es wirklich wollte, ich sah nur keine andere Möglichkeit. Ich wollte nicht den Rest meines Lebens unglücklich sein. Ich brauchte ein paar Jahre, um darüber hinwegzukommen. Als ich mit meinem jetzigen Mann zusammenzog, hat mir das mehr geholfen als alles andere. Er hat mir geraten, ehrlich zu sein, und gesagt, daß ich die Kraft hätte, es zu überstehen. Er hat mir geholfen, mein Selbstvertrauen wiederzufinden.«

Eine kleine Anzahl von Frauen (4 Prozent) ist sehr traurig und fühlt sich verletzt – meistens haben sich diese Frauen nicht »scheiden lassen«, sondern »wurden geschieden«, und hatten daher auch keinen Einfluß darauf:

»Ich war schrecklich deprimiert, weil ich die Situation nicht im Griff hatte. Mein Mann hat mich verlassen, als ich zwanzig war. Ich lag damals zwei Monate lang im Krankenhaus, weil ich Depressionen hatte. Es war für mich sehr schwer, mit der Trennung fertig zu werden. Es waren so viele Gefühle, die auf mich einstürzten – Traurigkeit, Zorn, Erleichterung, Angst. Ich war so traurig, als wäre jemand, den ich sehr geliebt hatte, gestorben. Ich brauchte zwei Jahre, um mich wieder am Leben zu freuen.«

»Ich war zweiundzwanzig und hatte zwei Kinder. Er machte sich einfach aus dem Staub. Wochenlang konnte ich niemanden sehen, auch meine Freunde nicht. Manchmal ging ich den ganzen Tag nicht aus dem Haus, zog mich nicht an, ließ die Fenster verdunkelt.«

»Mein Mann will die Scheidung – für mich ist das furchtbar, schlimmer als alles, was ich je erlebt habe. Ich muß andauernd weinen. Ich fühle mich einsam und habe Angst. Ich arbeite und bemühe mich verzweifelt, meine Ehe zu retten. Es ist alles so einseitig – von meiner Warte aus. Ich war zehn Monate lang in einer Therapie – ich hoffe, daß ich wieder zu Kräften komme. Ich bin sechsunddreißig Jahre alt, nachdenklich, besorgt, verwirrt.«

Manche Frauen (eine Minderheit von 7 Prozent) sind mit ihren früheren Ehemännern noch immer befreundet und mögen sie sehr gern:
»Ich fühle mich wohl und bedaure nichts. Wir haben beide ein neues Leben begonnen. Wir lieben uns noch immer! Wir haben dieselben Freunde, außer einigen neuen, die dazugekommen sind. Wir konnten eben nur nicht als Mann und Frau zusammen leben.«

»Eigentlich glaube ich, daß ich ungefähr dreizehn Jahre lang eine gute Ehe geführt habe und daß es eine gelungene Trennung war (es gab wenig Reibereien, und die Kinder haben es relativ gut überstanden), und bei unserer Scheidung lief ebenfalls alles glatt – wir bleiben Freunde und sind uns in allen entscheidenden Dingen einig, sogar in bezug auf das Geld. Als wir uns vor ein paar Wochen unsere Möbel geteilt haben, hatte ich schon ein etwas merkwürdiges Gefühl, aber es hat nicht wirklich weh getan. Ich fand es gut, daß manche Gegenstände, an denen wir beide hängen, bei ihm bleiben, da ich sie in der kleinen Wohnung, die ich jetzt habe, nicht unterbringe. Ich habe nicht besonders viel geweint, weil unsere Ehe zu Ende war – ich hatte damals gerade eine andere Liebesbeziehung. Ich hatte eine gute Freundin, mit der ich reden konnte, und viele andere Freunde, die mir nicht so nahestehen, die mich aber verstanden und es akzeptierten. Sie haben mir nie Vorwürfe gemacht und mir oft sehr geholfen. Welche Freunde ›auf welcher Seite‹ standen, war nie ein Problem, denn wir hatten keinen Streit. Außer dieser Angelegenheit scheint in meinem Leben immer alles sehr langsam vorangegangen zu sein, so daß ich stets Zeit hatte, mich an Veränderungen zu gewöhnen und mich auf kommende vorzubereiten. Es war tatsächlich so, daß die Zeit alles geheilt hat – nur in einem Fall brauchte ich eine psychiatrische Behandlung.«

Der Scheidungsprozeß und die Gerichte

Der Scheidungsprozeß, der juristische Vorgang also, ist nach Aussage vieler Frauen gräßlich – was durch die Gerichte nur noch erschwert wird:

»Scheidungen machen einen fertig! Das ist nun mal so. Wenn mir jemand sagt, daß seine Scheidung nicht schlimm gewesen ist, kann ich es einfach nicht glauben. Mein erster Mann und ich hatten einvernehmlich beschlossen, uns scheiden zu lassen, aber während der Scheidung haben wir jede Zuneigung und jede Achtung voreinander verloren. Am Ende wurde alles in den Schmutz gezogen. Jetzt zahlt er für die Kinder keinen Unterhalt und hat es auch noch nie getan.«

»Die Ungerechtigkeit der Scheidungsgesetze trifft die Frauen hart. Ich bekam nur ein einziges Mal in einem einzigen Punkt ein gerechtes Urteil, als wir einen weiblichen Scheidungsrichter hatten. Ich bekam das Haus und zwei Jahre Unterhalt als ›Wiedergutmachung‹ für achtunddreißig Jahre Ehe, obwohl ich auch, als der Mistkerl abgehauen war, die Kinder noch in der High School hatte. Sie benutzten mein Auto und wollten essen und hatten alle möglichen Probleme. Vier Monate später war er bereits wieder verheiratet, ging nach Kalifornien und zahlte nach fünf Monaten keinen Pfennig Unterhalt mehr. Ich kenne keine Frau, die bei ihrer Scheidung vor Gericht nicht reingelegt wurde. Das ist ein einziger Schwindel.

Und meine verdammte Anwältin – als ich wieder zu ihr ging, damit sie meinen Unterhalt eintreibt, tat sie genau das, was jede berufstätige Frau tut, wenn man sie braucht – genau wie die Kerle immer sagen –, sie kriegte ein Kind, um ihre zweite Ehe zu zementieren und sich als Frau zu beweisen – zwei Söhne hatte sie schon aus der ersten Ehe, das hätte eigentlich genügen müssen. In der Zwischenzeit machte sich mein Ex-Mann stark, hatte Frauen, die ihm das Essen kochten und ihn trösteten und ihm das Geld für die besten Scheißanwälte in Connecticut gaben. Ich mußte meinen Ehering und meinen Verlobungsring verkaufen, um dem neuen Anwalt den Vorschuß zahlen zu können. Der verhielt sich beschissen, weil ich angeblich nicht ›fair‹ wäre. Am liebsten hätte ich sie allesamt umgebracht...«

Es kann sehr hilfreich sein, wenn man sich, bevor schwierige Entscheidungen getroffen werden, mit jemandem berät, damit bei der Trennung nicht soviel kaputtgeht:

»Mein Ex-Mann und ich waren anderthalb Jahre bei einem Eheberater, bevor ich ihn verließ. Als ich zum ersten Mal von Scheidung sprach, schlug er vor, zu einem Eheberater zu gehen. Ich machte ihm allmählich klar, daß ich nicht mehr mit ihm zusammen leben wollte.«

»Als jemand, der es gut meinte, sagte: ›Eine Scheidung ist eine harte

Sache‹, erwiderte ich: ›Verglichen womit?‹ Denn es ist noch viel schlimmer, eine Ehe weiterzuführen, die eigentlich beendet gehört. Jetzt lebe ich allein und habe das Gefühl, zur richtigen Zeit und am richtigen Ort zu sein. Wir waren zwei Monate in einer Eheberatung, um herauszufinden, ob wir uns trennen sollten. Als sich mein Mann zu der Scheidung entschloß, ging ich allein zu dem Eheberater, um herauszufinden, ob ich noch immer bei meinem mir entfremdeten Ehemann bleiben wollte. Ich habe jetzt keine feste Bindung und auch keinen Geschlechtsverkehr. Das Leben macht mir Spaß.«

Die finanzielle Seite der Scheidung und die »Feminisierung der Armut«: trotz drohender Armut lieber frei sein

Viele Frauen haben aus finanziellen Gründen Angst, sich scheiden zu lassen, tun es aber trotzdem:

»Ich habe mich von meinem Mann scheiden lassen, weil er trank und mich betrogen hat. Ich hatte ein schlechtes Gewissen, weil er mich und die Kinder wirklich liebte und brauchte, aber ich war immer so einsam, vor allem nachts. Außerdem hatte ich Angst, daß ich es nicht schaffen würde, die Kinder allein zu ernähren. Es ist mir wirklich schwergefallen, nicht ›den leichteren Weg‹ zu wählen und einfach zu ihm zurückzugehen.«

»Ich wollte die Trennung, aber ich kam mir wie ein Versager vor, und hatte Angst, daß ich es allein nicht schaffen würde, mich selbst ernähren, meine Rechnungen zahlen usw. Ich hatte sehr große Angst. Ich war völlig allein. Meine Eltern waren überhaupt keine Hilfe. Meine Mutter wollte ›sich nicht einmischen‹ – sie wollte nicht einmal darüber reden. Es war die schrecklichste Zeit in meinem ganzen Leben. Ich tat alles, um zu überleben: Ich arbeitete, zahlte meine Rechnungen. Ich schloß auch viele neue Freundschaften mit Frauen, sehr enge Freundschaften. Ich merkte, daß ich ohne ihn leben konnte und daß die Ehe nicht das einzige im Leben einer Frau ist.«

Frauen stehen nach der Scheidung vor sehr viel größeren finanziellen Schwierigkeiten als Männer. Laut statistischer Zahlen des U.S. Department of Labor sinkt bei zwei Drittel aller Frauen nach ihrer Scheidung der Lebensstandard.[*] Zweifellos trägt die Tatsache, daß die meisten Frauen heute ein eigenes Einkommen haben, entscheidend dazu

[*] Siehe auch 2. Kapitel. Die Statistiken zeigen, daß der Lebensstandard nach der Scheidung bei Frauen im allgemeinen sinkt, während er bei Männern eher steigt.

bei, daß sie sich von ihren Ehemännern überhaupt trennen können, aber gewöhnlich ist ihr Einkommen erheblich niedriger als das der Männer. Außerdem erhalten nur 14 Prozent aller geschiedenen Frauen Unterhalt, und 58 Prozent Unterhalt für die Kinder, und sogar noch weniger, nämlich 4 Prozent, erhalten den Unterhalt *tatsächlich* (und 14 Prozent den Unterhalt für die Kinder); die Gerichte haben noch keine wirksame Methode gefunden, dafür zu sorgen, daß ihre Entscheidungen auch in die Tat umgesetzt und eingehalten werden. Die geschiedenen Männer ziehen oft einfach in einen anderen Bundesstaat, in dem die Gerichtsurteile nicht rechtskräftig sind; oder wenn ihr Einkommen gepfändet wird, nehmen sie oft Schwarzarbeit an, ohne Lohnsteuerkarte. Unterhalt für die Frau und für die Kinder wird nur in einem Drittel aller Scheidungsfälle bezahlt.

Obgleich die Frauen ganz genau wissen, was sie erwartet, unternehmen meistens sie den ersten Schritt zur Scheidung. Die meisten geschiedenen Frauen, die an dieser Untersuchung beteiligt waren und deren Jahreseinkommen nicht einmal 7000 Dollar erreicht, fühlen sich jetzt glücklicher und werden mit den Schwierigkeiten fertig. (Siehe 11. und 12. Kapitel.) Somit ist die »Feminisierung der Armut« ein deutliches Zeichen für die emotionale Abwendung* der Frauen von der Ehe, genau wie das Gefühl des emotionalen Wohlbefindens, das in dieser Untersuchung so viele Frauen zum Ausdruck gebracht haben, nachdem sie die Chance ergriffen hatten, ein neues Leben zu beginnen.

---

* Ist die steigende Zahl alleinlebender, ledig gebliebener junger Frauen, die einem Haushalt vorstehen, nicht auch ein Beweis dafür, daß die Frauen es vorziehen, ihre Kinder allein durchzubringen, auch wenn sie arm sind, und nicht weil sie »verlassen« wurden? Leben Mütter unter zwanzig allein, weil sie es so wollten oder weil sie »verlassen« wurden? Die meisten Mädchen hätten abtreiben lassen können, haben es aber nicht getan. Untersuchungen haben gezeigt, daß sich ledige schwangere Frauen, wenn sie arm sind, oft auf ein Kind freuen, weil es für sie bedeutet, ein eigenes Heim zu haben und nicht nur Liebe, sondern manchmal auch finanzielle Unterstützung erhalten, so gering sie auch sein mag, wie aus einer Studie über Familienplanung im Süden der Vereinigten Staaten hervorgeht.

13

Was ist – nach Meinung verheirateter Frauen – der Zweck einer Ehe?

Welche wesentlichen Vorteile sehen Frauen in einer Ehe?

Gemeinschaft, »irgendwo hingehören« und Sicherheit

Fast immer erwähnen verheiratete Frauen (manchmal unter anderem), daß ihnen das Gefühl von Stabilität und Sicherheit – vorhanden oder erhofft – gefällt, und der Gedanke an die gemeinsame Vergangenheit und eine gemeinsame Zukunft – und auch das Bewußtsein, »irgendwo hinzugehören«:*

»Der wichtigste Grund für unsere Ehe ist das angenehme Gefühl von Sicherheit, das tägliche Zusammenleben, das Verfolgen gemeinsamer Ziele, daß der andere da ist, wenn man ihn braucht, daß man sich um den anderen sorgt.«

»Sicherheit, gegenseitige Achtung. Jeder weiß, daß der andere immer da ist.«

»Seit fünfzehn Jahren verheiratet. Ich hab' es gern, wenn die Familie zusammen ist – dann fühle ich mich zufrieden und geborgen. (Manchmal ist es schön, das Haus für mich allein zu haben und eine Weile für mich zu sein.) Als ich noch nicht verheiratet war, war ich immer auf der Suche nach etwas. Jetzt habe ich das Gefühl, daß ich es gefunden habe. Ich mag ›Ehefrau‹ sein, das gibt mir das Gefühl, als gehörten wir zusammen, mein Mann und ich. Am schönsten ist es, wenn ich mich an ihn kuschle und er mich in den Arm nimmt.«

»Ich glaube, ich habe geheiratet, um meinen Vater zu ersetzen, um einen Fels zu haben, an dem ich mich festhalten kann. Als ich ihn kennenlernte, kam er mir so standhaft vor, so anständig und ehrlich und unkompliziert und ganz und gar männlich, aber auch freundlich und

---

* 84 Prozent geben Gemeinsamkeit oder ein eigenes Heim als wichtigsten Grund für eine Ehe an – auch wenn sie die emotionale Beziehung zu ihrem Ehemann gern ändern würden – wie im I. Teil beschrieben – und vielleicht sehr unzufrieden sind.

fürsorglich und sehr verliebt in mich; ich konnte ihn einfach nicht wieder loslassen. Trotzdem machte ich zwei Jahre lang eine schreckliche Zeit durch, weil ich so unentschlossen war und nicht wußte, ob ich ihn heiraten sollte. Aber er wartete, bis ich schließlich ja sagte. Und er ist für mich noch immer dieser sichere Fels, treu, liebevoll, zuverlässig.«

Manchmal bedeutet Verheiratetsein, daß man für jemanden der wichtigste Mensch auf der Welt ist:
»Er sagt mir, daß er mich liebt, daß ich toll aussehe, daß ich ihn errege, daß ich für ihn die einzige bin. Ich habe es gern, wenn er mir diese Dinge sagt. Dann fühle ich mich großartig und weiß, daß ich für ihn das Allerwichtigste bin, daß ich ihm wirklich etwas bedeute.«

Manche führen völlig unromantische Ehen, aber es scheint ihnen nichts auszumachen, weil sie die Ehe wegen des gemeinschaftlichen Lebens schätzen:
»Ich mag die alltäglichen Dinge, daß immer jemand da ist und sich im Haus etwas bewegt. In sexueller Hinsicht kommen wir gut miteinander aus. Ich bekomme, was ich haben will, und er bekommt, was er haben will. Es geht nicht besonders romantisch zu, und wir reden auch nicht viel, wir sind nur einfach füreinander da.«
»Das beste ist, daß man jemanden hat – immer verfügbar und liebenswert –, für den Sex oder fürs Essen oder um auszugehen.«

Selbst Frauen, die mit ihrer Ehe unzufrieden sind, mögen die tägliche Gemeinsamkeit:
»Ich mag an meiner Ehe die wirtschaftliche Sicherheit und das tägliche Zusammensein. Auch das Reisen ist einfacher zu zweit. Wenn mein Mann sich von mir scheiden lassen wollte, müßte er eine Niederlage eingestehen – das kann er nicht, er begeht nie einen Fehler! Und ich esse gern mit jemandem gemeinsam. Auch wenn er nie was sagt, ist es immerhin noch besser als gar keiner. Am wenigsten mag ich den Geschlechtsverkehr mit ihm (ungefähr einmal im Monat). Ob ich glücklich bin? Ja. Mein Partner? Weiß ich nicht.«

Nur 2 Prozent der Frauen schätzen ihre Ehe, weil sie sich geistig angeregt fühlen und sich durch sie weiterentwickeln – und nicht, weil sie jemandem »gehören«:
»Wenn wir zusammen sind, fühle ich mich rundum zufrieden, ich fühle mich frei und kann ausdrücken, was ich denke – Zorn, Lust auf Sex, Albernheiten und Angst, das Eingehen auf jede Situation. Wir lernen voneinander – *hören* einander zu und *akzeptieren* uns gegenseitig. Und außerdem bin ich immer ganz aufgeregt, wenn ich ihn sehe! Ich glaube, das ist die wirkliche Liebe!«

Die meisten Frauen mögen das Zusammenleben, aber bei einer Frau ist es genau umgekehrt:

»Das Schlimmste an der Ehe? Daß ständig jemand um einen herum ist!«

Manchmal kann das »Zusammengehören«, das die Frauen meinen, auch eine negative Seite haben; eine jüngere Frau, die nicht besonders glücklich ist, will trotzdem verheiratet bleiben, weil ihr die Alternativlösung – allein zu leben – nicht zusagt:

»Ich bin fünfundzwanzig, seit vier Jahren verheiratet. Manchmal arbeite ich im Büro an der Schreibmaschine, aber als Anstellung wäre mir Telefonistin lieber. Ich weiß nicht, ob ich ihn liebe, aber ich mag ihn. Wir haben einen fast dreijährigen Sohn.

Ich hätte gern eine etwas engere Beziehung zu meinem Mann. Ich mußte mich immer ziemlich anstrengen, damit alles glattlief in unserer Ehe. Wir gehen jetzt davon aus, daß wir einander mögen, wir lieben unseren Sohn, und wir glauben nicht, daß wir jemand finden könnten, der besser zu uns paßt, außerdem wären wir finanziell ruiniert, wenn wir uns trennen würden. Wo liegen die Probleme? Fast überall.

Wir führen wirklich nicht gerade innige Gespräche, da er immer früh zu Bett geht und ich oft sehr lange aufbleibe. Er murmelt nur vor sich hin, wenn ich abends mit ihm reden will, und ich tu' dasselbe morgens, wenn er was zu mir sagt. Ich rede mehr als er, und bei manchen Dingen ist es nicht leicht, etwas aus ihm rauszukriegen. Er kann sich kaum je für etwas richtig begeistern. Ich würde gern mehr über intime Dinge mit ihm reden. Aber das geht nur in Briefen oder am Telefon. Eine Zeitlang hatten wir das Gefühl, uns gegenseitig viel mitzuteilen, aber das lag nur daran, daß wir uns immer nur das sagten, was der andere hören wollte.

Ich bin von meinem Mann finanziell abhängig. Das stört mich nicht. Wenn mir etwas zustoßen sollte oder wenn wir uns trennen sollten und er das Sorgerecht bekäme, müßte er viel Geld ausgeben, um das gemacht zu bekommen, was ich leiste. Manchmal habe ich ein schlechtes Gewissen, aber das läßt er nie lange zu. Als ich einige Zeit gearbeitet habe, war er froh, obgleich ich es nicht wegen des Geldes getan habe, sondern weil er wußte, daß es mir guttun würde, mal rauszukommen und mit anderen Menschen zusammen zu sein.

Ich verrichte den meisten Teil der Hausarbeit, aber mein Mann tut auch was – wenn ich krank bin oder so, vor allem auch, wenn ich mit unserem Sohn und dem Baby, das ich in Pflege habe, einen anstrengenden Tag hatte. Das Baby raubt mir den letzten Nerv. Mein Sohn ist sehr ordentlich mit seinen drei Jahren – es macht Spaß, ihn um sich zu haben und mit ihm irgendwohin zu gehen. Manchmal haben wir denselben Geschmack, haben Spaß an denselben Dingen, mögen dieselben Filme und Vergnügungsparks und so weiter.

Als ich noch nicht verheiratet war, war ich ziemlich raffiniert. Ich habe beim Geschlechtsverkehr nie einen Orgasmus gehabt, habe aber bei meinen sämtlichen Liebhabern, bis auf einen (vielleicht zwei), so getan, als hätten sie mich dazu gebracht! Ich habe noch mit niemandem ehrlich darüber gesprochen, außer mit meinem Mann. Er weiß, daß ich masturbiere, und sagt, das mache ihm überhaupt nichts aus, im Gegenteil. Ich habe nämlich gemerkt, daß ich durch Masturbieren einen Orgasmus kriege, aber das habe ich erst ausprobiert, nachdem ich eine Menge darüber gelesen hatte, vor allem den *Hite Report*. Was ich am Geschlechtsverkehr so übel finde, ist, daß es oft so aussieht, als brächte die ganze Arbeit nichts, außer seinen Orgasmus. Bis jetzt ist Masturbieren für mich noch immer die einzige Möglichkeit, zum Orgasmus zu kommen. Das habe ich aber erst vor vier Monaten entdeckt, als ich sechsundzwanzig wurde. Ich war sehr froh, als ich feststellte, daß ich völlig normal bin, denn ich hatte schon Angst, daß ich zu den 2 Prozent Frauen gehöre, die niemals einen Orgasmus haben. Eines Tages sprach ich mit Jeannie, einer Nachbarin, darüber – ich erzählte ihr, daß ich keinen Orgasmus kriege. Sie war sehr verständnisvoll und gab mir den *Hite Report* zu lesen.

Ich habe vor, verheiratet zu bleiben. In mancher Hinsicht bin ich besser dran, wenn ich verheiratet bin. Ich weiß, wie es ist, nicht verheiratet zu sein – ich habe sonst immer ziemlich alleine gelebt und mich einsam gefühlt. Meine Liebesbeziehungen waren immer ziemlich ähnlich: Ich liebte den Mann, aber er wußte nicht, daß ich ein lebendiger Mensch bin; oder er brauchte mich nur für den Sex; oder wir hatten uns gern, aber die äußeren Umstände waren gegen uns. Außer bei meinem Mann war ich meist ziemlich deprimiert, denn ich hatte keine echte Beziehung zu dem anderen, oder ich wußte, daß er mich nur benutzte.«

Wirtschaftliche Zusammenarbeit

Obgleich die meisten verheirateten Frauen in den USA einen Beruf ausüben, haben viele von ihnen noch immer das Gefühl, die Männer als finanzielle Rückendeckung zu benötigen, denn Frauen verdienen weniger als Männer und wissen, daß sie gewöhnlich die »letzten« sind, die eine Arbeit bekommen, und die ersten, die wieder »rausfliegen«:

»Bis jetzt war ich noch nie voll und ganz oder wirklich finanziell von jemandem abhängig, aber ich hatte das Gefühl, psychisch abhängig zu sein, weil ich ja wußte, daß er, wenn ich meinen Job verlor oder kein

Geld hatte, immer noch dasein würde – jedenfalls glaubte ich, er würde dasein. Ich finde es furchtbar, finanziell abhängig zu sein, weil ich mir dann wie eine Prostituierte vorkomme – als würde mich der Mann besitzen oder mich versorgen.«

Leider hängt bei vielen Frauen die Entscheidung, zu heiraten und/oder verheiratet zu bleiben, noch immer von der finanziellen Situation ab:
»Meine Ehe ist für mich nicht die Welt. Ich könnte auch ohne sie auskommen, aber ich bleibe aus finanziellen Gründen. Ich habe einen guten Job und ein schönes Heim, zu dem ich in all den Jahren einen erheblichen Teil beigetragen habe; im Grunde habe ich mehr hineingesteckt, als nötig gewesen wäre. Ich bleibe, wo ich bin, denn ich möchte nicht noch einmal neu Wurzeln schlagen müssen.«
»Ich bin seit fast sieben Jahren verheiratet. Mir gefällt das Zusammenleben und auch die finanzielle Sicherheit. Davor war ich achtzehn Jahre lang mit einem anderen Mann verheiratet, der keine große finanzielle Hilfe war. Ich fühle mich nicht gern eingeengt und lasse mich auch nicht gern kontrollieren. Aber als ich zum zweiten Mal geheiratet habe, wollte ich finanzielle Sicherheit. Außerdem habe ich mich von ihm angezogen gefühlt!«
»Gewohnheit. Ich habe mich an ihn gewöhnt, und er sich an mich. Außerdem spielt das Finanzielle eine Rolle. Wir haben beide keinen Job und nur wenig Geld. Gemeinsam kommt man leichter zurecht als allein. Außerdem hasse ich es, alleine zu leben. Das macht viel zuviel Arbeit. Er hilft mir im Haus, das macht für mich vieles leichter.«
»Ich hatte fast immer ein eigenes Einkommen, aber ich konnte die Familie nicht allein ernähren. Wir waren dauernd in finanziellen Schwierigkeiten. Aber mein früherer Mann wollte nicht, daß ich arbeite, weil er sich dann unsicher fühlte; aber das Geld war ihm schon recht. Als ich dann trotzdem in die Arbeit ging (nachts), wenn er zu Hause war, hat er die Kinder einfach allein gelassen.«

Heute sind mehr Frauen bereit und auch fähig, aus einer Ehe auszusteigen, in der sie herablassend behandelt und geistig unterdrückt werden, obgleich sie finanzielle Nachteile hinnehmen müssen. Tatsächlich werden 90 Prozent der Scheidungen von Frauen herbeigeführt, nicht von Männern (ganz im Gegensatz zur gängigen Meinung); die zunehmende »Feminisierung der Armut« (die gewöhnlich darauf zurückgeführt wird, daß die Frauen von den Männern verlassen werden) beweist vielmehr, daß viele Frauen es vorziehen, unbefriedigende Beziehungen aufzugeben und lieber arm zu sein (auch wenn sie einen schlecht bezahlten Job annehmen müssen und/oder auf staatliche Unterstützung angewiesen sind), anstatt in entwürdigenden Situationen auszuharren.

Kurz gesagt, viele Frauen beschließen, ihre Situation zu ändern, auch wenn sie kleine Kinder haben und finanzielle Einbußen hinnehmen müssen – was manchmal sogar bedeutet, daß sie mit ihren Kindern in Armut leben. Daß die Anzahl der alleinlebenden Haushaltsvorstände steigt, liegt an den Frauen mit Kindern; die statistischen Daten über die »Feminisierung der Armut« zeigen, daß es sich zum großen Teil um diese Familien und um ältere alleinlebende Frauen handelt. Die allgemeine öffentliche Meinung, daß diese Frauen von ihren Ehemännern »verlassen« worden seien, ist falsch. In Wirklichkeit haben viele Frauen ihre Ehemänner verlassen und nicht umgekehrt, oder sie haben erst gar nicht geheiratet, weil sie das Gefühl hatten, daß sie ihren Kindern so ein besseres Zuhause und günstigere psychologische Voraussetzungen bieten könnten.

Eine andere weit verbreitete Vorstellung ist inzwischen weitgehend überholt: Weniger denn je zuvor heiraten Frauen, um »finanziell versorgt« zu sein – obgleich sich Frauen und Männer manchmal natürlich auch von dem gehobenen Lebensstil eines anderen Menschen angezogen fühlen können. Aber im allgemeinen rechnen die Frauen heute damit zu arbeiten, und freuen sich auch meist darauf, arbeiten zu können. Die meisten möchten gern ihr eigener Herr sein und für sich selbst sorgen – und viele möchten so leben, wie sie es in Kapitel 8 geschildert haben.

Die physische Wärme in der Ehe

Viele Frauen lieben auch die physische Wärme und die Zuneigung, die sie verspüren, wenn sie mit ihrem Mann im Bett liegen oder sich umarmen oder manchmal auch miteinander reden. Allerdings erleben das nur 44 Prozent der Frauen in ihrer Ehe relativ regelmäßig:

»Ich mag so vieles an unserer Beziehung... die Ehrlichkeit, wenn wir spätabends miteinander flüstern, die Zuneigung, wenn wir albern sind und uns zusammen totlachen, unsere Liebe zum Leben, unsere Pläne, die wir mit dem Haus haben, und wie wir an freien Tagen zusammensitzen und über die Zukunft reden. Das ist alles ungeheuer schön. Oder wenn er plötzlich zu mir kommt und zärtlich ist. Er sagt, daß ich ihn glücklich mache und daß durch mich sein Leben erst richtig schön ist. Er versteht es ganz wunderbar, unsere Körper verschmelzen zu lassen – in Liebe und Lust. Dann fühle ich mich so wohl, so geliebt und so vollkommen!«

»Er ist so zärtlich. Am schönsten ist es, wenn wir zusammen im Bett liegen, eng umschlungen, und miteinander reden. Dann fühle ich mich wunderbar...«

»Wenn wir eng umschlungen einschlafen – das ist schöner als alles andere.«

»Es macht mir Spaß, mit ihm zusammenzusitzen und einfach nur darüber zu reden, was in der Welt vor sich geht, und über die Arbeit und alte Zeiten. Die Abende, die wir allein zu Hause verbringen, sind die schönsten. Er ist immer sehr zärtlich und liebevoll, sagt mir, wie schön er mich findet (obgleich ich es nicht bin). Er nimmt mich immer in den Arm, wenn wir schlafen. Dann fühle ich mich ungeheuer geborgen und geliebt.«

»Wenn wir ganz intim zusammen sind, liegen wir nackt auf dem Bett und fassen uns nur an und genießen es, daß der andere da ist. Die meiste Zeit sind wir still, reden nur ganz wenig, dann sind wir wieder still – das ist schön«

»Er ist jetzt tot, aber am liebsten an ihm hatte ich, daß er mich und die Kinder so mochte, und wie er immer gelächelt hat, und wenn wir eng umschlungen im Bett lagen.«

Andere glückliche und zärtliche Stunden finden in den Ferien statt, oder auf Reisen – oder wenn man einfach zu zweit allein ist:

»Ich fühle mich am glücklichsten, wenn wir den Alltag vergessen und ausgehen und irgendwas Verrücktes oder Komisches tun. Dann konzentrieren wir uns nur auf uns selbst und unsere Gefühle.«

»Ab und zu fahren wir für zwei oder drei Tage auf eine Insel im Golf von Mexico. Dort sind wir so glücklich. Wir schütteln alles ab – unsere Arbeit, unsere Kinder, unsere Geldprobleme, unser tägliches Leben. Wir sind uns dann sehr nahe. Wir wohnen in einem kleinen Zimmer, gehen einkaufen und beobachten Vögel und besuchen Galerien und freuen uns, zusammen zu sein. Ich liebe ihn, und es ist wie ein kleines Stück Himmel. Es gibt dort kein Telefon, keine Kinder klopfen an die Tür, es gibt keine Nachbarn, niemanden, den wir kennen. Das hält unsere Ehe zusammen. Hin und wieder dorthinzufahren, bindet uns immer stärker aneinander. Ich lerne ihn immer wieder neu kennen.«

Viele dieser intimen Stunden sind mit Sex verbunden – finden vor dem Geschlechtsverkehr statt; die meisten Frauen sagen, daß ihre Ehemänner vor dem Geschlechtsverkehr sehr zärtlich und liebevoll sind, und auch während dieser intimen Augenblicke; das sind manchmal aber dieselben Frauen, die über Entfremdung und männliche Distanzierung klagen:

»Er ist zärtlich und redet mit mir. Er sagt mir immer, daß ich schön und sexuell aufregend bin. Ich fühle mich sehr wohl, wenn wir auf diese Weise zusammen sind.«

»Er ist sehr liebevoll und zärtlich. Er sagt mir oft, daß er mich liebt und daß ich wunderbar bin. Dann fühle ich mich ungeheuer wohl.«

»Er ist sehr emotional. Er sagt mir oft, daß er mich liebt und mit mir glücklich ist. Er redet davon, daß er so gern mit mir schläft und warum. Wenn wir uns lieben, sagt er mir, was er fühlt – das sind gewöhnlich die emotionalsten Augenblicke in unserer Beziehung, wenn wir nur noch zärtlich und liebevoll zueinander sind.«

»Er ist so süß und sanft und möchte immer, daß es schön ist für mich. Er sagt mir, daß er mich liebt, daß ich den schönsten Körper habe, den er je gesehen hat, daß er noch nie so glücklich gewesen ist, daß er froh ist, mich gefunden zu haben. Ich fühle mich wie im Himmel.«

»Er ist sehr einfühlsam und zärtlich. Er streichelt meinen Körper. Er sagt, daß er mich liebt und daß er mich schön findet – mehr denn je. Er macht mir Komplimente wegen meiner Figur. Er ist sehr zärtlich. Das macht mich glücklich. In intimen Momenten können wir uns alles sagen. Manchmal sind es zärtliche Worte, ein anderes Mal fragen wir: ›Gefällt es dir so oder so?‹ oder ›Ich möchte gern, daß du ganz furchtbar erregt bist‹, oder so. Und er hat mir von Anfang an immer und immer wieder und sehr eindringlich versichert, daß er mich liebt.«

33 Prozent der Frauen haben Männer, die nicht so liebevoll sind:

»Manchmal sagt er mir, daß er mich liebt. Aber ich kann mich nicht mehr daran erinnern, wann er es das letzte Mal gesagt hat.«

»Er sagt es mir auf eine sehr differenzierte Art, schickt mir Karten oder sagt zu anderen etwas Nettes über mich.«

»Wenn wir intim sind, redet mein Partner fast nie. Ich habe oft das Gefühl, daß ich ihn nur bediene. Wenn wir uns lieben, ist er passiv. Ich glaube, es verwirrt ihn. Ich sehne mich danach, daß er mich in den Arm nimmt und romantisch ist. Manchmal brauche ich das – einfach nur in den Arm genommen zu werden, aber dann muß ich ihn immer erst bitten, es zu tun.«

Obgleich sich die meisten Frauen ein aktives Geschlechtsleben wünschen und schätzen, steht Sex aber erst an fünfter Stelle, wenn es darum geht, was für Frauen in einer Ehe wichtig ist. Aber in den letzten zehn Jahren haben sich die geschlechtlichen Beziehungen zwischen Frauen und Männern in der Ehe deutlich gebessert.

Kinder haben

Die meisten Frauen, die Kinder haben, zählen sie zu den wichtigsten Aspekten der Ehe*; selbst wenn sie sich in ihrer Ehe nicht besonders glücklich fühlen, sind 74 Prozent der Frauen sehr glücklich darüber, Kinder zu haben:

»Meine Kinder haben mir sehr viel bedeutet. Ich habe mich immer sehr dafür interessiert, wie sie sich in den verschiedenen Stadien ihres Lebens entwickelten; wie sie die Welt beobachtet haben, war für mich faszinierend (das ist es auch heute noch) und hatte einen großen Einfluß auf meine Einstellung zu manchen Dingen. Die reine und absolut vorbehaltlose Liebe eines kleinen Kindes gehört mit zu den wunderbarsten Dingen im Leben. (Man sollte es zu gegebener Zeit genießen, denn wenn sie älter werden, können sie reichlich kritisch sein.) Ein Baby, das an der Brust liegt und trinkt, strahlt ein tiefes Gefühl von Wärme und Zufriedenheit aus. Die Kinder zu haben, zuzusehen, wie sie größer werden, war für mich eine große Freude.«

»Ich genieße es sehr, Kinder zu haben. Ich wundere mich immer wieder, daß ich mit so interessanten und guten Menschen zusammen lebe. Ich kann es kaum glauben, daß sie von mir stammen. Als ich das erste Mal schwanger war, habe ich mich ganz genauso gefühlt wie in meinem monatlichen Zyklus – ich bin hier auf der Erde, bin ein Teil von ihr, ich bin die Erde. Das ist das Leben. Ich möchte es fühlen, das Gute und das Böse.

Es war kein günstiger Zeitpunkt, schwanger zu werden, denn wir waren erst kurz verheiratet, hatten kein Geld, aber ich ließ es zu. Es war, als würde ich mir einen privaten Raum in der Zeit schaffen. Die unmittelbare Zukunft wurde deutlich – ich würde ein Kind haben, ich würde all die Dinge tun, die die Menschen tun, wenn sie Kinder haben. Ich bin mir nicht sicher, ob ich irgend etwas aufgegeben habe, als ich geheiratet und Kinder bekommen habe. Vielleicht hätte ich, als ich noch jung war, einen Beruf erlernen können, aber wenn ich den Mut dazu gehabt hätte, dann hätte ich wahrscheinlich nicht geheiratet. Ich bin jetzt verheiratet und habe Kinder und bin dadurch auch mutiger geworden.«

Manche Frauen heben das Gefühl physischer Wärme und Sinnlichkeit hervor, das ihnen ihre Kinder vermitteln:

»Wenn ich die Kinder in den Arm nehme, spüre ich eine starke phy-

---

* Natürlich »müssen« Frauen nicht verheiratet sein, um Kinder zu haben – obgleich es natürlich eine finanzielle Erleichterung sein kann, und rein gefühlsmäßig ziehen in diesem Fall auch die meisten Frauen eine Ehe vor. Aber auch Frauen, die nicht verheiratet sind, sind sehr wohl fähig, sich an ihren Kindern zu freuen, und manche ziehen es eben vor, ledig zu bleiben. Siehe II. Teil, Fazit.

sische Befriedigung – vor allem, wenn sie so klein und zart sind. Das habe ich sehr gern. Es ist wunderbar, ein Kind in den Armen zu halten und die Nähe zu spüren, die einem selbst so oft verwehrt worden ist. Meine Kinder haben mir ein Gefühl von Sinnlichkeit vermittelt, wie ich es vorher nie so richtig kennengelernt habe. Es gibt nichts, das sich damit vergleichen ließe.«

Das gilt auch für die Schwangerschaft oder die Entbindung: *
»Als ich meine Tochter bekam, war das für mich ein unheimlich tiefes Erlebnis, durch das ich viel reifer geworden bin. Ich liebte meinen Körper, der immer größer und größer wurde, ich genoß es, wenn sie sich in mir bewegte, und dann habe ich mich bei der Entbindung voll und ganz dem intensiven Gefühl hingegeben. Es ging alles sehr schnell, ohne Betäubung, bei vollem Bewußtsein und mit Hilfe einer Sauerstoffmaske (ich mußte in eine Sauerstoffmaske atmen, um ihren Herzschlag zu erhöhen). All die Schmerzen, das Pressen, die hilfreichen Leute um mich herum und dann dieses unglaubliche Glücksgefühl, das ich verspürte, als sie schließlich geboren war und schrie und ihre kleinen Hände und Füße bewegte – unglaublich! Ich spürte die Naturelemente – und meinen eigenen Körper.«

Fast alle Frauen geraten in höchste Erregung, wenn sie erfahren, daß sie schwanger sind:
»Ich kam mir wie eine Königin vor, wie der wichtigste Mensch auf der ganzen Welt.«
»Ich war ganz aufgeregt und erschrocken, als ich erfuhr, daß ich schwanger war. Mein Mann auch. Alles war wunderbar, als sie geboren wurde. Ich hatte sie vom ersten Augenblick an lieb. Ich würde es jederzeit noch mal erleben wollen.«

Natürlich sind nicht alle Frauen so begeistert, wenn sie schwanger werden und Kinder bekommen; aber an dieser Stelle geht es um die positiven Gefühle, die Frauen in einer Ehe haben, und für viele Frauen dreht sich ein großer Teil dieser positiven Gefühle ums Kinderkriegen.

---

* »Ich glaube, viele Wissenschaftler haben die Bedeutung dieser Zeitspanne im Leben einer Frau vernachlässigt«, sagt eine Frau, »und auch den Einfluß unterschätzt, den sie auf die Persönlichkeit der Frau ausübt, auf ihre Beziehungen zu anderen Menschen, ihre Umgebung und die Welt. Es werden immer nur die negativen Aspekte hervorgehoben ... Die Launen, die Depressionen nach der Geburt, das physische Unbehagen – aber nicht die Freude, das Vergnügen, die Erregung, die Teilnahme an einem wunderbaren Ereignis.«

Natürlich verlaufen Schwangerschaft und Entbindung nicht immer ganz glatt; viele Frauen haben große Schmerzen, und es können Komplikationen auftreten:

»Ich hatte jedesmal schreckliche Schmerzen bei der Entbindung, und ich habe sie auch nicht vergessen, wie allgemein gern behauptet wird. Mein Mann hat im Wartezimmer des Krankenhauses gewartet, bis alles vorbei war. Es war nicht gerade eine tolle Erfahrung. Es ist schön, Kinder zu haben, aber ich finde, es sollte eine andere Möglichkeit geben, sie auf die Welt zu bringen.«

Manche Frauen wollen lieber keine Kinder

Obwohl die meisten Frauen, die Kinder haben, sagen, daß es eine großartige Erfahrung war und noch immer ist, sagen 92 Prozent der verheirateten Frauen, die sich dazu entschlossen hatten, keine Kinder zu bekommen, sie hätten es nie bereut, sondern seien sehr froh über diese Entscheidung:

»Ich habe keine Kinder. Ich hatte einfach nie den Wunsch, diesen sogenannten mütterlichen Drang, welche zu haben. Außerdem wußte ich, daß ich die ganze Verantwortung allein zu tragen hätte, sie allein erziehen müßte. (Mein Mann interessiert sich nur für seine Arbeit und sagt, daß er mir die Entscheidung überläßt, ob wir Kinder haben wollen oder nicht.) Ich mußte mir über mein eigenes Leben und meinen Beruf Gedanken machen. Es gibt ja auch gesellschaftliche Zwänge – man muß Kinder haben, sonst heißt es gleich: ›Du bist egoistisch‹ oder ›Du bist keine richtige Frau‹ oder ›Du bist unweiblich‹, aber das habe ich mir erspart. Ich habe den Leuten, die mich deswegen bedrängten, gesagt, es habe ›einfach nicht geklappt‹. Dann haben sie Mitleid mit einem oder sind neidisch. Vor allem die Frauen, die ihren Beruf nicht mehr ausüben können, weil sie zu Hause bleiben und auf ihre Kinder aufpassen müssen (in den fünfziger Jahren war das die Regel), oder weil sie ständig zwischen ihrer Rolle als Mutter und ihrer Rolle als berufstätige Frau hin- und hergerissen sind. Ich habe meine Entscheidung, keine Kinder zu haben, bis heute nie bereut.«

43 Prozent der Frauen bedauern, obgleich sie ihre Kinder lieben, daß sie nicht gleichzeitig ihren Beruf ausüben können:

»Ich habe versucht, neben all den Kindern auch noch einen Beruf auszuüben, aber ich habe festgestellt, daß es nicht geht, daß ich zu Hause bleiben muß, weil ich sonst nicht die Ehefrau und Mutter sein kann, die ich gern sein möchte, und daß ich mir eben auf anderer Ebene einen kreativen Ausgleich schaffen muß.«

19 Prozent der Frauen, die Kinder haben, haben gemischte Gefühle in bezug auf ihre Kinder, und 37 Prozent machen sich Sorgen, weil ihre Kinder einen negativen Einfluß auf ihre Beziehung zu ihrem Ehemann ausüben:

»Als ich merkte, daß ich schwanger war, war ich nicht gerade froh darüber. Aber nachdem es nicht zu ändern war, fand ich mich damit ab. Ich hatte gern Kinder, und die Schwangerschaft hat mir gefallen, aber ich hätte lieber Gelegenheit gehabt, eine bewußte Entscheidung darüber zu treffen. Auch wenn ich wirklich gern Mutter bin, weiß ich nicht, ob ich mich dafür entschieden hätte. Mir hat das Leben, wie ich es früher geführt habe, gefallen, und ich habe mich eigentlich immer eher als berufstätige Frau gesehen.«

»Ich liebe meinen Sohn sehr, aber als er geboren wurde, mußte ich 99 Prozent meiner Zeit auf ihn verwenden, und selbst jetzt habe ich nie Zeit für mich selbst. Ich war ziemlich labil, als mein Sohn geboren wurde und konnte all die Forderungen, die ein Baby an seine Mutter stellt, kaum verkraften. Jetzt ist er schon fast eine kleine Persönlichkeit, und alles ist viel leichter. Die ersten zwei Jahre waren schrecklich.«

»Im Grunde gefällt es mir, Kinder zu haben. Manchmal können sie einen ziemlich nerven, und manchmal wünsche ich, ich müßte nicht für sie verantwortlich sein – dann wünsche ich mir, frei zu sein, tun und lassen zu können, was ich will. Aber sie machen auch viel Spaß. Wenn ich noch mal von vorn anfangen könnte, würde ich sie trotz allem wieder haben wollen. Aber ich würde ein paar Jahre länger warten, um vorher noch ein bißchen zu reisen und mehr Geld zurückzulegen. Nachdem die Kinder da waren, hat sich unsere Beziehung geändert. Aber ich weiß nicht genau, ob das durch die Kinder gekommen ist oder einfach durch die Zeit, die vergangen ist. Wir teilen uns die Erziehung der Kinder, jeder hat ganz bestimmte Aufgaben, so daß wir viel weniger Zeit füreinander haben. Der Lärm, den die Kinder machen, macht es fast unmöglich, ein Gespräch zu führen. Manchmal gehen wir ohne sie aus, um nicht verrückt zu werden, und wir bestehen darauf (ich bestehe darauf), abends nach dem Essen zehn Minuten allein zu sein. Das tut gut.«

Viele Frauen sagen, daß Kinder im Alter über dreizehn eine Ehe noch viel stärker strapazieren:

»Mein Lebensgefährte fand die Art und Weise, wie ich mit meinem Sohn umging, als er dreizehn war (er wurde durch einen Hormonstoß über Nacht zum Ungeheuer) nicht gut. Wir hatten völlig verschiedene Ansichten darüber, wie man ein abweisendes, verstörtes Kind behandeln soll (er fand, ich sei zu nachsichtig), das war eine harte Probe für unsere Beziehung. Aber wir, auch mein Sohn, haben sie bestanden.«

Ob sie nun glücklich sind oder nicht – 68 Prozent der Frauen finden, daß die Kinder ihnen Zeit wegnehmen, die sie sonst mit ihren Ehemännern zusammen verbracht hätten – und auch, daß sie eine völlig andere Atmosphäre schaffen:

»Durch die Kinder haben wir viel weniger Zeit füreinander, und auch weniger Kraft übrig. Wir schlafen nicht mehr so oft zusammen, wie wir es gern tun würden, und natürlich war es auch ein Einbruch in unsere Privatsphäre – wir können nicht mehr so spontan sein.«

»Seit die Kinder da sind, waren wir uns nicht mehr so nahe wie vorher. Er schien erschrocken, weil ich immer das Bedürfnis hatte, mich um die Kinder zu kümmern.«

»Die Kinder haben unsere Beziehung verändert. Ich hatte viel mehr zu tun und war immer müde, weil ich auch noch den ganzen Tag in die Arbeit gegangen bin. Ich habe es ihm verübelt, daß er immer viel mehr freie Zeit hatte – vor allem an den Abenden.«

8 Prozent der Frauen geben sogar zu verstehen, daß die Kinder ihre Ehen ruiniert haben:

»Mein Mann und ich haben uns wegen der Kinder sehr oft gestritten – sie haben viel gekostet, und ich konnte mich nicht mehr so viel um ihn kümmern. Man könnte sagen, daß das unser Ende war. All die Persönlichkeitskonflikte und Bedürfnisse haben Wunden hinterlassen, die nicht mehr zu reparieren waren.«

»Ich finde es nicht besonders gut, Kinder zu haben. Sie zu kriegen, war gar nicht so schlimm, aber sie großzuziehen, war die Hölle. Ich würde es nie wieder tun, wenn ich noch mal von vorn anfangen könnte. Das Kind schrie die ganze Zeit und schlug um sich – und mein Mann wußte nicht, wie er seine eigenen Kinder behandeln sollte. Er hat sie mir entfremdet und mich in die Defensive gedrängt.«

In einer zweiten Ehe können durch Stiefkinder noch andere Probleme entstehen:

»Nachdem in meiner ersten Ehe die Kinder da waren, konnte ich mich nicht mehr soviel um ihn kümmern, was ihm gar nicht gefiel. Dann, in meiner zweiten Ehe, hatten wir jeder schon zwei Kinder. Alle unter einen Hut zu bringen ist sehr schwierig, und auch die Rolle von Stiefeltern – aber es lohnt sich. Mir persönlich ist es ziemlich schwergefallen, mich in dieser Rolle wohl zu fühlen, plötzlich Söhne zu haben, denn meine eigenen Kinder waren beides Mädchen, und die Jungen waren selbst in jungen Jahren manchmal schon richtige kleine Machos. Ich glaube, daß es für seine Jungen und meine Mädchen gut war, sich kennenzulernen, denn es hat sie ziemlich beeinflußt, und sie haben auch gelernt, das andere Geschlecht besser zu verstehen. Aber mein Mann und ich waren ständig damit beschäftigt, die Streithähne auseinanderzubringen und unsere Wahrnehmungen auf einen Nenner zu bringen.«

Aber 38 Prozent glauben, daß die Kinder sie, auch wenn sie eine andere Atmosphäre schaffen, ihren Ehemännern nähergebracht haben:
»Mein Mann nahm unsere Babys ›in Empfang‹. Er war bei den Entbindungen immer dabei – das war unser größtes gemeinsames Erlebnis. Selten haben wir uns so stark verbunden gefühlt, wie ein richtiges Team. Die Schwangerschaften waren beide geplant. Wir sind beide glücklich, aufgeregt, besorgt.«

»Ich glaube, wir haben beide Bewunderung und Achtung füreinander gewonnen; mit Kindern macht man eine Menge mit, aber man erfährt auch sehr viel über sich selbst und übereinander. Dazu hat auch der ganze Vorgang der Adoption beigetragen. Wir haben gemeinsam die Bürokratie bewältigt und uns wie Krieger nach einer siegreichen Schlacht gefühlt. Das bindet.«

Gesellschaftliche Anerkennung

Wie wir im 8. Kapitel gesehen haben, wird auf alleinstehende Frauen ab Mitte Zwanzig ein starker Druck ausgeübt, damit sie heiraten, »dazupassen«, zu einem »Teil der Gesellschaft« werden und auch, um Kinder zu kriegen. Obgleich es allgemein heißt, dieser Druck würde nicht mehr ausgeübt oder sei »nicht mehr so stark«, heiraten in den Vereinigten Staaten heute mehr Frauen als im 19. Jahrhundert, und 81 Prozent der heutigen Frauen geben als einen der Hauptgründe dafür, warum sie sich verheiratet wohler fühlen, den gesellschaftlichen Druck an, der auf Frauen ausgeübt wird, damit sie heiraten oder verheiratet bleiben.

Wie wir in vielen Teilen dieses Buchs gesehen haben, bemerken die Frauen ganz deutlich, wie unterschiedlich sie von der Gesellschaft je nach Familienstand betrachtet werden:
»Nach zwölf Jahren Ehe fand ich heraus, daß er Affären hatte, und mir blieb die Wahl, entweder die Kinder mitzunehmen und zu gehen, oder zu bleiben und das Beste daraus zu machen. Ich beschloß zu bleiben, denn Verheiratetsein bedeutete unter anderem, daß mir im täglichen Leben mehr Achtung entgegengebracht würde. Mit anderen Worten: Für Verkäufer und Beamte wäre ich sonst eine ›Frau Niemand‹ mit zwei Kindern.«

»Ich habe zugestimmt, bei ihm zu bleiben und unsere lieblose und allgemein unbefriedigende Beziehung aufrechtzuerhalten, weil ich gern jemand zum Essen, zum Tanzen und zum Reisen habe. Das bedeutet mir viel.«

Und manchmal ist den Beschreibungen der Frauen über das Vergnügen, Kinder zu haben, auch ein wenig zu entnehmen, daß sie dadurch gesellschaftliches Ansehen gewinnen:
»Als ich schwanger war, kam ich mir viel ›fraulicher‹ vor... femininer, vollkommener... Die Wehen und die Entbindung fand ich nicht schön, aber das war kein besonders großer Preis, den ich dafür zahlen mußte.«
»Ich habe mich gefreut, als ich das erste Mal schwanger war. Ich hatte das Gefühl, von etwas sehr Großem im Leben – Mutterschaft und eine völlig neue Vorstellung von Liebe und Fürsorge.«

Liebe: Welche Art von Liebe wünschen sich die meisten Frauen in ihrer Ehe?

Wieviel Prozent der Frauen bleiben »aus Liebe« verheiratet – und welcher Art ist diese Liebe?
Wie wir in Kapitel 3 gesehen haben, sagen die meisten Frauen, daß sie sich von ihren Männern geliebt fühlen, und zwar in dem Sinne, daß sie von ihnen »gebraucht« werden, und nicht so sehr um ihrer selbst willen. Relativ wenige sagen, daß sie sich wirklich verstanden oder wegen ihrer Charaktereigenschaften geschätzt fühlen. In gewisser Hinsicht scheinen manche Frauen das Gefühl zu haben, daß allein die Tatsache, daß die Männer »da sind«, eine Art Geschenk ist – etwas, das der Mann der Frau darreicht. Die meisten Frauen sagen, daß die Liebe, die ihnen in ihrer Ehe zuteil wird, nichts mit einer tiefgreifenden gegenseitigen emotionalen Unterstützung zu tun habe. Wenn Frauen sich allerdings mit ihren Männern auf dieser Ebene verständigen, sind sie darüber außerordentlich glücklich, aber sie sind auch außerordentlich selten (siehe Teil I).

Nur 6 Prozent der Frauen führen gegenseitige emotionale Unterstützung als einen der Hauptvorzüge ihrer Ehe an:
»Miteinander zu reden tut gut – es ist die Grundlage unserer Beziehung. Außerdem habe ich mit meinem Mann mehr Spaß als mit sonst jemand.«
»Er hat Zeit für mich und steht mir bei. Er findet meine Albernheit schön und läßt meine Wutanfälle über sich ergehen, ohne mich ändern zu wollen.«
»Ich bin mit meinem Mann unheimlich gern verheiratet. Ich habe

ihn geheiratet, weil er immer so lustig ist, weil er soviel Humor hat, weil er so sinnlich ist, so ernsthaft, ehrlich und zuverlässig – wir können zusammen träumen und uns Dinge ausmalen. Er hilft mir, wenn ich mal am Ende bin, und umgekehrt.«

Sind die meisten Frauen in ihre Ehemänner »verliebt«?

Angesichts der allgemeinen Vorstellungen unserer Gesellschaft, daß man sich verliebt und heiratet, ist es um so erstaunlicher, wie wenig Frauen sagen, daß sie in ihren Ehemann »verliebt« sind, und wie selbstverständlich sie diese Tatsache anscheinend akzeptieren.

Von den Frauen, die länger als zwei Jahre verheiratet sind, sagen nur 13 Prozent, daß sie in ihren Ehemann »verliebt« sind; 82 Prozent aller Frauen sagen, daß sie ihren Ehemann lieben, definieren diese Liebe aber als Fürsorge und/oder das Gefühl von Gemeinsamkeit.

Eine Frau erklärt den Unterschied, der für sie zwischen »Verliebtsein« und »Lieben« besteht:
»›Verliebtsein‹ ist ein stark irrationales Gefühl, bei dem man praktisch zu allem fähig ist. Es läßt sich nicht voraussagen. Man geht dabei jedes Risiko ein. Es ist, als wäre man unsterblich. Aber wirkliche Liebe ist etwas sehr Realistisches. Es bedeutet, sich mit schmutziger Wäsche abzuplagen, das Badezimmer zu putzen, nachdem er sich übergeben hat, zu ihm zu gehen, wenn man noch böse auf ihn ist, jeden Abend neben ihm zu sitzen und sich mit ihm Fernsehprogramme anzusehen, die einem verhaßt sind. Es bedeutet auch, sich Sorgen zu machen, wenn er nicht rechtzeitig von der Arbeit heimkommt, sich darüber klarzuwerden, wie selbstverständlich es dir vorkommt, daß er wiederkommt, wenn er auf Geschäftsreisen ist. Es bedeutet, sein liebevolles Gesicht zu betrachten, wenn es sich über das gemeinsame Baby beugt. Es bedeutet all die Wochen und Monate ohne Sex, weil du viel zu erschöpft bist von der Kinderpflege, um auch nur das geringste Verlangen zu spüren. Es bedeutet gemeinsame Erinnerungen. Es bedeutet, Hand in Hand durch den Sommerabend zu gehen und miteinander zu reden, das Alltägliche miteinander zu teilen, füreinander dazusein.

Ich liebe ihn jetzt mehr denn je. Im vergangenen Jahr hätte ich bestimmt dasselbe gesagt. Und ich glaube, daß ich ihn im nächsten Jahr noch mehr lieben werde, obgleich das kaum vorstellbar ist. Wir sind elf Jahre zusammen und sehr glücklich. Diese Liebe, die wir füreinander empfinden, ist zart und leise und ehrlich. Sie bedeutet Sicherheit und Stabilität. Sie ist beständig und aufbauend. Sie ist nachsichtig. Das ist überhaupt das Schönste daran. Was auch immer geschehen mag – unsere Liebe füreinander läßt uns alles verzeihen, sie läßt uns die Fehler des anderen mit Nachsicht behandeln und abschütteln, um dann gemeinsam unseren Weg zu gehen.«

Für 82 Prozent der verheirateten Frauen besteht die Liebe in der Ehe in Fürsorge:
»Du liebst jemanden insgesamt, wenn du so viele Jahre mit ihm verbracht hast; es ist schwer, irgendeinen besonderen Grund zu nennen, warum du deine Ehe weiterführst. Mein Mann ist ein guter Liebhaber und versteht mich sehr gut, er richtet sich geduldig nach meinen wechselnden sexuellen Vorlieben und Abneigungen. Er ist sehr verschroben im Umgang – es ist sehr schwer, ihn dazu zu bringen, über Dinge zu reden, die ihm wichtig sind, über seine Gefühle und so... Das macht mich traurig, obgleich ich sonst in jeder Hinsicht glücklich bin.«

»Es ist möglich, zu einem anderen Menschen ein Gefühl von Affinität herzustellen, aber ich sehe nicht ein, wieso man es als ›Liebe‹ bezeichnen kann. Wirkliche Fürsorge entwickelt sich nach und nach und über einen langen Zeitraum, sie muß immer wieder Prüfungen bestehen und Vertrauensbeweise erbringen. Über eine lange Zeit.«

Wie wir gesehen haben, heiraten die Frauen nicht so sehr »aus Liebe«, sondern sie haben die verschiedensten Gründe, die alle etwas mit dem Begriff Zuhause zu tun haben – Gemeinsamkeit (selbst wenn die emotionale Nähe nicht so groß ist, wie es sich die meisten Frauen wünschen würden), »Sicherheit« (tatsächliche oder nur erhoffte Sicherheit, würden die meisten Frauen sagen), Kinder haben, sich »geliebt« fühlen und/oder von der Gesellschaft akzeptiert zu werden und für jemanden – zumindest offiziell – etwas »Besonderes« oder die Nummer eins zu sein. Welchen Stellenwert haben all diese Gründe für die Ehe bei Frauen? 50 Prozent aller Frauen lassen sich scheiden, und die meisten Scheidungen werden von Frauen herbeigeführt. Viele heiraten wieder, hoffen weiter, suchen ein »Zuhause« und menschliche Wärme, die ihnen der Begriff »Ehe« verspricht.

Aber wartet das, was wir »dort draußen« suchen, auch auf uns? Oder wartet es vielleicht darauf, erst noch erfunden zu werden, existiert das »Zuhause« nur in unseren Köpfen, als ein Gedanke, der darauf wartet, in die Tat umgesetzt zu werden? Die neue »demokratisierte« Familie, die größere Chancen hat, unser »Zuhause« zu alldem zu machen, wonach wir uns sehnen?

14

Was ist Liebe – Leidenschaft oder Fürsorge?

Nicht verheiratete und verheiratete Frauen sprechen über das Wesen der Liebe

»Wie würden Sie Liebe definieren? Ist Liebe etwas,
an dem Sie in einer Beziehung über eine längere Zeit
arbeiten, oder ist es ein starkes Gefühl, das Sie aus
einem unerklärlichen Grund vom ersten Augenblick an
für jemanden empfinden?*

*Die meisten Frauen machen zwischen zwei verschiedenen Gefühlen einen deut-
lichen Unterschied: Das eine ist die »leidenschaftliche Liebe«, und das andere
ist die anhaltende, liebevolle Fürsorge für einen anderen Menschen:*

»Das tägliche Leben mit einem Partner ist im Vergleich zu der Leidenschaft und Erregung, die bei einer neuen oder kurzen Begegnung
aufflammen kann, eine traurige Sache. Es hat Zeiten gegeben, in denen ich schrecklich geweint habe, weil ich einen Mann kannte, den ich
›wollte‹, der aber niemals bei mir ›bleiben‹ würde – und ich habe auch
geweint, weil ein Mann, den ich wirklich geliebt und als Freund geschätzt habe, nicht mehr sexuell anziehend war. Mein Mann ist,
glaube ich, sehr attraktiv, aber ich habe heute nicht mehr dasselbe verzweifelte Verlangen nach ihm, wie ich es einmal hatte – dabei habe ich
geschworen, daß sich daran nie etwas ändern würde. Aber er ist so
lieb und nett, und ich gebe mir Mühe, es mir immer vor Augen zu halten, wenn ich merke, daß das Feuer erloschen ist.«

»Am Anfang einer Beziehung herrscht blinde Leidenschaft,

---

* Manche Frauen haben Einwände gegen den Begriff »sich verlieben« oder »Ver-
liebtsein« – »Für mich bedeutet Liebe, mich ganz bewußt für jemanden zu entschei-
den, Verliebtsein ist etwas völlig anderes.« Siehe Dorothy Tennov: *Limerance*. Über
Liebe und Verliebtsein, München, 1981. Siehe auch Elaine Hatfield und Richard L.
Rapsen: *Passionate Love – Sexual Desire*. Archives of Sexual Behaviour, Bd. 16, No. 3,
New York, 1987.

Schmetterlinge im Magen und so. Herzklopfen und freudige Erregung, wenn er das Zimmer betritt! Das gibt es nach dreißig Jahren Ehe nicht mehr, da ist alles anders. Die Liebe, die ich für meinen Mann verspüre, hat etwas Reales – kein Herzklopfen, sondern etwas, mit dem ich für immer verbunden bin. Ich achte ihn. Ich schätze seine Meinung. Ich suche bei ihm Trost, wenn ich traurig oder verwirrt bin. Ich sorge mich um ihn. Das ist die schönste Liebe, die ich kenne.«

»Unsere Beziehung ist ›liebevoll‹ – und wir fühlen uns wohl, nicht gerade erregt. Für meine Liebhaber habe ich wahrscheinlich mehr ›Leidenschaft‹ aufgebracht, aber mir liegt unheimlich viel an unserer Beziehung, und ich möchte sie auf gar keinen Fall missen. Deshalb glaube ich, daß ich auch meinen Mann leidenschaftlich liebe. In einer familiären Umgebung bleibt die Leidenschaft nicht so lebendig.«

Wie fühlt es sich an, leidenschaftlich »verliebt« zu sein?

»Verliebtsein« ist für Frauen ein sehr starkes und intensives Gefühl:

»Ich war achtzehn, als ich mich ganz schrecklich verliebt habe. Er war sensibel, freundlich, sanft. Er hatte eine ganz weiche Stimme, war aber sehr stark. Ich habe ihn geheiratet, und das war das Beste, was ich tun konnte. Er gibt mir das Gefühl, geliebt zu werden, sexuell anziehend zu sein, er beschützt mich, und so weiter. Falls das überhaupt möglich ist, liebe ich ihn heute mehr denn je.«

»Als ich das erste Mal mit ihm geschlafen habe, kam es mir so vor, als stünde die Welt still und als wäre ich eine Sternschnuppe, hell genug, um das schwärzeste aller Schwarzen Löcher auszuleuchten. Es war in jeder Hinsicht überwältigend, nicht nur im Bett. Ich konnte einfach nicht genug kriegen von ihm.«

»Ich möchte jeden Augenblick meines Lebens mit ihm zusammen sein. Ich möchte ihn umarmen und von ihm umarmt werden, möchte mit ihm schlafen und ihm in die Augen sehen, in denen soviel Liebe liegt.«

»Jedes Mal, wenn ich ihn sehe, freue ich mich. Es ist so erfrischend, in sein Gesicht zu sehen, es macht mich jung. Er gibt mir alles, was ich brauche – in intellektueller, emotionaler, geistiger und physischer Hinsicht. Er ist der einzige Mensch, für den ich je derart heftige Gefühle hatte.«

»Er braucht mich bloß zu berühren, und schon vergesse ich alles andere und will nur noch mit ihm zusammen sein, auch wenn ich vorher nicht im entferntesten an Sex gedacht habe. Seine Haut ist so glatt, und die Art, wie er seine Hand auf meine legt! Es wirkt nie konstruiert, immer habe ich das Gefühl, als wäre es ihm ganz spontan eingefallen. Sogar wenn er in mich eindringt, scheinen sich seine Gedanken in mir und durch mich auszudrücken, als wäre jeder Augenblick, den wir zusammen sind, das Leben selbst, und nicht etwa nur eine sexuelle Glanzleistung oder männliche Kraft. Es ist wunderbar.«

Für andere Frauen gehörte das »leidenschaftliche Verliebtsein« zu den größten Augenblicken ihres Lebens, auch wenn es jetzt vorbei ist:
»Ich war zweimal richtig verliebt und habe es immer sofort gewußt. All die Gedanken, die einem sonst im Kopf herumgehen – die mehr oder weniger zu einem gehören – scheinen plötzlich viel schwächer zu werden, leiser. Dafür breitet sich etwas viel Größeres aus, selbstbewußt und absolut auf den anderen fixiert. Wenn ich verliebt bin, habe ich nie das Gefühl, allein zu sein. Der andere geht mir nie ganz aus dem Kopf.«
»Ich verliebte mich in den Mann, den ich später geheiratet habe. Ich fühlte mich wunderbar und schrecklich zugleich. Ich liebte ihn mit jeder Faser meines Körpers und meines Lebens. Er war für mich alles, mein bester Kamerad, mein Liebhaber, mein intellektueller Freund. Er war sehr intelligent und sprühte vor Begeisterung, er hatte ziemlich ausgefallene Ideen, und wir hatten viel Spaß zusammen. Unsere Beziehung dauerte zehn Jahre, sieben davon waren wir verheiratet. Wir fielen von einem Extrem ins andere. Wir liebten uns rasend, und dann haßten wir uns wieder. Zusammen waren wir Neurotiker, jeder entdeckte beim anderen, was ihm selbst fehlte. Es war für uns beide sehr wichtig, denn wir entwickelten uns dadurch weiter, wuchsen – aber vielleicht verbrauchten wir dabei zuviel von unserer Energie, für oder gegen den anderen.
Am Ende wurde dieses große und starke Gefühl, das uns verband, das früher so strahlend und schön und positiv gewesen war, häßlich und zersetzend. Und wir trennten uns. Da wir zwei Kinder haben und er sie genauso gern hat wie ich, ist die Beziehung eigentlich nie richtig zu Ende gewesen; sie ist nur anders geworden. Wir haben jetzt jeder einen neuen Partner, aber ein Teil von mir wird ihn immer lieben. Ich sehe ihn jeden Tag in den Gesichtern meiner Kinder, und er ist für mich auch heute noch der interessanteste Mensch, den ich kenne.«

Viele Frauen möchten keine leidenschaftlichen Gefühle haben – oder trauen ihnen nicht mehr*

»Verliebt sein« ist unnütz und schmerzhaft

Obgleich »Verliebtsein« ein wunderbares Gefühl sein kann, sagen 69% der verheirateten und 47% der nicht verheirateten Frauen, daß sie beschlossen haben, sich nicht mehr »zu verlieben«, und diesem Gefühl auch nicht zu trauen, da es zu unbeständig, zu gefährlich sei:

»Verliebt zu sein kann Spaß machen, aber die meiste Zeit tut es weh, ist unwirklich und unsicher. Es hat lange gedauert, bis ich aus meinen Erfahrungen gelernt hatte, daß ich dieses Gefühl vermeiden sollte. Aber unglücklicherweise scheine ich nur sexuelle Leidenschaft aufzubringen, wenn ich verliebt bin. Ich wünschte, ich könnte diese Gefühle nehmen und in eine Ehe einbringen, um sie dann nützlich anzuwenden.«

»Ich bin nicht gern verliebt. Ich bin dann zu leicht verwundbar. Mir geht es immer so, daß ich am Anfang skeptisch und vorsichtig bin, mich dann aber ganz hingebe und danach ausgenutzt werde. Ich wäre lieber mit jemandem zusammen, bei dem ich mich geborgen fühle, anstatt mich in ihn zu verlieben.«

»Verliebt sein ist ungeheuer toll. Es läßt sich mit nichts vergleichen. Allerdings finde ich es furchtbar, wie hysterisch und unruhig ich dann immer bin, immer diese Sehnsucht. Ich tauge dann zu nichts anderem mehr. Mir ist es lieber, wenn ich mich und meine Umgebung unter Kontrolle habe.«

»Meine erste Liebesbeziehung war auch meine große Liebe. Aber es war schrecklich. Sie besorgte mir meinen ersten Job. Sie war die Leiterin der Abteilung, in der ich arbeitete; und sie war auch der Grund, warum ich zu Hause auszog. (Wegen meiner Eltern ›teilten‹ wir uns vier Jahre lang ihre Wohnung.) Ich habe sie sehr geliebt. Ich habe sie angebetet; das tu' ich immer noch. In den ersten zwei Jahren waren wir sehr glücklich, sehr sinnlich. Aber ich war ihr nicht ›weiblich‹ genug. Sie fing an, sich mit anderen Mädchen zu treffen, und nach vier

---

* Im *Hite Report* über das sexuelle Erleben des Mannes sagen auch die meisten Männer, daß sie die Frauen, die sie am heftigsten und leidenschaftlichsten geliebt haben, *nicht* geheiratet haben; die meisten Männer sagen auch, daß sie leidenschaftlicher Liebe nicht trauen. Aber Männer sind dazu erzogen, Gefühle herunterzuspielen, während Frauen dazu ermutigt werden, sich ihnen hinzugeben. Daher müssen Frauen erst schmerzhafte Erfahrungen machen, ehe sie sich vielleicht entschließen, diese Art Liebe aufzugeben; Männer gehen diesen Erfahrungen von Anfang an aus dem Weg – zumindest bemühen sie sich, sie möglichst geringzuhalten.

Jahren fand sie dann ein gebildetes kleines Ding, jünger als ich, und lud sie ein, bei uns zu wohnen. Und weitere sechs Monate später ›forderte‹ sie mich auf, auszuziehen. Als ich mich weigerte, warf sie mich raus. So sehr ich sie jetzt auch hasse – ich liebe sie trotz allem noch.«

Aber selbst wenn sie sich getrennt haben und nicht mehr zusammen sind, fällt es vielen Frauen schwer, damit aufzuhören, die- oder denjenigen zu lieben, weil sie niemals aufhören zu lieben, wenn sie es erst einmal angefangen haben:
»Ich habe meinen ersten Mann sehr geliebt (aber ich habe ihn auch gehaßt, weil er mich verlassen und eine andere geheiratet hat und von ihr ein Baby bekommen hat) und fühle mich nach all den Jahren noch immer mit ihm verbunden (denn er ist der einzige Mensch, der mich wirklich gekannt hat). Heute liebe ich ihn auf eine glücklich-traurige Art, mit etwas gemischten Gefühlen, denn ich glaube nicht, daß ich jemals vergessen kann, wie weh es mir getan hat, als wir uns getrennt haben, um uns scheiden zu lassen. Immer wenn er unsere Kinder abholen kommt, bringt er das Kind mit, das er mit der anderen Frau hat, und dann muß ich daran denken, wie weh er mir getan hat. Ich gebe mir Mühe, mich darüber hinwegzusetzen und mir vor Augen zu halten, was es ist, aber ich empfinde es noch immer als eine Zurückweisung.«
»Ich war in einen acht Jahre älteren Mann verliebt, in einen Freund meines Bruders. Ich war damals fünfundzwanzig. Er war stark und dominierend und sehr intelligent. Ich fürchtete mich ein bißchen vor ihm. Wir gingen über ein Jahr lang zusammen, und dann nahm ich meinen ganzen Mut zusammen und fragte ihn, ob er vorhabe, jemanden zu heiraten. Als er nein sagte, war ich schrecklich verletzt. Ich konnte wochenlang nicht schlafen, und noch Jahre später habe ich von ihm geträumt, auch noch, als er schon längst eine andere geheiratet hatte.«
»Ich liebe meinen verstorbenen Freund noch immer sehr. Ich denke fast den ganzen Tag an ihn und vermisse ihn schrecklich.«

Es kann sogar sehr schwer sein, sich von einer destruktiven Beziehung zu lösen, denn tiefe Gefühle lassen sich nicht so einfach abschalten. Die Zeit des Auseinandergehens kann eine große Leere hinterlassen:
»Ich hänge sehr an einem Liebhaber, den ich eigentlich hassen müßte. Er hat mich schlecht behandelt und nicht die leiseste Ahnung, wie ich bin – trotzdem will ich ihn. Warum? Das weiß ich nicht, und es kostet mich meine ganze Kraft, mich von ihm fernzuhalten. Ich muß ihn gehen lassen. Das macht mich völlig kaputt und zerstört mein Selbstbewußtsein und meine Selbstachtung.«
»Der Gegenstand der Liebe hat mit der Liebe selbst nichts zu tun.

Denn manchmal kann einem noch so Schlimmes angetan werden, daß man einfach Schluß machen muß – aber man hört nicht auf zu lieben!«

Befindet sich eine Frau in einer Art geistigen Verwirrung, wenn sie mit dem »falschen Mann« zusammen ist? Oder hat der Betreffende Eigenschaften, die ihn, trotz der schlechten Seiten, noch immer liebenswert machen? Oder vielleicht Eigenschaften, die für die Frau in ihrer ganz besonderen Situation von besonderer Bedeutung sind, so daß ein Teil von ihr das Gefühl hat, daß dieses »Lebendigsein« mehr bedeutet und für sie wichtiger ist als eine »normale« und »erfolgreiche« Beziehung? Woher soll eine Frau wissen, wann letzteres der Fall ist und wann sie sich selbst nicht hoch genug einschätzt? Siehe 7. Kapitel.

Frauen werden manchmal, wenn sie in der Liebe verletzt worden sind, hart und wehren sich dagegen, noch einmal in diese Situation zu geraten:
»Ich habe meinen ersten Freund sehr geliebt. Das Gefühl war so stark und kam so plötzlich. Ich bewunderte ihn, aber das habe ich ihm nicht gezeigt, weil ich Angst hatte, ihn zu verlieren. Es war ein wunderbares Gefühl, mit ihm zusammen zu sein. Es tut mir noch heute leid, daß ich aus Angst diese Spielchen gespielt habe. Ich wäre viel lieber ich selbst gewesen. Als dann ein halbes Jahr später Schluß war, fühlte ich mich schrecklich elend und beschloß, nie wieder jemanden so sehr zu lieben, sondern mir lieber jemanden zu suchen, der mich mehr liebt als ich ihn, nur um ja nicht leiden zu müssen.«

Trotzdem wollen sich 53 Prozent der Frauen nicht völlig verschließen, auch wenn sie Angst davor haben:
»Wenn ich verliebt bin, habe ich das Gefühl zu leben. Dieser Zustand ist schön, aber schmerzhaft – schrecklich, riskant, erhebend. Und sehr gefährlich, aber das ist die Sache wert.«

Leidenschaftlich »verliebt« zu sein, ist eine wichtige Erfahrung, aber es ist schwierig, diese Erfahrung zu einem positiven Faktor des eigenen Lebens zu machen – fast eine Kunst:
»Tiefe emotionale Beziehungen sind ein echtes Problem, fast unmöglich. Die meisten von uns haben so wenig Erfahrung darin, mit ihren wahren Gefühlen für einen anderen Menschen umzugehen, daß wir einfach nicht wissen, wie wir uns verhalten sollen, wenn der andere mal außer sich gerät. Und selbst wenn wir es wüßten, müßten wir blitzartig reagieren und unsere Gegenmaßnahmen mühsam reinquetschen in das volle Programm, das nicht gerade flexibel ist – Arbeit, abendliche Verabredungen, gesellschaftliche Ereignisse und so weiter

und so fort. Es ist einfach nicht genug Zeit, Platz und Energie vorhanden, um sich mit Menschen abgeben zu können, die übermäßig emotional sind, zumindest nicht in der Umgebung, in der ich lebe.«

Leidenschaftliche Liebe ist deshalb problematisch, weil sie dadurch, daß jede Kleinigkeit so schwer wiegt, nicht sehr stabil ist. Dadurch wird das Gefühl von Verwundbarkeit und Empfindlichkeit verstärkt, was zu Streitereien oder Liebesentzug führt:

»Ob ich leidenschaftliche Liebe mag? Ich praktiziere sie gerade. Manchmal wird alles so wichtig, jede Kleinigkeit. Meine Gefühle sind völlig ungeschützt. Das macht mir angst. Ich habe Angst, mich in ihnen zu verlieren, sie höher zu bewerten als mich selbst. Ich bin unsicher. Aber ich lerne eine Menge über mich, und es macht auch Spaß.«

»Von Menschen, von denen ich mich angezogen fühle, fühle ich mich auch bedroht. Ich fühle mich wohler, wenn ich mit Leuten zusammen bin, die ich nicht mag oder denen ich böse bin oder denen ich mich überlegen fühle, weil ich hübscher oder klüger bin.«

Wenn man sich von einem anderen Menschen sehr stark angezogen fühlt oder in ihn »verliebt« ist, kann es passieren, daß die Beziehung nicht so stabil ist, aus dem einfachen Grund, weil sich jeder Partner zu sehr damit befaßt, was der andere tut. Wenn gleich jede Verärgerung aufgefaßt wird, als wolle der andere gehen, als hätte er das Interesse verloren. Das ist der Grund, warum »Verliebtsein« oft so turbulent ist.

54 Prozent der Frauen geben Beständigkeit als Grund dafür an, daß sie liebevolle und fürsorgliche Gefühle gegenüber der leidenschaftlichen Liebe vorziehen:

»Ich habe lieber eine beständige und geruhsame Beziehung, die auf Gegenseitigkeit beruht. Wenn ich sage: ›Ich liebe dich‹, möchte ich gern hören: ›Ich liebe dich auch‹, und nicht: ›Danke schön.‹«

»Ich bin verheiratet und so glücklich wie nie zuvor. Ich kann meine Gefühle mit meinem Mann teilen – das konnte ich noch mit niemandem, nicht mit meiner Mutter, nicht mit meinem Vater und schon gar nicht mit meinen früheren Liebhabern. Es ist zwar nicht so aufregend mit ihm, aber dafür sehr lohnend.«

59 Prozent halten die leidenschaftliche Liebe für kurzlebig:

»›Verliebt sein‹, das ist der Reiz des Neuen, wenn ich sie haben möchte und sie mich haben möchte. Ich glaube aber, daß ›Liebe‹ eine beständige, fortwährende Beziehung gewährleistet, nach der ich mich immer gesehnt habe, die ich aber bis jetzt noch nicht gefunden habe.«

»Starke erotische Gefühle gehen vorbei – Liebe bedeutet: zusammengehören, für den anderen dasein und ihn achten.«

Aber 22 Prozent der Frauen sind der Meinung, daß leidenschaftliche Liebe auch von Dauer sein kann, wenn man nur will: Sie ist zerbrechlich, aber in einem geeigneten Umfeld kann sie voll erblühen und gedeihen:

»Mein Mann und ich sind seit dreieinhalb Jahren verheiratet. Ich bin in ihn verliebt und liebe ihn. Ich muß ständig an ihn denken. Ich habe Herzklopfen, wenn ich ihn sehe. Er versetzt mich jeden Tag in neue Erregung. Ich kann mit voller Überzeugung sagen, daß ich ihn jetzt mehr liebe, als ich ihn bei unserer Heirat geliebt habe (aber schon da habe ich ihn sehr geliebt). Ich glaube, Liebe ist Hingabe und Zuneigung zu einem anderen Menschen, mit dem man durch dick und dünn gehen kann, und ganz sicher weiß, daß man wohlbehalten am anderen Ende ankommt.«

»Ich bin zur Zeit gern verliebt; das liegt an dem Menschen, in den ich verliebt bin. Wir respektieren uns und sind sehr nett zueinander. Ich wundere mich, weil ich einen so wunderbaren männlichen Freund habe, den ich auch sexuell sehr aufregend finde – das gibt es bestimmt nicht so oft. Wir haben schon alle Gefühle ausgekostet – Spaß und Schmerz, Freude, Entzücken, Frustration. Seinetwegen habe ich Freude am Leben, und auch das Gefühl, emanzipiert zu sein. Daran haben wir beide sehr gearbeitet. Ich bin achtunddreißig – und allmählich wurde es ja auch Zeit, daß ich mal richtig glücklich bin.«

Wenn sie aber gezwungen wären, sich zwischen Leidenschaft und Stabilität zu entscheiden, wählen 58 Prozent der Frauen eine ruhige und ausgeglichene Beziehung:

»Wenn ich meinen letzten Liebhaber und meinen Mann vergleiche – müßte ich verrückt sein, mir keinen netten, ruhigen, beständigen Ehemann mit Kindern zu wünschen. Das ist das Wichtigste.«

»Liebe bedeutet Achtung für einen anderen Menschen und auch Sensibilität ihm gegenüber. Sie wird größer, wenn Werte und Erfahrungen geteilt werden. Wenn beide Seiten selbstbewußt sind, kann sich Liebe entfalten. Je mehr ich davon weiß, wie Ehen in anderen Kulturen arrangiert werden, um so mehr bin ich davon überzeugt, daß sie was für sich haben. Neulich sagte eine pakistanische Frau zu mir: ›Was ist denn so besonders am Sex? Ein paar Minuten, und dann ist alles vorbei. Es gibt in einer Ehe wichtigere Dinge.‹«

Ist »Verliebtsein« eine Täuschung, ein psychologisches Problem? Oder nur ein Lustgefühl?

17 Prozent der Frauen nehmen »Verliebtsein« nicht ernst; sie halten es für die Verkörperung eines unausgewogenen geistigen Zustands:

»›Verliebtsein‹ ist eine Neurose.«

»Wie ich Liebe definieren würde? Du liebe Güte… Ich würde sie als die einzige gesellschaftlich annehmbare Psychose bezeichnen. Jemand, der verliebt ist, befindet sich in diesem Zustand, und die Menschen, die verliebt sind, gehen mir mehr als alles andere auf die Nerven, weil sie denjenigen, den sie lieben, und das, was er tut, völlig anders sehen als alle anderen Menschen. Wenn man verliebt ist, ist man aus dem seelischen Gleichgewicht geworfen, dann sieht man den betreffenden Menschen und die Welt um sich herum nicht, wie sie wirklich ist. Liebe dagegen bedeutet aber, daß einem an dem anderen Menschen etwas liegt und daß man fähig ist, ihn realistisch zu sehen.«

Andere Frauen sagen, leidenschaftliche Liebe sei eine Täuschung, eine Illusion:

»Für mich ist ›Verliebtsein‹ nur Kino. Hollywood-Romantik, verschwommene Blicke, ewige Liebe und so. Schätze, ich bin ein bißchen zynisch. Denn wenn ich selbst verliebt bin, dann finde ich es toll, dann ist es mir auch völlig egal, ob ich mich albern benehme. Aber ich bin mir immer darüber im klaren, daß es nur vorübergehend ist.«

»An der Liebe muß man arbeiten, finde ich, die perfekte Calvinistin. Was man hört und sieht und fühlt, ist reine Projektion. Es entspricht nicht der Wirklichkeit. ›Liebe auf den ersten Blick‹ ist Unfug. Man kennt den anderen doch gar nicht. Es ist alles nur Einbildung, ein Produkt der Phantasie, das mit dem ›Geliebten‹ assoziiert wird.«

»›Verliebtsein‹ ist eine Täuschung, aber einen anderen Menschen zu lieben ist schön, eine Lernerfahrung, eine Erleuchtung, es bedeutet Geben und macht sehr viel Spaß.«

Dieselbe Frau schreibt aber auch:

»Während ich verheiratet war, fühlte ich mich am einsamsten.«

Das ist kein atypischer Widerspruch. Sind Frauen wirklich so glücklich mit dem Lieben, das sie beschreiben? Oder sind sie glücklich, Liebe zu geben, fühlen sich aber manchmal doch einsam, weil sie nicht genug Liebe zurückerhalten?

*28 Prozent der Frauen sagen, daß »Verliebtsein« nichts als Begierde sei – rein sexuelles Verlangen:**

»Ich glaube, daß es einfach nur ein Vorwand für Sex ist.«

»Mir scheint, ich habe meinen Mann nicht gleich geliebt, wir waren nur ›heiß‹ aufeinander. Wir konnten nicht genug kriegen voneinander.«

»Verliebtheit – das ist eine oberflächliche sinnliche Begierde ohne Emotionen. Egoistisch.«

»Sinnliche Begierde ist ein ungeheuer starkes Gefühl – mit Herzklopfen und so. Der ganze Körper brennt. Liebe entsteht aus geteilten Hoffnungen und Träumen und Zielen, und daß der andere immer da ist, um die Scherben aufzulesen und mich zu trösten.«

Allerdings sind ein paar Frauen auch der Meinung, daß reine »sinnliche Begierde« keineswegs geringzuschätzen sei:

»Für mich ist Leidenschaft etwas sehr Wichtiges, ein erhebendes Gefühl, das einen keine Sekunde losläßt und Frustration – wegen einer langweiligen Arbeit oder so – gar nicht erst aufkommen läßt.«

Aber 41 Prozent der Frauen weigern sich, »sinnliche Begierde« und »Verliebtheit« zu trennen. Sie glauben, daß alles nur Teil eines viel größeren Gefühls sei:

»Wenn wir zusammen geschlafen haben, sind wir uns so nahe wie sonst nie, weil ich ihr dann all die wunderbaren Gefühle gezeigt habe, die ich für sie empfinde. Wenn wir uns lieben, habe ich ein Gefühl völliger Einheit – dann weiß ich nicht mehr, wo sie aufhört und ich beginne. Es ist wie ein absolut ›vollkommenes‹ Gefühl, in dem alles von mir eingeschlossen ist, mein Intellekt und auch mein physisches Bewußtsein.«

»Vielleicht glauben die meisten Menschen, Sex wäre etwas Physisches und Liebe etwas Emotionales. Für mich waren Sex und Liebe immer ein- und dasselbe. Ich könnte die beiden nicht voneinander trennen. Ich habe immer geglaubt, daß wir beide ein ›Fleisch und Blut‹ sind. Sex ist häufig eine Form von Trost, wenn einer der beiden oder beide einen schweren Verlust erlitten haben – den Job, einen Menschen und so.«

Eine andere Frau glaubt, daß diese unerklärlichen Gefühle vielleicht viel realer sind als das »rationale« Verständnis für einen anderen Menschen und daß sie viel eigentlicher als Liebe zu bezeichnen sind – stellt ihre Auffassung aber zugleich in Frage:

* Viele Frauen haben das Gefühl, daß sie sich von Männern, mit denen sie befreundet sind, nicht sexuell angezogen fühlen. Sie fühlen sich mehr angeregt von Männern, mit denen sie sich streiten. Siehe 7. Kapitel.

»Wenn ich verliebt bin, habe ich das Gefühl von Realität, ich kann mich zeigen, wie ich wirklich bin, die Zeit ist eine reale Zeit. Aber vielleicht bilde ich mir das alles nur ein, vielleicht habe ich mir in meinem Kopf nur eine Geschichte zurechtgelegt, wie das Leben ist und wenn ich dann diesen Menschen begegne, beschließe ich einfach, daß sie in *meine* Geschichte als jemand hineinpassen, der meine innersten Gefühle versteht. Wenn ich aber fähig bin, Dinge zu fühlen und auszudrücken, wie ich es sonst nicht kann, ist das dann nicht doch eine tiefere Form von Realität? Oder beteilige ich sie etwa nur an *meiner* Geschichte – ohne mich auf ihre besonders einzulassen?

Was ist leidenschaftliche Liebe?
Wie paßt sie ins Leben?

»Die Begierde reißt dich heraus aus der Sicherheit, an einen Ort, wo es keine festen Regeln gibt...«

E. Petroff über Hadjewich von Brabant, eine flämische Nonne aus dem 12. Jahrhundert.

Ist leidenschaftliche »Verliebtheit« eine »Neurose«? Sappho glaubte es, der römische Dichter Catullos glaubte es – es muß sie schon sehr lange geben. Ein weiterer berühmter künstlerischer Ausdruck für die physische/geistige Leidenschaft findet sich in Richard Wagners Oper *Tristan und Isolde,* in der die Liebenden ein sehr bewegendes Duett singen, in dem sie ihre geistige Einheit zum Ausdruck bringen, während sie sich umarmen: »So sterben wir, um ungetrennt, ewig einig ohne End', ohn' Erwachen, ohn' Erbangen, namenlos in Lieb' umfangen... In dem wogenden Schwall, in dem tönenden Schall, in des Welt-Atems wehendem All ertrinken, versinken unbewußt höchste Lust!«

Die Aufnahme von »Liebe« – besonders leidenschaftlicher Liebe – in die Familienstruktur, wie wir sie kennen, dürfte jedoch erst zu einem relativ späten Zeitpunkt in der menschlichen Geschichte erfolgt sein. Neuere archäologische Studien über menschliche Gruppen aus der Vorgeschichte haben keinen Beweis dafür erbracht, daß die ersten Familien aus Vater, Mutter und Kindern bestanden. Viel wahrscheinlicher ist es, daß die ersten Familien aus Müttern und Kindern bestanden oder aus Sippen – und daß das »Vaterkonzept« erst später aufkam.* Gehörte zur Liebe zwischen Liebenden der frühen menschlichen Gruppen auch die langfristige Fürsorge, etwas, das wir als »familiäre Liebe« bezeichnen würden? Oder war es, wie häufig angenommen wird, nur eine »kurze Leidenschaft«? Und lassen sich die physische und die geistige Leidenschaft so leicht voneinander trennen, wie es unsere Kultur zu tun versucht?

Manche Frauen (12 Prozent) sagen, daß sie nie »verliebt« waren und auch nie in Ekstase geraten sind. Warum berichten manche Frauen so viel häufiger davon als andere? Sind diese Frauen besonders »liebebedürftig« oder genießen sie ganz besonders derartige herausragende Erlebnisse? Oder wollen diese Frauen damit irgendwelche rätselhaften inneren Gefühle bewältigen – oder wollen sie sich mit etwas Größerem in Verbindung bringen, mit größeren Gefühlen? Oder sehnen sie sich etwa gar nach irgendeiner Art religiösen Erfahrung? Und sind vielleicht diejenigen Frauen, die keine solchen intensiven Gefühle haben, irgendwie vom Leben abgeschnitten, oder »blockieren« sie ihre Gefühle, sind sie übermäßig praktisch veranlagt oder haben sie keinen Zugang zu den tiefsten Teilen ihrer selbst? Eine Frau beschreibt ihren Wunsch nach »etwas Größerem«, nach einer großen Liebe, so: »Ich sehne mich nach der absoluten Liebe. Liebe, die über allem anderen steht. Eine tiefe Liebe, für die es keine Erklärung gibt; das ist die absolute Liebe.«

Manchmal hat es den Anschein, als würde der Wunsch nach »romantischer Liebe« – nach größerer geistiger Nähe, nach Gemeinsamkeit – eine Art Verlangen nach dem Unmöglichen sein, die Sehnsucht nach dem Ende der seelischen Einsamkeit, die Sehnsucht nach der Vervollkommnung der Seele. Ist der Wunsch, mit einem Menschen, in den man »verliebt« ist, Kinder zu haben, gleichzeitig ein Wunsch nach Gemeinsamkeit und Vereinigung – oder handelt es sich dabei um einen biologischen Streich, den die Mechanismen der sexuellen Erregung den Frauen spielen?

»Wenn keine Leidenschaft dabei ist, verzichte ich lieber gleich ganz.« Neigen Single-Frauen eher dazu, sich zu »verlieben«?

»Wenn in einer Beziehung die Leidenschaft fehlt, gebe ich mich erst gar nicht damit ab. Mir kommt es so vor, als würde dieses ganze Gerede davon, daß man für jemanden dasein soll, daß man endlose Langeweile ertragen soll, nur dazu dasein, die Frauen dazu zu bringen,

---

* Siehe Shere Hite/Robert Carneiro: »Controversies over the Nature of the Early Family«, Vortrag bei der Jahrestagung der American Association for the Advancement of Science, 1985.

›ihre Pflicht zu tun‹ und sich um den Mann und die Familie zu kümmern. Mit Leidenschaft meine ich das erregende Gefühl, das jemand bei einem auslöst – daß ich ihn kennenlernen will, alles mit ihm teilen will, daß es mir wie ein Wunder vorkommt. Und natürlich gehört auch das körperliche Verlangen dazu, der Wunsch nach Sex. Vielleicht hält es nicht ewig an, aber wir können ja Freunde bleiben – so fühle ich mich wenigstens lebendig, und nicht wie ein Roboter, wie ich schon viele erlebt habe, die nicht aufgeben können und steif und fest behaupten, den anderen zu lieben, wenn es in Wirklichkeit nur die Gewohnheit ist (oder weil sie Angst haben, Schluß zu machen). Natürlich *liebt* man diese Menschen und wird sie auch immer lieben. Aber das ist nicht die Art Liebe, die ich mir wünsche, wenn ich mit jemandem *zusammen lebe*. Ich möchte dazulernen, ich möchte Erregung und das Gefühl von Abenteuer und etwas unglaublich Wunderbarem spüren – ich möchte *leben!*«

73 Prozent der Frauen, die gegenwärtig allein leben und noch nie verheiratet waren, sagen, eine Partnerschaft wäre ihnen nicht genug – sie möchten auch »verliebt« sein und Leidenschaft und Hingabe spüren:
»Ich möchte keine Beziehung eingehen, wenn ich nicht verliebt bin. Lieber würde ich enthaltsam leben, anstatt mit jemandem zu schlafen, an dem ich sexuell überhaupt nicht interessiert bin. Das wäre für mich deprimierend.«

Die meisten Single-Frauen zwischen zwanzig und dreißig wünschen sich von der Ehe mehr als Sicherheit und Gemeinsamkeit: Sie wollen »verliebt« sein, wenn sie heiraten. Wollten das die Frauen anderer Generationen auch, bevor sie verheiratet waren, und haben sie dann später nur ihre Meinung geändert? Oder gab es eine Wende in der Ideologie der Frauen – mit anderen Worten, ist das Gefühl des »Verliebtseins« für Frauen heute wichtiger als eine stabile Beziehung oder eine »gute Versorgung«? Oder liegt es vielmehr daran, daß Frauen heute finanziell und psychologisch viel unabhängiger sind als früher und es sich leisten können, sich nach leidenschaftlicher Liebe umzusehen? Andererseits lehnen viele Frauen auch heute noch die »romantische Liebe« ab, weil sie ihre Energie lieber für den Beruf aufsparen und für Freunde und alle möglichen anderen Aktivitäten.

Frauen, die glauben, daß Liebe Fürsorge ist

Trotz allem ist die Mehrzahl der verheirateten Frauen in dieser Untersuchung (82 Prozent) der Meinung, daß die wahre Liebe von längerer Dauer ist – nicht Leidenschaft und »Verliebtheit«, sondern für den anderen Menschen zu sorgen:

»Vor allem anderen ist Liebe ein Zustand von Gemeinsamkeit und Nähe. Das ist sehr wichtig. Den Partner zu mögen wegen dem, was er ist und wie er ist. Und nicht immer zu versuchen, ihn zu ändern. Möglichst viele Dinge gemeinsam tun. Es dauert lange, bis man jemanden so gut kennt.«

Verheiratete Frauen sagen weitgehend übereinstimmend, daß Liebe als Fürsorge zu verstehen ist, daß sich das erste Gefühl des »Verliebtseins« im allgemeinen zu Liebe vertieft und sich später, wenn die Beziehung anhält, zu Fürsorge und Verständnis wandelt:

»Ich bin immer weniger ›verliebt‹ in meinen Mann, aber meine richtige Liebe zu ihm wird immer stärker, je mehr wir einander achten und je besser ich ihn verstehe. Ich bin von dieser Liebe erfüllt, und sie gibt mir Kraft – das ist genauso schön wie die anfängliche überschwengliche Verliebtheit.«

Manche Frauen halten diese Art Liebe für die beste, weil sie sich weiterentwickelt und inspirierend wirkt:

»Wenn man einen anderen Menschen liebt, scheint man selbst ein besserer Mensch zu werden, als man ist. Die Liebe läßt zu oder besteht darauf, daß man den Blick von sich selbst nimmt und auf andere richtet; ihr Glück, ihre Ängste und Frustrationen werden auch für einen selbst wichtig.«

»Die Liebe sollte dir das Gefühl vermitteln, große Taten vollbringen zu können. Seit sich meine Töchter meiner Liebe für sie gewiß sind, scheinen sie sich immer schwierigeren Dingen zu stellen. Und wenn andere Menschen in ihr Leben treten und ihnen noch mehr Liebe geben, werden sie immer mutiger. Genau dasselbe Gefühl haben mein Mann und ich in bezug auf unsere Liebe: Unsere Liebe gibt uns Sicherheit, so daß wir wachsen und uns an immer mehr Dinge heranwagen und unsere Ängste und Unsicherheiten fallenlassen. Das haben wir alles nur unserer Liebe füreinander zu verdanken.«

Eine andere Frau gibt eine längere Beschreibung von der Liebe, wie sie sie versteht, und davon, wie sie sich in ihr Leben eingepaßt hat und sich im Verlauf von achtunddreißig Jahren verändert hat:

»Ich bin gern Hausfrau. Es macht mir Spaß, meine Umgebung sauber und in Ordnung zu halten (obgleich ich auch mal alles liegenlassen kann). Ich koche gern, und es wäre mir unangenehm, wenn er versuchen würde, sich in *meiner* Küche breitzumachen. Ich streite mich nicht oft wegen der traditionellen männlichen und weiblichen Rollenvorstellungen, solange es nicht um Fragen der Vorherrschaft geht. Keine dieser traditionellen Rollen ist rein zufällig entstanden. Ich mag Männer, die die Frauen beschützen, die im besten Sinne des Wortes ein Gentleman sind. Ich fühle mich von den traditionellen Eigenschaften des Mannes angezogen. Die Führung übernehmen, für die Frauen sorgen. All das genieße ich sehr.

Als wir geheiratet haben, verwaltete er das Geld, er verwaltete unser Leben – alles hat er bestimmt. Jetzt verwalte ich das Geld und gewöhnlich bin auch ich es, die bestimmt, was wir tun. Wir werfen alles in einen großen Topf und teilen das Geld gut ein, damit er sich zeitig pensionieren lassen kann und ich mich auch – teilweise – pensionieren lassen kann. Ich glaube nicht, daß ich ganz mit der Arbeit aufhören möchte. Völlig richtig – ich glaube an gleiche Bezahlung für gleiche Arbeit. Wenn ich eine junge unverheiratete Mutter wäre, die ein sicheres Einkommen benötigte, würde ich mir einen traditionellen Männerjob suchen, mit einer Gewerkschaft, die mich unterstützt. Aber ich bin gern eine Frau.

Ich glaube, ich habe alles, was ich mir wünsche. Ich bin jetzt seit dreißig Jahren verheiratet, und obgleich wir auch schon mal über Scheidung gesprochen haben, wußte ein Teil von mir immer, daß es für mich allein und ohne ihn schlimmer sein würde als mit ihm. Außerdem glaube ich immer und bei allem, daß es am Ende gut ausgeht.

Mein Mann: ich bewundere ihn, diesen Mann, über den ich mich so oft ärgern muß. Als ich jünger war, aber auch später, habe ich ihn sehr geliebt. In Wahrheit ist er schrecklich verwöhnt. Ich gehe zwar nicht gerade soweit, ihm das Fleisch auf dem Teller kleinzuschneiden, aber viel fehlt nicht mehr. Aus Liebe war ich immer für ihn da, hundertprozentig. Wie oft habe ich mich selbst zurückgestellt, und er sich auch. Wir haben Vertrauen zueinander – mit dem Geld, mit unserem Leben, mit allem. Liebe ist das einzige, das zählt. Nichts ist wichtiger auf dieser Welt als zwei Menschen, die sich lieben.

Was zu tun ist, damit eine Beziehung funktioniert? Nun, manches gehört eben einfach dazu. Und ich habe immer gewußt – egal, was passiert, egal, wie schlimm es steht –, daß es ohne ihn noch viel schlimmer wäre. Ich glaube, daß alles gut ausgeht, und wissen Sie was?... Es geht immer alles gut aus. Für jedes Problem gibt es eine Lösung. Das wichtigste an dieser Beziehung ist die Sicherheit – die Gewißheit, daß immer jemand da ist. Vertrauen. Sicherheit.

Ich glaube auch an Monogamie. Warum? Weil ich es anders schon mal ausprobiert habe. Eines Tages, als mein Mann auf einer Geschäftsreise war (wir waren ungefähr zwölf Jahre verheiratet, und seine Firma hatte ihn kurz zuvor in einen anderen Bundesstaat versetzt), kam ein Brief (die Adresse mit Schreibmaschine, kein Absender), der ihm von seiner alten Geschäftsadresse an unsere neue Privatadresse nachgeschickt worden war. Ich machte ihn auf, wie die Rechnungen und überhaupt alle Post. Er war von einer Frau. Das war schlimmer als der Tod eines geliebten Menschen. Tagelang dachte ich an nichts anderes als an Selbstmord oder Scheidung. Ich war völig am Boden zerstört, betrogen, ungeliebt, ausgetrickst, und ich glaube, das Schlimmste war, daß ich glaubte, mit mir stimmt was nicht – daß ich ihn nicht befriedige oder so. (Komisch, daß ich mich für seine Handlungen verantwortlich fühlte! Und zu glauben, daß mit mir was nicht stimmte, und nicht mit ihm!)

Als er ein paar Tage später nach Hause kam, bat ich ihn in meiner Verzweiflung und mit meinen verrückten sechsunddreißig Jahren um eine offene Ehe und bekam sie auch. Dann kriegte ich Depressionen – ich fühlte mich zu einem jüngeren Mann hingezogen, der all die rebellischen Dinge verkörperte, die ich niemals getan hatte. (Ich bedaure, mit einundzwanzig kein Hippie gewesen zu sein!)

Die erste Liebesaffäre war von meiner Seite aus sehr ernst. Ich betete diesen Mann an. Das Problem war nur, daß er für meinen Mann arbeitete und ihn achtete. Das machte es für ihn ziemlich schwer. Ich hatte nichts anderes im Sinn, als ihn so oft wie möglich ins nächstbeste Bett zu zerren, und er hatte immer ein ziemlich schlechtes Gewissen. Er und mein Mann regelten es schließlich unter sich, und danach wollte er mich nicht mehr sehen. Ich hatte noch lange große Sehnsucht nach ihm, und tagsüber beschäftigte ich mich in Gedanken mit ihm. Ich war in ihn ›verliebt‹, aber ich liebte ihn nicht genug, um deswegen meinen Mann zu verlassen.

In den darauffolgenden vier oder fünf Jahren hatte ich mehrmals kleine Abenteuer – meist nur eine Nacht. Ehrlich, so ein Seitensprung ist was Tolles. So aufregend und lehrreich. Mein Mann hatte ebenfalls diverse Liebesabenteuer.

Einmal sind wir auch über längere Zeit in eine Therapie gegangen. Wir waren völlig offen, und manchmal habe ich mehr über ihn erfahren, als mir lieb war. Es war unheimlich intensiv, voller Leidenschaft, traurig, fröhlich, aber vor allem befreiend. Alles. Jetzt wissen wir, daß es nichts gibt, das wir uns nicht sagen können – ich bin sehr froh, daß er so ehrlich ist.

Nach all diesen Erfahrungen, die ich gemacht hatte, wurde ich wieder monogam. Denn im Grunde glaubte ich an nichts anderes. Trotzdem, wenn wir diese Erfahrungen nicht gemacht hätten, wäre es wahrscheinlich zur Scheidung gekommen. Vielleicht gibt es für alles eine Zeit und einen Ort. Als ich noch jünger war, wäre ich entsetzt gewesen, wenn mein Mann die Nacht bei einer anderen verbracht hätte. Jetzt weiß ich, daß er wieder zu mir zurückkommt. Das hat er immer getan, und wenn er wieder einmal eine Affäre hat, wird er auch wieder zu mir nach Hause kommen.

Nach dreißig Ehejahren glaube ich, daß wir alles über einander wissen, die positiven und auch die negativen Dinge. Wir bleiben zusammen, tun viele Dinge gemeinsam und manche getrennt. Wenn wir zusammen sind, fühlen wir uns sicher. Viele Jahre war ich eifersüchtig, bis mir klar wurde, daß ich nur unsicher war und daß er gar nicht weggehen würde, jedenfalls nicht sehr weit. Wir sind nicht ineinander ›verliebt‹ – das ist was für junge Menschen.

Ob ich zufrieden bin? Nicht ganz. Ich würde mir mehr Zärtlichkeit wünschen, aber ich weiß auch, daß ich seine Zärtlichkeiten gar nicht immer annehme. Wenn ich mit meinem Geschäft zu tun habe, empfinde ich Sex als störend. Dann bin ich von der Arbeit erschöpft und müde und gehe früh schlafen. Aber das ändert sich auch wieder, und dann können wir uns wieder mit Sex beschäftigen, soviel wir wollen.

Ich habe das Gefühl, liebevoll und hilfreich zu sein. Ich kümmere mich um andere Menschen. Ich liebe meine Tochter sehr – und auch meine Eltern. Haustiere – ich hatte mal eine Katze, die mich viele Jahre meines Lebens begleitet hat, sie war wie ein Teil von mir. Sie ist seit zwei Jahren tot, aber ich habe sie nicht vergessen, ich vermisse sie und bin sehr traurig, weil sie nicht mehr bei mir ist. Aber ich habe ja meinen Mann. Er ist mein Leben. Was wir zusammen besitzen, läßt sich niemals ersetzen. Ich liebe ihn über alles.«

So wie diese Frau scheinen auch einige andere verheiratete Frauen der Meinung, daß eine langfristige Beziehung mit einer anderen Art von Leidenschaft verbunden sein kann:

»Ich glaube, daß bei einer Beziehung nach längerer Zeit die sexuelle Leidenschaft nachlassen kann, aber ich glaube nicht, daß die Leidenschaft füreinander oder für das, was im Kopf des anderen vorgeht oder für die Liebe nachlassen muß; im Gegenteil – sie kann mit der Zeit auch größer werden. Wenn die leidenschaftlichen Gefühle einem Chaos gleichkommen, wie das bei mir früher der Fall war, glaube ich, daß sie sich zu einer stabileren Beziehung entwickeln müssen.«

Einige verheiratete Frauen sagen, daß das Gefühl des »Verliebtseins« in einer guten Ehe immer wieder von neuem aufflammt; es kommt und geht:

»Es ist wichtig, in einen Mann ›verliebt‹ zu sein und ihn zu lieben, um ihn heiraten zu können. Ohne diese beiden Gefühle geht die Ehe kaputt. Wenn man ›verliebt‹ ist, entdeckt man an dem Partner immer wieder etwas Neues, das hält die Beziehung frisch und lebendig, auch nach vielen Jahren. Lieben bedeutet, daß der andere mich physisch, geistig und emotional befriedigt. Um sich mit einem Menschen verbunden zu fühlen, muß vor allem ein gemeinsames Gefühl von Achtung und Bewunderung füreinander vorhanden sein.«

»Ich glaube, manchmal bin ich in ihn ›verliebt‹ und manchmal liebe ich ihn – ich sehe sein Gesicht und spüre, wie sehr ich ihn liebe. Und dann wieder kann ich es einfach nicht glauben, daß ich ihn geheiratet habe.«

»Die Liebe kommt in Wellen, manchmal stärker, manchmal schwächer, eine Zeitlang ist sie überwältigend, dann wieder zweifelt man, ob es je Liebe war.«

Andere sind der Meinung, daß die Frauen nicht immer auf die ganz »große Liebe« aus sein sollen, sondern statt dessen lieber die kleinen Dinge und die tägliche Gemeinsamkeit genießen sollen, da sie am Ende das Beste sind, was eine Beziehung zu bieten hat:

»Wir reisen so gern – vor ungefähr zehn Jahren haben wir uns einen kleinen Wohnwagen gekauft. Wir genießen die Freiheit, die uns dieses Heim bietet, und als er pensioniert wurde, haben wir uns ein größeres und besseres gekauft, und dann habe ich mich auch pensionieren lassen – ich war Lehrerin –, und dann sind wir durch die Lande gezogen und immer nur für ein paar Monate nach Hause gekommen, bis es wieder losging. Diese Art zu leben gefällt uns. Aber seit wir vor ein paar Jahren hierhergezogen sind, um näher bei meiner Mutter zu wohnen, und weil wir die Berge mögen, haben wir angefangen, ein kleines Haus zu renovieren, und in letzter Zeit war meine Mutter ziemlich krank, so daß wir zu Haus geblieben sind. Aber am glücklichsten waren wir immer, wenn wir irgendwo in der Wildnis auf einem Campingplatz standen, weit entfernt von ausgetretenen Pfaden; wenn wir spazierengegangen sind, am Lagerfeuer saßen, uns an den Vögeln gefreut haben, am Lesen und all die Schönheit in uns aufgenommen haben. Das ist unser gemeinsames Leben.«

14 Prozent der verheirateten Frauen halten weder romantische Liebe noch Liebe für notwendig, solange alle Bedürfnisse erfüllt werden und man sich gut behandelt fühlt:

»Ich glaube nicht, daß er mich liebt, aber er behandelt mich so, wie ich es möchte und auch brauche. Er ist komisch und bringt mich zum Lachen, und er ist auch sehr zärtlich.«

»Ich dachte, ich sei in meinen Mann ›verliebt‹, aber jetzt frage ich mich manchmal, ob wir uns überhaupt je geliebt haben. Im Moment lieben wir uns ganz bestimmt nicht. Wir haben ein gesteigertes Interesse aneinander, und wir sind höflich und sehr um das Wohlergehen des anderen besorgt, aber das ist eigentlich etwas, das ich ganz allgemein von meinen Mitmenschen erwarte und ihnen von mir aus entgegenbringe, als daß es ein besonderes Zeichen von Verbundenheit wäre.«

Sind die Frauen durch den emotionalen Vertrag genötigt, bei Beziehungen »auf Nummer Sicher zu gehen«?

Wäre es möglich, daß viele Frauen, wie es die vorliegende Untersuchung ergab, deshalb eher »Liebe« geben als »verliebt« sein mögen, weil sie festgestellt haben, daß Männer bei oberflächlichen Begegnungen oft soviel Feindseligkeit an den Tag legen (siehe Teile I und II)? Gehen sie nun aus diesem Grund sehr behutsam vor und schauen sich einen Mann erst einmal genau an, um sich davon zu überzeugen, daß er nicht voller innerer Feindseligkeit ist, bevor sie sich auf eine Beziehung einlassen. Wenn die meisten Frauen es vorziehen, auf lange Sicht gegenseitiges Verständnis aufzubauen, das auf Kameradschaft, vielleicht sogar Freundschaft beruht, dann liegt das möglicherweise an der praktizierten Ungleichheit der Geschlechter (dem emotionalen Vertrag), die auf Dauer ein eigenes Arrangement mit dem männlichen Partner erforderlich macht – und nicht etwa, weil »Verliebtsein« »kindisch« oder »unreif« wäre.

Vielleicht machen sich manche Menschen über das »Verliebtsein« manchmal auch nur deshalb lustig, weil sie nicht zugeben wollen, wie wichtig es ihnen in Wirklichkeit ist. »Vielleicht ist es einfach zu traurig, zuzugeben, wie wichtig es ist, wenn es nicht mehr vorhanden ist oder wenn man nicht mit dem Partner zusammen leben kann, mit dem man eigentlich zusammen sein möchte (oder früher einmal zusammen war)«, erklärt Dr. Shirley Zussman, ehemalige Präsidentin der *American Association of Sex Educators, Counselors and Therapists*. Dann können die Menschen nämlich mit gutem Grund sagen: »Es ist nicht von Dauer« oder: »Es ist zu gefährlich und flüchtig«, und so weiter, nur um die Realität und Schönheit dieses Gefühls zu leugnen. Daher fährt sie fort: »Aber jeder sollte tief im Herzen wissen, wie wichtig es für ihn ist, und seine Bedeutung erkennen. Auch wenn Verliebtheit manchmal nur eine flüchtige Angelegenheit ist, so gehört sie doch zu den wichtigsten Erfahrungen im Leben eines Menschen.«

Ist Fürsorge stets mit »Liebe« verbunden oder manchmal auch nur mit »gern haben«? Und gäbe es daran etwas auszusetzen?

Aus einigen Antworten geht hervor, daß manche Frauen ihren Ehemann »gern haben«, aber nicht »lieben«; sie scheinen sich vor allem an ihn »gewöhnt« zu haben; sie kümmern sich um ihn, aber eher auf eine freundschaftliche oder geschwisterliche Weise.

Nur ganz wenige Frauen fühlen sich frei genug, um darüber reden zu können, ob sie ihren Mann »lieben« oder ob sie ihn gern haben oder ob sie sich einfach nur daran gewöhnt haben, mit ihm zusammen zu leben:

»Ich bin in meinen Mann nicht verliebt, obgleich es mir schwerfällt, das zu sagen. Ganz sicher würde ich es nicht zu ihm selbst oder zu meinen Freundinnen sagen. Ich empfinde große Zuneigung für ihn und mag ihn sehr gern, aber ist das nun Freundschaft oder Liebe? Spielt das denn eine Rolle?«

»Ich glaube, wirkliche Liebe ist das starke Gefühl, das man vom ersten Augenblick an für jemanden verspürt, und nicht weiß, warum – allerdings sagen mir die anderen immer, daß ich viel zu romantisch sei. Ich glaube nicht an dauerhafte Beziehungen, obgleich ich eine habe. Ich hätte gern etwas mehr Leidenschaft und Romantik. Ich weiß, jedes Paar hat seine Probleme, nichts ist vollkommen, aber die wahre Liebe gibt es wirklich, wenn vielleicht auch nicht so häufig. Und dann *weiß* man auch ganz sicher, daß das, was man fühlt, etwas ganz Besonderes ist.«

»Ich habe immer geglaubt, daß Liebe etwas sei, das man kultivieren kann. Ich glaube noch immer, daß man Liebe entwickeln kann, aber ich glaube auch, daß es in unserem Leben manchmal ganz besonders große Lieben gibt, und für mich bedeutet das, daß von Anfang an ein sehr starkes Gefühl dasein muß. Allerdings wehre ich mich immer gegen allzu starke Gefühle. Ich habe mich mit meinem Mann bemüht, unsere Liebe zu kultivieren. Ich hänge sehr an meinem Mann, aber meine große Liebe ist er nicht.«

Manche Frauen (15 Prozent) sagen, sie haben Männer geheiratet, in die sie nicht »verliebt« waren und von denen sie nicht einmal »geliebt« wurden; diese Ehen sind manchmal ganz glücklich:

»Mit dem Mann, den ich am meisten geliebt habe, hatte ich ständig Streit, und wenn ich ihn anzurufen versuchte, ihm helfen wollte, mit ihm zusammen sein wollte, war er schlecht gelaunt und ließ mich nicht an sich heran. Dann ging er in die Armee, und seither habe ich nie wieder etwas von ihm gehört. Das war ungefähr sechs Monate, nachdem ich die Schule geschmissen hatte. Zwei Monate später habe ich einen sehr netten Mann geheiratet, den ich schon fünf Monate kannte. Ich war nicht verliebt in ihn, aber es war angenehm. Wir sind jetzt schon zehn Jahre verheiratet.«

»Ich war mir noch nie sicher, ob ich in meinen Mann ›verliebt‹ bin oder ob ich mich bei ihm nur wohl fühle, weil er so nett zu mir ist.«

21 Prozent der Frauen bedauern es, nicht einen Mann geheiratet zu haben, in den sie »verliebt« waren:*

»Ich liebe meinen Mann nicht. Ich bin enttäuscht, weil ich glaube, daß ich fähig wäre, mit großer Leidenschaft zu lieben. Einmal habe ich mit dem Gedanken gespielt, ihn zu verlassen, aber ich habe nicht genügend Selbstvertrauen, um das Risiko auf mich zu nehmen, obgleich ich ganz gut verdiene. Ich glaube nur nicht, daß ich mit allem fertig werden würde, so ganz allein. Ich könnte mich nicht durchsetzen. Ich bin fünfundvierzig. Ich habe einen Beruf, der mich ausfüllt. Das hilft natürlich. Aber irgendwie habe ich das Gefühl, daß ich etwas versäumt habe im Leben.«

»Ich habe mich von meinem Mann scheiden lassen, denn unsere Ehe bestand nur an der Oberfläche. Ich habe ihn nicht wirklich geliebt, obgleich ich ihn ganz gern mochte.«

Wie viele Frauen haben sich tatsächlich so eine ruhige, liebevolle Ehe gewünscht und wie viele haben sich nur dafür entschieden, weil sie gerade nichts anderes finden konnten?

Feindselige emotionale Beziehungen

Manchmal ist man emotional sehr stark in eine Beziehung oder Ehe verstrickt – es ist aber nicht Liebe, nicht einmal Zuneigung, sondern Zorn, der das Bindeglied darstellt. Derartige Kämpfe können Jahre dauern:

Die meisten Frauen stimmen überein, rein theoretisch sei es »durchaus möglich, zu jemandem, in den man nicht verliebt ist, eine tiefe emotionale Beziehung zu haben«:**

»Ich habe aus vielen Gründen geheiratet, aber nicht aus Liebe, trotzdem bestand eine sehr starke emotionale Bindung. Ich habe nie herausgefunden, was es war, bis heute nicht. Ich konnte mich nur sehr schwer davon lösen.«

---

* Das heißt nicht, daß 79 Prozent der Frauen »verliebt« waren, als sie geheiratet haben.
** Aus dem Fragenkatalog dieser Untersuchung.

23 Prozent der Frauen (verheiratet und nicht verheiratet), die an dieser Untersuchung beteiligt waren, berichten von ziemlich negativen Bindungen, bei denen zwei Menschen irgendwie in einen Konkurrenzkampf verwickelt sind und Liebe erzwingen wollen, aber gleichzeitig zornig sind.

Einseitiges Geben und Sorgen

Manche Frauen, die »wahre Liebe« als Verständnis und Fürsorge für den anderen definieren, und nicht als »Leidenschaft«, betonen auch, wie wichtig es ist, für den anderen Menschen dazusein, selbstlos zu geben, ohne dafür etwas von ihm zu erwarten (nicht einmal emotionalen Beistand?) – Liebe als eine Art »Dienstleistung«:

»Liebe heißt geben, ohne etwas dafür zu erwarten, keine Belohnung und auch keinen Ausgleich für all die Fürsorge. Liebe bedeutet Ehrlichkeit und Offenheit. Die Gefühle des Partners und alles, was damit zusammenhängt, vor die eigenen Interessen zu stellen oder zumindest auf die gleiche Ebene. Verliebt sein läßt sich nicht beschreiben; Liebe läßt sich nicht anfassen oder erklären, der Versuch, Liebe zu definieren, ist eine Herabsetzung der eigenen Gefühle.«

»Liebe ist schmerzhaft und schön, sie ist nicht eifersüchtig, bläht sich nicht auf, prahlt nicht, benimmt sich ordentlich, ist selbstlos. Liebe ist nie verfehlt.«

»Liebe ist absolute Selbstverleugnung zugunsten eines anderen Menschen und seiner Bedürfnisse – Selbstlosigkeit, ihm von dem, was ihn glücklich macht, so oft und so viel wie möglich zu geben, ohne Bedingungen zu stellen.«

»Liebe ist das aufrichtige Bemühen, einen anderen Menschen glücklich zu machen und für sein Wohlergehen zu sorgen – über die eigenen Bedürfnisse hinaus. Rücksicht auf den anderen, ihm selbstlos alles geben, ihm in allem, was er benötigt, zur Verfügung stehen.«

»Ich liebe ihn, indem ich mich um ihn kümmere, wenn er krank und deprimiert ist. Ich halte in schlechten Zeiten zu ihm.«

Eine Frau beschreibt Liebe als einen »Willensakt«:

»Liebe ist ein Akt des eigenen Willens. Man kann jeden ›lieben‹, wenn man nur will. Man ›tut‹ es einfach. Man kümmert sich um sie, man stellt ihre Gefühle über die eigenen, man tut für sie, was für sie am besten ist und nicht für einen selbst. Wenn man seinen schlimmsten Feind so behandeln würde, dann würde man ihn lieben.«

Werden die Frauen durch geschlechtsspezifische Klischees in die Irre geführt, die ihnen vorschreiben, wie ein »nettes Mädchen« sein sollte oder wie eine »gute Frau« zu sein hat, so daß sie sich manchmal genötigt sehen, weiterhin zu »lieben«, ohne Rücksicht darauf, was sie durchmachen?

Die Liebe, die den meisten von uns – vor allem für Frauen – als »wahre Liebe« hingestellt wird, ist eine »geistige« Liebe, die gibt und nicht nimmt, es ist die Liebe von Maria, der Mutter, die immer und ewig für ihr Kind sorgt – eine Liebe, ohne jede (weibliche?) Leidenschaft und ohne jedes physische Verlangen. Eva, der andere Archetyp der Weiblichkeit, verkörpert das »Böse«, das in der intellektuellen Neugier und dem sexuellen Verlangen einer Frau steckt, ihren »Egoismus« – sie »gibt« nicht und hat somit auch nichts mit »wahrer Liebe« zu tun.

Was ist nun wirklich »wahre Liebe« – Leidenschaft oder Geben? Natürlich keins von beiden und beides – und dazu noch so viele andere Formen der Liebe. Aber eins der größten Probleme für unsere Kultur liegt in dem Tabu, das uns untersagt, diese verschiedenen Liebesformen miteinander zu verbinden: Wieso sind eigentlich das Geistige und das Körperliche so unvereinbar (zumindest verbal)? Und warum stößt Liebe mit einer starken physischen Komponente, mit Leidenschaft, so häufig auf Verachtung, warum wird sie trivialisiert und herabgesetzt?

Wann ist »Fürsorge« nur eine Folge der gesellschaftlichen Zwänge, die den Frauen vorschreiben, »für andere dazusein«?

Die Frage, was Liebe für die Frauen bedeutet, ist deshalb so wichtig, weil die Gesellschaft nun schon so lange versucht hat, Frauen mit Begriffen der »Liebe« zu definieren. Die herrschende Ideologie beurteilt die Männer danach, welchen Beruf sie ausüben (und sagt ihnen auch, daß sie sich nicht mit Begriffen der Liebe definieren lassen sollen); diese Ideologie neigt auch heute noch dazu, Frauen zuerst danach zu beurteilen, ob sie verheiratet sind oder nicht, ob sie eine Familie haben und ob sie von einem Mann geliebt werden. »Um eine richtige Frau zu sein, muß eine Frau erst jemanden lieben – und Kinder haben, die sie lieben kann!« erklärt eine Frau, die ebenfalls dieser Meinung ist.

Aber heute fragen sich die meisten Frauen, *warum* sie mit den Männern zusammen sind, mit denen sie zusammen sind, und warum sie die Beziehungen, die sie eingegangen sind, weiterführen. Frauen machen einen Prozeß durch – sie wollen wissen, wen sie lieben und warum sie es tun, und sie wollen sich nicht länger von gesellschaftlichen und wirtschaftlichen Zwängen dazu bringen lassen, jemanden zu »lieben«, nur weil es das ist, »was eine Frau zu tun hat«.

»Ist es für eine Beziehung normal, daß die Leidenschaft nach einer Weile erlischt?«

»Ich glaube, daß sexuelle Leidenschaft und die langanhaltende Beziehung in einer Ehe nicht miteinander vereinbar sind. Die sexuelle Leidenschaft ist etwas sehr Emotionales und bringt den Alltag aus dem Gleichgewicht. Eine langfristige stabile Beziehung erfordert Ruhe und Ausgeglichenheit. Zu einer richtigen leidenschaftlichen Beziehung gehören Wildheit, Verzückung und Gier – alles Kriterien, die nicht gerade ruhige Verhältnisse schaffen. Allerdings kann auch eine lange Liebesbeziehung mit Leidenschaft verbunden sein, und zwar, wenn die beiden Partner nicht zusammen *leben*.«

Kann es in einer Ehe sexuelle Leidenschaft, »Verliebtheit« geben? Die meisten Frauen, die zu Beginn ihrer Ehe »verliebt« waren, sagen, daß das Gefühl des »Verliebtseins« nach ein oder zwei Jahren in »Liebe« und Fürsorge für den Partner übergeht. Das sei eine ganz »natürliche« Entwicklung, wenn zwei Menschen zusammen leben.

Ist das wirklich ein unvermeidbarer Ablauf der Dinge? Oder liegt es vielmehr an den Verletzungen, von denen wir in Teil I erfahren haben? Verletzungen durch eine Kultur, die Männer und Frauen nicht gleichberechtigt behandelt, die selbst in die kleinsten alltäglichen Dinge eingebaut sind und die »geschlechtsspezifischen« Merkmale nur noch vertiefen? Und sind es nicht diese – eigentlich unnötigen – gegensätzlichen Situationen, die die Intensität zerstören?

Schachmatt – auf die emotionale Distanzierung des Mannes folgt das sexuelle Desinteresse der Frau

Warum bekommen Frauen eine Abneigung gegen Sex? Erlischt die Leidenschaft ganz von selbst oder wird sie getötet? Wird Sex mit ein und demselben Partner mit der Zeit langweilig, oder fühlt sich die Frau durch den subtilen Prozeß der Entfremdung und die männlichen Herrscherallüren abgestoßen, so daß sie »passiv« wird und »kein Interesse« mehr hat?

Mehrere Frauen beschreiben, wie ihre Gefühle durch die allmähliche Entfrem-
dung von ihrem Mann und durch die subtilen Diskriminierungsmethoden, die
von ihm ausgingen, zu erkalten begannen:

»Ich habe mich immer gewundert, wieso ein Mann glaubt, eine Frau
zuerst ignorieren und schäbig behandeln zu können, und dann erwartet, daß sie mit ihm schläft, wenn ihm danach ist. Offenbar ist es für die
Männer nicht wichtig, wie eine Beziehung ist, ob etwas fehlt oder
nicht, nur der Sex ist wichtig. Das ist bei mir anders, wenn die Beziehung nicht gut ist, ist auch der Sex nicht gut.«

»Das größte Glücksgefühl habe ich bei einem Freund von mir, mit
dem ich auch eine ›Liebesaffäre‹ hatte. Wenn ich mit ihm über Steine
springe, um einen Fluß zu überqueren, oder eine steile Klippe hinauf-
klettere, dann fühle ich mich wohl, und alles ist so friedlich – nur ich
und er und die ganze Welt. Und ich merke, daß es ihm genauso geht.
Dieser Frieden und dieses Glücksgefühl hatten wir auch, wenn wir zusammen geschlafen haben. Aber inzwischen habe ich festgestellt, daß
wir uns in manchen anderen Dingen überhaupt nicht verstehen, so
daß ich eigentlich nichts mehr mit ihm zu tun haben möchte. Ich
glaube nicht mehr, daß wir zusammen glücklich sein könnten. Und
ich möchte mich von ihm nicht mehr verführen lassen, obgleich es ihm
immer wieder gelingt, mich zu verführen.«

»Wir führen, jeder für sich, ein unabhängiges Leben, ohne große
Gemeinsamkeit. Die Kinder sind das Wichtigste, das wir gemeinsam
haben. Ich weiß immer gleich, wenn er an Sex denkt: Dann ist ihm
nämlich alles recht an mir! Aber mich bringt es aus der Stimmung! Außerdem kritisiert er immer mein Gewicht! Und je mehr er mich kritisiert, um so mehr esse ich!«

Die emotionale Entfremdung – wie wir in Kapitel 1 gesehen haben –,
die durch das distanzierende und abweisende Verhalten der Männer
geschaffen wird, kann eine Frau dazu veranlassen, sich aus einer Beziehung emotional zurückzuziehen – auch wenn sie weiterhin »gibt«
und physisch dabei bleibt. Aber vielleicht stellt sie ihre wirklichen Gefühle und sich selbst nur zurück, »verbirgt« sie, und will am Ende immer weniger und weniger von Sex wissen, ist immer weniger interessiert, ist emotional immer weniger engagiert – und konzentriert sich
vielleicht mehr auf die Kinder, um emotionale Erfüllung zu finden. Zu
diesem Zeitpunkt fangen Männer häufig an, sich darüber zu beklagen,
daß sie nicht genügend Sex bekommen, und häufig sehen sie sich
dann auch außerhalb der Beziehung nach »Sex« um. Das führt zu weiterer Distanzierung und Entfremdung, während sich die Frau noch
eine Weile bemüht, zu ihm durchzudringen, aber nach einer Weile

gibt sie es auf, eine wirkliche Beziehung herstellen zu wollen, und nimmt sich vielleicht sogar selbst einen Liebhaber. Die Beziehung »verkommt« zu reinem »Vorhandensein« mit wechselnder Wärme.

Eine andere Frau berichtet von ihrer achtzehnjährigen Ehe, die genau nach diesem Muster verlaufen ist. Am Ende wird sie so traurig, daß sie nicht fortfahren kann:

»Er sagt, ich wüßte ihn nicht zu schätzen. Ich kritisiere ihn nicht mehr, weil er so unbeherrscht ist. Wenn ich es tun würde, würde ich anfangen, darüber zu reden, was ich brauche und was er mir offenbar nicht geben kann. Ich würde auch wahrscheinlich davon reden, was ich die ganze Zeit für ihn tue – ohne daß er auch nur das geringste für mich tut, vor allem, was die Hausarbeit betrifft.

Ich bin bereit, über alles zu reden – wenn er nur zuhören würde, anstatt einzuschlafen oder sich unbehaglich zu fühlen und wegzugehen. Er fühlt sich sehr unsicher, wenn man über ihn und seine Gefühle spricht. Ich habe es immer wieder versucht – aber jetzt nicht mehr.

Ob meine geheimsten Wünsche erfüllt werden? Machen Sie Witze? Meine geheimsten Wünsche werden in dieser Beziehung absolut nicht erfüllt. Ich würde alles von mir hergeben, wenn mir nur jemand zuhören und mich akzeptieren würde, aber das tut mein Mann nicht.

Unsere Beziehung hat mit meinem eigentlichen Leben nur wenig zu tun, obgleich sie den größten Teil meiner Zeit in Anspruch nimmt. Ich bin vierzig, seit achtzehn Jahren verheiratet, ich habe zwei Kinder mit dreizehn und zwölf Jahren. Ich möchte mein Leben ändern, jemandem etwas bedeuten, ich möchte geliebt werden. Ich bin Lehrerin.

Warum ich an der Ehe festhalte? Wegen der Sicherheit, und weil mein Mann ein ziemlich guter Liebhaber ist. Außerdem finde ich, daß die Kinder eine Familie brauchen, in der sie aufwachsen. Außerdem bin ich christlich erzogen. Und eigentlich hatte ich auch immer das Gefühl, daß mein Mann mich liebt – vielmehr braucht. Trotzdem fühle ich mich eher ungeliebt als geliebt. Er hat Angst, daß ich ihn verlasse und er dann nicht zurechtkommt. Ich könnte ihn jederzeit verlassen, ich käme gut zurecht.

Trotzdem, ich glaube fast, mein Mann ist glücklicher als ich. Warum auch nicht? Er kriegt ja alles, was er will – ein bißchen Sex, regelmäßig zu essen, hat jemanden für seine Wäsche, der für ihn die Kinder anschreit, Aufträge erledigt – warum also nicht? Aber ich genieße diese Sicherheit, obgleich ich finde, daß ich viel dafür gebe, ohne besonders viel zurückzubekommen. Ich wäre glücklicher mit jemandem, der mich versteht, mich liebt, mich schätzt und der bereit wäre, mit mir zu reden (so daß ein Dialog zustande kommt, kein Monolog), über alles mögliche im Leben. Das passiert bei uns so gut wie nie.

Ich hatte auch schon einige Liebesaffären – neben meiner Ehe. Ich glaube nicht, daß mein Mann davon weiß. Ich war immer auf der Suche, nach so vielen Dingen, aber ich habe es selten gefunden – meistens war es nicht viel mehr als ein Abenteuer für eine Nacht. Es passierte einfach. Ich habe immer gehofft, einen großartigen Liebhaber oder *den* idealen Mann zu finden – aber so was findet man bei den heutigen Männern nicht. Ich hatte nur den Wunsch, daß mich jemand wollte, schätze ich, und für kurze Zeit war es dann auch so.

Ich glaube, mein Mann ist mir immer absolut treu gewesen – nicht, weil er dazu keine Gelegenheit gehabt hätte – ich weiß von mehreren Frauen, die ihn eingeladen haben, um mit ihm ein bißchen zu sündigen. Aber mein Mann ist ziemlich unsicher. Falls er mir je untreu sein sollte, will ich nichts davon wissen.

Am schönsten ist es, wenn wir was zusammen unternehmen, wenn wir einkaufen gehen, irgendwas zusammen tun (einen Zaun bauen, einen Kuchen backen und so weiter), wenn wir uns zusammen einen Vortrag anhören, dann haben wir etwas, worüber wir reden können.

Als unsere Kinder noch klein waren, war ich von meinem Mann finanziell abhängig, und auch jetzt noch, obgleich ich eine Teilzeitarbeit habe. Ich habe mir immer gesagt, daß ich unsere Beziehung nicht abbrechen kann, bis ich in der Lage bin, mich selbst zu ernähren. Aber soweit bin ich noch nicht. Und bis dahin ›schalte‹ ich eben ›ab‹. Mein Mann findet es in Ordnung, daß ich halbtags arbeite. Er sagt immer, er wünscht sich, daß ich einmal einen wirklich guten Job kriege, damit ich ihn ernähren kann, und dann würde er zu Hause bleiben. Da er sich jetzt überhaupt nicht an der Hausarbeit beteiligt, würde er es auch nicht tun, wenn er zu Hause bliebe, und alles bliebe an mir hängen.

Vor einer Woche haben wir uns gestritten – mein Mann warf meine Katze aus dem Bett und gegen die Wand. Er sagte, ich hätte für das Tier mehr Zärtlichkeit übrig als für ihn. Ich war so überrascht – war gar nicht darauf vorbereitet –, daß ich zuerst gar nicht wußte, was ich darauf sagen sollte. Aber hinterher dachte ich mir, daß ihn seine Unsicherheit wieder mal dazu gebracht hatte, sogar eine Katze als Konkurrenz anzusehen.

Meistens sind es nur kleine Dinge, derentwegen wir uns streiten. Ich bitte ihn, die Milch zu holen – und er fährt mich an, weil er findet, ich sollte das tun und so weiter. Niemand gewinnt. Halt! Moment mal! Doch – er gewinnt immer, weil ich ›es‹ hinterher nie wieder erwähne; ich tu's einfach selbst, egal, was es ist, um jedem Streit aus dem Weg zu gehen. Wie Sie sehen, geht es mir wirklich darum, Frieden zu bewahren, deshalb stelle ich mich und meine Gefühle zurück, um ja keinen Anlaß zu einem neuen Streit zu geben. Nach jedem Streit habe ich das Gefühl, daß er wieder eine Runde gewonnen hat.

In meinen Beziehungen zu Männern habe ich mich arrangiert. Ich habe mich schon mit Männern eingelassen, die es nicht wert waren, nur weil ich hoffte, daß mich jemand irgendwie braucht. Hinterher kam ich mir dann ziemlich billig vor. Ich gebe mir Mühe, mit Männern ehrlich zu sein, aber wenn ich sehe, daß sich die meisten vor meiner Ehrlichkeit fürchten, dann wende ich einfach alles an, um zu kriegen, was ich haben will. Heute sage ich, wenn sie vor mir Angst haben (vor uns Frauen), dann sollen sie sich zum Teufel scheren.

Ich glaube, daß die meisten Männer unter der Oberfläche emotional viel abhängiger sind als Frauen, aber sie sind lieber Machos und Chauvis und machen alles verächtlich. Sie haben Angst, für schwach gehalten zu werden, wenn sie Gefühle zeigen, vor allem vor anderen Männern. Ich finde, daß ein Mann dann eher stark wirkt, aber das sehen sie anders.

Ich werde ganz deprimiert, wenn ich daran denke, ich kann nicht weiterschreiben. Meine Beziehung zu meinem Mann scheint alles andere als ideal – und ich bin darüber sehr traurig. Viel Glück Euch allen.«

Verheiratete Frauen, die in ihre Ehemänner verliebt sind

Eine Frau, die über neun Jahre verheiratet ist und in deren Beziehung zu ihrem Mann wichtige Veränderungen stattgefunden haben, beschreibt, wie sehr sie jetzt in ihren Mann verliebt ist:

»Ich bin so verliebt in meinen Mann, daß sich diese Liebe mit nichts in meinem Leben vergleichen läßt. Er ist mein Freund, mein Seelenverwandter, mein Herz. Ich bin in ihn verliebt, seit wir uns kennen. Und ich wünsche nur, daß es nie aufhört und immer so weitergeht, nicht nur bis ans Ende unserer Tage, sondern bis in alle Ewigkeit! Wenn ich wiedergeboren werde, möchte ich wieder mit ihm zusammen sein! Ich liebe ihn so sehr, daß ich gar nicht sagen kann, wie sehr. Ihm geht es genauso. Er sagt, daß er bei unserer ersten Begegnung das Gefühl hatte, daß ich der Grund für sein Leben bin – damit er mich lieben und für mich sorgen kann. Und ich habe das Gefühl, daß ich mich erst richtig freuen kann, seit ich ihm begegnet bin.

Wir sind seit neun Jahren verheiratet und haben schon vorher ein Jahr lang zusammen gewohnt. Wir haben ein Kind, einen Jungen, der jetzt drei Jahre alt ist. Es ist eine ganz unglaubliche Liebe, die uns verbindet. Und es wäre unmöglich, zu sagen, wer wen mehr liebt – unsere Liebe wird immer größer und wird immer schöner. Wir könnten für den Rest unseres Lebens allein auf einer Insel sein und trotzdem völlig erfüllt und glücklich – natürlich würde ich auch gern ein paar Bücher dabeihaben!

Am glücklichsten fühle ich mich, glaube ich, weil ich Pläne machen kann. Ich habe es gern, wenn ich sage: ›In fünf Jahren wollen wir ein Baby haben‹, oder: ›In sechs Monaten werden wir uns Rolläden kaufen.‹ – und weiß, daß wir dann noch zusammen sein werden. Die Beständigkeit und die Hingabe sind so schön. Ich möchte gern immer verliebt sein. Ich empfinde es nicht als schmerzhaft oder frustrierend, ganz und gar nicht. Mit einem anderen Menschen sein Leben zu teilen, ist das Schönste, das es gibt.

Liebe ist das starke Gefühl, das man am Anfang hat und an dem man dann arbeitet. Es sind sicherlich vor allem chemische Vorgänge, aber es ist bestimmt auch die Geschichte, die man zusammen aufbaut. Es bedeutet, sich gegenseitig so gut zu kennen, daß der eine einen Satz des anderen zu Ende sprechen kann und gleichzeitig erstaunt ist, wieviel mehr es über den anderen zu erfahren und an ihm zu schätzen gibt. Er vermittelt mir ganz eindeutig das stärkste Gefühl von Leidenschaft. Einerseits finde ich die Intensität dieses Gefühls schön, andererseits aber auch nicht – sie bereitet mir enormes Vergnügen und gibt mir Sicherheit, kann aber auch sehr anstrengend sein.

Wir sind gern allein. Wir liegen gern im Bett und reden und fassen uns an. Wir haben irrsinnig viel Spaß, wir reden über Dinge, die wir erlebt haben, wir sind albern und so weiter. Manchmal, wenn wir gerade dabei sind, uns zu lieben, sagen wir irgendwas Komisches und müssen lachen und können gar nicht wieder aufhören und genug kriegen vom Sex.

Wie wir uns geben, wenn wir zusammen schlafen, hängt ganz von unserer Stimmung ab. Ich fühle mich bei ihm immer sehr wohl. Er kann genau erkennen, in was für einer Stimmung ich bin, und stellt sich ganz darauf ein.

Wir sind gern zusammen und genießen gemeinsam die kleinen Dinge des Lebens – mit unserem Kind spielen, mit unseren Hunden spazierengehen, im Supermarkt einkaufen – uns macht eigentlich alles Spaß, wenn wir nur zusammen sind.

Früher hat er sich ziemlich schwergetan, seine Gefühle offen zu zeigen, aber mit den Jahren hat er es gelernt. Das war früher unser größtes Problem. Aber jetzt ist es überhaupt kein Thema mehr. Wir kritisieren uns nur, wenn wir glauben, daß der andere gedankenlos oder egoistisch gehandelt hat. Wenn wir uns früher gestritten haben, habe ich immer gesagt: ›Willst du dich von mir trennen?‹ Und dann sagte er: ›Sag so was nicht, wenn du es nicht wirklich meinst‹, und dann sagte

ich: ›Wollen wir Schluß machen?‹ Ich brauche Ihnen wohl nicht zu erklären, daß wir dieses Muster bei jedem Streit verwendeten und unsere kleinen Meinungsverschiedenheiten dadurch zu gewaltigen Auseinandersetzungen eskalierten. Wir brauchten ziemlich lange, um uns
davon zu befreien, aber schließlich begriffen wir, daß wir gar nicht soweit zu gehen brauchten, um die Intensität unserer Gefühle unter Beweis zu stellen.

Ich hätte nie geglaubt, daß es so was gibt, daß eine Liebe so groß sein
kann. Ich gebe mich ihm ganz hin und halte nichts zurück, beide halten wir nichts zurück. Wir sprechen über alles. Früher habe ich ihn fast
zur Verzweiflung getrieben, weil ich ihn nicht schlafen ließ, nur damit
wir länger miteinander reden konnten. Es ist die beste Beziehung, die
ich kenne. Keiner von all unseren Freunden und Verwandten hat eine
Beziehung, die auch nur annähernd so gut wäre wie die unsere.

Diese Beziehung ist für mich wichtiger als alles andere im Leben.«

Und ein junges Paar, das seit drei Jahren zusammen ist und sehr wenig Geld
besitzt, hat trotz der äußerst mißlichen Umstände und trotz großer Armut tiefe
und leidenschaftliche Gefühle füreinander:

»Ich bin verheiratet, habe keine Kinder, aber eine Katze. Ich bin gescheit, geistreich, komisch, boshaft, hübsch, habe Übergewicht und
bin absolut hingebungsvoll, verfolge stur meine Ziele, bin zweiundzwanzig, will es zu etwas bringen und Erfolg haben. Ich gebe eine erstaunlich gute Ehefrau ab.

Ich bin ganz wahnsinnig verliebt. Ich habe noch immer Angst, daß
mein Mann jeden Augenblick wie vom Erdboden verschwunden sein
könnte. Unsere Beziehung funktioniert, selbst wenn wir uns streiten.
Ich habe Angst vor der Abhängigkeit, in die ich, glaube ich, gerate. Dabei hatte ich mir geschworen, daß mir das nie passieren würde. Ich
liebe ihn wahnsinnig – geistig, seelisch, verspielt, sexuell, bewun-
dernd, voller Achtung, emotional. Er macht mich ganz verrückt vor
Freude. Ich fühle meine Seele. Liebe ist etwas Großartiges. Und so be-
ängstigend. Ich habe Angst, mich in Luft aufzulösen, weil ich das Gefühl habe, daß ich diese Freude und Sicherheit nicht verdiene. Am
schönsten sind die Beweise für Sicherheit. All die kleinen alltäglichen
Rituale sind etwas Kostbares, die erste Tasse Kaffee am Morgen, wenn
wir noch völlig verschlafen sind.

Am Anfang waren wir so pleite, daß wir auf dem Rücksitz seines
Autos wohnten, keine Arbeit hatten und von einer Stadt zur anderen
fuhren, um einen Platz zu finden, an dem wir überleben konnten. Jetzt
wohnen wir wegen unserer Geldprobleme bei seinen Großeltern. Die
Finanzen sind das Übelste – wir versuchen, in der Unterhaltungsbran-
che unterzukommen. Aber jede Nacht, jeden Morgen in seinen Ar-

men zu liegen, das macht das Leben trotzdem schön für mich. Mit dem Sex ist es bei seinen Großeltern im Haus etwas schwierig! Aber wenn wir alle Türen zumachen, geht's schon, und wenn wir nicht so laut sind, wenn unsere ›Zeitpläne‹ stimmen. Im wesentlichen fühle ich mich – selbst wenn ich meine berufliche Unzufriedenheit in Betracht ziehe – ganz wohl. Mir genügt die Liebe zum Glücklichsein.

Wir sind jetzt fast ein Jahr verheiratet, nachdem wir vorher schon zwei Jahre lang immer wieder einmal zusammen gewohnt haben. Am schönsten finde ich, daß er immer da ist, wenn ich ihn brauche, wenn er mir morgens den Kaffee bringt, und vor allem, wenn er mich in den Arm nimmt und festhält, wenn ich einschlafe. Ich kann nicht mehr ohne ihn schlafen – das ist fast das Schlimmste. Ich dachte, ich würde die Ehe hassen, würde mich eingesperrt fühlen, würde Angst haben, daß er mich verläßt, mir weh tut. ›Ehefrau‹ scheint für mich nicht das richtige Wort. Das hört sich so fremd an, genauso wie ›Ehemann‹. Für mich ist er einfach nur Paul. Und ich bin so stolz darauf, seinen Namen zu tragen.

Bevor ich ihn kennenlernte, hatte ich zwei und einhalb Jahre lang einen Mann nach dem andern, da hatte ich immer nur Spaß an kurzen Begegnungen. Als er dann kam – und mir meinen ersten richtigen Orgasmus bescherte, von einem Mann, meine ich – da hab' ich ihn geheiratet! Ich war überrascht, daß ich monogam war. Ich hätte nie geglaubt, daß er mich befriedigen würde. Ich wollte nur noch mit ihm schlafen. Ich glaube, das bedeutet, daß ich durch und durch monogam bin. Oder die endlos vielen fremden Kerle, die ich vor meiner Ehe hatte, haben es mir ›ausgetrieben‹. Und er ist mir auch immer treu gewesen. Ich kann es fast nicht glauben.

Ich habe immer Angst, daß mir mein jetziges Glück zwischen den Fingern zerrinnt. Wir haben in unserer Kindheit beide zugesehen, wie sich unsere Eltern vor unseren Augen zerfleischt haben, das hat in mir ein ständiges Gefühl von Unsicherheit hinterlassen. Ganz ehrlich, ich weiß nicht, ob ich an meiner Ehe arbeite. Manchmal tu' ich es ganz bewußt. Und manchmal ertappe ich mich dabei, wie ich ihr genau entgegenarbeite, einfach aus Angst.

Manchmal habe ich Angst, aus gar keinem realen Grund, dann versuche ich wegzulaufen, errichte Wände zwischen uns. Ich habe noch immer Angst vor dieser Bindung und versuche mich zu verstecken, weil ich dann glaube, daß er mir nicht mehr weh tun kann, aber ich weiß, daß er mich schon viel zu gut kennt. Wenn ich ausraste und irgendwelche Spielchen treibe, muntert er mich so lange auf, bis ich wieder mit mir im reinen bin. Ich glaube, das kommt immer noch von meinen beknackten Eltern.

Ich gebe es nicht gern zu, aber Paul ist der Mittelpunkt meines Lebens. Ich fühle mich ganz schwach, wenn ich nur daran denke. Aber es stimmt. Er ist für mich das Leben. Ich habe entsetzliche Angst, daß er mich eines Tages satt hat oder sich mit mir langweilt, daß ihm irgendwas Neues, Hübscheres, Klügeres, Freundlicheres ins Auge fällt. Ich habe sehr große Angst davor, vierzig zu werden – wenn er vielleicht jüngere Frauen benötigt, für sein Ego und so. Das soll es ja geben. Ich war früher immer ›die andere Frau‹, und auch wenn ich nie irgend jemandem Liebe weggenommen habe, so habe ich doch Sex genommen, und irgendwie habe ich das Gefühl, daß ich vielleicht eines Tages dafür werde bezahlen müssen – indem ich meinen Mann verliere. Hört sich albern an, oder?

Er war der einzige Mann, der sich je darüber Gedanken gemacht hat, ob ich am Sex und am Orgasmus Spaß habe. Es war mir peinlich, als er merkte, daß ich bei ihm zum ersten Mal einen Orgasmus hatte. Das war fast so, als hätte er mir die Unschuld geraubt. Es war so neu und aufregend. Als er mich fragte, ob er zusehen darf, wenn ich masturbiere, fand ich es anfangs ziemlich schwierig. Ich verlangte, daß er die Augen zumacht. Aber er wollte ja nur, daß es schön ist für mich. Und später war es mir auch gar nicht mehr peinlich.

Wir wären Freunde, auch wenn wir nicht zusammen ins Bett gingen. Ich glaube, wir würden uns lieben, selbst wenn wir, sagen wir, physisch unfähig wären, Geschlechtsverkehr zu haben. Aber der Sex ist mit unserer Liebe und dem täglichen Leben so eng verbunden, daß ich es mir eigentlich nicht vorstellen kann.

Er ist ungeheuer vital, hört nicht auf, bis ich befriedigt bin. Ich schlafe gern mit ihm. Es ist aufregend, ich habe so großes Verlangen nach ihm, daß es weh tut (am ganzen Körper, nicht nur zwischen den Beinen). Gewöhnlich kuscheln wir uns eng aneinander, sind ein bißchen zärtlich, küssen uns, reiben uns aneinander, küssen uns, ich lecke ihn ein bißchen und er leckt mich an meinen Geschlechtsteilen, bis ich fast komme, dann dringt er in mich ein, saugt an meinen Brustwarzen, küßt mich und hält mich ganz fest! Ich ›helfe‹ mit klitoraler Masturbation ›nach‹. Und ich komme immer zuerst, außer er verliert die Beherrschung – was selten vorkommt. Es ist erst vollkommen, wenn ich seinen Orgasmus spüre. Ich muß fühlen, wie er sich entleert und entspannt, bevor ich befriedigt bin. Am schönsten ist es, wenn er in mich eingedrungen ist. Dann reibe ich meine Klitoris, und er behält meine Brustwarze im Mund. Das ist toll.

Unser Geschlechtsleben ist wie Ebbe und Flut im Meer. In der einen Woche ficken wir pausenlos, bis wir nicht mehr können, und dann kommen wieder Tage, an denen wir lahm sind und es nicht so gut läuft, oder Tage, an denen wir es gar nicht tun, aber das stört uns nicht, wir nehmen es so, wie es gerade kommt. Die schlimmen Zeiten sind nicht furchtbar schlimm, aber die guten sind um so besser. Unser Geschlechtsverkehr reicht von kühler Zurückhaltung und wohligem Behagen bis zu rasender Leidenschaft. Leidenschaft, die ständig anhält, gibt es nur in Büchern, in Karikaturen. Leidenschaft entsteht aus tiefer Liebe, aber es ist wie bei einer Explosion: Knall-Bumm und aus. Es kann nicht ständig knallen. Ein einziger langer Schrei wäre langweilig. Ich möchte immer mit ihm zusammen sein, und wenn ich sterbe, möchte ich in seinen Armen liegen, im Schlaf, mit grauen Haaren, und noch naß zwischen den Beinen.«

Welche Art von Liebe bewährt sich in der Ehe am besten?

Eine klassische Frage oder Entscheidung ist für Frauen und Männer gleichermaßen, in Betracht zu ziehen, ob sie jemanden, in den sie »verliebt« sind, heiraten wollen – oder können – oder ob sie nicht lieber jemanden wählen, der ihnen eine sichere, stabile und dauerhafte Partnerschaft zu bieten scheint, bei der sie nicht so leicht verwundbar sind wie vielleicht bei einer Ehe mit einem Partner, in den sie »verliebt« sind. Überraschenderweise hat es noch keine großangelegten Untersuchungen gegeben, bei denen mit Hilfe statistischer Fakten festgestellt wurde, welche Art Liebe sich bei vielen Ehen und Beziehungen bewährt hat.* Statistische Angaben über diese Korrelationen finden sich im Anhang.

Die Frauen selbst haben sich schon viel mit dieser Frage beschäftigt: Was heißt eigentlich »sich verlieben«? Handelt es sich dabei nur um rein sexuelle Gefühle? Ist Fürsorge und Verständnis für einen Partner »realer« oder »reifer«? 82 Prozent der Frauen in dieser Untersuchung fragen sich, warum sie ihre jeweiligen Beziehungen eingegangen sind, welche Art von Liebe sie dazu gebracht hat – und ob es die »richtige« ist.

Wenn Frauen ans Heiraten denken oder wenn eine Ehe oder eine Beziehung nicht gut funktioniert, suchen sie Fehler bei sich selbst und fragen sich, ob sie vielleicht etwas falsch gemacht haben. Wenn sie einen Partner haben, in den sie »verliebt« sind, glauben sie vielleicht, daß mit ihnen »etwas nicht stimmt«, daß sie »unvernünftig« oder »unreif« sind. Und wenn sie eine »Vernunftsehe« führen, ohne Höhen

---

* Siehe Pepper Schwartz und Philip Blumstein: *American Couples: Money, Work, Sex.* New York, 1983. Siehe auch den Essay über Methodologie im Anhang.

und Tiefen, aber »trotzdem nicht zufrieden« sind, dann werfen sie sich vielleicht vor, allzuviel auf »Sicherheit« zu geben und zu »unselbständig« zu sein.

Stimmen die Klischeevorstellungen darüber, welche Art von Liebe in einer Beziehung funktioniert? Die eine Theorie geht davon aus, daß »Verliebtsein« »unrealistisch« sei, daß man in seinen Partner etwas »hineinprojiziere«, daß die einzige »wahre Liebe« darin bestehe, einen anderen Menschen über längere Zeit genau kennenzulernen. Andere sind der Meinung, daß eine gedämpfte und beständige Liebe überhaupt keine Liebe sei, sondern nur »Fürsorge«, eine sicherheitsorientierte Definition der Liebe, die nur dazu diene zu beweisen, daß eine Beziehung dazu gebracht werden kann zu »funktionieren«.

Nach der ersten Theorie eignet sich Verliebtsein nicht für eine langfristige Beziehung, weil es »Unreife« verkörpert (die beiden Menschen »kennen« einander nicht wirklich, so daß sie zu einer reifen Liebe gar nicht fähig sind). Allerdings könnte man auch genau das Gegenteil behaupten – daß die beiden Menschen *zu sehr* aufeinander fixiert sind, daß sie sich *zu sehr* sorgen und daß ihre Gefühle daher viel leichter verwundbar sind – wodurch Spannungen entstehen, die zu emotionalen Ausbrüchen führen. Andererseits könnte man, um dieses Argument zu widerlegen, auch behaupten, daß leidenschaftliche »Verblendung« einen Menschen zwar verwundbar macht, daß sie ihn aber auch dazu motiviert, alles zu versuchen, um eine Kommunikation in Gang zu bringen und sämtliche Barrieren niederzureißen, um einander zu erreichen.

Warum sind die intensiven Gefühle am Anfang einer Liebe so kurzlebig? Eine Theorie besagt, daß Menschen, die »verliebt« sind, für eine Weile den Rest der Welt ausschließen; wenn sich diese Welt dann aber zwangsläufig wieder Zugang verschafft, verblaßt das »Verliebtsein« ein wenig. Finden manche Paare eine Möglichkeit, die Außenwelt von sich fernzuhalten, gelingt es ihnen manchmal, sich Inseln von Zeit und Raum zu schaffen, nur für sich und ihre innersten Gedanken, um die gegenseitige Nähe wiederherzustellen. Oder endet oder verändert sich die sogenannte Liebessehnsucht, die Gustav Mahler so treffend ausgedrückt hat, wenn die Liebe Erfüllung gefunden hat und Gemeinsamkeit hergestellt worden ist?

Die meisten Frauen in dieser Untersuchung haben nicht den Mann geheiratet, den sie am meisten lieben. Genausowenig wie die Männer, die im *Hite Report II* zu Wort kamen: Die meisten Männer heiraten nicht Frauen, für die sie die leidenschaftlichsten Gefühle empfinden. Aber das hat, wie wir gesehen haben, ihre Ehen auch nicht »glücklicher« gemacht. Und wie wir aus der jetzigen Untersuchung wissen, hoffen die Frauen, einer Beziehung mehr Sicherheit geben zu können, und somit auch bessere Voraussetzungen für ihr Leben und ihre Kinder zu schaffen, indem sie den Höhen und Tiefen des »Verliebtseins« aus dem Weg gehen.*

Die immer wieder verbreitete Meinung, daß »verliebte« Ehen im Gegensatz zu »Vernunftsehen« nicht von Dauer seien, entbehrt also, wie wir gesehen haben, jeder statistischen Grundlage. Weiter bleibt zu fragen, wie glücklich diese Ehen sind. Wie wir gesehen haben, können selbst in einer »Vernunftsehe«, dem angeblich »sicheren Hafen«, Streitereien (oder Schweigen) an der Tagesordnung sein. Während es vielleicht schwierig ist, mit der Turbulenz des »Verliebtseins« fertig zu werden, zeigen die täglichen Probleme, die in den meisten Beziehungen auftauchen (vorwiegend »Liebesbeziehungen«) und in Teil I beschrieben werden, daß die meisten typischen »Liebesehen« auch nach dem emotionalen Vertrag geführt werden, der die Frauen benachteiligt und erniedrigt, gleichzeitig aber große emotionale Anforderungen an sie stellt. Natürlich laufen solche Beziehungen Gefahr, zur Entfremdung zu führen und am Ende zum völligen Absterben der Gefühle.

Die Annahme, daß Ehen, in denen Leidenschaft durch Zufriedenheit ersetzt wird, stabiler seien, wird also durch die Ergebnisse der hier vorliegenden Untersuchung nicht bestätigt. Denn hier sagen die meisten Frauen, daß ihre Ehe nicht auf leidenschaftlicher Liebe basiert und daß sie trotzdem nicht besonders zufrieden sind. Daher wäre es unlogisch zu behaupten, daß Leidenschaft die Ursache für die Unbeständigkeit von Beziehungen sei.

Diese Untersuchung zeigt, daß zu der Dynamik, die die Liebe im wesentlichen kaputtmacht, vor allem auch die Ungerechtigkeit des emotionalen Vertrags gehört. Bevor Beziehungen stabil und glücklich sein können – ob sie sich nun auf »Liebe« oder »Verliebtsein« stützen –, muß der emotionale Vertrag selbst geändert werden.

Nach der Statistik zerbrechen Ehen und Beziehungen am ehesten,

---

* Aber die meisten Frauen sind gern verliebt (im Gegensatz zu Männern, die es häufig nicht mögen, »verliebt zu sein«, weil sie Angst haben, »außer Kontrolle zu geraten«). Eine Frau sagt abschließend zu diesem Thema: »Für mich ist Verliebtsein etwas unheimlich Aufregendes, es ist wie ein Wunder – aber es kann einem auch das ganze Leben auf den Kopf stellen und in einen Zustand der Verwirrung versetzen. Es kann außerordentlich schmerzhaft und herzzerbrechend sein. Ich bedaure die Male, die ich verliebt war, keineswegs – aber wer möchte schon *immer* so leben???« Im Gegensatz zu Männern sind Frauen im allgemeinen jedoch nicht stolz auf ihre »Vernunft« und »Objektivität«, die sie bei der Wahl ihres Ehepartners walten lassen. Für Männer ist es oft eine Frage des Stolzes, sich für die Ehe nicht gerade eine Frau ausgesucht zu haben, in die sie »verliebt« waren, denn ihrer Meinung nach sollte die Entscheidung für eine Ehe auf »rationalen«, »objektiven« Überlegungen beruhen.

wenn sich der Mann weigert, Probleme zu besprechen, die die Frau als wichtig empfindet, vor allem, wenn sich dieser Zustand über längere Zeit hinzieht und eine immer größere Entfremdung stattfindet. Wenn die emotionale Distanz zu groß wird, bemühen sich die meisten Frauen, die emotionale Beziehung innerhalb ihrer Ehe, sowie die Art ihrer Gefühle neu zu strukturieren. Wir wissen jedoch nicht, wie sich die Beziehungen im großen und ganzen (mit »Verliebtsein« oder »Liebe«) ohne den Einfluß des ungerechten emotionalen Vertrags entwickeln würden.

Neue emotionale Konstellationen innerhalb der Ehe

Für den emotionalen Zustand einer Ehe gibt es unzählige Variationen, jedoch sind es drei grundlegend neue Modelle, die das psychologische Arrangement kennzeichnen: 1. Emotionale Intimität (diese Form ist den meisten Frauen am liebsten, wenn zwischen ihnen und ihren Ehemännern mehr Gleichberechtigung und größere Nähe zu erreichen wäre). 2. Das »gemeinsame Heim«, eine Eheform, die gewöhnlich emotionale Distanz aufweist und auf das »Vorhandensein« aufbaut. 3. Das Teamwork-Modell, bei dem die beiden Partner zusammenarbeiten und die Arbeit/das Geschäft im Mittelpunkt ihres gemeinsamen Lebens steht. (Aber dieses Modell ist noch immer ziemlich selten.)

Mit anderen Worten, als erstes gibt es die Ehe, in der die Vertrautheit, sowohl die emotionale als auch die psychische, das vorrangigste Ziel ist. Das ist die emotionale Konstellation, die sich die meisten Frauen wünschen und zu der sie, wie in Kapitel 1 und 2 beschrieben, ihre Ehemänner bewegen wollen. (Und die sie mit ihren Freundinnen ja auch praktizieren; siehe Teil V.)

Beim zweiten Modell bietet die Ehe einem für den Rest seines Lebens die Gewähr für ein »Heim«, ein Zuhause. Das »Vorhandensein« ist eigentlich alles, was gefordert wird. Mehr nicht. Wie wir gesehen haben, ist die traditionelle Ehe noch immer vorherrschend, aber nicht mit der neuen »Wohngemeinschafts«-Ehe gleichzusetzen, weil in der traditionellen Ehe die Frau für den Ehemann und die Kinder zwar eine stabile Basis bildet, von der aus sie hinausgehen und ihr eigenes Leben führen, während die Frau selbst nur wenig Platz und Zeit für ihr eigenes Leben hat. Ihr bietet diese Ehe keinen stabilen Ausgangspunkt für ein eigenes Leben. Denn sie ist ja der »sichere Hafen« für die anderen. Und für sie ist es keine Ausgangsbasis – es ist *ihr* Leben. Auch in der »Wohngemeinschafts«-Ehe bleibt der emotionale Vertrag bestehen: Der Mann hält Distanz und setzt die Frau weiterhin herab. Aber im allgemeinen fühlt sich die Frau nicht so sehr dadurch gestört, da sich ihr emotionales Interesse inzwischen auf andere Dinge gerichtet hat.

Schließlich dann das Team-Konzept, das eine Frau folgendermaßen beschreibt: »Im vergangenen Winter hatten wir etwas Geld gespart und konnten uns auf unsere eigene Arbeit konzentrieren, ohne uns wegen des Geldes Sorgen machen zu müssen. Wir arbeiteten bis in den frühen Morgen zusammen im Studio. Es war wunderbar, zusammen zu arbeiten, mit unseren Träumen, und zu zeigen, was wir *wirklich* können.« Andere Frauen gründen mit ihren Männern als Partner kleine geschäftliche Unternehmen und sind von ihrer Teamarbeit ganz begeistert.

Warum führen so viele Frauen diese Ehen, deren Basis das »gemeinsame Heim« ist?

»Die Beziehung zu meinem Mann ist der Mittelpunkt meines Lebens, weil ich die Freiheit habe, mich daraus zurückzuziehen, aber auch wieder dorthin zurückzukehren, um versorgt zu sein. Sie bietet eine solide wirtschaftliche Grundlage und Gemeinsamkeit. Sie erlaubt es mir, meinem Beruf nachzugehen, ohne auf meine Kinder verzichten zu müssen (weil mein Mann da ist).«

Obgleich es sich so anhört, als habe diese Frau schließlich eine praktische Lösung gefunden, um ihr Leben zu organisieren, haben sich die meisten Frauen, die in einer solchen »Wohngemeinschafts«-Ehe leben, erst dazu entschlossen, nachdem sie zunächst versucht hatten, eine emotional intimere Verbindung zu schaffen.

Eine Ehe mit emotionaler Vertrautheit ist heute für die meisten Frauen ein Phantom, dem sie vergebens nachjagen, während die Männer heute mehr denn je und mehr als alles andere lernen, ihre Gefühle zu unterdrücken und sich statt dessen »rational«, »wissenschaftlich« und »objektiv« zu verhalten. Die Männer spielen die Bedeutung und den Wert der Gefühle ständig herunter, so daß die Frauen unaufhörlich mit dem Versuch beschäftigt sind, die Männer auf eine Ebene größerer Offenheit zurückzubringen, was mit großen Anstrengungen verbunden ist – mit sehr viel emotionaler Arbeit also. Daher streben jetzt viele Frauen, die verheiratet sind und es bleiben wollen, ein neues Konzept an: die »Wohngemeinschafts«- oder distanzierte Ehe. In gewisser Hinsicht ist die Ehe jetzt *ihr* Zuhause, wie sie es für die Männer fast immer gewesen ist, und sie nehmen sich die Freiheit, diese Ausgangsbasis, so oft sie wollen, zu verlassen – um in die Arbeit oder zu Freunden oder Liebhabern zu gehen, ohne sie jedoch völlig aufzugeben. Diese Methode ist durchaus praktikabel, solange die Frau sich nicht nach einer tieferen emotionalen Verbindung mit ihrem Ehemann sehnt.

Ist es möglich zu lieben und gleichzeitig doch nicht voll und ganz zu lieben?

Was heißt denn eigentlich Liebe? Sich mit einem anderen Menschen, mit Freunden oder der Familie tief verbunden zu fühlen und von diesem Gefühl erfüllt zu sein – auch wenn wir allein sind, in Augenblikken, in denen alles real zu sein scheint und in denen unser Bewußtsein die Schönheit des Lebens in sich aufnimmt – und auch, wenn wir uns an längst vergangene Zeiten erinnern, an Menschen, die wir geliebt haben und noch immer lieben – sind das nicht die Augenblicke in unserem Leben, in denen wir am meisten wir selbst sind? Ist das »Liebe«?

Es gibt für die Gefühle keine ausreichende Sprachregelung, die all die feinen Nuancen zum Ausdruck bringen könnte.* Dadurch ist es schwieriger, die Liebe zu durchdenken oder über sie zu schreiben. Das Vokabular für die Liebe wurde ganz bestimmt nicht von Frauen geschaffen, obgleich unsere Gesellschaft die Frauen gern danach definiert, ob sie »liebevoll« sind. Aber auch die heutigen Männer haben die Sprache wohl kaum geschaffen: Obgleich es im Laufe der Geschichte immer »Männer« waren, die über das »Lernen« und »Schreiben« wachten, sind die heutigen Männer schon in eine Kultur hineingeboren worden, in der ihnen bestimmte Wörter und Begriffe als »Realität« angeboten werden. Jeder bemüht sich, seine inneren Gefühle diesen überlieferten Wörtern anzupassen. Aber sind diese Begriffe und Vorstellungen wirklich die bestmöglichen und ausdrucksvollsten? Oder ersticken sie uns eher?

Eine Antwort lautet dazu: »Es läßt sich schwer erklären, aber irgend etwas in dieser Gesellschaft will uns ständig vorschreiben, was wir zu fühlen haben. Und die Gefühle, von denen wir gesagt bekommen, daß wir sie *nicht* haben sollen, lernen wir schließlich aus Frustration zu unterdrücken, und am Ende fühlen wir sie nicht einmal mehr. (Wenn etwas nicht ›vorgeschrieben‹ wird, kann es auch bedeuten, daß es einfach keine Namen dafür gibt, daß Gefühle einfach nicht zur Kenntnis genommen werden.) Diese ständige Indoktrinierung, wie man zu fühlen hat, bringt manche Menschen am Ende zu häufig dazu, gar nicht mehr genau zu wissen, was sie *wirklich* fühlen.« Daher ist Liebe in ge-

---

* Im Altertum hatten die Griechen zum Thema Liebe drei (manche behaupten sogar vier) verschiedene Begriffe zur Verfügung statt des einen, den wir heute verwenden. In vielen Sprachen gibt es dafür mehrere Ausdrücke.

wisser Weise ein verlorener Begriff – ein einziges vages Wort, das für unzählig viele verschiedene Gefühle und Erfahrungen herhalten muß. Wie aber sehen die »wirklichen« Erfahrungen aus?

Was ist Liebe? Eine Frau interpretiert Stanley Kowalski, den Held aus Tennessee William's Stück »Endstation Sehnsucht«: »Ich glaube an die farbigen Lichter. Was ist Realität – die Ebenen, die man erreichen kann, einen anderen Menschen mit den farbigen Lichtern berühren? Oder das tägliche Leben?« Jeder von uns kann seine eigene Entscheidung treffen – und sich zu einem anderen Zeitpunkt seines Lebens wieder anders entscheiden –, aber die Folgen sind anscheinend enorm, sowohl für uns als Individuen als nun auch für die gesamte Kultur.

Fazit

Ehe – das Versprechen für ein Zuhause

Sind verheiratete Frauen glücklich oder haben sie nur ihre Träume aufgegeben?

»Richtig glücklich bin ich nicht, aber ich bin auch nicht unglücklich.«

Sind verheiratete Frauen »glücklich«? Können wir diese Frage überhaupt stellen? Was bedeutet sie? Eine Frau sagt dazu: »Das Leben ist ein ständiges Auf und Ab, man muß einfach sehen, wie man durchkommt.« Und eine andere sagt: »Ich betrachte das Leben nicht in Begriffen von ›Glück‹. Wie ›glücklich‹ ich bin, kann sich darauf beziehen, wie ich mich in einer bestimmten Situation oder mit einem bestimmten Menschen fühle, aber das läßt sich nicht verallgemeinern. Das Leben ist viel zu zwiespältig und kompliziert, um ›glücklich‹ zu machen.« Eine andere ist ähnlicher Meinung: »Glück ist ein komisches Wort, es wird in unserer Gesellschaft völlig falsch ausgelegt. Es gibt Momente, in denen mich ein Gefühl von Wohlbehagen und Zufriedenheit erfüllt.«

In gewisser Hinsicht könnte man sagen, daß in dieser Untersuchung manche ehelichen Beziehungen nach dem alten Rollenmodell funktionieren, das zumindest manchen Menschen Stabilität garantiert. Aber im wesentlichen hat sich gezeigt, daß die meisten Frauen nicht verheiratet bleiben, weil sie glücklich sind, sondern weil sie nicht zu wissen scheinen, wo sie sonst hin sollen. Sie erhalten keine emotionale Unterstützung, und heute manchmal nicht einmal mehr finanzielle Unterstützung – obgleich ihnen das Gefühl finanzieller Sicherheit gefällt und auch das Gefühl, »irgendwohin zu gehören«, mit jemandem zusammen Kinder zu haben, sowie die gesellschaftliche Anerkennung, die sie durch ihren ehelichen Status genießen. Allerdings halten 50 Prozent der Frauen *nicht* an der Ehe fest.

Wie wir in den vergangenen Kapiteln über die Ehe gesehen haben, läßt sich nicht leugnen, daß Liebesbeziehungen insgesamt sehr viel besser sein könnten:
»Wir sind seit dreiundzwanzig Jahren verheiratet. Das Beste an der Ehe ist die physische Wärme und die Behaglichkeit. Das Schlimmste ist, daß ich mich soviel ärgern muß. Eine Ehe ist ziemlich harte Arbeit, mehr als ich geglaubt habe – ich meine, vor allem die Hausarbeit. Wir haben geheiratet, weil wir es satt hatten, immer getrennt zu sein und zusammensein wollten. Ich würde es jederzeit wieder tun und auch verheiratet bleiben, denn ich bin so froh, meine Kinder zu haben.«

Hier ist eine typische Antwort einer Frau, die erklärt, warum sie ihre Ehe gut findet und warum sie sie nicht aufgeben möchte. Eigentlich ist alles sehr allgemein gefaßt und erklärt gar nichts, aber es ist genau die Art Antwort, wie die meisten Frauen sie geben:
»Ich bin gern mit meinem Mann zusammen, ob wir nun in den Urlaub fahren oder im Garten arbeiten, ob wir in ein Restaurant gehen oder selbst etwas kochen, im Bett liegen, lesen, und sogar reden (falls das Thema nicht zu heikel oder kontrovers ist). Mein Mann sagt mir oft, daß er mich liebt. Er sagt mir nicht, daß er mich schön findet, begehrenswert oder wunderbar. Ich wünschte, er würde es tun. Ich würde gern mehr intime Gespräche mit ihm führen. Ich habe mich meinem Mann noch nicht sehr mitgeteilt, und er sich mir auch nicht. Er sagt, daß Gefühle etwas sehr Privates seien und daß man sie mit niemandem teilen sollte.«

Kurz und gut, im allgemeinen beschränkt sich die Begründung der Frauen, warum ihnen ihre Ehe »gefällt« oder »nicht gefällt« auf folgende Punkte:
»Das Beste an der Ehe ist, daß man jemanden hat, mit dem man überall hingehen kann. Aber vielleicht ist die finanzielle Sicherheit noch besser. Ich bin gerade mit der Schule fertig und hab's nicht leicht.«
»Mir gefällt das Zusammenleben, aber ich hasse die ständige Bevormundung, immer muß ich ihn bei meinen Plänen miteinbeziehen. Außerdem finde ich es auch nicht gut, daß ich bei Banken oder so keinen Kredit mehr habe, nur weil ich eine Ehefrau bin. Es ist nicht fair, von vornherein zu glauben, daß die Ehefrau automatisch hinter ihrem Mann sitzt.«

Wenn das die wesentlichen Gründe dafür sind, verheiratet zu bleiben, die Gründe, die die Hälfte aller Frauen veranlaßt, in ihrer Ehe auszuharren (die andere Hälfte läßt sich scheiden, allerdings versuchen es die meisten Frauen oft noch einmal mit einer Ehe), dann ist es verständlich, wenn einem viele Frauen irgendwie resigniert vorkommen und auf einer Skala mit zehn Einheiten ihr Glück nur bei Stufe »fünf« einordnen.

Doppelleben: der emotionale Ausstieg aus der Ehe

Frauen verlassen scharenweise ihre Ehen, zum einen, indem sie sich scheiden lassen*, oder auch, indem sie sich emotional von ihr lösen.

Wenn wir die verheirateten Frauen über ihr Leben sprechen hören, erfahren wir, daß heute fast 90 Prozent von ihnen andere emotionale Interessen haben. Wie wir in Kapitel 3 gesehen haben, sind die meisten Frauen jetzt dabei, die emotionale Nähe und Intimität und die gleichrangige Partnerschaft, die sie sich immer so sehr gewünscht haben, von sich aus abzuschaffen. Die meisten Frauen haben es nach anfänglichen mißglückten Versuchen aufgegeben und sich nach anderen Dingen im Leben umgesehen, die ihnen einen emotionalen Ausgleich schaffen. Eine Frau nach der anderen zieht sich nach jahrelangen »vergeblichen Bemühungen« in aller Stille und meistens völlig unbemerkt aus der Ehe zurück.

Wollen das die Frauen wirklich? Nein, jedenfalls nicht am Anfang – aber mit der Zeit müssen sie erkennen, daß sie gar keine andere Wahl haben: »Wie ich damit fertig geworden bin? Ich nehme es einfach nicht mehr so wichtig. Dann brauche ich auch nicht enttäuscht zu sein. Ich weiche den Schlägen aus. Vielleicht kommt die Liebe ja nach einiger Zeit von selbst zurück. Wenn nicht, muß ich mir eben in anderen Bereichen des Lebens einen Ersatz suchen für meine Gefühle.«

Häufig ziehen sich Frauen emotional aus ihrer Ehe zurück, ohne es überhaupt zu bemerken. Es passiert einfach. Sie merken nur, daß sie sich irgendwie entfernen, daß sie mit ihrem »Partner« kaum noch etwas zu tun haben – und er scheint es auch nicht wahrzunehmen, scheint weiterhin verschlossen, in sich gekehrt, fremd.

Eine Frau beschreibt die verschiedenen Stadien: »Zuerst habe ich so getan, als wäre mir mein Mann egal; er kümmerte sich ja auch nicht um mich. Und schließlich habe ich mit diesem Versteckspiel aufgehört, und da war er mir auch wirklich egal. Ich war immer ganz *krank* vor lauter Sorgen um ihn, und da habe ich beschlossen, mir lieber um mich selbst Sorgen zu machen!« Aber verlassen hat sie ihn nicht, genausowenig wie all die andern Frauen. Sie beschloß, bei ihm zu bleiben, auch ohne emotionale Bindung, die sie woanders suchte. Wie wir gesehen haben, benutzen die meisten Frauen, die sich innerlich lösen, aber verheiratet bleiben, am Ende ihre Ehe nur noch als eine Art »Heimbasis« (siehe Kapitel 13), aber sie bleiben nicht deshalb verheiratet, weil es die gewünschte emotionale Verbindung ist.

* 90 Prozent aller Scheidungen werden von Frauen herbeigeführt, nicht von Männern.

Dieses Verhältnis von fünfzig zu fünfzig ist bemerkenswert – fast so, als seien die Frauen an einem Wendepunkt angekommen, als wäre es jetzt an der Zeit, über ihre Zukunft zu entscheiden. Frauen überlegen, ob sie die Ehe an ihr Leben anpassen sollen, ob sie das »männliche« Modell aufgreifen und anwenden sollen, mit anderen Worten, ob sie die Ehe als eine relativ unemotionale Ausgangsbasis verwenden sollen, wie es so viele Männer zu tun scheinen, oder ob sich durch ihre Überlegungen vielleicht neue Möglichkeiten eröffnen, vollkommenere Bilder davon, wie eine Beziehung sein kann?

Die Situation ist komplex: Viele Frauen denken daran, ihre Ehe zu beenden – aber das hieße, wegzugehen – doch wohin? Wenn vielleicht auch viele Frauen frustriert sind, weil sie sich immer wieder neu bemühen, Liebe, Offenheit und Vertrautheit herzustellen, von den Männern aber nichts zurückerhalten, oder höchstens sporadisch, so daß sie immer wieder von vorn beginnen müssen und am Ende doch resignieren, »die Liebe aufgeben« und sich abwenden – wie es fast die Hälfte aller Frauen tut –, so entschließen sich doch viele, es noch einmal zu versuchen. Sie gehen eine neue Ehe ein, immer zerrissen, immer mit der Frage: Warum ist das eigentlich so? Warum ist es so schwierig?

Die Ungerechtigkeit der Gesellschaft spiegelt sich in den Postulaten des traditionellen emotionalen Vertrags für die Ehe – trotzdem scheint es häufig keinen anderen Ort zu geben, an dem die Frauen Wärme und Liebe erhalten können. Wie wir in Teil II gesehen haben, ist die »Welt der Singles« mit ihren Treffs und Verabredungen und Beziehungen auch nicht viel besser. Manche Frauen haben wunderbare Beziehungen mit großer emotionaler Nähe mit anderen Frauen, aber meistens suchen sie bei anderen Frauen keine körperliche Intimität. Früher haben die Frauen ihr emotionales Interesse oft auf ihre Kinder konzentriert und bei ihnen emotionale Wärme gesucht. Viele Frauen tun das auch heute noch, aber es ist nur ein unvollkommener Ersatz.

Das scheinbare Nichtvorhandensein irgendeiner anderen Stelle, der man sich zuwenden könnte, und manchmal auch die fehlende Hoffnung auf eine bessere Beziehung mit jemand anderem veranlaßt viele Frauen dazu, bei ihrem Ehemann zu bleiben und mit ihm einen Kompromiß zu schließen, selbst wenn sie sich emotional entfremdet haben. Auch ohne emotionale Nähe ist es manchmal möglich, physische Zärtlichkeit auszutauschen oder den Partner als jemanden zu betrachten, mit dem man gemeinsam etwas unternimmt (zusammen essen, wenn schon nicht viel geredet wird), oder um Kinder zu haben. (»Das lenkt ab«, sagt eine der befragten Frauen, »denn die machen einen ziemlichen Krach!«)

Wenn sich Frauen in dieser Sackgasse befinden – ob sie sich nun zum Bleiben oder zum Gehen entschließen –, dann fragen sie sich häufig, ob sie ihre Erwartungen nicht zu hochgeschraubt haben. »Was kann man bestenfalls von einer Lebens/Liebesbeziehung erwarten?«:

»Es ist, als würde das Leben mitten im Treibsand ablaufen. Mir tun nur alle leid, die einfach darin versinken. Ich hatte zwei Jahre lang eine äußerst destruktive Beziehung. Als ich ihn das letzte Mal verließ, mußte ich jeden Tag weinen, weil ich ihn so vermißt habe. Aber ich wußte, daß ich das Richtige getan hatte, und am Ende fühlte ich mich viel wohler. Jetzt bin ich froh, daß ich weg bin von ihm.«

»Laufen alle Beziehungen darauf hinaus? Nach zehn Jahren steht man da und nimmt alles einfach hin? Der Sex ist langweilig, all die Verletzungen, die man eingesteckt hat, machen einen sarkastisch und böse und vieles mehr. Es gibt auf der Welt soviel Mittelmäßigkeit in der Liebe. Oder fürchten sich die meisten von uns nur vor dem Leben?«

Häufig machen die Frauen in ihren Beziehungen verschiedene Stadien durch: Zuerst sind es vielleicht nur kleine Auseinandersetzungen, die Dinge werden »zur Sprache gebracht«, die Frau bemüht sich, ihre Rechte zu verteidigen und die emotionalen Kanäle offenzuhalten; als nächstes beschließt die Frau, sich nicht länger um emotionale Intimität zu bemühen, aber ihr Heim will sie trotzdem nicht verlassen (schließlich ist es ihr Zuhause und vielleicht der Platz, an dem sie und ihre Kinder und deren Vater eine Einheit bilden). Vielleicht richtet sie sich aber auch, wie viele Frauen zu diesem Zeitpunkt, ein eigenes Leben ein, ein getrenntes Leben, ein Leben außerhalb ihres Heims.

Die meisten verheirateten Frauen führen ein Doppelleben: 90 Prozent der Frauen, die mehr als vier Jahre verheiratet sind, sagen, daß sie aus der Beziehung mit ihrem Mann nicht die größte emotionale Befriedigung gewinnen – und auch nicht die Erfüllung ihrer Erwartungen. Diese Doppelleben sind für Frauen wichtig und notwendig; man könnte sagen, daß sie für viele Frauen die einzige Möglichkeit darstellen, mit einem Mann zusammenzuleben und sowohl ihn als auch sich selbst zu lieben.

Der englische Film, *Die roten Schuhe* (1949), in dem die Hauptfigur von den Männern, die sie »lieben«, gezwungen wird, ihre Karriere als Ballettänzerin aufzugeben, ist ein bewegendes Beispiel für verschiedene Arten des Drucks, der auf Frauen ausgeübt wird, um sie dazu zu zwingen, sich zwischen Selbstverwirklichung und Ehe zu entscheiden. Eine Frau zu dieser Entscheidung zu zwingen ist genauso, als

würde man sie in eine ausweglose Situation versetzen – in eine lebens-
bedrohliche Situation.* In Wahrheit geht es hier, wie wir unzählige
Male gesehen haben, einzig und allein darum, daß die Frau, auch
wenn sie sich nicht für ein Doppelleben entscheidet, den Entschluß
fassen muß, ihre Ehe über ihr »Leben« zu stellen. Allerdings bewirkt
der Zwang, der auf sie ausgeübt wird, eine emotionale Entscheidung
zu treffen (gegen sich selbst, wenn sie loyal sein will), daß sie sich dem
Mann entfremdet, den sie lieben möchte und dem zuliebe sie ihre Entscheidung getroffen hat. Wozu sollte eine solche Entscheidung gut
sein? Warum müssen Frauen ihre Liebe auf diese Weise »zeigen«? Sie
könnte nun, nachdem sie sich entschlossen hat, »loyal« zu sein,
durchaus in die paradoxe Situation geraten, sich nun noch viel einsamer zu fühlen als je zuvor, weil sie nicht zu ihm durchdringen kann
und weil sie keine Möglichkeit hat, sich auf irgendeine andere Weise
abzureagieren. Und je mehr sie sich bemüht, den Mann, den sie liebt,
zu erreichen, um so weiter entfernt sie sich vielleicht von ihm.

Welche Möglichkeiten eines »zweiten« Lebens gibt es? Zuerst einmal Jobs, eine berufliche Karriere, die Wiederaufnahme der Schulaus-
bildung – das sind die bevorzugten Mittel, mit deren Hilfe viele Frauen
eine neue »zweite« Identität zu finden hoffen. Eine Frau – und sie steht
für viele, viele andere – drückt das so aus: »Meine größte Leistung war
mein Beruf und daß ich es geschafft habe, für mich selbst zu sorgen,
obgleich ich verheiratet bin. Was ich im Leben leiste, wird anerkannt.
Mein Einkommen (!) zeigt, daß ich angesehen bin, daß ich der Welt etwas bedeute. Ich liebe meine Kinder und auch meinen Mann, aber erst
durch meine Arbeit fühle ich mich motiviert.«

Trotz der Beliebtheit, der sich in allen Medien Geschichten von
Frauen erfreuen, die »alles aufgeben« und sich vierundzwanzig Stunden täglich der Hausarbeit widmen, führt der statistische Trend genau
in die umgekehrte Richtung: Die Zahl der Frauen in den USA, die außer Hauses arbeiten, steigt ständig – und den meisten Frauen gefällt es
so – wie die Ergebnisse dieser Untersuchung zeigen. Obgleich manchen jüngeren Frauen, die noch nie verheiratet waren oder gerade
frisch verheiratet sind, die Vorstellung gefällt, zwei oder drei Jahre
lang bei ihren kleinen Kindern zu Haus zu bleiben, entdecken die meisten schon bald danach, daß sie »wieder in die Arbeit und hinaus in die
Welt« wollen. Oft machen sie sich Sorgen, daß sie vielleicht Mühe haben, wieder in ihrem Beruf unterzukommen.

Obgleich es oft so hingestellt wird, daß Frauen dem Druck nicht gewachsen seien, der aus der Doppelbelastung – Beruf und Haushalt –

---

* Auch wenn »nur« ihr emotionales Leben bedroht ist – ihre Identität, ihre Selbst-
darstellung.

entsteht, weil die Zeit nicht ausreicht (und nachdem die meisten Frauen, die einen Beruf ausüben, in der Regel auch weiterhin die meiste Hausarbeit erledigen, haben sie tatsächlich zu wenig Zeit), macht sich bei den Frauen auch sehr stark die emotionale Belastung bemerkbar. Sie fühlen sich erschöpft, weil zu große Anforderungen an sie gestellt werden, weil sie zuviel geben, ohne dafür emotionale Unterstützung oder Anerkennung zu finden (siehe 3. Kapitel).

Eine weitere außerordentlich wichtige Form eines »zweiten« Lebens ist für sehr viele Frauen die enge Freundschaft mit anderen Frauen. Sehr oft erhalten verheiratete Frauen die meiste emotionale Unterstützung von ihrer besten Freundin. Über diese Freundschaften wird im V. Teil berichtet. Hier ein Beispiel: »Ich unterhalte mich gern mit meiner besten Freundin. Mit ihr kann ich viel leichter reden als mit meinem Mann. Er verfällt in Schweigen oder scheint sich bedroht zu fühlen, wenn ich mal ganz offen über alles rede. Sie hört nur zu, und ich kann sehen, daß sie sich für das, was ich sage, interessiert und daß sie mich versteht. Und ihr fällt auch immer etwas ein, was sie mir sagen kann.«

Wie bereits erwähnt, haben früher viele verheiratete Frauen ihr emotionales Interesse hauptsächlich auf ihre Kinder gerichtet. Man hat sich deswegen über die Frauen lustig gemacht (»Glucken«), doch wenn sie es nicht getan haben, hat man sie deswegen verurteilt – weil sie ihre Familie »nicht genug geliebt« haben, sich nicht um sie gekümmert haben, weil sie in die Arbeit gegangen sind, und so weiter. Auch wenn die Kinder schon erwachsen sind, bleibt die enge Beziehung bestehen, wie im folgenden Fall: »Meine Beziehung zu meinen erwachsenen Kindern gibt mir mehr als das, was mich mit meinem Mann verbindet – obgleich wir noch zusammenleben und ich die ganze Zeit mit ihm verbringe.«

Viele Frauen haben eine andere Möglichkeit gefunden, ein zweites Leben zu führen. Sie gehen in eine Therapie oder eine psychologische Beratung. Da die Beziehung zu ihrem Berater sehr privater Natur ist und der Schweigepflicht unterliegt, können die Frauen dabei einen anderen Teil ihrer selbst ausdrücken, sich in dieser Konstellation ein zweites Leben schaffen, das mit dem anderen nichts zu tun hat. Der Therapeut oder Berater kann all ihre Gedanken erforschen, egal wie »verboten« sie sein mögen. In dieser Hinsicht kann die Tatsache, daß sich im Vergleich zu Männern unverhältnismäßig viele Frauen einer Therapie unterziehen, als positiv angesehen werden. Während die Schulmedizin eine »Therapie« vielleicht als die »Behandlung« einer Frau mit »Problemen« betrachtet, gibt sie den Frauen oft nur Gelegenheit, sich ein neues Leben zu schaffen, eine neue Philosophie – eine Möglichkeit, sich ihre eigene innere Realität klar und deutlich vor Augen zu führen, wie sie die Dinge sehen, und wie es von der äußeren »realen«/unrealen Welt nicht akzeptiert zu werden scheint.

Die klassische Methode schließlich, die die Frauen anwenden, um ihr eigenes Leben zu führen, sind die außerehelichen Beziehungen. Wie wir gesehen haben: 70 Prozent der länger als fünf Jahre verheirateten Frauen haben Affären – die im Durchschnitt ungefähr vier Jahre halten. Das ist ein deutlicher Hinweis darauf, daß diese Frauen zwei getrennte und verschiedene Leben führen, die nebeneinander herlaufen, und daß es sich dabei nicht nur um »sexuelle Abenteuer« handelt (auch wenn sie sich normalerweise nicht gerade »verlieben«). Viele Frauen scheinen sich in einer außerehelichen Beziehung irgendwie eher gleichberechtigt zu fühlen – vielleicht weil sie ihrem Partner nicht »gehören« oder vielleicht auch, weil er nicht so sehr in geschlechtsspezifischen Klischees denkt – und weil er beispielsweise nicht davon ausgeht (wie es bei Singles der Fall ist), daß die Frau auf eine Ehe aus ist.

Die Ehe als Operationsbasis – ist das die Antwort?

Ehen, deren Basis das gemeinsame Zuhause ist, sind von Frauen geschaffene Institutionen, die über die traditionelle Ehe hinausgehen, in der die Frau dem Mann und den Kindern ein Heim gewährleistete, ein Zuhause, in der sie aber selbst kein Eigenleben hatte: Sie verkörperte das Heim. Demnach fragt sich, ob Frauen auf lange Sicht glücklich sein können, wenn sie in einer derart entfremdeten emotionalen Situation ihr »Zuhause« haben. Selbst wenn sie irgendwo anders emotionale Erfüllung finden?

Eine Frau beschreibt eine solche Ehe, aber mit einem Unterton von Frustration: »Ich bekam einen Job und fing an, ihn richtiggehend zu genießen, vor allem, wenn ich allein unterwegs war und mein eigenes Geld hatte. Aber mein Leben mit meinem Mann hat sich trotzdem nicht geändert. Wir sind immer noch zwei ungleiche Menschen, die verschiedene Wege gehen, obgleich wir uns bemühen, so zu tun, würden wir ein gemeinsames Leben führen. Aber er lebt sein Leben, und ich lebe meins.«

Die meisten Frauen wünschen sich für ihre Ehe eine andere emotionale Struktur (auch wenn sie gern weiterarbeiten und eigenes Geld haben würden). Allerdings stellen sie fest, daß sich ihre Partner dieser emotionalen Umstrukturierung widersetzen. Daher müssen sie sich (wenn sie die Beziehung aufrechterhalten wollen) weiterhin bemühen, irgendwie damit zurechtzukommen, auch wenn sie sich – emotional – zweiteilen müssen. Obgleich sie eigentlich davon überzeugt sind, daß emotionale Intimität die Voraussetzung für eine Ehe sein sollte, kommen sie am Ende zu dem Schluß, daß die Ehe, auch ohne diese Intimität, zumindest eine Basis darstellt, von der aus man sein eigenes Leben lebt. Für den Augenblick könnte diese Auffassung für manche Frauen eine Lösung sein. Gleichzeitig jedoch ist gerade dieses neue »Operationsbasis«-Ehemodell für viele Frauen der Anlaß, die Ehe zu beenden – emotional und auch psychisch, mit allen Hoffnungen und Träumen.

Immer mehr Frauen wollen nicht einsehen, warum sie sich auf diese Weise teilen sollen. Doch wohin wird das führen?

Die Neudefinition der Ehe: Fortschritt oder Ausflucht? Bedeutet »Emanzipation« die Abwendung von der Ehe?

Manche Theoretiker vertreten die Meinung, wenn Frauen wirklich »befreit« wären, dann würden sie die Ehe aufgeben, weil sie darin normalerweise ausgebeutet werden, weil zum Beispiel mehr Hausarbeit anfällt als in einem Single-Haushalt und weil sie auch auf verschiedene rechtliche und finanzielle Ansprüche verzichten müßten. Nachdem die meisten Frauen aber weiterhin heiraten, wurde (vor allem von den Medien) daraus der Schluß gezogen, daß sie im Grunde gar nicht an einer Liberalisierung interessiert seien, sondern daß sie eher »traditionell orientiert« seien – ein weiterer Beweis für das eigentliche Wesen der Frau. Aber in diesem Argument bleibt ein wichtiger Faktor unberücksichtigt – daß nämlich auch Frauen/Menschen, wie »emanzipiert«, »unabhängig« oder »selbstbewußt« sie auch sein mögen, ein »Zuhause« haben möchten, irgendwo hingehören wollen – und dafür bietet sich in unserer Gesellschaft noch immer nur die Institution der »Ehe« an.

Auch die Männer haben sich durch ihre lautstarke Ablehnung jeglichen Interesses an emotionaler Bindung seit einem halben Jahrhundert gegen die Ehe als Lebensform aufgelehnt (wenigstens verbal) und sich beklagt, daß sie sich durch die Ehe angeblich eingeengt fühlen. »Die Ehe kommt mir so unnütz vor«, schreibt ein Mann. »Sie schneidet einen nur von der restlichen Welt ab. Selbst bei einer nichtehelichen ›Beziehung‹ werden so viele Ansprüche an einen gestellt. Wie kann man von einem Menschen erwarten, seine ganze Energie für eine einzige Person zu verbrauchen?« Eine der ersten Demonstrationen des männlichen Rückzugs aus der Ehe im 20. Jahrhundert war James Thurber's Karikatur eines riesigen, besitzgierigen Eheweibes (deren Körper das ganze Haus unter sich begrub). Später folgte die »Playboy-Philosophie« und danach die »sexuelle Revolution« mit ihren einzelgängerischen Kinohelden und Rockstar-Idolen. Allerdings hat es den Anschein, als würden die Medien die männliche Abneigung gegen die Ehe gutheißen, da die Männer ja »auf der Suche« nach dem Sinn des Lebens, nach sich selbst sind – gleichzeitig aber über Frauen, die gegen die Ehe sind, die Nase rümpfen und sie als »unnatürlich« und »männerfeindlich« bezeichnen.

Zwanzig Jahre lang hieß es, »die Ehe ist tot«. Heute sagen die Leute häufig, daß sie »wegen der Kinder« geheiratet hätten. Aber der wahre Grund für die anhaltende Popularität der Ehe – für Frauen wie für Männer – ist die Tatsache, daß die »Ehe« in unserer Gesellschaft fast der einzige Ausweg zu sein scheint, wenn man nicht allein sein möchte in einer unpersönlichen, leistungsorientierten Welt, in der der einzelne Mensch kaum noch zählt. Was wir brauchen, ist eine neue »Heimat«, ein Zuhause, ein neues Konzept dafür, wie dieses »Zuhause« sein sollte und wo wir es finden können – um unsere Sehnsucht nach Glück und Frieden zu stillen.

Gab es die Ehe schon vor dem Patriarchat?

Ist die Ehe eine »natürliche« Institution? Oder eine Erfindung? Wäre es für die Menschen »natürlich«, sich zu verheiraten – auch wenn wir eine andere Gesellschaftsstruktur hätten? Gab es die Ehe schon vor dem Patriarchat?*

Bei allgemeinen Diskussionen über die »Familie« – die meist in dem Aufschrei »die Familie ist tot« gipfeln – wird als selbstverständlich vorausgesetzt, daß eine »zivilisierte« Welt nur mit Hilfe der Kernfamilie möglich sei, weil das schon immer so war, »sogar bei den Steinzeitmenschen«.

Aber stimmt das? Gab es die »Ehe« schon vor dem Patriarchat, der Gesellschaftsform, in der Frauen zum Besitz, zuerst der Väter und später der Ehemänner, erklärt wurden – damit die Kinder, die gezeugt wurden, dem Vater »gehörten« und seinen Namen trugen? Oder bestanden die ersten Familien nicht vielmehr aus Müttern und Kindern? Und wurden Erbe und Namen nicht über die Mütter weitergegeben, wie einige Paläoanthropologen und Archäologen heute vermuten?**

* Manche homosexuellen Paare haben den Wunsch, zu »heiraten«. Entsteht dieser Wunsch aus der kulturellen Atmosphäre heraus, in der sie leben – oder haben sie einfach das Bedürfnis, sich öffentlich zu ihren Gefühlen zu bekennen?
** Es gibt keinen Beweis dafür, daß es die patriarchalische Familie schon immer gegeben hat; dagegen gibt es viele Beweise, die das Gegenteil belegen – daß nämlich die ersten Familien aus Clans von Frauen mit Kindern bestanden. Das ist den Arbei-

Die »Ehe«, wie wir sie seit Jahrhunderten kennen, war juristisch definiert in bezug auf Besitz und Erbe*. Gab es in vorpatriarchalischen Zeiten besondere Zeremonien für die romantische Liebe? Das weiß niemand. Dennoch hatten die Menschen schon immer den Wunsch, besondere Ereignisse des Lebens öffentlich zu kennzeichnen; man kann es sich nur ausmalen, wie diese Feiern gewesen sein mögen und welche Bedeutung ihnen – wenn überhaupt – beigemessen wurde.

Genausowenig können wir uns vielleicht bisher vorstellen, wie unsere künftigen (nachpatriarchalischen) Institutionen und Feiern aussehen mögen. Aber wir können sagen, daß die »Ehe«, selbst wenn es sich um eine neugefundene Form der Ehe handelt, nicht als die einzige Möglichkeit für »das wahre Glück« oder »das wirkliche Leben« hingestellt werden sollte. Viele Frauen, die an dieser Untersuchung beteiligt waren, sind auf völlig andere Weise glücklich. Wir können durch unsere Arbeit Selbstverwirklichung und Liebe gewinnen, durch unsere Freunde, unsere Kinder, unsere Liebe zu allen möglichen Dingen – zur Erde, zu den Pflanzen, den Blumen, den Tieren, mit denen wir uns unseren Planeten teilen. Glück – das bedeutet tiefe Gefühle und leidenschaftliche Hingabe, nicht nur in Verbindung mit einem Ehepartner, sondern in jedem Bereich.

Ehe als Sehnsucht nach einem Zuhause

Trotz der hohen Scheidungsquote (und dem großen Maß an Unglück) bleibt die Ehe in unserer Gesellschaft eine wichtige Institution.

Warum heiraten Frauen immer wieder? Trotz Leid und Qualen und aufreibender Auseinandersetzungen in ihren Beziehungen, mit allen emotionalen Höhen und Tiefen, kehren viele Frauen immer wieder zur Ehe zurück, als wären sie auf der Suche nach etwas. Aber was suchen sie?

Was *ist* die Ehe in unserer Gesellschaft? Das Sammelbecken aller

ten von Richard Potts vom Smithsonian Institute und David Pilbcam von der Harvard University zu entnehmen.

* Verschiedene marxistische Theorien haben in neuester Zeit versucht, die Ehe in bezug auf Arbeit zu definieren, um der Frauenarbeit innerhalb des Systems einen meßbaren Wert zu geben. Sogar der Sex wurde als eine Art Produktionskapazität angesehen, eine Arbeit, die sich in das theoretische analytische System einpassen ließ. Aber anstatt die Arbeit, die die Frauen zu Hause verrichten, in eine Arbeitsanalyse einzufügen, sollte über den engen Raum von Löhnen und Produktionen hinausgegangen und ein neues Konzept entwickelt werden. Siehe Joan Scott: »The Doubled Vision of Feminist Theory« in *Women, History and Theory, The Essays of Joan Kelly*, Chicago, 1984. Teil der Reihe *Woman in Culture and Society*, herausgegeben von Catharine R. Stimpson.

Hoffnungen in jeder von uns, daß sie nicht allein sein möchte und ihrem Leben Zärtlichkeit und Wärme und Stabilität und Bedeutung geben will? Um anerkannt zu sein als jemand, der etwas Besonderes ist, der real und wichtig ist, und nicht nur ein »produktives« Mitglied der Gesellschaft, jemand, der als menschliches Wesen verstanden und geschätzt wird, nicht nur als Produktionseinheit? Es gibt keine auch nur annähernd ähnlichen anderen Institutionen (obgleich es sie natürlich geben sollte), und ganz gleich, wie schlimm es um die Dinge bestellt ist – wir fühlen uns immer wieder von neuem zur Ehe hingezogen, so wie wir sie kennen, und versuchen, aus ihr etwas Neues zu machen. Dabei spricht sehr viel dafür, »allein« zu leben, viele Freunde zu haben – auch wenn der Mythos, der die »Ehe« umgibt, bis jetzt auf keine andere Lebensform zutrifft.

Wir haben gefragt: »Sind Frauen in der Ehe glücklich oder haben sie nur ihre Träume aufgegeben?« Vielleicht sagen die Frauen, ganz leise, daß sie jetzt andere Träume haben. Die Verheißung, die Hoffnung, die Wünsche sind noch immer vorhanden – nach der vollkommenen, großen, innigen Liebe, die nicht aufhört und glücklich macht und zur Gründung einer Familie führt – all das. Aber es ist zweifelhaft, ob die Frauen die Liebe weiterhin so sehen werden wie bisher.

Ist das »Zeitalter der Familie« vorbei?

Wenn Frauen und Männer einander entfremdet sind und die Ehe nun nicht mehr als ihren wichtigsten emotionalen Halt ansehen – welche Folgen ergeben sich dann für die Gesellschaft? Wenn sich die Frauen von der Ehe abwenden, emotional und physisch, bedeutet das dann, daß es kein »Heim« und keine »Familie« mehr geben wird? Und wäre das gut oder schlecht? Was ist denn eigentlich ein Heim, ein Zuhause?

»Die Familie ist die Grundlage unserer Gesellschaft, ohne sie wird die Gesellschaft auseinanderfallen.«

Wäre die Auflösung des Zuhause, so wie wir es kennen, ein Unglück? Oder würde es zu etwas Gutem führen, zu einer Zeit der Umordnung, des Umdenkens, wäre es nicht eine gute Gelegenheit, eine fundamentale soziale Institution mit besseren Bedingungen neu zu schaffen – eine grundlegende gesellschaftliche Umordnung, bei der sich die Werte der ganzen Gesellschaft verschieben würden? Wenn die Männer zu der Überzeugung gelangten, daß es keine hierarchische Familie mehr geben kann, würde sich dann auch ihre Vorstellung davon, wie die restliche Welt beschaffen ist, zum Positiven hin verändern?

Es wird allgemein vermutet – und dürfte auch in vielerlei Hinsicht zutreffen –, daß die Kernfamilie der Drehpunkt unseres gesamten gesellschaftlichen Systems ist und daß dieses System Gefahr läuft, ohne sie auseinanderzubrechen. Das würde ganz sicher große Veränderungen nach sich ziehen. Aber wäre das so schlecht? Oder befinden wir uns vielleicht schon inmitten einer Umwandlung, die zur Mutter-Kind-Familie führt? Die Statistiken über unverheiratete Frauen mit Familie sprechen sehr dafür.

Daher sind es vor allem die Männer, die befürchten, daß das System ohne Kernfamilie zusammenbrechen könnte. Denn dann bliebe von der Gesellschaft nicht viel mehr übrig als eine Marktwirtschaft mit Millionen einsamer Individuen, die einer Stellung nachjagen. Und viele Männer fragen sich schon heute*, ob es dann überhaupt noch einen Ort geben wird, an dem man ausspannen und sich erholen kann, an dem man eine Atmosphäre des Vertrauens vorfindet?

Das wirft eine interessante Frage auf: Hat sich die Gesellschaft auf die Ehen (also auf die Frauen) verlassen – als Gegengewicht für das harte Leben »draußen«, das nach »männlichen« Wertvorstellungen funktioniert, um das Leben für die Männer erträglicher zu machen? In diesem Fall hätte dieses harte, »rationale« System auf Kosten der Frauen gelebt (oder wurde, wie man es vielleicht auch ausdrücken könnte, »auf dem Rücken der Frauen ausgetragen«). Denn nur dadurch ließe sich erklären, warum die *Männer* so große Angst davor haben, daß die Frauen eines Tages nicht mehr für »Heim und Herd« zur Verfügung stehen könnten. Das würde zu einem atavistischen Chaos führen, bei dem sich am Ende niemand so richtig wohlfühlen könnte. Wenn sich das herrschende Wertsystem allerdings so verändern ließe, daß einige Werte der Frauen Eingang finden könnten, dann wäre es durchaus denkbar, daß man gar nicht mehr so sehr angewiesen wäre auf ein eigenes »Nest«, weil die Welt »draußen« nämlich nicht mehr so gewalttätig wäre.

Aber in dem ideologischen System der Männer – besonders in seiner gegenwärtigen Form, die den Zwängen der Marktwirtschaft unterliegt, und in der es immer nur einen Gewinner gibt, und wo der einzelne Mensch dann niemanden hat, »zu dem er gehen kann« und der ihn schätzt und bewundert, Verständnis für ihn hat und ihm zuhört, wird dann nicht in einer solchen hierarchischen Gesellschaft wie der unseren, in der nur »die ganz oben« wirklich zählen, eine Eskalation

* In Zeitungen und den Massenmedien, wie auch im vorangegangenen *Hite Report*.

der gesellschaftlichen Gewalt stattfinden, die bereits jetzt begonnen hat? Das wäre der endgültige Alptraum.

Man könnte tatsächlich postulieren, daß die mit dem »Heim« verbundenen Werte aus der vorindustriellen Zeit stammen, die nur überlebt haben, weil sie eben in diesem »Heim« vor der Welt versteckt gehalten wurden, und daß sie nun zu »Anachronismen« geworden sind, nachdem seit dem Beginn der industriellen Revolution die Arbeit in Fabriken verrichtet wurde (und nicht mehr zu Hause, im eigenen Heim). Diese Werte lagen in einer »Zeitkapsel« verborgen und warteten nur darauf, wieder entdeckt zu werden.

Auf jeden Fall leben jetzt auch die Frauen in zunehmendem Maße außerhalb ihres »Heims«, nachdem die wichtigsten Arbeiten nicht mehr dort verrichtet werden. Und die Wirtschaftsgesellschaft hat dafür gesorgt, daß das Prestige von Arbeiten, die zu Hause verrichtet werden, abgenommen hat. Das Leben zu Hause und das Arbeitsleben werden nun von denselben Werten durchdrungen. Die Frauen stehen unter Druck, die Werte des dominierenden Arbeitsplatzes, der herrschenden Gesellschaft und der »männlichen« Ideologie anzunehmen.

Daher ist jetzt der richtige Zeitpunkt gekommen, diese Werte unter die Lupe zu nehmen, und ebenso die Werte der »Frauenkultur« oder der Weltanschauung im großen und ganzen, um herauszufinden, welche ihrer Kriterien dazu dienen könnten, einige unserer gegenwärtigen Probleme zu lösen. Wir benötigen eine neue Vision, einen passenden Rahmen, damit wir unser Verhältnis zur Arbeit, zueinander und zu dem Planeten, auf dem wir leben, neu definieren können.

Vor kurzem hat B. F. Skinner im *American Psychologist* die Frage gestellt: »Was stimmt heute nicht mehr mit dem täglichen Leben in der westlichen Welt?« Seine Antworten sind nicht sehr aufschlußreich, aber die Frage trifft genau ins Schwarze, denn nicht nur um unsere Wirtschaftslage ist es schlecht bestellt, auch unsere Steuerpolitik und unsere internationalen Beziehungen, unsere natürliche Umwelt und ebenfalls unser tägliches Leben, unsere Beziehungen zueinander stimmen nicht mehr. Ähnliche Sorgen haben die Massenmedien in bezug auf das »Heim« zum Ausdruck gebracht. Zum Beispiel haben sie gefragt, warum es so viele Scheidungen gibt. Warum Paare nicht miteinander auskommen. Warum so viel Inzest und Gewalt herrschen, und so weiter. Aber man braucht sich doch nur die Werte anzusehen, nach denen es in unserer Gesellschaft geht, um zu entdecken, was dazu führt, daß die Menschen – vor allem Männer – so gewalttätig und aggressiv sind – einfache »Arbeiter« genauso wie wütende Ehemänner oder aggressive Autofahrer. Und darum geht es ja auch hier in diesem Buch. Genau das sind die Fragen, die sich die Frauen selbst stellen und die sie an andere Frauen und die ganze Welt richten.

»Die Familie würde ihren Mittelpunkt verlieren – die Mutter...«*

Die Frauen waren lange Zeit der Mittelpunkt – man könnte sagen das »Altarbild« – des familiären Heims. Obgleich sich die Frauen nicht immer besonders glücklich gefühlt haben, schien diese Institution – zumindest für eine Weile – eine Welt der Beständigkeit zu verkörpern, eine Stätte ewiger Ordnung. Merkwürdigerweise war es ausgerechnet die Frau, »das schwache Geschlecht«, die dieser Aura von Stabilität die Grundlage gab – ein Ort, an den die Männer immer wieder »zurückkehrten«** – wie Odysseus zu Penelope: am Ende seiner Reise mußte er von einer Frau gelobt und bewundert werden.

Nachdem Frauen auch heute noch (durch wirtschaftliche und juristische Unterdrückung und den Druck der öffentlichen Meinung) angehalten sind, ihre Stellung im Heim zu halten, ist es ganz besonders erstaunlich, zu sehen, daß die Gesellschaft aus den Fugen gerät, sobald die Frauen ihr Heim verlassen, wie es so viele Frauen heute tun (physisch, durch Scheidung oder emotional, oder indem sie einfach aufhören, das Heim zu versorgen) – zumindest glauben manche Leute, daß sie aus den Fugen gerät. »Frauen« waren in der »männlichen« Ideologie des Westens eine der dauerhaftesten Realitäten. Sie verkörperten Zurückhaltung, Unterwürfigkeit, selbstlose Mutterschaft. Geradezu ein Symbol ideologischer Macht, obgleich die Frauen als Individuen nur sehr wenig Macht besaßen.

Einige rechtsgerichtete Theoretiker haben die Frauen in den siebziger Jahren davor gewarnt, ihr Heim zu verlassen, diesen angestammten »Platz«, denn dadurch würden sie ihre Macht verlieren, ohne »draußen« in der Welt eine ebenbürtige Stellung zu bekommen. Andere feministische Theoretiker hatten Sorge, daß die Männer, wenn die Reproduktionstechniken so weit entwickelt wären, daß Retorten-Babys Realität würden, die Frauen gar nicht mehr brauchten und die Frauen noch mehr von ihrer Macht verlieren, sogar überflüssig würden! Beide Thesen sehen die Macht, die die Frauen mit ihren reproduktiven/kreativen Fähigkeiten besitzen, als den wesentlichen Grund für unseren Status in der Gesellschaft an. Wären wir dumm, wenn wir uns in Zukunft nicht mehr auf unsere traditionelle »Hochburg« verließen? Oder geht sie auf jeden Fall in die Brüche? Sind wir zu dem Schluß gekommen, daß wir so nicht weiterleben können? Erkennen wir auch die gefährliche Situation, in der sich die Gesellschaft gegenwärtig befindet, die Unsicherheit unserer Zukunft, die auf die Ideologie zurückzuführen ist, nach der sich die Gesellschaft richtet, und hat

---

* William H. Chafe: *The American Woman: Her Changing Social, Economic and Political Roles* (1920–1970), Oxford, 1972.
** Ist das nicht auch die Funktion, die Maria im Katholizismus hat?

es einen Einfluß auf uns, wenn wir in die Lösung der Probleme mitein-
bezogen werden wollen/müssen?

Und hier noch eine weitere Entscheidung, die Frauen dann treffen
müssen: Sollten wir unsere »Macht« auch weiterhin nur auf unsere Fähigkeit beschränken, neues Leben zu schaffen? (Wenn die Männer in
der Retorte Leben erzeugen – zugegebenermaßen mit Hilfe unserer Ei-
zellen –, sind sie dann am Ende den Frauen »gleich«?) Oder sollten wir
uns an die Gesellschaft wenden und unseren Anspruch auf »Beteiligung« erheben, auf die Produktionsmittel, die Philosophie, die Kunst
und die Kultur, alles mitzuentwerfen und mitzubestimmen?

Sehnsucht nach Liebe

Was heißt Heim? Wo ist es? Wie viele Menschen leben in Wohnungen,
und nicht in Häusern, und haben das Gefühl, daß es »kein richtiges
Heim« ist, sondern nur eine Wohnung? Sollte ein »Heim« von Dauer
sein? Heute, Ende des zwanzigsten Jahrhunderts, ist es selten von
Dauer: Wir ziehen häufig um, und wir lassen uns häufig scheiden.

Wie sehr wir uns auch bemühen, und wie überzeugend uns die Statistiken auch sagen, daß die stabile, lebenslange Kernfamilie nicht
mehr die »Norm« ist – wir können uns des Gefühls nicht erwehren,
daß wir »sie« gern hätten und daß wir versagt haben, daß wir »falsch«
handeln, wenn wir nicht dafür sorgen, daß sie »funktioniert«, wenn
wir kein solches Heim haben. Und doch haben viele Frauen, die sich in
diesem »Heim« befinden, das Gefühl, daß sie ohne Nahrung sind, daß
sich niemand um sie kümmert, daß sie allein gelassen werden, daß sie
keine Verbindung zur »Außenwelt« haben. Viele sind sehr einsam
und zornig. Und wie wir im *Hite Report II* gesehen haben, sind die
Männer auch nicht zufrieden.*

Das Heim ist eine Vorstellung, eine emotionale Assoziation, die sich
in unseren Köpfen festsetzt. Es dauert etwas, bis wir Zuneigung empfinden, bis wir genügend Vertrauen haben, um uns auf einen Menschen oder einen Ort oder eine bestimmte Situation verlassen zu können – bis »es« eines Tages ein wirkliches Heim ist. Und genau das ist
es, was die Frauen meinen, wenn sie sich (in Teil I) über die Distanz
der Männer »beklagen«. Denn ohne Nähe ist es kein »Heim«, kein Zuhause.

Können wir das Heim und die Familie umgestalten, damit es nicht
mehr nur dazu dient – wie kürzlich formuliert wurde –, »zwei Produk-

---

* Selbst als sich die Welt drastisch veränderte, industrialisiert und jetzt automati-
siert wurde, und Männer häufig neue Berufe erlernen mußten, eins war ihnen doch
immer geblieben: Sie konnten »heim zu einer Frau« gehen.

tionseinheiten zu ernähren und sexuell zu versorgen«? Ja, heterosexuelle Liebesbeziehungen könnten viel besser sein. Trotzdem besteht kein Grund, nur sie allein mit einem »Heim« in Verbindung zu bringen. Jeder Mensch weiß doch ganz genau, wo er sich zu Hause fühlt, wo er in diesem Augenblick sein möchte, wenn er könnte – wo er »daheim« ist. Wir sollten es als etwas Positives ansehen, uns ein Heim zu schaffen, wo wir es finden können – ohne uns zuerst »mit den richtigen Leuten« zusammentun zu müssen, ohne uns in ein entsprechendes »Kästchen« einordnen zu müssen.

Wenn »unser Heim dort ist, wo unser Herz ist«, wo wir uns geliebt und geborgen fühlen, wo wir »gesehen« werden, dann dürfen wir auch nicht länger glauben, daß ein »Heim« aus einem Mann, einer Frau und zwei-drei Kindern besteht. Wenn wir dieses »Heim« verändern wollen, genügt es nicht, daß uns die Männer beim Geschirrspülen »helfen«, sondern sie werden sich auch sonst ändern müssen. Sie werden völlig umdenken müssen, um an Frauen glauben zu können, und werden damit aufhören müssen, sich ständig darüber Sorgen zu machen, wer das Sagen hat. Nachdem Frauen schon so lange in ihrem Heim eingesperrt waren, werden sie wohl kaum den Wunsch verspüren, in ihr Heim demnächst wieder nur Mühe und Arbeit zu investieren. Es könnte eine ganze Weile dauern, bis die Frauen wieder Vertrauen haben zu den Männern.

Um das, was wir »Heim« nennen, neu zu strukturieren, benötigen wir ein neues Konzept, das in den größeren Rahmen eines Konzepts zur Neueinschätzung der Ziele und Zwecke unserer Gesellschaft paßt. Was sind denn heute unsere gesellschaftlichen Ziele, der alles umfassende Sinn? Wirtschaftswachstum? Die stabile Familie? Ein Platz, an den man sich zurückziehen kann, um ganz für sich über die Bedeutung des Lebens oder über das »Glück« nachzudenken? Oder den Planeten zu retten und unsere Beziehung zur Natur zu ändern, so lange wir noch Zeit dazu haben?

Es ist klar, daß die Fragen, die sich die Frauen stellen, Teil eines großen kulturellen Wandels sind – ein Prozeß, bei dem Frauen eine zentrale Rolle spielen, weil sie eine andere Perspektive anzubieten haben, weil sie mit alternativen Lösungen für unsere Probleme aufwarten. Die Gesellschaft benötigt neue Impulse, neue Ideale und neue Träume, an die zu glauben sich lohnt – eine neue Bestimmung ihrer Ziele. Wenn Frauen über ihr persönliches Leben nachdenken und bemüht sind, sich selbst und den Mann, den sie lieben, zu verstehen, dann können sie nicht umhin, unsere Welt kritisch zu betrachten und sich vorzustellen, wie sie sein könnte. Die Frauen befanden sich in einer Umbruchssituation und die Kultur mit ihnen.

Teil IV

Liebe zwischen Frauen

Auf einer anderen Wellenlänge

»Wenn ich mit Anne-Marie rede, ist alles so persönlich. Wenn wir irgendwo zum Essen eingeladen sind, zum Beispiel, sagt eine von uns: ›Ich weiß nicht, aber ich habe kein besonders gutes Gefühl. Was meinst du?‹ Und dann reden wir darüber, was wir denken und so. Und gehen die Sache durch. Oder wenn wir einen Streit haben, sagt eine von uns: ›Ich fühle mich wirklich von dir ausgenutzt.‹ Und dann sagt die andere: ›Sag mir warum – erkläre es mir. Warum fühlst du dich ausgenutzt? – Was meinst du damit, sag es mir.‹ Und dann hört sie mir fünf oder zehn Minuten lang zu – vielleicht beklagt sie sich über das, was ich sage, aber sie hört mir trotzdem zu. So war das immer mit uns.

In einer Beziehung mit einer Frau ist nichts selbstverständlich – während Männer manchmal glauben, sie brauchen nur aufzukreuzen, und schon ist alles in Butter. Bei Frauen wird über alles geredet, immer, immer, und die Beziehung wird ständig zurechtgerückt. Jedenfalls war es bei uns so. Und ich hab das auch in meine jetzige Beziehung übernommen. Aber leider liegt es meiner momentanen Partnerin nicht so. Sie mag nicht andauernd Gefühle analysieren. Das ist ihr einfach alles zu intensiv...

Aber ich glaube, daß man sich durch solche Gespräche auch selbst besser kennenlernt. Selbst bei zwei Frauen, die beide außerordentlich introvertiert sind und immer alles genau untersuchen müssen, wissen müssen, was vor sich geht, und immer Fragen stellen, dann kann das manchmal wirklich ein bißchen viel werden, diese ständige Fragerei – trotzdem, es ist einfach toll.«

Ist Liebe zwischen Frauen anders? Herrscht mehr Gleichheit? Kommen Frauen besser miteinander aus als mit männlichen Partnern?

Oder sollten wir besser fragen: Ist das, was wir hier sehen, eine andere Kultur, an die wir andere Fragen richten müssen?

Eine Frau erklärt dazu: »Ich glaube, das ist das Fenster zu einer Welt, die sich die meisten Frauen überhaupt nicht vorstellen können – eine reine Frauenkultur.«

Statistische Anmerkungen

11 Prozent der Frauen in dieser Untersuchung haben ausschließlich Liebesbeziehungen zu Frauen. Weitere 7 Prozent haben gelegentlich Beziehungen zu Frauen. Eine der erstaunlichsten Tatsachen ist die große Zahl von Frauen über vierzig, die schon eine Ehe hinter sich haben und die jetzt zum ersten Mal Liebesbeziehungen zu Frauen eingegangen sind. 16 Prozent der Frauen, die jetzt über vierzig sind, haben ausschließlich Liebesbeziehungen zu Frauen, und 61 Prozent der Frauen, die jetzt mit einer anderen Frau zusammenleben und zu ihr eine Liebesbeziehung haben, waren früher verheiratet. Im gesamten Bereich der lesbischen Beziehungen leben 31 Prozent in Beziehungen, davon wohnen 52 Prozent zusammen und 17 Prozent sind Singles.

15

Fünf Frauen beschreiben ihre Liebe zu einer anderen Frau

1

Ehrlich, meine erste Freundin habe ich wahrscheinlich mehr geliebt als jede andere Frau – ich war völlig naiv und habe mich ihr ganz hingegeben, ich habe sie geliebt und nichts zurückgehalten. Sie war intelligent, sehr einfühlsam und immer zärtlich. Sie hat mich ermutigt, neue Dinge auszuprobieren, hat mich liebevoll geneckt und mir so vieles beigebracht, und sie hat bei anderen Menschen immer nur die positiven Seiten gesehen. Sie war attraktiv – knapp zehn Zentimeter größer als ich, hatte lange kastanienbraune Haare und braune Augen, wie ich selbst. Sie ist eine wunderbare Frau und sehr still – zu still. Sie hat mir oft kleine Überraschungen mitgebracht. Sie war sehr großzügig.

Zweimal hat sie mich geschlagen. Einmal, als wir uns umwarben und sie betrunken war – was bei ihr normalerweise nie vorkam. Und einmal, als wir uns stritten – da hat sie mir die Hände um den Hals gelegt, weil sie wollte, daß ich den Mund hielt. Ich kriege nicht oft die Wut – aber in diesem Augenblick zitterte ich am ganzen Körper und war völlig außer mir. Ich habe sie gewarnt – mich nie wieder so anzufassen. Das hat sie auch nicht getan. Ich bin ihr deswegen nicht mehr böse, aber ich werde es nie vergessen.

Sie war meine erste Freundin, mit der ich ein Verhältnis hatte. Inzwischen bin ich viel vorsichtiger geworden. Ich würde mich nicht noch einmal so völlig aufgeben. Die Beziehung, die ich jetzt habe, ist viel gesünder als die damals. Aber jedes Gefühl, das ich je an mir entdeckt habe, hatte mit jener ersten Beziehung zu tun, der ich mit Haut und Haaren verfallen war.

Als Schluß war, habe ich mich jeden Abend in den Schlaf geweint, und auch noch lange danach. Ich war so einsam. Ich konnte es einfach nicht ertragen, daß meine Geliebte jetzt eine andere hatte. Ich habe mich in meiner Wohnung eingeschlossen, damit ich »sie« nicht zusammen sehen konnte. Schließlich habe ich mir in einer anderen Stadt einen Job gesucht, damit ich endlich loskam von ihr. Es war eine kleine Stadt, in der ich niemanden kannte. Ich fühlte mich entsetzlich einsam. Ich vermißte sie nicht nur als Geliebte, sondern auch als Freundin und auch meine anderen Freundinnen, die ich dort zurückgelassen hatte.

Heute glaube ich, daß ich es selbst war, die die Beziehung beendet hat; aber damals hatte ich das Gefühl, als bliebe mir gar nichts anderes übrig. Meine Freundin hatte jemanden kennengelernt, während ich verreist war. Es kam ganz überraschend, ohne irgendwelche Vorwarnungen. Ich glaube, wir waren in unserem lesbischen Kreis »das ideale Paar«, denn wir waren sechs Jahre lang zusammen.

Im dritten und vierten Jahr kümmerten wir uns um ihre todkranke Mutter. Ich hatte einen Ganztagsjob und verdiente das Geld für uns alle. Ihre Mutter, die geistig und physisch sehr krank war, versuchte ständig, meine Freundin zu beeinflussen. Sie sollte sich zwischen mir und ihr entscheiden. Meine Freundin war nicht besonders stark, was das betraf. Kurz, ich bin überzeugt, daß diese Ereignisse schließlich unsere Beziehung zerstört haben.

Ihre Mutter wurde mit der Zeit so unerträglich, daß ich mir eine eigene Wohnung nahm und nach ein paar Monaten eine Entscheidung verlangte. Sie sollte sich entscheiden, ob sie mit mir zusammenleben wollte oder nicht. Sie zog dann wieder zu mir, aber sie hat es sich selbst und auch mir nie verziehen, daß sie sich nicht mehr so viel um ihre Mutter kümmern konnte, weil sie nicht bei ihr wohnte. Ihre Mutter kam schließlich in eine Wohnung für Behinderte, aber auch dann haben wir uns noch immer täglich um sie gekümmert – allerdings weigerte sie sich, mit mir zu sprechen. Und obgleich ihre Mutter erst anderthalb Jahre, nachdem wir uns getrennt hatten, starb, war ihr Tod für immer zu einer unüberwindbaren Mauer zwischen uns geworden.

Daß sie dann mit einer Frau eine Beziehung einging, die bis dahin heterosexuell gewesen war, paßte eigentlich gar nicht zu ihr. Wir waren sechs Jahre lang zusammen, als es passierte. Eine Zeitlang redete sie mir ein, daß es vorübergehen würde, daß ihr Interesse bald nachlassen würde. Wir waren vorher nicht gerade unzertrennlich gewesen, wir hatten, jeder für sich, etwas unternommen, und auch zusammen, aber wir waren immer monogam gewesen. Wir waren am Abend immer nach Hause gekommen. Aber nun kam sie abends nicht mehr nach Hause, sagte mir auch nicht vorher, ob sie kommen würde oder nicht, und so weiter. Ich ertrug es zwei Monate, aber dann konnte ich nicht mehr und sagte ihr, daß sie ausziehen müßte.

Nachdem sie ausgezogen war, änderte sich gar nichts. Sie war noch immer mit dieser anderen Frau zusammen, konnte sich aber nicht entscheiden, ob sie mich oder ihre neue Freundin wollte, und schien völlig zufrieden, uns beide zu haben. Schließlich beschloß ich, mich nicht mehr mit ihr zu treffen, denn diese Situation machte mich völlig fertig. Ich ging nicht mehr aus dem Haus, wollte keinen Menschen sehen, traf keine Freunde mehr, mußte ununterbrochen weinen und war ganz kaputt. Ich war überzeugt, daß es mir das Herz zerreißen und ich tot umfallen würde, wenn ich die beiden träfe.

Sexuell waren wir längst nicht mehr richtig zusammen, höchstens drei oder vier Mal im Jahr. Da sie nie über etwas redete, das zu einem Konflikt führen könnte – wozu für sie auch der Sex gehörte –, haben wir die ganze Zeit nie darüber gesprochen, warum wir nicht mehr zusammen schliefen, und außerdem redete sie mir ein, daß es viel zu privat wäre, um darüber zu reden, daß ich nicht einmal mit meinen engsten Freundinnen darüber reden dürfe. Da sie meine erste Beziehung war, glaubte ich ihr, als sie mir sagte, das wäre eben so, daß der Sex immer weniger würde. Ich hatte keine Erfahrung und mußte ihr glauben. Habe mich aber gewundert, als sie plötzlich an einer anderen sexuell interessiert war.

Es war eine sehr große Liebe gewesen, und wegen meiner katholischen Erziehung glaubte ich, daß es meine einzige Liebe sein würde. Ich war bereit, mir Mühe zu geben und alles zu tun, aber von meiner Selbstachtung war nun nicht mehr viel übrig.

Ich konnte nicht darüber hinwegkommen, bis ich aufhörte, sie zu sehen und mit ihr zu reden. Ich konnte mich einfach nicht losmachen von ihr. Ich malte mir alles mögliche aus. Wenn wir zusammen waren, wartete ich darauf, daß sie mich um Verzeihung bat, daß sie mir sagte, daß alles vorbei sei, und so. Statt dessen legte sie sich schlafen und träumte von ihrer anderen Liebhaberin. Ich machte mich selbst richtiggehend zum Opfer.

Am Ende sagte mir eine sehr enge Freundin, daß ich sie zu meinem eigenen Wohle eine Weile nicht sehen dürfe. Es war der beste Rat, den ich je erhalten habe. Ich suchte mir einen Job in einer Stadt, dreitausend Meilen entfernt, in der ich niemanden kannte, so daß ich mich zusammennehmen und ein neues Leben anfangen konnte. Mit meinem Beruf habe ich immer Glück gehabt, daher klammerte ich mich jetzt daran fest. Ich wünschte, ich hätte mich zusammenreißen und in der Stadt bleiben können, weil ich dort wenigstens ein paar Freundinnen hatte, die für mich wie eine »Familie« waren –, aber ich brachte es einfach nicht fertig, ich konnte nicht »leben«, solange ich dort war. Außerdem war es mir peinlich – ich hatte das Gefühl, daß nun jeder denken würde, daß mit mir was nicht stimmt, weil ich es nicht verstanden hatte, die Beziehung zu retten. Ich nahm ihr übel, daß sie ihre neue Freundin mitbrachte, wenn sie meine engsten Freundinnen besuchte. Ich wollte sie damals *wirklich* nicht sehen, weil ich Angst hatte, mit ihrer neuen Freundin verglichen zu werden. Deshalb war es für mich das beste, von dort wegzuziehen, um wieder normal leben zu können. Ich brauchte zwei Jahre, bis ich mich wieder im Griff hatte. Ich kam mir vor wie eine totale Versagerin und gab mir lange Zeit selbst die Schuld für alles.

Wir sind Freunde geblieben. Sie hat sehr gelitten unter der »Art und Weise«, wie unsere Beziehung zu Ende ging, und sich dafür entschuldigt. Da wir so weit auseinander wohnen, sehen wir uns nur selten, aber wir schreiben uns. Manchmal vermisse ich sie, aber je mehr Zeit vergeht, um so weniger vermisse ich sie. Wir haben kaum noch etwas gemeinsam. Ich habe bis heute diese »andere« Frau nie kennengelernt, und ehrlich gesagt, habe ich auch kein großes Verlangen danach. Mir ist klar, daß ich eigentlich meiner früheren Freundin böse sein müßte, aber es hat Zeiten gegeben, da war ich nur auf die »andere« Frau böse.

Meine Eltern hatten natürlich keine Ahnung, was vor sich ging, außerdem waren sie zu der Zeit gerade damit beschäftigt, meinen Bruder zu trösten, der eine Scheidung hinter sich hatte. Ich war erbost, weil er so leicht Unterstützung bei ihnen bekam, die ich nicht bekommen konnte, weil meine Familie ja überhaupt keine Ahnung von meiner Lage hatte. Meine Arbeitskollegen wußten ebenfalls nichts von mir, und viele sagten nur, daß ich mich schrecklich verändert hätte und nie mehr lächeln würde.

Nachdem Schluß war und ich weggezogen war, glaubte ich, daß ich meine einzige Chance in der Liebe »verspielt« hätte. Und daß ich nicht noch einmal eine Chance bekommen würde!

Heute würde ich mich als siebenunddreißigjährige feministische Single bezeichnen, die nun mal lesbisch ist und eine sehr enge und starke Beziehung hat. Ich habe einen Beruf, der mir Spaß macht, und nette Freundinnen.

Ich fühle mich in dieser neuen Beziehung sehr glücklich. Sie dauert schon zwei Jahre. Ob ich »verliebt« bin? Ich bin mehr für Liebe – sie ist rationaler und hat mehr Aussicht, sich weiterzuentwickeln. Das wichtigste an unserer Beziehung ist die tägliche Freude an der Liebe, die wir teilen. Sex ist ein Ausdruck dieser Liebe. Sie ist aggressiv, intelligent, humorvoll, selbstbezogen und direkt. Ich habe sehr viel Achtung vor ihr. Obgleich ich sie eigentlich mehr liebe und nicht so sehr »verliebt« bin, habe ich mit ihr schon unheimlich leidenschaftliche Stunden erlebt. Ich möchte diese Beziehung zu der besten, tiefsten und längsten Freundschaft machen, die ich je gehabt habe.

Sie glaubt, daß sie mich mehr liebt als ich sie. Aber ich glaube, wir lieben uns beide gleich stark. Wir sind beide nicht besonders »fürsorglich«, das ist sehr wesentlich. Ich fühle mich sehr geliebt, obgleich sie nicht gerade sentimental oder schwärmerisch ist – ganz im Gegensatz zu mir! Vor einiger Zeit waren wir auf einer Party bei sehr engen Freundinnen von uns, danach war ich sehr glücklich mit ihr. Es war gar nichts Besonderes, aber es war schön, zu fühlen, wie sehr wir uns mögen. Ich bin immer gern mit ihr zusammen, aber besonders schön ist es, wenn auch andere dabei sind, und am schönsten, wenn ich mit ihr nach Hause gehe, nachdem wir mit anderen zusammen waren.

Unseren größten Krach hatten wir, kurz nachdem wir zusammengezogen waren und die Eltern ihrer Ex-Freundin in der Stadt waren. Sie ist mit ihrer Ex-Freundin und deren Familie gut befreundet. Wir wurden zu einem Festessen eingeladen, und ich flippte fast aus bei dem Gedanken hinzugehen. Ich hatte keine Lust, »meinen« freien Tag mit der Familie ihrer Ex-Freundin zu verbringen. Allerdings muß ich zugeben, daß ich die Dinge ein bißchen verzerrt habe – es war ja nur aus Freundschaft –, aber ich konnte den Gedanken einfach nicht ertragen. Wir gingen nicht hin.

Die Hausarbeit teilen wir uns folgendermaßen: Bis vor kurzem hatten wir einen Abend pro Woche für den Hausputz, aber da sie mehr zu Hause ist als ich, macht sie es jetzt. (Ich habe nicht das Gefühl, daß ich ihr meine Arbeit aufhalse – sie tut es nur, damit wir mehr Zeit für uns haben.) Ich bügle, weil es meistens meine Sachen sind, die gebügelt werden müssen. Es ist ihr Haus, und sie ist gern im Freien (ich nicht), deshalb kümmert sie sich um den Garten. Meistens bereite ich schon am Abend vorher das Essen vor, und sie hat es dann fertig, wenn ich am nächsten Tag aus der Arbeit komme. Das Geld für die Lebensmittel legen wir zusammen. Ich bezahle die Miete. Die Telefonkosten zahlt jeder selbst – das sind meist Ferngespräche mit den jeweiligen Familien. Ansonsten legen wir unser Geld nicht zusammen – sie hat viel mehr als ich.

Wenn an dem Haus irgendwas fehlt, erledigt sie das. Wenn wir uns neue Möbel anschaffen oder sonst etwas ändern wollen, das wir mitnehmen könnten, falls wir umziehen, dann teilen wir uns die Kosten. Sie hilft mir, mein Geld günstig anzulegen, damit ich finanziell nicht mehr so abhängig bin. Wenn einer von uns etwas zustoßen sollte, hat die andere Vollmacht, damit sie alles erledigen kann. Wenn ihr etwas zustößt, würde ich das Haus bekommen. Wir haben vor, uns zusammen ein neues Auto zu kaufen.

Vielleicht ist eine Ehe etwas Altmodisches, aber ich mag altmodische Dinge. Ich fühle mich in einer monogamen Beziehung am wohlsten. Ich hatte noch keine »außerehelichen« Beziehungen, und ich möchte auch keine haben; und meine Freundin hat auch keine andere Beziehung. Ich glaube nicht, daß sie schon mal eine andere Beziehung hatte, seit wir richtig zusammen sind. Als ich noch Single war, habe ich eine Menge sexuelle Erfahrungen gemacht, und ich weiß noch genau, wie ich einen Monat lang keine einzige Nacht allein verbracht habe – ich hatte drei verschiedene Partnerinnen. Aber am Ende fand ich, daß es sich nicht lohnt.

Meinen ersten Orgasmus hatte ich mit meiner ersten Freundin. Sie hat immer gesagt, daß ich viel zu schnell aufhöre, und daß ich deshalb keinen Orgasmus bekäme. Also hörte ich nicht auf, und dann hatte ich einen! Ich hab die Weihnachtskerzen rausgeholt (mitten im Juli) und sie ums Bett gestellt, um ihn zu feiern.

Jetzt habe ich bei jedem Geschlechtsverkehr mehrere Orgasmen, und ich fühle mich nicht mehr so gehemmt. Manchmal machen wir's mit 'nem Dildo, und dann können wir gemeinsam zum Orgasmus kommen. Das ist am schönsten – wenn wir beide gleichzeitig einen Orgasmus haben. Anal mag ich auch gern stimuliert werden – es regt mich unheimlich auf, daß ich mich fast nicht beherrschen kann. Aber es ist für sie ein Tabu – sie weiß auch nicht, daß ich es schon mal gemacht habe! Ich muß es ihr unbedingt sagen, vielleicht läßt sie sich überreden, es doch mal auszuprobieren.

Wenn wir zusammen waren, sind wir uns unheimlich nah, dann habe ich ihr all die wunderbaren Gefühle gezeigt, die ich für sie habe. Wenn wir uns lieben, sind wir völlig vereint – dann könnte ich gar nicht mehr sagen, wo sie aufhört und wo ich anfange. Es ist alles so »vollkommen«.

Ich komme aus einer irisch-katholischen Arbeiterfamilie. Meine Eltern waren zweiundvierzig Jahre verheiratet. Die größte Enttäuschung für meine Mutter ist, daß ich nicht geheiratet und keine Kinder gekriegt habe. Sie weiß nichts von meinem Lebensstil – und würde auch nicht mit mir darüber reden, wenn ich es ihr erzählen würde. Ich war früher sehr religiös, aber obgleich ich noch immer in die Kirche gehe und mich auch als Katholikin betrachte, habe ich jetzt einen sehr starken Glauben, der in seiner Struktur eher persönlich ist und nur mich betrifft.

Ich bin durch und durch Feministin. Das meiste von dem, was ich tue, geht auf die Frauenbewegung zurück. Die Leute, mit denen ich zusammenarbeite, haben dieselbe Meinung. Sie verstehen, daß die Frauen die Kraft, die sie haben, auch anwenden müssen. Die Beziehungen zu Frauen sind mir das Wichtigste im Leben.

2

Ich bin jetzt einundzwanzig, gerade mit dem College fertig. Endlich habe ich mal Zeit zu lesen, zu schreiben, Gitarre zu spielen und mich mit anderen Leuten zu treffen. Meine Liebste, mit der ich mir auch das Zimmer teile, ist für mich das Allerwichtigste. Sie ist mein schönster »Zeitvertreib«. Wir liegen zusammen im Bett und lesen, schlafen, lieben uns. Ich bin schrecklich glücklich.

Wir sind seit acht Monaten zusammen. Und wir stellen uns beide vor, daß wir bis in alle Zeiten zusammen sein werden, oder jedenfalls ein paar Jahre. Ihr Vater will, daß sie irgendeinen netten Jungen heiratet, und vielleicht läßt es sich nicht vermeiden. Alles hat mal ein Ende. Außerdem hätten wir beide gern Kinder, und es ist für homosexuelle Paare zwar möglich, aber schwierig, Kinder zu haben – juristisches Hickhack, schwierige Situationen in der Schule und mit den gleichaltrigen Freunden des Kindes und so weiter.

Was das Wichtigste an unserer Beziehung ist, läßt sich schwer sagen – wie gut wir miteinander auskommen, wie sehr wir uns lieben, und daß wir füreinander da sind, wie schön es für mich ist, einfach nur mit ihr zusammen zu sein. Wir haben unheimlich tollen Sex zusammen, haben mehr Spaß im Bett, als jede von uns je zuvor gehabt hat. Ich habe eine Kritik über einen Vortrag gelesen, der vor einigen Wochen gehalten wurde. Mit dem Titel »Lesbische Beziehungen: Bindung oder Verschmelzung?«! Die Rednerin hatte beobachtet, daß Lesbierinnen besonders stark ineinander aufgehen, zu einer Einheit verschmelzen, und nicht miteinander verbundene Einzelpersonen sind. Wir machen darüber Witze. Ich finde, ein bißchen weniger Verschmelzung und ein bißchen mehr »Abstand« wäre vielleicht besser. Aber es macht mir nicht wirklich etwas aus – die Menschen werden immer jeder für sich erhalten bleiben, so sind wir geboren und so sterben wir, jeder zu seiner Zeit, jeder mit seinem Körper, allein. Allein sein kann man immer, das ist mal sicher.

Unseren Zweipersonenhaushalt führen wir, wie es in dem Wohnheim, in dem wir in der Schule gewohnt haben, üblich war – die Auslagen für Lebensmittel werden aufgeschrieben, genauso alle Rechnungen und die Miete, und dann wird diese Liste jeden Monat ausgeglichen, jeder zahlt seine Anteil. Ich kümmere mich mehr darum, daß alles sauber und ordentlich ist und verbringe auch mehr Zeit zu Hause, so daß ich öfter putze, fege und das Geschirr abwasche. Wir kochen beide gern und essen jeden Abend zusammen. Sie geht in ihre Arbeit, und ich gehe in den Co-op, um zu arbeiten, oder in die Bücherei oder in die Stadt, oder ich bleibe einfach zu Hause, lese, schreibe und spiele Gitarre.

Meine Freundin ist ein bißchen größer als ich und sehr hübsch – irgendwie exotisch, mit ungeheurer Ausstrahlung. Manchmal sieht sie die Dinge sehr naiv und ist von Menschen einfach fasziniert, von Kindern, Spielzeug, von den Wolken und dem Geräusch des Verkehrs. Sie hält meine Hand, wenn ich weine, und läßt mich reden, hört mir zu und weint am Ende auch. Bis ich wieder fröhlich bin.

Als alles anfing, waren wir beide richtiggehend »cool«, wissen Sie. Wir haben uns auf einer Party kennengelernt und uns in Positur gesetzt, haben so getan, als wäre alles nur Sex, sonst nichts. Dann fühlten wir uns beide unheimlich voneinander angezogen und haben es uns gegenseitig gestanden. Plötzlich war sie mir wichtiger als sonst jemand, ich war unglaublich glücklich, wenn sie in meiner Nähe war. Dann gestanden wir uns gegenseitig, daß wir uns ineinander verliebt hatten, taten aber unseren Mitbewohnern gegenüber sehr cool und erwachsen und als hätte das Ganze überhaupt nichts mit Gefühlen zu tun.

Sie hat mir noch nie weh getan, aber ich habe ihr einmal weh getan, ziemlich schlimm, als wir anfingen, uns alles über uns selbst zu erzählen. Sie erzählte mir, daß sie eine glückliche Kindheit gehabt hätte, daß sie sich eigentlich wegen nichts Sorgen zu machen brauchte, daß sie noch nie an Selbstmord gedacht hätte, und plötzlich sah ich unüberwindbare Mauern vor mir, unüberbrückbare Unterschiede. »Ich kann nicht mit dir zusammenleben, du bist viel zu glücklich!« Und dann begann sie zu weinen. Sie hatte mich angelogen, damit ich sie nicht zurückwies. Was konnte ich tun? Sie weinte, und ich liebte sie. Ich nahm sie in die Arme und hielt sie fest und sagte ihr, wie leid es mir tat und wie unrecht ich hatte. Das war vor sieben oder acht Monaten.

Von der High School kann ich sagen, daß ich sie gehaßt habe. Ich war zwar beliebt, meine Kleider waren immer »in«, bis es mir langweilig wurde, hatte einen coolen Boyfriend, der eine Vorliebe für Musik, Zelten und Pot hatte, und einen etwas älteren Freund, der bei der Airforce war, ein ziemlicher Langweiler. Mit meinem coolen Boyfriend machte Küssen und so Spaß, vor allem, wenn wir stoned waren, aber der andere Freund machte mich immer ganz nervös, und eigentlich wollte ich körperlich nie was mit ihm zu tun haben, obgleich es toll war, einen älteren Freund zu haben, der mich mit seinem Auto von der Schule abholte.

Aber trotzdem fühlte ich mich einsam. In dem einen Jahr dachte ich sogar an Selbstmord. Niemand verstand mich, ich war zu »gescheit« und zu »sonderbar«, außerdem hatte ich Angst, lesbisch zu sein, und daß ich nie wieder normal sein würde. Meine Freundinnen waren sehr nett, aber ich konnte einfach nicht richtig mit ihnen reden.

Als mir das erste Mal der Verdacht kam, lesbisch zu sein – ich war in dem Sommer gerade unglaublich und hoffnungslos in ein Mädchen verknallt, mit dem ich zusammenarbeitete –, fragte ich meine Freundinnen in der Schule, ob sie mich auch noch mögen würden, wenn ich lesbisch wäre. Sie sagten: »Natürlich«, und »sei nicht albern«, und eine Frau, die viel mit schwulen Männern zu tun hatte, sagte: »Die Menschen verlieben sich nun mal in andere Menschen.« Ich kann mir schwer vorstellen, in einen Mann verliebt zu sein. Männer kommen mir nicht so gefühlvoll vor – als kämen sie alle von der Ostküste und die Frauen aus dem Westen –, und die meisten sind sowieso nur an Sex interessiert, mehr als im allgemeinen Frauen. Mit einigen von den Männern (eigentlich eher Jungen), mit denen ich ausging, war es immer ein bißchen schwierig – ich war irgendwie intelligenter, und wir konnten uns nie so richtig unterhalten, außerdem hatte ich immer das Gefühl, daß es von mir nicht richtig war, so klug zu sein.

Meine Eltern sind wirklich großartig, sie waren die einzigen, die ich niemals wirklich gehaßt habe, solange ich in die Schule ging. Als ich dann aufs College kam und von zu Hause weg mußte, tat es mir schrecklich leid. Ich weiß noch, wie Dad mich als Kind immer verkehrt rum hielt, mit dem Kopf nach unten, und ich mich an seinen Beinen festhielt und wir dann den »Watschelgang« machten. Einmal waren wir in England, und Dad mußte auf der falschen Straßenseite fahren. Mein Bruder war zwei Jahre älter als ich, und ich wollte immer alles tun, was er tat – mit dem Fahrrad die Straße runterfahren, in den Kindergarten gehen, Paläontologe werden. Als ich dann in der Schule war und nicht mehr mit ihnen zusammen sein konnte, war ich nicht mehr so glücklich. Ich ließ mich sofort auf eine Beziehung ein – und dann, nach einer Weile, waren wir nicht mehr ineinander verliebt, sondern nur noch »süchtig« nacheinander. Manchmal, wenn das Licht ganz weich war, sah sie wahnsinnig schön aus, genauso wie früher. Aber die meiste Zeit nicht. Wir stritten uns, schrien uns an, wollten keinen Sex, aber der Gedanke, Schluß zu machen, war schrecklich, allein zu sein und niemanden zu haben, mit dem man schlafen konnte. Das war schlimm. Schließlich sagte ich ihr, daß ich so eifersüchtig sei wegen eines Jungen, mit dem sie geschlafen hatte, daß ich mit ihr Schluß machen müßte, weil mir davon ganz übel würde. Sie weinte und war schrecklich traurig und sagte, wir würden uns etwas ausdenken. Schließlich war sie es, die mit mir Schluß machte. Wir konnten uns einfach nicht mehr ertragen. Wir versprachen uns, immer gute Freunde zu bleiben und immer in Verbindung zu bleiben. Ich weinte, konnte nicht schlafen, war schlecht in der Schule.

Eines Tages, es war an meinem Geburtstag, nahm ich was, um mich ein bißchen »aufzuputschen«. So was Blödes! Ich stolzierte in der Schule in die Caféteria, und eine Freundin von mir sah mich an und sagte: »Wie siehst du denn aus!« Und ich heulte sofort los. Drei Bekannte von mir blieben die ganze Nacht bei mir, sie nahmen mich in den Arm und ließen mich einfach plappern und heulen und plappern. Das war für mich ein Wendepunkt. Bald danach lernte ich ein paar neue Leute kennen und freundete mich mit ihnen an. Ich fühlte mich irgendwie erleichtert und so glücklich, wie ich mich schon lange nicht mehr gefühlt hatte. Es machte Spaß, allein zu sein! Es war so erstaunlich angenehm, ich machte mir Vorwürfe, weil ich nicht schon vor Monaten Schluß gemacht hatte.

Die Beziehung, die ich jetzt habe, ist wahrscheinlich das Wichtigste in meinem Leben, jedenfalls im Augenblick. Wir sind uns so nah, und es ist so schön, wenn wir zusammen sind, daß es gar nicht schöner sein kann. Sie ist mürrisch und lästig und mutwillig, wenn sie aus der Arbeit kommt, und ich bin manchmal traurig und mitfühlend und manchmal lustig und voller Energie – je nach dem, was für Wetter ist, glaube ich. Wer die bessere Laune hat, der reißt den andern mit und heitert ihn auf. Es ist toll, ich kann mir nichts Schöneres vorstellen – höchstens vielleicht, wenn ich mich für Rock and Roll und Reggae interessieren würde, und sie sich für Politik und Zelten.

Wir haben versucht, uns für eine Weile zu trennen – ich mußte meine Prüfung machen und meine Eltern besuchen und zu einer Hochzeit nach Kalifornien fahren – und wir sind (beide) zu dem Schluß gekommen: »Ich könnte ohne sie leben, aber lieber nicht.« Schwer zu sagen, wie's im Herbst weitergehen wird, wenn sie wieder auf die Schule geht und ich mir eine Arbeit suche. Bin ich etwa für alle Zeiten in sie verliebt? Ich weiß es nicht. Ich bin gern allein, gehe gern spazieren, treffe Leute in Museen und Kaufhäusern und Bussen und auf Partys! Aber nach einer Weile trifft man die Leute nur noch in Bars, und es wird langweilig.

Im Augenblick überlege ich mir sehr ernsthaft, welchen Beruf ich ergreifen soll. In diesem Sommer arbeite ich als Tischlerin, im Herbst hoffe ich einen Job als Elektronikerin und/oder Computerfachfrau (mein Hauptfach) zu bekommen. Andererseits habe ich auch das Gefühl, daß ich helfen muß, die Situation der Menschen zu verbessern – im Augenblick tendiere ich zum marxistischen Feminismus (es gibt soviel Unglück auf der Welt, Kriege, Hunger, Umweltverschmutzung, Konkurrenzdenken, anstatt Zusammenarbeit, aber bis jetzt hatten immer nur die Männer die Macht). Ich weiß noch nicht, wie ich das mit meinem Job in Einklang bringen kann! Aber ich hab ja noch viel Zeit, um darüber nachzudenken.

Es ist für mich sehr schwierig, anderen zu sagen, daß ich lesbisch bin. Ich bin ziemlich schüchtern. Normalerweise versuche ich anderen Menschen, auch meinen meisten »Freunden«, zu gefallen und mich so zu geben, wie sie mich gern sehen wollen. Und ihnen dann zu sagen, daß ich lesbisch bin – was ihnen nicht gefallen würde, weil sie es nicht sind – also, das ist furchtbar schwierig für mich. Mich so zu geben, wie ich bin, ist nur leicht, wenn ich allein bin, aber es ist fast unmöglich, wenn ich mit anderen zusammen bin.

Ich bin im Augenblick nicht verliebt und habe auch kein Verhältnis. Ich bin dreißig. Mein bester Freund ist ein Mann, wir sind wie Bruder und Schwester. Er sagt, ich sei der beste Freund, den er je gehabt hat – und mir geht es mit ihm genauso – er ist »hetero«, hat aber sexuelle Schwierigkeiten mit Frauen.

Wenn man lange Zeit allein war, dann verhält man sich immer so, daß man ganz automatisch diesen Zustand aufrechterhält. Zum Beispiel lese ich sehr gern. Aber wenn ich immer zu Hause bleibe und lese, kann ich niemanden kennenlernen, und wenn ich mit Kopfhörern rumrenne, ermuntert das die Leute auch nicht gerade, sich mir zu nähern.

Wenn ich jemanden kennenlerne und sie gefällt mir, bin ich zu Tode erschrocken und laufe entweder weg oder sage in ihrer Gegenwart ganz bewußt böse und gemeine Dinge. Von Menschen, die ich anziehend finde, fühle ich mich bedroht. Viel wohler fühle ich mich in Gesellschaft von Menschen, die ich nicht mag oder über die ich mich ärgere oder denen ich mich überlegen fühle oder die ich nicht so hübsch finde wie mich.

Sex: Ungefähr einmal die Woche masturbiere ich. Ich habe noch keine große sexuelle Erfahrung mit Frauen, ich hab' noch nie öfters als dreimal mit ein und derselben Frau geschlafen. Wenn ich mit einer Frau zusammen bin, ich meine, mit ihr schlafe, das ist unheimlich toll, phantastisch! – wie es bei einem Mann noch nie war.

Bevor mir klarwurde, daß ich lesbisch bin, war ich in mehrere normale Frauen verliebt. Mit der ersten wohnte ich im College im selben Zimmer. Sie war hinreißend. Ich hätte für sie alles stehen und liegen lassen. Obgleich ich mich am meisten davor fürchte, mich selbst aufzugeben, mein Ego, und auch das Gefühl für mich selbst, war ich Joyce mit Haut und Haaren verfallen. Das war ziemlich ungesund, na, wenn schon.

Ich gehe seit einem Jahr in eine Therapie, um mir endlich einzugestehen, daß ich lesbisch bin. Das hatte ich nämlich lange Zeit verdrängt, sehr lange Zeit. Seit ich aber damit »herauskomme« und vor mir selbst zugebe, daß ich lesbisch bin, bin ich in der Frauengemeinde hier tätig, die sich mit verschiedenen Projekten beschäftigt, zum Beispiel, Frauen-Konzerte zu organisieren und so. Weil ich das Gefühl habe dazuzugehören und weil ich von ihnen akzeptiert werde – und ich habe jetzt auch wieder ein paar Freundinnen.

4

Ich hatte zwei Jahre lang eine feste Beziehung mit einer Frau. Ich habe sie wirklich geliebt. Ich habe mich bei ihr auf jedes Gefühl eingelassen. Ich machte alles, wenn es ging, mit ihr zusammen. Ich habe mit ihr zusammen Glück, Wachstum, Schmerzen und Qualen erlebt, mich diesen Gefühlen völlig hingegeben, Freud und Leid, alles, bis ich an einem Punkt anlangte, an dem ich es einfach nicht mehr ertragen konnte, und das war's dann. Ich konnte überhaupt nichts mehr fühlen. Ich war erleichtert, wenn ich nicht mit ihr zusammen war. Es war, als wäre ich am ganzen Körper taub. Aber auch nachdem ich den Punkt überschritten hatte und es nicht mehr ertragen konnte, hat es noch eine ganze Weile gedauert, bis ich mich dazu entschließen konnte, mich von ihr zu trennen.

Im ersten Jahr war unser Verhältnis sehr intensiv und monogam. Vor allem in den ersten drei Monaten, in denen wir zusammenwohnten, war es unglaublich intensiv und leidenschaftlich. Dann wurde plötzlich alles irgendwie chaotisch. Persönliche und emotionale Traumas, wie zum Beispiel, daß sie das Gefühl hatte, durch unsere Beziehung völlig zerrissen zu sein, von ihrer Familie und von ihrer Vergangenheit abgeschnitten zu sein. Ihre Familie wußte nicht, daß sie lesbisch war und mit einer Frau zusammenlebte, sie wollten, daß sie nach Hause kam, um ihren Ex-Freund zu heiraten. Dadurch fühlte sie sich innerlich unter Druck gesetzt und geriet in eine Identitätskrise, wußte nicht mehr, wer sie war. Das war ein schlimmes Trauma, aber unsere Beziehung war noch immer heiß und leidenschaftlich, jeder Augenblick war es wert. Wenn wir *zusammen* waren, hatten wir beide das Gefühl, eine *gemeinsame* Entwicklung durchzumachen.

Dann, nach sechs Monaten, begannen wir ein intensives Arbeitsprojekt miteinander. Es war der absolute Wahnsinn. Sie stand wie unter Zeitdruck, etwas aus ihrem Leben machen zu müssen. Dieser ständige Druck führte schließlich dazu, daß ich auch von Angst erfaßt wurde. Unsere Beziehung wurde immer traumatischer. Außerdem hatte sie eine richtige Arbeit, während ich meinen Job gerade aufgegeben hatte, nachdem ich fünf Jahre ununterbrochen gearbeitet hatte, ohne einen Urlaub. Ich wollte mich nicht mehr so auf die Arbeit konzentrieren. (Wie bringt man zwei Menschen dazu, im selben Zyklus zu leben? Ich meine auch den Menstruationszyklus! Wenn man nicht den gleichen Menstruationszyklus hat, hat man nicht mal eine Woche im Monat, in der alles normal läuft. Wahrscheinlich werden die Feministinnen jetzt über mich herfallen, weil ich das sage, aber ich glaube ganz fest an das prämenstruelle Syndrom, ich erlebe es selbst.)

Wir haben uns gestritten – du liebe Zeit, und wie! Normalerweise lief alles nach ein und demselben Muster ab – wenn wir – zum Beispiel – auf der Autobahn fuhren, dann saß sie am Steuer, und ich hatte die Karte auf dem Schoß. Ich saß mit einer Taschenlampe im Auto und versuchte, etwas auf der Landkarte zu finden, und sie schrie mich an, weil ich es nicht erkennen konnte. Egal, was ich auch tue, nie kann ich es ihr recht machen. Nie tu' ich es so, wie sie es haben möchte. Und dann kriegt sie die Wut und schreit mich an, und dann raste ich aus. Manchmal saß ich einfach da und ließ es über mich ergehen, oder versuchte, vernünftig und logisch zu sein, und sagte: »Beruhige dich. Warum regst du dich so auf? Bleib doch ruhig, wir können ja an einem Rasthaus anhalten, und dann sehen wir uns die Sache an.« Aber sie stand ständig unter Zeitdruck – wir mußten dieses oder jenes *jetzt sofort* tun. Und wenn ich sagte: »Bleib ganz ruhig«, flippte sie aus.

Ich erinnere mich noch an eine Fahrt, in der sie mich ständig anschrie – wegen irgend etwas, das ich angeblich falsch machte. Drei Stunden lang fuhren wir so weiter, ich blieb die ganze Zeit ruhig, ruhig und logisch und passiv. Dann kamen wir an, wo wir hinwollten, und das Faß lief über. Zum Schluß regte sie sich noch auf, weil ihr irgendwas runtergefallen war. Da reichte es mir. Ich packte sie am Hals, würgte sie und schrie: »Wenn du noch ein einziges Wort sagst, bring' ich dich um.« Und das war's dann.

Sie schrieb mir ständig vor, wie ich etwas zu tun hätte, so daß ich am Ende schon ganz verklemmt war. Ich konnte nichts tun, ohne von ihr zu hören, daß es falsch war. Das Schlimme waren gar nicht die Ratschläge, die sie mir erteilte, sondern die Art und Weise, wie sie es sagte. Sie regte sich gleich immer so auf. In meinem Kopf drehte sich schon alles. Und am Ende hatten wir überhaupt keine Achtung mehr voreinander.

Trotzdem – trotz der ganzen Quälerei, war es die Sache wert. Geistig und emotional und in jeder Hinsicht habe ich viel von ihr gelernt, sie hat meinen Horizont erweitert, wie ich es mir nie hätte vorstellen können. Wir haben zusammen gearbeitet, zusammen gewohnt und quasi unser ganzes Leben geteilt.

Fast zwei Jahre lang waren wir monogam. Dann fing sie plötzlich damit an, den Gedanken der Monogamie innerhalb einer Beziehung in

Frage zu stellen. Das war immer nur bei Diskussionen mit Freundinnen, immer nur rein philosophisch, sie hat niemals zu mir gesagt: »Ich möchte gern eine Liebesaffäre haben.« Immer in dem Sinne, daß sie »sich als Frau erforschen« will. Ich sagte ihr immer, was ich darüber dachte, daß ich es nicht gut fände, weil es schon schwierig genug sei, eine gute Beziehung zu haben, auch ohne irgendwelche Einflüsse von außen. Man kann im Leben nur so und so viel bewältigen. Man hat sein individuelles Ich und seine Beziehung zu einem anderen Menschen. Und wenn man sich entschließt, sein Leben mit diesem Menschen zu teilen, mit ihm zusammen zu wohnen, mit ihm zusammen zu leben, ein gesellschaftliches Leben zu führen, Freunde zu sehen und so weiter, dann braucht man auch noch ein bißchen Zeit für sich selbst – und dann ist es unmöglich, mehrere verschiedene Liebesbeziehungen gleichzeitig zu haben.

Außerdem ist das absolut unmöglich, wenn man mit jemandem zusammenlebt. Egal was geschieht, irgendeinem wird dabei weh getan. Ich glaube nicht, daß es jemanden gibt, der sich besonders toll fühlt, wenn seine Partnerin abends nicht nach Hause kommt und bei ihm schläft – und wenn man weiß, daß sie mit einer anderen schläft.

Aber dann hat sie doch was mit einer anderen Frau angefangen, einer gemeinsamen Freundin von uns. Ich wußte nichts davon, doch es lief schon eine ganze Weile. Diese Frau war noch dazu eine Arbeitskollegin von mir, und ich wußte nichts von dieser Sache. Meine Arbeit hing sehr stark von meinem guten Einvernehmen mit dieser Frau ab. Wir arbeiteten eng zusammen.

Dann verreiste meine Freundin an einem Wochenende, angeblich um zu arbeiten, und als sie weg war, hatte ich plötzlich ein komisches Gefühl. Da versuchte ich, diese Frau zu erreichen, weil ich an unserem Projekt arbeiten wollte, während meine Freundin weg war. Ich konnte die Frau nicht erreichen, brachte die beiden Dinge jedoch niemals wirklich miteinander in Verbindung. Aber dann, als mich Evelyn nicht anrief, um mir zu sagen, daß sie auf dem Heimweg sei (sie ließ eine gemeinsame Freundin anrufen und mir mitteilen: »Sie ist auf dem Heimweg, aber sie wird ziemlich spät kommen.«), fiel bei mir der Groschen. Warum konnte sie mich nicht selbst anrufen, warum konnte sie nicht mit mir reden? Und sofort wußte ich, daß sie eine Affäre hatte. Als sie am nächsten Tag nach Hause kam – so um sechs Uhr morgens –, wachte ich auf, sie sagte »hallo«, und ich sah sie nur an und fragte: »Hast du eine Affäre?« Und sie sagte einfach: »Was? Du weißt es?« Und ich sagte: »Hör zu, ich muß in einer Stunde in die Arbeit, und ich muß es wissen. Hast du eine Affäre?« Und sie sagte nein und leugnete die ganze Sache ab. Ich sagte: »Ich glaube dir nicht. Ich glaube, daß du mich anlügst. Und wenn du lügst, um mir nicht wehzutun oder was, dann muß ich dir sagen, daß ich es einfach wissen will. Ich muß es wissen.« Und dann sagte sie, ja, sie habe eine Affäre.

Ich ging alles mit ihr durch und fragte sie, mit wem, und sie wollte mir nicht sagen, mit wem, und ich nannte mehrere Namen, und der Name dieser Frau war dabei. Und sie stritt es wieder ab und sagte: »Ich kann es dir nicht sagen, ich werde es dir nicht sagen.« Also beließ ich es dabei. Und dann, etwa zwei Monate später, wußte ich, daß es noch immer weiterging, und wir gaben uns Mühe, uns zu mögen, unsere Beziehung zu glätten – aber wir konnten einfach nicht darüber reden. Sie sagte, sie würde mich noch immer lieben, aber »so sei eben das Leben«. Sie brauche »Impulse von außen«. »Wenn wir zusammenbleiben, brauche ich das«, sagte sie – und tat so, als wäre es besser für unsere Beziehung. Ich sagte, das hielte ich für unmöglich, daß es für unsere Beziehung besser sei, denn es täte mir sehr weh. Und dann ging ich, mit all dem, in die Arbeit.

Ungefähr einen Monat später fand ich heraus, wer es war. Ich hatte mich mit der Frau, mit der ich an jenem Abend zusammenarbeitete, zum Essen verabredet, um über unsere Arbeit zu reden. Es war ein wichtiges Gespräch. Ich weiß nicht, wie ich darauf kam, aber es hatte was damit zu tun, daß Evelyn in der Nacht davor nicht nach Hause gekommen war, oder daß irgend etwas Merkwürdiges passiert war, daß ich die ganze Zeit darüber nachdenken mußte. Und ganz plötzlich fiel der Groschen, und ich rief Evelyn von der Arbeit aus an. Ich sagte: »Hast du eine Affäre mit der Soundso? Sie ist es, stimmt's?« Und sie sagte: »Nein.« Und ich sagte: »Verarsch mich doch nicht. Ich weiß, daß sie es ist. Sag es mir – hast du was mit ihr? Ich muß es wissen. Jetzt sofort.« Und schließlich sagte sie: »Ja.« Und ich sagte darauf nur: »Gut, mehr will ich gar nicht wissen.«

Sie sagte: »Ich konnte es dir nicht sagen, weil ich wußte, daß es deine ganzen Pläne kaputtmachen würde«, und ich sagte: »Genau. Es hat alles kaputtgemacht.« Und das war's dann. Ich legte auf und rief sofort die andere Frau an und sagte: »Hör zu, ruf mich nicht an, komm nicht zu mir, vergiß die Verabredung, ich weiß jetzt, was los ist, und ich will nichts mehr mit dir zu tun haben.« Und sie sagte: »Es tut mir ja so leid. Ich wollte dir schon die ganze Zeit die Wahrheit sagen, aber eigentlich war das nicht meine Sache. Ich weiß, was du jetzt durchmachst.« Und ich sagte nur: »Du hast ja keine Ahnung, du hast überhaupt keine Ahnung, was ich durchmache.« Und dann legte ich auf, und das war das.

Dann ging diese Affäre noch eine ganze Weile weiter, während Evelyn und ich noch immer zusammen wohnten. Wir machten einfach weiter. Ich glaubte immer, daß es irgendwann mal zu Ende sein würde. Sie verbrachte ganze Nächte außer Haus, ungefähr einmal die

Woche, und dann noch mal einen Abend. Ich fühlte mich die ganze Zeit betrogen. Ich mußte mit ihr leben und mit der ganzen Scheiße fertig werden, mit unserer Beziehung, mußte das Haus putzen, die Finanzen regeln, all den ärgerlichen Kram, mit dem wir gemeinsam zu tun hatten, bis zu dem Punkt, an dem es keinen Spaß mehr machte. Keinen einzigen Tag in der Woche verbrachten wir auch nur einen einzigen friedlichen und entspannten Augenblick zusammen. Niemals mehr lagen wir zusammen im Bett oder hörten Musik oder lasen Gedichte oder so was. Das machte sie jetzt alles mit dieser anderen Frau. So verbringt man die Zeit am Anfang einer Beziehung. Was ich meine, ist: Am Anfang zerbricht man sich nicht den Kopf über finanzielle Probleme und so. Wie hätte ich damit konkurrieren können?

So ging es eine ganze Weile weiter. Sie konnte nicht einfach zu mir kommen und sagen: »Es ist aus, ich verlasse dich und lebe wieder mein eigenes Leben.« Sie ist nicht besonders stark. Sie ertrug es auch nicht, mir weh zu tun, und außerdem hatte sie auch Angst, mich zu verlassen, aus eigenem Interesse.

Schließlich sagte ich zu ihr: »Ich glaube, du mußt ausziehen, ich ertrage es nicht, ich kann so nicht leben – ich werde nicht fertig damit, daß du diese andere Beziehung hast.« Sie sagte: »Stell mir kein Ultimatum, stell mich nicht vor eine Entscheidung.« Und ich sagte: »Da gibt es nichts zu entscheiden. Es bleibt dir gar nichts anderes übrig. Ich will nicht, daß du weiter bei mir bleibst, auch nicht, wenn du diese Frau nicht mehr triffst, weil du es dann nämlich für den Rest deiner Tage bedauern wirst. Ich sage dir nur, daß wir nicht mehr zusammenleben können, und das weißt du auch.« Und sie sagte: »Ich weiß, aber ich konnte es nicht aussprechen.« Ich war wütend. Ich meine, ich hatte wirklich schwer daran gearbeitet, bis ich es endlich sagen konnte. In der ganzen Zeit hatte ich nie eine Diskussion führen können, ohne in Tränen auszubrechen. Bis heute ist es manchmal wirklich schwierig mit ihr.

Sie zog aus, innerhalb eines Monats zog sie aus – aber danach sahen wir uns trotzdem noch andauernd. Sie wohnte in einem Haus, das nur zehn Minuten von meinem entfernt war. Wir waren ständig zusammen. Entweder war ich bei ihr oder sie bei mir. Und ob wir Sex hatten oder nicht, war nicht wichtig. Zu diesem Zeitpunkt war das im Grunde vorbei, fand nur noch gelegentlich statt.

Aber wenn wir zusammen schliefen, mußte ich immer an die andere denken, mit der sie auch schlief. Ich konnte es einfach nicht vergessen. Ich war immer traurig. Dadurch wurde alles immer schlimmer und schlimmer, und darunter litt natürlich auch der Sex. Wenn sie einmal *nicht* mit mir schlafen wollte, flippte ich total aus. Ich weiß noch, wie sie einmal sagte: »Ich will nicht aufhören, mit dir zu schlafen, ich will nicht das Gefühl haben, daß wir aufhören müssen, zusammen zu schlafen.«

Das ging ziemlich lange so, mal besser, mal schlechter, sie traf sich noch immer mit dieser anderen Frau, und wir verbrachten immer noch ungeheuer viel Zeit zusammen, bis sie immer sagte: »Ich muß jetzt gehen.« Oder: »Besser, du bleibst heute nacht nicht hier«, oder so was – oder ich fand irgend etwas, das dieser anderen Frau gehörte, in ihrem Haus, zum Beispiel, ihre Calvin Klein-Unterwäsche oder so was ähnliches. Ich ließ mir zwar nichts anmerken, aber ich befand mich pausenlos in einem Zustand der Angst. Ich wußte, daß sie diese andere Person traf, weil ich immer noch so sehr in sie verliebt war. Obgleich sie ausgezogen war und wir beschlossen hatten, uns zu trennen, war ich immer noch total in sie verliebt, und sie war auch irgendwie an mich gebunden. Sie war irgendwie gefangen, emotional gefangen. Ich weiß nicht, ob sie in mich verliebt war, aber sie war sehr lange in mich verliebt gewesen.

Im Grunde ist sie ein guter Mensch – loyal und liebevoll und fürsorglich. Es war für sie schwerer, Schluß zu machen; sie konnte nicht unterscheiden zwischen Liebe und Verliebtsein. Ich konnte sie gut verstehen, denn damit hatte ich auch Schwierigkeiten gehabt, als ich meinen männlichen Freund verlassen hatte.

Andererseits aber hatte ich manchmal überhaupt kein Mitleid mit ihr, ich war wütend – ich bin auch jetzt noch wütend. Ich fühle mich ausgenutzt von ihr. Am Ende hat sie sich kaum noch dafür interessiert, wie mir zumute war (wegen ihrer Freundin), sie wollte nichts davon hören, es war ihr egal. Sie war absolut kalt zu mir, sie sagte: »So ist das nun mal, nimm es hin oder nicht – es ist mir verdammt egal, was du denkst!« Wahrscheinlich sagte sie solche Dinge mehr, um sich selbst zu überzeugen, als um mich zu überzeugen. Oder vielleicht, um mich zu schockieren – sie wollte, daß ich sie hasse, denn wenn ich sie haßte, würde es für sie viel einfacher sein, Schluß zu machen. Aber ich haßte sie nicht. Ich habe sie nie gehaßt.

Dann fing ich an, mit einer anderen Frau auszugehen. Evelyn war sofort außerordentlich eifersüchtig. Einmal, als ich gerade zur Tür hinausging, um mich mit dieser anderen zu treffen, versuchte sie, mit mir zu schlafen, indem sie sagte: »Ich will nicht, daß du gehst, bleib bei mir.« Aber ich lachte nur zynisch und sagte: »Also, das muß ich tun, damit du mich magst? Ich muß ausgehen und mich mit einer anderen einlassen? Das ist ja erbärmlich.« Und ich stand auf und ging. Ich war angewidert. Ich fand die ganze Sache wirklich zu blöd, pervers.

Auf jeden Fall blieb ich eine Weile mit meiner neuen Flamme zusammen, was Spaß machte, aber nirgendwo hinführte, weil sie außer Landes ging.

Es war eine sehr intensive Zeit, in der wir uns alle halfen, alle zusammen arbeiteten. Es gab eine Menge Spannungen. Obgleich ich sie wirklich gern hatte, befand ich mich in einem sehr schlechten Zustand. Am Ende fing Evelyn mit einer Neuen ein Verhältnis an (einer gemeinsamen Freundin), die dann auch wegzog. Obgleich ich mit meinen Gefühlen noch immer im unreinen war, gefiel mir Evelyns neue Freundin, und ich hatte auch nicht das Gefühl, betrogen zu werden, weil Evelyn und ich ja schon Schluß gemacht hatten.

Nachdem ihre neue Freundin abgereist war, verbrachte ich zehn volle Tage mit ihr, blieb über Nacht in ihrem Haus, schlief jede Nacht bei ihr, redete mit ihr über ihre Gefühle zu ihrer neuen Freundin. Wir hatten keinen Sex – verbrachten nur die Nacht zusammen, blieben zusammen, taten alles zusammen, so wie wir es immer getan hatten. Und beschäftigten uns mit der ganzen Sache – ob sie ihrer Freundin nachreisen sollte oder nicht, was sie tun sollte. Ich glaube nicht, daß so etwas mit einem Mann möglich wäre, wenn eine Liebesbeziehung vorbei ist – daß man dann auch noch so tiefe Gefühle besprechen kann. Ich glaube, daß bei Beziehungen mit Frauen die Liebe nie zu Ende geht, wenn man ehrlich ist. Die Verbindung bleibt bestehen, etwas Unendliches – weil man fähig gewesen ist, so tief zu lieben.

Es war ziemlich hart, aber ich habe es geschafft. Ich habe mich gezwungen zu bleiben. Es brachte mich fast um, aber ich blieb, weil ich mich emotional abnabeln wollte. Ich wollte keine Illusionen mehr haben, wollte mir nicht mehr einbilden, daß sie bei mir bleiben wollte, und all das. Ich wollte alle möglichen Illusionen, die ich mir machte, endgültig auslöschen.

Es gelang mir. Als sie ins Flugzeug stieg und abflog, war ich frei. Von diesem Augenblick an fühlte ich mich wirklich frei. Ich war irgendwie erleichtert. Aber andererseits strömten mir die Tränen übers Gesicht.

Warum? Weil ich sie vermisse. Heute, ein Jahr später, bin ich in gewisser Hinsicht noch immer von ihr abhängig. Und sie ist von mir abhängig. Wir sind unmöglich, wenn wir zusammen sind, manchmal würde uns ihre Freundin am liebsten beide erwürgen, wenn wir uns streiten. Wir streiten uns, wie wir uns früher gestritten haben, wie Liebende. Und dann gibt es bestimmte Dinge, die »uns« gehören, von denen wir beide wissen und die wir beide vorbringen. Wir sind uns so vertraut. Die Leute, die uns sehen, machen immer Bemerkungen darüber. Sie sagen: »Ich kann es nicht glauben, daß ihr beide euch noch immer so nahesteht.«

Und ich liebe sie noch immer. Ich glaube, ich werde sie immer lieben, aber natürlich weiß ich auch, daß wir nicht zusammen sein können. Und das hat sie, glaube ich, schon vor mir erkannt. Es war nicht nur diese Affäre, sondern es waren die Gefühle ganz allgemein, die ganze Sache – es war klar, daß wir eigentlich nicht zusammen sein sollten. Es hat uns beide kaputtgemacht. Irgendwie haben wir uns in unserer Beziehung verloren.

Jetzt lebt sie in meiner Erinnerung wie ein Mensch, den ich sehr liebe, nicht wie ein Mensch, dem ich verfallen bin. Wir unterhalten uns am Telefon, wir treffen uns. Und sie ruft meine Freundin an und sagt ihr, daß sie auf mich aufpassen soll. Ich erzähle ihr noch immer alles aus meinem Leben. Ich gehe ans Telefon und sage: »Meine Freundin hat sich gräßlich benommen, und ich weiß nicht, was ich tun soll.« Und dann sagt sie: »Doch, das weißt du bestimmt – und ich will, daß du glücklich bist.«

5

Ich war früher lesbisch, und obgleich ich deswegen zuerst schreckliche Angst hatte, weil man abgestempelt ist, ist es das Beruhigendste, das ich je erlebt habe – seit meiner Cheerleader-Zeit in der Junior High School.

Ich lebe jetzt mit einem Mann zusammen, den ich eigentlich gar nicht liebe, und ich habe deswegen ein schlechtes Gewissen. Rein menschlich liebe ich ihn, als wären wir zwanzig Jahre verheiratet – und wenn ich schon bereit wäre zu resignieren und mich zur Ruhe zu setzen, dann würde ich ihn auch lieben, wie es sich gehört, und Pullover stricken. Das ist ein ständiges Hindernis. Ich habe Angst, allein zu sein, aber wahrscheinlich würde ich mich viel freier und glücklicher fühlen, wenn ich es fertigbrächte, ihm zu sagen, daß es vorbei ist. Verliebt bin ich nicht mehr in ihn. Und ich habe bei ihm auch nicht mehr das Gefühl von Nähe wie bei meiner früheren weiblichen Geliebten.

Ich war wahnsinnig in sie verliebt – aber irgendwie hat mir mein jetziger männlicher Liebhaber mehr vermittelt – das Versprechen eines vollendeten, ganz auf mich selbst gerichteten Glücks. In beiden Fällen war ich glücklich, aber mein Instinkt sagte mir, daß allzu große Nähe die Beziehung zerstören würde, indem sie mich zerstört. Ich wünschte, ich hätte den Mut, diese Grenzen meines Ichs zu bekämpfen, weil dadurch beide Liebesbeziehungen kaputtgegangen sind, obgleich ich mit meinem männlichen Liebhaber noch zusammen bin. Ich kann nicht sagen, ob es Verliebtheit oder Leidenschaft war. Jedenfalls war es mehr als Sex. Wir gerieten aneinander bei einem Zusammenstoß, wie Autos, die die Motoren austauschen wollen. Ich hatte mit meiner Freundin immerzu ständigen, unglaublichen Sex, und immerzu auch mit meinem männlichen Liebhaber. Aber es tat mir weh, und ich wurde wütend, was nicht gerade dazu beitrug, das Vergnü-

gen zu erhöhen, und zu noch größerem Zorn führte. Aber in beiden
Fällen führte meine Schwäche, ihren Forderungen nachzugeben und
mir keinen Freiraum für ein eigenes Leben zu bewahren, zu einer sich
immer mehr verhärtenden Feindseligkeit in mir und zu Passivität, zu
einem völligen Mangel an aktiver Liebe und Zuwendung, wodurch
die Beziehung zerstört wurde / zerstört wird. Ich bin sechsundzwanzig.

Als ich sie verließ, habe ich mich so einsam gefühlt wie noch nie. Es
war, als würde mir noch einmal bewußt, daß ich von meiner Mutter
keine Liebe erwarten durfte, es war, als würde ein Teil von mir selbst
verloren gehen. Ich habe mich oft betrunken, wenn ich allein war. Irgendwie wuchs mir aber Kraft durch das Gefühl, völlig allein zu sein,
und ich machte mir klar, daß ich leben wollte – daß ich noch nicht fähig
war, aus mir selbst heraus zu leben, daß ich es aber lernen wollte.

Ich habe sehr viel geweint, als ich sie verließ. Ich verlor meine Identität, und ich verlor die Welt der Frauenliebe, meine Freundinnen, guten Sex, emotionale Nähe. Meine Freundin hatte mein Leben verändert, hatte mich befähigt, andere Menschen offen zu lieben. Sie war
klug und aggressiv und schüchtern. Sie hielt sich nicht für hübsch, sie
war aber eine große Verführerin, und auch ein bißchen verrückt. Bedrückt und verwirrt. Manchmal wünschte ich, wir wären nur Freundinnen gewesen, damit wir jetzt auch noch Freundinnen sein könnten. Ich glaube, wir haben die Dinge ziemlich ähnlich gesehen und
konnten uns gut verständigen, wie ich es bei anderen noch nie erlebt
habe. Sogar unsere Lügen waren uns nicht neu. Wir brauchten nie etwas zu sagen, aber wenn wir es taten, war es wie aus einem Munde.
Meine Freundin sagte mir so lange, daß ich schön sei, bis ich es ihr
glaubte.

Zuerst war ich froh, von ihren Ansprüchen erlöst zu sein, aber je
zwiespältiger meine Gefühle in bezug auf meine jetzige Beziehung
wurden, um so mehr begann ich, sie zu vermissen. Es war nicht die
gleiche Nähe wie mit ihr, und frei war ich auch nicht, da ich in dieser
neuen Beziehung genauso tief drinsteckte. Ich war wütend auf sie,
weil sie sich sofort mit einer Freundin von uns zusammentat, so daß
ich von ihr getrennt wurde, und in gewisser Hinsicht auch von allen
anderen Freundinnen, mit denen wir immer zusammen gewesen waren. Aber das war nicht das einzige – ich war nicht nur von unseren
früheren Freundinnen abgeschnitten, sondern ich hatte auch das Gefühl, den einzigen Menschen verloren zu haben, den ich je richtig geliebt hatte. Ich war am Ende. Ich hatte nicht die Kraft, allein weiterzuleben.

Außerdem geriet sie, auch wenn wir uns noch so gut verstanden,
leicht in Wut und schlug dann um sich wie ein zorniges kleines Kind.

Sie war aufbrausend, und als ich Schluß machte mit ihr, als ich einen anderen hatte, und ihr sagte, daß wir uns trennen müßten, wollte sie mich schlagen. Ich schlug zurück und stieß sie weg, und da klappte sie zusammen. Sie tat mir leid. Aber ich verließ sie trotzdem.

Ich habe noch immer viel für sie übrig, wenn wir uns sehen, und sie auch für mich. Noch nie war Sex so wunderbar wie mit ihr, wahrscheinlich weil zwischen uns eine unheimlich große Nähe bestand. Manchmal kommt es mir auch heute noch so vor, als wäre meine Ex-Freundin genau die Richtige für mich – mit ihr war ich wirklich zusammen! –, aber ich weiß jetzt auch, daß ich damals einfach nicht stark genug war.

Jetzt bin ich seit fast zwei Jahren mit einem Mann zusammen. Wir haben ein Jahr zusammen gewohnt. Er möchte mich gern heiraten, aber ich weiß nicht, ob ich es auch will, daher wohnen wir jetzt getrennt und bemühen uns, verschiedene Probleme, wie z. B. Beruf, Ausbildung und meine Zweifel zu bewältigen. Als ich mich in ihn verliebt habe, wollte ich finanzielle Sicherheit, wollte Kinder haben, wollte Schutz vor der Welt, wollte gefickt werden, der ganze romantisch-groteske Frauenkomplex. Heute weiß ich, daß ich niemals von irgendeinem anderen Menschen finanziell abhängig sein will und daß ich verrückt würde, wenn ich ganz allein für einen kompletten Haushalt mit Kindern und schmutziger Wäsche die Verantwortung tragen müßte.

Heute ist so ungefähr das einzige, das ich gern mit ihm unternehme, daß wir mit Leuten zusammen sind, die ihn motivieren, seine guten Seiten zu zeigen. Spaß und Freude haben wir nämlich nie, wenn wir allein sind, dazu sind Druck und Anspannung zu groß. Reden können wir auch nicht. Wir bringen es einfach nicht fertig, Probleme anzupakken oder auch nur freundlich über alltägliche Dinge zu plaudern. Ich hätte es gern, wenn er mir mehr zuhörte und wenn er mich nicht herausforderte, über Dinge zu reden, von denen ich mehr verstehe als er. Ich darf niemals besser Bescheid wissen als er. *Er* muß immer alles besser wissen. Wenn ich mal Oberwasser gewinne, verliert er völlig den Boden unter den Füßen – und quasi den Glauben an sich selbst.

Wir streiten uns ständig in Fragen, die mit Sex und Unabhängigkeit zu tun haben, vor allem wegen Sex. So wie's jetzt aussieht, kann ich mir nicht vorstellen, den Rest meines Lebens mit ihm zu verbringen. Er ist auch nicht gerade glücklich, aber er sagt, daß er mich heiraten will. Er sagt mir, daß er mich liebt, aber wer ich wirklich bin, ist ihm völlig egal.

Ich hab ein schlechtes Gewissen, weil ich von ihm weg will. Ich

wünsche mir Sicherheit und habe Angst davor, ganz allein dazustehen. Ich habe Angst davor, arm zu sein – deshalb bin ich immer noch
bei ihm. Ich habe Schuldgefühle wegen dieser Angst.

Er sagt mir, daß er mich liebt und streichelt mir über den Kopf. Oder
daß ihm meine Brüste gefallen und meine Pussy (wie er es nennt), und
auch mein Hintern, eine irgendwie verstümmelnde Art von Bewunderung. Er kritisiert meine Depressionen und meine Abhängigkeit, aber
wenn ich mich dann mal aufraffe und mit Freundinnen ausgehe oder
irgendwas allein unternehme, dann ist es ihm auch nicht recht. Er
hätte gern, daß ich weiblicher bin, aber das sagt er nicht offen. Ich kritisiere sein ungehobeltes Benehmen und seine emotionale Schwäche.
Andere Probleme? Meine intellektuellen Interessen empfindet er als
eine Bedrohung, anstatt sie zu bewundern. Meine Probleme werden
plattgewalzt, aber nicht verstanden. Ich kann von mir auch nicht behaupten, daß ich ihn akzeptiere. Im übrigen finde ich, daß man mit einem anderen Menschen nicht richtig offen sein kann, ohne den Glauben, den er benötigt, wenigstens teilweise zu erschüttern – daß es
nämlich irgend jemanden geben muß, der unfehlbar ist. Andererseits
wünschte ich, er könnte mir mehr entlocken, die Widersprüche hinnehmen und mich einfach ich selbst sein lassen (eine abgedroschene
Phrase, ich weiß, aber sie stimmt genau).

Ich möchte eine unaufdringliche Liebe, die Abstand hält und die es
versteht, die richtigen Fragen zu stellen. Wenn er das Bedürfnis hat,
mir mitzuteilen, wie er sich fühlt, dann ist das bei ihm nicht nur Selbst-
ausdruck, sondern er bringt es mit irgendeiner enormen Forderung in
Zusammenhang und umschreibt es mit der Kritik an meiner Unzulän-
glichkeit. Gefühle gehören nicht zu unserem täglich Brot, sie sind eine
ganz besondere Kraft, und es bedarf großer Anstrengungen, sie an die
Oberfläche zu bringen, wenn die Darbietung nicht mehr zufriedenstellt. Die Beziehung verbraucht dann zuviel Energie; ich verabscheue
es, wenn so viel Zeit damit verbracht wird, sich wegen irgendwelcher
Fragen zu streiten, anstatt zu leben.

Wir leben getrennt. Als wir zusammenwohnten, haben wir uns immer wegen der Hausarbeit gestritten. Er hat sie zwar getan, aber immer erst, wenn tagelang alles liegengeblieben war, während ich immer gern alles sofort erledige, bevor das Haus zu einer Müllkippe
wird. Und was das betrifft – so hätte er sich nie »vorschreiben« lassen,
wann er etwas tat.

O Gott, ja – das Geld. Als wir zusammenwohnten, verdienten wir
beide ungefähr gleich viel – aber er kaufte sich immer Schallplatten
und Sachen zum Anziehen, während ich das meiste Geld für das Haus
ausgab. Ich verwende mein Geld für Lebensmittel und notwendige
Dinge, und nur manchmal für Luxusartikel. Aber er gibt viel Geld für

Luxusartikel aus. Er haßte es, die gemeinsamen Ausgaben zusammenzuzählen und zu teilen, und war außer sich, als ich von ihm verlangte, mein Auto zu zahlen, das er zu Schrott gefahren hatte – er kam gar nicht auf die Idee, daß sich auch Leute, die sich lieben, Geld schulden könnten.

Wir schliefen in einem Bett, obgleich ich gern ein eigenes Schlafzimmer gehabt hätte, für Nächte, in denen ich böse war mit ihm oder wenn ich aufbleiben und lesen oder schreiben wollte. Falls ich noch einmal mit jemandem zusammenziehe, oder auch mit ihm, werden wir vorher genau festlegen, wer was zu tun hat. Ich habe keine Lust, mich andauernd deswegen zu streiten.

Auf beide Beziehungen, die ich hatte, war ich viel zu sehr fixiert! Es konnte gar nicht gutgehen – sie hätten von alleine funktionieren müssen, ohne mein Zutun, andernfalls hätte ich sie einfach sausen lassen müssen. Ich habe Schwierigkeiten, wenn ich irgendwas Gutes oder Nützliches für mich selbst tun will, weil es sich auf meine Beziehungen zu anderen Menschen auswirkt. Im College habe ich gelernt, mich um mich selbst zu kümmern und mehr zu arbeiten – das war bisher die glücklichste Zeit in meinem Leben. Ansonsten aber ist da irgendeine Art Schranke, die mich daran hindert, das zu tun, was ich tun möchte, oder auch nur zu wissen, was ich eigentlich möchte.

Unser größtes Problem ist der Sex – wir scheinen einen völlig verschiedenen Geschmack zu haben. Für ihn ist »richtiger Sex« nichts anderes als ein Geschlechtsverkehr – ich kann so nicht kommen, und er glaubt offenbar, daß klitorale Stimulierung für »vorher« oder »hinterher« oder irgend so was ist. Außerdem wäre ich gern dominanter beim Geschlechtsverkehr, aber wie das bei ihm geht, hab ich noch nicht rausgekriegt. Immer sieht es so aus, als wäre er der Gewinner – was hat es für einen Sinn, jemanden groß zu erregen, wenn er es auf die eine oder andere Art sowieso kriegt? Ich wäre wirklich gern aktiver. Ich finde es schwierig, immer so passiv zu sein. Aber einfach nur still daliegen, heißt noch lange nicht passiv sein. Ich kann mit meiner Vagina aktiv sein, aber ich bewege mich nicht immer.

Ich würde gern erfahren, was andere heterosexuelle Frauen fühlen und tun. Die einzige Frau, mit der ich darüber gesprochen habe, ist meine Schwester, aber sie ist eine unverbesserliche heterosexuelle Frau. Man könnte sie nicht mal mit Gewalt von Männern abbringen. Aber sie hatte zehn Jahre lang keinen einzigen Orgasmus bei Männern – offenbar finden wir beide aus völlig verschiedenem Grund Spaß an der Sache.

Manchmal denke ich mir, daß all diese Dinge vielleicht völlig unwichtig sind und mir die ganze Bumserei viel mehr Spaß machen würde, wenn ich ihn irgendwie mehr mögen würde. Bei einer Frau ist das Emotionale beim Sex ungeheuer wichtig, weil ihr Orgasmus nicht unbedingt auf vaginale Stimulation angewiesen ist.

Verträumter Sex mit Frauen – ich glaube, beim Sex mit Männern vermisse ich irgendwie die körperliche Berührung, Sensualität, das Bewußtsein, daß Sex ein Gefühl von sexueller Intimität ist, und ganz bestimmten sexuellen Bewegungsabläufen unterliegt, und nicht nur ein Penis in einer Scheide (oder eine Scheide um einen Penis). Sex sollte in einem feinen Rhythmus erfolgen, durch den das Verlangen geweckt wird. Ich habe diese Art Rhythmus bei meinem männlichen Liebhaber nur ganz selten gespürt, durch seine Hand oder seinen Mund oder seinen Penis. Ich glaube, er weiß gar nicht, daß sie alle für mich Sex bedeuten und keins von ihnen Vorrang hat. Er berührt mich immer viel zu grob, zu schnell, zu zapplig – und vor allem unregelmäßig. Sein Körper ist hart und kommt mir manchmal vor wie eine Puppe – ich muß ununterbrochen ja oder nein sagen – körperliche Reaktionen genügen ihm nicht.

Frauen sind natürliche Geschlechtspartner, finde ich. Mir gefallen Frauenkörper. Brüste sind etwas Wunderbares, alles ist wunderbar. Ich liebe die weiche Haut der Frauen und die weichen Muskeln mit den Fettpolstern, die schlanken Finger, die schmalen Gelenke. Weil ich eine Frau zur Geliebten hatte (und da ich selbst eine Frau bin), kenne ich bei einer Frau mehr erogene Zonen als die Klitoris, die Vagina und die Vulva – ich kenne und liebe jedes einzelne Fältchen ganz genau, jedes Stückchen Haut und wie es sich anfühlt. Meine Geliebte und ich haben oft masturbiert (wir würden es nicht so nennen). Wir haben einfach alles getan, was schön war, und wenn die eine es nicht fertigbrachte, die andere zum Orgasmus zu bringen, dann hat die andere einfach weitergemacht, und sie hat ihr dann die Brüste geküßt oder sich eng an sie gepreßt oder so. Manchmal hab ich meine Klitoris gerieben, während sie mich mit den Fingern gefickt hat. (Oder umgekehrt natürlich.)

Dadurch, daß ich in den vergangenen zwei Jahren meine Liebhaber gewechselt habe und jetzt nicht mehr mit einer Frau, sondern mit einem Mann zusammen bin, hat sich natürlich der allgemeine Stil geändert, aber nicht die Tatsache, daß ich es immer meinem Partner überlasse, wie der sexuelle Akt abläuft. Daran hat sich nichts geändert. Bei meinen weiblichen Liebhaberinnen war immer klar, daß die Klitoris die stärksten Gefühle bringt, obgleich wir natürlich auch eine Menge anderer Dinge ausprobiert haben, aber ich war immer diejenige, die getan hat, was die andern wollten, so daß ich mich eigentlich von dem, was ich mir im Bett wirklich gewünscht hätte, immer weiter entfernt habe.

Ich bin für monogame Beziehungen. Ich habe noch nie mit anderen geschlafen, wenn ich eine feste Beziehung hatte. Ich könnte das nicht – meine beiden Liebhaber haben immer aufgepaßt und haben sich eingemischt, wenn ich an einem gefährlichen Punkt angekommen war. Vielleicht hatte ich auch ein schlechtes Gewissen und habe es ihnen irgendwie angedeutet, damit sie was dagegen tun sollen. Ich glaube, daß es mir geholfen hätte, wenn ich neben diesen Beziehungen noch andere Liebesabenteuer gehabt hätte, dann hätte ich vielleicht nicht so sehr das Gefühl gehabt, in eine Falle geraten zu sein und unterdrückt zu werden. Ich glaube, ich würde mich stärker und freier fühlen, wenn ich außerhalb meiner festen Beziehung Geschlechtsverkehr hätte.

Ich habe das Gefühl, daß ich mit ihm Schluß machen sollte – aber ich habe Angst davor. Er beklagt sich, daß ich ihn nicht richtig liebe; er glaubt, daß ich in unserer Beziehung die Zügel in der Hand habe (weil ich mit ihm nicht genauso zufrieden bin wie er mit mir), so daß er gelegentlich zum Schlag ausholt. Aber komischerweise glaubt er nicht, daß mich seine zornige Körpersprache – wenn er den Arm hebt, um zuzuschlagen – einschüchtert, so daß ich es nicht wage, meinen Ärger offen zu zeigen. Ich fühle mich von ihm bedroht, weil er mir körperlich überlegen ist, und möchte davonlaufen, wenn er wütend wird.

Wenn wir uns streiten, geht es gewöhnlich um Sex und wie wir unsere Zeit verbringen sollen. Die meiste Zeit gewinnt er, weil wir am Ende immer tun, was er will – zusammen schlafen, zusammenbleiben. Unsere Kämpfe sind nie ganz offen, nie kommt es zu einem richtigen offenen Konflikt. Und ich werde auch fast nie wütend, nicht so, daß ich am liebsten alles hinschmeißen möchte. Meistens ist es so, daß er mir einen langen Vortrag hält oder daß ich an seiner Politur kratze. Aber richtig lösen tun wir eigentlich nie was. Noch ehe ich richtig begonnen habe, die Dinge zur Sprache zu bringen, ist er schon damit beschäftigt, alles zu bereinigen, oder was ich sagen will zu entkräften. Ich greife seine Friedensinitiative auf, aber nicht gerade mit voller Energie oder großer Begeisterung.

Ich war schon bei zwei Therapeuten, einem Mann und einer Frau, um mit dem Wechsel von einer homosexuellen zu einer heterosexuellen Beziehung fertig zu werden. Die Frau war heterosexuell und der Mann homosexuell. Ich hatte nicht das Gefühl, daß auch nur einer von beiden im geringsten verstand, daß meine sexuellen Probleme absolut nichts damit zu tun hatten, ob ich mit diesem Mann nun zusammen sein wollte oder nicht. Beide kamen zu dem Schluß, daß ich ihn eben einfach nicht gern hatte. Manchmal mag ich ihn wirklich nicht, aber ich möchte nicht auf Frauen beschränkt sein – ich möchte gern heiraten und Kinder haben.

Ich bin schließlich (für den Moment) mit mir übereingekommen, daß ich einfach noch zu anfällig bin, um einen Mann aufzugeben, der mich mag, daß es zu gefährlich ist, wenn ich mir wie ein Versager vorkomme, wie eine, die es noch nie geschafft hat, zu einem Mann eine normale Beziehung aufrechtzuerhalten. Ich habe wirklich meine Zweifel, was diesen Mann betrifft, aber ich ertrage es einfach nicht, so allein zu sein. Ich habe nicht getan, was mir die Therapeuten geraten haben – ich habe ihn nicht verlassen.

16

Sind Liebesbeziehungen zwischen Frauen anders?

Eine andere Art zu leben

Gibt es Unterschiede in der Art, wie Frauen in lesbischen Beziehungen die Liebe definieren, im Vergleich zu der Art von Liebe, wie wir sie bis jetzt kennengelernt haben?

Es *ist* eine andere Kultur, die aber zwangsläufig von der allesumfassenden Kultur, in der wir leben, beeinflußt ist. In diesem Zusammenhang fragt eine Frau über zwanzig: »Sind Frauen bessere Menschen? Ich kenne Frauen, die für mich wie ›Seelenverwandte‹ sind – aber es gibt auch welche, die nicht anders sind als die meisten Männer – kalt, distanziert, unfähig zu kommunizieren, die andere Leute benutzen und sich einen Dreck um die Gefühle anderer kümmern. Haben sich vielleicht einige von uns von dem männlichen Machtgehabe anstecken lassen und wenden nun auch Macht an, damit eine Beziehung attraktiv wird? Es gibt nicht sehr viel Alternativmodelle. Trotzdem, so intensiv und vielleicht sogar überanalysiert meine Beziehungen zu Frauen auch gewesen sein mögen, glaube ich, daß sie enger waren und mir mehr gegeben haben als jede Beziehung zu einem Mann. Vielleicht sind wir nicht gerade vollkommen, aber ganz bestimmt auf dem Weg dahin.«

Eine Frau über fünfzig: »Die Frauen in der Frauenbewegung sagten, daß die Schwierigkeiten in Beziehungen daher kämen, weil Männer solche Machos sind. Sie entschuldigen sich nie, und sie kümmern sich auch nicht um Gefühle. Daher müßten lesbische Beziehungen sehr viel besser sein, weil beide Frauen im wesentlichen gleich sind. Ist es für sie leichter, miteinander auszukommen? Ich würde sagen, ja. Die besten Beziehungen sind die gleichgeschlechtlichen, vor allem zwischen Frauen. Sie haben die besten Chancen überhaupt. Sie sind gleichberechtigt, und die gemeinsame Zeit besitzt viel mehr Qualität. Aber auch bei all diesen Vorzügen lassen sich natürlich nicht sämtliche Kontroversen vermeiden. Aber du lernst, mit diesen Kontroversen richtig umzugehen und trotzdem zusammenzubleiben. Frauen verstehen dieses Team-Konzept viel besser. Eine Beziehung ist für mich nur mit einer Frau möglich. Ich glaube, das ist die einzige und beste Lösung, wie so etwas auf der Welt funktioniert.«

Was ist Liebe?

»Wie liebe ich sie jetzt, nach zehn Jahren? Ich liebe ihre intellektuellen Fähigkeiten, ihren Körper, ihre Talente. Sie ist mutig und stark, ungewöhnlich geistreich, und sie ist eine sehr schöne Frau.«

»Unsere Liebe ist wie ein Strom, der immer weiterfließt, der immer stärker und tiefer wird, und der mir das Gefühl von Frieden und einen Mittelpunkt gibt. Ihre komische Art bringt mich immer zum Lachen; ihre Beständigkeit und das Wissen, daß ich mich immer auf sie verlassen kann, gibt mir Kraft – dieses wunderbare Funkeln der Leidenschaft, das Gefühl von Freude, einfach nur, weil sie da ist! Wir wohnen nicht weit voneinander entfernt, wir schlafen zusammen, baden zusammen, waschen uns gegenseitig die Haare und reiben uns gegenseitig mit Sonnenöl ein. Ich liebe die Wärme und Intimität, die dadurch entsteht. Wir teilen uns, grob gesehen, das Geld und die Unkosten, je nachdem, wer gerade etwas hat – wir haben beide nicht viel. Wir erzählen uns alles – intime Dinge, Erinnerungen, Träume. Wir sind monogam.«

»Ich bin mit meiner Freundin vierundzwanzig Stunden am Tag zusammen und fahre mit ihr auch in die Ferien. Sie kommt mir wie ein fremder Stern vor. Sie ist ganz nah bei mir, aber von weit entfernt, von sehr weit entfernt, wie ich noch nie ein Leuchten erlebt habe. Ein Ton, der mir ständig ins Ohr geht und meine Gedanken durcheinanderbringt. Ich bin in sie verliebt, heftig und schon lange. Und ich liebe sie auch. Sie ist meine Geliebte, meine Seelengefährtin; ich denke an sie, wenn ich ein ganz bestimmtes Lächeln sehe, wenn mein Herz zu singen beginnt – eine Schwester, die ich seit Jahrhunderten kenne. Wir waren zusammen, und es war mal einfacher, mal schwieriger als es jetzt ist – aber eines Tages, in irgendeinem Leben, wird es nicht schwer sein; es wird genauso natürlich sein, wie es sich anfühlt. Ich bin in ihre *Tiefe* verliebt, in ihr Funkeln. Zu wissen, daß ich geliebt werde, gibt mir Sicherheit.«

»Meine Geliebte ist schön, liebenswürdig, intelligent, belesen und aufmerksam. Ihre politischen und geistigen Ansichten sind ihr wichtig und ähneln meinen. Ich fühle mich glücklich, wenn wir zusammen sind, wir erleben aufregende Dinge zusammen. Beispielsweise hatte sie die Idee, wie wir ein Geschäft aufbauen und reich werden könnten,

608

und wir arbeiten jetzt daran und haben eine gute Chance, Erfolg zu haben. Wir leben zusammen und haben einen angenehmen Lebensstil. Wir streiten uns nicht, aber manchmal diskutieren wir über etwas. Es wird alles immer nur besser. Der größte Unterschied zwischen uns – wir haben nicht denselben Geschmack in bezug auf Silberbesteck – und noch ein paar ernsthaftere Dinge! Ich habe mehr Angst vor der Intimität als sie, aber langsam nimmt sie ab. Ich arbeite zuviel. Ich vernachlässige sie manchmal, und dann leidet sie wortlos. Ihr Selbstbewußtsein entwickelt sich, und ich werde immer rücksichtsvoller. Wir passen sehr gut zusammen.«

39 Prozent der lesbischen Frauen, die eine Beziehung haben, sind in ihre Gefährtinnen »verliebt« – wie die folgende Frau:
»Ich bin fünfundzwanzig, schwarz – und ich bin in eine zweiunddreißigjährige Frau verliebt. Ich denke die ganze Zeit an sie. Ich kann nicht schlafen, kann nichts anderes denken, sie geht mir nicht aus dem Kopf. Ich würde gern mit ihr zusammenleben und alles teilen, auch das Geld. Meine Freundin hat für mich die gleichen Gefühle. Als sie mir das erste Mal einen Kuß gegeben hat und mir sagte, daß sie mich auch will, war ich sehr glücklich. In sie verliebt zu sein ist eine Herausforderung – es bedeutet Freude, Schmerz, Frustration, Verletzung, Lernen, Glück, alles in einem. Die schönste Liebesgeschichte, die ich kenne, ist meine eigene.

Unsere Beziehung dauert jetzt schon zwei Jahre. Ich habe eine neunzehn Monate alte Tochter aus einer früheren Beziehung. Sie hat ein Kind von ihrem Ex-Ehemann. Das wichtigste an unserer Beziehung ist die Kommunikation, die Leidenschaft, die Liebe und die sexuelle Intimität, genau in dieser Reihenfolge. Das schlimmste daran ist, daß wir nicht genügend Zeit füreinander haben. Sie wohnt bei ihren Verwandten. Wenn ich die Dinge ändern könnte, würde ich in ein eigenes Haus einziehen und sie bitten, bei mir zu wohnen. Ich liebe und bewundere sie.

Mit dem Mann, mit dem ich gegangen bin, bevor ich lesbisch wurde, bin ich fertig. Er ist der Vater meines Kindes. Eines Tages ging er einfach auf und davon. Ich habe große Veränderungen durchgemacht, aber nach einer Weile kam ich zu dem Schluß, daß es für *ihn* ein Verlust ist, nicht für mich. Ich habe es gut überstanden. Ich war gut zu ihm, aber er wußte es nicht zu schätzen. Für mich sind Frauen sensibler, liebenswerter, zärtlicher; ich finde, es ist leichter, mit ihnen auszukommen, und sie sind auch zuverlässiger, nicht so untreu. Ich engagiere mich viel mehr, wenn ich mit einer Frau schlafe. Es gefällt mir besser.

Meine Freundin findet, daß es nicht nötig ist, einen Mann oder einen Liebhaber oder ein Baby zu haben, um sich als Ganzes zu fühlen, um sich als eine vollkommene Frau zu fühlen. Ich bin derselben Meinung. Man kann auch ohne all diese Dinge eine Frau sein. Eine Menge Frauen haben das Gefühl, daß sie erst ein Kind und einen Mann haben müssen, um vollkommen zu sein. Das finde ich nicht. Ich fühle mich auch so vollkommen.«

Lesbische Frauen diskutieren genauso oft den Unterschied zwischen »Leidenschaft« und »Zuneigung«* wie heterosexuelle Frauen, und überlegen, wofür sie sich entscheiden sollen:

»Verliebtsein ist ein Zustand, der nur kurz anhält. Jemanden lieben ist etwas, das von Dauer ist.«

»Verliebtsein ist im Grunde egoistisch. Du scheinst den geliebten Menschen mit deiner Liebe zu überschütten und einzuhüllen, dabei freust du dich nur für dich selbst, weil du jemanden gefunden hast, von dem du glaubst, daß er das ist, was du dir immer gewünscht hast. Und wenn du jemanden länger liebst, erfährst du allmählich, was für den anderen gut ist, und kannst versuchen, es ihm zu geben. Aber es gibt noch viele andere Möglichkeiten der Liebe. Mütterliche/väterliche Liebe, die einen anderen Menschen wie ein Kind umsorgt. Manchmal scheint es wichtiger, jemanden zu mögen, als ihn zu lieben. Aber *Verliebtsein* ist ein starkes Band, und es läßt sich durch nichts ersetzen.«

»Liebesgeschichten? Ich mag Jane Austen, ihre Vorstellung von Liebe als ein Zustand gegenseitiger Achtung, der aus einer Freundschaft erwächst. Aber ich glaube, sie hat nicht bedacht, welche Komplikationen der Sex mit sich bringt – für sie sind Leidenschaft und Achtung zwei verschiedene, voneinander getrennte Dinge. Dabei müssen die Menschen doch beides finden, jedenfalls, wenn sie monogam sein wollen.«

»Ich glaube, sexuelle Leidenschaft nimmt Schaden im täglichen Leben. Leidenschaft kann nicht konstant sein, nichts ist konstant. Krankheit verändert die Leidenschaft. Der Tod verändert die Leidenschaft. Furcht verändert sie, genauso wie Zorn, Armut, Drogen, Schmerzen, ein Telefonanruf von der Familie. So ist das Leben. Aber Leidenschaft kann zurückkehren genauso wie Wohlhabenheit, Hoffnung, Geld zurückkehren können...«

»Ich weiß, daß meine Leidenschaft immer am stärksten war, wenn alles in das ›Bild‹ paßte, das ich mir vom Verliebtsein machte. Aber wenn ich es von einer anderen, losgelösten Warte aus betrachtete, erkannte ich, daß es hauptsächlich um Sex ging. Ich bin emotional sehr offen – ich muß für den Menschen, mit dem ich sexuell verkehre, et-

---

* Siehe 14. Kapitel.

was fühlen, aber ich neige dazu, Leidenschaft mit Liebe zu verwechseln. Ich habe auch immer geglaubt, daß zum ›Verliebtsein‹ diese blindmachende Leidenschaft gehöre, das Bedürfnis, ständig mit jemandem schlafen zu wollen. Aber die Person, bei der ich mich so gefühlt habe, ist außerordentlich verkrampft, emotional unreif und keineswegs jemand, mit dem ich eine gesunde Beziehung auf einer alltäglichen Basis haben könnte. Es ist bestürzend, wie unrealistisch meine Vorstellungen von Liebe waren. Ich schätze, das geht anderen auch so, aber es stiftet ziemliche Verwirrung.«

»*Verliebtsein* ist ein explosives, obsessives, irrationales, wunderbares, verträumtes Gefühl. Zur *Liebe* ist lange harte Arbeit nötig, Vertrauen, Kommunikation, Hingabe, Schmerzen, Vergnügen.«

»Wir haben großen Respekt vor dem kreativen Schweigen des anderen, vor seinem Innenleben. Allein würden wir uns völlig verloren fühlen, trotzdem ist es keine blinde Verzweiflung – denn im Grunde lieben und achten wir uns. Ohne unsere Liebe wäre das Leben nicht so spannend und inspirierend. Einfacher vielleicht, aber nicht so reich.«

»Ich glaube, Gefühle des ›Verliebtseins‹ sind die höchsten Gefühle überhaupt – dann begegnen wir uns selbst und dem ganzen Universum auf einer höheren Ebene und projizieren diese Gefühle aufeinander. Aber noch wichtiger ist es, jemanden zu *lieben*, mit dem man zusammenleben kann.«

»Mir macht es Spaß, verliebt zu sein, aber ein Leben lang möchte ich es nicht sein, denn eigentlich ist es frustrierend. Ich glaube, daß es viel wichtiger ist, mit jemandem zusammen zu leben, jemanden zu lieben. Liebe gibt einem die tägliche Kraft, die nötig ist, um existieren zu können. ›Verliebt zu sein‹, ist wie eine Droge, eine Euphorie, ein hypnotischer Zustand, in dem ich jede Verantwortung aufgebe und wieder wie ein Kind bin. Wirkliche Liebe ist Vertrauen, Interesse, Fürsorge, Einfühlungsvermögen. Gewöhnlich spüre ich schon beim ersten oder zweiten Mal, wenn ich jemanden kennenlerne, ob ich ihn lieben werde.«

43 Prozent der lesbischen Frauen würden für eine Beziehung »alles aufs Spiel setzen«, während 57 Prozent anderer Meinung sind – für sie ist leidenschaftliche Liebe, also ›Verliebtsein‹, ein allzu flüchtiges Gefühl, um auf die Dauer funktionieren zu können. Trotzdem sprechen sich weitaus mehr lesbische Frauen für eine leidenschaftliche Beziehung aus als heterosexuelle Frauen.

In diesem Punkt sind die Antworten hier wie dort oft ziemlich konfus und widersprüchlich:

»Ich wünsche mir noch immer große leidenschaftliche Gefühle, obgleich ich weiß, daß sie nicht von Dauer sind.«

»Eigentlich weiß ich gar nicht so recht, wie es ist, lange Zeit an einer Liebe zu arbeiten – bei mir hat es einfach nie geklappt.«

Aber eine Frau sagt, daß Leidenschaft und Stabilität durchaus vereinbar sind:
»Man muß sich nicht unbedingt zwischen Leidenschaft und Stabilität entscheiden. Sex gedeiht viel besser. Auch die ganz alltäglichen Dinge können einen in Schwung bringen. Das ist wie Ebbe und Flut – es kommt und geht, und manchmal springt der Funke über.«

Manchmal ist die Liebe wirklich grenzenlos. Eine neunundzwanzigjährige Frau beschreibt, wie sehr sie gelitten hat, als ihre geliebte Freundin starb, und daß ihre Liebe für sie nie aufgehört hat:
»Meine Liebste ist vor vier Jahren gestorben. Am Anfang habe ich vor allem physisch darauf reagiert. Ich fühlte mich krank, mir war die ganze Zeit kalt (obgleich es Sommer war). Ich fühlte mich ausgehöhlt, ich konnte nicht essen und nicht schlafen. Ich war wie körperlos und wunderte mich nur, daß meine Arme und Beine noch immer da waren, an etwas befestigt zu sein schienen. Später kam es mir vor, als sei die Welt in Stücke gerissen, als ginge die Welt zu Ende und ich sähe zu. Es war schrecklich. Vor allem auch, daß es sonst niemanden zu interessieren schien. Insbesondere erinnere ich mich, wie ich einer Freundin zusah, die gerade ein Hemd bügelte. Ich dachte: ›Das würde sie doch ganz bestimmt nicht tun, wenn die Welt zu Ende ginge.‹ Aber so richtig überzeugt war ich nicht. Diese Wahrnehmungen schienen die äußeren Erscheinungen ihres Todes zu sein.

Dann hatte ich Angst, allein zu sein, ich war völlig leer und hatte die ganze Zeit das Gefühl von Übelkeit. Einige Freundinnen rieten mir, eine Zeitlang eine Armbinde zu tragen, das hat mir sehr geholfen. Es war ein äußerer Beweis meiner inneren Schmerzen, und außerdem fühlte ich mich nicht mehr so allein und kam auch viel besser mit meiner Umgebung zurecht, weil ich so tun konnte, als wäre alles in Ordnung. So zu tun, als wäre alles in Ordnung, war ein schreckliches Gefühl, und ich wich ihm aus, so gut es eben ging. Manchmal glaubte ich, den Verstand zu verlieren. Ich mußte dieses Gefühl überwinden!

Zum Glück erhielt ich bei der Trauerfeier einen Ehrenplatz, und ihre Familie kümmerte sich sehr um mich während dieser Zeit.

Es gab keinen Teil an mir, der nicht traurig war. Jeder Teil von mir war traurig, einschließlich einiger Teile, denen ich es gar nicht zugetraut hätte, traurig sein zu können, zum Beispiel, gerade die Teile, die immer ganz verrückt nach ihr gewesen waren, oder der Teil von mir, der mehr Freiraum benötigte, und der Teil von mir, der davon überzeugt gewesen war, daß wir nicht zusammenpaßten. *Jetzt* denke ich manchmal fast: ›Gott sei Dank, daß sie gestorben ist, bevor uns *das* in die Quere gekommen wäre‹ – irgendwelche schmerzhaften oder schwierigen Dinge. Aber eigentlich kann ich nicht einmal sagen, daß selbst der Teil von mir, der einfach immer nur schlafen möchte, bis in alle Ewigkeit, nicht auch traurig ist.

Und ich war sehr wütend! Und hatte Angst, vor allem ganz am Anfang, als ich mir noch vormachte, daß sie sich vielleicht nur vor mir versteckte oder daß alles nur ein Irrtum sei – daß sie bestimmt zurückkommen würde. Ich hatte Angst, daß mein Zorn sie fernhalten könnte. Ich glaube, ich fürchte mich noch immer davor, Angst zu haben. Es kommt mir so vor, als wollte ich nicht zugeben, daß mich der Verlust eines Menschen so schwer treffen könnte.

Aber ich hatte zuerst auch das Gefühl, daß ich jetzt, nachdem ich das Wichtigste in meinem Leben verloren hatte, unbesiegbar sei, daß mir nichts mehr etwas anhaben könne. Zum Beispiel nahm ich absichtlich Gefahren auf mich, ging in Stadtteile, die ich sonst gemieden hatte. Und danach hatte ich eine Zeit, in der ich mich absolut schutzlos fühlte, vor allem, wenn ich daran dachte, wie es sein würde, wenn ich neue Bindungen eingehen und mich wieder eventuellen Verlusten aussetzen würde.

Was ich am meisten vermisse, ist ihre Art, es immer noch einmal zu versuchen, nie das Handtuch zu werfen, und wenn ich noch so abweisend war. Hoffnung? Glaube, es ändern zu können? Sie hatte eine Beharrlichkeit wie nur selten jemand. Sie gab nie auf. Niemals. Und so lange ich auch nicht zurücksteckte, hätte sie nie gesagt: ›Zum Teufel damit! Ich gebe es auf.‹ Niemand wird sie je ersetzen können.«

Das Schöne an Beziehungen: Was genießen Frauen an Liebesbeziehungen mit Frauen am meisten?

86 Prozent der Frauen sagen, daß es für sie am schönsten ist, wenn sie zusammen reden und zugleich zärtlich sind:

»Reden, Zärtlichkeit, das tägliche Leben, Freunde besuchen.«

»Miteinander schlafen, sich aneinanderkuscheln, sich in den Armen halten, reden, Sex, zärtlich sein, noch ein bißchen reden – das tägliche Leben. Und – zusammen Musik machen, einander vorlesen, zusammen trampen und Fahrrad fahren, sich fest in den Arm nehmen und ohne Sex zärtlich sein.«

»Am Strand spazierengehen und reden. Diese Beziehung ist für mich sehr wichtig. Ich fühle mich so ruhig und sicher, und ich leiste jetzt auch mehr in der Arbeit, und auch im Spiel bin ich besser. Weil mir diese Beziehung Stabilität und Sicherheit gibt.«

»Als wir vergangene Woche einen ganzen Tag zusammen verbrachten, ohne etwas im voraus zu planen, war ich sehr glücklich. Es war wunderbar, weil alles so spontan war. Seit Monaten habe ich mich nicht mehr so völlig ohne Sorgen gefühlt. Im allgemeinen teile ich gern all die kleinen Dinge, die in meinem Leben passieren, mit jemandem und rede auch gern über alles. Das ist wichtig für mich.«

82 Prozent der Frauen sagen, daß ihre Liebesbeziehungen (und Freundschaften) zu anderen Frauen deshalb so gut sind, weil sie über alles – auch über intime Dinge – reden können:
»Wir reden immer lange und sehr offen über alles. Wir akzeptieren einander.«

»Normalerweise ist es ganz einfach, miteinander zu reden. Sie spricht oft über ihre Gefühle, Gedanken, Reaktionen usw., und wir ermutigen uns auch gegenseitig, es weiter zu tun. Es ist eine ganz neue Art Beziehung. Allerdings habe ich das Gefühl, daß ich auch Freunde brauche, um mein Leben mit ihnen zu teilen. Manches halte ich noch immer zurück. Geheimnisse oder Ängste, die ich noch nicht preisgeben kann. Aber auch dafür hat sie Verständnis.«

»Sie und ich, wir könnten in keiner Beziehung leben, in der wir uns nicht unsere Gefühle und Gedanken mitteilen würden. Zum Beispiel sagt sie zu mir: ›Du klammerst zu sehr‹, oder ich sage zu ihr: ›Du verschließt dich zu sehr.‹ Und dann reden wir darüber.«

Lesbische Frauen beschreiben sehr begeistert ihre glücklichsten Momente:
»Ich bin unheimlich gern mit ihr zusammen! Manchmal, wenn wir zusammen sind, lesen wir nur die ganze Zeit. Wir sind jeder in einer eigenen Welt und trotzdem sind wir zusammen. Ich mag es auch, wenn wir uns eng aneinanderkuscheln und zärtlich sind. Sex ist der absolute Höhepunkt!«

»Ich bin im Augenblick so glücklich, wie es nur geht. Wir haben aber auch schon ganz schön harte Zeiten durchgemacht. Ich fühle mich von ihr unheimlich angeregt. Es ist ganz einfach, intim zu werden. Das genieße ich sehr. Am meisten stört es mich, daß ich eigentlich nie so richtig weiß, was sie gerade fühlt, da es ihr schwerfällt, offen zu reden!«

»Am allerglücklichsten war ich, wenn mich meine erste Freundin umarmte, wenn ich nachts im Bett in ihren Armen lag.«

»Ich liebe es über alles, mich im Sessel zusammenzurollen und mit ihr zusammen fernzusehen. Wir haben oft intime Gespräche. Wenn wir miteinander Liebe machen – phantastisch! (Wir sagen nicht ›Sex haben‹ – das klingt so kalt.) Wir sind beide sehr zärtlich. Sogar in der Öffentlichkeit lassen wir uns nie durch Blicke oder spöttische Gesichter stören, wir ignorieren sie einfach. Wir glauben, daß wir durch unsere Offenheit dazu beitragen, die Menschen an gleichgeschlechtliche Beziehungen zu gewöhnen.«

Und eine nicht gerade typische Auskunft:
»Verrückt spielen – Sex, Drogen und heiße Musik!«

Für 81 Prozent der Frauen, die lesbische Beziehungen haben, steht der Sex an zweiter Stelle; für die meisten Frauen ist Sex mit einer anderen Frau etwas sehr Schönes:
»Der Sex mit meiner Partnerin ist großartig. Ob es mir Spaß macht? Und ob. Ob ich gewöhnlich einen Orgasmus habe? Ja! Das beste daran ist die Verspieltheit und daß der Sex zwischen uns eine Metapher für unsere emotionale Nähe ist.«

»Ich liebe alles am Körper meiner Freundin – ihre Brüste, die Klitoris, die Vulva, die Vagina, den Anus, oralen Sex, einfach alles. Ich mag sie gern riechen und schmecken, und ich glaube, daß es meiner Partnerin mit mir genauso geht. Sie weiß genau, wie sie mich erregen kann, obgleich sie mich nur selten an der Klitoris berührt. Ich brauche ihr nicht zu sagen, was sie tun muß, auch wenn ich es die ersten paar Male getan hab. Sie bringt mich jederzeit zum Orgasmus, wenn sie will! Ich stelle mir alles mögliche vor – aggressiven, brutalen, liebevollen, exhibitionistischen, sadistischen, masochistischen Sex, ich denke an Vergewaltigung, an Heterosexualität, an Bisexualität, ich habe animalische Gefühle, ich denke an Sodomie, Pädophilie. Ich spiele alle möglichen Rollen, männliche, weibliche, kindliche, tierische, viele verschiedene Menschen. Meine Liebhaberin ist schon alles gewesen, was es unter dieser Sonne gibt, und auch ganze Menschengruppen – in jeder Situation. Ich erzähle ihr davor, dabei und danach, was ich mir vorstelle, oder manchmal erzähle ich ihr auch gar nichts. Und oft stelle ich mir auch gar nichts vor – nur uns beide.«

»Sex mit meiner jetzigen Partnerin ist sehr gut. Ich genieße ihn und habe fast immer einen Orgasmus. Ich mag oralen Sex gern, aber es gefällt mir besser, wenn der Orgasmus manuell herbeigeführt wird. So frei wie mit ihr habe ich mich noch nie gefühlt. Wir reden, während wir uns lieben, und ich habe meiner Geliebten schon zugesehen, wenn sie masturbiert hat. Am schönsten und intensivsten ist es immer, wenn ich das Gefühl großer Nähe und Intimität zwischen uns habe. Es ist, als wüßte ich, wohin ich gehe, und daß ich auch dort ankommen werde. Wenn ich sehr leidenschaftlich bin, merke ich, wie schön es für sie ist und spüre ihre Erregung. Manchmal frage ich mich, was mir eigentlich mehr gefällt, wenn ich einen Orgasmus habe oder wenn ich spüre, wie sie einen hat.«

Frauen beschreiben, warum ihnen der Sex mit Frauen besser gefällt:
»Sie ist so weich, so zärtlich, so sanft und so geheimnisvoll.«
»Ich liebe Frauen. Ihre Wärme und ihre Sensibilität. Ich finde es herrlich, sie zu befriedigen.«
»Als ich mit neunzehn verliebt war, stellte ich fest, daß es so warm und aufregend ist, und etwas Gemeinsames. Zwischen uns bestand ein Band, das es mit Männern nie geben könnte.«
»Ich mag die Art, wie Frauen sind, ich mag ihren Körper, ihre leidenschaftliche Art, die Zartheit und die Kraft. Ich mag es, weil keine Brutalität und Feindseligkeit dabei ist.«
»Sex mit Frauen ist viel befriedigender als mit Männern, vor allem die große Nähe und die Ausgeglichenheit von Macht.«
»Frauen sind viel bessere Liebhaber als Männer, und sie kümmern sich auch mehr um die Gefühle ihrer Partnerinnen.«
»Ich habe mich noch nie von einer Frau bedrängt gefühlt, mit ihr zu schlafen. Von Männern bin ich immer bedrängt worden. Ich habe mich kein einziges Mal verabreden können, ohne bedrängt zu werden. Und ich hatte schon mit mehreren Männern zu tun, die gewalttätig geworden sind, körperlich, und außerdem habe ich mich meistens genötigt gefühlt, so zu tun, als hätte ich es gern, wenn man mich grob anfaßt, während ich mich gleichzeitig bemüht habe, die Sache auf freundliche Weise zu beenden. Es gibt noch immer den Druck – auf der Straße, bei Gesprächen –, daß man auf sexuelle Annäherungen von Männern einzugehen hat.«

Sex zwischen Frauen kann außerordentlich zärtlich sein:
»Sie ist immer sehr zärtlich mit mir umgegangen. Sexuelle Ausdrücke ist sie nicht gewöhnt, weil ich ihre erste Liebhaberin bin. Aber es gefällt ihr, wenn ich davon rede.«
»Ich fühle mich begehrenswert, wenn sie mit mir schläft. Ich glaube, sie weiß auch, wie verletzlich ich bin, und ist immer sehr zärtlich.«

Aber Sex zwischen Frauen kann auch sehr heftig sein:
»S/M spielt in meinem Geschlechtsleben eine sehr wichtige Rolle. Dabei werden meine Gefühle freigelegt, wie es anders gar nicht möglich wäre. Natürlich ist dazu sehr großes Vertrauen nötig. Wenn dieses Vertrauen aber hergestellt ist, kann man sich völlig gehen lassen. Die schlechte Presse, die S/M hatte, hat meine Phantasie ziemlich angeregt. Das Vertrauen, die Liebe und die Offenheit, die mich mit meiner Liebhaberin verbinden, übertrifft alles, was ich bisher erlebt habe.«

»Ich mag derben, leidenschaftlichen Sex, weil er über die Grenzen der ›Nettigkeit‹ hinausgeht, die so viele Frauen um sich herum aufbauen. Es wird nichts zurückgehalten wie so oft beim höflich-korrekten sanften Sex – ›S & L‹, wie eine meiner Freundinnen es genannt hat (das heißt Süße und Licht). Meine jetzige Liebhaberin und ich haben ein bißchen mit S/M und Fesselung herumexperimentiert. Es war ungeheuer aufregend und sexy. Aber wir haben uns vorher abgesprochen und nichts getan, was der andere nicht wollte, und der »unten« (das wechselt) hat immer die Kontrolle – und die Illusion, außer Kontrolle geraten zu sein. Wir haben auch Dinge wie schlagen, peitschen, an den Haaren ziehen und beißen gemacht, aber niemals bis zu einer richtigen Verletzung oder daß Spuren zurückbleiben. Das Gute daran ist das Gefühl, sich völlig gehen zu lassen.«

Viele Frauen, sowohl heterosexuelle als auch lesbische, heben hervor, daß es einen Unterschied gibt zwischen dem, was sie sich in ihrer Phantasie vorstellen, und dem, was sie vielleicht tatsächlich wollen:
»Meine Freundin und ich haben ziemlich ausschweifende Vorstellungen von S/M, hartem Sex und Vergewaltigung sowie von Fesselung. Obgleich ich sowas schon gemacht habe, hasse ich es. Diese Dinge sind nur in der Phantasie berauschend. Manchmal, in der Hitze der Gefühle, schlagen wir uns, beißen uns, stemmen uns gegeneinander und penetrieren einander, geben uns harte Küsse, aber ohne diese ganze Brutalität, ohne uns Schmerzen zuzufügen und vor allem ohne Gewalt.«

Während sich manche Frauen (aller Altersstufen) frei und ungezwungen fühlen, sind 32 Prozent der Frauen (aller Altersstufen) sehr schüchtern:
»Vor meiner Freundin masturbieren? Ich wollte es und habe sie ein paar Mal überredet, es vor mir zu tun, aber sie mag das nicht.«
»Ich dringe nicht gern in die Vagina einer Frau ein, wahrscheinlich weil ich es selbst auch nicht gern habe, aber ich weiß, wie man es macht, und manchen Frauen gefällt es. Am Anus hab' ich es erst einmal gemacht – aber schöner finde ich es, außen herum zu reiben, an den Stellen, die sehr empfindlich sind.«

76 Prozent der lesbischen Frauen* finden Sex gut, aber 29 Prozent haben auch Probleme:
»Eine ganze Reihe von Frauen hat schon versucht, mich zum Sex zu überreden. Bei einer habe ich nachgegeben: Ihrer Meinung nach hatten wir ein ›Verhältnis‹, weil wir einige Male zusammen geschlafen

---

* Siehe *Hite Report, Das sexuelle Erleben einer Frau,* 7. Kapitel.

hatten. Ich mochte sie ganz gern, hatte aber ein ausgesprochen schlechtes Gewissen, weil ich die Intensität ihrer Gefühle nicht teilte. Ich haßte jeden Augenblick, wenn wir zusammen schliefen und knirschte vor Wut mit den Zähnen.«

»Es ist eine traurige Tatsache – oder vielleicht auch nicht, je nachdem, wie man es betrachtet –, daß Frauen nicht so sehr auf Sex aus sind wie Männer und daß es manchen Frauen nicht so viel ausmacht, Frauen zurückzuweisen. Ich glaube nicht, daß das bedeutet, Frauen wären weniger an Sex interessiert als Männer, aber sie haben dabei ein schlechtes Gewissen – vor allem bei lesbischem Sex.«

Vor allem jüngere Frauen sind manchmal sehr schüchtern und haben Schwierigkeiten, zum Orgasmus zu kommen – sogar, wenn sie es selber machen:
»Vor eineinhalb Jahren hatte ich zum ersten Mal in meinem Leben einen Orgasmus. Als Kind habe ich nie masturbiert. Als ich erwachsen war, habe ich es versucht, weil ich wußte, daß meine Freundinnen es taten, aber es hat mich ziemlich frustriert, weil es nicht gerade leicht war, mich über die Klitoris in Erregung zu versetzen. Später ging ich zu einem Sexualtherapeuten. Ich fand es schrecklich, daß ich das alles erst lernen mußte – in meinem Alter! Ich war wütend, weil ich es als Kind nicht getan hatte. Aber nach einer Weile ging es dann ganz gut. Und jetzt orgasme ich, wenn ich will, und das Masturbieren macht mir auch Spaß!«

»Ich bin zweiundzwanzig Jahre, Lesbierin, bin am College und habe eine feste Partnerin. Manchmal sind wir beide ziemlich befangen beim Sex und tun uns dann ziemlich schwer, diese Befangenheit zu durchbrechen. Manchmal gelingt es uns. Dann habe ich ein tolles Gefühl – stark und leidenschaftlich. Aber wenn es nicht klappt, ist es eine ziemliche Enttäuschung – wie ein Mißerfolg. Und es ist mir auch peinlich. Wir haben beide keinen Orgasmus – das ist eine Schranke, die wir nicht durchbrechen können. Außerdem masturbiere ich nicht. Ich würde das alles gern ändern. Noch vor ein paar Jahren wäre ich nie auf die Idee gekommen, mir über meine sexuellen Sperren Gedanken zu machen. Jetzt tu ich es.«

»Wenn ich einen Vibrator benutze, direkt an der Klitoris, kriege ich einen Orgasmus. Ich habe es auch schon mit einer Liebhaberin versucht, und ich fühle mich auch irgendwie wohler dabei, aber ich bringe es einfach nicht fertig, ihr zu sagen, daß ich bei ihr keinen Orgasmus kriege. Ich habe meinen Vibrator zwar immer bei mir, aber ich bin viel zu schüchtern, um jemanden zuschauen zu lassen, wenn ich masturbiere – ich habe immer das Gefühl, daß ich es eigentlich nicht tun sollte. Ich bin beim Sex immer aktiver als meine Partnerin, weil ich dann mehr Vertrauen zu mir habe als umgekehrt.«

Aber wie aus dem *Hite Report* über weibliche Sexualität und aus anderen Untersuchungen hervorgeht, haben Frauen bei lesbischem Sex im allgemeinen häufiger einen Orgasmus als bei heterosexuellem Sex.

Lesbische Singles machen sich jetzt besonders wegen AIDS Sorgen, mit neuen Partnerinnen sexuell zu verkehren. Eine Frau sagt: »Ich mache mir Sorgen, denn wenn eine lesbische Frau zwischendurch auch mal mit einem Mann schläft, dann handelt es sich höchstwahrscheinlich um einen Homosexuellen. Und Homosexuelle haben das höchste AIDS-Risiko. Wenn also eine Frau, mit der ich schlafe, mit einem homosexuellen Mann geschlafen hat, gehe ich ein ziemliches Risiko ein!«

Probleme in Liebesbeziehungen zwischen Frauen

»Mit einer Frau, in die man verliebt ist, eine Beziehung zu haben, ist kein reines Honigschlecken.«

Zwei Frauen heben hervor, daß es auch in Beziehungen zwischen Frauen Probleme geben kann. Dieser Meinung schließen sich 93 Prozent der lesbischen Frauen an:

»Wir haben immer gesagt, daß Frauen – unter sich – perfekte Liebesbeziehungen haben können, es waren immer die Männer, die alles verdarben, die nicht wußten, wie man wirklich liebt. Aber in lesbischen Beziehungen kann sehr viel passieren, das auch nicht anders ist als bei Männern. Zum Beispiel, daß die eine sich distanziert oder daß sie ihre Unabhängigkeit über alles andere stellt usw. Das ist sehr desillusionierend. Liebe zwischen Frauen muß nicht unbedingt der Himmel sein.«

»Zwischen Frauen gibt es auch Machtkämpfe, leider. Zum Beispiel wegen des Geldes – daß die eine von der anderen abhängig ist, daß die eine mehr hat als die andere – und die sich dann unterlegen fühlt, weil sie finanziell abhängig ist. Und auch in anderer Hinsicht, wer wen wieviel braucht, wer abhängiger ist, wer weniger abhängig ist. Wenn ich zu abhängig bin, dreht sie durch; wenn sie abhängig ist, drehe ich durch; aber ich drehe auch durch, wenn sie *nicht* abhängig ist!«

Die häufigsten Probleme, von denen die Frauen sprechen, sind unter anderem:
»Es fällt uns beiden schwer, der anderen ihren ›Freiraum‹ zu lassen. Als Individuen zu handeln und gleichzeitig ein Paar zu sein.«

»Wir sind intellektuell sehr verschieden. Sie wünscht sich einfachere Dinge im Leben. Ich wünsche mir, daß sie mehr liest. Es ist alles sehr schwierig, weil ich noch auf die Schule gehe. Ich wünschte, ich hätte mehr Zeit und Energie für uns, aber ich muß soviel lernen. Es ist schwierig, alles ins Gleichgewicht zu bringen.«

»Die Unsicherheit. Ich wünschte, lesbische Ehen könnten legalisiert werden, und wir würden von der Gesellschaft wie normale Eheleute behandelt.«

»Wir sind zwei Frauen mit sehr starkem Willen. Ich hoffe, wir können unsere Streitigkeiten beilegen, ohne uns trennen zu müssen.«

»Meine Launen, meine Reizbarkeit und mein Wunsch, allein zu sein, wenn ich mit meiner Arbeit unter Druck stehe, sind ein Problem. Ich müßte mich besser entspannen und ihre Gegenwart genießen können.«

»Wahrscheinlich meine ungesellige Art. Das würde ich *an mir* ändern. Aber lieber wäre es mir, wenn sie mich akzeptieren würde, wie ich bin.«

»Mir gefällt ihr gesellschaftlicher Ehrgeiz nicht – daß ihr triviale Dinge so wichtig sind, zum Beispiel, was die Leute wohl von einem denken.«

»Sie kritisiert mich, weil ich so ein ›Miesepeter‹ bin, und ich habe an ihr auszusetzen, daß sie nie was sagt, wenn wir mit anderen zusammen sind. Aber ich hacke nicht auf ihr herum deswegen. Sie ist ziemlich schüchtern. Und mag nicht, daß ich immer so direkt bin und kein Blatt vor den Mund nehme.«

»Unser größtes Problem ist ihr Mangel an spontaner Zärtlichkeit und ihre Angewohnheit, sich abzukapseln und mich auszuschließen. Sie ist lieber wütend, anstatt zu reden.«

»Sie nimmt keine Rücksicht auf meine Gefühle, kümmert sich einfach nicht darum, das verletzt mich am meisten. Ich schätze, ich bin zu besitzergreifend, das ist das schlimmste an mir.«

»Manchmal tut sie mir weh. Und reden ist gar nicht so leicht. Wir haben schon oft eine Nähe hergestellt, wie ich sie mir wünsche, und ich glaube, daß wir auch in Zukunft offen sein werden. Aber manchmal ist es gar nicht so leicht.«

Die praktischen Vereinbarungen des gemeinsamen Lebens sind gewöhnlich kein Problem; 95 Prozent der Paare haben eine zufriedenstellende Arbeitsteilung:

»Wir sind ganz instinktiv irgendwie aufeinander eingespielt. Wir tun beide alles und tun es gern. Vor allem kochen. Wir kochen jeden Tag.«

»Wir kochen beide, räumen beide auf, machen die Betten, die Wäsche, waschen das Auto, pflanzen Blumen, malen und reparieren, alles gemeinsam. Ich habe mehr Phantasie, und sie ist praktischer veranlagt. Wir schlafen und baden und duschen zusammen.«

Frauen mit Kindern müssen ganz besondere Schwierigkeiten bewältigen – obgleich wir gesehen haben, daß Kinder auch in heterosexuellen Beziehungen zusätzliche Probleme aufwerfen.

Eine Frau hat wegen des Kindes ihrer Partnerin die Beziehung abgebrochen:
»Um die Wahrheit zu sagen: Ich habe wegen ihres Kindes mit ihr Schluß gemacht. Wir waren sieben Jahre zusammen. Aber ich bin mit dieser Konkurrenzsituation nicht fertig geworden. Ich teile nicht gern. Wahrscheinlich ist das auch der Grund, warum ich monogame Beziehungen habe. Ich wollte meine Liebhaberin nicht mit ihrer Tochter teilen. Die meisten Menschen würden es wahrscheinlich nicht zugeben, aber genau das war der Grund. Und wenn du eine Tochter hast, dann hast du sie für alle Zeiten. Du kannst dich nicht von ihr scheiden lassen oder sie auf irgendeine andere Weise loswerden – sie ist einfach da und wird ihre Mutter sogar noch überleben, nicht wahr. Also, nicht einmal der Tod kann helfen. Und das ertrage ich nicht. Ich kann es einfach nicht.

Außerdem wußte die Tochter nicht, daß ihre Mutter lesbisch ist. Wir mußten uns die ganze Zeit verstecken. Ein schrecklicher Streß war das. Ich weiß nicht, ob es anders gewesen wäre, wenn die Tochter es gewußt hätte.

Ich glaube nicht, daß Kinder damit fertig werden. Ich habe mit ihr zusammengelebt, als ihre Tochter zwischen sieben und vierzehn war. Kinder in diesem Alter sind mit ihren gleichaltrigen Freunden beschäftigt und wollen einfach nur ganz genauso sein wie alle anderen auch. Sie würden nicht damit fertig werden, wenn ihnen ihre Mutter erzählt, daß sie lesbisch ist. Sie würden es nicht verstehen. Wenn sie ein bißchen älter sind und sich leisten können, schon mal ein bißchen anders zu sein als alle anderen, dann geht es vielleicht. Aber nicht zwischen sieben und vierzehn. Sie müssen wenigstens siebzehn sein. Mit der High School fertig sein. In der High School muß man sein wie alle andern.

Natürlich gibt es lesbische Mütter, die anderer Meinung sind. Das Problem der lesbischen Mutter ist in der Frauenbewegung viel diskutiert worden. Ich kenne ein paar, die es ihren Kindern erzählt haben, weil sie ihr Leben nach ihrem Geschmack leben wollten. Deshalb haben sie es getan. Oder sie sagen, es sei dasselbe, als würden die Kinder noch an den Weihnachtsmann glauben und dann feststellen, daß alles ganz anders ist. Wenn die Kinder mit der Wahrheit aufwachsen, können sie auch weiter eine glückliche Familie sein, wenn sie es vorher waren. Vielleicht ist es heute für die Kinder leichter. Ich meine, wenn man sich die Statistiken ansieht, muß doch die Hälfte aller Kinder erwarten, mit nur einem Elternteil aufzuwachsen, meistens der Mutter. Heutzutage ist vielleicht sowieso keiner mehr wie alle anderen.

Aber das hat meine Liebhaberin nie akzeptiert – sie und ihre Tochter haben ihre Sexualität nie zur Kenntnis genommen, obgleich jetzt, nachdem ihre Tochter älter ist, völlig klar ist, daß sie es genauso gut weiß wie ich. Sie ist sehr intelligent. Aber sie sprechen niemals offen darüber, und offenbar fühlen sich beide wohler dabei. Ihre Tochter ist völlig ›normal‹, jetzt vierundzwanzig und hat Freunde und alles.«

Es den Kindern beizubringen ist manchmal schwieriger, als es den Eltern beizubringen:

»Ich wünschte, ich könnte mit meiner Tochter offener über meine Sexualität reden. Die ältere, die zwanzig ist, versteht es bis zu einem gewissen Grad und ist verständnisvoll, aber meine zweite weigert sich mit ihren siebzehn Jahren, es überhaupt zur Kenntnis zu nehmen. Folglich können wir nur über Gefühle, Ausdrucksformen, Ängste und Vorbehalte bei heterosexuellem Sex reden. Das bereden sie mit mir, aber nicht meine jetzige Lebensform. Schade.«

Herrscht bei der Liebe zwischen Frauen mehr Gleichberechtigung? Haben Frauen mehr Achtung voreinander? Beruhen emotionale Zuwendung und Gemeinsamkeit mehr auf Gegenseitigkeit?

96 Prozent der Frauen sagen, daß sie sich von ihren weiblichen Partnern gleichberechtigt und befriedigend behandelt und geliebt fühlen – mit all den täglichen Höhen und Tiefen natürlich:

»Wir lieben und brauchen uns beide gleich. Ich fühle mich geliebt und zufrieden. Sie ist sehr rücksichtsvoll und aufmerksam, sie kümmert sich um mich, wenn ich sie brauche, und genauso bin ich für sie da. Ich sage gern, was ich möchte, aber ich ermutige sie immer zu tun, was sie will, und zu sagen, was sie möchte.«

»Ich liebe sie – wahrscheinlich ein bißchen weniger als sie mich. Ich glaube, sie braucht mich mehr als ich sie. Ich fühle mich geliebt. Ich bin zufrieden.«

»Manchmal fühle ich mich ein bißchen weniger geliebt, aber nicht sehr. Es sieht so aus, als würde sie mich mehr brauchen als ich sie, aber das glaube ich nicht wirklich.«

»Ich fühle ihre Liebe, sie gibt mir Wärme und Nahrung. Wir sagen uns, daß wir einander brauchen, obgleich ich glaube, daß sie es leichter ausdrücken kann.«

Aber 74 Prozent der Frauen, die zusammen leben, leiden auch unter den üblichen Unsicherheiten der Liebe:
»Ich stelle immer in Frage, ob sie mich wirklich liebt oder ob ich sie nicht vielleicht mehr liebe. Es macht mir keinen Spaß, aber ich kann es nicht ändern, wenn ich dadurch immer alles so kompliziere.«

»Ich glaube, ich brauche sie mehr als sie mich. Ich fühle mich geliebt, bin aber irgendwie unsicher. Ich möchte, daß sie mich noch mehr will. Trotzdem würde es mir absolut nicht gefallen, wenn sie sich von mir völlig abhängig machen würde.«

»Ich fühle mich geliebt und auch zufrieden, und ich glaube, unsere Gefühle sind völlig gleich. Aber zuerst war es schwierig, weil ich immer das Gefühl hatte, daß ich sie mehr brauchte als sie mich. Wenn sie irgendwelche anderen Gefühle oder Bedürfnisse hatte als ich, habe ich mich immer gleich bedroht gefühlt – wegen meiner Unsicherheit, die beschränkt sich aber nicht nur auf meine Liebesbeziehung. Dann habe ich meine Unsicherheiten und Wünsche auf sie projiziert. Ich habe mich darauf verlassen, daß sie für mich die Entscheidungen trifft. Weil ich nicht bereit war, meinen eigenen Bedürfnissen nachzugeben, mußten wir uns schließlich trennen. Ich möchte fähig sein, mir selbst zu vertrauen, mich um meine eigenen Bedürfnisse zu kümmern und nur aus dem ehrlichen Wunsch, mit einem Menschen zusammen zu sein, alles mit ihm zu teilen, eine Liebesbeziehung eingehen und nicht, weil ich mich irgendwo anhängen will.«

»Unser letzter ›Streit‹ war kein wirklicher Streit, sondern vielmehr ein Konflikt unserer Bedürfnisse. Es war auch Mißverständnis im Spiel. Meine Partnerin und ich hatten vor, den Samstagabend zusammen zu verbringen, und sie rief am Nachmittag an und sagte, daß sie zu müde und erschöpft sei und mehr Zeit für sich brauche. Ich verstand es so, als wollte sie den Abend nicht mit mir zusammen verbringen. Dabei wollte sie mir nur sagen, daß sie das Bedürfnis hatte, ein bißchen allein zu sein, aber nicht den ganzen Abend. Zuerst fühlte ich mich verletzt und war ihr böse, weil sie nicht mit mir zusammen sein wollte. Aber dann trafen wir uns doch und redeten darüber, und es wurde ein sehr schöner Abend.«

»Ich glaube, ich liebe sie mehr, aber nur, weil ich mich meinen Gefühlen immer voll hingebe. Ich glaube, ich habe auch nicht so viel Angst davor, verletzt zu werden. Sie kann/will sich nicht öffnen – aus vielerlei Gründen. Deshalb ist diese Beziehung auch nicht gerade zufriedenstellend für mich.«

29 Prozent der Frauen, die lesbische Beziehungen haben, drücken ähnliche Ge-
fühle der Unsicherheit aus, und ebenso emotionale Bedürftigkeit, wie die
Frauen in heterosexuellen Beziehungen im 3. Kapitel (»Der emotionale Ver-
trag«). Manchmal fühlen sie sich abhängig und nicht gerade begehrt:

»Ich hatte immer eine zu starke emotionale Abhängigkeit – hatte
Angst davor, verlassen zu werden, auch wenn ich mir gar nicht so sicher war, ob ich überhaupt eine Beziehung wollte. Einfach die Tatsache, verlassen zu werden, ist ein Mißerfolg. Wenn meine Liebesaffären ›kränkelten‹, lag es eigentlich immer daran, weil ich außerhalb der
Beziehung keine Entspannung hatte.«

»Am Ende stellte ich fest, daß ich große Angst vor Intimität habe. Ich
habe mir fast immer nur Partner ausgesucht, die emotional nicht verfügbar waren. Ich glaube, das war für mich auf einer ›romantischen‹
Ebene ›aufregend‹. Es hat auch damit zu tun, Opfer zu sein, es nicht
zu verdienen usw. Dabei konzentriert sich mein Interesse auch auf andere und nicht auf mich selbst. Meine Therapie hat mir ungeheuer viel
gebracht. Sie hat mir geholfen, mich selbst zu akzeptieren und mich zu
lieben und nicht immer darauf zu warten, daß andere es für mich tun.«

»Ich habe versucht, Jennifer zu halten (ich war über drei Jahre mit
ihr zusammen), habe versucht, sie zufriedenzustellen, ihr ›Zeit‹ und
›Raum‹ zu geben. Ich war entsetzt, als ich sie verlor, konnte aber nicht
darüber reden, was in der Beziehung tatsächlich ablief – nämlich, daß
es immer mehr bergab ging. Ich hatte oft das Gefühl, nicht genug geliebt zu werden.«

»Ich habe meine Freundin ermutigt, sich von mir abhängig zu machen, das ist wahr. Sie wollte jemanden, an den sie sich anlehnen
konnte und der Zugpläne lesen und Schecks ausschreiben konnte,
und ich habe ihr nie das Gefühl gegeben, daß sie all diese Dinge auch
kann. Es war für mich eine höchst befriedigende Erfahrung – nach all
den Jahren, in denen mir meine Mutter immer wieder eingeredet
hatte, wie unglaublich hilflos, abhängig, kindisch usw. ich sei. (Allerdings sollte ich außer mir niemandem Schuld geben, weder meiner
Mutter, noch meiner Freundin.)«

»Ich kann sehr zurückhaltend sein, wenn ich das Gefühl habe, jemandem zu nahe zu kommen – ich ziehe mich zurück und kühle mich
emotional, physisch und in anderer Hinsicht ab. Ich brauche Zärtlichkeit, lasse sie aber nur selten an mich heran. Das kommt bestimmt daher, weil ich mit Alkoholikern aufgewachsen bin. Es beweist mein
mangelndes Vertrauen, meine Unsicherheit, meine geringe Selbstachtung, meinen Stolz. Ich bin mir all dieser Dinge bewußt und beginne
nur sehr *langsam* damit, mich zu verändern.«

Die meisten lesbischen Frauen (58 Prozent) sagen auch, daß sie keine übermä-
ßige emotionale Abhängigkeit von ihren Partnerinnen wollen, weil sie sich
sonst unbehaglich fühlen:

»Wenn sie sich ständig von meiner Zustimmung abhängig macht,
immer nur mit mir zusammen sein will, fühle ich mich unbehaglich,
erdrückt!«

»Total ausgelaugt. Das ist nicht fair. Ich will nicht ihre Mutter sein.«

»Sie erstickt mich.«

»Ich fühle mich nicht wohl, wenn sich jemand von mir abhängig
macht – als würde von mir erwartet, daß ich mich erkenntlich zeige. Eigentlich komisch, denn ich fordere es ja geradezu heraus.«

»Wie in einer Falle.«

»Das ist eigentlich noch nicht vorgekommen, aber ich glaube, ich
würde die Beine unter den Arm nehmen und rennen. Das wäre nichts
für mich, und vielleicht habe ich mir auch immer Frauen ausgesucht,
die nicht besonders abhängig sind.«

Aber 42 Prozent der Frauen sagen, daß sie gern das Gefühl haben, Sicherheit
zu geben. Unsicherheit scheint bei Frauen auf Verständnis zu stoßen, und sie
sind eher bereit zu helfen, als Männer in dieser Situation – auch wenn sie sich
*dabei nicht besonders wohl fühlen:**

»Ich klammere immer sehr und bin emotional abhängig von meinen
Liebhaberinnen, und sie von mir – wir sagen uns andauernd, wie sehr
wir uns mögen. Trotzdem können wir stark und unabhängig sein,
wenn es die Situation verlangt. Ich brauche diese ständigen Zusiche-
rungen und gebe sie auch meiner Partnerin, die sie auch braucht. Jede
meiner Partnerinnen hatte diese Ängste und mußte beruhigt werden.
Ich tue es gern und stärke ihr Vertrauen in unsere Beziehung, auch
wenn wir schon lange zusammen sind.«

»Ich wäre sehr froh, wenn ich jemanden hätte, der abhängig ist von
mir. Ich wäre immer für sie da. Ich hatte nie das Gefühl, erdrückt zu
werden, und hatte auch nie den Eindruck, daß ich jemandem gehöre!«

Im allgemeinen haben Frauen in ihren Beziehungen ein viel stärkeres Gefühl
für die gegenseitige Verantwortung und das emotionale Wohlergehen der Part-
nerin:

»Wenn sie böse auf mich ist, möchte ich bei ihr bleiben, bis sie mir
ihre Gefühle erklärt hat, ganz gleich, was für Gefühle es sind – das tut
mir nicht so weh wie der Gedanke, ihr fremd zu sein, und wenn sie damit anfängt, mich wortlos zu hassen, sind wir uns fremd.«

»Wir bemühen uns, sofort über alles zu reden.«

---

* Siehe 3. Kapitel.

Auseinandersetzungen

Natürlich gibt es auch bei lesbischen Paaren Auseinandersetzungen – nur scheint dabei die Entfremdung nicht so groß zu sein, wie sie Frauen in heterosexuellen Beziehungen im 2. Kapitel beschrieben haben:

»Unsern größten Streit hatten wir wohl, als Sharon derart deprimiert war, daß sie glaubte, ihr sei nicht mehr zu helfen. Sie wollte mich dazu bringen, mich nicht mehr mit ihr zu treffen; ich sollte sie allein lassen, damit sie in noch tiefere Depressionen fallen und sich in ihrem eigenen Kummer sielen konnte. Ich sagte, das würde ich nicht zulassen, daß sie uns das antut. Wir hatten ein langes Gespräch, bei dem sie einen Teil des Zorns auf sich selbst herausließ.«

»Weswegen wir uns streiten? Sie sagt, ich würde sie anschreien. Sie will nicht, daß ich mich mit meiner früheren Freundin treffe. Außerdem findet sie, daß ich zu still bin – ich tu' manchmal gar nichts – bin oft nur zufrieden, zu *sein*. Ich kritisiere sie, weil sie mich nicht immer die Nummer eins sein läßt, nicht den Chef spielen läßt, mich nicht die Schönste, die Dollar-Prinzessin sein läßt, manchmal bin ich sogar nur die Nummer zwei oder drei. Außerdem verwendet sie die Servietten dazu, immer alles mögliche abzuwischen.«

»Wir streiten uns, weil ich manchmal das Gefühl habe, daß sie keine Verantwortung übernehmen will. Wir streiten uns, weil ich meine Meinung ändere, wir streiten uns wegen der Einengungen, die unsere Beziehung bedeutet, was wir erwarten, wieviel davon nur Staffage ist, wieviel real ist und wieviel auf Gegenseitigkeit beruht. Wir versuchen immer, alles restlos zu klären, bevor wir uns anderen Dingen zuwenden, damit sich keine Ressentiments aufbauen. Ich habe erst in den letzten drei Monaten angefangen, meinen Gefühlen ein bißchen freien Lauf zu lassen.«

Bei den Auseinandersetzungen geht es häufig (48 Prozent) um Eifersucht und Seitensprünge:

»Vergangenes Wochenende haben wir uns ziemlich gestritten. Nachdem wir uns zwei Tage lang sehr nahe gewesen waren – wegen des schlechten Wetters blieben wir zu Hause –, erhielt sie abends einen Telefonanruf. Ich war dabei, als sie telefonierte, und ich merkte, daß die Person am anderen Ende wegen irgend etwas ziemlich aufgeregt war. Als sie mit Telefonieren fertig war, fragte ich, wer das gewesen sei, und hatte augenblicklich ein schlechtes Gewissen, weil ich mich in ihr Privatleben einmischte. Sie warf mir einen kurzen Blick zu, antwortete aber nicht. Ich dachte, daß sie es mir nach dem Fernsehspiel, das wir uns gerade ansahen, erklären würde, aber sie schwieg sich aus. Ich war traurig. Und ging früher als sonst nach Hause.

Am nächsten Abend trafen wir uns (auf ihre Bitte hin) zum Essen. Sie wollte wissen, warum ich so kühl und verärgert sei. Ich sagte es ihr. Sie sagte, sie hätte es mir zu einem späteren Zeitpunkt schon erzählt. Der Anruf war von einer jungen Frau, die sie vor etwa fünf oder sechs Wochen kennengelernt hatte. Sie sagte ihr, daß sie eine feste Beziehung habe – aber diese andere Frau hat meine Freundin dann noch mehrmals angerufen – sie bei der Arbeit besucht –, und immer war sie wütend wegen irgendeiner schlechten Beziehung zu einer anderen Frau. Ich wußte nichts davon. Und sie wußte, daß ich mich ärgern würde, und erzählte es mir nicht. Ich habe das Gefühl, daß sie nicht ehrlich war und daß sie gar nicht gemerkt hat, daß diese Person sich doch nur an sie ranmachen wollte.«

Gibt es bei lesbischen Beziehungen häufiger Zerwürfnisse wegen sexueller Untreue als bei heterosexuellen Beziehungen?

87 Prozent der Frauen, die Beziehungen haben, berichten, daß sie ihre Probleme ausdiskutieren – selbst wenn diese »Gespräche« ziemlich lautstark geführt werden:

»Gewöhnlich lösen wir unsere Probleme, bevor sie zu *wirklichen* Problemen werden. Das bedeutet, daß wir lange, ernste, emotionale Gespräche führen, die gewöhnlich zu einer Lösung führen. Normalerweise haben wir beide ein gutes Gefühl dabei – aber wenn ich zu viel getrunken habe, gehe ich in Abwehrstellung, und dann wird es meist ziemlich laut. Aber inzwischen kommen wir gut damit zurecht.«

Aber für 14 Prozent ist es immer noch schwierig, wichtige Dinge zu besprechen:

»Manchmal höre ich nicht zu, wenn sie mir etwas erzählt, das sie nur schwer ausdrücken kann. Ich merke nur, welche Wirkung es auf mich hat. Und sie ist auch nicht fähig, Dinge wirklich bis zu Ende durchzusprechen, wenn sie erst mal aufgebracht ist, während ich es gern habe, wenn ein Thema richtig abgehandelt wird.«

»Wir können ziemlich gut reden, aber ich rede mehr über Gefühle und unsere Beziehung. Ich muß aufpassen, wenn ich sie kritisiere, weil sie leicht in Abwehrstellung geht. Dann stehe ich da und halte regelrechte Strafpredigten!«

»Unser größtes Problem ist, daß wir beide nicht besonders gut irgendwelche Dinge vorbringen können. Im Augenblick stecke ich bis zum Hals in Gefühlen, die sich unbedingt Luft machen müssen. Offenes und freies Reden führt zu sexuellen Momenten.«

Ein Paar ist gerade dabei, sich darüber klarzuwerden:

»Es gibt eine Menge Streitereien. Beispielsweise, wenn sie wegen ihrer Arbeit abgespannt ist, schlecht gelaunt, weinerlich, nervös und Klagelieder anstimmt. Dann reagiere ich zuerst – aggressiv: ›Wenn du mir mit diesem Mist kommst, kriegst du auch meinen Mist zurück.‹ Oder ich sage: ›Du willst dich doch nur wichtig machen‹, ›Du bist unmöglich‹, usw. und schüre damit das Feuer. Ich tu' so was gern. Wenn mir jemand viel Kummer bereitet, dann zahl' ich es ihm zurück. Deshalb muß ich mich an meine irrationale, höchst unreife Seite meiner selbst klammern und sagen: ›Warte mal, ich streite mich doch nicht mit meiner Mammi!‹ Denn genauso springt sie mit mir um – als würde sie sich mit ihrer Mutter streiten. Ich habe eine Weile gebraucht, bis ich es an mir selbst erkannt habe. Ich saß einfach da und sah mir an, wie sie mit mir stritt, und dann wurde mir klar, daß das genauso war, wie ich mich früher immer mit meiner Mutter gestritten habe. Und so streitet sie sich auch mit *ihrer* Mutter: böse und schimpfend. Aber inzwischen habe ich dazugelernt und sagte: ›Okay, warte mal, erinnere dich mal an alles, was du gelernt hast, sitz ruhig und denk nach und geh diese Sache mit deinem Kopf an.‹ Aber es ist ein schmaler Grat, auf dem ich mich bewege. Ich muß mich absolut beherrschen. Bis jetzt schaff' ich es noch, indem ich zweimal die Woche für zusammen achtzig Dollar in eine Therapie gehe. Das hält mich davon ab, völlig auszurasten.

Wenn ich ihr ganz ruhig und logisch begegne, dann klappt's. Wenn sie unvernünftig und weinerlich wird, lehne ich mich nur zurück und sage etwas sehr Vernünftiges, Intelligentes und Erwachsenes, wie zum Beispiel: ›Bitte, mußt du denn so verletzend sein?‹ Oder ich bemühe mich, etwas zu sagen, das sie irgendwie trifft, sie wieder zur Ruhe bringt. Oder ich sage: ›Ich gebe mir wirklich Mühe. Ich habe mir große Mühe gegeben, daß alles gut geht – um dir alles zu geben, was ich dir geben kann. Und mehr kann ich nicht tun, daher finde ich, daß du keinen Grund hast, dich zu beklagen.‹ Dann beruhigt sie sich gewöhnlich wieder und gibt sich ehrliche Mühe.«

15 Prozent der Frauen sagen, daß zu viel geredet und analysiert wird:
»Ich glaube, manche Frauen übertreiben manchmal ein bißchen, wenn sie ständig ihre Beziehungen analysieren. Das habe ich selbst schon erlebt. Als ich kürzlich mit einer Sozialarbeiterin ein Verhältnis hatte, kam es mir direkt so vor, als nähme ich an psychotherapeutischen Sitzungen teil. Ich widersetzte mich ihren Versuchen, die Therapie bei mir anzuwenden. Sie wollte mich unbedingt dazu bringen, ausführlich und in allen Einzelheiten über Dinge zu reden, die mir peinlich waren. Verstehen Sie mich nicht falsch, ich habe wirklich nichts gegen eine Therapie – mir hat schon mal eine sehr geholfen.

Aber ich finde, eine Therapie gehört in die Praxis des Therapeuten, nicht in mein Schlafzimmer.«

Es gibt auch physische Gewalt zwischen Frauen – vor allem bei jüngeren Paaren (18 Prozent):
»Wir haben uns wegen irgendeiner ganz blöden Sache schrecklich gestritten. Ich habe mich wieder beruhigt. Sie aber nicht. Sie hat mich ausgeschimpft. Ich bat sie, aufzuhören. Ich fühlte mich gedemütigt. Sie schlug mich. Da hab' ich sie auch geschlagen, ins Gesicht, und hab' ihr gesagt, daß ich sie hasse. Und das stimmte auch.«
»Meine erste Liebhaberin hat mich gegen Ende unserer Beziehung geschlagen, als ich Schluß machen wollte. Sie war wütend. Ich ließ sie toben. Aber eines Tages stieß ich sie gegen die Wand und schlug sie k. o. Damals habe ich beschlossen, niemals wieder Gewalt anzuwenden.«

Eine Frau beschreibt die letzten Stadien vor dem Ende ihrer Beziehung, ihre Wut und ihre gemischten Gefühle:
»Ich bin vierundzwanzig. Mit meiner jetzigen Freundin bin ich sowohl glücklich als auch unglücklich. Wir sind seit fast zwei Jahren zusammen – es ist die leidenschaftlichste Beziehung, die ich je gehabt habe. Aber jetzt sind wir dabei, unsere Beziehung zu ändern, weil ich darauf bestanden habe. Ich weiß nicht, wie es ausgehen wird. Wir ziehen zum Ende des Monats in getrennte Wohnungen.

Am meisten gefällt mir, wie wir uns verständigen, und auch der Sex, und am wenigstens gefällt mir das Gefühl von Ungleichheit, das ich habe. Ich fühle mich geliebt, aber manchmal finde ich, daß sie mich ruhig mehr schätzen könnte. Was mich stört, ist, daß sie mir nichts von den negativen Dingen erzählt, die sie fühlt. Und sie sagt auch, daß ich anderen nicht erzähle, was ich wirklich empfinde, nur weil ich Konflikten aus dem Weg gehen will. Sie ist nicht sehr taktvoll, sie ist rachsüchtig, kleinlich und sogar bösartig! Aber sie ist auch sehr zärtlich, liebevoll und sexy, und ich liebe sie – auch wenn wir uns zanken.

Ich hatte immer Angst, meine Individualität zu verlieren, wenn ich mich in eine Beziehung einließ. Jetzt habe ich das Gefühl, als würde ich neuen Boden betreten. Ich habe mir vorgenommen, von jetzt an nicht mehr so lasch zu sein, wenn meine Freundin ihre Forderungen stellt. Im Augenblick, zum Beispiel, lasse ich mich gehen, ich lasse meinen Gefühlen freien Lauf. Ich schreie, kreische und fluche manchmal sogar. Gott sei Dank lernen wir endlich, unsere Wut abzuschütteln. Früher saßen wir immer da und ließen alles so lange ablaufen, bis nichts mehr übrig war, aber dann entdeckten wir, daß man das nicht immer tun kann – manchmal dauert es eine Weile, bis du verstehst, worum es dem anderen geht, oder worüber du dich wirklich ärgerst. Oft genug streiten wir uns wegen irgendwas, aber eigentlich meinen wir was anderes, das nur keiner zur Sprache bringt. Das ist uns schon oft passiert.

Gewöhnlich lieben wir uns, nachdem wir einen Streit hatten. Meistens weinte sie, und ich nahm sie in den Arm. Aber es ist schon lange her, seit wir das getan haben, jedenfalls kommt es mir so vor.

Wir bemühen uns, die Dinge in Ordnung zu bringen. Wir gehen jede Woche zu einer Beratung. Ich habe viel geweint. Manchmal hasse ich sie schrecklich. Aber ich liebe sie auch mehr als sonst irgend jemanden. Ich bin mir überhaupt nicht im klaren darüber, was ich will und wie ich es durchsetzen soll. Daher stürze ich mich in die Arbeit. Ich kann zwölf bis fünfzehn Stunden am Tag arbeiten, das macht mir nichts aus. Ich habe auch schon mit meinen Freundinnen geredet. Meine Familie hat uns sehr geholfen – vor allem meine Mutter.

Aber ich weiß nicht, ob ich nochmal eine Beziehung eingehen kann. Ich schätze, ich weiß einfach nicht, was ich will. Ich gehe nicht mit anderen Frauen aus, ich habe noch immer das Gefühl, daß ich mich zuerst mit ihr absprechen müßte, bevor ich irgendwelche Pläne mache, und manchmal denke ich, daß ich mit ihr irgendwelche Dinge tun sollte, die ich eigentlich nicht tun möchte, weil sie vielleicht sonst niemanden hat, mit dem sie sie tun kann. Das meiste davon bilde ich mir bestimmt nur ein, denn sie selbst sagt nichts zu mir, sie will ja gar nichts, und wahrscheinlich hat sie gar keine Ahnung, daß ich so denke.

Wir haben beide keine außerehelichen Affären (soviel ich weiß). Wir reden immer wieder über die Monogamie. In Gedanken werde ich damit fertig, aber mein Herz und mein Stolz machen mir Schwierigkeiten. Ich fühle mich viel zu unsicher und könnte es nicht ertragen, wenn sie loszöge und mit andern Frauen ins Bett ginge. Ich wünschte wirklich, ich könnte mich in einer Beziehung wohl fühlen, die nicht monogam ist. Ich schätze, ich würde lieber Bescheid wissen – früher wollte ich es nicht wissen. Aber dazu wären zu viele Lügen nötig, Auslassungen – und dann käme das Mißtrauen. Früher bin ich ohne weiteres mit verheirateten Frauen ins Bett gegangen. Aber jetzt, nachdem ich ja auf der anderen Seite stehe, habe ich mir das Versprechen gegeben, nie wieder so egoistisch und unüberlegt zu sein. Früher hatte ich es gern, wenn die Frauen, mit denen ich zusammen war, gebunden waren, dann konnten sie wenigstens nicht so viel erwarten von mir.

Unser Sexleben ist Klasse! Unheimlich aufregend – ich könnte sie um alles bitten. Ich habe immer einen Orgasmus. Das schönste ist die Erregung und das Gefühl von Intimität. Ich habe Angst, daß ich nie wieder so viel Spaß haben und nie wieder eine so gute Liebhaberin finden werde wie sie. Leidenschaft ist für mich sehr wichtig. Ich möchte nie mit einer Frau in einer wichtigen Beziehung zusammen sein, wenn keine Leidenschaft besteht. Es gefällt mir sehr, wie leidenschaftlich Frauen das Leben umarmen – das ist nicht nur eine sexuelle Eigenschaft, das ist eine ganz besondere Art zu leben.

Für mich bedeutet Liebe, das Wohlergehen einer anderen Frau vor alles andere zu stellen, mich um sie zu sorgen, wissen zu wollen, was in ihr und um sie herum vorgeht. Liebe verändert sich – am Anfang ist es der Flirt und das Herumspielen, die Erregung, der Versuch, sie zu beeindrucken. Ich schätze, ich befinde mich jetzt gerade in einem Stadium, in dem ich Fragen stellen möchte. Ich habe noch das ganze Leben vor mir und kann daraus machen, was immer ich will. Wenn ich nur wüßte, was.«

Sind Frauen in lesbischen Beziehungen monogam?

Während 94 Prozent der Frauen mit lesbischen Beziehungen an Monogamie glauben, hat oder hatte ein Drittel auch außerhalb der Beziehungen Sex:
»Ich hatte eine Affäre mit einer anderen Frau, seit ich mit meiner jetzigen Partnerin zusammen bin. Die Sache wurde aber ernst, und ich begann schon zu merken, daß ich sie liebte. Ich war und bin auch noch immer sehr in meine Freundin verliebt. Ich war ziemlich durcheinander und hatte ein schlechtes Gewissen. Aber trotzdem wurden meine Gefühle für die andere Frau immer stärker. Schließlich erfuhr meine feste Freundin davon, und wir hätten fast Schluß gemacht. Ich empfinde für die andere Frau noch immer sehr viel, aber wir sind jetzt nicht mehr zusammen. Ich glaube, das ist besser so, weil ich dadurch noch die Frau habe, die ich wirklich liebe.«

»Ich fühlte mich sehr stark zu einer Frau hingezogen. Ich war nicht in sie verliebt, aber ich begehrte sie. Es hatte überhaupt nichts mit meiner Freundin zu tun. Die andere Frau und ich fühlten uns voneinander angezogen, wußten, was wir taten und wo die Grenzen lagen, und dann haben wir es getan. Es war schön. Hat Spaß gemacht. Aber wir waren nicht so engagiert wie bei einer dauerhaften Beziehung.«

»Ich liebe Frauen. Ich flirte gern, ich lasse mich gern verführen. Wenn ich eine feste Beziehung hatte, habe ich nie mit anderen Frauen geschlafen. Das finde ich nicht fair.«

»Als ich jünger war, war ich gelegentlich untreu, aber es macht mir keinen Spaß, jemanden zu betrügen. Ich glaube, es ist besser, monogam zu bleiben, wenn man eine enge Beziehung hat.«

»Ich hatte neben einer festen Beziehung noch Sex mit anderen

Frauen, und meine Partnerin wußte es. Es war schön. Wir glauben beide nicht an Monogamie. Wir glauben an eine Beziehung, die über allem anderen steht.«

»Ich war neun Jahre jünger als sie und glaubte, Erfahrungen sammeln zu müssen. Einige Male fing ich fast an, die eine oder andere zu lieben, aber eigentlich war es nie mehr als Sex, und ich habe mit diesen Frauen auch nie viel Zeit verbracht. Mal hier, mal da.«

»Ich habe mich mit jemandem getroffen, aber am Ende habe ich damit aufgehört. Es machte mich traurig. Es war ein Mann, den ich von früher kannte – vor meiner Beziehung zu der Frau. Es war nicht weiter ernst. Es war das Wiederaufleben einer längst vergangenen Verbindung. Es hatte mehr mit Sex zu tun, und mit Jugend und Vergangenheit.«

26 Prozent der lesbischen Frauen sagen, daß ihre Partnerinnen außerhalb der Beziehung Sex hatten oder haben:

»Unser größtes Problem ist, daß Kris Beziehungen zu einem Mann unterhält. Das tut mir weh, weil ich sie ganz für mich haben möchte. Außerdem weiß ich nicht, wie unsere Beziehung funktionieren soll (zum Beispiel, wenn ich gern mit ihr zusammen sein möchte, geht es manchmal nicht, weil sie bereits Pläne hat, die Zeit mit ihm zu verbringen).«

»Zuerst verschlug mir ihre Treue die Sprache (ich fühlte mich erstickt) – und dann verschlug mir ihre Untreue die Sprache (ich fühlte mich verraten).«

Lesbische Frauen haben außerhalb ihrer festen Beziehung viel weniger Sex als verheiratete Frauen oder Frauen, die schon länger eine feste Beziehung zu einem Mann haben. Ein weiterer Unterschied liegt darin, daß die andere Frau in der lesbischen Beziehung es fast immer weiß – oder es sehr schnell herausfindet. Mehr lesbische Frauen wissen von den Affären ihrer Partnerinnen, als heterosexuelle Frauen es von ihren Männern wissen. Das kommt wahrscheinlich von der intensiveren und größeren emotionalen Nähe oder weil Frauen offener miteinander reden.

Ändert die Gefahr von AIDS etwas an dem Verhaltensmuster – Monogamie oder Gelegenheitssex – in lesbischen Beziehungen? Auch für die lesbischen Frauen ist AIDS natürlich – wie für alle anderen – ein Thema. Aber auf die sexuellen Aktivitäten hat AIDS nur wenig Einfluß – sie sind nicht geringer geworden –, vor allem vielleicht, weil das Vorkommen von AIDS in der lesbischen Szene sehr niedrig liegt, während die homosexuellen Männer von dieser Krankheit ganz besonders stark betroffen sind. Und da nur wenige lesbische Frauen Geschlechtsverkehr mit Männern haben, besteht kaum die Gefahr einer Übertragung. Am wahrscheinlichsten wäre eine Übertragung von AIDS während der monatlichen Blutungen möglich, und aus diesem Grund haben sich viele lesbische Frauen auch einem AIDS-Test unterzogen.

Die meisten Frauen sind sehr aufgebracht, wenn sie von den Liebesaffären ihrer Partnerinnen erfahren:

»Meine letzte Liebhaberin war einundvierzig, sie hatte zwei Kinder. Ich ging zwei Jahre mit ihr. Ich nahm die Beziehung ernst und glaubte, daß sie länger dauern und wir am Ende richtig zusammenleben würden. Ich war ihr völlig ergeben, und zwar auf eine Weise, die selbst mich mit meinen nicht gerade monogamen Ambitionen erstaunte! Aber sie traute meinen Gefühlen nicht und spielte alle möglichen Gedankenspiele mit mir durch. Um zu sehen, wie weit sie mit mir gehen konnte, wieviel ich ihr zugestehen würde. Natürlich ließ ich sie machen und beruhigte mich selbst immer und immer wieder mit dem Argument: Sie muß es einfach tun, es ist wichtig für sie, ich muß ihr Gelegenheit geben, ihre Bedürfnisse zu befriedigen, usw. Und das tat sie dann auch. Sie ergriff jede Gelegenheit. Sie ging mit anderen aus, versuchte mich eifersüchtig zu machen. In meinem Kopf konnte ich es zuerst noch verarbeiten. Aber am Ende wurde es absolut unerträglich, und wir hatten einen riesigen Krach und trennten uns.«

»Sie ist eine schreckliche ›Schürzenjägerin‹, das ist sie immer gewesen. Und ich habe es drei Jahre lang ertragen. Wir haben zwei Jahre zusammen gewohnt. Und am Ende fand ich, daß ich diesen ganzen Unfug nicht nötig hatte, daher zog ich aus. Wir sehen uns noch manchmal und schlafen auch zusammen, aber ich schlafe jetzt auch mit anderen Frauen. Nachdem ich ihr so lange dabei zugesehen hatte, wie sie immer mit anderen ausgegangen ist, wollte ich es auch mal probieren. Es gefällt mir, und ich weiß nicht so recht, ob ich noch monogam bin.

Ich glaube, ich wollte nur sehen, was ihr so gut daran gefiel, und vielleicht wollte ich es ihr auch heimzahlen – nicht heimzahlen, sondern es ihr gleichtun. Mich fühlen wie sie. Ich war schrecklich wütend, und sie war so selten da. Als ich mal mit einer anderen Frau verreist war, habe ich es zum ersten Mal getan – es gefiel mir, und dann habe ich es immer wieder getan, hatte einige Affären, nur für eine Nacht, und jetzt habe ich bereits meine dritte ›Beziehung‹ neben der festen. Diese Affären mit den anderen Frauen waren alle nicht sehr ernst, aber die ich jetzt habe, könnte es werden.

Ich bin in eine Therapie gegangen, weil ich nicht allein damit fertig wurde, als ich mit ihr Schluß gemacht hatte. Die Therapie hat mir sehr geholfen. Ich war schrecklich eifersüchtig, als sie mich betrog, aber ich sie noch nicht. Sie hat pausenlos gelogen, was die andern Frauen betraf. Ich hab' ihr Tagebuch gelesen. Aber jetzt macht es mir überhaupt nichts mehr aus. Ich bin völlig unabhängig. Ich bin bei ihr geblieben, als ich schon längst hätte Schluß machen müssen. Aber Schluß machen – das ist schrecklich! Das ist genauso schlimm wie eine Ehescheidung. Ich versuche, darüber hinwegzukommen, indem ich jede Menge Sex und Abwechslung habe.

Unsere Beziehung läuft also nur noch irgendwie am Rande. Ich möchte sie ganz aufgeben. Ich glaube, daß wir gute Freunde wären und daß es mir lieber wäre, nur mit ihr befreundet zu sein. Manchmal habe ich sie gehaßt. Wir hatten schreckliche Auseinandersetzungen, bei denen ich sie *geschlagen* habe und sie mich auch geschlagen hat – wegen irgendeiner Freundin von ihr. Sie hat mir entsetzliche Dinge angetan – ich hätte nie geglaubt, daß ich so was ertragen kann –, aber ich bin immer zu ihr zurückgekommen, um mich noch mehr verletzen zu lassen. Ich habe wie eine Wilde gearbeitet, drei Jahre lang, damit die Sache weiterlief, und jetzt will ich raus aus der Sache. Eigentlich bin ich schon raus.«

10 Prozent nehmen es ziemlich gelassen, ob eine Beziehung monogam ist oder nicht:
»Ich glaube nicht, daß meine Freundin gerade mit irgendeiner anderen schläft – soviel Energie würde sie gar nicht aufbringen. Mir wäre eine monogame Beziehung lieber, aber ich verlange es nicht von ihr, weil ich unsere Beziehung aufrechterhalten möchte. Mir geht es vor allem darum, was sie *mir* gibt. Wenn in dieser Hinsicht alles stimmt, mache ich mir keine großen Gedanken darüber, was sie außerdem noch treibt. Natürlich möchte ich wissen, was los ist.«

»Ich weiß, daß sie es getan hat. Aber das macht mir nichts aus. Ich glaube nicht an Monogamie.«

Auseinandersetzungen gibt es möglicherweise nicht nur um Affären, sondern um Flirts oder vermeintliche Flirts – manche echt, andere aber vielleicht nur ein Ausdruck von Sympathie und Freude zwischen Bekannten und Freunden:
»Das Schlimmste, was sie mir je angetan hat, war, als sie kürzlich im Urlaub den ganzen Abend mit mir geflirtet hat und dann nicht mit mir ins Bett gehen wollte. Statt dessen blieb sie lange auf und unterhielt sich mit einer Freundin von mir, die uns begleitete. Sie sagte zu meiner Freundin, daß sie sehr von ihr beeindruckt wäre. Wie mir zumute war, interessierte sie überhaupt nicht, und es war ihr auch völlig egal, daß ich merkte, was los war. Ich fühlte mich verletzt, und meine Freundin war auch ziemlich erstaunt und wußte nicht, was sie davon halten sollte. Wir haben auch hinterher darüber geredet, und

jetzt ist wieder alles in Ordnung. Trotzdem zeigt dieser Vorfall, daß sie sich manchmal überhaupt nicht darum kümmert, was um sie herum vorgeht.

Damals, als meine Partnerin meiner Freundin sagte, daß sie sich von ihr angezogen fühle, lag ich im Nebenzimmer im Bett und fühlte mich absolut miserabel, weil ich nicht wußte, was da vor sich ging. Meine Freundin sagt, meine Liebhaberin wollte mit ihr ins Bett gehen, aber meine Liebhaberin streitet es ab, und ich weiß nicht, was stimmt. Das schlimmste war, daß sie mich einfach ›ausschaltete‹. Als wir zum ersten Mal darüber sprachen, ging sie sofort in Abwehrstellung, aber später hat sie sich entschuldigt, und wir haben uns wieder vertragen.«

Eine junge Frau sagt, daß es in ihrem Freundeskreis zu viele Querverbindungen gebe, wahrscheinlich weil die lesbische Szene in dieser Gegend relativ klein ist:

»So was passiert andauernd in den Frauengruppen. Es ist der reinste Inzest, die eine schläft mit der Ex-Liebhaberin der anderen, und dann fängt die auch wieder was an, das geht kreuz und quer durch die Reihen, und jeder weiß, was alle anderen gerade tun. Wenn wir was mit Fremden hätten, wüßte es niemand, das wäre wahrscheinlich viel einfacher – aber die lesbische Szene ist ein geschlossener Kreis, und noch dazu relativ klein – am Ende schläfst du immer mit der Geliebten einer früheren Geliebten von dir oder mit gemeinsamen Freundinnen, und manchmal ist das nicht gerade angenehm. Das geht ständig so, da gibt es überhaupt keine Skrupel. Offenbar auch keine Moral.

Ich glaube, das hängt damit zusammen, daß wir Lesben in unserem Unterbewußtsein von unserer eigenen Unmoral überzeugt sind – eben weil wir Lesben sind. Und dann fragt man sich natürlich, warum man sich denn irgendwelche Beschränkungen auferlegen sollte? Außerdem lebst du, wenn du lesbisch bist, sowieso ein ›alternatives Leben‹, und warum solltest du dann dein Verhalten dem der restlichen Gesellschaft angleichen – was die moralischen Aspekte betrifft? Wir sind ja auch sonst nicht konform. Warum erwartet man von uns also, in diesem Punkt konform zu sein, monogam zu sein? Die Monogamie ist doch geradezu ein Beispiel für Institutionalisierung in unserer Gesellschaft.

Anscheinend ist das eine Frage der Mentalität. Obgleich diejenigen, die den Existentialismus predigen, am Ende meist am lautesten schreien, wenn sie feststellen müssen, daß ihre Freundin mit einer anderen schläft. Sie sagen, das wäre völlig in Ordnung, so wär das nun mal, aber wenn es ihnen selbst passiert, dann ist es etwas völlig anderes. Ich habe das bei zwei Freundinnen von mir erlebt, die saßen da und erzählten mir und meiner Freundin: ›Aber ja, natürlich, Affären sind völlig o. k.! Mit diesen äußerlichen Dingen gehen wir ganz locker um. Ich habe meine Affären, und meine Freundin hat ihre Affären. Das ist doch ganz einfach, so was läßt sich doch sowieso nicht vermeiden, so was passiert eben.‹ Aber als es dann schließlich auch in *ihrer* Beziehung passierte, spielte gerade diejenige, die uns erzählt hatte, wie toll sie damit fertig werden würde, völlig verrückt!

Und inzwischen glaubt meine Freundin auch schon, daß so was funktionieren könne, daß es okay sei.«

Sexuelle Kontakte neben einer festen lesbischen Beziehung führen häufig zu Freundschaften oder langfristigen Bindungen. Kurze »sexuelle Abenteuer« mit Frauen entstehen nicht so leicht wie die mit Männern:

»Für mich war es leichter, für meine kleinen sexuellen Abenteuer Männer zu finden als Frauen – und im übrigen finde ich es fast unmöglich, mit Frauen auf diese Weise ›Spaß‹ zu haben; bei diesen doch relativ unpersönlichen sexuellen Begegnungen, mit Männern geht das eher. Denn es ist fast unmöglich, eine Frau beim Sex *nicht* kennenzulernen – es wird viel mehr geredet, und es geht viel zärtlicher und intimer zu – das mindeste, was dabei herauskommt, ist eine Freundschaft.«

In einer lesbischen Beziehung die »andere Frau« zu sein, ist, wie die meisten Frauen sagen, eine geradezu traumatische Erfahrung:

»Meine jetzige Liebhaberin hatte eine monogame Beziehung, als wir uns kennenlernten. Wir hatten anderthalb Jahre lang eine ›stürmische‹ Affäre, bis sie mit mir Schluß machte. Es war die *Hölle*. Ich wollte auch, daß wir uns trennten. Manchmal haben wir uns wochen- oder monatelang nicht gesehen, aber wenn wir es nicht mehr aushalten konnten, kamen wir immer wieder zusammen.«

»Ich war in sie verliebt. Es hat wehgetan. Ich wußte, daß sie mich brauchte, aber ich wußte auch, daß ich ihr keine Stabilität bieten konnte, nicht so wie ihre feste Partnerin. Unsere Affäre regte sie an und gab ihr Kraft. Und ihre feste Beziehung profitierte davon. Ich war nie böse deswegen, weil ich für sie immer nur das Beste wollte, und außerdem wußte ich, daß ein Zusammenleben niemals möglich sein würde.«

»Meine erste Beziehung hatte ich zu einer verheirateten Frau. Ich war einundzwanzig und wußte gar nicht, in was ich mich einließ. Sie hatte ihn schon öfters betrogen. Ich wollte, daß sie sich scheiden ließ, aber nicht meinetwegen – sondern ihretwegen. Leider ist sie dann zu mir gezogen – es war die Hölle! – (mit) das Schlimmste, was ich je erlebt habe.«

*61 Prozent der lesbischen Frauen sind monogam und waren es auch immer:**

»Ich bin vierundfünfzig. Ich bin im Grunde monogam und habe fast nie mit jemand anderem geschlafen, wenn ich eine feste Beziehung hatte. Ich glaube, für mich ist Monogamie genau das richtige, denn es entspricht meiner emotionalen Verfassung, monogam zu sein. Ich wäre *sehr* froh, wenn meine Partnerin auch monogam wäre. Aber wahrscheinlich ist Monogamie nicht für jeden die beste Lösung.«

»Unsere Beziehung ist monogam. Ich verkrafte es rein emotional nicht so gut, mehr als eine sexuelle Beziehung zu haben. Ich hätte gern mehrere Affären gleichzeitig – weil ich glaube, daß mir daß viel bringen würde, daß ich dazulernen würde und daß sich mir dadurch auch ganz neue Gefühle erschließen würden. Es wäre durchaus möglich, daß ich künftig neben meiner festen Beziehung noch andere Liebhaberinnen habe. Natürlich würde ich es meiner Partnerin vorher sagen. Ich weiß, daß sie selbst außer mit mir mit niemandem schläft. Ich vertraue ihr und würde nicht verlangen, daß sie monogam ist. Ich finde es wichtig, daß ich mit meiner Partnerin über dieses Thema rede und wir unsere Meinungen austauschen. Bis jetzt sind wir uns völlig einig, aber das kann sich natürlich ändern.«

»Sie hatte die schreckliche Angewohnheit, immer hinter anderen Frauen herzulaufen. Man kann doch jemanden toll finden, ohne gleich voll auf ihn abzufahren. Ich kenne Frauen, die ich unheimlich anziehend finde. Zu denen habe ich aber eine andere Art Beziehung, weil ich meine Gefühle gleich von Anfang an in andere Kanäle gelenkt habe.«

»Wir sind Frau und Frau«

31 Prozent der lesbischen Frauen waren oder betrachten sich gegenwärtig als mit einer Frau verheiratet:

»Ich mag verheiratet sein. Das Beste daran ist die ständige Liebe, und das Schlimmste sind die Streits. Wir sind Frau und Frau. Wir haben geheiratet. Die Idee stammt von ihr; sie hat mir einen Antrag gemacht.«

---

* Vor allem Frauen über Dreißig, die eine lesbische Beziehung haben, neigen dazu, monogam zu sein. Das verhält sich genau umgekehrt zu dem Verhalten verheirateter heterosexueller Frauen. Bei Frauen über dreißig, die mehr als fünf Jahre verheiratet sind, kommt außerehelicher Sex häufiger vor.

Die Angst vor unbeständigen Beziehungen

Sind lesbische Beziehungen von Dauer?
Funktioniert die lesbische Ehe?

Das hervorstechendste Problem, dem sich lesbische Frauen/Paare gegenübersehen –, abgesehen davon, daß sie von der Gesellschaft nicht akzeptiert, sondern unterdrückt werden, daß sie sich verstecken müssen – ist vielleicht, wie sie ihre Beziehungen zu dauerhaften Einrichtungen etablieren können. Falls die Dauer einer Beziehung von einer Institution abhängt, die nur heterosexuelle Liebe durch die legale Ehe akzeptiert, publiziert und glorifiziert, dann haben homosexuelle Frauen keinen Zugang zu dieser oder einer ähnlich gewichtigen Institution.

Viele lesbische Frauen haben Angst davor, ihr Leben lang von einer Beziehung in die andere zu geraten – und selbst wenn »eine« mal an die zehn Jahre dauert, ist das nicht gerade befriedigend und vermittelt keineswegs das Gefühl von Sicherheit:
»Ist es bei einer Beziehung ›normal‹, daß die Leidenschaft nach einer Weile erlischt? Und was tut man dann? Bleibt man, weil man sich verpflichtet fühlt, und gibt sich mit einem ruhigen, aber langweiligen Leben zufrieden? Oder wechselt man alle paar Jahre den Partner, wenn man sich verliebt und dann aufhört, verliebt zu sein? Ich überlege mir wirklich, was geschieht, wenn man älter ist.«
»Ich fühle mich im Augenblick ziemlich deprimiert. Ich glaube nicht, daß ich je länger als drei Jahre in einer Beziehung sein werde. Werde ich mich mein ganzes Leben lang immer wieder an andere Frauen gewöhnen müssen? Das paßt nicht zu dem Bild, das ich mir vom Leben mache – ich finde, daß die Dinge von größerer Dauer sein sollten. Vielleicht ist das bei Beziehungen immer so, sie kommen und gehen, egal, wie intensiv sie sind. Ich werde noch zynisch auf meine alten Tage! Aber wenn ich verliebt bin, strotze ich vor Energie und könnte die ganze Welt umarmen.«

39 Prozent der lesbischen Frauen in dieser Untersuchung hatten oder haben Beziehungen, die länger als zehn Jahre gedauert haben (Frauen über Dreißig), und bei den Frauen über Vierzig waren es 46 Prozent.
Tatsächlich unterscheidet sich die durchschnittliche Dauer lesbischer Beziehungen von Frauen über neunundzwanzig Jahren nicht von der durchschnittlichen Dauer der Beziehungen und Ehen (zusam-

men) von heterosexuellen Frauen über neunundzwanzig; und im Durchschnitt sind die lesbischen Beziehungen von Frauen über neunundzwanzig von längerer Dauer als die heterosexuellen Beziehungen unverheirateter Frauen.

Ist es für lesbische Frauen schwerer, eine Beziehung zu beenden?

Da lesbische Beziehungen öffentlich nicht als »Ehe« anerkannt sind*, kommt deren Beendigung für lesbische Frauen eher einem emotionalen Test gleich; einer emotionalen Prüfung, bei der die Frage nach der Möglichkeit für dauerhafte Beziehungen aufgeworfen wird – und in vielen Fällen müssen die Frauen ihren Kummer und ihre Schmerzen sogar verbergen und allein damit fertig werden:

»Meine erste große Liebe hatte ich mit achtzehn. Als wir Schluß machten, war ich völlig durcheinander. Ich wußte nicht, ob ich wirklich lesbisch bin oder ob sie die einzige Frau war, die ich je lieben würde. Ich fühlte mich völlig allein und isoliert. Da ich kein sehr gutes Verhältnis zu meinen Eltern hatte, konnte ich es ihnen nicht erzählen. Ich wußte nicht, wohin mit meinem Gefühlen, und löste mich von allem und jedem. Ich stand gerade vor der Prüfung, und es ist ein Wunder, daß ich sie bestand. Vielen meiner lesbischen Freundinnen ist es ganz genauso ergangen – die erste Trennung war schrecklich, weil plötzlich alles wieder in Frage gestellt wurde. Dann muß man sich entscheiden: Ist es eine Entscheidung fürs ganze Leben oder lag es nur an ihr? Es war außerordentlich schwer, aber für mich selbst war es geradezu lebenswichtig. Ich habe damals mehr geweint als je zuvor oder danach.«

»Das härteste überhaupt war, als eine dreijährige Liebesbeziehung zu einer Frau, mit der ich zusammengelebt hatte und mit der ich noch viele Jahre zusammenzusein hoffte, in die Brüche ging. Sie ist jetzt meine Freundin, sogar meine engste Freundin. Unsere ›Liebesbeziehung‹ ging vor ein paar Jahren zu Ende. Ich bin noch immer ein bißchen in sie verliebt. Ich war so glücklich mit ihr – *nachdem* ich aufgehört hatte, dagegen anzukämpfen, mich zu verlieben, nachdem ich akzeptiert hatte, geliebt zu werden, und *bevor* ich Angst bekam, ihre Liebe zu

---

* Und selbst die kleinsten Dinge werden nicht akzeptiert. Eine Frau sagt: »Es stört mich, daß wir Lesbierinnen nicht auch mal an der Öffentlichkeit kleine Zärtlichkeiten austauschen können – zum Beispiel einen Kuß, wenn ich nach Hause komme und jemand da ist, der nicht lesbisch oder homosexuell ist. Ich rede hier gar nicht von großen Leidenschaften – sondern nur von den üblichen netten Gesten.«
Ein gewisser Trost ist, daß diese Heimlichkeit vielleicht der Grund ist, warum die lesbische Gemeinde eine geschlossene, familienähnliche Gruppe bildet, in der die Mitglieder Schutz und Geborgenheit finden.

verlieren. Als ich sie verlor, spürte ich die Liebe auf eine sehr schmerzhafte Weise. Ich weinte mich in den Schlaf, weil ich sie nicht dazu bringen konnte, mich zu lieben und mich zu brauchen und mich zu begehren. Ich war damals bestimmt der einsamste Mensch auf der Welt und wollte nicht mehr leben.«

»Als ich meine erste Beziehung abbrach, habe ich mich absolut schrecklich gefühlt. Obgleich wir es beide wollten und ich genau wußte, daß sie mir nicht geben konnte, was ich brauchte, hat es unheimlich weh getan. Es dauerte lange, bis ich wieder ohne den eingeschalteten Fernseher einschlafen konnte – ich weinte und weinte und konnte einfach nicht aufhören. Ich war noch nie verheiratet und nie geschieden, aber genauso stelle ich es mir vor. Und es gab auch keine juristischen Dinge zu erledigen, was vielleicht sogar noch schlimmer ist und was viele lesbische Paare eigentlich tun müßten, denn oft besitzen sie gemeinsam ein Haus usw.«

»Als ich sie verließ, dachte ich, nun sei alles aus und vorbei. Das ist jetzt zwei Jahre her, und es tut immer noch weh. Und selbst nach zwei Jahren haben wir immer noch nicht alles ›erledigt‹ und die Dinge zwischen uns ›geregelt‹. Wir sind ziemlich gute Freunde, wir sehen uns zwei oder drei Mal im Monat, aber wir reden nie von ›uns‹ und unserer Vergangenheit. Wenn sie Hilfe braucht, finanzielle oder moralische Unterstützung oder so, bin ich anscheinend immer die erste, an die sie sich wendet. Zuerst, gleich nachdem Schluß war, habe ich unheimlich viel gearbeitet, und meine übermäßigen Selbstbezichtigungen im Alkohol ertränkt. Es kam mir so vor, als wäre nichts sicher und fest oder von Dauer. Und so kommt es mir auch noch heute vor.«

»Abgesehen von meiner jetzigen Beziehung habe ich die Freundin, mit der ich zusammenlebte, als ich vierundzwanzig war, am meisten geliebt. Ich war damals unheimlich glücklich und glaubte, daß diese Beziehung bis ans Ende meiner Tage dauern würde. Sie war für mich ein Meilenstein meines Lebens, eine solide Grundlage, etwas, zu dem ich immer zurückkehren konnte, um neue Kräfte zu sammeln. Wir hatten ein aktives, befriedigendes Sexleben, aber Sex war nicht der wichtigste Grund für meine leidenschaftlichen Gefühle. Es ging alles ganz plötzlich zu Ende (jedenfalls, was mich betrifft), auf ihre Initiative hin, nach fünfzehn Jahren. Ich war schrecklich einsam und unglücklich. Als sie Schluß machte mit mir (am Telefon), habe ich drei Tage lang geweint. Ich dachte, ich würde nie wieder aufhören zu weinen.«

»Das Schlimmste war, als meine Geliebte, mit der ich drei Jahre zusammengewesen war, mit mir Schluß machte. Sie hatte sich mit einer anderen eingelassen, deshalb machte sie Schluß mit mir. Wir bemühten uns, eine vernünftige Lösung zu finden, und beschlossen, eine nichtmonogame Beziehung zu führen. Wir versuchten es eine Weile, aber es war für uns beide zu schwierig, und auch für ihre neue Freundin. Genauso stelle ich mir eine Scheidung vor. Wir versuchten, Freunde zu bleiben, aber das ging nicht, weil ich sie noch liebte. Vier Monate später zog sie aus, und ich mußte den Tatsachen ins Auge sehen. Es war unglaublich schwierig für mich – zuerst wollte ich es nicht akzeptieren. Wir wohnten noch zusammen, nachdem wir Schluß gemacht hatten, und es war für mich unerträglich zu hören, wie meine frühere Geliebte und ihre neue Freundin im Nebenzimmer zusammen schliefen. Ich ging in eine Therapie und schloß mich später einer Lesben-Gruppe an, die auch gerade eine Beziehung beendet hatten. (Dort lernte ich eine Frau kennen, die später meine neue Liebhaberin wurde.) Das half nur wenig – denn ich war wütend und fühlte mich zurückgestoßen und konnte nicht verstehen, warum *sie mir* das angetan hatte. Ich brauchte fast ein Jahr, um die Situation zu akzeptieren, um darüber nachdenken und reden zu können, ohne gleich hysterisch zu werden. Damals hatte ich das Gefühl, daß mir nichts und niemand je wieder würde etwas anhaben können, wenn ich diese Sache durchgestanden hatte. Ich kam mir so verhärtet vor, als hätte ich einen Teil von mir selbst verloren.

Ich stürzte mich in meine Arbeit für die Schule und in meinen Job. Sie waren die beständigsten Dinge in meinem Leben. Sie bewahrten mich davor, den Verstand zu verlieren.«

Eine ältere Frau sieht den Wechsel von Beziehungen im Laufe eines Lebens anders, positiver:

»Ich bin seit dreißig Jahren lesbisch. Meine Beziehungen haben immer ziemlich lange gehalten, bei meinen Freundinnen war es genauso, aber ich kenne fast keine, die ›ein Leben lang‹ bestehen geblieben sind. Wir haben uns deswegen Gedanken gemacht – wir glaubten, daß heterosexuelle Paare viel öfter zusammen bleiben. Wir dachten, das läge daran, daß wir – nun –, daß es für uns nicht so schwierig wäre, uns zu trennen, weil wir nicht diesen ganzen Scheidungskram am Hals hatten, weil wir ja nicht legitim sind. Und Kinder haben wir ja auch keine, jedenfalls meistens nicht. Und Geld hatten wir auch selten, oder gemeinsamen Besitz. Heute ist das anders. Vielleicht sind verheiratete Frauen auch deshalb nicht so schnell weggegangen aus einer Beziehung, weil sie in der Ehe nicht gearbeitet haben und nicht weggehen konnten – aus rein finanziellen Gründen. Und das mit den Alimenten ist auch nicht so, wie es immer hingestellt wird. Diese Frauen stehen unter einem ziemlichen finanziellen Druck. Bei uns Lesben gab es damals keine finanziellen Probleme.

Homosexuelle Männer bleiben länger zusammen, das war schon

immer so, viele Jahre, weil sexuelle Monogamie für sie kein Thema ist. Wenn sie sich gut verstehen, bleiben sie zusammen, sie erlauben ihrem Partner meistens, allein auszugehen und sich mit anderen Menschen zu treffen (das ist für sie gar kein Problem). Die Beziehung hält, weil man nach Hause kommen kann, zu seinem guten alten Kumpel, an den man sich gewöhnt hat. Das ist für die meisten Frauen unmöglich. Die weibliche Psyche und das Gefühlsleben von Frauen sind völlig verschieden von dem der Männer.«

*Eine andere Frau weist auf die Instabilität von lesbischen Beziehungen hin, die bedingt ist durch die gesellschaftliche Ablehnung. Die macht individuell entworfene Beziehungsstrukturen notwendig:**

»Eine unkonventionelle Beziehung, ohne alle Regeln, ist viel schwieriger. In einer traditionellen Ehe, in der die Rollen, die man den Menschen beigebracht hat, zufällig zwei Individuen auf den Leib geschnitten sind, kann es funktionieren – die beiden wissen genau, welches ihre abgegrenzten Bereiche sind, was von ihnen erwartet wird. Das gibt ihnen wahrscheinlich Sicherheit. Aber für die meisten von uns gibt es heute in lesbischen Beziehungen oder Ehen oder was auch immer keine wirklich festen Regeln, daher stellt man sich seine eigenen Regeln auf. Man versucht ständig herauszufinden, wie es funktionieren könnte. Manchmal frage ich mich, ob nicht viele dieser Probleme, die in lesbischen Beziehungen auftauchen, den Versuch darstellen, sie an das Stereotyp (hetero) anzugleichen, das uns anerzogen ist, und daß wir daher die ›Möglichkeit‹ akzeptieren, einen Liebhaber zu haben. Andererseits ist Monogamie seit den sechziger Jahren, als alle rauswollten aus der traditionellen Ehe, nicht besonders gefragt. Und alle glaubten nun plötzlich, daß sie kein Recht hätten, *irgendwann* und wegen *irgendwas* mit dem Fuß aufzustampfen – aber das hat auch nicht funktioniert.«

Aber allmählich wird vielen lesbischen Frauen klar, daß »Schluß machen« nichts mit Versagen zu tun hat, wenn es eine gute Beziehung war:

»›Schluß machen‹ ist ein schrecklicher Ausdruck. Man sollte ihn verbieten. Wahre Liebe ist *unzerbrechlich* und unsterblich. Einige der schönsten Augenblicke in meinem Leben haben damit zu tun, daß mir klar wurde, daß mir die drei Menschen (zwei Frauen, ein Mann), die ich *wirklich* geliebt habe, noch immer nahestehen. Ich habe das Gefühl, daß sie meine wahren Freunde sind, daß sie alles, alles für mich tun würden. Und mit allen dreien verbindet mich noch romantische Liebe.

---

* Manche Single-Frauen mit nicht ehelichen heterosexuellen Beziehungen weisen ebenfalls auf dieses Problem hin. Siehe 6. Kapitel.

Es ist wunderbar. Es hat nichts mit Zusammenleben zu tun. Es ist Zuneigung und Achtung. Ich bin reicher und stärker, weil ich sie einmal gekannt habe, und umgekehrt genauso. Die Trennung ist schwierig. Ich vergrabe mich in meiner Arbeit. Ich spreche nicht darüber, auch nicht mit meinen Freunden. Ich schreibe. Ich schlafe. Am meisten vermisse ich den Geruch des anderen. Plötzlich ist das Bett leer. Die Zimmer, all die Orte, die wir gemeinsam besucht haben, werden zum Teil unserer Geschichte. Meistens vollziehe ich eine totale Trennung, indem ich erst mal den Atlantik überquere. Erst später, viel später, haben die wunderbaren Freundschaften begonnen. Es dauert eine Weile, bis man sich selbst wieder kennt, bis man das innere Gleichgewicht hergestellt hat. Bis man wieder eine Perspektive hat.«

Nicht alle Trennungen sind so schmerzhaft:
»Ich habe mich schon von mehreren Liebhaberinnen getrennt – es war immer ziemlich traumatisch – außer beim letzten Mal, als es passierte, nachdem wir vier Jahre zusammengewesen sind. Diese Entscheidung ging von uns beiden aus – aber sie hat sie herbeigeführt. Es war genau der richtige Zeitpunkt, getrennte Wege zu gehen. Ich war erschrocken, weil es so leicht war – wahrscheinlich kam es mir nur so vor, weil wir uns schon so lange voneinander entfernt hatten. Unsere Beziehung war schon lange nicht mehr so, wie sie hätte sein sollen.«

»Es war schwierig, aber am Ende befreiend. Ich wollte Schluß machen. Es war eine ungesunde Beziehung, viel zu abhängig.«

Erstaunliche 64 Prozent der lesbischen Frauen bleiben über lange Zeit mit ihren früheren Liebhaberinnen befreundet:
»Zugegeben, wir sind uns beide nicht im klaren darüber, wo unsere Beziehung hinführen wird. Sie sagt, daß sie keinen Druck will, ich sage, daß ich keinen Druck mache, aber vielleicht mußte ich mich einfach zurückziehen, um mich zu schützen, und dann haben wir einen Streit angefangen, rein verbal – ich habe versucht, die Verantwortung auf sie abzuwälzen, indem ich ihr die Entscheidung überließ, ob und wie oft wir uns sehen sollten. Wir wurden beide sehr verschlossen und extrem. Wir kamen zu dem Schluß, daß wir uns überhaupt nicht mehr sehen konnten, daß wir Schluß machen mußten. Und konnten nicht mal mehr am Telefon miteinander reden usw.

Am Ende sahen wir beide ein, wie sinnlos unser Verhalten war, und uns wurde auch klar, daß wir gar nicht voneinander lassen konnten, weil es nicht gehen würde. Vielleicht sind wir jetzt nicht mehr direkt ineinander verliebt, aber wir lieben uns, wir sind gern zusammen, aber wir müssen erst noch abwarten, wie sich die Dinge entwickeln. Das wichtigste ist, daß wir noch immer soviel zusammen sind, wie wir können. Ich habe viel gebetet, bin wieder in die Therapie gegangen, habe mit Freundinnen geredet und mich bemüht, mich selbst zu mögen und so positiv zu sein, wie ich nur kann.«

Eine Frau erzählt, wie frustriert sie ist und wonach sie sich sehnt:
    »Manchmal bin ich es leid, durchs Leben zu gehen und immer neue Beziehungen aufzubauen und daran zu arbeiten. Ich frage mich, ob ich es je schaffen werde zu bekommen, worauf ich die ganze Zeit hinarbeite. Wenn du dann vielleicht endlich soweit bist und die ganze Strecke hinter dich gebracht hast, verläßt sie dich am Ende doch – wegen einer jüngeren oder intelligenteren oder älteren Frau – oder wegen eines Mannes! Die ganze Zeit mußt du dir Sorgen machen, ob sie nicht gerade mit einer anderen zusammen ist oder ob sie eine andere finden wird – ob sie dich heute noch mögen oder ob ihr deine Haare gefallen oder sonst *irgendwas*. Mit solchem Mist will ich mich doch nicht abgeben müssen. Oder ob ich intellektuell auf der Höhe bin.
    Ich schätze, was ich in einer Beziehung suche – ist eigentlich eine Ehe. Wenn ich mir vorstelle, zu Frauen Beziehungen zu haben, kann ich irgendwie nicht glauben, daß es möglich ist oder daß es lange Zeit hält. Vielleicht gibt es mehr Sicherheit in einer Beziehung, wenn die Partnerin Kinder hat und gewohnt ist, Verantwortung zu tragen. Vielleicht könnte ich auch eine Beziehung zu einer Frau haben, die älter ist als ich – die die ganze Verantwortung und all das kennt, genauso gut wie ich. So viele Jahre habe ich mich nun schon um mich selbst und einige Familienangehörige gekümmert (obgleich ich noch nicht mal dreißig bin). Aber die Frauen, die ich aus der Lesben-Szene kenne und die so alt sind wie ich, wissen doch gar nicht, was Verantwortung ist.
    Solide Beziehungen scheinen schwer zu finden zu sein. Sogar meine Freundinnen, die schon eine feste Bindung haben, sind fremdgegangen. Was will ich also? Will ich die Sicherheit einer Beziehung mit Liebe und Fürsorge, oder will ich pausenlos leidenschaftliche Gefühle? Aber was ist, wenn diese Leidenschaft nachläßt? Renne ich dann sofort los und suche mir was Neues? Ich weiß es nicht. Aber wenn ich eine Beziehung eingehe, in der ich alles gebe, das ich habe, und mein Leben darum herumbaue, dann möchte ich, daß meine Partnerin mit mir die Verantwortung teilt, mit mir den ganzen Weg zusammen geht und sich auch bemüht, zusammen mit mir für uns beide ein gemeinsames Leben aufzubauen.«

Lesbische Frauen und Geld

Wie lösen lesbische Frauen in ihren Beziehungen die finanziellen Dinge? Legen sie ihr Geld zusammen oder teilen sie sich die Kosten?

In lesbischen Beziehungen ist finanzielle und wirtschaftliche Überlegenheit oder Abhängigkeit im allgemeinen kein großes Problem – allerdings verdient eine der Partnerinnen meistens mehr als die andere, und 21 Prozent der Frauen ernähren sogar ihre Partnerin.

Hier einige typische Methoden, nach denen sich Frauen ihre Ausgaben teilen:
»Ich habe mehr Geld, aber ich gebe ihr soviel sie will (was nicht sehr viel ist). Wir haben ein gemeinsames finanzielles Ziel. Ich bin bereit, hart zu arbeiten, damit wir uns unser Leben einrichten können und dann andere Dinge tun können, die uns interessieren, aber nichts einbringen, zum Beispiel in der Politik (mit ehrlichen Mitteln) oder im Bereich der Kunst!«

»Finanzielle Dinge haben keinen Einfluß auf unsere Beziehung. Wir arbeiten beide und kommen unseren Verpflichtungen nach. Ich verdiene mehr Geld als sie, daher zahle ich meistens für gesellschaftliche Aktivitäten.«

»Wir haben beide einen Beruf. Wir teilen uns die Ausgaben zu gleichen Hälften. Jeder verfügt selbst über sein Geld. Meiner Freundin/ Liebhaberin gehört das Haus, und ich zahle ihr Miete.«

»Wir teilen uns die Ausgaben, aber ich habe sie ein Jahr lang oder so miternährt. Meistens habe ich die Rechnungen bezahlt (d. h., ich habe die Schecks ausgeschrieben), und sie hat es mir zurückgezahlt, als sie wieder was verdiente. Ich habe immer mehr Geld verdient als sie, daher ging es eigentlich immer nur danach, wer wieviel gab.«

»Ich verwalte das Geld, zahle die Miete, kaufe das Essen. Ich muß für eine Weile mehr Verantwortung tragen, bis sie ihre Prüfung gemacht hat. Sie studiert und hat nur sehr wenig Geld.«

»Wir haben getrennte Einkommen und legen das Geld nicht zusammen und teilen es auch nicht. Wir geben es völlig frei füreinander aus. Wir haben getrennte Wohnungen. Wir verdienen ungefähr gleich viel. Das Geld hat keinen Einfluß auf unsere Beziehung.«

»Wir legen unser Geld nicht zusammen. Sie hilft mir aus, wenn ich knapp bin, und hilft mir auch, mit meinem Geld klüger umzugehen.«

»Wir legen unser Geld zusammen. Praktisch alle Ausgaben werden zu gleichen Hälften geteilt. Jeder zahlt so und so viel Dollar auf unser gemeinsames Konto – Miete, Essen, für Vergnügungen, wenn wir ausgehen, ins Kino oder in ein Restaurant, für die Gasrechnungen, das Telefon usw. Alles wird aus dem gemeinsamen Konto bezahlt. Wir arbeiten beide. Im vergangenen Jahr habe ich mehr verdient. Im nächsten Jahr wird es wieder so sein. Sie kümmert sich darum, daß die Rechnungen bezahlt werden. Ich weiß nie ganz genau, wieviel Geld wir gerade haben. Zu Sonderausgaben, die ich vorschlage, sagt sie nein. In meinen letzten beiden Beziehungen haben wir es ähnlich gehalten. Es hat sich gut bewährt. Es hat keinen Einfluß auf unsere Beziehung, schon gar keinen negativen.«

Aber völlige Abhängigkeit wirft offenbar Probleme auf:
»Sie zahlt die Miete und ich kaufe das Essen. Das ist o. k., solange emotional alles stimmt, wenn nicht, scheint es zu einem Problem zu werden. Geld hat ganz bestimmt Einfluß auf eine Beziehung. Das macht mir ein bißchen Angst.«

Eine Frau, deren Partnerin finanziell von ihr abhängig war, stellte ihre eigenen Motive in Frage:
»Ich frage mich, warum ich sie mir ausgesucht habe, obgleich ich wußte, daß es eine ziemlich unsichere Sache sein würde. Ich habe sie mir ausgesucht, weil ich zu der Zeit jemanden *gebraucht* habe, der von mir abhängig ist. Deshalb bin ich diese Beziehung eingegangen, weil ich wollte, daß jemand von mir abhängig war, dankbar war für das, was ich für sie tat, und deshalb bei mir bleiben würde. Ich brauchte jemanden, der mich liebte und mich brauchte und Verlangen hatte nach mir. Vor allem sexuell. Deshalb habe ich diese Beziehung angefangen. Aber gleichzeitig hab' ich sie ständig ermahnt, ›erwachsen‹ zu werden, sich über dieses oder jenes klar zu werden, daß es für sie wichtig wäre, sich ihren Lebensunterhalt selbst zu verdienen usw. Tatsächlich zog sie dann los und bekam einen tollen Job. Ich hätte nicht gedacht, daß sie so schnell selbständig sein würde! Ich hatte geglaubt, das würde sich noch eine Weile hinziehen, so daß ich sie noch eine Weile für mich haben würde, bevor sie mir davonlief.

Aber dann ging alles so schnell – es hat mich umgehauen. Denn ich hatte das Gefühl, daß es die beste und gesündeste Beziehung werden könnte, die ich je hatte, weil wir beide einen so starken Willen hatten. Auf jeden Fall würde ich selbst nicht wollen, daß mich jemand auf diese Weise manipuliert, und genausowenig wollte sie es. Ich habe deswegen großen Respekt vor ihr. Sie sagte sofort: ›Ich werde mir einen Job suchen, und ich werde selbst für mich sorgen.‹ Und dann zog sie sofort los und tat es auch. Seither hat sie immer gearbeitet und verdient genügend Geld. Das muß ich respektieren, selbst wenn es bedeutet, daß sie sich von mir lösen muß, um es tun zu können.«

Ein Paar, das im Augenblick sehr arm ist, bemüht sich, seine Liebe nicht davon beeinflussen zu lassen:

»Im Augenblick ist bei uns das Geld sehr knapp, und wir leben in einem kleinen schachtelartigen Zimmer. Sie hat eine Zeitlang nicht gearbeitet und fühlte sich völlig abhängig, aber sie wollte sich von niemandem abhängig fühlen müssen. Sie war in einer miserablen Verfassung, völlig außer sich, fühlte sich auch emotional abhängig. Sie sagte immer: ›Was glaubst du wohl, wie ich mich fühle, wenn ich mich von dir ernähren lasse! Ich bin nicht nur emotional, sondern auch noch wirtschaftlich von dir abhängig. Was passiert, wenn irgendwas schiefgeht? Wo soll ich dann hin?‹

Ich verstand sie voll und ganz, wünschte mir aber gleichzeitig, daß sie es nicht so tragisch nähme – ich befand mich noch immer in einer Traumwelt, voller Leidenschaft und Liebe. Außerdem bin ich sehr idealistisch: In der Arbeit habe ich mit der Realität des Lebens zu tun, aber in der Liebe gebe ich mich meinen Gefühlen hin und folge meinem Herzen. Ich dachte immer, das kriegen wir schon hin, keine Sorge! Das sagte ich nicht nur so, sondern ich wußte, daß ich daran arbeiten mußte, viele Stunden, um die Dinge geradezubiegen. Aber ich weiß, daß wir das Problem nicht lösen werden, wenn wir nicht irgend etwas Entscheidendes dagegen tun.«

Haben lesbische Frauen Geld – oder sind die meisten arm?

Eine Frau liefert eine erstaunliche Beschreibung ihres lesbischen Umfelds:

»Die Öffentlichkeit hat eine bestimmte klischeeartige Vorstellung von Lesben, die alle kein Geld haben, denn im Fernsehen werden sie immer in irgendwelchen groben Kleidern gezeigt, wie sie durch die Straßen gehen und Protestschilder schwenken. So daß jeder meint, Homosexuelle seien im allgemeinen arme Leute – auf keinen Fall reich! Nun, viele Lesben und viele Schwule haben jede Menge Geld. Vor allem homosexuelle Männer gehören manchmal zu den wohlhabendsten Bevölkerungsschichten.

In einer Gemeinde bei New York sind wahrscheinlich die meisten Lesben an einem Ort versammelt. Und alle besitzen sie Häuser und Autos – diese Frauen dort haben viel Geld. Natürlich haben sie nicht soviel Geld wie homosexuelle Männer. Aber für Frauen – als eine Gruppe – haben sie viel Geld. Sie besitzen Geschäfte und Häuser und teure Sachen und Kleider – und all diese Dinge.

Diese Frauen haben soviel Geld, weil sie ihr Leben lang gearbeitet haben. Sie sind nicht eben erst aus einer Ehe ausgestiegen, um zu lernen, wie man seinen Lebensunterhalt verdient. Sie haben es schon immer getan. Ihr Durchschnittsalter liegt ungefähr bei fünfzig. Folglich hatten sie genügend Zeit, sich etwas zu sparen und ihr Geld auch vernünftig anzulegen. Hier gibt es sehr viele wohlhabende Frauen.

Interessant ist die Einstellung der Bewohner dieser Gemeinde, was die Homosexualität betrifft. Damit will ich sagen, daß es dort zwar homosexuelle Menschen gibt, aber natürlich sind die meisten Bewohner heterosexuell, wie in allen anderen Orten auch. Nur daß die Leute, die dort leben, gelernt haben, uns Frauen zu respektieren. Sie rennen gewöhnlich nicht rum und betrachten eine Geschäftsfrau nur als ›Lesbe‹ oder so. Sie wissen, daß sehr viele Frauen dort Besitz haben und Geschäfte leiten. Ich weiß zwar nicht, ob sie diese Frauen nun als Lesben sehen oder einfach nur als Frauen – auf jeden Fall herrscht dort ganz allgemein viel mehr Respekt vor Frauen als in jedem anderen Teil unseres Landes (vor allem New York City). Sie haben dort sogar einen weiblichen Bürgermeister, was ja auch nicht allzuoft vorkommt.«

Der Anhang enthält eine statistische Aufstellung über die Einkommen lesbischer Frauen.

Lesbische Singles

Leben lesbische Frauen gern als Singles?

*62 Prozent der lesbischen Frauen leben gern als Singles, aber im allgemeinen nicht als ständige Lebensform:**

»Ich bin gern Single, weil ich mehr Zeit für meine Freunde habe und mich nicht so einsam fühle. Es gibt weniger Auseinandersetzungen und Streitereien und Klagen.«

»Ich habe viel über mich selbst gelernt, als ich Single war. Es ist wunderbar, niemandem Rede und Antwort stehen zu müssen.«

»Ich bin gern allein, gehe gern allein in Restaurants, in Bars oder zu Partys – ich kann flirten, soviel ich will, und neue Leute kennenlernen. Manche meiner Bekannten sind neidisch, weil ich tun und lassen kann, was mir paßt. Es macht Spaß, kann aber auch sehr einsam sein.«

---

* Nach der Statistik gibt es in allen Altersstufen weniger homosexuelle weibliche Singles als heterosexuelle. Woran liegt das? Gehen Frauen lieber und häufiger Beziehungen ein, während Männer Schwierigkeiten mit Beziehungen haben (gemischte Gefühle, ob sie sie wollen/mögen oder nicht?) Oder liegt es daran, weil sich die Frauen darüber ärgern, von den Männern nicht gleichberechtigt behandelt zu werden – oder an irgendwelchen anderen Faktoren?

»Im Augenblick muß ich allein sein – um mich selbst besser kennen-zulernen, ich muß lernen, mich selbst zu akzeptieren und mich auf mich zu verlassen. Ich will im Moment keine feste Bindung, ich möchte Zeit haben, mich einmal wirklich um mich selbst zu kümmern. Aber ich fürchte mich davor, ›endgültig‹ allein zu sein.«

Eine ältere Frau erklärt, daß sie lieber allein lebt und daß Liebesbeziehungen ih-rer Meinung nach überbewertet werden:
»Meine Freundschaften mit Frauen haben mir im Leben am meisten geholfen. Ohne Frauen wäre das Leben einsam und leer. Ich habe schon zu vielen Frauen längere Beziehungen gehabt. Mir fällt es leich-ter, mein Leben mit Frauen zu teilen – das ist viel einfacher als mit Männern. Ich bin jetzt vierundsechzig, gegenwärtig lebe ich allein. Die Intimität und Liebe von Frauen bedeutet mir viel mehr als die von Männern. Allerdings sind Beziehungen zu anderen Menschen immer wichtig (ohne Liebe und Freundschaft können wir nicht leben), aber das ist nicht mein eigentliches Ziel im Leben. Erst wenn ich mein eige-nes Ziel kenne, kann ich mir jemanden suchen, mit dem ich es teile, falls ich mich dazu entschließe. Aber zu viele Frauen geraten in eine Beziehung, unter der dann andere Dinge im Leben zu leiden haben.«

Überraschenderweise betrachten sich 14 Prozent der lesbischen Frauen, die eine feste Liebesbeziehung haben, noch immer als »Singles«:
»Obgleich ich eine feste Beziehung habe, betrachte ich mich als Sin-gle. Ich bin gern Single, weil ich dann tun und lassen kann, was ich will, niemand stellt irgendwelche Anforderungen an mich und meine Zeit. Ich komme und gehe, wie es mir gefällt. Ich gehe gern allein spa-zieren oder treffe mich mit meinen Freundinnen. Manche Dinge möchte ich eben lieber allein tun. Aber ins Kino oder in ein Restaurant gehe ich lieber mit meiner Partnerin.«

Eine Frau beschreibt, warum sie nicht gern ein Single-Dasein führt:
»Ich habe lieber eine feste Beziehung, dadurch spare ich viel Zeit. Ich brauche nicht erst auszugehen und mich mit anderen Menschen zu verabreden. Und ich muß auch nicht überlegen, ob und mit wem ich ins Bett gehe. Das bringt immer Unruhe und Verwirrung mit sich, und am Ende war ich immer froh, wenn ich es hinter mir hatte. Natür-lich macht es auch Spaß, aber es geht dabei soviel Zeit drauf. Wenn ich aber eine Beziehung habe, dann ist immer jemand da, der tut, was ich gerade tun möchte. Ich kann mit ihr ins Ballett gehen, ins Kino und auf Partys, das hat auch seine Vorteile. Es ist schön, jemanden zu haben, mit dem man in den Urlaub fährt und so. Eine feste Beziehung ist et-was sehr Schönes.«

21 Prozent der lesbischen Frauen jeden Alters möchten gern mehr Zeit für sich haben:

»Ich habe feste Beziehungen in letzter Zeit immer als etwas angesehen, das mich ständig unter Druck setzt und mich davon abhält, mich mit den Dingen zu beschäftigen, die mich wirklich interessieren. Natürlich haben mir diese Beziehungen auch sehr viel gebracht, aber im allgemeinen nimmt mir die Liebe jede Kraft. Ich bin mir nicht mal sicher, ob eine intensive Beziehung überhaupt der Mühe wert ist!«

56 Prozent der lesbischen Frauen beklagen sich, weil sie Schwierigkeiten haben, eine Partnerin zu finden, die zu ihnen »paßt«:

»Je älter ich werde, um so schwieriger wird es. Ich finde einfach keine Partnerin, mit der ich etwas gemeinsam habe.«

»In meinem Beruf habe ich ausschließlich mit Frauen zu tun, aber ich fange nicht gern Liebesgeschichten mit Menschen an, mit denen ich zusammenarbeite. Es ist für mich schwierig, Frauen auf privater Ebene kennenzulernen, da ich nicht gerade in einer großen Stadt lebe. Es gibt hier nur eine Bar – und die mag ich nicht besonders.«

Sich dazu zu bekennen (Coming Out), ist nicht leicht – aber die meisten Frauen scheinen froh darüber

Frauen, die sich gerade erst zu ihren Gefühlen bekannt haben, sind manchmal sehr schüchtern:

»Ich bin achtzehn Jahre alt, habe blonde Haare und blaue Augen, bin mittelgroß und habe viel Phantasie. Im Augenblick bin ich in eine sehr hübsche Frau verliebt, aber traue mich nicht, sie zu fragen, ob sie mich auch mag. Ich bin ziemlich durcheinander. Wenn ich mich nur dazu bringen könnte, mit ihr darüber zu reden, was ich für sie fühle (allerdings glaube ich, daß sie es längst weiß), könnte daraus vielleicht eine feste Beziehung werden (wir haben schon mal zusammen geschlafen).«

»Ich habe erst vor kurzem begonnen, mich auch für Frauen zu interessieren – sexuell, meine ich. Die Beziehung zu meiner Freundin hat viel mehr Bedeutung bekommen. Wir haben zusammen geschlafen. Und sie hat mir tief in die Augen gesehen und meinen Namen geflüstert. Wir haben uns gegenseitig geholfen, zum Orgasmus zu kommen. Es macht Spaß mit ihr. Das ist deshalb so wichtig, weil ich in den letzten Jahren keinen besonderen Spaß dabei hatte. Es ist schön, ihren Körper zu berühren. So aufregend!«

*Die meisten Frauen unter fünfundzwanzig, die sich zu ihren Gefühlen beken-
nen, fühlen sich wohl dabei, müssen sich aber häufig von anderen sagen lassen,
daß sie etwas »falsch machen«, daß sie »einen großen Fehler begehen«:*

»Ich bin zweiundzwanzig Jahre alt. Ich habe meine Mutter vor kurzem darüber in Kenntnis gesetzt, daß ich lesbisch bin. Sie hat es ganz
schrecklich aufgenommen! Sie glaubt, daß ich nur glücklich sein kann,
wenn ich heirate und Kinder kriege. Das erschreckt mich wirklich,
denn sie ist mit ihrem eigenen Leben auch nicht gerade zufrieden. Obgleich sie sonst ziemlich verständnisvoll ist, hat sie die Tatsache, daß
ich lesbisch bin, nicht verkraftet. Das bedeutet für sie, daß ich total versagt habe!«

*Oder die Frauen selbst haben das Gefühl, daß ihre Gedanken und Wünsche
»falsch« sind:*

»Einerseits habe ich das Gefühl, daß ich bisexuell bin, aber andererseits auch wieder nicht. Ich schlafe gern mit Männern, aber auf Frauen
bin ich genauso neugierig. So ist das nun mal. Hört sich vielleicht nicht
an, als wäre es ein Problem, aber es stört mich. Ich habe »es« meinem
Verlobten gegenüber angedeutet, aber wir haben nicht weiter darüber
geredet. Ich glaube, er akzeptiert und versteht mich, aber manche Gedanken und Gefühle kann ich ihm nicht klarmachen, weil ich mir darüber selbst noch nicht im klaren bin.«

*Die Zeit, bevor man sich dazu bekennt, ist oft mit inneren Zweifeln und dem
Gefühl von Einsamkeit erfüllt – weil man bemüht ist, sich den heterosexuellen
»Normen« anzupassen:*

»In der High School war ich noch nicht lesbisch, und ich kannte
auch niemanden, der es war. Vielleicht sollte ich besser sagen, daß ich,
als ich in die High School ging, noch nicht *wußte*, daß ich lesbisch bin.
Ich mochte die High School nicht. Ich war einsam, hatte immer das Gefühl, als würde ich nicht dort hingehören. ›Ging‹ mit niemandem. Es
kam mir so vor, als sei es ziemlich langweilig, intelligent zu sein. Im
letzten Jahr fing ich an, mich mit Jungen zu verabreden, hatte ein paar
sexuelle Erlebnisse. Als ich neunzehn war, gestand ich es mir dann
selbst ein – meine heterosexuelle Laufbahn war also ziemlich kurz.
(Allerdings hatte ich seither ein paar heterosexuelle ›Zwischen-
spiele‹.) Ich wollte nur mit Jungen zusammensein, damit ich mich normal fühlte, aber das gelang trotzdem nicht – den Sex habe ich nur mitgemacht, aber Spaß hatte ich nur selten dabei. Mit Mädchen war es viel
schöner (ab zwanzig und danach). Aber selbst dann, selbst mit Mädchen, brauchte ich eine Weile, bis es wirklich sexuell wurde – dieses erregende Gefühl war mir noch immer irgendwie fremd und auch nur
sehr flüchtig.«

»In der High School merkte ich, daß mich andere Frauen anziehend fanden, aber ich verdrängte es schnell und sagte mir: ›Jeder hat mal solche Gefühle, das hat überhaupt nichts zu bedeuten.‹ Mir wäre nie eingefallen, daß ich lesbisch bin, schließlich waren Lesben offensichtlich krank und abartig; ich war keins von beidem. Ich weiß noch, wie ich die Anzeige von *The Ladder* las und ganz neugierig darauf war, aber Angst hatte, sie zu bestellen. Ich habe über meine Gefühle mit niemandem gesprochen.«

»In der High School war es ziemlich hart. Die Jungen regten mich auf, ich mochte sie, und es hat mir sogar Spaß gemacht, wenn sie mich geküßt haben, aber ich fand sie ziemlich aggressiv und nicht besonders attraktiv. Mit Mädchen zusammen zu sein, war viel schöner. Obgleich ich lesbisch war, wußte ich eigentlich nicht so recht, wie ich es anstellen sollte; ich saß in einer ziemlichen Zwickmühle. Ich wollte unbedingt normal sein. Und ich war der einsamste Mensch, bis ich es mir eingestand. Meine Eltern wußten nicht, daß ich schon mit fünfzehn Sex hatte, aber ich sagte es ihnen, nachdem ich es mir selbst eingestanden hatte. Meine Mutter war entsetzt, mehr als mein Vater, der mich trotz allem akzeptierte.

Bei meiner ersten Beziehung fühlte ich vom ersten Augenblick an Liebe – mehr als alles wünschte ich mir, sie zu kennen, ich wollte alles mit ihr teilen. Nach drei Jahren machten wir Schluß. Wir wohnten noch zusammen, als sie beschloß, lieber etwas mit einer Arbeitskollegin anzufangen. Ich hatte geglaubt, daß wir auch Freunde wären. Jedenfalls – die beiden verstanden sich prächtig. Und es war eine bittere Zeit, als ich mich bemühte, unsere Beziehung zu retten. Am Ende zog sie zu ihrer neuen Liebhaberin, wir versuchten, uns als Freundinnen zu trennen, aber das mißlang gründlich. Ich habe seit zwei Jahren nichts mehr von ihr gehört.«

Wenn die Entscheidung, sich dazu zu bekennen, gefallen ist, ändert sich das Bild fast augenblicklich – es ist bemerkenswert, wie begeistert und stolz fast alle lesbischen Frauen sind. 94 Prozent der Frauen haben nur positive Erfahrungen, wenn sie damit herausgekommen sind.

86 Prozent beschreiben ihre erste Liebe als wichtig, ernst, schön – ganz gleich, ob sie sich erst seit einem oder schon seit zwanzig Jahren dazu bekennen:
»Im letzten College-Jahr ›verliebte‹ ich mich in eine Freundin. Ich war am Boden zerstört, als ich merkte, was mit mir los war. Ich sagte mir: ›Du bist in eine andere Frau verliebt!‹ Ich war erschrocken, überrascht und sehr froh darüber, mich *endlich* ›verliebt‹ zu haben. Ich war erschrocken, weil ich wußte, daß es nicht als ›normal‹ angesehen

wurde, sich in eine andere Frau zu verlieben, und überrascht, weil ich etwas tat, das von der Gesellschaft abgelehnt wurde – ich war immer sehr beliebt gewesen. Aber in die Jungen, mit denen ich gegangen war, hatte ich mich nicht verliebt, und in meine Jane war ich unheimlich verliebt. Sie war meine erste *Liebe*. Ich hatte schon immer Spaß am Sex, aber nach Jane interessierte ich mich eigentlich nur noch für Frauen und suchte sie mir selbst aus, während es mit Männern genau umgekehrt war: Sie suchten mich aus. Ich frage mich, ob meine Zurückhaltung und emotionale Unberührtheit ihr Verlangen geschürt hat; wenn ja, dann hat es mich nicht weiter beeindruckt.«

»Ich wurde mit ungefähr zwanzig lesbisch. Irgendwie wußte ich es schon die ganze Zeit, daß ich homosexuelle Gefühle hatte, aber ich beschloß trotzdem, mit Jungen zu gehen, um meine Gefühle zu verbergen. Als ich sechzehn war, hatte ich einen schrecklichen Krach mit einem Mädchen, mit dem ich in einem Restaurant zusammenarbeitete. Später wurden wir Freundinnen, und ungefähr vier Jahre danach Liebhaberinnen. Wir waren neun Jahre zusammen. Es war eine sehr intensive und leidenschaftliche Beziehung.

Sex mit Frauen ist viel emotionaler als mit Männern. Es ist mehr als physische Nähe, es ist sehr intensiv und läßt sich mit nichts vergleichen. Es gibt keine festen Regeln. Es ist die freieste Art von Liebe, die ich kenne.

Übrigens findet es meine Mutter toll, daß ich lesbisch bin und auch so lebe! Ich mag meine Mutter sehr, ich bewundere sie und habe großen Respekt vor ihr. Ich kenne nämlich nicht allzu viele siebzigjährige Mütter, die es großartig finden, daß ihre Tochter eine Lesbe ist. Ich glaube, ich bin ihr sehr ähnlich – ich liebe das Leben! Mir gefällt, wie sich meine Mutter fürs Leben begeistern kann, und wie tolerant sie ist.«

Trotzdem sind 46 Prozent der lesbischen Frauen, die sich an dieser Untersuchung beteiligt haben, nur »heimliche« Lesben:

»Ich hatte niemanden, mit dem ich darüber reden konnte – und selbst jetzt, mit sechsunddreißig, wissen meine Eltern noch nichts davon – die Familie wäre geschockt, das muß ja nicht sein. Es macht mir Mut, wenn ich all die Frauen sehe, die schon sehr lange feste lesbische Beziehungen haben.«

Eine verheiratete Frau, die über ihre Gefühle für eine andere Frau entsetzt ist, sagt etwas völlig anderes:

»Ich habe für eine Frau und ihre Familie gearbeitet, ich habe im Haushalt geholfen. Daraus hat sich ein ungeheuer starkes emotionales Gefühl entwickelt, sehr intensiv, ich konnte es kaum abwarten, sie jede Woche zu sehen. Die Art und Weise, wie sie sprach, wie sie ging, alles an ihr bezauberte mich. Sie machte mich glücklich, einfach nur, weil sie da war. Es ist niemals irgend etwas vorgefallen. Sie wußte, wie ich für sie empfand. Ich konnte diese Gefühle kaum ertragen, so stark waren sie, und außerdem hatte ich selbst Mann und Kinder. Ich habe sie sehr geliebt und fühlte mich unheimlich zu ihr hingezogen.

Ich gab die Stelle bei ihr auf. Es war schwer, aber ich sah keinen anderen Ausweg mehr. Sieben Monate ist das jetzt her, ich habe sie nie wiedergetroffen. Ich empfinde noch immer sehr viel für sie, ich sehne mich danach, mit ihr zusammenzusein. Ich bin verwirrt und manchmal unglücklich, aber ich weiß, daß ich meinem Mann und meinen Kindern gegenüber Verpflichtungen habe.

Ich habe Angst vor der Zukunft, weil ich befürchte, mich in irgendeine Frau zu verlieben. Ich gehe in die Abendschule und habe ehrenamtliche Tätigkeiten übernommen, um mit anderen Menschen zusammenzukommen. Es ist für mich schwer, mit meiner Bisexualität zu leben. Ich bemühe mich zwar, meine Gefühle für Frauen zu unterdrücken, aber manchmal ist es nicht leicht.«

Eine Frau erinnert sich daran, wie es in den fünfziger Jahren war, »Farbe zu bekennen«:

»Sich dazu zu bekennen, lesbisch zu sein, war, als würde man einer geheimen Untergrundbewegung beitreten – Subrosa. Damals trafen wir uns in Bars, und alle naselang gabe es eine Razzia. Ich habe Frauen gekannt, die die Nacht im Gefängnis verbracht hatten. Es war schrecklich, eine entsetzliche Situation. Die Behörden konnten sie nicht festhalten, aber sie haben sie terrorisiert, haben sie mit Leibesvisitationen, Einschüchterungen und solchen Dingen zu Tode geängstigt. Ich weiß noch, daß ich mich jedesmal, wenn ich in eine Bar ging, zuerst nach dem Hinterausgang umsah, damit ich jederzeit schnell weg konnte. Wir waren immer auf dem Sprung, wußten immer Bescheid, wo am Abend vorher eine Razzia gewesen war. Das führte natürlich zu Heimlichtuerei, jeder machte dem anderen etwas vor und so. Für meine Arbeitskollegen habe ich mir immer Exehen ausgedacht und alle möglichen anderen Geschichten. Peinlich war auch immer der Montagmorgen: Jeder fragt dich, was du am Wochenende gemacht hast. Und du mußt schwer darauf achten, alles in »er« umzuändern.

In den fünfziger Jahren zogen sich viele Frauen auch auf ganz besondere Art an, alles mußte feministisch sein. Aber davon habe ich nichts gehalten – im Gegenteil. Und meine Freundinnen auch nicht. Wenn also jemand kam und wissen wollte, wer ich bin, überlegte ich blitzschnell, was sie hören wollten, und dann war ich genau das, was sie sich vorstellten, was auch immer!

Ich erinnere mich noch an das erste Mal, als ich einen ganzen Raum voller Frauen sah, die in einer Bar tanzten – es war atemberaubend. Ich werde es nie vergessen. Es war im *Bagatelle* – dem beliebtesten Treffpunkt New Yorks. Dann gab es noch das *Grapevine* und das *Wind Song*. Diese Lokale wurden alle von der Mafia kontrolliert. Sie hatten eine Frau, die sie nach außen hin vertrat, eine Frau, die das Lokal leitete, aber nicht die Besitzerin war. Das erste Lokal, das einer Frau wirklich selbst gehörte, war das *Sahara*.«

Über Vierzig und zum ersten Mal lesbisch

Ein erstaunliches Ergebnis dieser Untersuchung ist die große Anzahl geschiedener Frauen über vierzig und fünfzig, die Liebesbeziehungen zu Frauen haben und diese Art zu leben sehr angenehm, ja ausgezeichnet empfinden.

Erstaunlicherweise hatten 24 Prozent der lesbischen Frauen in dieser Untersuchung zum ersten Mal eine lesbische Beziehung, als sie bereits über vierzig Jahre waren; das entspricht nicht den früheren Statistiken. Eine Frau, die vorher verheiratet war und Kinder hat, beschreibt diese Veränderung in ihrem Leben:

»In meinem ganzen Leben waren meine weiblichen Freunde starke, mutige, schöne Menschen, deren Freundschaft mir immer sehr viel mehr bedeutet hat als fast alle anderen. Aber in all den – vierzig – Jahren wäre es mir nie eingefallen, daß ich einmal eine Frau auf sexuelle Weise lieben könnte. Ich habe Freundinnen in den Arm genommen und geküßt, wir haben zusammen gelacht und geweint, uns gemeinsam durch unsere jeweiligen Ehen und Scheidungen gekämpft, zusammen gearbeitet. Aber ich habe nie bemerkt, daß ich mich von einer Frau physisch angezogen fühlte. Es kam mir nicht in den Sinn, daß ich die Fähigkeit besitzen könnte, eine andere Frau zu lieben. Ich habe zwar immer die Meinung vertreten, daß die Menschen bisexuell wären, wenn die sozialen Schranken ihre Gefühle und Gedanken nicht eingeengt hätten und so. Aber das waren rein intellektuelle Erörterungen.

Aber nun hat sich mir eine völlig neue Welt aufgetan. Ich habe tausend Fragen gestellt, von denen viele bis heute nicht beantwortet sind. Ich habe soviel schwindelerregende Freude und Spaß erlebt, daß ich es eigentlich nicht verstehen kann, warum ich es nicht schon früher bemerkt habe.

Vor zwei Jahren bin ich hierhergezogen, um einen neuen Job anzutreten. Ich habe lange Zeit völlig enthaltsam gelebt. Meine Arbeit nahm mich sehr in Anspruch und machte so viel Spaß, daß mir nur wenig Zeit für mich selbst blieb. Meine Töchter sind schon etwas älter und fordern viel Zeit. Nachdem ich wochenlang bis spät abends im Büro und auf Sitzungen verbracht hatte, wollte ich lieber bei ihnen zu Hause bleiben, anstatt mich nach Männern umzusehen. Gelegentlich habe ich masturbiert, aber das verlor bald seinen Reiz. Meine Arbeit und meine Kinder schienen meine ganze Kraft aufzubrauchen, und ich hatte kaum Zeit, mir über meine eigenen Bedürfnisse Gedanken zu machen. Dann, vor ungefähr einem Jahr, lag ich eines Abends im Bett und masturbierte, und nach dem Orgasmus mußte ich plötzlich schrecklich weinen, weil ich mich so einsam fühlte. Ich fühlte mich von einem Meer von Bedürfnissen verschlungen – ich wollte, daß mich jemand anfaßte, zärtlich zu mir war, mich in den Arm nahm und küßte. Ich wollte wieder jemanden haben, der mich liebt.

Ungefähr in dieser Zeit lernte ich durch einige lesbische Freundinnen von mir zufällig eine ganz besondere Frau kennen, mit der mich am Anfang nur weibliche Kameradschaft verband – wir hatten die gleichen Interessen und die gleichen Schallplatten. Und dann wurde es die wunderbarste Beziehung, die ich je in meinem Leben gehabt habe. Sie erweckte mich buchstäblich zu neuem Leben und brachte mich in die Welt der Gefühle, des Glücks, der Entspannung zurück – zu Intimität und Liebe. Meine Töchter halten uns für Freundinnen, und mehr möchte ich ihnen im Augenblick auch nicht sagen!

Der Sex mit meiner Geliebten ist so wunderbar – manchmal warm und wohltuend, manchmal leidenschaftlich und überwältigend, manchmal lustig und verspielt. Ich genieße es sehr. Ich habe fast immer einen Orgasmus (durch klitorale Stimulation). Mit meinem Mann war der Orgasmus Glückssache, mal ja, mal nicht. Ich habe nie herausgefunden, warum ich manchmal keinen hatte. Bei meiner Geliebten habe ich fast immer einen, und auch beim Masturbieren. Der Orgasmus ist bei mir nicht immer gleich, aber warum ich ihn mal so, mal so habe, und wann, das weiß ich nicht. Manchmal habe ich auch einen Orgasmus, ohne etwas dafür zu tun.

Nachdem ich zweiundzwanzig Jahre meines Lebens mit Männern geschlafen habe, weil ich es nicht anders wußte, kann ich jetzt, nachdem ich sechs Monate mit einer Frau zusammen war, sagen, daß es mit ihr besser ist als mit jedem Mann, den ich gekannt habe. Ihre Wünsche und Bedürfnisse – im Arm halten, küssen, Zärtlichkeiten, alles – sind genau dieselben wie meine. Ich brauche sie nicht erst darauf zu ›trainieren‹ zu tun, was ich gern mag. Mit ihr kann ich alles viel besser genießen, weil ich weiß, was sie fühlt. Ihre Klitoris und ihre Scheide, ihr ganzer Schambereich sind für mich viel aufregender als ein Penis mitsamt Hoden. Ihr Orgasmus wirkt viel stärker auf mich, so ›einfühl-sam‹, so ›vibrierend‹.

Wenn sie mich berührt, bin ich sofort erregt. An der Brust und den Brustwarzen bin ich am empfindlichsten. Schon dadurch bringt sie mich fast zum Orgasmus. Aber von der Klitoris geht der größte Zauber aus. Fast möchte ich sagen, daß der Orgasmus das Schönste an unserem Sex ist. Bei meinem Mann hatte ich zwar auch einen, aber nicht so unheimlich schön wie bei meiner Geliebten. Wie sie mich hält und zärtlich berührt, ist wunderbar!

Eine andere Frau, zweiundvierzig Jahre alt, beschreibt, wie »wunderbar« ihr Leben jetzt ist – im Vergleich zu dem, das sie früher mit ihrem Ehemann geführt hat:

»Ich bin eine relativ gut angepaßte, glückliche, gesunde, liebevolle Frau in den mittleren Jahren. Sehr verliebt, wahrscheinlich zum ersten Mal, und meiner Liebhaberin – ebenfalls zweiundvierzig – eng verbunden.

›Verliebt sein‹ erfüllt das Leben mit einem magischen Glühen, das dem Leben Freude und Schönheit gibt. Vielleicht gibt es Menschen, für die es nicht wichtig ist, aber ich würde es nicht missen wollen. Wir verstehen uns in jeder Hinsicht – physisch, geistig, emotional und seelisch – das ist der Schlüssel zu allem. Wenn ich früher jemanden geliebt habe, meinen Mann und noch zwei andere Männer, haben wir uns nur auf einer oder auf zwei Ebenen verstanden.

Meine Geliebte und ich leben seit zwei Jahren zusammen, und davor haben wir uns schon von der Arbeit her vier Jahre gekannt. Am Wochenende fuhren wir zusammen zum Zelten – und da verliebte ich mich in sie. Mein Sohn ist zweiundzwanzig und wohnt mit seiner Freundin, mit der er schon sieben Jahre zusammen ist, in einer anderen Stadt. Er und die anderen Familienangehörigen wissen nicht, wie umfassend unsere ›Beziehung‹ ist, nur daß wir zusammen wohnen. Kameradschaft, völlige Intimität (einschließlich ausgezeichnetem Sex), und auch die finanziellen Dinge, kommen unserer Partnerschaft sehr zugute. Wir konnten Geld sparen, gemeinsam große Anschaffungen machen und uns das Haus teilen, und unser zweites Haus vermieten. Wir haben unseren Urlaub immer zusammen verbracht, sogar eine Reise nach Europa sowie Fahrten zu Verwandten und Freunden. Unsere körperliche Intimität und Leidenschaft ist zart und sanft, langsam, aber tiefer und mächtiger als alles. Am Abend schlafen wir eng umschlungen ein.

Zum ersten Mal scheint die Liebe ausgeglichen zu sein – sonst hatte ich immer das Gefühl, daß ich viel mehr gab, als ich bekam. Jetzt fühle ich mich geliebt und absolut geborgen – und ihr geht es ganz genauso. Wir genießen alles an unserem gemeinsamen Leben – kochen, abwaschen, Müll wegbringen – alles ist leicht und mühelos –, nicht wie die Jahre des Machtkampfs in meiner Ehe. Am schönsten ist es, wenn wir abends ins Bett gehen oder uns nachmittags zum Ausruhen hinlegen – dann halten wir uns fest in den Armen, tauschen Zärtlichkeiten aus und flüstern uns Liebeserklärungen zu.

Wir können uns leicht verständigen. Sie hat gelernt, mich darum zu bitten, wenn sie etwas braucht – sie weiß jetzt, daß es völlig in Ordnung ist, um etwas zu bitten – daß Glück nicht nur völlige Selbstbefriedigung bedeutet, wie sie anfangs geglaubt hatte. Wir geben uns beide völlig der anderen hin – ohne etwas zurückzuhalten, ohne uns zu rechtfertigen und ohne zu kritisieren. Jahrelange therapeutische Behandlung und viele Reifeprozesse haben uns beide auf eine enge und tiefe Beziehung vorbereitet – nur hatten wir bis jetzt noch keinen Partner gefunden, der denselben Hintergrund und dieselben Erfahrungen mitgebracht hat.

Ich kann mir zwar nicht vorstellen, mit irgend jemand anderem schlafen zu wollen als mit meiner Geliebten, aber falls ich es doch einmal tue, werde ich es ihr bestimmt nicht sagen. Es würde ihr nur weh tun.

Vergangenes Wochenende war besonders schön. Wir haben morgens lange geschlafen (eine seltene Gelegenheit), und uns gleich nach dem Aufwachen geliebt (unsere liebste Zeit), danach wunderbar gefrühstückt und uns dann in aller Ruhe angezogen, um auf die Hochzeit einer Freundin zu gehen. Die Zeremonie war so schön – fast so, als würden wir selbst heiraten oder unsere Schwüre erneuern, obgleich wir doch nur Gäste waren. Und dann sind wir bei Sonnenuntergang barfuß über den Strand gelaufen.

Als ich noch nicht zwanzig war, merkte ich kaum etwas von meinem Hang zur Homosexualität, fühlte mich auch niemals zu Mädchen oder Frauen hingezogen. Nach meiner Scheidung war ich mit verschiedenen Männern zusammen. Einige waren ausgezeichnete Liebhaber, aber nicht bereit, sich völlig hinzugeben. Als ich dann mit meiner Freundin zum Zelten fuhr und mit ihr schlief, hatte meine Suche ein Ende.

Mit meiner jetzigen Partnerin habe ich die wichtigste Beziehung meines Lebens. Sie ist glücklicher und enger, als ich es je erlebt habe. Es ist fast zu schön, um wahr zu sein – und geht über jeden Traum oder jede Vorstellung hinaus, die ich je von der Ehe oder vom Leben mit einem Mann hatte. Es ist das erste Mal, daß ich an der Beziehung nicht erst

›arbeiten‹ muß – sie läuft seit zwei Jahren mühelos und von ganz allein. Außerdem hatte ich mehrere sehr tiefe und enge Freundschaften mit Frauen (über zehn Jahre).

Ich bewundere die Fähigkeit der Frauen, soviel auszuhalten, weiterzuleben und sich selbst und ihren Kindern ein gutes Leben zu bereiten – trotz des politischen und/oder des persönlichen Klimas, das die Männer geschaffen haben. Eleanor Roosevelt und Margaret Mead waren nur die ersten Rollenvorbilder. In letzter Zeit bewundere ich Shirley MacLaine und Gloria Steinem und würde in zehn Jahren gern so sein wie sie. Alle vier haben einen echten Beitrag geleistet.

Ich bin der Frauenbewegung sehr dankbar, weil sie den Gefühlen der Machtlosigkeit und Verzweiflung, die wir alle im Privaten erlebt haben, eine politische und historische Perspektive gegeben hat – ich glaubte immer, daß mit mir irgendwas nicht stimmt, daß ich nicht ins Bild passe. Zu den Frauen sage ich heute: Liebt euch erst einmal selbst und klammert die Frauen nicht als mögliche Lebenspartner aus!«

Und eine andere Frau, die in Texas lebt, beschreibt ihr jetziges Leben mit ihrer Partnerin:

»Ich habe seit einem Jahr eine lesbische Beziehung. Meine Partnerin ist eine sechsunddreißigjährige geschiedene Lehrerin. Sie ist wunderbar – sie nimmt mich bedingungslos an, sie akzeptiert mich, wie ich bin. Sie hat mir über einige sehr verzweifelte emotionale Zeiten hinweggeholfen. Ich habe nicht gewußt, daß ich jemanden so sehr lieben kann. Ich liebe sie genauso wie meine Schwester, die ich mein ganzes Leben lang geliebt habe.

Ich bin fünfundvierzig, stamme mitten aus Texas. Mit zwölf bin ich zu meinem Jugendfreund gezogen, und wir haben geheiratet, als ich achtzehn war. Wir waren vierundzwanzig Jahre lang verheiratet, haben drei Kinder, und vor etwas mehr als drei Jahren haben wir uns getrennt. Ich habe zwei Jahre das College besucht. In meiner Ehe waren wir so lange glücklich, bis mein Mann mir untreu war. Ich fühlte mich zerstört. Das war wahrscheinlich meine stärkste emotionale Erfahrung. Ich verlangte die Trennung und verließ meine Familie. Er fing ein Verhältnis mit einer Krankenschwester an und ließ sich scheiden.

Ich war immer finanziell abhängig von ihm, es war immer ›sein‹ Geld. Ich glaubte, daß es ihm so recht wäre. Heute bin ich froh, daß ich diese drei Jahre für mich hatte, um mich weiterzuentwickeln und zu erfahren, daß ich mich auf mich selbst verlassen kann – obgleich ich manchmal Angst davor habe. Ich war traurig, weil ich jemanden verloren hatte, den ich liebe und der mich auch einmal geliebt hat. Aber ich fühlte mich jetzt auch viel freier und voller Leben. Ich habe mein Leben praktisch noch mal von vorn angefangen.

Aber ich war so damit beschäftigt, mich selbst zu finden, daß ich absolut nicht auf die tiefen Depressionen vorbereitet war, die ich anfangs hatte – es kam mir unheimlich schwer vor, herauszufinden, wer ich war – so allein und ohne einen männlichen Widerpart. Bevor ich meine spätere Partnerin kennenlernte, war ich frustriert und einsam und sehnte mich danach, in den Arm genommen zu werden – und war froh, daß ich wenigstens enge Freundschaften mit anderen Frauen hatte. ›Single‹ zu sein, war für mich wichtig, um mich selbst besser kennenzulernen, und nicht nur immer die Rollen, die ich vorher gespielt hatte. Als ich verheiratet war, spielte ich unbeabsichtigt die Rolle, die ich von meiner Mutter her kannte.

Das vergangene Jahr hat für mich also große Veränderungen gebracht. Erstens, weil es schwer war, mich selbst als lesbisch zu akzeptieren, und dann hat mein Exmann mein Vertrauen mißbraucht und einigen meiner Lieblingsverwandten von meiner lesbischen Beziehung erzählt. Eine Zeitlang konnte ich überhaupt nicht fertig werden mit allem, aber jetzt fühle ich mich wieder besser. Die Frauenbewegung ist eine phantastische Sache. Ohne sie hätte ich es nie geschafft. Jetzt unterstütze ich sie. Ich bin nur dagegen, mit Gewalt jemanden, der gegenteiliger Meinung ist, vom feministischen Standpunkt zu überzeugen.«

Einmal lesbisch, immer lesbisch?[*]
Einmal hetero, immer hetero?

11 Prozent der Frauen wollen ihre sexuelle/emotionale Orientierung nicht festlegen. Andere wollen sich nicht in der einen oder anderen Richtung »abstempeln« lassen:

»Sie setzt mich unter Druck. Ich soll mich entscheiden, ob ich lesbisch bin oder nicht.«

»Ich stand mal unter dem Druck, mich festzulegen, als ich mit einer Frau geschlafen habe. Und ich habe jetzt immer das Gefühl, daß ich den Sex mit Frauen nur ›ausprobiert‹ habe – es liegt wie ein Schatten über mir – aber ich schäme mich deswegen nicht.«

---

[*] Wie schon Alfred Kinsey hervorgehoben hat, gibt es nicht zwei getrennte Gruppen – eine heterosexuelle und eine homosexuelle: Alles Lebende, einschließlich der Tierwelt, ist ein Kontinuum, und Heterosexualität und Homosexualität sind nur die beiden Extreme dieses reichhaltigen und verschiedenartigen Kontinuums.

12 Prozent der Frauen zwischen zwanzig und dreißig Jahren, die sich nicht als »lesbisch« bezeichnen, haben schon mit Lesbianismus »experimentiert«:
»Obgleich ich keine Lesbe bin, glaube ich, daß man mich als ›bisexuell‹ bezeichnen könnte, weil ich schon mal mit einer Frau zusammen war. Ich habe es meinem Freund nie erzählt, weil er dann wahrscheinlich glaubt, ich wär' auf nem Trip gewesen oder mit mir hätte sonst was nicht gestimmt (diese Sache passierte gleich zu Beginn unserer Beziehung).«

6 Prozent der Frauen, die nicht »lesbisch« sind, berichten von physischer Zuneigung/sexuellen Gefühlen zu ihren Schulfreundinnen:
»Als ich in der ersten Klasse der High School war, haben wir uns auf Partys gegenseitig angefaßt und geküßt und sexuelle Spiele getrieben.«

Aber die meisten Mädchen haben auf der High School oder vorher keine sexuellen Beziehungen zu anderen Mädchen – im Gegensatz zu Jungen, die, homosexuell oder nicht, während der High School-Zeit häufig Sex mit anderen Jungen haben.*

23 Prozent der lesbischen Frauen unter dreißig scheinen nicht zu erwarten, immer lesbisch zu bleiben:
»Ich bin gern Single, weil ich jung bin und weil ich mich noch nicht (mit einem Mann) häuslich niederlassen will, jedenfalls jetzt noch nicht. Im Augenblick gehe ich nur mit Frauen, weil ich sie viel zuverlässiger, liebenswerter, sensibler, respektvoller usw. finde. (Ich bin seit zwei Jahren lesbisch.)«
»Vor drei Jahren habe ich mich in meine beste Freundin verliebt – wir hatten ein gemeinsames Zimmer. Ich hatte ein wunderbares, herrliches Gefühl, ich war absolut glücklich, zum ersten Mal in meinem Leben war Sex eine tolle Sache für mich. Sie war schön – schönes Gesicht – schöne Augen. Wir waren zwei Jahre zusammen, dann beschloß sie, sich einen Mann zu nehmen – es war die schlimmste Zeit in meinem Leben.«
»Ich habe mich schon immer zu Frauen hingezogen gefühlt, obgleich ich in letzter Zeit auch Männer sehr anziehend finde. Ich habe

---

* Wie die Untersuchungen von Kinsey und der *Hite Report* über das sexuelle Erleben des Mannes übereinstimmend gezeigt haben, ist davon ein Drittel der Jungen betroffen. Mädchen dagegen fangen bereits erheblich früher als Jungen damit an, sich durch Masturbieren bis zum Orgasmus zu bringen. Jungen beginnen fast immer erst zu Beginn der Pubertät – vielleicht ein Jahr oder ein paar Monate vor der Fähigkeit zur Ejakulation, ungefähr mit elf oder zwölf Jahren.

erst mit zwei Männern geschlafen und würde es gern wieder probieren. Ich liebe Sex mit Frauen, weil dabei auf so vielen Ebenen eine Verbindung hergestellt wird; ich liebe ihren Körper, ihre Gefühle, ihre Gedanken – das habe ich immer getan. Ich liebe das Gefühl von Gleichheit, wenn ich mit einer Frau zusammen bin, die Möglichkeiten, die Abwechslung. Aber ich möchte auch Männer kennen.«

Während die meisten Frauen, die zuerst »heterosexuell« waren und dann »lesbisch« wurden, es auch weiterhin bleiben, kehren 8 Prozent der lesbischen Frauen zu heterosexuellen Beziehungen zurück; der häufigste Grund, der dafür angegeben wird, ist der Wunsch, sich gesellschaftlich anzupassen:*
»Ich bin siebenundzwanzig Jahre alt, fühle mich seit acht Jahren als Lesbe und habe mich vor kurzem mit einem Mann eingelassen. Im Augenblick fühle ich mich aber noch immer als Lesbe.

Das Zusammensein mit einem Mann nach acht Jahren Lesben-Dasein führte bei mir zu großer Verwirrung und zum Umdenken. Ich glaube, er ist glücklich, aber er ist irgendwie vom Leben frustriert. Ich liebe ihn mehr, als ich in ihn ›verliebt bin‹, vielleicht bin ich jetzt auch ein bißchen vorsichtiger und wachsamer. Es macht mir nichts aus, daß er ein Mann ist, aber ich ziehe Frauenkörper vor, wenn es um Sex geht. Ich glaube, es würde mir helfen, wenn er eine Frau wäre oder wenn ich mich von einem männlichen Körper stärker angezogen fühlte. Aber er ist sehr zärtlich und sanft, sehr liebevoll.

Bis jetzt habe ich mich ihm noch nicht völlig hingegeben, weil ich andere enge Freundschaften habe – weibliche –, die meinen Bedürfnissen gerecht werden. Er ist ein bißchen eifersüchtig auf meine engen Freundschaften zu Frauen, aber er akzeptiert sie. Die Beziehung zu ihm ist mir genauso wichtig wie die Beziehung zu meinen Freundinnen. Ich fühle mich auch noch immer zu einer meiner früheren Liebhaberinnen hingezogen. Mein Partner weiß, was für eine Beziehung wir hatten. Ich habe ein gutes Gefühl – es ist schön und richtig und belebend, eine Freundin zu haben, mit der ich zärtlich sein kann.«

Bemerkenswerte 32 Prozent der lesbischen Frauen in dieser Untersuchung waren vorher (heterosexuell) verheiratet; die Gründe, warum sie ihre Ehen verlassen haben, sind dieselben wie die in den anderen Kapiteln dieses Buches angeführten:
»Ich war verheiratet. Mir hat daran die Beständigkeit gefallen und der Alltag, aber ich fand es ziemlich schwierig, gegen das Klischee anzukämpfen, das die Gesellschaft für mich als ›Ehefrau‹ parat hatte.

---

* Tatsächlich kommt es häufiger vor, daß heterosexuelle Frauen zu Lesben werden, als umgekehrt. Natürlich ist die »heterosexuelle« Bevölkerung von vornherein größer, aber das wiegt den Unterschied nicht völlig auf.

Außerdem hatten mein Mann und ich irgendwie völlig verschiedene Vorstellungen vom Leben an sich – wie sich später herausstellte.«

»Ich war verheiratet, und es hat mir nicht gefallen. Es gibt nichts, was an einer Ehe gut wäre. Alles ist nur schlecht. Ich hatte es mir anders vorgestellt. Ich dachte, in einer Ehe würde ich mich nicht mehr so einsam fühlen.«

»Ich war zehn Jahre lang verheiratet. An sich war es ganz o. k. Das schlimmste war, sich wie Frau Soundso zu fühlen, die Abhängigkeit, der Mangel an Kommunikation, sowohl verbal als auch emotional. Das beste war, daß wir gute Freunde waren, gut zusammen schlafen konnten, Spaß hatten, wenn wir zusammen waren, und viel gereist sind. Wir trafen gemeinsam die Entscheidungen, aber seine berufliche Karriere hatte Vorrang, wenn es, zum Beispiel, darum ging, wo wir uns niederließen, weil ich keinen Beruf hatte. Mir gefällt das Leben jetzt sehr viel besser.«

Wie wir gesehen haben, haben sich erstaunliche 24 Prozent der lesbischen Frauen zum erstenmal in eine andere Frau verliebt, nachdem sie bereits über vierzig waren; die meisten waren vorher verheiratet, haben aber jetzt Liebesbeziehungen zu anderen Frauen:

»Ich bin eine geschiedene Frau im Alter von dreiundfünfzig Jahren, ich arbeite im Informationsbereich, liebe meinen Beruf, bin ›überzeugte‹ Quäkerin und noch vieles mehr. Zum Beispiel, Mutter von vier fast erwachsenen Töchtern, Großmutter von zwei Enkeln, Mädchen für alles, zuständig für alle Katastrophen im Haushalt und immer auf der Suche nach einer ›besseren Art zu leben‹.

Ich wünsche mir mehr Zeit, als ich habe. Ich habe einen Ganztagsjob und kümmere mich außerdem noch um das Haus, eine Tochter, den Hund, zwei Katzen und eine Liebhaberin (nicht unbedingt in derselben Reihenfolge) und habe dann natürlich nicht mehr viel Zeit! Ich hätte gern mehr Zeit, um Urlaub zu machen, zu reisen und am Meer zu sitzen und den Wellen zu lauschen, die ans Ufer schlagen. Ich höre gern Musik – ein Rachmaninov-Konzert oder einen schönen Choral.

Meine größte Leistung bis heute? Den Mut gehabt zu haben, endlich, endlich aus einer destruktiven Beziehung auszusteigen und eine andere zu wagen, die tiefer ist und mir unglaublich viel bedeutet. Die Scheidung von meinem Mann, nach einunddreißig Jahren, war wirklich schlimm, und ich habe furchtbare Ängste ausgestanden. 1979 habe ich die juristischen Schritte eingeleitet, bin wieder ausgestiegen, habe dann 1981 alles nochmal mit einem besseren Anwalt in Angriff genommen. Es dauerte bis Mitte 1983, bis alles endgültig geregelt war. Heute bin ich vor allem stolz darauf, daß ich es so weit gebracht habe, meine Vergangenheit abzuschütteln – ich komme aus der Arbeiterklasse im Süden, aus einer ausgesprochen bigotten Umgebung. Ich habe es geschafft.

Ich bin in eine Frau verliebt, die ich 1979 kennengelernt habe. Sie ist die erste Frau, mit der ich eine körperliche Beziehung eingegangen bin – obgleich ich sehr viele enge Beziehungen zu anderen Frauen hatte. Es fällt mir schwer, mich als Lesbe zu bezeichnen, aber noch weniger kann ich mir ein Verhältnis mit einem Mann vorstellen. Meine jetzige Beziehung ist tiefer als jede andere; sie hat mir großen Kummer und große Freude bereitet; sie hat mich gezwungen, mich weiterzuentwickeln.

Ich bin sehr verliebt in sie. Und das war die erstaunlichste Erfahrung, die ich je im Leben gemacht habe. Ich hatte es schon fast aufgegeben, an Liebesgeschichten zu glauben. Aber als ich sie kennenlernte, wurde mir klar, daß alles, was ich je über Liebe und Verliebtheit gelesen hatte, stimmte – mit ihr erlebte ich nun alles am eigenen Leib.

Wenn ich mit jemandem zusammenlebe, ist es wichtig, daß ich zuerst in ihn verliebt bin – das ist eine wundervolle, absolut idiotische und unglaubliche Sache, die wir später gemeinsam haben, wenn sich die Beziehung zu einer weniger aufregenden, dauerhafteren Ganzen entwickelt hat. Und die Erinnerung daran hilft, wenn Probleme auftauchen, die gelöst werden müssen. Und wenn es wirklich einmal schlimm kommt und alles zu schwierig erscheint und die Opfer zu groß, um die Dinge wieder ins rechte Lot zu bringen – dann geht es nicht ohne Liebe.

Wir sind jetzt fast fünf Jahre zusammen. Wir haben uns 1979 kennengelernt, dann lief sie weg, und 1981 habe wir uns wieder getroffen und sind seither immer zusammen gewesen. Wir wohnen nur an den Wochenenden zusammen. Wir haben keine Kinder, weil wir beide Frauen sind – aber selbst wenn eine von uns männlich wäre, würden wir keine haben. Wir sind uns gegenseitig Kind genug.

Für mich ist das Wichtigste zu wissen, daß ich zu ihr gehöre und sie zu mir, und zwar auf eine Weise, wie wir es beide noch nicht erlebt hatten. Ich fühle mich glücklich in dieser Beziehung – sie regt mich an, und ich habe schon Gedichte und lange Briefe über sie geschrieben.

Als wir uns ineinander verliebten, waren wir nicht fähig, uns anzufassen, ohne gleich zusammen ins Bett zu fallen – einmal haben wir uns acht Stunden lang geliebt, und am Ende waren wir beide so erschöpft, daß wir es kaum bis zum nächsten Restaurant schafften, um was zu essen. Ich finde, daß Verliebtsein etwas Wundervolles ist – es gehört zu den drei wichtigsten Erfahrungen im Leben. Ich bin sehr glücklich und fühle mich ihr so nahe wie noch nie irgendeinem Menschen – ich kann mit ihr mein Leben teilen, wie ich es noch nie mit jemandem geteilt habe. Ich fühle mich nicht mehr einsam und auch nicht wie jemand, der nirgends hingehört.

Was mir am besten gefällt, sind die Zusammengehörigkeit, der physische Kontakt und die geistige Anregung. Was mir im Augenblick am wenigsten gefällt? Daß wir nicht zusammen wohnen, weil wir dann jedesmal, wenn wir uns sehen, erst über unsere Trennung hinwegkommen müssen. Sie ist mit mir genauso glücklich wie ich mit ihr – vielleicht ein bißchen nervöser, was die Beziehung betrifft, aber sehr glücklich.

Wir gehen gern am See spazieren, reden, schlafen zusammen, liegen zusammen im Bett und sehen fern oder lesen, gehen ins Kino, tanzen, laden Freundinnen zu Partys ein, vertreiben uns die Zeit mit Spielen, z. B. Trivial Pursuit, denken über die Sprache nach, fassen uns an.

Am häufigsten kritisiert sie, daß ich mit meiner siebzehnjährigen Tochter so nachsichtig bin, vor allem, daß ich ihr so oft mein Auto gebe. Und ich kritisiere an ihr, daß sie mit ihren Katzen so nachsichtig ist und daß sie es, wenn sie Probleme hat, an mir ausläßt, weil sie dann so empfindlich ist. Das größte Problem in unserer Beziehung ist der Alkohol und meine Reaktion darauf. Das macht mir Sorgen. Denn es ist schon ein paarmal vorgekommen, daß ich völlig betrunken war. Dann haben wir uns fürchterlich gestritten. Und es dauert Tage, bis wir wieder normal reden können. Es fällt uns beiden ziemlich schwer, darüber hinwegzukommen.

Ansonsten können wir über alles reden. Wir lassen uns gegenseitig Zeit zum Reden, und ich glaube, daß sie im großen und ganzen mehr redet als ich. Wir nehmen uns auch Zeit, einfach nur zu ›plappern‹ – das tut sie, wenn sie schon eine Menge getrunken hat, und ich tu's, wenn ich mich völlig entspannt fühle oder wenn wir einige Zeit getrennt waren und uns gerade wieder getroffen haben.

Es gibt nichts, das ich nicht mit ihr teilen kann, jedenfalls habe ich noch nichts gefunden, daß ich nicht mit ihr teilen kann. Ich fühle mich von ihr akzeptiert und verstanden. Ich habe lange gewartet, bis ich fähig war, so viel von mir selbst zu geben! Als wir uns nach einem verheerenden Urlaub einmal fast getrennt hätten, wurde mir klar, daß es für mich *nichts* Wichtigeres gibt als diese Beziehung und daß mir dafür kein Opfer zu groß ist. Nichts könnte mich dazu bringen, diese Beziehung aufzugeben.

Ich besorge den Abwasch, die Wäsche, gelegentlich das Kochen und den größten Teil der Hausarbeit (wir haben beide Putzhilfen), wenn wir zusammen sind, egal in wessen Wohnung. Wir schlafen im selben Bett und haben in jeder Wohnung getrennte Arbeitsräume. Wir arbeiten beide gern – jeder in seinem, wenn wir zusammen sind – wir gehen auf völlig verschiedene Weise an die Dinge heran, daher sehen wir uns gewöhnlich sehr vor, wenn wir etwas zusammen tun müssen – Reparaturen im Haus, zum Beispiel.

Jede kümmert sich um ihre eigenen Finanzen, und ich kümmere mich um gemeinsame Unternehmen, führe ein einfaches Kassenbuch, das normalerweise ausgeglichen ist, außer ich habe längere Zeit bei ihr verbracht, oder sie bei mir. Wir haben festgestellt, daß es einfacher ist, wenn immer diejenige zahlt, in deren Wohnung wir sind. Wenn wir tatsächlich einmal zusammenziehen, könnte sich das ändern, aber ich bin sicher, daß wir eine Regelung finden.

Ich glaube, eine Beziehung kann nur funktionieren, wenn beide Partner voll einsteigen und bereit sind, die Probleme durchzusprechen und zu lösen. Wir haben einen phantastischen Therapeuten, den wir gemeinsam aufsuchen, wenn wir wirklich mal irgendwelche Schwierigkeiten haben, mit denen wir selbst nicht fertig werden; bis jetzt hat es sich sehr gut bewährt. Wir bemühen uns, nie zu vergessen, uns die Frage zu stellen: ›Was ist *wirklich* wichtig für mich?‹ Und wir vergessen auch nie, daß wir immer auf der ›Seite‹ des anderen stehen wollen, ganz gleich, worum es sich handelt. Das hat es in meiner einunddreißigjährigen Ehe nicht gegeben – wir waren nie fähig, unsere eigenen Bedürfnisse und Wünsche zurückzustellen, und irgendwelche Konzessionen zu machen.

Ich fühle mich mit ihr verheiratet. In meiner ›richtigen‹ Ehe hat mir alles gefallen, was wir zusammen unternommen haben, als die Kinder noch klein waren. Es war schön zu wissen, daß ich nie allein war, daß ich jemanden hatte, der immer da war und Dinge in Ordnung brachte, der die Rechnungen bezahlte und der mir finanzielle Sicherheit gab. Am schlimmsten war seine schreckliche Unsicherheit und Eifersucht.

Ich glaube, es war ursprünglich meine Idee zu heiraten – ich glaube, das kam hauptsächlich daher, weil es in meiner Familie seit Generationen üblich war, daß die Frauen heirateten und ihr Elternhaus verließen, wenn sie mit der Schule fertig waren, und daß die Männer in den Militärdienst eintraten, wenn sie die Schule verließen. Die elterliche Verantwortung für die Kinder endete, wenn sie achtzehn waren. Aus elterlichem und sozialem Druck entstanden die Ehen. Die meisten Mädchen in meiner Klasse haben direkt von der Schule weg geheiratet und hatten am Ende des ersten Ehejahrs bereits ein Kind. Zuerst war ich also stolz – denn jetzt war ich ›erwachsen‹ und tat, was ›erwachsene‹ Leute tun.

Ich war aufgeregt, als ich feststellte, daß ich schwanger war. Ich gab sofort meinen Job auf und blieb zu Hause und kümmerte mich um den Haushalt. Ich glaube, mein Mann war ziemlich erschrocken, als er feststellte, daß ich schwanger war – jetzt trug er die finanzielle Verantwortung für eine Frau und ein Kind –, aber darüber kam er hinweg und freute sich dann auch. Er hat sich sehr um die Kinder gekümmert, als sie noch klein waren, und war gut zu ihnen – er hatte sehr viel Geduld.

An unserer Beziehung änderte sich erst etwas, als die Kinder schon ein bißchen älter waren – nachdem das erste Kind da war, ging er wieder aufs College, und wir waren vollauf damit beschäftigt, es finanziell zu schaffen (und er sein Studium), und lebten von der Hand in den Mund.

Ich bin mir nicht sicher, ob mein Leben anders verlaufen wäre, wenn ich nicht geheiratet hätte. Ich glaube, ich wäre dieselbe Person, auch wenn ich keine Ehe und keine Kinder gehabt hätte, sondern einen Beruf. Aber ich bin froh, daß mein Leben so war, wie es gewesen ist – es ist schön, alles einmal erlebt zu haben – zuerst die Kinder und jetzt die alles erfüllende Liebe. Manchmal fühle ich mich zwischen meiner Partnerin und meinem Kind hin- und hergerissen – aber nicht mehr so wie früher. Meine Tochter ist jetzt siebzehn und richtet sich ihr eigenes Leben ein – daher nehme ich mir das Recht, auch *mein* Leben zu führen.«

Lesbisch sein – politische Entscheidung oder biologische Gegebenheit?

Ist Homosexualität »biologisch« bedingt? 54 Prozent der lesbischen Frauen halten es für eine biologische Gegebenheit:
»Ich habe lieber mit Frauen Sex, weil ich es gern habe, wenn sie mich lieben und wenn ich sie lieben kann. Bei Männern hatte ich immer nur den Wunsch, geliebt zu werden. Ich liebe die Körper von Frauen, vor allem ihre Brüste, und ich bin gern zärtlich zu ihnen und küsse sie. Bei einem männlichen Körper habe ich diese Gefühle nicht. Ich glaube, daß ich schon immer so veranlagt war, daß ich es aber immer unterdrückt habe, weil ich für Männer unbedingt die gleichen Gefühle aufbringen wollte wie für Frauen.«

»Für mich war das gar keine Frage. Nachdem ich mich für diesen Lebensstil entschieden hatte, habe ich mich voll und ganz darauf konzentriert. Ich habe in keinem Augenblick in Erwägung gezogen, ihn zu verändern. Niemand hat mich dazu gezwungen (in den fünfziger Jahren hätten sie mich nicht für ›unloyal‹ gehalten – damals gab es keinen politischen Druck), ich habe es getan, weil es mich glücklich macht. Ich hatte endlich das Gefühl, heimgefunden zu haben.«

»Ich dachte immer, es sei eine eigene freie Entscheidung, wenn ich beschließe, lesbisch zu sein, aber das ist es nicht. Ich bin mehr und mehr davon überzeugt, daß vieles davon genetisch bedingt ist. Ich weiß, daß ich Männer noch nie besonders anziehend fand, und der

Sex mit Männern ist auch nicht gerade aufregend – damals verstand ich gut, was Frauen meinen, wenn sie sagen, daß sie ihre ›Pflicht‹ tun – denn ein Vergnügen ist es ganz sicher nicht. Frauen dagegen sind zart und sanft und fürsorglich, sie ähneln mir und wissen, was für mich schön ist. Frauen sind sehr zärtlich.

Ich könnte mir vorstellen, daß es für heterosexuelle Frauen vielleicht genauso schön ist, wenn sie einen passenden männlichen Partner haben, aber für mich ist es nur mit meiner Liebhaberin schön, und die ist eine Frau. Als ich lesbisch wurde, dachte ich zuerst, ich sei bisexuell – ich dachte, das einzige, das zählt, sei die Liebe, und daß es keine Rolle spielt, ob es sich nun um einen männlichen oder einen weiblichen Partner handelt – aber nach ein paar Jahren wurde mir klar, daß ich mich nur mit Frauen identifiziere und daß ich lesbisch bin – und daß ich froh bin, es zu sein.«

Aus den Antworten der Frauen geht hervor, daß manche von ihnen überzeugt sind, nach einem biologischen Gesetz zu handeln, wenn sie sich für die Homosexualität entscheiden, während andere glauben, diesen Entschluß aus freien Stücken gefaßt zu haben – als alternative Lebensform.*

Andererseits halten 46 Prozent ihre Homosexualität für ihre eigene freie Entscheidung – und die Hälfte von ihnen hält es außerdem für eine politische Entscheidung:

»Der Grund, warum ich Frauen lieber mag, ist nicht nur Sex. Es geht mir eher darum, meine Energie für Frauen zu verwenden. Ich hatte schon immer starke emotionale Bindungen zu Frauen – als Kind zu meiner Schwester und später zu Freundinnen. Wenn ich früher die Jungen ansah, wußte ich immer – in meinem Hinterkopf –, daß ich eigentlich nur darauf wartete, für eine Frau ›bereit‹ zu sein.

Feminismus? Ja, natürlich, jede Frau hat dafür ihre eigene Definition – was es ist und was es nicht ist. Für mich bedeutete Feminismus im wesentlichen, daß die fundamentalen Beziehungen, die zwischen Männern und Frauen, Erwachsenen und Kindern, Frauen und Frauen, Männern und Männern bestehen, nicht funktionieren, sie sind ungesund und machen die Menschen nicht glücklich. Sie müssen geändert werden, und ich möchte zu denjenigen gehören, die sie durch ihr eigenes Leben ändern.«

* S. Alan Po Bell, Martin S. Weinberg und Sue Kiefer Hammersmith: *Sexual Preference: Its Development in Men and Women*, Bloomington, 1981.

Ist die lesbische Liebe eine »politisch korrektere« Liebe? Ist sie schicker? (Gibt es so etwas wie »heterosexuelle Unterdrückung«?)

Vielleicht ist es nur eine ganz natürliche Reaktion, wenn sich eine unterdrückte Gruppe Menschen gegen diejenigen auflehnt, die sie unterdrücken und sich für überlegen halten. Aber in Wirklichkeit sind Beziehungen zwischen Frauen allen anderen in gewisser Hinsicht überlegen. Trotzdem kann man den Frauen nun nicht vorschreiben, damit aufzuhören, »heterosexuell« zu sein und statt dessen homosexuell zu werden. Leider hat es in manchen lesbischen Kreisen diese Intentionen gegeben.

Die Aufforderung: »Folge der richtigen politischen Linie, wenn du eine von uns sein willst«, spiegelte sich auch in ihrer äußeren Erscheinung (Kleider und Verhaltensweisen). Viele lesbische Frauen sprechen von dem Kleiderzwang, dem sie sich ausgesetzt fühlen. Eine Frau sagt: »Wenn ich mit Frauen ausgehe, achte ich viel mehr darauf, was ich anziehe, als bei Männern – um ja nicht im klassischen Sinn ›feminin‹ zu erscheinen.« Eine andere macht sich Sorgen wegen ihres Make-ups. »Ich vermisse mein Make-up sehr – und auch bestimmte Kleidungsstücke, die ich getragen habe, als ich noch heterosexuell war –, wenn ich mich am Abend zum Ausgehen anziehe. Deshalb ziehe ich mich auch heute noch gern wie eine heterosexuelle Frau an und nicht wie eine typische Lesbe.«

Eine Frau lehnt sich gegen diese Zwänge auf: »Ich hab' gern sinnliche Stoffe. Ich schätze, da bin ich eher ›weiblich‹ veranlagt. Ich finde, daß lesbische Frauen manchmal allzu sehr darauf bedacht sind, ihre körperliche Schönheit unter Kleidern zu verbergen.« Aber für viele Frauen ist das überhaupt kein Problem: »Ich färbe meine Haare nicht, obgleich sie bereits grau werden. Ich möchte, daß jeder sieht, daß ich erwachsen bin und daß ich Erfahrung habe, daß man sich auf mich verlassen kann. Mit anderen Worten, ich nutze mein Alter zu meinem Vorteil.«

Und leider können lesbische Frauen auch wie »Machos« sein:
»Eine Zeitlang hat meine Freundin als Kellnerin in einem Lesben-Lokal gearbeitet. Dort wurde sie ständig von Frauen angemacht. Die kamen tatsächlich zu ihr und legten ihr die Hand auf den Arsch. Und sagten so was wie: ›Du bist ja super, komm mit mir nach Hause.‹ Und sie antwortete dann: ›Sieh zu, wie du mit deinen Problemen fertig wirst! Ich habe zu tun, ich möchte nicht belästigt werden.‹ Und wenn sie dann nach Hause kam, war sie meist in Tränen aufgelöst, als wäre sie die ganze Nacht vergewaltigt worden, fühlte sich von den Frauen völlig desillusioniert. (Andererseits – wenn eine wirklich attraktive

Frau kam und es sagte, hörte sie es nur allzugern. Das ist die Kehrseite der Medaille.)«

Wie wir gesehen haben, ist es den meisten lesbischen Frauen, wenigstens der Hälfte von ihnen, ein Bedürfnis, andere Frauen zum Mittelpunkt ihres Lebens zu machen und für sie dazusein. Fast alle lesbischen Frauen sagen, daß sie stolz darauf sind, lesbisch zu sein.

Bedeutet die Liebe zu einer Frau, daß man lesbisch ist?

Wo ist der Trennstrich zwischen lesbischer und freundschaftlicher Zuneigung für eine Freundin?

»Ich hatte eine sehr enge Beziehung zu dem Mädchen, mit dem ich mir im College das Zimmer geteilt habe. Das war noch vor der Frauenbewegung. Sie war menschlich, loyal, sanft. Lustig. Sie gehörte zu den Menschen, mit denen man gern ›zusammen‹ ist (hört sich abgedroschen an, stimmt aber genau). Wir waren unzertrennlich. Ich habe von ihr ein Aktbild gemalt, und ich hatte sogar sexuelle Gedanken dabei, aber ich nahm sie nicht weiter ernst. Unser Hauptthema waren Männer. Wir haben jetzt keinen Kontakt mehr. Sie arbeitet in einer großen Stadt, und ich bin aufs Land gezogen. Wir haben uns danach noch ein paarmal getroffen, aber sie war mir weit voraus. Sie war so eine Art Rollenvorbild für mich – sie war sehr menschlich und hat mich nicht im geringsten von oben herab behandelt. Wir haben alles mögliche zusammen angestellt. Wunderbar verrückte Sachen!«

»Ich war mal in meine Zimmergefährtin ›verliebt‹ und habe mit ihr auch darüber gesprochen. Sie sagte, diese Gefühle seien völlig normal, vor allem, wenn man aus so schlechten Verhältnissen käme wie ich. Einmal haben wir versucht, uns lesbisch zu lieben, aber das war nichts für uns. Wenn wir uns treffen, dann immer nur zusammen mit anderen Freunden und Freundinnen – wir verabreden uns immer mit mehreren – mit zwei oder drei Paaren oder mit drei oder fünf Personen. Es ist gut, mit vielen Leuten zu reden. Ich liebe sie, weil sie all das verkörpert, was ich in mir fühle. Aufgrund meines Elternhauses und des starken Einflusses, den mein Vater auf mich ausgeübt hat, bin ich unfähig zu lieben oder Liebe zu zeigen oder die Gefühle anderer Menschen voranzustellen, ein Widerspruch. Ich handle nie so, wie es meinen Gefühlen entspricht. Wenn ich es nicht bald lerne, werde ich es nie können.«

Lesbische Frauen beschreiben ihre Liebe
zu ihren besten Freundinnen

Einige lesbische Frauen haben enge Freundschaften mit Frauen, die nicht wissen, daß sie lesbisch sind – aber noch mehr haben enge Freundschaften mit Frauen, die darüber Bescheid wissen, aber auch weiterhin mit ihnen platonisch befreundet sind:

»Ich habe mich wieder mal verliebt – aber es ist keine besonders enge Beziehung. Wir sind seit etwa zwei Monaten zusammen. Aber meiner besten Freundin stehe ich viel näher. Ich brauche *nichts* vor ihr verbergen.«

»Ich habe nicht *eine* beste Freundin. Ich habe *vier!* Ich liebe ihren Sinn für Humor, ihre Offenheit. Wir gehen ein- oder zweimal die Woche zusammen ins Kino oder zum Essen. Sie hören mir zu und mögen mich.«

»Meine beste Freundin ist etwas völlig anderes. Sie ist fünfundzwanzig, acht Jahre jünger als ich. Sie arbeitet viel und ist sowohl in ihrer Arbeit als auch menschlich sehr zuverlässig. Sie ist sehr selbstbewußt, aber trotzdem umgänglich. Sie ist eine natürliche Führerpersönlichkeit, und wenn irgendwas getan werden muß, packt sie es an und führt es auch durch. Immer bereit, für etwas, an das sie glaubt, auf die Barrikaden zu gehen, aber auch reif genug, um zuerst zu denken und dann zu handeln. Sie möchte lernen, ihre Fehler erkennen, ihre Fähigkeit, Menschen zu verletzen, wie auch ihre Fähigkeit, Freude zu schenken. Es ist schön, mit ihr zusammenzusein, sie ist voller Leben, überquellend, strebt immer nach Erfolg und akzeptiert nie ein Nein. Wir machen zusammen Gymnastik. Wir essen zusammen. Wir trinken zusammen. Manchmal gehen wir zusammen ins Kino. Wir pflükken Erdbeeren. Wir sehen den großen Schiffen auf dem Hudson zu. Vor allem reden wir miteinander. Manchmal massiere ich ihr den Rükken. Wir verbringen viel Zeit zusammen, und sie hat mir auch über wirklich schwere Zeiten hinweggeholfen.«

Eine Frau erzählt von der außerordentlichen Liebe und Loyalität ihrer besten Freundin:

»Ich habe eine ungeheuer wichtige Beziehung zu meiner besten Freundin, die Psychologin ist. Sie war meine Lehrerin, meine Therapeutin, mein ›Boß‹, mein Mentor. Sie ist klug, verständnisvoll, außerordentlich kompetent. Ich bewundere sie wegen ihrer Qualitäten, ihrer Zurückhaltung, ihrer emotionalen Beherrschung und wegen ihrer todernsten Komik, vor allem in bezug auf meine lesbische Veranlagung. (Vor längerer Zeit, als ich mir noch gar nicht ganz sicher war, ob ich nun ein ›kesser Vater‹ bin, da hat sie mich beruhigt und gesagt, das sei völlig in Ordnung. Ausgerechnet sie. Meine heterosexuell verheiratete Freundin!)

Es ist eine ungewöhnliche Freundschaft. Sie kauft mir Schmuck bei Tiffany und Kleider bei Bergdorf, und ich schenke ihr Meg-Christian-Schallplatten mit Autogramm und den neuesten Roman von Rita Mae Brown. Was wir zusammen machen? Wir versuchen, uns wenigstens einmal die Woche zu einem Drink, zum Essen, manchmal zu gemeinsamen Kunstkursen zu treffen, wir gehen zusammen ins Museum, und gelegentlich sind wir auch schon zusammen weggefahren.

Ja – zwischen uns besteht ein starkes Band. Kein verbales, Reden ist nicht nötig. Wie ich schon sagte, ist sie sehr zurückhaltend. Sie hat mir erst ein einziges Mal gesagt, daß sie mich auch liebt – mit allem, was dazu gehört, Intimität und Intensität. Aber es braucht nicht ausgesprochen zu werden. Unsere anhaltende Freundschaft ist eine echte Liebesbeziehung – eine gelebte. Ich fühle mich ›high‹, wenn ich mit ihr zusammen bin, manchmal auch entspannt. Wir arbeiten auch sehr viel zusammen – es ist eine angenehme Arbeitsatmosphäre. Das einzige, das wir vielleicht noch nicht gemeinsam erlebt haben, ist der Sex. Wir sind keine Liebhaberinnen.

Ich mag nicht, wenn sie in Schwierigkeiten ist oder Probleme hat, dann zieht sie sich völlig zurück. Ich habe lange gebraucht, bis ich es erkannt habe – sie verschließt sich dann ganz plötzlich. Aber seit ich es weiß, kann ich ihr helfen. Sie braucht sich nicht zu verschließen und muß nicht ständig auf der Hut sein. Und dadurch sind wir uns noch nähergekommen, weil wir uns nun auch während dieser Zeit verständigen können.«

Und natürlich ist für viele lesbische Frauen ihre Geliebte zugleich auch ihre beste Freundin:

»Meine engste Freundin ist meine Geliebte. Sie ist wunderschön. Wunderschöne hellgrüne Augen. Wir verbringen unsere ganze Zeit zusammen, wann immer wir können. Bevor wir ein Paar wurden, sind wir in meinem Cabriolet, einem *Corvette,* herumgefahren – zum Picknick, zum Spazierengehen im Wald, zum Schwimmen. Unsere Freundschaft war für mich sehr aufregend – ich wurde schon nervös, wenn ich wußte, daß wir uns sehen würden. Ihre Freundlichkeit und ihre Schönheit habe ich am meisten geliebt – und am wenigsten ihr verantwortungsloses und ›legeres‹ Benehmen. Sie war immer für mich da, wenn ich sie brauchte.«

Bemerkenswerte 62 Prozent der lesbischen Frauen bleiben mit ihren früheren Liebhaberinnen eng befreundet:

»Meine größte Liebe galt einer Frau, mit der ich nicht mehr zusammen bin. Aber wir sehen uns noch und sind noch befreundet. Mit ihr war ich glücklicher als mit jeder anderen Frau – es war die glücklichste Zeit meines Lebens. Ich bin froh, daß wir noch Freundinnen sind.«

»Die wichtigste Beziehung, die ich in meinem Leben hatte, war zu einer Frau, mit der ich neun Jahre zusammen war. Wir haben uns geliebt und unsere Beziehung als Ehe betrachtet. Das war von meinem sechzehnten Lebensjahr an, bis ich fünfundzwanzig war. Ein Teil von mir, so wie ich heute bin, hat mit dieser Beziehung zu tun. Ich liebe diese Frau. Jetzt sind wir Freundinnen. Sie ist sehr begabt, intelligent, kreativ, sehr sensibel und kindlich. Wir waren noch nie länger als eine Woche außer Kontakt.«

»Meine frühere Geliebte, mit der ich drei Jahre zusammen war, ist jetzt meine Geschäftspartnerin und meine beste Freundin. Wir sehen uns fast jeden Tag, verbringen die Nacht zusammen, sind zärtlich zueinander. Wir haben uns getrennt, weil unsere sexuellen Bedürfnisse so verschieden waren, und auch wegen einiger anderer Unterschiede in unserem Lebensstil und unserer Persönlichkeit. Es beruhte auf Gegenseitigkeit und war nicht sehr schwierig – es war mehr wie eine Neueinschätzung und der Beginn eines neuen Stadiums unserer Beziehung. Ich liebe sie jetzt noch viel mehr – wir sind die besten Freundinnen. Wir waren beide traurig, als unsere Partnerschaft zu Ende war, fühlten uns aber beide erleichtert und freier.«

Wann ist die Liebe zu einer anderen Frau »lesbisch« und wann ist es Freundschaft?

Wo liegt die »Grenze« zwischen »Verliebtsein« in die Freundin und »Liebe« und spielt sie überhaupt eine Rolle?

»Meine beste Freundin und ich sind zusammen getrampt und gereist, wir haben zusammen philosophische Bücher gelesen, Zen und holistische Gesundheitsbücher, wir haben zusammen gearbeitet, geredet, sechs Jahre lang zusammen gespielt und eine tiefe (aber nicht sexuelle) Liebe füreinander entwickelt, von der wir annahmen, daß sie ewig dauern würde. Ich hatte noch nie jemanden so sehr geliebt. Wir verbrachten die meiste Zeit zusammen, obgleich ich verheiratet war (sie lebte allein). Sie war sehr intelligent, witzig, schön. Wir haben alles geteilt – Freud und Leid. Meine Beziehung zu meiner jetzigen Partnerin hat am Ende unsere Freundschaft zerstört, die erst in den letzten beiden Monaten, bevor Schluß war, sexuell zu werden begann. Unsere Freundschaft wäre auch so kaputt gegangen, auch ohne das Sexuelle. In gewisser Hinsicht waren wir immer ›Liebende‹, und das Eindringen einer anderen Frau in unsere Beziehung war einfach zu viel. Der Verlust dieser Freundschaft war/ist für mich wie der Tod.«

»Zur Zeit des Heranwachsens habe ich mich in viele Frauen verknallt – mit einigen bin ich heute befreundet (ohne Sex). Ich glaube, daß sich Frauen von anderen Frauen genauso sexuell angezogen fühlen können wie von Männern. Das bedeutet nicht, daß sie lesbisch sind – es ist eine rein physische Anziehung. Gewöhnlich habe ich festgestellt, daß diese physische Anziehung erlischt, sobald ich die betreffende Person näher kennenlerne und mich mit ihr anfreunde.«

»Meine beste Freundin und ich passen gut zusammen. Sie ist ehrlich und offen, akzeptiert viele Dinge und versucht nicht, mich zu ändern. Sie läßt mich so sein, wie ich bin. Wir verstehen uns so gut. Unsere Liebe hat uns Kraft gegeben. Wir haben uns gegenseitig geholfen, mit schwierigen Situationen fertig zu werden. Das einzige, was mir früher Sorgen bereitet hat, war ihre Passivität. Aber jetzt ist sie längst nicht mehr so passiv wie früher.

Auch sexuell fühlten wir uns voneinander angezogen, wollten es aber nicht dazu kommen lassen. Aber emotional sind wir uns dadurch nähergekommen. Ich liebe sie und hoffe, daß wir noch viele Jahre befreundet sind. Wir haben sogar davon gesprochen, ›Lebensgefährtinnen‹ zu werden. Warum müssen die Leute verheiratet sein, oder ein Liebespaar, um zusammenzuleben? Ich finde, das müßte auch mit zwei Freundinnen gehen.«

Die Angst, eine andere Frau zu lieben und zu begehren: Lieben manche heterosexuellen Frauen ihre Freundinnen mehr als Männer?

Manche Frauen empfinden zu Frauen eine größere emotionale Nähe als zu Männern; 89 Prozent wünschen sich, mit Männern genauso intim reden zu können wie mit ihren besten Freundinnen. Wie wir in Kapitel 18 gesehen haben, sind die Beschreibungen, die Frauen von ihren besten Freundinnen abgeben, bemerkenswert liebevoll und herzlich.

Andererseits haben die meisten Frauen das Gefühl, im wesentlichen »heterosexuell« zu sein – das heißt, daß sie sich von anderen Frauen physisch und sexuell nicht »angezogen« fühlen, sondern daß sie eine psychische Gemeinsamkeit feststellen, eine Seelenverwandtschaft. Wenn sich die ökonomische Abhängigkeit der Frauen von Männern beseitigen ließe sowie die soziale Vorherrschaft der Männer – würden die Frauen dann immer noch das Gefühl haben, daß sie eigentlich »heterosexuell« sein »sollten«? Oder gelangen die Frauen bei ihren sexuellen Beziehungen zu Männern zu einer anderen Art Nähe, einer nichtverbalen Nähe? Oder fühlen sie sich von der Macht, die der Mann verkörpert, angezogen, weil sie sich ohne einen Mann in unserer Gesellschaft machtlos fühlen?

Das soll nicht heißen, daß »alle Frauen von Haus aus homosexuell sind«, sondern vielmehr, daß die Frauen ihre Vorstellungen davon, was ein dauerhafter lesbischer Lebensstil zu bedeuten hat, neu überdenken können, um sich darüber klar zu werden, ob er ihnen Sicherheit und Glück bringen wird oder nicht.

Frauenbezogenheit: Eine durchaus gültige Alternative

»Es gibt viele Qualitäten, die Frauen nur bei Männern zu finden glauben, die sie aber genausogut bei einer Frau finden können, wenn sie es nur versuchen würden«.

Vielleicht glauben Frauen, daß sie bei einer anderen Frau keine dauerhafte Sicherheit finden können, nicht wie bei einem Mann; aber das ist völlig falsch. Natürlich besitzt Homosexualität nicht denselben Status wie Heterosexualität oder Teil einer Kernfamilie zu sein – ganz gleich, wie diese Kernfamilie psychologisch beschaffen ist. Wie wir hier gesehen haben, *geben* aber Frauen einander sehr viel emotionale und sogar finanzielle Sicherheit (ökonomische Kooperation). Es ist durchaus möglich, daß eine Frau ihr ganzes Leben in dieser Frau-zu-Frau-Kultur verbringt. 92 Prozent der Frauen über fünfunddreißig, die so leben, halten es sogar für eine ganz ausgezeichnete Lebensbasis.

Einige Frauen schildern zusammenfassend, wie schön und bedeutend ihnen ihre Liebe zu anderen Frauen vorkommt:
»Sich zu verlieben, ist nicht so wichtig, wie nicht aufzuhören, verliebt zu sein. Diese Beziehungen zu Frauen, in die ich für alle Zeiten verliebt sein werde – mit oder wahrscheinlich ohne Sex –, schätze ich über alles. Liebende, die sich näherstehen als Freundinnen; Freundinnen mit tieferen und vielfältigeren Gefühlen als Liebende. Mit denen ich mich immer wieder treffen werde und von denen ich weiß, daß sie irgendwo dort draußen in der Welt leben und unsere Liebe nie vergessen werden, sondern immer noch neue Kraft aus ihr schöpfen.«
»Ich glaube, daß die Liebe zwischen Frauen viel ernster und tiefer ist als die Liebe zwischen einem Mann und einer Frau. Frauen bewegen sich auf einer viel höheren emotionalen Ebene, als es sich Männer je zugestehen würden, und sie dringen in viel tiefere Schichten ein.«

Eine andere Welt, eine andere Kultur

Das Zusammenleben von Frauen hat seine eigene Beschaffenheit, ist aber zugleich auch mit denselben menschlichen Problemen belastet, denen sich heterosexuelle Frauen gegenübersehen. Trotzdem haben wir das Gefühl, vor einer ganz besonderen Kultur zu stehen, vor einer anderen Welt, und eine andere Luft zu atmen. Die Existenz dieser Welt stellt einen Bestand an großem kulturellen Reichtum dar: Sie ist eine Quelle der Stärke und Schönheit, aus der wir schöpfen können, die eine ungeheure Vielfältigkeit in sich birgt und neue Möglichkeiten eröffnet, die Welt zu erleben, zusammenzusein.

Warum sollte es nötig sein, die lesbische Liebe als eine Lebensform zu verteidigen? Es könnte ja auch genau umgekehrt sein, wie die Historikerin Carroll Smith-Rosenberg in ihrer Studie über die amerikanischen Frauen des 19. Jahrhunderts geschrieben hat: Es wäre durchaus möglich, »die Heterosexualität als eine künstliche Struktur anzusehen, die den Menschen aufgezwungen wurde.«* Wer wollte entscheiden, was »natürlicher« ist – das andere Geschlecht zu lieben oder das eigene? Die Männer der Antike wären wohl in Bedrängnis geraten, wenn sich ihnen diese Frage gestellt hätte. Aber vielleicht ist eine andere Frage noch viel wichtiger: Warum ist es für Frauen zu einem Tabu geworden, sich auch nur freundschaftlich an den Händen zu halten oder physische Zuneigung zu zeigen, wie es in der viktorianischen Zeit doch durchaus üblich war. Wie schon im 5. Kapitel angeführt, scheint es wieder einmal an der Zeit, unsere Vorstellung von Sinnlichkeit zu korrigieren – genauso wie die Priorität in bezug auf Freundschaften/Gefühle zwischen Frauen.

Sehr, sehr viele Frauen haben in diesem Buch ihre tiefsten Gefühle der Liebe, der Freude, der Leidenschaft und der Schmerzen zum Ausdruck gebracht, Gefühle, die sie für die Frauen, die sie lieben, empfinden.

---

* Carroll Smith-Rosenberg: *Disorderly Conduct*, New York, 1985.

Teil V

Die Kultur mit unseren Werten transformieren

Die »Andere« transformiert

Vor vierzig Jahren beschrieb Simone de Beauvoir die Frauen als »das andere Geschlecht« – wie es von den Männern und von der Warte des Mannes aus gesehen wird. Und nun haben die Frauen die ihnen zugewiesene Position aufgegriffen und verwandelt. Sie haben den Spieß umgedreht und bedienen sich des »Andersseins«, um die Gesellschaft aus ihrer Sicht zu analysieren und zu definieren. Frauen sind nicht mehr die »anderen«, die an der Tür stehen und darauf warten, in die Gesellschaft aufgenommen zu werden. Über diesen Punkt sind die Frauen längst hinaus. Sie befinden sich heute in einem Stadium, in dem sie sich nicht länger in die »Männerwelt« integrieren lassen wollen, sondern in dem sie die Welt verändern wollen, sie verbessern wollen. Und wir befinden uns in einer vorteilhaften Position – denn wir können das gesellschaftliche System aus dem Abstand, den wir zu ihm haben, besser verstehen und deuten als diejenigen, die in seinem Zentrum sind.

Wir sind wie Astronauten, die zusehen, wie sich die Erde immer weiter entfernt, wie sie immer kleiner und kleiner wird – wir sehen die »männliche« Ideologie deutlicher denn je –, und erkennen, daß sie ja nur eine Weltanschauung unter vielen ist, nicht mehr die ganze Realität. Je weiter wir uns von dem entfernen, was einmal war, um so schneller nehmen neue Gesichtspunkte, neue Ideen und Perspektiven in unseren Köpfen Gestalt an. Das ist ein revolutionärer Prozeß, an dem wir alle beteiligt sind.

Was die Frauen über Beziehungen denken, veranlaßt sie dazu, das gesamte System in Frage zu stellen

Was gegenwärtig in den Köpfen der Frauen vor sich geht, ist eine kulturelle Revolution großen Rahmens. Überall auf der Welt stellen sich die Frauen ernsthaft Fragen über die Beschaffenheit ihres persönlichen Lebens. Und sie stellen diese Frage, weil sie engere und befriedigendere Beziehungen zu den Männern haben wollen, mit denen sie zusammenleben. Je unzufriedener sie mit diesen Beziehungen sind, um so mehr Fragen stellen sie, und um so bohrender werden die Fragen – und am Ende geht es nicht mehr nur um die Liebe, sondern um das ganze System.

Wenn immer mehr Frauen, die nachts wachliegen und sich fragen, »Warum hat Soundso nicht angerufen?« oder »Warum dreht sich mein Mann nicht um und sieht mich an und redet mit mir über die Angelegenheit, die mir, wie er genau weiß, durch den Kopf geht, oder von der ich ihm jedenfalls gesagt habe, daß sie mir durch den Kopf geht?«, jetzt anfangen weiterzudenken, werden sie alle möglichen Antworten analysieren. Als erstes fragt man sich vielleicht: »Liegt es an *mir*? Stimmt was nicht mit mir?« Und als nächstes denkt man vielleicht über den Mann nach, mit dem man zusammen ist – über seine psychische Erscheinungsform und seinen psychologischen Hintergrund. Um sich darüber klarzuwerden, fängt man vielleicht an, sich die Struktur seiner Familie anzusehen und als nächstes das gesellschaftliche Modell, durch das Männer *so* geworden sind, bis man sich schließlich am Ende seiner Suche dem gesamten gesellschaftlichen System gegenübersieht und sich fragt, wieso es so werden konnte, wie es ist.

Mit anderen Worten, der Kummer im persönlichen Leben vieler Frauen oder die angestaute Frustration, wenn sie sich vergeblich bemühen, eine Beziehung zu verstehen (oder wenn sie sich mit der Einsamkeit in dieser Beziehung befassen), führt die Frauen zu einer ganzen Reihe weiterer Fragen. Sie fragen sich, *warum* Liebe so schwierig ist, warum sich Männer so verhalten, wie sie es tun, warum ein Mann manchmal liebevoll und manchmal kalt und distanziert sein kann – *warum*? Dieses »*Warum?*« wiederholt sich wie ein Echo auf fast allen Seiten dieses Buchs. Genauso wie die Frage: »Muß das so sein?« Während die Frauen über diese Fragen nachgrübeln, entwickelt sich in ihrem Kopf eine ziemlich klare und deutliche Vorstellung davon, was sie sich wirklich von einer Beziehung wünschen – und was für sie die richtigen Voraussetzungen für menschliche Beziehungen und für die ganze Gesellschaft wären. Denn genau das haben die Gedanken, die in diesem Buch ausgesprochen werden, in Wirklichkeit zu bedeuten.

Die Unzufriedenheit der Frauen: Ingangsetzung gesellschaftlicher Veränderungen

Schon während sich die Frauen mit diesen Fragen befassen, verursachen sie Veränderungen. Indem sie die Probleme erkennen, die einzelnen Punkte durchdenken, unterscheiden sie sich von dem, was sie zu verstehen versuchen. Wer etwas so genau analysiert, entfernt sich davon, und so beginnen sich die Frauen vom gegenwärtigen gesellschaftlichen System zu entfernen, von den Dingen, wie sie sind. Es ist unmöglich, diese Fragen zu stellen und sich dabei nicht zu verändern. Dieser Prozeß läßt sich nicht aufhalten: Indem die Situation erkannt wird, entsteht eine neue Ebene des Verständnisses und des Bewußtseins, die nicht ungeschehen gemacht werden kann, so daß zwangsläufig eine unwiderrufliche Veränderung stattfindet.

Die Frauen befinden sich in einem Kampf mit der herrschenden ideologischen Kultur. Da sie ihre Beziehungen und ihr Leben anders sehen, *werden* sie anders, und viele geben sich nicht mehr damit zufrieden, bikulturell zu leben, und überlegen sich, auf welche Weise die Dinge geändert werden können. Und sie liegen nicht nur mit sich selbst im Streit über diese Fragen, sondern sie diskutieren sie auch mit ihren Freundinnen – stellen Vergleiche an, fragen, was das Beste ist, das man vom Leben zu erwarten hat und wie das Verhalten der Männer zu deuten ist. Diese Diskussionen unter Frauen sind Teil eines sehr wichtigen Prozesses, bei dem es um die Schaffung und Erhaltung eines ganz besonderen Wertesystems geht.

Diese veränderte Denkweise geht Hand in Hand mit der neuen wirtschaftlichen Situation, in der sich die Frauen befinden – der »stillen Revolution«.* In den vergangenen zehn Jahren hat die Zahl der Frauen, die eine Arbeit oder ein eigenes Geschäft haben, in den USA deutlich zugenommen, so daß die Frauen heute im großen und ganzen nicht mehr von den Männern finanziell abhängig sind. Das ist eine ganz erstaunliche Entwicklung – deren Folgen noch gar nicht abzusehen sind. Obgleich viele Frauen außerordentlich niedrige Gehälter beziehen (und die Pflegestellen für Kinder kostspielig sind), sind immer mehr Frauen in der Lage, sich, falls notwendig, selbst zu ernähren, sogar mit Kindern, wenn auch vielleicht nur sehr dürftig. Die hohe Scheidungsquote, die in den USA bei 50 Prozent liegt (hauptsächlich von Frauen herbeigeführt) und die »Feminisierung der Armut« zeigen, daß die Frauen heute lieber aus einer Beziehung aussteigen, als an ihr festzuhalten und sich weiterhin mit negativen Situationen zufriedenzugeben.**

»Ich will etwas Besseres als bloße Gleichheit«

Die neue Selbsteinschätzung der Frauen und ihre Sicht der Kultur insgesamt sind Teil eines Prozesses, der schon im vorigen Jahrhundert in Gang gesetzt wurde.*** In den letzten zwanzig Jahren hat diese Veränderung, dieses geradezu revolutionäre Umdenken der Frauen in be-

---

* Wie Elizabeth Dole und später *The Economist* es genannt haben.
** Die »Feminisierung der Armut« ist ein Phänomen, das falsch interpretiert wurde, denn sie ist weniger darauf zurückzuführen, daß die Männer die Frauen verlassen haben, als vielmehr darauf, daß sich so viele Frauen entschlossen haben (da ihnen jetzt andere Möglichkeiten offenstehen), ihre Männer zu verlassen, auch wenn sie deswegen in Armut geraten. Sehr viele Frauen wollen nicht länger in unbefriedigenden Beziehungen ausharren. Siehe Teil I und III.
*** In Frankreich reicht die feministische Tradition über fünf Jahrhunderte zurück auf Christine de Pisan, eine Schriftstellerin, die sich schon im 16. Jahrhundert für

zug auf sich selbst und die Gesellschaft, verschiedene Stadien durchgemacht.* Im ersten Stadium forderten die Frauen »Gleichberechtigung«. Im zweiten bemühten sich die Frauen, sich in der »männlichen« Welt ihren Platz zu erobern. Und im dritten Stadium, in dem wir uns jetzt befinden, schließen sich die Frauen zusammen und stellen ein eigenes Wertesystem auf, sie überprüfen und diskutieren das gesellschaftliche System, in dem wir heute leben, akzeptieren einige der Werte der herrschenden Kultur, verwerfen andere – und führen somit einen kulturellen Kampf, der noch nicht zu Ende ist.** Die vierte Stufe dieser Revolution wäre die veränderte Kultur.

Das Stadium, in dem die Frauen die »Forderung nach Gleichberechtigung« aufstellten, wurde vom gegenwärtigen Stadium ersetzt, als den Frauen klarwurde, daß »gleiche Rechte« bedeutete, sich in das »männliche« Wertesystem zu integrieren. Wie wir gesehen haben, stehen die Frauen unter einem starken Druck, ihre traditionellen (wenn auch neu definierten) Werte aufzugeben und »männliche« Werte zu übernehmen (zum Beispiel, daß Sex nichts mit Gefühlen zu tun hat, usw.). Aber viele Frauen glauben, daß sie das nicht tun können, ohne gegen ihre eigene Überzeugung zu handeln – zum Beispiel, wenn sie sich ständig mit anderen messen oder das Gefühl haben müssen, anderen etwas vorauszuhaben.

Wie eine Frau es ausdrückte: »Frauen können nur die ›gleichen‹ Rechte‹ bekommen, wenn sie das gesamte männliche Wertesystem übernehmen. Aber die meisten Frauen können das nicht, ohne ihre eigenen Ideale zu verraten. Sie müßten sich kompromittieren.« Und eine andere Frau erklärt: »Wir sagen nicht mehr, daß wir genauso sein wollen wie die Männer. Wir sind Frauen, und keine geklonte Version der ›Männer‹, oder einer Version, die uns die Gesellschaft aufdrückt! Wir weigern uns, auf diese Bedingungen einzugehen.«

Als Folge davon sehen sich die Frauen vor die Aufgabe gestellt, das gesamte System umzugestalten und neu zu konzipieren. Viele lösen,

die Frauen eingesetzt hat. (Siehe Joan Kelly: *Women, History and Theory*, Chicago, 1984.)
* Es besteht hier kein Zusammenhang mit den von Lenin oder Trotzki oder Betty Friedan erwähnten Stadien.
** Die Auseinandersetzung der Frauen mit ihrer Situation begann mit »Gleichberechtigung«, hat sich inzwischen aber zu etwas viel Größerem entwickelt. Wie Evelyn Fox-Keller sagte: »Wir haben damit angefangen, daß wir uns ein paar einfache Fragen über die Gleichheit gestellt haben, und dann war es wie mit einem Wollknäuel – je mehr wir nach den Anfängen suchten, um so mehr wurde aufgerollt, bis wir am Schluß alles auseinandergenommen hatten.« Die Fragen der Frauen über die »Gleichheit« der Menschen haben zu Diskussionen und Untersuchungen und neuen Vorstellungen von dem Wesen der Methodologie in den Wissenschaften/sozialen Wissenschaften, dem philosophischen Verständnis von »Wahrheit« und den verschiedenen Definitionen von »Wissenschaft« usw. geführt.

wie wir gesehen haben, das Problem (vorübergehend?), indem sie ein Doppelleben führen – indem sie sich in zwei Hälften teilen, um weitermachen zu können. Aber während sich viele Frauen ehrlich bemühen, Mittel und Wege zu finden, um ihre eigene Kultur mit der »männlichen« zu kombinieren, und herauszufinden versuchen, welche Werte für beide Systeme anwendbar sind, machen die meisten Männer keinerlei Anstalten, sich an die »Ideologie« der Frauen anzupassen. Sie sehen nicht einmal ein, warum sie es tun sollten. Vielmehr sind sie der Meinung, daß sich die Frauen *ihrer* männlichen Ideologie unterwerfen sollten.

Frauen als historische Kraft*

Die Gedanken der Frauen sind revolutionär: Sie setzen sich mit ihrem persönlichen Leben und ihren Beziehungen auseinander und versuchen sich darüber klar zu werden, was für ein Leben sie führen wollen. Wie alles weitergehen wird, ist noch unklar – aber das Aufregende daran ist, daß sich so viele Menschen daran beteiligen, umzudenken, und wie viele neue Ideen und Konzepte daraus hervorgehen, wieviel verschiedene Ansichten.

Natürlich ist jedes Wertesystem Diskussionen unterworfen, im »männlichen« System, zum Beispiel, zwischen »demokratischen«, »konservativen« und »liberalen« Richtungen. Daher erübrigt es sich, auch hier ganz genau festzulegen, was jede einzelne Frau denken oder tun würde, wenn sie die Regierungsgeschäfte übernehmen müßte, oder was sie denkt und glaubt. Eins jedoch ist klar: Das Gedankenspektrum der Frauen gewährt einen völlig andersartigen kulturellen Ausblick als das der Männer, wie es im zweiten *Hite Report* und anderen Untersuchungen vorgelegt wurde.

An der kulturellen Veränderung sind wir alle beteiligt – auch etwa, wenn wir abends heimkommen und uns seinen Bedürfnissen anzupassen versuchen, *aber* trotzdem darauf bestehen, daß er uns auf halbem Weg entgegenkommt. Oder wenn wir mit unseren Freunden sprechen oder wenn wir einen Standardjob verrichten, aber auf unsere eigene Weise. Auf diese Weise helfen wir alle mit, die Gesellschaft zu verändern, indem wir uns auf eine neue – philosophische – Lebensform einigen.

Dieser Prozeß läßt sich durch nichts aufhalten – jeder einzelne von uns ist täglich darin verwickelt. Aber warum sind gerade die *Frauen* so wichtig bei diesem Prozeß – sogar die treibende Kraft für die Verände-

* Wie Mary Beard es in ihrer 1927 vorgelegten Arbeit so treffend ausgedrückt hat.

rung? Vielleicht liegt es an der wirtschaftlichen Unabhängigkeit, die wir gerade errungen haben – aber wer könnte das sagen? Historisch gesehen mag es dafür viele Gründe geben, aber die Geschichte geht manchmal seltsame Wege: Es gibt oft Dinge und Ideen, die im Verborgenen schlummern – wie »Freiheit« und »Individualität«, jahrhundertelang in der christlichen Tradition, bis sie ganz plötzlich im 18. Jahrhundert zum Leben erwachten und das Zeitalter der Aufklärung einleiteten, dessen philosophische und politische Konzeptionen sich innerhalb von nur fünfzig Jahren so stark durchzusetzen vermochten, daß sie die alte Ordnung völlig umstürzten. Die neuen Parolen lauteten »Freiheit, Gleichheit, Brüderlichkeit« und »Menschenrechte«.

Wir befinden uns heute ebenfalls in einer solchen Zeit – einer Zeit fundamentaler Veränderungen. Aber diesmal geht die »Revolution« von den Frauen aus. Diese Umwandlung des Bewußtseins ist so gewaltig – ganz gleich, ob sich die einzelnen Frauen nun im herkömmlichen Sinn als »konservativ« oder »liberal« betrachten –, daß es für eine Umkehr bereits zu spät ist.

Die historischen Voraussetzungen bestimmen unser Leben. Und jetzt haben wir die Chance, die Initiative zu ergreifen und aktiv tätig zu werden – jede von uns, bekannte und »unbekannte« Frauen auf der ganzen Welt. Wir sind dabei, unseren Platz auf der Bühne einzunehmen, und die Geschichte wird uns nach unserem Vorankommen beurteilen – nach unserem eigenen und dem der ganzen Welt.

17

Die Liebe
zum Mann – heute

Wo ist die Liebe?

Merkwürdiger- und unheimlicherweise sagen die meisten Frauen in dieser Untersuchung – Verheiratete, Singles oder Geschiedene aller Altersstufen –, daß sie die Liebe, nach der sie suchen, bis jetzt noch nicht gefunden haben, daß sie noch immer hoffen, einmal ihrer großen Liebe zu begegnen:

»Ich habe meine große Liebe noch nicht gefunden, und auch nicht, was ich mir unter einer richtigen Familie vorstelle. Ich bin ziemlich verzweifelt. Ich glaube allmählich nicht mehr, daß ich sie je finden werde.«

»Ich habe es bis jetzt noch nicht geschafft, soviel Liebe zu geben, wie ich es gern tun würde, und mir hat sie auch noch niemand gegeben. Aber ich komme aus einer kaputten Familie und weiß es vielleicht gar nicht. Ich wünsche mir, offen und ehrlich geliebt zu werden, ohne Angst vor Zurückweisung.«

Die meisten Frauen hoffen noch immer auf Liebe und sehnen sich nach ihr, auch wenn sie von ihren Beziehungen frustriert sind oder erkennen, wie schwierig es ist, bei dem Mann, den sie lieben, Verständnis zu finden. Eine Frau, die überzeugt ist, daß die Liebe immer wieder zu uns zurückkehrt, sagt: »Auf irgendeine Weise, die ich nicht beschreiben kann, liegt der Schlüssel für meine Identität in der Liebe – durch die ich mich selbst kennenlerne, mein Innerstes.« Viele Frauen denken so. Warum? Vielleicht haben die Frauen recht, wenn sie immer wieder zurückkommen und sich immer von neuem bemühen, die Liebe möglich zu machen oder zu verstehen, warum sie scheitert.

Aber die meisten Frauen wollen mehr als »Liebe«, sie wollen die »wahre Liebe«. Daher überrascht es nicht, daß sogar Frauen, die eine feste Beziehung haben, oft von der »großen Liebe« sprechen, die erst noch kommen wird, und insgeheim glauben, daß ihnen das Leben irgendwie mehr zu bieten haben müßte... Und warum sollten sie damit nicht eigentlich recht haben?

Eine bemerkenswerte Frau, sehr nachdenklich, gerade in einer Therapie, hängt diesen Gedanken nach, versucht herauszufinden, was ihr Leben für eine Bedeutung hat, fragt sich, wo sie Liebe finden soll, welches die »richtige« ist, und ob sie die richtigen Entscheidungen trifft – sie fragt sich auch, ob sie nicht besser damit aufhören sollte, die Liebe als so wichtig anzusehen:

»Am heftigsten war ich in der ersten Klasse in der High School in meinen späteren Mann verliebt. Ich fühlte mich glücklich, erfüllt, erregt, lustig, wundersam – alles, was einem nur einfällt. Er sah gut aus, war ernst, unternehmungslustig, aufrührerisch, ein reiner Spaß, ein guter Tänzer, ehrlich, vertrauenswürdig – er war mein Freund und mein Liebhaber. Unsere Beziehung machte viele Höhen und Tiefen durch, wir haben irgendwann geheiratet und Kinder bekommen. Jetzt sind wir seit acht Jahren geschieden. Er ist ein guter Vater, die Kinder lieben ihn, und obgleich in den dazwischenliegenden Jahren so viel geschehen ist, habe ich noch immer herzliche und manchmal sehnsüchtige Gefühle, ich sehne mich nach den früheren Zeiten. Aber wir sind jetzt sehr verschieden voneinander. Ich habe Jahre damit verbracht, mich selbst kennenzulernen, hatte die Verantwortung für die Kinder, war glücklich und unglücklich, und ich lerne noch immer dazu.

Nach unserer Scheidung heiratete er gleich wieder. Ich habe ihn drei Jahre lang nicht gesehen – inzwischen bekamen sie ein Kind. Über drei Jahre lang habe ich nur geweint und geweint. Ich wollte sterben. Ich wollte immer schlafen, damit ich nicht daran denken mußte.

Ich habe immer geglaubt, daß wir, egal was geschieht, egal, mit wem wir zusammen waren, immer wieder zueinander zurückkommen würden. Drei Jahre später, als er sich von seiner Frau trennte, hatte sich mein Haß gelegt, weil ich inzwischen auch jemanden hatte, einen Liebhaber, mit dem ich zwei Jahre lang zusammen war.

Zu der Zeit gab ich meinen Job auf, weil ich mit meinen Kindern zusammen sein wollte, um mir zu überlegen, was ich tun sollte, um nachzudenken, um mich einem Hobby zu widmen und mich einmal richtig zu entspannen. Es war für mich eine schöne Zeit – nicht gerade ›glücklich‹, aber es war eine Abwechslung. Ich habe ungefähr neun Monate lang nicht gearbeitet, und es war eine der schönsten Zeiten in meinem Leben.

Ich habe ein zweites Mal geheiratet, aber inzwischen sind wir schon wieder seit zwei Jahren getrennt, und in einem Monat müßte die Scheidung ausgesprochen werden. Ich dachte, daß es praktischer wäre, wenn ich ihn heirate. Ich habe ihn geliebt (obgleich ich nicht in ihn ›verliebt‹ war), weil er so interessant war, viel wußte, sehr viel Erfahrung besaß, mit dem Leben besser ›zurechtzukommen‹ schien, und wir auch gemeinsame Interessen hatten. Ich wollte noch ein Kind haben, obgleich es finanziell einfacher sein würde, wenn wir beide arbeiteten. Es wäre für mich eine Erleichterung gewesen, da ich mich um alles selbst kümmern mußte, die Kinder versorgen, das Haus in Ordnung halten, und außerdem noch arbeiten), und auch mit dem Sex würde es einfacher sein.

Obgleich wir insgesamt zweieinhalb Jahre verheiratet waren, haben wir nur sechs Monate zusammengelebt. Warum? Ich strengte mich an, die Rolle der ›Ehefrau‹ zu spielen, zu arbeiten, mich um die Kinder zu kümmern usw., und auch noch Zeit zu haben, mit meinem Mann allein zu sein. Keine anderen Abwechslungen, nichts. Wir hatten nie richtig Zeit, um eine Beziehung aufzubauen – wegen all dem Frust, wegen der Prioritäten, dem Geld, den Kindern, dem Rollenspiel, dem Druck der Kirche – es wurde alles unerträglich. Am schönsten war die Kameradschaft zwischen uns – jemanden die ganze Zeit lang um sich zu haben, im Bett, jemanden, mit dem man etwas unternehmen konnte, das Leben teilen konnte. Aber ich war nicht glücklich – keiner von uns war es.

Mit dem Sex lief alles prächtig, bis die Probleme begannen. Mir hat es immer Spaß gemacht, auch wenn sonst nicht alles so lief, wie es sollte. Außer den seelischen Schmerzen. Als die Gründe fehlten (Liebe und Freude), taten wir es nur noch aus rein physischem Vergnügen, was zu Verwirrungen führte. Ich hatte normalerweise zwar einen Orgasmus, aber es fehlte die geistige Nähe, wenn es vorbei war, und die Zärtlichkeit. Dafür war immer weniger Zeit, je mehr Probleme wir hatten.

Es passierte soviel ›Schlimmes‹, und es fällt mir schwer, mich daran zu erinnern, was das Allerschlimmste war. Wenn ich alles aufzählen würde, würde es sich bestimmt ziemlich dumm anhören, unsere Auseinandersetzungen schienen kein Ende zu nehmen. Bis ich irgendwann sagte, daß es mir leid täte, nur damit Frieden war. Wenn ich mich bemühte, über das Problem selbst zu sprechen, folgte nur ein weiterer Streit.

Ich habe im Augenblick keine feste Beziehung, und ich bin auch nicht verliebt. Ich bin vierunddreißig Jahre alt, Mutter, Studentin, eine interessierte Bürgerin, ich reise gern, manchmal bin ich realistisch und manchmal idealistisch. Ich habe niemanden, der mir sehr nahe steht. In all meinen Beziehungen, egal mit wem, habe ich immer einen Teil von mir zurückgehalten – ob bei meinen Kindern, meinem Psychologen, meinen Freundinnen. Wahrscheinlich stehen mir meine Kinder am nächsten, obgleich sie zu jung sind, um sich für die Dinge zu interessieren, an denen mir etwas liegt, oder um meinen Kummer, meine Hoffnungen und Träume wirklich verstehen zu können.

Aber wenn ich alles in Betracht ziehe, muß ich feststellen, daß ich mich komischerweise so wohl fühle, wie schon lange nicht mehr. Obgleich ich lieber mit jemandem zusammen bin, lebe ich jetzt freiwillig allein. Ich versuche, meine Gefühle zu ordnen, zu erfahren, was ich wirklich will im Leben, bevor ich mich wieder auf jemanden einlasse. Ich gehe zur Schule, was mir wirklich Spaß macht. Ich habe Spaß an meinen Kindern, gehe ins Kino, lese und lebe so, wie ich gern leben möchte. Ich habe im Augenblick keine Zeit und nicht genügend Energie für eine gute Beziehung, weil ich gern weiter auf die Schule möchte und Angst habe, mich dann nicht mehr richtig konzentrieren zu können. Wenn ich keine Lust habe, das Geschirr abzuwaschen oder das Haus zu putzen, lass' ich einfach alles stehen und liegen. Mir ist nicht danach, irgend jemanden beeindrucken zu wollen (jedenfalls im Augenblick nicht). Ich möchte einfach allein gelassen werden. Ich vermisse den Sex, aber das ist nicht genug.

Ich will mehr vom Leben, aber ich bin mir nicht sicher, was, daher lasse ich mir Zeit, um zu lernen. Es wäre schön, wieder jemanden zu haben, um zusammen auszugehen, aber inzwischen gehe ich eben allein. Alle meine Freundinnen haben irgendeine Beziehung und keine Zeit für Freundschaften, oder sie sind verheiratet. Warum ist das so? Ich möchte neue Interessen entwickeln und auch neue Freunde gewinnen. Ich überlege mir, was ich mit Leuten anfangen soll, die ihre Freundinnen hinter ihre Freunde oder Liebhaber stellen. Ich finde, es müßte doch Platz für beide sein.

Als ich verliebt war, hab' ich mich sicher gefühlt, aber wenn ich jetzt zurückblicke auf meine Beziehungen, dann waren immer soviel Selbstzweifel dabei. Ich glaube, das ist der Grund, warum ich Angst habe, mich auf jemanden einzulassen. Ich würde mich wohl und zufrieden fühlen, geliebt und geborgen und akzeptiert, was gut für mein Selbstvertrauen wäre, aber es hat mich auch jedesmal emotional so abhängig gemacht.

Ich hatte immer das Gefühl, daß ich mich sehr bemüht habe, die entscheidenden Fragen zu lösen, den Dingen auf den Grund zu gehen. Und ich hatte auch das Gefühl, daß sich meine Partner nicht so sehr darum bemüht haben. Daher war ich es meist, die Schluß gemacht hat, wenn vielleicht auch nur, um ihnen zu zeigen, wie ernst die Probleme waren, und um herauszufinden, was es war. Ich habe immer gehofft, sie würden es einsehen und zu mir zurückkommen, oder sich von jemandem beraten lassen. Aber meistens blieb es dann bei der Trennung, sie wollten nicht zurückkommen und sich damit beschäftigen.

Ich habe Angst, mich wieder richtig zu verlieben, weil ich dann das Gefühl habe, als würde ich den Boden unter den Füßen verlieren. So wie es jetzt ist, ist ›nichts gewonnen, nichts verloren‹. Ich weiß, so zu denken ist vielleicht nicht gerade gut, und ich hoffe auch, darüber hinwegzukommen. Aber in meinen früheren Beziehungen habe ich mich selbst völlig aufgegeben – vielleicht, weil ich gar nicht weiß, wie eine gesunde Beziehung aussieht und wieviel Sicherheit sie geben kann. Ich weiß nicht, was ich tun soll, um einen Menschen zu finden, mit dem ich auf Dauer zusammenleben kann.

Ich habe ein gesundes Selbstvertrauen, brauche mir keine Sorgen zu machen, ob ich akzeptiert oder abgewiesen werde, und ich bin zufrieden mit meinen Kindern. Ich will nicht, daß sie etwas durchmachen, das sich später auf ihr eigenes Leben auswirkt. Ich will sicher sein, daß ich weiß, worauf ich mich einlasse, bevor ich sie hineinziehe. Ich möchte für sie ein Vorbild sein, nach dem sie vielleicht später einmal selbst leben.

Frauen scheinen sich einfach mehr um *alles zu kümmern*. Sie haben Verständnis, Sensibilität, Toleranz, Bewunderung, Liebe, Zärtlichkeit, Freundschaft, Partnerschaft, Loyalität, Vertrauen, Ehrlichkeit. Fürsorge und Sex. Aber was den Sex betrifft, ziehe ich ausschließlich Männer vor. Da wir unseren Planeten mit den anderen 50 Prozent teilen müssen, die männlich sind, wäre es schön, wenn wir all das, was ich eben erwähnt habe, von ihnen genauso bekommen könnten wie von unserem eigenen Geschlecht. (Ich meine nicht alle Frauen, aber im großen und ganzen.) Den Männern scheint irgend etwas zu fehlen.

Ich war früher gegen die Frauenbewegung, wegen des Konzepts, wegen der Taktiken, die die Begründerinnen der Bewegung vorgeschlagen haben. Aber entweder haben sich diese Taktiken geändert, oder ich habe mich geändert. Ich glaube, ein bißchen von beidem. Heute bin ich für die Frauenbewegung, und ich habe auch nichts gegen irgendwelche Fragen, jedenfalls nicht bis jetzt. Ich glaube, die Befreiungsbewegung der Frauen ist die einzige Hoffnung, die wir haben, damit sich etwas ändert. Damit wir an den Entscheidungen in unserer Welt mitwirken können, und damit wir endlich gleichberechtigte Menschen werden. Am meisten glaube ich an die *humane* Befreiung von den starren Bildern und politischen Einstellungen, die der Unterdrückung dienen und mit denen wir generationenlang konfrontiert waren, die die *Menschen* in der ganzen Welt beeinflussen. Ich glaube, daß die Frauenbewegung die Antwort ist auf den Wunsch der Männer, sich aus ihrer festgefahrenen Rolle zu befreien.

Die *meisten* Männer scheinen die Frauenbewegung als dumm und radikal anzusehen. Sie glauben an das Konzept der gleichen Bezahlung für gleiche Arbeit, aber sie glauben nicht wirklich, daß Frauen fähig sind, die gleiche Art Arbeit zu leisten wie sie selbst. Das ist das einzige, worüber sich die meisten Männer einigermaßen einig sind. Die *meisten* sind noch immer Traditionalisten, die mit der stereotypen männlichen Weltanschauung aufgewachsen sind – daß die Mamas bei ihren Kindern zu Hause bleiben sollten, während die Papas die Brötchen verdienen. Daß der Ehemann das letzte Wort hat. Daß die Frauen nicht genügend Verstand besitzen, wenn es um wirklich wichtige Dinge geht. Daß die Männer diejenigen sein sollten, die in den Krieg ziehen (es ist ihnen noch nie in den Sinn gekommen, daß es vielleicht nicht so viele Aggressionen gäbe auf der Welt, wenn die Frauen politische Macht besäßen). Daß die Männer ein Land regieren sollten, die Geschäfte führen, die Beschützer sein sollten. Daß das Recht eines ungeborenen Kindes auf Leben so kostbar ist, weil die Männer nie in derselben finanziellen und sozialen Situation sind wie die meisten Frauen. Sie brauchen sich keine Sorgen zu machen, ob ein Kind, wenn es einmal geboren ist, auch genügend zu essen haben wird, ob es eine physisch und emotional gesunde Umgebung haben wird, Liebe und die Unterstützung von zwei fähigen Elternteilen, die sich um seine Bedürfnisse kümmern. Die meisten Männer ignorieren diese *Tatsachen* und verlassen sich darauf, daß ihre männliche Ansicht *richtig* ist; sie wollen gar keine Veränderung und kein Wachstum. Sie brauchen sich diesen Tatsachen ja auch nicht zu stellen, weil sie alles kontrollieren und beherrschen. Erst wenn sie es lernen sollten, die Macht, die sie ausüben, zu teilen (durch das Gesetz oder welche Mittel auch immer), werden sie echte menschliche Wesen sein.

Ich habe bisher noch nicht gefunden, wonach ich suche – in der Liebe und für meine Familie. Und ich habe das Gefühl, daß meine Chancen, jemanden zu finden, mit dem ich eine dauerhafte Beziehung haben könnte, immer geringer sind, je älter ich werde. Ich hoffe noch immer, daß ich einmal finde, was ich mir wünsche. Manchmal bin ich zynisch, manchmal skeptisch, aber ich habe soviel Liebe in mir und hoffe, daß es einmal jemanden geben wird, mit dem ich mein Leben teilen kann, irgendeinen Menschen, der meine Gedanken, Hoffnungen, Freuden, die Liebe und die Gefahren mit mir teilt.«

Sind Frauen in der Lage, Beziehungen zu verändern?

Sehr viele Frauen leben in ihren Beziehungen mit Männern in Situationen, die sie sehr nachdenklich stimmen: Sie fragen sich täglich, warum Beziehungen so schwierig sind, warum sich die Männer ihrem Versuch, die Dinge zu ändern, widersetzen, und überlegen, wie Männer es fertigbringen, sich darüber lustig zu machen, wenn ihre Frauen von ihnen mehr emotionales Einfühlungsvermögen verlangen und sie bitten, nicht so herausfordernd und distanziert zu sein, sondern mehr Verständnis zu haben. Während sich die Frauen all diese Fragen stellen – zuerst sich selbst, ob sie vielleicht selbst schuld sind, und dann die persönliche Entwicklung des Mannes, den sie lieben, durchforschen, seine Kindheit, seine Familie fragen, warum er schweigt, warum er sich so benimmt, wie er es tut – während sich die Frauen all diese Fragen stellen, kommen sie ganz automatisch darauf, das gesamte gesellschaftliche System in Frage zu stellen, das die Beziehungen zu dem gemacht hat, was sie sind, und sie fragen: »Warum muß es eigentlich so sein?«

Wenigstens 88 Prozent der Frauen in dieser Untersuchung – verheiratet oder nicht – denken heute über diese Fragen nach, die ja weit über die Alltagsprobleme hinausgehen. Und je mehr sich die Frauen von ihrer persönlichen Situation absetzen und sie zu analysieren versuchen, um so mehr verändern sie sich selbst – und um so mehr entfernen sie sich (welche Ironie!) von den Männern, denen sie im Grunde näher sein möchten – und die sich weigern, diese Fragen mit ihnen zu besprechen.

Tatsächlich trägt die emotionale Infrastruktur der meisten Beziehungen, der emotionale Vertrag also, dazu bei, die gegenseitige Zuneigung abzubauen, wie wir in Teil I gesehen haben. Läßt sich diese zugrunde liegende Infrastruktur ändern?

Das ist eine schwierige philosophische Frage: *Wie baut man sein Leben neu auf, seine neue Welt?* Es müßte doch möglich sein, mehr Glauben und Vertrauen zu haben, weniger Zynismus und mehr Kommunikation, als wir sie in vielen Ehen und Beziehungen bis jetzt vorgefunden haben. Aber *wie?*

Beziehungen alten Stils

Bis jetzt haben wir in diesem Buch schon viele Beispiele für Beziehungen und Ehen im alten Stil gesehen – wie etwa:

»Unsere Beziehung funktioniert prächtig, solange ich tue, was von mir erwartet wird, solange ich genügend gesellschaftliche Aktivitäten an den Tag lege, um sein Interesse aufrechtzuerhalten, und solange ich mir seine Probleme anhöre.«

»Wir führen, jeder für sich, unser eigenes Leben, es gibt nicht viel Gemeinsames, die Kinder verbinden uns am meisten. Aber meinem Mann scheint es zu genügen, und ich liebe ihn, weil er ein guter Vater ist und für die Familie sorgt.«

17 Prozent der Frauen* glauben nicht, daß es möglich ist, mit Männern auf einer gleichen Ebene zu kommunizieren; sie halten es für besser, ihre Gefühle und Gedanken zu verbergen – anstatt etwas »aufzurühren«:

»Bloß nichts aufrühren – lieber so weitermachen und die Dinge auf sich beruhen lassen. Was nicht wichtig ist oder was er nicht für wichtig hält, lieber vergessen.«

»Was man tun soll, daß es läuft? Alles vermeiden, was Konflikte aufwerfen könnte. Ich sage nicht, daß es mir so gefallen würde, aber so funktioniert es am besten.«

»Wenn er schlechte Laune hat, es nie persönlich nehmen, ihn nie darauf ansprechen. Den richtigen Zeitpunkt abwarten und ihm dann vorsichtige Fragen stellen, um rauszukriegen, was mit ihm los ist, und zu versuchen, ihm darüber hinwegzuhelfen.«

Manche Frauen beschreiben die Ehen ihrer Mütter so:

»Eine gute Ehe? Das hängt ganz davon ab, wie man Erfolg definiert. Meine Eltern hatten eine ›funktionierende‹ Ehe, weil meine Mutter das Denken meinem Vater überlassen hat. Ist das ein Erfolg? Ich weiß nicht, ich glaube nicht, daß ich je eine wirklich gutgehende heterosexuelle Beziehung gesehen habe. In einer guten Beziehung sollte sich niemand selbst aufgeben müssen, sie sich nicht, und er sich auch nicht (was seltener vorkommt) – nur um den anderen an sich zu binden.«

Eine Ehefrau (sie und ihr Mann sind schon pensioniert) beschreibt ihre Ehe. Sie sagt, daß sie und ihr Mann sich nie sehr nahe gewesen wären, daß sie aber nach fünfunddreißig Jahren soweit sei, es zu akzeptieren:

»Die Beziehung zu meinem Mann erfüllt nicht gerade meine tiefsten Bedürfnisse nach Nähe zu einem anderen Menschen. Das hat sie nie

---

* Wesentlich weniger jüngere Frauen.

getan. Nicht einmal nach fünfunddreißig Jahren. Ich habe nicht das Gefühl, daß er mich kennt, daß er den Menschen kennt, der ich bin, daß er weiß, was für mich am wichtigsten ist, was ich am meisten brauche. Ich frage mich, ob er überhaupt die Fähigkeit besitzt, es zu wissen, die Sensibilität, um sich darüber klar zu sein, ob er hört, was sich hinter meinen Worten verbirgt, was ich ihm nicht direkt sagen kann. Aber wenn ich es könnte, bezweifle ich, daß er es verstehen würde. Dabei wäre es schön, wenn ich alles voll und ganz mit ihm teilen könnte, falls so was überhaupt möglich ist: Das wäre mein Ideal – eine Vereinigung von Körper, Seele und Geist. Ha! Ich glaube kaum, daß so was zwischen einem Mann und einer Frau überhaupt möglich ist, da stehen zu viele andere Dinge im Wege. Und vielleicht ist es ja gut so.

Ein ständiger Konfliktstoff (während der ganzen fünfunddreißig Jahre) war seine Eifersucht – auf andere Männer, meine Freundinnen, sogar unsere Kinder. Ich glaube, das kommt von seiner Unsicherheit, von seinem mangelnden Selbstvertrauen, und daß ich eigentlich nichts tun kann dagegen. Aber seine Eifersucht hat zu einigen schlimmen Szenen geführt, zu heftigen Streitereien, tagelanger Verletztheit und Verstimmung. Aber in den vergangenen zwei oder drei Jahren hat es schließlich immer mehr nachgelassen, er hat sich wirklich bemüht, damit fertig zu werden. Schon die Tatsache, daß er es versucht hat, hat mir sehr geholfen. Als wir noch beide gearbeitet haben, haben wir uns mehr gestritten als jetzt. Wir hatten zwei Söhne unter zwanzig, und noch dazu wohnte seine Mutter bei uns, und ich kriegte nach all den Jahren endlich Flügel, gewann etwas Selbstvertrauen, wurde etwas freier. Er hat es nicht geschafft, mir durch seine Unsicherheit mein Gefühl für Unabhängigkeit zu nehmen.

Was den Sex betrifft – manchmal lief es gut, manchmal sehr gut, in den fünfunddreißig Jahren, schlecht war es eigentlich nie. Außer, daß er im allgemeinen mehr Sex wollte als ich. Wir haben es genossen, uns eng aneinanderzukuscheln und uns zu streicheln, uns anzufassen und miteinander zu reden, und wir freuen uns auch jetzt noch am Körper des anderen, Sex oder nicht. Oraler Sex läuft nur einseitig (manchmal mag ich seinen Penis in den Mund nehmen), aber er hat bei mir nie etwas gemacht, hat mich auch nie gefragt, ob ich es möchte.

Ich habe den *Hite Report* gelesen und war begeistert, als ich erfuhr, daß ich nicht die einzige Frau bin, die beim Geschlechtsverkehr keinen Orgasmus hat! Ich habe meinen Mann dazu gebracht, ihn auch zu lesen, weil ich das Gefühl hatte – obgleich er sich nicht beklagte –, daß ihm irgendwie etwas zu fehlen schien, daß er vielleicht glaubte, die meisten Frauen würden so orgasmen. Er hat es gelesen, und wir haben darüber gesprochen, und dann war uns beiden wohler. Am leichtesten kriege ich einen Orgasmus durch klitorale Stimulation.

Die wichtigste Grundlage unserer Ehe ist einfach die gemeinsame Freude, die Sicherheit, das tägliche Zusammensein, und dieselben Ziele zu haben, das Gefühl, daß immer jemand da ist, wenn man ihn braucht, die ehrliche Sorge um das Wohlergehen des anderen – all das hat etwas mit Liebe zu tun. Ich weiß nicht, Sex, Freud und Leid teilen. Wir sind ziemlich verschieden, als Menschen und auch in der Persönlichkeit, aber irgendwie paßt alles zusammen, trotz harter Zeiten, Streitereien, unterschiedlicher Einstellungen, Eifersucht und so weiter.

Ich habe mich oft gefragt, ob ich alles noch einmal so tun würde, ob ich ihn noch einmal heiraten würde. Wenn ich ehrlich bin, weiß ich es nicht.«

Mit anderen Worten, das »alte Modell« hat nichts damit zu tun, ob eine Frau zu Hause oder außer Haus arbeitet (oder auch der Mann), sondern es hat mit der emotionalen Ungleichheit innerhalb einer Beziehung zu tun. Die meisten Frauen wollen genauso viel emotionale Unterstützung und Zuwendung erhalten, wie sie geben. Sie wollen reden und zuhören, und sie wollen vor allem, daß man ihnen auch zuhört, sie wollen die gleiche Kraft und die gleiche Begeisterung spüren, die sie selber auch aufbringen. Sie wollen intime Gespräche führen und teilhaben an den Erlebnissen ihres Partners – an seiner Kindheit, zum Beispiel –, und sie wollen mit ihm ihre Pläne und Träume teilen, ihre Hoffnungen, ihre Fragen über die Menschen und das Leben. Sie wollen ein Team sein. Zusammen Spaß haben, das Leben zu einem Abenteuer machen. Viele Frauen sagen, daß sie sich Vertrauen und Achtung wünschen – und daß sie dem Konkurrenzdenken ein Ende machen wollen, und auch dem Bedürfnis der Männer, Frauen kleiner zu machen, als sie sind, ihnen das Gefühl zu vermitteln, »weniger« zu sein als sie selbst.

Was uns an dieser Stelle interessiert, ist nicht die Arbeitsteilung (kochen, Kinder versorgen, finanzielle Unterstützung), sondern der emotionale Vertrag, dieser ungeschriebene Teil der ehelichen Institution, der in Teil I dieses Buchs ausführlich behandelt wurde. In den Jahren nach 1950 war man allgemein übereingekommen, daß sich die Frauen nicht darauf beschränken sollten, nur Kinder großzuziehen. Es hat erhitzte Diskussionen darüber gegeben, ob Frauen außerhalb des Hauses arbeiten sollten und ob sie ein unabhängiges Einkommen haben sollten, und ob das die Ehen glücklicher machen würde. Wie sich herausstellt, ist es die Möglichkeit, frei entscheiden zu können, die mehr »Gleichberechtigung« in der Ehe schafft, und nicht nur irgendeine Rolle, für die sich die Frauen irgendwann einmal entscheiden. Aber diese Entscheidung muß der Frau wirklich freistehen, es darf nicht nur eine Entscheidung für die bessere von mehreren dürftigen Möglichkeiten sein.

Wie wir gesehen haben, fühlen sich manche Frauen glücklich, wenn sie zu Hause bleiben und Kinder haben können, während ihr Mann arbeiten geht; andere fühlen sich überhaupt nicht wohl dabei. Der springende Punkt in den Ehen ist gewöhnlich die Art der Einstellung, das Maß an Gleichberechtigung – in Form von Achtung, Zweiwegkommunikation und gegenseitiger emotionaler Unterstützung – und auch, ob die Frau die Möglichkeit hat, sich frei zu entscheiden, ob sie überhaupt eine andere Wahl hat, einen anderen »Ausweg« aus der Situation (z. B. finanzieller Art), so daß es sich wirklich um eine freie Entscheidung handelt.

In den traditionellen Ehen »alten Stils« hat der Mann in der einen Sphäre gelebt und die Frau in einer anderen. Emotionale Intimität war nicht das vorrangige Ziel einer Ehe. Heute sind die Frauen auf Gleichheit im emotionalen/psychologischen Bereich bedacht, und es tut ihnen weh, wenn die Männer nicht bereit sind, ihnen entgegenzukommen und ihnen keine emotionale Zuwendung gewähren, wie sie selbst sie nur zu gern von den Frauen entgegennehmen. Sollten sich die Frauen daher, um sich Enttäuschungen und Kummer zu ersparen, auch weniger um die Männer kümmern? Oder sollten die Frauen weiterhin den Mann, den sie lieben, zu ändern versuchen, ihn aus sich herauszulocken versuchen, um ihm näher zu sein – auch wenn sie sich täglich von neuem bemühen müssen, immer wieder?

Seit die Frauenbewegung die ungleiche Behandlung von Männern und Frauen zur Sprache gebracht hat, haben einige »konservative« Gruppen in unserem Land darauf hingewiesen, daß Frauen und Männer auch in der »traditionellen Ehe« gleich sein könnten, denn selbst wenn die Frau zu Hause bleibt und für die Kinder sorgt und kein »eigenes« Geld besitzt und der Mann alles allein verdient, würden beide die gleiche Achtung genießen.

Manchmal scheinen in einer traditionellen Ehe beide Partner die gleiche Achtung zu genießen, wie eine Frau in einer atypischen Antwort beschreibt: »Meine Eltern waren immer sehr zärtlich zueinander, und auch offen. Es schien nie Streit zu geben. Meine Mutter scheint die ideale Ehefrau zu sein. Sie richtet ihr Leben völlig nach seinem Leben und seinen Zielen aus. Er ist der Herr im Haus. Aber mein Vater ist kein Tyrann, obgleich er der Herr im Haus ist. Er hört ihr zu, teilt alles mit ihr, macht ihr Geschenke, kleine Überraschungen, behandelt sie wie etwas Kostbares und ist sehr fürsorglich.«

Aber wie wir gesehen haben und wie die Scheidungsquote zeigt, ist es dem weitaus größeren Teil der Ehen unter diesem System nicht so besonders gut gegangen. Die Philosophie von der »traditionellen aber gleichberechtigten« Ehe will vielleicht nur bemänteln, was dahintersteckt, nämlich der Gedanke, daß eine »gute Frau« den Wunsch haben *muß*, zu Hause zu bleiben und die Kinder großzuziehen.

Aber damit wir nicht ein allzu nostalgisches oder idealistisches Bild der Ehe entwickeln, das den »Mann als Anführer« oder gar »Anführer in verschiedenen Bereichen« propagiert (sie ist die Herrin im Haus, er der Herr außerhalb des Hauses), ist es wichtig, uns daran zu erinnern, wie schrecklich Beziehungen sein können, in denen einer der Partner letztlich immer alles kontrolliert. Eine Frau erinnert sich an die Ehe ihrer Mutter:

»Meine Eltern haben sich oft gestritten. Wir sind in einer ständig angespannten Atmosphäre aufgewachsen. Mein Vater war ein fanatischer Anhänger der traditionellen Rollen von Mann und Frau. Er war Professor, sie ›Ehefrau‹. Er entschied für sich, daß seine Verantwortung als Ehemann nur soweit ging, daß er ein regelmäßiges Einkommen nach Hause brachte. Der Rest war ihr überlassen. Eine Zeitlang versuchte er, sie an ihren Platz zu verweisen – ›andere Frauen tun dies, andere Frauen tun das‹. Meine Mutter, eine unerschrockene Überlebenskünstlerin, entwickelte mit der Zeit eigene Verteidigungsmechanismen. Immer wieder brach ihre große ›Lebendigkeit‹ durch, sie war/ist mit jedem Lebensbereich tief verbunden. Sie hat in dieser Ehe viel mehr getan als er, hat versucht, destruktive Muster zu ändern. Wir hatten Familiensitzungen, um irgendwelche Dinge zu beraten, aber Dad nahm nicht daran teil. Er bestrafte sie mit Psychoterror, sprach wochenlang nicht mit ihr, schlief nicht mit ihr (das hat Mutter mir selbst erzählt), und so weiter.

Eines Tages, als die Ehe einen absoluten Tiefpunkt erreicht hatte, packte er sie an den Handgelenken und versuchte, sie die Treppe hinaufzuziehen, während er rief: ›Zeit fürs Bett. Zeit fürs Bett.‹ Dieses schreckliche Ereignis fand am Vatertag statt, als ich gerade elf war, und heute frage ich mich, was er eigentlich vorhatte damals – eine ›Vergewaltigungslektion‹? Er schaffte es, sie nach oben zu bringen. Danach mußte sie jahrelang Stützverbände an den Handgelenken tragen, und wegen der Rachitis, die sie als Kind hatte, drohten ihre Hände zu verkrüppeln. Noch heute schießen mir die Tränen in die Augen, und ich frage mich, ob es wohl irgend jemandem etwas nutzen kann, wenn ich es schreibe. Vielleicht hilft es mir selbst, zur Ruhe zu kommen. Meine Mutter hat richtig schöne verkrümmte Arbeiterhände. Für ihre Arbeit hat sie ihre Hände benutzt, und es kamen wunderschöne Dinge dabei heraus. Jenes grausame Verhalten meines Vaters tut mir mehr weh, als mir bis jetzt bewußt war.«

Ein »neues Modell« für Beziehungen: Die Änderung des emotionalen Vertrags*

21 Prozent der Frauen ist es gelungen, eine unkommunikative Beziehung in eine kommunikative umzuwandeln. Eine Frau erklärt: »Mir gefällt es, daß wir jetzt so offen miteinander reden – wir offenbaren uns gegenseitig. Wir haben ein paar Jahre gebraucht, bis wir es konnten – er hatte nicht genug Vertrauen, um mir ungeschützt gegenüberzutreten, aber nachdem er gesehen hatte, daß ich ihm nicht weh tun würde und es auch nicht später irgendwie gegen ihn verwenden würde, hat er sich geöffnet und war immer für mich da... jetzt sind wir beide sehr glücklich.«

Was Frauen für wichtig erachten, damit eine Beziehung nach dem neuen emotionalen Modell funktioniert, ist klar. Sie wünschen sich Gleichberechtigung, Würde und wechselseitige Kommunikation:
»Es ist überflüssig zu sagen, daß in guten Beziehungen die Kommunikation auch gut ist. Dazu sollten *beide* Partner gleiches Mitspracherecht bei allen Entscheidungen, Verantwortungen, Plänen, bei der Kindererziehung, bei allem haben.«
»Wenn wir etwas besprechen und einer von uns versteht es nicht, reden wir weiter darüber, stellen Fragen, das macht Spaß – unsere Beziehung ist zu wichtig, um Mißverständnisse aufkommen zu lassen.«

Natürlich sind Beziehungen und Ehen nach dem »neuen Modell« nicht vollkommen. Es gehören auch Auseinandersetzungen und schwierige Augenblicke dazu, aber im allgemeinen ist das nichts im Vergleich zu der Gewalt, von der wir hier gehört haben: Es ist so einfach, die Dinge zu besprechen, und auch viel schöner.

Eine Beziehung ändern kann schwierig sein, weil damit im Prinzip das gesamte System in Frage gestellt wird und die Männer aufgefordert werden, ihre Werte mit unseren zu vermengen und das Vorhandensein einer ›weiblichen‹ Philosophie anzuerkennen. Wenn eine Frau verzweifelt ihre Freundin anruft und sagt: »Er liebt mich nicht mehr, was soll ich tun? Er hat das und das gesagt, was hat das zu bedeuten?«, dann kämpft sie in gewisser Weise gegen das gesamte Sy-

---

* Die Frauen wollen die Familie demokratisieren. Eine Frau drückt es so aus: »Alle reden von Demokratie. Dabei wollen sie sie nur selektiv anwenden. Ich muß immer an Reagan denken – er gehört zu denen, die immer sagen, Demokratie wäre was ganz Großartiges. Aber er wendet es nur auf einige Institutionen an: auf die Regierung, nicht auf die Kirche oder die Familie! Dort haben nämlich immer die Männer das Sagen.«

stem an, sie versucht herauszufinden, wie sie eine Beziehung aufrechterhalten kann, ohne ihre Integrität zu verlieren.

Paare, die im Begriff sind, eine Veränderung herbeizuführen (20 Prozent gelingt es)

Der Weg von der Rollenerwartung bis hin zu gleichberechtigten funktionierenden individuellen Abmachungen kann für eine Beziehung sehr mühsam sein:
»Männer und Frauen scheinen in verschiedenen Welten zu leben. Meine jetzige Beziehung ist sehr schwierig, nicht sehr erfreulich, aber ich habe mit meinem Liebhaber eine starke emotionale Bindung. Wir haben schon zwei Jahre hinter uns, in denen wir uns gegenseitig zerfetzt und wieder zusammengeflickt haben. Ich glaube nicht, daß wir schon durch sind. Ganz bestimmt geht es nicht so, wie man mir gesagt hat, daß es gehen würde. Nur weil wir uns von unseren Illusionen befreit haben, von dem, was angeblich passieren würde, haben wir es geschafft, uns selbst und uns gegenseitig in den Trümmern, die wir selbst verursacht haben, wiederzufinden.«

28 Prozent der Frauen, die mehr als zwanzig Jahre verheiratet sind, unternehmen Schritte, um ihre Ehe nach dieser langen Zeit ganz bewußt umzugestalten, manchmal zu dem Zeitpunkt, an dem die Kinder das Haus verlassen:
»Ich war in meinen Mann ungeheuer verliebt. Wir sind über dreißig Jahre verheiratet. Unsere Beziehung hatte und hat für uns beide immer Vorrang vor allem anderen, in all den Jahren. Wir haben unsere Beziehung in den verschiedenen Lebensstadien immer wieder geändert. Die wichtigste neue Veränderung fand vor ungefähr zehn Jahren statt, als unser jüngstes Kind mit dem College fertig war. Wir haben uns unsere Beziehung ganz bewußt angesehen und dann überlegt, wie wir unser Leben neu strukturieren können, um als zwei Erwachsene in der Mitte unseres Lebens zusammen zu sein. Manchmal gab es Zeiten, in denen ich mich in den Schlaf geweint habe – es hat Kummer gegeben, aber auch sehr viel Schönes, und alles hat zu unserer Beziehung beigetragen. Wir sind ehrlicher geworden. Wir haben versucht, uns gegenseitig individuelle Freiheit zuzugestehen, und auch gemeinsame Äußerungen unserer Liebe.«

Eine dieser Frauen, die seit dreißig Jahren verheiratet ist, spricht sehr offen über die bösen – und guten – Zeiten, die sie und ihr Mann erlebt haben, und wie sie sich bemüht haben, in ihrer Beziehung Gleichheit und wechselseitige Emotionalität herzustellen:
»Ich bin und war in meinen Mann sehr verliebt. Ich war mit ihm so-

wohl glücklich als auch unglücklich. Der unglückliche Teil hat mit der ungleichen Rollenverteilung zu tun. Das haben wir aber in den Griff gekriegt. Große Teile unserer dreißig gemeinsamen Jahre waren sehr glücklich, und die Beziehung hat all die Jahre überstanden, und sie besteht auch heute noch, obgleich ich mir manchmal nicht sicher war, ob sie halten würde – und darauf würde ich nicht einmal jetzt Wetten abschließen!

Ich habe gemischte Gefühle, was die Ehe betrifft. Im Prinzip bin ich dafür, aber ich finde, man muß sich schon einiges einfallen lassen, wenn es klappen soll. Zum Beispiel die ›Rollen‹, die die Menschen annehmen, ohne darüber ein Wort zu verlieren und ohne Fragen zu stellen. Ich arbeite mit meinem Mann zusammen, und wir versuchen (nach dreißig Jahren), unsere Ehe zu ändern und neu zu gestalten, damit sie noch besser wird, als sie vorher war. Wir haben einen Berater, der uns hilft.

Nach dreißig Jahren Ehe sieht er mich als gleichgestellt an – als seinesgleichen –, jedenfalls im großen und ganzen. Bei manchen Gelegenheiten zeigt sich nämlich, daß die alten männlichen Werte wieder Oberwasser gewinnen. Aber er möchte sich gern davon losmachen und bemüht sich sehr, wenn er auf vernünftige Art und Weise darauf aufmerksam gemacht wird. Manchmal behandelt er mich, als wäre ich sein Kind, aber dann mache ich ihn sofort darauf aufmerksam. Und dann gibt er sich wirklich Mühe, es nicht mehr zu tun, und jetzt passiert es nur noch ganz selten. Bei wichtigen Entscheidungen werde ich fast immer gefragt. Nur ganz selten fragt er mich nicht, wenn er weiß, daß ich ganz bestimmt völlig anderer Meinung bin. Aber wenn er mich übergangen hat, hatte das meistens ziemlich schlimme Folgen, deshalb hoffe ich, daß dieses Kapitel der Vergangenheit angehört. Natürlich gibt es keine Garantie dafür. Aber bei einigen Dingen, die mir sehr am Herzen liegen – zum Beispiel Fremdgehen – glaube ich, weiß er genau, daß die einzige Konsequenz ›keine Ehe‹ wäre. Da wir uns sehr bemüht haben, die Folgen klarzustellen, hoffe ich also, daß es nicht wieder vorkommt. Er benimmt sich auch nicht wirklich ›von oben herab‹ – nein – das ist gar nicht sein Stil.

Ihm ist auch nicht klar – vielleicht bis heute nicht –, daß er für unsere Beziehung Zeit und Gedanken und Energie aufbringen muß. Bis zu einem gewissen Grad ist ihm das schon klar, aber immer noch nicht genug, glaube ich. Das bleibt immer den Frauen überlassen – bis heute, zu viel dieser Zeit. Ich glaube, daß Männer das Verliebtsein im allgemeinen sehr ernstnehmen, aber es spielt in ihrem Leben keine so große Rolle wie im Leben einer Frau. Bei den Männern spielt die Arbeit eine sehr starke Rolle – auch für sie selbst. Sie sind konditioniert, mehr auf sich selbst zu geben, glaube ich.

Der Mann, den ich in meinem Leben am meisten gehaßt habe, ist, schätze ich, mein Mann. Aber vielleicht waren das nur die Begleitumstände von Liebe und dem ganzen Frust wegen der Unterschiede. Jahrelang habe ich mich wegen einiger Punkte sehr geärgert – vor allem, weil er mich nicht als gleichgestellt behandelt hat – nicht als gleichberechtigt. Aber seit er Fortschritte macht, und ich auch, weil ich mir diese Dinge jetzt zurechtlege, ist mein Zorn verflogen. Und manchmal war und bin ich auch deprimiert – ziemlich schlimm sogar.

Am einsamsten hab' ich mich gefühlt, als mein Mann und ich sehr große Probleme hatten und es nicht so aussah, als würde sich daran was ändern. Aber irgendwie haben wir es dann doch geschafft, die Dinge zu ändern. Das Schlimmste, was ich ihm angetan habe, war wahrscheinlich, daß ich ihm dabei geholfen habe, sich seine Schwächen zu bewahren, indem ich einfach immer alles für ihn erledigt habe – gewissermaßen als seine Mutter, nicht als seine Frau. Ich schätze, am meisten nehme ich ihm übel, daß er mir nicht sagt, was er will, was er fühlt, oder daß er leugnet, etwas zu fühlen, auch wenn – auch ohne Worte – deutlich zu sehen ist, daß er etwas fühlt.

Wenn ich etwas ändern könnte, dann würde ich ihn dazu bringen, seine Gefühle zu zeigen, seine Wünsche, seine Bedürfnisse auszudrücken. Aber das wird schon.«

Einer anderen Frau wird nach neunundzwanzigjähriger Ehe und nachdem ihr Mann für ein Jahr ins Ausland gegangen ist und sie für sich allein gelebt hat, klar, wie ungleich ihre Beziehung gewesen ist, und sie hat vor, es zu ändern, wenn er zurückkommt:

»Ich bin sechsundvierzig Jahre alt, glücklich verheiratet, und habe zwei Kinder. Ich freue mich an meiner Arbeit und an meinen Hobbys – Ballett, Football anschauen und Stricken.

Als ich siebzehn war, verliebte ich mich in meinen jetzigen Mann. Es war unheimlich stark, fast erdrückend, wie ein Rausch. Ich habe es genossen, Kinder zu kriegen und sie großzuziehen und hatte auch das Glück, zu Hause bei ihnen bleiben zu können – bis das jüngste zwölf Jahre alt war. Trotzdem – wenn ich noch mal von vorn anfangen könnte, würde ich ein bißchen später mit allem anfangen. So wie es war, hatte ich keine Gelegenheit, mich selbst kennenzulernen, sondern ich habe nur eine Rolle übernommen – bin Frau und Mutter geworden. Erst jetzt kann ich endlich ich selbst sein, aber früher war es schwierig für mich, es meinem Mann gegenüber auszudrücken. Er erwartet von mir noch immer, daß ich alle Pflichten einer Ehefrau erfülle – den Haushalt führen, ganztags arbeiten gehen und seinen Ideen zustimmen. Er war ein Jahr lang im Ausland. Jetzt kommt er wieder nach Hause. Ich habe diese Trennung genossen, mein Leben gehört mir.

Ich brauche mir keine Sorgen zu machen, daß ich um fünf zu Hause sein muß, um das Essen zu kochen, kann zu unmöglichen Zeiten putzen, die Fernsehprogramme ansehen, die mir gefallen, oder das Fernsehen abschalten, wenn ich keine Lust mehr habe. Nach siebenundzwanzig Ehejahren hat uns, und ich glaube, vor allem ihm, diese Trennung sehr viel Gutes gebracht. Ich hoffe, er wird unser gemeinsames Leben jetzt besser zu schätzen wissen.

Unser größtes Problem ist, daß wir nicht *mit*einander reden können. Er spricht *zu* mir, und was er sagt, hat Gültigkeit. Ich scheine keine eigene Meinung haben zu dürfen. Aber ich lehne mich dagegen auf, und ich werde mich durchsetzen! Er vermittelt mir das Gefühl, dumm und unzulänglich zu sein. Er spielt den starken Mann in unserer Familie, im altmodischen Sinne. Er ist in jeder Hinsicht arrogant. Er ist mit unserer Beziehung zufriedener, als ich es bin, aber ich bin sicher, daß ich auch weiterhin mit ihm verheiratet sein will – ich möchte nur einiges ändern!«

Eine andere Frau hat lange gebraucht, bis sie ihrem Mann klargemacht hatte, wie er ihre Beziehung benutzte – ein langer Kampf, aber mit gutem Ausgang:
»Ich war an einem Punkt angelangt, an dem ich bereit war, meinem Mann zu sagen, daß er mich daran hinderte, mein Leben zu genießen, weil er überhaupt nichts beitrug zu unserer Ehe. Er tat, was ihm gefiel, kam und ging, wie es ihm gerade einfiel, und immer wenn ich ihn brauchte, hatte er eine Entschuldigung parat. Ich mußte alles allein tun. Ab und zu kam er, um mir zu sagen, was ich tun sollte oder was ich hätte tun sollen. Schließlich faßte ich den Mut und sagte ihm, daß er es doch selbst tun könnte, wenn er es auf eine ganze bestimmte Weise getan haben wollte; wenn er etwas beitragen wolle, bitte sehr, das wäre mir nur recht, ich würde mich gern mit ihm absprechen, das wäre doch mal eine nette Abwechslung, einmal das Gefühl zu haben, nicht ganz allein die Familie zu vertreten. Er ging sofort auf Abstand, nein, leider, er habe zuviel zu tun, er würde mir ja gern helfen, dann verstummte er. Ich wollte zur Arbeit gehen, schlug die Tür hinter mir zu, stand dann aber eine Viertelstunde lang stocksteif auf der Treppe. Ich war wie erschlagen, ich konnte keinen Schritt gehen. Die Situation war unerträglich. Ich mußte ihn irgendwie hart treffen.

Okay, sagte ich zu mir, jetzt reicht's. Ich hatte über seine Sünden ein Jahr lang Tagebuch geführt. Wenn er mich auf eine ganz bestimmte Weise behandelte, war ich immer verblüfft, ich konnte nicht glauben, daß er tat, was er gerade tat, und war unfähig, augenblicklich darauf zu reagieren. Später, in meinem Tagebuch, konnte ich sein Verhalten sezieren und sehen, was für Folgen es für mich haben würde, und beschließen, was ich dagegen tun konnte. Ich beobachtete mich selbst in meinem Tagebuch, und als ich damals auf der Treppe stand, sagte ich, okay, verbal kann er mich maßregeln, zornig auf mich reagieren, aber ich werde nicht reden, sondern er wird lesen. Ich ging hinein, und er sah mich nicht einmal an. Ich holte mein Tagebuch hervor, warf es vor ihn auf den Tisch, sagte irgendwas, ich weiß nicht mehr, was, und ging hinaus.

Wieder stand ich auf der Treppe. Ich war total erschöpft. Völlig fertig, ich hatte alles versucht. Er würde jetzt Bescheid wissen, oder er würde es nie wissen. Ich war erstaunt, als ich merkte, wie ich ruhiger wurde. Später rief er mich in der Arbeit an und sagte, daß er mit mir reden wolle, es täte ihm leid. Jetzt war es wieder an mir, verblüfft zu sein. ER wollte REDEN? Wir redeten und er verstand, was er falsch gemacht hatte, aber er brauchte Jahre, um sich zu ändern.«

Eine andere Frau sagt, daß sie, nachdem sie jahrelang »richtig militant« gewesen sei, jetzt eine wunderbare Ehe auf gleichberechtigter Basis führe:
»Ich bin seit zehn Jahren verheiratet, und ich kann Ihnen sagen, daß es phantastisch ist – jetzt. Am Anfang tat er nichts, um mir im Haus zu helfen, er war genauso arrogant wie die meisten Männer, er erwartete von mir, daß ich alles tat, daher mußte ich etwas Großes unternehmen, um ihm meinen Standpunkt klarzumachen. Ich weigerte mich ungefähr ein Jahr lang, auch nur einen Teller vom Tisch zu nehmen, wenn er nicht auch einen Teller vom Tisch nahm. Wenn auf dem Tisch schmutziges Geschirr stand oder schmutzige Aschenbecher oder wenn Telefonanrufe zu tätigen waren, dann tat ich es einfach nicht, so lange er nicht genausoviel tat. Wenn er aufhörte, hörte ich auch auf.

Jetzt ist es wunderbar – er ist so hilfreich und verständnisvoll, er hat mir geholfen, eine Möglichkeit zu finden, wieder zu arbeiten, trotz der Kinder, und er übernimmt wirklich einen Teil des Haushalts. Meine Schwestern waren beide schon zweimal verheiratet, es hat nie länger als zwei oder drei Jahre gedauert. Ich sage ihnen immer: ›Halt, wartet mal! Ihr müßt es nur immer wieder versuchen, dann kommt am Ende was ganz Tolles dabei heraus. Ihr dürft nicht aufgeben! Ihr müßt richtig militant sein – so *richtig*.‹ Es ist schlimm, daß Frauen so was tun müssen, damit die Männer begreifen lernen, aber es hat sich gelohnt, wenn man ein Team ist und eine solche Nähe erreicht.«

62 Prozent der glücklichsten Paare in dieser Untersuchung (solche, die mehr als fünf Jahre zusammen sind) haben eine Partnerberatung aufgesucht. Das zeigt, wie hilfreich Therapeuten sein können, indem sie ein Paar die Gelegenheit und den Rahmen geben, ihre Probleme offen auszusprechen: Vielleicht zeigt es aber auch, daß sich diese Paare

mehr Gedanken machen, daß sie gegenüber den verschiedenen Möglichkeiten, die Kommunikationskanäle offenzuhalten, aufgeschlossener sind, oder beides. Auf jeden Fall stimmt es nicht, was viele Leute glauben, daß es nämlich eine Blamage oder ein Zeichen von Mißerfolg ist, wenn man die Dinge mit einem dritten besprechen muß. Genau das Gegenteil ist der Fall: Es ist ein Zeichen für eine sich weiterentwikkelnde Beziehung, eine Beziehung, die die Chance hat, die unseligen kulturellen Einschränkungen zu durchbrechen, eine Beziehung, die besser sein kann als alle anderen.

72 Prozent der Frauen unter dreißig, die gerade am Beginn einer Ehe stehen, unternehmen ebenfalls den Versuch, die Ehe neu zu definieren*, um sie persönlicher und individueller zu gestalten (obgleich damit bis jetzt erschreckend wenige Erfolg haben):
»Ich fühle mich für meine Ehe verantwortlich, dafür, wie sie ist und wie sie sein wird. Ich vertraue darauf, daß sich mein Mann ebenfalls dafür verantwortlich fühlt. Ich habe das Gefühl, daß wir unsere Ehe zu dem machen, wie sie für *uns* richtig ist.«
»Um das beste aus einer Ehe zu machen, müssen sich beide darüber im klaren sein, was sie wollen – man darf nicht das Gefühl haben, daß sie mit irgendeiner idealen Vorstellung von außen her übereinstimmen muß, sondern nur mit dem, was man selbst gut findet und was für einen selbst paßt.«

Es gibt keine ›Definition‹ der Ehe, an die man sich halten könnte, wenn man die Art Ehe vermeiden möchte, die nur allzu viele Menschen in der Vergangenheit geführt haben. Jedes Paar hat die Möglichkeit, etwas Einzigartiges daraus zu machen.

Eine Frau versucht in ihrer Ehe ganz bewußt, sich ihre »Eigenständigkeit« und »Ursprünglichkeit« zu bewahren, ihre persönliche Integrität:
»Ich bin vierunddreißig, seit anderthalb Jahren verheiratet, es ist meine erste Ehe, keine Kinder. Ich mache Kunst (ohne Geld damit zu verdienen); die Kunst hilft mir, mich zu formen. Ich hoffe, sie beeinflußt auch andere Menschen, hilft ihnen, sich zu verändern. Das zweite, das mich sehr glücklich macht, ist meine Liebesbeziehung zu meinem Mann. Ich liebe ihn mehr, als ich je in meinem Leben einen Menschen geliebt habe.
Als ich versuchte, diese beiden Dinge miteinander zu vereinbaren – meine Ehe und meinen Beruf, hatte ich die größte Krise meines Le-

---

* Siehe auch Teil III, der von jungen Frauen berichtet, die gerade erst anfangen, sich mit diesen Fragen auseinanderzusetzen.

bens. Vor meiner Heirat habe ich geglaubt, daß ich in einen Konflikt geraten würde, daß ich eben nicht beides haben könnte. Ganz unbewußt war ich überzeugt, daß sich diese beiden Dinge gegenseitig ausschließen. In der ersten Zeit unserer Ehe stimmte das auch. Damals habe ich nicht viel verdient, ich hatte nur einen Teilzeitjob. Mein Mann arbeitete den ganzen Tag, und er und ich, wir erwarteten beide, daß ich den größten Teil der Hausarbeit und die Besorgungen übernahm. Ich tat es, aber ich habe es gehaßt. Nach neun Monaten bekam ich schwere Depressionen. Um sie loszuwerden, machte ich eine Reise und war zweieinhalb Monate von zu Hause fort. Das hat mir Zeit gegeben, einmal über alles nachzudenken und es herauszulassen.

Nach meiner Rückkehr haben wir viel diskutiert und überlegt, wie es weitergehen soll. Und wir kamen zu dem Schluß, daß die einzige Lösung darin läge, uns finanziell zu trennen. Jetzt steuern wir beide einen Prozentsatz unseres Einkommens zum Haushaltsbudget bei, und den Rest gibt jeder allein aus, wie es ihm gefällt. Dadurch habe ich das Gefühl, daß ich mit meiner freien Zeit machen kann, was ich will, und daß ich sie dazu verwenden kann, mich künstlerisch zu betätigen, ohne ein schlechtes Gewissen zu haben. Wir teilen uns auch die Hausarbeit und die Besorgungen; wir haben alles in ein Buch geschrieben, dann haben wir die Arbeit aufgeteilt, wir wechseln uns von einem Monat zum anderen darin ab, wer was zu tun hat. Das hat die Anspannung und dieses schreckliche Gefühl, das ich vorher hatte, gelöst.

Mein Mann ist wirklich sehr hilfreich, obgleich er gelegentlich Ressentiments hat, oder zumindest etwas, das für mich wie unbewußte Sabotage aussieht. Manchmal beklagt er sich, daß ich nicht genügend Zeit für ihn habe, oder auch über meine Aufteilung der Hausarbeit. Manchmal werde ich sauer, und wir streiten uns, daß die Fetzen fliegen. Auf irgendeiner tieferen Bewußtseinsebene glaubt er fest an die alte Rollenverteilung von Frauen und Männern, über die er noch nicht ganz hinweg ist. Mir geht es genauso. Manchmal möchte er in seinem Unterbewußtsein eine traditionelle Frau haben, eine Frau, für die er an erster Stelle steht, für die sein Beruf an erster Stelle steht, die ihm ihre Zeit opfert, die sie für sich selbst und ihren eigenen Beruf verwenden könnte, die das Haus in Ordnung hält, Dinge für ihn erledigt, die ihm in seinem Beruf weiterhelfen könnte, usw. Und dann bekomme ich von ihm böse Worte zu hören, oder er sabotiert die Dinge, die für mich wichtig sind. Aber das ist alles nicht so wichtig, wie seine Unterstützung, sein Interesse, seine Liebe und Freundlichkeit.«

Viele Frauen – ob sie nun frisch verheiratet oder seit dreißig Jahren verheiratet sind – finden, daß ihre Ehe besser funktioniert, wenn sie sich in ihrem Innern eine gewisse Selbständigkeit bewahren:

»Mein Mann ist großartig, aber wenn ich nicht auf meiner Single-Haltung bestehe, funktioniert es überhaupt nicht mit ihm. Ich muß mir meine Rechte aktiv sichern, kann mich nicht einfach nur auf die faule Haut legen, bis er sie (unbewußt) herausfordert, um mich dann mit ihm darüber zu streiten. Ich muß mir meinen Freiraum selbst schaffen, so schwer es auch sein mag. Aber da ich so gern mit ihm zusammen bin, versuche ich es immer wieder. Wenn ich es nicht tue, wenn ich mein Leben nicht durchsetze (ihn fast ›vergesse‹), ist alles viel schlimmer, wenn er sich plötzlich, ohne Vorwarnung, alles einverleibt hat und für mich kein Platz übrig ist, und wir uns dann streiten. Dann sind wir uns noch viel fremder.«

Eine Frau, die jetzt in ihrer zweiten Ehe außerordentlich glücklich ist, erzählt, wie sie es geschafft hat:
»Ich bin so ›verliebt‹ in meinen Mann. Ich bin in ihn verliebt, weil es soviel Spaß macht, mit ihm zusammen zu sein: Ich habe volles Vertrauen zu ihm, er bewundert und achtet mich, gibt mir Selbstbewußtsein, liebt mich auf wunderbare Weise, teilt meine Interessen – Fotografie, Philosophie, Astronomie, Business usw. usw.

Wir raufen uns zusammen, wenn's sein muß, wenn sich die Dinge überstürzen oder wenn wir vor großen Veränderungen stehen (wie jetzt gerade). Die Angst vor der Unsicherheit haben wir bewältigt (wenn nun er/sie mich verläßt?). Unsere Auseinandersetzungen sind verbale Frustrationen. Wir leben weit entfernt von unseren Familien und sind viel zu erschöpft, um (bis jetzt) gesellschaftliche Kontakte zu haben, weil wir gerade ein Geschäft aufgebaut haben. Wir sehen kaum fern. Wir reden unaufhörlich miteinander (unser Lieblingssport), leben auf dem Land, in einer abgelegenen, rauhen Gegend – ziemlich hart für Leute, die viel Sonne und ein Leben im Freien mögen. Trotzdem lieben wir uns, sehr sogar. Wir sind noch immer ganz verrückt nach einander, obgleich wir jetzt schon zehn Jahre zusammen sind.

Liebe sollte einem das Gefühl vermitteln, große Taten vollbringen zu können. Seit sich meine Töchter meiner Liebe sicher sind, scheinen sie sich immer mehr und an immer Größeres zu wagen. Das ist bei vielen Menschen so, daß sie immer höher hinaufklettern, je mehr Liebe sie empfangen. Genauso geht es meinem Mann und mir mit unserer Liebe: Unsere Liebe gibt uns Sicherheit, so daß wir immer neue Dinge ausprobieren, ohne Angst zu haben. Die Liebe befähigt einen zu so vielen Dingen. Auch wenn die Gefühle von Anfang an sehr stark sind, muß man viel an sich arbeiten – und am gemeinsamen Leben.

Diese Beziehung ist für mich so wichtig, weil wir uns verstehen – hier ist ein Mensch, zu dem ich alles sagen kann. Ich kann ihm jede Frage stellen, und er wird sie mir offen beantworten. Er hört zu und interessiert sich dafür, was ich denke, fühle und tu'. Alles andere ist nur eine Folge dieser Wechselbeziehung, das weiß ich, weil ich schon einmal mit einem anderen Mann achtzehn Jahre lang zusammengelebt habe, der nicht zuhörte, sich nicht interessierte, und schon gar nicht für meine innersten Gedanken. Je vertrauter wir auf intellektueller und emotionaler Ebene sind, um so intensiver und leidenschaftlicher können wir auf physischer Ebene sein. Wir haben keine gemeinsamen Kinder, aber er hat ein sehr enges Verhältnis zu meinen Töchtern.

In dem Ort, in dem wir wohnen, spricht man über uns. Wir sind als ›die ewigen Redner‹ bekannt. Wir feiern die guten Zeiten und kämpfen uns gemeinsam durch die harten Zeiten hindurch – aber reden tun wir immer. Wir reden und reden uns in völlig neue Lebensformen hinein. Wir wären niemals so eng zusammengewachsen, wenn wir es nicht getan hätten.

Gewöhnlich machen wir beide das Frühstück und kochen auch das Abendessen zusammen. Als wir beide den ganzen Tag gearbeitet haben, haben wir uns die Hausarbeit geteilt. Im Bügeln ist er große Klasse! Und als er dann das Geschäft aufzog und ich noch ganztags in die Arbeit ging, konnte er zu Hause nicht mehr helfen. Es war wirklich schwierig. Nach zweieinhalb Jahren entschloß ich mich, meine Arbeit aufzugeben, damit ich ihm in seinem Geschäft helfen konnte, es waren zwei Häuser zu versorgen, zwei Autos usw. Das neue Geschäft war eine große finanzielle Belastung, und das zu einem Zeitpunkt meines Lebens, an dem ich gehofft hatte, daß wir beide gut verdienen würden. Wir konnten in dieser Zeit nicht viel ausgehen, konnten uns nichts kaufen – Kleider, Möbel und was ich sonst für nötig hielt. Aber ich habe das Risiko auf mich genommen und habe ihm in seinem Geschäft geholfen – als Geschäftsführerin. Wir haben es beide riskiert, einen gutbezahlten Job aufzugeben, um ein neues Geschäft aufzubauen. Jetzt, nach dreieinhalb Jahren, ist es ein riesiger Erfolg, und er ist ein völlig anderer Mensch – zuversichtlich, selbstsicher, niemals krank. Das Geheimnis liegt einfach darin, daß man sich das Leben immer für Veränderungen offenhält.

Ich bin sehr gern verheiratet, eigentlich bin ich eine richtige Ein-Mann-Frau. Selbst als ich noch allein lebte (nach meiner Scheidung), hatte ich nie Spaß an den üblichen Paarungsritualen. Ich bin unheimlich stolz, die Frau eines so wunderbaren Mannes zu sein. (Ich kenne auch das umgekehrte Gefühl, das Gefühl von Scham, die Frau eines nicht so wunderbaren Mannes zu sein.)

Wir waren schrecklich ineinander verliebt und wurden für viele Menschen, die schon längst nicht mehr daran glaubten, daß etwas Bestand haben kann, zu so einer Art Hoffnungsschimmer. Das hat uns nur noch größere emotionale Sicherheit gegeben.

Vier Jahre lang waren wir absolut euphorisch. Die Leute sprachen uns auf der Straße an, weil wir immer so strahlten. Ich merkte, wie meine Gefühle immer stärker und tiefer wurden. Und er ist mir gegenüber auch immer liebevoller und zärtlicher.

Aber der festliche Höhepunkt unseres gemeinsamen täglichen Lebens ist der Sex. Beim Sex ist er unglaublich liebevoll und offener als zu jeder anderen Gelegenheit. Dann zählt für ihn nichts anderes als wir beide. Er sagt mir alle möglichen wunderbaren Dinge. Wir mußten lange üben, bevor unsere Körper und unsere Gedanken begriffen, wie einfach es war, ›sich gehen zu lassen‹. Vor allem in der Zeit, als er mit dem Geschäft begann. Wenn man nur an sich und den anderen denkt, nur an uns beide, dann kann es gar nicht anders als schön sein. Wenn all die Dinge im Haus getan sind und ich weiß, daß wir füreinander Zeit haben, spüre ich schon die Sehnsucht in meinem Körper. Wir schlafen immer eng umschlungen ein. Am Anfang waren wir sehr schüchtern und prüde, hatten Angst, zu viel von uns zu zeigen, und daß es plötzlich zu Ende sein könnte.

Ich bin jetzt zehn Jahre mit meinem Mann zusammen. Wir haben uns sehr viel vorgenommen. Unsere Vergangenheit hat es uns nicht leicht gemacht. Ich bin überempfindlich und reagiere außerordentlich emotional auf alles. Wenn ich meinen Frust nicht mehr ertrage, breche ich einen Streit vom Zaun, damit ich mich mal wieder so richtig austoben kann (gewöhnlich höchstens ein paar Stunden!). Aber allzu oft kommt es nicht vor. Er ist genauso – meistens wissen wir es schon vorher, wenn es wieder mal soweit ist. Ein Geschäft aufzugeben und in eine einsame Gegend zu ziehen, ist hart, und manchmal streiten wir uns, weil wir wissen, daß wir damit leben müssen.

Vor ungefähr sechs Jahren war mein Mann unheimlich verunsichert. Einmal kriegte er einen Wutanfall, sprang vom Eßtisch auf und schmiß das Geschirr gegen die Wände. Er raste durchs ganze Haus und schlug Vasen und Töpfe, die er selber gemacht hatte, kurz und klein. Er war völlig ›außer sich‹, und ich ließ ihn eine Weile herumwüten, aber dann nahm ich ihn in die Arme und hielt ihn fest und sagte, wie froh ich wäre, daß er es endlich mal ›rausließe‹. Am meisten hatte er Angst, daß ich ihn vielleicht nicht wirklich mochte. Das sagte er immer als erstes, wenn wir uns stritten. Ich war völlig fertig, fürchtete mich und war böse, wußte aber irgendwie, daß er ungeheuer viel Dampf ablassen mußte.

Seit er das Geschäft hat, spielt er ab und zu ein bißchen den Tyrannen. Obgleich ich weiß, daß es nur vorübergehend ist, flippe ich jedesmal aus. Einen guten Rat oder Kritik lehnt er ab (aber das tue ich auch). Wenn er sich wegen irgendwas beklagt, komme ich mit meinen Ratschlägen immer zur ungünstigsten Zeit, das ist das Problem. Mich stört es auch, wenn er mir nicht hilft, wenn ich es wirklich brauchen könnte. Wir tragen unsere Kämpfe in unserem Wochenenddomizil aus, zehn Meilen von unserem Haus entfernt.

Wir wissen, daß wir mit unseren Problemen fertig werden, weil wir uns mit ihnen auseinandersetzen – auf diese Weise haben wir schon vieles bewältigt. Da wir schrecklich ineinander verliebt sind, haben wir die Gewißheit, daß alle Unstimmigkeiten bereinigt werden. Wir haben darauf geachtet, daß Sex zu diesen Gelegenheiten kein Thema ist. Und als Folge davon scheint unser Sexleben manchmal ziemlich sprunghaft. Wir wechseln uns gewissermaßen ab, um alles wieder gutzumachen – wir fangen immer beide gleich zu reden an, da es schließlich unsere Lieblingsbeschäftigung ist. Wenn es mal besonders schlimm ist, rufe ich von einer Telefonzelle aus an, und die Entfernung scheint zu helfen. Wir sind uns noch nie länger als ein paar Stunden böse gewesen.

Ich war schon oft in einer Therapie, um unsere Beziehung zurechtzubiegen. Als er mit dem Geschäft anfing, hatte ich gerade ziemlichen Erfolg. Es war aufregend, und dann, ganz plötzlich, wurde ich dabei von meinem wunderbaren, stillen Mann gestört, der beschlossen hatte, auch mehr aus sich zu machen. Wir schlugen uns die Köpfe ein. Er veränderte sich, genauso wie ich, und wir gerieten häufig aneinander. Unser ganzes Leben veränderte sich, und wir brauchten jede erdenkliche Hilfe, um es wieder ins Lot zu bringen. Die Therapie hat uns sehr geholfen. Wir hatten mehr Vertrauen zueinander, wurden unabhängiger, toleranter, anpassungsfähiger und fingen an, uns schneller auf Veränderungen einzustellen.

Immer wenn wir uns stritten, hatte er Angst, mit mir zu schlafen. Aber ich fand, daß Sex mit dem Problem, das wir gerade lösen mußten, was auch immer es war, nichts zu tun hatte. Er liebt den Sex über alles und war bereit, diese Theorie zu akzeptieren. Allmählich merkten wir, daß wir beim Sex freier und ungehemmter wurden. Und es wird immer schöner, je besser es uns gelingt, mit unseren Alltagsproblemen fertig zu werden. Wir verbringen wahrscheinlich mehr Zeit zusammen als die meisten Paare, und unsere Leidenschaft wächst ständig. Unsere sexuelle Leidenschaft ist jetzt viel größer als früher.

Ich bin überhaupt nicht hübsch, aber dieser Mann gibt mir das Gefühl, eine besonders schöne Frau zu sein, und folglich fühle ich mich auch schöner. Und das merken auch die andern alle. Wenn man sich selbst verführerisch fühlt, hat man selbst bei einem schüchternen, stillen Mann Erfolg. Ich wundere mich immer, wie oft mir andere Männer sagen, wie sexy sie mich finden.

Mehrmals im Monat überkommt mich eine überwältigende Leidenschaft. Es fühlt sich wunderbar an, ein ungeheuer starkes Verlangen. Dann kann ich einfach nicht die Hände von ihm lassen. Ich bin aggressiver und erforsche seinen Körper – vor allem seine Geschlechtsteile. Mein Mann hat einen wunderbaren Körper, schmal und sehr fest. Ich habe seinen Anus penetriert, und mir gefällt, was es bei ihm bewirkt. Oralen Sex mag ich auch sehr gern. Er hat es sehr gern, wenn ich es bei ihm mache – manchmal hätte ich es auch gern bei mir, aber mein Mann mag den Geschmack nicht. Mich persönlich stört es nicht, *und* auch nicht, daß es ihn stört. Trotzdem, es gibt genug, was uns beiden gefällt, folglich gibt es auch keine Probleme. Ich wünschte nur, wir hätten mehr Zeit für den Sex – und ich hoffe sehr, daß wir in unserem neuen Leben mehr Zeit dafür haben.

Ich hatte noch nie eine außereheliche Affäre – auch nicht, als ich wußte, daß mich mein früherer Mann betrog. Es hat mir sehr weh getan, und ich könnte es *niemals* jemandem antun. Ich bin absolut monogam, genauso wie mein Mann.

Meine Töchter und ich sprechen ganz offen über Sex – wir haben auch schon übers Masturbieren gesprochen, und wir wissen alle drei, daß es die anderen gelegentlich tun. Wir sprechen über Probleme. Ich schicke ihnen Artikel und Informationen, und die eine Tochter, die Krankenschwester ist, hält uns auch immer auf dem laufenden. Sie hat meinem Mann und mir gestanden, daß sie schon mal mit zwei Männern gleichzeitig geschlafen hat. Ich war ein bißchen schockiert, aber es war gut, daß wir darüber geredet haben. Mein Mann ist genauso offen wie wir.

Ich bewundere es, wie sich Frauen anpassen können. Sie müssen immer flexibel bleiben, weil sich die Kinder so schnell verändern und weil sie die unzähligen verschiedenen Aktivitäten innerhalb der Familie in den Griff kriegen müssen. Männer scheinen sich gegen allzu viele Veränderungen zu sträuben. Wir würden niemals ausgehen und mit anderen Menschen zusammenkommen, wenn es nach ihm ginge. An so etwas denkt er einfach nicht. Ich bewundere auch die Offenheit der Frauen. Männer halten ihre Gefühle im allgemeinen mehr zurück. Am meisten bewundere ich Frauen, die sich weiterentwickeln, noch während sie die Kinder großziehen. Und ich bewundere die Frauen, die für die Rechte der Frauen kämpfen. Ich selbst habe mich nie für eine Feministin gehalten, obgleich mich schon viele Leute darauf angesprochen haben.

Frauen haben auch das Recht, ein bißchen Zeit für sich selbst zu haben. Erst neulich habe ich mir gedacht, daß ich gern mehr Zeit für mich hätte. Da meine Tochter gerade mit der Schwesternschule fertig ist, und mein Mann in seinem neuen Geschäft sehr viel zu tun hat, habe ich für die beiden in letzter Zeit viel Kraft verbraucht. Ich habe es gern getan, aber jetzt habe ich das Gefühl, daß ich erst mal wieder auftanken muß. Ich habe sie in den vergangenen sechs Jahren alle finanziell und emotional unterstützt, und jetzt würde ich gern auch mal wieder was für mich tun.

Ich liebe es, eine Frau zu sein. Mein Leben ist zu einer Kunstform geworden. Ich habe mir eine Umwelt geschaffen, um darin zu leben, ich mache Kunst, um sie an meine Wände zu hängen, gesunde Nahrung, um meinen Hunger zu stillen, Poesie für meine Seele, Bewegung für meine Gesundheit, Innovation, um meinen Mann zu erregen, und vor allem setze ich mir Ziele, um meine geistigen Fähigkeiten zu trainieren.

Zu den Frauen sage ich immer: Ihr müßt kreativ sein! Lachen und Lieben. Und macht es euch so schön, wie ihr nur könnt, und so oft ihr könnt. Ich habe mich niemals gelangweilt als Hausfrau – jeder Tag war für mich eine Herausforderung, irgend etwas Wunderbares zu schaffen – eine Geschichte, einen Scherz, eine Mahlzeit, ein Kleid, ein Bild, einen Garten, eine Freundschaft. Meine Töchter denken gern an ihre Kindheit, obgleich ich damals mit einem Mann zusammenlebte, den ich kaum ertragen konnte. Es war nicht umsonst – es hat uns alle weitergebracht. Wir haben daraus gelernt. Meine Töchter und ich haben uns vorwärtsbewegt, ihr Vater rückwärts. Jeder muß diese Entscheidung treffen.«

Ehe und Leben mit »jüngeren Männern«

14 Prozent der Frauen in dieser Untersuchung sind mit Männern zusammen oder verheiratet, die zehn oder mehr Jahre jünger sind als sie selbst. Diese Ehen funktionieren oft recht gut. Allerdings ist dieser Altersunterschied keine Garantie für die Gleichheit in einer Beziehung. Wie sowohl aus dieser Untersuchung als auch aus dem *Hite Report II* hervorgeht, hängt eine gute Einstellung von der Persönlichkeit jedes einzelnen Menschen ab, und nicht von seinem Alter.

Eine Frau, die mit einem dreizehn Jahre jüngeren Mann zusammen lebt, beschreibt, wie glücklich sie ist:
»Ich bin eine ›junge‹ Frau in den mittleren Jahren und liebe das Leben. Ich gehe gern mit meinen beiden Hunden im Wald spazieren. Wenn sie so übermütig sind und herumtollen und mir ihre Zuneigung zeigen, fühle ich mich richtig high. Mein Freund, mit dem ich (seit zweieinhalb Jahren) zusammenlebe, macht mich auch sehr glücklich. Er fordert nichts und ist mit mir glücklich, so wie ich bin, will mich

nicht andauernd ändern (wie meine früheren Männer). Ich bin gern mit ihm zusammen, arbeite gern mit ihm, schlafe gern mit ihm. Es ist ein wirklich befriedigendes, friedliches Gefühl. Der Sex mit ihm ist leidenschaftlicher, aber auch entspannter als ich es je erlebt habe. Er ist dreizehn Jahre jünger als ich, und das wird bestimmt einmal ein Problem, aber damit werde ich mich beschäftigen, wenn es soweit ist. Ich kann mir gut vorstellen, mein ganzes Leben lang mit ihm zusammen zu bleiben, aber wenn es nicht geht, finde ich bestimmt jemand anderen, den ich lieben kann.

Was ich über Beziehungen denke? Ich sage meinen Freundinnen immer, daß ich lieber alle fünf Jahre eine neue Beziehung zu einem neuen Mann haben würde als in einer schlechten zu bleiben, die nicht funktioniert, weil es mir egal ist, was die ›Gesellschaft‹ über mich denkt.

Meine größte persönliche Tat war, daß ich nach zwanzigjähriger Ehe mit einen bigotten Mann schließlich feststellte, daß mit mir selbst eigentlich alles stimmte, ganz im Gegensatz zu dem, was er mir immer einreden wollte, und daß ich es schon irgendwie schaffen würde, allein zurechtzukommen oder Beziehungen zu haben, wenn ich es wollte, nicht weil ich mußte. Ich ließ mich scheiden und entdeckte, daß ich ohne ihn so glücklich war, daß ich nur das eine bedauern mußte, daß ich mich von dem Trunkenbold nicht schon neunzehn Jahre früher hatte scheiden lassen, als ich nach einjähriger Ehe merkte, daß er ein Reinfall war. Aber ›wie wir alle wissen‹, lassen sich anständige Mädchen nicht scheiden, nur weil ihre Ehemänner nichts taugen, sie riskieren keinen Klatsch bei der Arbeit, sie nehmen ihrem Kind nicht den Vater. Natürlich weiß ich jetzt, daß das alles nicht stimmt, aber ich habe viele Jahre gebraucht, um es zu begreifen und um genügend Selbstvertrauen zu haben, daß ich es alleine schaffen würde. Ich habe damals nicht gearbeitet und hatte niemanden auf der Welt, mit dem ich hätte reden können. Ich hatte das Gefühl, in einer Falle zu sitzen, hilflos und allein. Viel davon habe ich mir selbst eingeredet, aber das konnte ich damals noch nicht wissen.

Mein Liebhaber und ich, wir sind glücklich und können ohne weiteres über die Zukunft reden, weil einer von dem anderen keine ewige Liebe erwartet. Wir genießen den Sex, das tägliche Leben, unsere Hobbys, auszugehen usw. Er sagt mir, wie sehr er mich liebt und wie gern er mit mir schläft. Sex ist etwas Wunderbares.

Neulich waren wir zusammen in der Küche, beim Einkochen, und ich sagte zu ihm, daß ich mir die Haare färben wollte, weil sie schon ein bißchen grau werden. Aber das interessierte ihn gar nicht, er sagte nur, schließlich wären es meine Haare, aber er fände sie gut so, wie sie sind, ich könnte mir ja vielleicht ein paar Strähnchen reinmachen lassen, und dann berieten wir, ob wir auf die Flaschen Paraffin machen sollten oder nicht. Ich bin sehr glücklich mit ihm, und ich glaube, er ist auch glücklich mit mir. Es ist so ein schönes und ruhiges und wunderbares Gefühl, zusammenzusein.«

Und eine andere Frau, die zum zweiten Mal geheiratet hat, diesmal einen Mann, der zehn Jahre jünger ist als sie, hört sich außerordentlich glücklich an:
»Ich bin einundvierzig Jahre alt, High School-Lehrerin mit mittlerem Einkommen und zwei Kindern. Nach neunzehnjähriger Ehe wurde mir endlich klar, daß alles, was mich glücklich machte, mit meinem Mann absolut nichts zu tun hatte. Unsere ganze Ehe bestand nur aus lauter Streitereien und verbalen Beleidigungen – aber ich blieb wegen der Kinder bei ihm, und weil ich mir so wenig zugetraut habe. Ich habe erst später gemerkt, daß er es mir nur eingeredet hat. Ich war nie richtig zufrieden, weder sexuell noch emotional, aber ich glaubte immer, das läge an mir selbst. Nach meiner Trennung habe ich mich dann allmählich völlig anders gesehen. Das habe ich zwei Freundinnen von mir zu verdanken. Ich habe sehr viel abgenommen und hatte zum ersten Mal in meinem Leben Selbstvertrauen.

Drei Jahre nach der Trennung habe ich wieder geheiratet und soviel Glück und sexuelle und emotionale Erfüllung gefunden, wie ich es mir immer gewünscht habe, derer ich mich aber bis dahin nicht für fähig gehalten habe. Mein jetziger Mann und ich waren, bevor wir geheiratet haben, über ein Jahr lang zusamen und haben uns gegenseitig sehr geholfen, über vieles hinwegzukommen. Er war zu mir immer freundlich, fürsorglich und liebevoll. Allerdings hatte er aus seiner ersten Ehe so schlimme Verletzungen davongetragen, daß er es anfangs kaum fertigbrachte, mir zu vertrauen. Aber jetzt, nach zehn Monaten, können wir uns so lieben, wie wir es uns immer gewünscht und ersehnt haben. Wir sind Freunde und Liebende. Wir können uns aufeinander verlassen und brauchen den anderen, beide.

Das Leben ohne meinen Mann wäre leer, auch wenn ich sonst alles hätte. Bevor wir geheiratet haben, war ich immer so traurig. (›*Time without him, time on my hands*‹, wie Elton John singt.) Aber mit ihm bin ich immer fröhlich, wir lachen und genießen das Leben. Ich glaube, ich würde immer zu ihm halten, ›was auch geschieht‹.

Als ich ihn zum ersten Mal sah, hat er mich so stark beeindruckt – er war so freundlich und so interessiert –, daß er mir nicht mehr aus dem Kopf ging und ich beschloß, falls ich ihm noch einmal begegnen würde, ihm zu sagen, wie sehr mir das Gespräch mit ihm gefallen habe und daß ich ihn für einen ganz besonderen Menschen hielte. Und jetzt sind wir verheiratet und geben uns beide Mühe, etwas aus unserer Beziehung zu machen. Wir haben keine richtigen ›Probleme‹. Natürlich gibt es immer wieder Dinge, die uns beeinflussen und mit denen wir fertig werden müssen – zum Beispiel, mein Ex, seine Ex, seine Rolle als Stiefvater, oder daß ich nicht genügend ›Zeit für mich allein‹ habe, usw.

Ich bin jetzt so glücklich wie noch nie (und ich bin nicht gerade jung). Da mein Mann zehn Jahre jünger ist als ich, wünsche ich mir von Herzen, daß Mutter Natur mit meinem ›Aussehen‹ freundlich umgeht. Ich gebe mir große Mühe, für ihn hübsch zu sein, weil ich ihn auch sehr gutaussehend finde. Es macht mir nichts aus, älter zu werden, wenn wir es nur beide zusammen werden. Aber für mich sind so viele Dinge wichtig, daher verschwende ich nicht viel Zeit damit, mir die Haare zu machen oder Make up aufzulegen, denn ich fühle mich auch noch weiblich, wenn ich in Overalls und Gummistiefeln den Schuppen fege. Ich muß doch nicht dauernd wie ein Fotomodell aussehen.

Wir arbeiten beide. Ich wünschte, es gäbe eine gute Methode, gemeinsam mit dem Geld umzugehen. Ich bin mit unserer Lösung nicht ganz zufrieden, genausowenig wie er, aber immerhin ist es besser als in unseren ersten Ehen. Ich bin sehr leidenschaftlich. Ich bin sicher, daß mein erster Mann, vor allem gegen Ende, geglaubt hat, ich sei kalt wie ein Fisch. Ich dachte ja *selbst*, ich sei frigide. Aber mit meinem jetzigen Ehemann ist Sex etwas sehr Aufregendes, so warm und liebevoll, aber auch explosiv. In den zwanzig Jahren Ehe mit meinem ersten Mann hatte ich praktisch nie einen Orgasmus. Immer noch denke ich manchmal, meine Geschlechtsteile seien nicht schön, und ich mache mir auch Gedanken darüber, wie ich rieche. Monogamie? Ich glaube, wenn eine Beziehung rundherum stimmt, dann ist es nicht notwendig, noch nebenher Sex zu haben, auch nicht, wenn man besondere Wünsche hat. Ich bin monogam, und ich möchte, daß er es auch ist.

Wir streiten uns nur selten, meistens wegen irgend etwas, das mein Sohn gemacht hat. Gewöhnlich sagt er dann zuerst, daß es ihm leid tut. Wir sind beide verletzt und fühlen uns schrecklich. Und hinterher sind wir traurig und noch zärtlicher zueinander. Wir besprechen immer alles. Mein Sohn, der jetzt zehn ist und bei uns lebt, ist ein netter Kerl, kann einem aber auf die Nerven gehen. Außerdem fühlt sich mein Mann nicht gerade wohl dabei, den Sohn eines anderen Mannes großzuziehen, den er noch dazu haßt (wegen all der Dinge, die er mir in meiner Ehe angetan hat, und der Dinge, die er mir und dem Jungen in letzter Zeit angetan hat). Und nachdem er seinen eigenen Jungen nicht bei uns haben kann und für ihn sorgen kann, so wie für seinen Stiefsohn, ist es für ihn noch schlimmer. Ich wünschte, wir hätten uns früher kennengelernt und hätten eigene, gemeinsame Kinder.

Was uns im Alltag verbindet – Liebe, Leidenschaft, Sex und Kameradschaft, läßt sich mit nichts vergleichen. Wir wollen zusammen alt werden, in den Ruhestand gehen und unser Leben gemeinsam verbringen. Ich fühle mich sehr geliebt.«

Der Widerstand der Männer gegen Veränderungen

Die meisten Frauen bringen es nicht fertig, ihre Beziehungen zu ändern

»Sagen Sie, glauben eigentlich viele Frauen, daß es möglich ist, einen Mann zu ändern und alles besser zu machen?«

Den meisten Frauen ist es noch nicht gelungen, ihre Beziehungen wesentlich zu verändern, indem sie darum gebeten oder »daran gearbeitet« haben. 71 Prozent der Frauen versuchen es, indem sie es »zur Sprache« bringen«, aber ohne Erfolg, oder wenn doch, dann müssen sie immer wieder von neuem daran erinnern.

Der Mehrheit der Frauen ist es nicht gelungen, die Veränderungen herbeizuführen, die sie sich wünschen, egal, wie lautstark sie ihre Bitten vorgetragen oder wieviel sie mit ihren Männern diskutiert haben. Paare, die sich von einem Berater helfen lassen, schaffen es oft. Viele Frauen haben geschrieben, wie erschrocken und erstaunt sie sind, daß es so schwierig ist, die erniedrigenden Verhaltensweisen der Männer zu ändern, die sie lieben und mit denen sie zusammenleben.

Natürlich kann sich nichts Wesentliches ändern, wenn die Frauen unaufhörlich damit beschäftigt sind, ihre Männer dazu zu bewegen, »aus sich herauszugehen«, oder wenn sie sie ständig emotional »ermutigen« müssen. Eine Frau schreibt: »Es ist wie mit der Hausarbeit – man wird nie damit fertig.« Eine Veränderung kann nur stattfinden, wenn der Mann bereit ist, selbst einige »weibliche« Werte anzunehmen – indem er die Frau dazu bringt, aus sich herauszugehen, sich darüber Gedanken macht, was sie denkt, fühlt usw. Und manche Männer tun das auch.

Manche Männer bemühen sich zu verstehen, was die Frauen ändern wollen:
»Die Männer, die für mich am wichtigsten waren, haben sich ehrlich bemüht, die Frauenbewegung zu verstehen, obgleich sie manches gar nicht begriffen haben. Aber sie haben sich wenigstens Mühe gegeben, ihre Denkweise dem neuen Bild der Frauen anzugleichen, und im großen und ganzen ist es ihnen auch gelungen. Trotzdem finde ich es ent-

mutigend, daß so viele Männer glauben, jetzt sei alles wunderbar in Ordnung – nur weil sich ein bißchen geändert hat. Sie sind erstaunt, wenn ich ihnen sage, daß wir noch einen langen Weg vor uns haben.«

Die Ergebnisse des *Hite Report* über Männer und auch der vorliegenden Untersuchung zeigen, daß sich die Männer jedoch nur darüber klar geworden zu sein scheinen, daß »etwas nicht stimmt«, wenn es zu Hause »nicht mehr genügend Sex« gibt.

Aber 83 Prozent der Frauen glauben, daß die meisten Männer gar nicht begreifen, worauf es ankommt, damit intime Beziehungen funktionieren, wie wir in Teil I gesehen haben:
»Die meisten Männer wollen eine Frau nicht lieben – sie wollen sie beherrschen. Das liegt an ihrer Unehrlichkeit oder an der Mißachtung ihrer eigenen Gefühle.«
»Er bemerkt es nicht – wahrscheinlich wird er es nie tun –, daß er für eine Beziehung Zeit und Gedanken und Energie aufbringen muß. Vielleicht ist es ihm bis zu einem gewissen Grad bewußt, aber noch nicht genügend. Das bleibt immer der Frau überlassen.«

Die überwältigende Mehrheit der Frauen wünscht sich, daß Männer die »weibliche« Fähigkeit erlernen, Wärme und Nähe auszudrücken. Das bedeutet, besser zu verstehen, was die Partnerin sagen will, mehr von sich zu geben und sich stärker zu engagieren. Mit anderen Worten, Frauen wollen, daß die Männer lieben lernen, nicht nur sexuell, sondern als gleichgestellte Partner.

Folgende Werte und Einstellungen wünschen sich die Frauen von dem Mann, mit dem sie eine Beziehung haben:
»Offener sein – ehrlich – eine Menge reden, daran arbeiten. Da sein, zumindest für die Zeit, die man zusammen verbringt, aber dann hundertprozentig.«
»Fähig sein, zu erkennen, warum man auf ganz bestimmte Weise etwas fühlt. Fähig sein zuzuhören, sich in den Partner hineinversetzen.«
»Niemals eine Mauer errichten oder den anderen am ausgestreckten Arm verhungern lassen. Interesse haben und immer alles aussprechen. Argumente vorbringen, Mißverständnisse ausräumen. Möglichst schnell – warum lange unglücklich sein?«
»Zeigen, daß einem gefällt, was der andere tut, dem anderen ein gutes Gefühl vermitteln, die Bedürfnisse des anderen erkennen, ohne daß er sie jedes Mal erst aussprechen muß usw. Das sind gute Eigen-

schaften, die in unserer Beziehung leider nicht vorkommen. Sie würden mir viel von meiner Angst ersparen.«

Andererseits weisen einige Frauen darauf hin, daß es auch eine Lösung wäre, wenn Frauen aggressiver sein würden, »mehr wie Männer«; dann würden die Frauen wenigstens nicht mehr so übervorteilt werden:
»Frauen sind nicht stark genug, um zu kriegen, was sie wollen. Sie lassen sich herumschubsen und tun nichts dagegen.«
»Frauen wissen nicht, was sie wollen, oder sie wissen nicht, wie sie es kriegen sollen, oder sie haben Angst, es zu verlieren, oder sie fühlen sich nicht zuständig, es zu tun, oder sie sehen nicht, daß die meisten Männer emotional zurückgeblieben sind.«

Aber der Brief, in dem ein Mann zum Hite Report über Männer Stellung nimmt, legt mit beredten Worten dar, wie herablassend die Haltung der Männer ist, wenn es um das geht, was sich Frauen in ihren Beziehungen wünschen:
»Ich glaube gern, daß es in der Frauenkultur Regeln für Sensibilität und Bewußtsein gibt, denen größte Bewunderung gebührt. Aber sie sollten nicht bis ins letzte Extrem fortgesetzt werden – und es sollte von den Männern auch nicht erwartet werden, sich danach zu richten.

Die Männer halten sich vielleicht zu sehr zurück und haben Respekt vor der Privatsphäre anderer, und sehen überall Schranken – und wir alle wissen, wie schlecht das ist. ABER. Anderseits geht der Gedanke, daß Entwicklung alles ist, daß Beziehungen alles sind – zu denen im allgemeinen *viel* reden gehört, ein paar Tränen, intensive Diskussion über schwesterliche Unsicherheiten und anderes mehr, die ich als ›Mädchenkummer‹ bezeichnen möchte – doch wohl ein bißchen zu weit.

Ich schätze, zu den Regeln des Spiels (des weiblichen Kulturspiels) gehört etwa, daß man die ganze Zeit für den anderen dazusein hat, vor allem immer genau dann, wenn er einen braucht – selbst wenn man gerade in einer wichtigen Angelegenheit mit der ›realen Welt‹ beschäftigt ist. Zum Beispiel, mit seiner Arbeit. Man muß bereit sein, Reue zu zeigen, wenn man nicht zu Hilfe eilen kann, sich nicht sofort und auf der Stelle mit dem Problem befassen kann. Man hat da zu sein, stets auf Abruf, immer verfügbar. Das bringt natürlich auch lange Gespräche am Telefon mit sich. Besonderes Gewicht, positiver Art, wird immer auf das Zeigen der Gefühle gelegt. Das ist, in der Tat, eine typisch weibliche Eigenschaft, sich ungeheuer viel mit diesen Dingen zu beschäftigen. Gewiß sind emotionale Offenheit und Nähe im Vergleich zur ›männlichen Kultur‹ etwas Gutes und durchaus wünschenswert – aber . . .

Ich halte das für eine kindische Vorstellung. Es spricht auch einiges für das männliche Modell, das ein gewisses Maß an Eigenleben und Distanz gewährleistet. Spielt sich die Welt in unserem Kopf ab – oder ›draußen‹? Die Männer verhalten sich vielleicht zu sehr danach, als sei das ›draußen‹ die Welt. Aber die Frauen tun manchmal geradezu, als wären sie ausschließlich ›drinnen‹ – in den Beziehungen und Gefühlen. Die meisten Gespräche, die ich mitangehört habe, zeichnen sich durch pausenlose Bestätigungen gegenseitiger Liebe aus – das scheint bei den Gesprächen zwischen Frauen ein grundlegendes Thema zu sein, das Bedürfnis nach Unterstützung und Bestätigung. Ich habe es so satt, mir diese ständigen Diskussionen über alle Einzelheiten des Lebens anzuhören, und was darüber gedacht wurde.

Ich finde den Druck der Frauen, immer alles total durchzudiskutieren, alles, was sie gerade als störend empfinden, außerordentlich einschränkend und konfliktfördernd. Zugegeben, die Übellaunigkeit von Männern ist schlimm, aber wenn eine Frau meint, jede geringste Kleinigkeit, jede Reibung, müsse auf der Stelle geklärt werden – ›ansonsten‹... – so empfinde ich das als eine ziemliche Einschränkung. (Ich bin mir natürlich bewußt, daß Frauen es als eine positive Eigenschaft ansehen und daß für sie die Vorliebe der Männer, jedesmal, wenn sich ein Konflikt abzeichnet, ›den Kopf in den Sand zu stecken‹, anstatt ihm entgegenzutreten, ein Produkt *unserer* falschen Erziehung ist, womit sie vielleicht sogar recht haben könnten...) Aber es gefällt mir nicht. Ich mag einfach nicht, daß diese Art zu leben zum Verhaltensmodell erhoben wird (vor allem für mein eigenes Verhalten).«

Bis jetzt haben nur wenige Männer ihre persönliche Definition für Beziehungen zu Frauen wirklich in Frage gestellt. Die meisten weigern sich, diese Beziehungen erheblich zu ändern. Ist den meisten Männern womöglich inzwischen klargeworden – wenn vielleicht auch nur ganz vage –, daß zwischen den distanzierenden »männlichen« Techniken und dem Wunsch, Macht auszuüben und Kontrolle zu bewahren, möglicherweise eine Verbindung besteht?

Die Notwendigkeit, daß Männer umdenken, daß sie ihre Haltung in bezug auf Liebesbeziehungen ändern, ist ein großes gesellschaftliches Problem, mit dem sich die meisten Männer bis jetzt noch gar nicht auseinandergesetzt haben. Werden sich die Männer ändern? Und was das betrifft, begreifen die Männer überhaupt, welche Veränderungen die Frauen in ihren Beziehungen anstreben? Wahrscheinlich verstehen die meisten Männer gar nicht, was den Frauen vorschwebt. Wie wir gesehen haben, sagen die meisten Frauen, daß sich die Männer, die sie kennen, für gewöhnlich nicht in dem Maße darum bemühen, daß die Beziehung funktioniert, wie sie selbst es tun. Nicht mit demselben Ziel, das die Frauen anstreben, nämlich eine Beziehung mit emotionaler Gleichheit und größerer Achtung vor der menschlichen Würde. Die Frauen wollen sich nicht mehr degradieren lassen. Sie wollen einen neuen emotionalen Vertrag mit den Männern abschließen. Aber die meisten Männer folgen anderen Regeln. Vielleicht haben die meisten Männer wirklich keine Ahnung, was sie tun sollten/könnten; wie wir uns erinnern, sagen viele Frauen, ihre Ehemänner seien sich offenbar gar nicht darüber im klaren, daß sie irgend etwas tun sollten, sich um irgend etwas bemühen sollten, daß da etwas fehlt.

67 Prozent der Frauen sagen, daß sie Konflikte heraufbeschwören, wenn sie sich bemühen, in ihrer Beziehung gleiche Verhältnisse zu schaffen:
»Wir streiten uns wegen meiner Rechte – daß ich als Mensch ein Recht auf ganz genau dieselben Privilegien habe wie er als Mann. Ich glaube, ich habe das Recht, meinen Beruf selbst zu wählen, und aufs College zu gehen, so lange ich es selbst bezahle. Aber er sagt: ›Ich lasse nicht zu, daß meine Frau in einer männlichen Umgebung arbeitet – niemals.‹«

Aus den Antworten im *Hite Report* über Männer wie auch aus denen der Frauen in dieser Untersuchung geht hervor, daß Männer ihre Vorstellungen von sich selbst und ihren Beziehungen viel schneller ändern, wenn sie eine starke persönliche Erfahrung machen – ob es sich dabei um eine ungewöhnlich starke Liebesbeziehung mit all ihren Höhen und Tiefen handelt, durch die der Mann vielleicht angehalten ist, sich mit neuen Augen zu sehen, oder um andere Ereignisse, zum Beispiel eine berufliche Veränderung oder ähnliches.

Eine Veränderung findet bei den Männern auch statt, wenn sich Frauen als eine Gruppe den Methoden der »männlichen« Kultur widersetzen. Das hat bereits zu einigen sehr guten Resultaten geführt. Zum Beispiel ist es der Arbeit der »Frauenbewegung« zu verdanken, daß Frauen in den USA jetzt bei den Banken Kredite aufnehmen können, daß für Frauen mehr Arbeitsplätze geschaffen wurden, daß die Scheidungsgesetze geändert wurden, daß die Frauen das Recht besitzen – theoretisch –, über ihren eigenen Körper zu verfügen, und auch ihre Sexualität selbst definieren können (woran gerade gearbeitet wird) usw. Vielleicht werden die Frauen auch – paradoxerweise – im emotionalen Bereich eine Veränderung bewirken, wenn es um ihre persönlichen Beziehungen geht, indem sie sich an die Öffentlichkeit wenden, sich öffentlich über den häufigen Mangel an emotionaler Zuwendung und über die Mißachtung in ihren persönlichen, »privaten« Beziehungen »beklagen«, die ihnen die Männer zuteil werden lassen.

Das wesentliche Problem besteht darin, daß die meisten Männer die

Frauen noch immer nicht als gleichberechtigte Partner ansehen *(ob-gleich sie glauben, daß sie es tun)* – und bis sie es endlich tun werden, werden die Erniedrigungen, die Distanzierungen, weiter bestehen bleiben. Das ist sehr bedauerlich. Es ist nicht fair, daß Frauen in ihren Beziehungen ständig um ihre Rechte zu kämpfen haben, oder daß sie – was noch schlimmer ist – um ihre Selbstachtung ringen müssen. Das führt häufig zur Desillusionierung in der Liebe. Sexismus degradiert die Erlebnisse der wahren Liebe, aber so unmerklich und unauffällig, daß sich jeder, noch während dieser Prozeß stattfindet, fragt: »Was ist los? Was geht hier eigentlich vor?«

Die Ungerechtigkeit der Männer gegenüber Frauen: Mangelnde Integrität

Werden sich die Männer ohne Zwang ändern? Oder werden sich die Männer nur als Teil einer größeren gesellschaftlichen Veränderung ändern? Glauben die Männer, daß nicht-hierarchische, gleichberechtigte Beziehungen möglich sind? *Wollen* Männer überhaupt solche Beziehungen zu Frauen? Wie wir in Teil I gesehen haben, ist einer der Grundsätze der »männlichen« Ideologie, daß alles Leben »von Natur aus« hierarchisch sei, daß es (vor allem) für Männer ganz »natürlich« sei, um Herrschaft und Status zu ringen. Wenn in der »männlichen« Ideologie alles Leben nach hierarchischen Regeln geordnet ist und der Kampf um Vorherrschaft als ein »Naturgesetz« angesehen wird, dann ist darin kein Platz für Gleichheit, dann kann es sich nur um einen vorübergehenden Waffenstillstand handeln. Tatsächlich fürchten viele Männer auch heute noch, »beherrscht« zu werden, wenn Frauen in ihren Liebesbeziehungen »Gleichheit« verlangen. Daher bleibt das System der Männer auch weiter bestehen, das auf Distanzierung und Unterdrückung beruht, und die Frauen müssen die Probleme auch weiterhin »zur Sprache bringen«, und die Männer treten schweigend den Rückzug an und beharren darauf, daß die Frauen immer »Schwierigkeiten machen« – ohne einsehen zu wollen, daß ihre von ihnen selbst erfundene Behauptung, daß die Frauen nur »die Macht an sich reißen« wollen, Schuld trägt an diesem ganzen Problem.

Wenn eine Frau in einer Beziehung nicht als gleich behandelt wird, diese Beziehung aber nicht aufgeben will – wie soll sie es dann anstellen, Gleichheit zu »erzwingen«? Doch wohl nicht, indem sie sich selbst »gleich« *macht*, denn das sind die Frauen ja bereits. Werden die Frauen gezwungen sein, Macht und Achtung mit Gewalt zu erlangen, indem sie sie sich von den Männern einfach *nehmen*? Werden sie die Männer zwingen, sie als gleich zu akzeptieren, indem sie sich aggressiver Mittel bedienen, um die Gesellschaft zu verändern? Oder werden es die Männer am Ende verstehen, die »männliche« Ideologie so umzuwandeln, daß sie wieder nur ihren eigenen Interessen dient?

Glauben die Männer, daß den Frauen die ungleiche Behandlung, die ihnen zuteil wird, verhaßt ist? Daß ihr eigenes Gefühl von Überlegenheit und das Fehlen von Gleichheit eine der größten Gefahren für das Glück und den Erfolg ihrer Beziehungen darstellt? Nein, das tun sie nicht, sagen die meisten Frauen, die an dieser Untersuchung beteiligt waren.

Die Männer müssen sich für ihre Beziehungen zu Frauen eines neuen Stils bedienen. Im Augenblick steht die männliche Vorstellung von der »männlichen« Lebensart, die sie als heroisch und mutig ansehen, in direktem Gegensatz zu der Art und Weise, wie sie die Frauen behandeln, zu den mangelhaft entwickelten Emotionen in persönlichen Beziehungen, zu ihrer Weigerung, Frauen als gleichberechtigte Partner zu akzeptieren, und zu dem Kummer, den sie so häufig anderen und auch sich selbst bereiten. Wie können die Männer ihren Stolz auf »männliche« Werte wie Mut, Stärke und Heldentum mit ihrem Bedürfnis nach Herrschaft und Unterdrückung, das sich in ihrem Verhalten spiegelt, in Einklang bringen?

Warum fällt es Männern so schwer, sich zu ändern?

Um im »männlichen« Club zu bleiben, müssen die Männer sehr strenge Regeln einhalten, sie müssen sich auf ganz bestimmte Art kleiden, dürfen im Alltagsleben nur in einem sehr beschränkten Maß Gefühle zeigen und müssen die Muster und Rituale der männlichen Hierarchie respektieren. Und dazu gehört auch ihre Loyalität gegenüber dem Club, der die Gruppe der »Außenstehenden« – das heißt: die Frauen – lächerlich macht. Natürlich tragen auch die Männer durch diese Ideologie Verletzungen davon, weil sie sie entmenschlicht und sie dafür auch noch lobt – denn je gemeiner, je gröber, je rauher ein Mann ist, um so mehr ist er ein »richtiger Mann«.

Wie reagieren Frauen auf diese Haltung? Eine Frau erklärt, warum sie sich entschlossen hat, »zurückzuschlagen«. »›Selbstsichere‹ Frauen, die ihr Recht verlangen, werden zwar heruntergemacht und als ›Meckerziege‹ verspottet – aber haben sie schon mal bemerkt, daß die Frauen, die sich nicht davon abhalten lassen, ihre Ziele zu verfolgen, es am Ende auch schaffen? Während die Frauen, die immer nur geben und geben, ausgehöhlt und unglücklich sind?«

Was sollte eine Frau tun, wenn ihr Mann nicht bereit ist, etwas an ihrer Beziehung zu ändern?

Die Klischees, die uns vorschreiben, auch weiterhin »liebevoll« zu sein und immer nur zu »geben« – was auch immer es sein mag – gereichen im Grunde doch jedem zum Nachteil. Zu lieben und zu geben, ist nur so lange gut, wie die Situation selbst keinen ausbeuterischen Charakter hat. Leider kommt das in unserer Zeit gewöhnlich höchst selten vor.

»Nette Frauen werden nicht wütend«, sagt eine Frau. »Meine Schwester und ich hätten wahrscheinlich beide besser daran getan, unsere Energie darauf zu verwenden, unseren Männern einen kräftigen Tritt in den Hintern zu geben.« Ein Grund dafür, warum die Frauen dann doch bleiben, wo sie sind, ist häufig ihr zurückgehaltener und aufgestauter Zorn, der sie immer unbeweglicher werden läßt, bis zur völligen Erstarrung. Je mehr Wut und Zorn sich ansammelt, um so verwundbarer und niedergedrückter werden die Frauen, bis sie am Ende gar nicht mehr fähig sind, etwas zu tun.

Wenn wir auf einer persönlichen Ebene feststellen, daß uns die Männer nicht mit einer besonderen Achtung behandeln, brauchen wir sie ebenfalls nicht mehr mit besonderer Achtung zu behandeln. Im übrigen könnten wir doch eigentlich erwarten, daß sich die Männer auch öffentlich für die Rechte der Frauen einsetzen – sie könnten, zum Beispiel, eine Frauenrechtsorganisation unterstützen, indem sie Geld beisteuern usw. Achten wir die Männer wirklich? Nun, vielleicht achten wir manche der Dinge, die sie tun – aber achten wir sie auch wegen ihrer allgemeinen Einstellung uns gegenüber?

Sollen wir die Männer beschwichtigen oder ihnen die Stirn bieten: Eine politische Frage

Wie sie mit der männlichen Aggression umgehen sollen, ist eine der schwierigsten Fragen, denen sich Frauen heute gegenübersehen, als Individuen wie auch als Gruppe, die versucht, die Stellung der Frau in unserer Welt zu ändern – und damit auch die kulturellen Werte.

Mit der Frage, wie es Aggression begegnen sollte, mußte sich während des 2. Weltkriegs Frankreich auseinandersetzen: Sollte die deutsche Regierung beschwichtigt oder bekämpft werden. Das war natürlich eine wichtige politische Frage. Allerdings nehmen die Frauen ihre Probleme genauso ernst, auch wenn das kaum je zur Kenntnis genommen wird. Die Diskussion der Frauen über mögliche Handlungsentscheidungen/Kursrichtungen angesichts der männlichen Aggression

– ob man den Aggressor beschwichtigen oder ihn offen bekämpfen soll –, ist eine der wichtigsten Fragen, denen sich Frauen heute gegenübersehen, auch wenn dieses Thema fast einem Tabu gleichkommt. Wenn wir Frauen wütend sind, wo sollen wir dann wohl unsere Abscheu und unsere Unzufriedenheit abladen? Sollen wir handeln und etwas unternehmen? »Wacht endlich auf aus eurem Tiefschlaf und beginnt eine Revolution!« wie eine Frau es ausdrückt. Es gibt tausend verschiedene Möglichkeiten, es zu tun, kleine Möglichkeiten und große Möglichkeiten, tagaus, tagein. Es bedeutet nicht unbedingt, daß die Frauen ihre Männer verlassen sollen (es sei denn, sie wollen es). Aber es kann bedeuten, sich gegen das gesamte System aufzulehnen, solche Frauen und Männer zu unterstützen, die nicht »so« sind, neue Werte zu betonen, Werte, an die wir glauben. Sich weigern, Produkte zu kaufen, die in ihrer Werbung die Konkurrenzsituation unterstützen, Leute lächerlich machen und weiter zur Umweltverschmutzung beitragen. Das bedeutet, die Natur und die Tiere ernst zu nehmen, unsere geistigen Werte neu einzustufen, unsere Beziehung zum Universum umzugestalten. Wir könnten damit aufhören – bei unseren täglichen Einkäufen im Supermarkt und zu anderen Anlässen, wenn wir unser Geld ausgeben –, diejenigen zu unterstützen, zu deren Werten wir im Gegensatz stehen.

Wie viele Frauen halten es für notwendig, Beziehungen aufzulösen oder darauf vorbereitet zu sein, es zu tun, um ihren Forderungen Gehör zu verschaffen?

In vielen Fällen gelingt es den Frauen nicht, ihre Männer dazu zu bringen, auch nur darüber nachzudenken, was und wie sich etwas verändern sollte, bevor sie nicht entschlossen sind, sie zu verlassen. Eine Frau glaubt, obwohl sie sich am Ende doch nicht scheiden lassen hat, daß es ihre Beziehung zu ihrem Mann schon verbessert habe, als sie nur erwähnte, sie habe die Absicht, ihn zu verlassen, und daß sie sich dadurch etwas Luft verschaffte: »Ich habe mich um eine Scheidung bemüht, aber er war nicht einverstanden und hat mich gebeten zu bleiben. Ich blieb, aber zu *meinen* Bedingungen. Es hat mir schon oft leidgetan, daß ich nicht tatsächlich weggegangen bin – aber wenn man sich zu einer Scheidung entschließt, ist das, als würde man einen Menschen, den man liebt, sterben sehen oder einen Teil des eigenen Körpers verlieren. Jedenfalls gefalle ich mir besser, nachdem ich klargestellt habe, daß ich auch ein Mensch bin.«

Ist es besser zu bleiben und die Beziehung zu ändern – falls möglich? Vielleicht ja, vielleicht nein. Das hängt einzig und allein davon ab, wieviel Energie man für die Beziehung aufbringen will, anstatt für andere Bereiche des Lebens oder für sich selbst. Vielleicht hält uns die ideologische Grundregel, die uns sagt, daß wir Liebe geben und zuerst an andere denken müssen, davon ab, über einen bestimmten Punkt hinauszugehen. Oder vielleicht ist häufig unsere finanzielle Notsituation daran schuld, daß wir weiterhin in Unfreiheit leben müssen.

Sind wir dafür verantwortlich, eine Beziehung zu ändern? Wenn wir unter dieser Beziehung leiden, »sollten« wir dann nicht einfach weggehen und es dem anderen überlassen, Zeit, Energie und Arbeit zu investieren, um sie zu retten – falls er daran interessiert ist? Wie stark ist unsere »Verhandlungsposition«, solange wir entschlossen sind zu bleiben?

Setzen wir die Liebe überhaupt aufs Spiel, wenn wir auf der wahren Liebe bestehen?

Die meisten Frauen müssen in ihren persönlichen Beziehungen um ihre Rechte kämpfen – selbst wenn sie einen Mann haben, der sie liebt, und selbst wenn es deprimierend und entfremdend ist, es zu tun. Das mag zwar nicht fair sein, aber für die meisten Frauen ist das die Realität.

Falls man sich entscheidet zu bleiben und zu versuchen, die Beziehung aufrechtzuerhalten, wird es unerläßlich, sich zur Wehr zu setzen, wenn man dabei mit den Geschlechtsklischees, die in Teil I und II beschrieben werden, konfrontiert wird. Man muß diese Voreingenommenheiten und stereotypen Vorstellungen ans Licht bringen. Darüber hinaus kann eine professionelle Beratung oder irgendeine andere dritte Partei von Nutzen sein, um dadurch die Atmosphäre der Diskussion zu ändern oder das Problem in einen anderen Kontext zu bringen. Werden Sie nicht zum »schweigenden Opfer« der Akte emotionaler oder physischer Gewalt zwischen den Geschlechtern. Diese Kräfte tragen dazu bei, die Frauen geistig zu unterdrücken und sie in der Gesellschaft zum Schweigen zu bringen, obgleich ihre Stimmen wichtig und gültig sind und gehört werden müssen.

Eine Frau glaubt, daß es für Männer wichtig ist, sich mit diesen Problemen der Ungleichheit und der Distanz auseinanderzusetzen, denn in eine Frau verliebt zu sein, ist für ihn oft die einzige Möglichkeit, sich *selbst* kennenzulernen: »Ich glaube nicht, daß es viele Männer gibt, die die Probleme, denen sich Frauen gegenübersehen, wirklich verstehen, oder was eine Beziehung wirklich sein kann – wie großartig sie sein kann. Erst wenn sie all diese Stadien zusammen mit einer Frau erlebt haben, die sie lieben, können sie sich weiterentwickeln und wachsen.«

Immer mehr Männer suchen heute Beratungsstellen auf oder gehen in eine Therapie, um die emotionale Bindung, die von ihnen in einer Beziehung erwartet wird, zu lernen – um das emotionale Spektrum zu erweitern, das nötig ist, um eine tiefe Beziehung mit einer Frau aufrechtzuerhalten. Das würde den Männern selbst sicherlich guttun, denn es bedeutet eine Erweiterung all dessen, was die »männliche« Rolle repräsentiert und was für sie als angemessen gilt.

Aber ist es eigentlich angebracht, daß die Frauen so viel Mühe aufwenden, um an einer Beziehung zu arbeiten? Ist es richtig, daß die Frauen den Männern dabei helfen müssen, sich zu ändern? Oder ist es nur ein weiteres Beispiel für die emotionale Unterstützung, die die Frauen den Männern gewähren, ist es wieder nur die gleiche alte traditionelle Rolle einseitiger Hilfe?

Ist es Aufgabe der Frauen, den Männern zu helfen, sich zu ändern?

»Lassen sich die Dinge ändern? Wollen die Männer das überhaupt? Ist es nicht, wie wenn abends alle von der Arbeit heimkommen und die Frau fragen (die ebenfalls gerade nach Hause gekommen ist): ›Was gibt's zu essen?‹ Und sie antwortet: ›Was habt ihr denn gekocht?‹«

Ist der Preis, den die Frauen für ihre Ehe und ihre Beziehungen zahlen, zu hoch? Wie viele Kompromisse kann eine Frau schließen, bevor sie ihre Selbstachtung und ihre Identität verliert?

Die meisten Frauen sagen, sie haben das Gefühl, sich mehr Mühe zu geben und an ihren Beziehungen mehr zu arbeiten als Männer. Warum geben sich die Männer nicht genausoviel Mühe, die Beziehungen zu ändern? Die Männer beklagen sich doch ständig, daß sie die Art ihrer Beziehungen nicht mögen – weil ihre Frauen ständig an ihnen »herumnörgeln« und so weiter. Wollen sie gar nicht erfahren, was los ist? Aber sie scheinen diese Beziehungen doch zu wollen. Schließlich heiraten die meisten Männer – laut Statistik –, wenn sie Mitte Zwanzig sind, und die meisten männlichen Singles treffen auch weiterhin Verabredungen mit Frauen und nehmen Beziehungen zu ihnen auf.

Letztlich wirkt es sich auf die Identität der Männer zersetzend aus, wenn ihre Beziehungen zu Frauen in einer Atmosphäre emotionaler Unterdrückung stattfinden und ausdruckslos bleiben. So zu leben, kommt einer emotionalen Erstarrung gleich – fast irreal. Und beklagen sich die Männer nicht gerade darüber? Auch die emotionale Identität der Männer kann in solchen unwirksamen Beziehungen zerstört werden, auch wenn sich viele Männer vielleicht nicht darüber im klaren sind, da sie nicht daran gewöhnt sind, sich mit psychologischen, nach innen gerichteten Fragen zu befassen. Oder sie halten ihre emotionale Identität für nicht so wichtig – außer vielleicht, wenn sie älter sind oder wenn es zu spät ist. (Viele Männer glauben, wenn sie in ihrem Beruf Erfolg haben, sei alles in Ordnung; wenn die Frauen nur aufhören würden, sich ständig »zu beklagen«.)

Aber es sollte nicht immer und einzig die Verpflichtung der Frau sein, die Beziehung zu »reparieren«. Wenn eine Frau durch eine Beziehung gezwungen wird, nur zur Hälfte sie selbst zu sein, wenn sie das Gefühl hat, daß etwas »fehlt«, dann hat sie das Recht, diese Beziehung zu beenden. Wenn die Männer nicht verstehen, was die Frauen ändern wollen – zum Beispiel, daß der Mann überhaupt nicht begreift, auf was für eine Art Beziehung Frauen hinarbeiten, sondern immer nur »Beschwerden« und »Nörgeln« hören –, sollten die Frauen dann trotzdem weiterhin versuchen, die Beziehung zu ändern, und die Verletzungen und Kränkungen herunterschlucken, die ihnen angetan werden? Wenn wir uns so sehr darauf konzentrieren, unsere Beziehungen und Ehen zu ändern, haben wir dann nicht am Ende keine Zeit, große Romane und Symphonien zu schreiben, die wir sonst vielleicht geschrieben hätten. Und wahrscheinlich wird *uns* die Geschichte auch nie dafür belohnen, wenn es uns tatsächlich gelingen sollte, unsere Beziehungen oder Ehen zu verbessern! (Oder vielleicht doch – wenn mehr Frauen die Geschichtsbücher schreiben.)* Und somit haben wir auch das Recht, die ganze »Arbeit« einfach sein zu lassen – und zu dem Schluß zu gelangen, daß »wir so nicht sind«. Viele Frauen glauben heute, daß die einzige Möglichkeit zu bekommen, was wir uns wünschen, möglicherweise darin besteht, »die Liebe einfach zu vergessen« und über die Möglichkeiten, die uns zur Verfügung stehen, hinauszugehen und eine neue Realität zu schaffen.

Mit anderen Worten, eine Beziehung zu verändern, könnte sehr viel Arbeit bedeuten, und nicht einmal faire Arbeit, denn wir müssen ja

---

* Die Psychologin Beatrice M. Hinkle erklärte Anfang des Jahrhunderts: »In der gesamten menschlichen Geschichte sind die Individualität, die Persönlichkeit und die Kreativität der Frauen den psychologischen Bedürfnissen der Männer zum Opfer gefallen. Das bedeutet die Verletzung der Persönlichkeit (der Frauen).« Aus einem Referat von Kate Wittenstein, vorgelegt bei der *Berkshire Conference of Women Historians*, 19. Juni 1987.

nicht nur uns selbst verändern, sondern auch die Männer – die diese »emotionale Hausarbeit« eigentlich selbst erledigen sollten, anstatt uns dazu zu bringen, sie ihnen abzunehmen. Wenn eine Frau nicht dazu bereit ist, es zu tun, dann ist das ihr gutes Recht.

Wie viele Männer sind fähig, sich über die Angst, »ihre Männlichkeit zu verlieren«, hinwegzusetzen, indem sie die Klischees, die ihnen anerzogen sind, entlarven – um funktionierende Beziehungen herzustellen? Männer sehen sich einer doppelten Verstrickung gegenüber: Sie müssen den Wert der Vorherrschaft in Frage stellen, weil es die einzige Möglichkeit ist, den Begriff von Männlichkeit zu ändern – aber diese Herrschaft zu verlieren, gilt als »unmännlich«.

Das ist auch der Grund dafür, warum funktionierende persönliche Beziehungen nicht immer gleich zu größeren Veränderungen im allgemeinen Sinne führen. Eine Veränderung auf der Ebene einer Zweierbeziehung bedeutet nicht auch, daß sich die »männlichen« Haltungen und Werte in einer größeren Gruppe ändern – und daher ändert sich im großen und ganzen kaum etwas, weil auf die anderen Männer davon nur wenig oder gar nichts übertragen wird, und auch nicht auf die nächste Generation Männer, so daß sich auch keine neuen Einstellungen oder Verhaltensmuster entwickeln können. Daher wird es vielleicht nötig sein, die gesamte Kultur zu verändern, damit sich die Liebesbeziehungen ändern können.

Oder können Sie das System besiegen? (Ich hoffe es!)

Wer möchte schon auf langfristige soziale Veränderungen warten? Die Idee klingt vielleicht nicht schlecht, aber das Leben findet *jetzt* statt. Möchte sich nicht jede Frau so viel Glück und Liebe verschaffen, wie sie nur kann? Warum sich damit aufhalten, den Männern böse zu sein? Warum sich nicht einfach »einen guten« aussuchen und weitermachen? Aber wenn das so leicht wäre, würde dieses Buch überflüssig sein. Und falls *Sie* eine der Ausnahmen sind, genießen Sie es. Doch auch, wenn Sie es nicht sind, können Sie vielleicht einige Themen aus diesem Buch aufgreifen und sie dazu verwenden, irgendeine völlig neue Situation zu schaffen oder Ihre Beziehung umzugestalten oder sich irgend etwas auszudenken, das noch besser ist.

Trotzdem ist es noch immer wichtig und auf jeden Fall lohnenswert, eine wirklich *große* Veränderung herbeizuführen und sich für alle anderen Frauen und für ein besseres System einzusetzen.

Sollten Frauen massenweise – zumindest vorüber-gehend – aufhören, sich darum zu bemühen, Verständnis für Männer aufzubringen?

»Ich sitze hier inmitten all der Diskussionen und denke mir, be-stimmt wirst du gleich sagen, was ich hören möchte, oder sagst mir deine Meinung darüber, deine Gefühle... Aber du tust es nicht. Und egal wie viele Stunden, Tage oder Jahre du es nicht tust... kann ich doch nie aufhören, hinzuhören, nie aufhören, zu hoffen, zu warten, und deine Antwort in Gedanken mit mir her-umzutragen. Und manchmal denke ich mir, daß ich so frustriert bin, darauf zu warten, deine Meinung zu hören, zu erfahren, was du denkst, wirklich denkst... daß ich eines Tages noch wahnsinnig werde.«

Eine Frau schrieb, als sie eine sehr schwere Zeit hatte, die folgenden Worte:
»Frauen, die allein leben, sollten die Männer boykottieren – einen Generalstreik ausrufen! Diese ganzen Spielchen sind für die Frauen er-niedrigend! Barbarisch seitens der Männer und erbärmlich seitens der Frauen. ›Vielleicht sollte ich dieses oder jenes tun, damit ich ihn dazu bringe...‹, usw. usw. Die Einstellung der Männer lautet – trotz AIDS: ›In New York gibt's an allen Ecken was zu naschen.‹ Ich finde, Frauen sollten zusammen leben und gemeinsam Kinder großziehen. Punkt. Männer haben eine Art von Annäherung und Distanzierung Frauen gegenüber – zuerst romantische Verführung und Kerzenlicht, die Jagd – aber dann, mit einer Frau *leben*? Wie? Warum? Wen kümmert's? New York ist ein Bonbonladen – und Frauen sind die Bonbons, kleine Lek-kereien für Männer, keine Menschen.

Selbst nette Männer stecken voller Klischees und gefährlicher Vor-urteile, durch die Frauen in ihrem Innersten verletzt werden können. Erinnern Sie sich doch einmal an die häßlichsten Bezeichnungen für Männer – alle haben etwas mit Frauen zu tun: ›Weiberknecht‹, ›Ehe-krüppel‹, ›Muttersöhnchen‹, ›Hurensohn‹ usw.* Die Einstellung der Männer ist so schlimm, so herabsetzend, und dabei ist ihnen nicht ein-mal klar, wie negativ sie sich den Frauen gegenüber verhalten. Sie glauben, sie *lieben* die Frauen! Es muß noch viel getan werden, bis sie sich darüber im klaren sind, bis sie anfangen, über alles nachzudenken – zum Beispiel, ein nationaler Streik oder ein Boykott, eine neue Ver-sion von *Lysistrata*. Aber zuerst müssen die Frauen (und zwar jede

---

* Siehe Dr. Janet L. Wolfe: *Woman*, in A. Ellis und M. Bernard, (Hrsg.): *Clinical Ap-plications of Rational-Emotive Therapy*, New York, 1985.

Frau) damit aufhören, sich zu erniedrigen – auch verheiratete Frauen –, nur um ›einen Mann zu haben‹! Das bringt uns nicht weiter!«

Der allmähliche Verschleiß der Identität: Ein Verrat an uns selbst?

»Die Frauen haben bis jetzt noch nicht damit begonnen, um ihre Rechte in persönlichen Beziehungen zu kämpfen.«

»Wenn du alles gibst und nichts erhältst . . . mach, daß du wegkommst.«

Es wird tatsächlich von einigen vorgeschlagen, die Frauen sollten so lange Liebesbeziehungen mit Männern verweigern, bis wir dieses verzehrende emotionale System ändern können. Der Grund: Wenn Frauen mit dem Motto »Liebe ist dein Schicksal« aufgewachsen sind (also glauben, daß Liebe das wichtigste Ziel im Leben einer Frau sei), aber Männer nicht – *und* wenn Frauen Liebe als etwas ansehen, das mit Geben zu tun hat, aber Mäner nicht – dann unterstützt das gesellschaftliche System, mit seinen zwei Ideologien für »männliches« und für »weibliches« Verhalten, die Männer darin, in persönlichen Beziehungen wie auch ganz allgemein in der Welt, eine »Starrolle« zu spielen und sich von den Frauen dabei emotional und im häuslichen Bereich unterstützen zu lassen.

Ärgern sich die Frauen über diese Auffassung? Ja – aber meistens kommt ihr Zorn nicht zum Tragen, weil Frauen »kein Recht haben, wütend zu sein«: Eine »gute« Frau ist liebevoll und fürsorglich, sie hat nicht zu »nörgeln« und zu »fordern«. Wie kann eine Frau »liebevoll« bleiben und gleichzeitig die Situation ändern? Wird sie ihre Vorstellung von sich selbst als fürsorglicher, verständnisvoller Mensch aufgeben müssen und auch ihre Angst, als »böse« oder unangenehm angesehen zu werden, wenn sie einem Mann gegenüber »darauf besteht« oder sich »beschwert«, daß sie an der Beziehung etwas ändern möchte, oder wenn sie ihm sagt, daß er sich ändern muß?

Eine Frau bezweifelt, daß all dies schon möglich ist:
»Sehr viele Frauen, die ich kenne, werden immer pessimistischer, sie trauen den Männern nicht. Sie verlassen sich lieber auf ihre Freundinnen. Wir besitzen einfach nicht die Macht, die Männer zu ändern. Aber es ist schwer, den Gedanken aufzugeben, von einem Mann geliebt – verehrt zu werden, eine verehrte Frau, ein begehrtes Sexobjekt – ein benötigtes, hoch geschätztes Sexobjekt. Und es ist schwer, sich darauf einzustellen, die Kinder vorwiegend selbst zu ernähren. Die

Männer mögen uns, weil wir ihnen das Gefühl vermitteln, unsere liebsten Kinder zu sein – denn wir haben ja Übung darin, gut zu sein, sanft, einfühlsam. Für die Männer sind wir großartig – wir geben ihnen emotionale Offenheit, wie sie sie sonst nur von ihren Müttern erhalten. Aber sie sind so undankbar. Ich mache mir Sorgen wegen meines Sohnes – wie kann ich ihn großziehen, ohne daß er Sexist wird, sich dem System anpaßt? Habe ich das Recht, ihn davon abzuhalten, wie alle andern zu sein? Ich schätze, ich habe guten Grund, pessimistisch zu sein.«

Ein langer Abschied von der »männlichen«* Ideologie

»Ich möchte ihn lieben und ihm nahe sein, aber ich kann es einfach nicht, nicht so wie früher. Er versteht einfach nicht, wovon ich die meiste Zeit rede, es hat den Anschein, als würde es ihn irritieren, wenn ich mich bemühe oder darauf bestehe, es ihm besser zu erklären. Deshalb gebe ich es auf – ihn, meine Träume; ich muß ihn so lieben, wie er ist, auch wenn er mich nicht versteht. Ich glaube, ich kann ganz deutlich sehen, wer er ist und wie er zu dem wurde, was er ist – aber er kennt mich überhaupt nicht.«

Kann man jemandem so nah sein, wie man es sich erträumt? Was ist in unserer gegenwärtigen Gesellschaft eigentlich »da draußen« los? Herrscht in ihr eine Atmosphäre, die Liebesbeziehungen zuträglich ist? Wenn die Gesellschaft die beiden Geschlechter so eindeutig trennt, daß Liebe verhindert wird – eine Art suprakulturelle Version von Romeo und Julia, die den beiden Geschlechtern das Versprechen entlockt, an verschiedene Arten von Leben zu glauben und einander zu mißtrauen –, was kann dann der einzelne Mensch dagegen tun?

Im Grund glauben die Frauen nicht, daß die Männer ihre Feinde sind – aber viele Frauen glauben, daß Männer, die nach der »männlichen« Ideologie leben, ihre Feinde sind. Abgesehen davon, daß sich in diesem Buch die Frauen neu definieren und herauszufinden versuchen, wer sie sind und wie die Realität aussieht, ist es eine nachdrückliche Bitte der Frauen an die Männer, endlich damit aufzuhören, nach den gegenwärtigen, gesellschaftlichen Regeln zu leben, und einmal zu

---

* Hier wie auch an anderer Stelle in diesem Buch bezieht sich »männlich« natürlich auf den kulturellen und nicht auf den biologischen Zustand.

überlegen, was sie damit sich selbst, den Frauen und dem ganzen Planeten antun.

Wenn die Männer nur sehen könnten, daß ihnen ihr Glaubenssystem selbst schadet und daß es möglich ist, ein anderes Leben zu führen, dann würden sie vielleicht – wahrscheinlich – die Gelegenheit ergreifen, es zu tun. Auf gewisse Weise vestehen es die meisten von ihnen auch auf einer ganz bestimmten Ebene: Die Mehrheit der Männer, die im *Hite Report II* zu Wort gekommen sind, sagen, daß nach der High-School-Zeit ihre Frauen auch ihre besten Freunde seien, denn im Grunde sei es nicht möglich, wirklich mit anderen Männern zu reden. Damit geben die Männer zu, daß sie sehr wohl wissen, daß sie mit dem »männlichen« System allein nicht leben können – es ist eine Anklage, die die Männer gegen ihr eigenes ideologisches System erheben.

Wie fremd ist den Frauen ein System, das sich auf die »männliche« Ideologie stützt (nach der in den USA Frauen nicht einmal für das Amt des Präsidenten in Betracht kommen und soviel weniger Geld und Ansehen für ihre Arbeit erhalten)? Wie weit ist dieser Prozeß in die Köpfe der Frauen vorgedrungen? Sind die Frauen wirklich so unzufrieden, daß sich darauf die hohe Scheidungsrate zurückführen ließe, daß mehr Frauen denn je heute ihre Ehemänner verlassen, weil sie nicht immer weiter mit einem Mann oder einem System leben wollen, das sie als geringer, unwichtiger, dümmer, unvernünftiger einstuft?

Einzelne Frauen, die gerade dabei sind, das »männliche« Wertesystem und die soziale Struktur zu überdenken, die sich zu verstehen bemühen, wodurch die Liebe so schwierig geworden ist, gelangen allmählich voller Trauer an den Punkt, der Liebe zu einem Mann, so wie sie sie sich vorgestellt haben, Lebewohl zu sagen. Und viele haben den Glauben an das gesamte kulturelle »männliche« System verloren.

Dieser Prozeß der Ablösung geht gewöhnlich in mehreren Stadien vor sich. Zuerst feilschen die Frauen mit sich selbst. »Okay, dann bitte ich ihn eben nicht, die Wäsche zu machen oder weiterhin die Kinder abzuholen – das ist die Sache nicht wert. Ich liebe ihn, und er ist ein Mann, und man kann das eben nicht alles über Nacht von ihm erwarten, aber ich liebe ihn und kann mit ihm zusammen sein – und wo sonst würde ich einen besseren Liebhaber finden oder einen Mann, der mich auch liebt?« Und wenn auch dieser Handel nicht richtig funktioniert, geht als nächstes der Glaube daran in die Binsen, daß sie »sehr« geliebt wird. Aber sie bleibt trotzdem, weil »ich es noch immer schön finde, wie gut wir uns kennen, was wir im Laufe der Zeit alles aufgebaut haben, und ich hoffe, daß er auch daran glaubt...« usw. Mit jedem weiteren Schritt gibt die Frau bei diesem Handel eine weitere emotionale Bindung zu dem Mann auf, bis ihr schließlich klar wird, daß sie tatsächlich allein dasteht, daß sie völlig allein ist.

Während die Frauen mit diesem inneren Dilemma fertig werden und sich täglich dieselben Fragen stellen müssen, haben sie häufig das Gefühl: »Ich gebe ihm emotional mehr als er mir, bemühe mich mehr, daß alles funktioniert. Warum gibt er sich nicht mehr Mühe, warum kommt er mir nicht auf halbem Weg entgegen? Begreift er überhaupt, daß er es nicht tut? Wird unsere Beziehung jemals besser? Bin ich verrückt, weil ich sie weiterführe? Soll ich weiterkämpfen? Oder lieber nicht soviel Energie darauf verschwenden? Soll ich ihn *verlassen?*«

All diese inneren Fragen, die Entfremdung und die Frustration, die viele Frauen erleben – ob sie nun die Beziehung beibehalten oder beenden –, sind gewissermaßen ein langer Abschied, nicht nur von dem betreffenden Mann, sondern auch von der »männlichen« Kultur und unserem Gehorsam gegenüber der Kultur. Wenn Frauen einen Mann verlassen, emotional oder physisch, fragen sie sich – wie wir gesehen haben – oft, welche Bedeutung Liebe, Beziehungen, das Leben, die Familie, die Arbeit hat, und was das Leben überhaupt ist. Sie stellen sich all die wesentlichen philosophischen Fragen, die wir uns stellen müssen, wenn wir wichtige Entscheidungen treffen. Da diese Gedanken der Frauen aber immer neue Fragen aufzuwerfen scheinen, sind die Frauen damit beschäftigt, die »männliche« Kultur zum ersten Mal Stück für Stück zu analysieren und zu erkennen. Durch diese unabhängigen Gedanken entziehen sich die Frauen dem festgesteckten Rahmen, der nun schon so lange ihr Leben eingeengt hat.

Es scheint, als würden sich die Frauen heute bereits in einem anderen Bezugsrahmen bewegen. Während die meisten von ihnen hartnäckig versuchen, die Männer, die sie lieben, zur Änderung zu bewegen, verlassen sie sich doch mehr und mehr auf ihre weiblichen Freundinnen, wenn sie Unterstützung oder Wärme brauchen. Viele haben es aufgegeben, von den Männern und der Liebe noch allzu viel zu erwarten, auch wenn sie die Männer immer noch lieben und die Liebe am liebsten noch immer in ihrem Leben an die erste Stelle stellen würden, wenn sie auch für die Männer an erster Stelle stünde.

Eine Frau berichtet von der Veränderung, die sie selbst durchgemacht hat, nachdem sie in ihren Beziehungen all diese Gefühle erlebt hat:

»Ich glaube, daß wir uns über diese ganze Sache geistig hinausbewegen müssen. Die Frage lautet nicht, ob wir mit Männern oder ohne sie leben wollen. Die einzig wahre Lösung wäre, wenn wir ein Stadium erreichten, in dem wir diesem Punkt irgendwie, auf die eine oder andere Art, nicht mehr soviel Bedeutung beimessen würden und unser Leben in dieser Welt auf andere Weise sehen könnten. Wir müßten in einer anderen Sphäre leben, auf die sich unser ganzes Interesse konzentriert, und ob nun die Männer dazugehören oder nicht, ist

ohne jede Bedeutung. Ganz bestimmt aber gehören weibliche Freundschaften dazu – damit meine ich nicht, daß nun alle Frauen ihre Männer aufgeben und nur mit Frauen zusammen leben sollten, um einigen
feministischen Parteilinien zu folgen, darum geht es mir gar nicht...
Ich meine, man sollte in emotionaler Hinsicht anders leben – natürlich
kann auch Liebe dabeisein und für das eigene Leben mehr oder weniger wichtig sein –, aber schließlich erhalten wir nicht erst durch einen
Mann unsere Identität.«

Auch wenn sehr viele Frauen in dieser Untersuchung sagen, daß sie
die Liebe »aufgeben« und die *Männer* nicht mehr so ernst nehmen wollen (wie wir in Teil III gesehen haben), soll das keineswegs heißen, daß
sie ihre Werte aufgeben wollen oder ihre Überzeugung, daß das Leben
freundlich und schön ist, daß es darin Freundschaften gibt, die von liebevoller Zuneigung erfüllt sind, daß sie die Nähe anderer Menschen
und Lebewesen aufgeben wollen. Vielmehr heißt es, daß sie das Konkurrenzdenken aufgeben wollen und die selbstgerechte Haltung, die
heute gang und gäbe ist. Die meisten Frauen wollen Beziehungen, die
nach dem Teamkonzept funktionieren und in denen »gemeinsames
Vorgehen« die Regel ist.
    Eine Frau beschreibt eine solche Veränderung in ihrem Leben: »Seit
ich so viele andere Dinge gefunden habe, die mir guttun, einschließlich der Achtung meiner Freunde, und auch von Fremden, persönliche Erfahrungen in der Musik, der Natur, usw., habe ich nicht mehr so
ein dringendes Bedürfnis nach ›Zuneigung‹. Damit will ich nicht sagen, daß ich keine Liebe brauche, aber eine große romantische Liebe
braucht es nicht unbedingt zu sein.«

»Männlichkeit«: eine heroische Tradition?

Aus der Geschichte kennen wir eine Fülle herrlicher, heroischer Bilder
der Männlichkeit – Sagengestalten, die über die Meere segeln, um ihre
Bestimmung zu finden, ihre Länder zu retten, große wissenschaftliche
und künstlerische Heldentaten zu vollbringen. All diese heldenhaften
Bemühungen scheinen gegenüber den Frauen keine negativen Einstellungen zu beinhalten – außer natürlich, daß Frauen an all diesen
Expeditionen nicht teilnehmen durften. Das heldenhafte Treiben war
den Männern vorbehalten.*

* Allerdings muß erwähnt werden, daß es auch einige edle Bilder von Frauen gab,
die ihre Länder regierten – Katharina von Rußland, die Kaiserin Maria Theresia und
Königin Elizabeth I. von England, um nur die bekanntesten zu nennen. Aber im all-

»Männlichkeit« scheint zwei Traditionen zu haben: Männlichkeit als die Verkörperung von Mut, Kühnheit und edler Haltung – und die machohafte Männlichkeit gegenüber Frauen, die mit Aggressivität und Konkurrenzgebaren verbunden ist, die die Natur besiegt, als »natürliches Verhalten« hingestellt wird, als die »menschliche Natur«. Was ist aber die »wahre« Männlichkeit?

Wie kann diese Tradition edler Männlichkeit, die den Weltraum erforscht, mathematische Formeln aufstellt, die Gesetze des Universums entdeckt – Seite an Seite mit der niederträchtigen Tradition der Unterdrückung der Frauen existieren, die Frauen eine angemessene Bildung verwehrt, Frauen aus der Regierungsmacht ausschließt und die Frauen im allgemeinen als zweitklassig behandelt, manchmal sogar nicht einmal als vollwertige Menschen?* Wie ist es miteinander zu verbinden, daß in einer großen Tradition auch die am wenigsten noble Tradition enthalten ist?

Wie wir uns erinnern, war das antike Griechenland – wegen seiner ausgewogenen Ideen von Regierung und Philosophie so viel bewundert – nicht gerade ausgewogen: Es war eine männliche Demokratie – und Frauen und Sklaven waren von der freien Rede und der Regierung ausgeschlossen, und auch das Klischee der »zänkischen« Frau existierte bereits damals (Sokrates soll von seiner Frau »gepiesackt« worden sein), die gebildeten Frauen wurden als »Hetären« bezeichnet. (Heißt das, daß sie Liebhaber hatten? Daß sie nicht verheiratet waren? Daß berühmte Männer sich von ihnen angezogen fühlten, und sie diesen Männern gestatteten, mit ihnen zu schlafen? Männer mit Liebhaberinnen werden in der Geschichte nicht in diesen Begriffen definiert, dagegen sind Frauen immer wieder als »Mätressen«, »Dirnen«, »Kurtisanen« in die Geschichtsbücher eingegangen.

Hat es in der Kultur der Männer schon immer diese Teilung gegeben? Oder ist der »Macho«** ein Produkt unserer Zeit? Gore Vidal wit-

gemeinen blieb die Rolle des Helden, wenn eine Frau nicht gerade in sie hineingeboren war, den Männern vorbehalten. Als Johanna von Orleans aus eigener Initiative ein Heldenleben wählte, und zwar nach männlichem Muster, wurde sie am Ende als Ketzerin vor Gericht gestellt und getötet.
* Die ersten christlichen »Gelehrten« haben darüber diskutiert, ob Frauen eine Seele haben, genauso wie sich die »Analytiker« der Freudschen Tradition in unseren Tagen fragen, ob Frauen »Masochisten« sind. Tatsächlich hat die *American Psychiatric Association* 1986 eine neue Kategorie von Krankheiten, den »Masochismus«, eingeführt (es gibt insgesamt nur vierzehn solcher Kategorien). Und obgleich die Frauen, die in diesem Bereich arbeiten, dagegen protestiert haben, ist diese neue Kategorie von dem ausschließlich aus Männern bestehenden Gremium voll akzeptiert worden.
** Sind Männer der »Unterschicht« größere »Machos«, wie so häufig gesagt wird – weil sie weder Geld noch Macht usw. besitzen, um auf andere Weise den »Mann« herauszukehren? Das scheint eine ziemlich herablassende Anschauung: Sicherlich

zelte einmal, als er gefragt wurde, was er von der »Männlichkeit«
dächte:»O ja, die Männlichkeit – wie ich hörte, hat es unten, in der Gegend von Tampa, einen schweren Ausbruch gegeben, aber ich glaube,
die haben es wieder unter Kontrolle.«

Die »männliche« Ideologie und die Psychologie einer Kultur

Was ist das »männliche« System, und wie beeinflußt es die Männer?
Warum denken und benehmen sich Männer so, wie sie es tun?

Die »männliche« Ideologie ist für die westliche Zivilisation der dominierende Bezugsrahmen. Sie ist der Grundstein fast aller gegenwärtigen Gesellschaften, ganz gleich, welche Religion oder welche Staats-
form sie haben – östlich, westlich oder bündnisfrei; islamisch, christlich oder »atheistisch«. Folglich ist die »männliche« Ideologie gewissermaßen jedermanns Ideologie, obgleich die Frauen bikulturell leben
und die Regeln ihres eigenen Glaubenssystems sehr wohl kennen.
Rassismus, geschlechtsbezogene Vorurteile und Klassentrennung,
das sind möglicherweise alles verschiedene Arten dieser grundlegenden »männlichen« Ideologie, die im wesentlichen eine Hierarchie-
Ideologie ist.*

Die Frage lautet nun: Ist diese Ideologie eine »natürliche« biologische Gegebenheit (weil »Frauen Kinder haben« und weil von den
Männern, »die in Konkurrenz stehen, manche stärker und klüger
sind«), oder ist sie Teil eines historischen Kultursystems, das durch
eine kriegerische Gruppe (die Indo-Europäer) verbreitet wurde, die
sich vor etwa 15 000 bis 5 000 Jahren von Osten kommend immer weiter
ausbreitete? Sind Frauen schon immer und überall »beherrscht« worden? Waren Frauen durch die Jahrhunderte immer das »schwächere«
Geschlecht? Wenn wir uns die prähistorische Zeit (vor der geschriebe-
nen Sprache) ansehen, deren Geschichte mindestens zehnmal so lang

gibt es idealistische Männer, die arm sind, wenigstens genauso viel wie es Idealisten gibt, die Bildung besitzen und finanziell gut bestückt sind. Andererseits waren
sich Idealisten wie Rousseau nie darüber im klaren, daß sie gegenüber Frauen vor-
eingenommen waren. Männer/Jungen, die mit alleinstehenden Müttern aufwachsen, scheinen – dem *Hite Report II* zufolge – am ehesten geneigt zu sein, ihre Klischeevorstellungen von Frauen abzulegen.
* Muß der noble Teil dieser Tradition – die positive, nach außen gerichtete, sozial
interessierte Seite des Maskulinen – auch die Anti-Frauen-Ideologie beinhalten?
Kann sich eine Gruppe nur definieren, indem sie sich als etwas »Besonderes« betrachtet und andere ausschließt?

ist wie das, was wir heute »Geschichte« nennen, finden wir völlig andere gesellschaftliche Muster und Familienstrukturen.

Hierarchie: »menschliche Natur« oder ideologische Konstruktion?

Benötigen wir eine hierarchische Gesellschaftsstruktur, oder ist sie im Zeitalter der Demokratie überholt und fehl am Platz? Kommen Hierarchie und Ungleichheit in allen Gesellschaften immer wieder von neuem vor, weil sie »menschlich« sind – oder werden sie von der »männlich«-hierarchischen Ideologie heraufbeschworen?

Wie schon erwähnt, wird das hierarchische System des bedingungslosen Gehorsams gegenüber der Autorität (oder dem status quo) sowohl Juden als auch Christen durch die biblische Geschichte von Abraham vermittelt, der seinen Sohn Isaak auf einen Berg führte, um ihn dort, auf Befehl Gottes, zu töten oder zu »opfern«. Abraham erfährt nur, daß der Herr es befohlen hat, keine andere Erklärung, und daß es daher »richtig« sei. Abraham lernt daraus, daß er dem System gehorchen muß und nicht fragen darf, warum die Regeln sind, wie sie sind. Er muß seine Loyalität beweisen, indem er die Autorität nicht anzweifelt.

In unserer Zeit wird dem erhöhten männlichen Status durch den täglichen Sprachgebrauch Nachdruck verliehen (im Englischen ist der Begriff *man* [Mann] gleichbedeutend mit Menschheit). Weiter werden Männer, wie bereits erwähnt, im Fernsehen (und durch populäre biologische Fachbücher) daran erinnert, daß sie eine »natürliche« (daher »richtige«?) Veranlagung besitzen, zu »herrschen« und zu »regieren« – daß »der Kampf um die Herrschaft Teil ihres natürlichen Verhaltens« sei. Aber selbst wenn das bei einigen Tierarten so wäre, träfe es noch lange nicht auf das Ganze zu, und wer wollte sagen, welches »Modell« für *unsere* Spezies steht? Und selbst wenn es von »Natur« aus so wäre, würde es dadurch »richtig«?

Die Anwendung demokratischer Regeln auf die Familie

Obgleich die meisten Männer wahrscheinlich sagen würden, daß sie an eine demokratische Regierungsform glauben, haben sie noch gar nicht darüber nachgedacht, ob sie dieselben Regeln nicht vielleicht auch auf die Familie anwenden sollten. Viele scheinen anzunehmen, daß die Frauen ihnen nicht gleichgestellt sind und daß die Männer/Ehemänner am besten wissen, was für sie gut ist.

Aber mit der Verbreitung des Gleichheitsgedankens und der demokratischen Regierungsform, die im Zeitalter der Aufklärung stattfand, wurde die Vorstellung vom Mann als demjenigen, der automatisch der Kopf von Gesellschaft und Familie ist, zu einem irrationalen Teil des Systems, das heißt, wenn Macht nicht von Gott und der Heiligen Schrift ausging, sondern ab jetzt von der angeborenen Fähigkeit jedes einzelnen – worauf beruhte dann die männliche Vorherrschaft in der Familie?

Da der Glaube an die geschlechtsspezifische Überlegenheit der Männer so tief in die alte »männliche« Ideologie eingegangen ist, wurde dieser haarsträubende Widerspruch erst vor relativ kurzer Zeit in Frage gestellt*, erst ab Beginn des 19. Jahrhunderts und dann zum größten Teil auch nur von Frauen. Und anstatt den Fehler in ihrem Denken zu erkennen, fanden die Männer im 19. Jahrhundert, bei den »Wissenschaften« (oder Populärwissenschaften) Unterstützung für die Idee der männlichen Überlegenheit.** Das darwinistische*** 19. Jahrhundert mit seiner Version der »männlichen Dominanz« folgte der alten Vorstellung vom gottgegebenen vererbbaren Recht der Könige (und Männer) auf Herrschaft auf folgende Weise: Die Menschen, so hieß es, haben im Verlauf ihrer Evolution die Herrschaft über die Tiere errungen, weil sie ihnen überlegen waren; und genauso traten – völlig zu Recht – innerhalb unserer Spezies die Männer »natürlich« mit den Frauen und miteinander in Konkurrenz, um die »Herrschaft« zu erringen. Wenn wir also eine Gesellschaftsstruktur haben, in der die Männer dominieren, ist das ein klarer Beweis dafür, daß die Männer von »Natur« aus überlegen sind, daß sie stärker, »klüger«+, und so weiter sind. (Genauso haben die Anhänger der Sklaverei im 18. und 19. Jahrhundert argumentiert, daß die Schwarzen nur deshalb Sklaven seien, weil sie von »Natur« aus faul und abhängig seien und weil sie sich so wohler fühlten usw.) Das darwinistische Konzept wurde auch verwendet, um die scharfe Trennung zwischen den sozialen Klassen des 19. Jahrhunderts zu »rechtfertigen«, und auch heute noch verwendet man es, um damit Theorien des »freien Wettbewerbs« zu stützen.

* Obgleich Abigail Adams bereits 1776 ihren Ehemann, den zweiten Präsidenten der USA, der an der amerikanischen Verfassung arbeitete, in einem Brief aufforderte, »die Damen nicht zu vergessen«, lehnte er es ab, dieser Aufforderung nachzukommen.
** Und in einer neuen psychologischen Theorie. Siehe 3. Kapitel und auch Shulamith Firestone: *Frauenbefreiung und sexuelle Revolution*, Frankfurt/M., 1987.
*** Oder der Darwinismus in seiner popularisierten Form.
+ Im 19. Jahrhundert vertraten die Wissenschaftler allgemein die Meinung, daß Männer ein größeres Gehirnvolumen besäßen als Frauen. Als sich jedoch genau das Gegenteil als richtig erwies und diese »Tatsache« nicht mehr dazu dienen konnte, die männliche Vorherrschaft zu rechtfertigen, wurde dieser Punkt stillschweigend fallengelassen.

All das soll nicht bedeuten, daß Wettbewerb, etwa bei Spielen, im normalen Handel usw., nicht Teil des Lebens ist, sondern nur, daß die Vorteile von Kooperation viel zu wenig Beachtung gefunden haben. Viele Biologen und Primatologen und sogar Wirtschaftswissenschaftler bemühen sich nun, dieses Versäumnis wiedergutzumachen, indem sie darauf hinweisen, wie wichtig die kooperativen Kräfte von Natur und Gesellschaft sind.

Auf jeden Fall ist das Wettbewerbsdenken in der »männlichen« Ideologie ein zentrales Thema: »Richtige« Männer kämpfen von »Natur« aus um einen Platz in der Hierarchie, sie *müssen* kämpfen (sonst sind sie »Feiglinge« und »Schlappschwänze«!). Das ist eins der wichtigsten Glaubensbekenntnisse der »Männlichkeit«. Aber in Wirklichkeit könnten die Männer ohne diesen Glauben ihre hierarchische Ideologie gar nicht verwirklichen und die Frauen folglich nicht mehr als minderwertig betrachten und sich dabei moralisch auch noch im Recht fühlen.

Aber für Männer gibt es dabei auch eine Kehrseite: Sie müssen sich verschließen, sie müssen die Augen zumachen, um die Frauen nicht als gleichberechtigte Menschen zu »sehen«, und um sich gegenüber der Hierarchie der Männer loyal zu verhalten – der »männlichen« Ideologie, die innerhalb des gesellschaftlichen Systems die Frauen aussperrt und ungerecht behandelt, und sie müssen ihr Gefühl für Gerechtigkeit unterdrücken.

Die Männer leben mit dem Wissen, bewußt oder unbewußt, daß sie, wenn sie regieren, jemanden beherrschen, das heißt, daß sie die Frauen beherrschen. Da sie nun mit denjenigen, über die sie herrschen, zusammen leben, oder sie zumindest ständig sehen, haben sie die Fähigkeit entwickelt, sie nicht wirklich zu »sehen«. Auf irgendeiner geistigen Ebene wissen die Männer, daß sie nicht überlegen sind, und sie wissen, daß die geschlechtsspezifische Teilung ungerecht ist – und so stellt sich für sie ganz zwangsläufig die Frage, wie sie damit leben sollen? Und die einzig mögliche Antwort darauf ist zu lernen, sie nicht wirklich zu »sehen«, nicht wirklich wahrzunehmen.

Die Ergebnisse aus dem *Hite Report: Das sexuelle Erleben des Mannes* zeigen, daß die meisten Jungen zwischen acht und vierzehn Jahren ein Stadium erleben, in dem sie lernen, sich von ihren Müttern zu lösen und damit aufzuhören, sich mit ihnen zu identifizieren. Sie werden von der Kultur »vor die Wahl gestellt«, sich von nun an nur noch mit »männlichen« Dingen zu identifizieren und sich nicht mit irgendwelchen »weiblichen« Dingen in Verbindung zu bringen, weil sie sonst »keine Chance haben im Leben«. Das ist eine Zeit großer Belastung für die Jungen, die oft ein schlechtes Gewissen haben, weil sie ihre Mütter

»verlassen«; manche verkraften das nie richtig.* Und so machen Jungen zuerst ein Stadium durch, in dem sie sich mit ihrer Mutter identifizieren, als nächstes müssen sie diese Identifikation wiederaufheben und lernen, Abstand zu bewahren, sich dissozieren, die Frauen/ihre Mütter lächerlich machen, sie beherrschen und am Ende das Stadium erreichen, in dem sie sie beherrschen können, ohne Gewissensbisse zu haben. *Dies* ist die Psychologie der Männer, mit der wir uns einmal beschäftigen sollten. Aber das tun wir nicht. Statt dessen konzentrieren sich die Fragen immer nur auf die Frauen: Es werden »Erklärungen« für die sogenannten »Probleme der Frauen« gesucht.

Und schließlich bedeutet dieser Lernprozeß, dieses Wissen um die Ungerechtigkeit, die in dem System verankert ist, daß die Männer nach und nach die Fähigkeit verlieren, Ungerechtigkeit überhaupt zu *erkennen* und auch, gerecht zu sein, Gerechtigkeit zu erkennen und sie von sich selbst zu erwarten, weil sie von der »männlichen« Kultur dazu erzogen wurden, vor diesen Ungerechtigkeiten in großem Umfang die Augen zu verschließen. Diese auferzwungene Blindheit führt zum Zynismus: In einer solchen Situation ist es unmöglich, sich eine idealistische Weltanschauung zu bewahren. Das hat zur Folge, daß die »männliche« Ideologie eine negative Einstellung zum Leben nährt und sich am Ende auf die Kultur schädlich auswirkt.

In welchem Ausmaß sieht die »männliche« Ideologie Frauen als zweitklassig an?

Wenn das auf der »männlichen« Ideologie basierende System überzeugt ist, daß Männer »besser« sind als Frauen – klüger, »vernünftiger«, daß sie wichtiger sind, besser geeignet, Firmen zu leiten, Kampagnen zu starten, Dinge aufzubauen, Philosophen zu sein (weil sie »rationaler« und »wissenschaftlicher« sind) usw. – was liegt den Männern dann soviel daran, Frauen als »geringer«, als zweitrangig anzusehen? Offensichtlich haben sie sehr schwerwiegende Gründe. Aber sind sie innerhalb der gesamten Ideologie überhaupt notwendig? Veranlaßt die »Anti-Frauen«-Haltung die Männer, die Frauen weiterhin zu unterdrücken, und ist sie somit ein fester Bestandteil der »männli-

---

* Ein großer Teil der »Bosheiten« von Jungen im Teenager-Alter ist nur der Versuch, mit der ihnen von der Kultur auferlegten Schuld fertig zu werden – denn wenn man sowieso »schlecht« ist, kann man gleich ein richtiger Außenseiter, ein Gesetzloser, roh und grausam, usw. sein. Somit bedeutet die Glorifizierung des Bösen und Gemeinen in Verbindung mit dem »wirklich Männlichen« (wie es auch immer wieder in der Werbung für Monster- und Kriegsspielzeuge gezeigt wird), daß Männer (der Definition nach) niemals »gut« sein können.

chen« Ideologie – oder liegt es einfach daran, daß die Aggression als etwas »Natürliches« angesehen wird?

Was war zuerst da: der »aggressive Glaube an den Wettbewerb um die Erlangung der Macht«, der zur »männlichen« Ideologie gehört, oder der Wunsch, Frauen zu besitzen? Es heißt, der Gedanke, andere irgendwie »besitzen« zu wollen, sei zum ersten Mal aufgetaucht, als die Männer die weibliche Sexualität unter Kontrolle bringen und ihre Kinder »besitzen« wollten, um sicherzugehen, daß es »ihre« Kinder waren. Vielleicht verhält es sich so: Die »männliche« Ideologie ist davon besessen, die beiden Geschlechter streng getrennt zu halten. Vielleicht liegt das zum Teil daran, daß die Männer die Kontrolle über das Erbe und die Fortpflanzung verlieren würden, wenn es den Frauen freistünde, andere Familiensysteme zu wählen und sie nicht gezwungen wären, sich dabei auf die Männer zu beschränken oder gegenüber »männlichen« Institutionen so loyal zu sein.

Was ist »männlicher Stolz«?

Um für einen Augenblick den *advocatus diaboli* zu spielen: Warum sollten Männer eigentlich nicht auf die Frauen hinuntersehen? Es waren Männer, die Brücken gebaut, mathematische Formeln aufgestellt, Raketen usw. konstruiert haben. Haben Männer das Gefühl, weil sie all das geschaffen haben – Universitäten, große Musik usw. –, hätten sie auch jedes Recht, auf das, was »sie« geleistet haben, stolz zu sein?

Aber hat ein zwanzigjähriger Mann das Recht auf diesen »männlichen Stolz« – da er persönlich ja nichts mit all diesen Errungenschaften zu tun hat? Ist sein »männlicher Stolz« nicht nur ein »Klassen«-Privileg? Und ist nicht der »männliche Stolz« meistens nur ein Mäntelchen für die männliche Herrscherideologie, die den Männern das Recht einräumt, alles, was sie sehen, zu »besitzen«?* Ist das männliche Wesen die Sonne, um die sich die Welt und die Frauen auf sein Geheiß drehen? »Männlicher Stolz« bedeutet: Fordere einen Mann nicht heraus, zweifle nicht an, was er sagt oder tut, oder du forderst die ganze männliche Welt heraus, und die Macht, die hinter ihr steht.

---

* Hat der Kommunismus, der zum Ziel hat, »jedem zu geben, was er braucht«, eigentlich je versucht, diesem »Nehmen«, das der »männlichen« Ideologie anhängt, ein Ende zu machen? Oder noch früher: Das Christentum hat uns gepredigt, wenn wir geschlagen werden, die andere Wange hinzuhalten, unseren Bruder zu lieben; vor allem Jesus hat uns das gelehrt, und hat den Gedanken eines zürnenden Gottes, dem »man« blinden Gehorsam schuldet, heruntergespielt. Somit können der Humanismus, die »Menschenrechte« und selbst der Kommunismus als eine Weiterführung der jüdisch-christlichen Ideale angesehen werden.

Auch die Frauen haben das Recht, sich die guten Seiten der »männlichen« Kultur zunutze zu machen und darauf aufzubauen, denn schließlich fangen die jungen Männer auch mit »nichts« an; sie bauen auf dem auf, was schon vor ihnen da war. Und die Frauen haben Wesentliches zu dem beigetragen, was bis jetzt geschaffen wurde, die Frauen haben vielleicht sogar einen wichtigen Beitrag zur vorpatriarchalischen Tradition geleistet, die sich später mit den patriarchalischen Kulturen vermischt hat. Zum Beispiel war die Idee der »Gerechtigkeit« im Altertum (die durch eine Frau verkörpert wird) nicht einfach aus der Luft gegriffen, sondern ging zweifellos auf lange ausgiebige Diskussionen zurück, die sich damit befaßten, was »Gerechtigkeit« ist und wie eine Gesellschaft aufgebaut sein soll.

Wenn man den »männlichen Stolz« aus der Nähe betrachtet, dann hat er in der Praxis weniger mit Mut und Kühnheit zu tun, sondern hat zu bedeuten, daß es nicht angebracht wäre, sich mit Männern »anzulegen« – »männlicher Stolz« ist im Grunde also nichts anderes als der Anspruch auf Herrschaft. Der »männliche Stolz« wird sehr hoch eingestuft, etwas, an dem man besser nicht rüttelt. Womit wir es hier zu tun haben, ist nicht die »menschliche Natur« – wie es uns diejenigen so gern glauben machen wollen, die den *Status quo* rechtfertigen möchten –, d. h. die Männer beherrschen die Gesellschaft, weil sie überlegen sind, sondern es ist die sich endlos wiederholende Ideologie, die von einer bestimmten Gruppe, oder mehreren Gruppen, zu einem ganz bestimmten Zeitpunkt in der Geschichte geschaffen wurde. Der Glaube schafft Gesetze, die einer eigenen Logik folgen. Das bedeutet aber nicht, daß sie tatsächlich logisch oder richtig sind.

In Shakespeares *Der Widerspenstigen Zähmung* wird der »biologische« Gedanke der »Männlichkeit« wiedergegeben. Diese und ähnliche Geschichten sollten, wenn sie überhaupt im Englischunterricht in der Schule verwendet werden, als ein Beispiel für psychologische Konflikte herausgestellt werden, die aus einer ganz bestimmten Kultur heraus entstanden sind, von einem spezifischen ideologischen Standpunkt aus. Man sollte die Schüler nicht glauben machen, daß die Helden dieser Stücke die »menschliche Natur« verkörpern. Denn wenn das getan wird, dann werden die Jungen dadurch nur noch ermutigt, all diese Dinge zu tun – »die Frau zähmen«, indem sie »ihre Dominanz« oder »Männlichkeit« auf die Probe stellen – was ja, wie sie gehört und gesehen haben, eine »biologische Veranlagung« ist, auf die sie ein »Recht« haben, weil sie gar »nicht anders können«.

Die Angst der Männer vor der Liebe

Was rät die Ideologie der »Männlichkeit« den Männern, wenn sie eine dauerhafte Zweierbeziehung haben? Nichts. Sie sagt den Männern nur, daß sie dominieren sollen, daß sie die Beziehung beherrschen sollen und aufpassen sollen, nicht von der Frau »beherrscht« zu werden. Das erklärt die Angst vieler Männer, sich zu »verlieben«, und auch ihr häufiges Unbehagen, wenn sie für eine Frau etwas empfinden. Ein »richtiger Mann« darf sich in nichts hineinziehen lassen, denn sein »Stolz« und seine »Dominanz« sind für ihn wichtiger als alles andere.

Aber die »harte Männlichkeit« hat auch eine Kehrseite: Die meisten Männer haben Angst, ihre Gefühle zu zeigen oder eine zu enge Beziehung zu Frauen zu haben, weil sie dann als »schwach« erscheinen könnten. Anders ausgedrückt – die Trennung von Liebe und Vernunft nach dem klassischen westlichen Muster (nach dem »Liebe« »feminin« und »Vernunft« »maskulin« bedeutet), macht es vielen Männern schwer, ohne innere Konflikte zu lieben.*

Die Männer – jedenfalls die meisten Männer im *Hite Report* über männliche Sexualität – haben offensichtlich enorme innere Konflikte wegen ihrer Liebesbeziehungen – aber nur geringe Zweifel, das »Richtige« getan zu haben, wenn sie der »Vernunft« gehorcht und sich gegen die »irrationalen« Gefühle der Liebe, ob nun physischer und/oder emotionaler geistiger Art, entschieden haben. Die meisten Männer waren stolz, ihren Gefühlen widerstanden zu haben. Gleichzeitig aber besteht ein logischer Widerspruch in diesem Leugnen der Gefühle: Obgleich die Männer die »Emotionalität« der Frauen mit Herablassung behandeln, verlassen sich viele von ihnen auf die emotionale Unterstützung der Frauen, um zurechtzukommen.

Veränderung ist für Männer ein Catch-22

Obgleich viele Männer in bezug auf ethische und moralische Fragen selbst außerordentlich empfindlich sind, haben sie sich gegenüber den Frauen einen »ethischen« Standpunkt zurechtgelegt – der auf den ein-

---

* Woher kommt diese Trennung, historisch gesehen? Wenn wir annehmen, daß sie »naturgegeben« ist, halten wir uns an die ideologisch definierte »Realität«. Es wäre vielleicht interessant, einmal die verschiedenen Stränge dieser Trennung von Körper und Geist in anderen indo-europäischen Gesellschaften zu erforschen und sie mit den *prä*-indo-europäischen Kulturen zu vergleichen – obgleich wir darüber nur wenig wissen. Die Sprachen dieser frühen Gesellschaften (was davon überliefert ist) müssen zum größten Teil erst noch entziffert werden (wie etwa Linear A auf Kreta).

fachen Nenner zu bringen ist, daß Männer für Frauen sorgen sollten. Und obgleich es für Männer und für jeden eine lobenswerte Eigenschaft ist, sich um andere zu kümmern, ist das Problem damit keineswegs gelöst. Wenn Männer gerecht sein wollen, dann müssen sie sich zuerst einmal das gesamte System ansehen und es völlig umkrempeln, um eine richtige Vorstellung davon zu bekommen, wie eine ethische Beziehung zwischen Männern und Frauen beschaffen sein müßte.

Aber Veränderungen sind für Männer ein Problem, denn die Aufgabe der »Herrschaft« könnte als »unmännlich« gedeutet werden – aber die Dominanz des Mannes in Frage zu stellen, ist die einzige Möglichkeit, »Männlichkeit« und Gesellschaft zu verbessern. Wie können die Männer mit dieser Situation, in der es nichts zu gewinnen gibt, fertig werden und ihre Ideologie ändern? (Und außerdem – wie schon so oft erwähnt – wer wollte wohl freiwillig seine »Macht« hergeben, wenn er nicht müßte oder dazu gezwungen würde?)

Um einen ersten Schritt zu tun, müßten sich die Männer selbst prüfen und ihr Leben und ihre Philosophie besser verstehen lernen.

Der gegenwärtige Zustand der Welt: Die Verbindung von »männlichem Stolz«, hierarchischer Gesellschaftsstruktur und internationalem Terrorismus

Man könnte behaupten – was auf den ersten Blick vielleicht übertrieben erscheint –, der politische Terror zum Zwecke der »Unabhängigkeit« und die terroristische Haltung einiger Männer gegenüber Frauen dienten gleichermaßen dazu, die »Männlichkeit« unter Beweis zu stellen, wie sie – unglücklicherweise – von den patriarchalischen Kulturen in der ganzen Welt definiert wird.*

In ihrer gegenwärtigen Phase, in der die »männliche« Ideologie zunehmend die Gewalt in der Welt und die Gewalt gegen die natürliche Umwelt akzeptiert sowie mangelndes emotionales Interesse am einzelnen und die Konzentration von Macht und »Vorherrschaft« fördert, werden auch Aggression und Terrorismus als Konsequenz davon zum Ausbruch kommen. Wenn die »männliche« Ideologie dieses Konkurrenzdenken als »natürlich« ansieht, warum *sollte* sich dann auch irgend jemand genieren, alle zur Verfügung stehenden Mittel anzuwenden, um den Kampf um die »Herrschaft« zu »gewinnen« – da Macht und Siege ja das einzige sind, das zählt? In der gegenwärtigen

---

* Das könnte als die männliche Version der feministischen Richtlinie »Das Private ist politisch«, angesehen werden.

politischen Situation ist der Terrorismus folgerichtig vorhanden, als eine logische Folge der »männlichen« Ideologie mit ihrer festen hierarchischen Ordnung.

Da die wachsende Kommunikation der Massenmedien immer mehr das Gefühl vermittelt, die Welt sei ein Dorf – ein globales Dorf –, nimmt auch die Überzeugung, daß der einzelne nicht viel zählt, immer mehr zu. Jeden Tag sehen wir im Fernsehen so viele Teile der Welt und werden uns ganz zwangsläufig darüber klar, wie »klein« wir als Individuum sind, und wir sehen auch, daß manche Nationen und manche Individuen sehr reich und mächtig sind, während viele andere sehr arm sind. Die Armen und Machtlosen können die anderen, die Reichen und Mächtigen, Tag für Tag im Fernsehen und in den Zeitungen *sehen.* Das erinnert sie an ihre eigene Lage, es erinnert sie daran, daß die herrschende Ideologie nur die Macht respektiert – und dieses Wissen heizt die Aggressionen auf, da einzig diese Aggressionen eine Möglichkeit zu sein scheinen, sich Gehör zu verschaffen. Und auf eine äußerst schreckliche Art stimmt das auch. Gewalt und Zerstörung sind für einen kleinen Staat oder ein Individuum fast die einzigen Mittel, seiner Stimme Gehör zu verschaffen, oder auch für einen kleinen Staat, um seinen Standpunkt in einem hierarchischen Weltsystem klarzumachen.

Innerhalb des Systems, in dem wir heute leben (ob es sich nun um die Welt/die Staatssysteme oder um das »männliche« System handelt, dem sich die Frauen in ihren persönlichen Beziehungen zu Männern gegenübersehen), gibt es kaum eine andere Alternative. Es müßte ein neues System erfunden werden, in dem kleine Länder und/oder Frauen nicht in eine derart verzweifelte Lage getrieben werden und nicht das Gefühl haben, daß es für sie keine Alternative gibt außer dem Kampf, um nicht machtlos zu bleiben, weil diejenigen, die die Macht besitzen (oder der männliche Partner), sie nicht anhören wollen.

Es ist interessant festzustellen, daß Terroristen meistens männlich sind: Ist das etwa ein Zeichen für die Armut der »männlichen« Psyche (geschaffen durch die »männliche« Ideologie), nach der Männer ihre Probleme nicht offen aussprechen können (was als »Schwäche« ausgelegt würde) oder nicht mit anderen zusammenarbeiten können (weil sie gelernt haben, andere abzuurteilen und mit ihnen zu konkurrieren) – oder ist es vielmehr ein Zeichen für die »Machtlosigkeit« (»Macht ist falsch«) der Frauen, die Angst haben, Wut zu zeigen, »lieblos« oder »aggressiv« zu sein? Hier stehen wir wieder vor demselben Dilemma wie in Teil I: Welches System ist »richtig«? Wir wollen uns jedoch an dieser Stelle nicht damit aufhalten, alle möglichen Antworten unter die Lupe zu nehmen (wie wir es schon in vielen Teilen dieses

Buchs getan haben). Es läßt sich mit Sicherheit sagen: Schwäche und Versagen des »männlichen« Systems liegen darin, daß es sich nicht mit all den verschiedenen Möglichkeiten unserer sehr komplexen Welt auseinandersetzt, sondern sich immer nur darauf konzentriert, alles zu beherrschen und all diese Verschiedenartigkeiten, die so produktiv und so harmonisch sein könnten, unter Kontrolle zu haben. Die Voraussetzung für eine wirklich funktionierende demokratische Regierung ist vielleicht die Fähigkeit, die Menschen und ihre Gefühle richtig zu bewerten: Warum können die Männer nicht endlich damit beginnen, den Gedanken, alle Menschen gleich zu behandeln, auf ihr eigenes Leben und auf ihre politischen Überzeugungen anzuwenden?

Ursprünge der »männlichen« Vorherrschaft

Hat die »männliche« Ideologie einen historischen Anfang, hat es irgendwann eine Zeit und einen Ort gegeben, an dem sich dieses gesellschaftliche System mit seiner hierarchischen Ideologie und religiösen Struktur etabliert hat (im Unterschied zum Pantheon der Griechen, das dem Gleichheitsgedanken aufgeschlossener gegenüberstand, den Ägyptern, den Vorhelenen und anderen)? Oder ist die »männliche« Herrschaft eine »normale« Funktion der männlichen Hormone? Macht etwa ihr Testosteronspiegel die Männer rastlos, kampfwütig und kriegerisch? Wurden diese hormonellen Einflüsse nicht etwas übertrieben dargestellt, um die aggressive Männlichkeit als etwas »Natürliches« zu erklären; um sagen zu können, daß die »männliche« »menschliche Natur«, so wie wir sie kennen, »natürlich« sei, und daß die »männliche« Herrschaft in der Gesellschaft daher ebenfalls »natürlich« sei? Fast alle akademischen und wissenschaftlichen Disziplinen befassen sich gegenwärtig mit diesen Argumenten und bemühen sich, Beweise zu finden.

Andere sind der Meinung, daß die »männliche« Herrschaft nicht von den »männlichen Hormonen« herrührt, sondern vom »biologischen« Wesen der Familie; und das heißt, wie wir *(ad nauseam)* gehört haben, daß die Frauen zu Hause bleiben »müssen«, um sich um die Kinder zu kümmern, damit die Männer aus dem Haus gehen können, um sie zu schützen und Nahrung zu beschaffen. Allerdings ist bewiesen, daß in den Gesellschaften der Sammler und Jäger meistens die Frauen das Sammeln besorgt haben, und auch, daß der Großteil der Nahrung gesammelt wurde, nicht gejagt; daher haben in einigen Gesellschaften der Vorgeschichte wahrscheinlich die Frauen den größten Teil der Nahrung beigebracht. Außerdem sind sich die Anthropologen nicht einig, ob die restliche Nahrung gejagt wurde oder ob es sich dabei um gesammeltes Aas handelte.*

Andererseits ist die männliche Dominanz vielleicht gar nicht biologisch bedingt, sondern das Ergebnis eines historischen Zufalls: Stämme mit dieser Ideologie haben vielleicht wichtige Schlachten gewonnen, vielleicht sogar *wegen* dieser Ideologie. Eine extrem kämpferische und kriegsfreudige Gruppe könnte weniger militaristische, friedfertigere Gesellschaften leicht besiegen.

Wir wissen nicht genug über die Vorgeschichte (die Zeit, bevor es Schrift gab, oder Schriften, die noch nicht entziffert oder nicht überliefert sind), um die verschiedenen Philosophien weiter als bis dreitausend Jahre v. Chr. zurückzuverfolgen.** Aber wir wissen, daß es schon vor 35 000 Jahren hochentwickelte künstlerische und kulturelle Formen gegeben hat, zum Beispiel die Kunst des Eiszeitalters, die im *Museum of Natural History* in New York ausgestellt ist und im Herbst 1986 in *Newsweek* abgebildet war.

Im Alten Testament wird mit deutlicher Betonung auf die Abstammung bestimmter Leute hingewiesen, weil damit die Tradition der Erbfolge durch Väter, nicht durch die Mütter, etabliert werden soll. Was hat das zu bedeuten? Möglicherweise war jahrtausendelang davor die mütterliche Erbfolge Tradition, wie ganze Kolonnen weiblicher Namen nahelegen, die auf Lehmplatten auf Kreta und anderswo gefunden wurden. Das Alte Testament wettert auch gegen die Verehrung weiblicher Götter (die es in Kanaan*** und andernorts gab) – möglicherweise auch ein Hinweis auf die wichtige Stellung der Frau, jedenfalls im religiösen Bereich, in den konkurrierenden ideologischen Systemen jener Zeit.

Die Primatologen und Paläanthropologen (die Knochenteile von Primaten und Menschen untersuchen, die ein bis zwei Millionen Jahre alt sind) glauben heute, daß die »ersten Familien« mit ziemlicher Sicherheit Frauen und Kinder waren, die zu einer Gruppe zusammenge-

* Richard Potts, Vortrag auf der Jahrestagung der *American Anthropological Association*, 1985.
** Der hebräische Urgott wurde in den ersten Teilen des Alten Testaments als zornig und aggressiv dargestellt. Allerdings wurde die männliche Rolle, die Adam zugeteilt war, von einem Historiker in Frage gestellt: In *The New York Times Book Review* hat John Boswell von der Yale University geschrieben, daß Adam in Wirklichkeit eine Art Un-Person ist, ein passives Wesen, das eigentlich nichts tut, außer sich von Eva verführen zu lassen, während sie diejenige ist, die handelt. Das ist ein interessanter Gesichtspunkt und könnte uns in der Annahme bestärken, daß in der früheren Geschichte (oder Vorgeschichte) die Frauen als überlegen angesehen wurden und daß sie es waren, die die Gesellschaft anführten.
*** Ba'al, auf die sich die Bibel nur dem Namen nach bezieht, war eine weibliche Gottheit.

schlossen waren – der Vater kam erst später dazu.* Welchen Beitrag haben wohl die vorstaatlichen Gesellschaften, in denen Frauen vielleicht eine wichtigere oder sogar die Führungsrolle innehatten, Gesetze machten, Recht sprachen, zur Tradition der späteren Staaten in der Geschichte geleistet? Wie kam es, daß »Stämme« zu einem von Männern regierten Gesellschaftssystem wurden?

Archäologen, die Kulturen untersuchten, die älter sind als die indoeuropäische, haben dem Rätsel viele weitere Fragen hinzugefügt: Kreta war wahrscheinlich nicht patriarchalisch, und tatsächlich hat es in vielen Zivilisationen im Mittelmeerraum in der Vorgeschichte über lange Zeit heilige weibliche Schöpfungsfiguren oder auch »Göttinnen« gegeben. Archäologische Stätten wie Catal Hüyük in Anatolien (Türkei, nahe dem Mittelmeer) besaßen keine Stadtmauern, um sich zu verteidigen: Könnte es sein, daß jene Gesellschaften weniger kriegerisch eingestellt waren?** Wenn das der Fall ist, dann ließe sich damit die »männliche« Ideologie von heute widerlegen, daß nämlich »Aggression« ein wichtiger und natürlicher Teil der (biologisch gesteuerten) »menschlichen Natur« sei. Tatsächlich drängt die heutige Gesellschaft die Männer täglich dazu, aggressiv und kämpferisch zu sein, anstatt »weich«; damit glauben sie, die beiden grundlegenden »natürlichen« Gegensätze menschlichen Verhaltens zu verkörpern. Ein anderes Spektrum wird ausgeschlossen und auch eine andere Zusammensetzung der »menschlichen Natur« – sowohl für die Vergangenheit als auch für die Zukunft.***

* Podiumsdiskussion, Institute for Human Origins, University of California, Berkeley, November 1986.
** Gehört das klassische Griechenland zu den kulturellen Schnittpunkten der frühen »Staaten«, in denen Göttinnen verehrt wurden und es keine Ehebündnisse gab – wie etwa Kreta – und denen mit mehr kriegerischer Tradition? Niemand ist sich dessen sicher; manche Forscher sprechen von Invasionen kriegerischer indo-europäischer Stämme, die schon zwei Jahrhunderte davor in Nordindien eingefallen waren, später über Griechenland nach Italien kamen und die einheimische Bevölkerung immer vor sich her nach Norden schoben, wo sie ihre Tradition der weiblichen Gottesverehrung (gewöhnlich viele verschiedene Göttinnen) bis in die Zeit des Römischen Reichs und sogar noch darüber hinaus weiterführten. Natürlich darf ein überwiegend hierarchisches System nicht viele verschiedene Götter haben, vielmehr braucht es *einen* Gott, der über allem steht – ein Gesichtspunkt, den die Hebräer deutlich hervorheben. Ausführliche Erörterungen zum Wechsel in der griechischen Mythologie finden sich in Ellen Harrison: *Prolegomena in the Study of Greek Religion*. England, 1981.
*** Shere Hite und Robert Carneiro: *Abstracts*, Jahrestagung der American Anthropological Association, 1986.

Wie wütend könnten Frauen werden?

Verspüren fast alle Frauen allgemein eine unterdrückte Wut auf die Männer und die »männliche« Gesellschaft, weil sie von ihnen beherrscht werden?

Wie fühlen sich Frauen, wenn sie diesem »männlichen« Verhaltenskodex gegenüberstehen, mit der darum herum errichteten Mauer von Hierarchie?

Verspüren die meisten Frauen eine Art allgemeine Verärgerung gegenüber Männern, weil sie die Gesellschaft beherrschen, das Heim, ihr Leben, alles – weil sie mehr Macht haben, mehr Status, mehr Einfluß? Und ist das ganz unabhängig davon, wie sie als Einzelperson von dem Mann in ihrem Leben behandelt werden? Das wäre schließlich nur logisch; denn die Frauen müßten ja dumm sein, wenn sie als Gruppe nicht wenigstens ein paar dieser Gefühle aufbringen könnten. Zweifellos wird dadurch selbst die kleinste geringschätzige Bemerkung für die Frauen, die in jedem Bereich ihres Lebens dagegen ankämpfen müssen – sogar zu Hause –, zu einem Ärgernis.

Warum sollten die Frauen nicht wütend sein auf die Geschichte, von der sie ausgeschlossen wurden? Können wir die amerikanische Unabhängigkeitserklärung wirklich mit der gleichen Freude feiern, wie es die Männer tun? Gehört sie wirklich uns? Und wie glücklich können wir uns wirklich fühlen, wenn wir die Musik von Richard Strauss hören und von seiner Misogynie wissen? Gehört die Geschichte wirklich *uns*? Oder fängt unsere Geschichte in Wirklichkeit erst an, obgleich es in allen Zeiten große Frauen gegeben hat, bekannte und unbekannte, vergessene und unvergessene?

Könnten die Frauen nicht eines Tages so wütend werden, daß sich ihre jahrhundertelang unterdrückten Gefühle plötzlich Luft machen und nicht mehr aufzuhalten wären – einem Dammbruch gleich?*

Solche Dinge passieren ganz plötzlich, zum Erstaunen der Historiker, die sich fragen, warum gerade *jetzt,* nachdem dieser Zustand schon die ganze Zeit existierte? Warum *damals* die Französische Revolution? Oder warum *jetzt* die Aufstände in Südafrika, nachdem die schwarze Bevölkerung doch schon so lange diskriminiert wurde? Warum gerade jetzt die Solidarität und der Beweis der Stärke?

---

* Fühlen sich die Frauen wirklich so unzufrieden? Ein Reporter des National Public Radio bemerkte anläßlich des Women's Day 1986 im Hinblick auf eine Untersuchung verheirateter Frauen: »Wenn uns aus irgendeinem anderen Teil der Bevölkerung soviel Unzufriedenheit entgegenschlüge, würden wir von Revolution sprechen.«

Wird die Frustration bei den Frauen je so groß sein, daß sie politisch noch aktiver oder vielleicht sogar gewalttätig werden? Könnte sich eine Situation entwickeln, die der gegenwärtigen Situation in Südafrika auf irgendeine Weise gleicht? Könnten die Frauen sich bereiterklären, für ihre Rechte zu kämpfen? Für ihre Auffassung von der Gesellschaft, für ihr Recht, an der politischen Führung beteiligt zu sein? Oder ist unsere Politik des gewaltlosen Widerstands besser?

In gewisser Hinsicht befinden sich die Frauen in der gleichen Lage wie einige Terroristen: Manche haben seit Jahren auf ihre Situation hingewiesen, haben versucht, ins Gespräch zu kommen usw. Am Ende sind sie so frustriert, daß sie sagen: »Also, dann werde ich ihnen eben Ärger machen, so daß sie mir zuhören *müssen*.« Das ist das gleiche Phänomen, wie wir es aus der Familie kennen, wenn sich einer nicht Gehör verschaffen kann – vielleicht ein Kind – und der dann einfach während des Essens seinen Teller auf den Boden wirft. Wer sich kein Gehör verschaffen kann, wird seine Frustration nach langem Warten an sich selbst auslassen, an Selbstmord denken, selbstzerstörerisch sein, oder die Gesellschaft in Frage stellen – und eine Möglichkeit besteht darin, »terroristisch« zu werden.

Hier in diesem Buch haben wir gesehen, wie der Zorn der Frauen an die Oberfläche gelangt. Haben die Frauen ein Recht auf »Revolution«? Oder wäre es, da Frauen ja »nicht wütend« sein können, weil es »nicht damenhaft« ist, unmöglich? Viele Frauen haben heute das Gefühl, nicht mehr dazuzugehören, weder »zu Hause« noch in der Arbeit. Zu Hause haben sie Schuldgefühle und kommen sich »rückständig« vor, weil sie »zu Hause« bleiben; in der Arbeit muß eine Frau beweisen, daß sie »genauso gut wie ein Mann« ist, erhält aber trotzdem nicht die gleiche Bezahlung oder die gleichen Aufstiegsmöglichkeiten. Das macht die Frauen irgendwie zu einer Gruppe ohne ein Zuhause, ohne einen Platz, an dem sie sein können – zu einem großen verstoßenen Volk – ein Volk ohne Heimat.

Wenn die Frauen nicht mehr richtig dazugehören, gleichzeitig aber den größten Teil der Bevölkerung bilden, werden sie dann nicht potentiell zu einem revolutionären Teil der Bevölkerung?

»Schon zu lange gewartet?«

Ein Leitartikel in der Londoner Zeitung *The Guardian* (über den in der *International Herald Tribune* am 31. August 1986 berichtet wurde), der sich mit der geistigen Verfassung der schwarzen Einwohner Südafrikas befaßt, die in ihrem Land die Gleichberechtigung fordern, trifft in erstaunlichem Maß auch auf die Forderung der Frauen nach gleichen Rechten zu:

»Südafrika [ist] aus dem Gleichgewicht. Den zutiefst unzufriedenen Afrikanern mangelt es an Einheit und Stärke, um die Apartheid mit ihrem überwältigenden Unterdrückungsmechanismus abzuschaffen. Aber die Macht der Sicherheitsorgane ist noch nicht so groß, daß sie tun kann, was sie will, ohne auf Widerstand zu stoßen, stark genug, um einen ständigen Tribut von den menschlichen (meist schwarzen) Instrumenten der weißen Herrschaft zu fordern. Eine solche Sackgasse könnte Jahre, wenn nicht Jahrzehnte weiterbestehen.

Die Antwort auf die alles überragende Frage, wie das Südafrika aussehen wird, das am Ende daraus hervorgeht, wird um so klarer, je länger man die schwarze Bevölkerung darauf warten läßt, ihr Erbe anzutreten. Die Bitterkeit in den Townships nimmt zu, nachdem immer mehr Weiße den Meinungsforschern erklären, daß ihrer Meinung nach eine Mehrheitsregierung unvermeidbar ist.

Die afrikanische Regierung, die an diesem Tag gewählt wird, wird in direktem Zusammenhang mit dem stehen, was sie erdulden und überwinden mußte, um an die Macht zu gelangen. Wenn den Weißen und ihren Helfershelfern im Westen das Resultat nicht gefällt, haben sie das einzig und allein sich selbst und Präsident Botha und seinesgleichen zu verdanken. Der schwarze Widerstand gegen die Apartheid ist längst nicht mehr eine Frage von Law-and-Order, falls er es je war.«

Die Ungerechtigkeiten, die zu der Instabilität geführt haben, sind klar. Wie die *United Nations Decade for Women Conference* 1985 in Nairobi erklärt hat: »Die Frauen verrichten fast die gesamte Hausarbeit in der Welt. Zusammen mit der zusätzlichen Arbeit außerhalb des Hauses bedeutet das, daß viele Frauen Doppelarbeit leisten. Die Frauen pflanzen ungefähr die Hälfte aller Nahrungsmittel auf der Welt an, aber sie besitzen kaum ein Stück Land. Sie sind in den am niedrigsten bezahlten Berufen tätig und sind der Arbeitslosigkeit leichter ausgeliefert als jeder Mann. Im Gesundheitswesen, heißt es in dem Bericht, würden die Frauen mehr leisten als alle Gesundheitsorganisationen zusammen. Frauen verrichten zwei Drittel aller Arbeiten auf der Erde, erhalten ein Zehntel des Gesamteinkommens und besitzen weniger als ein Hundertstel ihrer Besitztümer.«

Die Konferenz forderte, den Wert der unbezahlten Frauenarbeit anzuerkennen, indem die Regierungen aufgerufen wurden, in Organisationen so viel Geld zu investieren, wie die Frauen zur nationalen Wirtschaft beitragen. Das sind schätzungsweise, je nach Land, zwischen 30 und 85 Prozent des Bruttosozialprodukts.

Das entspricht interessanterweise genau dem, was die Frauen in Teil I dieses Buchs versichern. Auch hier scheinen die Männer dazu zu neigen, die Dinge so lange anstehen zu lassen, bis sie in ein Krisenstadium gelangen, indem sie sich einfach abwenden (von einer »sich beklagenden Frau« oder von »sich beklagenden Leuten«), bis sich diese Gruppe Menschen so weit entfernt hat, daß sich die Regierung/der Mann einer katastrophalen Schwarz-Weiß-Situation gegenübersieht; die Menschen/Frauen werden gezwungen, Gewalt anzuwenden, um Gleichberechtigung zu erhalten – oder sie werden gezwungen, den Partner oder das Land ein für allemal zu verlassen.

Eine Frau erinnert uns daran, daß wir uns inmitten eines revolutionären Prozesses befinden, der noch nicht vorbei ist:
»Frauen sind wunderbar, einfallsreich, stark, mutig, kreativ. Sensibel, warm, intelligent, und sie kommunizieren auf einer völlig anderen, fließenderen und intuitiveren Ebene als Männer. Sie opfern sich mehr auf und geben mehr, und wenn jemand sicherstellt, daß dieser Planet und diese Spezies überleben, dann sind es die Frauen. Sie sind das Rückgrat der Weltwirtschaft. Sie sind diejenigen, deren unbelohnte unaufhörliche Arbeitskraft für so viele einen annehmbaren Lebensstandard geschaffen hat.

Ich bin eine radikale Feministin an der Speerspitze der Frauenbewegung, die gerade anfängt, die sagenhafteste globale Revolution herbeizuführen, die die Menschheit je erlebt hat: 53 Prozent der Bevölkerung, die sich gegen patriarchalisch-hierarchisches Gedankengut auflehnen. Mein Rat an die Frauen? Erhebt euch! Ergreift die Macht! Habt keine Angst! Hört auf die Frauen.«

Oder, wie Christabel Pankhurst, die englische Suffragette (1880–1956) uns sagt: »Erinnert euch an die Würde eurer Weiblichkeit. Appelliert nicht. Bittet nicht. Erniedrigt euch nicht. Habt Mut. Faßt euch an den Händen, stellt euch neben uns, kämpft mit uns...«

18

Freundschaften zwischen Frauen: Eine andere Kultur, eine andere Art zu leben

Frauen beschreiben ihre Freundschaften mit anderen Frauen als ihre schönsten und glücklichsten Beziehungen im Leben. 87 Prozent der verheirateten Frauen haben ihre tiefste emotionale Beziehung zu einer Freundin, und bei den alleinstehenden Frauen sind es sogar 95 Prozent. Diese Beziehungen sind außerordentlich wichtig – ein häufig »unsichtbarer« Hintergrund im Leben der Frauen, der für sie aber genauso »vorhanden« ist wie die Luft zum Atmen. Frauen verlassen sich aufeinander, sie wissen, daß sie das immer tun können, in Zeiten der Krisen wie auch für den täglichen emotionalen Austausch oder nur zum Spaß – sie sind Kind, Mutter, Schwester und Freundin füreinander, manchmal alles an einem Tag. Natürlich gibt es Augenblicke der Enttäuschung, sogar des Verrats, aber das sind die Ausnahmen, nicht die Regel. Trotzdem wird von den Frauen erwartet, daß sie ihre Freundschaften hinter ihre Liebesbeziehungen zu Männern und vor allem hinter ihre Ehen zurückstellen.

Frauen mögen ihre Freundschaften mit anderen Frauen

94 Prozent der Frauen haben sehr enge und wichtige emotionale Beziehungen zu anderen Frauen:
»Frauen sind die wichtigsten Menschen in meinem Leben. Meine engen Beziehungen zu Frauen haben mir weitergeholfen, wenn alles andere nichts genutzt hat.«
»Sie war meine erste wahre Liebe, und auch meine wichtigste. Durch sie habe ich zu mir selbst gefunden.«

Die Beschreibungen, die die Frauen von ihren Freundinnen abgeben, schäumen über vor Bewunderung und Zuneigung; die überwältigende Mehrheit der Frauen drückt, wenn sie ihre Freundinnen beschreibt, Gefühle von Begeisterung und Glück aus:

»Wir reden und lachen viel zusammen. Ich mag ihre Ehrlichkeit und ihren Sinn für Humor und für die Ironie des Lebens. Sie verurteilt niemanden. Sie hat mir in schwierigen Zeiten geholfen, einfach nur, indem sie da war und ich mit ihr reden konnte, weil sie zugehört und sich um mich gekümmert hat. Wenn ich mit ihr zusammen bin, fühle ich mich wie ich selbst. Dann habe ich eine Identität, die sich richtig anfühlt.«

»Meine beste Freundin hört mir zu, aber sie verurteilt mich nicht, sie akzeptiert mich, wie ich bin. Gewöhnlich treffen wir uns zum Mittag- oder Abendessen, reden stundenlang in ihrem oder in meinem Haus. Ich spüre, daß sie da ist, fühle mich wohl, ohne Worte, es herrscht ein absolutes Verständnis zwischen uns, selbst wenn ich irgendwas nicht verstehe. Ich vermisse sie, wenn wir nicht zusammen sind. Sie beklagt sich immer, daß sie zu dick sei, dabei ist sie genau richtig. Außerdem klagt sie über ihr krauses Haar, das himmlisch aussieht.«

»Meine beste Freundin würde immer in meinem Sinne handeln und meinen Standpunkt vertreten, auch wenn ich nicht dabei bin. Wir genießen beide unser tägliches Leben, reden viel, vergleichen unsere Ansichten über das Wesen der Existenz. Wir haben einen Pakt geschlossen: daß wir immer Zeit füreinander haben werden, auch wenn wir mit einem Mann zusammen sind. Es klingt vielleicht ein bißchen schulmädchenhaft, aber ich bin der festen Überzeugung, daß Frauenfreundschaften ewig halten. Ich fühle mich geachtet, wenn ich mit ihr zusammen bin – nichts von all den Spielchen im Haus (wenn die Wäsche gewaschen werden muß, wird sie eben gewaschen) – und wir können uns auch gegenseitig kritisieren und uns trotzdem gern haben, ohne jede emotionale ›Aufladung‹, Streitereien und so, um mit der Wahrheit herauszurücken. Was ich an ihr am wenigsten mag? Wenn wir auf eine Party gehen, trinkt sie zuviel. Ich kann es nicht leiden, wenn andere Leute sie oberflächlich beurteilen, weil viel mehr in ihr steckt.«

»Ich kenne meine beste Freundin seit fünfzehn Jahren. Ich mag (liebe) sie, weil ich bei ihr absolut offen und ehrlich sein kann und sie mich nicht danach beurteilt, was ich fühle. Ich habe in meinem Leben schon so viel mit ihr geteilt und sie mit mir, daß sie mich wahrscheinlich besser kennt als sonst irgend jemand. Wir machen alle möglichen Dinge gemeinsam – alles, vom Einkaufen bis zum Urlaub, den wir immer zusammen verbringen (gelegentlich auch mit unseren Liebhabern). Sie hat mir geholfen, als ich meine Kinder kriegte, bei der Scheidung, bei Depressionen; jedesmal, wenn ich jemanden gebraucht habe, der mir hilft, war sie zur Stelle. Wir verbringen (meistens jedenfalls) wenigstens einen Tag in der Woche zusammen, nur um auf dem laufenden zu bleiben, und wir telefonieren ungefähr viermal die Woche miteinander – manchmal noch öfter. Und manchmal sehen wir uns jeden Tag, wenn es geht.«

»Meine beste Freundin ist wie eine Kerze, die immer brennt. Wir sehen uns zwei- oder dreimal die Woche, weil wir beide sehr viel mit unserer Arbeit zu tun haben und mit anderen Leuten. Sie gibt mir Kraft und Energie, sie inspiriert mich, und sie sagt, daß es ihr mit mir genauso ginge. Wir haben viel zusammen durchgemacht. Ich habe andere gute Freundinnen, aber es gibt niemanden, den ich mehr lieben und dem ich mehr Vertrauen und Bewunderung entgegenbringen würde als ihr. Wir verstehen immer, was die andere gerade denkt und fühlt.«

»Meine beste Freundin ist in meinem Alter, sehr hübsch und sehr stark, emotional und auch körperlich. Wir gehen jetzt auf verschiedene Schulen, und wir rufen uns auch nicht mehr an, weil es zu teuer wäre, aber wir schreiben uns. Sie ist ernst, einsichtig, stark, unabhängig. Sie hat sich Ziele gesetzt und wird sie für keinen Mann aufgeben. Wir nehmen uns in die Arme, wenn wir uns gegenseitig besuchen (normalerweise reden wir nur). Sie stand mir zur Seite, als ich glaubte, ich sei schwanger, und nicht wußte, was ich tun sollte. Sie ist auch unglaublich sanft und kann sich immer auf Gefühle anderer einstellen. Ich habe sogar schon ein Gedicht über sie geschrieben. Wir sind seit sechs oder sieben Jahren befreundet. Mir fällt nicht ein, was mir an ihr am wenigsten gefällt.«

»Wir sind seit dreizehn Jahren befreundet. Sie ist klug, hat aber keine akademische Bildung. Sie liest in mir wie in einem Buch, ich kann sie nie hinters Licht führen. Sie macht mir vieles über mich selbst bewußt, was ich vorher nicht einmal geahnt habe. Sie bringt mich dazu, nachzudenken, aber sie löst nicht für mich die Probleme. Das muß ich selbst tun. Wenn wir zusammen sind, reden wir stundenlang. Wenn wir zum ersten Mal nach längerer Zeit wieder zusammen sind, spüre ich eine starke Verbundenheit, trotzdem hat sich auch vieles geändert zwischen uns.«

»Wie ich mich fühle, wenn ich mit ihr zusammen bin? Entspannt, friedlich, freudig erregt und lebendig. Wir telefonieren fast jeden Tag und reden, und gewöhnlich treffen wir uns ein- bis zweimal die Woche. Sie und ihr Mann haben eine Farm, dort fahren sie fast jedes Wochenende hin, und wir verbringen meistens auch das Wochenende dort. Was ich am wenigsten an ihr mag, ist ihre Einkaufssucht. Für sie ist es eine Art Unterhaltung! Wir können an keinem Laden vorbeigehen, an dem sie nicht stehenbleibt, um zu sehen, was es dort zu kaufen gibt.«

»Wir hatten schon immer Vertrauen zueinander. Wir konnten stundenlang über alles reden. Ich hatte immer das Gefühl, daß ich alles sagen und tun kann, wenn ich mit ihr zusammen bin. Sie liebt mich so, wie ich bin. Wir gehen gern zusammen an den Strand oder an die frische Luft, wir lieben beide die Natur und machen es uns gern gemütlich, essen gern und haben Spaß. Wir haben uns gegenseitig beigebracht, miteinander zu reden. Wir gehen den Dingen auf den Grund. Wir genießen es beide, eine tiefe emotionale Ebene herzustellen.«

»Meine beste Freundin und ich haben uns kennengelernt, als wir beide als Kellnerinnen gearbeitet haben. Wir waren die hübschesten und albernsten Mädchen und immer zu einem Flirt aufgelegt. Was mir an ihr so gut gefällt, ist, daß sie über ihre Gefühle reden kann, ohne Angst zu haben, was ich denke. Dadurch kann ich ihr gegenüber auch offen sein. Meistens reden wir ein- oder zweimal in der Woche miteinander, entweder am Telefon oder bei einer von uns zu Hause. Sie hat mir geholfen, wenn ich Liebeskummer hatte, und wenn ich deprimiert bin, gelingt es ihr immer, mich aufzuheitern.«

»Sie ist sehr mitfühlend, nicht nur was meine Probleme angeht, sondern auch ganz allgemein. Sie redet anderen nicht nach dem Mund und ergreift auch keine Partei. Sie hat mir sehr geholfen, indem sie mir einfach nur zugehört hat. Das einzige, das ich an ihr nicht mag, ist, daß sie nicht mit Geld umgehen kann und ständig Schulden hat.«

»Sie ist wunderbar, in guten wie in schlechten Zeiten. Wenn ich mit ihr zusammen bin, fühle ich mich glücklich, voller Vertrauen. Das einzige, was ich an ihr nicht mag, ist, daß sie manchmal zu wenig Mut hat – schwierigen Dingen geht sie lieber aus dem Weg, um Probleme zu vermeiden, die vielleicht wichtig und von Bedeutung sind. Aber das hat sich schon erheblich gebessert, denn sie hat in unserer Beziehung große Fortschritte gemacht. Das andere ist ihre Selbstzufriedenheit und auch, daß sie ständig so tut, als wäre sie wer weiß wie glücklich – nach außen hin, nicht in unserer Beziehung. Mir gibt diese Beziehung sehr viel.«

Freundschaften zwischen Frauen bestehen sogar über große Entfernungen:

»Ich sehe sie alle anderthalb Jahre oder so, wenn wir uns gegenseitig besuchen, und dann verbringen wir ziemlich bewegte vierundzwanzig Stunden und unternehmen, soviel wir können. Gelegentlich ruft sie an und schreibt lange informative und hilfreiche Briefe. Sie hört mir zu, sorgt sich um mich und ermutigt mich, besser auf mich aufzupassen.«

»Meine beste Freundin – wir haben uns gleich am ersten Tag im College kennengelernt – das war vor achtundzwanzig Jahren. Wir sind untrennbar miteinander verbunden, obgleich unser Leben völlig verschieden verläuft und wir seit fünfzehn Jahren nicht mehr in derselben Stadt wohnen. Wir sind beide nicht verheiratet und haben auch keine Kinder. Wenn wir zusammen sind, fühle ich mich absolut vollkommen. (Natürlich sehen wir uns nur ungefähr einmal im Jahr und dann auch nur für ein paar Tage oder ein paar Wochen.) Wir schreiben uns und rufen uns gelegentlich an, wenn wir uns etwas Wichtiges zu erzählen oder irgendwelche Probleme haben (wir wohnen dreitausend Meilen voneinander entfernt). Sie ist still und ruhig, ganz im Gegensatz zu mir. Wir gehen aus, um zu essen, gehen ins Kino (um danach stundenlang über den Film zu reden). Wir machen zusammen Ausflüge, dann sind wir völlig ausgelassen und ›albern herum‹. Das hört sich vielleicht alles nicht besonders toll an, aber es ist eine unbeschreiblich schöne Freundschaft.«

Viele Frauen sind seit der High School oder sogar noch länger miteinander befreundet; manchmal erinnern sich Frauen an die Freundinnen aus ihrer Kindheit und ihrer Jugend als die engsten Vertrauten in ihrem Leben:
»Ich hatte im Junior College eine besondere Freundin, und wir standen uns sehr nahe. Wir haben zusammen gearbeitet. Es war das erste Mal in meinem Leben, daß ich mich völlig frei fühlte und den Mut hatte, mich so zu zeigen, wie ich bin, und meine Gedanken, meine Gefühle, meine Vorstellungen auszudrücken. Ich werde immer in ihrer Schuld stehen, weil sie sich die Zeit genommen hat, mir zu helfen und so viel Interesse an mir hatte. So eng wie mit ihr war ich noch mit niemandem zusammen. Ich hatte volles Vertrauen zu ihr. Wir konnten lachen und ›verrückt spielen‹, es war wunderbar. Ich habe mich immer so entspannt und wohl gefühlt, wenn wir zusammen waren. Ich konnte meine Gedanken und meine Gefühle aussprechen. Sie war sehr klug, verständnisvoll und einfühlsam.«

Frauen helfen sich gegenseitig, wenn sie Schwierigkeiten mit Männern haben, sei es in ihren Ehen, oder bei Scheidungen oder wenn eine Beziehung zu Ende ist:
»Ich liebe meine beste Freundin so sehr. Sie hat mir geholfen, als ich völlig am Ende war. Und sie hat mir den Mut gegeben, so zu sein, wie ich heute bin.«
»Während der schlimmsten Zeit in meinem Leben – unser Geschäft ging pleite, die Gläubiger riefen andauernd an, ich hatte zwei zukunftslose Jobs, völlig unterbezahlt, eine Sechzig-Stunden-Woche, so daß ich keine Zeit für meine Tochter hatte, die damals zwei Jahre alt war; meine Ehe ging in die Brüche bei dem ganzen Streß und den ge-

genseitigen Beschuldigungen; ich weinte die ganze Zeit auf dem Weg zur Arbeit und zurück, während ich im Auto saß. Das ging ungefähr zwei Monate so (das Auto war der einzige Ort, den ich für mich allein hatte), bis ich es nicht mehr aushielt. Manchmal hätte ich mich am liebsten ins Auto gesetzt, mit etwas Geld, um einfach wegzufahren und nicht mehr zurückzukommen, aber das konnte ich nicht; ich kam mir vor wie in einer Falle. Ich rief meine Freundin an und sagte, daß ich sie unbedingt sehen müßte. Sie spürte, wie verzweifelt ich war, und traf sich mit mir, obgleich sie gerade beim Packen war, um am nächsten Tag in Urlaub zu fahren. Ich saß in ihrem Auto und weinte mit dem Kopf in ihrem Schoß. Nach dieser unglaublich beruhigenden Erfahrung – es war das erste Mal in meinem Leben, daß ich jemanden um so was gebeten hatte –, wurde es nach und nach ein bißchen besser.«

Warum sind Frauen mit ihren Freundinnen so glücklich?

Emotionales Einfühlungsvermögen und subtile Verständigung zwischen Frauen

»Wir wissen immer, was die andere fühlt.«

92 Prozent der Frauen sagen, daß es leichter ist, mit anderen Frauen zu reden als mit den meisten Männern:
»Es ist leichter, mit Frauen zu reden als mit Männern (mit manchen Frauen und manchen Männern). Im großen und ganzen verstehen Frauen mehr, können sich besser in alles hineinversetzen und wollen nicht immer jede Einzelheit wissen. Wir helfen uns gegenseitig, weil wir leichter miteinander reden können, das gibt uns Mut und macht uns stark. Wir sorgen uns mehr und lieben mehr und haben keine Angst, es unseren Freundinnen zu zeigen. Männer können auch gute Freunde sein, aber sie scheinen einfach nicht die *menschliche* Seite der Gefühle zu verstehen, sie versetzen sich nicht an die Stelle des anderen, wie Frauen es tun. Das ist traurig, aber wahr. Es tut gut, eine enge Freundin zu haben, mit der man über alles reden kann, aber ich finde, der Ehemann sollte auch der beste Freund sein, jemand mit dem man alles teilen kann. Es sieht so aus, als würden die Paare, die glücklich verheiratet sind und deren Ehen halten, auch gute Freunde sein.«
»Ich finde es leichter, mit Frauen zu reden. Männer verkriechen sich immer hinter Logik, wenn du mal emotionale Unterstützung

brauchst. Wir brauchen alle jemanden, mit dem wir zusammen lachen können, uns glücklich fühlen können und mit dem wir weinen können. Wenn ich mit meinem Mann reden könnte und er mit mir, so wie ich es mit meiner besten Freundin kann, dann hätten wir eine Superehe.«

»Es ist leichter, mit Frauen zu reden, zu ihnen vorzudringen. Es ist leichter, die Emotionen vor Frauen freizulegen. Männer stehen ihren Gefühlen nicht sehr nahe, es fällt ihnen schwer, mit Frauen umzugehen, die sich ihnen völlig öffnen.«

»Ich glaube, daß Frauen wesentlich besser auf andere Menschen eingestimmt sind als Männer. Frauen sehen das Leben mehr als Ganzes, als es Männer tun. Sie sehen die Dinge als einen Teil eines größeren Bildes, und zerlegen die Welt nicht rein mechanisch in einzelne unzusammenhängende Stücke.«

Frauen haben unter sich eine Methode entwickelt, die es ihnen ermöglicht, sehr intensive, enge Beziehungen herzustellen, komplizierte innere Gedanken zu teilen. Sie haben ein großes Repertoire von Gefühlen, die sie ausdrücken und die sie auch verstehen können. Wie Frauen miteinander reden, unterscheidet sich völlig davon, wie Frauen mit Männern reden. Jedenfalls in den meisten Fällen. Frauen haben eine ganz besondere Art der Verständigung, sie gehen mehr ins Detail, bemühen sich, die innersten Gedanken ihrer Gesprächspartnerin herauszufinden, sie hören ihr zu, helfen aktiv mit, die Gefühle an die Oberfläche zu bringen und zu begreifen.

Eine Frau, die schon Liebesbeziehungen zu einem Mann und zu mehreren Frauen hatte, beschreibt die Unterschiede in der Kommunikation – nicht nur den Ton, sondern auch die Qualität und die Tiefe der Gespräche sind verschieden:

»Die Gespräche mit Anne-Marie waren so vollkommen und so auf alles bezogen – zum Beispiel, wenn sie sagte: ›Dieses Essen, zu dem wir gehen. Ich habe wirklich etwas gemischte Gefühle. Was meinst du?‹ Und dann haben wir Spekulationen angestellt, darüber gesprochen. Oder wenn wir uns gestritten haben, dann sagte die eine von uns: ›Ich finde, du nutzt mich aus‹ (zum Beispiel), und dann sagte die andere: ›Sag mir, warum – erklär es mir. Wie meinst du das – sag es mir, ganz genau‹, und dann hörte sie mir fünf oder zehn Minuten lang zu – vielleicht beschwerte sie sich wegen dem, was ich sagte, aber sie hörte trotzdem zu. So war das mit uns.

Bei einer Beziehung mit einer Frau ist nichts selbstverständlich – während Männer manchmal die Einstellung haben: Wir machen einfach weiter, dann erledigt sich schon alles von selbst. Bei Frauen wird immer diskutiert, immer, und die Richtung, in die sich die Beziehung entwickelt, wird ständig neu überdacht. Wenigstens bei uns.

Während ich früher, wenn ich mit John, meinem Ex-Freund, einen Streit oder eine Diskussion hatte, einfach nichts daraus gewann – nichts. Er hat sich überhaupt nicht darum gekümmert. Und wenn ich ihn gedrängt habe, sagte er: ›Du bist ja verrückt. Ich weigere mich, darüber zu reden.‹ Und damit war dann die Sache für ihn erledigt. Ich konnte soviel toben und schreien, wie ich wollte – das ließ ihn völlig kalt, er nahm es gar nicht zur Kenntnis. Er beschäftigte sich dann einfach mit irgendwas anderem, räumte seinen Schreibtisch auf oder so. Und dann, wenn ich fertig war, sagte er: ›Siehst du jetzt, was ich meine? Du bist völlig verrückt.‹ Und dann ging er weg, ohne ein Wort zu sagen.

Bei meiner Freundin ist das völlig anders. Sie reagiert auf das, was ich sage. (Natürlich hängt das auch davon ab, wieviel Geduld wir gerade haben.) Aber wenn ich auf irgend etwas zu sprechen komme oder eine Bemerkung mache, kriege ich doch eine Antwort, und zwar häufiger als nicht. Zum Beispiel: ›Was meinst du damit? Wie kannst du so etwas sagen?‹ Oder: ›Erkläre mir, was du damit meinst.‹ Andererseits wurde es bei meiner einen Liebhaberin manchmal auch zu komplex und zu einem psychologischen Problem – plötzlich wurde alles so bedeutsam.

Natürlich stimmt es bis zu einem gewissen Grad, wenn sich zwei Frauen alles erzählen – ihre ganzen inneren Gedanken und so –, und wenn die beiden dann auch noch ziemlich intensiv sind, dann wird man wirklich innerlich aufgewühlt – trotzdem ist es großartig. Ich glaube, daß man durch solche Diskussionen seine Identität gewinnt. Für mich ist es wirklich ein ungeheurer Lernprozeß – ich lerne mich kennen, mich und auch sie. Es ist eine tolle Erfahrung.«

Die meisten Frauen heben hervor, daß sie mit ihren Freundinnen reden können, ohne deswegen verurteilt zu werden:

»Sie ist amüsant, offen, warm, bereit zu teilen, und sitzt nicht über andere zu Gericht. Ich glaube, das ist das wichtigste für mich. Ich kann ihr erzählen, ohne Angst haben zu müssen, ›was sie wohl denkt‹.«

»Ich habe nur eine einzige enge Freundin, mit der ich über mein Geschlechtsleben spreche. Wir sind durch nichts schockiert und können ganz offen über alles reden. Wir sind seit vierzehn Jahren befreundet. Sie versteht mich besser als sonst irgend jemand (sogar besser als mein Mann), und wir können über alles reden: Sie weiß gar nicht, was für ein wertvoller Mensch sie ist – das ist ihr einziger Nachteil.«

»Ganz gleich, wie lange ich meine Freundinnen nicht mehr gesehen habe, wir verstehen uns auf Anhieb und können über alles reden. Sie verurteilen mich nicht, sind hilfreich, und ich weiß, daß sie immer für mich da sind, wenn ich sie brauche. Meine Geheimnisse sind bei ihnen gut aufgehoben, und sie sind immer ehrlich mit mir.«

»Ich fühle mich immer sehr wohl, wenn ich mit ihr zusammen war und wir so leicht über alles sprechen konnten. Sie hat mir schon so oft geholfen, wenn ich in Schwierigkeiten war, und ich liebe sie sehr.«

Die meisten Frauen schätzen auch das ehrliche Interesse, das ihnen ihre Freundinnen entgegenbringen, wenn sie von ihnen dazu gebracht werden, über sich zu reden:

»Was mir am besten an ihr gefällt? Sie läßt mich nie im Stich – sie hört zu und ist INTERESSIERT.«

»Die Freundin, die mir derzeit am nächsten steht... mitfühlend, EHRLICH (ich bekomme ein Feedback, Ratschläge, sie sagt mir nicht, was ich ›hören will‹, sondern was sie wirklich meint). Sie ist geistreich und bringt mich immer zum Lachen (fast immer). Sie lacht mich niemals aus und macht mich auch nicht verächtlich wegen dem, was ich fühle und sage. Sie sorgt sich um mich und würde alles für mich tun, alles, worum ich sie bitte. Sie weiß auch, daß ich sie achte und daß sie mir viel bedeutet, so daß ich nicht irgendwelche unvernünftigen Forderungen an unsere Freundschaft stellen würde. Sie ›tröstet‹ mich nicht nur, sie stärkt mein Vertrauen in mich selbst und steht mir zur Seite. Ich hatte es in letzter Zeit ziemlich schwer und habe sie öfter als sonst gesehen. Sie ist eine großartige Hilfe für mich!«

Gegenseitig Unterstützung, Interesse an den Gedanken und Gefühlen des anderen bestehen nicht nur bei Frauen untereinander, sondern auch gegenüber den Männern, die im Leben der Frauen eine Rolle spielen (siehe Teil I); der Unterschied liegt jedoch darin, daß bei den Frauen die emotionale Unterstützung und das Interesse auf Gegenseitigkeit beruht:

»Ich mag die Intimität, die zwischen meinen Freundinnen und mir herrscht, und die Möglichkeit, gemeinsam ›Vergleiche anzustellen‹.«

»Meine Beziehungen zu Frauen waren im allgemeinen intimer, wir haben wirklich alles geteilt. Zu Frauen kannst du Vertrauen haben, du kannst mit ihnen reden – sie bemühen sich zu helfen, Lösungen zu finden, sie lassen sich was einfallen, um die Probleme zu lösen. Sie versuchen, die Dinge zu verbessern.«

Die Bedeutung von Frauenfreundschaften

Frauen reden offener miteinander

Die Offenheit, mit der die Frauen miteinander reden, führt zu einem fruchtbaren Gedankenaustausch, der vielleicht ein Grund für die gegenwärtige Renaissance in der Frauenliteratur und andere kreative Aktivitäten im Bereich der bildenden Künste, der Politik, in Wissenschaft und Forschung hervorgerufen hat.

Aber obgleich sie ihre Ideen austauschen und sich gegenseitig leicht verstehen und das Gefühl haben, daß es kein Mißtrauen gibt zwischen ihnen, haben die Frauen festgestellt, daß ein Mann (vielleicht unbewußt) gern das, was eine Frau sagt, anzweifelt oder in Gedanken beiseite schiebt, um seiner eigenen Version der »Wahrheit« zu folgen, daß er das, was sie sagt, abwertet und versucht, sie geistig zu beherrschen. Viele Frauen fühlen sich dadurch behindert und verzichten lieber gleich darauf, überhaupt etwas zu sagen.

Mädchen lernen schon frühzeitig, daß sie in zwei Kulturen leben, und eignen sich daher zwei Persönlichkeiten an: Wenn sie mit Männern zusammen sind, »muß« sich ihr Benehmen ändern, sie »dürfen« nicht so selbstsicher sein, nicht so viel reden, sie müssen den Männern aufmerksam zuhören und ihnen mehr Zeit lassen, um sich auszudrükken, und »müssen« auf sie eingehen. Wie eine Frau es schon früher in diesem Buch sagte: »Ich stellte fest, daß ich ein ganz bestimmtes Verhalten an den Tag legte, Dinge tat/fühlte, wenn ich mit Männern zusammen war, als wären sie ganz besonders wichtige Menschen. Es kam mir vor, als wäre ich in jeder Hinsicht zu groß, zu gesprächig, zu gefühlvoll, als würde ich alles in allem zu viel Platz einnehmen, mehr als mir zustand.« Anderen Frauen gegenüber haben Frauen dieses Gefühl nicht.

Freundschaft ist somit ein wertvoller Schlüssel für Frauen, um sich in der Gesellschaft frei zu fühlen, dazuzugehören, offen zu reden und ihren Gedanken Ausdruck zu verleihen. Es ist lebenswichtig, die Freundschaft von Frauen zu besitzen, von Gruppen und Kreisen, oder auch einfach nur Zeit aufzubringen, um mit Frauen zusammenzusein, um mit ihnen befreundet zu sein, denn nur so können Frauen sie selbst sein, ihre eigenen Gedanken entwickeln – sie aussprechen – und, indem sie sie mit anderen teilen, neue Einsichten gewinnen, neue Ideen und Möglichkeiten entwickeln.

Frauenfreundschaften sind oft von größerer emotionaler Nähe als Liebesbeziehungen zu Männern

Immer wieder sagen Frauen, daß ihre Freundschaften mit anderen Frauen viel offener und spontaner sind, daß sie leichter mit ihnen reden können, daß sich ihre Freundinnen selten abwertend äußern, daß sie gut zuhören und darauf reagieren, was sie hören, und daß es ihnen hilft, über Probleme nachzudenken und sich Gedanken über das Leben zu machen. Wenn Frauen von ihren Freundschaften mit anderen Frauen sprechen, verändert sich der Ton ihrer Stimme, er klingt heller und freier.

Frauen stehen sich gegenseitig bei, ob sie nun single oder verheiratet sind. Bei ihren Arbeiten und Leistungen und Errungenschaften, bei ihren wichtigsten Entscheidungen, bei der Bewältigung der Probleme in vielen unglücklichen Beziehungen werden Frauen von ihren Freundinnen, die an sie glauben, ermuntert und ermutigt.

In Freundschaften zwischen Frauen wirkt sich die Dynamik der gegenseitigen Fürsorge und des gegenseitigen Gebens zum Vorteil der Frauen aus: Die Frauen fühlen sich dadurch nicht ausgelaugt, da sie sich gegenseitig helfen. Geben bedeutet nicht ausgenutzt werden, und es wird auch nicht als »weich« oder »schwach« ausgelegt. Ein Gespräch wird immer nur zu dem Zweck geführt, den anderen zu verstehen und sich ihm verständlich zu machen, und nicht (wie in manchen »männlichen« Mustern zwischenmenschlicher Beziehungen), um »abzuurteilen« und um herauszufinden, ob der andere »recht« hat, oder um einen Punkt für sich zu buchen. Frauen sind im allgemeinen sehr aufnahmebereit und reagieren eher mit »Bestätigungen«. »Ich verstehe, was du sagen willst.«

Ist es schwieriger, mit einem männlichen Liebhaber »zu reden«, weil eine Liebesbeziehung leichter verwundbar ist als eine Freundschaft? Oder ist es leichter, mit Frauen zu reden, weil Frauen nicht demselben Konkurrenzdenken verfallen sind wie Männer, weil sie es vorziehen, dem andern beizustehen, anstatt ihn zu bekämpfen? Es stimmt zwar, daß Liebesbeziehungen intensiver und fordernder sind: »Ich glaube, die Liebe, die ich dem Mann, in den ich verliebt bin, gebe, ist viel egoistischer und fordernder als die, die ich Frauen gebe«, sagt eine Frau. Die Tatsache, daß Frauen glauben, ihre wesentliche Rolle, und auch die wesentliche Rolle eines Freundes oder Geliebten, bestehe darin, zuzuhören und Verständnis aufzubringen, nicht zu herrschen oder abzuurteilen, ist auch eine Erklärung dafür, warum es mehr Männer gibt, deren beste Freunde Frauen sind, und nur selten Männer. Die meisten verheirateten Männer sagen, daß ihre Frauen ihre besten Freunde seien – aber die meisten verheirateten Frauen sagen, wie wir gerade gesehen haben, daß sie sich nur *wünschen* können, ihre Ehemänner als ihre besten Freunde zu haben.

Wir wir im *Hite Report – Das sexuelle Erleben des Mannes*, gesehen haben, wenden sich die meisten Männer, wenn sie einen Freund, jemanden zum Reden brauchen, an Frauen, nicht an Männer. 93 Prozent der Männer sagen, daß sie seit der Schulzeit keinen engen männlichen Freund mehr gehabt haben; 89 Prozent der Männer über fünfundzwanzig sagen, daß ihr bester Freund eine Frau sei, oder vielmehr ihre Ehefrau. Männer wenden sich nur sehr selten an andere Männer, wenn sie einen Freund suchen, mit dem sie reden können. Das zeigt, daß sowohl Frauen als auch Männer die Art und Weise, wie Frauen Beziehungen unterhalten, bevorzugen, wenn sie einen guten Kameraden brauchen, dem sie vertrauen, mit dem sie reden und dem gegenüber sie offen sein können.

Warum macht man sich dann aber so oft über die Frauen lustig, weil sie begeisterungsfähig und friedfertig sind und mit ihren Freunden reden? Warum werden Frauen immer in die Verteidigung gedrängt, ihre Gespräche als »Geplapper« und »Weibergeschwätz« bezeichnet? Das liegt natürlich nur an der vorherrschenden Ideologie, die sich selbst für überlegen erklärt, während sie in Wirklichkeit auf eben diesem Gespräch mit den Frauen aufbaut und auf ihre Begeisterung und auch darauf, daß Frauen nicht aggressiv sind, sondern daß sie »liebevoll« und fürsorglich sind, um den Männern emotional beizustehen.

Wie wir in Teil I gesehen haben, hören Frauen anderen zu und helfen ihnen, weil sie dadurch ihre Liebe zum Ausdruck bringen wollen; sie finden es unangemessen, sich konkurrierend oder distanziert zu verhalten oder in einer persönlichen Beziehung emotional unbeteiligt zu sein. Viele Frauen haben die Fähigkeit entwickelt, sich auf die innersten Gedanken, die Wellenlänge anderer Menschen einzustimmen, männliche und weibliche. Diese Fähigkeit ist eine der größten kulturellen Ressourcen unserer Gesellschaft. Allerdings kann sich diese Fähigkeit im Einzelfall auf die Frauen auch gefährlich auswirken, und zwar, wenn sie sie in einer Beziehung anwenden, in der ihre emotionalen und intellektuellen Bedürfnisse nicht befriedigt werden – wenn in dieser Beziehung der Mann die »Hauptrolle« spielt, und die Frau, der niemand zuhört, nur eine »Nebenrolle« hat.

Die Frauen sagen, daß sie sich von ihren Freundschaften mit anderen Frauen keineswegs ausgelaugt fühlen, wie so viele Frauen in ihren Beziehungen zu Männern, auch wenn sie emotional noch so darin verwickelt sind. Die Ideologie der Frauen funktioniert ausgezeichnet, wenn sie mit anderen Frauen in Verbindung bleiben, denn während es für viele Männer selbstverständlich ist, daß die Frauen die »Gebenden« sind, und die »Männer das Recht haben, zu nehmen«, geben in einer Beziehung zu einer anderen Frau beide etwas, zum beiderseitigen Vorteil. Mit anderen Worten: Das »Geben« funktioniert bei Frauen deshalb, weil Frauen etwas »zurückgeben«.

Selbst Klassenunterschiede oder ein unterschiedlicher »Familienstand« lassen sich bei Frauen leichter überwinden als die geschlechtsspezifischen Trennungen: Frauen können noch immer weitaus leichter mit anderen Frauen reden und das Gefühl haben, akzeptiert zu werden, »gehört« zu werden, als das bei den meisten Männern möglich ist, einschließlich der Männer, die sie am meisten lieben/von denen sie am meisten geliebt werden.

Diese Art des Zuhörens – ohne abzuwerten und mit emotionaler Beteiligung, einem anderen Menschen »zuzuhören« und ihn zu verstehen – kann als neues Modell für die Beziehungen zwischen Männern und Frauen dienen, wie auch für die Beziehungen zwischen Männern. So wie die Frauen in den vergangenen zehn Jahren große Veränderungen erfahren haben, können auch die Männer zu ihrem eigenen Nutzen Veränderungen in ihrem persönlichen Leben vornehmen, indem sie sich diese neue Einstellung aneignen.

Reden über Männer: »Benutzen« die Frauen ihre Freundinnen oder versuchen sie, eine andere Kultur zu verstehen?

Während die meisten Frauen sehr gern mit ihren Freundinnen darüber reden, was in ihren Liebesbeziehungen vor sich geht, beklagen sich 22 Prozent darüber, daß ihre Freundinnen »zu viel« über ihr Liebesleben oder ihre »Freunde« erzählen:

»Ich konnte es noch nie leiden, wenn meine Freundinnen andauernd über ihre Beziehungen zu Männern reden. Viel lieber würde ich mit ihnen über unsere *eigenen* Pläne und Probleme sprechen.«

»Ich mag Frauen, bei denen sich nicht immer alles um Männer oder Kinder dreht, die eigene Ideen haben und die nicht jahraus und jahrein über ihr persönliches Leben klagen, das sie nicht in den Griff kriegen. Wenn eine Frau ein Problem hat, dann soll sie sich von mir aus damit beschäftigen und eine Lösung finden und sich nicht nur darüber beklagen und Angst haben, was dagegen zu tun, damit es endlich aus der Welt ist. Ich habe mehr emotionale Bedürfnisse oder persönliche Probleme, mit denen ich andere Leute überschütten könnte.«

»Ich finde Frauen langweilig, weil sie nur über Frisuren, Make-up und Männer reden.«

»Es ist ziemlich ermüdend, mit Freundinnen zusammen zu sein, die ständig über Männer reden. Ich bin es leid, immer wieder darüber zu diskutieren, ob es auch ›gute Männer‹ gibt. Es gibt mehr im Leben, als einen Mann zu finden! Ich sage ihnen dann immer: ›Wen interessiert das schon?‹«

Wenn Frauen mit ihren Freundinnen viel über ihre Probleme mit Männern reden, »benutzen« sie die anderen Frauen dann nur, oder wollen sie nur »klatschen«? Oder gehört es dazu, wenn wir uns unsere eigene Philosophie über das Leben zurechtlegen? Frauen sind ihren Freundinnen oft eine emotionale Hilfe in ihren Beziehungen zu Männern; und die meisten Frauen tun es gern für ihre Freundinnen.

Diese Gespräche zwischen Frauen haben aber auch eine andere wichtige Funktion – sie befähigen die Frauen, ihr eigenes Wertsystem zu verstärken und bestätigt zu bekommen, wenn es gleichzeitig im täglichen Leben von dem vorherrschenden »männlichen« Wertsystem und der männlichen Kultur angegriffen wird, und vor allem von den Männern, zu denen sie eine enge Beziehung haben. Mit anderen Worten, diese Gespräche sind wichtig, weil sie den Frauen Gelegenheit geben, ihr eigenes Wertsystem mit dem in unserer Kultur vorherrschenden zu vergleichen und sich darüber Gedanken zu machen, wer sie sind und was in der Liebe und den Liebesbeziehungen vor sich geht. Frauen versuchen oft gemeinsam zu begreifen, wie die beiden Systeme zusammenpassen und was das Verhalten der Männer zu bedeuten hat – das kulturell »anders« ist und häufig aggressiv und unverständlich wirkt.

In diesen Gesprächen, in denen es darum geht, wie sich die Frauen gegen die verschiedenen Kränkungen und Ungerechtigkeiten und die schlechte Behandlung durch die Männer wehren sollen, wie sie sie verstehen, zur Kenntnis nehmen, damit umgehen sollen – ob sie die Männer besänftigen oder ob sie diese Dinge »zur Sprache bringen« sollen – haben sie das philosophische Dilemma aufgegriffen, das im Mittelpunkt unserer Gesellschaftsstruktur steht.

Die Frauen möchten erfahren, wie sich ihre Freundinnen in ähnlichen Situationen verhalten, um sich ein Urteil über ihre eigenen Reaktionen bilden zu können (da sie in der »herrschenden« Kultur keine Unterstützung finden), und wie diese die Situationen bewältigen, oder ob es ihnen nicht gelingt.

Diese Diskussionen sind für die Frauen wichtig und notwendig, um ihr eigenes Wertsystem zu überdenken und neu zu definieren, und um zu formulieren, was vorgeht, im Gegensatz zu dem, was die »männliche« Kultur behauptet, die uns ja auch vorschreibt, wie wir zu sein haben und wie wir angeblich »sind«.

Mit einer Freundin Schluß machen

Manche Frauen erzählen traurige Geschichten von Freundschaften, die auseinandergegangen sind:

»Meine beste Freundin und ich sind gerade dabei, uns irgendwie voneinander zu entfernen. Sie wollte unbedingt Tänzerin werden, und jetzt macht sie so eine Art exotischen Tanz. Ich habe sie zwar noch nie tanzen sehen, aber ich kann mir gut vorstellen, wie es ist. Nackt ist sie zwar nicht, aber sehr viel an hat sie auch nicht gerade, und die meiste Zeit tanzt sie in Bars und bekommt ziemlich gut dafür bezahlt. Sie liebt ihren Tanz, aber sie weiß auch, daß ich nichts davon halte. Das hat sich auf unsere Beziehung ausgewirkt. Ich finde diese ganze Angelegenheit absolut widerlich – die Tatsache, daß Männer einfach dasitzen und ihr zusehen, und zwar nicht, weil sie gut tanzt, sondern weil sie ihre Sexualität benutzt, um ihre Aufmerksamkeit auf sich zu ziehen.«

»Das ist ein etwas schwieriges Thema für mich, weil sich die beste Freundin, die ich je hatte, plötzlich verliebte und vor ungefähr einem Jahr geheiratet hat, und dann zu dem Schluß kam, daß sie nicht zwei wichtige Beziehungen nebeneinander haben könne. Aus diesem Grund hat sie trotz aller Diskussionen mit unseren gemeinsamen Freundinnen und ihrem Ehemann (Gott segne ihn) seit sechs Monaten so gut wie nie mit mir gesprochen. Ich habe für sie noch keinen Ersatz gefunden. Sie war eine kluge, zähe, sensible, aufgeweckte, kreative alleinerziehende Mutter, die mit über dreißig das College absolviert hat. Mehrere Jahre lang haben wir uns täglich gesehen, wir sind zusammen ins Kino und ins Theater gegangen, haben uns gegenseitig unsere Texte korrigiert, sind zusammen verreist, haben die Feiertage zusammen verbracht, Meinungen über Ästhetik ausgetauscht, uns gegenseitig Kleider geliehen, gelacht und geweint und geflucht und Rache genommen, haben gemeinsame Dinge besessen, nützliche wie wertlose, die Kinder erzogen, bis in die frühen Morgenstunden geredet, uns am Telefon aufregende Stellen aus Büchern vorgelesen, zusammen gekocht, zusammen gegessen, waren zusammen *high* (haben aber nicht miteinander geschlafen, obwohl das allgemein angenommen wurde).

Wenn ich mit ihr zusammen war – und das vermisse ich vielleicht am meisten –, strafften sich meine Schultern und ich fühlte mich unbesiegbar, weil ich jemanden hatte, der Rücken an Rücken mit mir kämpfen würde. Sie hat mir in schwierigen Zeiten wirklich sehr geholfen, und ich hoffe, daß ich ihr auch helfen konnte. Um die Wahrheit zu sagen: Ich hatte geglaubt, daß ich mit ihr zusammen das System besiegt hätte, aber ich hätte wissen müssen, daß mich das gottverdammte System am Ende doch noch einholt. Und was ich immer am wenigsten gemocht habe, war, wenn ich es recht bedenke, die Art und Weise, wie mein eigenes Leben und meine eigenen Gedanken danach aufpoliert wurden, was sich mit ihrem früheren Mann ereignet hatte.«

Eine Frau erzählt von der Auflösung einer Freundschaft, die sie, eine geschiedene berufstätige Frau, mit einer Freundin hatte, die nun wieder geheiratet hat und sich nur noch ihrer Familie widmet:

»Meine beste Freundin versinkt gegenwärtig in einem Morast von Frauentum und Stiefmutterschaft. Sie spielt diese Rolle bis zur Perfektion, was mich unheimlich stört. Als ich sie vor sieben Jahren kennenlernte, waren wir beide frisch geschieden – sie war zweiunddreißig und ich einunddreißig. Wir haben damals viel geredet, sind über's Wochenende zusammen weggefahren. Großer Gott, wie ich sie geliebt habe – ihren ehrlichen Humor, ihren Geist, alles. Jetzt ist sie nur noch ein Schatten ihrer selbst. Sie war erst ein Jahr lang geschieden, als sie sich wieder verheiratete – mit einem Mann, den sie erst drei Monate kannte. Sie sagt mir, daß sie eigentlich immer noch nicht weiß, warum sie ihn geheiratet hat. (Ich glaube, sie hat die Auffassung ihrer Eltern angenommen – daß eine richtige Frau verheiratet sein und Kinder haben muß.) Inzwischen hat sie gelegentlich schon wieder von Scheidung gesprochen, aber ich bezweifle, daß sie es tun wird, zumindest nicht, solange ihre vierzehnjährige Stieftochter nicht erwachsen ist. Sie gibt zu, daß sie mich beneidet – ich habe die ganzen sieben Jahre als Single gelebt –, sie hat mir über eine ganze Reihe Männer hinweggeholfen. Ich glaube, sie ist auch neidisch, weil ich einen Mann gefunden habe, den ich liebe und respektiere, mit dem ich jetzt zusammenlebe, den ich aber nicht heiraten werde.

Ich sehe sie nur noch selten, seit sie verheiratet ist, außer wenn ich in ihr Büro gehe. Sie ruft mich nie von zu Hause aus an – sie sagt, daß sie zu müde ist, nachdem sie drei Mahlzeiten gekocht, ihr Geschäft geführt und auch noch für ihren Mann die Buchführung gemacht hat. Außerdem sagt sie, sie habe bei sich zu Hause keine Privatsphäre, nicht mal im Badezimmer. Das ist derselbe Mensch, der als Single seine Privatsphäre so hoch gehalten hat, daß nicht einmal ich einfach ›vorbeikommen konnte‹ – ich rief immer vorher an. Wir gehen jetzt getrennte Wege. Um die Wahrheit zu sagen: Ich glaube, sie zieht sich wieder auf die Rolle der Ehefrau und Mutter zurück – eine Art Dienerin für ihre Familie, mit freier Unterkunft und Verpflegung. Inzwischen werde ich allmählich zur radikalen Feministin. Ich weiß nicht, wie lange ich es noch fertigbringe, unsere Freundschaft am Leben zu erhalten.«

Ist diese Aufspaltung in »alleinlebende Frauen« und »verheiratete Frauen«, oder Hausfrauen und berufstätige Mütter, unvermeidbar? Tatsächlich ist es so, daß die besten Freundinnen von verheirateten Männern meistens ebenfalls verheiratet sind und daß die besten Freundinnen von Singles ebenfalls allein leben. Aber ist das nicht »normal«, genauso wie Freunde häufig im selben Alter sind oder den gleichen Beruf ausüben? Oder handelt es sich um eine Art doppelten Moralkodex – »Ehefrauen« versus »alleinlebende Frauen« (oder Konkurrenz)? Verkörpert der »eheliche Status« eine so tiefe Kluft in »Status« oder Weltanschauung oder Platz in der Welt, daß es schwer ist, die beiden miteinander zu verbinden – aus allen möglichen Gründen?

Andere berichten von ähnlichen Aufspaltungen verheirateter und nicht verheirateter Freundinnen:
»Ich glaube, die wichtigste Freundschaft, die ich je gehabt habe, war mit einem Mädchen, mit dem ich sechs Jahre zusammen war. Wir sind zusammen aufgewachsen und haben immer alles gemeinsam unternommen. Ich habe sie sehr geliebt. Sie hat im vergangenen Jahr geheiratet und sich seitdem verändert. Wir sind uns immer fremder geworden.«
»Ich habe eine wirklich gute Freundin, aber seit wir älter geworden sind, interessiert sie sich mehr für ihre Kinder und ihren Mann als für mich.«

Manche verheirateten Frauen haben das Gefühl, völlig abgeschnitten zu sein und überhaupt keine Freundinnen mehr zu haben:
»Die meisten meiner Freundinnen arbeiten und haben einen Ehemann und eine Familie und nur sehr wenig Zeit für eine Freundschaft. Es bleibt einfach nicht genügend Zeit, um sich zusammen hinzusetzen und zu reden. Gelegentlich ein gemeinsames Mittagessen oder ein gemeinsamer Abend reicht nicht aus für eine tiefe Freundschaft. Wir Frauen werden einfach in zu viele Richtungen gespalten.«
»Ich mochte eine von meinen Zimmergenossinnen im College sehr gern. Sie war sehr intellektuell und offen. Sie lebt jetzt weit weg, und wir sehen uns kaum noch. Seit ich verheiratet bin, ist es für mich sehr schwierig, neue Beziehungen zu Frauen zu haben.«

Glauben manche verheirateten Frauen, ihre Beziehungen zu Freundinnen an die zweite Stelle setzen zu müssen, weil ihnen ihre Ehemänner sonst böse sind?
»Ich habe ein paar gute und enge Freundschaften geschlossen – aber erst in den letzten Jahren, seit ich meinen Mann und meine Familie nicht mehr vor alles andere stelle.«
»Im Augenblick habe ich keine besondere Freundin. Die wenigen,

die ich habe, sind objektiv und diskret. Sie haben mir in schwierigen Situationen geholfen und würden es auch immer wieder tun. Ich kann keine engeren Freundschaften schließen – wegen meines Mannes.«

Manchmal haben Frauen das Gefühl, daß sie nach ihrer Ehe oder ihrer Scheidung andere Freunde brauchen; eine Frau, die gerade dabei ist, sich aus ihrer Ehe und der finanziellen Abhängigkeit zu lösen, um unabhängig zu sein und für sich selbst zu sorgen, wechselt auch ihre Freunde:

»Ich bin gerade dabei, meine Meinung über meine Freundinnen zu ändern. Ich versuche, verständnisvoll zu sein und nur zuzuhören, ich hoffe, daß *sie* einsehen, welchen Unsinn sie manchmal treiben – mit ihren Männern, ihren Jobs und was auch immer. Sie sind noch immer meine Freundinnen, aber ich denke jetzt über die meisten völlig anders. Vielleicht habe ich weniger Achtung vor ihnen. Ich habe keine Geduld mehr mit ihrer sogenannten geistigen ›Befreiung‹ – die reden immer nur, aber unternehmen nichts. Manchmal frage ich mich, ob ich überhaupt noch eine von ihnen richtig kenne. Ich mag sie noch immer, und ich möchte noch immer mit ihnen befreundet sein, aber ich habe das Gefühl, daß ich mich von ihnen entfernen muß. An den Männern stelle ich jetzt Dinge fest, die ich vorher nicht gesehen hatte. So viele von ihnen sind noch immer in der ›männlichen‹ Denkweise gefangen – bilden sich aber gleichzeitig ein, ihren Ehefrauen/Freundinnen ›zuzugestehen‹, sich zu befreien. Manchmal tun mir die Männer mehr leid als die Frauen. Die Verlierer (beide Geschlechter) sind aber diejenigen, die sich verzweifelt an die alten traditionellen Werte klammern (von denen natürlich auch einige gut sind), die die Rollen, die Männer und Frauen zu spielen haben, vorschreiben. Wenn auch vielleicht nur, weil sie nicht fähig sind zu *lernen*.«

Natürlich gibt es noch viele weitere Ambivalenzen und interessante Dynamiken, Schwierigkeiten und Eifersüchteleien zwischen Freundinnen, aber sie hier alle aufzuzählen, ist kein Platz. Eine eingehende Diskussion zu diesem Thema findet sich in einer Sonderausgabe des Women's Studies International Forum: »Rethinking Sisterhood: Unity in Diversity«, hrsg. von Renate Duelli Klein, Oxford, 1985, Bd. 8, Nr. 1; und Janice Raymond: *A Passion für Friends: Toward a Philosophy of Female Affection*, Boston, 1986.

Frauen und Macht

Vielleicht lieben wir unsere Freundinnen, aber nehmen wir sie auch ernst?

»Ich habe nie viel Zeit damit verbracht, irgendeine Frau länger zu hassen (außer meine Mutter von Zeit zu Zeit). Ich komme mit Frauen besser zurecht. Bedeutet das, daß ich sie, wie alle anderen auch, nicht ernst genug nehme?«

Glauben wir, daß Frauen genauso wichtig sind wie Männer? Genauso mächtig?

Manchmal sagen Frauen, daß sie sich verletzt fühlen, wenn ihre Freundinnen die Männer in ihrem Leben ernster nehmen – oder Männer an die erste Stelle rücken, nur weil es »Männer« sind:

»Ich würde nie tun, was meine Freundinnen mit mir tun: Etwas wochenlang mit mir im voraus planen, aber wenn sie dann von ihren Typen irgendwohin eingeladen werden, sich einfach nicht an unsere Pläne halten. Zum Beispiel habe ich mich mit einer Freundin von mir, die verheiratet ist, zwei Wochen vorher verabredet, in eine Show zu gehen. Zwei Abende vor der Show rief ich sie an und fragte sie, an welchem Abend sie gehen wollte – Freitag oder Samstag. Völlig unbekümmert erwiderte sie: ›Oh, mein Mann und ich gehen am Freitag in die Show.‹ Von mir war nicht die Rede. Ich wurde einfach kaltgestellt. Ich weiß, daß sie mit ihm verheiratet ist, und das ist ja auch prächtig, aber trotzdem hätte sie mich doch wohl mindestens fragen können, ob ich mitgehen will. Aber das hat sie nicht getan. Bevor sie verheiratet war, wollte sie auch einmal mit mir in eine Show gehen, aber er hat sie nicht *gelassen*! Das finde ich einfach zu besitzergreifend.«

»Manchmal irritiert sie mich, weil sie so völlig in ihre Männer hineinkriecht. Warum muß alles, was sie tut, immer nur eine Reaktion auf das sein, was ihre Freunde sie tun oder nicht tun lassen?«

»Ich sag' es wirklich nicht gern (oder jedenfalls habe ich ein schlechtes Gewissen, weil ich es sage), aber ich kann nun mal die Frauen nicht ausstehen, die nichts anderes vom Leben wollen, als einen Mann zu finden, der ihnen den Boden unter den Füßen wegreißt und sie zu Untätigkeit und zum Kinderkriegen abstellt. Komischerweise ist eine meiner engsten Freundinnen so. Wir sind seit der sechsten Schulklasse befreundet, als der Feminismus noch nicht zu meinem Vokabular gehörte.«

83 Prozent der Frauen beklagen sich darüber, daß ihre Mütter und Väter sie in dem Sinne aufgezogen haben, daß sie von sich selbst weniger halten als von den Männern in ihrer Umgebung, die sie bedienen müssen, geistig und in jeder Hinsicht:

»Meine Mutter hat mir beigebracht, wie man ›weiblich‹ zu sein hat: Nicht zäh sein, nicht stark sein, ›nett‹ sein, höflich, passiv, immer glauben, daß alle anderen recht haben. Immer die Bedürfnisse der anderen vor die eigenen stellen. Und natürlich ist es auch absolut wichtig, so hübsch wie möglich zu sein.«

»So lange ich mich erinnern kann, wurde mein Bruder großzügiger, liebevoller und eindeutiger als ich behandelt. Ich blieb Klassenbeste, doch er wurde nicht dafür abgekanzelt, daß er nur lauter Dreier hatte (obgleich sein Intelligenzquotient genauso hoch war wie meiner). Die Regeln, die er einzuhalten hatte, waren lockerer. Er bekam Geld, um ›Besitzer‹ von Schweinen und Kühen zu werden, also eine Bezahlung für die Stunden, die er mit meinem Vater auf dem Feld verbrachte (und er hat *wirklich* gearbeitet). Aber ich habe auch gearbeitet, genauso viele Stunden! In all den Jahren, in denen meine Mutter außer Haus gearbeitet hat, habe ich den größten Teil der Hausarbeit verrichtet und zur Erntezeit mittags oft für ungefähr ein Dutzend Helfer auf dem Hof gekocht (damals war ich zwölf und dreizehn). Meine Arbeit wurde nicht mit dem Besitz von Tieren belohnt: Ich hatte kein Geld. Ich hatte immer eine ziemliche Wut auf meinen Bruder und immer das Gefühl, daß meine Mutter es einfach nicht begriff. Meine Mutter wollte nicht glauben, daß meine Träume wahr werden könnten. Ihr mangelndes Vertrauen und ihr amüsiertes (nicht wirklich grausames) Lächeln wegen meines Ehrgeizes machten mich sehr wütend. Ich kriegte manchmal regelrechte Wutausbrüche und schloß mich in mein Zimmer ein und hörte Radio.«

»Meine Mutter ist zu meinem Bruder viel liebevoller und freundlicher, als sie je zu mir gewesen ist. Sie bevorzugt ihn. Oft schickt sie mir nicht einmal ein Geschenk zum Geburtstag oder zu Weihnachten, weil sie ihm irgendwas Besonderes kaufen will. Sie ist blind, was ihn angeht. Ich habe schon immer gewußt, daß Männer was Besseres sind.«

Die meisten Frauen hassen es, wenn sie sehen, daß Frauen Männern mehr Achtung entgegenbringen als anderen Frauen:

»Frauen steuern vieles zu unserer Gesellschaft bei – ich denke an weibliche Rechtsanwälte, weibliche Ärzte, weibliche Schriftsteller, weibliche Fotografen und so weiter. Ich hasse es, wenn sie zu sehr von Männern und Liebesbeziehungen abhängig sind. Einige von denen, die den Mund am weitesten aufgerissen und von Freiheit und beruflicher Karriere gesprochen haben, waren die ersten, die nach Abschluß ihres Studiums heirateten, um nur noch für ihn zu sorgen. So was hasse ich.«

»Das Problem ist, daß die meisten Männer soviel von sich selbst halten, als wären sie etwas Besseres als Frauen. Viele Männer sind verzogen, vor allem von Frauen, die sich selbst und andere Frauen erniedrigen, indem sie Männer behandeln, als wären es Götter. Ich glaube, daß Frauen emotional und geistig viel stärker sind als Männer. Ich glaube, Frauen haben mehr Ausdauer und mehr Kraft als Männer. Ich finde es nicht gut, daß Frauen das Gefühl haben, einen Mann zu brauchen, und daß der Mann gehegt und gepflegt wird und daß ihm höchste Achtung zuteil wird, weil er zur Herrscherklasse gehört. Ich hasse es, wenn sich Frauen Männern unterordnen.«

Angst vor der Macht des »männlichen« Systems

»Ich bin der Meinung, daß endlich einmal was darüber gesagt werden muß. Das muß aufhören – ich meine, daß sich Frauen gegenseitig behindern, wenn sie das Gefühl haben, daß sie sich entscheiden müssen, ob sie sich einem Mann an den Hemdzipfel hängen wollen und deswegen ihre Freundinnen und die Frauen, mit denen sie zusammen arbeiten, im Stich lassen wollen. Wir haben Angst vor den Männern. Wir haben Angst, daß sie uns verletzen, uns rausschmeißen, schlimme Dinge über uns sagen – oder daß sie uns nicht mehr lieben, uns beschimpfen und so weiter. Aber warum sollten wir bei den Männern eine doppelte Moral gelten lassen? – Wir lassen uns von ihnen schinden und dann sind wir wieder nett zu ihnen. Mit Frauen würden wir so etwas nie tun. Wir kriechen vor den Männern und ihrer Macht und nehmen alles hin. Es ist nur allzu natürlich, vor Macht Angst zu haben, weil sie einem weh tun kann – aber wir müssen diese Angst bekämpfen. Wir müssen mutig sein. Wir können dieses System besiegen, wenn wir nur dagegen angehen – und wenn wir uns lieben, loyal sind, uns nie im Stich lassen, wenn wir im Recht sind.«

Die meisten Frauen beklagen sich eigentlich nur über ihre Freundinnen, die sie häufig in jeder anderen Hinsicht bewundern, daß sie regelrechte »Duckmäuser« sein können, um bloß nicht männlichen Unwillen zu wecken:

»Am wenigsten mag ich an meiner Freundin, daß sie mit ihren Gefühlen nicht ehrlich ist, wenn sie glaubt, dadurch Männer kränken oder verletzen zu können.«

»Meine beste Freundin – ich liebe ihre Intelligenz, ihre Ehrlichkeit gegenüber sich selbst und ihre Loyalität. Bei Männern ist sie allerdings feige, vor allem, wenn wir als Gruppe auftreten.«

»Frauen lieben, sie leiden ohne zu klagen, sie sind Fehlern gegenüber geduldig. Aber was ich an ihnen nicht mag, ist ihre mangelnde Selbstachtung, und daß sie nicht glauben, zumindest genausoviel wert zu sein wie Männer, wenn nicht gar mehr. Dadurch lernen sie von Anfang an, all diese Spielchen zu spielen und Sex dazu zu benutzen, um zu kriegen, was sie brauchen. Dabei verdienen sie es auch so, ohne diese ganzen Dinge tun zu müssen.«

»Ich mag an manchen Frauen nicht, daß sie einfach immer alles hinnehmen – sie haben Angst, loszuziehen und die Welt aufzurütteln.«

»Ich bin mit einem Mädchen zusammen aufgewachsen, das mir sehr ähnlich war, wir waren die ganze Schulzeit hindurch die besten Freundinnen. Heute kann ich sie nicht mehr ausstehen, weil sie den Männern und der ganzen Gesellschaft mit ihren Regeln immer nur in den Hintern kriecht.«

58 Prozent der Frauen sagen, daß ihre Freundinnen Angst haben, sich offen gegen das männliche Gedankengut oder gegen die Diskriminierung von Frauen auszusprechen – oder sie stellen fest, daß ihre Freundinnen Angst haben, in Gesprächen das Wort zu ergreifen, anderer Meinung zu sein als Männer und so weiter. Viele Frauen schrecken noch immer davor zurück, in der Öffentlichkeit den Mund aufzumachen – also die männliche »Dominanz« öffentlich »herauszufordern«. (In Teil I haben die Frauen ausführlich ihre oft sehr berechtigten Gründe dafür dargelegt.)

Sind edle Gedanken und extreme Transzendenz nur Männern möglich?

Nehmen wir unsere eigene Intelligenz und die der Frauen ernst? Wie es eine Frau, die ihre Freundin lobt, ausdrückt:»Ich finde sie klug und stark. Sie spricht gern über ernste und tiefgründige Themen.« Was bedeutet das? Ein Mann würde sicher als Philosoph oder als Intellektueller angesehen werden, wenn er sich mit »tiefgründigen« Themen befaßt. Aber bei Frauen hat es eher den Geschmack von »Mutter Erde« – d. h., es wird angesehen als Verbundenheit mit dem biologischen »Wesen der Natur« und als »innere Weisheit« – nicht wie bei Männern, als »reiner Intellekt«.

Anspruch auf die männliche Macht –
sind wir schon stark genug?

Sind wir schon ökonomisch und sozial stark genug, um gegen die männliche »Macht« anzutreten? Können wir unserer eigenen Macht schon trauen?

Eine Frau bemerkt dazu: »Ich bin dreiundzwanzig. Die Frauen in meinem Alter haben damit begonnen, männliche Verhaltensweisen anzunehmen, weil wir glauben, daß sie im wesentlichen besser sind. Wir sind erzogen worden, zu den Männern aufzublicken und zu versuchen, sie nachzuahmen. Zum Beispiel rede ich mir ein, wie gern ich allein leben möchte und für mich selbst sorgen und mich so benehmen, als hätte ich meine Gefühle völlig unter Kontrolle – aber fühle ich mich wirklich so? Oder sehe ich mir einfach nur deshalb Fußballspiele an, weil ich sonst nicht *cool* wirken würde, wenn sie mir nicht gefallen?

Wenn Frauen sich bemühen, an der »männlichen« Kultur teilzunehmen – schließlich ist sie die dominierende Kultur und hat Prestige – wird das dann unser Problem lösen und uns Status verschaffen? Nein, denn wir werden eben keine Männer sein, wir würden das »männliche« System durch unser Verhalten nur bestätigen. (Müssen wir also »gewinnen«, müssen wir sie mit *unserer* Kultur beherrschen, nur um »Gleichheit« zu erlangen?) Müssen wir nicht – da die Männer größere wirtschaftlichere und politische Macht besitzen als wir – trotzdem Verbindung halten zu diesem System, egal, wie wir behandelt werden? Connie Ashton-Myers sagt: »Kann irgendeine Frau allen Ernstes hinnehmen, daß ihr Status letztlich davon abhängt, ob sie einen Mann oder eine Gruppe von Männern, die irgendeine gesellschaftliche Institution anführen, vom multinationalen Betrieb bis hin zur kleinsten Kernfamilie, auf die eine oder andere Weise zufriedenstellt? Denn genau das ist innerhalb der patriarchalischen Familie unentwegt gepflegt und bestärkt worden.«[*]

Es gibt so etwas wie eine legitime Furcht vor männlicher Macht. Können wir Männer verstehen und uns ihnen gleichzeitig entziehen, sie fürchten und unsere Integrität, unsere Würde, unsere Werte retten? Dazu müßte es uns gelingen, unsere Gefühle der Liebe zu bewahren und trotzdem eine Möglichkeit finden, das System zu bezwingen.

---

[*] Und sie fährt fort: »Wie hat sich [das Patriarchat] am Leben erhalten? Es funktioniert nur, weil sich die Frauen selbst daran beteiligen, die auch heute noch Geschäfte abschließen nach Methoden, die aus der prähistorischen Geschichte stammen...« Connie Ashton-Myers in einer Besprechung von Gerda Lerner: *The Origins of Patriarchy*. New York, 1986, im Koordinationskomitee für Frauen im Historical Profession Newsletter, Bd. 17, Nr. 1, Februar 1986.

Haben wir Angst, die männliche Macht herauszufordern?

»Jedem kleinen Mädchen wird gesagt, daß es brav sein soll!! Sei nett! Mach keinen Wirbel!!! Darauf läuft es schließlich hinaus.« *

Wir haben vielleicht keine Angst mehr, auf unsere Weise zu leben, nach unseren eigenen Regeln. Aber haben wir nicht noch immer Angst davor, uns gegen die »männliche« Dominanz in der Gesellschaft aufzulehnen? Das würde niemanden wundern, wir fürchten uns – vielleicht aus gutem Grund –, mit Männern oder der männlichen Macht direkt konfrontiert zu werden. Allerdings haben wir in den vergangenen Jahrhunderten, in denen wir zusammengearbeitet haben, schon einiges gewonnen. Zum Beispiel das Wahlrecht, das Recht auf gleiche Arbeit, und fast wäre es uns schon gelungen, die Gleichberechtigungsklausel in die US-Verfassung einzubringen, aber das wird nun vielleicht in den neunziger Jahren geschehen.

Solidarität unter Frauen

Können die Frauen heute schon Machtzentren der Gesellschaft sein? Können wir uns gegenseitig vertrauen? Werden wir uns füreinander einsetzen?

Nehmen wir unsere Beziehungen zu anderen Frauen ernst genug, um sie als Ausgangsbasis der Macht zu verwenden, als eine Form von Solidarität?** Diese Frage wird unser aller Zukunft beeinflussen und den Status der Frauen für die nachfolgenden Generationen festlegen, und wenn wir uns nicht ernst nehmen können, so wie wir Männer ernst nehmen, dann werden wir nicht genügend Solidarität besitzen, um irgend etwas zu verändern. Wenn wir uns gegenseitig achten, werden wir viel mächtiger sein.

Aber wenn wir uns in der Öffentlichkeit nicht einmal auf unsere

---

* In Rußland werden Mädchen ganz ähnlich unterwiesen; Mädchen, die allzu »unabhängig« sind oder etwa rowdyhaft auftreten, landen möglicherweise in einem Arbeitslager für Mädchen mit »flegelhaftem« Benehmen. Desmond Smith: *Smith's Moscow*, New York, 1976.

** In der Filmdokumentation *Bread and Roses* drückt es eine Frau, die in den zwanziger Jahren dieses Jahrhunderts Frauen aus der Bekleidungsindustrie organisiert hat, folgendermaßen aus: »Wir waren nun keine netten kleinen Mädchen mehr, wir waren tatkräftige Menschen, die die Gesellschaft verändern wollten.«

Freundinnen verlassen können, wenn wir sehen, wie sie sich vor der »männlichen« Ideologie verbeugen, wie können wir sie dann achten? Und vielleicht haben wir dann auch selbst das Gefühl, unsere Gedanken verbergen zu müssen, daß wir auch weiterhin auf zwei Ebenen existieren müssen, da wir die herrschende »Realität« ja kennen, und auch unsere inneren Gedanken darüber, die wir aber nur selten zum Ausdruck bringen, genauso wie wir nur selten etwas unternehmen, um das System zu ändern. Weil wir nämlich trotz allem weiterhin das Gefühl haben, die Männer, die das System beherrschen, achten/fürchten zu müssen.

Eine Frau beschreibt ihre Gefühle darüber und wie sie sich davon befreit hat: »Ich hatte immer das Gefühl, als müßte ich die ganze Zeit ›nett‹ sein (ich gebe es nicht gern zu, aber besonders zu Männern), bis ich eines Tages bei einem Blick in den Spiegel erkannte, wie willfährig und unterwürfig ich wirkte. Von diesem Augenblick an beschloß ich, nur noch ich selbst zu sein, obgleich ich ganz genau wußte, daß mich die Männer nicht mehr so attraktiv finden würden, nicht mehr so ›harmlos‹. Aber ich konnte einfach nicht anders, ohne mich selbst nicht mehr ertragen zu können.«

Die »männliche« Ideologie hat versucht, uns eine gewisse Passivität anzuzüchten, vor allem in öffentlichen Situationen. Beispielsweise wird es, wenn wir auch einmal eine Meinung äußern, immer so hingestellt, als versuchten wir, die Situation oder die anwesenden Männer zu »beherrschen«. (Wenn wir allerdings still sind und nichts sagen, werden wir leicht als »schwach« angesehen!) Vielleicht fällt es uns aber auch schwer, offen zu reden und unsere Gedanken zu einem Bestandteil der Welt zu machen, nachdem man uns beigebracht hat, daß die Gedanken der Männer »fundierter« sind. Häufig entmutigen uns die Männer und bringen uns davon ab, unseren Ansichten Ausdruck zu verleihen, sie warnen uns davor, den Status quo auch nur im geringsten »anzutasten«, und erinnern uns immer wieder daran, wie wenig Männer Frauen mögen, die »großspurig« und »aggressiv« sind. Wir verändern unser Verhalten unbewußt, um »den Männern zu gefallen«, sind nicht so »freimütig«, nicht so aggressiv – damit der Mann dominieren kann (oder zu dominieren scheint).

Die meiste Zeit sagen wir uns: Was macht das schon? Ich kann mich auf andere Weise durchsetzen oder meiner Meinung Ausdruck verleihen. (Und so kommt es, daß die Frauen als »manipulativ« bezeichnet werden). In manchen Situationen akzeptieren wir das System, weil es Spaß machen kann – zum Beispiel »Verabredungen« treffen, essen gehen, uns vom Mann einladen lassen, uns ausführen lassen und so weiter.

Ein anderer Grund für unsere Zurückhaltung – abgesehen von dem männlichen Druck, der auf uns ausgeübt wird, nicht »aggressiv« zu sein, keine »schrillen« Töne anzuschlagen oder zu »meckern«(!) – ist der tiefe Wunsch der Frauen nach Würde im Leben, und nach weniger Feindseligkeit und Konkurrenzdenken. Wenn wir das aber nur erreichen können, wenn wir in Gegenwart von Männern nicht den Mund aufmachen, die empfindliche »Dominanz« der Männer nicht »angreifen«, dann muß es eben so sein (sagt ein Teil von uns). Aber das bringt uns zurück zu dem Dilemma, mit Aggressionen umzugehen, ohne überfahren zu werden.

Wir haben gesehen, daß Frauen in persönlichen Beziehungen um ihre inneren Werte kämpfen, aber die nicht so aggressiven Muster der »weiblichen« Philosophie eignen sich vielleicht nicht unbedingt dafür, gegen die aggressive Ideologie des »männlichen« System anzutreten. Das war für Frauen schon immer ein Problem, und auch für andere Gesellschaften, die mehr friedliebend waren oder zeitweise nicht die Möglichkeit hatten, sich zu verteidigen. Polen weigerte sich zum Beispiel im späten 18. Jahrhundert, eine starke bewaffnete Armee aufzustellen, obgleich alle anderen Länder in Europa Armeen aufstellten, woraufhin es dann im Verlaufe der Zeit drei Mal Teilungen über sich ergehen lassen mußte.

Wieviel »Aggression« ist für einen einzelnen Menschen nützlich? Wollen wir diesen Teil unseres Wertesystems ändern? Frauen, vor allem Frauen, die »zu Hause« sind, oder »Mütter«, sind als »schwach« bezeichnet worden, aber das gehört zu dem »männlichen« Standpunkt, der die Rolle der Frau als »Friedensstifterin« unterstützt – eine Rolle, die Frauen oft auch als idealistisch und ehrenvoll angeben. Die meisten Frauen in dieser Untersuchung sind der Meinung, daß die zwischenmenschlichen Werte des Sorgens, des Zuhörens, des Teilens der Begeisterung und des Fehlens von Aggression – alles, was die Frauen heute verkörpert haben – erhalten bleiben sollten. Und daß all dies absolut nichts mit »Schwäche« zu tun hat, auch nicht angesichts der »männlichen« Macht. Wenn Gandhi und Martin Luther King gewaltlosen Widerstand praktizieren konnten, dann können die Frauen es auch – finden die Frauen, und sie sind auch der Meinung, daß sie es schon seit viel längerer Zeit getan haben. Welche Formen des Widerstands sind in unserer Situation angebracht? Siehe 19. Kapitel.

Aufeinander stolz sein und einander helfen: Der Schlüssel zur Veränderung unserer Stellung in der Gesellschaft

Wenn Frauen gefragt werden, welchen Rat sie anderen Frauen an erster Stelle geben können, dann sagen sie häufig, sie müßten vor allem sich selbst und andere achten und lieben:

»Mein Rat an die Frauen? Liebt euch selbst und liebt einander, dann ergibt sich alles andere von allein.«

»Macht die Augen auf. Achtet eure Freundinnen, liebt zuerst euch selbst und die anderen. Habt keine Angst, stark zu sein und euch *selbst* zu finden. Wir sind großartig!«

»Liebt euch selbst, helft aktiv mit, diese Welt zu einem Ort zu machen, an dem ihr gern leben möchtet. Aber genießt es, wenn ihr es tut, und lebt nicht nur in der Hoffnung auf die Zukunft.«

»Achtet darauf, daß ihr immer eine Gruppe Frauen habt, die euch hilft. Frauen sind klug und stark. Und sie zeigen ihre Emotionen, sie sind liebevoll und motiviert. Sie besitzen einen inneren Reichtum, wie ihn kein Mann haben kann.«

»Frauen! Seid glücklich! Hört auf euer eigenes Lied, träumt eure eigenen Träume und stellt sie allem anderen voran. Laßt die Vögel für euch singen, singt für sie. Liebt die Frauen, habt viele Freundinnen. Erhebt euch und tut etwas – habt keine Angst mehr!«

Nehmen wir unsere Freundinnen ernst genug, um sie in unser Testament einzusetzen? Eine Frau zumindest nimmt eine weibliche Verwandte so ernst:

»Die wichtigste Beziehung in meinem Leben war die zu meiner jüngsten Schwester. Ich habe sie als meine Erbin eingesetzt und glaube, daß sie meinen Besitz so gut es nur geht verwalten wird.«

Manche sagen, daß Frauen anderen Frauen in beruflicher Hinsicht helfen müssen:

»Ich hatte eine Frau als Mentor. Sie hat mich zu ihrer Nachfolgerin als Präsidentin in der Symphony Guild gemacht. Sie hat viel Zeit darauf verwandt, mich auf diese Position vorzubereiten, und gleichzeitig hatte sie in mir jemanden, mit dem sie ihre Frustrationen teilen konnte. Ich empfinde noch immer sehr viel für sie und spüre, daß ich ihr viel bedeute. Sie hat sehr viel Arbeit und außerdem Probleme in ihrer Familie, deshalb gehen wir nur noch ein paar Mal im Jahr zusammen essen. Trotzdem, ich bin ihr unheimlich dankbar, daß sie Vertrauen zu mir hatte. Das war zu einer Zeit, als ich selbst noch nicht wußte, daß ich etwas leisten könnte. Sie hat mir gegenüber auch ihre Selbstzweifel offen ausgesprochen und mich um Rat gefragt. Sie hat mich als ihresgleichen behandelt, noch ehe ich mich ebenbürtig gefühlt habe. Am Ende wurden sie und ich und ein paar andere Frauen, die ebenfalls bereit waren, ehrenamtlich Verantwortung zu übernehmen (was zu hohen geschäftlichen Positionen geführt hat), eine Art Elitegruppe in unserer kleinen Stadt. Wir sind nicht sehr intim befreundet, haben aber große Achtung voreinander und fühlen uns eng verbunden und sind an der Selbstverwirklichung (auch der emotionalen) der anderen interessiert.«

Aber einige Frauen beklagen sich darüber, daß Frauen zwar gute Freundinnen abgeben, daß sie aber nicht genügend von der Welt wissen, um praktischen Rat erteilen oder um »Verbindungen« herstellen zu können – daher können Frauen nicht besonders ernst genommen werden:
»Was ich an meinen Freundinnen vermisse ist, daß ich keinen echten Mentor habe. Ich brauche kein Rollenvorbild. Um meine Rolle kümmere ich mich selbst, aber keine von ihnen hat ähnliche Erfahrungen wie ich, keine hat getan, was ich getan habe, keine von ihnen könnte mich ermutigen oder für mich Lösungen finden oder mir Ideen geben. Meine Freundinnen sind alle jünger – ganz anders als ich, oder eben noch in einem früheren Stadium ihres Lebens. Sie haben Mitgefühl, Einfühlungsvermögen, aber eine konkrete Hilfe sind sie nicht.«

Eine andere verurteilt Frauen, die eine solche negative Einstellung gegenüber Frauen haben, daß sie andere nicht unterstützen, und wirft ihnen vor, sich mit Männern zu identifizieren:
»Manche Frauen wollen mit anderen Frauen nichts zu tun haben und kümmern sich auch nicht um Frauenfragen – sie wollen ›klug‹ sein und in ›wichtigen‹, traditionellen männlichen Bereichen in Konkurrenz treten, in der ›realen‹ Welt... als hätten sie eine Gehirnwäsche hinter sich. Sie identifizieren sich mit Männern. Sie sehen nicht, daß es vor allem darauf ankommt, die größere Welt zu schaffen/zu enthüllen – daß die Gedanken der Frauen genausoviel Gültigkeit besitzen.«

Wie wir hier gesehen haben, unterstützen sich die Frauen jetzt immer mehr. Über 80 Prozent aller Frauen haben ihre engste emotionale Beziehung zu einer anderen Frau.
Das soll natürlich nicht heißen, daß alle Frauen, die wir kennen, vollkommen sind, daß *wir* vollkommen sind, daß alle Frauen, die wir kennen, unsere Freundinnen sind, oder daß alle Frauen, denen wir begegnen, all diese wunderbaren Eigenschaften besitzen, die hier beschrieben wurden. Trotzdem haben wir selbst mit Frauen, die bissig und herablassend sein können, mehr Gemeinsamkeiten, als wir uns

vielleicht wünschen. Die gemeinsame Erfahrung, in einer geschlechtsspezifisch orientierten Gesellschaft eine Frau zu sein, führt zu einer engen Verbindung – wenn vielleicht auch nicht immer zu Achtung. Viele Frauen identifizieren sich bei ihrer Beurteilung von Frauen noch immer mit dem männlichen System und lassen ihre allgemeinen Frustrationen manchmal sogar an den Frauen aus, weil sie die Schwächsten sind, weil sie ein sicheres Ziel, ein ungefährliches Ziel sind, um Aggressionen abzureagieren.

Eine Frau beschreibt die Gemeinsamkeit, die sie mit ihrer Mutter teilt: »Ich identifiziere mich mehr mit meinem Vater, weil er immer einen Job hatte, und ich auch; ich möchte mehr wie er sein, nicht wie meine Mutter. Aber mit meiner Mutter kann ich auf eine Weise reden, wie ich es mit meinem Vater nicht kann. Sie ist immer da für mich – nicht auf jeder Ebene, aber wenn es ums reine Überleben geht. Ich *weiß*, daß sie da ist. Und an sie wende ich mich, wenn ich ganz *sicher* sein will.«

Wir bieten uns gegenseitig viel Kraft und Stärke für alle möglichen Lebenslagen an. Wir brauchen uns der Liebe, die wir füreinander empfinden, nicht zu schämen. Wenn wir uns gegenseitig achten, wenn wir uns wichtig nehmen, wenn wir erkennen, wer wir sind, dann werden wir auch unsere Stellung in der Gesellschaft ändern.

19

Eine Welt schaffen, in der mehr Liebe gedeihen kann

Eine Renaissance der menschlichen Natur und des menschlichen Geistes

»Das hat mit ›Frauenrechten‹ zu tun, ja – aber noch mehr geht es uns um die menschliche Würde, die neue Definition der Seele.«

Wir befinden uns inmitten tiefgreifender Umwälzungen – eine jener wichtigen Veränderungen, die sich über lange Zeit anbahnen und dann plötzlich stattfinden, wenn schon keiner mehr daran glaubt, wie die französische Revolution. Und genauso etwas findet jetzt bei den Frauen statt: Die Frauen wollen sich nicht mehr vor der Ideologie vieler Jahrhunderte verbeugen – jener Ideologie, von der Soziologie, Psychologie und Religion durchdrungen sind.

Große Veränderungen vollziehen sich ganz plötzlich – eine Revolution, die zwanzig oder hundertzwanzig Jahre dauert, ist nach so vielen Jahrhunderten – historisch gesehen – erstaunlich kurz. Und doch sind die Veränderungen, die die Frauen allein in den vergangenen zehn Jahren durchgemacht haben, phänomenal, und überall verzweigen sich die Auswirkungen, die in alle Richtungen weiterführen.

Als Frauen haben wir uns geändert. Wir sind zu Reisenden durch Zeit und Raum geworden; wir sind in eine andere Welt gelangt, in ein anderes Jahrhundert, in eine andere Realität – und haben die psychologische Verbindung mit »der Art und Weise, wie es immer war«, mit den »männlichen« Methoden, mit der »männlichen« Ideologie hinter uns gelassen.

Wie Astronauten, so bewegen auch wir uns immer weiter fort vom Planeten, nehmen die Konturen des Systems jetzt deutlicher wahr, erkennen zum ersten Mal, daß es sich um ein rein ideologisches System

handelt, um Glaubenssätze, die kein Recht haben, uns zu definieren*
– und daher werden wir den »Platz«, den uns diese Ideologie zuweist,
nicht länger akzeptieren. Wir definieren uns selbst, und wir haben
auch damit begonnen, der Kultur, einschließlich der »männlichen
Psychologie«, neue »Namen« zu geben – und wir tun es, obgleich uns
die herrschende Kultur noch immer einzureden versucht, daß wir das
»nicht tun können« und daß wir uns irren.

Beginnt das einundzwanzigste Jahrhundert schon jetzt?

Es heißt, das 19. Jahrhundert habe 1789 mit der französischen Revolution begonnen und sei erst um das 20. Jahrhundert zu Ende gewesen,
als in den zwanziger Jahren das Zeitalter der »Moderne« eingeleitet
wurde. Und heute erleben wir vielleicht schon den verfrühten Beginn
des 21. Jahrhunderts: Wir stehen plötzlich vor einer veränderten Welt,
mit neuen Interessen, Ideen und Entscheidungen, die uns unerwartet
aufgezwungen werden, bevor wir sie noch völlig verstehen und bevor
wir sie richtig einordnen und benennen können.

Wir haben das Gefühl, daß die »alte Ordnung« in die Brüche geht:
Alles, was von Dauer schien, was als selbstverständlich hingenommen wurde, wird jetzt in Frage gestellt – einschließlich unserer Gedanken über die industrielle Produktion, das finanzielle System, die
Grundlage der Ehe und des »Heims«, selbst unser Verhältnis zur Natur, nachdem wir erkannt haben, daß die natürlichen Ressourcen, die
uns Nahrung geben, dahinschwinden, und daß der Schaden, den wir
unserer Umwelt zufügen, irreparabel ist, und daß uns die nukleare
Auslöschung droht. Nichts scheint mehr so zu sein, »wie es sein
sollte« – »die Welt ist aus den Angeln gehoben«.**

Die Obdachlosen in unseren Straßen – jeder fragt sich, wann sie
»verschwinden« werden, und doch wissen wir alle, daß sie immer
mehr werden. Insgeheim fürchten wir, daß sie »uns« eines Tages ein-

---

* Die Historikerin und feministische Theoretikerin Joan Kelly schreibt: ». . . Die Tatsache, daß wir diese Dinge auf diese Weise sehen, beweist, daß wir eine neue soziale und politische Position innerhalb des Patriarchats eingenommen haben. In allen seinen historischen Formen ist es immer eine Stärke des Patriarchats gewesen,
in die sozioökonomischen, politischen und kulturellen Strukturen mit einer solchen
Vollkommenheit einzugehen, daß es praktisch unsichtbar geworden ist.« Aber jetzt
sehen wir es – und nicht nur einige wenige Frauen, sondern sehr viele Frauen.
** Eine Frage, die auch B. F. Skinner 1986 im *American Psychologist* gestellt hat: »Was
ist faul an dem täglichen Leben in der westlichen Welt?« Allerdings erwähnte er mit
keinem Wort das patriarchalisch-hierarchische Wertesystem.

gekreist haben werden und es nirgends mehr »sicher« sein wird.* Daß es keinen Ort mehr geben wird, an dem »wir« Zuflucht finden können, weil die »Welt«, das heißt, die »unterprivilegierte« Welt, ständig wächst und »uns« am Ende verschlingen wird. Mehr Gerechtigkeit ist ein moralisches Gebot: Für all diejenigen, die etwas *tun* können, die die Situation verstehen und begreifen, was vor sich geht, und sich überlegen, welche Veränderungen neue und positive Impulse mit sich bringen. Wir müssen jene »anderen« in die Arme schließen, um die Richtung, die wir gemeinsam gehen werden, neu zu bestimmen. Wir sind wie Schwimmende, die in den Gezeiten gefangen sind und plötzlich durch einen Gegenstrom aufeinander zutreiben und deren Schicksal eng miteinander verknüpft ist – wir werden zusammen ertrinken oder zusammen weiterschwimmen. Mit anderen Worten, eine demokratische Gesellschaft kann nicht funktionieren, wenn nicht alle daran beteiligt sind und zusammenarbeiten; die Bildungssysteme und auch die Gesetze müssen dafür die Voraussetzungen schaffen und aufrechterhalten.

Was mit der Gesellschaft nicht in Ordnung ist, liegt nicht am Geld oder am Mangel daran (obgleich diese Dinge auch zählen), sondern es liegt an der Ungerechtigkeit, die auf globaler Ebene existiert – und daran, daß die Menschen von dieser Ungerechtigkeit auf globaler Ebene wissen.

Dieses Wissen können wir nicht wieder rückgängig machen. Vielleicht war es unvermeidbar – nach dem Entstehungen des Rationalismus und der Wissenschaften im 17. Jahrhundert, und dem Niedergang einer Religion, die behauptete, daß es keine Möglichkeit gäbe, die Welt zu verändern – und daß die Belohnung für alle Leiden (oder für Armut) im Leben nach dem Tod erfolgen würde** – vielleicht war

---

* In einem Leitartikel der *New York Times* vom Mai 1987, beschreibt A. M. Rosenthal, zum Beispiel »eine völlig neue amerikanische Klasse: mißbraucht, aufgegeben... (Kinder), heimatlos und vagabundierend, die Antithese dessen, was das Land für sich in Anspruch nimmt... Allein in New York leben 40 Prozent aller Kinder unter der Armutsgrenze, wie Unterernährung gern genannt wird.« Häufig wollen derartige Äußerungen die Frauen/Mütter ermuntern, »wieder nach Hause zurückzukehren« und »die Verantwortung« für diese Kinder »zu übernehmen«. Aber wie wir hier gesehen haben, fliehen die Kinder (und Mütter) vielleicht auch vor der emotionalen Gewalt und der Herrschaft der Männer. Natürlich gehören zu dieser »vagabundierenden, heimatlosen Unterklasse« nicht nur Kinder, sondern auch viele Erwachsene, die keine Arbeit haben (und von denen viele nicht einmal in die Arbeitslosenstatistiken der amerikanischen Regierung eingehen, da sie ihre Arbeit »selbst aufgegeben« haben, wie es heißt). Die Entfremdung, die in diesem Buch in allen Einzelheiten beschrieben wird, ist weitgehend der Grund dafür, daß so viele Menschen einfach alles »aufgeben«, Frauen wie Männer.
** Die Werte, die sich auf das Bedürfnis nach Gerechtigkeit in *dieser* Welt beziehen, wurden beispielsweise 1931 von Papst Pius XI. dargelegt: »In unserer Zeit hat sich

782

es unvermeidbar, daß mit der Demokratie, dem Glauben an die Möglichkeit einer Veränderung, diese unaufhörliche Revolution für uns zum Modus vivendi wurde.*

Daraus entstanden die optimistischsten Pläne für die Veränderung der Welt und der Gesellschaft. Die amerikanische Revolution und das kommunistische Manifest sind aus diesem Versprechen heraus entstanden. Aber mit dem Optimismus kam auch die Frustration, und in manchen Kreisen sogar Desillusionierung, denn die Ungerechtigkeiten des Systems dauern weiterhin an und die Pläne und Versprechungen werden bis heute nicht erfüllt.

Der Ruf nach Gerechtigkeit liegt in der Luft; das Gefühl, daß die traditionelle Machtverteilung noch immer existiert, daß die Ideale der vergangenen zwei Jahrhunderte – demokratische Ideale von Chancengleichheit und gegenseitiger Achtung und nicht zuletzt von ökonomischer Gerechtigkeit – zu langsam realisiert werden, nachdem sie so hart umkämpft waren.

Die fehlende Chancengleichheit und die Erkenntnis, daß es nur auf die Situation ankommt, in die die Menschen hineingeboren werden, weckt in vielen Gesellschaften brodelnde, fast richtungslose Feinseligkeit. Überall in der Welt glauben die Menschen jetzt, daß alle – nicht nur die reichen und mächtigen – Anspruch auf Würde und gleiche Chancen haben, auf das Recht, als eigenständiges Individuum behan-

nicht nur der Besitz gemehrt, sondern auch die Armut, und die despotische wirtschaftliche Macht liegt in den Händen einiger weniger, eine natürliche Folge der unbegrenzten freien Marktwirtschaft... die diejenigen in die Hände spielt, die gewissenlos handeln.«

* Als sich im 18. Jahrhundert das heilige Recht / die Autorität der Kirche von der westlichen Gesellschaft löste, für die sie bis dahin die zentrale Grundlage gewesen war, wurde ein Prozeß in Gang gesetzt, der mit dem Aufstieg von Wissenschaft und Rationalismus bereits im 17. Jahrhundert begonnen hatte und eine der größten sozialen Umwandlungen aller Zeiten bedeutete – und der höchstwahrscheinlich zur Auflösung des Patriarchats und seiner hierarchischen Postulate führen wird. Merkwürdigerweise läßt sich erkennen, daß all diese Gedankenströme aus der Christenheit selbst stammen, durch den Glauben an die Gleichheit aller Wesen vor Gott (allerdings waren die Frauen lange Zeit davon ausgenommen, und die Tiere sind es immer noch).

Die Strömung war vielleicht als erstes bei Luther zu erkennen, der darauf hinwies, daß die Seele bei allen Menschen gleich sei, bei arm und reich, und daß das Geld keine Rolle dabei spielen sollte, wer in den Himmel kommt und wer nicht, oder wem die Wohltaten der Kirche zuteil werden. Später, im 18. Jahrhundert, erkannte man, daß Klassenprivilegien ungerecht waren: Alle Menschen waren von der Schöpfung her gleich, und allen sollten die »Rechte des Menschen« zuteil werden. Als im 19. Jahrhundert Rassismus zum Thema wurde, verurteilten viele die Sklaverei, die in den USA betrieben wurde, als undemokratisch und als Verstoß gegen die Grundprinzipien einer gerechten Gesellschaft. Heute, im 20. Jahrhundert, mit ihren Anfängen im 19., wird auch die Herrschaft der Männer über die Frauen als eine Ungerechtigkeit angesehen, die ein Ende haben sollte.

delt zu werden. Jedenfalls sagen wir, daß wir es glauben. Und an der Situation in der Welt wird sich ganz sicher nichts ändern, solange die Ideale nicht mit den tatsächlichen Gegebenheiten übereinstimmen.

Alles in allem läßt sich sagen, daß der Grund für die herrschende Instabilität unser Mangel an Gerechtigkeit ist. Der Unterschied zwischen dem, was wir zu glauben vorgeben – dem Glauben an Gleichheit und Menschlichkeit – und den Realitäten unserer Gesellschaft ist einfach zu groß. Das Chaos und der Terror, die heute vorherrschen, kommen durch Millionen unglücklicher Menschen zustande – Männer und Frauen.

Angesichts dieser beunruhigenden Bedingungen wenden wir uns häufig den nicht funktionierenden aber geliebten alten Ideen aus der Vergangenheit zu. Beispielsweise sagen wir im wirtschaftlichen Bereich, daß der »Wettbewerb« unsere Rettung sei: Der »Konkurrenzkampf« muß der Wirtschaft förderlich sein, wenn er es in den vergangen hundert Jahren gewesen ist (ganz gleich, ob das auch tatsächlich immer zutreffend gewesen ist) – zum Beispiel, während der Depression Ende des vorigen und in den dreißiger Jahren dieses Jahrhunderts – und ob es sich vielleicht doch nicht so recht mit den demokratischen Idealen vereinbaren läßt, wenn nicht alle mit den gleichen Voraussetzungen an den Start gehen.) Andere, die erkennen, wie sich die industrielle Basis aufzulösen beginnt, und daß »reiner Konkurrenzkampf« das Problem auch nicht lösen wird, wollen einen anderen, gegenteiligen Weg einschlagen. Sie wollen es, zum Beispiel, mit einer besseren Zusammenarbeit zwischen »Arbeitern« und Arbeitgebern versuchen. Aber es ist interessant, festzustellen, daß »Kooperation« einer der primären »weiblichen« Werte ist, über die wir schon gesprochen haben.*

Es heißt, im persönlichen Leben und in der Familie läge unsere Rettung, in »der Rückkehr zu den traditionellen Werten« – die Frauen sollen zu Hause bleiben und »Mutter« sein, während der Mann »anschaffen« geht, um die Familie zu ernähren. Aber die meisten Frauen wollen ihre Arbeit nicht aufgeben, auch wenn sie langweilig ist, weil sie dadurch Verbindung mit der Außenwelt haben und ein gewisses Maß an Selbständigkeit gewinnen, neben dem finanziellen Gewinn (siehe 11. Kapitel).

Es klingt ironisch, aber auch viele Frauen würden gern zu den »traditionellen Werten« zurückkehren, nur sie verstehen darunter etwas

---

* Obgleich weder die Frauen und nicht einmal alle Männer mit weißer Hautfarbe von der Verfassung berücksichtigt wurden, ist es vielleicht nicht ohne Bedeutung, daß die Ideale derjenigen, die sie aufgestellt haben, eher das allgemeine Wohl im Auge hatten als den »Individualismus« oder den individuellen Wettbewerb, die sie als egoistisch und negativ ansahen.

ganz anderes. Die Frauen meinen damit mehr Liebe, mehr Würde, Gerechtigkeit und Gleichberechtigung in dieser Liebe; sie wollen nicht länger Beziehungen haben, die wie Einbahnstraßen verlaufen: Der Mann ist der Empfänger, der immer »obenauf« ist, der kommen und gehen kann, wie es ihm paßt, der sich dem Konkurrenzkampf stellen kann, wenn er möchte, weil ja die Frau immer für ihn da ist, immer zu Hause ist, und bereit ist, die Entfremdung und Gewalt zu absorbieren – eine Art Kampfmüdigkeit –, die er vielleicht verspürt, wenn er heimkommt, wenn er Behaglichkeit sucht und sich stärken möchte. Die Frauen sagen, die *Männer* müßten die »traditionellen Werte« des emotionalen Beistands und der emotionalen Bindung erlernen.

Nachdem die Frauen aber immer weniger bereit sind, emotionalen Beistand und Nahrung zu geben, so lange sie nichts dafür zurückerhalten, nimmt es nicht wunder, daß viele Männer heute das Gefühl haben, daß die Familie in der Auflösung begriffen ist und es »kein Zuhause mehr gibt«.* Es gibt für sie (»die Gesellschaft«) keine »Mutter« mehr, an die man sich wenden könnte. (Frauen sind natürlich daran gewöhnt, keine »Mutter« zu haben, an die sie sich wenden können, die sie versteht, die ihnen »zuhört« und sie tröstet – aber zum Glück haben wir unsere Freundinnen.)

Und so stehen wir da – eine Gesellschaft ohne einen festen Plan für die Zukunft, der Hoffnung verspräche, und sind ratlos und bedauern nur, daß die Werte des großen 19. Jahrhunderts vertan wurden und daß sich das 20. Jahrhundert der Moderne als nicht zufriedenstellend erwiesen hat. Wir fühlen uns gelähmt, denn jeder neue Gedanke scheint das, was wir einmal unser »Heim« genannt haben, nur noch mehr zu gefährden – so daß wir daran festhalten, uns für die Zukunft noch das Gefühl von Schutz und Sicherheit zu erhoffen, etwas, was wir verloren glaubten, wonach wir uns sehnen. Was ist es? Wärme? Stabilität? Innere Zufriedenheit? Genug zu essen? Frei von Angst zu sein? Liebe?

Das 19. Jahrhundert war in mehrerer Hinsicht wunderbar – ganz bestimmt waren es seine Kunst und seine Kultur und der Lebensstandard der wachsenden Mittelklasse, und sogar die Häuser, die gebaut wurden, waren warm, schön, zauberhaft. Diese Art zu leben – die Familie, die Struktur der Arbeitswelt – wurde als unvergänglich angesehen, von ewiger Dauer. Wenn wir von unserem heutigen Standpunkt darauf zurückblicken, ist es verständlich, daß wir dieser Zeit nachtrauern und uns nach ihrer Schönheit sehnen. Aber ihre Schönheit (und

---

* Andererseits hatten die meisten Frauen nie ein »Zuhause«, da sie von den Männern niemals wirklichen emotionalen Beistand erhalten haben. Sie bedauern daher nicht, was war, sondern vielmehr, was hätte sein können.

ihre schrecklichen Fehler: die Armut so vieler Menschen, die Unterdrückung der Frauen und anderer Rassen) bedeutet nicht, daß es uns nicht gelingen könnte, etwas noch Schöneres zu schaffen: eine Gesellschaft, die auf wirklicher Gleichberechtigung beruht, die noch deutlicher demokratischen Prinzipien folgt – und die viele Jahrhunderte bestehen wird, noch stabiler und produktiver, und mit noch besserer Lebensqualität.

Wir leben heute in einer Zeit, in der die »alte Ordnung« stirbt – aber es ist auch der Beginn einer neuen »Ordnung«. Wir müssen nun in dem anscheinenden Chaos die neuen Elemente erkennen, die dazu beitragen werden, ein besseres, mehr demokratisches System zu schaffen, als wir je zuvor gehabt haben, eine Gesellschaft, deren Ideale sich im täglichen Leben verwirklichen, eine Gesellschaft, die von Gerechtigkeit ausgeht, nicht von Hierarchie.

Könnten die Werte der »Frauenkultur« als Konzept für eine revolutionäre philosophische Umwandlung dienen?

»Worin – falls überhaupt – haben Institutionen mit den Idealen von Frauen übereingestimmt? Mit der Liebe der Frauen? Und wie weit haben sich die Frauen wirklich alle Möglichkeiten ausgemalt?«

Elizabeth Petroff*

In der vorliegenden Untersuchung haben viele Frauen ihre Vorstellungen von einer neuen Form zwischenmenschlicher Beziehungen vorgebracht – und daher auch von einer neuen Gesellschaft.** Frauen hinterfragen die Bedingungen, unter denen wir leben, und sagen, sie könnten besser sein, als sie es sind.

Gleichheit und Interaktion als sozialer Rahmen sind nicht mehr nur idealistische Träumereien. Kooperation und Teamwork sind gangbare Wege, um die Gesellschaft zu organisieren. Trotzdem hört man immer wieder, daß Frauen »zu emotional« seien, um Regierungsgeschäfte

---

* S. Hite und E. Petroff: »Controversies over the Nature of Love«, Jahrestagung der American Philosophical Association, 1986.
** Tatsächlich ist die Art und Weise der zwischenmenschlichen Beziehungen die Grundlage für die allgemeine Gesellschaftsstruktur. »Das Private ist politisch«, indem es ein Mikrokosmos gesellschaftlicher Strukturen ist.

führen zu können, und daß »weibliche Weichherzigkeit« und ihre co-operativen Ideale nicht auf globaler Ebene funktionieren würden, etwa auf Regierungsebene oder bei internationalen Beziehungen. Aber wie kann ein System, das uns an den Rand des Atomkriegs und der ökologischen Katastrophe gebracht hat, ein anderes System als nicht praktikabel bezeichnen?

Nachdem uns das »männliche« Wertsystem an den Rand der Auslö-schung gebracht hat – etwa durch einen Atomkrieg oder durch die Zerstörung des Gleichgewichts in der Natur – wird es höchste Zeit, nach anderen Möglichkeiten Ausschau zu halten. Beispielsweise sind es die interpersonellen Muster der »männlichen« Ideologie, durch die die Männer ständig angehalten werden, den Konkurrenzkampf auf-zunehmen, um Macht zu besitzen, wenn die Streitigkeiten »beigelegt« sind, und die die Welt in die Situation geführt haben, in der sie sich jetzt befindet, – kurz vor der totalen Zerstörung.

Die Philosophie der »Frauen« beinhaltet andere Möglichkeiten, um strittige Fragen zu lösen, oder um Auseinandersetzungen zu verhin-dern, noch ehe sie auftreten. Sie verwenden dazu subtile Methoden, von denen in diesem Buch schon ausführlich die Rede war. Ange-sichts der realen Probleme, denen sich die Gesellschaft heute gegen-übersieht – Probleme, mit denen das gegenwärtige System offenbar nicht umzugehen weiß –, wäre es angebracht, sich einmal ernsthaft mit der alternativen »Frauenphilosophie« zu beschäftigen.*

Eine Frau erklärt deutlich, worum es bei dieser Diskussion eigentlich geht:
»Ich frage mich, wohin das alles führen soll. Jetzt sind die Frauen viel mehr in die Gesellschaft integriert, und organisierte Gruppen ge-winnen immer mehr Einfluß. Trotzdem glaube ich nicht, daß sich die Frauen in der Geschäftswelt oder den berufsbildenden Schulen unbe-dingt wohl fühlen. Für mich ist es gar nicht mal so sehr eine Frage der Diskriminierung – ich würde eine Konfrontation dieser Art sogar be-grüßen. Ich habe einfach nur das Gefühl, daß die Institutionen der Ge-sellschaft, die sich auf Macht stützten, von Männern errichtet und völ-lig falsch organisiert und geführt werden, die reinsten Schießbuden darstellen.

Wettbewerb und Ausbeutung von Untergebenen zugunsten einiger weniger mächtiger Menschen – das ist wirklich eine idiotische Art, Ge-schäfte zu führen. Männer scheinen besser dafür geeignet, in Form von selbstdarstellerischen Kämpfen mit der Realität umzugehen.

* Natürlich sind nicht alle Frauen »gerecht« und »freundlich«, und es gibt viele Männer, die es sind: Diese Eigenschaften sind nicht biologisch bedingt. Allerdings schaffen die gemeinsamen Erfahrungen der Frauen ein gewisses Verständnis und neue Möglichkeiten in bezug auf die Kultur, wie bei Männern auch.

Frauen scheinen von Haus aus eher veranlagt, subtilere Methoden zu verwenden, um Kooperation herzustellen.

Ich fühle mich hin- und hergerissen zwischen dem Gedanken, daß Frauen feinfühlige soziale Wesen sind und eine Gesellschaft benötigen, die für sie und von ihnen geschaffen ist, und der Theorie, daß Frauen genauso konkurrenzfähig sind wie Männer und nur damit anzufangen brauchen, es auch zu zeigen, hinaus in die Welt zu gehen und das Spiel zu spielen, genau wie die Männer es tun. Aber an der Spitze dieses Spiels steht die Bombe, das Axiom der nationalen Konkurrenz. Wer wollte das schon?!«

»Frauenkultur«: Eine andere Tradition

Frauen haben ihre eigene Kultur und ihr eigenes Wertsystem, aus denen ein anderer Geist spricht, und mit einer anderen Lebensorientierung – wie wir in Teil I gesehen haben –, ein System mit einer komplexen und subtilen Geschichte. Diese Philosophie ist aus der geschichtlichen Verbundenheit der Frau mit der Familie erwachsen und gründet sich darauf, wie menschliche Beziehungen beschaffen sein sollen, wie andere Menschen gehört werden sollen, wie größeres zwischenmenschliches Verständnis hergestellt werden soll.

Man hat es den Frauen häufig vorgeworfen, daß sie zu Hause bleiben, daß sie »nicht intellektuell« seien: Aber während die Frauen »nur zu Hause« waren, haben sie diese bedeutende und ehrliche Kultur entwickelt. Die Tatsache, daß die »Frauenphilosophie« aus persönlichen und familiären Beziehungen erwachsen ist, macht sie nicht geringer oder weniger politisch als das »männliche« System.

Während fast alle Frauen wissen, wie sie sich in der »männlichen« Welt bewegen müssen, da sie ja bi-kulturell leben, scheinen sich die meisten Männer kaum bewußt zu sein, daß es ein unterschiedliches Glaubenssystem gibt, dem die Frauen seit Jahrhunderten folgen und das philosophische Diskussion und Achtung verdient, statt daß die Männer mit Zorn und Angst reagieren, wenn es den Anschein hat, daß die Frauen aufhören könnten, »liebevoll« zu sein – das heißt, wenn sie die Tradition ihrer »Sub«-Kultur nicht mehr weiterführen.

Andererseits halten sich auch Männer an diese Werte, genauso, wie nicht alle Frauen es tun, wie eine Frau in Teil IV hervorhebt: »Ich habe immer die Sensibilität, die Toleranz der Frauen bewundert, und vor allem ihre Fähigkeit, anderen zuzuhören. Ich hatte das Gefühl, daß Männer nicht fähig wären, sich für andere zu interessieren... [aber] inzwischen ist mir klar geworden, daß Frauen genauso unsensibel sein können wie Männer und daß sie ihr Wissen auch nicht klüger an-

wenden, obgleich sie gewöhnlich viel besser über andere Bescheid
wissen.«

*Frauen beschreiben die Eigenschaften der »Frauenkultur«, die sie in den
Frauen wiederfinden:**
   »Frauen scheinen sensibler zu sein, und als *Menschen* besorgter, als
Männer es sind. Sie scheinen mit den Dingen, die im Leben wirklich
wichtig sind, mehr im Einklang zu stehen. Die meisten Frauen sind leidenschaftlicher und wärmer als Männer. Ich kann mit einer Frau über
fast alles reden (mit den meisten), und eine wirkliche Verwandtschaft
spüren, ein stillschweigendes Verständnis. Die meisten Männer sind
zu oberflächlich, Frauen gehen den Dingen gern auf den Grund.«
   »Ich glaube, Frauen sind im allgemeinen ›sensibler‹ als Männer – sie
machen sich mehr Gedanken darüber, was um sie herum geschieht
und was andere fühlen und was ihre Handlungen bei anderen bewirken werden. Sie haben nicht dieses Kästchendenken wie die Männer.
Frauen stehen auch die schwierigsten Lebenssituationen durch – besser als viele Männer, die ja ihre Frauen haben, die für sie den ganzen
emotionalen Kram erledigen.«
   »Ich bewundere die Einstellung der Frauen zum Leben, ihre Stärke,
ihre Intuition, ihre Anpassungsfähigkeit und ihre Wärme – ihre emotionale Verfügbarkeit – ihren weichen und schönen Körper, ihre Intelligenz. Sie sind sensibel, es ist leicht, mit ihnen zusammen zu sein.
Große Frauen? Dabei denke ich an Simone de Beauvoir oder Eleanor
Roosevelt.«

Und wie eine Frau schon früher einmal erklärte:
   »Ich bewundere, wie still die Frauen ihre Arbeit tun, wie sie den
zwischenmenschlichen Frieden verteidigen, wie anständig sie sind,
obgleich sie nichts davon haben. Ich möchte sehen, wie Frauen hinausgehen in die Welt und wieder eine Brücke schlagen zwischen Privatsphäre und öffentlicher Arbeit, die durch die Industrialisierung
zerstört wurde. Und was ist mit den vielen hundert Frauen, die gerade
jetzt Chemie studieren. Ich fände es gut, wenn sich private Moral auf
die ganze Erde erstreckte. Ich hoffe, daß sich die Frauen einiges von
dem Wissen bewahren, das sie sich angeeignet haben, als sie Kinder
großzogen und sich für zivilisierte menschliche Beziehungen eingesetzt haben, wenn sie später an der vordersten Front kämpfen.«

* Die meisten Männer würden wahrscheinlich der folgenden Beschreibung nicht
widersprechen (siehe *Hite Report, Das sexuelle Erleben des Mannes*); dennoch scheinen
viele Männer einerseits zu wollen, daß die Frauen ihre Werte beibehalten, gleichzeitig aber bringen sie es fertig, die Frauen wegen dieser Werte zu erniedrigen, als
»schwach« und »zu empfindlich« zu bezeichnen und so weiter.

Ein komplexes Vokabular der Gefühle

Das »Frauen«-System hat kunstvolle Formen der Kommunikation und einen ganz bestimmten Konversationsstil entwickelt, der die Gegenseitigkeit betont, das Einfühlungsvermögen beim Zuhören, Hinweise auf das reziproke Verständnis liefert, Zeichen des Erkennens und des Feedbacks.

Diese unausgesprochenen kleinen fürsorglichen Gesten, auch intellektuelle Reaktionen, die den Dialog erleichtern, sind für das »weibliche System« außerordentlich wichtig und werden von den Frauen in ihren Beziehungen auch von den Männern erwartet, wie wir in Teil I gesehen haben – und wie es uns die Frauen in Kapitel 18 am Beispiel ihrer Freundinnen gezeigt haben. Wenn Frauen mit jemandem ein Gespräch führen, geben sie mehr Anzeichen des aktiven Zuhörens und Hörens von sich, Zeichen des Interesses. Sie ermutigen ihr Gegenüber weiterzusprechen; sie zeigen, daß sie begreifen, was der andere sagen will. Das gibt dem anderen das Gefühl, »gehört« und »verstanden« zu werden, und erzeugt sehr viel positive Energie. Wenn diese Wechselwirkung nicht nur auf private Gespräche beschränkt bliebe, sondern auch auf die ganze Kultur übertragen werden könnte, so würde das zu einer viel positiveren Einstellung unserer Gesellschaft führen.

Frauen sind oft als »manipulierbar« oder »intuitiv« bezeichnet worden: Die Wahrheit ist, daß Frauen tatsächlich »Staub sehen«, physisch und emotional; Frauen möchten, daß in ihrer Umgebung alles glatt läuft, und erkennen sofort, wenn irgend jemand »kein gutes Gefühl« hat – während sich die Männer meistens nicht darum zu kümmern scheinen, wenn »dicke Luft« herrscht, und sich schon gar nicht bemüßigt fühlen, sie irgendwie zu bereinigen. Frauen erkennen die feinen Zeichen, die den emotionalen Zustand eines Menschen verraten, und wollen »das Richtige sagen«, um ihm zu helfen. Frauen haben – um es anders auszudrücken – häufig eine erhöhte Wahrnehmung des »nicht Greifbaren«. Sie sind darauf eingestimmt, die kleinsten Einzelheiten im Benehmen und im Ausdruck wahrzunehmen.

Während im Mittelpunkt der »männlichen« Ideologie also die Hierarchie steht, und der Kampf um den besten Platz, wenn es um die Einhaltung von Regeln und Gesetzen der »Männlichkeit« geht (oder der Auflehnung dagegen) – mehr Individualität läßt das System bis jetzt nicht zu –*, konzentriert sich die »weibliche« Philosophie im wesentli-

---

* Daß den Männern in bezug auf ihre Kleidung nur so wenig Spielraum gelassen wird – sie müssen Hosen tragen, mit Jacke und Hemd, während die Frauen alles mögliche anziehen können –, zeigt, wieviel Wert die Männer und das »männliche« System auf Konformität legen, um die Zugehörigkeit zur »männlichen Gruppe« zu demonstrieren. Denn nur, wer die Regeln der Konformität einhält, beweist, daß er

chen darauf, andere Menschen mit Achtung und Würde zu behandeln. Sie ist nicht so hierarchisch strukturiert, besteht nicht so sehr auf der Einhaltung von Gesetzen und Gehorsam gegenüber den Autoritäten, sondern konzentriert sich vielmehr darauf, aus jedem einzelnen das Beste herauszuholen und jeden einzelnen zu schätzen.

Außerdem sorgt das »weibliche« Wertsystem, das Fürsorge beinhaltet, aber nicht Aggressivität, bei den meisten Frauen in Zeiten der Anspannung, des Konflikts oder wenn sie sich angegriffen fühlen, automatisch für Selbstkritik und Selbstbeobachtung. Männer – die in dem Glauben erzogen werden, immer »im Recht« zu sein (vor allem, wenn sie von einer Frau »herausgefordert« werden), die gelernt haben, anzugreifen, wenn sie unter Streß stehen, stets die Herrschaft über die Frauen zu bewahren, niemals »hintanzustehen«, auch nicht im Gespräch – neigen weniger zur psychologischen Selbsterforschung. Dadurch sind ernste Gespräche über Probleme manchmal fast unmöglich.*

Auch wenn im »weiblichen« Wertesystem zwischenmenschlichen Beziehungen große Bedeutung beigemessen wird, heißt das nicht, daß jeder ständig damit beschäftigt sein muß, sich mit einer Beziehung emotional auseinanderzusetzen. Denn dann hätten wir ja keine Zeit mehr, uns mit der Gesellschaft als Ganzem zu beschäftigen, wie eine Frau es beschreibt:»Ich würde gern sagen, daß Beziehungen zu anderen Menschen zu haben, das wichtigste im Leben ist. Aber ich bin davon nur völlig erschöpft. Ich glaube, daß ich auch ganz allgemein einen Beitrag leisten muß im Leben, aber das kann ich nicht, wenn ich meine ganze Zeit auf einen einzelnen Menschen verwende. Ich halte diese individuellen Beziehungen für die wichtigsten Dinge in meinem persönlichen Leben. Aber wenn ich daran denke, was ich innerhalb der Gesellschaft alles tun möchte, was ich gern beitragen würde, dann ist das viel größer und bedeutsamer als alles, was im individuellen Be-

Mitglied des »männlichen« Clubs und somit der offiziell herrschenden Eliteklasse ist. Das ist der Grund, warum die Männer so verbissen und so stolz an diesen äußerlichen Formen festhalten. Wer wäre je einem Mann im Rock begegnet, und wenn er noch so »liberal« ist?«

* Jim Berry bezieht sich auf *Die Grünen. Nicht links, nicht rechts, sondern vorne*, München, 1985, von Charlene Spretnak, wenn er sagt:»Das Patriarchat, das mehr und mehr Frauen so abstoßend finden, sollte eigentlich nur für Männer abstoßend sein. Spretnak ist der Auffassung, daß der Begriff ›patriarchalische Kultur‹ nicht nur Ungerechtigkeit gegenüber Frauen einschließt, sondern auch die kulturellen Begleitmerkmale: Die Vorliebe für hierarchische Strukturen und Konkurrenzdenken, den Hang zu herrschen und zu unterwerfen, die Entfremdung von der Natur, Unterdrückung von Einfühlungsvermögen und anderen Gefühlen, und eine ungeheure Unsicherheit in bezug auf all diese Dinge. Diese Merkmale zeigen sich bei jedem, männlich oder weiblich, der nach den Regeln der patriarchalischen Kultur lebt« (Aus *Amicus Journal*, Juni/Juli 1987).

reich geschieht.« Mit anderen Worten: Die »Fürsorge«, von der die Frauen sprechen, kann als Lebenshaltung gemeint sein, nicht nur in persönlichen Beziehungen, sondern ganz allgemein.

Und schließlich geht aus sehr vielen Erklärungen, die die Frauen in diesem Buch abgegeben haben, hervor, daß sie schockiert und wütend sind über die Ungerechtigkeit, mit der viele Männer die Frauen in persönlichen Beziehungen behandeln. Sie haben das Gefühl, unfair behandelt zu werden, »weggeworfen« zu werden, oft ohne jede Würde oder eine Erklärung. Frauen scheinen – das ergibt sich aus ihren Aussagen und ihren Bemerkungen über ihre Freundschaften mit anderen Frauen – ein Gefühl für Fairness zu besitzen, für Gerechtigkeit und ethische Moral, das eigentlich jedem Menschen eigen sein müßte – aber machen die Männer in ihren Beziehungen zu Frauen auch Gebrauch davon? Oder glauben sie, es ginge nur darum, sich mit allem so »durchzumogeln«, wie es eben gerade möglich ist? (Trotzdem würden die Frauen darauf sagen: Wie kann man mit einem anderen Menschen etwas Gemeinsames aufbauen, Vertrauen haben, wenn man ihn hinters Licht führt, wenn man nur darauf aus ist, sich irgendwie »durchzumogeln«?)

Alles in allem: Woher er auch kommen mag – Frauen haben anscheinend einen eigenen kulturellen Rahmen, zu dem eine hochentwickelte Ethik und ein feinfühlig kultivierter Stil für zwischenmenschliche Beziehungen gehören.

Eine neue Beziehung zur Natur

Diese Werte sind auch mit einer Einstellung zur Natur verknüpft, die gepflegt werden muß, mit der man auf gleichberechtigter Basis leben muß, die man nicht einfach nur »beherrschen« darf. Aus ökologischer Sicht ist unsere Welt in Gefahr: Unser Planet liegt im Sterben.*

Der World Wildlife Fund berichtet: »Ohne einen einzigen Schuß abzufeuern, dürften wir innerhalb der nächsten zwanzig Jahre vielleicht ein Fünftel aller Lebewesen getötet haben. Vor Jahren haben sich Regenwälder über die ganze Erde erstreckt, von Südamerika bis Afrika, Malaysia und Indonesien. Aber in der Zeit, die Sie benötigen, um diese Sätze zu lesen, werden fünf Morgen Regenwälder von der Oberfläche der Erde verschwunden sein – niedergewalzt, verbrannt... [Diese Wälder] liefern nicht nur Nahrung und Schutz für wenigstens die Hälfte allen Wildlebens in unserer Welt, sie erzeugen auch unge-

---

* Siehe, z. B., Rachel Carson: *Der stumme Frühling*, München, 1983. Rifkin: *Entropie – ein neues Weltbild*, Hamburg, 1982, und Jacques-Yves Cousteau und Y. Paccalet: *La mer blessée*, Paris, 1987.

fähr fünfzig Prozent des Regens, da sie Feuchtigkeit an die Luft abgeben... Die kommerzielle Ausbeutung und die Bedürfnisse der wachsenden Bevölkerung werden die Zerstörung der Regenwälder wie
auch der Meere, der Steppen, der Seen und des Feuchtlandes weiter
beschleunigen... Wir befinden uns in einem halsbrecherischen Wett-
lauf mit der Zeit.*

Und die internationale Organisation Greenpeace erklärt: »Unser
Ziel ist eine zivilisiertere Einstellung der Menschen gegenüber anderen Lebensformen... Woche für Woche wird eine weitere einzigartige
und unersetzliche Spezies ausgelöscht. In diesem Augenblick werden
mehrere hundert Pfund nuklearen Abfalls erzeugt... Toxische und
chemische Abfälle werden in den Meeren versenkt oder in Flüssen ab-
geladen... *Es genügt nicht, die Bedrohung unserer Umwelt abstrakt zu behandeln, es muß etwas geschehen...* Deshalb haben sich einige besorgte
Menschen zusammengefunden und Greenpeace gegründet, weil sie
schließlich zu dem Schluß gekommen waren, daß sie es satt hatten,
einfach immer nur dazustehen und zuzusehen, wie die Welt geschän-
det wird... [Diese Menschen sind persönlich tätig geworden], indem
sie einen Harpunierer anstarrten, während er vergeblich versuchte,
den Wal zu töten, den sie mit ihren Körpern beschützten. Und sie haben in die zornigen Augen von Robbenfängern geblickt, die die
schutzlosen neugeborenen Tiere nicht erschlagen konnten, weil diese
Menschen sie vor den Stöcken der Jäger schützten...«

Manche Menschen finden diese Art von Idealismus lächerlich – und
machen sich vor allem bei Frauen darüber lustig. Eine Frau beschwert
sich: »Frauen möchten immer freundlich sein, zu jedem, aber man
lacht uns aus. Was ist denn falsch daran, Tiere freundlich zu behandeln? Die meisten Jäger sind Männer – wie viele Frauen haben eine
Jagdlizenz? Andererseits tragen Frauen Pelzmäntel. Wenn sie sehen
könnten, wie die Tiere ermordet werden, würden sie ganz bestimmt
keine tragen. Die Jagd aus Spaß am »Sport« – Töten, nicht um Nahrung zu gewinnen, das ist wirklich merkwürdig. »Sportlich« ist es
wohl kaum, da die Chancen ungleich verteilt sind – Rotwild und
Wachteln haben keine Gewehre, um zurückzuschießen. Was für eine
Art »Sport« soll das also sein? Sport, das bedeutet doch gleiche Voraussetzungen, aber was hier geschieht, ist nichts anderes als rohe Gewalt, nur damit die Männer das Gefühl haben können, mutige Jäger zu
sein, die ihre Steinzeitinstinkte – oder Mordinstinkte – befriedigen.«

Ein besonders erschreckendes Beispiel für diese Haltung ist die Ge-

---

* Bericht des World Wildlife Fund, August 1986. Viele unserer Medikamente werden ebenfalls aus den Pflanzen gewonnen, die in diesen sterbenden Wäldern behei-
matet sind.

schichte, die ein Junge aus seiner Kindheit erzählt:* »Als ich klein war, ging ich öfter mit meinem Vater auf die Jagd. Leider hab' ich immer schlecht gezielt (meine Hände zitterten zu stark). Ich gab es dann nach einem Vorfall auf, der sich abspielte, als mein Vater und ich mit ein paar anderen Männern in einem Boot Enten jagten. Ich hatte gerade eine Ente heruntergeholt, und wir ruderten hin, um sie aus dem Wasser zu fischen. Als wir sie erreichten, war ich erstaunt, daß sie noch am Leben war und anscheinend nicht viel abbekommen hatte. Ich malte mir aus, daß ich sie mit nach Hause nehmen, gesund pflegen und als Haustier behalten würde. Einer der Männer holte sie aus dem Wasser und schlug sie gegen die Bootswand, daß das Gehirn heraussspritzte.«

Idealismus und Enthusiasmus

Viele Menschen wünschen sich in unserer Welt mehr Idealismus, fast eine Verbeugung vor dem Leben, geweihte Gefühle füreinander, Gefühle der Neugier und des Staunens – anstatt Zynismus, der Kultiviertheit vorspiegeln soll und meistens an Feindseligkeit grenzt. Diese Elemente waren in einer früheren, mehr religiösen Weltanschauung enthalten, und zwar in dem Sinne, als die Menschen damals zumindest akzeptierten, daß das Leben ein Geheimnis war; die heute übliche Meinung, daß dank der »Wissenschaft« alles Lebende uns gehört, ist Teil des selbstgefälligen Zynismus, den viele Frauen ablehnen (wie auch Einstein es getan hat, als er sagte, daß das Leben immer mysteriöser würde, je mehr wir von der Wissenschaft darüber erfahren). Die Ehrfurcht vor dem Leben ist ein geistiges Merkmal, das die unterschiedliche Einstellung gegenüber dem Leben kennzeichnet, um die es hier geht.

Mit dieser Frage haben sich eine Reihe moderner Philosophen auseinandergesetzt, vor allem Heidegger. Joseph Fell erklärt: »Bei Heidegger findet man den philosophisch wichtigsten Ausdruck dieser neuen/alten Einstellung im gesamten Gedankengut des 20. Jahrhunderts. Niemand sonst hat die tiefen historischen Wurzeln westlicher Gewalt an der Natur gründlicher erforscht.« Das wird vielleicht in Heideggers *Die Technik und die Kehre* am deutlichsten.

Andere neue Gedankenströme, die mit Idealismus und sozialer Gerechtigkeit verbunden sind, finden sich in den Arbeiten von Robert Reich und Tom Peters. Zum Beispiel glaubt Reich, daß die einzige Möglichkeit für das Überleben der amerikanischen Wirtschaft darin besteht, den einzelnen Arbeitern mehr Macht zu geben. Die marxisti-

* Aus: *Hite Report, Das sexuelle Erleben des Mannes.*

sche Dialektik »hat nicht funktioniert«, so daß es jetzt nötig ist, »*alle* Mitglieder der Organisation, die für die gemeinsame Sache arbeiten, zu stärken«. Mit anderen Worten, um im Konkurrenzkampf Erfolg zu haben, müssen wir zusammenarbeiten. An dieser Stelle sollte jedoch darauf hingewiesen werden, daß dieser Gedanke zur traditionellen anti-hierarchischen »Frauen«-Philosophie gehört.

Allgemeine Erklärungen über das Sorgen und über kooperative Werte lassen sich lächerlich machen. Aber wie unterscheidet sich der Gedanke des Sorgens für eine Gesellschaft von der Erklärung, die John F. Kennedy abgegeben hat: »Fragen Sie nicht, was Ihr Land für Sie tun kann! Fragen Sie, was Sie für Ihr Land tun können!« Trotzdem wirkt es irgendwie »unmännlich«, Männer aufzufordern, für ihr Land zu »sorgen«. Hier haben wir einen weiteren Beweis dafür, wie die differenzierte Bedeutung von Wörtern und das spezielle Vokabular für das jeweilige Geschlecht, das, was wir sehen und wie wir es sehen, beeinflußt. (Siehe 1. Kapitel.)

Im Wertsystem der »Frauen« taucht immer wieder ein gewisser Idealismus in bezug auf die Liebe und die Fürsorge für andere auf. Frauen halten dieses Verhalten einfach nur für »richtig« – sie empfinden es als Voraussetzung für jedes gerechte System, und es ist tatsächlich einer der wichtigsten Aspekte im Hinblick auf das Verhalten des Menschen in ihrer/seiner Gesellschaft.

Der traditionelle Idealismus der Frauen und ihr Einsatz für die Benachteiligten ist allgemein bekannt. Schon immer in der ganzen Geschichte haben sich Frauen idealistischen Bewegungen angeschlossen. Harriet Beecher Stowes *Onkel Toms Hütte* hat während der Antisklavenbewegung im 19. Jahrhundert einen großen Einfluß ausgeübt, und in den verschiedenen Gesellschaften, die sich für die Abschaffung der Sklaverei eingesetzt haben, waren auch viele Frauen aktiv tätig, und von ihnen ist später die erste feministische Bewegung ausgegangen.* Und schließlich war es Rosa Parks, die sich 1955 in Montgomery, Alabama, weigerte, einen Platz im hinteren Teil des Busses einzunehmen. Damit begannen die Proteste der Schwarzen gegen die Rassentrennung, in deren Verlauf Hunderte von Schulmädchen mit schwarzer Hautfarbe im Süden der USA ins Gefängnis kamen. Und es waren vor allem Frauen, die sich den Wohltätigkeitsorganisationen der Kirchen aller Konfessionen zur Verfügung gestellt haben. Es waren auch Frauen, die die ersten Zähne von Schulkindern gesammelt haben, um sie auf Strontium 90 untersuchen zu lassen, was später zu dem Abkommen zwischen den USA und der UdSSR und zu dem Verbot von

---

* Siehe das Buch der Historikerin Ellen DuBois: *Feminism and Suffrage: The Emergence of an Independent Women's Movement in America*, Ithaca, 1978.

Kernwaffenversuchen in der Atmosphäre geführt hat. Und es waren auch Frauen, die die erste Initiative zur Gründung des Völkerbunds ergriffen haben, des Vorgängers der Vereinten Nationen.

Theoretische Diskussionen über die »Frauenkultur«

All diese Diskussionen über die Unterschiede zwischen der »Männer«- und der »Frauenkultur« sollten jedoch nicht mißverstanden werden, denn es sind damit nicht irgendwelche biologisch vorherbestimmten »getrennten Sphären« gemeint. Rosalind Rosenberg weist deutlich darauf hin,* daß bestimmte Zweige des Feminismus im 19. Jahrhundert tatsächlich eine Zeitlang an »die überlegene ethische Einsicht und die fürsorglichen Eigenschaften« der Frau geglaubt haben, und daß sie sie häufig auf biologische Gesetzmäßigkeiten zurückgeführt haben. Allerdings haben andere Feministinnen dieser Anschauung nie zugestimmt, und Anfang dieses Jahrhunderts haben es sich feministische Wissenschaftler zur Aufgabe gemacht zu beweisen, daß die große Mehrheit der beobachtbaren geschlechtlichen Unterschiede auf die kulturelle Konditionierung zurückzuführen ist – obgleich die »Victorianische Wissenschaft an dem Grundsatzglauben vom Primat des Biologischen über das Kulturelle festhielt«.

Diese beiden Gedankenschulen wurden dann im 20. Jahrhundert von den Akademikern als »egalitärer Feminismus« (Unterschiede werden durch kulturelle Konditionierung verursacht) und als Feminismus »getrennter Sphären« (»charakteristische Eigenarten« kennzeichnen die Frauen) bezeichnet. Worüber wir hier jedoch sprechen, sind genau diese kulturellen Unterschiede, die für die zwei verschiedenen Kulturen verantwortlich sind: Es gibt keine biologischen Unterschiede, die das eine oder andere Geschlecht »besser«, klüger oder weiser machen. Aber es gibt zwei getrennte historische Traditionen, die alle mit der Ideologie vermischt sind, die tagaus, tagein durch Fernsehprogramme und Werbung über uns ausgeschüttet werden, so daß bereits kleine Kinder die vorgeschriebenen Merkmale aufweisen, noch ehe sie überhaupt verstehen können, was damit gesagt werden soll. Beide Kulturen haben Plus- und Minus-Punkte, aber an dieser Stelle konzentrieren wir uns auf einen Teil der »männlichen« Kultur, mit dem sich die »weibliche« Kultur nicht messen kann: die Art und Weise, in der sich das »männliche« System selbst als das bessere und überlegenere erklärt hat, Frauen von den Schulen ferngehalten und

---

* Rosalind Rosenberg: *Beyond Separate Spheres: Intellectual Roots of Modern Feminism,* New Haven, 1982.

sie daran gehindert hat, an der Regierung beteiligt zu sein, Besitz zu erwerben, und die vielen anderen Dinge, die den Frauen, so lange es ging, vorenthalten wurden. Denn wenn das nicht der Fall wäre, brauchten wir an dieser Stelle wohl kaum von »zwei Kulturen« zu sprechen.

Ist das »weibliche« System »überlegen«?

Wenn wir die positiven, sorgenden Eigenschaften hervorheben, an die die Frauen glauben und die sie den Männern nahelegen, geraten wir dann in eine Falle und behaupten, die weibliche Moral sei der männlichen überlegen? Wir behaupten nicht, daß Frauen von Haus aus überlegen seien oder daß Frauen vollkommene »Heilige« seien, die alles und jeden lieben, ohne auch nur einen Anflug von Bosheit. Aber die fürsorglichen Eigenschaften, die die Frauen entwickelt haben, sind doch wohl eher angemessen und wahrscheinlich ein wirksames Gegenmittel für die betont aggressive Einstellung des herrschenden »männlichen« Systems.

Aber birgt dieser Gesichtspunkt, daß den Frauen eine »fürsorgliche Philosophie« eigen ist, nicht auch die Behauptung in sich, daß die »weiblichen« Werte moralisch höher stehen, gerechter sind? Wollen wir damit zum Ausdruck bringen, daß die Frauen (oder jeder andere), die Liebe und Geben in persönliche Beziehungen und in die Politik einbringen, »moralisch höher« stehen?

Das ist eine der zentralen Fragen, um die es hier geht: Ist Liebe-Geben, ob im persönlichen Leben oder in der Politik, ein Wert, den wir zum Mittelpunkt unserer Gesellschaft machen wollen? Wie wir in Teil III gesehen haben, werden viele Frauen die Tradition, für Männer zu sorgen, nicht weiterführen, wenn diese Werte nicht auch von den Männern gepflegt werden, zumindest in persönlichen Beziehungen. Und sind »Fürsorge« und »Sorgen« auch für die Gesellschaft nötig? In gewisser Hinsicht ist die Sorge um das System, um die demokratischen Regeln der Freiheit sicherzustellen, eine Form der »Fürsorge« – sie bedarf genauso der täglichen Aufmerksamkeit, mit der ein Haus in Ordnung gehalten wird, mit der eine Beziehung emotional am Leben erhalten wird. Allerdings benötigt eine Gesellschaft, in der menschliche Beziehungen und Ausbildung/Arbeit auf dem Prinzip des »freien Marktwerts« beruhen, in dem nur überleben kann, wer es versteht, in den »freien Wettbewerb« zu treten – egal, wie arm (zu arm für eine Ausbildung? Zu hungrig, um in die Schule zu gehen? Um zu denken?) und gleich welcher Hautfarbe und welchen Geschlechts –, keine »fürsorgliche« Zuwendung. Eine solche Gesellschaft benötigt wenigstens keine Pflege, keine »Fürsorge«, keine Zuwendung irgendeiner Art. Aber wird sie funktionieren? Wird sie stabil sein oder wird sie an den Nähten aufreißen, so wie unsere, weil es soviel Ungerechtigkeit und Verzweiflung gibt – und daraus resultiert die Demoralisierung?

Die Tatsache, daß die Frauen möglicherweise ein eher relevantes Wertsystem haben, ist ein historisches Phänomen – nicht eine Frage der Überlegenheit. Außerdem können sich – obgleich diese Meinung meistens von Frauen vertreten wird, daß nämlich Konkurrenzkampf und Dominanz keine besonders produktiven oder edlen Motive sind, und daß Fürsorge für zwischenmenschliche Beziehungen sehr nützlich ist, und auch für Beziehungen zwischen Ländern – Frauen wie Männer dieses Wertsystem zu eigen machen. Und tatsächlich gibt es auch heute schon viele Männer, die sich für eine gerechte, aggressionsarme Gesellschaft einsetzen* – und wir können nur hoffen, daß sich noch viel mehr Männer an der Diskussion beteiligen, die Frauen führen und in denen sie sich fragen, welche Werte wir annehmen sollten und wie es mit unserer Gesellschaft weitergehen wird.

Ist das nur eine Reaktion auf die männliche Herrschaft?

Ist die »Frauenkultur« ein Zeichen der Unterdrückung – oder ist sie ein kreatives Produkt, das die Frauen aus ihrer historischen Situation heraus geschaffen haben? Manche fragen vielleicht, ob die »Fürsorge« der Frauen eine edle Eigenschaft oder nur Aufopferung ist. Man hat die Frauen gezwungen, zu glauben, daß sie »nett« sein müssen – waren sie »dumm« genug, darauf »hereinzufallen«? Wenn Frauen »fürsorglich« sind, heißt das dann nichts anderes, als daß sie dazu gezwungen wurden, sich so zu verhalten, als Reaktion auf ihre Machtlosigkeit?

Mit anderen Worten: Handelt es sich um eine »wirkliche« Kultur – oder sind die fürsorglichen und liebevollen Eigenschaften der Frauen nur das Ergebnis ihrer Unterdrückung? War es nur Taktik, »verständnisvoll« zu sein und zu »geben«, angewandt, um in einer Welt zu überleben, in der die Frauen den Mächtigen (den Männern) gefallen mußten, von denen sie abhängig waren? Tatsächlich heißt es manchmal, daß das Wertesystem der »Frauen« keine Kultur sei, die von Frauen geschaffen wurde, vielmehr seien die »liebevollen« und »hilfreichen« Verhaltensweisen der Frauen nichts anderes als notwendige Strategien jeder unterdrückten Gruppe, die darauf angewiesen ist, ihre Umwelt genau zu beobachten, um überleben zu können.

---

* »Davon ganz abgesehen«, wie es eine Frau unverblümt ausdrückt, »können Frauen genauso schlimme Machos und genauso gemein sein wie jeder Mann.«

Aber die neuere Geschichtsschreibung, die sich auf die Untersuchung vieler Gruppen stützt, ist zu dem Schluß gelangt, daß die Menschen ganz unterschiedlich auf die historischen Gegebenheiten reagiert haben.* Die Frauen hätten auch ganz anders auf ihre Situation reagieren können, als sie es getan haben, sie hätten sich viel »paranoider« entwickeln können und nicht so positiv in bezug darauf, wie sie ihre »Rolle« spielen. Wer wollte sagen, ob eine andere Gruppe unter denselben Bedingungen ein ähnlich starkes System geschaffen haben würde?**

Ist es demnach schätzenswert, was Frauen getan haben: die Kultur, die sie aufgebaut haben? Oder ist eher anzunehmen, daß die Frauen, wären sie nicht »unterdrückt« worden, genau dasselbe getan hätten, was die Männer getan haben: wären sie in den Krieg gezogen, hätten Regierungen erstellt und genau dasselbe Wirtschaftssystem aufgezogen, das wir heute haben? Und hätten die Männer auch Armeen aufgerüstet, wenn *sie* nicht in dem ideologischen System groß geworden wären, in dem sie groß geworden sind?

Und schließlich, selbst wenn die »Frauenkultur« nur eine Reaktion auf historische Unterdrückung wäre, wäre sie dann weniger wert? Vor allem heute? Auf lange Sicht spielt es doch gar keine Rolle, ob diese »Fürsorge«, diese gewaltlose Tradition der Frauen, das Ergebnis einer zweitrangigen historischen Stellung oder biologisch »natürlich« ist, oder ob es sich dabei um etwas handelt, das sich die Frauen im Laufe der Zeit durch ihre Geschichte geschaffen haben – oder vielleicht sogar auch um einen Ausdruck ihrer Seele. Jetzt kommt es darauf an, daß dieser wertvolle kulturelle Bestand nicht übersehen oder leichtfertig abgetan wird.

Biologisch vorbestimmt?

Wenn die Philosophie der Frauen aber nicht nur ein Produkt der Unterdrückung ist, sind die Frauen dann *biologisch* dazu bestimmt, fürsorglich zu sein?*** Ist unsere Kultur nicht trotzdem etwas, das *wir* gemacht haben und auf das wir stolz sein können? Wenn es nach der »männlichen« Ideologie geht, ist es für Frauen »natürlicher«, den Wunsch zu haben, fürsorglich zu sein und Menschen zu lieben/zu unterstützen, weil sie Kinder gebären und stillen können und weil sie da-

* Vertreter dieser Theorie sind die Historiker Jessie Lemisch, Herbert Gutman und Eric Foner.
** Betrifft das nicht auch das jüdische Kulturerbe, vor allem das der letzten dreihundert Jahre?
*** Diese Frage wird auch in Teil I angesprochen.

her ein anderes Hormonsystem haben als Männer. Das sei der Grund, warum Frauen »natürliche« Ernährer und »Nestbauer« sind, jedenfalls der allgemeinen Meinung zufolge. Obgleich Männer und Frauen tatsächlich verschiedene Hormone haben, gibt es keinen biologischen Beweis dafür, daß weibliche Hormone die Frauen »liebevoll« machen (obgleich bewiesen wurde, daß Testosteron, im Prinzip ein männliches Hormon, die Aggressivität erhöhen kann).* Somit ist die weibliche »Eigenschaft«, fürsorglich zu sein, höchstwahrscheinlich Teil einer historisch-kulturellen Tradition, und keine biologische Gegebenheit. Es gibt sehr viele Beweise dafür, daß das »männliche« kulturelle System enormen Druck auf Männer ausübt, damit sie aggressiv und kämpferisch sind, und daß es auf Frauen Druck ausübt, um sie davon abzuhalten, die »männliche« Dominanz »zu bedrohen« (siehe 3. Kapitel). Sicher gibt es in der Welt auch einen Platz für den Konkurrenzkampf, als Beweis für »Männlichkeit«, aber er wurde von der Kultur allzu hoch bewertet und zu wichtig genommen.

Weitere Diskussionen über die »separate Stimme der Frauen«

Die Dokumentation über das System der »Frauen«, der »Sub«-Kultur, wird immer umfangreicher. Schon 1923 schrieb die Psychologin Beatrice M. Hinkle, daß die Psychologie der Männer und die der Frauen unterschiedlich behandelt werden müsse, weil sich auch die Bedingungen, unter denen Männer und Frauen leben, deutlich unterscheiden. Karen Horney, Jessie Bernard und Simone de Beauvoir haben bereits vor 1950 auf diesen Punkt aufmerksam gemacht. (Ironisch bezeichnete Simone de Beauvoir die »Kultur der Männer als die Kultur aller«.)

Seit Anfang der siebziger Jahre haben feministische Zeitschriften wie *Signs*, *Off Our Backs*, *Feminist Studies* und *Frontiers* wie auch das *Women's Studies International Forum*, das in London herausgegeben wird,

---

* Aus den Untersuchungen an Tieren und Primaten lassen sich jedoch keine klaren Schlüsse ziehen. Die Primaten unterscheiden sich alle völlig voneinander und auch von uns. Und es gibt genausoviel Tierarten, die kooperativ organisiert sind, wie solche mit Konkurrenzverhalten. Die Vielfältigkeit der sozialen Organisation bei Tieren ist enorm. Auch die grundlegenden Werke der modernen philosophischen Literatur gehen auf die Frage ein, in welchem Ausmaß der menschliche Geist fähig ist (oder vielmehr nicht verhindern kann), »automatische«, natürliche oder biologisch bestimmte Einstellungen und Verhaltensweisen fallenzulassen.
Edmund Husserl: *Die Phänomenologie und die Fundamente der Wissenschaften*, Hamburg, 1986, Martin Heidegger: *Sein und Zeit*, Tübingen, 1984, Jean-Paul Sartre: *Die Transzendenz des Ego*. Hamburg, 1982, *Das Sein und das Nichts*. Hamburg, 1985.

zahlreiche Artikel veröffentlicht, in denen es um die Kultur und die Kunst der Frauen geht, und die Frage gestellt, ob es sich dabei um eine andere Kultur handelt. In ihrer kürzlich erschienenen Arbeit *In a Different Voice* weist Carol Gilligan darauf hin, daß »zu den dringlichsten Punkten in der Forschung über die Entwicklung im Erwachsenenalter die Beschreibung von Frauen, *in ihren eigenen Worten*, über ihre Erfahrungen« gehöre.* Carroll Smith-Rosenberg, Historikerin für amerikanische Geschichte im 19. Jahrhundert, vertritt in *Disorderly Conduct* die Auffassung, daß die Frauenfreundschaften im 19. Jahrhundert deutlich auf getrennte Kulturen hinweisen, wie aus den Briefen, die sich diese Frauen geschrieben haben, sowie aus ihren Tagebüchern hervorgeht. Über die »weibliche« Stimme, die Beschreibung der Realität durch Frauen hat auch Mary Daly berichtet. Linda Gordon hat sich ebenfalls mit der Frage auseinandergesetzt, ob die »weibliche Tradition« mit der feministischen Tradition übereinstimmt (in ihrem Essay: »What's New in Women's History?«). Elizabeth Petroff, eine Wissenschaftlerin, die sich mit dem Mittelalter und den Anfängen der modernen Zeit beschäftigt, hat eine ähnlich große Übereinstimmung in den Schriften der weiblichen Heiligen und Hellseherinnen des Mittelalters festgestellt.

Obgleich alle diese Theorien in manchen Punkten voneinander abweichen – und es ist hier ganz bestimmt nicht beabsichtigt, mit der vorliegenden Arbeit alle oben erwähnten *a priori* zu übernehmen, da die zur Diskussion gestellte Theorie für sich gesehen werden muß –, ist es unbestreitbar, daß zwei verschiedene kulturelle Strukturen nebeneinander existieren, wie bereits von nicht wenigen Gelehrten bestätigt wurde.

Und noch weitere Kontroversen

In einem Kommentar wird die Diskussion über die »weibliche Kultur« kritisiert, indem die Schreiberin sagt, sie glaube, daß die »weiblichen«** Werte heute nur als Werte gepriesen werden, weil die Frauen dabei sind, die Schlacht um »wirkliche Gleichberechtigung« zu verlieren. Aber hat der »schwarze Stolz« der Bürgerrechts-Bewegung den Niedergang dieser Bewegung vorausgeahnt – oder war es wichtig für die Neueinschätzung der Situation der Afro-Amerikaner? Letzteres stimmt. Allerdings ist das »Hervorheben« des »weiblichen Systems« nach Meinung der betreffenden Kommentatorin nichts anderes als

---

* Siehe Carol Gilligan: *Die andere Stimme*, München/Zürich, 1985.
** Auch an dieser Stelle ist von der kulturellen, nicht von der biologischen Eigenschaft die Rede.

eine »natürliche« Reaktion auf das »Verlieren« (was ist »Verlieren«?) –
d. h.: »Eine andere Möglichkeit, mit einem nicht zu gewinnenden
Kampf umzugehen, besteht darin, die Unterschiede hervorzukehren,
anstatt die Gleichheit und Freiheit, Ideale wie Freundlichkeit und Kooperation als feminin zu bezeichnen und sie über ihre männlichen Ge-
genspieler zu setzen... Kooperation wird als weiblich eingestuft,
während [die positiven Seiten des Wettbewerbs] einfach vom Tisch
gefegt werden, die großen gemeinsamen Bemühungen beider Seiten,
die nötig waren, um all diese Werte neu einzustufen, unberücksichtigt
bleiben.«*

Um eine solche Neubestimmung der beiden Kulturen bemühen wir
uns in diesem Buch und zeigen auch, wie Frauen überall in ihrem Leben damit zu kämpfen haben. Die Darlegung der männlichen Sicht, im
Hite Report II, wie auch die hier vorgelegte Untersuchung sind ein
wichtiger Schritt in Richtung eines Vergleichs und um zwischen den
beiden Systemen einen Dialog in Gang zu setzen.

Es hat keinen Sinn, so zu tun, als gäbe es diese beiden Kulturen
nicht – und als würden sie nicht in Konflikt miteinander stehen. Dabei
sind sie vielleicht gerade im Begriff zu verschmelzen und eine einheit-
liche Kultur für beide Geschlechter zu bilden. Aber wie wird diese
neue Kultur aussehen?

Von entscheidender Bedeutung ist die Frage (die hier gestellt wird),
welche Art von »Gleichheit« wir haben werden. Viele Frauen sagen,
daß es ihnen nicht so sehr darum geht, einer Gesellschaft »anzugehö-
ren«, als sie zu ändern, sie besser zu machen. Die Historikerin Joan
Kelly erklärt dazu: »Die gegenwärtigen politischen Ziele... bestehen
nicht darin, als Gleichberechtigte an einer Männerwelt zu partizipie-
ren, noch darin, den Frauen ihre Werte und Würde wiederzugeben.
Derartige Konzepte werden gegenwärtig abgeschafft, um die beste-
hende geschlechtsspezifische Sexhierarchie auszumerzen, und mit ihr
alle Formen der Vorherrschaft. Um dieses Ziel zu erreichen... ist es
nötig, bis ins innerste Ich vorzudringen, bis in den Kern der männlichen Domäne... denn dazu müssen alle gesellschaftlichen Institutionen neu strukturiert werden.«** Dieser Standpunkt wird auch hier
dargelegt.

Wenn wir die beiden Wertesysteme untersuchen, wollen wir dadurch nicht eine größere Distanz zwischen Frauen und Männern
schaffen, sondern es geschieht, um der Realität ins Gesicht zu sehen,
um sie zu analysieren und um Lösungen zu finden – und zwar fun-

* Mary Midgley: »Crisis in the Movement«, Rezension dreier Bücher über zeitge-
nössische feministische Gedanken, *The New York Times Book Review*, Sommer 1985.
** Joan Kelly: »The Doubled Vision of Feminist Theory«, *Feminist Studies*, 1979.

dierte, nicht nur reine Forderungen nach »einem gleichgroßen Stück Kuchen«. Das ist kein »Verstecken« hinter »Besserwisserei«, sondern ein Beitrag zu einer realistischeren, solideren Analyse.

Wie könnte diese Umwandlung der Kultur vor sich gehen? Wie findet der Wechsel statt?

Haben Revolutionen mit veränderten Denkweisen oder mit der Ergreifung von Macht zu tun?

Was würde geschehen, wenn wir ernst nähmen, was wir zu wissen glauben? Wenn wir versuchten, alles so einzurichten, wie es uns am besten erscheint? Wenn wir uns ins Gedächtnis rufen, daß die Frauen in unserem Land die Mehrheit bilden und daß es viele Männer gibt, die an Fürsorge glauben und an genau aufeinander abgestimmte Beziehungen, sowohl im privaten Bereich als auch im Geschäftsleben oder in der globalen Politik, die darauf achten, daß niemand benachteiligt wird und daß es gar nicht erst zu Krisensituationen kommt. Wenn die meisten Frauen und viele Männer an diese Prinzipien glaubten, dann könnten wir uns daran machen, sie in die Tat umzusetzen.

Warum tun wir es nicht? Warum lassen wir alles so weiterlaufen wie bisher? Weil es »immer« so war, weil die »männliche« Ideologie an der Macht ist – ein Stern, für alle Zeiten an den Himmel geheftet? Wäre es schwer, daran etwas zu ändern? Wenn sich die Frauen gegenseitig helfen, als Individuen, in wirtschaftlichen und in politischen Bedürfnissen, dann dürfte es ziemlich leicht sein. Wenn sich die Frauen dazu entschließen könnten, gemeinsame Ziele zu verfolgen, dann könnten wir praktisch alles erreichen.

Aber müssen wir denn überhaupt etwas »tun«? Wenn ein großer Teil der Bevölkerung weiß, daß das herrschende System nicht gut ist, daß es ungerecht ist, und die antiquierte Ideologie erkennt, (die »männliche« Ideologie), die dahinter steht, dann entsteht allein dadurch eine enorme psychologische Veränderung, die gewaltige Folgen haben muß – vor allem in Verbindung mit fortschreitender wirtschaftlicher Unabhängigkeit der Frauen. Es genügt schon, nur so zu denken, die Männer nicht mehr als mächtiger anzusehen, keinen Druck zu spüren, unbedingt »einen Mann haben zu müssen«, sich der »männlichen« Macht nicht zu beugen, nicht in einer persönlichen emotionalen Beziehung, noch in einer Bank etwa, die von Männern geleitet wird –, um zu einer Veränderung beizutragen: Wenn ein großer Teil unserer Bevölkerung das System kritisiert, sich innerlich davon distanziert, dann *ist* diese neue geistige Einstellung eine neue Kultur. Oder wäre das zu einfach?

Eine andere Theorie über Veränderungen besagt, daß dann eine Revolution stattfindet, wenn die Überzeugungen einzelner viele anstecken und deren Überzeugungen umwandeln. »Wir müssen sie bekehren – wir müssen ihnen zeigen, daß unser System dem ihren überlegen ist.« Wenn die Frauen versuchen, die Männer in ihren persönlichen Beziehungen zu ändern, wird sich dann auch die ganze Gesellschaft verändern?

Manchmal passiert genau das Gegenteil. Zum Beispiel in der Politik: Während des 2. Weltkriegs passierte etwas, das als »Stockholm-Syndrom« bekannt wurde – womit die schwedische Haltung gegenüber den Deutschen gemeint ist –, ein Beispiel dafür, wie eine Gruppe Menschen allmählich dazu übergeht, sich mit ihrem Eroberer zu identifizieren. Aber auch der umgekehrte Fall kann eintreten: Manchmal gelingt es einer Kultur, die von einer anderen politisch und militärisch beherrscht wird, trotzdem die Oberhand zu gewinnen und sich durchzusetzen. Zum Beispiel wurden die Römer von den Griechen »zivilisiert« (allerdings genossen die Griechen mehr Prestige als die Frauen). Durch ein kaiserliches Dekret übernahmen die Römer das Christentum – aber kam es nicht zu dem kaiserlichen Dekret, weil sich die Christen im Untergrund so großer Beliebtheit erfreuten? Und wären sie am Ende nicht vielleicht doch, trotz ihrer Popularität untergegangen, wenn es keinen kaiserlichen Erlaß gegeben hätte? In Deutschland wurden die alten Traditionen durch das Christentum verändert, aber viele bestanden weiter fort, weil sie so weit verbreitet waren und weil die Menschen so stark an sie glaubten. Vielleicht gibt es in der ganzen Geschichte kein Beispiel, das wirklich mit unserer Situation vergleichbar wäre.

Während wir in neue Bereiche vordringen, wird ein ungeheurer Druck auf uns ausgeübt, »männliche« Eigenschaften anzunehmen, »männliche« Glaubenssätze, und uns selbst und unsere Lebensart herabsetzen. Vielleicht haben wir Angst davor, unsere »Sub«-Kultur auf größerer Ebene auszuprobieren, vor allem auf politischer Ebene. Aber das »weibliche« System mit seinen humanistischen Werten, die großes Gewicht auf Gegenseitigkeit und Zusammenarbeit legen, ist ein kostbarer kultureller Besitz. Und wir haben die »männlichen« Werte auch nicht völlig verworfen, sondern haben in den vergangenen zwanzig Jahren, in denen großangelegte, historische, wichtige Untersuchungen an unseren Werten und an unserer Identität durchgeführt wurden, von dem »männlichen« System das übernommen, was sich mit dem »weiblichen« System verbinden ließ.

Es gibt auch die Meinung, daß wir am besten für unsere Rechte kämpfen können, wenn wir bei politischen Wahlen Kandidaten aufstellen: Wenn »Macht nur Macht respektiert« und wenn immer mehr Frauen Mitglieder politischer Gruppen werden, gelingt es uns vielleicht, über die politischen Parteien Frauen in wichtige politische Ämter zu bringen. Wir müssen sie nur zuerst wählen. Andere schlagen vor, eine Alternative Partei zu gründen – wie in Westdeutschland die Partei der Grünen, die von Petra Kelly gegründet und inzwischen in den Bundestag gewählt wurde. Die Grünen befassen sich vor allem mit ökologischen Fragen und Fragen der Kernenergie. In Island sind die Frauen schon lange viel aktiver als in den USA – sie haben dort eine feministische Partei, die 10 Prozent der Stimmen und sechs Sitze im Parlament gewonnen hat. In Norwegen ist erst vor kurzem, mit Unterstützung der Frauenorganisationen, das halbe Parlament von Frauen besetzt worden. Und Corazon Aquino erklärte in einer Rede an der Harvard University, am 21. September 1986: »Durch gewaltlosen Protest haben die Frauen auf den Philippinen die Machtverhältnisse geändert.«

Aber es hat auch den Anschein, als gäbe es so etwas in den politischen Systemen der USA und anderer Länder, wodurch Frauen gewählt würden, die so »zäh wie Männer« sind – eine Sache, die die »Frauen«-Philosophie untersucht und zu ändern trachtet. Das politische System, wie es heute ist, stellt also für Frauen, die nicht um Macht kämpfen wollen, einen Widerspruch dar. Trotzdem sind viele Menschen überzeugt, daß sich Frauen bei der Führung von Regierungsgeschäften im allgemeinen idealistischer verhalten würden als Männer – und sich für Regierungsämter besser eignen. In *The New York Times* vom 8. März 1987 schrieb ein Mann: »Wären Frauen genauso korrupt, aggressiv und elitär wie die Männer [in der Politik], wenn sie Gelegenheit dazu hätten? Ich glaube nicht... Männer sind nicht bereit und auch nicht fähig, ihre Rolle aufzugeben, eine Verhaltensweise, die früher einmal notwendig war... [die] Konflikte mit anderen Männern schafft... Frauen ziehen es vor zu verhandeln, anstatt zu kämpfen, sie sind gegen Gewalt, aber für mehr Mitgefühl... alles Eigenschaften, die im 21. Jahrhundert für die politische Führung benötigt werden.«

Das Prinzip der Gegenseitigkeit in Beziehungen, das die Frauen in ihren Beziehungen zu Frauen anwenden, ist eine der wichtigsten Eigenschaften von Diplomaten und könnte bei Frauen in Regierungsämtern gute Verwendung finden. Die Vereinigten Staaten und auch andere Länder scheinen sich bei Ländern der »Dritten Welt« ständig in einer Entscheidungssituation darüber zu befinden, ob sie nicht humanitäre »rechte« Diktatoren unterstützen oder mitansehen sollen, wie die Regierung in die Hände einer »linken« Gruppe »fällt«, die angeblich eine Politik der Gleichheit (Kommunismus) vertritt, die dann jedoch häufig in eine gewalttätige, nicht humanitäre »linke« Diktatur führt. Aber warum kommt es überhaupt erst soweit?

Diese Konfrontationen in der Welt ähneln auf bemerkenswerte Weise den Konfrontationen, von denen wir in Teil I und Teil II erfahren haben und bei denen es um private Beziehungen zwischen Frauen und Männern geht. »Er steckt den Kopf in den Sand«, beschreibt eine Frau die Reaktion ihres Freundes, wenn sie mit ihm über ihre Beziehung reden will; genauso weigern sich manche Regierungen, die »Forderungen« entrechteter Frauen oder kleiner Länder zur Kenntnis zu nehmen, glauben, daß sich die Probleme dann schon von allein »verflüchtigen« (und daß die wirklich klugen Leute zur herrschenden Elite der Männer in der ganzen Welt gehören). Diese Haltung führt zu immer größeren Ressentiments, bis es zu spät ist, die Dinge auf konstruktive Weise zu lösen, in der Weltpolitik wie auch im privaten Bereich.

Aber Politik im alten Stil, das Ringen um Ämter, reicht vielleicht nicht aus. Wie wäre es denn, wenn eine neue Koalition geschaffen würde, die nicht richtungsgleiche Parteien zusammenbringt – eine Koalition verschiedener politischer und philosophischer Richtungen? Sollten wir uns eine andere Organisationsform überlegen – die Politik, Wirtschaftsboykotts und ökologische Fragen miteinander verbindet? In gewisser Hinsicht richtet sich die »Frauen«-Revolution nicht so sehr gegen die Politik oder das politische System (obgleich wir es gern sähen, wenn der Kongreß zur Hälfte aus Frauen bestünde), als vielmehr gegen Wirtschaft, Ideologie und Philosophie.*

Frauen besitzen sehr große ökonomische Macht – insgesamt eine riesige Menge. Frauen wären jetzt finanziell in der Lage, ein Netz zu bilden, um andere Frauen und Projekte/Vereinigungen von Frauen und ähnliches zu unterstützen. Könnten wir nicht kollektive Korporationen gründen, um zusammen Geschäfte zu betreiben?

Andere Theoretiker schlagen völlig andere Richtungen ein. Sie sind der Meinung, daß die Frauen eine Veränderung herbeizwingen können, indem sie sich vor allem um ihr Privatleben kümmern, um die Politik in ihren Beziehungen. Einige Frauen (die oft als »feministische Separatistinnen« bezeichnet werden) rufen die Frauen dazu auf, die Männer zu boykottieren, das heißt, keine Beziehungen zu Männern einzugehen, den Männern, die sich nicht geändert haben, ihre emotionale Unterstützung zu verweigern, mit anderen Worten: den Männern ihre gesamte Energie zu entziehen, und damit aufzuhören, das

---

* Eines der Ziele dieses neuen Bündnisses könnte die »Entbrutalisierung« der amerikanischen Medienkultur sein, die um die ganze Welt geschickt wird.

»männliche« System immer in allen Bereichen, einschließlich dem emotionalen, zu unterstützen – in der Arbeit, in der Liebe und auf jede nur erdenkliche Art und Weise.* Diese Taktik könnte sich sehr gut bewähren, wenn sich möglichst viele Frauen daran halten würden.

Obgleich sich die meisten Frauen nicht als »Separatistinnen« bezeichnen würden, sprechen die große Anzahl Scheidungen – meist von Frauen in die Wege geleitet – und die Tatsache, daß viele Frauen ihre Ehen emotional »verlassen«, wenn auch nicht physisch, eine deutliche Sprache.

Wird gewaltloser Widerstand etwas nützen?

All diese Strategien, die wir uns angesehen haben, sind Formen von gewaltlosem, friedlichem Widerstand. Werden sie wirklich etwas bewirken oder machen wir uns nur selbst etwas vor?

Können wir nun einfach behaupten, daß es automatisch etwas ändern würde, wenn wir uns, da wir ja 51 Prozent der Bevölkerung stellen, als Mittelpunkt der Gesellschaft, als Mittelpunkt der Geschichte und der Philosophie betrachten – wie es die Männer seit vielen Jahrhunderten getan haben? Oder müssen wir uns der männlichen Macht stellen, eine echte Konfrontation heraufbeschwören, die Männer gewaltsam davon abbringen, uns zu beherrschen, und sie zwingen, die Macht mit uns zu teilen?

Schließlich bestand in all den Jahrhunderten die Hälfte der Bevölkerung aus Frauen, die mit einer »Sub«-Kultur und verschiedenen Werten gelebt haben, die sie zu verschiedenen Zeiten und an verschiedenen Orten offen zum Ausdruck gebracht haben, aber das allein hat die zweitklassige Stellung der Frauen nicht abschaffen können. Die Geschichte lehrt uns, daß eine Majorität noch keine Garantie ist – auch nicht bei unserer heutigen Sensibilität: Zum Beispiel hat es nichts an unserer Stellung geändert, daß die Frauen in diesem Jahrhundert das Wahlrecht erhalten haben – jedenfalls bestimmt nicht genügend.

Können wir die Stellung der Frau verändern, indem wir die Männer davon »überzeugen«, uns »unsere Rechte zuzugestehen«? Oder machen wir uns da nur selbst etwas vor? Bei der französischen Revolution und anderen Anlässen mußten die Menschen erst Stärke zeigen, um

---

* Innerhalb feministischer Kreise hatte der Aufruf der Separatistinnen manchmal leider zur Folge, daß sich Frauen, die verliebt oder verheiratet waren, schämten, und als wäre es nicht schon genug, daß die »männliche« Kultur Frauen als »masochistisch« bezeichnete, weil sie »zu viel« lieben – schienen jetzt einige Feministinnen andere Frauen als »masochistisch« zu bezeichnen und zu glauben, es müsse ihnen erst bewußt gemacht werden, daß sie mit Männern verkehren.

die Macht zu übernehmen und die Dinge zu ändern, denn diejenigen, die an der Macht waren, wollten nicht zuhören, sie wollten nicht *hören* – genauso wie die Frauen die Männer in Kapitel 1 beschrieben haben.

Manchmal haben in der Geschichte friedliche oder weniger militaristische Bewegungen über größere Streitkräfte gesiegt. Beispielsweise ist es Gandhi gelungen, eine Bewegung ins Leben zu rufen, die schließlich – zusammen mit anderen Faktoren – die Britische Kolonialherrschaft in Indien beendet hat. Die Bibel berichtet von David und Goliath – allerdings bediente sich David der gleichen Mittel wie Goliath – nämlich Kraft (er war kleiner und besaß nicht soviel Macht, aber am Ende war er der Sieger). Die gewaltlosen Proteste der Bürgerrechtsbewegung hatten größere Bedeutung; aber obgleich sie »das Bewußtsein« sowohl der schwarzen als auch der weißen Bevölkerung »wachgerüttelt« haben, hat sich im Leben der meisten Schwarzen konkret noch nicht genug geändert; die meisten Schwarzen haben noch immer ein niedriges Einkommen, höhere Arbeitslosigkeit, keine so gute Schulbildung, höhere Kindersterblichkeit, und die großen Parteien stellen noch immer keine Farbigen als Kandidaten für das Amt des Präsidenten auf.

Nach Meinung des Historikers Michael Howard und anderer vor seiner Zeit (zum Beispiel Clausewitz), läßt sich »Frieden nur erzwingen«, wenn man bereit ist, dafür zu kämpfen. Wenn wir natürlich nach einer Ideologie leben könnten, die sich von der gegenwärtig herrschenden »männlichen« Ideologie unterscheidet, trifft es vielleicht doch nicht auf die »menschliche Natur« zu – dann müssen wir vielleicht doch nicht zwangsläufig alle der Theorie vom »fressen und gefressen werden« folgen. Aber welchen Einfluß hat die gegenwärtige Situation, in der die Hierarchie eine Lebensart ist und Kampf und Wettbewerb und Aggression belohnt werden, auf die Strategie, die die Frauen anwenden müssen, um diese Situation zu ändern?

Sind wir freiwillige Pazifisten – oder haben wir Angst zu kämpfen?

Wenn die Frauen jahrhundertelang von den Männern beherrscht wurden, dann muß die Frage gestellt werden: »Warum haben die Frauen es einfach hingenommen?« – »Warum haben sich Frauen nicht dagegen aufgelehnt?« Die Frauen haben ihre Unterdrückung selbst akzeptiert, sagen die Männer, und das sei ein »Beweis« für den im wesentlichen »passiven« Charakter, für die angeblich mangelnden Führungsqualitäten der Frauen, für die angeborene Erkenntnis, daß Männer die Führung übernehmen sollten! Daher handelt es sich hier um eine Frage, der wir ernsthaft nachgehen sollten: Sollen wir kämpfen? Machen wir es den Männern leicht, wenn wir immer so weitermachen und sich nichts ändert, weil wir ihnen keine Angst einjagen, so daß sie glauben, sich auf unsere »Friedfertigkeit« verlassen zu können, die uns davon zurückhält, eine Revolution anzuzetteln oder die Macht an uns zu reißen?

Eine andere Möglichkeit, die Kultur zu ändern, läge dann also in der Art Revolution, die die Männer gewöhnlich anwenden, um Macht zu erlangen, um die Männer/die Kultur dazu zu zwingen, sich zu ändern. Bruno Bettelheim hat uns anhand seiner Untersuchungen in Konzentrationslagern gezeigt, wie schnell Menschen ihre Orientierung und ihre Lebensanschauung ändern, wenn sich die äußeren Umstände und die Machtdynamiken um sie herum radikal verändern; Frauen, die die Macht besäßen und die Männer boykottierten, würden bei den Männern sofort dieselbe Wirkung erzielen. Und das würde auch unsere Einstellung uns selbst gegenüber für alle Zeiten ändern, und auch unsere Macht. Wir würden uns nie wieder für machtlos halten.

Janet Sayers schreibt zu diesem Punkt in »Feminism and Science«:* »Der Feminismus kann genausowenig Macht und Gleichheit und gleiche Stellung von Frauen und Männern in der Gesellschaft erreichen... nur, indem die Aufmerksamkeit auf die Unvernunft und die Ungerechtigkeit der gegenwärtigen Machtverteilung zwischen den Geschlechtern gelenkt wird, wie es im 18. Jahrhundert die französische Bourgeoisie konnte, die auch nicht deshalb zu ihrem Recht kam, weil sie einfach nur auf die Irrationalität der aristokratischen Herrschaft und ihrer Privilegien hingewiesen hätte... Vielmehr haben die Bürger ihre Rechte durchgesetzt, weil sie die physischen und ideologischen Kräfte, die der Aristokratie die Macht sicherten, durch eine Revolution zu Fall gebracht haben. Es bleibt abzuwarten, ob es dem Feminismus nur mit Hilfe einer Revolution gelingen wird, den Frauen in der Gesellschaft die gleiche Stellung zu verschaffen wie den Männern.«

Eine militaristische Strategie

Würde es die aggressionslose Ideologie, die die Frauen haben, verändern – und damit auch den eigentlichen Zweck zunichte machen, wenn die Frauen militaristische Maßnahmen ergriffen, um sich ihre Rechte zu verschaffen? Oder kommt dieses Argument nur denjenigen gelegen, die die Frauen dazu bringen wollen, an ihrem Platz auszuharren, die uns einzuschüchtern versuchen, indem sie sagen, »Macht korrumpiere«?

* *Women's Studies International Forum,* 10 (2).

Entscheidungen dieser Art sind immer schwer zu treffen, ob von Nationen oder von Individuen. Wie können wir mit der Aggression fertig werden, wie können wir in der Welt Achtung und Würde herstellen? Es scheint immer Zeiten zu geben, die einen zum Kampf zwingen, auch wenn man nicht kämpfen will.

In einer Analyse über die Stellung der Frau im 20. Jahrhundert, die der Historiker William Chafe* 1972 vorgelegt hat, beschreibt er in allen Einzelheiten die Muster der »Frauenbefreiungsbewegung« von den zwanziger Jahren dieses Jahrhunderts bis zu den fünfziger Jahren – und am Ende scheint er zu sagen, daß die *Ideologie*, die der Frau einen »Platz am Herd« zugewiesen hat (Frauen als zweitrangige Menschen, ohne Anspruch auf Macht), bis dahin zu stark gewesen sei, um ausgeräumt zu werden. Obgleich Chafe ganz und gar kein Radikaler ist, erklärt er (vielleicht ohne die Implikation zu wollen) wieder und wieder, daß es die »grundlegende Umwälzung« des 2. Weltkriegs gewesen sei, und nicht etwa irgendeine Art »Propaganda« der »Feministinnen«, der die Situation der Frauen wesentlich verändert hat. Mit anderen Worten, der 2. Weltkrieg hat eine große Anzahl Frauen vom Herd weggeholt und in die Arbeit getrieben, ihnen ein unabhängiges Einkommen gegeben – und zwar Frauen jeden Alters, und nicht nur, wie früher, vor allem Frauen, die arbeiteten, wenn sie vor ihrer Ehe allein lebten. Diese finanzielle Unabhängigkeit, erklärt Chafe, hat ihnen ein gewisses Maß an allgemeiner Unabhängigkeit und somit »Befreiung« gegeben. Aber gemäß seiner Analyse** lag es nur am »Zwang« und an der »grundlegenden Umwälzung«, daß sich in der Gesellschaft etwas für die Frauen änderte.

Damit bestärkt er (wahrscheinlich ungewollt) die Frauenseite in ihren Revolutionsgedanken – das heißt, seine Studie impliziert, daß die Frauen sich selbst etwas vormachen, wenn sie glauben, daß mit Reden oder »der Veränderung des Bewußtseins« irgendeine dauerhafte, fundamentale Lösung für die Stellung der Frau in unserer Gesellschaft zu erreichen wäre. Er erklärt, daß sich unsere Muster wiederholen, daß in einer derart fundamental eingebetteten Ideologie eine evolutionäre Veränderung undenkbar sei, vor allem, wenn die »männliche« Ideologie (nicht Chafes Terminologie) mit berechtigtem Interesse beharrlich dagegen angeht.

---

* William Chafe: *Women and Equality: Changing Patterns in American Culture*, New York, 1977.
** Und der Analyse anderer Wissenschaftler, wie etwa Alice Kessler-Harris und Ruth Milkman.

Frauenehre – unser eigener Kodex

Die Frauen sind heute von einem revolutionären Geist erfaßt, aber wir sind aufgrund unseres »Trainings« und/oder unseres Glaubens und unserer Veranlagung gewaltlos. Die meisten Frauen wollten nicht militärisch kämpfen – außerdem glauben sie nicht, daß es Erfolg hätte. Es wäre durchaus möglich, daß Frauen, wenn sie an der Macht wären, »ganz genauso wie Männer« wären – obgleich es nicht unbedingt so sein müßte, weil wir ein anderes Bewußtsein haben. Aber es besteht durchaus die Gefahr, daß eine »politische Revolution« die Muster von jetzt nur wiederholen würde – daß eine hierarchische Struktur durch eine andere hierarchische ersetzt würde.

Politische Veränderungen ohne ideologische Veränderungen scheinen immer nur die gleichen hierarchischen Machtstrukturen zu erzeugen, die sie ausmerzen wollten. Zum Beispiel hat sich in der Praxis herausgestellt, daß sowohl der Kapitalismus als auch der Kommunismus hierarchische Zustände schaffen, denn die »männliche« Ideologie steht hinter beiden, und sie basiert auf Hierarchie, auf der Verteidigung des eigenen Grund und Bodens, auf Vorherrschaft und der starken Fixierung auf den Status.*

Ein gewaltloser philosophischer Rahmen

Wie können wir die herrschende Ideologie und unseren jetzigen Status ändern, wenn unser System die Aggression ablehnt? Vielleicht sollten wir den Hinweis aus einem Song der schwarzen Bürgerrechtsbewegung aufgreifen: »I know one thing we did right, was the day we started to fight.«** Die Frage ist, wie müssen wir kämpfen, um unser Ziel zu erreichen?

Aber der Kampf hat bereits begonnen, da sich die Frauen auf der ganzen Welt dagegen wehren, als Besitz betrachtet zu werden, sie kämpfen auf ganz verschiedene Arten für ein besseres Leben – z. B.

---

* Freud gelangte zu dem Schluß (zu dem er gar nicht gelangen wollte), daß dieses System unvermeidbar sei, weil (wie er glaubte) jeder Mensch von Haus aus aggressiv ist. Marx vertrat die Ansicht, daß Aggression nur eine Funktion der wirtschaftlichen Produktionsmethoden und historisch bedingt sei und daher auch vermeidbar. In der hier vorliegenden Arbeit wird die Stellung vertreten, daß Aggression und Wettbewerb nicht unvermeidbar sind, nicht weil sie eine rein ökonomische Funktion haben, sondern weil sie Teil eines fest verankerten und sehr alten ideologischen Systems sind, wie es im 17. Kapitel und in anderen Teilen dieses Buchs beschrieben ist.
** »Ich weiß eines, das wir richtig gemacht haben, das war der Tag unseres ersten Gefechts.« (Anmerkung der Übersetzerin.)

gehen sie vor Gericht und fragen, warum manche Jobs und Arbeitsstellen den Männern vorbehalten sind, und auch in den unzähligen persönlichen Kämpfen mit Männern, um ihre Würde zu bewahren. Es ist wichtig, daß die Frauen von all diesen Dingen erfahren, denn alles, was eine von uns tut, wirkt sich auf alle anderen Frauen aus, die wir noch nie gesehen haben und die uns noch nie gesehen haben.

Es gibt nicht eine einzige Art des Kampfes, die richtig wäre; am Ende sind *alle* richtig – umsichtig sein, uns selbst prüfen, denken, kämpfen, wählen, ein Amt anstreben, Produkte boykottieren –, solange auch nur eine unserer Stimmen von jemandem gehört wird, solange unsere Meinung von irgend jemandem registriert wird. Wir müssen mutig sein. Wer nichts tut, beschwört die Unterdrückung geradezu herauf; aber die Mutigen werden die Früchte ihrer Anstrengungen zu sehen bekommen. Wenn wir nur unseren Freunden mitteilen, was wir denken, wirklich denken und glauben, dann bedeutet das schon sehr viel.

Wir haben der Welt jetzt etwas zu geben, das sehr wertvoll ist – unser Glaubenssystem, unsere Philosophie. Zu wissen, wie wir geben und wie wir lieben müssen, ist von großer Bedeutung, und von diesem Wissen muß unsere Kultur durchdrungen sein.

Ideologische Revolution

> *»Frauen der Welt, vereinigt euch! Ihr alle wißt, was nicht stimmt mit eurem Leben – und nicht nur mit eurem eigenen persönlichen Leben, sondern mit dem ganzen gesellschaftlichen System.«*

Wenn wir also nicht (nicht nur?) »Macht« wollen, sondern eine große philosophische Veränderung, dann müssen wir alles klar durchdenken und unser alternatives Konzept deutlich vorbringen, um eine dauerhafte Veränderung herbeizuführen – zusammen mit allem anderen.

Kämpfe um Hierarchie und Herrschaft werden auch weiterhin das menschliche Verhalten bestimmen, oder durch Kooperation ersetzt werden, ohne eine revolutionäre Bewußtseinsveränderung, ohne eine Revolution dessen, was wir »Persönlichkeitsstruktur« nennen (im wesentlichen das Spektrum möglicher Persönlichkeitsstrukturen, die durch jede beliebige soziale Struktur hervorgebracht werden). Wir benötigen dringend eine Revolution der Gedanken und der Verhaltensmuster, auf jeder Ebene, eine wichtige Veränderung des Bewußtseins.

Einige feministische Philosophinnen haben die Werte des »männlichen« Systems in Frage gestellt und mögliche alternative Weltanschauungen analysiert. Sie haben versucht, über die westliche oder patriarchalische Philosophie hinauszudenken, die mit ihren Parametern durch das klassische griechische Gedankengut und die jüdisch-christliche Tradition so fest auf ihre patriarchalischen Werte begrenzt ist. Andere weibliche Wissenschaftler arbeiten auf dem Gebiet der Anthropologie und Archäologie, um mehr über mögliche alternative soziale Systeme zu erfahren* – Gegenargumente für die Behauptung, daß »alle Gesellschaften von Männern beherrscht werden« und daß wir nichts anderes vor uns sehen als das Ergebnis der »menschlichen Natur«, keineswegs aber bestimmte tief verwurzelte philosophische und kulturelle Haltungen oder Verhaltensweisen, die von der Gesellschaft erzeugt wurden. Frauen suchen nach neuen Informationen, anstatt einfach zu sagen: »Frauen sind schon immer und überall beherrscht worden – vielleicht ist es ihnen lieber so« – ein Standpunkt, der von mehr als nur einer wichtigen akademischen Gedankenschule vertreten wurde.

Tatsächlich haben die Frauen heute, nach zwanzig Jahren intensiver Arbeit, neue Möglichkeiten gefunden, fast alle Bereiche, einschließlich der Psychologie, Biologie, Philosophie, Geschichte, Primatologie und Anthropologie zu erfassen – und dieser Prozeß ist noch nicht beendet. Es hat eine kulturelle Revolution gegeben, eine Revolution des Denkens, die in fast allen Disziplinen eine Renaissance hervorgerufen hat, und auch das ist noch nicht zu Ende – hat vielleicht noch nicht einmal richtig begonnen.**

Aber obgleich die Frauen in den meisten akademischen Disziplinen und viele feministische Schriftstellerinnen großartige Arbeit geleistet haben, indem sie die »männliche« Kultur kritisch analysiert haben, können wir sagen, daß die neuen Möglichkeiten, die die Frauen gefunden haben, um an die Dinge heranzugehen, und auch die Neuformulierung ihrer Philosophie eine der größten Leistungen sind, die erzielt wurden und die sich schon heute auf die Gedanken und Handlungen vieler Frauen überall in der Welt übertragen haben – wie wir der vorliegenden Untersuchung entnehmen können.

Das interessante und wichtige an dieser Revolution ist, daß sie nicht nur von einer isolierten Gruppe in Gang gesetzt wurde; es sind Frauen und einige wenige Männer, überall auf der Welt, die damit zu tun haben. Für Frauen sind diese Themen vordringlich, da so viele von ihnen täglich in den Gesichtern der Männer, die sie lieben, diesem »System« begegnen: Schmerz und Widerspruch, den diese Frauen erleben,

---

* Z. B., Alison Jagger: *Feminist Politics and Human Nature.* Totowa, 1983; Sandra Harding und Merill B. Hintikka, Hrsg., *Discovering Reality: Feminist Perspectives on Epistemology, Metaphysics, Methodology and Philosophy of Science.* London, 1983.
** In den bibliographischen Angaben sind einige der einschlägigen Werke aufgeführt, die von Frauen geschaffen wurden.

wenn sie die doppelten Botschaften der Männer entgegennehmen, veranlassen sie dazu, sich über das tägliche Leben hinaus zu bewegen und sich größere Gedanken zu machen. Wie wir gesehen haben, ist es also größtenteils das Verhalten der Männer, die sie lieben, das sie dazu veranlaßt hat, eine andere Ebene des Bewußtseins zu erforschen – sie haben eine wache Bewußtheit erlangt, die zweifellos in die Geschichte des Bewußtseins eingehen wird.

Die Statistiken über Ehe und Scheidung, die uns heute vorliegen, bestätigen diese Erkenntnis – und sind für den Augenblick von einer merkwürdigen Symbolik: 50 Prozent der Frauen verlassen ihre Ehe, 50 Prozent bleiben, selbst wenn sie emotional unzufrieden sind. Wir befinden uns ganz deutlich an einem Wendepunkt – mit einem Fuß stehen wir schon in einer neuen Zeit und mit dem anderen noch in der alten. Das Bild ist faszinierend – als würden die Frauen unter der Tür stehen bleiben, einen Augenblick innehalten, um nachzudenken, während sie sich noch einmal umdrehen, um zurückzublicken und der Vergangenheit Lebewohl zu sagen, bevor sie eine Reise antreten. Diese Reise des Bewußtseins wird durch die neue ökonomische Situation der Frauen noch weiter vorangetrieben – die wiederum durch die neue Einstellung der Frauen geschaffen wurde/wird: Die große Mehrheit der Frauen ist heute zum ersten Mal in der Geschichte finanziell unabhängig. 75 Prozent der Frauen in den USA haben jetzt Arbeit, verdienen genug Geld, um unabhängig zu sein (wenn sie auch keineswegs wohlhabend sind – denn Frauen verdienen noch immer nur 66 Prozent von dem, was Männer verdienen). Diese Unabhängigkeit und unser neu gewonnenes Selbstbewußtsein bedeuten, daß wir in der Geschichte an einem neuen Ort angelangt sind, am Anfang einer neuen Zeit. Und wir selbst haben diese Situation geschaffen: Es waren die Frauen selbst, die für Arbeit und Ideen den Weg geebnet haben.

Eine neue Philosophie

»Ich glaube, daß die Frauen eine neue Welt errichten. Das näch-
ste Jahrhundert gehört uns – geistig und in jedem anderen Be-
reich.«

Diese philosophische Revolution, die Jessie Bernard als das Zeitalter
der feministischen Aufklärung* bezeichnet hat, ist die bedeutendste
und umfassendste Neuordnung der Gedanken seit zwei Jahrhunderten oder noch länger. Von ihr gehen demokratische Gedanken und
eine andere Sensibilität aus, die sich auf Liebesbeziehungen, auf Wissenschaft und Politik auswirken.

Aber es handelt sich dabei nicht nur um eine »weibliche Revolution«, sondern um eine allgemeine Revolution: Für die Rechte und die
Würde der Frauen zu kämpfen heißt, für eine völlig neue Ordnung der
sozialen Struktur zu kämpfen, die sich auf eine andere Auffassung
von persönlichen Beziehungen stützt.

Genauso wie die Aufklärung von älteren Strukturen ausgeht und
auf sie aufbaut, sie überschreitet, dem philosophischen Rahmen der
Gesellschaft und dem Verständnis von der »menschlichen Natur« (aus
dem der demokratische Gedanke hervorgegangen ist) neue Dimensio-
nen hinzufügt, auf die gleiche Weise wirkt sich das, was die Frauen
heute tun, wie ein Anstoß aus, der die Gesellschaft einen weiteren philosophischen Schritt nach vorn antreten läßt.

Diese neuen philosophischen Fragen betreffen nicht nur die westliche Gesellschaft: Es ist eine Kritik an den hierarchischen Systemen, die
Frauen (und andere) ausschließen, und an den Gedanken, die aus diesen Systemen in der ganzen Welt hervorgehen. Die Frauen haben auf
internationaler Basis globale Kritik an der »männlichen« Ideologie angebracht. Die Frauen wollen wissen, wie soziale Organisationen und
Regierungen gebildet werden, wie über »Führerschaft« entschieden
wird, und sie wollen vor allem die Glaubenssysteme ändern, die hinter diesen Entscheidungen stehen.**

Die wesentliche und ursprüngliche Spaltung liegt in den Geschlechtern begründet und muß überbrückt werden, wenn die Gesellschaft
verändert*** und die Aggression als Lebensform abgebaut werden
soll. Frauen legen wieder mehr Betonung auf »weibliche« Identität, sie

---

* Jessie Bernard: *The Feminist Enlightenment*, in Vorbereitung.
** Siehe die bibliographischen Angaben über feministische Zeitschriften, die von
Frauen in »nicht-westlichen« Ländern herausgegeben werden.
*** Siehe auch 5. Kapitel.

lassen die Doppelmoral hinter sich, die mit dem Patriarchat begonnen hat, mit Eva, gefolgt von Maria als ihrer Gegenspielerin – und darüber hinaus versuchen sie, den Gegensatz zwischen »männlich« und »weiblich«, der von unserer Kultur so stark betont wird, zu beenden/zu überwinden. Die Infragestellung der Geschlechterhierarchie führt zu einer Infragestellung aller Arten von Hierarchien, wie etwa jener, die auf Rassen und Klassen basieren, nicht nur auf Geschlechtern.

Nicht »die menschliche Veranlagung« – nicht für immer und ewig...

Wäre es nicht zu einfach, die Schuld für all unsere Probleme der »männlichen« Ideologie zuzuschreiben, mit ihren hierarchischen und aggressiven Motiven?

Was *ist* denn die Ursache für menschliche Brutalität und Ungerechtigkeit? Der Kommunismus sagt, daß es das System des »Kapitalismus« sei, der Westen sagt, es sei das System des »Kommunismus«, der Islam sagt, es sei der westliche Materialismus, der Feminismus sagt, es sei die Ideologie des »Patriarchats« – und andere sagen, es läge einfach nur an der »menschlichen Natur«, daß es schon immer die Veranlagung zum Bösen gegeben habe, daß zwischen Gut und Böse ein ständiger Kampf stattfände.

Natürlich gibt es – darin sind sich alle einig – in jedem System Menschen, die »nicht so sind«, Menschen, die vielseitig sind, großzügig, offen, rücksichtsvoll, idealistisch und ehrlich.

Es ist eine große Versuchung, nun zu sagen – und darauf sollte wenigstens hingewiesen werden –, daß das Patriarchat, die »männliche« Ideologie, im besonderen in der Form, wie sie sich über die letzten zweitausendfünfhundert Jahre entwickelt hat, zu einem großen Teil zu dem Problem beigetragen haben dürfte, denn es könnte *das* System sein, das allen anderen Systemen zugrunde liegt. Wenn das System, das wir jetzt haben, aus der »menschlichen Natur« heraus entstanden ist, wenn es keine Ideologie ist, wenn dieses System, wie wir es heute kennen, etwas ist, das unserem ureigensten biologischen Wesen entspricht, und kein historisch gewachsenes System, das, wenn es sich einmal etabliert hat, nur schwer wieder aufzuheben ist – dann scheint »Realität« zu bedeuten, mit immer mehr Gewalt leben zu müssen, mit massiver Ungerechtigkeit bei der globalen Verteilung von Nahrung, der Gesundheitsversorgung und der Bildungsmöglichkeiten – und mit schmerzlichen Reibungen im persönlichen Leben und der Zerstörung der natürlichen Umwelt, sowie der gegenseitigen psychologischen Zerstörung im Umgang miteinander.

Wenn das alles stimmt, dann kann man nichts dagegen tun, außer daß sich jeder auf seinen eigenen Berggipfel zurückzieht und nur das Beste hoffen kann. Aber das brauchen wir nicht zu glauben.

Viele Menschen (Männer wie Frauen) hoffen, sehnen sich nach einer anderen Art zu leben – nach mehr Höflichkeit, mehr Anstand, mehr Wärme, und weniger Feindseligkeit und Aggressivität. Es ist eine Herausforderung an uns, uns für den Augenblick auf irgendeine Weise über die »natürliche« Feindseligkeit und Trivialität des täglichen Lebens herauszuheben – trotz der vorherrschenden Mentalität, die von der Kultur, die wir kennen, künstlich erzeugt wurde.

Es kann eine andere Welt (oder vielleicht sogar mehrere) geben, eine andere Landschaft, voller Blumen und Tiere, in der Natur wie in der menschlichen Phantasie – positive geistige Gebäude, die für unser Glaubenssystem von der »kämpferischen menschlichen Natur« unvorstellbar sind. Wenn all unseren Institutionen – Kirche und Staat,* bis hin zu Familie und zu Liebesbeziehungen – das hierarchische System zugrunde liegt, dann muß dieser Zustand nicht ewig so weitergehen. Das liegt nur daran, weil unser Blick getrübt ist und wir uns im Augenblick noch gar keine Vorstellung machen können, was alles möglich wäre.

Ein neuer Geist: Die »Andere« als Seherin

>*»Der Feminismus hat nichts bewirkt? Mein Gott, er hat ja noch nicht mal richtig begonnen! Wir sind Luther, der seine Gebote an die Tür der Kathedrale nagelte, wir sind Johanna von Orléans mit unserer Armee, um uns zu verteidigen. Wir glauben nicht mehr an die männlichen Götter; sie haben keine Macht mehr über uns.«*

Das ist der Widerstand, die beginnende Veränderung – wenn die »Andere« die herrschende Gesellschaft und ihre Ideologie offen beschreibt und das, was bislang als die »menschliche Natur« und als unabänderlich hingenommen wurde, zum ersten Mal beim Namen nennt. Jetzt wird es als ein Glaubenssystem bezeichnet, und daher ist der Weg frei für einen neuen Glauben und neue Vorstellungen von der Realität.

Was erhoffen wir uns letztendlich? Eine Möglichkeit, die Welt auf eine Weise zu betrachten, die jedes Individuum würdigt, die einzigartigen Beiträge jedes einzelnen anerkennt und jedem Individuum sein

---

* Die Verfassung der Vereinigten Staaten von Amerika war ein Versuch, ein ausgeglichenes Regierungssystem zu schaffen, kein hierarchisch strukturiertes – und sie ist eines der wenigen Beispiele in der Geschichte, das Bestand hat.

Recht gewährt, so daß der psychologische Kreis von Hierarchie und Wettbewerb beendet wird. Einen neuen sozialen Vertrag nicht nur miteinander, sondern auch mit dem Planeten und den anderen Lebewesen, die die Erde mit uns teilen.

Dieses alternative System mit seinem neuen Geist und seiner neuen Aura ist erst im Entstehen. Wie ein funkelnder Stern, der seine Bahn zieht, sendet es Energiewellen aus, Lichtfunken und strahlendes Licht. Das ist der dritte Schritt in dem Prozeß, der schon so lange gärt und der bis weit in die Zukunft reichen wird.

Anhang

Zur Methodik der *Hite Reports*

Neue Trends in den Sozialwissenschaften

Die Hite Reports *sind Teil eines internationalen Trends in den Sozialwissenschaften, der Unzufriedenheit und Zweifel ausdrückt an der Eignung sim pler quantitativer Methoden zur Erforschung der Einstellungen von Menschen. Mehr und mehr wenden sich die Sozialwissenschaften qualitativen Methoden zu, versuchen auf komplexere Weise herauszufinden, was Menschen denken, als durch Projektion und Suggestion auf der Grundlage vorgegebener Kategorien. Hite sammelt anhand der Populationen, die sie untersucht, nicht nur verläßliche wissenschaftliche Daten, sondern gewinnt auch ein breites Spektrum von Einstellungen und Auffassungen bezüglich des Sex, der Liebe und des menschlichen Wesens.*

JESSIE LEMISCH
Professor für Geschichte,
State University of New York, Buffalo

Die Methodik der Hite Reports *war wegweisend für viele gegenwärtige Trends in der Forschung einschließlich der Kombination von quantitativen und qualitativen Daten. Ursprünglich kritisiert, werden diese Techniken jetzt von vielen Forschern kopiert, nicht nur in den Vereinigten Staaten, sondern auch in anderen Ländern.*

TORE HAAKINSON
Wenner-Gren-Zentrum, Stockholm

Es wächst die Zahl der Publikationen, in denen die sozialwissenschaftliche Methodologie und die westlichen Konzepte des »Wissens« kritisiert werden. Ein Teil dieser Kritik kommt aus den Reihen der Soziologie, da keine Modelle entwickelt worden sind, die zur Vorhersage geeignet wären; ein Teil kommt von Feministinnen, die die philosophischen Annahmen, die verschiedenen Disziplinen zugrunde liegen, neu überdacht haben. Zwei bahnbrechende Sammelwerke feministischer Wissenschaft sind auf diesem Gebiet *Discovering Reality: Feminist Perspectives on Epistemology, Metaphysics, Methodology and Philosophy of Science*, herausgegeben von Sandra Harding und Merrill B. Hintikka (London, 1983), und *Theories of Women's Studies*, herausgegeben von Gloria Bowles und Renate Duelli Klein (London, 1983).

Die Probleme werden in den folgenden Auszügen aus einem faszinierenden Artikel von Gloria Bowles beleuchtet.

»Über die Anwendung der Hermeneutik in der feministischen Wissenschaft«*

[Es ist] die Entdeckung des Jahrzehnts, und es ermöglicht uns, die Spannung zwischen dem überkommenen, diskursiven westlichen Denken und der feministischen Perspektive zu verstehen und zu transzendieren, daß sich alles, was als Wissen zählt, auf Erfahrung gründen muß.
SANDRA HARDING UND MERRILL B. HINTIKKA

Das Denken beginnt erst, wenn wir zu dem Wissen gelangt sind, daß die jahrhundertelang gepriesene Vernunft die hartnäckigste Widersacherin des Denkens ist.
MARTIN HEIDEGGER

Die wissenschaftliche Weltsicht, die der Universität aufgepfropft ist, die Sozialwissenschaften bestimmt und bis in die Geisteswissenschaften hineinreicht, hat das sogenannte »objektive Wissen« der Mathematik und der Naturwissenschaften zum Ziel. Erst jetzt machen sich die Literaturwissenschaft und zahlreiche andere Disziplinen von der »objektiven« Analyse frei, deren primäres Resultat die Scheidung des objektiven Wissens von der Wertung ist. Es verhält sich nicht so, daß die Geisteswissenschaften lediglich gegen den Platz auf einer Sprosse weit unter den Naturwissenschaften rebellieren, der ihnen in der Geistesgeschichte des zwanzigsten Jahrhunderts zugewiesen worden ist. Sondern es verhält sich so, daß die Geisteswissenschaften allmählich erkennen, daß ihre Gegenstände derart mit personaler und interpersonaler Erfahrung, mit moralischen und wertenden Urteilen durchwirkt sind, daß die »unpersönlichen« und »wertfreien« Strategien der Naturwissenschaften für diese Gegenstände bestenfalls irrelevant sind und sie schlimmstenfalls verzerren. Diese Kritik der »Wissenschaftlichkeit«/des Logozentrismus in den Geisteswissenschaften war, indes sie nicht geneigt war, jede objektive Analyse zu verwerfen, in erster Linie eine »negative« Kritik, die die Grenzen jener entlehnten Methodologie aufzeigte. Die feministische Forschung hat den traditionellen Konzepten und Annahmen nicht nur in einem »negativen« Sinn kritisch gegenüber gestanden, sondern sie hat den positiven Schritt getan, alternative Erkenntnistheorien zu erarbeiten, die Erfahrung, Intuition und Wertung als Erkenntnismethoden verwenden. Frauen scheinen sich im Hinblick auf solche Neuorientierungen des Denkens in einer privilegierten Position zu befinden. Die Kritik des

* *Women's Studies International Forum*, Dezember 1984.

naturwissenschaftlichen Denkens fällt Frauen nicht so schwer, weil wir neben der Vernunft immer zusätzliche Erkenntnismethoden verwendet haben. Im Laufe der gesamten männlichen Geschichte waren die Männer die »Nehmenden«, während die Frauen die Rolle der »(Ver)Sorgenden« übernahmen (oder dazu genötigt wurden). Frauen leben in einer Welt, in der wenig unpersönlich und vieles persönlich ist, wenig eindeutig und starr und vieles mehrdeutig und flexibel, wenig wertfrei ist und vieles Wertung erfordert. Wir haben lange im persönlichen und nichtobjektiven Kontext der täglichen Bedürfnisse und Belange anderer Menschen gelebt. Wir bringen all diese Erfahrungen, all diese Fähigkeiten und Einsichten in unsere wissenschaftliche Arbeit und in die akademische Gemeinschaft ein. Und dabei sind wir einer modernen Variante des Traditionalismus in Gestalt der wissenschaftlichen Mentalität und ihrer diktatorischen Gesetzmäßigkeiten konfrontiert.

In der gegenwärtigen akademischen Gemeinschaft ist es für traditionelle Wissenschaftler zunehmend schwieriger geworden, diese Mentalität zu rechtfertigen, was zum Teil an der in jüngster Zeit auf breiter Basis laut gewordenen Kritik und an den Leistungen der feministischen Forschung liegt... In der hermeneutischen oder interpretierenden Tradition findet man die Kritik des Logozentrismus in überzeugender Form. Ich verwende hier den pauschalsten Begriff, Hermeneutik (was schlicht Erklärungskunst, Auslegungslehre bedeutet), um eine Konstellation von Methoden zu bezeichnen, die dem Objektivismus und Scientismus der männlichen Tradition kritisch gegenüberstehen. Dies sind die locker definierten Bewegungen, die in den Nachkriegsjahren unter den Bezeichnungen »Phänomenologie«, »Poststrukturalismus«, »Hermeneutik« und »Dekonstruktivismus« erneut oder neu im europäischen Denken aufgetaucht sind.

Man braucht nicht sein Leben dem Studium der Schriften von Heidegger und Foucault und Feyerabend und Derrida zu widmen (ich glaube auch nicht, daß wir das sollten), um zu sehen, daß diese Autoren sagen, was wir Feministinnen immer gesagt haben: Es ist etwas grundverkehrt mit der Tradition...

Denn es gibt Berührungspunkte zwischen den Ideen der Hermeneutiker und der Feministinnen. Der »hermeneutische Zirkel« bedeutet im wesentlichen, obwohl er für verschiedene Denker verschiedene Nuancen beinhaltet, daß es, wenn wir etwas wissen, keinen »abgehobenen«, »neutralen« oder »objektiven« Standpunkt gibt. Wir sprechen immer von einer Position aus, die nicht frei ist von »Vorurteilen« (im Sinne von Vor-Urteilen), »Interessen« und »Wertungen«. Der Zirkel besteht darin, daß wir intim (persönlich, sozial, historisch) mit dem verbunden sind, was wir zu wissen behaupten. Heidegger sagt über das Wesen des hermeneutischen Denkens, daß es, wenn wir diesen Zirkel als Teufelskreis begreifen und nach Wegen suchen, ihn zu meiden, selbst wenn wir ihn nur als unvermeidliche Unvollkommenheit »empfinden«, der Vorgang des Verstehens von Grund auf mißverstanden worden ist... Das Entscheidende sei nicht, aus dem Kreis herauszutreten, sondern auf die rechte Weise in ihn hineinzugelangen...

Das traditionelle Denken behauptet, es könne aus dem hermeneutischen Zirkel ausbrechen und von sogenanntem »wertfreien«, »interessenfreien«, »objektiven« und »neutralen« Wissen sprechen. Die hermeneutische/verstehende Tradition sagt dagegen, jeder Versuch, das »zirkuläre«, »nicht interessenfreie« und »wertende« Wesen des Denkens zu leugnen, sei begrifflich wirr oder intellektuell unredlich. Das feministische Denken muß, eben weil es seine »Vor-Urteile« anerkennt und dafür einsteht, aus hermeneutischer Sicht als einer der wenigen theoretischen Ansätze betrachtet werden, die mit einigem Recht Anspruch auf intellektuelle Redlichkeit und begriffliche Differenziertheit erheben dürfen.

Heidegger postuliert, die westliche Tradition verstehe sich nicht aufs Denken; er spricht von Offenheit, Empfänglichkeit und Zuhören. Er wie Derrida sagen, daß man die Wahrheit im Raum zwischen den Worten findet, eine Thematik, die in der französischen Literatur durchaus geläufig ist. Viele Wissenschaftlerinnen der Women's Studies kommen von der Literaturwissenschaft her; für uns ist die »Neuigkeit«, daß die expressive Sprache des Textes ein neues Verstehensmodell darstellt, sowohl eine Ironie als auch eine Genugtuung. Viele Wissenschaftlerinnen und Wissenschaftler – nicht nur auf dem Gebiet der Literaturwissenschaft, sondern auch auf dem der Anthropologie und Philosophie – sprechen davon, daß der literarische Text als Vorbild der Analyse an die Stelle des mechanistischen Erklärungsmodells treten sollte. Zum Beispiel haben feministische Biologinnen dieses Modell in Zweifel gezogen, und nun tun renommierte männliche Wissenschaftler ein gleiches. *Es ist von entscheidender Wichtigkeit zu erkennen, daß der literarische Text in seiner paradigmatischen Form Schilderung jener interpersonalen Beziehungen ist, die die Lebenswelt und die existentielle Realität von Frauen geprägt haben* (Hervorhebung von mir, S. H.). Diejenigen, die den literarischen Text als Interpretationsmodell vorgeschlagen haben, haben diese spezielle Affinität zwischen literarischer Schilderung einerseits und feministischer Perspektive und weiblicher Lebenserfahrung andererseits jedoch nicht erkannt.

Viele männliche Denker der weißen Rasse empfinden ein Unbehagen am hermeneutischen Zirkel – und disputieren endlos darüber –, weil er für sie das Schreckgespenst der totalen Relativität heraufbeschwört, die Furcht, daß wir nie imstande sein werden, etwas auf absolut objektive und sichere Weise zu wissen. Das männliche Denken würde in seiner Linearität diesen Kreis sprengen. Die Kritik des Logozentrismus fällt Männern schwer; die wenigen, die es aus der Tradition heraus versuchen, haben Probleme damit, Intuition und Erfahrung als gang- und brauchbare Wege des Wissens zu akzeptieren. Es ist für sie ein ungeheurer Kampf, anzunehmen, was man sie zu verunglimpfen gelehrt hat... Als Frauen sind wir nicht so sehr an die alte Denkart gebunden, weil wir unsere eigene entdeckt haben. So kommt es, daß die weibliche Kritik des Logozentrismus in *Theories of Women's Studies* und anderen feministischen Werken direkter und unvermittelter, weniger schwerfällig ist als ein Großteil der zeitgenössischen männlichen Kritik. Diese feministischen Arbeiten kontrastieren zum Beispiel mit der Einführung zu dem glänzenden Buch *Interpretive Social Sciences: A Reader,* das Paul Rabinow und William M. Sullivan herausgegeben haben. Hier wird die »Wende zum Verstehen« als einziger Ausweg aus dem Dilemma der Sozialwissenschaft betrachtet: »Solange es die Sozialwissenschaft gibt, wurde von ihr erwartet, daß sie aus den Kinderschuhen der Geisteswissenschaften herauswachsen, die Reife der exakten Naturwissenschaften erlangen und somit ihre Abhängigkeit von Werten und Urteilen und von der individuellen Einsicht überwinden würde.« (Rabinow und Sullivan, 1979) Die Autoren spotten über diese Polarität zwischen Geistes- und Naturwissenschaften, zwischen »soft« und »hard« science: Mittels der »hard science« tut man vermeintlich den Schritt von der Weichheit und der Welt der Mutter zur Härte und Reife; man verläßt den Bereich der Abhängigkeit, die Sphäre der Werte und der individuellen Einsicht. Es fällt diesen Autoren nicht leicht, viele Seiten später zu sagen: »Wir schlagen als Alternative zu der Suche nach *dem* formal-deduktiven Paradigma in den Sozialwissenschaften die Rückkehr in diese menschliche Welt mitsamt ihrem Mangel an Klarheit, ihrer Entfremdung und ihrer Tiefe vor.« Bezeichnenderweise sagen diese männlichen Autoren nicht, daß sie die Provinz des männlichen Denkens verlassen, um in die des weiblichen Denkens einzutreten. Eine wachsende Zahl von ihnen war in der Lage, die Kritik des Logozentrismus zu leisten; doch bisher hat es keiner von ihnen geschafft, seinen eigenen Sexismus zu analysieren – ich meine den Sexismus in seinen vielen Gestalten und Masken, von der privaten und öffentlichen Verunglimpfung der Frauen bis zur vollständigen Ignorierung oder plagiatorischen Abneigung der enormen Fortschritte feministischer Wissenschaft. Außerdem hat es die Mehrheit hermeneutisch/phänomenologisch orientierter Wissenschaftler nicht vermocht, über den ersten Schritt negativer Kritik an den Beschränkungen und der Irrelevanz der traditionellen szientistischen Methodologie hinauszugehen. Wenn sie von in der Tradition verhafteten Kritikern nach alternativen Wegen des Wissens gefragt werden, haben sie über Allgemeinplätze hinaus wenig zu bieten. Einige dieser Denker haben explizit gesagt, es sei nicht an ihnen und übersteige ihre Kapazität, mit positiven Alternativen aufzuwarten. Das Problem – und die Hoffnung – ist, daß sie nicht erkannt haben, daß diese Alternativen von uns kommen werden, von feministischen Wissenschaftlerinnen, die genug Distanz zur Tradition haben, um die Dinge anders zu sehen.«

Die Methodik der *Hite Reports*

Die wichtigsten Anliegen dieser Forschungsarbeit wurden in der Kurzfassung eines bei der Jahrestagung der American Association for the Advancement of Science im Mai 1985 gehaltenen Referats dargestellt.* Das Referat trug den Titel »Devising a new methodological framework for analysis and presentation of data in mixed qualitative/quantitative research: The Hite Report Trilogy, 1972–1986« (»Ein neuer methodologischer Bezugsrahmen zur Analyse und Präsentation von Daten aus teils qualitativen, teils quantitativen Untersuchungen – die Hite-Report-Trilogie 1972–1986«):

Bei der Entwicklung der Methodik der *Hite Reports*, einer drei Bände umfassenden Untersuchung von über 15000 Frauen und Männern in den Vereinigten Staaten, durchgeführt zwischen 1972 und 1986, waren einzigartige Herausforderungen zu bewältigen. Erstens konnte, obwohl Quantifizierung erforderlich war, kein einfacher Multiple-choice-Fragebogen verwendet werden, da das theoretische Konzept des Projekts einerseits besagte: »Die Frauen selbst sind nie gefragt worden, was sie über Sexualität denken, wie sie dabei empfinden« und andererseits: »Wissenschaftler haben immer die falschen Fragen gestellt.« Deshalb war es wichtig, sich keiner vorgegebenen Kategorien zu bedienen, sondern einen aufsatzartigen Fragebogen mit offenen Antwortmöglichkeiten zu entwickeln. Die Erhebung der Daten wurde außerdem so gestaltet, daß die Anonymität der Teilnehmerinnen/Teilnehmer gewahrt blieb. Zweitens ist das Kompilieren von Daten aus Fragen mit offenen Antwortmöglichkeiten sehr schwierig, wenn man mit den Daten sorgfältig und genau verfährt... Drittens sollte, was fast soviel Arbeit erforderte wie das Kompilieren und Kate-

* Siehe die Sitzungsberichte von der Jahresversammlung der American Association for the Advancement of Science, Washington, 1985.

gorisieren der Daten, die Präsentation der Ergebnisse nicht nur rein informative Funktion haben; das Ziel war, statt der Leserin/dem Leser bloß Statistiken und eine theoretische Datenanalyse der Autorin vorzulegen, einen inneren Dialog mit den zitierten Frauen und Männern in Gang zu bringen. Deshalb besteht der Text über weite Strecken aus Aussagen in der ersten Person, Aussagen von denen, die an dieser Untersuchung teilgenommen haben. Die Art der Präsentation zeigt, wie sich die Aussagen in die komplexen Kategorien gesellschaftlicher Denk- und Verhaltensmuster einfügen.

Die vier Phasen der Untersuchung

I.

Entwicklung des Fragebogens

Eines der wichtigsten Elemente bei der Planung für *Frauen und Liebe* war, daß die Teilnehmerinnen anonym bleiben sollten, weil auf diese Weise eine freie und offene Diskussion gewährleistet werden konnte. Aus diesem Grund wurde auch ein Fragebogen ausgewählt statt eine regelrechte Interviewform. Die Teilnehmerinnen wurden ausdrücklich gebeten, ihren Namen nicht zu nennen; trotzdem wurden andere demographische Daten erfaßt. Daß diese Anonymität bei der Kommunikation mit den Teilnehmerinnen tatsächlich hilfreich war, wurde von ihnen selbst bestätigt, zum Beispiel in der folgenden Aussage:

Ich fände es sehr schwierig, all das einer anderen Person von Angesicht zu Angesicht zu sagen, und ich bin sicher, daß es vielen Frauen genauso geht. Ich habe es satt, »Trost-und-Rat«-Kolumnen zu lesen, in denen steht, was ich empfinden soll, aber ich habe kein anderes Forum gefunden, um zu sagen, was ich selbst denke – ich habe mir Zeit genommen, nachgedacht und keinen Druck gespürt, perfekt oder »in« oder sonst was sein zu müssen. Ich bewahre meine Antworten auf; sie sind für mich sehr wichtig gewesen.

Die zweite Entscheidung, die im Hinblick auf die Form der Untersuchung getroffen werden mußte, bezog sich darauf, wie die Fragen gestellt werden sollten. Im sensiblen Bereich der persönlichen Einstellungen war ein Multiple-choice-Fragebogen ausgeschlossen, weil dies vorgegebene Antwortkategorien beinhaltet hätte, womit den Teilnehmerinnen »gesagt« worden wäre, was die »erlaubten« oder »normalen« Antworten seien. Ein Multiple-choice-Fragebogen ist zwar für die Forscherin/den Forscher viel leichter auszuwerten, aber er hätte den Teilnehmerinnen das subtile Signal gegeben, daß die hier vorgegebenen Kategorien der »Realität« oder der »erlaubten Realität« entsprächen. Die Absicht war jedoch in dieser Untersuchung, die Frauen mit *ihrer* Sprache sprechen und sie sagen zu lassen, wie *sie* ihre Situation sehen, was sie für die Wahrheit halten. Dabei sollten Störfaktoren ausgeschaltet werden, sollte nichts sie zur Selbstzensur veranlassen.

Die Fragen entwickelten sich auch über die Interaktion mit den Teilnehmerinnen. Die Fragebögen wurden auf Vorschläge von ihnen hin verbessert und modifiziert, so daß für *Frauen und Liebe* im Lauf der Jahre vier Fassungen des Fragebogens verwendet wurden.

Aus dem akademischen Hintergrund der Verfasserin ergibt sich, daß sie den ideologischen Elementen bei der Definition von Kultur besondere Aufmerksamkeit widmete; durch ihre Verbindung mit der Frauenbewegung wurde diese Auffassung noch verstärkt; und so war es ihr ein Anliegen, daß Fragen nicht einfach Fragen sein, sondern mehrere Bedeutungsebenen haben sollten. Deshalb wird dieser Punkt bei der hier verwendeten Methodik besonders berücksichtigt.

Viele Menschen glauben irrtümlicherweise, Multiple-choice-Fragebögen stellten insofern den Gipfel wissenschaftlicher Objektivität dar, als sie quantifiziert werden könnten und keiner »Interpretation« bedürften. Das entspricht jedoch keineswegs der Wahrheit. Jede Forscherin und jeder Forscher – wie sehr sie auf ihre »Vor-Urteile« achten, wie bewußt oder nicht bewußt sie sich dieser Vorurteile sind – hat einen Standpunkt, eine bestimmte Weltsicht, in der sich das kulturelle Milieu widerspiegelt, in dem sie/er aufgewachsen ist, und diese Annahmen gehen subtil in die Auswahl der Kategorien und Fragen ein. (Philosophisch gesehen sind wir alle/ist das ganze Leben von »Vorurteilen« beeinflußt und subjektiv; erst durch die Kombination einer Vielzahl von »Subjektivitäten« – indem unser gesamtes »Sehen« zusammengefaßt wird, wenn man so will – stoßen wir mittels kollektiver Mitteilung unserer Wahrnehmungen und kollektiver Teilhabe daran auf »Tatsachen«; mit anderen Worten, daß zum Beispiel die Sonne morgen aufgehen wird, »wissen« wir nur, weil wir sie jeden Tag haben aufgehen sehen und übereinstimmend der Meinung sind, daß sie aller Wahrscheinlichkeit nach morgen wieder aufgehen wird.)

Und so ist die Festsetzung der Antwortkategorien bei einem Multiple-choice-Fragebogen ein politischer Akt, unvermeidlich von persönlichen Voreingenommenheiten oder Vorurteilen geprägt, sei es bewußt oder unbewußt, und unabhängig davon, ob sich die Forscherin/ der Forscher für »neutral« oder »unpolitisch« hält. Wenn man mit Hilfe einer Untersuchung herausfinden will, was »da draußen« real existiert, kann man diesem »Draußen« keine apriorischen Kategorien aufzwingen; man muß sein Instrumentarium durch Austausch mit »denen da draußen«, mit den Teilnehmerinnen, entwickeln. Das ist in der vorliegenden Untersuchung geschehen, indem wir die Vorschläge der Teilnehmerinnen gehört und sie zu Äußerungen über ihre Gefühle hinsichtlich des Fragebogens bewegt haben. Mit anderen Worten, bei diesem Projekt fand eine kontinuierliche Interaktion statt, die zur konsequenten Verbesserung und Modifizierung der Fragebögen führte. Weniger Sorgfalt auf dem Gebiet der Entwicklung des Instrumentariums kann dazu führen, daß die Forscherin/der Forscher lediglich ihre/seine bereits bestehenden Erwartungen bezüglich der erfragten Meinungen/Antworten »verifiziert«.*

Die Schwierigkeiten bei der Untersuchung von Emotionen

Hören wir dazu Judith Long Laws: »Die meisten Sozialwissenschaftler vermeiden es nach wie vor, Gefühle und Einstellungen zu erforschen, weil es schwierig ist, solche Untersuchungen zu quantifizieren, und weil sie glauben, Quantifizierung sei der beste Weg in den Sozialwissenschaften. Das trifft nicht immer zu; Quantifizierung ist nicht in allen Fällen das optimale Mittel, um zum Verstehen zu gelangen.«

Aus diesem Grund waren aufsatzartige Fragebögen – die nicht weniger »wissenschaftlich« sind als Multiple-choice-Fragebögen und tatsächlich von Methodenlehrbüchern empfohlen werden, wann immer ihre Verwendung möglich ist – das Instrumentarium bei dieser Untersuchung. Ziel der Untersuchung war es, die tiefsten Gedanken von Frauen über das Wesen der Liebe zu hören und zu erfahren, wie sie Liebesbeziehungen in Relation zum Spektrum ihres ganzen Lebens sehen. Die von uns gewählte Methode war auch insofern wichtig, als

---

* Zum Beispiel war im Falle des *Hite Report* über weibliche Sexualität der Standpunkt insofern frauenorientiert, als hier die Frauen Sexualität so definieren konnten, wie sie sie sahen, und nicht davon ausgegangen wurde, daß die männliche Definition von Sexualität, die so lange vorherrschend war, die einzig mögliche und »richtige« sei. Deshalb meinten manche, diese Arbeit sei von »feministischen Vorurteilen« getrübt. In Wirklichkeit war ein Großteil der bisherigen Forschung auf dem Gebiet der weiblichen Sexualität keineswegs »wissenschaftlich« gewesen: Statt die Information zur Kenntnis zu nehmen, daß die meisten Frauen durch Masturbation oder direkte Stimulierung der Klitoris/Vulva leichter orgasmen als durch Geschlechtsverkehr, und daraus zu schließen, daß dies »normal« ist, waren frühere Untersuchungen von der Annahme ausgegangen, daß mit Frauen, die durch Geschlechtsverkehr nicht orgasmen, »etwas nicht stimmen« müsse – daß sie irgendeinen »Defekt« hätten, eine »Dysfunktion«, daß sie psychisch oder physisch »anormal« seien. Die Forschungsarbeit war häufig darauf abgestellt, herauszufinden, was die Ursache für diesen »Defekt« sein könnte. Das war ein unwissenschaftlicher Ansatz, keine objektive Betrachtung weiblicher Sexualität.

Kurz, keine Untersuchung ist frei von »Vorurteilen« oder Voreingenommenheiten. Das Entscheidende ist, dies zu erkennen und soweit wie möglich zu klären, welchen Standpunkt man einnimmt.

sie es den Teilnehmerinnen ermöglichte, direkt mit den Leserinnen/ Lesern zu kommunizieren, ihre Standpunkte mitzuteilen und im ganzen Text miteinander zu debattieren.

II.

Verteilung der Fragebögen und Zusammensetzung der Sample

Die Fragebögen (eine der Fassungen folgt im Anschluß an diese Ausführungen) wurden ab 1980 an Frauen in den gesamten Vereinigten Staaten verteilt. Das Ziel dabei war, herauszufinden, wie wir uns und unsere Beziehungen mit Männern sehen, wie wir die »Wirklichkeit« definieren.

Die Verteilung der Fragebögen wurde extrem breit gestreut und mit der größten Sorgfalt vorgenommen, um möglichst viele unterschiedliche Frauen mit möglichst vielen unterschiedlichen Standpunkten zu erreichen. Damit die Anonymität gewährleistet war, wurde es für das beste gehalten, die Fragebögen nicht an einzelne Frauen, sondern an Organisationen zu schicken. Jede Frau, die Mitglied einer solchen Organisation war und den Fragebogen beantworten wollte, konnte dies also mit der absoluten Gewißheit tun, daß ihr Name auf keiner Liste auftauchte und nirgendwo festgehalten oder gespeichert wurde. Zu den Clubs und Organisationen, an die die Fragebögen verteilt wurden, gehörten kirchliche Gruppen in 34 Staaten, politische Gruppen in 9 Staaten, Frauenrechtsorganisationen in 39 Staaten, berufsständische Frauengruppen in 22 Staaten, Beratungszentren für Frauen oder Familien in 43 Staaten und zahlreiche andere Institutionen und Organisationen in verschiedenen Staaten wie zum Beispiel Seniorenwohnheime und Behindertenorganisationen.

Zusätzlich forderten einzelne Frauen den Fragebogen schriftlich an, und zwar sowohl unter der Adresse, die ich in meinen vorhergehenden Büchern angegeben hatte, als auch unter einer Adresse, die im Fernsehen und in der Presse angegeben wurde. Wenn jedoch eine einzelne Frau den Fragebogen anforderte, war es ihre freie Entscheidung, ob sie ihn einschicken wollte oder nicht. Deshalb war auch hier vollständige Anonymität gewährleistet, denn die Antwort war zwar mit dem Poststempel versehen und enthielt die erbetenen demographischen Angaben wie Alter, Einkommen und Schulbildung, nicht aber Namen und Adresse. Insgesamt wurden 100 000 Fragebögen verteilt und 4500 beantwortet. Das ist ein fast doppelt so hoher Rücklauf wie bei dieser Art Fragebogenverteilung üblich – man schätzt hier die Standardquote auf 2,5 bis 3 Prozent. Zufällige Stichproben hätten vielleicht einen höheren Rücklauf ergeben, doch dann wäre ein aufsatzartiger Fragebogen nicht möglich gewesen. Die Absicht war ja, nach Art eines Tiefeninterviews Aussagen über Gefühle und Einstellungen zu gewinnen, und ein Multiple-choice-Fragebogen hätte den Dialog mit den Teilnehmerinnen ausgeschlossen.

Außerdem wurde die Fragebogenverteilung mit der größten Sorgfalt vorgenommen, woraus sich ergab, daß bei der statistischen Aufschlüsselung der Teilnehmerinnen nach Alter, Beruf, Religion und anderen demographischen Merkmalen ein Bild entstand, das in den meisten Fällen dem der weiblichen Gesamtbevölkerung der Vereinigten Staaten ziemlich genau entsprach. (Siehe Tabellenteil.)

Wäre bei dieser Untersuchung eine zufällige Stichprobe möglich gewesen?

»Es gibt viele Formen wissenschaftlicher Methodologie neben der zufälligen Stichprobe; wir Praktiker wissen, daß es in der Sexualforschung keine zufälligen Stichproben gibt; doch das macht die Arbeit nicht unwissenschaftlich, wenn die untersuchte Population – wie in den Hite-Reports *– hinsichtlich ihrer demographischen Merkmale sorgfältig der Gesamtpopulation angeglichen wird.«*

THEODORE M. MCILVENNA
Institut für Sexualforschung

Bei fast keinem größeren Forschungsprojekt, das heute mit aufsatzartigen Fragebögen arbeitet, wird eine zufällige Stichprobe gewonnen. Wie Gladys Engel Lang am Anfang dieses Buches erklärt hat, versucht man die Sample meistens auf andere Weise der Grundgesamtheit anzugleichen, zum Beispiel indem man die Antworten so gewichtet, daß sie dem allgemeinen Bevölkerungsprofil entsprechen – ähnliche Methoden wurden auch hier verwendet. Doch ein noch wichtigerer Grund dafür, für diese Untersuchung keine zufällige Stichprobe zu gewinnen, war der, daß eine zufällige Stichprobe nicht anonym sein kann;* die ausgewählten Personen wissen, daß sie irgendwo mit Namen und Adresse festgehalten sind.

Geben einem Untersuchungen, die nicht auf zufälligen Stichproben basieren, das Recht, aus den Ergebnissen allgemeine Schlüsse auf die Gesamtbevölkerung zu ziehen? Wenn ein Sample groß und breit genug gefächert ist und diese Schlüsse behutsam gezogen werden, dann

---

* Und zwar weil ein solches Sample genaue Vorgaben hinsichtlich Alter, Beruf, Schichtzugehörigkeit usw. erfordert; um zu kontrollieren, ob die Vorgaben eingehalten wurden, müssen außerdem Rückfragemöglichkeiten geschaffen werden (Anmerkung der Übersetzerin).

ja; tatsächlich werden bei den Nielsen-TV-Untersuchungen und den bundesweiten politischen Meinungsumfragen trotz kleiner, nicht zufälliger Stichproben, Schlüsse auf die Gesamtbevölkerung gezogen. In einem höheren Sinne kann jedoch keine Forscherin und kein Forscher ihre/seine Untersuchungsergebnisse verallgemeinern, selbst wenn es ihnen durch irgendein Wunder gelänge, eine makellos zufällige Stichprobe zu gewinnen – und zwar weil dabei Variablen wie die psychische Verfassung, das religiöse oder politische Engagement usw. nicht gemessen werden; somit ist nicht garantiert, daß diejenigen, die man bei einer zufälligen Stichprobe »zieht« – selbst wenn sie im Hinblick auf Alter und Einkommen für die Gesamtbevölkerung repräsentativ sind –, auch bezüglich der Psyche für die Gesamtbevölkerung repräsentativ wären.

III.

Analyse der Antworten:
Messen und Verstehen von Einstellungen und Emotionen

Von aufsatzartigen Statements zu quantitativ-qualitativen Daten zu gelangen ist ein langwieriger und komplizierter Prozeß.* Natürlich läßt sich ein Teil der Antworten ohne weiteres quantifizieren, d. h. die schlichten Ja- und Nein-Antworten. Doch die meisten Fragen waren nicht so formuliert, daß sie einfach mit »ja« oder »nein« beantwortet werden konnten, da ein Dialog eröffnet und nicht unmöglich gemacht werden sollte.

Auf dem Gebiet der Methodologie gibt es eine permanente und abstruse Diskussion darüber, wie man Emotionen, Auffassungen und Einstellungen am besten untersucht – ganz davon zu schweigen, wie man sie am besten quantifiziert. Zum Beispiel ist es nicht nur schwierig, die Frage »Auf welche Weise lieben Sie die Person in Ihrer gegenwärtigen Beziehung? Was für eine Art Liebe ist es?« zu beantworten, sondern es ist genauso schwierig, die Antwort auf diese Frage zu analysieren, mit anderen Antworten zu vergleichen und in eine Statistik »einzubauen«. Trotzdem ist es möglich, wenn solche Statistiken der Leserin/dem Leser mit zahlreichen Definitionsbeispielen der Teilnehmerinnen dargeboten werden, wie es in diesem Buch geschieht.

Die Informationen wurden folgendermaßen analysiert: Zunächst wurde für jede der gestellten Fragen eine große Tabelle angelegt. Die

---

* So erforderte die Analyse der Antworten bei dieser Untersuchung 40 000 Arbeitsstunden (dazu kommen die mindestens 20 000 Arbeitsstunden der Frauen, die den Fragebogen beantworteten). Das schließt natürlich nicht die Zeit und Mühe ein, die nötig waren, um aus den erhaltenen Daten dann ein Buch zu machen.

Antwort einer jeden Teilnehmerin auf die jeweilige Frage wurde dann mitsamt der individuellen Kennummer der Teilnehmerin auf diese (gewöhnlich sehr umfangreiche) Tabelle übertragen. Die vielen Monate, die diese Prozedur in Anspruch nahm, waren insofern wertvoll, als sie reichlich Zeit zum Nachdenken über die Antworten ließen.

Wenn die Tabellen erstellt waren, bestand der nächste Schritt darin, die Muster und »Kategorien« zu ergründen, die in den Antworten enthalten waren. Meist hatten sich solche Muster bereits bei der Erstellung der Tabellen abgezeichnet, so daß sich die Kategorien mehr oder weniger von selbst ergaben. Dann wurde die Zahl der Frauen in jeder Kategorie aufsummiert, worauf die Auswahl repräsentativer Zitate folgte. Diese Prozedur wurde bei allen 180 Fragen vorgenommen.

Wenn man bereits in einer frühen Phase der Analyse versucht hätte, die Daten zusammenzufassen oder zu computerisieren, wäre der Zweck dieser Untersuchung vereitelt worden: die subtilen Bedeutungen hinter den leichter quantifizierbaren Antwortteilen herauszufinden und die Stimme einer jeden Teilnehmerin intakt zu erhalten, so daß die Teilnehmerinnen unmittelbar mit der Leserin/dem Leser kommunizieren konnten, was die Authentizität der Untersuchung verstärkte. Erst nachdem alle Antworten tabellarisch erfaßt und alle Kategorien bestimmt sowie repräsentative Zitate ausgewählt waren, konnten die Daten verrechnet werden.

Die Analyse von aufsatzartigen Fragebögen ist also ein komplexer Prozeß, doch wenn einem an Genauigkeit und dem Detail liegt oder wenn man zu den tiefsten Schichten von Antworten auf einen solchen Fragebogen vordringen und sie bis ins letzte verstehen will, gibt es keinen anderen Weg – und eben diese Möglichkeit, zu den tiefsten Schichten vorzudringen, macht einen aufsatzartigen Fragebogen wertvoller als einen Multiple-choice-Fragebogen. Obwohl einem Multiple-choice-Fragebögen die Arbeit erleichtern, gelangt man nur dann zu den tiefgründigen Bereichen der Realität, wenn man eine Einzelperson, die auf *ihre* Weise und nach *ihrer* Vorgabe ohne Restriktionen spricht, vollständig anhört.

IV.

Präsentation der Ergebnisse:
Ein neues System der Interaktion

Bei Vorträgen ist Hites Ansatz eine Art sokratischer Dialog – die daran teilhaben, können ihre eigenen Vorurteile in Frage stellen und etwas lernen, indem sie eine logische Idee für sich durchdenken, statt daß ihnen einfach ein »Fakt«

präsentiert wird. In den Hite Reports *geht sie ähnlich vor. Sie führt einen intensiven Dialog mit ihren Leserinnen und Lesern, bringt sie dazu, Hypothesen in Frage zu stellen und ihr eigenes Denk- und Kritikvermögen zu schärfen, indem sie sich mit dem Dialog identifizieren, den Hite mit den Teilnehmerinnen und Teilnehmern der Untersuchungen führt. So werden die Leserinnen und Leser zu selbständigem Denken und Urteilen angeregt.*

Lawrence A. Horne
American Philosophical Institute,
New York

Wie einige Theoretiker aufgezeigt haben, ist die schlichte Präsentation der Aussagen von Menschen kein exakter Ansatz zur Dokumentation von »Realität«; die Aussagen sprechen *nicht* für sich selbst; es stehen Annahmen und Dinge dahinter, die ungesagt bleiben. Eine Analyse, die diesen Namen verdient, muß eine komplexe Präsentation von subjektiven Daten bieten. Es genügt nicht, sich auf den Standpunkt »Das sagen die Leute, also ist es so« zu stellen. Wenn zum Beispiel im *Hite Report* über männliche Sexualität die meisten Männer sagten, sie hätten außerehelichen Sex und auf Grund dessen funktioniere ihre Beziehung/ihre Ehe, auch mache ihnen das nicht zu schaffen – muß dann die Forscherin/der Forscher daraus schließen, daß »Männer eben so sind«, weil es die Mehrheit sagt? Es wäre eine Simplifizierung, einen solchen Schluß zu ziehen. Bei jeder Entscheidung sind zahlreiche Elemente im Spiel, und es ist Aufgabe der Forscherin/des Forschers, alle Variablen zu finden.

Hören wir dazu Janice Green: »Bei den üblichen sozialwissenschaftlichen Projekten wird der unausgesprochene und oft unreflektierte oder unbewußte Standpunkt des Forschers auf ziemlich krude Weise auf die Planung und später auch auf die Präsentation und Interpretation der Ergebnisse projiziert. In der mündlich überlieferten Geschichte (etwa bei Studs Terkel) dürfen, um das andere Extrem zu nennen, alle Daten ›für sich selbst sprechen‹ – doch auch hier werden Annahmen, Vorurteile und andere verborgene Fakten nicht abgeklärt.«

Der Dialog zwischen Teilnehmerinnen und Forscherin

Zu den wichtigsten Elementen der Methodik der *Hite Reports* gehört die Scheidung der »Ergebnisse« von der Analyse und Interpretation. Dies schlägt sich insbesondere in der Art der Präsentation der Analyse nieder: die Interpretation der Aussagen der Teilnehmerinnen wird von dem getrennt, was sie mit ihren eigenen Worten sagen. Zeitweise debattieren die Teilnehmerinnen im Text miteinander; dann wiederum kann die Analyse ihrer Aussagen verschiedene Seiten eines Problems beleuchten; Forscherin und Teilnehmerinnen stimmen in manchen Textteilen überein, in anderen debattieren sie miteinander. Auf diese Weise kann auch das Dilemma angegangen werden, wieviel von dem, was die Teilnehmerinnen zum Ausdruck bringen, Ideologie ist. Hören wir dazu Janet Wolfe, Direktorin des Institute for Rational Therapy: »Der komplexe Ansatz hat einige Rezensenten verwirrt, zumal Hites Arbeit einem breiten Publikum zugänglich ist. Doch diese vielschichtige Struktur stellt einen weiteren Teil von Hites Methode dar – sie will nicht starre ›Normen‹ präsentieren, sondern möglichst viele Menschen in den Dialog verwickeln, handelt es sich doch um einen Dialog über die Veränderung der Gesellschaft.«

Die Klassenfrage bei der Präsentation der Daten

Viele bedeutende Arbeiten der letzten Jahre auf dem Gebiet der Geschichte und Soziologie von Frauen richteten ihr Augenmerk vor allem auf Klassen- und Wirtschaftsfragen. Hier wird jedoch ein anderes Ziel verfolgt.

Es ist zwar wichtig, unter dem Aspekt von Klasse und Rasse über Frauen zu schreiben und nicht »alle Frauen« als »gleich« zu sehen, aber im Mittelpunkt der vorliegenden Untersuchung steht nicht die Klasse, sondern das Geschlecht samt der Geschlechterideologie. Mit anderen Worten, es geht um Erfahrungen, die Frauen ihres Geschlechts wegen gemeinsam haben. Hauptthema dieses Buches sind auch nicht Vergleiche der Einstellungen von Frauen aus den einzelnen sozioökonomischen Gruppen, und das aus einem sehr einfachen Grund: Unterschiede im Verhalten und in der Einstellung sind im Zusammenhang mit den hier behandelten Problemen nichts so Trennendes, wie gelegentlich behauptet wurde. Außerdem geht es hier nicht in erster Linie um die Klassenunterschiede zwischen Frauen und was dagegen getan werden sollte, sondern um die Einstellung von Männern gegenüber Frauen und was dagegen getan, wie sie verändert werden sollte. Ferner geht es um Strategien der Entfaltung, die Frauen für ihr eigenes Leben entwickelt haben, während sie sich mit der Auffassung herumschlagen, die die Gesamtgesellschaft immer noch von ihnen hat. Und es geht um Ähnlichkeiten und Unterschiede in der Art und Weise, auf die Frauen ihre Beziehungen mit Männern und ihr Verhältnis zur Gesellschaft definieren bzw. umdefinieren.

Trotzdem stellt diese Untersuchung einen breiten Querschnitt von Frauen aus verschiedenen sozioökonomischen Gruppen und »Klassen« dar. Es wurde große Sorgfalt darauf verwendet, daß in jedem Teil dieses Buches Frauen aus allen Klassen vertreten sind. Der soziale Hintergrund der Frauen wird sich wahrscheinlich bis zu einem gewissen Grad an ihrer Sprech-/Schreibweise zeigen. Es wurde jedoch – was vielleicht bedauerlich ist – um der besseren Lesbarkeit willen einiges an Grammatik und Rechtschreibung »korrigiert«. Manche Antworten waren zwar sehr reizvoll, wenn sich in der ursprünglichen Form ein persönlicher Stil oder ein regionaler Akzent widerspiegelten, es schien aber, daß diese Rechtschreibfehler im Druck als Herabwürdigung der Teilnehmerin wirkten oder so betrachtet werden konnten, als sollte ihre Aussage bagatellisiert werden. Ich hoffe jedoch, daß in den Antworten genug von der ursprünglichen Syntax erhalten geblieben ist und daß die Leserin/der Leser auch auf diesem Weg ein Gefühl für die Vielfalt bekommt, die bei den Teilnehmerinnen zu beobachten war.

Diese Untersuchung legt den Schluß nahe, daß es bei allen Frauen große Gebiete der Gemeinsamkeit gibt. Eine arme Frau macht natürlich andere Erfahrungen als eine reiche, aber die emotionalen Erwartungen, die von der Gesellschaft an Frauen als Gruppe gestellt werden, scheinen so ziemlich dieselben zu sein. Aus dem Tabellenteil und den Aussagen der Frauen in diesem Buch geht deutlich hervor, daß Variablen wie »Klasse«, Einkommen, Schulbildung und Rasse im Hinblick auf Beziehungen zwischen den Geschlechtern längst nicht so wichtig sind wie die allgemeine Erfahrung, eine Frau zu sein.

Zum Gebrauch von »viele«, »die meisten«, »einige« und »ein paar«

Um der besseren Lesbarkeit willen wurde nicht bei jeder Aussage im Text die dazugehörige Statistik aufgeführt; deshalb ist es für die Leserin/den Leser nützlich zu wissen, daß »die meisten« über 55 Prozent bedeutet, »viele« einen Prozentsatz zwischen 40 und 65 Prozent, »einige« einen Prozentsatz zwischen 11 und 33 Prozent und »ein paar« einen Prozentsatz zwischen 2 und 11 Prozent. Zusätzlich findet man im statistischen Anhang mit seinen 120 Tabellen eine komplette Aufschlüsselung der wichtigsten Ergebnisse. Dies ist das umfangreichste Datenmaterial, das seit Kinsey vorgelegt wurde.

Die Medien und die *Hite Reports:* Stellungnahmen von Wissenschaftlern

Im Medienbereich scheint ein weitverbreitetes Mißverständnis bezüglich der Methoden in den Sozialwissenschaften und deren Validität zu bestehen. Zum Beispiel begann ein wichtiger medizinischer Autor der *New York Times* 1976 einen Artikel über den ersten *Hite Report* mit den Worten: »In einer neuen, wenn auch nicht wissenschaftlichen Umfrage über weibliche Sexualität...« Die Presse hat oft den Fehler gemacht, »wissenschaftlich« mit »repräsentativ« gleichzusetzen, und obwohl die *Hite Reports* beide Kriterien erfüllen, hat sich die Presse zeitweise darauf versteift, daß sie »nicht wissenschaftlich« oder »unwissenschaftlich« seien.*

Viele Kommentatoren aus wissenschaftlichen Kreisen haben versucht, die Presse auf ihren Fehler hinzuweisen. Einige von ihnen werden im folgenden zitiert:

Dr. Mary Steichen Calderone, M. A., Begründerin des Sex Education and Information Council of the U. S. (SEICUS):
Die menschliche Sexualität ist ein Thema, bei dem sich viele gegen jeden objektiven Ansatz zu ihrer Erforschung sperren, und dies so sehr, daß Angst und Panik Menschen mit geringen wissenschaftlichen Kenntnissen oft dazu treiben, einen solchen Ansatz in Bausch und Bogen zu verdammen. Das war auch bei Hites Ansatz der Fall. Ihre Untersuchungen haben »ganz normalen« Frauen und Männern Gelegenheit gegeben, ihre Panik und ihre Sexualängste, unter denen sie lange gelitten haben dürften, zu verbalisieren, womit es für Sexualforscher und Erzieher möglich wurde, besser zu verstehen, was in Menschen über Jahrhunderte hinweg vorgegangen ist bezüglich eines Lebensbereiches, der für jede Frau und für jeden Mann universal und zentral ist. Wir haben eine ungeheure Fülle von Informationen über das menschliche Fortpflanzungssystem und seine Funktionsweise, die

---

* Zusätzlich wird die »exakte Wissenschaft« nach wie vor von vielen als »männliche« Domäne betrachtet, wie Evelyn Fox Keller ausführt: »Die historisch ubiquitäre Assoziation von ›männlich‹ und ›objektiv‹ und speziell von ›männlich‹ und ›wissenschaftlich‹ ist ein Sujet, das akademische Kritiker schlichtweg nicht ernst nehmen. Warum nicht?... Wie kommt es, daß die Kritiker aus den Reihen der Philosophie und der Wissenssoziologie hier kein Thema gesehen haben, das der Analyse bedarf? Das Stillschweigen zumindest der nichtfeministischen akademischen Gemeinschaft über dieses Sujet legt die Vermutung nahe, daß die Assoziation von Männlichkeit und wissenschaftlichem Denken den Status eines Mythos hat, der nicht ernsthaft untersucht werden kann oder soll« (Evelyn Fox Keller, »Geschlecht und Wissenschaft«, in Sandra Harding und Merrill B. Hintikka [Hrsg.], *Discovering Reality*, S. 187–205).

größtenteils in den letzten fünfzig Jahren zusammengetragen wurden... Man kann an Hites Arbeit – wie an jede Forschung, die es mit Gedanken und Gefühlen zu tun hat – nicht denselben Maßstab anlegen wie an einen klinischen Test, der uns verrät, welches Medikament in welcher Dosierung zu welchen Resultaten bei welchen Patienten führt... Wir sind ein wissenschaftlich ungebildetes Volk, und redliche Forscherinnen wie Hite müssen darunter leiden.

Dr. Robert M. Emerson, Professor für Soziologie, University of California, Herausgeber von *Urban Life: A Journal of Ethnographic Research:*
Statistische Repräsentativität ist nur *ein* Kriterium bei der Beurteilung der Adäquatheit empirischer Daten... wenn man qualitative Daten betrachtet, sind andere Kriterien angezeigt. Das ist genau die Situation bei Hites Forschungsarbeit... Hier kann das Ziel unabhängig von Fragen der Repräsentativität verfolgt werden; es erfordert sogar eine Logik, die im Gegensatz zur Logik der statistischen Repräsentativität steht. Die Logik ist die, Arten oder Varianten sexueller Erfahrungen zu maximieren, damit die ganze Bandbreite dieser Erfahrungen dargestellt werden kann. Anders verhält es sich mit der Häufigkeit dieser Erfahrungen; sie ist mit der Logik der Repräsentativität verknüpft.

Hite strebt mit einem großen Teil ihrer Arbeit danach, qualitative Kommentare auf eine Weise zu strukturieren, die kein erschöpfendes Inventar von Kategorien beinhaltet, sondern die signifikanten Themen oder Muster direkt vermittelt, wobei auch die Abweichungen in und von diesen Mustern festgestellt und untersucht wurden. Auch hier sind Band- und Variationsbreite wichtiger als strikte statistische Repräsentativität.

Dr. John L. Sullivan, Professor für politische Wissenschaften, University of Minnesota, Mitherausgeber des *American Journal of Political Science* und Herausgeber von *Quantitative Applications in the Social Sciences:*
Der große Wert von Hites Arbeit besteht darin, daß sie zeigt, wie die Leute denken, daß sie Menschen ohne rigide apriorische Kategorien sprechen läßt – und all dies den Lesern zugänglich macht. Hite will nicht bloß auf Grund einer zufälligen Stichprobe Schlüsse auf die Gesamtbevölkerung ziehen, sie verfolgt noch mehr Ziele, andere Ziele. Darum sind Probleme der Stichprobengewinnung auch nicht unbedingt die zentrale Frage ihrer Arbeit. Es geht hier vielmehr um die Entdeckung der Mannigfaltigkeit von Verhaltensweisen und Standpunkten. Und diese Art der Analyse hat Hite gewiß auf adäquate Weise geleistet. Wenn sie mit einer perfekt repräsentativen zufälligen Stich-

probe gearbeitet hätte, hätte sie keine geringere Mannigfaltigkeit von Verhaltensweisen und Standpunkten entdeckt.

Was sie vorhatte, war klar: Die Teilnehmerinnen für sich selbst sprechen zu lassen. Das ist durchaus verdienstvoll... Welchen Sinn hätte es angesichts der Ziele von Hites Arbeit gehabt, eine zufällige Stichprobe zu gewinnen? Keinen, außer der Möglichkeit der wissenschaftlich lupenreinen Verallgemeinerung. Doch Hite hat nicht unwissenschaftlich verallgemeinert. In den Naturwissenschaften macht man sich oft weitaus weniger Gedanken über zufällige Stichproben, weil ihre Arbeit darin besteht, Hypothesen zu testen. Und auch der größte Teil der Arbeit in den Sozialwissenschaften basiert nicht auf zufälligen Stichproben; tatsächlich basieren viele, wenn nicht die meisten Artikel in psychologischen Zeitschriften auf Daten, die an Studentinnen und Studenten gewonnen und dann verallgemeinert wurden... Interessanterweise wurden diese kleinen und nicht repräsentativen Stichproben nicht im selben Maße kritisiert wie Hites größere und repräsentativere Stichprobe.

Kurz, Hite hat sich einer Art Intensivanalyse bedient – nicht von Individuen, sondern von Einstellungen und Gefühlen. Man könnte sagen, daß sie versucht, eine ganze Gesellschaft zu durchleuchten. Ihre Arbeit dient vielfältigen Zwecken, und Wissenschaftler wie Leser können sie auf vielfältige Weise gebrauchen.

Dr. Gerald M. Phillipps, Pennsylvania State University, Herausgeber des *Communications Quarterly Journal*:

Hites Untersuchungen sind wichtig. Sie sind »gute« Wissenschaft, ein Modell für künftige Untersuchungen auf dem Gebiet natürlicher menschlicher Erfahrung... Sozialwissenschaftler, die über Emotionen forschten, hatten immer erhebliche Probleme... Emotionen können nicht katalogisiert und spezifiziert werden... selbst den größten Kapazitäten fällt es schwer, ein Vokabular zu finden, das für eine objektive Diskussion menschlicher Emotionen und ihrer Auswirkungen auf Individuen und Gesellschaften geeignet ist... Hite hat dieses Problem bemerkenswert gut gemeistert.

Der größte Teil der Untersuchungen in den Sozialwissenschaften wird unter der Annahme durchgeführt, daß ähnliche Methoden wie die in den Naturwissenschaften angewandten zu ähnlich verläßlichen Schlüssen aufs Ganze führen... Was Sozialwissenschaftler, die von »objektiver Wissenschaftlichkeit« geradezu besessen sind, nicht zu begreifen scheinen, ist, daß selbst die objektivsten Wissenschaftler, Physiker zum Beispiel, über das Verfahren bei ihren Experimenten *und* über die Präsentation ihrer Daten diskutieren müssen... Das Problem beim numerischen Messen in den Sozialwissenschaften ist zuallererst, daß es nur gut funktioniert, wenn sich die Gegenstände, die gemessen werden sollen, so verhalten wie zum Beispiel Zahlen. Und das tun Daten aus dem menschlichen Bereich nur selten... Es gehört auch zu den Gepflogenheiten der zeitgenössischen Sozialwissenschaftler, ihre Verfahren [unnötigerweise] mit komplexen mathematischen Formeln zu verschleiern... [Es wäre besser] ein Statement darüber abzugeben, was herausgefunden wurde, und zwar so einfach und prägnant wie irgend möglich... die theoretischen Grundlagen der Untersuchung darzulegen... und die untersuchte Population so klar zu beschreiben, wie es Hite tut. Hite ist eine seriöse, glaubwürdige Wissenschaftlerin und ein kluger Kopf.

Dr. Robert L. Carneiro, Kustos für Anthropologie am American Museum of Natural History, New York:
Hites Arbeit kann definitiv als ihrem Wesen nach anthropologisch betrachtet werden. Es ist ein Kennzeichen anthropologischer Feldstudien, daß man intensiv mit einzelnen Informationen arbeitet. Hite verwendete zwar Fragebögen, aber diese Fragebögen regten eher zu langen, detaillierten Antworten an als zu kurzen, leicht quantifizierbaren... Und diese Antworten, die ausführlich und unaufbereitet dargeboten werden, enthalten tiefe Wahrheiten – Wahrheiten, die wohl in vielen Fällen niemandem zuvor offenbart wurden... Hite präsentiert mit jeder Frage ein breites Spektrum von Antworten... Man legt ihre Bücher mit dem Gefühl aus der Hand, daß hier wichtige Themen ausgelotet wurden.

FRAGEBOGEN*

Mit diesem Fragebogen sollen Standpunkte von Frauen zu Fragen geklärt werden, die im Hite Report über das sexuelle Erleben der Frau nicht gestellt wurden. Zum Beispiel konnte wegen finanzieller Beschränkungen nicht erfaßt werden, was Frauen von Liebe, Beziehungen, Ehe und Monogamie halten. Jetzt würden wir gerne Ihre Gedanken und Ansichten zu diesen Themen hören – auch alles weitere, was Sie dazu ergänzen möchten. Die Ergebnisse werden in Form einer ausführlichen Diskussion der Antworten einschließlich zahlreicher Zitate veröffentlicht.

Der Fragebogen ist anonym, geben Sie also bitte Ihren Namen nicht an. *Es ist nicht nötig, alle Fragen zu beantworten!* Der Fragebogen hat sieben Abschnitte. Es steht Ihnen frei, nicht der Reihe nach vorzugehen und nur die Abschnitte oder Fragen zu beantworten, die Sie beantworten möchten. Sie können auch auf einer Tonbandkassette antworten, wenn Ihnen das lieber ist. Verwenden Sie soviel zusätzliche Seiten, wie Sie brauchen.

Schicken Sie Ihre Antwort bitte an Shere Hite, Postfach 5282, F. D. R. Station, New York, N. Y. 10022.

Hallo!

1. Wer sind Sie? Wie würden Sie sich selbst beschreiben?
2. Was macht Sie am glücklichsten, gibt Ihnen am ehesten das Gefühl von Lebendigkeit? Ihre Arbeit? Ihre Liebesbeziehung? Ein Hobby oder eine zweite Karriere? Die Musik? Ausgehen (Konzerte, Essen mit Freundinnen/Freunden)? Reisen? Ihre Kinder? Die Familie? Wie glücklich sind Sie, wenn Sie sich auf einer Skala von eins bis zehn einstufen?
3. Was wünschen Sie sich am meisten im Leben?
4. Was war bisher Ihre größte persönliche Leistung?
5. Was war die größte emotionale Aufregung, die Sie je zu bewältigen hatten – die größte Krise, das, wozu Sie am meisten Mut brauchten, um es zu überwinden?
6. Sind Sie verliebt? Wer ist die Person, die Ihnen am nächsten steht?
7. Wie vertreiben Sie sich am liebsten die Zeit?

---

* Es handelt sich um eine von vier Fassungen des Fragebogens, die im Laufe von sieben Jahren verteilt wurden.

8. Hatten Sie als Kind ein vertrautes Verhältnis zu Ihrer Mutter? Zu Ihrem Vater? Haben Ihre Eltern Sie geliebt? Was mochten Sie am meisten an ihnen? Was am wenigsten?

9. War Ihre Mutter zärtlich zu Ihnen? Hat sie freundlich mit Ihnen geredet? Ihnen vorgesungen? Hat sie Sie gebadet und frisiert? Gab es Zusammenstöße? Worüber war Ihre Mutter am meisten erzürnt? Was halten Sie heute von ihr? Sind Sie gerne mit ihr zusammen?

10. War Ihr Vater zärtlich? Inwiefern? Haben Sie miteinander geredet? Ausflüge gemacht? Mochten Sie ihn? Hatten Sie Angst vor ihm? Respekt? Worüber haben Sie sich mit ihm auseinandergesetzt? Was halten Sie heute von ihm?

11. Waren Ihre Eltern in Ihrer Gegenwart zärtlich miteinander? Haben sie sich gestritten? Hat Ihnen Ihr Vater die »richtige« Einstellung Ihrer Mutter gegenüber beigebracht? Was war das für eine Einstellung? Haben Sie von Ihrer Mutter die »richtige« Einstellung zu Ihrem Vater gelernt? Was war das für eine Einstellung?

12. Hat Ihre Mutter Sie angeleitet, »weiblich« zu sein, sich mädchenhaft oder »damenhaft« zu verhalten? Haben Sie und Ihre Mutter Dinge getan, die Ihre Brüder oder Ihr Vater nicht taten, und umgekehrt? Wie würden Sie Weiblichkeit definieren?

13. Waren Sie ein »wildes Mädchen«? Hatten Sie Spaß daran? Wurden Sie ermahnt, nicht so wild zu sein, keine »Jungenspiele« zu spielen, sich »damenhaft« zu betragen? Wurden Sie dazu aufgefordert, ein »braves Mädchen« zu sein? Waren sie »aufsässig«?

14. Haben Sie als Kind masturbiert? Wie alt waren Sie, als Sie damit anfingen? Wußten es Ihre Eltern? Ihre Freundinnen?

15. Was mochten/mögen Sie an der High School und was nicht? Wurde/wird viel Druck auf Sie ausgeübt, sich anzupassen, wie alle anderen zu sein? Sich auf eine bestimmte Weise anzuziehen? Beliebt zu sein? Jungfrau zu bleiben oder Sex zu haben?

16. Hatten/haben Sie eine beste Freundin? Haben Sie bei ihr übernachtet und sie bei Ihnen? Haben Sie sich gegenseitig angerufen? Worüber haben Sie gesprochen? Sind Sie zusammen ausgegangen? Haben Sie noch Kontakt zu ihr?

17. Wie fühlten Sie sich, als Sie anfingen, sich zu verabreden? Beim ersten Kuß? Beim Schmusen? Beim Sex? Haben Sie mit Ihren Eltern darüber gesprochen? Mit Ihren Freundinnen?

Verliebt sein

18. Sind Sie zur Zeit verliebt? Und falls ja, woher wissen Sie das?
19. Wie würden Sie Liebe definieren? Ist Liebe etwas, woran Sie in einer Beziehung längere Zeit arbeiten, oder ist es das starke Gefühl, das Sie von Anfang an empfinden, ohne zu wissen, warum?
20. Ist Verliebtsein oder Lieben wichtiger, um mit jemandem zusammenzuleben? Was ist der Unterschied zwischen Verliebtsein und Lieben?
21. Wann und in wen waren Sie am meisten verliebt? Waren Sie glücklich? Wie war es? War die Beziehung von Dauer? Empfanden Sie damals am leidenschaftlichsten?
22. Haben Sie sich je in den Schlaf geweint, weil Sie Probleme mit einer Person hatten, die Sie liebten? Warum hatten Sie Probleme? Haben Sie an Selbstmord gedacht? Wann waren sie am einsamsten?
23. Wann waren Sie am glücklichsten mit jemandem?
24. Sind Sie gerne verliebt? Ist es ein angenehmer oder ein unangenehmer Zustand für Sie? Bringt es Ihnen neue Erfahrungen? Erleuchtung? Freude? Ambivalente Gefühle? Frustration? Wie wichtig ist es für Sie?
25. Welche Liebesgeschichten in Büchern oder Filmen mögen Sie am meisten?

Ihre gegenwärtige Beziehung

26. Haben Sie zur Zeit eine Beziehung? Wie lange schon? Leben Sie zusammen? Sind Sie verheiratet? Haben Sie Kinder?
27. Was ist das Wichtigste an dieser Beziehung, der Grund dafür, daß Sie sie haben? Liebe, Leidenschaft, sexuelle Intimität, wirtschaftliche Überlegungen, die tägliche Gemeinschaft, die Vorteile eines festgefügten Familienlebens? Oder andere Gründe?
28. Sind Sie glücklich über die Beziehung? Regt sie Sie an? Was mögen Sie am meisten daran und was am wenigsten? Können Sie sich vorstellen, den Rest Ihres Lebens in dieser Beziehung zu verbringen? Ist Ihr Partner/Ihre Partnerin glücklich?
29. Sind Sie verliebt? Oder lieben Sie Ihren Partner/Ihre Partnerin? Welche Art Liebe empfinden Sie?
30. Lieben Sie Ihren Partner/Ihre Partnerin so sehr, wie er/sie Sie liebt? Oder mehr? Braucht einer von Ihnen den anderen/die andere mehr? Fühlen Sie sich geliebt?

31. Was ist das größte Problem in Ihrer Beziehung? Wie würden Sie gerne etwas verändern, wenn Sie es könnten?

32. Was genießen Sie am meisten am Zusammenleben? Das miteinander sprechen? Den Sex? Die Zärtlichkeit? Das tägliche Leben? Die gemeinsamen Kinder? Die Hobbys? Etwas anderes?

33. Wie verhält sich Ihr Partner/Ihre Partnerin in intimen Momenten? Sagte er/sie Ihnen, daß er/sie Sie liebt? Daß Sie wunderbar und schön sind? Sexuell sehr begehrenswert? Spricht er/sie zärtlich mit Ihnen? In Kindersprache? Auf Sex bezogene Ausdrücke? Wie fühlen Sie sich dabei?

34. Was kritisiert Ihr Partner/Ihre Partnerin am häufigsten an Ihnen? Was kritisieren Sie am häufigsten an ihm/an ihr?

35. Was ist das Schlimmste, das Ihr Partner/Ihre Partnerin Ihnen je angetan hat? Was das Schlimmste, was Sie ihm/ihr je angetan haben?

36. Fällt es Ihnen leicht, miteinander zu reden? Wer redet mehr? Hätten Sie gerne intimere Gespräche – über Gefühle, Reaktionen und Gefühle? Über Zukunftspläne und -träume?

37. Befriedigt die Beziehung Ihre tiefsten Bedürfnisse nach Nähe? Oder gibt es Teile von Ihnen, über die Sie sich nicht austauschen können? Die nicht akzeptiert oder verstanden werden? Oder ziehen Sie es vor, nicht alles von sich mitzuteilen?

38. Ist die Art Liebe, die Sie jetzt geben und empfangen, die Art, die Sie sich am meisten wünschen? Haben Sie in Beziehungen von Freundinnen, im Kino oder in Romanen eine andere Art Liebe gesehen, die Sie befriedigender fänden?

39. Ist Ihre Beziehung wichtig für Sie? Wie wichtig? Mittelpunkt Ihres Lebens? Eine wichtige Ergänzung zu Ihrer Beziehung mit sich selbst und/oder zu Ihrer Arbeit? Oder ist sie eher nebensächlich – angenehm, aber irgendwie unzulänglich? Was würde Sie dazu bewegen, die Beziehung zu beenden?

40. Wie haben Sie sich in den praktischen Dingen arrangiert? Wer wäscht ab? Macht die Betten? Wer kocht? Kümmert sich um die Kinder? Wie sieht Ihr Alltag aus? Schlafen Sie in einem gemeinsamen Bett? Baden oder duschen Sie zusammen?

41. Teilen Sie sich das Geld? Wer regelt die Geldangelegenheiten? Arbeiten Sie beide außer Haus? Wer zahlt die Miete oder die Hypothek? Wer kauft ein? Wie finden Sie das finanzielle Arrangement? Beeinträchtigt es die Beziehung?

42. Was ist der beste Weg, den Sie gefunden haben, dafür zu sorgen, daß eine Beziehung »funktioniert«?

43. Falls Sie verheiratet sind: Wie lange sind Sie verheiratet? Gefällt es Ihnen? Was ist das Beste am Verheiratetsein? Was das

Schlimmste? Haben Sie, bevor Sie verheiratet waren, erwartet, daß es so ist, wie es ist?

44. Aus welchem Grund haben Sie sich dafür entschieden zu heiraten? Aus Liebe? War Sex der Grund? Gesellschaftlicher Druck? Wirtschaftlicher Druck? Schwangerschaft? Der Wunsch nach Gesellschaft? Nach Kindern? Häuslichem Leben? Emotionaler Sicherheit? War es eine schwierige Entscheidung? Von wem kam die Idee? Wie lange kannten Sie einander?

45. Wie haben Sie sich unmittelbar nach der Heirat gefühlt? Waren Sie begeistert? Bedrückt? Haben sich Ihre Gefühle für Ihren Mann verändert? Hat sich sein Verhalten Ihnen gegenüber verändert?

46. Falls Sie Kinder haben: Haben Sie gerne Kinder? Wie war die Geburt Ihrer Kinder? War Ihr Mann dabei?

47. Wie fühlten Sie sich, als Sie wußten, daß Sie schwanger sind? Wie hat Ihr Liebhaber/Mann reagiert? Und als das Kind geboren war? Ist Ihr Liebhaber/Mann im selben Maße an der Kindererziehung beteiligt wie Sie?

48. Wäre Ihr Leben anders gewesen, wenn Sie keine Kinder gehabt hätten? Inwiefern? Würden Sie wieder Kinder haben wollen?

49. Was ist wichtiger: Ihre Arbeit? Ihre Liebesbeziehung? Ihre Kinder? Sie selbst? Zeit für sich selbst zu haben?

50. Sind Sie für Monogamie? Hatten/haben Sie Sex außerhalb Ihrer Beziehung? Mit Wissen Ihres Partners/Ihrer Partnerin? Was für ein Gefühl haben Sie dabei? Was gibt/gab es Ihnen?

51. Was war der Grund dafür, daß Sie Sex außerhalb der Beziehung hatten? Waren Sie verliebt? Fehlte es zu Hause an Verständnis oder Nähe? Wollten Sie sexuell experimentieren? Waren Sie zornig? Waren Sie oder Ihr Partner/Ihre Partnerin lange getrennt? Gab es andere Gründe? Ist/war die Affäre ernst?

52. Glauben Sie, daß Ihr Partner/Ihre Partnerin im Augenblick Sex mit einer anderen Person hat? Oder in der Vergangenheit hatte? Was für ein Gefühl haben Sie dabei? Wollen Sie, daß Ihr Partner/Ihre Partnerin monogam ist? Wollen Sie wissen, wenn er/sie es nicht ist?

53. Möchten Sie in Zukunft Sex außerhalb Ihrer Beziehung haben? Würden Sie es Ihrem Partner/Ihrer Partnerin sagen?

54. Hatten Sie je Verabredungen mit jemandem, der/die verheiratet war? Hat es Ihnen etwas ausgemacht, daß er/sie verheiratet war? Wollten Sie, daß er/sie sich scheiden läßt? Wollen Sie, daß er Sie heiratet?

55. Beschreiben Sie den größten (oder den zeitlich letzten) Streit, den Sie mit Ihrem Mann/Liebhaber/Ihrer Geliebten hatten.

56. Worüber streiten Sie sich am häufigsten? Wer gewinnt im allgemeinen (wenn überhaupt)? Wie fühlen Sie sich dabei? Und danach?

57. Wie werden Ihre Konflikte oder Auseinandersetzungen gewöhnlich gelöst/beigelegt? Oder zumindest beendet? Wer sagt nach einem Streit gewöhnlich, daß es ihm/ihr leid tut? Wer leitet das Gespräch über die Probleme ein? Wer tut den ersten Schritt zur Versöhnung?

58. Beschreiben Sie die Gelegenheit, bei der Sie in jüngster Zeit mit Ihrem Mann/Liebhaber/Ihrer Geliebten am glücklichsten waren.

Single sein

59. Sind oder waren Sie gerne »Single«? Warum sind Sie Single?

60. Was sind die Vorteile am Single sein? Was die Nachteile? Gehen Sie gerne allein aus? Auf eine Party, in ein Restaurant? Gehen Sie gerne allein zum Einkaufen usw.? Oder haben Sie manchmal den Eindruck, daß die Leute denken, mit Ihnen müsse etwas verkehrt sein, weil Sie nicht in einer Zweierbeziehung leben? Beneiden manche Leute Sie darum, daß Sie Single sind?

61. Wie ist Ihr Sex-Leben? Genießen Sie Zeiten ohne Sex mit einer anderen Person?

62. Ist es einfach oder schwierig für Sie, Leuten zu begegnen, die Sie mögen, zu denen Sie sich hingezogen fühlen und die Sie respektieren?

63. Glauben Sie, daß die Mehrheit der Männer heute verheiratet sein will? Haben Single-Männer Schwierigkeiten, die Vorstellung, verheiratet zu sein, zu akzeptieren? Tendieren sie dazu, Bindungen zu meiden? Glauben Sie, daß die Männer heute weniger engagiert sind?

Trennung/Scheidung

64. Falls Sie sich je scheiden ließen oder sich von jemandem, der wichtig war für Sie, getrennt haben: Wie war das? Wer wollte die Trennung? Sie oder die andere Person? Warum?

65. Waren Sie froh oder haben Sie es bedauert? Haben Sie sich freier gefühlt oder als Versager – oder beides? Haben Sie die andere Person gehaßt? Viel geweint? Oder waren Sie erleichtert, weil Sie jetzt wieder anfangen konnten zu leben?

66. Falls Sie die Trennung nicht wollten – wie sind Sie darüber hin-

weggekommen? Wie lange dauerte es? Haben Sie mit Freundinnen/Freunden gesprochen? Sich vor ihnen versteckt? Härter gearbeitet?

67. Was hielten Sie in der Zeit der Trennung für das Dauerhafteste, Stabilste in Ihrem Leben? Ihre Eltern oder Verwandten? Freundinnen/Freunde? Ihre Kinder? Ihre Arbeit? Sich selbst?

68. Gab es eine Zeit, in der Sie Liebesbeziehungen abgebrochen haben, weil sie nicht sehr wichtig für Sie waren? In der Sie es vorzogen, mehr Energie an Ihre Arbeit oder Ihre Kinder zu wenden? In der Sie Ihre Auffassung davon, welche Art Liebe wichtig ist, geändert haben? Oder kamen Liebesbeziehungen immer an erster Stelle in Ihrem Leben?

69. Haben Sie je eine geliebte Person durch Tod verloren? Falls ja: Was fehlt Ihnen am meisten an dieser Person? Hat es Ihnen nicht auch in gewisser Weise leid getan? Fühlten Sie sich verlassen? Frei? Haben Sie getrauert?

Spezielle Probleme in Beziehungen

70. Haben Sie je eine Therapie angefangen, um persönliche Probleme im Zusammenhang mit Ihren Liebesbeziehungen zu lösen? Was für Probleme waren das? Hat Ihnen die Therapie geholfen? Zu welchen Schlüssen kamen Sie?

71. Glauben Sie manchmal, daß Sie sich den »falschen« Liebhaber aussuchen? Was für Liebhaber suchen Sie sich aus?

72. Sind Sie eifersüchtig? Auf Freundschaften? Karrieren? Andere Frauen? Männer?

73. Haben Sie je einen Liebhaber gehaßt? Sind Sie gewalttätig geworden? Haben Sie geschrien? Zugeschlagen? Hat ein Liebhaber Sie je geschlagen oder verprügelt? Was waren die näheren Umstände?

74. Haben Sie je eine Person, die Sie tief gekränkt hat, trotz allem, was geschehen war, noch geliebt, obwohl Sie sich gewünscht hätten, sie nicht mehr zu lieben?

75. Wer bricht im allgemeinen die Beziehung ab – Sie oder die andere Person?

76. Finden Sie manchmal, daß Sie eine gewisse »taktische Kühle« einsetzen müssen, Distanz wahren, und die Dinge »auf Sparflamme« halten?

77. Haben Sie je vorgetäuscht, unbeteiligter zu sein, als Sie es waren? So getan, als sei er/sie weniger wichtig, als es tatsächlich der Fall war? Sich verstellt? Hat es funktioniert?

78. Haben Sie Angst zu »klammern«? Jemandem das Gefühl zu geben, er/sie sei »angebunden«, »unfrei«? Glaubten Sie schon einmal, emotional zu abhängig zu sein? Haben Männer Angst vor der Abhängigkeit von Frauen? Fühlt sich ein Mann »angebunden«, wenn Sie ihm sagen, daß Sie ihn lieben?

79. Hatten Sie je geheime Ängste, jemandes Liebe zu verlieren oder verlassen zu werden? Angst, daß die andere Person Sie satt bekommen könnte?

80. Haben Sie das Gefühl, daß Sie ein »anormales« Bedürfnis nach Liebe und Zuwendung haben?

81. Wie ist Ihnen zumute, wenn jemand in einer Beziehung emotional sehr abhängig von *Ihnen* ist? Sie mehr braucht als umgekehrt? Sich darüber beklagt, nicht genug von Ihnen geliebt zu werden?

82. Hatten Sie schon einmal das Gefühl, in einer Beziehung »besessen«, erdrückt oder niedergehalten zu werden, so daß Sie aus der Beziehung ausbrechen wollten?

83. Glauben Sie, daß Männer Liebe und Verliebtsein so ernstnehmen wie Frauen? Welche Rolle spielen Liebe und Verliebtsein im Leben von Männern? Sind Männer emotional abhängiger als Frauen?

84. Waren Sie je finanziell abhängig von einem Mann, mit dem Sie zusammenlebten? War das ein Problem? Wie fühlten/fühlen Sie sich dabei? Beeinträchtigte/beeinträchtigt es die Beziehung?

85. Was, glauben Sie, halten Männer von Frauen, die außer Haus arbeiten? Falls Sie arbeiten und verheiratet sind/mit jemandem zusammenleben: Was hält er davon? Beteiligt er sich an der Hausarbeit?

86. Betrachtet Ihr Mann/Liebhaber Sie als gleichberechtigt? Oder gibt es Zeiten, zu denen er Sie behandelt, als seien Sie ihm unterlegen? Zu denen er Sie von Entscheidungen ausschließt, überheblich ist?

87. Was hält die Mehrheit der Männer, die Sie kennen, von der Frauenbewegung? Was hält Ihr Mann/Liebhaber davon?

Sexualität

88. Wie ist normalerweise der Sex mit Ihrem Partner/Ihrer Partnerin (oder ganz allgemein)? Haben Sie Freude daran? Orgasmen Sie normalerweise? Bei welcher Aktivität? Was ist das Schlimmste am Sex? Was das Beste?

89. Hat sich Ihre Sexualität oder die Art Ihrer sexuellen Beziehungen in den letzten Jahren verändert? Inwiefern?

90. Haben Sie den Hite Report über das sexuelle Erleben der Frau gelesen? Was gefällt Ihnen daran am meisten? Was am wenigsten?

91. Wie orgasmen Sie am leichtesten? Durch Masturbation? Klitorale Stimulierung mit der Hand durch Ihren Partner/Ihre Partnerin? Cunnilingus? Geschlechtsverkehr (vaginale Penetration)? Mit einem Vibrator?

92. Falls Sie bei vaginaler Penetration orgasmen: Auf welche Weise orgasmen Sie dann gewöhnlich? a) Durch zusätzliche klitorale Stimulierung Ihres Partners? b) Indem Sie sich während der Penetration selbst klitoral stimulieren/masturbieren? c) Indem Sie oben sind und sich an Ihrem Partner reiben? d) Durch die Reibung des Penis in der Vagina, ohne zusätzliche Stimulierung? e) Auf andere Weise? Beschreiben Sie es bitte.

93. Wann haben Sie zum erstenmal orgasmet – beim Sex mit einem Partner/einer Partnerin oder bei der Masturbation? a) Haben Sie die Masturbation selbst entdeckt oder davon gelesen? Wie alt waren Sie? Wie fühlten Sie sich dabei? Wußten Ihre Eltern davon? Ihre Freundinnen? b) Wann hatten Sie Ihren ersten Orgasmus mit einer anderen Person, bei welcher Aktivität? Hatten Sie gelernt, ihn selbst herbeizuführen, oder geschah es ohne Ihr Zutun?

94. Haben Sie je mit einem Partner/einer Partnerin masturbiert? Beim Geschlechtsverkehr? Bei Liebkosungen? War es schwierig beim ersten Mal? Wie fühlten Sie sich dabei? Wie reagierte er/sie? Müssen Sie die Beine schließen oder spreizen, um zu orgasmen?

95. Haben Sie einer Freundin erzählt, daß Sie durch Geschlechtsverkehr nicht orgasmen (falls Sie es nicht tun)? Haben Sie dieser Freundin detailliert von Ihrem Sexualleben berichtet? Was haben Sie ihr gesagt? Wie reagierte sie?

96. Haben Sie einem Mann erzählt, daß Sie durch Geschlechtsverkehr nicht orgasmen (falls Sie es nicht tun)? Was sagte er? Haben Sie ihm erklärt, daß die meisten Frauen durch Geschlechtsverkehr nicht orgasmen? Wie fühlten Sie sich dabei?

97. Haben Sie mit Ihrer Mutter, Ihrer Schwester oder Ihren Töchtern über einige von diesen Dingen gesprochen? Wissen Sie, ob sie masturbieren? Wissen Ihre Mutter/Schwester/Töchter, ob Sie masturbieren? Worüber haben Sie sonst noch gesprochen? Worüber würden Sie gerne sprechen?

98. Falls Sie Sex mit Frauen vorziehen: Wie sind Sie dazu gekommen? Falls Sie Sex mit Männern vorziehen: Wie sind Sie dazu gekommen? Haben Sie immer so empfunden? Was mögen Sie am meisten am Sex mit Frauen/Männern?

99. Verändert sich der Sex mit demselben Partner/derselben Partne-

rin im Laufe der Jahre? Wird er langweilig oder angenehmer? Oder hängt das davon ab, wie die Beziehung »läuft«?

100. Besteht ein Widerspruch zwischen sexueller Leidenschaft und einer mehr dauerhaften, stabilen Beziehung? Müssen Sie hier eine Wahl treffen? Gibt es einen Konflikt zwischen Alltag und leidenschaftlichen Gefühlen oder erschwert der Alltag leidenschaftliche Gefühle?

101. Wann sind Sie am leidenschaftlichsten? Was empfinden Sie dabei? Starkes Verlangen? Werden Sie aggressiver? Oder wollen Sie »genommen« werden?

102. Sind Sie beim Sex lieber passiv oder aktiv, dominant?

103. »Erforschen« Sie gerne den Körper eines Mannes? Seine Brust? Penis und Hoden? Anus und Hinterbacken? Haben Sie schon einmal den Anus eines Mannes mit dem Finger penetriert? Wie fühlten Sie sich dabei? Was halten Sie davon, ihm oralen Sex zu geben? Mögen es die meisten Männer/mag er, wenn Sie das tun – oder sind Sie/ist er gehemmt und fühlt sich unbehaglich?

104. »Erforschen« Sie gern den Körper einer Frau oder würden Sie es gern versuchen? Ihre Brüste? Ihre Klitoris? Vulva? Vagina? Anus und Hinterbacken? Was halten Sie davon, ihr oralen Sex zu geben? Mögen sie den Geschmack und den Geruch? Mögen es die meisten Frauen, wenn Sie das tun – oder sind Sie gehemmt und fühlen sich unbehaglich? Penetrieren Sie gern die Vagina einer Frau? Ihren Anus?

105. Werden Sie gern vaginal stimuliert? Penetriert? Mit dem Finger? Penis? Dildo? Was mögen Sie daran und was nicht?

106. Werden Sie gerne anal stimuliert/penetriert? Mit dem Finger? Penis? Dildo? Wie fühlen Sie sich dabei und warum mögen Sie es oder mögen es nicht?

107. Lassen Sie sich gerne oralen Sex geben? Was denken Sie darüber, wie Sie aussehen und riechen? Was denkt die andere Person darüber? Was halten Sie von oralem Sex während der Menstruation? Orgasmen Sie auf diese Weise?

108. Kann Ihr Partner/Ihre Partnerin Sie mit der Hand oder dem Finger klitoral stimulieren? Bis zum Orgasmus? Wie fühlen Sie sich dabei? Müssen Sie seine/ihre Hand führen?

109. Haben Sie jemandem gezeigt, wie er/sie Sie masturbieren soll – das heißt, auf welche Weise er/sie Sie mit der Hand bis zum Orgasmus stimulieren soll? Geben die Männer meistens ohne darum gebeten zu werden klitorale Stimulierung mit der Hand oder mit dem Mund bis zum Orgasmus?

110. Brauchen Sie Phantasien als Hilfe, um zu orgasmen? Beim Sex? Bei der Masturbation? Welche Phantasien?

111. Fühlen Sie sich je unter Druck gesetzt, Sex zu haben? Sex zu mögen? Warum? Fühlen Sie sich je unter Druck gesetzt, liebevoll zu sein? Alles mitzumachen? Sind Sie je vergewaltigt worden? War es eine einschneidende Erfahrung? Wie fühlten Sie sich dabei? Wem haben Sie davon erzählt?

112. Mögen Sie groben Sex? Was halten Sie von Fesselung? »Züchtigung«? Sadomasochismus? Haben Sie Erfahrungen damit? Phantasien? Hatten Sie je Vergewaltigungsphantasien? Welche?

113. Was halten Sie von Pornographie? Sehen Sie sich welche an? Wie war Ihnen zumute, als Sie zum ersten Mal welche sahen? Sagt Ihnen Pornographie etwas darüber, was es bedeutet, Frau zu sein?

114. Sieht sich Ihr Partner Pornographie an? Welche? Männermagazine? Videofilme? Wie finden Sie das?

115. Benutzen Sie ein Empfängnisverhütungsmittel? Welches? Welche Vor- und Nachteile hat es? Finden Sie, daß sich Männer an der Empfängnisverhütung beteiligen sollten?

116. Hatten Sie je eine Abtreibung? Warum haben Sie sich dazu entschlossen? Wie fühlten Sie sich danach?

Freundschaft mit Frauen

117. Wie ist oder war Ihre wichtigste Beziehung zu einer Frau? Beschreiben Sie die Frau, die Sie am meisten geliebt haben. Am meisten gehaßt haben.

118. Was mögen Sie an Ihrer besten Freundin? Was machen Sie gemeinsam? Wann sehen Sie sich? Hat sie Ihnen über schwierige Zeiten hinweggeholfen und umgekehrt? Wie fühlen Sie sich, wenn Sie zusammen sind – ist es schön? Wieviel Zeit verbringen Sie miteinander oder wie lange sprechen Sie am Telefon miteinander? Was mögen Sie am wenigsten an Ihrer besten Freundin?

119. Hatten Sie ein vertrautes Verhältnis zu Ihrer Mutter? Arbeitete sie außer Haus oder war sie ausschließlich Mutter und Hausfrau? Haben Sie sie gemocht? Bewundert? Wie fanden Sie ihren Kleidergeschmack? Sind Sie ihr ähnlich?

120. Haben Sie eine Tochter? Was halten Sie von ihr? Haben Sie mit ihr über Menstruation und Sexualität gesprochen? Was haben Sie gesagt? Was hat Ihre Tochter gesagt?

121. Was bewundern Sie allgemein an Frauen? Welche bekannten Frauen haben die bedeutendsten Beiträge zu unserer Gesellschaft geleistet?

122. Wie denken Sie über die Frauenbewegung? Sind Sie Feministin oder der Frauenbewegung gegenüber positiv eingestellt?

123. Haben sich Ihre Gefühle hinsichtlich der Frauenbewegung oder die Ideen der Frauenbewegung auf Ihr Leben ausgewirkt?
124. Genießen Sie es, »weiblich« zu sein? Wie würden Sie »Weiblichkeit« definieren? Haben Sie Freude an schönen Kleidern? An schöner Unterwäsche? Wenden Sie Zeit für Ihre Haare und Ihr Make-up auf? Wie finden Sie Ihr Aussehen? Wie »weiblich« sind Sie?
125. Wie empfinden Sie das Älterwerden?
126. Wenn Sie heute anderen Frauen etwas sagen könnten – was würden Sie sagen?
127. Was ist Ihrer Meinung nach heute das größte Problem in den USA?

Vielen Dank!

Bitte machen Sie noch folgende statistische Angaben: a) Wie alt sind Sie? b) Welche Rassenzugehörigkeit haben Sie? Welchen ethnischen Hintergrund? c) Welche Schulbildung haben Sie? d) Welches Brutto-Einkommen hatte Ihr Haushalt ungefähr im letzten Jahr? e) Was für eine Arbeit verrichten Sie (im Haus oder außerhalb)? f) Woher haben Sie diesen Fragebogen?

Statistische Daten

Zusammensetzung der Population der Studie im Vergleich zur weiblichen Bevölkerung der USA

Die folgenden statistischen Angaben über die Befragten umfassen unter anderem die geographische Zuordnung, Alter, Schulbildung, Beruf, Familienstand sowie weitere Informationen. Der Anhang enthält außerdem eine Statistik der weiblichen Bevölkerung der USA. In den meisten Bereichen besteht zwischen dem weiblichen Bevölkerungsanteil und der Population dieser Studie weitgehende Übereinstimmung.

Kategorie	Population der Studie	Weibl. Bevölkerung der USA
Alter*		
unter 18 Jahre	4%	25%
18–29 Jahre	23,5%	19,5%
30–39 Jahre	19%	15,5%
40–49 Jahre	14%	10,5%
50–59 Jahre	11,5%	8%
60–64 Jahre	8%	4%
65–84 Jahre	14,5%	12,5%
85 Jahre und älter	2,5%	1,5%
Schulbildung**		
Highschool-Abschluß	55,5%	67,2%
Einige Semester College	23%	16,7%
College-Abschluß und mehr	21,5%	16,1%
Einkommen***		
unter $ 2.000	19%	18,3%
$ 2.000–4.000	12%	13,2%
$ 4.000–6.000	12,5%	12,2%
$ 6.000–8.000	10%	9,7%
$ 8.000–10.000	7%	7,4%
$ 10.000–12.500	8%	8,8%
$ 12.500–15.000	5%	6,2%
$ 15.000–20.000	10%	9,8%
$ 20.000–25.000	8%	6,4%
über $ 25.000	8,5%	8,2%
Rasse/Ethnische Zugehörigkeit****		
Weiße	82,5%	83%
Schwarze	13%	12%
Spanische Abkömmlinge	1,8%	1,5%
Asiaten	1,8%	2%
Orientalen/Mittlerer Osten	0,3%	0,5%
Amerikanische Indianer/Eskimos	0,9%	1%

* Quelle: Current Population Reports, Juli 1986, US Dept. of the Census
** Quelle: Current Population Survey, März 1986, US Bureau of the Census
*** Quelle: Current Population Reports, März 1986, Consumer Income Series P60 Nr. 154, US Dept. of the Census
**** Quelle: Current Population Reports, US Dept. of the Census

Kategorie	Population der Studie	Weibl. Bevölkerung der USA
Wohnort*		
Großstadt/städtischer Bereich	60%	62%
Land	27%	26%
Kleinstadt	13%	12%
Geographische Region**		
Nordosten	21%	22%
Nördliche Mitte	27%	26%
Süden	31%	33%
Westen	21%	19%
Homosexuell/Lesbisch		
lesbisch	11%	
bisexuell	7%	
Verheiratet/Single*		
Single/nie verheiratet	24%	22,7%
Single/geschieden, getrennt		
lebend, verwitwet	27%	23,6%
Verheiratet	49%	53,6%
1–3 Jahre	18%	14,5%
3–6 Jahre	26%	23,3%
7–20 Jahre	34%	keine Angaben
mit Kindern unter 18 Jahre	46%	48,1%
Berufstätige Frauen**	72,3%	70,8%
verheiratet	70,2%	66,3%
geschieden	89%	85,2%
verheiratet mit Kindern		
unter 6 Jahren	53,5%	56,2%
6–17 Jahre	72,2%	71,3%
ohne Kinder	81%	78,3%

* Quelle: Current Population Reports, US Dept. of the Census
** Quelle: General Population Characteristics, 1. April 1980, US Department of Commerce
*** Quelle: Current Population Reports, Juli 1986, US Department of the Census. Siehe auch Teil II, Angaben von Skelly, Yankelovich und White. Unterschiedliche Zuordnungen beruhen auf Mehrfachnennungen und Vermutungen der Statistiker, z. B. bei den Lebenserwartungstabellen; ebenfalls aufschlußreich ist die Wahl des Ausgangsjahres sowie die angenommene Scheidungsrate. Siehe auch National Center for Health, Marriage and Divorce Statistics branch.
**** Siehe Current Population Survey, Mai 1987, US Department of Labor sowie Current Population Survey, Anhang Mai 1986, US Bureau of Labor Statistics.

Kategorie	Population der Studie	Weibl. Bevölkerung der USA
Politische Zugehörigkeit*		
Demokraten	46%	44%
Republikaner	28,5%	30%
Unabhängige	24%	21%
Konservative	0,5%	3%
Radikale	1%	2%

* Basiert auf Umfrage der CBS-Nachrichten, Mai 1987, vertrieben von Eagleton Foundation, New Jersey

Statistische Aufschlüsselung der Ergebnisse

Die angegebenen Prozentsätze der wichtigsten Ergebnisse bezeichnen die durchschnittlichen prozentualen Angaben des jeweiligen Fragenkomplexes.

In allen nachfolgenden Tabellen sind Felder freigelassen, wo die Frage nicht anwendbar ist.

KAPITEL 1

Grundlegende Unzufriedenheit mit dem derzeitigen emotionalen Vertrag

84% der Frauen sind mit der gefühlsmäßigen Seite ihrer Beziehung unzufrieden.

Alter
 –% unter 18 Jahren
 86% 18 bis 34 Jahre
 85% 35 bis 50 Jahre
 84% 51 bis 70 Jahre
 81% 71 Jahre und älter

Jährliches Einkommen
 89% unter 5.000 $
 89% 6.000 bis 14.000 $
 82% 15.000 bis 39.000 $
 84% 40.000 bis 74.000 $
 76% über 75.000 $

Rasse/Ethnische Zugehörigkeit
 84% Weiß
 85% Schwarz
 84% Spanische Abkömmlinge
 82% Orientalen/Mittlerer Osten
 83% Asiatisch-amerikanisch
 84% andere

Bildung
 86% bis Highschool-Abschluß
 85% einige Semester College
 84% College-Abschluß

Beschäftigung
 89% Hausfrau/Mutter
 75% angestellt, ganztägig
 84% angestellt, Teilzeit
 88% arbeitslos/Student

Verheiratet/Alleinstehend
 92% alleinstehend,
     nie verheiratet
 86% geschieden, getrennt
     lebend, verwitwet
 74% verheiratet
 70% 1 bis 5 Jahre
 79% 6 bis 15 Jahre
 75% 16 bis 25 Jahre
 72% über 25 Jahre

16% der Frauen haben die von ihnen gewünschte emotionale Nähe in ihrer Beziehung.

Alter
  –% unter 18 Jahren
  14% 18 bis 34 Jahre
  15% 35 bis 50 Jahre
  16% 51 bis 70 Jahre
  19% 71 Jahre und älter

Jährliches Einkommen
  11% unter 5.000 $
  11% 6.000 bis 14.000 $
  18% 15.000 bis 39.000 $
  16% 40.000 bis 74.000 $
  24% über 75.000 $

Rasse/Ethnische Zugehörigkeit
  16% Weiß
  15% Schwarz
  16% Spanische Abkömmlinge
  16% Orientalen/Mittlerer Osten
  17% Asiatisch-amerikanisch
  16% andere

Bildung
  14% bis Highschool-Abschluß
  15% einige Semester College
  16% College-Abschluß

Beschäftigung
  11% Hausfrau/Mutter
  25% angestellt, ganztägig
  16% angestellt, Teilzeit
  12% arbeitslos/Student

Verheiratet/Alleinstehend
  8% alleinstehend,
     nie verheiratet
  14% geschieden, getrennt
     lebend, verwitwet
  26% verheiratet
  30% 1 bis 5 Jahre
  21% 6 bis 15 Jahre
  25% 16 bis 25 Jahre
  28% über 25 Jahre

88% der Frauen wünschen sich mehr emotionale Gleichberechtigung in der Beziehung zu den Männern, die sie lieben; sie wollen von den Männern nicht in die Defensive gedrängt werden.

Alter
  86% unter 18 Jahren
  89% 18 bis 34 Jahre
  90% 35 bis 50 Jahre
  87% 51 bis 70 Jahre
  88% 71 Jahre und älter

Jährliches Einkommen
  89% unter 5.000 $
  88% 6.000 bis 14.000 $
  90% 15.000 bis 39.000 $
  86% 40.000 bis 74.000 $
  85% über 75.000 $

Rasse/Ethnische Zugehörigkeit
  88% Weiß
  88% Schwarz
  90% Spanische Abkömmlinge
  86% Orientalen/Mittlerer Osten
  87% Asiatisch-amerikanisch
  85% andere

Bildung
  86% bis Highschool-Abschluß
  88% einige Semester College
  90% College-Abschluß

Beschäftigung
  92% Hausfrau/Mutter
  84% angestellt, ganztägig
  87% angestellt, Teilzeit
  89% arbeitslos/Student

Verheiratet/Alleinstehend
  89% alleinstehend,
     nie verheiratet
  89% geschieden, getrennt
     lebend, verwitwet
  86% verheiratet
  84% 1 bis 5 Jahre
  88% 6 bis 15 Jahre
  88% 16 bis 25 Jahre
  84% über 25 Jahre

96% der Frauen glauben, daß sie mehr emotionale Unterstützung geben als empfangen (z. B. empathisches, verständnisvolles Zuhören, vorsichtige und mitfühlende Reaktionen sowie allgemeine emotionale Hilfe).

Alter
–% unter 18 Jahren
95% 18 bis 34 Jahre
97% 35 bis 50 Jahre
96% 51 bis 70 Jahre
96% 71 Jahre und älter

Jährliches Einkommen
97% unter 5.000 $
95% 6.000 bis 14.000 $
96% 15.000 bis 39.000 $
94% 40.000 bis 74.000 $
98% über 75.000 $

Rasse/Ethnische Zugehörigkeit
94% Weiß
97% Schwarz
97% Spanische Abkömmlinge
96% Orientalen/Mittlerer Osten
96% Asiatisch-amerikanisch
96% andere

Bildung
94% bis Highschool-Abschluß
97% einige Semester College
97% College-Abschluß

Beschäftigung
98% Hausfrau/Mutter
97% angestellt, ganztägig
94% angestellt, Teilzeit
95% arbeitslos/Student

Verheiratet/Alleinstehend
96% alleinstehend,
   nie verheiratet
94% geschieden, getrennt
   lebend, verwitwet
98% verheiratet
98% 1 bis 5 Jahre
98% 6 bis 15 Jahre
97% 16 bis 25 Jahre
98% über 25 Jahre

98% der Frauen wünschen sich von ihrem Mann oder Liebhaber, daß er ihnen mehr über seine Gefühle, Gedanken und Träume mitteilte und sich mehr für ihre eigenen interessierte.

Alter
–% unter 18 Jahren
97% 18 bis 34 Jahre
98% 35 bis 50 Jahre
99% 51 bis 70 Jahre
98% 71 Jahre und älter

Jährliches Einkommen
96% unter 5.000 $
97% 6.000 bis 14.000 $
98% 15.000 bis 39.000 $
99% 40.000 bis 74.000 $
99% über 75.000 $

Rasse/Ethnische Zugehörigkeit
98% Weiß
97% Schwarz
98% Spanische Abkömmlinge
99% Orientalen/Mittlerer Osten
98% Asiatisch-amerikanisch
98% andere

Bildung
97% bis Highschool-Abschluß
98% einige Semester College
98% College-Abschluß

Beschäftigung
98% Hausfrau/Mutter
97% angestellt, ganztägig
98% angestellt, Teilzeit
98% arbeitslos/Student

Verheiratet/Alleinstehend
98% alleinstehend,
   nie verheiratet
97% geschieden, getrennt
   lebend, verwitwet
98% verheiratet
97% 1 bis 5 Jahre
98% 6 bis 15 Jahre
99% 16 bis 25 Jahre
97% über 25 Jahre

83% geben an, intensive Gespräche mit Männern würden immer von ihnen ausgehen.*

Alter
79% unter 18 Jahren
89% 18 bis 34 Jahre
83% 35 bis 50 Jahre
82% 51 bis 70 Jahre
81% 71 Jahre und älter

Jährliches Einkommen
82% unter 5.000 $
84% 6.000 bis 14.000 $
85% 15.000 bis 39.000 $
83% 40.000 bis 74.000 $
81% über 75.000 $

Rasse/Ethnische Zugehörigkeit
84% Weiß
82% Schwarz
82% Spanische Abkömmlinge
83% Orientalen/Mittlerer Osten
83% Asiatisch-amerikanisch
84% andere

Bildung
81% bis Highschool-Abschluß
85% einige Semester College
83% College-Abschluß

Beschäftigung
82% Hausfrau/Mutter
85% angestellt, ganztägig
83% angestellt, Teilzeit
81% arbeitslos/Student

Verheiratet/Alleinstehend
86% alleinstehend,
      nie verheiratet
81% geschieden, getrennt
      lebend, verwitwet
84% verheiratet
84% 1 bis 5 Jahre
82% 6 bis 15 Jahre
86% 16 bis 25 Jahre
85% über 25 Jahre

* Der überwiegende Teil der restlichen 17% sagt aus, daß die Initiative entweder gleichberechtigt von beiden ausgeht oder daß sie selbst auch kein Interesse an tieferen Gesprächen haben.

Bei 64% der Frauen geht der betreffende Mann kaum auf ihre Versuche ein, intensivere Diskussionen zu führen.

Alter
56% unter 18 Jahren
59% 18 bis 34 Jahre
69% 35 bis 50 Jahre
72% 51 bis 70 Jahre
64% 71 Jahre und älter

Jährliches Einkommen
68% unter 5.000 $
68% 6.000 bis 14.000 $
61% 15.000 bis 39.000 $
62% 40.000 bis 74.000 $
61% über 75.000 $

Rasse/Ethnische Zugehörigkeit
63% Weiß
64% Schwarz
62% Spanische Abkömmlinge
64% Orientalen/Mittlerer Osten
65% Asiatisch-amerikanisch
65% andere

Bildung
65% bis Highschool-Abschluß
63% einige Semester College
64% College-Abschluß

Beschäftigung
66% Hausfrau/Mutter
62% angestellt, ganztägig
63% angestellt, Teilzeit
65% arbeitslos/Student

Verheiratet/Alleinstehend
65% alleinstehend,
      nie verheiratet
63% geschieden, getrennt
      lebend, verwitwet
64% verheiratet
60% 1 bis 5 Jahre
61% 6 bis 15 Jahre
68% 16 bis 25 Jahre
67% über 25 Jahre

76% geben an, von den Männern in ihren jeweiligen Beziehungen nur selten dazu bewegt zu werden, aus sich herauszugehen oder über ihre Gedanken und Gefühle zu sprechen.

Alter
70% unter 18 Jahren
71% 18 bis 34 Jahre
80% 35 bis 50 Jahre
81% 51 bis 70 Jahre
78% 71 Jahre und älter

Jährliches Einkommen
74% unter 5.000 $
75% 6.000 bis 14.000 $
77% 15.000 bis 39.000 $
78% 40.000 bis 74.000 $
76% über 75.000 $

Rasse/Ethnische Zugehörigkeit
77% Weiß
76% Schwarz
75% Spanische Abkömmlinge
76% Orientalen/Mittlerer Osten
75% Asiatisch-amerikanisch
76% andere

Bildung
78% bis Highschool-Abschluß
74% einige Semester College
76% College-Abschluß

Beschäftigung
78% Hausfrau/Mutter
79% angestellt, ganztägig
74% angestellt, Teilzeit
73% arbeitslos/Student

Verheiratet/Alleinstehend
77% alleinstehend,
    nie verheiratet
75% geschieden, getrennt
    lebend, verwitwet
76% verheiratet
    73% 1 bis 5 Jahre
    75% 6 bis 15 Jahre
    79% 16 bis 25 Jahre
    77% über 25 Jahre

81% wünschen sich, daß die Männer mit mehr Interesse zuhörten, ihre Gedanken ernst nähmen und in intelligenterer Weise darauf eingingen.

Alter
88% unter 18 Jahren
85% 18 bis 34 Jahre
77% 35 bis 50 Jahre
79% 51 bis 70 Jahre
76% 71 Jahre und älter

Jährliches Einkommen
91% unter 5.000 $
82% 6.000 bis 14.000 $
75% 15.000 bis 39.000 $
76% 40.000 bis 74.000 $
81% über 75.000 $

Rasse/Ethnische Zugehörigkeit
82% Weiß
83% Schwarz
80% Spanische Abkömmlinge
80% Orientalen/Mittlerer Osten
81% Asiatisch-amerikanisch
81% andere

Bildung
80% bis Highschool-Abschluß
82% einige Semester College
81% College-Abschluß

Beschäftigung
85% Hausfrau/Mutter
78% angestellt, ganztägig
79% angestellt, Teilzeit
82% arbeitslos/Student

Verheiratet/Alleinstehend
85% alleinstehend,
    nie verheiratet
79% geschieden, getrennt
    lebend, verwitwet
79% verheiratet
    76% 1 bis 5 Jahre
    79% 6 bis 15 Jahre
    81% 16 bis 25 Jahre
    80% über 25 Jahre

41% der Frauen berichten, daß die Männer ihnen sagen oder von ihnen erwarten, daß sie nicht das fühlen sollen, was sie fühlen bzw. daß sie es für sich behalten sollen.

Alter
40% unter 18 Jahren
42% 18 bis 34 Jahre
41% 35 bis 50 Jahre
40% 51 bis 70 Jahre
42% 71 Jahre und älter

Jährliches Einkommen
43% unter 5.000 $
40% 6.000 bis 14.000 $
40% 15.000 bis 39.000 $
40% 40.000 bis 74.000 $
41% über 75.000 $

Rasse/Ethnische Zugehörigkeit
43% Weiß
40% Schwarz
39% Spanische Abkömmlinge
41% Orientalen/Mittlerer Osten
42% Asiatisch-amerikanisch
40% andere

Bildung
40% bis Highschool-Abschluß
44% einige Semester College
39% College-Abschluß

Beschäftigung
42% Hausfrau/Mutter
40% angestellt, ganztägig
40% angestellt, Teilzeit
42% arbeitslos/Student

Verheiratet/Alleinstehend
42% alleinstehend,
     nie verheiratet
40% geschieden, getrennt
     lebend, verwitwet
41% verheiratet
40% 1 bis 5 Jahre
39% 6 bis 15 Jahre
43% 16 bis 25 Jahre
41% über 25 Jahre

84% sind der Meinung, daß die Männer ihre Ansichten lächerlich machen oder herablassend darauf reagieren und dies durch einen bestimmten Tonfall ausdrücken.

Alter
82% unter 18 Jahren
86% 18 bis 34 Jahre
87% 35 bis 50 Jahre
83% 51 bis 70 Jahre
84% 71 Jahre und älter

Jährliches Einkommen
87% unter 5.000 $
86% 6.000 bis 14.000 $
84% 15.000 bis 39.000 $
81% 40.000 bis 74.000 $
81% über 75.000 $

Rasse/Ethnische Zugehörigkeit
84% Weiß
85% Schwarz
83% Spanische Abkömmlinge
82% Orientalen/Mittlerer Osten
84% Asiatisch-amerikanisch
89% andere

Bildung
90% bis Highschool-Abschluß
81% einige Semester College
81% College-Abschluß

Beschäftigung
87% Hausfrau/Mutter
82% angestellt, ganztägig
81% angestellt, Teilzeit
84% arbeitslos/Student

Verheiratet/Alleinstehend
82% alleinstehend,
     nie verheiratet
81% geschieden, getrennt
     lebend, verwitwet
89% verheiratet
86% 1 bis 5 Jahre
87% 6 bis 15 Jahre
91% 16 bis 25 Jahre
92% über 25 Jahre

95% der Frauen berichten von emotionaler und psychologischer Belästigung durch die Männer, mit denen sie eine Liebesbeziehung haben.

Alter
96% unter 18 Jahren
95% 18 bis 34 Jahre
94% 35 bis 50 Jahre
95% 51 bis 70 Jahre
96% 71 Jahre und älter

Jährliches Einkommen
96% unter 5.000 $
96% 6.000 bis 14.000 $
94% 15.000 bis 39.000 $
95% 40.000 bis 74.000 $
94% über 75.000 $

Rasse/Ethnische Zugehörigkeit
95% Weiß
94% Schwarz
95% Spanische Abkömmlinge
95% Orientalen/Mittlerer Osten
96% Asiatisch-amerikanisch
95% andere

Bildung
94% bis Highschool-Abschluß
95% einige Semester College
96% College-Abschluß

Beschäftigung
96% Hausfrau/Mutter
94% angestellt, ganztägig
95% angestellt, Teilzeit
95% arbeitslos/Student

Verheiratet/Alleinstehend
94% alleinstehend,
    nie verheiratet
95% geschieden, getrennt
    lebend, verwitwet
96% verheiratet
97% 1 bis 5 Jahre
96% 6 bis 15 Jahre
94% 16 bis 25 Jahre
95% über 25 Jahre

91% der Frauen hören im Alltagsleben häufig »Spezialausdrücke«, die nur für Frauen gelten und herablassend gemeint sind, wie z. B. »unsicher«, »neurotisch«, »irrational«, »sie hat ihre Tage«, »anspruchsvoll«, »nörgelig«, »zickig«, »hysterisch«.

Alter
90% unter 18 Jahren
91% 18 bis 34 Jahre
92% 35 bis 50 Jahre
93% 51 bis 70 Jahre
89% 71 Jahre und älter

Jährliches Einkommen
92% unter 5.000 $
90% 6.000 bis 14.000 $
91% 15.000 bis 39.000 $
89% 40.000 bis 74.000 $
93% über 75.000 $

Rasse/Ethnische Zugehörigkeit
92% Weiß
90% Schwarz
91% Spanische Abkömmlinge
89% Orientalen/Mittlerer Osten
93% Asiatisch-amerikanisch
91% andere

Bildung
94% bis Highschool-Abschluß
90% einige Semester College
89% College-Abschluß

Beschäftigung
91% Hausfrau/Mutter
92% angestellt, ganztägig
90% angestellt, Teilzeit
91% arbeitslos/Student

Verheiratet/Alleinstehend
92% alleinstehend,
    nie verheiratet
91% geschieden, getrennt
    lebend, verwitwet
90% verheiratet
88% 1 bis 5 Jahre
89% 6 bis 15 Jahre
90% 16 bis 25 Jahre
91% über 25 Jahre

55% berichten, daß emotionale Äußerungen oft von den Männern negiert oder lächerlich gemacht werden, daß man sie in die Defensive drängt und es ablehnt, ihr Recht auf Gefühlsäußerung zur Kenntnis zu nehmen, indem man darauf besteht, daß die »männliche« Interpretation die richtigere sei.

Alter		Bildung	
49%	unter 18 Jahren	56%	bis Highschool-Abschluß
54%	18 bis 34 Jahre	54%	einige Semester College
60%	35 bis 50 Jahre	55%	College-Abschluß
57%	51 bis 70 Jahre		
56%	71 Jahre und älter	Beschäftigung	
		57%	Hausfrau/Mutter
Jährliches Einkommen		56%	angestellt, ganztägig
62%	unter 5.000 $	55%	angestellt, Teilzeit
55%	6.000 bis 14.000 $	53%	arbeitslos/Student
54%	15.000 bis 39.000 $		
49%	40.000 bis 74.000 $	Verheiratet/Alleinstehend	
55%	über 75.000 $	54%	alleinstehend, nie verheiratet
Rasse/Ethnische Zugehörigkeit		53%	geschieden, getrennt lebend, verwitwet
55%	Weiß	55%	verheiratet
54%	Schwarz	54%	1 bis 5 Jahre
59%	Spanische Abkömmlinge	55%	6 bis 15 Jahre
52%	Orientalen/Mittlerer Osten	56%	16 bis 25 Jahre
55%	Asiatisch-amerikanisch	55%	über 25 Jahre
54%	andere		

56% der Frauen haben die Erfahrung gemacht, von ihren Ehemännern oder Liebhabern psychologisch unterminiert oder sabotiert zu werden.

Alter		Bildung	
54%	unter 18 Jahren	57%	bis Highschool-Abschluß
55%	18 bis 34 Jahre	56%	einige Semester College
56%	35 bis 50 Jahre	55%	College-Abschluß
58%	51 bis 70 Jahre		
56%	71 Jahre und älter	Beschäftigung	
		58%	Hausfrau/Mutter
Jährliches Einkommen		57%	angestellt, ganztägig
55%	unter 5.000 $	55%	angestellt, Teilzeit
56%	6.000 bis 14.000 $	55%	arbeitslos/Student
52%	15.000 bis 39.000 $		
59%	40.000 bis 74.000 $	Verheiratet/Alleinstehend	
57%	über 75.000 $	57%	alleinstehend, nie verheiratet
Rasse/Ethnische Zugehörigkeit		56%	geschieden, getrennt lebend, verwitwet
57%	Weiß	56%	verheiratet
55%	Schwarz	52%	1 bis 5 Jahre
56%	Spanische Abkömmlinge	59%	6 bis 15 Jahre
54%	Orientalen/Mittlerer Osten	57%	16 bis 25 Jahre
55%	Asiatisch-amerikanisch	56%	über 25 Jahre
55%	andere		

37% berichten, daß die Männer sich oft auf die Seite ihrer Geschlechtsgenossen schlagen, wenn sie wählen sollen zwischen der Loyalität zu einer Frau oder einem anderen Mann.

Alter
-% unter 18 Jahren
32% 18 bis 34 Jahre
34% 35 bis 50 Jahre
39% 51 bis 70 Jahre
43% 71 Jahre und älter

Jährliches Einkommen
39% unter 5.000 $
36% 6.000 bis 14.000 $
36% 15.000 bis 39.000 $
37% 40.000 bis 74.000 $
37% über 75.000 $

Rasse/Ethnische Zugehörigkeit
36% Weiß
38% Schwarz
38% Spanische Abkömmlinge
37% Orientalen/Mittlerer Osten
36% Asiatisch-amerikanisch
36% andere

Bildung
36% bis Highschool-Abschluß
38% einige Semester College
37% College-Abschluß

Beschäftigung
40% Hausfrau/Mutter
35% angestellt, ganztägig
36% angestellt, Teilzeit
37% arbeitslos/Student

Verheiratet/Alleinstehend
35% alleinstehend,
       nie verheiratet
39% geschieden, getrennt
       lebend, verwitwet
37% verheiratet
35% 1 bis 5 Jahre
36% 6 bis 15 Jahre
37% 16 bis 25 Jahre
38% über 25 Jahre

87% der Frauen haben das Gefühl, von ihren Männern einfach nicht »gesehen« zu werden.

Alter
88% unter 18 Jahren
90% 18 bis 34 Jahre
86% 35 bis 50 Jahre
85% 51 bis 70 Jahre
88% 71 Jahre und älter

Jährliches Einkommen
88% unter 5.000 $
85% 6.000 bis 14.000 $
86% 15.000 bis 39.000 $
87% 40.000 bis 74.000 $
89% über 75.000 $

Rasse/Ethnische Zugehörigkeit
89% Weiß
85% Schwarz
86% Spanische Abkömmlinge
87% Orientalen/Mittlerer Osten
87% Asiatisch-amerikanisch
87% andere

Bildung
88% bis Highschool-Abschluß
89% einige Semester College
84% College-Abschluß

Beschäftigung
92% Hausfrau/Mutter
89% angestellt, ganztägig
84% angestellt, Teilzeit
86% arbeitslos/Student

Verheiratet/Alleinstehend
89% alleinstehend,
       nie verheiratet
87% geschieden, getrennt
       lebend, verwitwet
85% verheiratet
84% 1 bis 5 Jahre
83% 6 bis 15 Jahre
86% 16 bis 25 Jahre
86% über 25 Jahre

78% der Frauen werden in ihren Beziehungen nur sporadisch gleichberechtigt behandelt, häufig müssen sie für ihre Rechte und um Achtung kämpfen.

Alter
  71% unter 18 Jahren
  84% 18 bis 34 Jahre
  78% 35 bis 50 Jahre
  80% 51 bis 70 Jahre
  79% 71 Jahre und älter

Jährliches Einkommen
  79% unter 5.000 $
  80% 6.000 bis 14.000 $
  78% 15.000 bis 39.000 $
  77% 40.000 bis 74.000 $
  76% über 75.000 $

Rasse/Ethnische Zugehörigkeit
  80% Weiß
  79% Schwarz
  78% Spanische Abkömmlinge
  77% Orientalen/Mittlerer Osten
  76% Asiatisch-amerikanisch
  76% andere

Bildung
  78% bis Highschool-Abschluß
  78% einige Semester College
  78% College-Abschluß

Beschäftigung
  82% Hausfrau/Mutter
  79% angestellt, ganztägig
  74% angestellt, Teilzeit
  76% arbeitslos/Student

Verheiratet/Alleinstehend
  78% alleinstehend,
      nie verheiratet
  77% geschieden, getrennt
      lebend, verwitwet
  78% verheiratet
  78% 1 bis 5 Jahre
  77% 6 bis 15 Jahre
  79% 16 bis 25 Jahre
  78% über 25 Jahre

Zwischen 19% der Frauen und den Männern, die sie lieben, gibt es emotionale und intellektuelle Wechselbeziehungen.

Alter
  –% unter 18 Jahren
  24% 18 bis 34 Jahre
  19% 35 bis 50 Jahre
  18% 51 bis 70 Jahre
  14% 71 Jahre und älter

Jährliches Einkommen
  18% unter 5.000 $
  19% 6.000 bis 14.000 $
  20% 15.000 bis 39.000 $
  18% 40.000 bis 74.000 $
  19% über 75.000 $

Rasse/Ethnische Zugehörigkeit
  17% Weiß
  18% Schwarz
  19% Spanische Abkömmlinge
  20% Orientalen/Mittlerer Osten
  19% Asiatisch-amerikanisch
  21% andere

Bildung
  19% bis Highschool-Abschluß
  19% einige Semester College
  20% College-Abschluß

Beschäftigung
  20% Hausfrau/Mutter
  18% angestellt, ganztägig
  18% angestellt, Teilzeit
  19% arbeitslos/Student

Verheiratet/Alleinstehend
  17% alleinstehend,
      nie verheiratet
  20% geschieden, getrennt
      lebend, verwitwet
  20% verheiratet
  19% 1 bis 5 Jahre
  20% 6 bis 15 Jahre
  18% 16 bis 25 Jahre
  19% über 25 Jahre

KAPITEL 2

Verhaltensmuster bei Streit und Auseinandersetzungen in Liebesbeziehungen

79% der Auseinandersetzungen in Ehen und Beziehungen mit einer Dauer zwischen einem und fünf Jahren werden von den Frauen herbeigeführt, die sich auflehnen (»sich beklagen«) gegen ungleiche oder unbefriedigende emotionale Behandlung.

Alter
- –% unter 18 Jahren
- 79% 18 bis 34 Jahre
- 80% 35 bis 50 Jahre
- 80% 51 bis 70 Jahre
- 79% 71 Jahre und älter

Jährliches Einkommen
- 78% unter 5.000 $
- 79% 6.000 bis 14.000 $
- 79% 15.000 bis 39.000 $
- 80% 40.000 bis 74.000 $
- 78% über 75.000 $

Rasse/Ethnische Zugehörigkeit
- 80% Weiß
- 79% Schwarz
- 80% Spanische Abkömmlinge
- 78% Orientalen/Mittlerer Osten
- 79% Asiatisch-amerikanisch
- 79% andere

Bildung
- 80% bis Highschool-Abschluß
- 79% einige Semester College
- 79% College-Abschluß

Beschäftigung
- 80% Hausfrau/Mutter
- 81% angestellt, ganztägig
- 79% angestellt, Teilzeit
- 78% arbeitslos/Student

Verheiratet/Alleinstehend
- 80% alleinstehend, nie verheiratet
- 79% geschieden, getrennt lebend, verwitwet
- 79% verheiratet
  - 78% 1 bis 5 Jahre
  - 77% 6 bis 15 Jahre
  - 81% 16 bis 25 Jahre
  - 79% über 25 Jahre

72% der Frauen geben an, daß meistens sie das »Thema auf den Tisch bringen«, das die mangelnde innere Nähe verursacht hat, in der Hoffnung, das Problem ausdiskutieren zu können.

Alter
  –% unter 18 Jahren
  74% 18 bis 34 Jahre
  73% 35 bis 50 Jahre
  70% 51 bis 70 Jahre
  72% 71 Jahre und älter

Jährliches Einkommen
  72% unter 5.000 $
  74% 6.000 bis 14.000 $
  73% 15.000 bis 39.000 $
  72% 40.000 bis 74.000 $
  70% über 75.000 $

Rasse/Ethnische Zugehörigkeit
  73% Weiß
  71% Schwarz
  72% Spanische Abkömmlinge
  72% Orientalen/Mittlerer Osten
  72% Asiatisch-amerikanisch
  72% andere

Bildung
  73% bis Highschool-Abschluß
  72% einige Semester College
  71% College-Abschluß

Beschäftigung
  74% Hausfrau/Mutter
  70% angestellt, ganztägig
  71% angestellt, Teilzeit
  72% arbeitslos/Student

Verheiratet/Alleinstehend
  72% alleinstehend,
      nie verheiratet
  72% geschieden, getrennt
      lebend, verwitwet
  73% verheiratet
  72% 1 bis 5 Jahre
  70% 6 bis 15 Jahre
  72% 16 bis 25 Jahre
  75% über 25 Jahre

88% der Frauen meinen, die Männer in ihrem Leben würden es lieber umgehen, »darüber zu reden«, und wenn sie als Frauen darauf bestünden, käme es zum Streit.

Alter
  –% unter 18 Jahren
  87% 18 bis 34 Jahre
  88% 35 bis 50 Jahre
  89% 51 bis 70 Jahre
  88% 71 Jahre und älter

Jährliches Einkommen
  88% unter 5.000 $
  88% 6.000 bis 14.000 $
  89% 15.000 bis 39.000 $
  88% 40.000 bis 74.000 $
  88% über 75.000 $

Rasse/Ethnische Zugehörigkeit
  89% Weiß
  89% Schwarz
  87% Spanische Abkömmlinge
  87% Orientalen/Mittlerer Osten
  88% Asiatisch-amerikanisch
  88% andere

Bildung
  90% bis Highschool-Abschluß
  88% einige Semester College
  87% College-Abschluß

Beschäftigung
  87% Hausfrau/Mutter
  89% angestellt, ganztägig
  88% angestellt, Teilzeit
  88% arbeitslos/Student

Verheiratet/Alleinstehend
  92% alleinstehend,
      nie verheiratet
  89% geschieden, getrennt
      lebend, verwitwet
  84% verheiratet
  84% 1 bis 5 Jahre
  83% 6 bis 15 Jahre
  82% 16 bis 25 Jahre
  86% über 25 Jahre

76% geben an, daß es selten die Männer sind, die die Probleme in ihrer Beziehung zur Sprache brächten.

Alter
  −% unter 18 Jahren
  76% 18 bis 34 Jahre
  77% 35 bis 50 Jahre
  76% 51 bis 70 Jahre
  76% 71 Jahre und älter

Jährliches Einkommen
  77% unter 5.000 $
  76% 6.000 bis 14.000 $
  78% 15.000 bis 39.000 $
  75% 40.000 bis 74.000 $
  76% über 75.000 $

Rasse/Ethnische Zugehörigkeit
  77% Weiß
  77% Schwarz
  75% Spanische Abkömmlinge
  74% Orientalen/Mittlerer Osten
  76% Asiatisch-amerikanisch
  76% andere

Bildung
  78% bis Highschool-Abschluß
  75% einige Semester College
  75% College-Abschluß

Beschäftigung
  76% Hausfrau/Mutter
  76% angestellt, ganztägig
  75% angestellt, Teilzeit
   % arbeitslos/Student

Verheiratet/Alleinstehend
  75% alleinstehend,
       nie verheiratet
  74% geschieden, getrennt
       lebend, verwitwet
  78% verheiratet
       78% 1 bis 5 Jahre
       79% 6 bis 15 Jahre
       77% 16 bis 25 Jahre
       78% über 25 Jahre

81% haben Schuldgefühle, wenn sie ein Thema zur Sprache bringen, das die Harmonie gefährdet; sie tun es aber dennoch, wenn sie keine andere Möglichkeit sehen, das Problem zu lösen.

Alter
  80% unter 18 Jahren
  81% 18 bis 34 Jahre
  82% 35 bis 50 Jahre
  81% 51 bis 70 Jahre
  81% 71 Jahre und älter

Jährliches Einkommen
  83% unter 5.000 $
  82% 6.000 bis 14.000 $
  81% 15.000 bis 39.000 $
  81% 40.000 bis 74.000 $
  80% über 75.000 $

Rasse/Ethnische Zugehörigkeit
  83% Weiß
  82% Schwarz
  81% Spanische Abkömmlinge
  80% Orientalen/Mittlerer Osten
  80% Asiatisch-amerikanisch
  80% andere

Bildung
  81% bis Highschool-Abschluß
  81% einige Semester College
  80% College-Abschluß

Beschäftigung
  82% Hausfrau/Mutter
  81% angestellt, ganztägig
  81% angestellt, Teilzeit
  81% arbeitslos/Student

Verheiratet/Alleinstehend
  80% alleinstehend,
       nie verheiratet
  80% geschieden, getrennt
       lebend, verwitwet
  83% verheiratet
       82% 1 bis 5 Jahre
       83% 6 bis 15 Jahre
       83% 16 bis 25 Jahre
       84% über 25 Jahre

61% sind der Meinung, derartige Probleme werden nlcht gelöst, auch wenn man sie zur Sprache bringt.

Alter
  –% unter 18 Jahren
  61% 18 bis 34 Jahre
  62% 35 bis 50 Jahre
  60% 51 bis 70 Jahre
  61% 71 Jahre und älter

Jährliches Einkommen
  62% unter 5.000 $
  62% 6.000 bis 14.000 $
  61% 15.000 bis 39.000 $
  60% 40.000 bis 74.000 $
  61% über 75.000 $

Rasse/Ethnische Zugehörigkeit
  62% Weiß
  64% Schwarz
  60% Spanische Abkömmlinge
  60% Orientalen/Mittlerer Osten
  61% Asiatisch-amerikanisch
  61% andere

Bildung
  60% bis Highschool-Abschluß
  61% einige Semester College
  61% College-Abschluß

Beschäftigung
  62% Hausfrau/Mutter
  61% angestellt, ganztägig
  60% angestellt, Teilzeit
  60% arbeitslos/Student

Verheiratet/Alleinstehend
  61% alleinstehend,
    nie verheiratet
  61% geschieden, getrennt
    lebend, verwitwet
  61% verheiratet
  62% 1 bis 5 Jahre
  62% 6 bis 15 Jahre
  60% 16 bis 25 Jahre
  61% über 25 Jahre

48% sind der Ansicht, Männer würden jeden Streit wie einen Wettkampf austragen und andere Meinungen nicht anhören.

Alter
  49% unter 18 Jahren
  48% 18 bis 34 Jahre
  48% 35 bis 50 Jahre
  47% 51 bis 70 Jahre
  48% 71 Jahre und älter

Jährliches Einkommen
  48% unter 5.000 $
  49% 6.000 bis 14.000 $
  50% 15.000 bis 39.000 $
  47% 40.000 bis 74.000 $
  47% über 75.000 $

Rasse/Ethnische Zugehörigkeit
  47% Weiß
  48% Schwarz
  49% Spanische Abkömmlinge
  48% Orientalen/Mittlerer Osten
  47% Asiatisch-amerikanisch
  48% andere

Bildung
  47% bis Highschool-Abschluß
  47% einige Semester College
  49% College-Abschluß

Beschäftigung
  49% Hausfrau/Mutter
  48% angestellt, ganztägig
  48% angestellt, Teilzeit
  48% arbeitslos/Student

Verheiratet/Alleinstehend
  47% alleinstehend,
    nie verheiratet
  48% geschieden, getrennt
    lebend, verwitwet
  48% verheiratet
  48% 1 bis 5 Jahre
  48% 6 bis 15 Jahre
  49% 16 bis 25 Jahre
  48% über 25 Jahre

51% berichten, die Männer würden während eines Streits plötzlich aufhören zu reden und/oder arrogant werden und anscheinend nicht mehr zuhören, manchmal auch das Zimmer oder das Haus verlassen.

Alter
49% unter 18 Jahren
50% 18 bis 34 Jahre
51% 35 bis 50 Jahre
52% 51 bis 70 Jahre
51% 71 Jahre und älter

Jährliches Einkommen
51% unter 5.000 $
50% 6.000 bis 14.000 $
50% 15.000 bis 39.000 $
52% 40.000 bis 74.000 $
51% über 75.000 $

Rasse/Ethnische Zugehörigkeit
52% Weiß
51% Schwarz
51% Spanische Abkömmlinge
49% Orientalen/Mittlerer Osten
51% Asiatisch-amerikanisch
52% andere

Bildung
50% bis Highschool-Abschluß
52% einige Semester College
50% College-Abschluß

Beschäftigung
51% Hausfrau/Mutter
52% angestellt, ganztägig
51% angestellt, Teilzeit
51% arbeitslos/Student

Verheiratet/Alleinstehend
51% alleinstehend,
     nie verheiratet
51% geschieden, getrennt
     lebend, verwitwet
52% verheiratet
   51% 1 bis 5 Jahre
   52% 6 bis 15 Jahre
   52% 16 bis 25 Jahre
   53% über 25 Jahre

Obwohl »eine Sache zur Sprache bringen« oft Streit oder Disharmonie bedeutet, sind 29% der Ansicht, die Auseinandersetzung würde in ein ernsthaftes Gespräch münden und das Problem klären.

Alter
25% unter 18 Jahren
22% 18 bis 34 Jahre
30% 35 bis 50 Jahre
29% 51 bis 70 Jahre
29% 71 Jahre und älter

Jährliches Einkommen
29% unter 5.000 $
28% 6.000 bis 14.000 $
30% 15.000 bis 39.000 $
29% 40.000 bis 74.000 $
30% über 75.000 $

Rasse/Ethnische Zugehörigkeit
28% Weiß
27% Schwarz
30% Spanische Abkömmlinge
30% Orientalen/Mittlerer Osten
29% Asiatisch-amerikanisch
29% andere

Bildung
29% bis Highschool-Abschluß
29% einige Semester College
29% College-Abschluß

Beschäftigung
28% Hausfrau/Mutter
27% angestellt, ganztägig
29% angestellt, Teilzeit
29% arbeitslos/Student

Verheiratet/Alleinstehend
29% alleinstehend,
     nie verheiratet
28% geschieden, getrennt
     lebend, verwitwet
29% verheiratet
   29% 1 bis 5 Jahre
   30% 6 bis 15 Jahre
   30% 16 bis 25 Jahre
   28% über 25 Jahre

Für 10% der Frauen sind Diskussionen, sogar über schwierige Themen, kein Problem.

Alter
  8% unter 18 Jahren
  9% 18 bis 34 Jahre
10% 35 bis 50 Jahre
10% 51 bis 70 Jahre
10% 71 Jahre und älter

Jährliches Einkommen
  9% unter 5.000 $
10% 6.000 bis 14.000 $
10% 15.000 bis 39.000 $
11% 40.000 bis 74.000 $
10% über 75.000 $

Rasse/Ethnische Zugehörigkeit
11% Weiß
11% Schwarz
  9% Spanische Abkömmlinge
  8% Orientalen/Mittlerer Osten
  9% Asiatisch-amerikanisch
10% andere

Bildung
10% bis Highschool-Abschluß
11% einige Semester College
10% College-Abschluß

Beschäftigung
  9% Hausfrau/Mutter
10% angestellt, ganztägig
11% angestellt, Teilzeit
10% arbeitslos/Student

Verheiratet/Alleinstehend
10% alleinstehend,
     nie verheiratet
11% geschieden, getrennt
     lebend, verwitwet
10% verheiratet
  9% 1 bis 5 Jahre
10% 6 bis 15 Jahre
10% 16 bis 25 Jahre
10% über 25 Jahre

73% der Frauen geben an, eine verbale Wiederannäherung oder Entschuldigung ginge von ihnen aus, während die Männer sich häufiger durch Berührung oder Küsse mit ihnen versöhnten.*

Alter
  –% unter 18 Jahren
72% 18 bis 34 Jahre
71% 35 bis 50 Jahre
73% 51 bis 70 Jahre
73% 71 Jahre und älter

Jährliches Einkommen
74% unter 5.000 $
72% 6.000 bis 14.000 $
74% 15.000 bis 39.000 $
73% 40.000 bis 74.000 $
73% über 75.000 $

Rasse/Ethnische Zugehörigkeit
71% Weiß
75% Schwarz
76% Spanische Abkömmlinge
73% Orientalen/Mittlerer Osten
72% Asiatisch-amerikanisch
73% andere

Bildung
72% bis Highschool-Abschluß
73% einige Semester College
73% College-Abschluß

Beschäftigung
73% Hausfrau/Mutter
72% angestellt, ganztägig
72% angestellt, Teilzeit
73% arbeitslos/Student

Verheiratet/Alleinstehend
74% alleinstehend,
     nie verheiratet
73% geschieden, getrennt
     lebend, verwitwet
73% verheiratet
71% 1 bis 5 Jahre
75% 6 bis 15 Jahre
72% 16 bis 25 Jahre
74% über 25 Jahre

---

* 37% lehnen diese Art der »Versöhnung« ab, sie möchten lieber von den Männern eine Entschuldigung hören; außerdem würden sie lieber über das Problem diskutieren und betrachten die physische Zuneigung nur als einen Weg, das Problem künstlich zuzudecken, statt es zu lösen.

Bei 53% der Frauen findet kein Gespräch statt, und die Themen werden fallengelassen, als ob es sie nicht gäbe.

Alter
57% unter 18 Jahren
53% 18 bis 34 Jahre
52% 35 bis 50 Jahre
52% 51 bis 70 Jahre
52% 71 Jahre und älter

Jährliches Einkommen
53% unter 5.000 $
52% 6.000 bis 14.000 $
50% 15.000 bis 39.000 $
57% 40.000 bis 74.000 $
54% über 75.000 $

Rasse/Ethnische Zugehörigkeit
53% Weiß
54% Schwarz
52% Spanische Abkömmlinge
53% Orientalen/Mittlerer Osten
53% Asiatisch-amerikanisch
52% andere

Bildung
52% bis Highschool-Abschluß
51% einige Semester College
55% College-Abschluß

Beschäftigung
53% Hausfrau/Mutter
52% angestellt, ganztägig
54% angestellt, Teilzeit
53% arbeitslos/Student

Verheiratet/Alleinstehend
55% alleinstehend,
       nie verheiratet
50% geschieden, getrennt
       lebend, verwitwet
53% verheiratet
52% 1 bis 5 Jahre
52% 6 bis 15 Jahre
54% 16 bis 25 Jahre
54% über 25 Jahre

63% der Frauen sind der Ansicht, die Männer betrachteten Sex als eine gute Möglichkeit, einen Streit zu beenden. Sie selber hätten Sex lieber erst, nachdem das Problem gelöst sei. Sex an sich ist für sie keine Lösung.

Alter
–% unter 18 Jahren
65% 18 bis 34 Jahre
64% 35 bis 50 Jahre
64% 51 bis 70 Jahre
62% 71 Jahre und älter

Jährliches Einkommen
63% unter 5.000 $
63% 6.000 bis 14.000 $
62% 15.000 bis 39.000 $
62% 40.000 bis 74.000 $
64% über 75.000 $

Rasse/Ethnische Zugehörigkeit
64% Weiß
65% Schwarz
65% Spanische Abkömmlinge
62% Orientalen/Mittlerer Osten
62% Asiatisch-amerikanisch
62% andere

Bildung
63% bis Highschool-Abschluß
63% einige Semester College
62% College-Abschluß

Beschäftigung
60% Hausfrau/Mutter
65% angestellt, ganztägig
64% angestellt, Teilzeit
63% arbeitslos/Student

Verheiratet/Alleinstehend
63% alleinstehend,
       nie verheiratet
63% geschieden, getrennt
       lebend, verwitwet
63% verheiratet
63% 1 bis 5 Jahre
64% 6 bis 15 Jahre
63% 16 bis 25 Jahre
62% über 25 Jahre

16% der Frauen können sich mit ihren Ehemännern/Liebhabern sinnvoll streiten, so daß die Atmosphäre bereinigt wird, da jeder den Standpunkt des anderen versteht.

Alter
18% unter 18 Jahren
16% 18 bis 34 Jahre
15% 35 bis 50 Jahre
16% 51 bis 70 Jahre
13% 71 Jahre und älter

Jährliches Einkommen
15% unter 5.000 $
15% 6.000 bis 14.000 $
16% 15.000 bis 39.000 $
17% 40.000 bis 74.000 $
16% über 75.000 $

Rasse/Ethnische Zugehörigkeit
17% Weiß
17% Schwarz
16% Spanische Abkömmlinge
15% Orientalen/Mittlerer Osten
16% Asiatisch-amerikanisch
16% andere

Bildung
15% bis Highschool-Abschluß
15% einige Semester College
17% College-Abschluß

Beschäftigung
17% Hausfrau/Mutter
18% angestellt, ganztägig
14% angestellt, Teilzeit
15% arbeitslos/Student

Verheiratet/Alleinstehend
15% alleinstehend,
     nie verheiratet
14% geschieden, getrennt
     lebend, verwitwet
17% verheiratet
17% 1 bis 5 Jahre
18% 6 bis 15 Jahre
16% 16 bis 25 Jahre
17% über 25 Jahre

39% der Frauen wurden von ihren Ehemännern/Liebhabern schon einmal geschlagen.

Alter
28% unter 18 Jahren
41% 18 bis 34 Jahre
36% 35 bis 50 Jahre
51% 51 bis 70 Jahre
39% 71 Jahre und älter

Jährliches Einkommen
38% unter 5.000 $
37% 6.000 bis 14.000 $
40% 15.000 bis 39.000 $
41% 40.000 bis 74.000 $
39% über 75.000 $

Rasse/Ethnische Zugehörigkeit
39% Weiß
38% Schwarz
39% Spanische Abkömmlinge
40% Orientalen/Mittlerer Osten
39% Asiatisch-amerikanisch
39% andere

Bildung
38% bis Highschool-Abschluß
37% einige Semester College
42% College-Abschluß

Beschäftigung
42% Hausfrau/Mutter
40% angestellt, ganztägig
37% angestellt, Teilzeit
38% arbeitslos/Student

Verheiratet/Alleinstehend
39% alleinstehend,
     nie verheiratet
40% geschieden, getrennt
     lebend, verwitwet
39% verheiratet
39% 1 bis 5 Jahre
38% 6 bis 15 Jahre
38% 16 bis 25 Jahre
39% über 25 Jahre

Weibliche Reaktionen auf emotionale Ungleichheiten in Beziehungen zu Männern – sowohl die individuellen als auch die provokativen neuen Verhaltensmuster

93% der Frauen glauben, sie würden stärker an ihrer Beziehung arbeiten als die Männer und diesen emotional mehr entgegenkommen.

Alter
89% unter 18 Jahren
93% 18 bis 34 Jahre
95% 35 bis 50 Jahre
95% 51 bis 70 Jahre
93% 71 Jahre und älter

Jährliches Einkommen
92% unter 5.000 $
94% 6.000 bis 14.000 $
93% 15.000 bis 39.000 $
93% 40.000 bis 74.000 $
93% über 75.000 $

Rasse/Ethnische Zugehörigkeit
95% Weiß
90% Schwarz
92% Spanische Abkömmlinge
94% Orientalen/Mittlerer Osten
94% Asiatisch-amerikanisch
93% andere

Bildung
93% bis Highschool-Abschluß
92% einige Semester College
93% College-Abschluß

Beschäftigung
94% Hausfrau/Mutter
93% angestellt, ganztägig
93% angestellt, Teilzeit
93% arbeitslos/Student

Verheiratet/Alleinstehend
94% alleinstehend,
      nie verheiratet
94% geschieden, getrennt
      lebend, verwitwet
90% verheiratet
89% 1 bis 5 Jahre
89% 6 bis 15 Jahre
91% 16 bis 25 Jahre
91% über 25 Jahre

Für 84% der Frauen gehört eine Liebesbeziehung zu den wichtigsten Dingen im Leben; sie glauben allerdings, daß die meisten Männer andere Prioritäten setzen.

Alter
89% unter 18 Jahren
94% 18 bis 34 Jahre
79% 35 bis 50 Jahre
74% 51 bis 70 Jahre
84% 71 Jahre und älter

Jährliches Einkommen
83% unter 5.000 $
82% 6.000 bis 14.000 $
83% 15.000 bis 39.000 $
84% 40.000 bis 74.000 $
85% über 75.000 $

Rasse/Ethnische Zugehörigkeit
85% Weiß
80% Schwarz
88% Spanische Abkömmlinge
84% Orientalen/Mittlerer Osten
84% Asiatisch-amerikanisch
84% andere

Bildung
89% bis Highschool-Abschluß
93% einige Semester College
80% College-Abschluß

Beschäftigung
86% Hausfrau/Mutter
82% angestellt, ganztägig
84% angestellt, Teilzeit
84% arbeitslos/Student

Verheiratet/Alleinstehend
84% alleinstehend,
nie verheiratet
84% geschieden, getrennt
lebend, verwitwet
84% verheiratet
83% 1 bis 5 Jahre
85% 6 bis 15 Jahre
85% 16 bis 25 Jahre
84% über 25 Jahre

95% der Frauen glauben, daß die Männer von vornherein annehmen, in einer Beziehung psychologisch an erster Stelle zu stehen.

Alter
95% unter 18 Jahren
94% 18 bis 34 Jahre
93% 35 bis 50 Jahre
96% 51 bis 70 Jahre
96% 71 Jahre und älter

Jährliches Einkommen
95% unter 5.000 $
92% 6.000 bis 14.000 $
97% 15.000 bis 39.000 $
96% 40.000 bis 74.000 $
96% über 75.000 $

Rasse/Ethnische Zugehörigkeit
95% Weiß
94% Schwarz
94% Spanische Abkömmlinge
95% Orientalen/Mittlerer Osten
95% Asiatisch-amerikanisch
95% andere

Bildung
94% bis Highschool-Abschluß
95% einige Semester College
95% College-Abschluß

Beschäftigung
95% Hausfrau/Mutter
93% angestellt, ganztägig
96% angestellt, Teilzeit
96% arbeitslos/Student

Verheiratet/Alleinstehend
96% alleinstehend,
nie verheiratet
94% geschieden, getrennt
lebend, verwitwet
95% verheiratet
93% 1 bis 5 Jahre
97% 6 bis 15 Jahre
96% 16 bis 25 Jahre
96% über 25 Jahre

84% der Frauen mit Beziehungen von länger als einem Jahr sind der Meinung, daß die Liebe, die sie von ihren Männern bekommen, hauptsächlich darin besteht, gebraucht zu werden.

Alter
- –% unter 18 Jahren
- 83% 18 bis 34 Jahre
- 82% 35 bis 50 Jahre
- 82% 51 bis 70 Jahre
- 87% 71 Jahre und älter

Jährliches Einkommen
- 84% unter 5.000 $
- 83% 6.000 bis 14.000 $
- 85% 15.000 bis 39.000 $
- 84% 40.000 bis 74.000 $
- 84% über 75.000 $

Rasse/Ethnische Zugehörigkeit
- 82% Weiß
- 86% Schwarz
- 85% Spanische Abkömmlinge
- 84% Orientalen/Mittlerer Osten
- 84% Asiatisch-amerikanisch
- 84% andere

Bildung
- 81% bis Highschool-Abschluß
- 87% einige Semester College
- 84% College-Abschluß

Beschäftigung
- 84% Hausfrau/Mutter
- 83% angestellt, ganztägig
- 82% angestellt, Teilzeit
- 85% arbeitslos/Student

Verheiratet/Alleinstehend
- 84% alleinstehend, nie verheiratet
- 84% geschieden, getrennt lebend, verwitwet
- 84% verheiratet
  - 83% 1 bis 5 Jahre
  - 84% 6 bis 15 Jahre
  - 85% 16 bis 25 Jahre
  - 84% über 25 Jahre

Für 64% der Frauen ist die Liebe, die sie erhalten, unbefriedigend.

Alter
- –% unter 18 Jahren
- 61% 18 bis 34 Jahre
- 60% 35 bis 50 Jahre
- 69% 51 bis 70 Jahre
- 66% 71 Jahre und älter

Jährliches Einkommen
- 64% unter 5.000 $
- 63% 6.000 bis 14.000 $
- 63% 15.000 bis 39.000 $
- 64% 40.000 bis 74.000 $
- 65% über 75.000 $

Rasse/Ethnische Zugehörigkeit
- 65% Weiß
- 66% Schwarz
- 60% Spanische Abkömmlinge
- 61% Orientalen/Mittlerer Osten
- 66% Asiatisch-amerikanisch
- 65% andere

Bildung
- 64% bis Highschool-Abschluß
- 62% einige Semester College
- 65% College-Abschluß

Beschäftigung
- 64% Hausfrau/Mutter
- 64% angestellt, ganztägig
- 63% angestellt, Teilzeit
- 64% arbeitslos/Student

Verheiratet/Alleinstehend
- 63% alleinstehend, nie verheiratet
- 62% geschieden, getrennt lebend, verwitwet
- 66% verheiratet
  - 65% 1 bis 5 Jahre
  - 66% 6 bis 15 Jahre
  - 67% 16 bis 25 Jahre
  - 67% über 25 Jahre

87% der Frauen glauben, daß die Männer in den ersten Monaten einer Beziehung oder Ehe von den Frauen emotional abhängiger sind als umgekehrt.

Alter
78% unter 18 Jahren
88% 18 bis 34 Jahre
89% 35 bis 50 Jahre
93% 51 bis 70 Jahre
87% 71 Jahre und älter

Jährliches Einkommen
86% unter 5.000 $
88% 6.000 bis 14.000 $
88% 15.000 bis 39.000 $
87% 40.000 bis 74.000 $
87% über 75.000 $

Rasse/Ethnische Zugehörigkeit
85% Weiß
86% Schwarz
88% Spanische Abkömmlinge
88% Orientalen/Mittlerer Osten
87% Asiatisch-amerikanisch
87% andere

Bildung
86% bis Highschool-Abschluß
87% einige Semester College
87% College-Abschluß

Beschäftigung
87% Hausfrau/Mutter
85% angestellt, ganztägig
86% angestellt, Teilzeit
86% arbeitslos/Student

Verheiratet/Alleinstehend
85% alleinstehend,
    nie verheiratet
85% geschieden, getrennt
    lebend, verwitwet
90% verheiratet
91% 1 bis 5 Jahre
92% 6 bis 15 Jahre
89% 16 bis 25 Jahre
89% über 25 Jahre

69% der Frauen sind der Meinung, daß es die Männer irritiert, wenn sie sich verlieben.

Alter
63% unter 18 Jahren
60% 18 bis 34 Jahre
57% 35 bis 50 Jahre
57% 51 bis 70 Jahre
57% 71 Jahre und älter

Jährliches Einkommen
58% unter 5.000 $
59% 6.000 bis 14.000 $
60% 15.000 bis 39.000 $
57% 40.000 bis 74.000 $
57% über 75.000 $

Rasse/Ethnische Zugehörigkeit
58% Weiß
59% Schwarz
61% Spanische Abkömmlinge
60% Orientalen/Mittlerer Osten
57% Asiatisch-amerikanisch
58% andere

Bildung
60% bis Highschool-Abschluß
60% einige Semester College
58% College-Abschluß

Beschäftigung
59% Hausfrau/Mutter
58% angestellt, ganztägig
57% angestellt, Teilzeit
57% arbeitslos/Student

Verheiratet/Alleinstehend
65% alleinstehend,
    nie verheiratet
58% geschieden, getrennt
    lebend, verwitwet
54% verheiratet
53% 1 bis 5 Jahre
52% 6 bis 15 Jahre
55% 16 bis 25 Jahre
56% über 25 Jahre

79% der Frauen fragen sich, ob sie soviel Energie in eine Liebesbeziehung investieren sollten.

Alter
72% unter 18 Jahren
82% 18 bis 34 Jahre
81% 35 bis 50 Jahre
81% 51 bis 70 Jahre
79% 71 Jahre und älter

Jährliches Einkommen
80% unter 5.000 $
79% 6.000 bis 14.000 $
78% 15.000 bis 39.000 $
78% 40.000 bis 74.000 $
79% über 75.000 $

Rasse/Ethnische Zugehörigkeit
80% Weiß
79% Schwarz
78% Spanische Abkömmlinge
78% Orientalen/Mittlerer Osten
79% Asiatisch-amerikanisch
78% andere

Bildung
76% bis Highschool-Abschluß
79% einige Semester College
82% College-Abschluß

Beschäftigung
71% Hausfrau/Mutter
85% angestellt, ganztägig
81% angestellt, Teilzeit
79% arbeitslos/Student

Verheiratet/Alleinstehend
79% alleinstehend,
      nie verheiratet
78% geschieden, getrennt
      lebend, verwitwet
79% verheiratet
80% 1 bis 5 Jahre
79% 6 bis 15 Jahre
78% 16 bis 25 Jahre
79% über 25 Jahre

89% fühlen sich hin- und hergerissen zwischen der Liebe, die ihnen von den Männern abgefordert wird, ihrer »Pflicht«, anderen zu helfen und sie zu unterstützen und ihrem Bedürfnis, für eigene Gedanken noch Zeit zu finden.

Alter
90% unter 18 Jahren
92% 18 bis 34 Jahre
89% 35 bis 50 Jahre
87% 51 bis 70 Jahre
86% 71 Jahre und älter

Jährliches Einkommen
89% unter 5.000 $
90% 6.000 bis 14.000 $
88% 15.000 bis 39.000 $
89% 40.000 bis 74.000 $
89% über 75.000 $

Rasse/Ethnische Zugehörigkeit
89% Weiß
88% Schwarz
89% Spanische Abkömmlinge
90% Orientalen/Mittlerer Osten
91% Asiatisch-amerikanisch
90% andere

Bildung
89% bis Highschool-Abschluß
88% einige Semester College
88% College-Abschluß

Beschäftigung
89% Hausfrau/Mutter
88% angestellt, ganztägig
89% angestellt, Teilzeit
90% arbeitslos/Student

Verheiratet/Alleinstehend
88% alleinstehend,
      nie verheiratet
89% geschieden, getrennt
      lebend, verwitwet
90% verheiratet
91% 1 bis 5 Jahre
90% 6 bis 15 Jahre
89% 16 bis 25 Jahre
88% über 25 Jahre

Wie wichtig sind Liebesbeziehungen für Frauen?
Diskussion über die derzeitige Situation

34% sind der Meinung, daß man als Frau weniger gefühlsbetont sein und daß Liebe als Lebenserfüllung keine so große Rolle spielen sollte – d. h., man sollte sie weniger wichtig nehmen.

Alter
37% unter 18 Jahren
38% 18 bis 34 Jahre
30% 35 bis 50 Jahre
31% 51 bis 70 Jahre
34% 71 Jahre und älter

Jährliches Einkommen
34% unter 5.000 $
35% 6.000 bis 14.000 $
33% 15.000 bis 39.000 $
33% 40.000 bis 74.000 $
34% über 75.000 $

Rasse/Ethnische Zugehörigkeit
34% Weiß
37% Schwarz
31% Spanische Abkömmlinge
34% Orientalen/Mittlerer Osten
33% Asiatisch-amerikanisch
34% andere

Bildung
28% bis Highschool-Abschluß
36% einige Semester College
38% College-Abschluß

Beschäftigung
30% Hausfrau/Mutter
36% angestellt, ganztägig
36% angestellt, Teilzeit
33% arbeitslos/Student

Verheiratet/Alleinstehend
35% alleinstehend,
    nie verheiratet
37% geschieden, getrennt
    lebend, verwitwet
30% verheiratet
28% 1 bis 5 Jahre
30% 6 bis 15 Jahre
32% 16 bis 25 Jahre
30% über 25 Jahre

81% der Frauen wurde von ihren Männern gesagt oder angedeutet, daß etwas mit ihnen nicht in Ordnung sei, wenn sie sich nicht als »Liebende« oder »Gebende« verhielten.

Alter
84% unter 18 Jahren
81% 18 bis 34 Jahre
80% 35 bis 50 Jahre
80% 51 bis 70 Jahre
80% 71 Jahre und älter

Jährliches Einkommen
81% unter 5.000 $
82% 6.000 bis 14.000 $
84% 15.000 bis 39.000 $
79% 40.000 bis 74.000 $
80% über 75.000 $

Rasse/Ethnische Zugehörigkeit
83% Weiß
79% Schwarz
80% Spanische Abkömmlinge
81% Orientalen/Mittlerer Osten
81% Asiatisch-amerikanisch
81% andere

Bildung
85% bis Highschool-Abschluß
81% einige Semester College
78% College-Abschluß

Beschäftigung
80% Hausfrau/Mutter
82% angestellt, ganztägig
81% angestellt, Teilzeit
81% arbeitslos/Student

Verheiratet/Alleinstehend
81% alleinstehend,
    nie verheiratet
81% geschieden, getrennt
    lebend, verwitwet
81% verheiratet
80% 1 bis 5 Jahre
81% 6 bis 15 Jahre
82% 16 bis 25 Jahre
81% über 25 Jahre

62% der Frauen sind irritiert von den Gegensätzen im männlichen Verhalten – emotionale Belästigung und Aggression auf der einen Seite, das Bedürfnis nach Liebe und Fürsorge auf der anderen Seite.

Alter
64% unter 18 Jahren
63% 18 bis 34 Jahre
62% 35 bis 50 Jahre
61% 51 bis 70 Jahre
61% 71 Jahre und älter

Jährliches Einkommen
62% unter 5.000 $
63% 6.000 bis 14.000 $
63% 15.000 bis 39.000 $
61% 40.000 bis 74.000 $
61% über 75.000 $

Rasse/Ethnische Zugehörigkeit
62% Weiß
63% Schwarz
62% Spanische Abkömmlinge
61% Orientalen/Mittlerer Osten
61% Asiatisch-amerikanisch
62% andere

Bildung
62% bis Highschool-Abschluß
62% einige Semester College
62% College-Abschluß

Beschäftigung
60% Hausfrau/Mutter
59% angestellt, ganztägig
64% angestellt, Teilzeit
64% arbeitslos/Student

Verheiratet/Alleinstehend
65% alleinstehend,
    nie verheiratet
60% geschieden, getrennt
    lebend, verwitwet
61% verheiratet
60% 1 bis 5 Jahre
59% 6 bis 15 Jahre
60% 16 bis 25 Jahre
63% über 25 Jahre

27% werden unter diesen Umständen ärgerlich und verlieren den Respekt vor den Männern.

Alter
27% unter 18 Jahren
28% 18 bis 34 Jahre
29% 35 bis 50 Jahre
25% 51 bis 70 Jahre
27% 71 Jahre und älter

Jährliches Einkommen
28% unter 5.000 $
27% 6.000 bis 14.000 $
27% 15.000 bis 39.000 $
28% 40.000 bis 74.000 $
26% über 75.000 $

Rasse/Ethnische Zugehörigkeit
26% Weiß
29% Schwarz
26% Spanische Abkömmlinge
26% Orientalen/Mittlerer Osten
27% Asiatisch-amerikanisch
27% andere

Bildung
27% bis Highschool-Abschluß
26% einige Semester College
27% College-Abschluß

Beschäftigung
27% Hausfrau/Mutter
25% angestellt, ganztägig
28% angestellt, Teilzeit
28% arbeitslos/Student

Verheiratet/Alleinstehend
27% alleinstehend,
    nie verheiratet
28% geschieden, getrennt
    lebend, verwitwet
27% verheiratet
29% 1 bis 5 Jahre
25% 6 bis 15 Jahre
26% 16 bis 25 Jahre
27% über 25 Jahre

40% der Frauen, die mit diesem gegensätzlichen Verhalten konfrontiert werden, beenden die Beziehung nach einer gewissen Zeit.

Alter
  −% unter 18 Jahren
  44% 18 bis 34 Jahre
  40% 35 bis 50 Jahre
  39% 51 bis 70 Jahre
  37% 71 Jahre und älter

Jährliches Einkommen
  36% unter 5.000 $
  40% 6.000 bis 14.000 $
  42% 15.000 bis 39.000 $
  42% 40.000 bis 74.000 $
  40% über 75.000 $

Rasse/Ethnische Zugehörigkeit
  41% Weiß
  39% Schwarz
  40% Spanische Abkömmlinge
  40% Orientalen/Mittlerer Osten
  40% Asiatisch-amerikanisch
  41% andere

Bildung
  39% bis Highschool-Abschluß
  40% einige Semester College
  42% College-Abschluß

Beschäftigung
  42% Hausfrau/Mutter
  40% angestellt, ganztägig
  58% angestellt, Teilzeit
  39% arbeitslos/Student

42% der Frauen in einer solchen Situation schaffen sich ein Doppelleben und suchen sich eine andere, für ihr Leben wichtigere Beziehung, seien es Arbeit, ein Liebhaber, Kinder oder Freunde.

Alter
  −% unter 18 Jahren
  45% 18 bis 34 Jahre
  41% 35 bis 50 Jahre
  41% 51 bis 70 Jahre
  41% 71 Jahre und älter

Jährliches Einkommen
  42% unter 5.000 $
  43% 6.000 bis 14.000 $
  44% 15.000 bis 39.000 $
  40% 40.000 bis 74.000 $
  42% über 75.000 $

Rasse/Ethnische Zugehörigkeit
  43% Weiß
  42% Schwarz
  41% Spanische Abkömmlinge
  41% Orientalen/Mittlerer Osten
  42% Asiatisch-amerikanisch
  42% andere

Bildung
  44% bis Highschool-Abschluß
  43% einige Semester College
  40% College-Abschluß

Beschäftigung
  42% Hausfrau/Mutter
  43% angestellt, ganztägig
  41% angestellt, Teilzeit
  42% arbeitslos/Student

Verheiratet/Alleinstehend
  −% alleinstehend,
      nie verheiratet
  43% geschieden, getrennt
      lebend, verwitwet
  42% verheiratet
      30% 1 bis 5 Jahre
      42% 6 bis 15 Jahre
      49% 16 bis 25 Jahre
      47% über 25 Jahre

34% der Frauen glauben nicht mehr, daß eine Liebesbeziehung die Grundvoraussetzung für ein glückliches Leben ist.

Alter
29% unter 18 Jahren
31% 18 bis 34 Jahre
34% 35 bis 50 Jahre
39% 51 bis 70 Jahre
37% 71 Jahre und älter

Jährliches Einkommen
34% unter 5.000 $
33% 6.000 bis 14.000 $
33% 15.000 bis 39.000 $
35% 40.000 bis 74.000 $
34% über 75.000 $

Rasse/Ethnische Zugehörigkeit
36% Weiß
35% Schwarz
31% Spanische Abkömmlinge
30% Orientalen/Mittlerer Osten
34% Asiatisch-amerikanisch
31% andere

Bildung
33% bis Highschool-Abschluß
34% einige Semester College
34% College-Abschluß

Beschäftigung
28% Hausfrau/Mutter
38% angestellt, ganztägig
36% angestellt, Teilzeit
34% arbeitslos/Student

Verheiratet/Alleinstehend
31% alleinstehend,
     nie verheiratet
36% geschieden, getrennt
     lebend, verwitwet
35% verheiratet
35% 1 bis 5 Jahre
35% 6 bis 15 Jahre
34% 16 bis 25 Jahre
35% über 25 Jahre

26% der Frauen halten mehr davon, sich für andere Lebensbereiche zu interessieren, als ihr Hauptinteresse auf Männer und Beziehungen zu Männern zu konzentrieren.

Alter
22% unter 18 Jahren
28% 18 bis 34 Jahre
30% 35 bis 50 Jahre
26% 51 bis 70 Jahre
24% 71 Jahre und älter

Jährliches Einkommen
27% unter 5.000 $
26% 6.000 bis 14.000 $
26% 15.000 bis 39.000 $
25% 40.000 bis 74.000 $
26% über 75.000 $

Rasse/Ethnische Zugehörigkeit
26% Weiß
26% Schwarz
26% Spanische Abkömmlinge
26% Orientalen/Mittlerer Osten
27% Asiatisch-amerikanisch
27% andere

Bildung
27% bis Highschool-Abschluß
26% einige Semester College
26% College-Abschluß

Beschäftigung
25% Hausfrau/Mutter
26% angestellt, ganztägig
27% angestellt, Teilzeit
26% arbeitslos/Student

Verheiratet/Alleinstehend
25% alleinstehend,
     nie verheiratet
26% geschieden, getrennt
     lebend, verwitwet
26% verheiratet
25% 1 bis 5 Jahre
26% 6 bis 15 Jahre
26% 16 bis 25 Jahre
26% über 25 Jahre

14% sind prinzipiell dagegen, eine Beziehung zum Hauptzweck ihres Lebens zu machen.

Alter
  19% unter 18 Jahren
  18% 18 bis 34 Jahre
  13% 35 bis 50 Jahre
  11% 51 bis 70 Jahre
  19% 71 Jahre und älter

Jährliches Einkommen
  14% unter 5.000 $
  13% 6.000 bis 14.000 $
  13% 15.000 bis 39.000 $
  15% 40.000 bis 74.000 $
  14% über 75.000 $

Rasse/Ethnische Zugehörigkeit
  14% Weiß
  13% Schwarz
  12% Spanische Abkömmlinge
  14% Orientalen/Mittlerer Osten
  14% Asiatisch-amerikanisch
  14% andere

Bildung
  13% bis Highschool-Abschluß
  14% einige Semester College
  15% College-Abschluß

Beschäftigung
  15% Hausfrau/Mutter
  14% angestellt, ganztägig
  14% angestellt, Teilzeit
  13% arbeitslos/Student

Verheiratet/Alleinstehend
  12% alleinstehend,
      nie verheiratet
  14% geschieden, getrennt
      lebend, verwitwet
  15% verheiratet
  10% 1 bis 5 Jahre
  15% 6 bis 15 Jahre
  19% 16 bis 25 Jahre
  16% über 25 Jahre

59% der Frauen kämpfen gegen die gesellschaftliche Einstellung, daß die Akzeptanz und der soziale Status einer Frau davon abhängen, ob sie von einem Mann geliebt wird.

Alter
  60% unter 18 Jahren
  62% 18 bis 34 Jahre
  60% 35 bis 50 Jahre
  56% 51 bis 70 Jahre
  57% 71 Jahre und älter

Jährliches Einkommen
  59% unter 5.000 $
  60% 6.000 bis 14.000 $
  59% 15.000 bis 39.000 $
  58% 40.000 bis 74.000 $
  58% über 75.000 $

Rasse/Ethnische Zugehörigkeit
  59% Weiß
  60% Schwarz
  58% Spanische Abkömmlinge
  59% Orientalen/Mittlerer Osten
  59% Asiatisch-amerikanisch
  58% andere

Bildung
  59% bis Highschool-Abschluß
  60% einige Semester College
  59% College-Abschluß

Beschäftigung
  58% Hausfrau/Mutter
  59% angestellt, ganztägig
  59% angestellt, Teilzeit
  60% arbeitslos/Student

Verheiratet/Alleinstehend
  59% alleinstehend,
      nie verheiratet
  58% geschieden, getrennt
      lebend, verwitwet
  59% verheiratet
  60% 1 bis 5 Jahre
  62% 6 bis 15 Jahre
  57% 16 bis 25 Jahre
  58% über 25 Jahre

KAPITEL 5

Single-Frauen und ihre Einstellung zum Sex
in den Jahren nach der sexuellen Revolution

89% alleinstehender Frauen zwischen 10 und 30 Jahren, die auch nie verheiratet waren, finden die männliche Einstellung zum Sex und dem Aufbau von Beziehungen irritierend.

Alter	Rasse/Ethnische Zugehörigkeit
–% unter 18 Jahren	89% Weiß
–% 18 bis 34 Jahre	90% Schwarz
–% 35 bis 50 Jahre	88% Spanische Abkömmlinge
–% 51 bis 70 Jahre	89% Orientalen/Mittlerer Osten
–% 71 Jahre und älter	88% Asiatisch-amerikanisch
	89% andere
Jährliches Einkommen	
88% unter 5.000 $	Bildung
89% 6.000 bis 14.000 $	91% bis Highschool-Abschluß
90% 15.000 bis 39.000 $	89% einige Semester College
89% 40.000 bis 74.000 $	88% College-Abschluß
88% über 75.000 $	

92% der weiblichen Singles dieser Studie sind irritiert darüber, daß Männer immer noch versuchen, eine »Frau aufzureißen«, um Punkte zu sammeln sozusagen – d. h. die Doppelmoral besteht weiter.

Alter	Rasse/Ethnische Zugehörigkeit
93% unter 18 Jahren	92% Weiß
92% 18 bis 34 Jahre	92% Schwarz
92% 35 bis 50 Jahre	91% Spanische Abkömmlinge
91% 51 bis 70 Jahre	91% Orientalen/Mittlerer Osten
92% 71 Jahre und älter	92% Asiatisch-amerikanisch
	92% andere
Jährliches Einkommen	
94% unter 5.000 $	Bildung
92% 6.000 bis 14.000 $	92% bis Highschool-Abschluß
91% 15.000 bis 39.000 $	93% einige Semester College
91% 40.000 bis 74.000 $	91% College-Abschluß
92% über 75.000 $	

85% der Single-Frauen unter 30 sind der Meinung, Männer würden Sex immer noch als Sport ansehen bzw. Frauen als »Mitnahmeartikel« betrachten.

Alter	Rasse/Ethnische Zugehörigkeit
–% unter 18 Jahren	85% Weiß
–% 18 bis 34 Jahre	85% Schwarz
–% 35 bis 50 Jahre	86% Spanische Abkömmlinge
–% 51 bis 70 Jahre	86% Orientalen/Mittlerer Osten
–% 71 Jahre und älter	86% Asiatisch-amerikanisch
	85% andere

Jährliches Einkommen	Bildung
84% unter 5.000 $	85% bis Highschool-Abschluß
85% 6.000 bis 14.000 $	84% einige Semester College
86% 15.000 bis 39.000 $	84% College-Abschluß
85% 40.000 bis 74.000 $	
85% über 75.000 $	

76% der weiblichen Singles haben Sex häufig schon beim ersten Treffen, obwohl sie – trotz körperlicher Erregung – eigentlich lieber warten würden.

Alter	Rasse/Ethnische Zugehörigkeit
79% unter 18 Jahren	76% Weiß
84% 18 bis 34 Jahre	76% Schwarz
75% 35 bis 50 Jahre	75% Spanische Abkömmlinge
66% 51 bis 70 Jahre	75% Orientalen/Mittlerer Osten
–% 71 Jahre und älter	76% Asiatisch-amerikanisch
	76% andere

Jährliches Einkommen	Bildung
78% unter 5.000 $	76% bis Highschool-Abschluß
77% 6.000 bis 14.000 $	75% einige Semester College
75% 15.000 bis 39.000 $	77% College-Abschluß
75% 40.000 bis 74.000 $	
76% über 75.000 $	

41% der Frauen, die während der letzten zehn Jahre geheiratet haben, geben als Heiratsgrund u. a. an, sie wären die Erschöpfung und die Depressionen ihres Single-Daseins leid gewesen, denn sie wurden nur »genommen« und respektlos behandelt.

Alter
  –% unter 18 Jahren
  41% 18 bis 34 Jahre
  42% 35 bis 50 Jahre
  43% 51 bis 70 Jahre
  40% 71 Jahre und älter

Jährliches Einkommen
  42% unter 5.000 $
  41% 6.000 bis 14.000 $
  41% 15.000 bis 39.000 $
  41% 40.000 bis 74.000 $
  40% über 75.000 $

Rasse/Ethnische Zugehörigkeit
  40% Weiß
  42% Schwarz
  41% Spanische Abkömmlinge
  41% Orientalen/Mittlerer Osten
  40% Asiatisch-amerikanisch
  41% andere

Bildung
  42% bis Highschool-Abschluß
  40% einige Semester College
  41% College-Abschluß

Beschäftigung
  41% Hausfrau/Mutter
  40% angestellt, ganztägig
  42% angestellt, Teilzeit
  41% arbeitslos/Student

94% der Frauen fühlen sich am verletzlichsten in der Zeit, in der sie noch nicht wissen, ob aus einer Bekanntschaft wirklich eine Beziehung wird.

Alter
  92% unter 18 Jahren
  95% 18 bis 34 Jahre
  95% 35 bis 50 Jahre
  94% 51 bis 70 Jahre
  95% 71 Jahre und älter

Jährliches Einkommen
  92% unter 5.000 $
  94% 6.000 bis 14.000 $
  95% 15.000 bis 39.000 $
  95% 40.000 bis 74.000 $
  94% über 75.000 $

Rasse/Ethnische Zugehörigkeit
  94% Weiß
  95% Schwarz
  94% Spanische Abkömmlinge
  93% Orientalen/Mittlerer Osten
  93% Asiatisch-amerikanisch
  94% andere

Bildung
  94% bis Highschool-Abschluß
  93% einige Semester College
  94% College-Abschluß

**83% der Frauen ziehen Sex, der mit einer emotionalen Beziehung ver-
bunden ist, einer reinen »Bettgeschichte« vor.***

Alter	Bildung
84% unter 18 Jahren	84% bis Highschool-Abschluß
83% 18 bis 34 Jahre	82% einige Semester College
84% 35 bis 50 Jahre	83% College-Abschluß
83% 51 bis 70 Jahre	
83% 71 Jahre und älter	Beschäftigung
	83% Hausfrau/Mutter
Jährliches Einkommen	83% angestellt, ganztägig
83% unter 5.000 $	82% angestellt, Teilzeit
82% 6.000 bis 14.000 $	83% arbeitslos/Student
83% 15.000 bis 39.000 $	
84% 40.000 bis 74.000 $	Verheiratet/Alleinstehend
83% über 75.000 $	84% alleinstehend,
	nie verheiratet
Rasse/Ethnische Zugehörigkeit	82% geschieden, getrennt
82% Weiß	lebend, verwitwet
83% Schwarz	83% verheiratet
84% Spanische Abkömmlinge	81% 1 bis 5 Jahre
83% Orientalen/Mittlerer Osten	85% 6 bis 15 Jahre
83% Asiatisch-amerikanisch	84% 16 bis 25 Jahre
83% andere	83% über 25 Jahre

* Es ist unklar, ob manche so denken, weil sie mit einigen Männern nach dem Sex
unangenehme Erfahrungen gemacht haben, oder ob manche Frauen Sex nur genießen, wenn sie gefühlsmäßig involviert sind. Seit einiger Zeit hat sich durch AIDS
die Haltung zugunsten von festen Beziehungen geändert, die aber nur dann eine
Garantie bieten, wenn sie bereits mehrere Jahren andauern.

**Nach einem früher sehr aktiven Geschlechtsleben verabreden sich 27%
der Frauen heute weniger häufig, da sie die männliche »Wegwerf-Hal-
tung« nicht mögen und lieber emotional stabil bleiben möchten.**

Alter	Rasse/Ethnische Zugehörigkeit
–% unter 18 Jahren	27% Weiß
27% 18 bis 34 Jahre	28% Schwarz
28% 35 bis 50 Jahre	27% Spanische Abkömmlinge
29% 51 bis 70 Jahre	29% Orientalen/Mittlerer Osten
25% 71 Jahre und älter	28% Asiatisch-amerikanisch
	27% andere
Jährliches Einkommen	
27% unter 5.000 $	Bildung
26% 6.000 bis 14.000 $	28% bis Highschool-Abschluß
27% 15.000 bis 39.000 $	27% einige Semester College
28% 40.000 bis 74.000 $	26% College-Abschluß
27% über 75.000 $	

53% der Frauen haben manchmal Phantasien von einem ausschweifenden Leben, die meisten lehnen aber diese Gedanken ab aus Angst, den Sex überzubewerten oder nymphomanisch zu werden.

Alter
- 55% unter 18 Jahren
- 54% 18 bis 34 Jahre
- 52% 35 bis 50 Jahre
- 53% 51 bis 70 Jahre
- 53% 71 Jahre und älter

Jährliches Einkommen
- 54% unter 5.000 $
- 54% 6.000 bis 14.000 $
- 52% 15.000 bis 39.000 $
- 52% 40.000 bis 74.000 $
- 53% über 75.000 $

Rasse/Ethnische Zugehörigkeit
- 53% Weiß
- 52% Schwarz
- 53% Spanische Abkömmlinge
- 54% Orientalen/Mittlerer Osten
- 53% Asiatisch-amerikanisch
- 53% andere

Bildung
- 53% bis Highschool-Abschluß
- 52% einige Semester College
- 53% College-Abschluß

Beschäftigung
- 54% Hausfrau/Mutter
- 53% angestellt, ganztägig
- 53% angestellt, Teilzeit
- 52% arbeitslos/Student

Verheiratet/Alleinstehend
- 54% alleinstehend, nie verheiratet
- 53% geschieden, getrennt lebend, verwitwet
- 53% verheiratet
- 52% 1 bis 5 Jahre
- 52% 6 bis 15 Jahre
- 54% 16 bis 25 Jahre
- 54% über 25 Jahre

13% der Frauen mögen gelegentliche »Bettgeschichten«, auch einmalige Abenteuer, weil sie es einfach aufregend finden.

Alter
- 7% unter 18 Jahren
- 19% 18 bis 34 Jahre
- 14% 35 bis 50 Jahre
- 12% 51 bis 70 Jahre
- –% 71 Jahre und älter

Jährliches Einkommen
- 13% unter 5.000 $
- 14% 6.000 bis 14.000 $
- 14% 15.000 bis 39.000 $
- 13% 40.000 bis 74.000 $
- 13% über 75.000 $

Rasse/Ethnische Zugehörigkeit
- 14% Weiß
- 14% Schwarz
- 13% Spanische Abkömmlinge
- 10% Orientalen/Mittlerer Osten
- 11% Asiatisch-amerikanisch
- 12% andere

Bildung
- 12% bis Highschool-Abschluß
- 11% einige Semester College
- 14% College-Abschluß

KAPITEL 6

Beziehungen ohne feste Bindung: eine ungleiche Angelegenheit

92% der weiblichen Singles mit einer Beziehung verbringen viel Zeit damit herauszufinden, was es mit ihrer Beziehung eigentlich auf sich hat.

Alter
   90% unter 18 Jahren
   94% 18 bis 34 Jahre
   92% 35 bis 50 Jahre
   92% 51 bis 70 Jahre
   92% 71 Jahre und älter

Jährliches Einkommen
   93% unter 5.000 $
   92% 6.000 bis 14.000 $
   91% 15.000 bis 39.000 $
   90% 40.000 bis 74.000 $
   93% über 75.000 $

Rasse/Ethnische Zugehörigkeit
   92% Weiß
   92% Schwarz
   91% Spanische Abkömmlinge
   91% Orientalen/Mittlerer Osten
   92% Asiatisch-amerikanisch
   92% andere

Bildung
   92% bis Highschool-Abschluß
   92% einige Semester College
   93% College-Abschluß

73% der Frauen mit einer Beziehung bezeichnen das Verhalten der Männer als vage oder unentschieden.

Alter
   75% unter 18 Jahren
   74% 18 bis 34 Jahre
   73% 35 bis 50 Jahre
   72% 51 bis 70 Jahre
   70% 71 Jahre und älter

Jährliches Einkommen
   73% unter 5.000 $
   72% 6.000 bis 14.000 $
   73% 15.000 bis 39.000 $
   74% 40.000 bis 74.000 $
   73% über 75.000 $

Rasse/Ethnische Zugehörigkeit
   73% Weiß
   72% Schwarz
   74% Spanische Abkömmlinge
   73% Orientalen/Mittlerer Osten
   73% Asiatisch-amerikanisch
   73% andere

Bildung
   72% bis Highschool-Abschluß
   71% einige Semester College
   74% College-Abschluß

76% der weiblichen Singles möchten gern dem Mann vertrauen, mit dem sie eine Beziehung haben, aber dessen Verhalten macht sie vorsichtig; wenn die Frauen allerdings moralische Unterstützung brauchen, wirft man ihnen vor, »unsicher« zu sein oder zu »klammern«.

Alter
   77% unter 18 Jahren
   76% 18 bis 34 Jahre
   75% 35 bis 50 Jahre
   74% 51 bis 70 Jahre
   76% 71 Jahre und älter

Jährliches Einkommen
   76% unter 5.000 $
   75% 6.000 bis 14.000 $
   76% 15.000 bis 39.000 $
   77% 40.000 bis 74.000 $
   76% über 75.000 $

Rasse/Ethnische Zugehörigkeit
   77% Weiß
   76% Schwarz
   77% Spanische Abkömmlinge
   76% Orientalen/Mittlerer Osten
   75% Asiatisch-amerikanisch
   76% andere

Bildung
   76% bis Highschool-Abschluß
   76% einige Semester College
   75% College-Abschluß

79% der Frauen fürchten, sich zu sehr an den Mann zu »klammern« bzw. ihm das Gefühl zu geben, »angebunden« zu sein.

Alter
70% unter 18 Jahren
80% 18 bis 34 Jahre
81% 35 bis 50 Jahre
80% 51 bis 70 Jahre
79% 71 Jahre und älter

Jährliches Einkommen
79% unter 5.000 $
79% 6.000 bis 14.000 $
78% 15.000 bis 39.000 $
80% 40.000 bis 74.000 $
79% über 75.000 $

Rasse/Ethnische Zugehörigkeit
79% Weiß
78% Schwarz
80% Spanische Abkömmlinge
79% Orientalen/Mittlerer Osten
80% Asiatisch-amerikanisch
79% andere

Bildung
78% bis Highschool-Abschluß
79% einige Semester College
79% College-Abschluß

Beschäftigung
77% Hausfrau/Mutter
80% angestellt, ganztägig
81% angestellt, Teilzeit
79% arbeitslos/Student

Verheiratet/Alleinstehend
83% alleinstehend,
    nie verheiratet
80% geschieden, getrennt
    lebend, verwitwet
75% verheiratet
76% 1 bis 5 Jahre
79% 6 bis 15 Jahre
75% 16 bis 25 Jahre
71% über 25 Jahre

82% der weiblichen Singles glauben von den Männern, die sie kennen, daß diese sich nicht binden wollen.

Alter
83% unter 18 Jahren
82% 18 bis 34 Jahre
81% 35 bis 50 Jahre
82% 51 bis 70 Jahre
82% 71 Jahre und älter

Jährliches Einkommen
82% unter 5.000 $
84% 6.000 bis 14.000 $
80% 15.000 bis 39.000 $
83% 40.000 bis 74.000 $
82% über 75.000 $

Rasse/Ethnische Zugehörigkeit
82% Weiß
83% Schwarz
82% Spanische Abkömmlinge
82% Orientalen/Mittlerer Osten
81% Asiatisch-amerikanisch
81% andere

Bildung
81% bis Highschool-Abschluß
82% einige Semester College
83% College-Abschluß

88% der alleinstehenden Frauen haben das Gefühl, sich immer den »Falschen« auszusuchen.

Alter
  88% unter 18 Jahren
  87% 18 bis 34 Jahre
  86% 35 bis 50 Jahre
  88% 51 bis 70 Jahre
  87% 71 Jahre und älter

Jährliches Einkommen
  87% unter 5.000 $
  88% 6.000 bis 14.000 $
  88% 15.000 bis 39.000 $
  89% 40.000 bis 74.000 $
  88% über 75.000 $

Rasse/Ethnische Zugehörigkeit
  87% Weiß
  88% Schwarz
  89% Spanische Abkömmlinge
  88% Orientalen/Mittlerer Osten
  88% Asiatisch-amerikanisch
  87% andere

Bildung
  87% bis Highschool-Abschluß
  88% einige Semester College
  89% College-Abschluß

Für 87% der Frauen ist es schwierig, einen Mann kennenzulernen, den sie bewundern und respektieren können.

Alter
  88% unter 18 Jahren
  87% 18 bis 34 Jahre
  88% 35 bis 50 Jahre
  88% 51 bis 70 Jahre
  87% 71 Jahre und älter

Jährliches Einkommen
  87% unter 5.000 $
  86% 6.000 bis 14.000 $
  88% 15.000 bis 39.000 $
  86% 40.000 bis 74.000 $
  86% über 75.000 $

Rasse/Ethnische Zugehörigkeit
  87% Weiß
  87% Schwarz
  86% Spanische Abkömmlinge
  85% Orientalen/Mittlerer Osten
  86% Asiatisch-amerikanisch
  87% andere

Bildung
  87% bis Highschool-Abschluß
  87% einige Semester College
  87% College-Abschluß

Beschäftigung
  86% Hausfrau/Mutter
  87% angestellt, ganztägig
  88% angestellt, Teilzeit
  87% arbeitslos/Student

Verheiratet/Alleinstehend
  87% alleinstehend,
       nie verheiratet
  88% geschieden, getrennt
       lebend, verwitwet
  87% verheiratet
       89% 1 bis 5 Jahre
       85% 6 bis 15 Jahre
       86% 16 bis 25 Jahre
       87% über 25 Jahre

77% der Frauen mit einer Beziehung von mehr als drei Jahren verhalten sich monogam.*

Alter	Rasse/Ethnische Zugehörigkeit
–% unter 18 Jahren	78% Weiß
77% 18 bis 34 Jahre	77% Schwarz
78% 35 bis 50 Jahre	76% Spanische Abkömmlinge
77% 51 bis 70 Jahre	77% Orientalen/Mittlerer Osten
76% 71 Jahre und älter	77% Asiatisch-amerikanisch
	77% andere
Jährliches Einkommen	
77% unter 5.000 $	**Bildung**
76% 6.000 bis 14.000 $	78% bis Highschool-Abschluß
76% 15.000 bis 39.000 $	77% einige Semester College
75% 40.000 bis 74.000 $	77% College-Abschluß
78% über 75.000 $	

* Wenn eine Beziehung zwischen Singles länger als zwei Monate dauert, hält sie im Durchschnitt sieben Monate.

43% der Single-Frauen geben an, daß die Männer, mit denen sie sich treffen, nicht monogam leben.

Alter	Rasse/Ethnische Zugehörigkeit
38% unter 18 Jahren	43% Weiß
45% 18 bis 34 Jahre	44% Schwarz
45% 35 bis 50 Jahre	45% Spanische Abkömmlinge
44% 51 bis 70 Jahre	41% Orientalen/Mittlerer Osten
43% 71 Jahre und älter	42% Asiatisch-amerikanisch
	42% andere
Jährliches Einkommen	
43% unter 5.000 $	**Bildung**
42% 6.000 bis 14.000 $	43% bis Highschool-Abschluß
43% 15.000 bis 39.000 $	42% einige Semester College
44% 40.000 bis 74.000 $	43% College-Abschluß
43% über 75.000 $	

23% der weiblichen Singles mit Beziehungen halten nichts von Monogamie.*

Alter	Rasse/Ethnische Zugehörigkeit
–% unter 18 Jahren	23% Weiß
22% 18 bis 34 Jahre	24% Schwarz
23% 35 bis 50 Jahre	24% Spanische Abkömmlinge
24% 51 bis 70 Jahre	23% Orientalen/Mittlerer Osten
23% 71 Jahre und älter	23% Asiatisch-amerikanisch
	23% andere
Jährliches Einkommen	
24% unter 5.000 $	**Bildung**
23% 6.000 bis 14.000 $	24% bis Highschool-Abschluß
22% 15.000 bis 39.000 $	23% einige Semester College
23% 40.000 bis 74.000 $	23% College-Abschluß
23% über 75.000 $	

* 4% dieser Gruppen haben »offene« Beziehungen, d. h. sie treffen sich mit mehreren Männern; aber es ist üblich, nicht darüber zu sprechen.

KAPITEL 7

Eine unglückliche Beziehung nach der anderen und was davon zu halten ist: Frauen und »Masochismus«

87% der Frauen hatten schon einmal eine schmerzliche oder sehr belastende Beziehung.

Alter
84% unter 18 Jahren
89% 18 bis 34 Jahre
89% 35 bis 50 Jahre
88% 51 bis 70 Jahre
87% 71 Jahre und älter

Jährliches Einkommen
87% unter 5.000 $
86% 6.000 bis 14.000 $
87% 15.000 bis 39.000 $
87% 40.000 bis 74.000 $
85% über 75.000 $

Rasse/Ethnische Zugehörigkeit
86% Weiß
87% Schwarz
86% Spanische Abkömmlinge
88% Orientalen/Mittlerer Osten
87% Asiatisch-amerikanisch
87% andere

Bildung
89% bis Highschool-Abschluß
86% einige Semester College
86% College-Abschluß

Beschäftigung
89% Hausfrau/Mutter
88% angestellt, ganztägig
86% angestellt, Teilzeit
86% arbeitslos/Student

Verheiratet/Alleinstehend
87% alleinstehend,
 nie verheiratet
88% geschieden, getrennt
 lebend, verwitwet
87% verheiratet
 87% 1 bis 5 Jahre
 86% 6 bis 15 Jahre
 87% 16 bis 25 Jahre
 86% über 25 Jahre

74% der Frauen haben eine für sie unglückliche Beziehung aufgegeben.

Alter
73% unter 18 Jahren
74% 18 bis 34 Jahre
75% 35 bis 50 Jahre
74% 51 bis 70 Jahre
74% 71 Jahre und älter

Jährliches Einkommen
72% unter 5.000 $
76% 6.000 bis 14.000 $
75% 15.000 bis 39.000 $
74% 40.000 bis 74.000 $
74% über 75.000 $

Rasse/Ethnische Zugehörigkeit
74% Weiß
73% Schwarz
74% Spanische Abkömmlinge
75% Orientalen/Mittlerer Osten
74% Asiatisch-amerikanisch
74% andere

Bildung
74% bis Highschool-Abschluß
74% einige Semester College
75% College-Abschluß

Beschäftigung
75% Hausfrau/Mutter
74% angestellt, ganztägig
74% angestellt, Teilzeit
73% arbeitslos/Student

Verheiratet/Alleinstehend
75% alleinstehend,
 nie verheiratet
74% geschieden, getrennt
 lebend, verwitwet
74% verheiratet
 73% 1 bis 5 Jahre
 74% 6 bis 15 Jahre
 74% 16 bis 25 Jahre
 75% über 25 Jahre

KAPITEL 8

Gedanken von Single-Frauen über Vor- und Nachteile der Ehe

41% der Frauen stehen der Ehe mit gemischten Gefühlen gegenüber.

Alter
42% unter 18 Jahren
41% 18 bis 34 Jahre
41% 35 bis 50 Jahre
40% 51 bis 70 Jahre
41% 71 Jahre und älter

Jährliches Einkommen
41% unter 5.000 $
41% 6.000 bis 14.000 $
42% 15.000 bis 39.000 $
43% 40.000 bis 74.000 $
42% über 75.000 $

Rasse/Ethnische Zugehörigkeit
41% Weiß
41% Schwarz
41% Spanische Abkömmlinge
40% Orientalen/Mittlerer Osten
40% Asiatisch-amerikanisch
41% andere

Bildung
41% bis Highschool-Abschluß
42% einige Semester College
41% College-Abschluß

26% alleinlebender, noch nie verheirateter Frauen unter 30 haben kein Interesse an der Ehe.

Alter
–% unter 18 Jahren
–% 18 bis 34 Jahre
–% 35 bis 50 Jahre
–% 51 bis 70 Jahre
–% 71 Jahre und älter

Jährliches Einkommen
25% unter 5.000 $
26% 6.000 bis 14.000 $
27% 15.000 bis 39.000 $
26% 40.000 bis 74.000 $
26% über 75.000 $

Rasse/Ethnische Zugehörigkeit
26% Weiß
24% Schwarz
25% Spanische Abkömmlinge
27% Orientalen/Mittlerer Osten
26% Asiatisch-amerikanisch
26% andere

Bildung
26% bis Highschool-Abschluß
27% einige Semester College
26% College-Abschluß

18% alleinlebender, noch nie verheirateter Frauen zwischen 30 und 50 (lesbische Frauen ausgenommen) haben kein Interesse an der Ehe.

Alter
–% unter 18 Jahren
–% 18 bis 34 Jahre
–% 35 bis 50 Jahre
–% 51 bis 70 Jahre
–% 71 Jahre und älter

Jährliches Einkommen
19% unter 5.000 $
18% 6.000 bis 14.000 $
17% 15.000 bis 39.000 $
18% 40.000 bis 74.000 $
17% über 75.000 $

Rasse/Ethnische Zugehörigkeit
17% Weiß
17% Schwarz
18% Spanische Abkömmlinge
18% Orientalen/Mittlerer Osten
18% Asiatisch-amerikanisch
18% andere

Bildung
17% bis Highschool-Abschluß
18% einige Semester College
18% College-Abschluß

46% geschiedener Frauen wollen nicht wieder heiraten – jedenfalls nicht in nächster Zeit.

Alter
-% unter 18 Jahren
42% 18 bis 34 Jahre
46% 35 bis 50 Jahre
49% 51 bis 70 Jahre
-% 71 Jahre und älter

Jährliches Einkommen
46% unter 5.000 $
47% 6.000 bis 14.000 $
46% 15.000 bis 39.000 $
45% 40.000 bis 74.000 $
46% über 75.000 $

Rasse/Ethnische Zugehörigkeit
46% Weiß
47% Schwarz
46% Spanische Abkömmlinge
46% Orientalen/Mittlerer Osten
45% Asiatisch-amerikanisch
46% andere

Bildung
47% bis Highschool-Abschluß
46% einige Semester College
46% College-Abschluß

Beschäftigung
46% Hausfrau/Mutter
45% angestellt, ganztägig
45% angestellt, Teilzeit
46% arbeitslos/Student

43% alleinlebender, noch nie verheirateter Frauen würden gern irgendwann einmal heiraten und betrachten die Ehe als emotionalen Hafen, der Wärme, Intimität und Stabilität verspricht.

Alter
46% unter 18 Jahren
40% 18 bis 34 Jahre
43% 35 bis 50 Jahre
-% 51 bis 70 Jahre
-% 71 Jahre und älter

Jährliches Einkommen
42% unter 5.000 $
44% 6.000 bis 14.000 $
44% 15.000 bis 39.000 $
42% 40.000 bis 74.000 $
43% über 75.000 $

Rasse/Ethnische Zugehörigkeit
42% Weiß
43% Schwarz
44% Spanische Abkömmlinge
44% Orientalen/Mittlerer Osten
43% Asiatisch-amerikanisch
43% andere

Bildung
41% bis Highschool-Abschluß
45% einige Semester College
43% College-Abschluß

33% alleinlebender, noch nie verheirateter Frauen möchten gern heiraten, weil sie anfangen, sich sozial unter Druck gesetzt zu fühlen.

Alter
21% unter 18 Jahren
45% 18 bis 34 Jahre
34% 35 bis 50 Jahre
–% 51 bis 70 Jahre
–% 71 Jahre und älter

Jährliches Einkommen
33% unter 5.000 $
34% 6.000 bis 14.000 $
33% 15.000 bis 39.000 $
32% 40.000 bis 74.000 $
32% über 75.000 $

Rasse/Ethnische Zugehörigkeit
33% Weiß
34% Schwarz
35% Spanische Abkömmlinge
32% Orientalen/Mittlerer Osten
33% Asiatisch-amerikanisch
33% andere

Bildung
33% bis Highschool-Abschluß
34% einige Semester College
33% College-Abschluß

52% geschiedener Frauen würden gern wieder heiraten, um Gemeinsamkeit, Verantwortung und Kinder zu erleben.

Alter
–% unter 18 Jahren
51% 18 bis 34 Jahre
52% 35 bis 50 Jahre
54% 51 bis 70 Jahre
52% 71 Jahre und älter

Jährliches Einkommen
53% unter 5.000 $
52% 6.000 bis 14.000 $
52% 15.000 bis 39.000 $
51% 40.000 bis 74.000 $
51% über 75.000 $

Rasse/Ethnische Zugehörigkeit
52% Weiß
54% Schwarz
51% Spanische Abkömmlinge
50% Orientalen/Mittlerer Osten
50% Asiatisch-amerikanisch
57% andere

Bildung
52% bis Highschool-Abschluß
53% einige Semester College
52% College-Abschluß

Beschäftigung
53% Hausfrau/Mutter
57% angestellt, ganztägig
50% angestellt, Teilzeit
52% arbeitslos/Student

897

32% der weiblichen Singles erwähnen wirtschaftliche Probleme beim Alleinleben auf längere Sicht.

Alter	Rasse/Ethnische Zugehörigkeit
21% unter 18 Jahren	33% Weiß
45% 18 bis 34 Jahre	34% Schwarz
34% 35 bis 50 Jahre	35% Spanische Abkömmlinge
–% 51 bis 70 Jahre	32% Orientalen/Mittlerer Osten
–% 71 Jahre und älter	33% Asiatisch-amerikanisch
	33% andere
Jährliches Einkommen	
33% unter 5.000 $	Bildung
34% 6.000 bis 14.000 $	33% bis Highschool-Abschluß
33% 15.000 bis 39.000 $	34% einige Semester College
32% 40.000 bis 74.000 $	33% College-Abschluß
32% über 75.000 $	

46% der alleinlebenden Frauen kämpfen bewußt gegen die bei ihnen selbst vorhandene stereotype Vorstellung an, man »müsse unbedingt einen Mann haben«.

Alter	Rasse/Ethnische Zugehörigkeit
44% unter 18 Jahren	46% Weiß
45% 18 bis 34 Jahre	46% Schwarz
47% 35 bis 50 Jahre	47% Spanische Abkömmlinge
47% 51 bis 70 Jahre	46% Orientalen/Mittlerer Osten
46% 71 Jahre und älter	45% Asiatisch-amerikanisch
	45% andere
Jährliches Einkommen	
46% unter 5.000 $	Bildung
47% 6.000 bis 14.000 $	46% bis Highschool-Abschluß
46% 15.000 bis 39.000 $	47% einige Semester College
45% 40.000 bis 74.000 $	47% College-Abschluß
45% über 75.000 $	

56% der alleinlebenden, bisher unverheirateten Frauen unter 30 wollen nicht zwischen Beruf und Kindern wählen müssen; sie möchten beides haben.

Alter	Rasse/Ethnische Zugehörigkeit
–% unter 18 Jahren	56% Weiß
–% 18 bis 34 Jahre	56% Schwarz
–% 35 bis 50 Jahre	57% Spanische Abkömmlinge
–% 51 bis 70 Jahre	55% Orientalen/Mittlerer Osten
–% 71 Jahre und älter	56% Asiatisch-amerikanisch
	56% andere
Jährliches Einkommen	
57% unter 5.000 $	Bildung
56% 6.000 bis 14.000 $	58% bis Highschool-Abschluß
56% 15.000 bis 39.000 $	54% einige Semester College
55% 40.000 bis 74.000 $	56% College-Abschluß
54% über 75.000 $	

23% der alleinlebenden, bisher unverheirateten Frauen unter 30, die zur Zeit berufstätig sind, würden für eine Ehe/Familie ihren Job aufgeben, wenn es ihnen angemessen erschiene.

Alter
- –% unter 18 Jahren
- –% 18 bis 34 Jahre
- –% 35 bis 50 Jahre
- –% 51 bis 70 Jahre
- –% 71 Jahre und älter

Jährliches Einkommen
- 24% unter 5.000 $
- 25% 6.000 bis 14.000 $
- 23% 15.000 bis 39.000 $
- 23% 40.000 bis 74.000 $
- 23% über 75.000 $

Rasse/Ethnische Zugehörigkeit
- 22% Weiß
- 23% Schwarz
- 22% Spanische Abkömmlinge
- 21% Orientalen/Mittlerer Osten
- 23% Asiatisch-amerikanisch
- 23% andere

Bildung
- 24% bis Highschool-Abschluß
- 23% einige Semester College
- 23% College-Abschluß

Auf die Frage nach dem bevorzugten Zeitvertreib und dem eigenen Vergnügen geben 92% der Frauen Tätigkeiten an, die sie allein ausüben.

Alter
- 89% unter 18 Jahren
- 94% 18 bis 34 Jahre
- 95% 35 bis 50 Jahre
- 92% 51 bis 70 Jahre
- 92% 71 Jahre und älter

Jährliches Einkommen
- 91% unter 5.000 $
- 92% 6.000 bis 14.000 $
- 93% 15.000 bis 39.000 $
- 95% 40.000 bis 74.000 $
- 90% über 75.000 $

Rasse/Ethnische Zugehörigkeit
- 90% Weiß
- 94% Schwarz
- 92% Spanische Abkömmlinge
- 91% Orientalen/Mittlerer Osten
- 91% Asiatisch-amerikanisch
- 92% andere

Bildung
- 92% bis Highschool-Abschluß
- 93% einige Semester College
- 92% College-Abschluß

Beschäftigung
- 90% Hausfrau/Mutter
- 94% angestellt, ganztägig
- 95% angestellt, Teilzeit
- 90% arbeitslos/Student

Verheiratet/Alleinstehend
- 92% alleinstehend, nie verheiratet
- 93% geschieden, getrennt lebend, verwitwet
- 92% verheiratet
  - 91% 1 bis 5 Jahre
  - 92% 6 bis 15 Jahre
  - 93% 16 bis 25 Jahre
  - 92% über 25 Jahre

KAPITEL 10

Außerehelicher Sex und Liebesaffären

Für 83% der Frauen ist Monogamie die ideale Lebensform.

Alter
  82% unter 18 Jahren
  83% 18 bis 34 Jahre
  84% 35 bis 50 Jahre
  83% 51 bis 70 Jahre
  84% 71 Jahre und älter

Jährliches Einkommen
  85% unter 5.000 $
  81% 6.000 bis 14.000 $
  82% 15.000 bis 39.000 $
  83% 40.000 bis 74.000 $
  83% über 75.000 $

Rasse/Ethnische Zugehörigkeit
  83% Weiß
  82% Schwarz
  83% Spanische Abkömmlinge
  82% Orientalen/Mittlerer Osten
  83% Asiatisch-amerikanisch
  83% andere

Bildung
  81% bis Highschool-Abschluß
  85% einige Semester College
  83% College-Abschluß

Beschäftigung
  81% Hausfrau/Mutter
  80% angestellt, ganztägig
  85% angestellt, Teilzeit
  85% arbeitslos/Student

Verheiratet/Alleinstehend
  87% alleinstehend,
       nie verheiratet
  80% geschieden, getrennt
       lebend, verwitwet
  83% verheiratet
    85% 1 bis 5 Jahre
    84% 6 bis 15 Jahre
    81% 16 bis 25 Jahre
    81% über 25 Jahre

70% der Frauen, die länger als fünf Jahre verheiratet sind, haben außerehelichen Geschlechtsverkehr.

Alter
  –% unter 18 Jahren
  65% 18 bis 34 Jahre
  75% 35 bis 50 Jahre
  71% 51 bis 70 Jahre
  –% 71 Jahre und älter

Jährliches Einkommen
  71% unter 5.000 $
  72% 6.000 bis 14.000 $
  68% 15.000 bis 39.000 $
  69% 40.000 bis 74.000 $
  70% über 75.000 $

Rasse/Ethnische Zugehörigkeit
  70% Weiß
  71% Schwarz
  70% Spanische Abkömmlinge
  69% Orientalen/Mittlerer Osten
  70% Asiatisch-amerikanisch
  70% andere

Bildung
  71% bis Highschool-Abschluß
  70% einige Semester College
  69% College-Abschluß

Beschäftigung
  72% Hausfrau/Mutter
  68% angestellt, ganztägig
  69% angestellt, Teilzeit
  70% arbeitslos/Student

Aufschlüsselung der Daten über Frauen mit außerehelichem Geschlechtsverkehr.

Dauer der Affäre:	12% kurze »Bettgeschichten« bzw. ein- oder zweimalige Treffen
	9% 1–11 Monate
	14% 1–2 Jahre
	23% 3–5 Jahre
	4% 6–10 Jahre
	2% länger als 11 Jahre
	6% ab und zu mit der gleichen Person
Anzahl der Affären:	eine Affäre: 17%
2 bis 4 Jahre verheiratet:	zwei Affären: 13%
	mehr als zwei: 5%
5 bis 10 Jahre verheiratet:	eine Affäre: 14%
	zwei Affären: 26%
	drei Affären: 22%
	mehr als drei: 8%
Länger als 10 Jahre verheiratet:	eine Affäre: 7%
	zwei Affären: 21%
	drei Affären: 25%
	vier bis fünf Affären: 18%
	sechs bis zehn Affären: 9%
	mehr als 10 Affären: 4%
	49% mit einem ständigen Liebhaber
	15% mit mehreren Liebhabern zur gleichen Zeit

76% der Frauen, die Affären haben, geben als Hauptgrund die Entfremdung von ihren Ehemännern an.

Alter
 –% unter 18 Jahren
 75% 18 bis 34 Jahre
 78% 35 bis 50 Jahre
 76% 51 bis 70 Jahre
 76% 71 Jahre und älter

Jährliches Einkommen
 74% unter 5.000 $
 75% 6.000 bis 14.000 $
 76% 15.000 bis 39.000 $
 76% 40.000 bis 74.000 $
 76% über 75.000 $

Rasse/Ethnische Zugehörigkeit
 76% Weiß
 76% Schwarz
 75% Spanische Abkömmlinge
 76% Orientalen/Mittlerer Osten
 76% Asiatisch-amerikanisch
 75% andere

Bildung
 77% bis Highschool-Abschluß
 78% einige Semester College
 74% College-Abschluß

Beschäftigung
 75% Hausfrau/Mutter
 76% angestellt, ganztägig
 76% angestellt, Teilzeit
 77% arbeitslos/Student

92% der verheirateten Frauen machen zunächst eine zwei- bis vierjährige Phase durch, in der sie sich verwirrt und eingeschüchtert fühlen, bevor sie sich für eine Lösung in Form einer zusätzlichen Beziehung entscheiden.

Alter	Rasse/Ethnische Zugehörigkeit
–% unter 18 Jahren	92% Weiß
94% 18 bis 34 Jahre	93% Schwarz
91% 35 bis 50 Jahre	92% Spanische Abkömmlinge
91% 51 bis 70 Jahre	92% Orientalen/Mittlerer Osten
92% 71 Jahre und älter	92% Asiatisch-amerikanisch
	92% andere

Jährliches Einkommen
93% unter 5.000 $
92% 6.000 bis 14.000 $
92% 15.000 bis 39.000 $
91% 40.000 bis 74.000 $
91% über 75.000 $

Bildung
93% bis Highschool-Abschluß
93% einige Semester College
92% College-Abschluß

Beschäftigung
91% Hausfrau/Mutter
92% angestellt, ganztägig
92% angestellt, Teilzeit
93% arbeitslos/Student

12% der verheirateten Frauen mit außerehelichen Beziehungen haben nur gelegentlich »Bettgeschichten« oder ein- bis zweimalige Begegnungen.

Alter	Rasse/Ethnische Zugehörigkeit
–% unter 18 Jahren	12% Weiß
11% 18 bis 34 Jahre	11% Schwarz
12% 35 bis 50 Jahre	10% Spanische Abkömmlinge
13% 51 bis 70 Jahre	14% Orientalen/Mittlerer Osten
12% 71 Jahre und älter	12% Asiatisch-amerikanisch
	12% andere

Jährliches Einkommen
13% unter 5.000 $
13% 6.000 bis 14.000 $
11% 15.000 bis 39.000 $
11% 40.000 bis 74.000 $
12% über 75.000 $

Bildung
11% bis Highschool-Abschluß
12% einige Semester College
12% College-Abschluß

Beschäftigung
13% Hausfrau/Mutter
12% angestellt, ganztägig
12% angestellt, Teilzeit
11% arbeitslos/Student

21% der verheirateten Frauen mit außerehelichen Beziehungen geben als Grund dafür an, zu Hause nicht genügend oder nur unbefriedigenden Sex zu bekommen.

Alter
  –% unter 18 Jahren
  22% 18 bis 34 Jahre
  21% 35 bis 50 Jahre
  20% 51 bis 70 Jahre
  21% 71 Jahre und älter

Jährliches Einkommen
  21% unter 5.000 $
  21% 6.000 bis 14.000 $
  25% 15.000 bis 39.000 $
  20% 40.000 bis 74.000 $
  20% über 75.000 $

Rasse/Ethnische Zugehörigkeit
  22% Weiß
  20% Schwarz
  21% Spanische Abkömmlinge
  21% Orientalen/Mittlerer Osten
  21% Asiatisch-amerikanisch
  20% andere

Bildung
  22% bis Highschool-Abschluß
  20% einige Semester College
  21% College-Abschluß

Beschäftigung
  21% Hausfrau/Mutter
  20% angestellt, ganztägig
  19% angestellt, Teilzeit
  23% arbeitslos/Student

6% der verheirateten Frauen haben außereheliche Affären trotz befriedigender emotionaler Beziehungen und Gleichwertigkeit im Zusammenleben mit ihren Ehemännern.

Alter
  –% unter 18 Jahren
  5% 18 bis 34 Jahre
  6% 35 bis 50 Jahre
  7% 51 bis 70 Jahre
  7% 71 Jahre und älter

Jährliches Einkommen
  6% unter 5.000 $
  6% 6.000 bis 14.000 $
  8% 15.000 bis 39.000 $
  6% 40.000 bis 74.000 $
  5% über 75.000 $

Rasse/Ethnische Zugehörigkeit
  6% Weiß
  7% Schwarz
  5% Spanische Abkömmlinge
  6% Orientalen/Mittlerer Osten
  6% Asiatisch-amerikanisch
  6% andere

Bildung
  6% bis Highschool-Abschluß
  7% einige Semester College
  6% College-Abschluß

Beschäftigung
  6% Hausfrau/Mutter
  6% angestellt, ganztägig
  5% angestellt, Teilzeit
  6% arbeitslos/Student

12% der verheirateten Frauen geben als Grund für ihre Affären mehr Spaß und Aufregung in ihrem Leben an.

Alter
  –% unter 18 Jahren
  11% 18 bis 34 Jahre
  12% 35 bis 50 Jahre
  13% 51 bis 70 Jahre
  13% 71 Jahre und älter

Jährliches Einkommen
  12% unter 5.000 $
  12% 6.000 bis 14.000 $
  12% 15.000 bis 39.000 $
  13% 40.000 bis 74.000 $
  12% über 75.000 $

Rasse/Ethnische Zugehörigkeit
  13% Weiß
  11% Schwarz
  12% Spanische Abkömmlinge
  12% Orientalen/Mittlerer Osten
  12% Asiatisch-amerikanisch
  11% andere

Bildung
  12% bis Highschool-Abschluß
  13% einige Semester College
  12% College-Abschluß

Beschäftigung
  14% Hausfrau/Mutter
  10% angestellt, ganztägig
  11% angestellt, Teilzeit
  12% arbeitslos/Student

77% der verheirateten Frauen verlieben sich nie in die Männer, mit denen sie ein Verhältnis haben.*

Alter
  –% unter 18 Jahren
  78% 18 bis 34 Jahre
  77% 35 bis 50 Jahre
  76% 51 bis 70 Jahre
  77% 71 Jahre und älter

Jährliches Einkommen
  79% unter 5.000 $
  76% 6.000 bis 14.000 $
  76% 15.000 bis 39.000 $
  75% 40.000 bis 74.000 $
  77% über 75.000 $

Rasse/Ethnische Zugehörigkeit
  77% Weiß
  78% Schwarz
  77% Spanische Abkömmlinge
  77% Orientalen/Mittlerer Osten
  77% Asiatisch-amerikanisch
  76% andere

Bildung
  77% bis Highschool-Abschluß
  78% einige Semester College
  77% College-Abschluß

Beschäftigung
  78% Hausfrau/Mutter
  77% angestellt, ganztägig
  75% angestellt, Teilzeit
  77% arbeitslos/Student

* Diese Angaben entsprechen denen der Männer mit Affären: Die Mehrheit hat ein Verhältnis nicht nur aus Verliebtheit und verliebt sich auch nicht in die Geliebte, solange die Affäre dauert, doch die meisten haben eine gewisse Zuneigung zu der betreffenden Frau (siehe auch *Hite-Report II*, 2. Kapitel).

89% der verheirateten Frauen halten ihre Affären geheim und/oder werden nie entdeckt (bzw. werden von ihren Ehemännern nicht zur Rede gestellt).

Alter
-% unter 18 Jahren
89% 18 bis 34 Jahre
90% 35 bis 50 Jahre
88% 51 bis 70 Jahre
89% 71 Jahre und älter

Jährliches Einkommen
89% unter 5.000 $
90% 6.000 bis 14.000 $
89% 15.000 bis 39.000 $
88% 40.000 bis 74.000 $
89% über 75.000 $

Rasse/Ethnische Zugehörigkeit
89% Weiß
88% Schwarz
89% Spanische Abkömmlinge
89% Orientalen/Mittlerer Osten
90% Asiatisch-amerikanisch
89% andere

Bildung
89% bis Highschool-Abschluß
88% einige Semester College
89% College-Abschluß

Beschäftigung
88% Hausfrau/Mutter
89% angestellt, ganztägig
89% angestellt, Teilzeit
90% arbeitslos/Student

76% der verheirateten Frauen mit einem Verhältnis sehen ihr Doppelleben eher sachlich und haben keine Schuldgefühle.*

Alter
78% unter 18 Jahren
74% 18 bis 34 Jahre
76% 35 bis 50 Jahre
75% 51 bis 70 Jahre
76% 71 Jahre und älter

Jährliches Einkommen
76% unter 5.000 $
76% 6.000 bis 14.000 $
77% 15.000 bis 39.000 $
76% 40.000 bis 74.000 $
75% über 75.000 $

Rasse/Ethnische Zugehörigkeit
76% Weiß
77% Schwarz
76% Spanische Abkömmlinge
76% Orientalen/Mittlerer Osten
75% Asiatisch-amerikanisch
76% andere

Bildung
75% bis Highschool-Abschluß
76% einige Semester College
76% College-Abschluß

Beschäftigung
76% Hausfrau/Mutter
75% angestellt, ganztägig
75% angestellt, Teilzeit
76% arbeitslos/Student

* Auch hier besteht eine Ähnlichkeit zu der männlichen Einstellung: 92% der Männer verursacht ihr Verhältnis ebenfalls keine Schuldgefühle (siehe auch *Hite-Report II*, 2. Kapitel).

91% der verheirateten Frauen ohne außereheliches Verhältnis sind in ihre Ehemänner »verliebt« – ohne sie zu »lieben« – oder geben an, sie hätten eine enge und befriedigende, emotional gleichwertige Beziehung in ihrer Ehe.

Alter
- –% unter 18 Jahren
- 91% 18 bis 34 Jahre
- 92% 35 bis 50 Jahre
- 90% 51 bis 70 Jahre
- 91% 71 Jahre und älter

Jährliches Einkommen
- 91% unter 5.000 $
- 90% 6.000 bis 14.000 $
- 89% 15.000 bis 39.000 $
- 89% 40.000 bis 74.000 $
- 93% über 75.000 $

Rasse/Ethnische Zugehörigkeit
- 91% Weiß
- 92% Schwarz
- 90% Spanische Abkömmlinge
- 91% Orientalen/Mittlerer Osten
- 91% Asiatisch-amerikanisch
- 91% andere

Bildung
- 91% bis Highschool-Abschluß
- 90% einige Semester College
- 91% College-Abschluß

Beschäftigung
- 90% Hausfrau/Mutter
- 93% angestellt, ganztägig
- 91% angestellt, Teilzeit
- 91% arbeitslos/Student

87% der verheirateten Frauen mit einem Verhältnis glauben, daß ihr Ehemann ihnen treu ist.*

Alter
- –% unter 18 Jahren
- 88% 18 bis 34 Jahre
- 87% 35 bis 50 Jahre
- 87% 51 bis 70 Jahre
- 86% 71 Jahre und älter

Jährliches Einkommen
- 85% unter 5.000 $
- 87% 6.000 bis 14.000 $
- 90% 15.000 bis 39.000 $
- 89% 40.000 bis 74.000 $
- 89% über 75.000 $

Rasse/Ethnische Zugehörigkeit
- 87% Weiß
- 88% Schwarz
- 89% Spanische Abkömmlinge
- 88% Orientalen/Mittlerer Osten
- 87% Asiatisch-amerikanisch
- 87% andere

Bildung
- 87% bis Highschool-Abschluß
- 87% einige Semester College
- 86% College-Abschluß

Beschäftigung
- 87% Hausfrau/Mutter
- 87% angestellt, ganztägig
- 87% angestellt, Teilzeit
- 86% arbeitslos/Student

* Laut *Hite-Report II* haben 72% der länger als zwei Jahre verheirateten Männer außerehelichen Sex, häufig, ohne daß ihre Frauen davon wissen.

47% glauben, daß ihre Liebhaber ihnen »treu« sind.

Alter
  –% unter 18 Jahren
  48% 18 bis 34 Jahre
  49% 35 bis 50 Jahre
  45% 51 bis 70 Jahre
  46% 71 Jahre und älter

Jährliches Einkommen
  49% unter 5.000 $
  50% 6.000 bis 14.000 $
  45% 15.000 bis 39.000 $
  45% 40.000 bis 74.000 $
  46% über 75.000 $

Rasse/Ethnische Zugehörigkeit
  47% Weiß
  48% Schwarz
  47% Spanische Abkömmlinge
  46% Orientalen/Mittlerer Osten
  47% Asiatisch-amerikanisch
  47% andere

Bildung
  47% bis Highschool-Abschluß
  48% einige Semester College
  47% College-Abschluß

Beschäftigung
  46% Hausfrau/Mutter
  47% angestellt, ganztägig
  48% angestellt, Teilzeit
  47% arbeitslos/Student

79% der verheirateten Frauen mit einem Verhältnis haben diese Beziehungen nicht mit ledigen, sondern mit verheirateten Männern.

Alter
  –% unter 18 Jahren
  80% 18 bis 34 Jahre
  81% 35 bis 50 Jahre
  77% 51 bis 70 Jahre
  78% 71 Jahre und älter

Jährliches Einkommen
  79% unter 5.000 $
  80% 6.000 bis 14.000 $
  81% 15.000 bis 39.000 $
  78% 40.000 bis 74.000 $
  78% über 75.000 $

Rasse/Ethnische Zugehörigkeit
  79% Weiß
  79% Schwarz
  80% Spanische Abkömmlinge
  78% Orientalen/Mittlerer Osten
  79% Asiatisch-amerikanisch
  79% andere

Bildung
  79% bis Highschool-Abschluß
  80% einige Semester College
  79% College-Abschluß

Beschäftigung
  84% Hausfrau/Mutter
  76% angestellt, ganztägig
  77% angestellt, Teilzeit
  78% arbeitslos/Student

14% der verheirateten Frauen mit einem Verhältnis glauben, daß ihre Ehe davon profitieren würde, wenn auch ihre Männer ein Verhältnis hätten.

Alter
-% unter 18 Jahren
13% 18 bis 34 Jahre
14% 35 bis 50 Jahre
14% 51 bis 70 Jahre
15% 71 Jahre und älter

Jährliches Einkommen
14% unter 5.000 $
14% 6.000 bis 14.000 $
15% 15.000 bis 39.000 $
16% 40.000 bis 74.000 $
14% über 75.000 $

Rasse/Ethnische Zugehörigkeit
14% Weiß
15% Schwarz
15% Spanische Abkömmlinge
14% Orientalen/Mittlerer Osten
14% Asiatisch-amerikanisch
14% andere

Bildung
14% bis Highschool-Abschluß
13% einige Semester College
14% College-Abschluß

Beschäftigung
14% Hausfrau/Mutter
13% angestellt, ganztägig
14% angestellt, Teilzeit
14% arbeitslos/Student

40% der betroffenen Ehemänner reagieren heftig, wenn sie herausfinden, daß ihre Frau ein Verhältnis hat (aber die meisten werden nie entdeckt).

Alter
-% unter 18 Jahren
41% 18 bis 34 Jahre
42% 35 bis 50 Jahre
39% 51 bis 70 Jahre
39% 71 Jahre und älter

Jährliches Einkommen
38% unter 5.000 $
39% 6.000 bis 14.000 $
42% 15.000 bis 39.000 $
41% 40.000 bis 74.000 $
40% über 75.000 $

Rasse/Ethnische Zugehörigkeit
40% Weiß
41% Schwarz
39% Spanische Abkömmlinge
40% Orientalen/Mittlerer Osten
41% Asiatisch-amerikanisch
40% andere

Bildung
41% bis Highschool-Abschluß
40% einige Semester College
40% College-Abschluß

Beschäftigung
40% Hausfrau/Mutter
41% angestellt, ganztägig
40% angestellt, Teilzeit
39% arbeitslos/Student

60% der Männer reagieren eher gleichgültig auf ein Verhältnis ihrer Frau.

Alter
  –% unter 18 Jahren
  61% 18 bis 34 Jahre
  60% 35 bis 50 Jahre
  59% 51 bis 70 Jahre
  60% 71 Jahre und älter

Jährliches Einkommen
  61% unter 5.000 $
  60% 6.000 bis 14.000 $
  60% 15.000 bis 39.000 $
  59% 40.000 bis 74.000 $
  60% über 75.000 $

Rasse/Ethnische Zugehörigkeit
  60% Weiß
  59% Schwarz
  59% Spanische Abkömmlinge
  60% Orientalen/Mittlerer Osten
  61% Asiatisch-amerikanisch
  60% andere

Bildung
  60% bis Highschool-Abschluß
  61% einige Semester College
  60% College-Abschluß

Beschäftigung
  59% Hausfrau/Mutter
  59% angestellt, ganztägig
  60% angestellt, Teilzeit
  61% arbeitslos/Student

48% der weiblichen Singles geben an, schon einmal die »andere« Frau bei einem verheirateten Mann gewesen zu sein.

Alter
  28% unter 18 Jahren
  57% 18 bis 34 Jahre
  49% 35 bis 50 Jahre
  58% 51 bis 70 Jahre
  –% 71 Jahre und älter

Jährliches Einkommen
  49% unter 5.000 $
  50% 6.000 bis 14.000 $
  47% 15.000 bis 39.000 $
  47% 40.000 bis 74.000 $
  47% über 75.000 $

Rasse/Ethnische Zugehörigkeit
  48% Weiß
  49% Schwarz
  48% Spanische Abkömmlinge
  48% Orientalen/Mittlerer Osten
  48% Asiatisch-amerikanisch
  49% andere

Bildung
  48% bis Highschool-Abschluß
  47% einige Semester College
  48% College-Abschluß

Beschäftigung
  48% Hausfrau/Mutter
  49% angestellt, ganztägig
  48% angestellt, Teilzeit
  48% arbeitslos/Student

52% alleinlebender Frauen finden außerehelichen Sex mit verheirateten Männern falsch oder unsinnig und lassen sich nicht darauf ein.

Alter
  51% unter 18 Jahren
  52% 18 bis 34 Jahre
  54% 35 bis 50 Jahre
  52% 51 bis 70 Jahre
  52% 71 Jahre und älter

Jährliches Einkommen
  52% unter 5.000 $
  53% 6.000 bis 14.000 $
  50% 15.000 bis 39.000 $
  51% 40.000 bis 74.000 $
  52% über 75.000 $

Rasse/Ethnische Zugehörigkeit
  52% Weiß
  53% Schwarz
  50% Spanische Abkömmlinge
  52% Orientalen/Mittlerer Osten
  51% Asiatisch-amerikanisch
  52% andere

Bildung
  51% bis Highschool-Abschluß
  53% einige Semester College
  52% College-Abschluß

Beschäftigung
  52% Hausfrau/Mutter
  51% angestellt, ganztägig
  51% angestellt, Teilzeit
  52% arbeitslos/Student

KAPITEL 11

Bahnen sich in der finanziellen und häuslichen Struktur
der Ehe Veränderungen an?

**86% der verheirateten berufstätigen Frauen sind gern außer Haus tätig
und wünschen sich nicht zurück in die Zeit, als sie noch nicht die Möglichkeit der Wahl hatten.**

Alter	Rasse/Ethnische Zugehörigkeit
–% unter 18 Jahren	86% Weiß
86% 18 bis 34 Jahre	85% Schwarz
87% 35 bis 50 Jahre	86% Spanische Abkömmlinge
87% 51 bis 70 Jahre	86% Orientalen/Mittlerer Osten
86% 71 Jahre und älter	85% Asiatisch-amerikanisch
	86% andere
Jährliches Einkommen	
86% unter 5.000 $	Bildung
85% 6.000 bis 14.000 $	86% bis Highschool-Abschluß
85% 15.000 bis 39.000 $	87% einige Semester College
87% 40.000 bis 74.000 $	86% College-Abschluß
86% über 75.000 $	

**75% der verheirateten berufstätigen Frauen schätzen die wirtschaftliche
Unabhängigkeit (bzw., in einigen Fällen, die teilweise Unabhängigkeit).**

Alter	Rasse/Ethnische Zugehörigkeit
–% unter 18 Jahren	75% Weiß
75% 18 bis 34 Jahre	74% Schwarz
74% 35 bis 50 Jahre	75% Spanische Abkömmlinge
74% 51 bis 70 Jahre	76% Orientalen/Mittlerer Osten
74% 71 Jahre und älter	75% Asiatisch-amerikanisch
	75% andere
Jährliches Einkommen	
74% unter 5.000 $	Bildung
75% 6.000 bis 14.000 $	75% bis Highschool-Abschluß
75% 15.000 bis 39.000 $	74% einige Semester College
76% 40.000 bis 74.000 $	75% College-Abschluß
75% über 75.000 $	

87% der verheirateten Frauen, die finanziell von ihren Ehemännern abhängig sind oder waren, fühlten sich dabei unbehaglich. Sie möchten nicht gern »jemand anderen« um Geld bitten, schon gar nicht für sich selbst.

Alter
-% unter 18 Jahren
87% 18 bis 34 Jahre
88% 35 bis 50 Jahre
87% 51 bis 70 Jahre
88% 71 Jahre und älter

Jährliches Einkommen
90% unter 5.000 $
85% 6.000 bis 14.000 $
86% 15.000 bis 39.000 $
87% 40.000 bis 74.000 $
87% über 75.000 $

Rasse/Ethnische Zugehörigkeit
86% Weiß
87% Schwarz
87% Spanische Abkömmlinge
88% Orientalen/Mittlerer Osten
87% Asiatisch-amerikanisch
87% andere

Bildung
87% bis Highschool-Abschluß
88% einige Semester College
87% College-Abschluß

Beschäftigung
88% Hausfrau/Mutter
87% angestellt, ganztägig
86% angestellt, Teilzeit
87% arbeitslos/Student

82% der unverheirateten Frauen unter 25 betonen, daß sie in einer Ehe nicht finanziell abhängig sein möchten.

Alter
-% unter 18 Jahren
-% 18 bis 34 Jahre
-% 35 bis 50 Jahre
-% 51 bis 70 Jahre
-% 71 Jahre und älter

Jährliches Einkommen
76% unter 5.000 $
79% 6.000 bis 14.000 $
85% 15.000 bis 39.000 $
88% 40.000 bis 74.000 $
-% über 75.000 $

Rasse/Ethnische Zugehörigkeit
82% Weiß
81% Schwarz
82% Spanische Abkömmlinge
82% Orientalen/Mittlerer Osten
81% Asiatisch-amerikanisch
82% andere

Bildung
75% bis Highschool-Abschluß
81% einige Semester College
79% College-Abschluß

91% der verheirateten Frauen sind die »Finanzminister« der Familie, sie führen die Bücher und bezahlen die Rechnungen.

Alter
  –% unter 18 Jahren
  90% 18 bis 34 Jahre
  91% 35 bis 50 Jahre
  92% 51 bis 70 Jahre
  91% 71 Jahre und älter

Jährliches Einkommen
  91% unter 5.000 $
  92% 6.000 bis 14.000 $
  92% 15.000 bis 39.000 $
  91% 40.000 bis 74.000 $
  91% über 75.000 $

Rasse/Ethnische Zugehörigkeit
  91% Weiß
  92% Schwarz
  91% Spanische Abkömmlinge
  90% Orientalen/Mittlerer Osten
  91% Asiatisch-amerikanisch
  91% andere

Bildung
  91% bis Highschool-Abschluß
  92% einige Semester College
  91% College-Abschluß

Beschäftigung
  92% Hausfrau/Mutter
  90% angestellt, ganztägig
  91% angestellt, Teilzeit
  91% arbeitslos/Student

In 76% der Haushalte, in denen die Frauen voll berufstätig sind und/oder Kinder unter 12 Jahren haben, gibt es keine konkret festgelegte, gleichmäßige Verteilung der Hausarbeiten.*

Alter
  –% unter 18 Jahren
  77% 18 bis 34 Jahre
  76% 35 bis 50 Jahre
  75% 51 bis 70 Jahre
  76% 71 Jahre und älter

Jährliches Einkommen
  77% unter 5.000 $
  76% 6.000 bis 14.000 $
  75% 15.000 bis 39.000 $
  76% 40.000 bis 74.000 $
  76% über 75.000 $

Rasse/Ethnische Zugehörigkeit
  75% Weiß
  76% Schwarz
  76% Spanische Abkömmlinge
  77% Orientalen/Mittlerer Osten
  76% Asiatisch-amerikanisch
  76% andere

Bildung
  76% bis Highschool-Abschluß
  75% einige Semester College
  76% College-Abschluß

Beschäftigung
  79% Hausfrau/Mutter
  74% angestellt, ganztägig
  75% angestellt, Teilzeit
  75% arbeitslos/Student

* Bezeichnenderweise wird eine konkrete, gleichmäßige Verteilung der Hausarbeit gar nicht erst besprochen – im allgemeinen wird angegeben, daß der Mann »mithilft«. Da die Frauen im Gegensatz zu den Männern gewöhnt sind, die Hausarbeit zu machen, bedeutet dies, daß die berufstätigen Frauen diese Gewohnheit beibehalten, während die Männer gar nicht sehen, was getan werden muß.

80% der Frauen machen nicht nur die Hausarbeit und die Planung, sondern müssen auch die anderen Familienmitglieder daran erinnern, ihren Teil zu leisten.

Alter
 - −% unter 18 Jahren
 - 80% 18 bis 34 Jahre
 - 81% 35 bis 50 Jahre
 - 82% 51 bis 70 Jahre
 - 80% 71 Jahre und älter

Jährliches Einkommen
 - 80% unter 5.000 $
 - 79% 6.000 bis 14.000 $
 - 80% 15.000 bis 39.000 $
 - 81% 40.000 bis 74.000 $
 - 80% über 75.000 $

Rasse/Ethnische Zugehörigkeit
 - 81% Weiß
 - 80% Schwarz
 - 79% Spanische Abkömmlinge
 - 80% Orientalen/Mittlerer Osten
 - 80% Asiatisch-amerikanisch
 - 81% andere

Bildung
 - 81% bis Highschool-Abschluß
 - 80% einige Semester College
 - 80% College-Abschluß

Beschäftigung
 - 82% Hausfrau/Mutter
 - 78% angestellt, ganztägig
 - 79% angestellt, Teilzeit
 - 80% arbeitslos/Student

23% der verheirateten Frauen geben an, eine erfolgreiche und gerechte Aufteilung der Hausarbeit mit ihren Ehemännern vereinbart zu haben.

Alter
 - −% unter 18 Jahren
 - 22% 18 bis 34 Jahre
 - 23% 35 bis 50 Jahre
 - 24% 51 bis 70 Jahre
 - 22% 71 Jahre und älter

Jährliches Einkommen
 - 23% unter 5.000 $
 - 25% 6.000 bis 14.000 $
 - 24% 15.000 bis 39.000 $
 - 21% 40.000 bis 74.000 $
 - 22% über 75.000 $

Rasse/Ethnische Zugehörigkeit
 - 23% Weiß
 - 22% Schwarz
 - 20% Spanische Abkömmlinge
 - 24% Orientalen/Mittlerer Osten
 - 25% Asiatisch-amerikanisch
 - 25% andere

Bildung
 - 23% bis Highschool-Abschluß
 - 24% einige Semester College
 - 22% College-Abschluß

Beschäftigung
 - 20% Hausfrau/Mutter
 - 25% angestellt, ganztägig
 - 24% angestellt, Teilzeit
 - 23% arbeitslos/Student

KAPITEL 12

Was Frauen über die Scheidung denken

91% aller Scheidungsanträge werden von Frauen eingereicht.

Alter
-% unter 18 Jahren
93% 18 bis 34 Jahre
91% 35 bis 50 Jahre
89% 51 bis 70 Jahre
-% 71 Jahre und älter

Jährliches Einkommen
90% unter 5.000 $
90% 6.000 bis 14.000 $
93% 15.000 bis 39.000 $
91% 40.000 bis 74.000 $
91% über 75.000 $

Rasse/Ethnische Zugehörigkeit
91% Weiß
92% Schwarz
91% Spanische Abkömmlinge
91% Orientalen/Mittlerer Osten
90% Asiatisch-amerikanisch
91% andere

Bildung
90% bis Highschool-Abschluß
92% einige Semester College
91% College-Abschluß

Beschäftigung
-% Hausfrau/Mutter
91% angestellt, ganztägig
91% angestellt, Teilzeit
91% arbeitslos/Student

89% der Frauen, die geschieden sind oder getrennt leben, waren in ihrer Ehe einsamer als je zuvor in ihrem Leben.

Alter
-% unter 18 Jahren
86% 18 bis 34 Jahre
89% 35 bis 50 Jahre
91% 51 bis 70 Jahre
90% 71 Jahre und älter

Jährliches Einkommen
88% unter 5.000 $
89% 6.000 bis 14.000 $
89% 15.000 bis 39.000 $
89% 40.000 bis 74.000 $
88% über 75.000 $

Rasse/Ethnische Zugehörigkeit
89% Weiß
88% Schwarz
87% Spanische Abkömmlinge
88% Orientalen/Mittlerer Osten
89% Asiatisch-amerikanisch
89% andere

Bildung
90% bis Highschool-Abschluß
91% einige Semester College
87% College-Abschluß

Beschäftigung
-% Hausfrau/Mutter
88% angestellt, ganztägig
89% angestellt, Teilzeit
90% arbeitslos/Student

71% der Frauen fühlten sich nach der Scheidung erleichtert und wieder wohl.

Alter	Rasse/Ethnische Zugehörigkeit
–% unter 18 Jahren	70% Weiß
75% 18 bis 34 Jahre	71% Schwarz
73% 35 bis 50 Jahre	72% Spanische Abkömmlinge
70% 51 bis 70 Jahre	71% Orientalen/Mittlerer Osten
67% 71 Jahre und älter	71% Asiatisch-amerikanisch
	70% andere

Jährliches Einkommen
70% unter 5.000 $
71% 6.000 bis 14.000 $
72% 15.000 bis 39.000 $
73% 40.000 bis 74.000 $
70% über 75.000 $

Bildung
72% bis Highschool-Abschluß
71% einige Semester College
71% College-Abschluß

24% hatten nach der Scheidung gemischte Gefühle und fanden es schwierig, sich davon zu erholen.

Alter	Rasse/Ethnische Zugehörigkeit
–% unter 18 Jahren	24% Weiß
22% 18 bis 34 Jahre	24% Schwarz
24% 35 bis 50 Jahre	23% Spanische Abkömmlinge
23% 51 bis 70 Jahre	24% Orientalen/Mittlerer Osten
25% 71 Jahre und älter	24% Asiatisch-amerikanisch
	24% andere

Jährliches Einkommen
24% unter 5.000 $
22% 6.000 bis 14.000 $
20% 15.000 bis 39.000 $
26% 40.000 bis 74.000 $
27% über 75.000 $

Bildung
24% bis Highschool-Abschluß
23% einige Semester College
24% College-Abschluß

KAPITEL 13

Aus welchen Gründen sind Frauen gern verheiratet und/oder erhalten ihre Ehe?

72% der Frauen, die länger als drei Jahre verheiratet sind, schätzen in ihrer Ehe am meisten Kameradschaft, Sicherheit und das Gefühl, »irgendwo hinzugehören«.

Alter
   –% unter 18 Jahren
   70% 18 bis 34 Jahre
   72% 35 bis 50 Jahre
   74% 51 bis 70 Jahre
   72% 71 Jahre und älter

Jährliches Einkommen
   72% unter 5.000 $
   73% 6.000 bis 14.000 $
   74% 15.000 bis 39.000 $
   70% 40.000 bis 74.000 $
   71% über 75.000 $

Rasse/Ethnische Zugehörigkeit
   72% Weiß
   72% Schwarz
   71% Spanische Abkömmlinge
   71% Orientalen/Mittlerer Osten
   72% Asiatisch-amerikanisch
   73% andere

Bildung
   72% bis Highschool-Abschluß
   73% einige Semester College
   72% College-Abschluß

Beschäftigung
   72% Hausfrau/Mutter
   70% angestellt, ganztägig
   71% angestellt, Teilzeit
   73% arbeitslos/Student

41% der Frauen erwähnen besonders die finanzielle Sicherheit, die durch das Doppelverdienen entsteht (daß sie nicht allein für das Familieneinkommen verantwortlich sind).

Alter
   –% unter 18 Jahren
   41% 18 bis 34 Jahre
   41% 35 bis 50 Jahre
   42% 51 bis 70 Jahre
   41% 71 Jahre und älter

Jährliches Einkommen
   45% unter 5.000 $
   43% 6.000 bis 14.000 $
   40% 15.000 bis 39.000 $
   38% 40.000 bis 74.000 $
   39% über 75.000 $

Rasse/Ethnische Zugehörigkeit
   41% Weiß
   41% Schwarz
   42% Spanische Abkömmlinge
   41% Orientalen/Mittlerer Osten
   42% Asiatisch-amerikanisch
   41% andere

Bildung
   41% bis Highschool-Abschluß
   40% einige Semester College
   41% College-Abschluß

Beschäftigung
   43% Hausfrau/Mutter
   39% angestellt, ganztägig
   40% angestellt, Teilzeit
   41% arbeitslos/Student

82% der Frauen, die länger als drei Jahre verheiratet sind, lieben am meisten die physische Wärme, Zuneigung und körperliche Anwesenheit ihres Partners, obwohl sie diese Dinge zwischendurch manchmal entbehren müssen.

Alter
-% unter 18 Jahren
82% 18 bis 34 Jahre
83% 35 bis 50 Jahre
81% 51 bis 70 Jahre
82% 71 Jahre und älter

Jährliches Einkommen
85% unter 5.000 $
80% 6.000 bis 14.000 $
81% 15.000 bis 39.000 $
82% 40.000 bis 74.000 $
82% über 75.000 $

Rasse/Ethnische Zugehörigkeit
82% Weiß
81% Schwarz
81% Spanische Abkömmlinge
82% Orientalen/Mittlerer Osten
83% Asiatisch-amerikanisch
82% andere

Bildung
82% bis Highschool-Abschluß
83% einige Semester College
82% College-Abschluß

Beschäftigung
82% Hausfrau/Mutter
81% angestellt, ganztägig
81% angestellt, Teilzeit
82% arbeitslos/Student

44% der verheirateten Frauen geben an, daß sie fest mit regelmäßiger körperlicher Zuneigung rechnen können.

Alter
-% unter 18 Jahren
48% 18 bis 34 Jahre
46% 35 bis 50 Jahre
44% 51 bis 70 Jahre
39% 71 Jahre und älter

Jährliches Einkommen
44% unter 5.000 $
45% 6.000 bis 14.000 $
44% 15.000 bis 39.000 $
43% 40.000 bis 74.000 $
44% über 75.000 $

Rasse/Ethnische Zugehörigkeit
43% Weiß
44% Schwarz
44% Spanische Abkömmlinge
45% Orientalen/Mittlerer Osten
44% Asiatisch-amerikanisch
44% andere

Bildung
42% bis Highschool-Abschluß
44% einige Semester College
46% College-Abschluß

Beschäftigung
41% Hausfrau/Mutter
46% angestellt, ganztägig
45% angestellt, Teilzeit
44% arbeitslos/Student

74% der verheirateten Frauen mit Kindern sind sehr glücklich über ihre Kinder, obwohl dies meist nicht in Zusammenhang mit dem Wohlfühlen in der Ehe genannt wird.

Alter
- –% unter 18 Jahren
- 75% 18 bis 34 Jahre
- 74% 35 bis 50 Jahre
- 73% 51 bis 70 Jahre
- 74% 71 Jahre und älter

Jährliches Einkommen
- 71% unter 5.000 $
- 75% 6.000 bis 14.000 $
- 77% 15.000 bis 39.000 $
- 74% 40.000 bis 74.000 $
- 74% über 75.000 $

Rasse/Ethnische Zugehörigkeit
- 76% Weiß
- 74% Schwarz
- 75% Spanische Abkömmlinge
- 74% Orientalen/Mittlerer Osten
- 74% Asiatisch-amerikanisch
- 74% andere

Bildung
- 75% bis Highschool-Abschluß
- 74% einige Semester College
- 73% College-Abschluß

Beschäftigung
- 76% Hausfrau/Mutter
- 75% angestellt, ganztägig
- 74% angestellt, Teilzeit
- 71% arbeitslos/Student

19% der verheirateten Frauen mit Kindern geben an, daß ihr Verhältnis zu ihrem Ehemann durch die Kinder unterschiedlich beeinflußt wurde.

Alter
- 18% unter 18 Jahren
- 19% 18 bis 34 Jahre
- 20% 35 bis 50 Jahre
- 21% 51 bis 70 Jahre
- 18% 71 Jahre und älter

Jährliches Einkommen
- 21% unter 5.000 $
- 19% 6.000 bis 14.000 $
- 17% 15.000 bis 39.000 $
- 16% 40.000 bis 74.000 $
- 19% über 75.000 $

Rasse/Ethnische Zugehörigkeit
- 19% Weiß
- 18% Schwarz
- 19% Spanische Abkömmlinge
- 19% Orientalen/Mittlerer Osten
- 19% Asiatisch-amerikanisch
- 20% andere

Bildung
- 19% bis Highschool-Abschluß
- 19% einige Semester College
- 19% College-Abschluß

Beschäftigung
- 19% Hausfrau/Mutter
- 18% angestellt, ganztägig
- 18% angestellt, Teilzeit
- 19% arbeitslos/Student

Bei 31% der verheirateten Frauen hat sich durch die Kinder das Verhältnis zum Ehemann verbessert.

Alter
  –% unter 18 Jahren
  30% 18 bis 34 Jahre
  31% 35 bis 50 Jahre
  30% 51 bis 70 Jahre
  32% 71 Jahre und älter

Jährliches Einkommen
  31% unter 5.000 $
  32% 6.000 bis 14.000 $
  32% 15.000 bis 39.000 $
  31% 40.000 bis 74.000 $
  31% über 75.000 $

Rasse/Ethnische Zugehörigkeit
  31% Weiß
  31% Schwarz
  32% Spanische Abkömmlinge
  32% Orientalen/Mittlerer Osten
  31% Asiatisch-amerikanisch
  31% andere

Bildung
  31% bis Highschool-Abschluß
  32% einige Semester College
  32% College-Abschluß

Beschäftigung
  30% Hausfrau/Mutter
  31% angestellt, ganztägig
  32% angestellt, Teilzeit
  31% arbeitslos/Student

93% der verheirateten Frauen, die sich gegen Kinder entschieden hatten, sind über diese Entscheidung sehr glücklich.

Alter
  –% unter 18 Jahren
  –% 18 bis 34 Jahre
  –% 35 bis 50 Jahre
  –% 51 bis 70 Jahre
  –% 71 Jahre und älter

Jährliches Einkommen
  91% unter 5.000 $
  93% 6.000 bis 14.000 $
  95% 15.000 bis 39.000 $
  93% 40.000 bis 74.000 $
  93% über 75.000 $

Rasse/Ethnische Zugehörigkeit
  93% Weiß
  94% Schwarz
  93% Spanische Abkömmlinge
  93% Orientalen/Mittlerer Osten
  92% Asiatisch-amerikanisch
  92% andere

Bildung
  93% bis Highschool-Abschluß
  92% einige Semester College
  94% College-Abschluß

Beschäftigung
  –% Hausfrau/Mutter
  92% angestellt, ganztägig
  93% angestellt, Teilzeit
  93% arbeitslos/Student

56% der Frauen, die länger als drei Jahre verheiratet sind, genießen die gesellschaftliche Anerkennung als Ehefrau und den festen Platz in einer bestimmten sozialen Schicht.

Alter
 –% unter 18 Jahren
 57% 18 bis 34 Jahre
 58% 35 bis 50 Jahre
 53% 51 bis 70 Jahre
 56% 71 Jahre und älter

Jährliches Einkommen
 55% unter 5.000 $
 54% 6.000 bis 14.000 $
 56% 15.000 bis 39.000 $
 58% 40.000 bis 74.000 $
 57% über 75.000 $

Rasse/Ethnische Zugehörigkeit
 56% Weiß
 57% Schwarz
 56% Spanische Abkömmlinge
 56% Orientalen/Mittlerer Osten
 55% Asiatisch-amerikanisch
 56% andere

Bildung
 56% bis Highschool-Abschluß
 57% einige Semester College
 56% College-Abschluß

Beschäftigung
 60% Hausfrau/Mutter
 53% angestellt, ganztägig
 55% angestellt, Teilzeit
 56% arbeitslos/Student

KAPITEL 14

Was ist Liebe – Leidenschaft oder Fürsorge?

13% der Frauen, die länger als zwei Jahre verheiratet sind, geben an, in ihre Ehemänner »verliebt« zu sein.*

Alter
  –% unter 18 Jahren
  13% 18 bis 34 Jahre
  12% 35 bis 50 Jahre
  13% 51 bis 70 Jahre
  12% 71 Jahre und älter

Jährliches Einkommen
  12% unter 5.000 $
  14% 6.000 bis 14.000 $
  13% 15.000 bis 39.000 $
  12% 40.000 bis 74.000 $
  13% über 75.000 $

Rasse/Ethnische Zugehörigkeit
  14% Weiß
  12% Schwarz
  13% Spanische Abkömmlinge
  13% Orientalen/Mittlerer Osten
  13% Asiatisch-amerikanisch
  13% andere

Bildung
  13% bis Highschool-Abschluß
  12% einige Semester College
  13% College-Abschluß

Beschäftigung
  14% Hausfrau/Mutter
  13% angestellt, ganztägig
  12% angestellt, Teilzeit
  13% arbeitslos/Student

* Siehe auch 14. Kapitel zu dem von Frauen angegebenen Unterschied zwischen »Liebe« und »Verliebtheit«.

82% der Frauen, die länger als zwei Jahre verheiratet sind, geben an, nicht in ihre Ehemänner »verliebt« zu sein, sondern sie in einer eher freundschaftlichen als leidenschaftlichen Weise zu »lieben«.*

Alter
  –% unter 18 Jahren
  82% 18 bis 34 Jahre
  83% 35 bis 50 Jahre
  82% 51 bis 70 Jahre
  81% 71 Jahre und älter

Jährliches Einkommen
  81% unter 5.000 $
  82% 6.000 bis 14.000 $
  84% 15.000 bis 39.000 $
  80% 40.000 bis 74.000 $
  82% über 75.000 $

Rasse/Ethnische Zugehörigkeit
  82% Weiß
  81% Schwarz
  82% Spanische Abkömmlinge
  83% Orientalen/Mittlerer Osten
  82% Asiatisch-amerikanisch
  82% andere

Bildung
  82% bis Highschool-Abschluß
  80% einige Semester College
  84% College-Abschluß

Beschäftigung
  86% Hausfrau/Mutter
  78% angestellt, ganztägig
  81% angestellt, Teilzeit
  82% arbeitslos/Student

* Diese Gruppe ist identisch mit den Frauen, die sich in der Ehe wohl fühlen, weil sie ihnen Kameradschaft und Sicherheit bietet sowie das Gefühl, »irgendwo hinzugehören«.

69% der verheirateten Frauen haben kein Vertrauen ins »Verliebtsein«.

Alter
–% unter 18 Jahren
68% 18 bis 34 Jahre
69% 35 bis 50 Jahre
70% 51 bis 70 Jahre
69% 71 Jahre und älter

Jährliches Einkommen
69% unter 5.000 $
67% 6.000 bis 14.000 $
68% 15.000 bis 39.000 $
71% 40.000 bis 74.000 $
69% über 75.000 $

Rasse/Ethnische Zugehörigkeit
69% Weiß
69% Schwarz
70% Spanische Abkömmlinge
70% Orientalen/Mittlerer Osten
69% Asiatisch-amerikanisch
69% andere

Bildung
70% bis Highschool-Abschluß
69% einige Semester College
69% College-Abschluß

Beschäftigung
71% Hausfrau/Mutter
70% angestellt, ganztägig
67% angestellt, Teilzeit
68% arbeitslos/Student

47% der alleinlebenden Frauen haben ebenfalls kein Vertrauen ins »Verliebtsein«.

Alter
39% unter 18 Jahren
49% 18 bis 34 Jahre
53% 35 bis 50 Jahre
48% 51 bis 70 Jahre
47% 71 Jahre und älter

Jährliches Einkommen
48% unter 5.000 $
47% 6.000 bis 14.000 $
47% 15.000 bis 39.000 $
46% 40.000 bis 74.000 $
47% über 75.000 $

Rasse/Ethnische Zugehörigkeit
47% Weiß
48% Schwarz
47% Spanische Abkömmlinge
47% Orientalen/Mittlerer Osten
48% Asiatisch-amerikanisch
47% andere

Bildung
48% bis Highschool-Abschluß
47% einige Semester College
46% College-Abschluß

Beschäftigung
46% Hausfrau/Mutter
48% angestellt, ganztägig
47% angestellt, Teilzeit
47% arbeitslos/Student

54% aller Frauen (alleinstehend oder verheiratet) geben als Hauptgrund für ihre »liebende Zuneigung« die damit verbundene Stabilität an und definieren die Liebe eher als Fürsorge für den anderen, weniger als Leidenschaft.

Alter
    49% unter 18 Jahren
    53% 18 bis 34 Jahre
    59% 35 bis 50 Jahre
    54% 51 bis 70 Jahre
    54% 71 Jahre und älter

Jährliches Einkommen
    54% unter 5.000 $
    53% 6.000 bis 14.000 $
    53% 15.000 bis 39.000 $
    54% 40.000 bis 74.000 $
    54% über 75.000 $

Rasse/Ethnische Zugehörigkeit
    54% Weiß
    53% Schwarz
    54% Spanische Abkömmlinge
    54% Orientalen/Mittlerer Osten
    55% Asiatisch-amerikanisch
    54% andere

Bildung
    54% bis Highschool-Abschluß
    55% einige Semester College
    54% College-Abschluß

Beschäftigung
    54% Hausfrau/Mutter
    55% angestellt, ganztägig
    53% angestellt, Teilzeit
    54% arbeitslos/Student

Verheiratet/Alleinstehend
    48% alleinstehend,
        nie verheiratet
    57% geschieden, getrennt
        lebend, verwitwet
    57% verheiratet
        51% 1 bis 5 Jahre
        60% 6 bis 15 Jahre
        55% 16 bis 25 Jahre
        62% über 25 Jahre

KAPITEL 16

Gefühle zwischen Frauen: Eine andere Art von Liebe?

79% der Frauen mit lesbischen Beziehungen genießen am meisten die Kombination von Gesprächsmöglichkeit und körperlicher Zuneigung in intimeren Augenblicken.

Alter
78% unter 18 Jahren
79% 18 bis 34 Jahre
77% 35 bis 50 Jahre
80% 51 bis 70 Jahre
79% 71 Jahre und älter

Jährliches Einkommen
79% unter 5.000 $
78% 6.000 bis 14.000 $
79% 15.000 bis 39.000 $
80% 40.000 bis 74.000 $
79% über 75.000 $

Rasse/Ethnische Zugehörigkeit
79% Weiß
80% Schwarz
79% Spanische Abkömmlinge
78% Orientalen/Mittlerer Osten
79% Asiatisch-amerikanisch
79% andere

Bildung
79% bis Highschool-Abschluß
80% einige Semester College
79% College-Abschluß

75% der lesbischen Frauen geben als zweitangenehmsten Teil ihrer Beziehung Sex und Sinnlichkeit mit der anderen Frau an.

Alter
74% unter 18 Jahren
79% 18 bis 34 Jahre
77% 35 bis 50 Jahre
71% 51 bis 70 Jahre
74% 71 Jahre und älter

Jährliches Einkommen
74% unter 5.000 $
76% 6.000 bis 14.000 $
76% 15.000 bis 39.000 $
75% 40.000 bis 74.000 $
75% über 75.000 $

Rasse/Ethnische Zugehörigkeit
75% Weiß
74% Schwarz
76% Spanische Abkömmlinge
75% Orientalen/Mittlerer Osten
75% Asiatisch-amerikanisch
76% andere

Bildung
73% bis Highschool-Abschluß
77% einige Semester College
76% College-Abschluß

96% der lesbischen Frauen fühlen sich von ihrer Partnerin geliebt und als gleichberechtigt behandelt.

Alter
97% unter 18 Jahren
96% 18 bis 34 Jahre
95% 35 bis 50 Jahre
96% 51 bis 70 Jahre
–% 71 Jahre und älter

Jährliches Einkommen
98% unter 5.000 $
94% 6.000 bis 14.000 $
96% 15.000 bis 39.000 $
94% 40.000 bis 74.000 $
98% über 75.000 $

Rasse/Ethnische Zugehörigkeit
95% Weiß
97% Schwarz
96% Spanische Abkömmlinge
96% Orientalen/Mittlerer Osten
95% Asiatisch-amerikanisch
96% andere

Bildung
96% bis Highschool-Abschluß
97% einige Semester College
96% College-Abschluß

76% der lesbischen Frauen erwähnen auch die täglichen kleinen Unsicherheitsempfindungen einer weiblichen Liebesbeziehung: Liebt sie mich genauso wie ich sie?

Alter
80% unter 18 Jahren
80% 18 bis 34 Jahre
76% 35 bis 50 Jahre
72% 51 bis 70 Jahre
72% 71 Jahre und älter

Jährliches Einkommen
75% unter 5.000 $
76% 6.000 bis 14.000 $
75% 15.000 bis 39.000 $
76% 40.000 bis 74.000 $
75% über 75.000 $

Rasse/Ethnische Zugehörigkeit
76% Weiß
77% Schwarz
76% Spanische Abkömmlinge
75% Orientalen/Mittlerer Osten
75% Asiatisch-amerikanisch
76% andere

Bildung
76% bis Highschool-Abschluß
75% einige Semester College
77% College-Abschluß

82% der lesbischen Frauen können sich ohne Schwierigkeiten und in intimer Weise mit ihren weiblichen Geliebten unterhalten.

Alter
83% unter 18 Jahren
85% 18 bis 34 Jahre
80% 35 bis 50 Jahre
80% 51 bis 70 Jahre
82% 71 Jahre und älter

Jährliches Einkommen
82% unter 5.000 $
81% 6.000 bis 14.000 $
81% 15.000 bis 39.000 $
82% 40.000 bis 74.000 $
83% über 75.000 $

Rasse/Ethnische Zugehörigkeit
82% Weiß
81% Schwarz
82% Spanische Abkömmlinge
82% Orientalen/Mittlerer Osten
83% Asiatisch-amerikanisch
82% andere

Bildung
81% bis Highschool-Abschluß
82% einige Semester College
83% College-Abschluß

14% geben an, daß ernsthafte Gespräche mit ihrer Partnerin problematisch sind.

Alter	Rasse/Ethnische Zugehörigkeit
17% unter 18 Jahren	15% Weiß
14% 18 bis 34 Jahre	14% Schwarz
10% 35 bis 50 Jahre	13% Spanische Abkömmlinge
12% 51 bis 70 Jahre	14% Orientalen/Mittlerer Osten
17% 71 Jahre und älter	14% Asiatisch-amerikanisch
	14% andere
Jährliches Einkommen	
14% unter 5.000 $	Bildung
12% 6.000 bis 14.000 $	14% bis Highschool-Abschluß
16% 15.000 bis 39.000 $	15% einige Semester College
13% 40.000 bis 74.000 $	14% College-Abschluß
14% über 75.000 $	

15% der lesbischen Frauen haben das Gefühl, daß in ihrer Beziehung vieles zerredet und Gefühle zu sehr analysiert werden.

Alter	Rasse/Ethnische Zugehörigkeit
14% unter 18 Jahren	15% Weiß
15% 18 bis 34 Jahre	16% Schwarz
12% 35 bis 50 Jahre	15% Spanische Abkömmlinge
18% 51 bis 70 Jahre	16% Orientalen/Mittlerer Osten
–% 71 Jahre und älter	16% Asiatisch-amerikanisch
	15% andere
Jährliches Einkommen	
15% unter 5.000 $	Bildung
14% 6.000 bis 14.000 $	15% bis Highschool-Abschluß
16% 15.000 bis 39.000 $	14% einige Semester College
15% 40.000 bis 74.000 $	16% College-Abschluß
15% über 75.000 $	

78% der lesbischen Frauen berichten von Streitigkeiten in ihren Beziehungen.

Alter	Rasse/Ethnische Zugehörigkeit
76% unter 18 Jahren	78% Weiß
78% 18 bis 34 Jahre	77% Schwarz
80% 35 bis 50 Jahre	78% Spanische Abkömmlinge
81% 51 bis 70 Jahre	78% Orientalen/Mittlerer Osten
77% 71 Jahre und älter	77% Asiatisch-amerikanisch
	78% andere
Jährliches Einkommen	
78% unter 5.000 $	Bildung
77% 6.000 bis 14.000 $	78% bis Highschool-Abschluß
78% 15.000 bis 39.000 $	77% einige Semester College
79% 40.000 bis 74.000 $	78% College-Abschluß
78% über 75.000 $	

28% der lesbischen Frauen geben an, daß Streit sie ihrer Partnerin entfremdet und Streitpunkte ungelöst bleiben.

Alter
29% unter 18 Jahren
28% 18 bis 34 Jahre
27% 35 bis 50 Jahre
28% 51 bis 70 Jahre
29% 71 Jahre und älter

Jährliches Einkommen
28% unter 5.000 $
35% 6.000 bis 14.000 $
28% 15.000 bis 39.000 $
24% 40.000 bis 74.000 $
25% über 75.000 $

Rasse/Ethnische Zugehörigkeit
28% Weiß
29% Schwarz
28% Spanische Abkömmlinge
28% Orientalen/Mittlerer Osten
27% Asiatisch-amerikanisch
28% andere

Bildung
29% bis Highschool-Abschluß
28% einige Semester College
28% College-Abschluß

72% der Frauen, die von Streitigkeiten berichten, geben an, daß diese zwar intensiv seien, aber als Ventil dienten und zur Klärung der Probleme führten.

Alter
71% unter 18 Jahren
74% 18 bis 34 Jahre
71% 35 bis 50 Jahre
72% 51 bis 70 Jahre
72% 71 Jahre und älter

Jährliches Einkommen
72% unter 5.000 $
73% 6.000 bis 14.000 $
72% 15.000 bis 39.000 $
71% 40.000 bis 74.000 $
72% über 75.000 $

Rasse/Ethnische Zugehörigkeit
74% Weiß
72% Schwarz
73% Spanische Abkömmlinge
72% Orientalen/Mittlerer Osten
71% Asiatisch-amerikanisch
71% andere

Bildung
70% bis Highschool-Abschluß
73% einige Semester College
74% College-Abschluß

5% berichten von Gewalttätigkeiten während eines Streits in Form von Schubsen und Anstoßen.

Alter
4% unter 18 Jahren
5% 18 bis 34 Jahre
6% 35 bis 50 Jahre
6% 51 bis 70 Jahre
5% 71 Jahre und älter

Jährliches Einkommen
5% unter 5.000 $
6% 6.000 bis 14.000 $
5% 15.000 bis 39.000 $
4% 40.000 bis 74.000 $
5% über 75.000 $

Rasse/Ethnische Zugehörigkeit
5% Weiß
4% Schwarz
5% Spanische Abkömmlinge
6% Orientalen/Mittlerer Osten
5% Asiatisch-amerikanisch
4% andere

Bildung
6% bis Highschool-Abschluß
5% einige Semester College
5% College-Abschluß

33% der Streitfälle beziehen sich auf Liebesbeziehungen außerhalb der Partnerschaft.

Alter
  32% unter 18 Jahren
  34% 18 bis 34 Jahre
  34% 35 bis 50 Jahre
  32% 51 bis 70 Jahre
  33% 71 Jahre und älter

Jährliches Einkommen
  33% unter 5.000 $
  35% 6.000 bis 14.000 $
  31% 15.000 bis 39.000 $
  32% 40.000 bis 74.000 $
  33% über 75.000 $

Rasse/Ethnische Zugehörigkeit
  32% Weiß
  34% Schwarz
  33% Spanische Abkömmlinge
  33% Orientalen/Mittlerer Osten
  33% Asiatisch-amerikanisch
  33% andere

Bildung
  34% bis Highschool-Abschluß
  33% einige Semester College
  33% College-Abschluß

87% der lesbischen Frauen halten Monogamie in Liebesbeziehungen für richtig.

Alter
  89% unter 18 Jahren
  85% 18 bis 34 Jahre
  87% 35 bis 50 Jahre
  87% 51 bis 70 Jahre
  87% 71 Jahre und älter

Jährliches Einkommen
  86% unter 5.000 $
  87% 6.000 bis 14.000 $
  87% 15.000 bis 39.000 $
  86% 40.000 bis 74.000 $
  86% über 75.000 $

Rasse/Ethnische Zugehörigkeit
  87% Weiß
  88% Schwarz
  89% Spanische Abkömmlinge
  87% Orientalen/Mittlerer Osten
  85% Asiatisch-amerikanisch
  86% andere

Bildung
  87% bis Highschool-Abschluß
  86% einige Semester College
  86% College-Abschluß

33% der lesbischen Frauen haben oder hatten Sex auch außerhalb ihrer Partnerschaft.

Alter
  34% unter 18 Jahren
  33% 18 bis 34 Jahre
  32% 35 bis 50 Jahre
  33% 51 bis 70 Jahre
  34% 71 Jahre und älter

Jährliches Einkommen
  33% unter 5.000 $
  34% 6.000 bis 14.000 $
  33% 15.000 bis 39.000 $
  32% 40.000 bis 74.000 $
  33% über 75.000 $

Rasse/Ethnische Zugehörigkeit
  31% Weiß
  32% Schwarz
  34% Spanische Abkömmlinge
  36% Orientalen/Mittlerer Osten
  32% Asiatisch-amerikanisch
  33% andere

Bildung
  33% bis Highschool-Abschluß
  32% einige Semester College
  34% College-Abschluß

Die Hälfte dieser Affären sind den jeweiligen Partnerinnen bekannt, werden aber selten mit Gleichmut akzeptiert.*

Alter
57% unter 18 Jahren
51% 18 bis 34 Jahre
46% 35 bis 50 Jahre
46% 51 bis 70 Jahre
–% 71 Jahre und älter

Jährliches Einkommen
52% unter 5.000 $
50% 6.000 bis 14.000 $
49% 15.000 bis 39.000 $
48% 40.000 bis 74.000 $
51% über 75.000 $

Rasse/Ethnische Zugehörigkeit
51% Weiß
50% Schwarz
49% Spanische Abkömmlinge
50% Orientalen/Mittlerer Osten
50% Asiatisch-amerikanisch
51% andere

Bildung
52% bis Highschool-Abschluß
50% einige Semester College
48% College-Abschluß

* Lesbische Paare wissen eher über die Affären ihrer Partnerinnen Bescheid als heterosexuelle Paare, besonders Ehepaare. Gründe dafür sind vermutlich die freimütigen Gespräche lesbischer Frauen, die kaum Geheimnisse voreinander haben; außerdem sind die lesbischen Gruppen in den meisten Städten ziemlich klein, und man kennt sich untereinander.

39% der lesbischen Frauen haben Spaß an gelegentlichem Sex mit anderen Frauen.

Alter
45% unter 18 Jahren
40% 18 bis 34 Jahre
37% 35 bis 50 Jahre
34% 51 bis 70 Jahre
–% 71 Jahre und älter

Jährliches Einkommen
39% unter 5.000 $
40% 6.000 bis 14.000 $
41% 15.000 bis 39.000 $
38% 40.000 bis 74.000 $
38% über 75.000 $

Rasse/Ethnische Zugehörigkeit
39% Weiß
40% Schwarz
39% Spanische Abkömmlinge
39% Orientalen/Mittlerer Osten
38% Asiatisch-amerikanisch
39% andere

Bildung
41% bis Highschool-Abschluß
37% einige Semester College
39% College-Abschluß

61% der lesbischen Frauen waren ihrer jeweiligen Partnerin immer treu.

Alter
–% unter 18 Jahren
62% 18 bis 34 Jahre
61% 35 bis 50 Jahre
60% 51 bis 70 Jahre
61% 71 Jahre und älter

Jährliches Einkommen
63% unter 5.000 $
60% 6.000 bis 14.000 $
60% 15.000 bis 39.000 $
60% 40.000 bis 74.000 $
61% über 75.000 $

Rasse/Ethnische Zugehörigkeit
61% Weiß
62% Schwarz
61% Spanische Abkömmlinge
62% Orientalen/Mittlerer Osten
61% Asiatisch-amerikanisch
61% andere

Bildung
63% bis Highschool-Abschluß
60% einige Semester College
60% College-Abschluß

31% der lesbischen Frauen betrachten sich als zur Zeit verheiratet, in einer Frau-und-Frau-Ehe.

Alter
   –% unter 18 Jahren
   32% 18 bis 34 Jahre
   30% 35 bis 50 Jahre
   31% 51 bis 70 Jahre
   –% 71 Jahre und älter

Jährliches Einkommen
   31% unter 5.000 $
   32% 6.000 bis 14.000 $
   34% 15.000 bis 39.000 $
   30% 40.000 bis 74.000 $
   30% über 75.000 $

Rasse/Ethnische Zugehörigkeit
   31% Weiß
   32% Schwarz
   31% Spanische Abkömmlinge
   30% Orientalen/Mittlerer Osten
   31% Asiatisch-amerikanisch
   30% andere

Bildung
   30% bis Highschool-Abschluß
   31% einige Semester College
   30% College-Abschluß

46% der lesbischen Frauen über 40 haben oder hatten Liebesbeziehungen, die zehn Jahre und länger dauerten.

Alter
   –% unter 18 Jahren
   –% 18 bis 34 Jahre
   –% 35 bis 50 Jahre
   –% 51 bis 70 Jahre
   –% 71 Jahre und älter

Jährliches Einkommen
   75% unter 5.000 $
   75% 6.000 bis 14.000 $
   77% 15.000 bis 39.000 $
   76% 40.000 bis 74.000 $
   77% über 75.000 $

Rasse/Ethnische Zugehörigkeit
   76% Weiß
   75% Schwarz
   76% Spanische Abkömmlinge
   77% Orientalen/Mittlerer Osten
   77% Asiatisch-amerikanisch
   76% andere

Bildung
   75% bis Highschool-Abschluß
   76% einige Semester College
   76% College-Abschluß

64% der lesbischen Frauen bleiben Langzeitfreundinnen ihrer wichtigsten Partnerinnen.

Alter
   –% unter 18 Jahren
   65% 18 bis 34 Jahre
   66% 35 bis 50 Jahre
   62% 51 bis 70 Jahre
   64% 71 Jahre und älter

Jährliches Einkommen
   63% unter 5.000 $
   64% 6.000 bis 14.000 $
   64% 15.000 bis 39.000 $
   65% 40.000 bis 74.000 $
   64% über 75.000 $

Rasse/Ethnische Zugehörigkeit
   65% Weiß
   64% Schwarz
   63% Spanische Abkömmlinge
   64% Orientalen/Mittlerer Osten
   64% Asiatisch-amerikanisch
   65% andere

Bildung
   64% bis Highschool-Abschluß
   64% einige Semester College
   63% College-Abschluß

64% der lesbischen Frauen, die finanziell ganz oder teilweise von ihrer Partnerin abhängig sind, fühlen sich dabei nicht wohl und würden es gern ändern.

Alter
  66% unter 18 Jahren
  65% 18 bis 34 Jahre
  64% 35 bis 50 Jahre
  64% 51 bis 70 Jahre
  61% 71 Jahre und älter

Jährliches Einkommen
  64% unter 5.000 $
  61% 6.000 bis 14.000 $
  68% 15.000 bis 39.000 $
  64% 40.000 bis 74.000 $
  65% über 75.000 $

Rasse/Ethnische Zugehörigkeit
  65% Weiß
  64% Schwarz
  64% Spanische Abkömmlinge
  63% Orientalen/Mittlerer Osten
  64% Asiatisch-amerikanisch
  63% andere

Bildung
  64% bis Highschool-Abschluß
  65% einige Semester College
  65% College-Abschluß

24% der lesbischen Frauen haben erst mit über 40 zum erstenmal eine gleichgeschlechtliche Beziehung ausprobiert.

Alter
  –% unter 18 Jahren
  –% 18 bis 34 Jahre
  –% 35 bis 50 Jahre
  –% 51 bis 70 Jahre
  –% 71 Jahre und älter

Jährliches Einkommen
  23% unter 5.000 $
  22% 6.000 bis 14.000 $
  24% 15.000 bis 39.000 $
  26% 40.000 bis 74.000 $
  25% über 75.000 $

Rasse/Ethnische Zugehörigkeit
  25% Weiß
  23% Schwarz
  24% Spanische Abkömmlinge
  24% Orientalen/Mittlerer Osten
  24% Asiatisch-amerikanisch
  23% andere

Bildung
  24% bis Highschool-Abschluß
  26% einige Semester College
  24% College-Abschluß

32% der Frauen mit lesbischen Beziehungen waren vorher mit einem Mann verheiratet.

Alter
  –% unter 18 Jahren
  31% 18 bis 34 Jahre
  33% 35 bis 50 Jahre
  33% 51 bis 70 Jahre
  32% 71 Jahre und älter

Jährliches Einkommen
  30% unter 5.000 $
  34% 6.000 bis 14.000 $
  34% 15.000 bis 39.000 $
  32% 40.000 bis 74.000 $
  32% über 75.000 $

Rasse/Ethnische Zugehörigkeit
  32% Weiß
  31% Schwarz
  31% Spanische Abkömmlinge
  30% Orientalen/Mittlerer Osten
  33% Asiatisch-amerikanisch
  32% andere

Bildung
  31% bis Highschool-Abschluß
  32% einige Semester College
  32% College-Abschluß

19% der Frauen haben zwischen lesbischen und heterosexuellen Beziehungen abgewechselt und würden dies auch wieder tun.

Alter	Rasse/Ethnische Zugehörigkeit
–% unter 18 Jahren	19% Weiß
18% 18 bis 34 Jahre	18% Schwarz
17% 35 bis 50 Jahre	18% Spanische Abkömmlinge
20% 51 bis 70 Jahre	19% Orientalen/Mittlerer Osten
20% 71 Jahre und älter	20% Asiatisch-amerikanisch
	21% andere
Jährliches Einkommen	
21% unter 5.000 $	Bildung
19% 6.000 bis 14.000 $	19% bis Highschool-Abschluß
18% 15.000 bis 39.000 $	18% einige Semester College
18% 40.000 bis 74.000 $	18% College-Abschluß
19% über 75.000 $	

54% der lesbischen Frauen glauben, daß ihre Neigung Veranlagung ist und daß sie »schon immer darüber Bescheid wußten«.

Alter	Rasse/Ethnische Zugehörigkeit
57% unter 18 Jahren	55% Weiß
54% 18 bis 34 Jahre	54% Schwarz
50% 35 bis 50 Jahre	55% Spanische Abkömmlinge
55% 51 bis 70 Jahre	55% Orientalen/Mittlerer Osten
54% 71 Jahre und älter	54% Asiatisch-amerikanisch
	55% andere
Jährliches Einkommen	
55% unter 5.000 $	Bildung
54% 6.000 bis 14.000 $	56% bis Highschool-Abschluß
53% 15.000 bis 39.000 $	52% einige Semester College
55% 40.000 bis 74.000 $	54% College-Abschluß
54% über 75.000 $	

46% haben sich bewußt für die lesbische Lebensweise entschieden.

Alter	Rasse/Ethnische Zugehörigkeit
45% unter 18 Jahren	45% Weiß
44% 18 bis 34 Jahre	47% Schwarz
48% 35 bis 50 Jahre	48% Spanische Abkömmlinge
47% 51 bis 70 Jahre	44% Orientalen/Mittlerer Osten
46% 71 Jahre und älter	45% Asiatisch-amerikanisch
	46% andere
Jährliches Einkommen	
46% unter 5.000 $	Bildung
46% 6.000 bis 14.000 $	45% bis Highschool-Abschluß
46% 15.000 bis 39.000 $	46% einige Semester College
45% 40.000 bis 74.000 $	45% College-Abschluß
46% über 75.000 $	

67% der lesbischen Frauen sind sehr stolz darauf, lesbisch zu sein.

Alter
  61% unter 18 Jahren
  72% 18 bis 34 Jahre
  68% 35 bis 50 Jahre
  70% 51 bis 70 Jahre
  64% 71 Jahre und älter

Jährliches Einkommen
  66% unter 5.000 $
  67% 6.000 bis 14.000 $
  69% 15.000 bis 39.000 $
  68% 40.000 bis 74.000 $
  67% über 75.000 $

Rasse/Ethnische Zugehörigkeit
  67% Weiß
  67% Schwarz
  68% Spanische Abkömmlinge
  67% Orientalen/Mittlerer Osten
  66% Asiatisch-amerikanisch
  66% andere

Bildung
  67% bis Highschool-Abschluß
  68% einige Semester College
  67% College-Abschluß

KAPITEL 17

Der Kampf der Frauen, die gesamte Atmosphäre und auch
die Bedeutung der Beziehungen zu Männern zu ändern

**83% der Frauen glauben nicht, daß Männer überhaupt verstehen, was
eine intime Beziehung erfolgreich macht.**

Alter
  81% unter 18 Jahren
  83% 18 bis 34 Jahre
  85% 35 bis 50 Jahre
  84% 51 bis 70 Jahre
  83% 71 Jahre und älter

Jährliches Einkommen
  80% unter 5.000 $
  84% 6.000 bis 14.000 $
  86% 15.000 bis 39.000 $
  82% 40.000 bis 74.000 $
  83% über 75.000 $

Rasse/Ethnische Zugehörigkeit
  82% Weiß
  83% Schwarz
  83% Spanische Abkömmlinge
  82% Orientalen/Mittlerer Osten
  81% Asiatisch-amerikanisch
  83% andere

Bildung
  84% bis Highschool-Abschluß
  83% einige Semester College
  83% College-Abschluß

Beschäftigung
  79% Hausfrau/Mutter
  85% angestellt, ganztägig
  85% angestellt, Teilzeit
  83% arbeitslos/Student

Verheiratet/Alleinstehend
  84% alleinstehend,
      nie verheiratet
  83% geschieden, getrennt
      lebend, verwitwet
  82% verheiratet
    80% 1 bis 5 Jahre
    82% 6 bis 15 Jahre
    85% 16 bis 25 Jahre
    82% über 25 Jahre

71% der verheirateten Frauen, bzw. solcher in Lebensgemeinschaften von über zwei Jahren, waren nicht in der Lage, entscheidende Veränderungen zu erreichen, indem sie entweder darum baten, »das Thema auf den Tisch brachten« oder »daran arbeiteten«.*

Alter
- –% unter 18 Jahren
- 71% 18 bis 34 Jahre
- 72% 35 bis 50 Jahre
- 72% 51 bis 70 Jahre
- 71% 71 Jahre und älter

Jährliches Einkommen
- 70% unter 5.000 $
- 72% 6.000 bis 14.000 $
- 72% 15.000 bis 39.000 $
- 70% 40.000 bis 74.000 $
- 71% über 75.000 $

Rasse/Ethnische Zugehörigkeit
- 71% Weiß
- 73% Schwarz
- 72% Spanische Abkömmlinge
- 71% Orientalen/Mittlerer Osten
- 71% Asiatisch-amerikanisch
- 71% andere

Bildung
- 70% bis Highschool-Abschluß
- 72% einige Semester College
- 71% College-Abschluß

Beschäftigung
- 71% Hausfrau/Mutter
- 71% angestellt, ganztägig
- 71% angestellt, Teilzeit
- 71% arbeitslos/Student

* Auf der anderen Seite konnten 32% der Frauen Veränderungen dadurch erreichen, daß sie entweder fortgingen oder aufhörten, »emotionale Dienste« zu leisten. Dann warteten sie auf die Reaktion der Männer, auf ihre innere Distanzierung, um diese zu veranlassen, sich wieder mehr um sie zu bemühen.

21% der Frauen waren in der Lage, unkommunikative Beziehungen in gleichberechtigte und erfolgreiche Partnerschaften umzuwandeln, häufig mit Hilfe von Beratungsgesprächen zusammen mit dem Mann.

Alter
- –% unter 18 Jahren
- 20% 18 bis 34 Jahre
- 21% 35 bis 50 Jahre
- 22% 51 bis 70 Jahre
- 21% 71 Jahre und älter

Jährliches Einkommen
- 21% unter 5.000 $
- 22% 6.000 bis 14.000 $
- 24% 15.000 bis 39.000 $
- 20% 40.000 bis 74.000 $
- 20% über 75.000 $

Rasse/Ethnische Zugehörigkeit
- 24% Weiß
- 20% Schwarz
- 19% Spanische Abkömmlinge
- 21% Orientalen/Mittlerer Osten
- 21% Asiatisch-amerikanisch
- 21% andere

Bildung
- 22% bis Highschool-Abschluß
- 19% einige Semester College
- 22% College-Abschluß

Beschäftigung
- 23% Hausfrau/Mutter
- 21% angestellt, ganztägig
- 20% angestellt, Teilzeit
- 20% arbeitslos/Student

Verheiratet/Alleinstehend
- 20% alleinstehend, nie verheiratet
- 20% geschieden, getrennt lebend, verwitwet
- 23% verheiratet
- 21% 1 bis 5 Jahre
- 24% 6 bis 15 Jahre
- 24% 16 bis 25 Jahre
- 23% über 25 Jahre

17% der Frauen glauben nicht daran, daß Veränderungen überhaupt möglich sind: »So sind die Männer eben.«

Alter
    13% unter 18 Jahren
    11% 18 bis 34 Jahre
    17% 35 bis 50 Jahre
    21% 51 bis 70 Jahre
    25% 71 Jahre und älter

Jährliches Einkommen
    17% unter 5.000 $
    18% 6.000 bis 14.000 $
    17% 15.000 bis 39.000 $
    18% 40.000 bis 74.000 $
    17% über 75.000 $

Rasse/Ethnische Zugehörigkeit
    17% Weiß
    19% Schwarz
    18% Spanische Abkömmlinge
    17% Orientalen/Mittlerer Osten
    17% Asiatisch-amerikanisch
    17% andere

Bildung
    17% bis Highschool-Abschluß
    18% einige Semester College
    16% College-Abschluß

Beschäftigung
    16% Hausfrau/Mutter
    19% angestellt, ganztägig
    18% angestellt, Teilzeit
    18% arbeitslos/Student

Verheiratet/Alleinstehend
    15% alleinstehend,
        nie verheiratet
    19% geschieden, getrennt
        lebend, verwitwet
    17% verheiratet
        16% 1 bis 5 Jahre
        16% 6 bis 15 Jahre
        18% 16 bis 25 Jahre
        18% über 25 Jahre

88% verheirateter und lediger Frauen haben angefangen, sich tiefere Gedanken über die Männer und männliche Verhaltensweisen in Partnerschaften zu machen. Sie fragen sich, warum die kulturellen Umstände soviel Verwirrung bei den Männern gestiftet haben, warum sie ihre Gefühle nicht ausdrücken können und die Gleichberechtigung der Frauen ihnen soviel Kopfzerbrechen verursacht.

Alter
    89% unter 18 Jahren
    88% 18 bis 34 Jahre
    87% 35 bis 50 Jahre
    88% 51 bis 70 Jahre
    89% 71 Jahre und älter

Jährliches Einkommen
    88% unter 5.000 $
    86% 6.000 bis 14.000 $
    89% 15.000 bis 39.000 $
    89% 40.000 bis 74.000 $
    87% über 75.000 $

Rasse/Ethnische Zugehörigkeit
    87% Weiß
    88% Schwarz
    88% Spanische Abkömmlinge
    86% Orientalen/Mittlerer Osten
    87% Asiatisch-amerikanisch
    87% andere

Bildung
    87% bis Highschool-Abschluß
    88% einige Semester College
    88% College-Abschluß

Beschäftigung
    87% Hausfrau/Mutter
    88% angestellt, ganztägig
    88% angestellt, Teilzeit
    87% arbeitslos/Student

Verheiratet/Alleinstehend
    89% alleinstehend,
        nie verheiratet
    90% geschieden, getrennt
        lebend, verwitwet
    86% verheiratet
        85% 1 bis 5 Jahre
        86% 6 bis 15 Jahre
        87% 16 bis 25 Jahre
        87% über 25 Jahre

KAPITEL 18

Freundschaften zwischen Frauen:
Eine andere Kultur, eine andere Art zu lieben

94% der Frauen haben enge, für sie wichtige und befriedigende Freundschaften mit anderen Frauen.

Alter
96% unter 18 Jahren
94% 18 bis 34 Jahre
95% 35 bis 50 Jahre
94% 51 bis 70 Jahre
92% 71 Jahre und älter

Jährliches Einkommen
94% unter 5.000 $
98% 6.000 bis 14.000 $
91% 15.000 bis 39.000 $
93% 40.000 bis 74.000 $
94% über 75.000 $

Rasse/Ethnische Zugehörigkeit
94% Weiß
93% Schwarz
93% Spanische Abkömmlinge
95% Orientalen/Mittlerer Osten
95% Asiatisch-amerikanisch
94% andere

Bildung
94% bis Highschool-Abschluß
93% einige Semester College
93% College-Abschluß

Beschäftigung
92% Hausfrau/Mutter
96% angestellt, ganztägig
94% angestellt, Teilzeit
93% arbeitslos/Student

Verheiratet/Alleinstehend
94% alleinstehend,
  nie verheiratet
95% geschieden, getrennt
  lebend, verwitwet
94% verheiratet
93% 1 bis 5 Jahre
94% 6 bis 15 Jahre
95% 16 bis 25 Jahre
94% über 25 Jahre

85% finden, das Beste an Frauenfreundschaften seien offene Gespräche, in denen nicht geurteilt wird und wo man ihnen wirklich zuhört.

Alter
84% unter 18 Jahren
83% 18 bis 34 Jahre
82% 35 bis 50 Jahre
85% 51 bis 70 Jahre
86% 71 Jahre und älter

Jährliches Einkommen
85% unter 5.000 $
84% 6.000 bis 14.000 $
86% 15.000 bis 39.000 $
86% 40.000 bis 74.000 $
85% über 75.000 $

Rasse/Ethnische Zugehörigkeit
85% Weiß
84% Schwarz
86% Spanische Abkömmlinge
85% Orientalen/Mittlerer Osten
85% Asiatisch-amerikanisch
85% andere

Bildung
84% bis Highschool-Abschluß
85% einige Semester College
86% College-Abschluß

Beschäftigung
87% Hausfrau/Mutter
85% angestellt, ganztägig
83% angestellt, Teilzeit
85% arbeitslos/Student

Verheiratet/Alleinstehend
85% alleinstehend,
  nie verheiratet
84% geschieden, getrennt
  lebend, verwitwet
86% verheiratet
85% 1 bis 5 Jahre
86% 6 bis 15 Jahre
87% 16 bis 25 Jahre
86% über 25 Jahre

87% der Frauen fühlen sich auch emotional mehr zu ihren Freundinnen hingezogen als zu den Männern, mit denen sie in einer Liebesbeziehung stehen.

Alter
88% unter 18 Jahren
89% 18 bis 34 Jahre
85% 35 bis 50 Jahre
86% 51 bis 70 Jahre
87% 71 Jahre und älter

Jährliches Einkommen
87% unter 5.000 $
90% 6.000 bis 14.000 $
85% 15.000 bis 39.000 $
86% 40.000 bis 74.000 $
87% über 75.000 $

Rasse/Ethnische Zugehörigkeit
87% Weiß
88% Schwarz
89% Spanische Abkömmlinge
88% Orientalen/Mittlerer Osten
87% Asiatisch-amerikanisch
87% andere

Bildung
87% bis Highschool-Abschluß
86% einige Semester College
87% College-Abschluß

Beschäftigung
87% Hausfrau/Mutter
87% angestellt, ganztägig
85% angestellt, Teilzeit
86% arbeitslos/Student

Verheiratet/Alleinstehend
89% alleinstehend,
    nie verheiratet
88% geschieden, getrennt
    lebend, verwitwet
84% verheiratet
    83% 1 bis 5 Jahre
    84% 6 bis 15 Jahre
    84% 16 bis 25 Jahre
    85% über 25 Jahre

89% der Frauen betonen, daß sie in ihren Beziehungen zu Männern genauso eng verbunden, glücklich und gleichberechtigt sein möchten wie in ihren Frauenfreundschaften.

Alter
90% unter 18 Jahren
89% 18 bis 34 Jahre
88% 35 bis 50 Jahre
89% 51 bis 70 Jahre
89% 71 Jahre und älter

Jährliches Einkommen
88% unter 5.000 $
89% 6.000 bis 14.000 $
86% 15.000 bis 39.000 $
90% 40.000 bis 74.000 $
89% über 75.000 $

Rasse/Ethnische Zugehörigkeit
90% Weiß
90% Schwarz
89% Spanische Abkömmlinge
89% Orientalen/Mittlerer Osten
89% Asiatisch-amerikanisch
89% andere

Bildung
90% bis Highschool-Abschluß
89% einige Semester College
88% College-Abschluß

Beschäftigung
88% Hausfrau/Mutter
89% angestellt, ganztägig
90% angestellt, Teilzeit
90% arbeitslos/Student

Verheiratet/Alleinstehend
87% alleinstehend,
    nie verheiratet
88% geschieden, getrennt
    lebend, verwitwet
92% verheiratet
    94% 1 bis 5 Jahre
    92% 6 bis 15 Jahre
    90% 16 bis 25 Jahre
    91% über 25 Jahre

Bibliographie und empfohlene Literatur

Es folgt eine – nicht vollständige – Bibliographie der wichtigsten Bücher zu diesem Thema. Die Liste enthält die meisten Standardwerke der letzten zehn Jahre, die von Frauen verfaßt wurden. Leider konnten nicht alle bedeutenden Werke hier aufgeführt werden, da die Zahl der Bücher ständig wächst – Jessie Bernard nennt sie Ergüsse »weiblicher Erleuchtung«.

ALBERONI, FRANCESCO. Verliebt sein und lieben. Momente eines gesteigerten Lebensgefühls. Stuttgart, Deutsche Verlagsanstalt, 1983.

ALEXANDER, JEFFREY C. Theoretical Logic in Sociology: Volume Three, The Classical Attempt at Theoretical Synthesis: Max Weber. London, Routledge & Kegan Paul, 1984.

ALIC, MARGARET. Hypatia's Heritage: A History of Women in Science from Antiquity to the Late Nineteenth Century. Boston, Beacon Press, 1986.

ALLAN, GRAHAM. Family Life: Domestic Roles and Social Organizations. New York, Basil Blackwell, 1985.

ALLGEIER, ELIZABETH RICE and NAOMI McCORMICK, eds. Changing Boundaries. Gloversville, N.Y., Mayfield, 1982.

ARENDT, HANNAH. Elemente und Ursprünge totaler Herrschaft. Frankfurt/Main, Europäische Verlagsanstalt, 1958.

ARIES, PHILIPPE. Centuries of Childhood: A Social History of Family Life, trans. Robert Baldick. New York, Alfred A. Knopf, 1962.

‾‾‾‾‾ and ANDRE BEJIN. Western Sexuality: Practice and Precept in Past and Present Times, trans. Anthony Forster. New York, Basil Blackwell, 1983.

‾‾‾‾‾ and PAUL VEYNE, eds. History of Private Life: From Pagan Rome to Byzantinum, Vol. 1. Cambridge, Harvard University Press, 1987.

ARON, ARTHUR and ELAINE ARON. Love and Expansion of Self. New York, Hemisphere, 1985.

ASHWORTH, GEORGINA, ed. Women's Studies International Forum, Vol. 8, Number 2. »The U.N. Decade for Women, An International Evaluation.« Oxford, Pergamon Press, 1985.

BACHOFEN, J. J. Myth, Religion and Mother Right. Princeton, Princeton University Press, 1967.

BACON, MARGARET HOPE. Mothers of Feminism: The Story of Quaker Women in America. San Francisco, Harper & Row, 1987.

BARBACH, LONNIE. Für einander; das gemeinsame Erleben der Liebe. Reinbek bei Hamburg, Rowohlt, 1987.

BARDWICK, JUDITH. Readings on the Psychology of Women. New York, Harper & Row, 1971.

BARON, DENNIS. Grammar and Gender. New Haven, Yale University Press, 1986.

BARRY, KATHLEEN. Sexuelle Versklavung der Frauen. Berlin, Sub-rosa-Frauenverlag, 1983.

BART, PAULINE B. Stopping Rape; Successful Survival Strategies. New York, Oxford, Toronto, Sydney, Frankfurt/Main, Pergamon Press, 1985.

BAZIN, GERMAINE. Der Louvre. München, Zürich, Droemersche Verlagsanstalt, 1958.

BEARD, MARY R. Women as Force in History. New York, Macmillan, 1946.

BEAUVOIR, SIMONE DE. Das andere Geschlecht. Reinbek bei Hamburg, Rowohlt, 1951.

—— Eine gebrochene Frau. Reinbek bei Hamburg, Rowohlt, 1985.

—— Marcelle, Chantal, Lisa...; ein Roman in Erzählungen. Reinbek bei Hamburg, Rowohlt, 1985.

—— Die Zeremonie des Abschieds und Gespräche mit Jean-Paul Sartre, Reinbek bei Hamburg, Rowohlt, 1983.

BELL, SUSAN G. and KAREN M. OFFEN. Women, the Family and Freedom: The Debate in Documents. Vol. 1: 1750–1880. Stanford, Stanford University Press, 1982.

BELLAH, ROBERT N. Gewohnheiten des Herzens; Individualismus und Gemeinsinn in der amerikanischen Gesellschaft. Köln, Bund Verlag, 1987.

BENEVENTO, NICOLE, ed. Building Feminist Theory: Essays from Quest, A Feminist Quarterly. New York, Longman, 1981.

BENSON-VON DER OHE, ELIZABETH and VALMARI M. MASON. An Annotated Bibliography of U.S. Scholarship on the History of the Family. (Preliminary draft.) Munich, U.S. Family History Project, 1984.

BENVENUTO, BICE and ROGER KENNEDY. The Works of Jacques Lacan. New York, St. Martin's Press, 1986.

BERGMANN, BARBARA. The Economic Emergence of Women. New York, Basic Books, 1986.

BERKIN, CAROL RUTH and MARY BETH NORTON. Women of American History. Boston, Houghton Mifflin, 1979.

BERNARD, J. S. American Family Behavior. New York, Harper & Row, 1942.

—— The Female World. New York, Free Press, 1981.

—— The Future of Marriage. New Haven, Yale University Press, 1972.

—— The Future of Motherhood. New York, Dial Press, 1974.

BETTELHEIM, BRUNO. Erziehung zum Überleben. Zur Psychologie der Extremsituation. München, Deutscher Taschenbuch Verlag, 1985.

BINGEN, HILDEGARD VON. Wisse die Wege. Scivias. Salzburg, Müller, 1975.

BIRD, CAROLINE. The Two-Paycheck Marriage. New York, Rawson, Wade, 1979.

BLEIER, RUTH. Science and Gender: A Critique of Biology and Its Theory of Women. New York, Pergamon Press, 1984.

BLUMSTEIN, PHILIP and PEPPER SCHWARTZ. American Couples: Money, Work, Sex. New York, William Morrow & Co., 1983.

BONFIELD, LLOYD, RICHARD SMITH and KEITH WRIGHTSON, eds. The World We Have Gained: Histories of Population and Social Structure. New York, Basil Blackwell, 1986.

BOON, JAMES A. Other Tribes, Other Scribes: Symbolic Anthropology in the Comparative Study of Cultures, Histories, Religions and Texts. New York, Cambridge University Press, 1983.

Boswell, John. Christianity, Social Tolerance, and Homosexuality: Gay People in Western Europe from the Beginning of the Christian Era to the Fourteenth Century. Chicago, University of Chicago Press, 1976.

Bowers, Jane and Judith Tick, eds. Women Making Music: The Western Art Tradition 1150–1950. Champaign, University of Illinois Press, 1987.

Bowles, Gloria and Renate Duelli Klein, eds. Theories of Women's Studies. London, Routledge and Kegan Paul, 1983.

Bradley, Michael, et al. Unbecoming Men. Washington, N.J., Times Change Press, 1971.

Bridenthal, Renate and Claudia Kooz, eds. Becoming Visible: Women in European History. Boston, Houghton Mifflin, 1977.

Broner, E. M. A Weave of Women. Bloomington, Ind., Indiana University Press, 1985.

Bronner, Leah. Biblical Personalities and Archeaology. Jerusalem, Israel, Keter Publishing House Jerusalem Ltd., 1974.

Brown, Judith C. Immodest Acts: The Life of a Lesbian Nun in Renaissance Italy. New York, Oxford University Press, 1986.

Brown, Judith K. and Virginia Kerns, eds. In Her Prime: A New View of Middle-Aged Women. South Hadley, Mass., Bergin and Garvey, 1985.

Brownmiller, Susan. Gegen unseren Willen; Vergewaltigung und Männerherrschaft. Frankfurt/Main, Fischer Taschenbuch, 1987.

———— Weiblichkeit. Frankfurt/Main, S. Fischer, 1984.

Bruun, Geoffrey. Nineteenth-Century European Civilization: 1815–1914. New York, Oxford University Press, 1957.

Bulmer, Martin. The Chicago School of Sociology: Institutionalization, Diversity and the Rise of Sociological Research. Chicago, University of Chicago Press, 1984.

———— Theory and Understanding: A Critique of Interpretive Social Science. Oxford, Basil Blackwell, 1986.

Bullough, Vern L. Sexual Variance in Society and History. Chicago, University of Chicago Press, 1980.

———— and Bonnie Bullough. The Subordinate Sex: A History of Attitudes Towards Women. Champaign, Ill., University of Illinois Press, 1973.

Bunch, Charlotte. Feminism in the '80s... Books 1, 2 & 3. Denver, Antelope Publications, 1983.

———— et al., eds. Building Feminist Theory... Essays From Quest; A Feminist Quarterly. New York, Longman, 1981.

Burckhardt, Jacob. Die Kultur der Renaissance in Italien; ein Versuch. Stuttgart, Kröner, 1985.

Bynum, Caroline Walker. Jesus as Mother: Studies in the Spirituality of the High Middle Ages. Berkeley, University of California Press, 1982.

Calhoun, Chelsire and Robert C. Soloman, eds. What is an Emotion? Classical Readings in Philosophical Psychiatry. New York, Oxford University Press, 1984.

Cambridge Women's Study Group. Women in Society: Interdisciplinary Essays. New York, Virago Press/Merrimack, 1983.

941

Campbell, Elaine. The Childless Marriage. An Exploratory Study of Couples Who Do Not Want Children. New York, Tavistock/Methuen, 1986.

Caplan, Paula J. Frauen sind keine Masochisten. Das Ende eines Vorurteils. Zürich, Köln, Benziger, 1986.

Cardland, Douglas K., Joseph P. Fell, et al. Emotion. Belmont, Mass., Wadsworth Publishing Company, 1977.

Carné, Marcel. Children of Paradise. New York, Simon & Schuster, 1967.

Carson, Rachel. Der stumme Frühling. München, Beck, 1987.

Chabrol, Claude. Le Recit Reminin: Contribution a L'Analyse Semiologique Du Courrier Du Cœur et... Dans La Presse Feminine Actuelle (Approaches to Semiotics Series, no. 15). Hawthorne, N.Y., Mouton, 1971.

Chadwick, John. Die mykenische Welt. Stuttgart, Reclam, 1979.

Chafe, William H. The American Woman: Her Changing Social, Economic, and Political Roles, 1920–1970. New York, Oxford University Press, 1972.

——— Women and Equality: Changing Patterns in American Culture. New York, Oxford University Press, 1977.

Chafetz, Janet Saltzman. Sex and Advantage: A Comparative, Macro-Structural Theory of Sex Stratification. Totowa, N.J., Rowman & Allanheld, 1984.

Chambers-Schiller, Virginia Lee. Liberty, A Better Husband: Single Women in America, The Generations of 1780–1840. New Haven, Yale University Press, 1984.

Chase, Karen. Eros & Psyche: The Representation of Personality in Charlotte Bronte, Charles Dickens, George Elliot. New York, Methuen, 1982.

Cherlin, Andrew J. Marriage, Divorce, Remarriage. Cambridge, Harvard University Press, 1981.

Chesler, Phyllis. Mothers on Trial. New York, McGraw-Hill, 1986.

——— Frauen – das verrückte Geschlecht? Reinbek bei Hamburg, Rowohlt, 1986.

Chicago, Judy. The Dinner Party. Schirn, Kunsthalle Frankfurt Ausstellung vom 1. Mai–28. Juni 1987. Frankfurt/Main, Athenäum, 1987.

Clark, Alice. Working Life of Women in the 17th Century. New York, Methuen, 1982.

Clark, Cheryl. Living as a Lesbian. Ithaca, N.Y., Firebrand, 1986.

Claviere, Maude la and Marie Alphonse de Rene. The Women of the Renaissance. Norwood PA., Norwood Editions, 1980.

Clieri, Pres. Considering Parenthood. San Francisco, Spinster Inc., 1985.

Corea, Gena. Muttermaschine. Reproduktionstechnologien – von der künstlichen Befruchtung zur künstlichen Gebärmutter. Berlin, Rotbuch Verlag, 1986.

———, R. Duelli-Klein, J. Hanner, et al. Hutchinson Education in Association with the Explorations in Feminism Collective. London, Pergamon Press, 1986.

Cornwell, Anita. Black Lesbian in White America. Tallahassee, Naiad Press, 1983.

Cott, Nancy F. The Bonds of Womenhood: »Woman's Sphere« in New England, 1780–1835. New Haven, Yale University Press, 1977.

_____ and Elizabeth Pleck. A Heritage of Her Own: Families, Work and Feminism in America. New York, Simon & Schuster, 1980.

_____ eds. A Heritage of Her Own: Toward a New Social History of American Women. New York, Simon & Schuster, 1979.

Courage, Magazin, Deutschland.

Cowan, Ruth Schwartz. More Work for Mother: The Ironies of Household Technology from the Open Hearth to the Microwave. New York, Basic Books, 1983.

Crawford, Linda and Lee Lanning. Loving: Women Talk About their Love Relationships. Minneapolis, Midwest Health Center for Women, 1981.

Curtin, Mary E. Symposium on Love. New York, Human Science Press, 1973.

Daly, Mary. Jenseits von Gottvater, Sohn & Co.; Aufbruch zu einer Philosophie der Frauenbefreiung. München, Frauenoffensive, 1980.

_____ Gyn-ökologie. Eine Meta-Ethik des radikalen Feminismus. München, Frauenoffensive, 1981.

_____ Reine Lust. Elemental-feministische Philosophie. München, Frauenoffensive, 1986.

Darnton, Robert. The Great Cat Massacre and Other Episodes in French Cultural History. New York, Random House, 1984.

Darwin, Charles. Die Abstammung des Menschen. Wiesbaden, Fourier, 1986.

Davis, David Brion. The Problem of Slavery in the Age of Revolution, 1770–1823. Ithaca, N.Y., Cornell University Press, 1983.

Davis, Natalie Zemon. Die wahrhaftige Geschichte von der Wiederkehr des Martin Guerre. München, Piper, 1984.

_____ Society and Culture in Early Modern France. Stanford, Stanford University Press, 1965.

_____ and Joan Wallach Scott. Women's History as Women's Education. Northampton, Mass., Sophia Smith Collection of Smith College, 1985.

Degler, Carl N. At Odds: Women and the Family in America from the Revolution to the Present. New York, Oxford University Press, 1980.

DeKoven, Marianne. Gertrude's Granddaughters. New York, New Feminist Library, 1986.

De Waal, Frans. Chimpanzee Politics: Power and Sex Among Apes. New York, Harper & Row, 1983.

Diner, Helen. Mothers and Amazons: The First Feminine History of Culture. Garden City, N.Y., Anchor Press/Doubleday, 1965.

Dreyfus, Hubert L. und Paul Rabinow. Michel Foucault. Jenseits von Strukturalismus und Hermeneutik. Frankfurt/Main, Athenäum, 1987.

Du Bois, Ellen C. Feminism and Suffrage: The Emergence of an Independent Women's Movement in America 1848–1869. Ithaca, Cornell University Press, 1978.

—— et al. Feminist Scholarship: Kindling Groves of Academe. Champaign, Ill., University of Illinois Press, 1978.

DWORKIN, ANDREA. Ice and Fire. London, Secker and Warburg, 1986.

—— Right Wing Women: The Politics of Domesticated Women. New York, Putnam, 1983.

EHRENREICH, BARBARA. Die Herzen der Männer. Auf der Suche nach einer neuen Rolle. Reinbek bei Hamburg, Rowohlt, 1984.

——, ELIZABETH HESS and GLORIA JACOBS. Remaking Love: The Feminization of Sex. New York, Anchor Press/Doubleday, 1986.

EICHENBAUM, LUISE und SUSIE ORBACH. Was wollen die Frauen? Ein psychotherapeutischer Führer durch das Labyrinth von Wünschen, Ängsten und Sehnsüchten in Liebesdingen. Reinbek bei Hamburg, Rowohlt, 1987.

EICHLER, MARGRIT. The Double Standard: A Feminist Critique of Feminist Social Science. New York, St. Martin's Press, 1980.

ELIAS, NORBERT. The History of Manners. New York, Pantheon, 1978.

ELLIS, ALBERT, PH. D. How to Live With – and Without – Anger. New York, Reader's Digest Press, 1977.

—— Overcoming Resistance: Rational-Emotive Therapy With Difficult Clients. New York, Springer Publishing Co., 1985.

EMERSON, Robert M. Contemporary Field Research. Boston, Little, Brown, 1983.

FADERMAN, LILLIAN. Surpassing the Love of Men: Romantic Friendship and Love Between Women from the Renaissance to the Present. New York, William Morrow & Co., 1981.

FASS, PAULA S. The Damned and the Beautiful: American Youth in the 1920's. New York, Oxford University Press, 1977.

FAUSTO-STERLING, ANNE. Myths of Gender: Biological Theories About Women and Men. New York, Basic Books, 1986.

FEDERATION OF FEMINIST WOMEN'S HEALTH CENTERS. Woman-Centered Pregnancy and Birth. Pittsburgh, A Women's Publishing Company/Cleis Press, 1984.

FELL, JOSEPH. Heidegger & Sartre: An Essay on Being and Place. New York, Columbia University Press, 1983.

FEMINIST STUDIES. College Park, Md.

FERGUSON, KATHY E. The Feminist Case Against Bureaucracy. Philadelphia, Temple University Press, 1985.

FIGES, EVA. Waking. New York, Pantheon, 1982.

FINE, REUBEN. The Meaning of Love in Human Experience. New York, John Wiley & Sons, 1985.

FINKELHOR, DAVID and YLLO KERSTI. License to Rape: Sexual Abuse of Wives. New York, Holt, Rinehart and Winston, 1986.

FINLEY, M. I. Aspects of Antiquity: Discoveries and Controversies. Harmondsworth, England, Penguin Books, 1960.

FIRESTONE, SHULAMITH: Frauenbefreiung und sexuelle Revolution. Frankfurt/Main, Fischer Taschenbuchverlag, 1987.

FÖDERATION DER FEMINISTISCHEN FRAUEN GESUNDHEITSZENTREN, Hrsg.

Frauenkörper neu gesehen. Ein illustriertes Handbuch. Berlin, Orlanda Frauenverlag, 1987.

FONER, ERIC. Politics and Ideology in the Age of the Civil War. New York, Oxford University Press, 1980.

――― Tom Paine and the American Revolution. New York, Bantam, 1971.

FORSTER, MARGARET. Significant Sisters: The Grassroots of Active Feminism, 1839–1939. New York, Alfred A. Knopf, 1985.

FORSYTH, ILENE H. The Throne of Wisdom: Wood Sculptures of the Madonna in Romanesque France. Princeton, Princeton University Press, 1972.

FORWARD, SUSAN and JOAN TORRES. Men Who Hate Women and the Women Who Love them. New York, Bantam, 1985.

FOUCAULT, MICHEL. Sexualität und Wahrheit, 4 Bde. Frankfurt/Main, Suhrkamp, 1977–1986.

FRANCISKA, B. Love, A Symposium. Black Mountain, N.C., New Age Press, 1976.

FRASER, ANTONIA. The Weaker Vessel: Women's Lot in Seventeenth-Century England. London, Weidenfeld & Nicolson, 1984.

FRAZER, JAMES GEORGE. Der goldene Zweig. Eine Studie über Magie und Religion. Köln, Berlin, Kiepenheuer und Witsch, 1968.

FREEMAN, JO. The Politics of Women's Liberation. White Plains, N.Y., Longman, 1975.

FRIEDAN, BETTY. Der Weiblichkeitswahn oder Die Selbstbefreiung der Frau. Ein Emanzipationskonzept. Reinbek bei Hamburg, Rowohlt, 1970.

FROMM, ERICH. Die Kunst des Liebens. Stuttgart, Deutsche Verlagsanstalt, 1985.

FRONTIERS. A Journal of Women's Studies. Women's Studies Program, University of Colorado.

GALLOP, JANE. Reading Lacan. Ithaca, N.Y., Cornell University Press, 1985.

GAY, PETER. The Bourgeois Experience: Victoria to Freud, Vols. 1 and 2. New York, Oxford University Press, 1984.

――― Zeitalter der Aufklärung. Frankfurt/Main, Internationale Presse in Komm., 1967.

GIDDENS, ANTHONY. The Constitution of Society: Outline of the Theory of Structuration. Berkeley, University of California Press, 1985.

GIDDENS, PAMELA. When and Where I Enter: The Impact of Black Woman on Race and Sex in America. New York, William Morrow & Co., 1984.

GILBERT, V. F. and D. S. TATLA, eds. Women's Studies: A Bibliography of Dissertations, 1870–1982. Oxford and New York, Basil Blackwell, 1985.

GILLIGAN, CAROL. Die andere Stimme. Lebenskonflikte und Moral der Frau. München, Zürich, Piper, 1985.

GILMAN, CHARLOTTE PERKINS. Herland. Reinbek bei Hamburg, Rowohlt, 1986.

GIMBUTAS, MARIJA. The Goddesses and Gods of Old Europe: Myths and Cult Images. Berkeley and Los Angeles, University of California Press, 1974.

GOODICH, MICHAEL. The Unmentionable Vice: Homosexuality in the Later Medieval Period. Santa Barbara, Ca., ABC-Clio, 1979.

GORDON, LINDA. Woman's Body, Woman's Right: A Social History of Birth Control in America. New York, Viking, 1976.

GOTTLIEB, RHONDA. »The Political Economy of Sexuality« in Review of Radical Political Economics, Vol. 16 (I), 1984.

GRAHAN, JUDY. The Work of a Common Woman – Collected Poetry (1964–1977). Trumansburg, N.Y., Crossing Press, 1984.

GREEN, RICHARD, M. D., ed. Archives of Sexual Behavior. New York, Plenum, 1987.

GRIFFIN, SUSAN. Pornography and Silence: Culture's Revenge Against Nature. New York, Harper & Row, 1981.

_____ Woman and Nature: The Roaring Inside Her. New York, Harper & Row, 1978.

GROSZ, GEORGE. Über alles in der Liebe. München, Heyne, 1977.

GUITTON, JEAN. Human Love. Chicago, Franciscan Herald Press, 1966.

GUTMAN, HERBERT G. Work, Culture and Society in Industrializing America. New York, Random House, 1977.

HAFEH, ELVIN. Culture and Morality: The Relativity of Values in Anthropology. New York, Columbia University Press, 1983.

HALLERT, JUDITH P. Women and Daughters in Roman Society: Women and the Elite Family. Guildford, England, Princeton University Press, 1985.

HAMMAN, BRIGITTE. Elisabeth. Kaiserin wider Willen. Frankfurt/Main, Berlin, Ullstein, 1987.

HAMILTON, EDITH. Mythology. New York, New American Library, 1940.

HAMILTON, ROBERTA. The Liberation of Women: A Study of Patriarchy and Capitalism. Winchester, Mass., Allen & Unwin, 1978.

HAMMER, SIGNE. Passionate Attachments. New York, Rawson Associates, 1982.

HARDING, SANDRA and MERILL B. HINTIKKA, eds. Discovering Reality: Feminist Perspectives on Epistemology, Metaphysics, Methodology and Philosophy of Science. London, D. Reidel Publishing, 1983.

HARLOW, HARRY F. and CLARA MEARS. The Human Model: Primate Perspectives. New York, Halsted Press, 1979.

HARRAGAN, BETTY LEHAN. Games Mother Never Tought You: Corporate Gamesmanship for Women. New York, Warner Books/Rawson Associates, 1977.

HARRISON, JANE. Prolegomena to the Study of Greek Religion. United Kingdom, Merlin Press, 1981.

HARTMAN, SUSAN M. The Home Front and Beyond: American Women in the 1940's. Boston, Twayne, 1982.

HARTSOCK, NANCY C. Money, Sex and Power: Toward a Feminist Historical Materialism. Boston, Northeastern University Press, 1985.

HAWKES, JACQUETTA. Geburt der Götter. An den Quellen griechischer Kultur. Bern, Stuttgart, Hallwag, 1972.

_____ Prehistory. New York, New American Library, 1963.

HAYDEN, DOLORES. The Grand Domestic Revolution: A History of Feminist Designs for American Homes, Neighborhoods and Cities. Cambridge, MIT Press, 1981.

HAYZER, NOELEEN. Working Women in South-East Asia: Development, Subordination and Emancipation. United Kingdom, Open University Press, 1986.

HEIDEGGER, MARTIN. Die Grundprobleme der Phänomenologie (Marburger Vorlesung Sommersemester 1927). Hrsg. von Friedrich-Wilhelm Herrmann. Frankfurt/Main, Klostermann, 1975.

―――― Sein und Zeit. Tübingen, Niemeyer, 1984.

―――― Die Technik und die Kehre. Pfullingen, Neske, 1985.

HEIDEL, ALEXANDER. The Gilgamesh Epic and Old Testament Parallels. Chicago, University of Chicago Press, 1946.

HIGHAM, JOHN and PAUL K. CONKIN, eds. New Directions in American Intellectual History. Baltimore, Johns Hopkins University Press, 1979.

HINKLE, ROSCOE E. Founding Theory of American Sociology. Boston, Routledge & Kegan Paul, 1980.

HITE, SHERE. Hite-Report. Das sexuelle Erleben der Frau. München, C. Bertelsmann Verlag, 1977.

―――― Hite-Report. Das sexuelle Erleben des Mannes. München, C. Bertelsmann Verlag, 1982.

HOAGE, R. J., ed. Animal Extinctions, What Everyone Should Know. Baltimore, Smithsonian Institution Press, 1985.

―――― and LARRY GOLDMAN, eds. Animal Intelligence. Insights into the Animal Mind. Baltimore, Smithsonian Institution Press, 1986.

HOCHSCHILD, ARLIE RUSSELL. The Managed Heart: Commercialization of Human Feeling. Berkeley, University of California Press, 1983.

HOLCOMBE, LEE. Wives and Property: Reform of the Married Women's Property Law in Nineteenth-Century England. Oxford, Martin Robertson, 1982.

HOLLISTER, C. WARREN. Medieval Europe: A Short History. New York, John Wiley & Sons, 1964.

HOPE, LAURA LEE. The Bobbsey Twins in Eskimo Land. New York, Grosset & Dunlap, 1936.

HORNEY, KAREN. Die Psychologie der Frau. Frankfurt/Main, Fischer Taschenbuchverlag, 1985.

―――― Neurose und menschliches Wachstum. Das Ringen um Selbstverwirklichung. Frankfurt/Main, Fischer Taschenbuchverlag, 1985.

HOSKEN, FRAN P. Female Sexual Mutilations: The Facts and Proposals for Action. Lexington, Mass, WIN News, 1980.

HOWARD, MICHAEL. The Causes of Wars. Cambridge, Harvard University Press, 1984.

HUGHES, JUDITH and MARY MIDGELEY. Women's Choices: Philosophical Problems Facing Feminism. New York, Weidenfeld & Nicolson, 1984.

HUIZINGA, JOHAN. Herbst des Mittelalters. Stuttgart, Kröner, 1965.

HUNT, MORTON M. Von Homer bis Kinsey. Eine Naturgeschichte der Liebe. Frankfurt, Wien, Zürich, Büchergilde Gutenberg, 1966.

947

Husserl, Edmund. Die Phänomenologie und die Fundamente der Wissenschaften; Text nach Husserliana, Bd. 5. Hamburg, Meiner, 1986.

Huxley, Aldous. The Human Situation. New York, Harper & Row, 1977.

Hypatia. A Journal of Feminist Philosophy. Edwardsville, Ill.

Illich, Ivan. Genus. Zu einer historischen Kritik der Gleichheit. Reinbek bei Hamburg, Rowohlt, 1983.

Ingham, Mary. Man: The Male Myth Exposed. Century, 1985.

International Conference on Love and Attraction. Love and Attraction. New York, Oxford University Press, 1979.

Irigaray, L. Das Geschlecht, das nicht eins ist. Berlin, Mervé Verlag, 1979.

Jacoby, Susan. The Possible She. New York, Farrar, Straus & Giroux, 1979.

Jaggar, A. M. Feminist Politics and Human Nature. Totowa, N.J., Rowman & Allanheld, 1983.

—— Learning Our Way. Trumansburg, N.Y., Crossing Press, 1983.

—— and P. Rothenberg. Feminist Frameworks: Alternative Theoretical Accounts of the Relations Between Men and Women. New York, McGraw-Hill. 1984.

Janssen-Jurreit, Marielouise. Sexismus. Über die Abtreibung der Frauenfrage. Frankfurt/Main, Fischer Taschenbuchverlag, 1985.

Jay, Karla and Allen Young, eds. The Gay Report. New York, Simon & Schuster, 1977.

Jeffreys, Sheila. The Spinster and Her Enemies: Feminism and Sexuality 1880–1930. London and Boston, Pandora Press/Routledge & Kegan Paul, 1982.

Journal of Interdisciplinary History. MIT.

Journal of Marriage and the Family. St. Paul, Minn., National Council of Family Relations.

Jullion, Jeannie. Long Way Home: The Odyssey of a Lesbian Mother and Her Children. San Francisco and Pittsburgh, Cleis Press, 1985.

Jung, C. G. Aspects of the Feminine. Princeton, Princeton University Press, 1982.

Kamen, Martin D. Radiant Science, Dark Politics: A Memoir of the Nuclear Age. Berkeley, University of California Press, 1985.

Kant, Immanuel. Grundlegung zur Metaphysik der Sitten. Stuttgart, Reclam, 1986.

Keats, John. You Might As Well Live; The Life and Times of Dorothy Parker. New York, Paragon House, 1986.

Keegan, John. Die Schlacht; Azincourt 1415 – Waterloo 1815 – Somme 1916. München, Deutscher Taschenbuchverlag, 1981.

Keller, Evelyn Fox. Liebe, Macht und Erkenntnis, männliche oder weibliche Wissenschaft? München, Wien, Hanser, 1986.

Kelly, Amy. Eleanor of Aquitaine and the Four Kings. Cambridge, Harvard University Press, 1950.

Kelly, Joan. Women, History and Theory: The Essays of Joan Kelly. Chicago, University of Chicago Press, 1984.

Kemper, Theodore. A Social Interactional Theory of Emotion. New York, John Wiley & Sons, 1978.

Kennedy, Susan Estabrook. If All We Did Was to Weep at Home: A History of White Working Class Women in America. Bloomington, Ind., Indiana University Press, 1980.

Keohane, Nannerl; Michelle Z. Rosaldo and Barbara C. Gelpi. Feminist Theory: A Critique of Ideology. Chicago, University of Chicago Press, 1981.

Kingston, Maxine Hong. Die Schwertkämpferin. Berlin, Ullstein, 1982.

Kinsey, Alfred C. Das sexuelle Verhalten der Frau. Frankfurt/Main, S. Fischer, 1968.

Kitto, H. D. F. Die Griechen. Von der Wirklichkeit eines geschichtlichen Vorbilds. Berlin, Darmstadt, Wien, Deutsche Buchgemeinschaft, 1972.

Klein, Richard G. and Kathryn Cruz-Uribe. The Analysis of Animal Bones from Archaeological Sites. Chicago, University of Chicago Press, 1984.

Klotman, Phyllis R. and Wilmer H. Batz. The Black Family, the Black Woman: A Bibliography. Salem, N.H., Ayer Co., 1978.

Kraft, William F. Sexual Dimensions of the Celibate Life. Kansas City, Kans., Andrews & McMeel, 1979.

Krieger, S. The Mirror Dance. Philadelphia, Temple University Press, 1983.

Ladurie, Emmanuel LeRoy. Die Bauern des Languedoc. Stuttgart, Klett-Cotta, 1983.

Lancaster, Osbert. Classical Landscape with Figures. London, Redwood Burm Ltd., 1947.

Lang, Gladys E. and Kurt Lang. The Battle for Public Opinion: The President, the Press and the Polls During Watergate. New York, Columbia University Press, 1983.

LaRouche, Janice and Regina Ryan. Strategien für Frauen im Beruf. München, Mosaik Verlag, 1986.

Laskett, Barbara, ed. Contemporary Sociology. 15 (5), September 1986.

Laslett, Peter. The World We Have Lost: England Before the Industrial Age. New York, Scribner, 1965.

Lavignac, Albert. The Musical Dramas of Richard Wagner and His Festival Theatre in Bayreuth. New York, Dodd, Mead, 1898.

Leander, Bergitta. Women – From Witch-Hunt to Politics. New York, The United Nations Educational, Scientific and Cultural Organization, 1985.

Lebsock, Susanne. The Free Women of Petersburg: Status and Culture in a Southern Town 1784–1860. New York, Norton, 1984.

Lemisch, L. Jessie, ed. Benjamin Franklin: The Autobiography and Other Writings. New York, New American Library, 1961.

Lenz, Carolyn R. et al. The Woman's Part: Feminist Criticism of Shakespeare. Champaign, Ill., University of Illinois Press, 1984.

Lerner, Gerda. The Creation of Patriarchy. New York, Oxford University Press, 1986.

——— The Female Experience: An American Documentary. New York, Macmillan, 1979.

LESSING, DORIS. Die sentimentalen Agenten im Reich der Bolyen. Conopus im Agros: Archive V., Frankfurt/Main, S. Fischer, 1985.

LEVITAN, SAR R. and RICHARD S. BERNS. What's Happening to the American Family? Baltimore, Johns Hopkins University Press, 1981.

LEWONTIN, RICHARD. Die Gene sind es nicht...; Biologie, Ideologie und menschliche Natur. München, Weinheim, Psychologie Verlagsunion, 1987.

LINDEN, RUTH ROBIN et al., eds. Against Sadomasochism: A Radical Feminist Analysis. San Francisco, Frog in Well, 1981.

LINDSEY, KAREN. Friends As Family. Boston, Beacon Press, 1982.

LLOYD, GENEVIEVE. Das Patriarchat der Vernunft; »männlich« und »weiblich« in der westlichen Philosophie. Bielefeld, Daedalus Verlag, 1985.

LOREZ, GUDULA, Hrsg. Wo die Nacht den Tag umarmt. Erotische Phantasien und Geschichten von Frauen. Reinbek bei Hamburg, Rowohlt, 1986.

MALCOLM, JANET. Vater, mein lieber Vater... Aus dem Sigmund Freud-Archiv. Frankfurt/Main, Berlin, Ullstein, 1986.

MANUSHI. Indian Women's Magazine.

MARGOLIES, EVA. The Best of Friends, the Worst of Enemies: Women's Hidden Power Over Women. New York, Dial Press, 1985.

MARKS, ELAINE and ISABELLE DE COURTIVRON, eds. New French Feminisms: An Anthology. New York, Schocken Books, 1981.

MARX-AVELING, ELEANOR. Die Frauenfrage. Frankfurt/Main, Marxistische Blätter, 1983.

MAY, ROLLO, ed. Existential Psychology. New York, Random House, 1961.

MCAULAY, ALASTAIR. Women's Work and Wages in the Soviet Union. Winchester, Mass., Allen & Unwin, 1981.

MCDERMOTT, DIANA, ed. National Women's Studies Association Newsletter 2:2 (1984).

MCNAMARA, JOANN. A New Song: Celibate Men/Women in the First Three Christian Centuries. New York, Harrington Park, 1985.

MIDGLEY, MARY. Beast and Man: The Roots of Human Nature. Ithaca, N.Y., Cornell University Press, 1978.

MILLER, ALICE. Am Anfang war Erziehung. Frankfurt/M., Suhrkamp, 1980.

———— Thou Shalt Not Be Aware! Society's Betrayal of the Child. New York, New American Library, 1986.

MILLETT, KATE. Sexus und Herrschaft. Die Tyrannei des Mannes in unserer Gesellschaft. Köln, Kiepenheuer & Witsch, 1982.

———— Sita. Ein schonungsloser Rückblick auf die Beziehung zweier Frauen. Reinbek bei Hamburg, Rowohlt, 1983.

MITCHELL, JULIETT. Frauen – die längste Revolution. Feminismus, Literatur, Psychoanalyse. Frankfurt/Main, S. Fischer, 1987.

MITFORD, NANCY. The Sun King: Louis XIV at Versailles. London, Hamish Hamilton, 1966.

MITTER, SWASTI. Common Fate, Common Bond: Women in the Global Economy. London, Allison and Busby, 1986.

MONEY, JOHN. Love and Love Sickness: The Sciences of Sex, Gender Differences, Pair Bonding. Baltimore, Johns Hopkins University Press, 1980.
_____ Männlich, weiblich. Die Entstehung der Geschlechtsunterschiede. Reinbek bei Hamburg, Rowohlt, 1975.
MORGAN, ROBIN. Anatomie der Freiheit. Feminismus, Physik und Weltpolitik. München, Frauenoffensive, 1985.
──, ed. Sisterhood Is Global: The First Anthology of Writings from the International Women's Movement. New York, Anchor/Doubleday, 1984.
MORREAU, JACQUELINE and SARAH KENT. Women's Images of Men. New York, Writers and Readers, 1985.
MOSES, CLAIRE G. French Feminism in the Nineteenth Century. Albany, N.Y., State University of New York Press, 1984.
_____ ed. Feminist Studies 10:1 (1984).
MOSSIKER, FRANCES. Madame de Sévigné: A Life and Letters. New York, Alfred A. Knopf, 1983.
MOTHERSILL, MARY. Beauty Restored. Oxford, Clarendon Press/Oxford University Press, 1984.
MOUNT, FERDINAND. Die autonome Familie. Plädoyer für das Private. Eine Geschichte des latenten Widerstandes gegen Kirche, Staat und Ideologen. Weinheim, Basel, Beltz, 1982.
NICHOLSON, LINDA J. Gender and History: the Limits of Social Theory in the Age of the Family. New York, Columbia University Press, 1986.
NIETZSCHE, FRIEDRICH. Also sprach Zarathustra. Ein Buch für alle und keinen. München, Goldmann, 1977.
NOUVELLE F. French Women's Magazine.
NUSS, SHIRLEY. »Female Representation in Political Life: Global Process and Prospects for the Future«, in International Journal of Sociology of the Family 16:1 (Spring, 1986).
O'BARR, JEAN F., ed. Signs: A Journal of Women in Culture and Society 11:3 (1986).
O'FLAHERTY, WENDY DONIGER. Dreams, Illusions and Other Realities. Chicago, University of Chicago Press, 1984.
OLDS, S. The Dead and the Living. New York, Alfred A. Knopf, 1984.
_____ The Gold Cell. New York, Alfred A. Knopf, 1987.
O'LEARY, VIRGINIA; RHODA K. UNGER and BARBARA S. WALLSTON, eds. Women, Gender, and Social Psychology. Hillsdale, N.J., Laurence Erlbaum Associates, Inc., 1985.
ORBACH, SUSIE. Hunger Strike: The Anorectic's Struggle as Metaphor for Our Age. Winchester, Mass., Faber & Faber, 1986.
O'REILLY, JANE. The Girl I Left Behind: The Housewife's Moment of Truth and Other Ravings. New York, Macmillan, 1980.
ORTNER, SHERRY B. and HARRIET WHITEHEAD. Sexual Meanings: The Cultural Construction of Gender and Sexuality. New York, Cambridge University Press, 1981.
OSBORNE, MARTHA LEE, ed. Women in Western Thought. New York, Random House, 1980.

OUTHWAITE, R. B., ed. Marriage and Society: Studies in the Social History of Marriage. Philadelphia, International Publications Service, 1981.

OUTHWAITE, WILLIAM. Concept Formation in Social Science. New York, Methuen, 1983.

OZMENT, STEVEN. When Fathers Ruled: Family Life in Reformation Europe. Cambridge, Harvard University Press, 1983.

PAGNOL, MARCEL. Topaze. Pièce en 4 actes. Paderborn, Schöningh, 1955. (Schöninghs französischer Lesebogen 70)

PAIGE, KAREN ERICKSEN and JEFFERY M. PAIGE. The Politics of Reproductive Ritual. Berkeley, University of California Press, 1981.

PAYNE, ROBERT. Lenin. Sein Leben und sein Tod. München, Rütten und Loening, 1965.

PETERSON, DALE. A Mad People's History of Madness. Pittsburgh, University of Pittsburgh Press, 1981.

PETROFF, ELIZABETH ALVILDA. Medieval Women's Visionary Literature. New York, Oxford University Press, 1986.

PETROVSKA, MARIJA. Merope. The Dramatic Impact of a Myth. American University Studies 3, Vol. 9. New York, Peter Lang Publishing Inc., 1984.

PHILLIPS, PATRICIA. The Prehistory of Europe. Bloomington, Ind., Indiana University Press, 1985.

PHILLIPSON, DAVID W. African Archaeology. New York, Cambridge University Press, 1985.

PITKIN, HANNA F. Fortune Is a Woman: Gender and Politics in the Thought of Niccolo Machiavelli. Berkeley, University of California Press, 1984.

PLAKANS, ANDREJS. Kinship in the Past: An Anthropology of European Family Life 1500–1900. New York, Basil Blackwell, 1985.

POGREBIN, LETTY COTTIN. Family Politics: Love and Power on an Intimate Frontier. New York, McGraw-Hill, 1983.

POMEROY, SARAH B. Women in Hellenistic Egypt from Alexander to Cleopatra. New York, Schocken Books, 1984.

PRATT, VERNON. The Philosophy of the Social Sciences. New York, Methuen, 1978.

PROUST, MARCEL. Eine Liebe von Swann. Frankfurt/Main, Suhrkamp, 1970.

—— Die wiedergefundene Zeit. Frankfurt/Main, Suhrkamp, 1962.

PSYCHOLOGY OF WOMEN QUARTERLY. American Psychological Association.

RABINOW, PAUL and WILLIAM SULLIVAN. Interpretive Social Science. Berkeley, University of California Press, 1979.

RAGLAND-SULLIVAN, ELLIE. Jacques Lacan and the Philosophy of Psychoanalysis. Champaign, Ill., University of Illinois Press, 1985.

RANSOM, ROGER L. and RICHARD SUTCH. One Kind of Freedom: The Economic Consequences of Emancipation. Cambridge, Cambridge University Press, 1977.

RAYMOND, JANICE G. A Passion for Friends: Toward a Philosophy of Female Affection. Boston, Beacon Press, 1986.

REIK, TH. Das Verlangen, geliebt zu werden. München, Kindler, 1974.

REITER, RAYNA R., ed. Toward an Anthropology of Women. New York, Monthly Review Press, 1975.

RENVOIZE, JEAN. Going Solo: Single Mothers by Choice. Boston/London, Routledge & Kegan Paul, 1985.

RICH, ADRIENNE: Compulsory Heterosexuality and Lesbian Existence. Denver, Antelope Publication, 1982.

———— Von Frauen geboren. Mutterschaft als Erfahrung und Institution. München, Frauenoffensive, 1979.

RICHARDSON, LAUREL. The Dynamics of Sex and Gender, Boston, Houghton Mifflin, 1977.

RIFKIN, JEREMY. Entropie – ein neues Weltbild. Hamburg, Hoffmann und Campe, 1982.

ROBERTS, ELIZABETH. A Woman's Place: An Oral History of Working-Class Women 1890–1940. Oxford, England, Basil Blackwell, 1984.

ROGERS, KATHERINE M. Feminism in Eighteenth-Century England. Champaign, Ill., University of Illinois Press, 1982.

RORTY, AMELIE OKSEMBERG, ed. Explaining Emotions. Berkeley, University of California Press, 1980.

ROSENBERG, ALEXANDER. Sociology and the Preemption of Social Science. Oxford, England, Basil Blackwell, 1981.

ROSENBERG, ROSALIND. Beyond Separate Spheres. Intellectual Roots of Modern Feminism. New Haven, Yale University Press, 1982.

ROSSI, ALICE S., ed. Gender and the Life Course. New York, Aldine Publishing, 1985.

ROWBOTHAM, SHEILA. Dreams and Dilemmas. New York, Virago Press, 1984.

RUDDICK, SARA and PAMELA DANIELS, eds. Working It Out: 23 Women Writers, Artist, Scientists and Scholars Talk About Their Lives and Work. New York, Pantheon, 1978.

RUDE, GEORGE. Europe in the Eighteenth Century: Aristocrats and the Bourgeois Challenge. New York, Praeger Publishers, 1972.

RUETHER, ROSEMARY RADFORD. Religion and Sexism: Images of Women in the Jewish and Christian Traditions. New York, Simon & Schuster, 1974.

RUSH, FLORENCE. Das bestgehütete Geheimnis: sexueller Kindesmißbrauch. Berlin, Sub-Rosa-Frauenverlag, 1984.

RUSSELL, DIANA E. H. Rape in Marriage. New York, Macmillan, 1982.

———— Sexual Exploitation: Rape, Child Sexual Abuse and Workplace Harassment. Beverly Hills, Ca., Sage Publications, 1984.

———— and NICOLE VAN DE VEN, eds. Crimes Against Women. Proceedings of the International Tribunal. East Palo Alto, Ca., Frog in the Well, 1984.

RUSSIANOFF, PENELOPE. Bin ich ohne Mann nichts wert? München, Kösel, 1987.

SAID, LAILA. A Bridge Through Time: A Memoir. New York, Summit Books, 1985.

SARTRE, JEAN-PAUL. Das Sein und das Nichts. Reinbek bei Hamburg, Rowohlt, 1985.

SAVERS, JANET. Sexual Contradictions: Psychology, Psychoanalysis, and Feminism. London, Tavistock.

SCHAEF, ANNE WILSON. Weibliche Wirklichkeit. Ein Beitrag zu einer ganzheitlichen Welt. Wildberg, Bögner-Kaufmann, 1985.

SCHAEFER, LEAH CAHAN. Women and Sex. New York, Pantheon, 1973.

SCHLIEMANN, HEINRICH. Mykenae. Bericht über meine Forschungen und Entdeckungen in Mykenae und Tiryns. Darmstadt, Wissenschaftliche Buchgesellschaft, 1983.

SCHULENBERG, JOY. Gay Parenting: A Complete Guide for Gay Men and Lesbians With Children. New York, Anchor Press/Doubleday, 1985.

SCHUR, EDWIN M. Abweichendes Verhalten und soziale Kontrolle. Etikettierung und gesellschaftliche Reaktionen. Frankfurt/Main, New York, Herder und Herder, 1974.

SCHWARZER, ALICE. Simone de Beauvoir heute. Gespräche aus 10 Jahren; 1971–1982. Reinbek bei Hamburg, Rowohlt, 1986.

——— Der kleine Unterschied und seine großen Folgen. Frankfurt/Main, Fischer Taschenbuchverlag, 1975.

SEAMAN, BARBARA. Free and Female: The New Sexual Role of Women. New York, Fawcett Crest, 1972.

SHANGE, NTOZAKE. Betsey Brown. New York, St. Martins Press, 1985.

——— For Colored Girls Who Have Considered Suicide When Rainbow is Enuf. New York, Bantam, 1980.

SHERFEY, MARY JANE. Die Potenz der Frau. Wesen und Evolution der weiblichen Sexualität. Köln, Kiepenheuer und Witsch, 1974.

SHERMAN, JULIA. On the Psychology of Women: A Survey of Cryptical Studies. Springfield, Ill., C. C. Thomas, 1975.

SHIPLEY, JOSEPH T. Dictionary of Word Origins. New York, Philosophical Library, 1945.

SHIRER, WILLIAM L. Der Zusammenbruch Frankreichs: Aufstieg und Fall der 3. Republik. München, Zürich, Droemer Knaur, o.J.

THE SIGNS READER. Chicago, University of Chicago Press, 1983.

SIMMER, GEORG. On Women, Sexuality and Love. New Haven, Yale University Press, 1984.

SIMONS, MARGARET, ed. Hypatia: A Journal of Feminist Philosophy 1:1 (1986).

SINGER, IRVING. Mozart and Beethoven: The Concept of Love in Their Operas. Baltimore, Johns Hopkins University Press, 1977.

——— The Nature of Love. Vol. 1, Plato to Luther. Chicago, University of Chicago Press, 1985.

——— The Nature of Love, Vol. 2, Courtly and Romantic. Chicago, University of Chicago Press, 1985.

SINGER, JUNE. Nur Frau – nur Mann? Wir sind auf beides angelegt. München, Pfeiffer, 1981.

SINGER, PETER. The Expanding Circle: Ethics and Sociobiology. New York, Clarendon Press/Oxford University Press, 1982.

SKINNER, QUENTIN, ed. The Return of Grand Theory in the Human Sciences. Cambridge, Cambridge University Press, 1985.

SMITH, A. J. Literary Love: The Role of Passion in English Poems and Plays of the Seventeenth Century. London, Edward Arnold, 1983.

SMITH, BARBARA. Towards a Black Feminist Criticism. Out and Out. Out and Out Pamphlet Series.

SMITH-ROSENBERG, CARROLL. Disorderly Conduct: Visions of Gender in Victorian America. New York, Alfred A. Knopf, 1985.

SOMMERS, FRANK G., M. D. and TANA DINEEN, PH. D. Curing Nuclear Madness: A New Age Prescription for Personal Action. Toronto, Methuen, 1984.

SPENCE, GERRY. Trial by Fire: The True Story of a Woman's Ordeal at the Hands of the Law. New York, William Morrow & Co., 1986.

SPENDER, DALE. Man Made Language. London, Routledge & Kegan Paul, 1985.

_____ Personal Chronicles: Women's Autobiographical Writings. Women's Studies International Forum, Vol. 10, No. 1. Oxford, Pergamon Press, 1987.

_____ Women of Ideas and What Men Have Done to Them: From Aphra Behn to Adrienne Rich. London, Routledge & Kegan Paul, 1982.

_____, ed. Feminist Theorists: Three Centuries of Key Women Thinkers. New York, Pantheon, 1986.

SPENDER, L. Intruders on the Rights of Men. New York, Pandora, 1983.

SPENGLER, OSWALD. Der Untergang des Abendlandes. Umrisse einer Morphologie der Weltgeschichte. München, Beck, 1963.

SPRETNAK, CHARLENE. Die Grünen. Nicht rechts, nicht links, sondern vorne. Die Studie einer amerikanischen Aktivistin über Die Grünen und ein Bericht über grüne Politik in den USA. München, Goldmann, 1985.

_____ Lost Goddesses of Early Greece. Boston, Beacon Press, 1978.

STAVRIANOS, L. S. The Balkans Since 1453. New York, Holt, Rinehart and Winston, 1953.

STEINEM, GLORIA. Outrageous Acts and Everyday Rebellions. New York, Holt, Rinehart and Winston, 1983.

STERN, FRITZ, Hrsg. Geschichte und Geschichtsschreibung. Möglichkeiten, Aufgaben, Methoden. Texte von Voltaire bis zur Gegenwart. München, Piper, 1966.

STEUBER, CHARLES HERBERT. Sexual Racism: The Emotional Barrier to an Integrated Society. New York, Harper & Row, 1976.

STEWART, JAMES BREWER. Holy Warriors: The Abolitionists and American Slavery. New York, Hill and Wang, 1976.

STIMPSON, CATHERINE R. and ETHEL SPECTOR PERSON, eds. Women: Sex and Sexuality. Chicago, University of Chicago Press, 1980.

STOLZ, BARBARA ANN. Still Struggling: America's Low-Income Working Woman Confronting the 1980's. Lexington, Mass., D. C. Heath, 1985.

STONE, LAWRENCE. The Family, Sex, and Marriage. New York, Harper & Row, 1977.

STONE, MERLIN. Ancient Mirrors of Womanhood. Vol. 1, Our Goddess and Heroine Heritage. New York, Sibylline Books, 1979.

STRASSER, SUSAN. Never Done: A History of American Housework. New York, Pantheon, 1982.

STURROCK, JOHN, ed. Structuralism and Since: From Levi-Strauss to Derrida. Oxford, Oxford University Press, 1979.

SULEIMAN, SUSAN RUBIN. The Female Body in Western Culture: Contemporary Perspectives. Cambridge, Mass., Harvard University Press, 1986.

SULLIVAN, JOHN L., ed. Qualitative Applications in the Social Sciences. Beverly Hills, Ca., Sage Publications Inc., 1979.

SUNDQUIST, JAMES L. »Has America Lost Its Social Conscience – And How Will It Get It Back?« In Political Science Quarterly 101:4 (1986).

SWERDLOW, AMY; RENATA BRIDENTHAL and JOAN PHYLLIS KELLY. Household and Kin: Families in Flux. Old Westbury, Feminist Press, 1981.

SYLVAN, DAVID and BARRY GLOSSNER. A Rationalist Methodology for the Social Sciences. Oxford, Basil Blackwell, 1985.

SYMONS, DONALD. The Evolution of Human Sexuality. New York, Oxford University Press, 1979.

TANNER, NANCY. On Becoming Human. Cambridge, England, Cambridge University Press, 1981.

TAYLOR, BARBARA. Socialism and Feminism in the Nineteenth Century. Manchester, N. H., Virago, 1983.

TEILHARD DE CHARDIN, PIERRE. On Love. New York, Harper & Row, 1972.

TENNOV, DOROTHY. Limerenz. Über Liebe und Verliebtsein. München, Kösel, 1981.

TENTLER, LESLIE WOODCOCK. Wage-Earning Women: Industrial Work and Family Life in the United States. New York, Oxford University Press, 1980.

THACKRAY, ARNOLD, ed. Isis: An International Review Devoted to the History of Science and Its Cultural Influences. 1983.

THOMAS, K. Religion and the Decline of Magic. New York, Scribner, 1971.

THOMPSON, EDWARD P. Die Entstehung der englischen Arbeiterklasse. Frankfurt/Main, Suhrkamp, 1987.

TILLY, LOUISE A. and JOAN W. SCOTT. Women, Work and Family. New York, Holt, Rinehart and Winston, 1978.

TIRYAKIAN, EDWARD A. »Sociology's Great Leap Forward: The Challenge of Internationalization«. International Sociology 1:2 (1986).

TODD, JANET. Women's Friendship in Literature. New York, Columbia University Press, 1980.

TRUMBACK, RANDOLPH. The Rise of the Egalitarian Family: Aristocratic Kinship and Domestic Relations in Eighteenth-Century England. New York, Academic Press, 1978.

TUCHMAN, GAYE; ARLENE KAPLAN DANIELS and JAMES BENET. Hearth & Home: Images of Women in Mass Media. New York, Oxford University Press, 1978.

ULRICH, LAUREL THATCHER. Good Wives: Image and Reality in Northern New England 1650–1750. New York, Oxford University Press, 1980.

VALE, JULIET. Edward III and Chivalry: Chivalric Society and its Context 1270–1350. Woodbridge, England, Boydell and Brewer, 1983.

VETTERUNG-BRAGGIN, MARY, ed. Sexist Language: A Modern Philosophical Analysis. Totowa, N.J., Rowman & Allanheld, 1981.

VIDA, GINNY, ed. Our Right to Love: A Lesbian Resource Book. Englewood Cliffs, N.J., Prentice Hall, 1978.

VISURE, ELINA. Poverty and Children: A Study of Family Planning. Helsinki, Finland, the Academic Bookstore, 1969.

WALKLEY, CHRISTINA. The Ghost in the Looking Glass: The Victorian Seamstress. London, Peter Owen, 1981.

WALLACE, MICHELE. Black Macho and the Myth of the Super Woman. New York, Dial Press, 1978.

WARNER, MARINA. Joan of Arc: The Image of Female Heroism. New York, Alfred A. Knopf, 1981.

_____ Maria. Geburt, Triumph, Niedergang – Rückkehr eines Mythos? München, Dianus-Trikont, 1982.

WATKINS, SUSAN COTTS; JANE A. MENKEN and JOAN BONGAARTS. »Demographic Foundations of Family Change«, American Sociological Review 52 (June 1987).

WEBER, EUGEN. Peasants into Frenchmen: The Modernization of Rural France, 1870–1914. Stanford, Stanford University Press, 1976.

WEEKS, JEFFREY. Sexuality and its Discontents: Meanings, Myths & Modern Sexuality. London, Routledge & Kegan Paul, 1985.

WEISSTEIN, NAOMI. »Kinder, Küche, Kirche as Scientific Law: Psychology Creates the Female« in Sisterhood is Powerful, ed. Robin Morgan. New York, Random House, 1970.

_____ VIRGINIA BLAISDELL and JESSIE LEMISCH. The Godfathers: Freudians, Marxists and the Scientific and Political Protection Societies. New Haven, Belladonna Publishing, 1981.

WESTKOTT, MARCIA. The Feminist Legacy of Karen Horney. New Haven, Yale University Press, 1986.

WIERZBICKA. »Human Emotions: Universal or Culture-Specific?« American Anthropologist 88 (1986).

WHITEHEAD, ALFRED NORTH. Prozeß und Realität. Entwurf einer Kosmologie. Frankfurt/Main, Suhrkamp, 1984.

WHITMARSH, ANNE. Simone de Beauvoir and the Limits of Commitment. New York, Cambridge University Press, 1981.

WHYTE, MARTIN KING. The Status of Women in Pre-Industrial Societies. New Haven, Belladonna Publishing, 1981.

WITTGENSTEIN, LUDWIG. Philosophische Untersuchungen. Frankfurt/Main, Suhrkamp, 1971.

WITTIG, MONIQUE. Les Guerilleres. Boston, Beacon Press, 1985.

WOMEN'S INTERNATIONAL NETWORK NEWS. Lexington, Mass. WIN News, 1987.

The WOMEN'S REVIEW OF BOOKS. Wellesley, Mass., Wellesley College.

WOMEN'S STUDIES INTERNATIONAL FORUM. Oxford, Pergamon Press.

ZURIFF, G. E. Behaviorism: A Conceptual Reconstruction. New York, Columbia University Press, 1985.